"十二五"國家重點圖書出版規劃項目
2011—2020年國家古籍整理出版規劃重點項目
國家古籍整理出版專項經費資助項目

海外中文古籍總目

Pre-Republican Chinese Books and Manuscripts at the Yale University Library

美國耶魯大學圖書館中文古籍目錄

耶魯大學圖書館 (Yale University Library) 編

〔美〕孟振華 (Michael Meng) 主編

上冊

中華書局

圖書在版編目 (CIP) 數據

美國耶魯大學圖書館中文古籍目録 / 美國耶魯大學圖書館編；
（美）孟振華主編. —北京：中華書局 ,2019.3
（海外中文古籍總目）
ISBN 978-7-101-13777-4

Ⅰ.美⋯　Ⅱ.①美⋯②孟⋯　Ⅲ.耶魯大學—院校圖書館—古
籍—中文圖書—圖書館目録　Ⅳ.Z838

中國版本圖書館 CIP 數據核字（2019）第 034707 號

書　　名	美國耶魯大學圖書館中文古籍目録（全二册）
編　　者	美國耶魯大學圖書館
主　　編	〔美〕孟振華
叢 書 名	海外中文古籍總目
責任編輯	蔡宏恩
裝幀設計	劉　麗
出版發行	中華書局
	（北京市豐臺區太平橋西里 38 號　100073）
	http://www.zhbc.com.cn
	E-mail:zhbc@zhbc.om.cn
印　　刷	三河弘翰印務有限公司
版　　次	2019 年 3 月北京第 1 版
	2019 年 3 月北京第 1 次印刷
規　　格	開本 / 787×1092 毫米　1/16
	印張 66.25　字數 1100 千字
國際書號	ISBN 978-7-101-13777-4
定　　價	880.00 元

目　録

卷上　圖録

卷下　目録

總　序

　　中華文明悠久燦爛，數千年來留下了極爲豐富的典籍文獻。這些典籍文獻滋養了中華民族的成長和發展，也廣泛地傳播到世界各地，不僅對周邊民族產生了深刻影響，更對世界文明的融合發展做出了卓越貢獻。可以説，中華民族創造的輝煌文化，不僅是中華文明的重要組成部分，更是全人類的共同文化遺産，需要我們共同保護、傳承、研究和利用。而要進行這一工作，首先需要對存世典籍文獻進行全面的調查清理，編纂綜合反映古典文獻流傳和存藏情況的總目録。

　　由全國古籍整理出版規劃領導小組（簡稱“古籍小組”）主持編纂、歷時十七年最終完成的《中國古籍總目》就是這樣一部古籍總目録。它“全面反映了中國（大陸及港澳臺地區）主要圖書館及部分海外圖書館現存中國漢文古籍的品種、版本及收藏現狀”，著録了約二十萬種中國古籍及主要版本，是迄今爲止對中國古籍流傳與存藏狀況的最全面最重要的總結。但是，限於當時的條件，《中國古籍總目》對於中國大陸地區以外的漢文古籍的調查、搜集工作，“尚處於起步階段”，僅僅著録了“港澳臺地區及日本、韓國、北美、西歐等地圖書館收藏的中國古籍稀見品種”（《中國古籍總目·前言》），并没有全面反映世界各國各地區存藏中國古籍的完整狀況。

　　對於流傳到海外的中國古籍的搜集和整理，始終是我國學界魂牽夢繞、屢興未竟的事業。清末以來幾代學人迭次到海外訪書，以書目提要、書影、書録等方式將部分收藏情況介紹到國内。但他們憑個人一己之力，所訪古籍終爲有限。改革開放以來，黨和政府對此極爲重視。早在1981年，黨中央就明確提出“散失國外的古籍資料,也要通過各種辦法爭取弄回來或複製回來"(中共中央《關於整理我國古籍的指示》,1981年9月17日)。其時"文革"結束不久,百業待興,這一高瞻遠矚的指示還僅得到部分落實,難以規模性地全面展開。如今,隨着改革開放事業的快速發展,國際間文化交流愈加密切,尤其是《中國古籍總目》的完成和中華古籍保護計劃的實施,爲落實這一指示提供了堅實的基礎,可以說,各項條件已經總體具備。在全球範圍内調查搜集中國古籍、編纂完整反映中國古籍流傳存藏現狀的總目錄,爲中國文化的傳承、研究提供基礎性數據,已經成爲黨和政府以及學術界、出版界的共識。

據學界的初步調研,海外所藏中國古籍數量十分豐富,總規模超過三百萬册件,而尤以亞洲、北美洲、歐洲收藏最富,南美洲、大洋洲、非洲也有少量存藏。海外豐富的中國古籍藏量以及珍善本的大量存在,爲《海外中文古籍總目》的編纂提供了良好的基礎。而且,海外收藏中國古籍的機構有的已經編製了館藏中國古籍善本目錄、特藏目錄或聯合目錄,關於海外中國古籍的提要、書志、叙錄等文章專著也不斷涌現,這對編纂工作無疑具有很高的參考價值。然而,目前不少海外圖書館中國古籍的存藏、整理、編目等情況却不容樂觀。絕大多數圖書館中文館員數量極其有限,無力系統整理館藏中文古籍;有的甚至没有中文館員;有的中國古籍祇能被長期封存,處於自然消耗之中,更遑論保護修復。啓動《海外中文古籍總目》項目,已經刻不容緩。

長期以來,我們一直關注着海外中國古籍的整理編目與出版工作。2009年《中國古籍總目》項目甫告竣工,在古籍小組辦公室的領導下,編纂出版《海外所藏中國古籍總目》的計劃便被提上日程,并得到中共中央宣傳部、新聞出版總署的高度重視,被列入《"十二五"國家重點圖書出版規劃》《2011—2020年國家古籍整理出版規劃》。經過細緻的調研考察和方案研討,在"十三五"期間,項目正式定名爲《海外中文古籍總目》,并被列爲"十三五"古籍整理出版工作的五大重點工作之一。中華書局爲此組織了專業團隊,專門負責這一工作。

《海外中文古籍總目》是《中國古籍總目》的延續與擴展,旨在通過團結中國國内和世界各地相關領域的專家學者,組成編纂團隊,吸收最新研究成果進行編目,以全面反映海外文獻收藏單位現存中文古籍的品種、版本及收藏現狀。在工作方法與編纂體例上,《海外中文古籍總目》與傳統的總目編纂有着明顯的區別和創新。我們根據前期的調研結果,結合各海外藏書機構的情況和意見,借鑒中華古籍保護計劃的有益經驗,確定了"先分館編輯出版,待時機成熟後再行統合"的整體思路。同時,《海外中文古籍總目》在分類體系、著録標準、書影採集等方面都與全國古籍普查登記工作高度接軌,確保能够編纂出一部海内外標準統一、體例一致、著録規範、内容詳盡的古籍總目。

　　編纂《海外中文古籍總目》,可以基本摸清中國大陸以外地區的中文古籍存藏情況,爲全世界各領域的研究者提供基礎的數據檢索途徑,爲系統準確的古籍整理出版工作提供可靠依據,爲中國與相關各國的文化交流活動提供新的切入點和立足點。同時,我們也應該認識到,中國的古籍資源既是中國的,也是世界的,整理和保護這些珍貴的人類文明遺産,是每一個人的共同責任和使命。

　　2017年1月,中共中央辦公廳、國務院辦公廳印發了《關於實施中華優秀傳統文化傳承發展工程的意見》,其中明確提出"堅持交流互鑒、開放包容,積極參與世界文化的對話交流,不斷豐富和發展中華文化"的基本原則,并將"實施國家古籍保護工程,加强中華文化典籍整理編纂出版工作"列爲重點任務之一。遥想當年,在兵燹戰亂之中,前輩學人不惜生命捍衛先人留下的典籍。而今,生逢中華民族實現民族復興的偉大時代,我們有責任有義務完成這一幾代學人的宏願。我們將努力溝通協調各方力量,群策群力,與海内外各藏書機構、學界同仁一起,踏踏實實、有條不紊地將《海外中文古籍總目》這一項目繼續開展下去,儘快完成這樣一個動態的、開放的、富於合作精神的項目,使之早日嘉惠學林。

中華書局編輯部

2017年2月

前　言

　　美國耶魯大學圖書館中文館藏始建於170年前。1849年春，當時的耶魯學院圖書館館長愛德華·赫瑞克收到一封發自中國廣州的信函。寄信人衛三畏是美籍傳教士，亦即後來耶魯首任中國語言與文學講座教授。在這封3月26日的信中，衛三畏告知赫瑞克館長，他爲耶魯在中國代購的6種（約90冊）中文典籍即將運抵紐約市。這封意外來函，不僅代表了耶魯中文館藏建立的開始，同時也是北美主要圖書館第一次入藏中文書籍的歷史里程碑。

　　容閎，1854年畢業於耶魯學院，是第一位在美國獲得本科學位的中國人。無庸置疑，他對耶魯大學圖書館建立中文館藏有着極爲重要的貢獻，其初衷在於藉此促進對中國的研究，進而加強中美兩國人民的相互瞭解與文化交流。他分別在1878年和1911年兩度捐出個人的中文藏書，奠立了耶魯中文館藏的基礎。1878年的捐贈清單中詳列了34種（1280冊）圖書，其中有數種珍本。特別值得注意的是，1930年斯特林紀念圖書館落成時，海特街正門門楣上鐫刻了世界上八種最古老的書寫系統，其中的漢字就取自於1911年容氏所贈的一冊書法拓件。自2010年起，一座來自其故鄉珠海市的容閎銅像，就一直以斯特林圖書館爲家。

　　1891年春天，即衛三畏去世七年後，曾擔任耶魯圖書館館長達四十年（1865—1905）的范念恩，意外地收到另一封同樣來自中國廣州的信件。寄信人是耶魯1864年校友吳德禄，他於1865—1897年間歷任大清海關要職。在這封3月20日的信裏，吳德禄告知這位1871年首度在北美高校開授中文課程的館長，一套271冊合訂本、用於研究中國歷史的重要基本典籍《二十四史》即將運抵紐約市。他這是要履行多年前對衛三畏的承諾——爲耶魯師生覓得這套完整可用的重要史料。這位隨後把個人中文藏書也捐給了耶魯圖書館的范念恩先生，興奮地將此事寫進了當年圖書館館長給學校的年度報告中。

從早年開始，耶魯教授們就對中文館藏的發展貢獻良多。衛三畏和衛斐列教授，這對先後在耶魯擔任過中國語文與文學教授的父子，將他們個人藏書都捐給了耶魯圖書館。曾於1936—1960年間在耶魯東方語言系任教，并先後擔任過圖書館中文館藏副館長（1937—1947）、館長（1947—1960）的金守拙教授，利用他到中國訪學之便爲圖書館採購中文書籍。而後，他還將其個人所收藏的一些珍稀通俗小説贈送給了圖書館。二十世紀六七十年代，芮沃壽（耶魯大學東亞研究理事會首任主席、著名的中國佛學家）、芮瑪麗（耶魯校史上第一位女性文理學院正教授、知名現代中國史學家）教授更是對中文館藏的快速發展貢獻斐然。他們不但把個人豐富的地方志、宗教、歷史與文學類藏書捐給了圖書館，而且總是把支持圖書館館藏建設放在東亞研究理事會議程的首位。

在過去的兩個世紀中，許多耶魯人把他們私人和家族所收藏的中文書籍捐贈給了他們所鍾愛的母校。得益於本目錄的編纂，可得下列捐贈人名録：

一、校友：

威廉·艾倫·梅西，1844本科

裨烈利，1846年榮譽文學碩士

容閎，1854年本科、1876年榮譽法學博士

懷德，1854年醫科

范念恩，1858年本科、1861年文學碩士

吴德禄，1864年本科

衛三畏，1877年榮譽文學碩士

衛斐列，1879年本科

李恩富，1887年本科

胡美，1897年本科

亨利·佛萊契爾，1898年本科

埃德温·班内基，1907年本科

孔祥熙，1907年文學碩士、1937年榮譽法學博士

依萊沙·弗朗西斯·瑞格斯，1909年本科

托馬斯·勞拉森·瑞格斯，1910年本科

耶魯日本學會校友

葉貴恩，1962年理學碩士、1966年哲學博士

二、教授：

衛三畏

衛斐列

金守拙

芮沃壽

芮瑪麗

　　耶魯師生的遺愛始終眷顧着耶魯中文館藏。由李恩富先生和芮瑪麗教授的家人、朋友、學生所慷慨設立的兩項購書基金，持續支持着耶魯中文館藏建設，用以爲新一代耶魯和世界各地的學者提供服務。特別重要的是，自1961年成立以來，耶魯大學東亞研究理事會在支持這一舉世聞名的中文館藏上一直扮演着關鍵的角色。

　　衛三畏1849年的信件、容閎1878年的贈書單和吳德禄1891年的信件都完好地保存在耶魯圖書館的手稿與檔案館内。藉由校友、教授和理事會慷慨持續的支持，作爲北美建立最早的耶魯中文館藏，已經成爲在中國以外最好和最具規模的這類館藏之一。其基礎奠立於170年前，其核心是超過2500種（31000餘册）1912年以前在中國印刷的中文書籍。

　　2013年2月1日，孟振華先生出任耶魯大學圖書館中文研究館員，此前他歷任數個著名圖書館的中文館藏主管。甫一到任，他的主要任務之一，就是深入瞭解進而改善使用分散在校園各處的中文特藏資料。這些包括斯特林紀念圖書館、圖書館遠程書庫、班内基善本與手稿圖書館、手稿與檔案館、神學院圖書館和醫學史圖書館。除了對這批1912年以前出版的中文古籍進行了全面調查之外，他還努力記録下中文館藏的歷史，特別是這些書籍後面的相關人物。這本目録就是他過去四年努力的珍貴成果。藉着本目録由中華書局在中國的正式出版，我們可以驕傲地宣布，自1849年中文館藏建立以來，耶魯大學圖書館已經竭盡全力地履行了對中國研究學術界的

承諾。同時，現在我們更期待着在未來能向全球學者提供本館的專業知識、收藏、設施和服務。

蘇珊·吉本斯

斯蒂芬 F. 蓋茨' 68圖書館館長

館藏與學術傳播副教務長

耶魯大學

孟振華

中文研究館員

耶魯大學圖書館

2018年10月

PREFACE

The journey to building the Chinese Collection at the Yale University Library started 170 years ago. In the spring of 1849, Edward C. Herrick, Librarian of the Yale College Library, received a letter from Canton, China. The sender was Samuel Wells Williams, an American missionary and later the inaugural Professor of Chinese Language and Literature at Yale. In his message, dated March 26, 1849, Williams informed Herrick that six Chinese titles (about 90 volumes) of Chinese classical texts that he had purchased for Yale College should soon arrive New York City. This unexpected letter represented not only the beginning of Yale's Chinese language book collection, but also a historical milestone as the first depository of Chinese language books in major North American libraries.

Undoubtedly, Yung Wing of the Yale College class of 1854, the first Chinese citizen who received a college degree from an American institution, was the most important contributor to the founding of Yale's Chinese Collection. He intended the Collection to promote the study of China, and consequently to enhance the mutual understanding and cultural exchanges between Chinese and Americans. Yung Wing gave all his books to Yale in two major donations made in 1878 and 1911 that laid the foundation of the Chinese Collection. The 1878 gift clearly listed 34 titles (1,280 volumes), including a few rare editions. Most notably, when Sterling Memorial Library was built in 1930, Chinese texts of a calligraphy facsimile from Yung Wing's 1911 donation were among the eight ancient writing systems inscribed on the top of the main entrance to the structure on High Street. A bronze statue of the honorable Yung Wing given by his hometown in China, Zhuhai City, has called Sterling Library home since 2010.

In the spring of 1891, seven years after Samuel Wells Williams passed away, Addison Van Name, who held the longest tenure as the Yale University Librarian (1865-1905), received another unexpected letter from Canton, China. This time, Francis Eben Woodruff, Yale College Class of 1864, authored the letter. Woodruff served in many high positions in the Chinese Imperial Custom Services from 1865 to 1897. In his note, he informed Van Name, who also happened to be the first instructor to offer a Chinese language course in major American colleges in 1871, that a set of 271 bound volumes of *Twenty-Four Histories*, one of the most important primary sources for study of Chinese history, would arrive in New York City shortly. He wanted to fulfill a commitment that he made to Williams earlier to find a complete set of this important work, so the faculty and students at his alma mater could use it. Mr. Van Name, who gave his own collection of Chinese books to the Library, was excited to record this major donation in that year's Librarian Report to the University.

Since the very early years, Yale faculty members also contributed greatly to the development of the Chinese Collection. Professors Samuel Wells Williams and Frederick Wells Williams, father and son, who both served as Professor of Chinese Language and Literature, donated their personal collections to Yale. Professor George Alexander Kennedy of the Oriental Language Department, 1936-1960, who also served as the Associate Curator of the Chinese Collection, 1937-1947, and then Curator, 1947-1960, purchased books for the Library while he was traveling in China and later gave some personal copies of rare historical fictions to the Collection. Professor Arthur Frederick Wright, the inaugural chair of the Council on East Asian Studies and a prominent scholar in Chinese Buddhism, and Professor Mary Clabaugh Wright, the first female full professor on the faculty of Arts and Sciences and a leading historian of modern China, further contributed to the rapid growth of the Chinese Collection during 1960s and 1970s. They not only gave their own comprehensive collections of Chinese local gazetteers, religion, history and literature to the Library, but always made sure that supporting the Collection would be at the top of the Council's agenda.

Over the centuries, many Yalies have given their personal or family collections of Chinese books to their beloved alma mater. So far, a list of the following names can be identified through the Pre-Republican Chinese Books and Manuscripts at the Yale University Library project:

Alumni:

William Allen Macy, 1844

Charles William Bradley, Honorary MA 1846

Yung Wing, BA 1854, Honorary LLD 1876

Moses Clark White, MD 1854

Addison Van Name, BA 1858, MA 1861

Francis Eben Woodruff, 1864

Samuel Wells Williams, Honorary MA 1877

Frederick Wells Williams, 1879

Yan Phou Lee, 1887

Edward Hicks Hume, 1897

Henry Fletcher, 1898

Edwin J. Beinecke, 1907

Hsiang-hsi K'ung, MA 1907, Honorary LLD 1937

Elisha Francis Riggs, 1909

Thomas Lawrason Riggs, 1910

Yale Association of Japan

Noel Kuei-Eng Yeh, MS 1962, PhD 1966

Faculty:

Samuel Wells Williams

Frederick Wells Williams

George Alexander Kennedy

Arthur Frederick Wright

Mary Clabaugh Wright

Nevertheless, the legacy from the former students and faculty continues to ensure that the Chinese Collection at Yale will grow substantially in the future. Two generous endowed book funds established by the families, friends and students of Mr. Yan Phou Lee and Professor Mary Clabaugh Wright are still helping to build the Chinese Collection by serving new generations of scholars at Yale and elsewhere. Most importantly, since it was founded in 1961, the Council on East Asian Studies has played a critical role in support of this top tier collection.

Samuel Wells Williams' 1849 letter, Yung Wing's 1878 donation list and Francis Eben Woodruff's 1891 letter are still well-preserved at the Manuscripts and Archives of the Yale University Library. With the generous and consistent support of the alumni, faculty and the Council, the Chinese Collection at Yale, the oldest Chinese collection in North America, has been expanded to one of the finest and largest collections of such kind outside China. The foundation of the collection was laid 170 years ago. The core of the collection has centered on the more than 2,500 titles (over 31,000 volumes) of Chinese language books printed in China before 1912.

Mr. Michael Meng joined the Yale University Library as Librarian for Chinese Studies on February 1, 2013 after serving as the lead librarian at several prestigious Chinese collections. One of his main tasks since the beginning has been to create better understanding and thus improve the access to the Chinese special collection materials in various locations on campus, including Sterling Memorial Library, Library Shelving Facility, Beinecke Rare Book and

Manuscript Library, Manuscripts and Archives, Divinity School Library, and Medical Historical Library. In addition to conducting a comprehensive survey of the pre-1912 collection of Chinese language books, Michael tries to record the history of the Chinese Collection, especially the people who were behind these books. *Pre-Republican Chinese Books and Manuscripts at the Yale University Library* is a valuable accomplishment of his efforts during past four years. With the publication of this book in China by Zhonghua Shuju, we are proud to say that the Yale University Library has tried our best to fulfill the commitments to the scholarly community of Chinese studies since the Chinese Collection was first founded in 1849. And we are now certainly looking forward to providing our expertise, collections, facilities and services to global scholars in next millennium.

Susan Gibbons

Stephen F. Gates ' 68 University Librarian

Deputy Provost, Collections & Scholarly Communication

Yale University

Michael Meng

Librarian for Chinese Studies

Yale University Library

October 2018

推薦序：一部值得久等的古籍目録

　　寫這篇推薦序，內心有很多感觸。這是因為自從35年前開始到耶魯大學執教以來，我就一直期盼着這樣一部有關耶魯大學圖書館中文古籍目録的出版。在過去漫長的時光裏，每當我想起耶魯大學圖書館是北美最早收藏中文書籍的大學圖書館，却一直遲遲没見它出版過一部中文古籍目録時，總是感到十分遺憾。

　　現在耶魯大學圖書館中文部主任孟振華先生終於完成了這樣一部卓越的古籍目録，我感到十分興奮。該目録共有兩大冊，一冊是收録大約250幅彩色書影的圖録，另一冊是目録文字。《目録》共收録約2500種、31000餘冊中文古籍。另有一個325種的《附録》，收録館藏1912年以前刊印的報紙期刊、碑帖拓本、攝像簿、輿圖、域外刻本（僅收馬六甲與新加坡兩地刊印的基督新教中文古籍，無和刻以及高麗刻本）。另外，寄存在耶魯圖書館內的美國東方學會(American Oriental Society)圖書館所藏中文古籍亦列入《附録》中。從各方面看來，這真是一部傑出的古籍目録。孟先生轉到耶魯大學圖書館工作還不到五年，在短短的幾年間，他居然有如此大的成就，真是了不起，令人佩服。

　　這是一部有别於一般傳統的古籍目録。各書著録款目除了書名、卷數、著者時代、著者姓名、刻印年代、行格、冊數、館藏索書號、附注等資料以外，孟先生還特别在附注裏説明了書的來源（如有可靠記録可以查考者）——例如有關贈書人、個人收藏、藏書票、書店或是入藏的時間。不用説，這樣的寫作和編纂方式極其耗時耗力，但却十分值得。那就是説，除了向讀者提供"書"的明確"身份"(identity)以外，孟先生還特別介紹了不少古籍的來歷，以及它們是如何被收藏到耶魯圖書館的背後故事，這些都足以讓讀者產生共鳴和深思的歷史感。這些有關"書"的精彩故事，其實也就是耶魯歷史的縮影。當初1701年耶魯大學之所以建立，乃是由於十位虔誠的神職人員無私地捐出了40本書。300多年以來，這個"贈書"的創校故事不斷地被重複，時時提醒耶魯人這段寶貴而悠久的"贈書"歷史。

　　孟振華先生所編纂的這部古籍目録正好涉及許多與耶魯大學歷史息息相關的"書"的故事。尤其在那篇有關耶魯大學圖書館中文古籍的收藏史的文章裏，孟先生很清楚地標示了幾個重要的里程碑，例如：（1）1849年，耶魯大學圖書館成爲北美第一個開始收藏中文書籍的大學圖書館；（2）1850年，耶魯校友梅西（William Allen Macy）親自從中國帶回一批珍貴的古籍（以道光年間的版本爲主），全贈給了耶魯圖書館。後來他不幸於1859年去世，死時纔34歲，他個人的大批遺産也全部捐給了母校耶魯；（3）1854年，容閎成爲第一位獲得北美大學本科學位的中國人，他後來把大批個人藏書陸續地贈給母校，包括那部著名的《顏家廟碑集》，其中的部分碑文直至今日仍出現在耶魯總圖書館（即斯特林圖書館，Sterling Memorial Library）的正門門楣上；（4）1871年，耶魯圖書館館長范念恩（Addison Van Name）成爲第一位在北美大學開授中文課程的教授。在他的任上，他特別鼓勵中文、日文文獻的收藏，甚至把自己大量的中文古籍也捐給了耶魯圖書館，其功匪淺。直到今日，他的石雕頭像仍被展現在斯特林圖書館大堂的一側；（5）1877年，衛三畏（Samuel Wells Williams）成爲第一位在北美被聘任的漢學教授。他早在1849年就在廣州爲母校採購了90册中文古籍，并將之直接從廣州運抵紐約，最後又安排轉至耶魯所在的紐黑文（New Haven）；（6）進入二十世紀後，耶魯大學繼續得到許多人踴躍捐贈的珍貴藏書，其中有不少來自耶魯日本學會（耶魯大學圖書館的宋、元藏本幾乎都是來自該學會所捐贈的佛經零卷）。後來，尤以耶魯大學歷史系的兩位教授芮沃壽(Arthur Frederick Wright)和芮瑪麗（Mary Clabaugh Wright）的贈書數量爲最，是耶魯圖書館有史以來所收過的爲數最多的贈書；（7）1960年代耶魯東亞圖書館館長萬惟英對於圖書館制度的建立以及館藏的發展做出了極大的貢獻，可惜他祇在耶魯短暫服務三年多（1966—1969）。然而，誠如孟先生所言，雖僅三年，"在萬先生的主持之下，耶魯中文館通過採購、捐贈、交換等各種途徑，先後自中國香港、中國臺灣和日本、北美等地大批入藏中文古籍"。

　　按理説, 這樣一個歷史悠久又頗具特色的中文古籍館藏應當早就聞名於世。然而, 就如孟先生所指出, 編目問題一直是個頗受困擾的問題。自1849年入藏中文書籍以來, 圖書館員對於如何處理中文書籍編目 "一直爭論不休, 從無定論", 其中尤以上個世紀的前半期東亞圖書館館長朝河貫一 (Asakawa Kan'ichi) 與主管中文館藏的副館長金守拙 (George Alexander Kennedy) 在中文書籍編目方面的爭論最爲嚴重, 以致於 "此後近二十年間, 耶魯的中文館藏經歷了一個停滯不前的黑暗時期"。所謂 "黑暗時期", 其實一直持續到數十年之後。朝河貫一和金守拙都是對耶魯東亞館館藏特別有貢獻的人, 但可惜由於兩人在編目方面的爭論, 産生了如此不良的影響。所以在很長的一段時期, 耶魯東亞圖書館一直無法確知中文古籍館藏的實際數量。就以1979年度和1987年度的館藏中文善本編目清單爲例, 這兩份統計所列出的數字, 都與實際館藏善本數量有着很大的出入。難怪耶魯大學許多珍貴的中文古籍一直不爲人所知!(我自己也是最近幾年纔發現耶魯在古籍方面收藏之豐富。回憶上個世紀八十年代初, 我還一直依賴普林斯頓大學圖書館和哈佛燕京圖書館的古籍來做研究, 後來纔發現耶魯圖書館本來就有許多珍貴的古籍, 祇是尚未整理出來而已。)

　　可喜的是, 近十年來, 耶魯的東亞圖書館終於針對館藏的中文善本開始進行了有系統的整理。例如, 2008年左右, 當時負責中文館藏的主任Sarah Ellman陸續邀請了幾位復旦大學的古籍專家(如楊光輝等)來到耶魯大學協助古籍編目, 并建立了收有439種善本目録的資料庫。後來, 此項工作雖然由於經費不足等原因而中斷, 以致於無法完成所有的古籍編目工作, 但至少已經開了一個頭。

　　孟振華先生於2013年初開始接掌耶魯大學圖書館的中文部。他的到來正好給耶魯中文館藏帶來了新的希望。首先, 能聘請到像孟先生那樣中英文俱佳, 有扎實的學術根底和豐富的圖書館工作經驗(他曾擔任過密西根大學、西雅圖華盛頓大學和萊斯大學圖書館的中文部主任及亞洲館館長), 又年輕有爲的專業人才, 誠屬不易。所以孟先生剛到耶魯上任, 就得到師生們的信任。當時班内基善本與手稿圖書館(Beinecke Rare Book and Manuscript Library)正在開始執行懸置多年的善本轉藏計劃, 需要把一批爲數超過450種的中文善本從耶魯圖書館斯特林總館轉移到富有完善保存設施的班内基善本與手稿圖書館裏。正是在此期間, 孟先生以其堅强的毅力開始對那些歷史悠久(有170年歷史)的大量中文古籍做了一番徹底的研究, 其敬業負重的精神令人感動。最近, 他又請到北京大學中國古文獻研究中心的楊海峥教授來協助整理耶魯館藏的明清小説善本。但楊教授臨時因緊急事務未能成行，殊以爲憾。盼望她來日能有機會來耶魯大學從事中文善本的整理工作。

同時，孟先生在百忙中（他不但負責中文部的經費預算，也處理與中文館藏有關的一切事項）還得研究散置在校園各處分館的中文古籍。一般説來，研究耶魯中文古籍最大的挑戰之一，就是那些古籍經常分散在耶魯校園各處的分館内——如神學院圖書館、醫學史圖書館、法學院圖書館，以及美國東方學會圖書館等。這樣的圖書館分散制度其實反映了耶魯大學與衆不同的漢學研究方式。在其它大學裏，"漢學"（sinology）研究及教學大多被籠統納入到一個"區域研究"（所謂的area study）的系裏。一般説來，在美國，有關中華文化的課程（無論是中文和中國文學，還是中國歷史和人類學）全部歸東亞系。它有時被稱爲"東亞語文和文明系"（如哈佛大學），有時被稱爲"東亞語文和文化系"（如哥倫比亞大學），有時被稱爲"東亞研究系"（如普林斯頓大學），而這些學校也都有他們獨立的"東亞圖書館"大樓。獨有耶魯與衆不同，這裏不以"區域研究"劃分系科，而是按"學科研究"（disciplines）分割所謂"漢學"。這就是説，教中國文學的教授（如筆者本人）屬於東亞語言文學系，教中國歷史的教授（如史景遷Jonathan Spence）屬於歷史系，教社會學的教授（如Deborah Davis）屬於社會學系，教人類學的教授（如蕭鳳霞Helen Siu）屬於人類學系，教神學的教授（例如Chloe Starr）屬於神學院。我以爲耶魯這種以"學科"分類的方式乃是爲了促進漢學的跨學科研究。在某一程度上，耶魯大學圖書館館藏的分散制度似乎也反映了這種以"學科"分類的思考方式。

我以爲孟振華先生最大的貢獻就在於他跨學科的綜合能力。他不但照顧耶魯大學斯特林總圖書館的中文館藏，也參與神學院圖書館館藏的建設，同時還花許多時間研究醫學院圖書館、法學院圖書館以及美國東方學會寄存在斯特林總館的中文古籍。現在孟先生終於完成了這部耶魯大學圖書館中文古籍（1912年以前刊印）的目録，實在令人敬佩不已。這部古籍目録記載了書的歷史，也記載了時光。這真是一部值得久等的古籍目録。

孫康宜

寫於耶魯大學

2017年12月20日初稿，2018年12月19日修訂

美國耶魯大學圖書館中文古籍收藏史

　　美國耶魯大學與中國的關係源遠流長，這一接觸早在十九世紀初就已經開始。1835年，耶魯1831級校友伯駕（Peter Parker, 1804—1888）畢業後最先來到中國，在廣州開設了第一所西方式的醫院。1839年，又有一位耶魯1832級校友鮑留雲（Samuel Robbins Brown, 1810—1880）也來到中國，先後在位於澳門和香港的馬禮遜教育會（Morrison Education Society）所設立的學校任教。正是這位校友於1847年將容閎（Yung Wing, 1828—1912）和其他幾位中國幼童帶到了美國，開創了中國學生赴美留學的先河。容閎於1850年進入耶魯學院（Yale College）就讀本科，1854年畢業，成爲第一位自美國主要大學畢業的中國人。而後，1872年起，由容閎所推動的中國教育團（Chinese Education Mission）使得爲數不少的清廷官派留學生先後進入耶魯就讀，其中就有中國鐵路之父的詹天佑，他是第一位自耶魯謝菲爾德科學學校（Sheffield Scientific School）畢業的中國學生。

　　這段早期的交流爲以後雙方關係的發展奠立了深厚的基礎，并且使得耶魯大學在中國家喻户曉。正因爲這一特殊淵源，耶魯大學在北美諸多知名高校中開創了四個與中國有關的歷史里程碑：1849年，耶魯圖書館成爲北美第一個開始收藏中文書籍的重要圖書館；1854年，容閎自耶魯本科畢業，是第一位獲得北美大學本科學位的中國人；1871年，耶魯圖書館館長愛迪遜·范念恩（Addison Van Name, 1835—1922）成爲第一位在北美大學開授中文課程的教師；1877年，耶魯聘請衛三畏（Samuel Wells Williams, 1812—1884）出任中國語言與文學教授，這是北美大學首次聘任漢學教席。這四項難能可貴的歷史記録，都與耶魯大學圖書館的中文館藏有着密不可分的關係。因爲《美國耶魯大學圖書館中文古籍目録》（以下簡稱《目録》）出版項目的進行，筆者得以對超過2500種（31000餘册）1912年（民國元年）以前所印行的館藏中文古籍加以全面整理，并使用耶魯大學圖書館所收藏的豐富館藏及個人檔案，梳理這段中文古籍收藏史和置身其中的關鍵歷史人物。

一、1849年3月26日從廣州寄出的一封信

當耶魯校友們開始踏上中國土地的同時，在1849年，耶魯大學圖書館的前身——耶魯學院圖書館（Yale College Library）入藏了第一批中文綫裝書，成爲北美第一所收藏中文書籍的主要圖書館。耶魯大學圖書館所屬的手稿與檔案館（Manuscripts and Archives）保存有一封1849年3月26日從中國廣州寄來的信函，當時在廣州的美籍傳教士衛三畏在信裏通知耶魯學院圖書館館長愛德華·赫瑞克（Edward C. Herrick, 1811—1862），他爲耶魯所採購的爲數約90册的中文書籍即將運抵美國東岸港口紐約。這批當時價值9.5美金的書，還要再付1美金的船運費用纔可領取，并安排送到耶魯大學所在的紐黑文市（New Haven）。衛三畏還簡單列出了這批書的清單：中國法律（Laws of China）、中國字典（Chinese Dictionary）、四書（Four Books）、五經（Five Classics）、大内藏書樓目録（Catalogue of Imperial Library）、耕織圖册（Plates of Weaving & Agriculture）。衛三畏除了寄來代購書籍之外，還在箱内塞進了幾本剛出版的小册子[①]。

圖1　衛三畏（Samuel Wells Williams）

---

① Samuel Wells Williams, "Letter to Edward Herrick", dated March 26, 1849. *Librarian, Records* (*RU 120*). Manuscripts and Archives, Yale University.

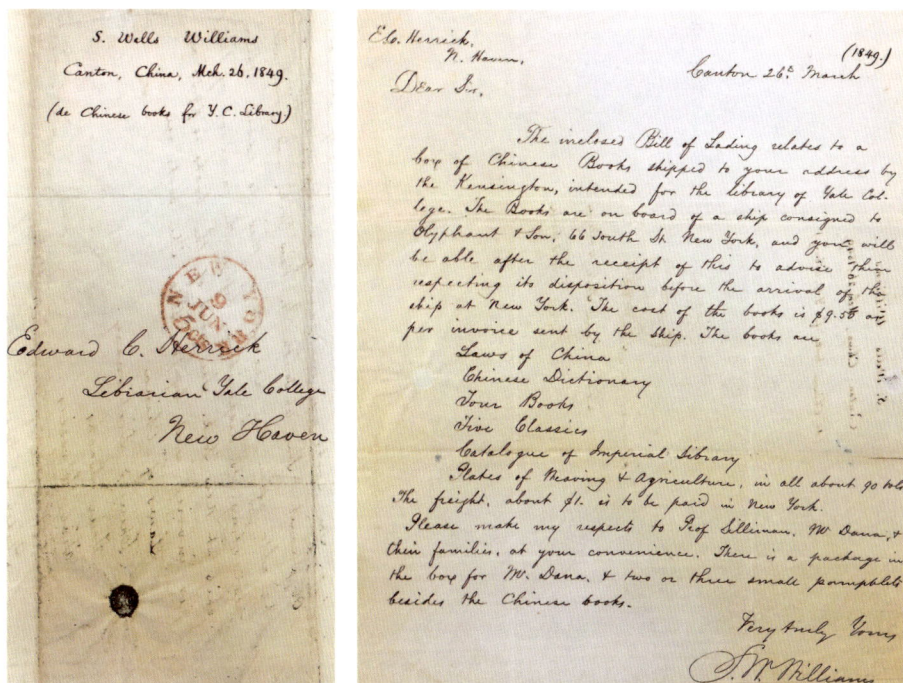

圖2　1849年3月26日衛三畏致愛德華・赫瑞克信

　　耶魯圖書館非常重視這封來自遠方中國的信件,除了將信保留至今,還保存了一份當時收書的清單。這份書單開頭列出了三種小冊,接着是六種代購的中文書籍:

　　1.裨治文(Elijah Coleman Bridgman, 1801—1861)所編,1841年在澳門出版學習粵語的文集

　　2.廣州出版的1848年英華對照的年曆

　　3.1844年版的中國與英、美、俄國所簽訂的和平條約

　　4.《四書》六冊

　　5.《五經》十八冊

　　6.1846年版《大清律例》二十八冊

　　7.《康熙字典》三十二冊

　　8.《欽定四庫全書簡明目錄》十冊

　　9.內府本《御製耕織圖》圖文二十三幅①

---

　　①　Yale College Library, "[Note]", no date. *Librarian*, *Records*(*RU 120*).

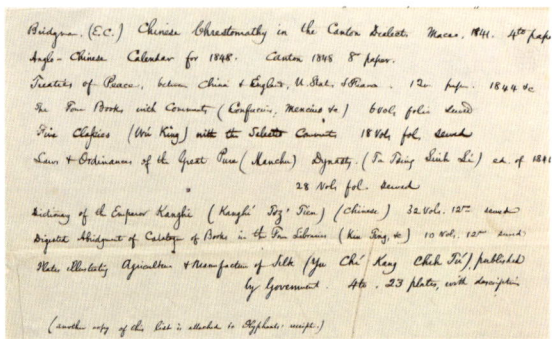

圖3　收書清單

　　這批書册應該就是當時衛三畏在廣州就地收集而來的, 因此大都是道光間廣東刻本。但時至今日, 能從現存館藏中準確辨認出屬於這批書的, 僅有以下四種:

　　　　1.清道光九年（1829）五雲樓版《四書合講》六册

　　　　2.清道光五雲樓版《五經體註》十八册（改洋裝本）

　　　　3.清道光七年（1827）重刊本《康熙字典》三十二册（縮印本）

　　　　4.清乾隆刊《欽定四庫全書簡明目録》十册

　　這四套書每册的外封頁上, 都清楚地記載着 "Yale College Library Aug 1849"（耶魯學院圖書館1849年8月）, 有些還有特別注記的中英文書名、册別與内容簡介。可惜的是, 列在收書清單上的兩套《大清律例》《御製耕織圖》與三種小册, 恐怕已經遺失, 因爲現有館藏的版本, 其版刻年、册數及外封情況均與信中描述不符。

二、校友梅西牧師1850年贈書

　　就在收到衛三畏自廣州寄來的那批中文書籍的第二年, 即1850年5月間, 又有另一批中文綫裝書進入耶魯圖書館。這是耶魯1844級校友威廉·艾倫·梅西（William Allen Macy, 1825—1859）牧師贈送的。梅西氏從耶魯畢業後, 曾在耶魯神學院進修, 隨後於1845或1846年來到中國, 出任香港馬禮遜中國幼童學校的主事。但因學校被迫關閉及同來的母親罹患疾病, 他在1849年被迫提早返美。這批中文書籍應該是他隨身帶回美國并贈送給了耶魯圖書館的。返美後, 梅西完成了神學課程, 成爲了一位在紐黑文執事的牧師。他一直嚮往着再度回到中國繼續傳教。1853年, 與他相依爲命的母親去世後, 他終於可以了無牽挂地重回中國。容閎在回憶録中也曾提到過梅西先生——1854年，他們倆人是相偕搭乘同一艘輪船返回廣州的①。容閎與他算是亦師亦友的關係，但他們間的情誼并不及容閎與鮑留雲先生來得密切。梅西在華期間，也與衛三畏等其他美籍傳教士有過來往。1859年，就當梅西氏在上海全心全力地準備參與内地會到中國北方傳教時，却因罹患天花，不幸英年早逝，年僅35歲②。

耶魯圖書館採用了與處理衛三畏在廣州代購書籍的相同方式，在梅西牧師的贈書外封頁上手書了入藏記録：

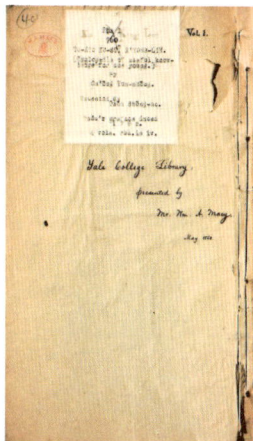

图4　威廉·艾倫·梅西
（William Allen Macy）贈書

"Yale College Library presented by Mr. Wm A. Macy May 1850"（耶魯學院圖書館，梅西先生持贈，1850年5月）。梅西應該是位對於學習和了解中國文化和語言十分投入的美國人，他不但收集了當時出版的四書、五經、幼學啓蒙、通俗小説、基督教宣教類的書籍，而且還在部分藏書外封頁或内封頁鈐"W. A. MACY麋"橢圓陽文朱印，頗受中國藏書家用印傳統的影響。他的贈書也是以道光年間的版本爲主，例如《農政全書》《增補四書人物聚考》《鑑韻幼學詩帖》《寄傲山房塾課新增幼學故事瓊林》《千字文》《較正監韻分章分節四書正文》《較正幼學須知成語考》《新編雷峰塔奇傳》《聊齋志異評註》《馬太傳福音書註釋》和《進教要理問答》等。

梅西先生雖然英年早逝，留下的個人信息極少③，但他對於耶魯中文館藏的充實和漢學教席的設立，却有着不可忽視的影響。他不但在生前將個人藏書贈送給了耶魯圖書館，成爲館内最早入藏的中文書籍的一部分，而且在他過世後，其個人遺産也全數捐給了耶魯大學，用以設立學生獎學金和隨後在1877年所設立的、由衛三畏出任的中國語言和文學教授職位的薪資。當校方告知衛三畏其薪資將是由梅西所捐贈遺産的孳息支付時，他百感交集地回憶起多年前他與梅西牧師在廣州首次見面的情

---

① Yung Wing, *My life in China and America*, New York, H. Holt and company, 1909, pp.43-48.

② Franklin Bowditch Dexter, *Biographical Notices of Graduates of Yale College: Including Those Graduated in Classes Later Than 1815, Who Are Not Commemorated in the Annual Obituary Records.* New Haven, 1913, pp.347-348.

③ 耶魯館藏檔案中，僅見數封梅西於1855—1858年間發自廣州的信件，收信人爲其耶魯同窗威廉·亨利·古德瑞奇（William Henry Goodrich）: *Goodrich Family Papers*（*MS 242*）. Manuscripts and Archives, Yale University Library.

景①，冥冥中似乎已經對這未來的一切有所安排。

三、容閎——奠基中文館藏與促建漢學教席

圖5　容閎（Yung Wing）

在有衆多華人居住的地區一提到耶魯大學，不少人就會立刻聯想到容閎。容閎不但是第一位在美國主要大學獲得本科學位的中國人，更是近代中美文化交流史上的關鍵人物之一。在耶魯大學的歷史中，容閎與中文館藏的建立、漢學教席的設置和早期中國留美幼童的入學都有着密不可分的關係。

容閎捐贈中文書籍給母校，就是爲了幫耶魯圖書館建立中文館藏②。在1854到1911年間，他曾經數次贈書給圖書館，其中最早的一次應該是在他自耶魯畢業前的1854年。容閎在耶魯就讀期間，因爲需要賺取生活費用，曾經在校內兩個辯論社的圖書館擔任過兩年館員③。圖書館現存一部清道光年間振元堂藏版的《四大奇書第一種》，其外封頁上有他的親筆題記："Presented with Brother's Library by Yung Wing Librarian of the day of 1854"（容閎贈與兄弟圖書館，圖書館館員，1854年）。容閎還特別用心地爲以後的讀者寫下了閱讀中文書的方法："Begin from top to bottom, from left to right"（開始自上而下，從左而右）。這部首册外封頁已經嚴重破損的《三國演義》，鈐有許多 "Brother Library Yale College"（耶魯學院兄弟圖書館）的藍色藏書章。毋庸置疑，這一段在圖書館裏的工作經驗，使容閎對圖書館的館藏建設以及館藏與學科間的密切關係有了深刻的印象。此外，館藏中至少還有兩部中文綫裝書是容閎在1854年畢業後捐贈的，王堯衢注清刻本《古唐詩合解》和咸豐三年（1853）寧波華花聖經書房鉛活字印本《舊

---

① Samuel Wells Williams, "Letter to Franklin B. Dexter", dated July 5, 1880, in "Correspondence 1876-1910", *Franklin B. Dexter, Secretary of Yale University, Records* (*RU 51*). Manuscripts and Archives, Yale University Library.

② Yung Wing, "Letter to Addison Van Name", dated May 29, 1878. *Yung Wing Papers* (*MS 602*). Manuscripts and Archives, Yale University Library.

③ 這兩辯論社分別爲：團結兄弟社（Brothers in Unity）和利諾尼雅社（Linonia）。Yung Wing, *My Life in China and America*, pp.39-40.

約書·創世紀》，其外封頁上都記載着 "Yale College Library Presented by Yung Wing, October 1854"（耶魯學院圖書館，容閎持贈，1854年10月）。

容氏最主要的贈書活動集中在1878年和1911年。事實上，容閎一直有意將其中文藏書捐給耶魯圖書館，爲母校漢學研究奠定基礎。同時，他也很希望耶魯能及早設立漢學教席，并且極力促成已經自中國返美的基督教傳教士和外交官衛三畏出任這一教職。他尤其擔心哈佛大學搶得先機，早於耶魯設立漢學教席①。容閎毫不諱言地把他自己的憂慮，清楚地傳遞給了耶魯圖書館館長范念恩。范氏是容閎的學弟，在耶魯校園内人脉充沛，又對中國語言文字研究很有興趣。容閎深知自己豐富的中文藏書也是圖書館非常希望能够得到的，隨後就把計劃捐贈的書單寄給了范館長②。他的直言不諱不但碰觸到了最敏感的耶魯、哈佛兩校瑜亮情節的痛處，而且他提供的中文贈書目錄更是讓館長印象深刻，使得拖延已久的聘任漢學教席一事終於露出一綫曙光。1877年，幾經波折後，耶魯終於聘請了衛三畏出任新設的中國語言與文學講座教授（Chair of Chinese Language and Literature），并且授予了他文學碩士（Master of Arts）的榮譽學位③。這也是北美主要高校首次聘任漢學教職。隔年，容閎也依約將四大木箱的藏書從他所居住的哈特福德市（Hartford）寄到了耶魯大學④。

容閎在圖書館工作的經驗，使得1878年的贈書留有詳細的贈書清單。這應是他親自準備的。這批得來不易的中文書籍共計34種、1280册。此刻，衛三畏除了對於出任耶魯教席一事感到高興之外，更對這批贈書的到來感到十分欣慰。他在寫給住在北京的好友白漢理（Henry Blodget, 1825—1903）牧師的一封信裏，還特別提到了這批珍貴的中文書，并告知了册數、套數（總計157套/函）。他也不改其對金錢花費錙銖必究的審慎態度，對這批書估值六百美金。但是，在信的最後，衛三畏也無奈地抱怨到，因忙於雜務和視力日衰，除了抽空協助整理登録這批書外，他實在無暇也無力再去仔細閱讀這些得來不易的中文經典⑤。

① Yung Wing, "Letter to Addison Van Name", dated February 26, 1877. *Yung Wing Papers*（*MS 602*）.

② Yung Wing, "Letter to Addison Van Name", dated March 1, 1877. *Yung Wing Papers*（*MS 602*）。這封信中提及計劃贈贈的書是40種、1237册，與最後實際收到的數量有些微差距。

③ Samuel Wells Williams, "Letter to Franklin B. Dexter", dated July 13, 1877, *Franklin B. Dexter, Secretary of Yale University, Records*（*RU 51*）.

④ Yung Wing, "Letter to Addison Van Name", dated May 29, 1878. *Yung Wing Papers*（*MS 602*）.

⑤ Samuel Wells Williams, "Letter to Henry Blodget", dated July 3, 1877. *Samuel Wells Williams Family Papers*（*MS 547*）. Manuscripts and Archives, Yale University Library.

　　這批贈書書目上的題名與後來編目所定的題名多有差異，祇能利用版刻年和實際冊數加以確認。不幸的是，少部分似乎已經不見於現有的館藏中。另外，這批書與早期入藏的其他中文書籍有一截然不同之處，即它們外封頁上完全沒有留下任何記載贈書來源的文字。而且，與容閎後來1911年的那批贈書相比較，它們也没有貼任何特别的耶魯藏書票。目前，祇能從館藏中識别出28種。這批書裏有一些精美的版本，例如，明末常熟毛晋汲古閣刻《漢隸字源》、清順治善成堂刻《評論出像水滸傳》、康熙揚州詩局刻《全唐詩》、雍正武英殿刻《御製欽若曆書》、清初刻《子史精華》和《淵鑑類函》等。1876年，容閎獲得了耶魯大學所授予的榮譽法學博士①。1879年，他又特别從個人藏書中，挑選出清嘉慶朝武英殿版《欽定大清會典》《欽定大清會典事例》和《欽定大清會典圖》捐贈給耶魯大學圖書館。這三套書的函套內都貼有"Presented by Yung Wing, L.L.D. 1879"（法學博士容閎持贈，1879年）的藏書票。

　　容閎去世前的1911年，他把其餘的個人中文藏書都捐贈給了他所熱愛的耶魯。可能是因爲此刻他已經體力大不如前，無法再親自清點藏書和準備贈書目錄，因此這批入藏的中文綫裝書，很可惜并未留下詳細的贈送記錄。因此，祇能在逐套目驗版本時，藉由書籍內頁或函套上的藏書票加以認定。在這次整理的過程中，至少發現有31套書貼有"Gift of Dr. Yung Wing, 1911"（1911年容閎博士贈書）的藏書票。這些贈書仍以道光、同治時期的刻本爲主，但種類與前次較爲不同。其中也有數種珍貴的清内府刻印本，例如：康熙朝《康熙字典》和四色套印本《古文淵鑒》，乾隆朝武英殿刻四色套印本《御選唐宋文醇》、朱墨套印本《硃批諭旨》和《皇朝禮器圖式》等。容氏經歷大清官場之後，對於制度和法令類的書籍特别關注。這類藏書中僅同治刊本就有《欽頒州縣事宜》《刑案匯覽》《欽定户部則例》《律例便覽》《大清律例增修統纂集成》等。容閎似乎也對書法金石類書籍頗有涉獵，贈書裏就有一批碑帖拓本：《攀雲閣臨漢碑》《魏開國公劉懿墓志銘》《大唐易州鐵像碑頌并序》《唐故通議大夫行薛王友柱國贈秘書少監國子祭酒太子少保顏君廟碑銘并序》等。其中《大唐易州鐵像碑頌并序》，是衆多容閎贈書中唯一的

圖6　容閎贈書藏書票

①　Yung Wing, "Letter to Franklin B. Dexter", dated October 4, 1876. *Yung Wing Papers*（*MS 602*）.

一部鈐有一方"容閎之印"的藏書。而《唐故通議大夫行薛王友柱國贈秘書少監國子祭酒太子少保顔君廟碑銘并序》的部分碑文更被作爲範本，直接鐫刻在耶魯大學1930年落成的斯特林紀念圖書館（Sterling Memorial Library）的正門上楣：

> 卿兄以人臣大節，獨制橫流，或俘其謀主，或斬其元惡。當以救兵懸絶，身陷賊庭，傍若無人，歷數其罪。手足寄於鋒刃，忠義形於顔色。古所未有，朕甚嘉之。①

這一中文碑文與其他七種世界最古老的書寫符號并列，不時可以看到有人駐足圖書館大門前，仔細觀看。因當時清帝國的積弱不振和西方列强的船堅炮利，以及他個人長期與美籍傳教士的交往，故在他1911年的贈書中，也可以看到容閎對西方科學與史地的關注，其中有爲數不少的算學、天文、物理等清末西學翻譯本和介紹外國史地類的書籍，例如《算學初集》《星軺指掌》《談天》《重學》《環游地球新録》《瀛環志略》等。不過，贈書中最特别的是一部咸豐三年（1853）刻《容氏譜牒》。這是容閎對耶魯大學圖書館的最後一批贈書中的一種。1912年，他在康涅狄格州哈特福德市的家中去世，享年84歲。

容閎贈書的歷史，還涉及一套并不存在的《古今圖書集成》，在此必須特别加以澄清。有國内的著作曾提及，耶魯大學圖書館内藏有一套5040册由容閎贈送的雍正四年（1726）銅活字版《古今圖書集成》②。還有一種説法則是，容氏除了1878年所贈的一批書外，另外還送過耶魯圖書館一套光緒二十年（1894）上海同文書局石印本《古今圖書集成》③。但依據沈津先生在1993年發表的一篇論文，北美僅有兩所圖書館收有雍正銅活字版的珍本，它們分别是哈佛燕京圖書館和普林斯頓大學的葛斯德東亞圖書館。即使光緒上海同文書局石印本在北美各館中亦屬罕見，僅美國國會圖書館和哥倫比亞大學圖書館各有一套④。藉由這項《目録》出版計劃的進行，筆者再度仔細核對了容閎與衛三畏及范念恩等人的往來信件、各種入藏記録，檢視了各個可能的藏書處所，仍然是一無所獲。所以，耶魯圖書館没有收藏過來自容閎或清政府捐贈的雍正銅活字版和光緒同文書局石印版《古今圖書集成》一事是十分確定的。

---

① "The Decoration of the Sterling Memorial Library", *The Yale University Library Gazette*, 5:4,（April 1931），p.84.

② 張翔《〈古今圖書集成〉在美國的收藏》，《圖書館雜志》1997年第4期，頁55；周春玲、王文風《〈古今圖書集成〉在英美的流布及其影響》，《圖書情報工作》2009年第7期，頁21。

③ 王雅戈《容閎與圖書館》，《大學圖書情報學刊》第24卷第5期，頁91；楊光輝《耶魯大學圖書館藏中國善本書初探》，《版本目録學研究》2009年第1期，頁273；吳文津《美國東亞圖書館蒐藏中國典籍之緣起與現况》，《美國東亞圖書館發展史及其他》，聯經出版事業股份有限公司，2016年，頁30。

④ 沈津《美國所藏中國古籍善本述》，《中國文化》1993年第8期，頁181。

耶魯館藏中僅收有中華書局在1934年出版的縮印綫裝本《古今圖書集成》，而這套書則是來自前耶魯大學歷史系芮沃壽（Arthur Frederick Wright, 1913—1976）教授的個人藏書。此乃芮沃壽教授1976年去世以後，由其家人所捐贈。

有關容閎贈書還有一件值得一提的事。2006年4月21日，原中國國家主席胡錦濤先生訪問耶魯大學時，贈送耶魯大學圖書館567種、共1346册中國圖書[①]。當時耶魯大學理查·萊文（Richard C. Levin）校長也回贈了胡主席兩件紀念品，除了一幅容閎的油畫肖像外，最特別的是一部耶魯大學圖書館館藏的容閎1911年所贈清同治年間石印本《小學纂注》[②]。當時還有另一部容氏1911年贈書被考慮過，即康熙朝内府本《康熙字典》。由於早年頻繁使用和儲存環境不佳，容閎贈書的情況一直都不甚理想，部分書籍破損嚴重，因而必須經過修復整理後纔能贈送貴賓。可能當時因爲時間急迫，不易立即完成修復工作，而後者册數衆多，所以前者得以雀屏入選。這部《小學纂注》雖然不是珍稀印本，但百餘年前先是隨着容閎飄洋過海來到美國，寄身於耶魯圖書館，而今又得以重歸故土，何其特殊也。不知這一部身世十分特殊的古籍，目前又爲國内何處所收藏。

除了容閎的饋贈之外，耶魯大學圖書館還藏有與容閎同樣是畢業於耶魯本科的大清留美幼童李恩富（Yan Phou Lee, 1861—1938）的一部贈書。館藏中有一清末刻《四大奇書第一種》的外封頁上記載："Presented to Yale Library by Yan Phou Lee. Class of 1887. Mar. 24, 1890"（李恩富贈與耶魯大學，1887級，1890年3月24日）。李氏才華出衆，文筆尤其優美，很早就嶄露頭角。他還是第一位在美正式出版英文書籍的中國人，其著作《我的中國童年》（*When I was a Boy in China*）[③] 記載了他由中國赴美留學的人生經歷，被認爲是有助於促進美國大衆對中國文化風俗的認識的一本書。李恩富曾致力於爭取在美華人的權益，力抗排華法案。但其一生鬱鬱不得志，晚年病逝於香港。值得一提的是，李恩富後人爲紀念他，還特別在耶魯大學圖書館設立了李氏家族購書基金（Lee Family Book Fund）。這一基金每年的孳息至今仍支持着耶魯中文館藏的持續發展。

---

① 耶魯大學圖書館至今還保存着當時贈書的目録：《中華人民共和國主席胡錦濤向美國耶魯大學贈送圖書目録》，北京，2006。http://search.library.yale.edu/catalog/11744548（retrieved 8/30/2017）。

② 王恬、何洪澤、蘭紅光《一份特殊的禮物——胡錦濤主席耶魯贈書記》，《人民日報》，2006年4月23日，第3版。

③ Yan Phou Lee, *When I was a Boy in China*. Boston: D. Lothrop Company, c1887.

圖7　李恩富及其贈書基金藏書票

四、衛三畏和衛斐列父子的藏書

　　衛三畏來自紐約州的一個信仰虔誠的基督新教家庭，接受了美國公理會海外傳道部（American Board of Commissioners for Foreign Missions）的任命，於1833年首次來到中國廣州。他到中國的主要目的是當一個《聖經》的印刷工人，以傳播福音。初抵廣州，衛三畏除了學習中文，還協助裨治文編輯《中國叢報》（*The Chinese Repository*）。1848年，衛三畏出版了《中國總論》（*The Middle Kingdom*）①。這部英文著作在當時被認爲是研究中國最重要的書籍之一。耶魯大學圖書館的手稿與檔案館中保存有衛三畏家族文件②，内容除了衛三畏與家人和好友之間的往來信件，另有衛氏爲各種書刊所寫的手稿。從文稿裏可以看出，他學習中國語文、歷史、地理十分認真，并留有數册手寫中英對照的翻譯筆記。另外，衛三畏檔案裏還保存了他在中

---

① Samuel Wells Williams, *The Middle Kingdom: A Survey of the Geography, Government, Education, Social Life, Arts, Religion, History of the Chinese Empire and Its Inhabitants*, New York, G. P. Putnam, 1848, c1847.

② *Samuel Wells Williams Family Papers*（MS 547）. Manuscripts and Archives, Yale University Library。耶魯圖書館的班内基善本與手稿圖書館也收藏有衛氏家族信函: *Williams Family Letters*（GEN MSS 761）. General Collection, Beinecke Rare Book and Manuscript Library, Yale University。國内也有數種源出這一收藏的出版品，例如: 顧鈞、宮澤真一主編《美國耶魯大學圖書館藏衛三畏未刊往來書信集》，廣西師範大學出版社，2012；《衛三畏文集》，大象出版社，2013—2017；姚達兌《耶魯藏〈道德經〉英譯稿（1859）整理與研究》，中國社會科學出版社，2016。

國傳教和返美探親期間詳細的旅游手記和開支賬簿，由此可以看出他是一個做事十分仔細的人。衛氏分別在1853年和1854年權充翻譯，隨同美國海軍艦隊到過日本，館藏檔案裏因此也留有爲數不少當時衛氏與美國艦隊司令馬修·佩里（Mathew C. Perry）之間的往來信件，這對於研究早期美日之間的外交關係也是極爲珍貴的原始材料。1856—1876年間，衛三畏還擔任過美國駐中國使館翻譯和秘書的職務，負責與清廷交涉，并在1863年搬到了北京。他也因爲懂得充分利用自己的這一特殊身份，使得1858年中美間所簽訂的《天津條約》中，明訂了對於教堂、傳教士和他們家屬的生命財產保障。衛三畏在華期間，與清廷官員往來密切，檔案中留有大批官員來訪的名帖。衛三畏文稿檔案中，另存有三種早期基督教在華的宣教手册和同治朝進士陸潤庠的殿試策。1876年，衛氏退休返美，晚年定居於耶魯大學所在的紐黑文市，并從1877年起，擔任耶魯的中國語言與文學教授。不過，衛三畏并沒有正式在耶魯開班授課和收過學生，僅在校内發表過多次演講，尤其爲反對《排華法案》仗義執言[1]。1883年，在兒子衛斐列的協助下，出版了《中國總論》的擴大修訂本[2]。1884年，他去世於家中。

衛三畏的兒子衛斐列（Frederick Wells Williams, 1857—1928）出生於澳門，十二歲以前隨着父母住在北京。受到父親的影響，自幼就對古老的中國充滿興趣。他是耶魯1879年本科畢業生，并曾於1883—1885年間在耶魯圖書館擔任過助理職務。歐洲留學歸來後，於1893年接下了父親遺留下來的耶魯漢學教席，直至1925年退休。衛斐列的教學與研究以中國爲主，但是也兼及一些不爲當時美國高校所注重的冷門領域，例如中亞、印度與遠東等地區研究[3]。班内基善本與手稿圖書館（Beinecke Rare Book and Manuscript Library）裏藏有數部衛斐列所捐贈的珍貴英文藏書，書上的藏書票尤其特殊。這一藏書票正中間有幢中式牌樓，上鎸"衛廉士"[4]，左右分別題記："默而識之學而不厭""誨人不倦何有於我哉"。

---

① Frederick Wells Williams, *The Life and Letters of Samuel Wells Williams, LL.D., Missionary, Diplomatist, Sinologue.* New York: G. P. Putnam's sons, 1889, pp.426-433.

② Samuel Wells Williams, *The Middle Kingdom: A Survey of the Geography, Government, Education, Social Life, Arts, Religion, History of the Chinese Empire and Its Inhabitants.* New York, C.Scribner's Sons, 1883.

③ Kenneth S. Latourette, "Williams, Frederick Wells", in Dumas Malone ed. *Dictionary of American Biography Werden-Zunser Volume XX.* New York: Charles Scribner's Sons, 1936, pp.260-261.

④ 衛三畏在自用信箋上也印有這一中文姓名, *Franklin B. Dexter, Secretary of Yale University, Records*（*RU 51*）。

衛氏父子的藏書以英文居絕大多數。在中文古籍方面，可以確認是先前衛三畏藏書的僅有明版《黃氏畫譜》中的三種：《新鐫梅竹蘭菊四譜》《新鐫六言唐詩畫譜》和《新鐫草本花詩譜》。除此之外，館藏裏還有爲數不少之清末間中國對外國外交文書刊本和基督教在華宣教書籍，應該也是衛三畏在華時期搜集或是友人先後贈送給他的，但這些古籍的數量是很有限的[①]。這類書籍中，有一部清咸豐八年（1858）刻本《五方元音》，外封頁上仍鈐有美國駐華使團的關防大印，特別引人注目。另外，衛三畏與最早在哈佛大學教授中文的戈鯤化亦有交往。戈氏還曾親自來到過耶魯，想拜訪這位在當時同是漢學教席的同儕[②]。不知是否因兩人有所交往的緣故，耶魯大學圖書館也是哈佛燕京圖書館之外，唯一藏有戈氏爲紀念其四十壽辰所刻印之《人壽堂詩鈔》的北美圖書館。

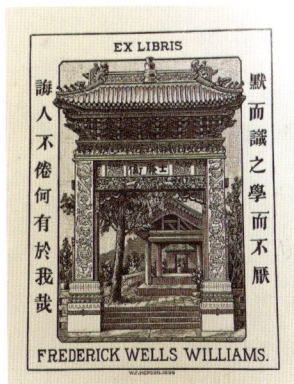

图8　衛斐列贈書藏書票

衛氏父子不但爲耶魯的漢學研究奠下了深厚基礎，也爲圖書館的中文館藏發展做出了重大貢獻。1961年，耶魯東亞研究理事會成立，一項以紀念衛氏父子爲名的特殊獎項——威廉士東亞研究獎（The Williams Prize in East Asian Studies）隨之設立，專門頒發給每年與東亞研究有關的本科畢業生所撰寫的最佳論文[③]。

五、1891年3月20日從廣州寄出的另一封信

衛三畏去世七年後的1891年，時任耶魯大學圖書館館長的范念恩先生接到一封3月20日從中國廣州發出的信函。這封信是由當時擔任大清海關要職的耶魯1864級校友吳德祿（Francis Eben Woodruff, 1844—1914）親筆寫來的。有意思的是，這封信

---

①　這些先前由衛氏父子捐給耶魯圖書館的中文古籍應祇有20餘種，即使加上俊來筆者在美國東方學會圖書館內看到的爲數極少的衛三畏贈書，總數也不可能超過30種，絕未多到有國內論文宣稱的"數千册"之多。潘德利、張洪鋼《明清之際傳教士與中國古籍流散》，《圖書館論壇》2010年第2期，頁178。

②　Frederick Wells Williams, *The Life and Letters of Samuel Wells Williams, LL.D., Missionary, Diplomatist, Sinologue*, pp.450-452；張宏生《戈鯤化集：中美文化交流的先驅》，江蘇古籍出版社，2000，頁22—23、270—271。

③　這一獎項是由衛斐列的女兒伊麗莎白·威廉士·加爾斯敦（Elizabeth Williams Garstin）和耶魯知名的中國基督教史教授賴德烈（Kenneth Scott Latourette, 1884-1968）共同捐出。https://ceas.yale.edu/honors-prizes（retrieved 8/30/2017）.

和先前1849年赫瑞克館長所收到的衛三畏來信頗有異曲同工之妙。因爲這又是一封通告信，告知耶魯圖書館一批已經從遙遠中國海運發出的中文書籍即將運抵紐約。而兩者不同之處，在於這次即將收到的是贈書而非代購書籍。這是一套清光緒十年（1884）上海同文書局石印本《二十四史》。

吳德祿是紐約市人，早年放棄了進入美國西點軍校的機會，進入耶魯修習本科。1864年畢業後，雖考取美國海關，却遲遲未獲分派職務。後經人推薦給了當時需才殷切的赫德（Robert Hart, 1835—1911），遂於1865年元月前往中國，開始任職大清海關，直至1897年因病自宜昌海關稅務司退休返美。吳德祿在華三十餘年間，歷任鎮江、漢口、厦門、廣州、蕪湖、汕頭、淡水等口岸海關副稅務司、稅務司等職。1914年病逝於紐約[①]。

這部意義十分特殊的書，雖然入藏記錄記載是由衛三畏和吳德祿兩人合贈，但實際上，這是衛三畏多年的一個不爲人知的夙願。衛氏深知一部完整的《二十四史》是耶魯漢學研究以及未來教授教學與學生學習所不可或缺的重要原始材料，他先是希望吳德祿能在中國幫他找部較早期的印本，但是吳氏却一直苦於無法覓得一套完整無缺的版本。而這部號稱是依據清乾隆四年（1739）武英殿本影印的上海同文書

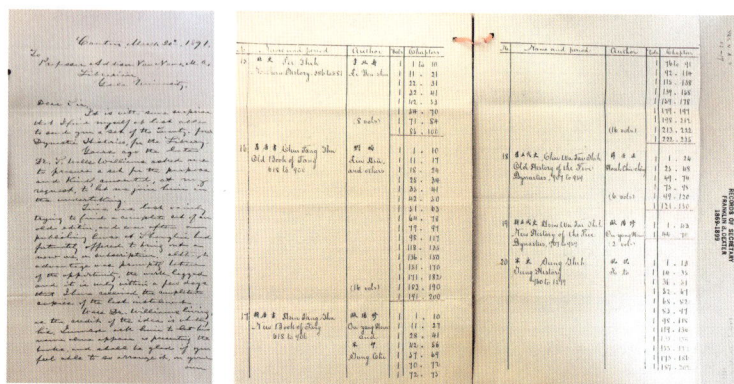

图9　1891年3月20日吳德祿致范念恩信及細目

① Yale University, "Francis Eben Woodruff, B.A.1864", *Obituary Record of Graduates of Yale University: deceased from June 1910 to July 1915*. New Haven: Yale University, 1915, p.773; 中國社會科學院近代史研究所翻譯室《吳德祿》，《近代來華外國人名辭典》，中國社會科學出版社，1981，頁522；Hans van de Ven, *Breaking with the Past: The Maritime Customs Service and the Global Origins of Modernity in China*. New York: Columbia University Press, 2014, p.98.

局刊本①，則是吳德禄特別逐年分批向書局購齊的。這套原有多達711冊的綫裝書，被吳德禄慎重地重新改裝成了217冊洋裝合訂本，以利於直放陳列在書架上。但他又擔心合訂本會增加圖書館處理和學者使用上的困難，因而又特意附上一份中英文并列的細目②。范念恩館長素來對於教授和研究中文很有興趣，能收到這份來自中國的特別禮物，當然是非常高興，并將其清楚地記載於該年校内出版的《圖書館館長年度報告》内③。由這件事可見，衛三畏對漢學在耶魯的長期發展，實在是深謀遠慮，用心良苦。吳德禄則是受人之托，忠人之事。至今，吳德禄的這封長達三頁的贈書信函、一份中英對照的《二十四史》細目和上海同文書局這套書的中文出版目録，都仍然完好如初地保存在耶魯大學圖書館的手稿與檔案館。

六、范念恩——耶魯大學圖書館第三任館長的中文藏書

耶魯圖書館第三任館長范念恩是耶魯學院1858年以第一名畢業的高材生，并在1861年獲得碩士學位。他在多種外語研究上頗有建樹。除了在耶魯神學院教授希伯來文的課程和發表有關阿拉伯文研究的論文，他同時也對中、日文有相當程度的涉獵，1871年還在耶魯的哲學與藝術系（耶魯大學研究生院的前身）開授過有關中、日文的正式課程④，成爲美國高校歷史上第一位開設中文課程的教授⑤。在教學和研究的同時，范念恩還擔任耶魯圖書館館長一職長達四十年（1865—1905），任内尤其以發展館藏建設著稱，也是美國圖書館協會（American Library Association）的創始人之一。他在耶魯校内更是備受推崇，任内募款成績斐然，耶魯圖書館藏書數量因此得以快速增加，在其任内爲耶魯建立了北美首屈一指的中、日文館藏⑥。他曾在1873

① 張學謙《武英殿本二十四史翻刻翻印考述》，《北京大學中國古文獻研究中心集刊》2016年第15輯，頁141—142。

② Francis Eben Woodruff, "Letter to Addison Van Name", dated March 20, 1891. *Franklin B. Dexter, Secretary of Yale University, Records* (RU 51).

③ President's Office, Yale University. "Report of the Librarian" in *Report of the President of Yale University and of the Deans and Directors of Its Several Departments for the Academic Year [for the year ending December 31, 1891].*[New Haven]: Printed by Tuttle, Morehouse & Taylor Co., 1892, p.66.

④ Yale University, "Yale University. University Catalogue, 1871" (1871). *Yale University Catalogue.*42. http://elischolar.library.yale.edu/yale_catalogue/42, p.62. (retrieved 8/30/2017).

⑤ John B. Tsu, "The Teaching of Chinese in Colleges and Schools of the United States", *The Modern Language Journal*, 54:8, (Dec., 1970), pp.562-564.

⑥ "Addison Van Name", *Library Journal*, 47 (15 Oct. 1922), p.874.

年間籌得專款，希望直接自海外購買中、日文書籍，但有記錄可查的似乎祇有日文書籍，而未見到購得任何中文書籍[①]。

　　儘管如此，在耶魯中文古籍館藏裏仍發現了原屬於范念恩個人的中文藏書，例如，1870年入藏的清乾隆十三年（1748）龍江書屋刻本《新刻官音彙解釋義》和道光集古堂銅版《漱芳軒合纂四書體注》。館藏中還有他在1920年贈送的嘉慶粵東督榷使者長白阿克當阿刻本《藝文備覽》，道光寶章堂合刻《戚參軍八音字義便覽》《太史林碧山先生珠玉同聲》、半塔草堂刻《佩文廣韻匯編》，裨治文譯同治初上海美華書館鉛活字印本《新舊約全書》和清拓本《草法偏旁辨疑》。其中《新刻官音彙解釋義》與《戚參軍八音字義便覽》《太史林碧山先生珠玉同聲》合刻本都是研究華南閩語的重要著作，前者尤其罕見。范念恩館長的中文藏書有簽名，例如 "A. Van Name" 或 "Van Name"。今日在斯特林紀念圖書館大堂的一側，還可以看到范念恩館長的石雕頭像。斯人已逝，但他對耶魯圖書館的巨大貢獻，永遠都會記載在校史中。

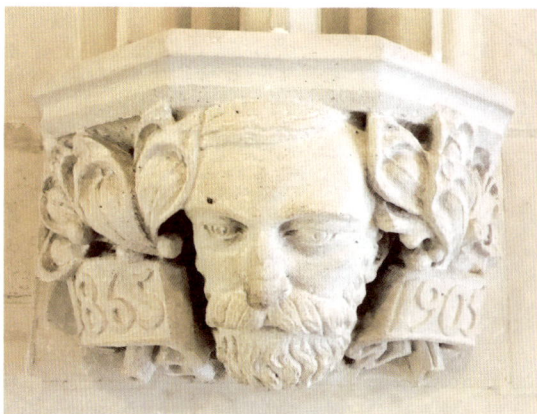

圖10　愛迪遜·范念恩（Addison Van Name）雕像

七、耶魯日本學會贈書

　　進入二十世紀後，耶魯大學開始計劃在校園內新建一主要圖書館。在這一特殊時刻，校方呼籲校友們踴躍捐贈個人珍貴藏書給母校圖書館，以充實特別館藏。日

---

　　①　Ellen H. Hammond, "A History of the East Asia Library at Yale University" in P. Zhou ed. *Collecting Asia: East Asian libraries in North America, 1868-2008*. Ann Arbor, Mich.: Association for Asian Studies, Inc., 2010, p.5.

裔的東亞圖書館館長朝河貫一（Asakawa Kan'ichi, 1873—1948）教授也希望耶魯在東亞各國的校友能夠響應這一號召。他趁着當年赴日本購書之便，會見了不少日籍耶魯校友。耶魯日本學會（Yale Association of Japan）首先積極響應。朝河還特別委託東京大學歷史學黑板勝美（Kuroita Katsumi, 1874—1946）教授代爲統籌徵集和整理贈書，他們希望利用這次捐書的機會能向西方世界介紹古老的東方文明①。中國此刻正值內有軍閥割據相互交戰、外有列強威脅喪權失地的困境，耶魯在中國的校友完全沒有任何回應。因此，可以預期徵集的結果——贈書全部來自耶魯日本學會。這批捐贈絕大多數都是和刻善本和手稿，當然也有爲數不少的和刻漢籍。其中中文善本則祇有數種宋元版的佛經零卷，以及數種罕見的明版書，但它們的外封頁都被改成了和式裝幀。這批贈書在1930年新建完成的斯特林紀念圖書館中開闢有專室展藏，1963年班內基善本與手稿圖書館落成後，又成爲最早被收入該館的極少數中文書籍。

這批以"YAJ C"爲書號的藏書有以下各種②：

YAJ C7a.1《大方廣佛華嚴經》卷二十一，北宋大和寧國藏朱絲欄寫本

YAJ C11.1《宗鏡錄》卷九十六，宋福州毗盧藏刻本

YAJ C11.2《大般若波羅蜜多經》卷五百八十二，宋元間磧砂藏刻本

YAJ C11.3《續集宗門統要》十二卷，明末刻本

YAJ C11.4《阿毗曇毗婆沙論》卷六十二，宋元間磧砂藏刻本

YAJ C11.5《阿毗曇論》卷二十四，宋元間磧砂藏刻本

YAJ C11.6《續高僧傳》卷二，宋元間磧砂藏刻本

YAJ C11.7《重新校正入註附音通鑑外紀》四卷，明初刻本

YAJ C11.8《聯新事備詩學大成》三十卷，明宣德元年（1426）刻本

YAJ C11.9《新增註釋對類大全》二十卷，明正德七年（1512）刻本

YAJ C11.10《文選》六十卷，明成化二十三年（1487）刻本

YAJ C11.11《精刻歷朝捷錄方家評林》四卷，明萬曆三十年（1602）刻本

YAJ C11.11《新刻屠儀部編集皇明捷錄》一卷，明萬曆三十一年（1603）刻本

---

① K. Asakawa, "The Evolution of Japanese Culture Gift from the Yale Association of Japan", *The Yale University Library Gazette*, 9:2,（October 1934），pp.29-30.

② K. Asakawa, "Books from China" in [New Haven]: *Gifts of the Yale Association of Japan*, 1945, pp.133-136.

　　YAJ C11.12《列女傳》十六卷，明萬曆間刻清乾隆四十四年（1779）印本

　　YAJ C2.1《康熙帝誥命》，清康熙十四年（1673）寫本

　　從上述書單可知，耶魯大學圖書館幾乎所有的宋元藏本都是來自耶魯日本學會所捐贈的佛經零卷。北宋末葉正值寫經與刻經并存的時代，藏本中尤其以一册《大和寧國藏》北宋寫經《大方廣佛華嚴經》卷第二十一最爲珍貴。而館藏中所收印年可以確認爲北宋的刻經，則是北宋宣和六年（1124）福州開元寺刻《毗盧藏》本《法苑珠林》卷四十七。這是由一位耶魯1898年本科校友亨利·佛萊契爾（Henry Fletcher）於1937年9月23日購自美國加州洛杉磯的道森書店（Dawson's Book Shop）。佛萊契爾先生過世後，佛萊契爾夫人把這一經册贈送給了耶魯大學圖書館[①]。與耶魯同爲北美主要的中文館藏機構中，西岸加州大學伯克利分校東亞圖書館有同屬《毗盧藏》的《法苑珠林》卷四十一[②]，東岸新英格蘭的哈佛燕京圖書館則有卷四十八[③]。這一收藏的巧合，誠屬難得。在世界各主要中文館藏機構中，能够同時收藏有從北宋寫經《大和寧國藏》《崇寧藏》（耶魯大學圖書館内的美國東方學會圖書館）、《毗盧藏》到《磧砂藏》等這一系列的珍貴佛經零册的，也并不多見，其文物價值尤其難得。不過，耶魯大學所收藏年代最早的一卷佛經并不是在圖書館，而是在校園另一端的耶魯大學藝術館（Yale University Art Gallery）。該館藏有一册由美國知名的魯斯家族於2013年所捐贈的《大般涅槃經》卷第三十一。這是爲了紀念該家族中曾在華傳教、耶魯1892年畢業生亨利·魯斯（Henry W. Luce, 1868—1941），這件藏品所登録的年代是隋朝[④]。

　　東亞圖書館館長朝河貫一教授主導了1910—1940年代耶魯東亞館館藏的發展，并且同時兼任中文館藏館長，但他對中文館藏發展的停滯不前感到挫折。除了耶魯在中國的校友們對他的贈書呼籲全然未有任何回應外，他還與當時擔任中文館藏副館長的金守拙（George Alexander Kennedy, 1901—1960）教授在中文館藏的發展

---

　　① 　Thomas E. Marston, "The Collection of Henry Fletcher, 1898", *The Yale University Library Gazette*, 29:1（July 1954），p.11. 除了《法苑珠林》卷四十七，佛萊契爾校友還捐贈了一部僅存一函的明萬曆刻清初印本《登壇必究》。

　　② 　曹亦冰、盧偉主編《美國圖書館館藏宋元版漢籍圖録》，中華書局，2015，頁226—228。

　　③ 　《美國圖書館館藏宋元版漢籍圖録》，頁359—361。

　　④ 　這件藏品可見 *Mahaparinirvana Sutra, juan 31*, http://artgallery.yale.edu/collections/objects/179690（retrieved 8/30/2017）。

方向與中文古籍的編目處理上時有爭論①。在一封寫給校內遠東委員會的報告中，朝河提到中文館藏的發展已經嚴重不足，必須立即加以正視②。他的憂慮也多少反映了校園內其他東亞研究教授們的心聲。1946年，當時負責耶魯大學遠東與俄羅斯研究的學科主任大衛·羅威（David N. Rowe）教授，就曾十分慎重地寫了一封信給圖書館館長詹姆斯·貝伯（James T. Babb），告知他獲得了來自洛克菲勒基金會（Rockefeller Foundation）的十萬美金捐款，將會用在這個領域的本科與研究生教育上。這位研究中國政治的學者十分語重心長地指出，這一研究領域的成敗實繫於未來圖書館在這方面館藏的發展。他不但強調圖書館在中、日語言的材料必須特別加強配合教研工作，而且也明白告訴貝伯館長，不希望因爲圖書館館藏的不足，影響到未來招攬知名教授任教耶魯的意願③。不幸的是，在此後近二十年中，耶魯的中文館藏并未有明顯改善，經歷了一個停滯不前的黑暗時期。

八、耶魯校友瑞格斯上校的中文藏書

耶魯中文善本古籍中，還有一批非常特別的瑞格斯（Riggs）兄弟贈書。瑞格斯兄弟來自美國銀行業大家族。兄依萊沙·弗朗西斯·瑞格斯（Elisha Francis Riggs，1887—1936）係耶魯1909年畢業生，歷任美國陸軍軍職，退伍後，出任美國屬地波多黎各警察總監，1936年在首府聖胡安城爲民族主義分子槍殺。弟托馬斯·勞拉森·瑞格斯（Thomas Lawrason Riggs，1888—1943）爲耶魯1910年畢業生，曾任耶魯大學天主教神職人員，并長期擔任圖書館顧問委員會的榮譽職。在瑞格斯上校遇刺身亡後不久，耶魯圖書館收到校方的一封來函，指示館方應儘速透過瑞格斯神父，

---

① 中文書編目問題尤其棘手，最大的爭論在於是否應採用當時普遍爲美國主要東亞館所使用的哈佛燕京圖書館裴開明編目法，即以中國傳統經史子集四部爲分類的準則。金守拙始終是全力支持，但朝河貫一則認爲强加單一的中國標準到日韓書籍所代表的不同文化上，是極不合理的，故堅決反對。耶魯大學圖書館的決定是暫時擱置爭議，等到朝河教授退休之後再做最後決定。但是這一問題，隨後又引發了金守拙教授和朝河繼任人之間的爭論。James Babb, "Memo to [A.M.] Monrad Re: Chinese Books", dated July 2, 1943; A. M. Monrad, "Memo to [James] Babb and [Kan'ichi] Asakawa Re: Classification of China and Japanese Philology and Literature", dated July 20, 1943; George Alexander Kennedy, "Letter to James Babb", dated December 4, 1952; James Babb, "Letter to George Alexander Kennedy", dated December 10, 1952, *Librarian, Yale University, Records*（*RU 120*）.

② Asakawa[Kan'ichi], "To the committee on the Far East, 21, X, 1937", dated [1937].*Librarian, Records*（*RU 120*）. Manuscripts and Archives, Yale University.

③ David Rowe, "Letter to James Babb", dated September 13, 1946. *Librarian, Records*（*RU 120*）.

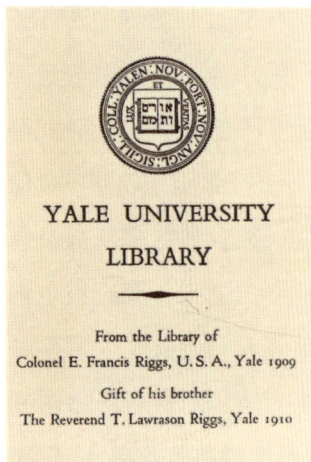

圖11　瑞格斯（Riggs）兄弟
贈書藏書票

瞭解其兄長生前所擁有的一批珍貴的地理學書籍與地圖收藏的去向[1]。圖書館顯然沒有讓校方失望。1938年11月底，時任耶魯圖書館中文館藏副館長的金守拙教授接到圖書館的通知，告知有一批瑞格斯神父捐贈其兄的中文書籍需要請他親自前往鑒定。金教授看過這批書後，十分興奮地寫了封長信給時任圖書館助理館長的貝伯，告知他這批書十分珍貴。金教授并把這些書分成以下三類：三十四函地方志，十二函軍事科學書籍和十八函古典文學書籍。他認爲地方志類的書尤其珍貴，而軍事科學和古典文學類裏，雖少數耶魯圖書館已經有收藏，但是版本却不相同[2]。在1939年耶魯大學圖書館所出版的《館刊》内提到了這批贈書，其中有關中文部分的内容就是完全依照金教授的描述[3]。

　　筆者經過目驗，目前至少發現十五種書籍貼有 "From the library of Colonel E. Francis Riggs, U.S.A., Yale 1909 / Gift of his brother The Reverend T. Lawrason Riggs, Yale 1910"（來自美國陸軍上校E·弗朗西斯·瑞格斯個人圖書館，耶魯1909級/由其弟T·勞若森·瑞格斯神父捐贈，耶魯1910級）的藏書票。瑞格斯上校的藏書確實很有特色，主要是以方志、兵書、醫書和興地之學爲主，例如：明萬曆《大明會典》和明版清初印本《天下一統志》，康熙間蘇州寶翰樓刻本《廣興記》、朱氏六峰閣刻本《日下舊聞》《貴州通志》，雍正間《山西通志》《畿輔通志》，乾隆朝《汾州府志》、榕城嘉魚堂《洴澼百金方》，嘉慶間味經堂《西域記》、菊坡精舍《孫子吳子司馬法合刻》，道光年間《演礮圖説輯要》、德國湯若望授《火攻挈要》、咸豐刻本《孫子十家註》、同治湖北撫署刻本《大清一統興圖》和光緒元年（1875）京都寶林堂刻本《戚大將軍練兵紀效合刻二種》。據此可以推斷，館藏中少數中國古代興圖也有可能是來自瑞格斯

---

①　　Carl Albert Lohmann, "Letter to Andrew Keogh", dated February 28, 1936. *Librarian*, *Records* (*RU 120*).

②　　James Babb, "Letter to George Alexander Kennedy", dated November 25, 1938, *George Alexander Kennedy Papers* (*MS 308*). Manuscripts and Archives, Yale University Library; George Alexander Kennedy, "Letter to James Babb", dated November 30, 1938, *Ibid.*

③　　"Notes on Some Recent Acquisitions", *The Yale University Library Gazette*, 13:3, (January 1939), p.82.

上校的個人收藏[1]。

九、金守拙教授與耶魯大學圖書館中文館藏

金守拙教授出生在浙江省莫干山，是美籍傳教士的兒子，在離杭州不遠的塘棲鎮長大。他在學習語言方面有特別的天賦。在耶魯手稿與檔案館內，有一份他自己準備的履歷表，裏面洋洋灑灑地列出了他所通曉的各種語言：中文（含古文）、日文、滿文、拉丁文、德文、法文、希臘文、希伯來文、阿美尼亞文和阿拉伯文等[2]，這還不包含他所知道的中國各地方言在內。金教授的研究領域主要是在語言學方面，從他的檔案中可以見到他與著名的華裔語言學家李方桂和趙元任先生之間，有着不少往來論學的信函。金守拙教授在1936—1960年間任教於耶魯大學，先從講師開始，一直到1954年升任中國語言和文學的正教授。他特別對中國語言教學和教材設計著力甚深，他創造的耶魯中文教學法廣爲當時美國主要高校所採用。二戰時期，尤其是在1942至1944年間，他最主要的工作是創立與主持附屬於耶魯大學的軍事情報學校陸軍特殊訓練計劃漢語部（Military Intelligence School Army Specialized Training Program, Chinese Language）。這一機構旨在爲即將開赴遠東戰場的美國軍人提供短期密集的中文訓練。金守拙教授在初抵耶魯時，還特別遠自香港進口了一套中文活字排版的字體模組。《紐約時報》曾專題報導過他用活字排版的方式訓練耶魯學生學習中文的事跡[3]。他還在校內開辦了一家中文印刷所——遠東出版社（Far Eastern Publications），出版中文的教材、書籍和刊物。

金教授在第二次世界大戰前後，除了身兼教職和行政工作之外，對耶魯中文館藏的發展也有着舉足輕重的影響，中文館藏數量也有顯著的增加[4]。他在1937至1947年間擔任圖書館中文館藏的副館長，1947年在朝河教授離職後，接任中文館藏

---

① 另有一批中國古地圖入藏則是在1980年，由耶魯1940級本科和1943年醫學院校友約翰遜·川伯·藍曼（Jonathan Trumbull Lanman）捐出，https://www.library.yale.edu/MapColl/oldsite/map/drlanman.html（retrieved 8/14/2017）。這批輿圖的索書號都以 "Lanman" 開頭，其中最珍貴的是兩幅明末彩繪《江西袁州府圖》和清雍正彩繪《海壇左右營管轄輿圖》。

② [George Alexander Kennedy], "George A. Kennedy, Education and Teaching", *George Alexander Kennedy Papers*（*MS 308*）.

③ "New Method of Setting Chinese Type in Use at Yale: Oriental Unit Expands Its Work to the Point of Literary Texts", *New York Times*, April 30, 1939, p.55.

④ 李田意《金守拙先生的生平及其在漢學上的貢獻》，《傳記文學》第9卷2期，頁4。

館長，直到1960年去世。但是，他長期擔任這一職務的影響，却一直被有意無意地忽視了①。金教授對圖書館中文古籍的使用，很有自己的見地。他覺得館藏《十三經》和《二十四史》等書應該放置在工具書書架上，以方便教授和學生使用②。對同一種書籍，珍貴的早期善本最好還是要少用，并妥善收藏，多使用容易購得的晚期印本③。1940年，他致函耶魯圖書館館長，表示對館内没有適當的設施與手續來收藏珍貴的中文古籍十分關切④。他認爲，中文書用紙較爲脆弱，函套應該平放，而且叢書動輒上百册，研究者檢索不易，因此，單獨成立中文特藏刻不容緩。他并以美國國會圖書館、哈佛大學圖書館和哥倫比亞大學圖書館都已經如此安排爲據，闡明耶魯的中文館藏也不應該例外⑤。他在圖書館中文館藏年度報告裏，詳細記載了館藏發展的重要里程碑。例如，1939年的中文館藏年度報告裏，他詳細地記載收到了上海商務印書館出版的《萬有文庫》和《四部叢刊》這兩套大書，還特別提及知名語言學家李方桂教授客座耶魯大學期間，從李教授個人藏書裏購得了200册有關語言學的重要中文書籍。金教授對於新購中文書籍的編目與卡片製作也很了解，特別倡議採用哈佛燕京圖書館的裴開明中文編目法和該館印製的中文書籍編目卡片⑥。

　　耶魯圖書館所藏金教授的檔案顯示，早在1936年，他就利用赴中國訪問講學之便，開始爲圖書館採購中文書籍⑦。其後，他還利用從洛克菲勒基金會申請到的2500美元研究經費，逐年爲圖書館添購重要的中文書籍⑧。以前筆者有看過部分館藏民國時期舊書上貼有 "Sinological Seminar in memory of George A. Kennedy"（漢

---

① "George A Kennedy", *Sinological Profiles*: http://www.umass.edu/wsp/resources/profiles/kennedy.html（retrieved 8/14/2017）. 金守拙長期爲酗酒所苦，這或許是主要原因。《金守拙先生的生平及其在漢學上的貢獻》，頁5—7。

② George Alexander Kennedy, "Letter to Andrew Keogh", dated May 5, 1936, *George Alexander Kennedy Papers*（MS 308）.

③ George Alexander Kennedy, "Letter to James T. Babb", dated January 24, 1940, *George Alexander Kennedy Papers*（MS 308）.

④ George Alexander Kennedy, "Letter to James T. Babb", *George Alexander Kennedy Papers*（MS 308）.

⑤ George Alexander Kennedy, "Letter to James Babb", dated November 30, 1938, *George Alexander Kennedy Papers*（MS 308）.

⑥ George Alexander Kennedy, "Letter to Bernhard Knollenberg", dated June 16, 1939, *George Alexander Kennedy Papers*（MS 308）.

⑦ George Alexander Kennedy, "Letter to C. L. Cannon", dated October 21, 1936, *George Alexander Kennedy Papers*（MS 308）.

⑧ George Alexander Kennedy, "Letter to James Babb", dated November 30, 1938, *George Alexander Kennedy Papers*（MS 308）, and George Alexander Kennedy, "Letter to Warren [Tsuneishi]", dated May 12, 1954, *Ibid.*

學講座紀念金守拙）的藏書票。在這次古籍目錄編纂過程中，除了發現兩種光緒刻本的《四書》和《協紀撮要吉書》也貼有這一特殊藏書票，還注意到有一批通俗小說和叢書的內、外封頁背面，都有鉛筆注記的"Kennedy"或"Kn"字樣。由於這批書多鈐有1948年間入藏耶魯大學圖書館的館藏章，它們應該就是金守拙當年用個人研究經費在北平購得的中文書籍中的一部分。通過這次古籍目錄整理項目，至少發現有以下二十三種與金教授有關的古籍，其中不少是明末清初的珍稀歷史小說刻本，特別令人注目：

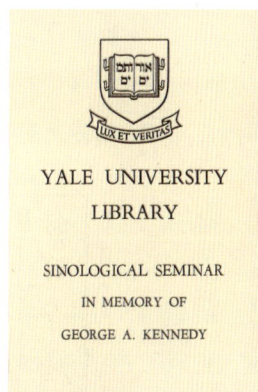

圖12　金守拙（George A. Kennedy）贈書藏書票

　　1.明末刻《天祿閣外史》

　　2.明末崇禎刻《新刻按鑑開闢衍繹通俗志傳》

　　3.清初消閒居精刻《拍案驚奇》

　　4.清初大魁堂刻《四大奇書第一種》

　　5.清初善成堂刻《新刻鍾伯敬先生批評封神演義》

　　6.清初刻《四雪草堂重訂通俗隋唐演義》

　　7.清初刻《新刻批評繡像後西遊記》

　　8.清順治宛委山堂刻《說郛》

　　9.清雍正刻《殘唐五代史演義傳》

　　10.清雍正刻《明朝歷科題名碑錄》

　　11.清乾嘉間馬俊良大酉山房刻《龍威秘書》

　　12.清乾嘉間刻《新鐫批評出像通俗奇俠禪真逸史》

　　13.清乾嘉間刻《情史類略》

　　14.清大業堂刻《新鐫重訂出像通俗演義東晉志傳題評》

　　15.清刻《新評龍圖神斷公案》

　　16.清刻《今古奇觀》

　　17.清刻《新鐫古本批評繡像三世報隔簾花影》

　　18.清道光刻《綠野仙踪》

　　19.清同治刻《古經解彙函》

　　20.清光緒刻《後知不足齋叢書初編》

21.清光緒刻《八史經籍志》

22.清光緒刻《觀古堂彙刻書》

23.清光緒刻《潛研堂全書》

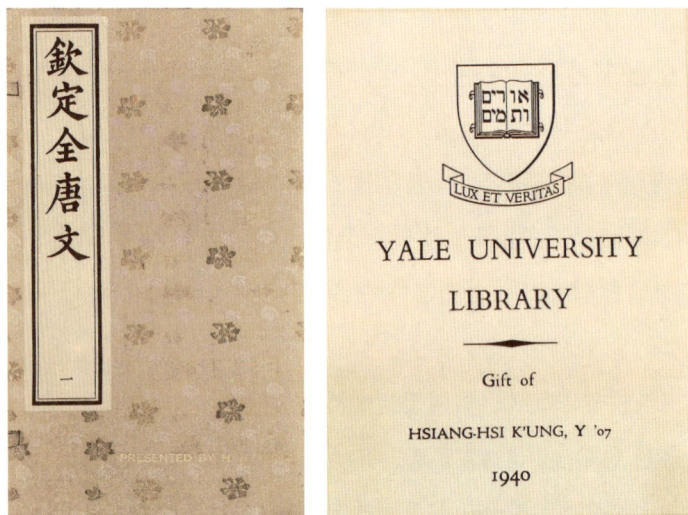

圖13　孔祥熙贈《欽定全唐文》及藏書票

在這段期間，耶魯大學圖書館還入藏了兩部意義十分特殊的孔氏贈書。一是在1940年底，由1907級文學碩士的校友、時任國民政府財政部長孔祥熙贈送的清嘉慶二十三年（1818）揚州詩局以開化紙精印的一部《欽定全唐文》①。這套書的函套外有燙金鑴印的 "Presented by H. H. KUNG"（孔祥熙持贈），函內則有耶魯圖書館的藏書票 "Gift of HSIANG-HIS K'UNG, Y'07 1940"（孔祥熙贈書，耶魯07級，1940年）。由於這一部大有來頭的套書多達1000餘冊，捐贈的新聞還被刊登在了康州當地的報紙上②。另一套特別贈書則是來自孔子第七十七代嫡長孫孔德成先生。這套記載孔子故里歷史的清乾隆二十七年（1762）孔氏刻本《闕里文獻考》，在第一冊外封頁上有孔先生親筆寫的 "耶魯大學圖書館惠存　孔德成敬贈　一九四八.十二.十四日□□美國"。1948年，孔德成先生來到耶魯訪學，據當時爲他在接受美國記者訪問時擔任翻譯的傅斯年先生所述，他此行的主要目的是要學習英文和哲學。這位在西

---

① 　K. Asakawa, "The Gift of the Honorable Hsiang-Hsi K'ung, M.A.1907", *The Yale University Library Gazette*, 15:3,（January 1941）, pp.85-86.

② 　"1000 Chinese Books Given Yale Library", *The Hartford Courant*, October 7, 1940, p.14.

方人眼中充滿神秘色彩的孔子後代,也被本地報紙大幅報導①。

除了這兩部孔氏贈書外,這一時期耶魯圖書館還入藏了兩部罕見的中文抄本與繪本:一是明末藍格抄本《御製天元玉曆祥異賦》;二是清末《滇省夷人圖說》②。

由於經費限制和人事掣肘,金守拙教授對耶魯圖書館中文館藏的發展有坐困愁城的感覺③。除了圖書館的業務,他還同時需要承擔沉重的校內行政工作與教學研究任務。這也反映出了當時的一個很現實的狀況,那就是東亞圖書館的館藏發展和藏書處理已經到了必須要有專任的圖書館人員來主持的階段。不幸的是,金教授於1960年獲得古根漢獎助金(Guggenheim fellowship)在日本做研究結束後,因心臟病猝發,病逝於返回美國的輪船上,享年59歲。不過,此刻因爲耶魯大學校內東亞研究的重大人事改變,圖書館的中文館藏也即將迎來一個嶄新的時代。

十、耶魯大學歷史系教授芮沃壽和芮瑪麗夫婦藏書

1959年,耶魯大學迎來了原先任教於美國西岸斯坦福大學的芮沃壽和芮瑪麗(Mary Clabaugh Wright, 1917—1970)夫婦。這兩位知名的中國研究學者的到來,標志着耶魯東亞研究一個全新時代的來臨。以研究東亞佛學知名的芮沃壽教授,於1961年出任了剛成立的耶魯大學東亞研究理事會(Council on East Asian Studies)的首任主席。在他的運籌帷幄之下,耶魯的東亞研究獲得了大批來自美國主要基金會的捐款,其中尤其以福特基金會(Ford Foundation)所捐贈的巨額學術發展基金最爲顯著。芮瑪麗教授則早在胡佛研究院時期,就以主導其中文館藏而知名北美④。來到耶魯後,她也當仁不讓地擔負起指導圖書館中文館藏發展的責任。這位以研究清史同治中興、近代辛亥革命和搜集早期中國共產黨史料而聞名的學者,在1964年

① George Mackie, "Number 77 Grandson of Confucius Say: Very Little: Kin of China's Ancient Sage Studies at New Haven, Avoids Basking in Light of Honored Ancestor, Call Self Mr. K'ung", *The Hartford Courant*, June 27, 1948, p.SM8.

② 從字跡來看,耶魯所收藏的這部上、下兩冊木板封套的《滇省夷人圖說》與中國社會科學院民族學與人類學研究所圖書館的藏本十分相近,共收彩圖108幅,《跋》也一字不差,應係出於同一人之手。社科院本可見《滇省夷人圖說 滇省輿地圖說》,中國社會科學出版社,2009。

③ George Alexander Kennedy, "Letter to Warren [Tsuneishi]", dated May 12, 1954, *George Alexander Kennedy Papers* (*MS 308*).

④ 吳文津《芮瑪麗與史丹佛大學胡佛研究所中文圖書館》,《美國東亞圖書館發展史及其他》,頁220—233。

成爲耶魯校史上第一位文理學院的女性正教授。

圖14　芮沃壽（Arthur Frederick Wright）和芮瑪麗（Mary Clabaugh Wright）夫婦

　　1961年，福特基金會給予耶魯東亞研究爲期十年的獎助，其中就包含了對圖書館館藏建設和人事費用的支持①。1962年，一份由東亞研究理事會具名的《爲改善耶魯大學東亞圖書館之緊急需求的説明》中，列出了對東亞館採購、人事、使用空間等詳細的要求與計劃②。在芮氏夫婦和其他教授的全力支持之下，東亞圖書館獲得了大批專用於購書和人事的經費。在這段時期，爲了快速改善館藏，并與其他知名高校競爭優秀師資和研究生，東亞研究理事會對圖書館經費的支持曾經高達其全部經費的半數左右③。除此之外，芮氏夫婦認爲，遴選一位東亞圖書館的專業負責人，以有效落實理事會的計劃更是當務之急。萬惟英（Weiying Wan, 1932—2016）先生就是在1966年接受了他們的力邀，由密歇根大學（University of Michigan）亞洲圖書館中文部主任受聘出任耶魯大學東亞圖書館館長一職的。這段時期，也是耶魯大學圖書館中文館藏成長最爲快速的一段時期。除了大批入藏現當代出版的中文書籍、期刊和報紙之外，善本古籍等特藏的數量也增加不少。

　　芮沃壽和芮瑪麗教授除了在館藏和人事經費上給予圖書館大力的支持之外，

---

　　①　The Ford Foundation, "Terms of Grant", dated April 18, 1961. *East Asia Library*, *Yale University*, *Records*（*RU 1072*）. Manuscripts and Archives, Yale University Library.

　　②　Council on East Asian Studies, "A Statement of Immediate Needs for Improvement of Yale's East Asian Library", dated November 13, 1962, *Ibid.*

　　③　*Ibid.*

他們還先後捐出大批的個人藏書。他們的贈書數量是耶魯圖書館有史以來所收過的爲數最多的中文贈書。1962年4月11日，芮氏夫婦首先捐出他們收藏的所有山西、察哈爾和綏遠的地方志。這批在二戰前後購得的珍貴中國地方志，原先存放在日本，總計202種、1253册，被裝成了180函①。他們所收藏的各類山西方志極爲豐富，包含一些罕見的抄本，甚至有22種即使是收藏中國方志最爲豐富的美國國會圖書館（Library of Congress）都未有收藏。1949年，芮氏將這批山西方志出借給國會圖書館複製做成縮微膠卷，而國會圖書館則贈送了15種芮氏先前未曾擁有的珍稀方志膠卷作爲回報②。這批原藏於日本的山西方志，其中至少90種都有一共同之處，就是它們的函套上都貼有一淺黃色的書簽，上有橫書"山西"二字，其下則直題縣名，很容易辨識。據芮沃壽自己表示，這批書是他在1946年4月間，通過北京隆福寺書商自一不知名的藏書家處購得③。至於其他各地方志，則是芮沃壽在第二次世界大戰前後循各種渠道購得的，有各式各樣的標識。所有芮氏贈書的外封套和内頁都貼有"Gift of Mr. And Mrs. Arthur F. Wright"（芮沃壽夫婦贈書）的藏書票。

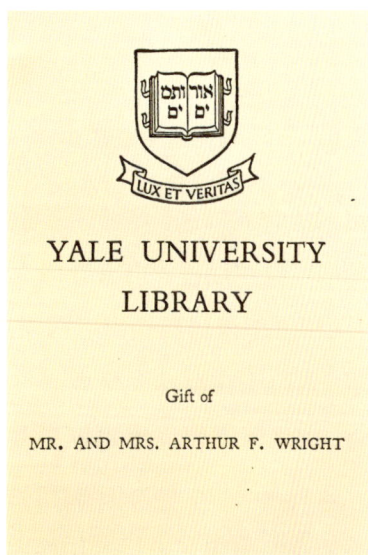

圖15　芮氏夫婦贈書藏書票

　　除了方志的收集之外，芮沃壽教授個人對釋、道、金石等類的書籍也有涉及，例如：清初刻本《格致鏡原》、嘉慶刻本《佛爾雅》和日籍漢學家内藤湖南之舊藏道光印本《金石索》。這批書是在芮沃壽教授去世後，1977年由其家人捐出，數量十分龐大，不僅有中文善本古籍，還有民國時期出版的書籍和期刊，以及少量日文書籍。少數書籍上還另貼有一比較特殊的藏書票："Yale University Library From the library of Arthur F. Wright 1913—1976 Charles Seymour Professor of History"（耶魯大學圖書館，得自芮沃壽 1913—1976 查理斯·希摩爾歷史學教授），并鎸有

　　①　W. M. Tsuneishi, "Memo to Prof.A.F.Wright", (February 26, 1962), *East Asia Library*, *Yale University*, Records（*RU 1072*）.

　　②　[Arthur F. Wright], "Excerpt from a letter dated 1/6/62 regarding the collection of Shansi gazetteers to be acquired for Yale University", *East Asia Library*, *Yale University*, Records（*RU 1072*）.

　　③　"Excerpt from a letter dated 1/6/62 regarding the collection of Shansi gazetteers to be acquired for Yale University", *East Asia Library*, *Yale University*, Records（*RU 1072*）.

圖16 芮沃壽教授贈書藏書票

"羅伊登所藏"的一方陰文朱印。不幸的是，這批由芮沃壽教授家屬所捐贈的書籍中，最珍貴的四部明版書雖有贈書記録，但迄今仍然無法在館藏中尋得。據記録，這四部書分别是：《世説新語》《大藏一覽》《指月録》和《唐類函》①。

在數量衆多的芮氏夫婦贈書中，僅有兩部書單獨被列爲芮瑪麗教授的贈書：乾隆朝内府本《欽定大清會典》《欽定大清會典則例》和光緒朝《文文忠公事略》。兩者都有"Gift of Professor Mary Wright"（芮瑪麗教授贈書）的耶魯藏書票。《欽定大清會典》《欽定大清會典則例》這套大書是1964年10月間捐出的，耶魯圖書館貝伯館長還特別修函向這位在耶魯校内有着極大影響力的教授致謝②。《文文忠公事略》是在1969年3月捐出的。芮瑪麗捐出這部書給耶魯圖書館的主要原因是，她在耶魯人類學系的同事、當時正在哈佛大學做研究的張光直教授來函詢問商借這部罕見中文書的可能性，芮瑪麗從研究室書堆裏找到了這部很久未用的書，爲省去兩人間相互郵寄的麻煩，便決定把書捐出，并請東亞圖書館萬惟英館長直接利用館際互借的途徑，使張教授能儘快看得到這部書③。萬館長還親筆在函套的書簽上寫下了書名。芮瑪麗教授去世後，她的門生故舊爲了紀念她對中國研究的貢獻和對圖書館中文館藏的熱愛，特別在圖書館設置了一項紀念她的中文購書基金（Mary Clabaugh Wright Memorial Fund）。至今該基金的孳息還在支持着耶魯大學圖書館中文館藏的發展。

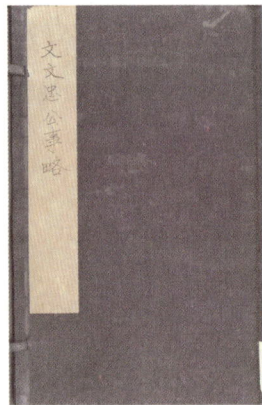

图17 《文文忠公事略》萬惟英題簽

---

① 這次在處理未編古籍時，確有發現一册明版《大唐新語》，書已殘破，但其中一頁上依稀可見芮沃壽教授贈書的鉛筆字樣。"Yale University Library note"（no date），*East Asia Library*, *Yale University*, *Records*（RU 1072）.

② James T. Babb, "Acknowledgement letter to Mrs. Mary C. Wright", dated October 8, 1964, *East Asia Library*, *Yale University*, *Records*（RU 1072）.

③ Mary C. Wright, "Note to K. C.[Chang]", （no date），*East Asia Library*, *Yale University*, *Records*（RU 1072）.

十一、萬惟英館長大力擴充中文古籍館藏

萬惟英先生是江西九江人，世居天津，出自書香門第，國學基礎扎實。1950年代自臺灣師範大學國文學系畢業，後赴美留學，先後獲得圖書館學和公共管理學碩士學位，1957—1959年間曾在底特律公共圖書館任職。之後返臺出任"中央圖書館"採訪組主任，襄助當時的蔣復璁館長，同時還在臺灣大學教授圖書館學課程，爲早期臺灣培育出了傑出的專業圖書館人才。1964年，萬先生再度赴美，受邀出任密歇根大學亞洲圖書館中文部主任[①]。當時北美主要圖書館對中英文俱佳且具有圖書館實際工作經歷的專業人士需才孔急。芮沃壽和芮瑪麗教授爲增强耶魯大學的東亞研究，在校內圖書館方面所做出的最重要布局，就是在1966年延攬萬惟英先生出任耶魯大學東亞圖書館館長一職。雖然萬館長祇在耶魯短暫停留三年，但對於耶魯東亞圖書館的制度建立與館藏發展有着重要的貢獻。這一時期，也是耶魯中文館藏發展最爲快速的關鍵時期。在萬先生主持之下，耶魯中文館通過採購、捐贈、交換等各種途徑，先後自中國香港、臺灣和日本、北美等地大批入藏中文古籍。

在萬館長任職期間，耶魯大學圖書館分別購入來自臺灣韓鏡塘的"胡天獵隱藏書"和前臺灣大學李宗侗教授的個人藏書。這兩批珍貴藏書并未留有確切的入藏記錄。前者應是在1967年左右入藏的，而後者祇能依據書上用鉛筆所寫的採購日期"1968年6月"而定。

（一）韓鏡塘"胡天獵隱藏書"

耶魯中文善本藏書中，至少有八部鈐有"胡天獵隱藏書"朱印。除了在海內外紅學界知名度很高的清乾隆五十七年（1792）程偉元木活字印本《紅樓夢》[②]、清初郁郁堂一百二十回《忠義水滸全書》和明崇禎十四年（1641）序清刻七十回《第五才子書施耐庵水滸傳》之外，最引人矚目的當屬一系列《三國》的版本：

    1.明嘉靖間刻二十四卷本《三國志通俗演義》（附三國志宗寮）

---

  ① 周原著，劉春銀編譯《"常願書爲曉者傳"——萬惟英先生小傳》，《LAROC會訊》，14:1-2，（2006），頁22—26；Weiying Wan Obituary, http://obits.mlive.com/obituaries/annarbor/obituary.aspx-?n=wei-ying-wan&pid=178016508&fhid=5988（retrieved 8/14/2017）。

  ② 有關耶魯所藏這部程本《紅樓夢》的討論可見：胡適《胡適之先生序》，《百廿回紅樓夢》，青石山莊出版社，1962 年；文雷《論程丙本》，《紅樓夢學刊》1980年第4輯，頁265—298；質堂《臺灣出版〈程丙本新鐫全部繡像紅樓夢〉》，《紅樓夢學刊》1980年第2輯，頁250；杜春耕《程甲、程乙及其異本考證》，《紅樓夢學刊》2001年第4輯，頁45—74；陳傳坤《現存八種〈紅樓夢〉重印活字本芻議》，《文學與文化》2013年第3期，頁18—20。

2.明萬曆十九年（1591）金陵萬卷樓周曰校刻十二卷本《新刊校正古本大字音釋三國志通俗演義》（附三國志宗寮）

3.清初徽州遺香堂刻《三國志》

4.清初刻《李卓吾先生批評三國志真本》

5.清雍正三年（1725）據明末建本重刻的《李卓吾先生批評三國志》

館藏檔案裏，這批從韓鏡塘處購得的通俗小説珍本的記錄卻是付之闕如。與這批珍本入藏的有關信息，僅在1967年的館内《東亞圖書館年度報告》中有簡短提及。《報告》提到，爲配合該年美國東方學會（American Oriental Society）在耶魯大學召開年會，圖書館展示了一批剛購入的珍貴中文小説[1]。雖然《報告》内提及的這批小説是否就是胡天獵隱藏書并無法確認，但在這一時期確實僅有這一批小説入藏。韓氏曾以其在臺灣所有之青石山莊出版社爲名，影印出版了這批書中的兩種：程本一百二十回《紅樓夢》和萬曆本《新刊校正古本大字音釋三國志通俗演義》。北美主要圖書館中收藏有這兩種影印本者也并不多見。筆者一次在班内基圖書館翻閱嘉靖本《三國志通俗演義》時，發現一册書中還夾着幾張早年臺灣郵局的劃撥儲金存款單，上面還蓋有"青石山莊出版社"的印章。韓氏藏書，至此毫無疑問也。胡適先生在1962年青石山莊影印本《紅樓夢》的短序裏提到："胡天獵先生收藏舊小説很多，可惜他止（衹）帶了很少一部分出來。"[2]耶魯大學圖書館收藏到這八部珍貴的"胡天獵隱藏書"，何其有幸！

（二）前臺灣大學李宗侗教授藏書

李宗侗（1895—1974）先生是河北高陽縣人，出身晚清世家，祖父李鴻藻曾爲清穆宗師，歷任清廷重要職位。李宗侗教授早年隨叔父李石曾留學法國，歸國後任教於北京大學等校。他有家學淵源，文史素養俱佳，長期在國立故宮博物院任職或擔任顧問，1948年起受聘爲臺灣大學歷史系教授。同樣地，館藏檔案對這批從宗侗教授處購得的個人藏書沒有任何交代。但是，1967年的耶魯大學《東亞圖書館年度報告》中，在"貴賓來訪"一欄裏，萬惟英館長提及臺灣大學歷史系主任到訪[3]，這是

---

[1]　Weiying Wan, "Yale University Library East Asian Collection Annual Report 1966/1967", (June 15, 1967).*Librarian, Records（RU 120）*.p.5.

[2]　《胡適之先生序》，《百廿回紅樓夢》。

[3]　Weiying Wan, *"Yale University Library East Asian Collection Annual Report 1966/1967"*, *(June 15, 1967).Librarian, Records（RU 120）*.

否就是李宗侗先生，不得而知。但是，隔年6月間就有其藏書入藏，時間上非常巧合。李宗侗教授的個人藏書也有部分爲芝加哥大學東亞圖書館購得[1]，但耶魯大學圖書館1968年6月間從李氏購得了至少29部藏書，内容則以集部爲主，例如：明天啓《羅鄂州小集》，明萬曆《魯文恪公文集》《趙清獻公集》《梓溪文鈔内外集》，明末刻清初重印之《魏晉小説選輯》《唐人百家小説》《宋人百家小説》和《皇明百家小説》，清康熙間寧澹堂刻本《增補武林舊事》、通志堂刻本《增修東萊書説》，清雍正抄本《歷代帝王宅京記》，清刻《范文正公集》《存復齋文集》《容齋隨筆》《貫華堂第六才子書》等。其中《魏晉小説選輯》《唐人百家小説》《宋人百家小説》和《皇明百家小説》四部明版書，每册外封頁上都有應是李先生以工整小楷所寫的册内每篇小説的題名，令人印象深刻。

從二十世紀六十年代下半期開始，耶魯中文館也從海外書商處採購了大批中文古籍。其中善本部分，有些是來自於當時以出售善本書而知名的日本琳琅閣書店和山本書店。集部之别集類清刊本，有百餘部都在函套内貼有香港九龍交流書報社的綠色商標。萬惟英先生最得意的一部中文善本，應該是1968年4月間，他自日本琳琅閣書店購得的清雍正八年（1730）内府刻本《大義覺迷録》。萬館長收到這部自乾隆朝起就成了禁書的珍本後，立即通知了歷史系做清史研究的芮瑪麗和史景遷（Jonathan Spence）師徒[2]。多年後，史景遷教授曾以這部書爲背景，撰寫了他的另一部暢銷著作——《雍正王朝之大義覺迷》[3]。其構思寫作，不知是否就是在當時得到了啓發。該年《東亞圖書館年度報告》記録的重大新增館藏部分，首先就列出了《大義覺迷録》一書。這套書顯然所費不貲，還引來了當時館長對經費來源的質疑[4]。就在同一年，耶魯中文館還獲贈常勝軍首任統領華爾（Frederick Townsend

---

[1] 沈津《美國主要東亞圖書館所藏中國古籍文獻及其展望》，頁101。

[2] Weiying Wan, "Memo to Profs. Wright and Spence", (no date). *East Asia Library*, *Yale University*, *Records* (*RU 1072*).

[3] Jonathan D. Spence, *Treason by the Book*. New York: Viking, 2001。中文翻譯：史景遷著，溫洽溢、吳家恒譯《雍正王朝之大義覺迷》，廣西師範大學出版社，2011。

[4] Weiying Wan, "Yale University Library East Asian Collection Annual Report, 1967-1968" (June 15, 1968).*Librarian*, *Yale University*, *Records* (*RU 120*).p.5.

Ward, 1831—1862）的手稿和相關檔案①。

這一時期接受的贈書，以新加坡華僑葉華芬牧師個人有關福建史地的藏書最爲特出。據館藏記錄，該批書應是在1967年由葉牧師的子女贈送給耶魯圖書館的。葉牧師之子是耶魯大學的理科博士。這批爲數超過4200册的贈書，中文部分入藏東亞圖書館，西文部分則由東南亞館和神學院圖書館接收②。葉氏藏書中的古籍部分，以有關福建方言、歷史、地理類書籍最爲豐富。例如，閩語方面有乾隆間兩截版《戚參軍八音字義便覽》《太史林碧山先生珠玉同聲》合刻和罕見的光緒《加訂美全八音》兩種韻書；史地類則有道光《武夷山志》、光緒《方廣巖志》《閩産錄異》等書。這批中文古籍應是第二次大戰期間，葉氏藏書在一場大火後僥幸存留下來的極少數③。耶魯館藏中至少發現有十一種有葉氏藏書印記，有些還貼有 "From the library of the Reverend Hua-Fen Yeh 1904—1964 Singapore. The gift of his family"（來自新加坡葉華芬牧師圖書館1904—1964，其家人贈書）、"葉華芬南洋文庫"的藏書票。此外，在同一期間，萬館長和芮瑪麗教授也致力於爭取簡又文（Jen Yu-wen, 1896—1978）先生有關太平天國的藏書④。

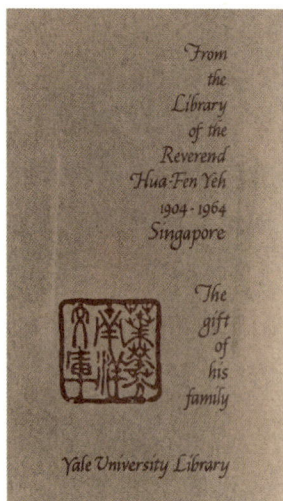

圖18 葉華芬贈書藏書票

除了商購和贈書之外，部分古籍還是購自其他北美主要中文館藏的複本或是循贈與和交換的途徑取得。例如：

　　1.哈佛燕京圖書館六種：明崇禎《綠窗女史》，清康熙《繪事備考》《六經圖考》，乾隆《稽古日鈔》《恩餘堂經進初稿 續稿 三稿 策問存課》和光緒《古今中外音韻通例》

---

　　① Weiying Wan, "Memo to Mary C. Wright Re: Frederick Townsend Ward Papers", dated June 4, 1968, and "A List of Papers of Frederick Townsend Ward, Commanding General of the Ever Victorious Army, Presented to Yale Library by Dr. Lawrence W. Chisolm", *East Asia Library*, *Yale University*, *Records*（*RU 1072*）。這一館藏内容詳見：*Frederick Townsend Ward Papers*（*MS 1666*）. Manuscripts and Archives, Yale University Library。

　　② James Tanis, "Acknowledgement letter to Noel Kuei-Eng Yeh and Mary Kuei-Ying Yeh", dated December 6, 1967. *Librarian, Yale University*, *Records*（*RU 120*）. Manuscripts and Archives, Yale University Library.

　　③ 陳育崧《以史報故國：悼葉華芬先生》，《南洋學報》第19卷1、2合輯，頁135。

　　④ Mary Clabaugh Wright, *Letter to Rutherford D. Rogers: The Collection of Materials on the Taiping Revolutionary Movement*（*1850-1864*）*by Professor JEN Yu-wen of Hong Kong*, dated May 6, 1970. Yale University Library.

2.胡佛圖書館（Hoover Library）五種：清道光《熙朝宰輔録》，光緒《盛京典制備考》《彭剛直公奏稿》《中興將帥別傳續編》和清末刊本《荆駝逸史》

3.芝加哥大學圖書館一種：清乾隆刊《函海》

4.宣教學院圖書館（Library of the College of Missions）八種：清乾隆《寶華山志》，光緒《妙法蓮華經要解》《佛説阿彌陀經》《瑜伽焰口施食要集》、南京金陵刻經處刻《金剛般若波羅蜜經》和清末《佛説梵網經》《四分戒本出曇無德部》、汪崇文齋刻《金剛般若波羅蜜經》

這一時期耶魯館藏的文件顯示，芮氏夫婦和其他教授對萬館長充分信任與支持。館長薪資不但比照資深教授的待遇，而且絶大部分還是由東亞研究理事會的特別款項支付①。但是，好景不長，1969年萬先生接受了密歇根大學圖書館的禮聘，回任其亞洲圖書館館長一職。芮氏夫婦和其他教授對於萬館長的離職感到十分難過，認爲這將會對未來耶魯東亞研究造成無以挽回的重大損失。他們特別與耶魯圖書館館長魯斯佛爾德·羅傑斯（Rutherford D. Rogers）討論，嘗試挽留。但他們對此刻缺乏傑出東亞圖書館領導人才和耶魯圖書館内長久以來的複雜人事紛争，苦無對策②。自此以後，耶魯東亞圖書館就從未再由華裔人士掌舵。而在萬惟英先生主持下的密歇根大學中文館藏，反倒是迎頭趕上，成爲北美最主要的館藏之一。

十二、簡又文太平天國藏書

簡又文先生爲嶺南才子，文史造詣極佳，早年留學美國，返回中國後曾任教於燕京大學，後擔任軍閥馮玉祥（1882—1948）的政治部主任等要職。1949年後，定居香港。簡氏畢生致力於太平天國研究與有關的文史材料蒐集，且有多部相關的中文專

---

① Radley H. Daly, "Memo to Rutherford D. Rogers Re: 1969-1970 East Asia Budget", dated July 14, 1969.*Librarian*, *Yale University*, *Records*（*RU 120*）.

② Arthur F. Wright, "Memo to Joseph M. Goldsen Re: East Asian Library Problems", dated November 14, 1968. *Librarian*, *Yale University*, *Records*（*RU 120*）; John M. Blum, "Letter to John W. Hall", dated March 19, 1969. *Ibid.*; Weiying Wan, "Memo to Miss [F. Bernice] Field Re: Suggestions Regarding EAC Personnel", dated June 16, 1969. *Ibid.*; F. Bernice Field, "Memo to [Rutherford D.] Rogers Re: Resignation of Curator of East Asia Collection", dated June 17, 1969. *Ibid.*; Mary Clabaugh Wright, "Aide-memoir for Mr.[Rutherford D.] Rogers on the urgent problem of a Deputy Curator supervise acquisitions and reference（bibliographic）work in the East Asian Collection", dated August 3, 1969. *Ibid.*

著出版,其中尤以《太平天國典制通考》與《太平天國全史》兩部書廣爲學界推崇[1]。簡先生在1964—1965年間,曾爲撰寫一部有關太平天國歷史的英文學術著作,在芮瑪麗教授的支持之下,應耶魯東亞研究理事會的邀請,到耶魯大學訪問過一段時間。1973年,這部題爲《太平天國革命運動》(*The Taiping Revolutionary Movement*)的專著由耶魯大學出版社正式出版[2]。

芮瑪麗教授非常希望耶魯圖書館能得到簡又文的珍貴個人藏書,期間與萬惟英館長費盡心思。但萬館長於1969年夏天突然離職,當時的耶魯大學圖書館館長羅傑斯擔心進行中的贈書事宜生變和繼任的日裔館長無法銜接業務,還特別親自敦請芮瑪麗出面與簡又文直接聯繫,協助雙方溝通。芮瑪麗一本其對中文館藏的支持態度,毫不猶豫地承擔下此一任務。她除了立即致函簡又文,重申耶魯的誠意外[3],還特別囑咐羅傑斯館長在收到第一批贈書後,必須要親自去函感謝簡先生。她建議,在這封重要信件中必須提及三點:首先,這批寶貴史料的入藏將使得耶魯成爲太平天國研究的重鎮;其次,這批贈書的重要性絶不遜於早年容閎的贈書;最後,耶魯將會特別處理這一批贈書,例如設置專室和貼專用的藏書票等。除此之外,芮瑪麗還提醒圖書館在與簡又文通信時,一定要切記使用"太平天國革命運動"(Taiping Revolutionary Movement)一詞,千萬不能用一般常用的"太平天國叛亂"(Taiping Rebellion),以免冒犯到他[4]。簡又文也在隨後給羅傑斯館長的覆函中指出,他之所以認爲耶魯大學是收藏其太平天國資料的最理想地點,主要有兩大原因:一是耶魯大學的東亞研究理事會曾經慷慨資助過他到美國寫作英文專著,他的書也因此得以順利完成,并由耶魯大學出版社出版,他對此十分感激;二是簡氏認爲耶魯與太平天國革命運動有一層特殊的歷史淵源——他認爲,應是當時在廣東傳教的耶魯1828級校友埃德温·斯蒂文森(Edwin Stevens, 1802—1837)牧師,在1836年將一部梁發翻譯的宣教文書《勸世良言》給了洪秀全,纔促成了這一石破天驚之革命運動;而且,耶魯知名的中國校友容閎也曾到過太平天國的首都南京,見過這批革命領袖。其後,耶魯大學教授衛三畏、賴德烈和芮瑪麗都曾經對這一專題進行過研究,并有數

---

① 簡又文《太平天國典制通考》,猛進書屋,1958;《太平天國全史》,猛進書屋,1962。

② Jen Yu-wen, *The Taiping Revolutionary Movement*. New Haven: Yale University Press, 1973.

③ Mary Clabaugh Wright, *Letter to Jen Yu-wen*, January 15, 1970. East Asia Library, Yale University, p.2.

④ Mary Clabaugh Wright, *The Collection of Materials on the Taiping Revolutionary Movement (1850-1864) by Professor JEN Yu-wen of Hong Kong*, May 6, 1970. Yale University Library.

位博士生以這一運動中的重要人物爲主題撰寫論文①。實際上，此時的芮瑪麗已經是重病纏身，不幸於1970年6月過世，年僅53歲。雖然芮沃壽教授對這一批意義特殊的贈書時有關注，但關心程度遠不及芮瑪麗，且他也在1976年8月去世。兩年後，簡又文也逝世於香港。參與這批贈書的關鍵人物相繼離職與離世，確實造成了未來在入藏這批文獻上的不少問題。

簡又文先生給耶魯圖書館的贈書，被先後分成了許多批運交。第一批應是在1970年4月間收到的，共計70種②。除了部分是古籍綫裝書和抄本，還有爲數不少的民國以後的現代排印本。除了書籍之外，他還把他所收藏的太平天國官印、錢幣、令牌、票券等文物，也一并送給了耶魯大學。簡又文對其有關太平天國的收藏極爲珍愛，深怕大宗郵寄會有丟失，一些他認爲很珍貴的藏品，還特別委請親朋好友親自帶到美國，再轉交給耶魯大學③。1973年底，耶魯大學圖書館還將簡又文有關太平天國的專著和贈品中較珍貴的部分做了一次展覽④。1975年，耶魯大學又收到了39件簡氏收藏的馮玉祥手稿⑤。耶魯收到的簡又文贈品數量非常龐大，而且種類繁多，經校內各單位協商之後，書籍部分由圖書館全數收藏；他的手稿、剪報等和一些與馮玉祥有關的文件，則被耶魯圖書館的手稿與檔案館收藏⑥；其他與太平天國有關的文物，則入藏耶魯大學藝術館。可惜的是，

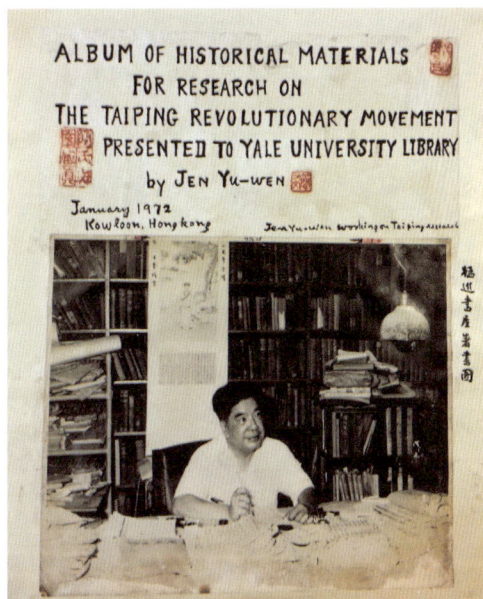

圖18　簡又文（Jen Yu-wen）

---

① Jen Yu-wen, *Letter to Dr. Rutherford D. Rogers*, September 11, 1970. East Asia Library, Yale University.

② Hideo Kaneko, "Memo to [Rutherford D.] Rogers RE: Gift Books from Professor Jen Yu-wen", dated April 27, 1970. East Asia Library, Yale University.

③ Adrienne Suddard, "The Jen Yu-wen Collection on the Taiping Revolutionary Movement", *The Yale University Library Gazette*, 49:3,（January 1975）, p.296.

④ Antony Marr, "The Jen Yu-wen Collection on the Taiping Revolutionary Movement in the Yale University Library-An Exhibit". No date. *East Asia Library, Yale University, Records（RU 1072）*.

⑤ Hideo Kaneko, "Memo to [Rutherford D.] Rogers Re: Gift of Feng Yu-hsiang materials from Professor Jen Yu-wen", dated February 7, 1975. *East Asia Library, Yale University, Records（RU 1072）*.

⑥ *Jen Yu-wen Papers（MS 1924）*. Manuscripts and Archives, Yale University Library.

圖書館留存的這批贈書書單比較凌亂，有些還分散記載在簡又文的信函裏。簡氏自己就曾注意到，最初提供給耶魯的贈書單，部分早已遺失，不知去向①。按有關的記錄，目前祇能估計出書籍的總數在五百餘册。因没有詳細的書面記錄，祇能依據書上簡氏藏書印和注記文字加以辨識。這次趁着本《目録》項目的進行，筆者又仔細清查了一次簡又文的贈書。如果連同未編目的部分并計入，則收進這本《目録》的中文古籍應有60餘種。因爲早年頻繁使用，以及曾經先後在天氣濕熱的廣東和香港長期存放，書況均甚爲不佳。

　　簡又文贈送給耶魯的古籍中，并無任何乾隆六十年（1795）以前的善本，也没有見到任何太平天國的刻本，全爲晚清的刻本與抄本，太平天國史料收藏十分專一。刻本方面，除了《鄂城表忠詩》和《金陵癸甲摭談》兩種是屬於較早的咸豐時期，大多數都是同治和光緒間的印本，其中也有較爲罕見者。同治刊本有《粤東勦匪紀略》《雪門詩草》《詠梅軒稿》《江忠烈公遺集》《湖南褒忠録初稿》和《粤氛紀事》等。占據贈書絶大部分的光緒刻本，內容更爲豐富，例如《堂匪總録》《繪圖湘軍平逆傳》《廣西昭忠録》《臨陣心法》《金壇守城日記》《金陵兵事彙略》《平定粤匪功臣戰績圖》《轉徙餘生記》《海隅紀略》《多忠勇公勤勞録》《甕牖餘談》《郎潛紀聞》《燕下鄉脞録》《壬癸藏札記》《軍禮司馬法考徵》《水窗春囈》《中興名臣事略》《忠義紀聞録》《胡文忠公遺集》《彭剛直公奏稿 詩稿》《庚辛泣杭録》《張忠武事録》《向張二公傳忠録》《沈文肅公政書》《蕩平髮逆圖記》《軍興本末紀略》《湘軍水陸戰紀》《湘軍志》《常勝軍案略》《辛酉記》《淮軍平捻記》《霆軍紀略》和《求闕齋弟子記》等。在抄本方面，以三種咸豐傳抄本最爲珍貴：《英傑歸真》《江南大營軍事紀略》和《僞干王洪仁玕親筆供》。其他較晚時期的抄本還有：《六合紀事》《患難一家言》《咄咄録》《江陰典史閻公守城殉難紀 江陰寇變紀略》《粤匪紀略》《粤匪雜録》《趙氏洪楊日記》《盾鼻隨聞録》《粤寇竄遂紀略 武川寇難詩草》《從戎紀略》等。其中有數種較爲罕見，未見海內外主要圖書館有著録。

　　簡又文以熱衷收藏有關太平天國的文獻而出名。在他的贈書中，可以看到來自羅爾綱和林語堂等先生的贈書。許瑶光纂輯的光緒十四年（1888）刻本《談浙》一册，就是羅爾綱贈送的。光緒末點石齋石印本《紫光閣功臣小像并湘軍平定粤匪戰

---

① 　據簡又文自己表示，原始贈書清單上的部分書籍，因爲錯置、丟失和蟲蛀，可能根本就已經不存在了。Jen Yu-wen, *Letter to Hideo Kaneko*, May 26, 1970. *East Asia Library, Yale University.*

圖》,則是林語堂於民國二十四年(1935)五月購得後轉贈的,因他深知簡又文專注於研究太平天國歷史。書上除了有林氏親筆記載的這段事跡的來龍去脉,還有一方林語堂的朱印。在簡氏贈書中,還發現兩種原先屬於其他圖書館館藏的光緒刻本:《平桂紀略》和《股匪總錄》。兩部書的外封頁有廣西省立桂林圖書館特藏部主任黃遠智的親筆記載:兩書原爲該館特藏,在"民國三十五年九月一日奉准贈送廣東文獻館簡又文館長"云云。

1980年代以後,耶魯大學圖書館已經鮮有中文善本古籍入藏。除了因這方面文獻的來源日趨稀少和價格日漸高漲之外,還因爲此刻北美中文圖書館的收藏重點已經轉移到現當代中國研究上。隨着中國的對外開放,紙本研究材料的數量快速增加。近十年以來,電子資源採購的花費,更是已經占了整體經費中不可忽視的重要分量。依據耶魯圖書館内有關中文入藏的檔案,以下三種可能是最後循採購或贈與途徑入藏的中文善本:

1.《新訂京本增和釋義魁字千家詩選》(明萬曆間書林鄭氏宗文堂刻本):1977年入藏,購自原加州大學洛杉磯分校的漢學家理查德·魯德福(Richard C. Rudolph, 1909—2003)[1],書上還鈐有"魯德福印"朱方;

2.《二如亭群芳譜》(清康熙間翻刻明末刻本):1983年入藏,購自香港書商[2];

3.《靜淨齋第八才子書花箋記》(清雍正間芥子園刻考文堂印本):1983年入藏,來源未明。

耶魯大學圖書館的其他分館,包括神學院圖書館、醫學院醫學史圖書館和法學院圖書館也收藏有少數的中文古籍。同時,在斯特林紀念圖書館裏,還有着一鮮爲人知、充滿神秘色彩的美國東方學會圖書館,其中也收藏了一批頗爲特殊的中文古籍。

十三、耶魯大學神學院圖書館的中文古籍收藏

耶魯大學神學院圖書館爲北美同類圖書館中最具規模者,館藏十分豐富。該館

① Antony Marr, "1976/1977 Annual Report", (May 27, 1977). *East Asia Library, Yale University, Records* (*RU 1072*).

② Antony Marr, "1982/1983 Annual Report", (May 26, 1983). *East Asia Library, Yale University, Records* (*RU 1072*).

長期將與中國有關的基督新教、神學研究、西方漢學發展及中西文化交流列爲主要收藏重點。該館與中國相關的特色館藏有以下幾方面：一、涵蓋1832—1950年間，約四百位的西方新教傳教士文獻、手稿與縮微膠卷[1]；二、晚清民國時期西方教會組織在中國出版的英文期刊與年度報告[2]；三、聯董檔案内有關中國教會大學的歷史檔案與出版物[3]；四、外國傳教士所收有關南京大屠殺的中、英文檔案[4]。近年來，該館還與香港浸會大學圖書館特藏部進行項目合作，有系統地對晚清民國時期的書籍和期刊以及現當代中國臺灣、香港與新加坡等地的神學出版物和期刊做大規模的數字化[5]。

　　除了上述的四種檔案和文獻之外，以神學院圖書館爲中心，所收各種清末道光至光緒間（約1821至1908年）的《聖經》中譯本以及其他漢字與方言羅馬字譯本的宣教文書，應算是耶魯大學圖書館特藏的另一大特色。這一類書籍的收藏，耶魯大學圖書館與哈佛燕京圖書館[6]、澳洲國立圖書館（於1960年代購入的倫敦宣教會館藏）[7]、大英圖書館、牛津大學博德利圖書館[8]及荷蘭萊頓大學[9]相比，不分軒輊。除了來自校友的捐贈之外，耶魯的這批藏書主要是來自與耶魯大學有淵源的傳教士

---

[1]　Divinity Library Special Collections, *Papers of Missionaries to China*, http://web.library.yale.edu/divinity/china-papers（retrieved 8/31/2017）.

[2]　Divinity Library Special Collections, *The China Records Project*, http://web.library.yale.edu/divinity/china-project（retrieved 8/31/2017）.

[3]　聯董檔案可見: *United Board for Christian Higher Education in Asia Records（RG 11）*, Special Collections, Yale Divinity School Library; 馬敏、吳梓明《美國收藏的中國教會大學歷史文獻》，《近代史研究》，1993年第6期，頁146—155。

[4]　有關館藏可見以下網頁和出版物: Yale Divinity School Library, The Nanking Massacre Project, http://web.library.yale.edu/divinity/nanking（retrieved 8/31/2017）; Martha Lund Smalley ed. *American missionary eyewitnesses to the Nanking Massacre, 1937—1938*. New Haven, Conn.: Yale Divinity School Library, 1997; 章開沅《天理難容: 美國傳教士眼中的南京大屠殺（1937—1938）》，南京大學出版社, 1999; Zhang Kaiyuan ed., *Eyewitnesses to Massacre: American Missionaries Bear Witness to Japanese Atrocities in Nanjing*, Armonk, NY: M. E. Sharpe, 2001; 張生、舒建中《耶魯文獻: 南京大屠殺史料集》，江蘇人民出版社, 2011; 章開沅《貝德士文獻研究》，廣西師範大學出版社, 2011; 岳峰等《耶魯大學圖書館館藏日本侵華戰爭珍稀檔案彙編與翻譯》，廈門大學出版社, 2015。

[5]　Documentation of Chinese Christianity Project: http://divinity-adhoc.library.yale.edu/HKBU/（retrieved 9/10/2017）.

[6]　張美蘭《美國哈佛大學哈佛燕京圖書館藏晚清民國間新教傳教士中文譯著目錄提要》，廣西師範大學出版社, 2013。

[7]　Ching Sun and Wan Wong compiled [孫慶尊、黃韞瑜合編], *Catalogue of the London Missionary Society Collection held by the National Library of Australia* [《澳洲國立圖書館特藏 "倫敦會藏書" 目録》]. Canberra: Asian Collections, National Library of Australia, 2001.

[8]　《西人著書》，Serica: http://serica.bodleian.ox.ac.uk/（retrieved 9/15/2017）.

[9]　Koos Kuiper, *List of Chinese Works by Early Nineteenth-Century Protestant Missionaries（until 1867）: Introduction and catalogue*. Leiden: East Asian Library, Leiden University Library, 2009.

和教會。這批中文藏書還有另一重大收藏價值，即其中多數印本是用金屬活字印刷技術印製的。在晚清時期，英美傳教士將能大量快速印製出版的金屬活字印刷技術重新引介到中國[①]，這不但衝擊了長久以木刻版印書的中國傳統文化傳播方式，更爲内憂外患的中國媒介了西方的科學技術與人文思潮[②]。耶魯大學圖書館這方面的館藏總數應在350種以上，如果加上寄存在斯特林紀念圖書館的美國東方學會圖書館的同類藏書，耶魯就有近600種這類珍貴的中文印本，非常值得對這方面的文書進行深入系統的研究。

這類書的出版地比較有特色。清嘉慶末到道光初期中國採取閉關自守的鎖國政策，英美傳教士祇能在南洋馬六甲和新加坡等地，雇用來自中國的刻工，進行印製《聖經》和宣教文書的工作。因此，這一時期就有馬六甲英華書院和新加坡堅夏書院刻本和少數活字印本之《聖經》中文譯本和宣教文書的出現。館藏中即有道光初期之《神天聖書: 載舊遺詔書兼新遺詔書》《救世主耶穌新遺詔書》和《新約全書》等。而後又有了香港的英華書院，鉛活字或合金活字印本開始出現。鴉片戰爭後，正值道光末和咸豐初期，中國南部和東部通商港口，特別是廣州、福州、廈門、寧波和上海等地紛紛被迫開放，從而有了寧波華花聖經書房、澳門華英校書房、上海墨海書館及上海美華書館等以鉛活字出版爲主的印刷所出現。耶魯館藏中這一時期的收藏最爲豐富多樣，包含《聖經》中譯本、宣教文書和西學中譯本等。耶魯館藏中還收有爲數不少的從同治到光緒時期，中國聖教書會、各地美華書館及教會書局的鉛印本。除此之外，館藏中還收有一批以羅馬字譯本編印的方言宣教書籍[③]。

另外，耶魯中文館藏中還有一部分是屬於與西方傳教士個人興趣有關的收藏，

① 蘇精《鑄以代刻: 傳教士與中文印刷變局》，臺灣大學出版中心，2014；黎子鵬《中國基督教文字事業編年史，1860—1911》，基督教文藝出版社有限公司，2015；張秀民、韓琦《中國活字印刷史》，中國書籍出版社，1998，特別頁166—191。另有學者則認爲石印技術纔是造成傳統雕版没落的主因: 柳向春《西方傳教士如何顛覆中國傳統雕版印刷》，《澎湃新聞——上海書評》，2018年3月19日，http://www.thepaper.cn/news-Detail_forward_2032804（retrieved 3/25/2018）。

② 熊月之《1842年至1860年西學在中國的傳播》，《歷史研究》1994年第4期，頁63—81；吳林芳《晚清在華傳教士的西學譯介活動述論》，湘潭大學碩士學位論文，2005；楊清芝《晚清時期基督教在中國的出版事業》，《重慶師範大學學報（哲學社會科學版）》2006年第2期，頁70—75；錢中兵《墨海書館與近代中國科技傳播》，《大衆科技》2005年第12期，頁106—107；高燕燕《傳教士與晚清中國現代化——十九世紀六十年代至九十年代在華傳教士與西學傳播》，《法制與社會》2008 年第12期（上），頁231—232。

③ 除羅馬字譯本之外，另有兩種清末滿文《聖經》譯本: 1835年刊本 *Musei ejen Isus heristosi tutabuha ice hese*（http://search.library.yale.edu/catalog/12949660）和清末刊本 *Musei ejen isus heristos i tutabuha ice hese.ujui debtelin.Enduringge ewanggelium mattai i ulaha songkoi*（《我主耶穌基督之新遺詔書第一卷. 馬太傳福音書》: http://search.library.yale.edu/catalog/1130617）。

包括他們學習和瞭解中華文化所借助的中文經典,例如《四書》《五經》《百家姓》《千字文》、釋道兩教經文和曆書等,還有他們爲了學習漢語、方言和文字書寫所收集的各種韻書、字書、字典和書法拓本等。此外,在這同期收藏中尤其重要的還有藉由傳教士等引入的西方科學技術、軍事、外國政制法律以及地理歷史等翻譯著作。這類書籍的出現,反映了當時外强入侵引發清廷對富國强兵政策的重視。耶魯大學圖書館在這方面的館藏,仍是以斯特林紀念圖書館爲主。另外,耶魯醫學院校區的醫學史圖書館也收有少數西方醫學和生物學書籍的中文譯本。

十四、耶魯大學醫學院圖書館的中文古籍收藏

耶魯大學哈維·顧盛與約翰·海爾·惠特尼醫學院圖書館(Harvey Cushing/John Hay Whitney Medical Library)所屬的醫學史圖書館(Medical Historical Library)也有少數與中、西醫藥學有關的中文古籍。其中最引人注目的是一册清嘉慶十年(1805)廣東刻本《暎咭唎國新出種痘奇書》。該書中文翻譯出自幼年曾隨馬戈爾尼使團(The Macartney Embassy)觀見過乾隆皇帝的小斯當東(George Thomas Staunton, 1781—1859)。北京大學醫學史研究中心的張大慶教授曾有專文介紹[1]。這册書不僅是研究西洋種牛痘方法傳入中國的重要著作[2],也曾引起賓夕法尼亞大學的梅維傑(Victor Mair)教授關於外來語在中國翻譯用字的探討[3]。此書因是翻譯之作,中文詰屈聱牙,不易理解,故傳播不廣。廣東中醫師邱熺(1774—1851)習得此法之後,參酌中國傳統重新編寫,纔真正將西洋種牛痘的新技法在中國推廣[4]。耶魯大學班内基善本與手稿圖書館即藏有一部由邱熺之子邱昶重刊之清同治元年(1862)邱氏心耕堂刻本《引痘略》[5]。十九世紀種痘術東傳文獻留存相當稀少,耶魯圖書館收藏的這兩册西洋種牛痘術醫書更顯可貴。另外,醫學史圖書館還收有

---

[1]　張大慶《〈暎咭唎國新出種痘奇書〉考》,《中國科技史料》第23卷3期,頁 209—213。

[2]　張嘉鳳《十九世紀初牛痘的在地化——以〈暎咭唎國新出種痘奇書〉〈西洋種痘論〉與〈引痘略〉爲討論中心》,《"中央"研究院歷史語言研究所集刊》第78本4分,頁755—812。

[3]　Victor Meier, "Spelling with Chinese character(istic)s, pt.2", *Language Log*, http://languagelog.ldc.upenn.edu/nll/?p=26204(retrieved 8/28/2017)。相關討論可見周振鶴《逸言殊語》,上海人民出版社,2008,頁10—11。

[4]　董少新《論邱熺與牛痘在華之傳播》,《廣東社會科學》2007年第1期,頁 134—140。

[5]　關於《引痘略》一書的重要性與同治元年(1862)邱氏心耕堂刻本的版本討論可見王婧《廣州圖書館藏〈引痘略〉考述》,《澳門歷史研究》2011年第10期,頁145—149。

英國籍醫師合信（Benjamin Hobson, 1816—1873）與管茂材、陳修堂等人合撰、清咸豐年間上海墨海書館或上海仁濟醫館刊印的一系列翻譯的西方醫學和生物學書籍，如《全體新論》《博物新編》《西醫略論》《婦嬰新説》和《内科新説》。而傳統中醫醫書則僅見明楊繼洲編、清李月桂重修之康熙致和堂《針灸大成》和明陳實功撰、清張鷟翼重訂之乾隆版《重訂外科正宗》等少數幾種。其他爲數較多的中文古籍醫書則是散藏在班内基善本與手稿圖書館、斯特林紀念圖書館和校外遠程書庫等處，其中包括耶魯1897年畢業生、後在湖南長沙雅禮醫院看診多年的胡美（Edward Hicks Hume, 1876—1957）醫生贈送的有關醫學的《傷寒明理論》和與雅禮協會所在的湖南有關的《湘城訪古録》《善化縣志》和《湖南輿圖》，以及更早期的耶魯醫學院1854級畢業生懷德（Moses Clark White, 1819—1900）在1848年贈送的一部道光刻本《達生篇》。

圖19　胡美（Edward Hicks Hume）醫生及其贈書藏書票

　　除了紙本醫書之外，醫學史圖書館也收有耶魯校友、最早在廣州行醫的伯駕醫生的手稿，以及廣東外銷畫師關喬昌（Lam Qua, 1801—1860）爲伯駕醫生看診所繪的油畫。這兩種館藏都已經完成了大部分的數字化工作，并在網上向公衆開放使用[①]。伯駕擅長治療眼疾，尤其是白内障。他也進行外科手術，特別是各種腫瘤的切除，并被認爲是將西方麻醉術傳入中國的第一人。伯駕不但從事醫療和傳教的工作，還曾以美國駐華外交官的角色，協助美國政府簽訂中美之間的《望厦條約》。而關喬

_____

① 　Peter Parker Papers: http://whitney.med.yale.edu/greenstone/collect/pppapers/; Peter Parker's Lam Qua Paintings Collection: http://whitney.med.yale.edu/gsdl/collect/ppdcdot/（retrieved 9/10/2017）.

昌爲廣州外銷畫師中深得西方油畫技巧精髓之能手，他爲伯駕醫生看診中國腫瘤病患時所繪製的八十幅油彩畫尤其珍貴。

十五、耶魯大學法學院圖書館的中文收藏

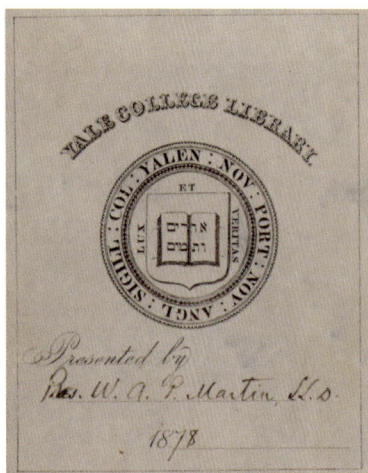

圖20　丁韙良贈《公法便覽》藏書票

耶魯大學有全美名列前茅的法學院，畢業生中出過無數重要政治、工商和學術精英。雖然法學院的圖書館收藏有現代中文書籍，但其特藏所收全是和英、美法律有關的西文珍本，僅有一部與中國法律有關，即1810年英國倫敦出版的英文翻譯本《大清律例》①。這本書的譯者就是先前翻譯《嘆咭唎國新出種痘奇書》不甚成功的小斯當東。不過，法學院圖書館還存有數種西文著作的中文翻譯刊本。這些書都是由曾在耶魯進修過國際法有關課程，以及先後擔任過京師同文館教習和京師大學堂總教習的美籍傳教士丁韙良（W. A. P. Martin, 1827—1916）翻譯的，如同治刊惠頓《萬國公法》和光緒刊《公法會通》《公法便覽》等。其中，《公法便覽》一書的作者吳爾璽（Theodore Dwight Woolsey, 1801—1889），曾於1846至1871年出任過耶魯大學校長。其中一部清光緒三年（1877）上海同文館活字印本的《公法便覽》還貼有 "Presented by Pres. W. A. P. Martin, L. L. D. 1878"（1878年丁韙良校長、法學博士持贈）的藏書票。

十六、美國東方學會圖書館的中文古籍收藏

美國東方學會在1842年成立，不少耶魯大學的學者都是該會的創始會員，而且早期開年會的地點經常就是耶魯所在的紐黑文。1855年該會會員決議將會址由波士頓遷到紐黑文，隨後其圖書館也一并獲准遷入耶魯的校舍內。耶魯圖書館那位開授

---

① *Ta Tsing Leu Lee*, London: Printed for T.Cadell and W.Davies [by Strahan and Preston], 1810, http://search.library.yale.edu/catalog/b456849（retrieved 9/10/2017）.

過漢語課的范念恩館長還擔任過該會的秘書長，并於1873/74年度至1904/05年度間兼理其圖書館館務。1924年，爲能爭取到優先搬入即將建成的斯特林紀念圖書館，該會行政理事會同意將其所有藏書永久寄存於耶魯圖書館，但是這部分藏書并不能算是耶魯正式館藏的一部分。1930年斯特林紀念圖書館落成後，美國東方學會圖書館也同時遷入目前所在的三樓。該館館藏屬於封閉式，祇允許在該館內使用，不得攜出或外借。館藏編目僅有簡單的卡片，并未全數并入耶魯圖書館的線上目錄系統。同時，該館一直都是由屬於美國東方學會的人士自行管理，開放時間十分有限，更增添不少神秘色彩。

2016年底，筆者因耶魯大學圖書館開始與美國東方學會討論這一館藏的永久歸屬問題，曾獲准入內檢視過該館的中文館藏，發覺有一批未經妥善處理的中文線裝書籍、碑帖拓本和輿圖等文獻。這批先前屬於在華美籍外交官與傳教士的書籍，應是自十九世紀中期開始陸續入藏的。可能是因爲當時該館內并無通曉中文語言的職員，也沒有積極尋求耶魯圖書館的協助，整批書籍從未經過編目處理，祇用一張卡片草草寫上羅馬注音的大略題名，就此封存①。由於該館一直沒有裝設空調，文獻保存的情況非常不理想。另外，中文古籍存放的處所骯髒且塵積嚴重，部分卷冊絮化、水漬、生霉、破裂情況嚴重，目驗過程十分艱難。但在這批書籍中，發現有一冊保存情況甚佳的經摺裝北宋崇寧元年（1102）福州東禪寺等覺禪院刻崇寧萬壽大藏本之《阿育王經卷第四》。經以書影請教上海師範大學方廣錩教授，這一冊罕見經卷應屬真本。其外裝仍是北宋原裝經套，并鈐有"東禪"及"東禪大藏"兩朱方。經題上雖列有《阿育王經卷第五》，但疑似已被割去，不知去向。同一木盒內還遺留有一幅日本鎌倉大佛的黑白照片及一封美國東方學會的捐款信函。此一經冊應係自中土流落東瀛，而後又爲美籍人士攜回并捐贈給了美國東方學會。

館內其他能看到的中文古籍還有：康熙內府本《日講四書解義》《分類字錦》、武英殿本《韻府拾遺》，乾隆年間龍江書屋《新刻官音彙解釋義》、知不足齋《列女傳》，嘉慶文畬堂《文畬德記較正監韻分章分節四書正文》《五經》和《芥子園畫傳》彩色套印本、《韻府萃音》朱墨套印本，道光棠芬書屋《詩句題解韻編》和寶章

---

① 美國東方學會圖書館曾在1930年出過一冊藏書目錄，其中中文部分是由當時兼理中文館藏的日裔東亞圖書館館長朝河貫一教授編寫的。Elizabeth Strout, *Catalogue of the library of the American Oriental Society*. New Haven, Conn.: Yale University Library, 1930, pp.222-228.

堂《五經旁訓辨體合訂五種》,咸豐三益齋《詩韻合璧》以及清芥子園刻本《四大奇書第一種》等。這批中文書籍中,最具特色的當屬數量超過二百種,刊刻年上起道光下至咸豐,在新加坡、馬六甲和中國香港、上海、寧波、福州等地印製的官話和各種方言的中文《聖經》譯本與宣教文書,以及同時期以各地方言所印製之羅馬字譯本的宣教書籍三十餘種。這些書籍除了來自美籍傳教士如懷德、瑪高温(Daniel Jerome MacGowan, 1815—1893)、裨治文等人,不少更是美國公理會海外傳道部和中國廣州教會、香港教會、寧波教會的直接捐贈。這批書與目前散落在耶魯各個圖書館的同類館藏相得益彰,使耶魯在這一方面的收藏更加豐富。可惜的是,這次并未見到傳說中的一冊《永樂大典》。在這批書籍與文獻中,不少都貼有藏書票,清楚地記載着捐贈人和入藏的年代,因而又見到一些與衛三畏和梅西有關的書籍。衛三畏自1846年起就是美國東方學會的會員,1879年還被推選爲會長[1],康熙内府本《日講四書解義》的外封頁就有他於1852年贈送給美國東方學會的親筆文字。另外,他還送了三冊道光三十年(1850)皇位轉移時廣州官署刊行的詔書——《大行皇帝遺詔》《登極恩詔》和《恭上孝和睿皇太后尊諡詔書》。耶魯校友梅西牧師則贈送了乾隆《欽定錢録》、嘉慶《爾雅音圖》、道光《四子書》《致富新書》《小學集解 孝經注解》《天文略論》《字學會宗》及咸豐《博物通書》等書。

　　美國東方學會圖書館有關中國的藏書,和先後出任過美國駐中國廈門和寧波領事館的領事裨烈利(Charles William Bradley, 1807—1865)有着密切的關係。裨烈利家族世居耶魯大學所在的康涅狄格州,裨氏本人曾在1846年擔任過康州的州務卿(Secretary of State of Connecticut)。1849年起,裨烈利開始擔任美國駐亞洲各地領事館的外交官:1849—1854年首先出任美國駐中國廈門領事,1854—1857年轉任駐新加坡領事,1857—1860年間出任美國駐中國寧波領事[2]。他在廈門與寧波任内,似乎還曾到過臺灣。裨烈利雖然不是耶魯校友,但是他在1846年獲得了耶魯授予的榮譽文學碩士學位[3]。在耶魯圖書館内還留有幾種他在1854年贈送的道光末至咸豐元年(1851)間的《聖經》中文翻譯本和宣教文書,也算是入藏較早的中文書籍。

---

　　① 　Frederick Wells Williams, *The Life and Letters of Samuel Wells Williams, LL.D., Missionary, Diplomatist, Sinologue*, p.450.

　　② 　"Report of the Directors", *American Oriental Society. Proceedings*,(May 1965),pp.60-61.

　　③ 　Yale University, *Catalogue of the Officers and Graduates of Yale University in New Haven Connecticut 1701-1915.*(New Haven: Yale University, 1916),p.468.

他去世後,據1865年5月出版的美國東方學會《會訊》記載,裨氏生前對該會不但時常慷慨解囊,提供金錢資助,還向圖書館贈送過大量各種語言的珍貴個人藏書。在當時全數約爲2800種館藏書籍中,有高達850種是他捐贈的①。從該《會訊》裏還發現,裨烈利在1860—1865年之間,確實向美國東方學會圖書館贈送了許多各種語言的有關中國的書籍,其中也包含了一些中文古籍。那些用英文著録書名的中文書與筆者實際在館內所看到的中文古籍,也十分相符。例如,《會訊》提及有裨領事贈送的三種中國錢幣目録,筆者在目驗時就有看到乾隆刻本《欽定錢録》和道光刻《錢志新編》《泉史》三種。依據書上貼的贈書票,發現至少有71種中文書籍都是來自裨烈利的捐贈。裨氏與美國東方學會之間就贈書事宜訂有一項非常特別的協議,規定如果未來該會決定將其圖書館遷離耶魯校園,他的所有贈書就必須全數留下給耶魯大學圖書館②。現在來看,這種情況不會發生。不過,目前這批珍貴藏書迫切需要耶魯大學圖書館來協助修復與保存,未來好讓更多學者有機會使用。

十七、耶魯大學圖書館的中文善本古籍編目

北美主要圖書館所收藏的中文古籍長期存在着編目的問題。按英美主流的編目規則和主題詞,中文古籍必須削足適履,不利於學者使用。耶魯大學圖書館自1849年入藏中文書籍以來,對東亞語言的書籍應該如何編目一直爭論不休,特別在是否要統一採用中國傳統的四部分類法的問題上,意見分歧尤大。雖耗時數十年,却從無定論。最終,時間解决了這一棘手的問題,中日韓文書籍都被分別按主題分散到各處。但是,因早年館藏幾經搬遷,始終無法覓得一單獨處所集中存放東亞語言書籍,加上歷經人事更迭,以致於實際中文古籍的數量,無從確知。善本數量方面,館藏檔案中有份1979至1980年之間的館藏中文善本書編目清單,僅簡單列出宋元本3種(14冊)和明本63種(1342冊)③。另外一份1987年針對研究圖書館組織(Research Libraries Group)中文善本數量和情況的調查問卷,列出印年在清代以前的共有63

---

① "Report of the Directors", *American Oriental Society.Proceedings*,(May 1965),p.62.

② "Report of the Directors", *ibid*.

③ "Rare Books, Processing of 1979-1980",(undated). *East Asia Library, Yale University, Records*(*RU 1072*).

種、清初至乾隆六十年（1795）間的印本則有300種[①]。這兩份統計資料所提供的數字，都與實際館藏善本數量有着不小的出入。不過，兩者都特别説明了是因缺乏人手做有系統的處理，所得到的數字僅是保守估計。另外，耶魯在研究圖書館組織的問卷上也提到了編目上存在的問題[②]。要在海外尋得通曉中文古籍文獻與版本鑒定的專家，確實是十分困難。經常必須楚材晋用，聘請來自中國大陸、臺灣或香港的古籍學者和特藏館員協助。雖然耶魯大學也參加過不少美國主要中文圖書館都曾參與過的，由研究圖書館組織支持、工作地點設在普林斯頓大學的“中文善本書項目”（Chinese Rare Book Project），但對主要館藏中文善本進行有系統的整理，還是要到近十年纔得以真正實現。

2008年1月至6月間，時任職於復旦大學圖書館古籍部的專家楊光輝先生，應邀來到耶魯大學圖書館，完成了絕大部分中文善本書的編目[③]，并協助建立一收有439種善本目錄的數據庫[④]。楊先生對耶魯中文館藏的貢獻，無以言喻。遺憾的是，楊先生離開後，因經費與人手不足等諸多因素，有計劃地進行善本古籍的編目工作，終究無法持續進行。數據庫也没有得到妥善維護并適時更新内容，以致於部分版本信息與綫上館藏記録并不一致。而刊行於1796—1911年間的古籍，被散置在校内外多個書庫與分館，和各種語言的書籍一并存放，就更是無力顧及了。其中有部分簡又文的贈書和爲數頗多的清末基督教宣教文書，至今仍然未能完成編目處理。筆者利用這次難得的機會，將所有未編古籍也一并列入《目録》之中。這些書籍都暫無索書號，希望在不久的將來，能够完成編目的工作，并向校内外各界開放借閲使用。另外，自2016年起，耶魯大學圖書館與美國東方學會開始就其圖書館藏書的未來進行商討，但却遲遲無法定案。《目録》也將當時能够目驗到的中文古籍部分，單獨列於《附録》中，作爲參考。在2015年以前，耶魯大學圖書館還有一地圖館藏（Map

---

[①]　“RFI for RLG Chinese Rare Book Project”, dated September 11, 1987. *East Asia Library, Yale University, Records*（*RU 1072*）.

[②]　“RFI for RLG Chinese Rare Book Project”。*East Asia Library, Yale University, Records*（*RU 1072*）.

[③]　楊光輝《耶魯大學圖書館藏中國善本書初探》，《版本目録學研究》2009年第1期，頁270—277；《耶魯大學貝耐克珍本與手稿圖書館藏中國善本書經眼録》，《北京大學中國古文獻研究中心集刊》，2011年第11輯，頁33—47。

[④]　*Chinese Rare Books at Yale*, http://digitalcollections.library.yale.edu/eal/index.dl（retrieved 9/25/2017）.

Collection），其中保存了一些中文的古地圖與地圖册[1]。2014年暑假，北京大學歷史系李孝聰教授應耶魯東亞研究理事會邀請來訪，協助鑒定了部分珍稀中文古地圖。根據李教授鑒定的結果，有十餘種地圖完成了重新編目。李教授離開後，館内又新發現部分未經處理的珍稀輿圖。因爲地圖館藏改組及合并，這批地圖被轉入班内基善本與手稿圖書館，以致未能仔細研究并詳細著録，索書號也祇能以"未編"注記，亦列入《附録》。可喜的是，班内基圖書館正在進行大規模的館藏地圖的數字化項目，部分珍貴中文輿圖已經可以在網上瀏覽。

十八、耶魯大學圖書館中文古籍收藏現况

筆者於2013年2月1日起接掌耶魯大學中文館藏。未到任前，就有國内外專精中文善本古籍研究的前輩提醒，到任後要特別留意館藏明清版通俗小説，以及來自專研太平天國史料的簡又文先生贈書。2014年夏，懸置多年的中文善本轉藏計劃重新啓動。這一計劃是要將爲數超過450種的中文善本從斯特林紀念圖書館及有儲存環境和安全隱患的東亞圖書館特藏室，轉移存藏到班内基善本與手稿圖書館的校外特藏書庫[2]。班内基圖書館爲全世界最大的特藏圖書館，建築風格獨樹一幟，在保存環境與安全管理上尤爲先進。除了在耶魯校園中心地區的藏書設施之外，在距離主校區數英里外的遠程書庫内，更設有班内基圖書館特藏的專用區。2016年，該館完成了自1963年以來首次主要修繕工程，内有設備先進的大、小教室十餘間供教學之用。校外人士如需使用其善本手稿收藏，祇需要先行在網上注册和約定使用日期，就可以在該館閲覽室内使用，較以往方便許多[3]。

---

[1] 耶魯大學圖書館收藏的地圖中，最爲知名的是一部手繪中國古航海圖册 http://search.library.yale.edu/catalog/8333623（retrieved 9/30/2017）。這部1841年由英國海軍自一艘中國海船上擄獲的圖册共有地圖122幅，爲耶魯校友李弘祺教授於1974年間在地圖館藏中發現。相關研究可見. 李弘祺《記耶魯大學所藏中國古航海圖》，《歷史月刊》1997年第116期，頁24—29；丁一《耶魯藏清代航海圖北洋部分考釋及其航綫研究》，《歷史地理》2011年第25輯，頁431—455；錢江、陳佳榮《牛津藏〈明代東西洋航海圖〉姐妹作——耶魯藏〈清代東南洋航海圖〉推介》，《海交史研究》2013年第2期，頁1—101；朱鑒秋《耶魯藏中國古航海圖的繪製特點》，《海交史研究》2014年第2期，頁44—55；鄭永常《明清東亞舟師祕本: 耶魯航海圖研究》，遠流出版公司，2018。

[2] 因東亞圖書館特藏室的室溫與濕度變化極大，耶魯圖書館保存部門力主儘快將善本轉移到恒温恒濕的校外特藏書庫。Yale University Preservation Department, *Environment Report: East Asia Special Collections Storage Area*, 2011.

[3] 使用班内基善本與手稿圖書館特藏，可見http://beinecke.library.yale.edu/visit。

過去數年間，臺灣“中央圖書館”曾兩度提出合作方案，願意協助我館將所藏善本精品進行數字化。但因諸多後勤支援等問題，幾經努力，最終無法達成協議，非常可惜。但是，耶魯大學圖書館所藏大部分中文善本的目錄信息，曾依據與圖書館所簽訂的協議，分別上傳到中國國家圖書館和臺灣“中央圖書館”的中文善本古籍書目數據庫。耶魯大學圖書館雖爲北美最早入藏中文書籍的主要圖書館，但時至今日并未出版過中文善本古籍目錄，殊爲憾事。2015年底，中華書局提議出版北美主要圖書館館藏民國以前的古籍目錄，機會難得。因爲有館內各級領導的大力支持，以及中華書局諸位先生的努力，2016年底，耶魯大學圖書館館長蘇珊·吉本斯（Susan Gibbons）女士與中華書局總經理徐俊先生簽署合作出版《美國耶魯大學圖書館中文古籍目錄》一書的協議。藉由這一目錄出版項目的進行，我館得以對館藏中文古籍的收藏情況和歷史做了比較全面的瞭解。

結語

北美主要高校圖書館的中文善本古籍收藏都有其特殊的歷史背景，經過無數前輩的努力纔有今日的成果。耶魯大學圖書館所收藏的中文古籍自然也不能例外。在過去170年各種歷史的因緣際會裏，耶魯的校友、漢學家與圖書館員共同努力寫下了這段特殊和珍貴的古籍收藏史。因此，這本《目錄》除了對館藏中文善本古籍盡力做到詳細著錄之外，同時也希望能忠實地記錄下這些收藏背後的主要人物與事件。如今回顧這段歷史，耶魯大學圖書館中文館藏的建立與發展，毫無疑問都是以充分支持本校漢學研究與教學任務爲首要考量。這部《目錄》的出版，正是對完成此重大任務所做出的再一次努力。

附記

筆者最早有機會接觸到中文古籍，實始於任職密歇根大學亞洲圖書館期間。2002年，在萬惟英館長的指導下，筆者首先完成已入藏多年的美籍華裔翻譯家高克毅（George Kao）先生所贈古籍的編目工作。編目項目進行期間，萬先生多有提示目錄版本之學，并以他任職臺灣“中央圖書館”館藏主任一職時所經眼過的珍本爲例，獲益良多。2012年，當筆者向他報告即將前往耶魯履新之際，萬先生非常高興，除多有鼓勵外，還提醒我要注意耶魯中文館藏的特色。他很遺憾的是，因起步太晚，終究未能替密歇根建立一與耶魯規模相近的中文特藏，僅能聊以大量複製縮微膠卷取代。近年來爲瞭解耶魯館藏歷史背景，筆者在檔案館內翻閱上個世紀六十年代末東亞圖書館館藏檔案記錄時，再次見到文件上萬先生熟悉的筆跡，睹字思人，言猶在耳。他雖祇在耶魯短暫任職三年，但爲建立制度竭心盡力。2007—2012年筆者就職西雅圖華盛頓大學圖書館期間，因爲與臺灣"中央圖書館"合作進行善本數字化項目，能够廣泛地接觸到各類中文古籍。此一時期，得益於康達維（David R. Knechtges）教授的支持和鼓勵，對於館藏古籍的來龍去脉有了比較完整的瞭解。至今仍能記得，康老曾多次提到，其華大恩師衛德明（Hellmut Wilhelm, 1905—1990）教授送他的結婚禮物，竟是一部衛教授父親衛禮賢（Richard Wilhelm, 1873—1930）先生當年翻譯《易經》時使用過的康熙内府本《御纂周易折中》。

尤其榮幸的是，這部《目録》能有耶魯大學東亞語言與文學系孫康宜教授惠賜推薦序。孫教授爲舉世知名的漢學家，還曾擔任過普林斯頓大學葛斯德東亞圖書館的館長，更是耶魯大學圖書館中文館藏最强而有力的支持者。她嚴謹的治學態度和謙虛的待人處事之风，更是後輩們的最佳榜樣。此外，這篇先前即以《美國耶魯大學圖書館中文古籍收藏史》爲題的初稿，曾發表在2018年7月出版的《中國典籍與文化論叢》第19輯，弗利爾美術館舒悦女士、耶魯大學東亞語言與文學系詹秀嫻老師、南京大學藝術學院陳静教授、北京大學中文系楊海峥教授在百忙中抽出時間看過，并提出了許多寶貴的建議。

能够完成這項艱巨的出版項目，筆者要特別感謝耶魯大學圖書館的各級領導和同事的支持與協助包括耶魯大學圖書館的吉本斯館長、主管人文和區域研究的湯森德（Allen Townsend）副館長、以及直屬人文國際部門的前後任領導韓愛倫（Ellen Hammond）、羅斯曼（Jae Rossman）女士。收藏所有中文善本的班内基善本與手稿圖書館施羅德（Edwin C. Schroeder）館長的特許，使得不少難題迎刃而解。該館數字化、公衆服務和流通部門也給予筆者使用館藏的各種便利，特別是公衆服務部門主管菲茨傑拉德（Moira Fitzgerald）女士、總館保存部門數字化與複製團隊主任柯靈根博格（Robert Klingenberger）和攝影師多曼（Jerry Domian）先生的大力協助，使得書影部分可以順利拍攝。此外，館藏九成以上的中文古籍都儲存在校外遠程書庫，尤其要感謝總館流通部門同事對筆者大量調閱書籍的容忍與配合。

筆者要感謝中華書局對這一出版項目的支持與協助。特別感謝《目錄》的責任編輯蔡宏恩先生，他中途接手，認真盡責地逐條審核，并對所有中文稿件提供了寶貴意見，力求盡善盡美，功不可没。

耶魯大學圖書館此前從未以中文出版過任何有關於館藏文獻的目錄，筆者承擔編纂本《目錄》，是一極爲艱巨和充滿挑戰的任務。首先，除了個人才疏學淺、能力有限之外，因爲平日還要負責館内中文館藏建設、教學與諮詢等公衆服務，十分繁忙，很難有多餘的時間用在這一項目上。因此，過去數年間，大部分編寫的工作祇有利用周末和假日進行。其次，美國圖書館編目規則有別於中國的編目規則，尤其是在古籍方面，大相徑庭。例如，對題名的認定，東西有異，增加了許多工作上的負擔。此外，中文古籍分散在耶魯校園裏的數個圖書館和遠程書庫，增加了目驗的困難。部分書籍還因長期存放在修復保護部門，無法目驗，祇能依據館藏原有數據進行編纂。耶魯收藏中文古籍歷史悠久，但是藏書地點多次變動，且人事也幾經更迭，部分入藏記録更是付之闕如。因此，這一《目錄》必定會有諸多疏漏、誤植之處，實難以避免，還希望海内外方家不吝賜教指正。

孟振華

編　例

一、本目録收録美國耶魯大學圖書館所藏中文古籍，分圖録和目録兩部分。

二、本目録依據《全國古籍普查登記手册》中的《漢文古籍分類表》分類排序，分經、史、子、集、類叢、新學六部，各部下再分小類，部分未編古籍索書號缺省，置於相應類目之後。

三、各書著録信息包括書名、卷數、館藏索書號、著者、版本、册數、所屬叢書、版式、附注等信息。

四、書名以原書首卷卷端所題之名爲準，原書首卷卷端無題名或别有所據者，於附注中説明依據。原書有外文題名者，予以保留。自擬書名加[ ]。

五、著者信息包括著者姓名、朝代、著作方式。朝代、姓名俱不明者缺省。著者姓名取通用姓名，一般不取字號、别稱。若著者係僧侣者，著録其法名，并於法名前冠“釋”字。若著者係外國人者，據原書著録其國别、外文姓名。

六、版本信息包括出版年、出版地、出版者、版本類型。年份確切者括注公元紀年。干支、太歲及佛曆等紀年轉換爲相應的朝代年號紀年。

七、版式信息包括版框尺寸、行款字數、書口、邊欄、魚尾、版心所鎸内容及眉欄信息等，一般據首卷首頁著録。

八、附注信息包括内外封頁、牌記、題記、鈐印、刻工、避諱、藏書票、存缺卷等，俱依原書著録。

九、館藏報紙期刊、碑帖拓本、攝像簿、輿圖、域外基督新教中文古籍列爲本目錄附錄之一。

　　十、寄存於耶魯大學圖書館内的美國東方學會圖書館藏中文古籍列爲本目録附録之二。

　　十一、本目録索引包括書名筆畫索引和著者筆畫索引，含叢書子目書名和著者。

　　十二、本目録一般采用規範繁體字，但書名、著者等從寬從俗，不强求統一。

卷
上

圖
錄

經部

御纂周易折中二十二卷首一卷　　　　　　Fv110 1121 C44 1-12

〔清〕李光地等纂　清刻本　十二冊　御纂五經

框22×16.2釐米。8行18字，小字雙行22字。白口，四周雙邊，單黑魚尾。版心上鐫書名。

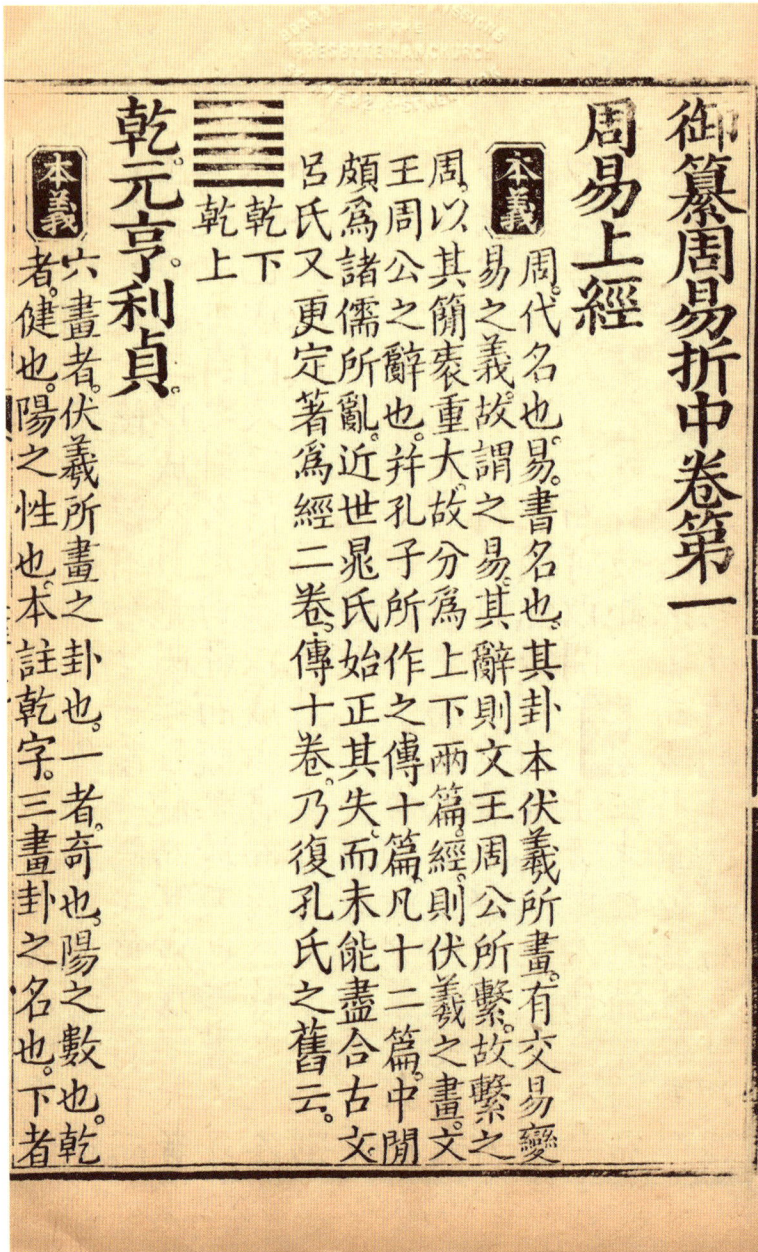

周易傳義合訂十二卷　　　　　　　　　　　　Fv235 2954

〔清〕朱軾撰　清乾隆元年（1736）鄂彌達刻本　六册　朱文端公藏書

框20.7×14.7釐米。8行20字，小字雙行同。白口，四周雙邊，單黑魚尾。版心上鎸"周易傳義"，中鎸卷次及篇名。内封鎸"乾隆元年/周易傳義/本衙藏板"。鈐"張之銘珍藏""伯岸海外歸來後所收書""四明張氏古歡室藏書記"印。

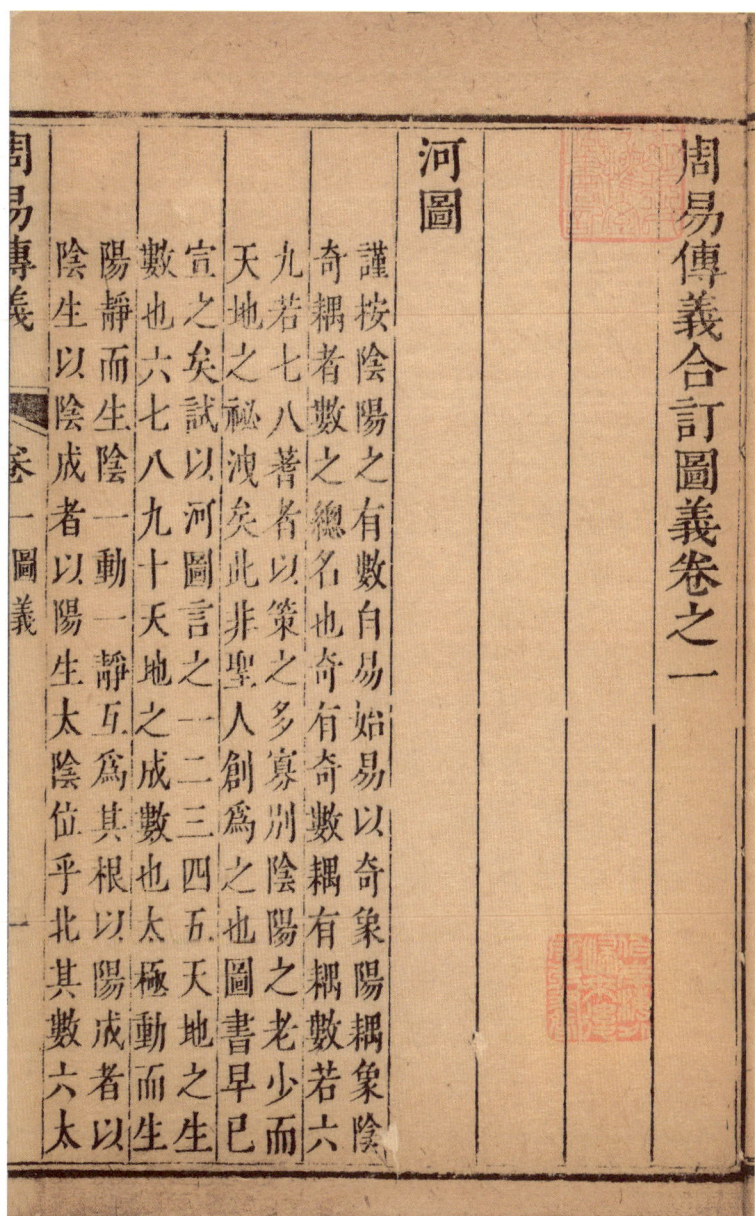

御纂周易述義十卷　　　　　　　　　　　　　Fv235 2491

〔清〕傅恒撰　清乾隆刻本　四册

框21.1×16.1釐米。8行20字。白口，四周雙邊，單黑魚尾。版心上鐫"周易述義"，中鐫卷次。鈐"東園圖書記"印。

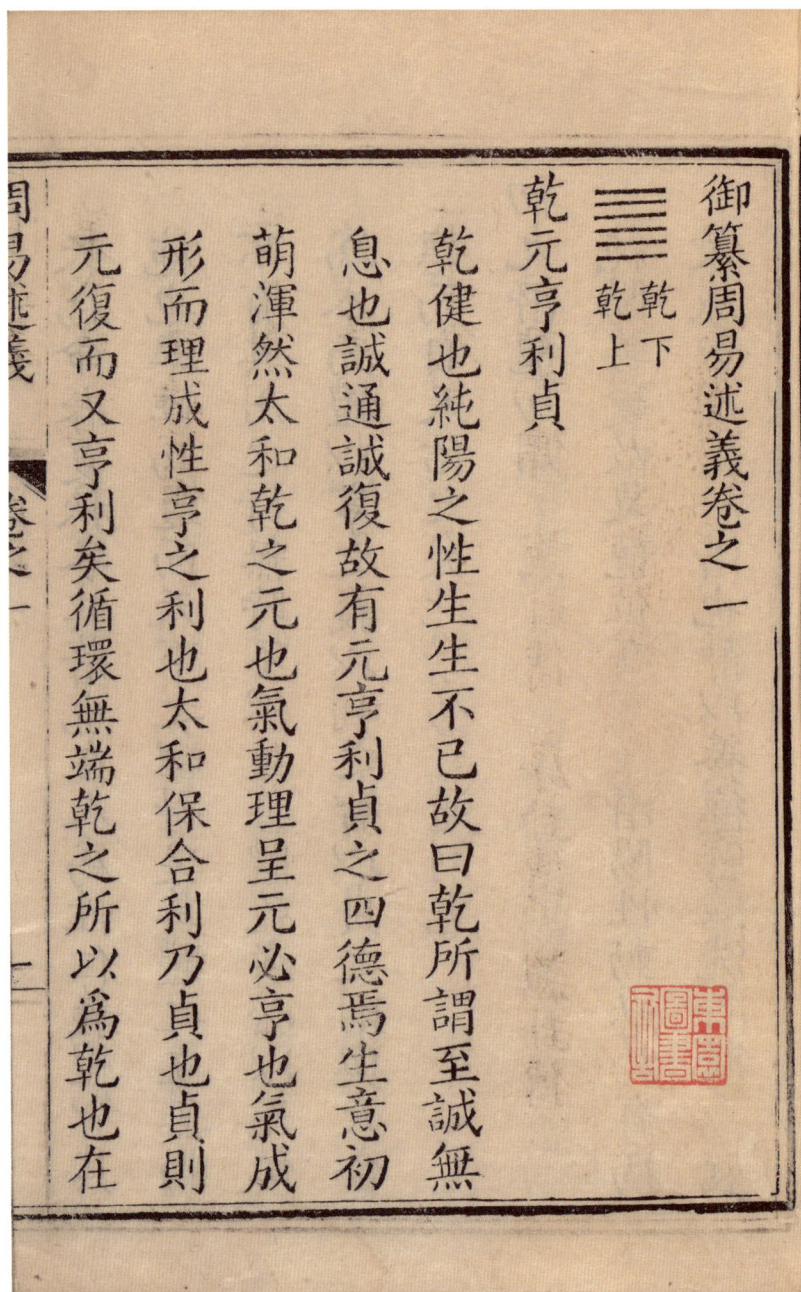

御纂周易述義卷之一

乾上
乾下

乾元亨利貞

乾健也純陽之性生生不已故曰乾所謂至誠無
息也誠通誠復故有元亨利貞之四德焉生意初
萌渾然太和乾之元也氣動理呈元必亨也氣成
形而理成性亨之利也太和保合利乃貞也貞則
元復而又亨利矣循環無端乾之所以爲乾也在

增修東萊書説三十五卷

Fv331 L96

〔宋〕吕祖謙撰　〔宋〕時瀾注　清康熙通志堂刻本　五册　通志堂經解

框20.1×15釐米。11行20字。白口，左右雙邊，單黑魚尾。版心中鎸“增修書説”，下鎸“通志堂”及刻工。序題“時氏增修東萊書説”。1968年6月購自李宗侗。

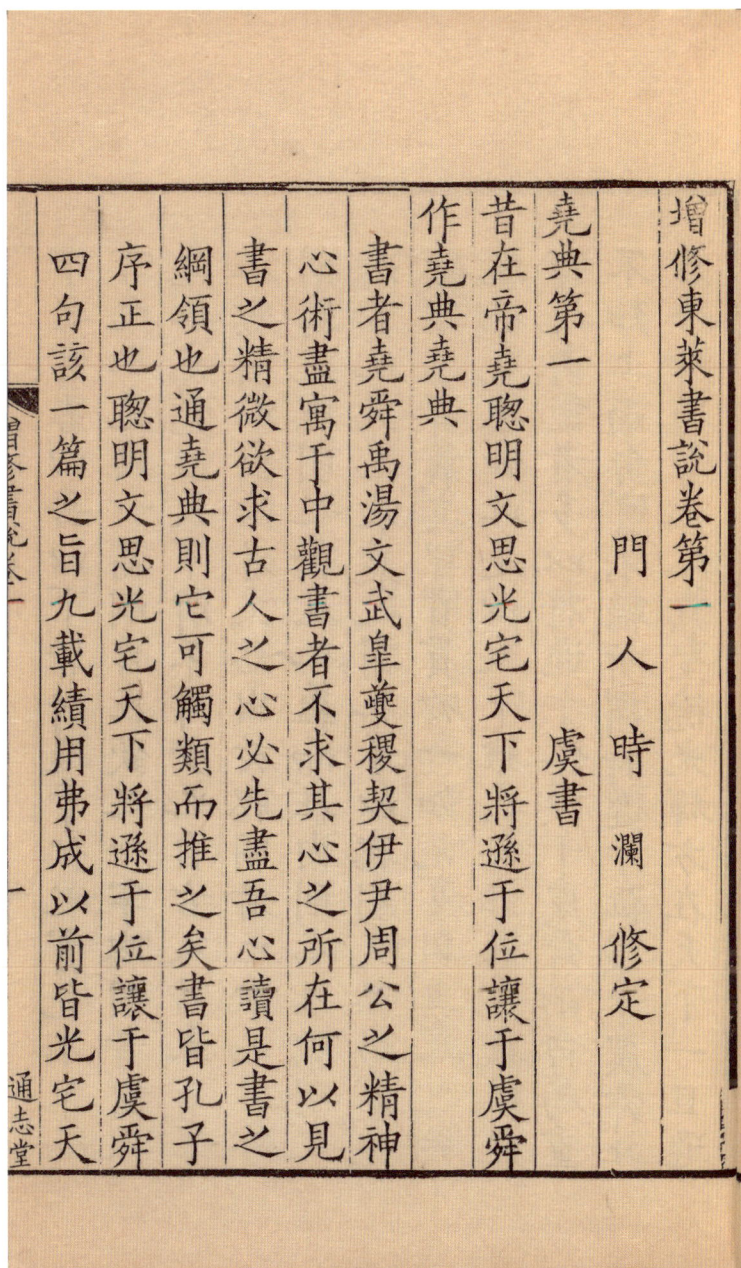

增修東萊書説卷第一

門人　時　瀾　修定

虞書

堯典第一

作堯典堯典

昔在帝堯聰明文思光宅天下將遜于位讓于虞舜

書者堯舜禹湯文武皋夔稷契伊尹周公之精神

心術盡寓于中觀書者不求其心之所在何以見

書之精微欲求古人之心必先盡吾心讀是書之

綱領也通堯典則它可觸類而推之矣書皆孔子

序正也聰明文思光宅天下將遜于位讓于虞舜

四句該一篇之旨九載績用弗成以前皆光宅天

御纂詩義折中二十卷　　　　　　　　　　Fv435 2491

　　〔清〕傅恒總裁　〔清〕陳兆崙等纂　清經元堂刻本（據乾隆二十年武英殿刻本）　八册

　　框20.2×13.8釐米。9行20字，小字雙行同。白口，左右雙邊，單黑魚尾。版心上鐫"詩義折中"，中鐫卷次，下鐫"經元堂""文光堂"等。

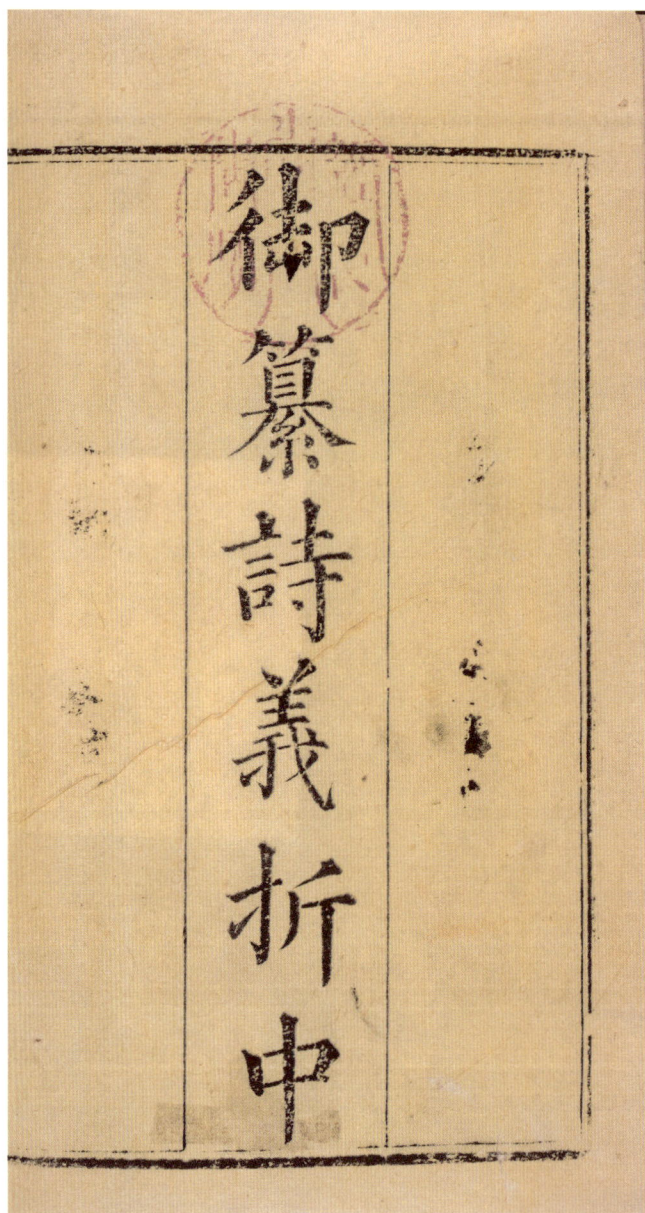

欽定春秋傳説彙纂三十八卷首二卷　　　Fv110 1121 C44 43-46

〔清〕王掞等修　清乾隆刻本　二十册　御纂五經

框21.7×16釐米。8行22字，小字雙行同。白口，四周雙邊，單黑魚尾。版心上鐫書名，中鐫卷次及小題，下鐫頁碼。

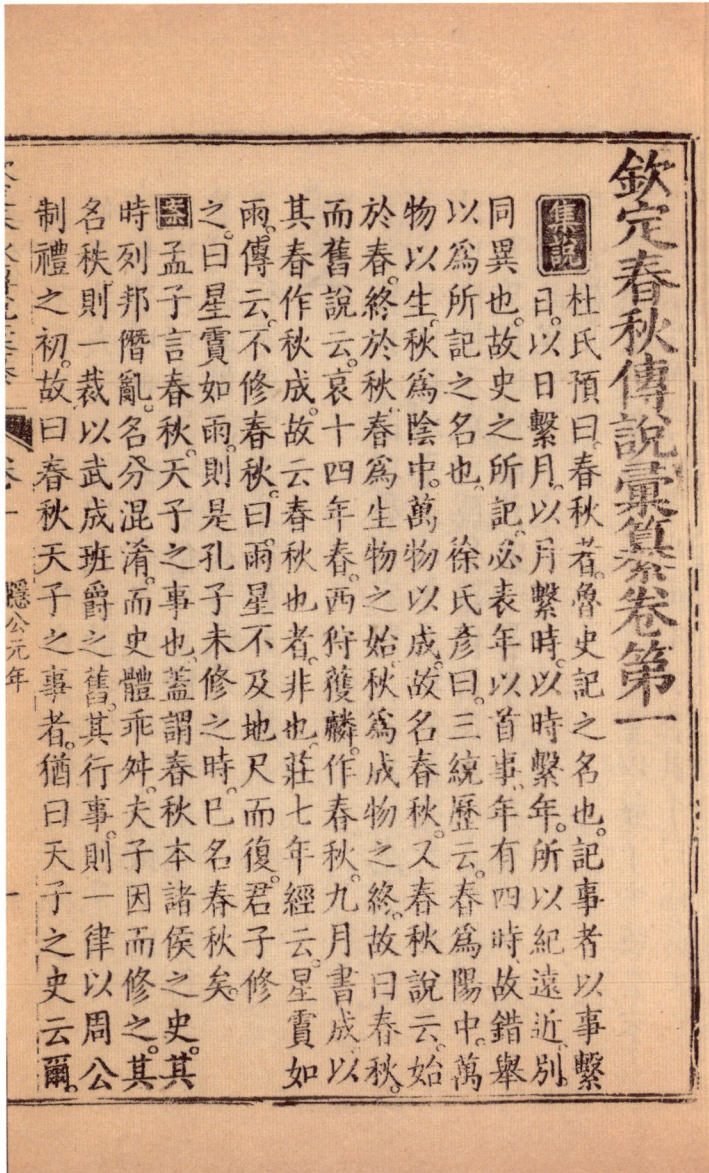

鐫温陵鄭孩如觀静窩四書知新日録六卷 Fv855 8227

〔明〕鄭維岳撰 〔明〕鄭協其校 明萬曆二十四年（1596）余彰德萃慶堂刻本 六册

框22×13.1釐米。13行30字。白口，四周單邊，單黑魚尾。版心上鐫"四書知新日録"。内封鐫"温陵孩如鄭先生觀静窩四書知新日録/丙申冬萃慶堂余泗泉梓"。卷端題"潭城泗泉以誠甫余彰德梓"。鈐"静岡學校"印。

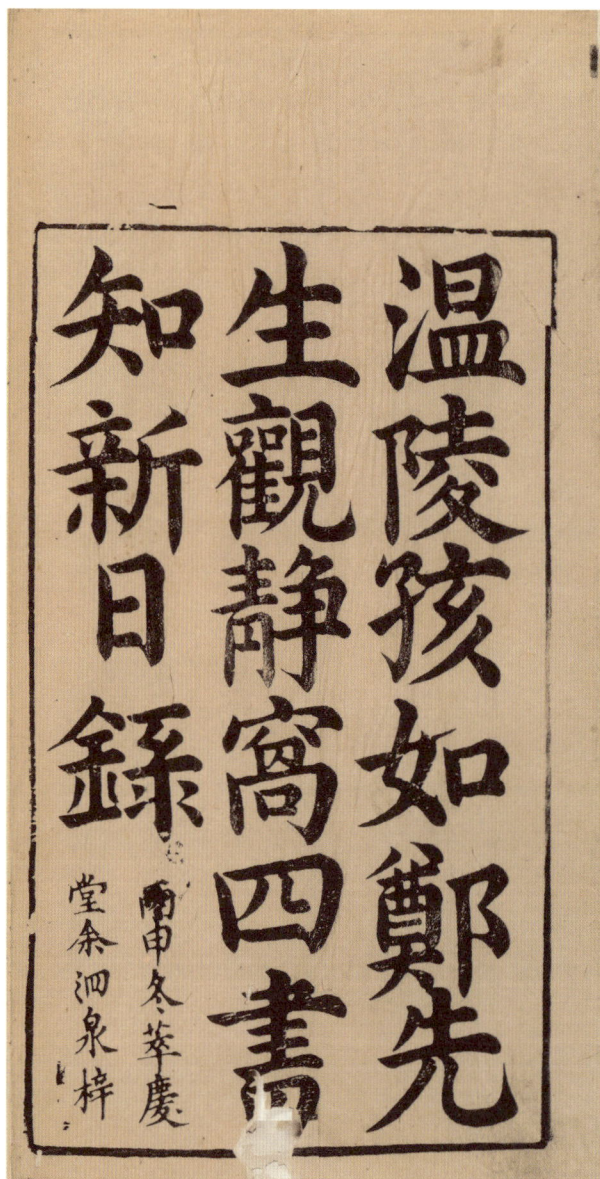

鐫温陵鄭孩如觀静齋四書知新日録大學卷之乙

温陵孩如子申甫鄭維岳　著

男協其東里　校

潭城泗泉以誠甫余彰德　梓

大學古本依許敬菴分為六章

自大學之道至此謂知本此謂知之至也為一章

申甫曰凡言此謂者皆承上文而言上有脩身為本文有物有本末文有物格而后知至李見羅謂格物之物即物有本末之物格如品式格式之格品格個物如何為本如何為末故結歸於脩身為本物格而后知至二本字既相應此謂知之至也與前知至字亦相應此誠然矣然誠意在於致知格物此致知格物亦費許多工夫若第云品格其本末之物而已則身為本家國天下為末此本末有何難知且知此便意自誠乎今人共知此本試驗之意念間能必誠否故格物之説還以陽明為正然從陽明説則此謂知之至也當

通志堂經解一百四十種一千八百六十卷　　　　　　　　Fv110 2452

〔清〕納蘭性德輯　清康熙十九年（1680）納蘭性德通志堂刻乾隆三十九年
（1774）修補本　五百八十四册

框19.8×15.1釐米。11行20字。白口，左右雙邊，單黑魚尾。版心中鐫子目書名及
卷次，下鐫"通志堂"及刻工。

子目略。

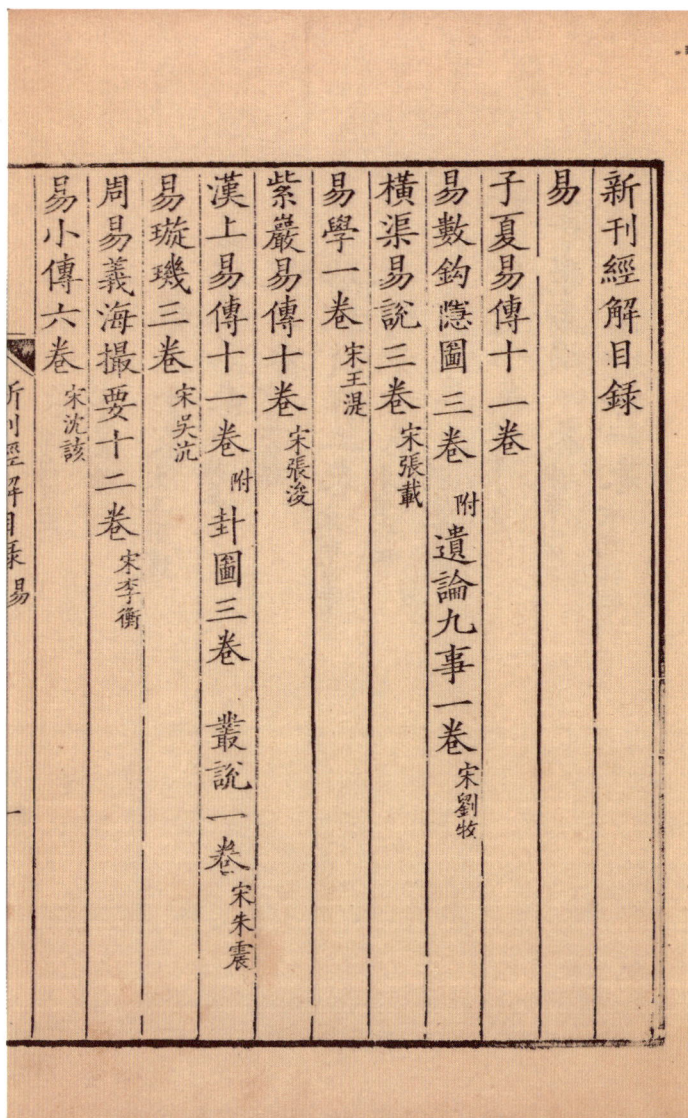

子夏易傳卷第一

周易

上經乾傳第一

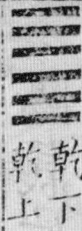

乾下
乾上

乾元亨利貞彖曰大哉乾元萬物資始乃統天雲行

雨施品物流行大明終始六位時成時乘六龍以御

天乾道變化各正性命保合太和乃利貞首出庶物

萬國咸寧

乾始降氣者也始而通終而濟保其正也故統萬

物而無外夫天者位也質也乾者人也精神也有

其人然後定其位精神通明然後統其質故能雲

六經圖考六卷   Fv149 4265

〔宋〕楊甲撰　〔宋〕毛邦翰補　清康熙六十一年（1722）潘寀鼎禮耕堂刻本
十二册

　　框19.6×14釐米。9行20字。白口，四周單邊，單黑魚尾。版心上鎸“六經圖考”，
中鎸卷名，下鎸“禮耕堂”。內封鎸“宋布衣楊先生撰/六經圖考/禮耕堂重訂”。鈐
“哈佛大學漢和圖書館珍藏印”印。1966年4月購自哈佛燕京學社。

説文解字十五卷

Fv5093 +0498B

〔漢〕許慎撰　　〔宋〕徐鉉等校定　　清初常熟毛氏汲古閣刻本　　八冊

　　框20.4×15.7釐米。7行，小字雙行22字。白口，左右雙邊，單黑魚尾。版心中鐫“説文”及卷次。内封鐫“北宋本校刊/説文真本/汲古閣藏板”。

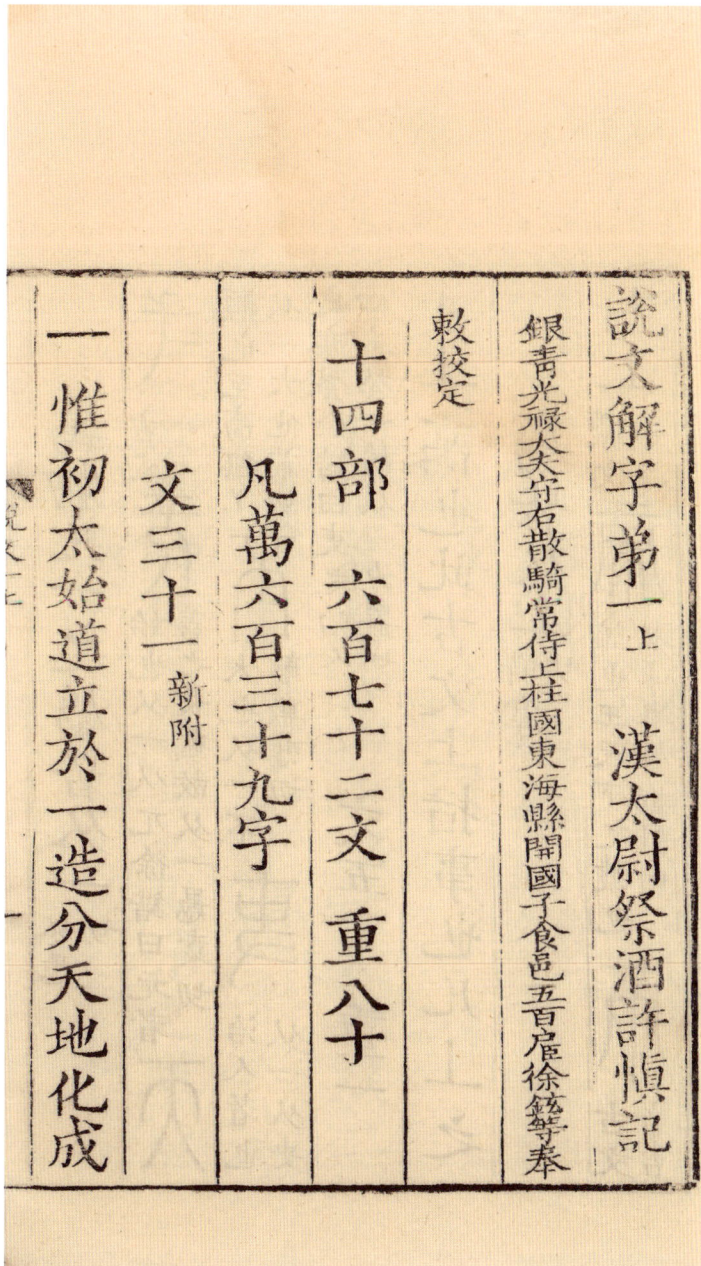

復古編二卷附錄一卷曾樂軒稿一卷安陸集一卷　　　　　　　Fv5114 1342

〔宋〕張有編輯　　（曾樂軒稿）〔宋〕張維撰　　（安陸集）〔宋〕張先撰　清乾隆
四十六年（1781）葛鳴陽刻本　五册

　　框16.1×13.1釐米。9行字數不等。白口，四周單邊。版心中鎸書名及卷次。內封鎸
"乾隆辛丑安邑葛氏借新安程氏舊寫本登板"。鈐"莫棠字楚生印""東莞莫氏五十
萬卷樓""雺雅""崇曜"等印。與張維《曾樂軒稿》、張先《安陸集》合函。

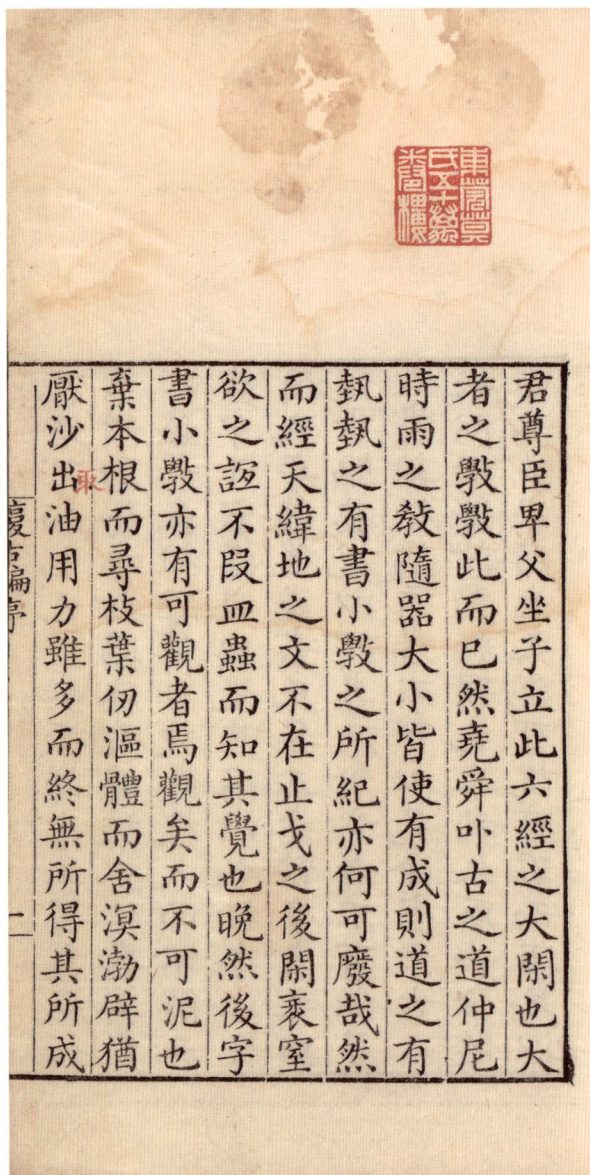

復古編校正

是書刻既成復泚炙人處見元刓間刻
本儳校一過互有所長因作校正一卷

上平聲

別作躬竝非　躬下當有敀字

博碁博當作簿毛刻說文亦作博

米蘗煎也　下當有从食臼三字

一曰遺也　下當有从言臼三字

以血有所刉祭也　說文刉下有涂
字六書正譌祭也下有从血幾三字

復古編校正

漢隸字源五卷 Fv6129 +5445

〔宋〕婁機撰　明末常熟毛晋汲古閣刻本　六册

框24×16.7釐米。5行字數不等。白口，左右雙邊。版心中鎸書名，下鎸"汲古閣"。内封鎸"宋本重刊/漢隸字源/汲古閣藏板"。容閎1878年贈書。

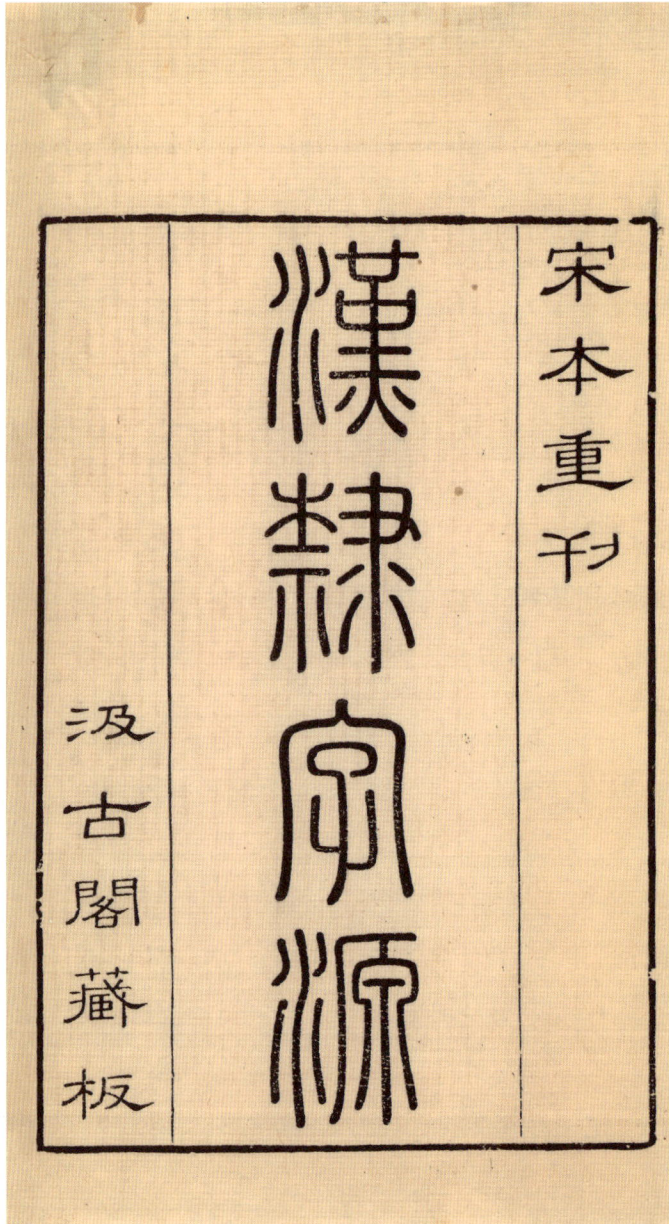

六書分類十二卷

Fv5101 +2444B

〔清〕傅世垚輯　清康熙四十四年（1705）周天健聽松閣刻本　十四冊

框19.3×13.9釐米。8行12字，小字雙行24字。白口，四周單邊，單黑魚尾。版心上鐫書名，中鐫卷次，下鐫"聽松閣"。

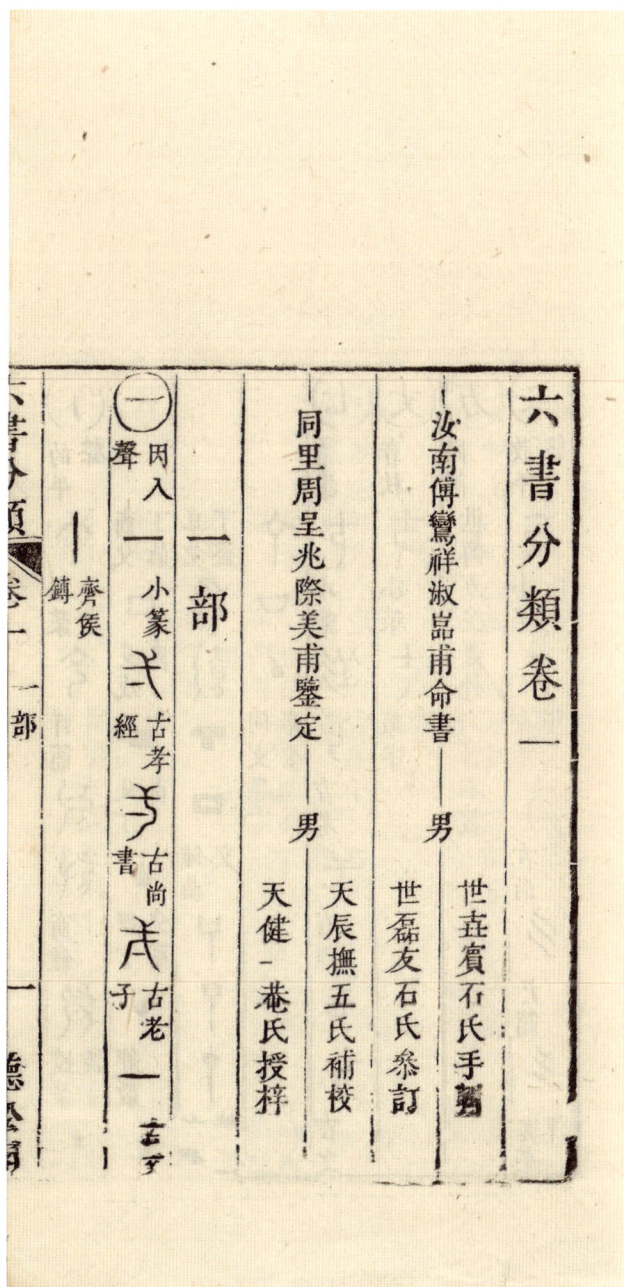

綱鑑纂腋三千文註三卷　　　　　　　　　　　　　Fv5161 2921

〔清〕徐呈岳撰　　〔清〕周炘纂注　清康熙刻本　一册

19×10.4釐米。8行27字，小字雙行同。白口，四周單邊。版心上鐫"三千文註"，中鐫卷次，下鐫"以文居"。

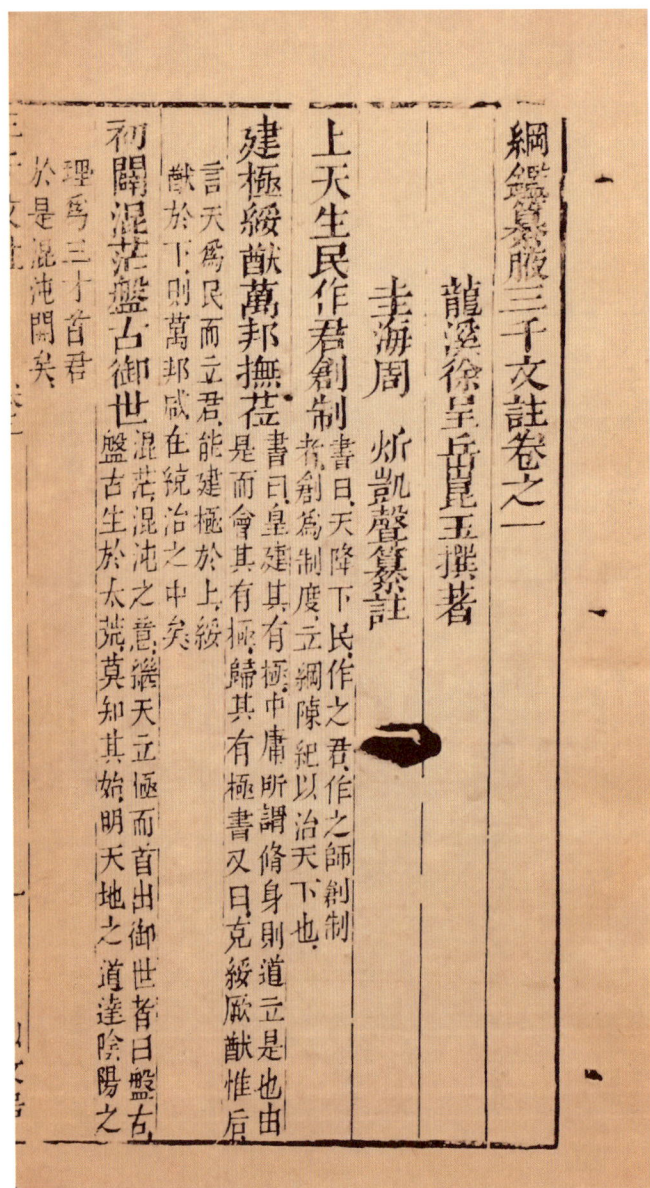

康熙字典十二集三十六卷總目一卷檢字一卷辨似一卷等韻一卷補遺一卷備考一卷

Fv5173 +0735

〔清〕張玉書等纂修　清康熙五十五年（1716）内府刻本　四十册

框19.7×14釐米。8行12字，小字雙行24字。白口，四周雙邊，單黑魚尾。版心上鎸書名，中鎸集次及部首名。以十二地支分爲十二集，各集又分上、中、下。藏書票題"Gift of Dr. Yung Wing, 1911"。鈐"汪方叔貽子孫書畫記""汪鐈印信""長宜子孫"印。

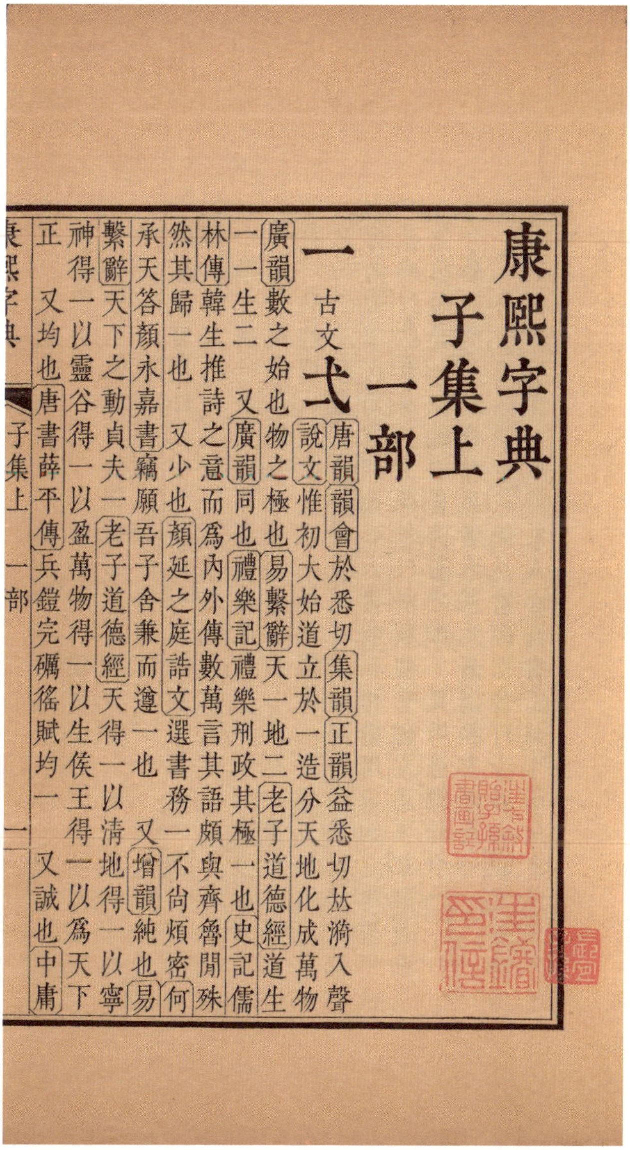

古今韻會舉要小補三十卷　　　　　　　　　　　　Fv5116 0762

〔明〕方日升撰　〔明〕李維楨校　明萬曆書林余彰德、余象斗刻本（有補抄）

十六冊

　　框21×14.7釐米。8行12字，小字雙行24字。白口，四周單邊，單魚尾。版心上鐫書名"韻會小補"，下鐫卷次、頁碼。內封鐫"李本寧先生輯韻會小補/本衙藏板"。鈐"泉邨""節亭圖書之記"等印。

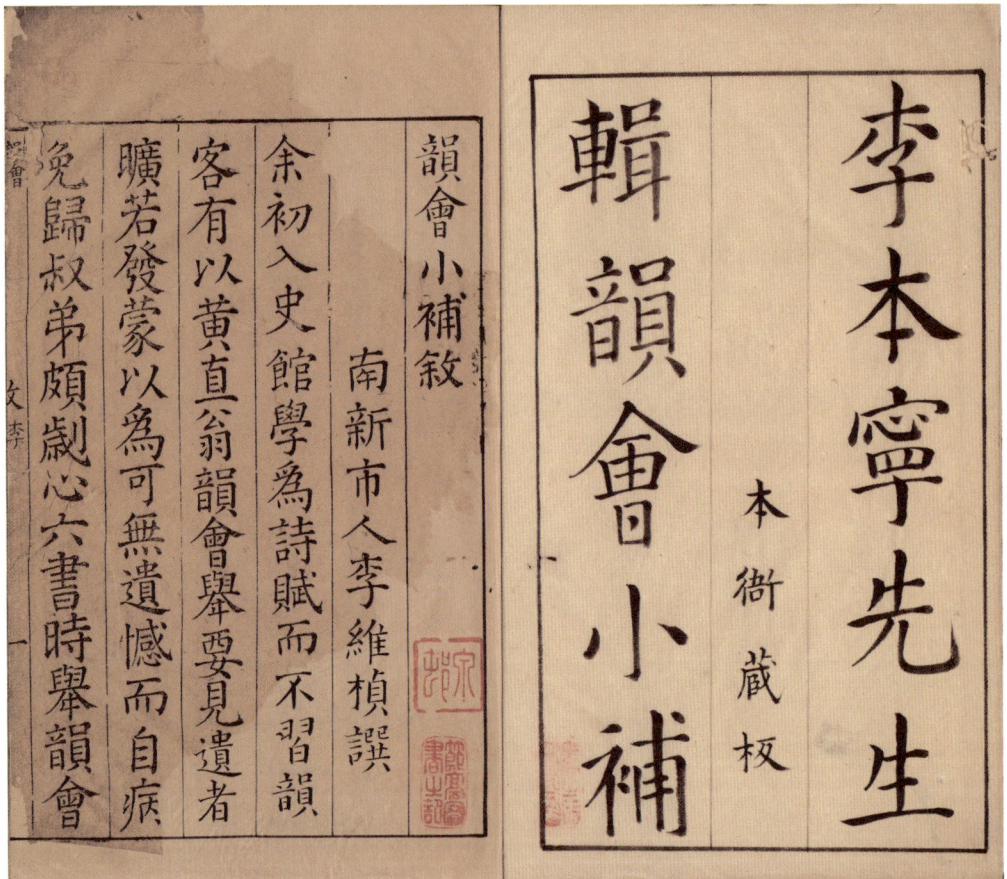

新刊增補古今名家韻學淵海大成十二卷　　　　　Fv5120 4440

〔明〕李攀龍編輯　〔明〕唐順之校正　明萬曆刻本　三册

框21.6×15釐米。11行20字，小字雙行30字。白口，左右雙邊，單黑魚尾。版心中鐫"韻學大成"及卷次。鈐"天師明經儒"等印。1967年6月購自日本琳琅閣書店。

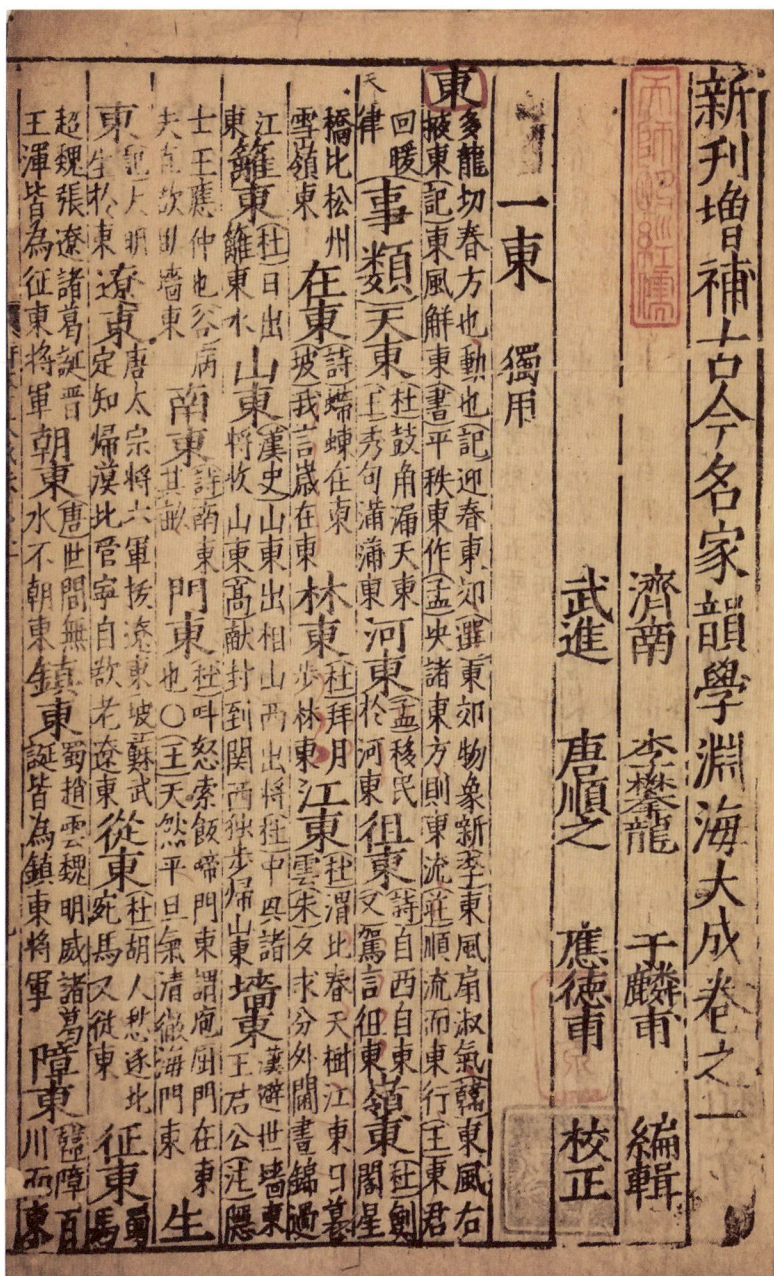

戚林八音合訂八卷　　　　　　　　　　　　　　　PL1201 C437

清乾隆刻後印本　一冊

框18.5×10.9釐米。兩截板，10行字數不等，小字雙行。白口，四周單邊，單黑魚尾。版心上鐫"戚參將八音"，中鐫"林碧山字義"。內封鐫"戚林八音合訂/□□堂藏板"。序記"乾隆十四年季春上浣晉安題於嵩山書屋"。鈐"葉華芬藏書"印。藏書票題"From the library of the Reverend Hua-Fen Yeh 1904—1964 Singapore. The gift of his family""葉華芬南洋文庫"。

戚參軍八音字義便覽四卷　〔清〕蔡士泮彙輯

太史林碧山先生珠玉同聲四卷　〔清〕陳他彙輯　〔清〕林儔校閱

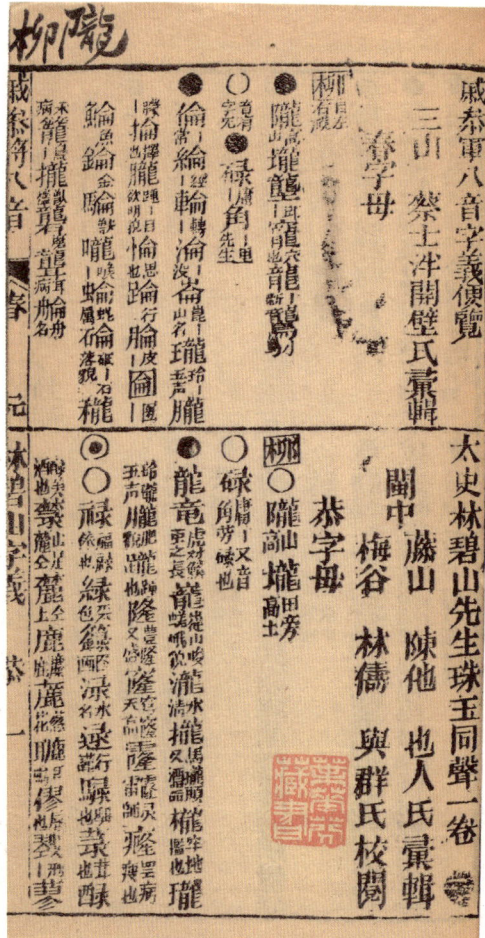

上海土音字寫法不分卷　　　　　　　　Fvh98 Sh16 Sh12

（美國）高第丕（Tarleton Perry Crawford）撰　　清末上海刻本　一冊
框12.4×9.5釐米。6行10字。白口，四周單邊，單黑魚尾。

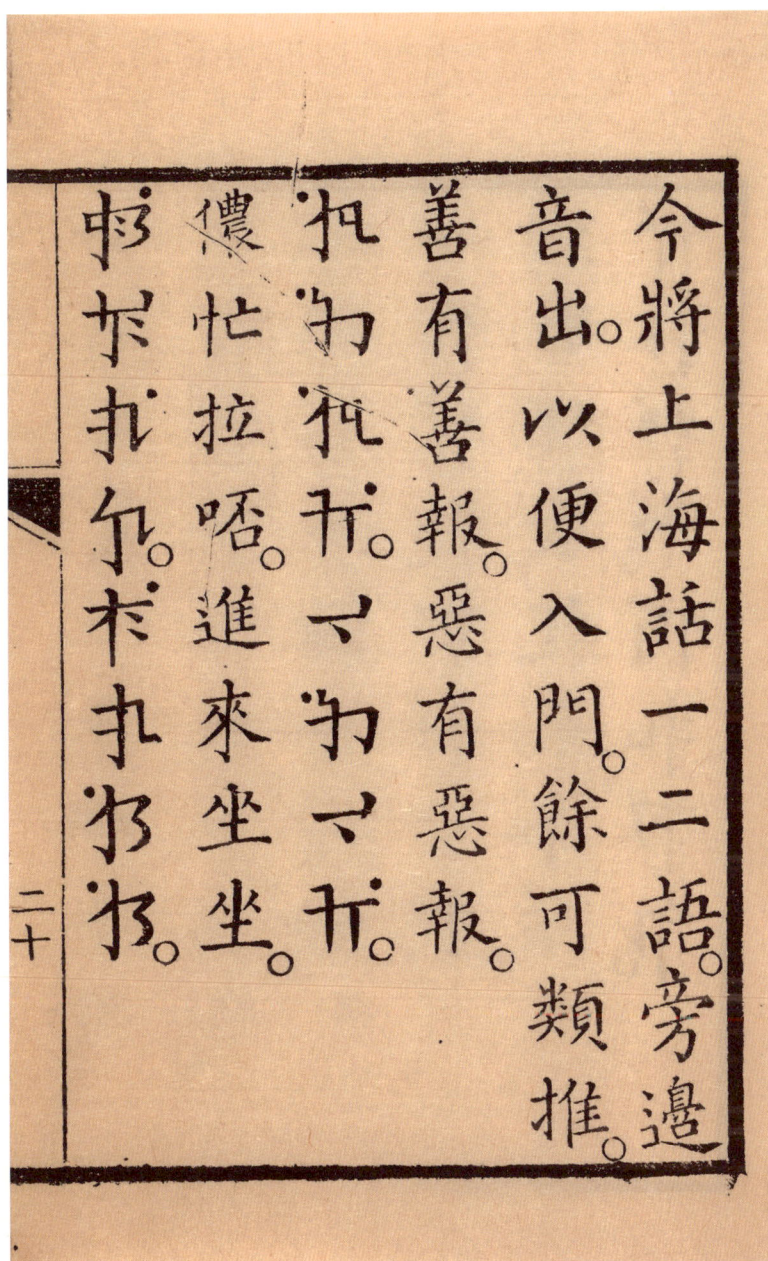

（滿漢合璧）御製增訂清文鑑三十二卷　　　　　　　Fv2527 +0202b

〔清〕傅恒等撰　清抄本（據清乾隆三十六年刻本）　九册

框22.6×17.7釐米。8行，黃格。白口，四周雙邊。版心中抄漢文卷次、類別、頁碼。鈐"寶素堂記"印。存《正編》三十二卷，缺《補編》四卷、《總綱》八卷、《補編總綱》二卷，附《增訂續頒》。

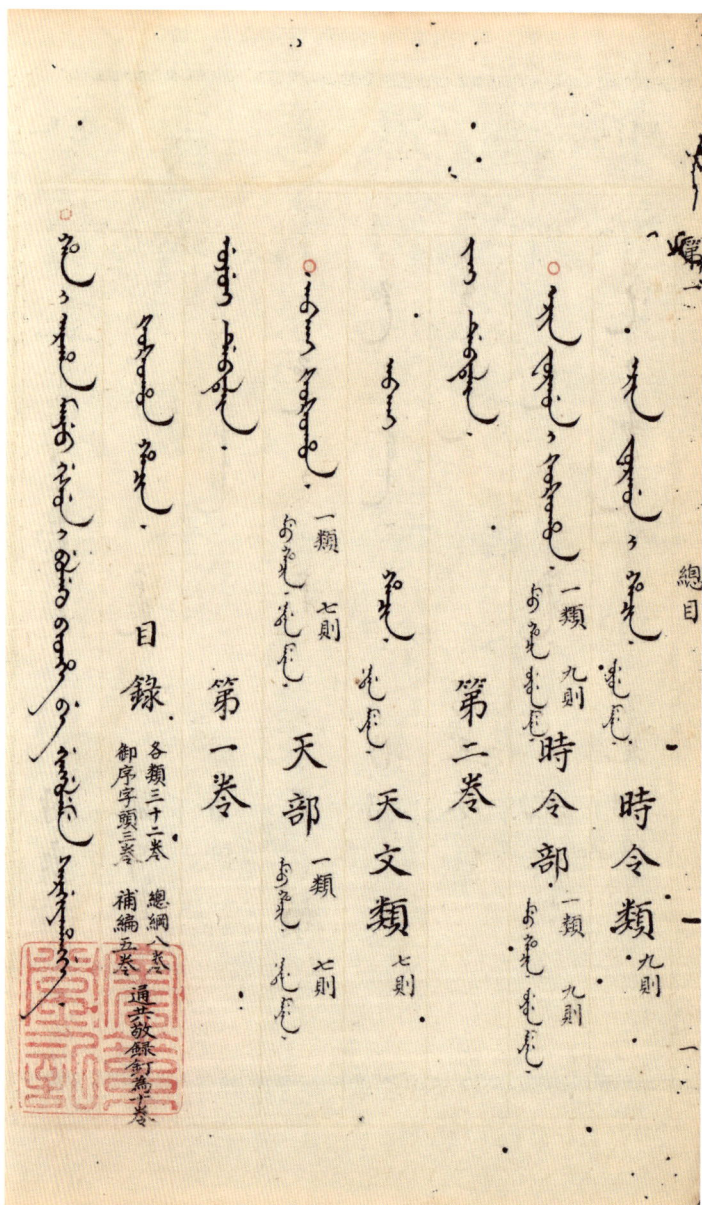

史部

十七史一千五百七十四卷附宋遼金元宏簡録二百五十四卷　　　　Fv2455 +17

〔清〕毛晋輯刻　清嘉慶至道光間古吴書業趙氏翻汲古閣刻本　三百二十册

框21.3×15.2釐米。12行25字。白口，左右雙邊，單黑魚尾。版心中鐫"汲古閣"及"毛氏正本"。内封鐫"汲古閣十七史/附宋遼金元宏簡録"。牌記題"古吴書業趙氏重鐫"。

史記一百三十卷　〔漢〕司馬遷撰

前漢書一百卷　〔漢〕班固撰

後漢書一百二十卷　〔南朝宋〕范曄撰

三國志六十五卷　〔晋〕陳壽撰

晋書一百三十卷　〔唐〕房玄齡撰

宋書一百卷　〔南朝梁〕沈約撰

南齊書五十九卷　〔南朝梁〕蕭子顯撰

梁書五十六卷　〔唐〕姚思廉撰

陳書三十六卷　〔唐〕姚思廉撰

魏書一百十四卷　〔北齊〕魏收撰

北齊書五十卷　〔唐〕李百藥撰

周書五十卷　〔唐〕令狐德棻撰

隋書八十五卷　〔唐〕魏徵撰

南史八十卷　〔唐〕李延壽撰

北史一百卷　〔唐〕李延壽撰

唐書二百二十五卷　〔宋〕歐陽修撰

五代史七十四卷　〔宋〕歐陽修撰

汲古閣十
七史
附宋遼金
元宏簡錄

明史藁三百十卷　　　　　　　　　　　　　　Fv2720 1132

〔清〕王鴻緒編撰　清雍正敬慎堂刻本　八十册

框19.8×14.5釐米。11行23字。白口，左右雙邊，單黑魚尾。版心中鐫"橫雲山人集史藁"，下鐫"敬慎堂"。"慎"字缺末筆。

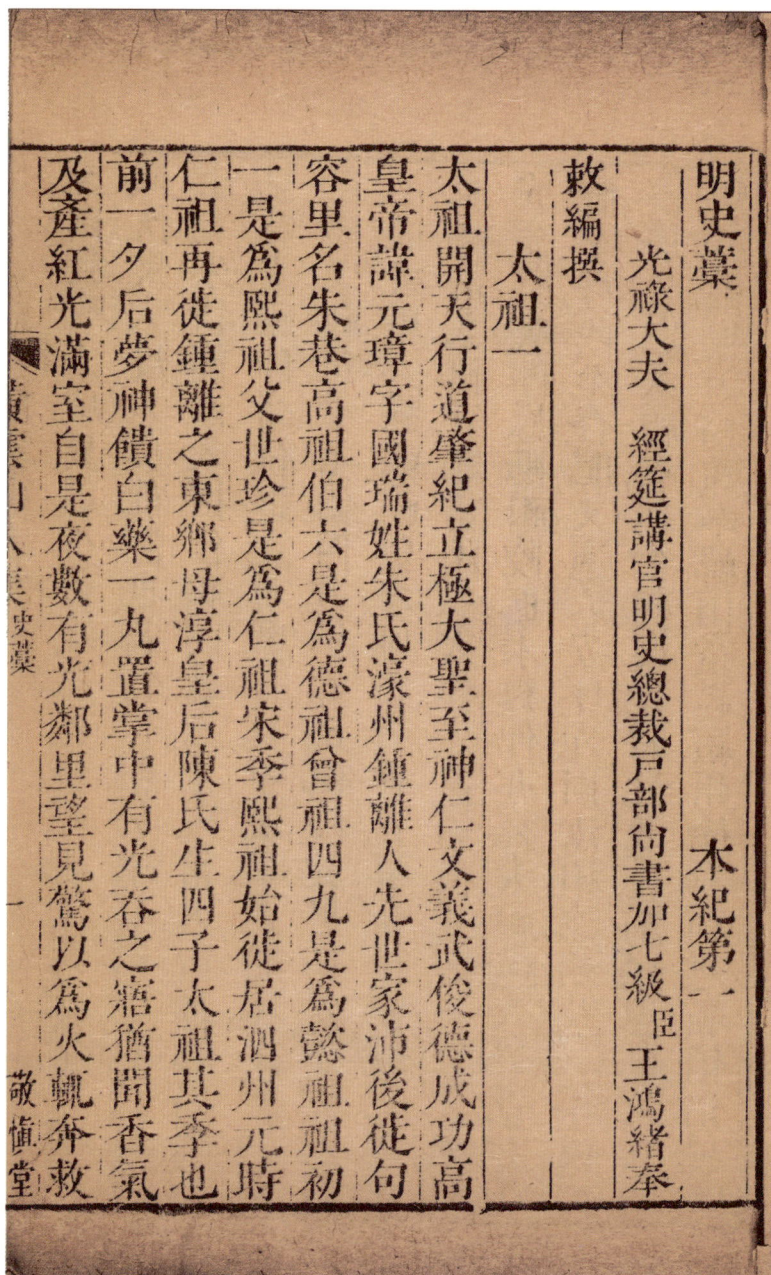

資治通鑑綱目前編二十五卷資治通鑑綱目五十九卷續資治通鑑綱目二十七卷

Fv2512 2543

〔明〕南軒撰　（綱目）〔宋〕朱熹等撰　（續綱目）〔明〕商輅撰　〔明〕陳仁錫評閱　明崇禎三年（1630）陳仁錫刻本　一百二十册

框20.6×14.5釐米。7行18字，小字雙行同。白口，四周單邊，單黑魚尾。版心上鎸"通鑑綱目"，中鎸卷次、篇目及頁碼，眉端鎸評。

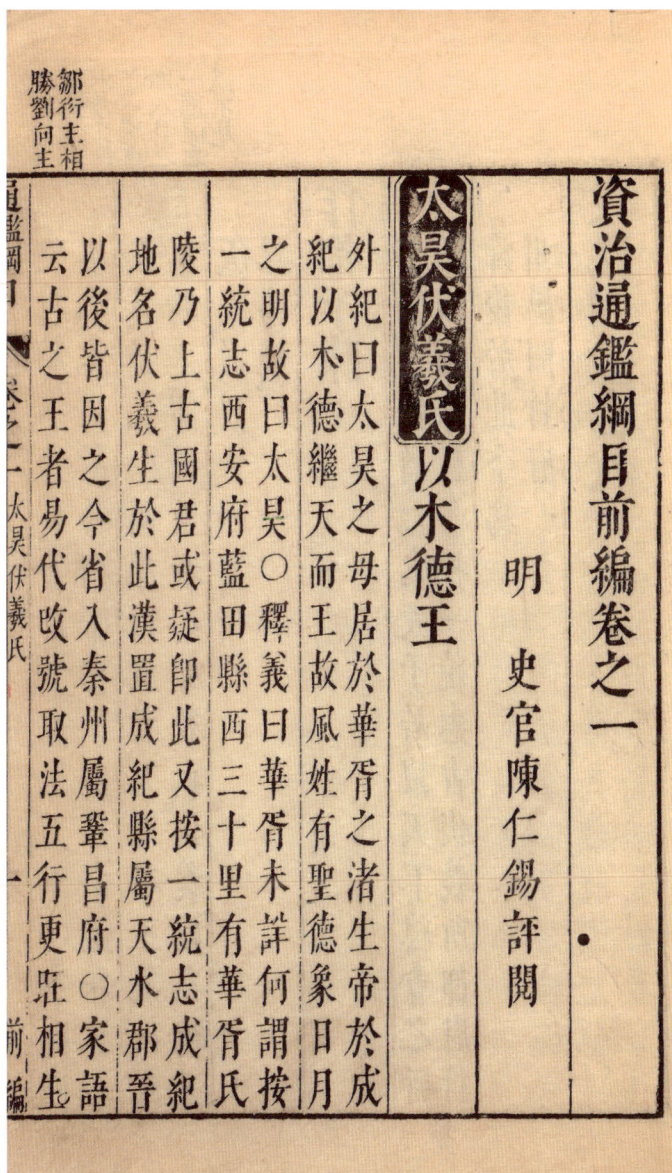

綱鑑易知錄九十二卷 Fv2512 2324

〔清〕吳乘權等輯 清康熙五十年（1711）刻本 九十二册

框19.9×13.7釐米。9行20字。白口，四周單邊，單黑魚尾。版心上鎸書名，眉欄鎸注。內封鎸"吳大中丞鑒定/綱鑑易知録/金陵敬書堂藏板"。

新鑴歷朝捷録大全四卷通鑑潘氏總論　　Fv2516 3801

〔明〕鍾惺等編著　〔明〕陳繼儒彙參　清初刻本　四册

框19.1×12.5釐米。8行18字，小字雙行同。白口，四周單邊。版心上鑴書名，中鑴卷次，眉端刻批語。佚名朱墨批點。

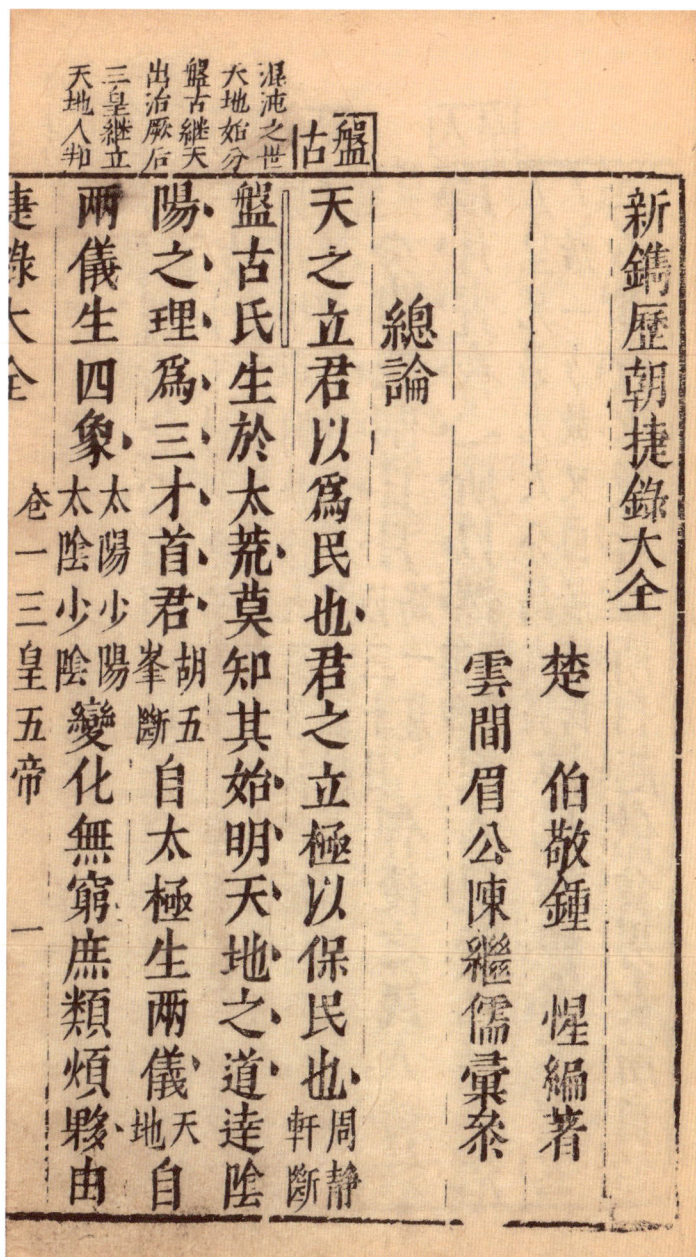

皇明通紀直解十六卷　　　　　　　　　　　　　　　　　Fv2720 +1342

〔明〕張嘉和輯　〔明〕鍾惺評　明崇禎刻清初續刻本　八册

框20.3×14.3釐米。8行18字，小字雙行同。白口，四周單邊。版心上鐫"通紀直解"，中鐫卷次。眉上鐫評。正文卷端題"通紀直解"，首兩卷作"通鑑直解"。目録將卷十五、十六列爲"續"。鈐"適廬主人黃秋舫藏"印。

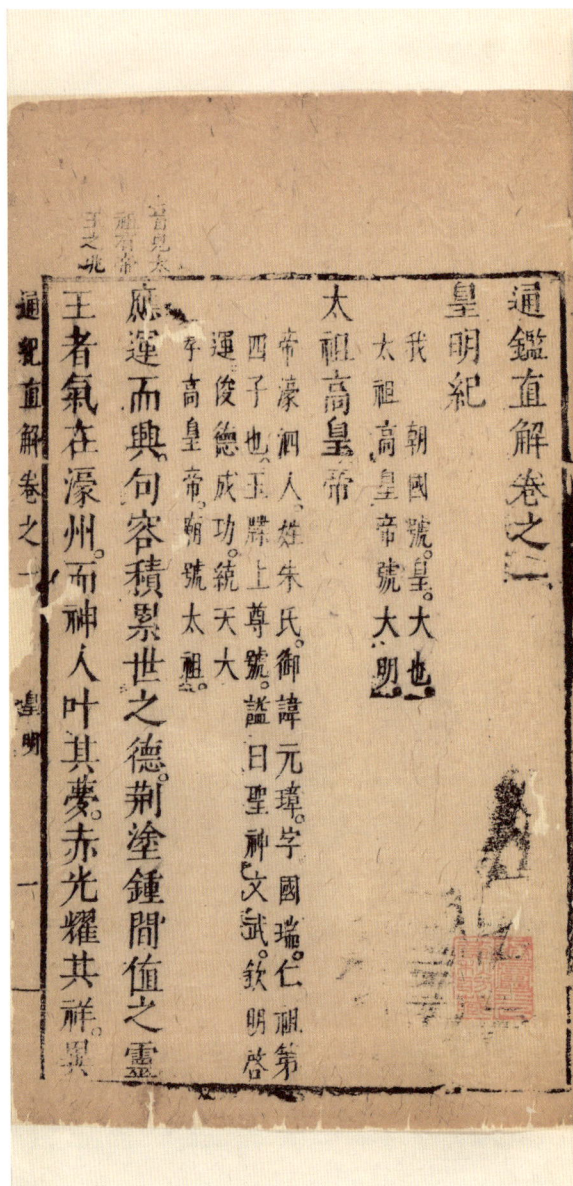

明朝紀事本末八十卷　　　　　　　　　　　　Fv2720 8605

〔清〕谷應泰撰　　清刻本　　二十四册

框17.9×13.5釐米。9行20字。白口，左右雙邊，單黑魚尾。版心上鐫"紀事本末"，中鐫卷次。內封鐫"豐潤谷應泰編著/明鑑紀事本末/本衙藏板"。藏書票題"Gift of Dr. Yung Wing, 1911"。

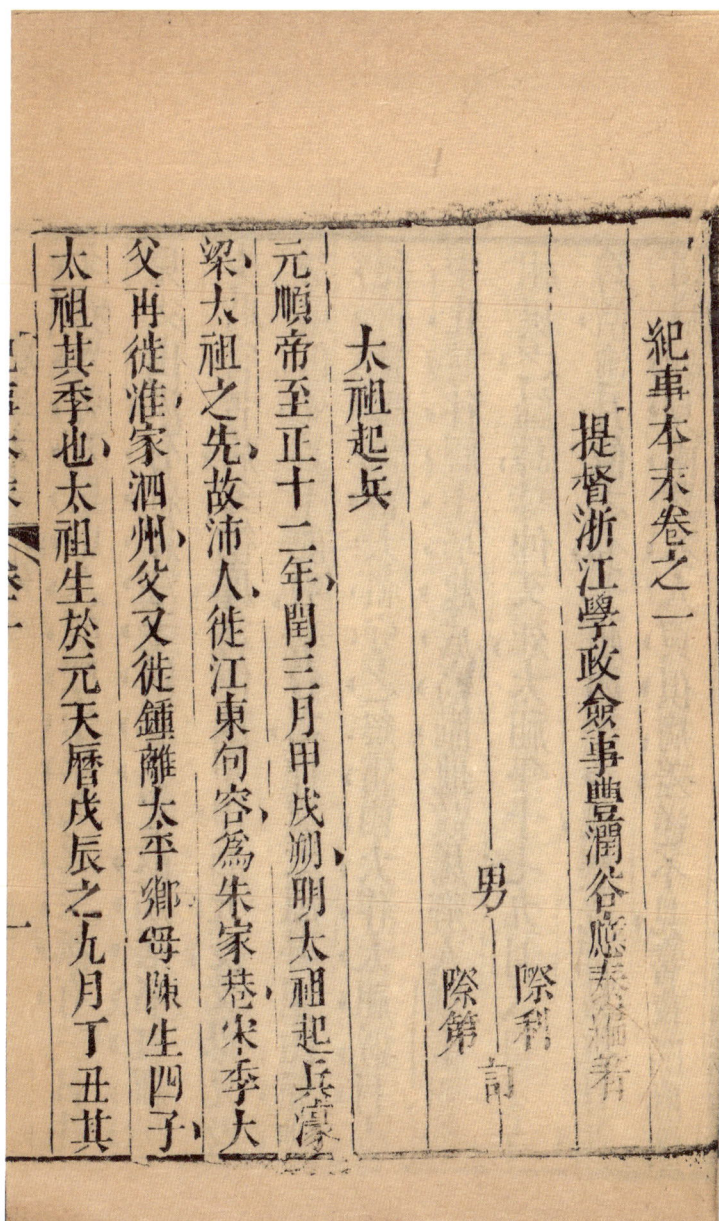

新刻屠儀部編集註解皇明捷録一卷　　　　　　　　　YAJ C11.11

〔明〕屠隆編　〔明〕歐大任訂　明萬曆三十一年（1603）書林鄭聚垣刻本　一册

框23×14.1釐米。兩截板，下欄9行21字。白口，四周雙邊，單黑魚尾。版心上鎸
"我朝捷録評林"，中鎸帝紀及卷次。牌記題"萬曆癸卯歲孟春月書林鄭聚垣梓"。
日本耶魯學會贈書。

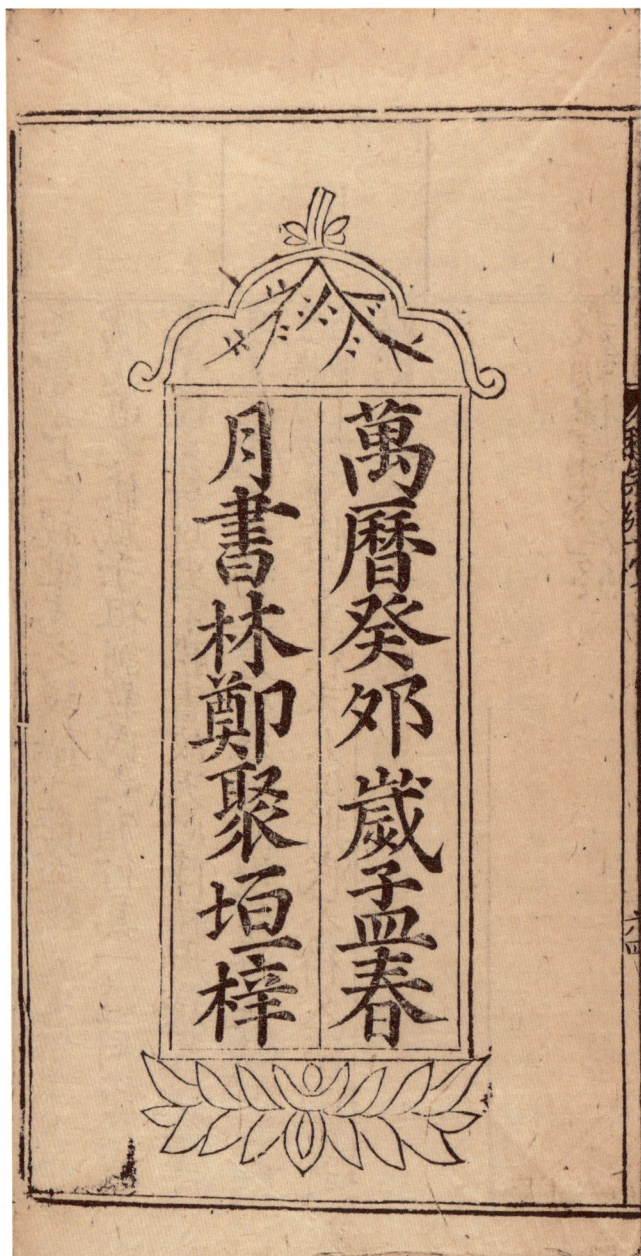

皇明紀略

元順帝至正十
年災異頻見盜
賊蜂起有司不
能制是年又發
河南壯丁夫十
七万濬黄河故
道民益愁怨思
乱十二年定遠
郭子興起兵濠
州我
太祖高皇帝嘗
龍在野託匃于
濠之皇覺寺時
大乱寺僧散潰
上祝加藍神卜
筊屡吉乃以聞
三月朔入濠城

戊明逮泉平木
避乱六至城門守
也。

共太祖一卷

新刻屠儀部編集註解皇明捷録卷之一

東海臣　屠隆　編

南海臣　歐大任　訂

皇明太祖高皇帝　建元洪武

臣王世貞評曰戎

太祖高皇帝之削平僭亂驅逐胡氛説者等於漢高之

誅無道秦愚以為秦雖無道猶稱中國之共主

乃胡元以大戎統一華夷誠古今所未有之大變

親征平定朔漠方略四十八卷附御製親征朔漠紀略一卷　　　　　　　Fv2780 +C44

〔清〕温達等撰　（附）〔清〕聖祖玄燁撰　清康熙四十七年（1708）北京内府刻
初印本　二十册

　　框24.4×17釐米。7行20字。黑口，四周雙邊，雙魚尾。版心中鐫書名、卷次。藏
書票題 "Gift of Edwin J. Beinecke, Yale 1907"。

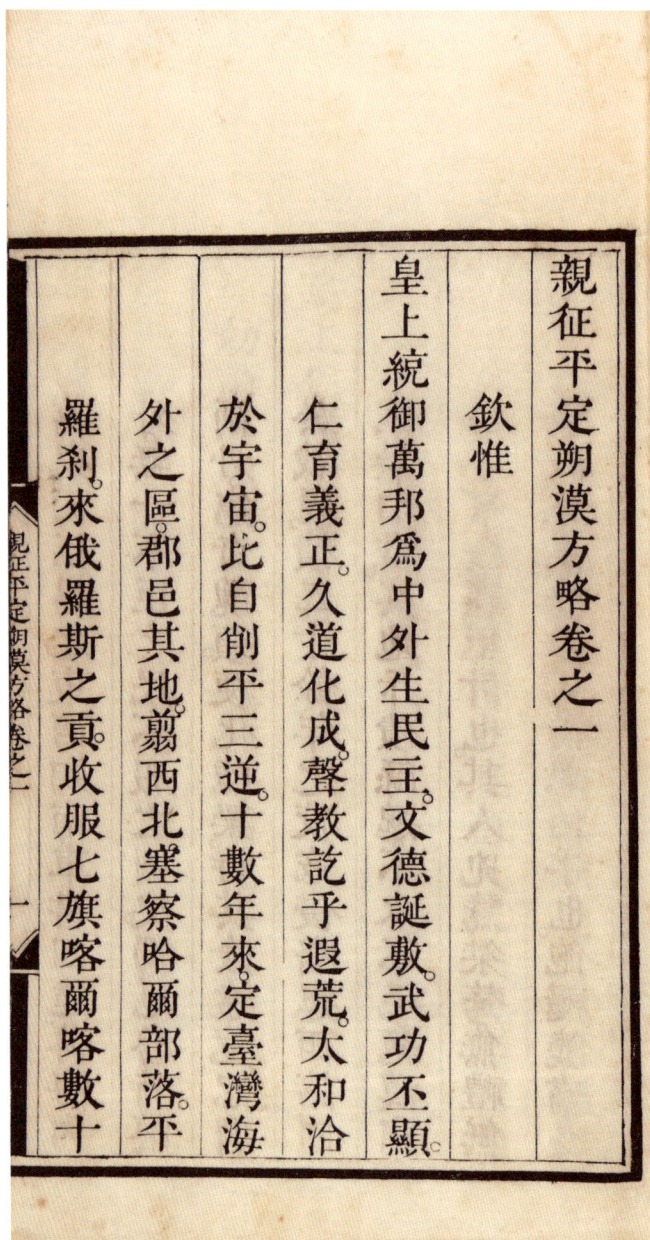

閱史約書五卷　　　　　　　　　　　　　　　Fv2514 1192

　　〔明〕王光魯纂著　明末清初吳門刻本　六册

　　框21.3×13.7釐米。9行20字，小字雙行40字。白口，四周單邊。版心上鐫書名，中鐫內容簡稱。未署年熊維熊跋言"刻未成而舅氏殂"。

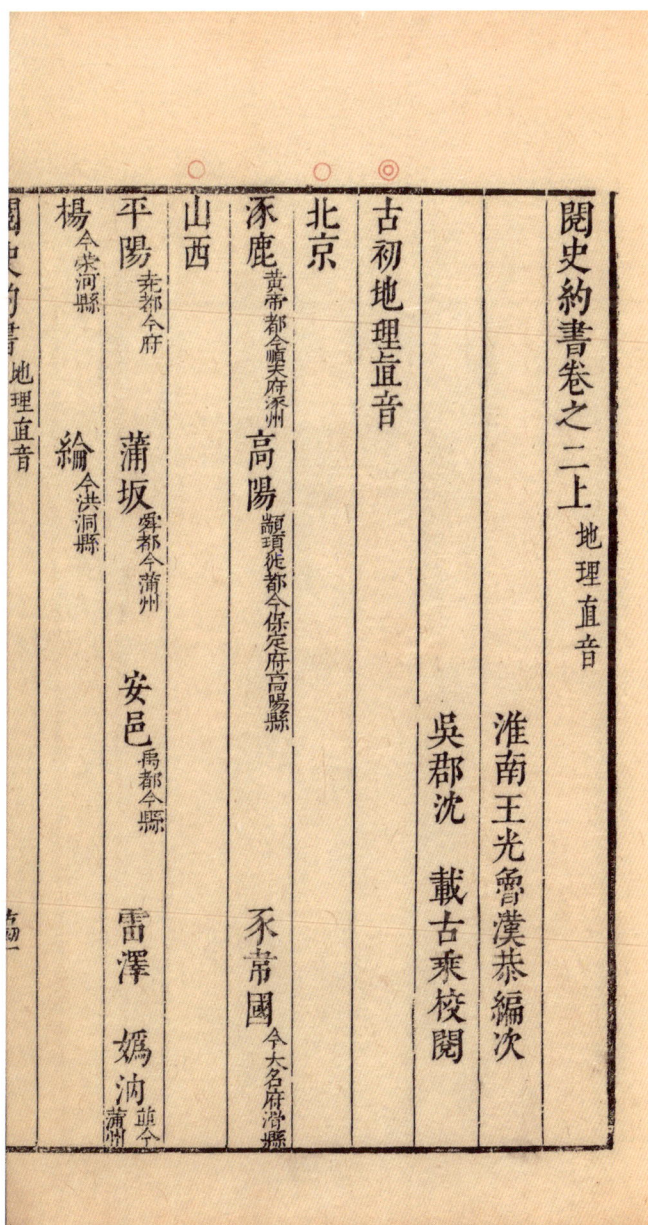

皇明異姓諸侯傳二卷附皇明異姓諸侯表皇明恩澤表　　　　Fv2259.7 +C42

〔明〕鄭曉撰　明隆慶元年（1567）鄭履淳刻吾學編本　二冊　鄭端簡公全集
框18.3×13.8釐米。10行19字。白口，左右雙邊。版心上鐫書名，中鐫卷次，下鐫刻工。購自日本山本書店。

皇明異姓諸侯傳上卷目録

郭英　馮勝　藍玉　汪廣洋
桑敬　廖永忠　俞通源　俞通淵
吳良　吳復　康茂才　耿炳文
唐勝宗　陸仲亨　周德興　華雲龍
顧時　陳德　郭子興　王志
鄭遇春　曹聚　吳禎　趙庸
華高　朱亮祖　胡美　韓政
黃彬　曹良臣　梅思祖　陸聚
葉昇　張温　王弼　曹震

姓氏譜纂七卷 Fv2252 4464

〔明〕李日華撰 〔明〕魯重民補 〔明〕錢蔚起校定 明崇禎東溪堂刻本 一册
框20.5×14.5釐米。9行20字，小字雙行同。白口，四周單邊。内封鎸"李君實先
生增定/古今氏族譜/東溪堂梓行"。

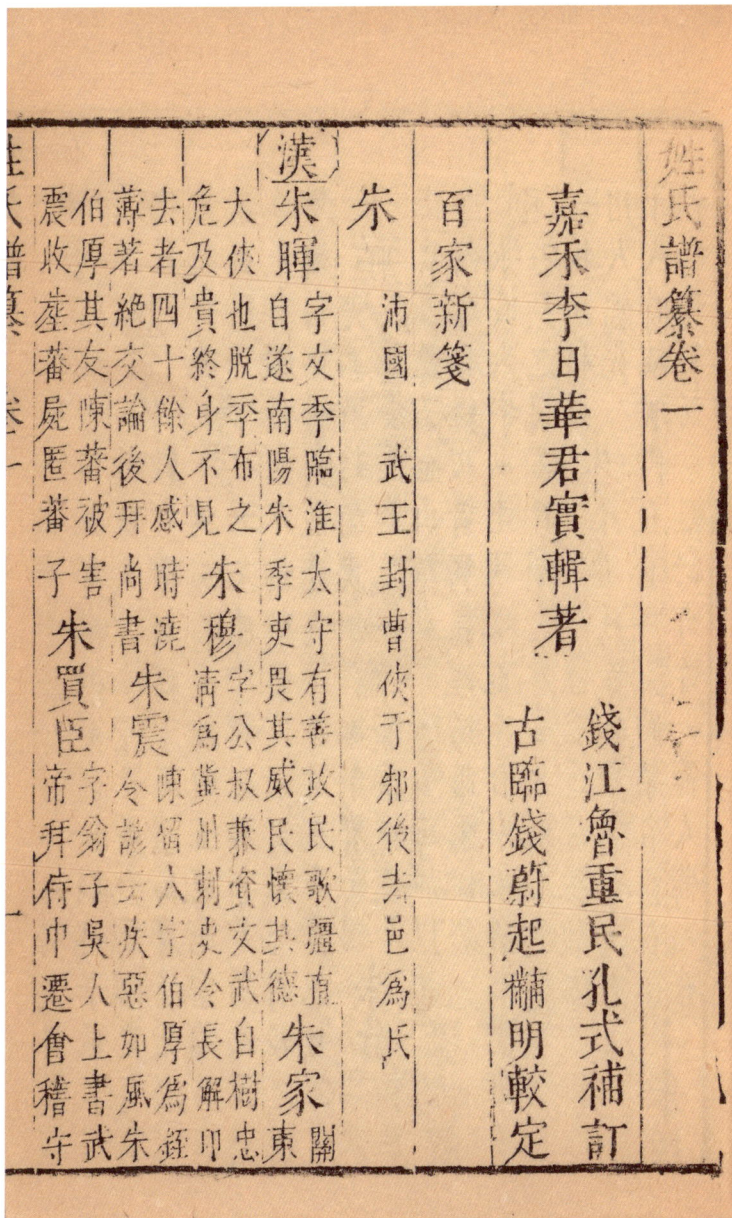

姓氏譜纂卷一

嘉禾李日華君實輯著

　　　　錢江魯重民孔式補訂

　　　　古臨錢蔚起糒明較定

百家新箋

宋　沛國　武王封曹俠于邾後去邑爲氏

漢朱暉　字文季臨淮太守有華政民歌謡直
　　　　自遂南陽朱季畏其威懷其德
　　　　大俠也脱身不布之　　　朱家東關
　　　　危及貴終季公叔兼資文武自解忠
　　　　者也朱穆字公叔　長爲經　
　　　　去者絕交論後開時　惡如厚風朱　
　　　　薄著其四十餘人感尚書朱震字　
　　　　震伯收其友陳蕃被　遷會稽子吳人上書武　
　　　　厚其友陳蕃被害子　朱買臣字翁子府中

古今萬姓統譜一百四十卷歷代帝王姓系統譜六卷氏族博考十四卷　　Fv2258 3438

〔明〕凌迪知編　明萬曆七年（1579）吳興凌迪知刻明末姑蘇徐衙補刻本
二十六册

框20.9×13.9釐米。9行20字，小字雙行同。白口，四周單邊，單黑魚尾。版心上鎸書名，中鎸卷次，下鎸刻工。内封鎸"凌稚哲先生輯/萬姓統譜/東雅堂藏板"。鈐"本衙藏板""姑蘇徐衙重訂"印。1967年9月購自日本琳琅閣書店。

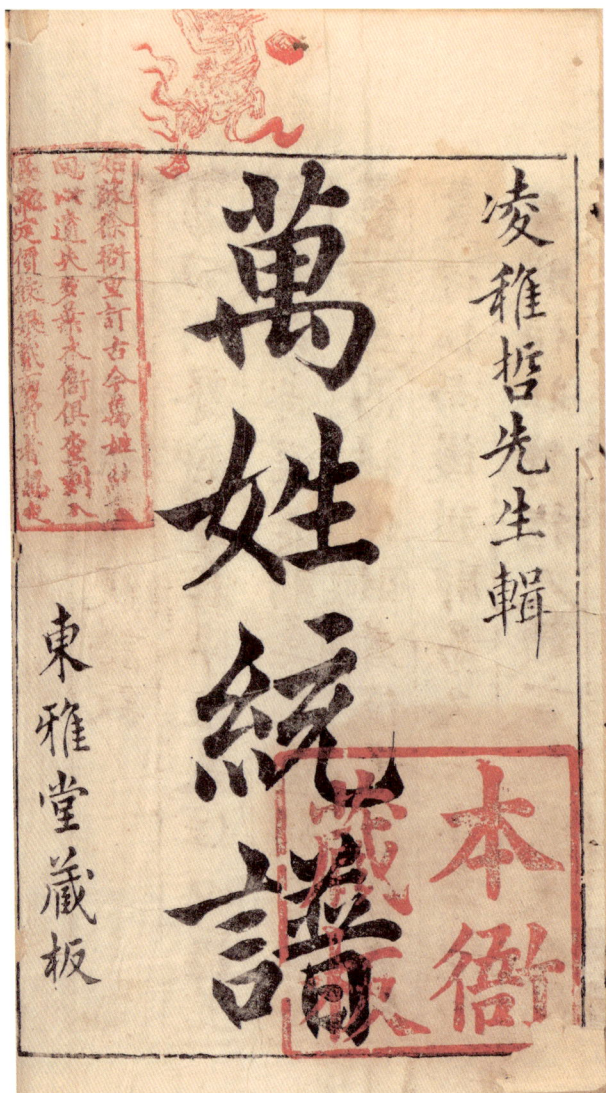

歷代帝王姓系統譜卷之一

吳興　淩迪知稚哲　輯

同郡　吳京朝卿　校

三皇

太昊伏羲氏

亦曰庖犠氏庖犠氏風姓繼燧人
氏位以木德繼天而王位在東方
象日月之明故曰太昊都於陳
日太昊之墟在位一百一十年

尊盧氏　混沌氏　昊英氏　朱襄氏

中皇氏　栗陸氏　驪連氏　赫胥氏

女媧氏　共工氏　大庭氏　栢皇氏

容氏譜牒四卷   Fv2252.1 +3670

〔清〕容坤續修　清咸豐三年（1853）楊正文堂刻本　四冊

框20.7×14.4釐米。12行24字。白口，四周雙邊，單黑魚尾。内封鎸"咸豐三年仲夏鎸/容氏譜牒/省城西湖街楊正文堂承刊"。藏書票題"Gift of Dr. Yung Wing, 1911"。

闕里文獻考一百卷首一卷末一卷　　　　　　　　　Fv1786 1123

〔清〕孔繼汾述　清乾隆二十七年（1762）孔氏刻後印本　八冊

框19.1×14.8釐米。13行26字。黑口，左右雙邊，雙魚尾。版心中鎸書名、卷次及小題。外封記載"耶魯大學圖書館惠存/孔德成敬贈/一九四八.十二.十四"。卷首題"孔子六十九代孫繼汾敬述"。

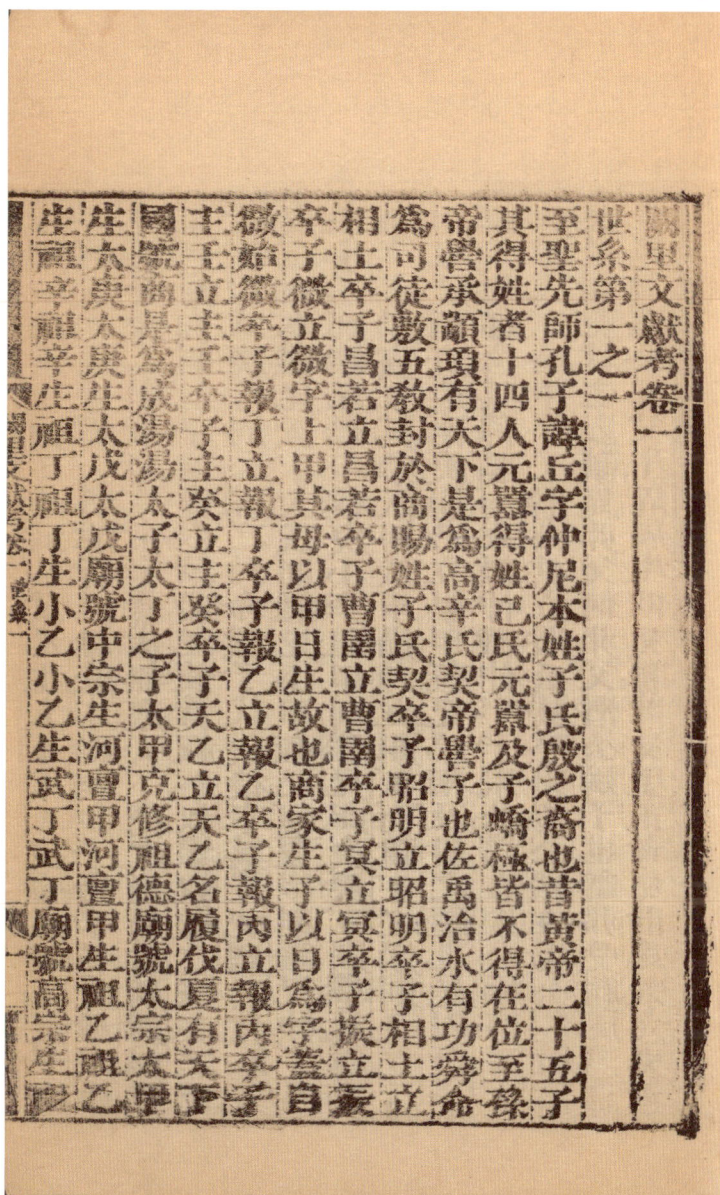

建文遜國記一卷建文遜國臣記八卷　　　　　　　　　　　Fv2722 C42

〔明〕鄭曉撰　明隆慶元年（1567）鄭履淳刻本　六冊　吾學編

框18.7×13.8釐米。10行19字。白口，左右雙邊，單白魚尾。版心上鐫“遜國記”或
“遜國臣記”，下鐫刻工。《建文遜國臣記》卷端下題“吾學編第五十三”。1967年5月
購自日本山本書店。

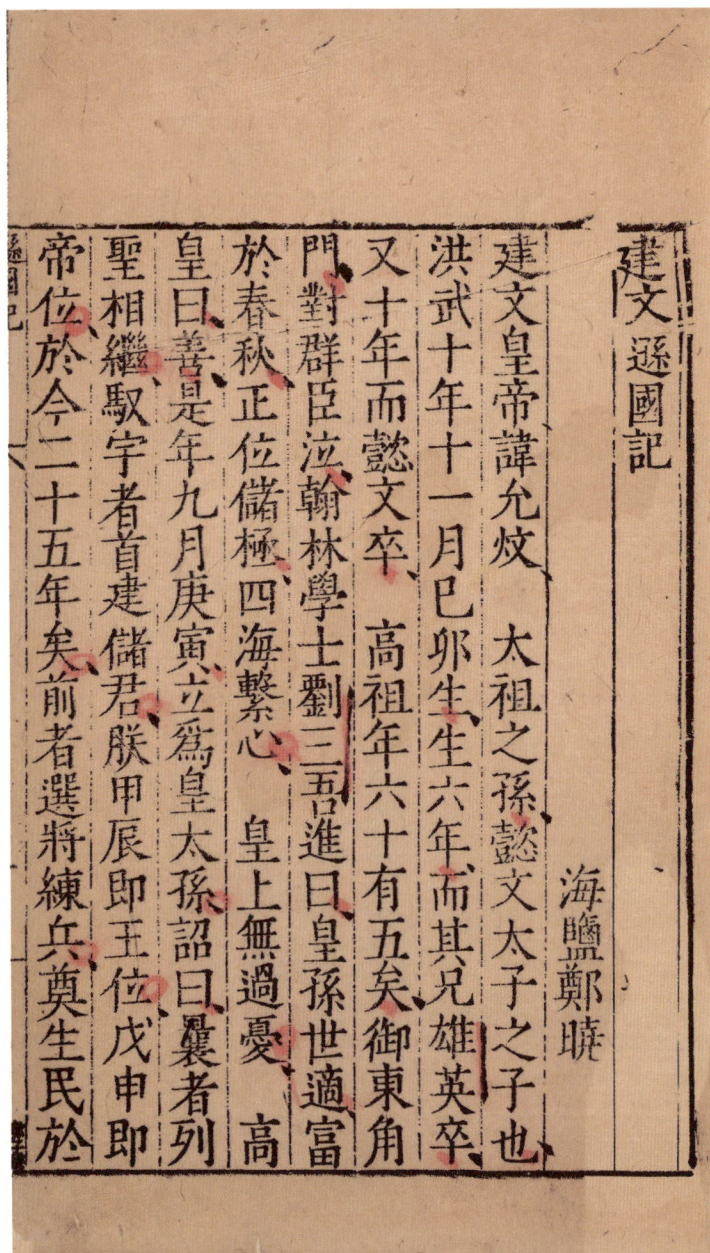

建文遜國臣記第一卷　　　　海鹽鄭曉

文皇即位之歲八月得建文時群臣封事千餘命
解縉等檢閱凡言兵食事宜者留覽其詞涉干犯
者悉焚不問

建文四年十一月都御史陳瑛請治建文諸死事
臣　文皇曰彼食其祿自盡其心爾勿問又曰諸
臣盡忠子　太祖故盡忠於建文但惡其導誘建
文變亂成法耳

永樂十一年正月勅法司解建文諸臣禁令

學統五十六卷   Fv1011 2367

〔清〕熊賜履編　清康熙二十四年（1685）熊賜履刻經義齋印本　十二冊

框20.1×14釐米。9行20字。白口，左右雙邊，單黑魚尾。版心上鐫書名，中鐫卷次及篇名。內封鐫"敕賜經義齋刊行/濙川熊先生著/學統/學辨學餘嗣出/下學堂藏版"。

東林列傳二十四卷末二卷　　　　　　　　　　Fv2734 5412

　〔清〕陳鼎輯　〔清〕沈霽 蔡世英校　　清康熙五十年（1711）陳鼎鐵肩書屋刻本
八冊

　　框17.1×13.3釐米。9行20字。白口，左右雙邊，單黑魚尾。版心上鐫書名，中鐫
卷次。

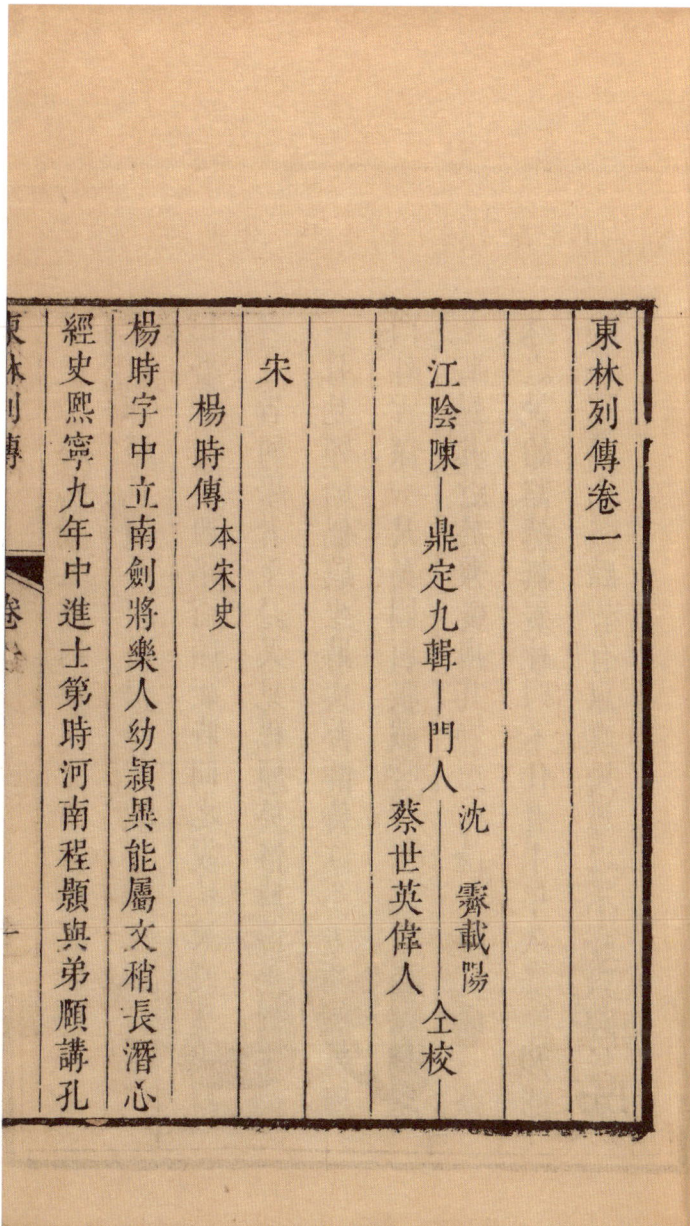

明朝歷科題名碑録不分卷　　　　　　　　　　　Fv2259.7 6247

〔清〕李周望編　清雍正刻本　六册

框19.9×14.9釐米。10行22字,小字雙行同。黑口,左右雙邊,雙魚尾。版心中鐫"題名碑録"及歷科年份。卷端題"明洪武四年進士題科"。記録至崇禎十六年(1643)癸未科止。"玄""胤"避諱,"丘"字未諱。外封記載"Kennedy"。

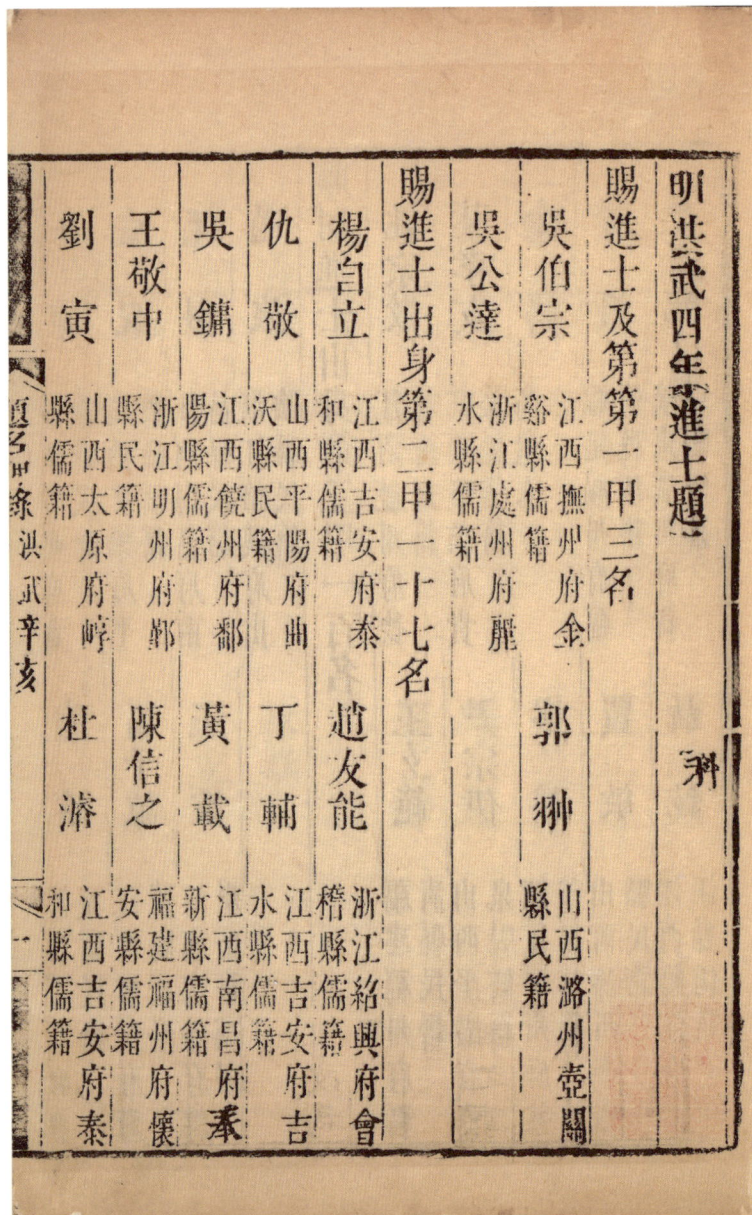

大明會典二百二十八卷　　　　　　　　　　　　　　Fv4686 +4685

〔明〕申時行等修　〔明〕趙用賢等重纂　明萬曆十五年（1587）北京內府刻本
二十八冊

框24.8×17.6釐米。10行20字。黑口，四周雙邊，雙魚尾。版心中鎸"會典"及卷次。藏書票題"From the library of Colonel E. Francis, USA, Yale 1909/Gift of his brother The Reverend T. Lawrason Riggs, Yale 1910"。存卷一、九至十一、十七至十九、二十六至二十七、三十一至三十四、四十三至六十、六十七至七十三、八十三至八十四、九十七至一百十、一百十三至一百二十二、一百二十六至一百三十八、一百五十四至一百六十二、一百八十八至一百九十、二百八至二百二十八。

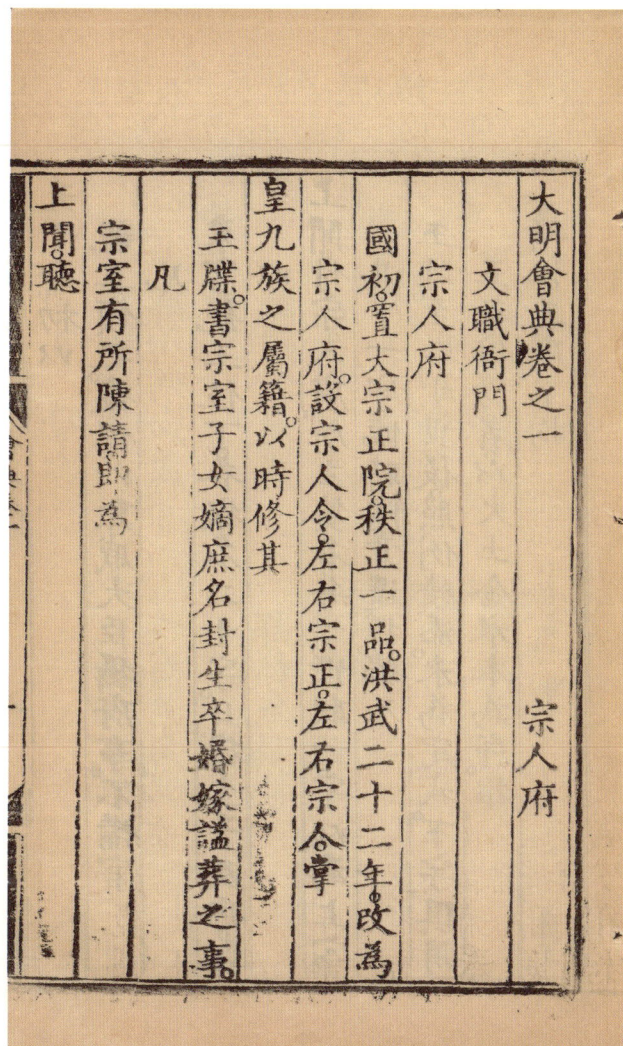

欽定大清會典一百卷欽定大清會典則例一百八十卷　　　　Fv4687 +5135.5B

〔清〕允祹等纂修　清乾隆二十九年（1764）北京內府刻本　一百十七冊

框23.1×17釐米。10行20字，小字雙行同。白口，四周雙邊，單黑魚尾。版心上鐫書名，中鐫卷次及小題。藏書票題"Gift of Professor Mary Wright"。

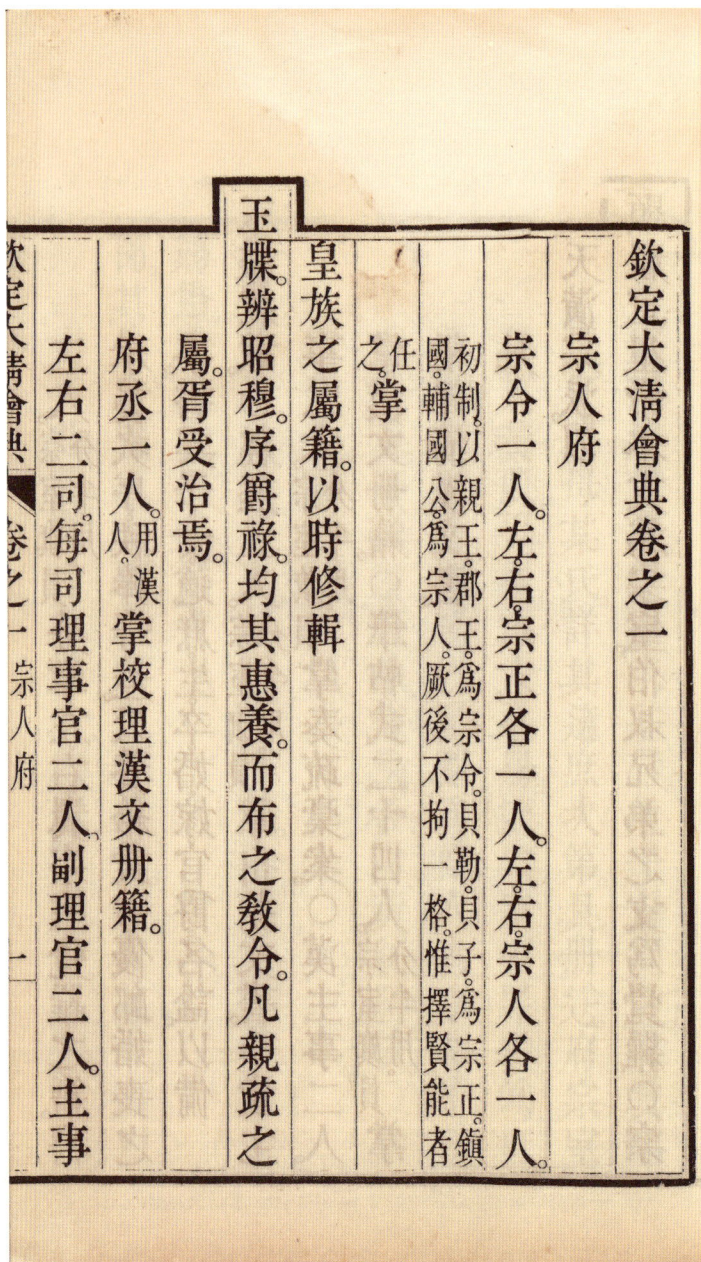

皇朝禮器圖式十八卷　　　　　　　　　　　　　Fv4679 +3673

〔清〕允禄等纂修　清乾隆三十一年（1766）北京内府刻本　十六册

框20.4×16.3釐米。11行20字。白口，四周雙邊，單黑魚尾。版心上鎸書名，中鎸卷次及小題。藏書票題 "Gift of Dr. Yung Wing, 1911"。

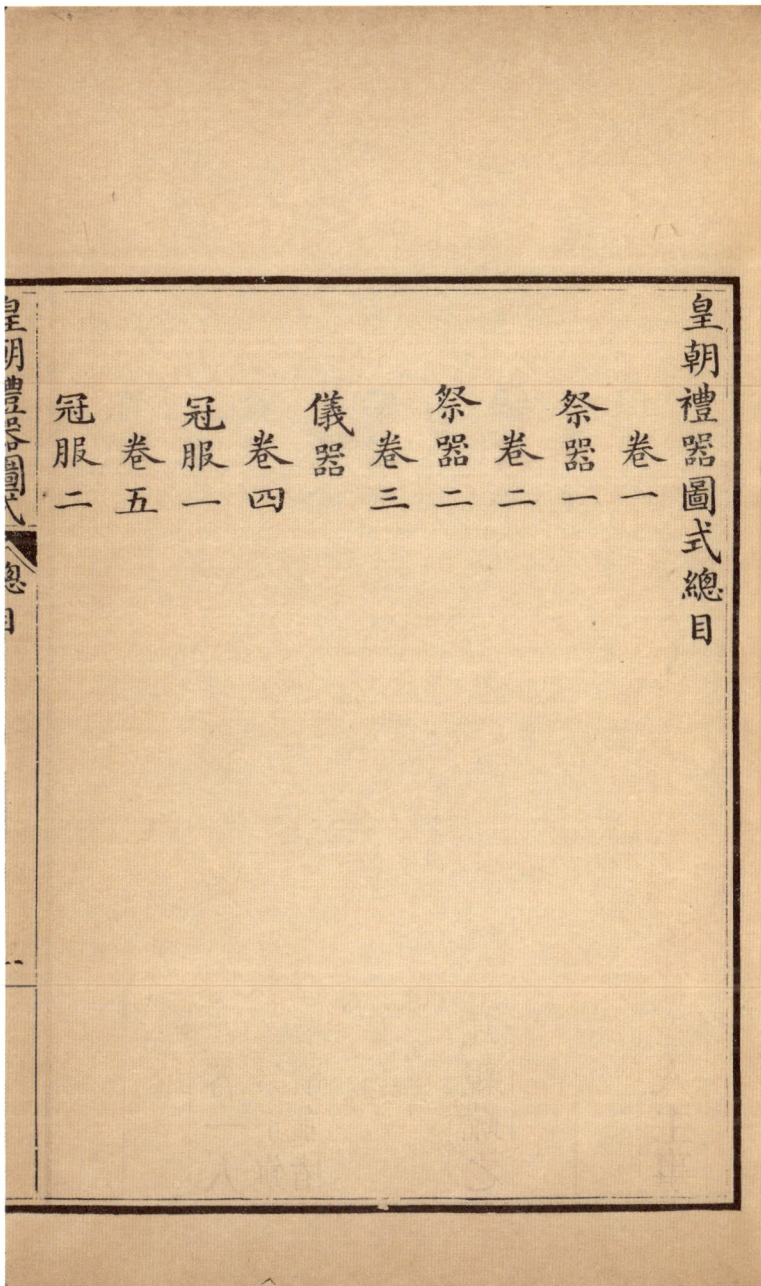

硃批諭旨不分卷　　　　　　　　　　　　　　　　Fv2809 +6215

〔清〕世宗胤禛批　清乾隆刻朱墨套印本　一百十二册

框20.5×14.6釐米。10行21字。白口，左右雙邊，單黑魚尾。版心上鎸"硃批諭旨"，下鎸上奏摺者姓名。雍正十年（1732）上諭。藏書票題"Gift of Dr. Yung Wing, 1911"。

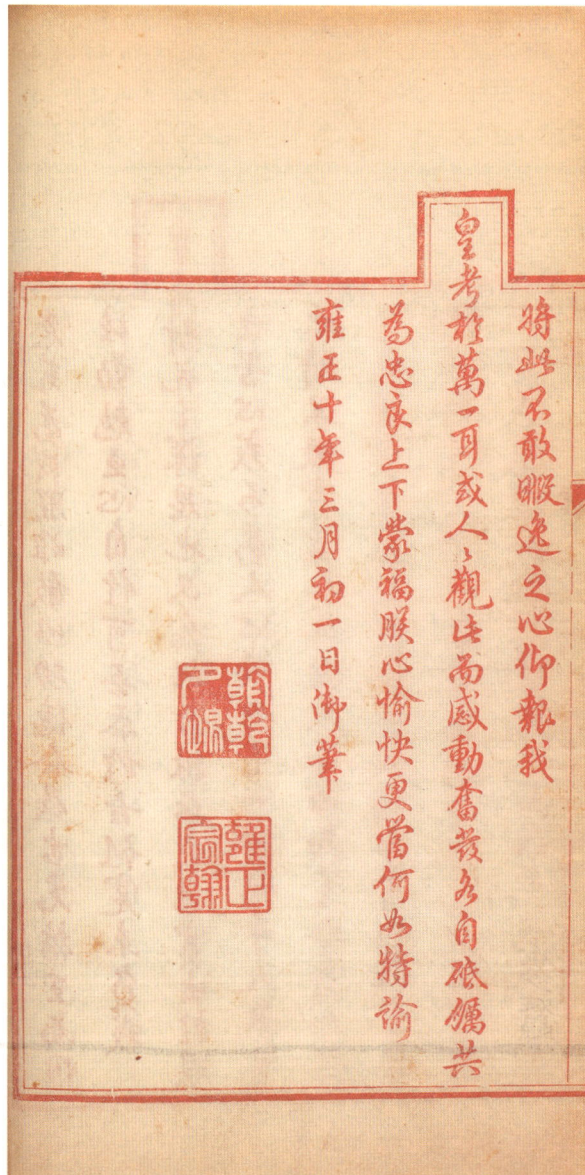

硃批楊名時奏摺

雍正元年二月初二日雲南巡撫臣楊名時謹

奏請

皇上聖安

朕安爾向日在官歷任有聲朕所稔悉自兹益當加勉
莫移初志

雍正元年五月十一日雲南巡撫臣楊名時謹

奏為恭報雲南夏熟收成仰慰

聖心事臣看得雲省一春天氣晴和時有雨澤二麥蠶

豆俱各茂盛四月中至五月初旬民間逐漸收割

硃批諭旨　　　　一　　　　楊名時

大義覺迷録四卷 Fv2800 T12

〔清〕世宗胤禛撰　清雍正八年（1730）內府刻本　八冊

框19.6×14.3釐米。8行17字，小字雙行24字。白口，四周雙邊，單黑魚尾。版心上鐫"大義覺迷録"，中鐫卷次。鈐"今關天彭藏書之印"印。1968年4月購自日本琳琅閣書店。

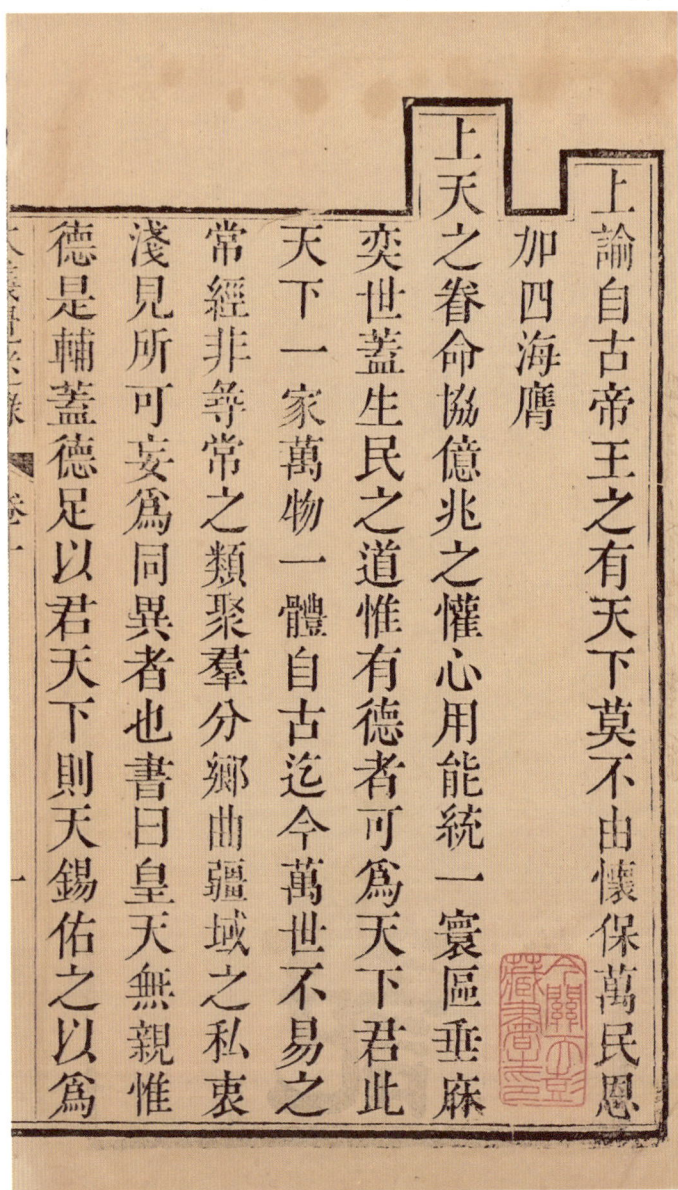

廣輿記二十四卷　　　　　　　　　　　　　　　　Fv3028 7107

　　〔明〕陸應陽纂　〔清〕蔡方炳增輯　清康熙二十五年（1686）蘇州寶翰樓刻本
二十四册

　　框21.3×15.4釐米。10行19字，小字雙行同。白口，左右雙邊，單黑魚尾。版心上
鐫書名，中鐫卷次。內封鐫“康熙丙寅新鐫/蔡九霞先生彙輯/增訂廣輿記/吳郡寶翰
樓”。鈐“沈氏山樓藏書記”“安丘張氏寶墨樓圖書”“張在己印”“憪爲”印。藏書
票題“From the library of Colonel E. Francis, USA, Yale 1909/Gift of his brother
The Reverend T. Lawrason Riggs, Yale 1910”。

天下一統志九十卷　　　　　　　　　　　　　　　　　Fv3027 4478

〔明〕李賢等總裁　〔明〕萬安等纂修　明萬曆萬壽堂刻清初印本　四十八冊

框21.2×14.2釐米。10行22字，小字雙行同。白口，四周單邊，單黑魚尾。版心上鐫"一統志"，中鐫卷次，下鐫"萬壽堂刊"。序文、目録、卷端原"大明一統志"均剜改作"天下一統志"，版心剜去"大明"二字，係清初修版。藏書票題"From the library of Colonel E. Francis, USA, Yale 1909/Gift of his brother The Reverend T. Lawrason Riggs, Yale 1910"。另有複本一，書號Fv3027 4478.2，三十二冊，卷末抄配。

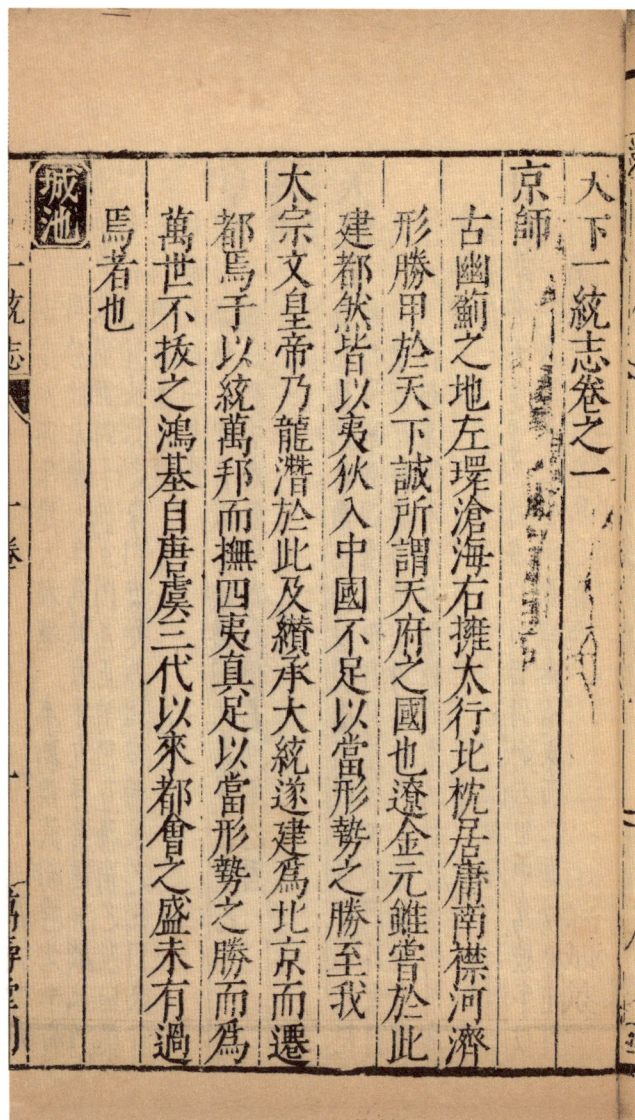

[雍正]畿輔通志一百二十卷　　　　　　　　　　Fv3128 0.82

〔清〕唐執玉等總裁　〔清〕陳儀纂修　清雍正十三年（1735）刻乾隆印本
四十八册

　　框18.2×14.8釐米。10行20字。白口，四周雙邊，單黑魚尾。版心上鎸書名，中鎸
卷次及小題。"弘"字避諱。藏書票題 "From the library of Colonel E. Francis, USA,
Yale 1909/Gift of his brother The Reverend T. Lawrason Riggs, Yale 1910"。

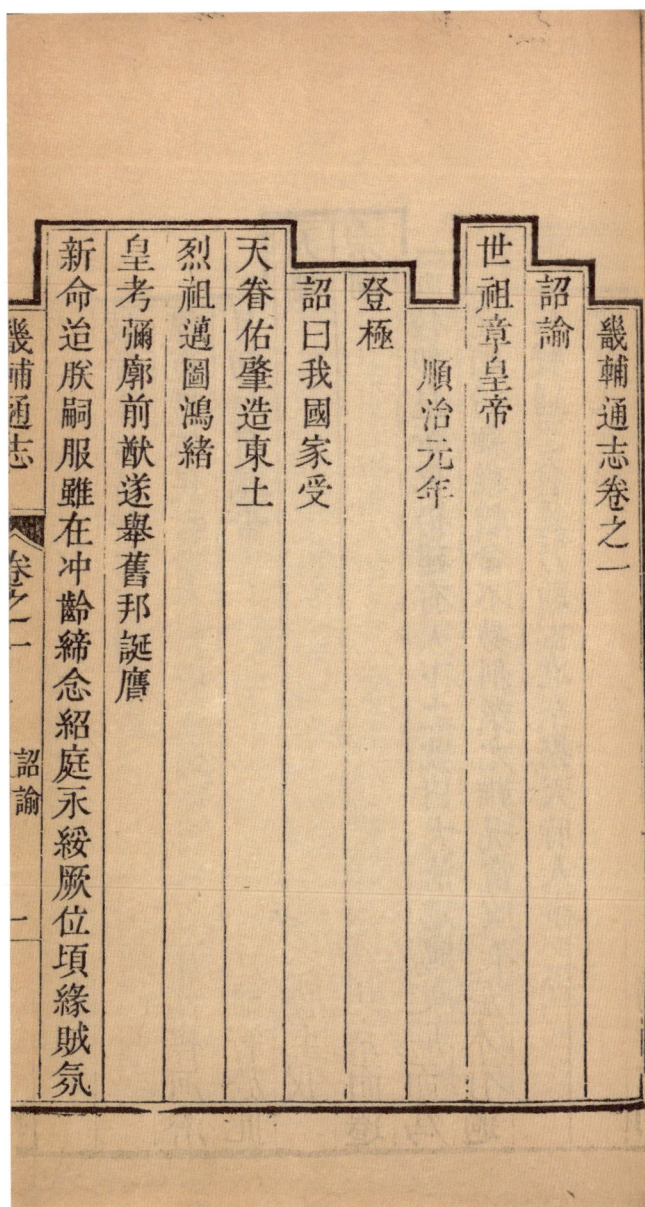

[乾隆]山西志輯要十卷首一卷　　　　　　　　　　Fv3148 2716.8

　　〔清〕雅德修　〔清〕汪本直輯　清乾隆四十五年（1780）刻本　十二册

　　框12.9×9.4釐米。9行21字。白口，四周雙邊，單黑魚尾。版心上鎸書名，中鎸卷次及小題。附《清凉山志輯要》。藏書票題"Gift of Mr. and Mrs. Arthur F. Wright"。

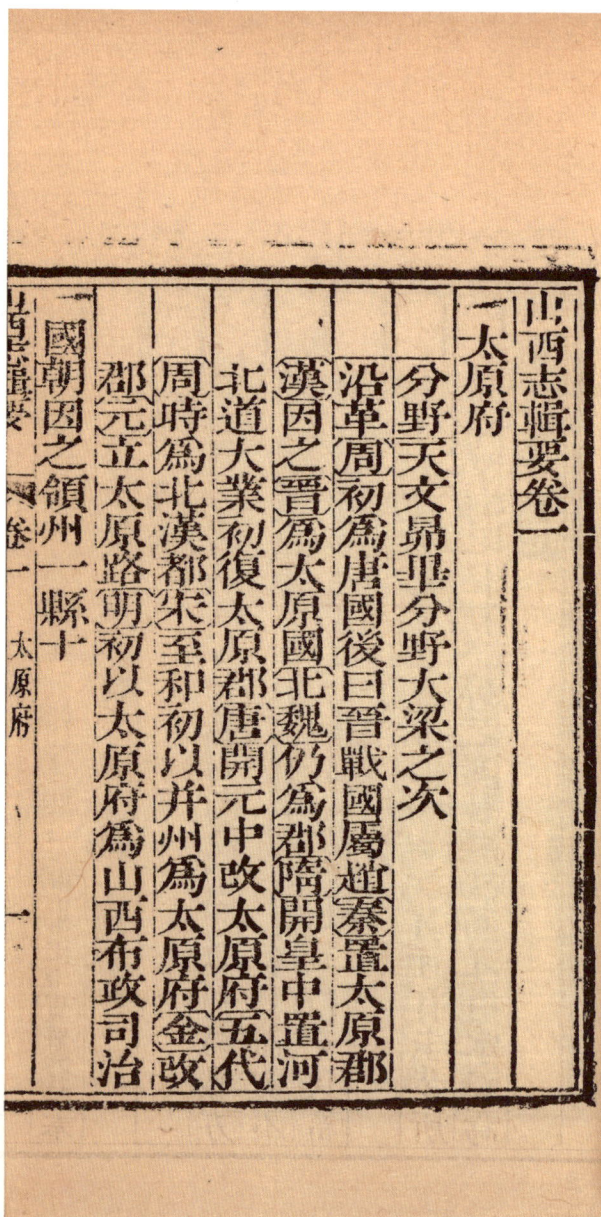

[雍正]山西通志二百三十卷　　　　　　　　　Fv3148 2716.82

〔清〕覺羅石麟總裁　清雍正十二年（1734）刻本　九十六册

框20.4×14.4釐米。12行23字。白口，四周雙邊，單黑魚尾。版心上鐫書名，中鐫卷次及小題。藏書票題"From the library of Colonel E. Francis Riggs, USA, Yale 1909/Gift of his brother The Reverend T. Lawrason Riggs, Yale 1910"。

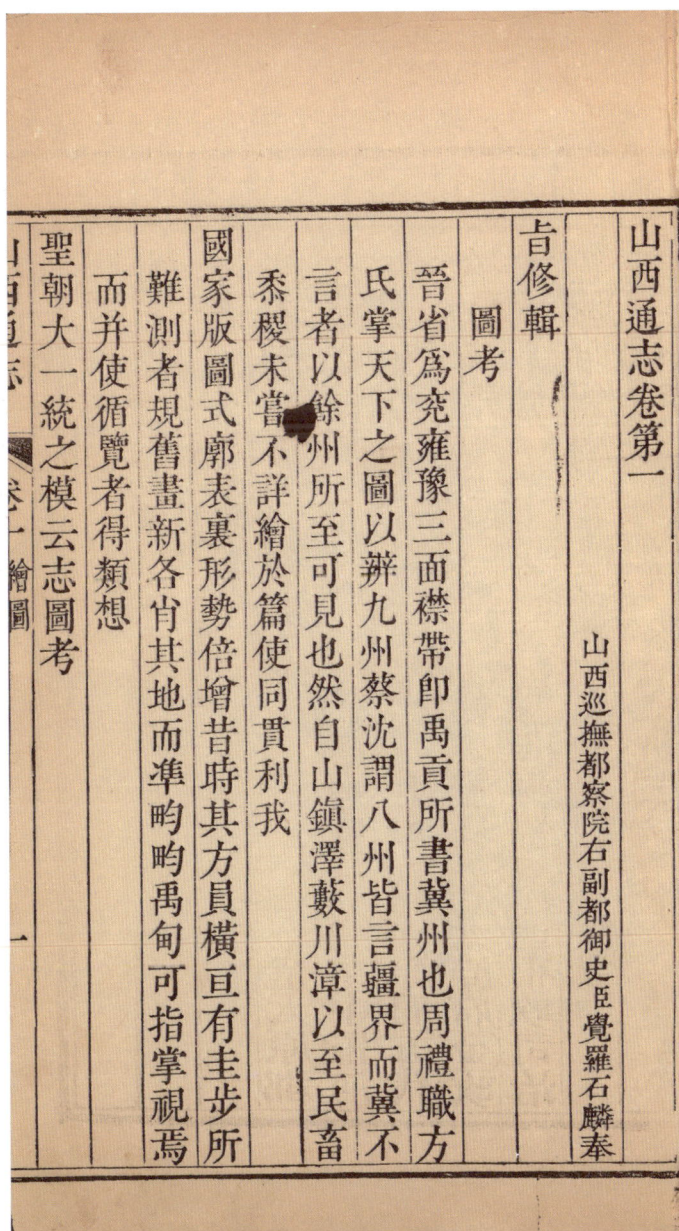

聖朝大一統之模云志圖考
而并使循覽者得類想
難測者規舊畫新各肖其地而準昀禹甸可指掌視焉
國家版圖式廓表裏形勢倍增昔時其方員橫亘有圭步所
黍稷未嘗不詳繪於篇使同貫利我
言者以餘州所至可見也然自山鎮澤藪川漳以至民畜
氏掌天下之圖以辨九州蔡沈謂八州皆言疆界而冀不
晉省爲堯雍豫三面襟帶卽禹貢所書冀州也周禮職方
　　圖考
旨修輯

山西巡撫都察院右副都御史臣覺羅石麟奉

山西通志卷第一

[乾隆]江南通志二百卷首四卷　　　　　　　　Fv3203 3142.83

〔清〕尹繼善等總裁　〔清〕黃之雋等纂修　清乾隆刻本　八十冊

框20.8×14.7釐米。11行23字。白口，左右雙邊，單黑魚尾。版心上鎸書名，中鎸卷次及小題。

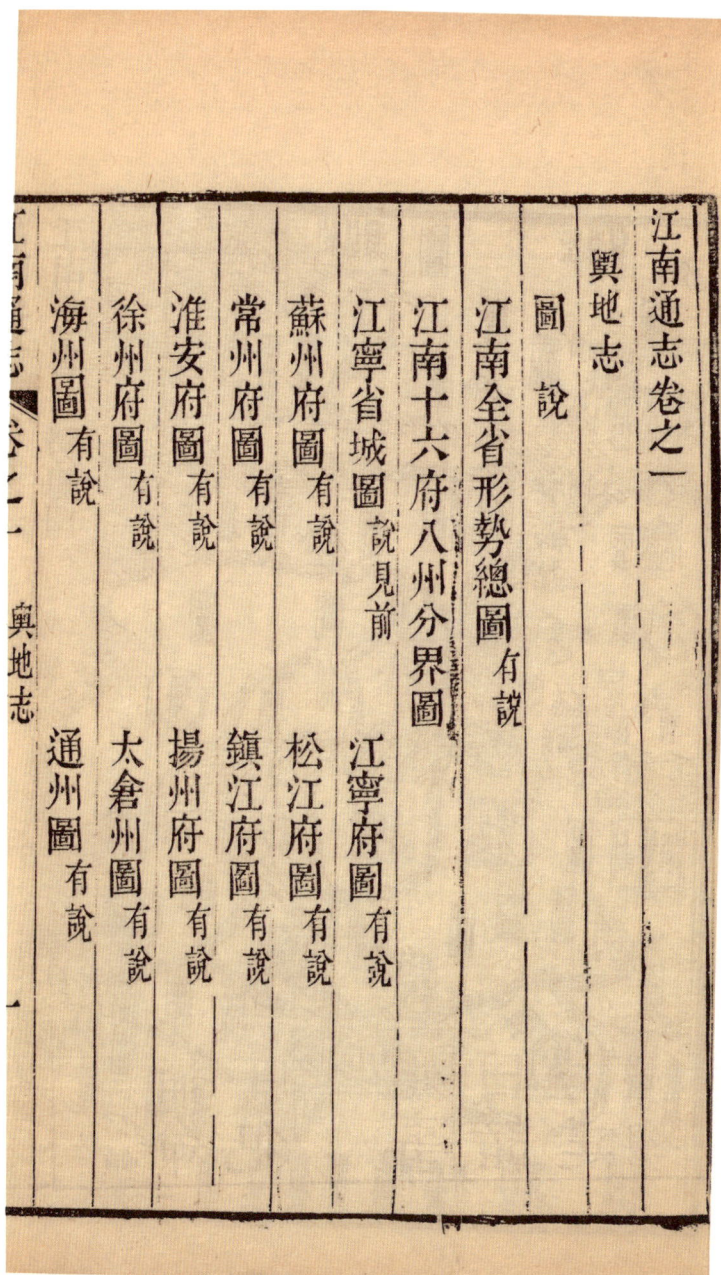

江南通志卷之一

輿地志

圖說

江南全省形勢總圖 有說

江南十六府八州分界圖

江寧省城圖 說見前

蘇州府圖 有說

常州府圖 有說

淮安府圖 有說

徐州府圖 有說

海州圖 有說

江寧府圖 有說

松江府圖 有說

鎮江府圖 有說

揚州府圖 有說

太倉州圖 有說

通州圖 有說

［康熙］貴州通志三十七卷　　　　　　　　Fv3243 +5832.81

〔清〕衛既齊總裁　〔清〕薛載德纂　〔清〕閻興邦補修　清康熙三十六年
（1697）刻本　十八冊

框24.5×17.9釐米。10行20字。白口，四周雙邊，單黑魚尾。版心上鐫書名及小
題，中鐫卷次。藏書票題"From the library of Colonel E. Francis Riggs, USA,
Yale 1909/Gift of his brother The Reverend T. Lawrason Riggs, Yale 1910"。

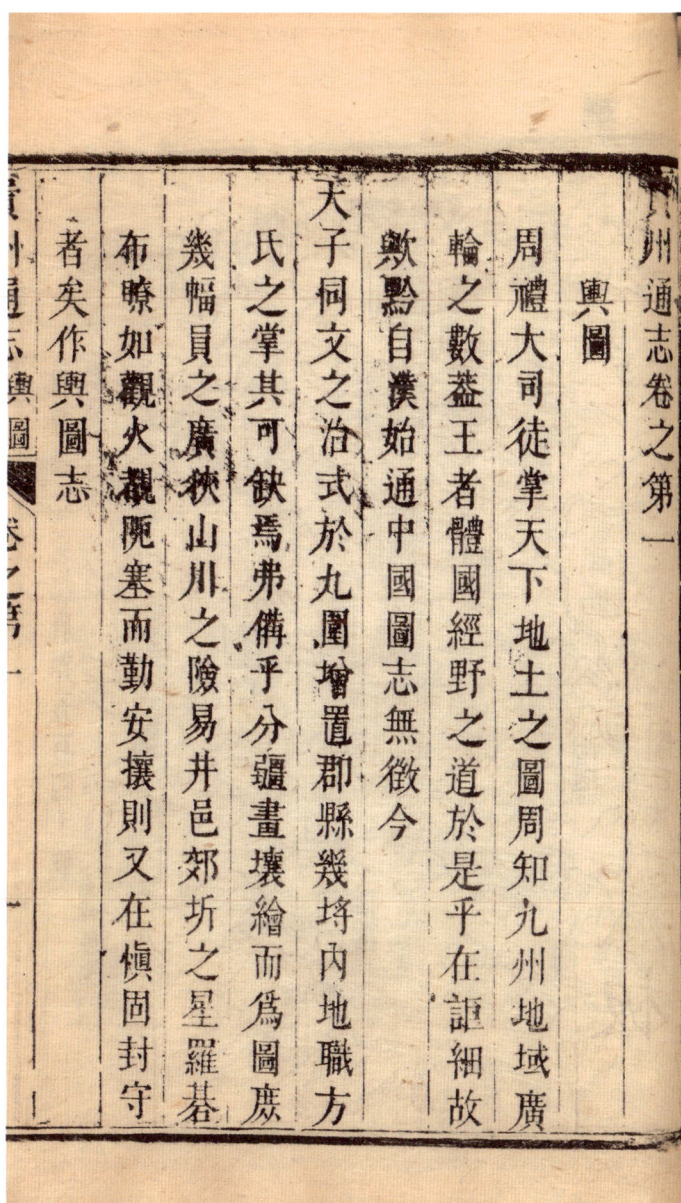

[康熙]宣化縣志三十卷　　　　　　　　　　　DS796 H782 H73 1711

〔清〕陳坦修　清康熙五十年（1711）刻乾隆補修本　六冊

框22×14.3釐米。9行21字。白口，四周雙邊，單黑魚尾。版心上鎸書名，中鎸卷次及小題。卷末附雍正十三年（1735）豁免宣化府門稅牌記。文末題"宣化城內煙商郝振民/雜貨商高崇謹續"。"弘""曆"兩字挖改避諱。

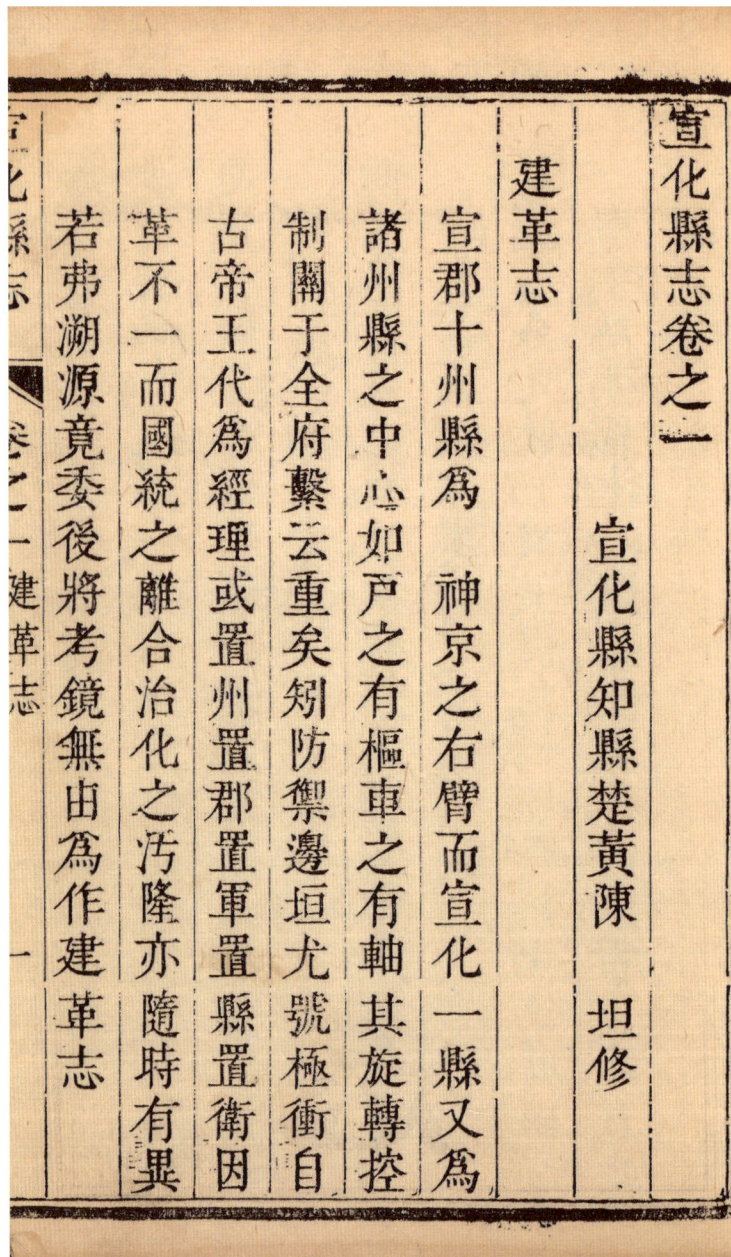

宣化縣志卷之一

　　　宣化縣知縣楚黃陳　坦修

建革志

宣郡十州縣為　神京之右臂而宣化一縣又為

諸州縣之中心如戶之有樞車之有軸其旋轉控

制關于全府繫云重矣矧防禦邊垣尤號極衝自

古帝王代為經理或置州置郡置軍置縣置衛因

革不一而國統之離合治化之污隆亦隨時有異

若弗溯源竟委後將考鏡無由為作建革志

[乾隆]重修襄垣縣志八卷

Fv3150 0341.8

〔清〕李廷芳編輯　清乾隆四十七年（1782）刻本　八册

　　框19.1×13.9釐米。10行21字。白口，四周雙邊，單黑魚尾。版心上鎸"襄垣縣志"，中鎸卷次及小題。内封鎸"乾隆四十七年重修/襄垣縣志"。藏書票題"Gift of Mr. and Mrs. Arthur F. Wright"。

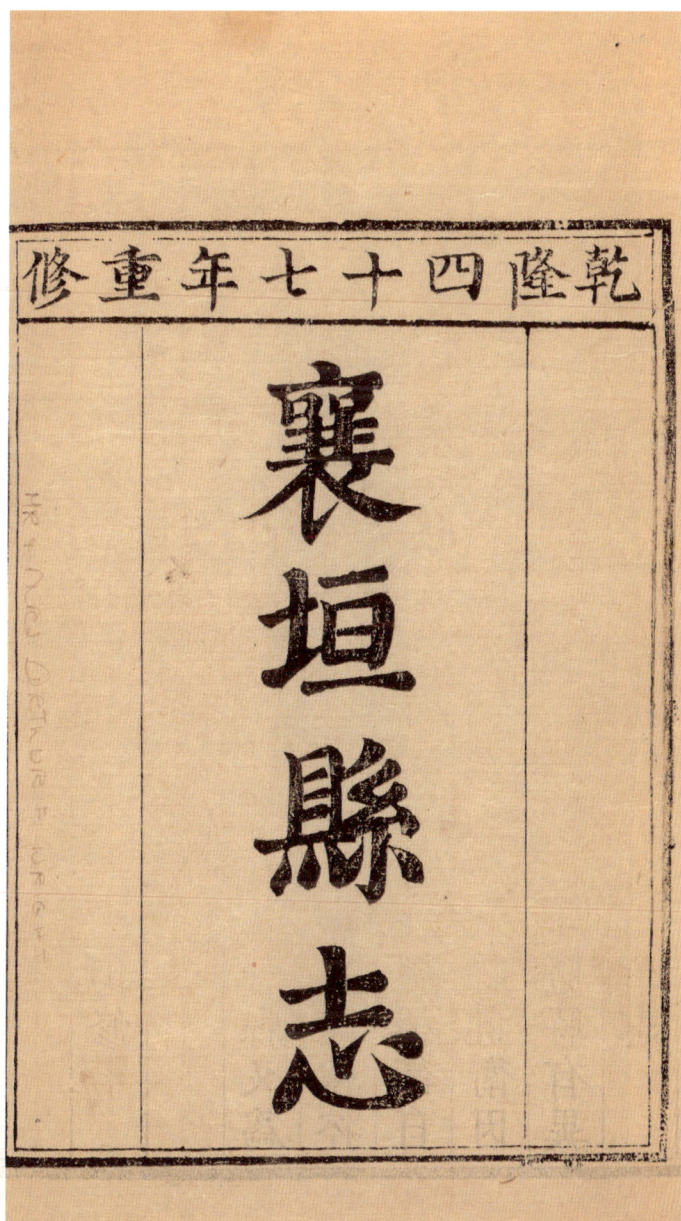

[乾隆]蔚縣志三十一卷　　　　　　　　　　　　　　　　Fv3270 4469.8

〔清〕王育棫纂修　清乾隆四年（1739）刻本　四册

框19.3×14.8釐米。10行22字，小字雙行36至37字。白口，左右雙邊，單黑魚尾。版心上鎸書名，中鎸卷次及小題。含單刻彩圖一頁。藏書票題"Gift of Mr. and Mrs. Arthur F. Wright"。

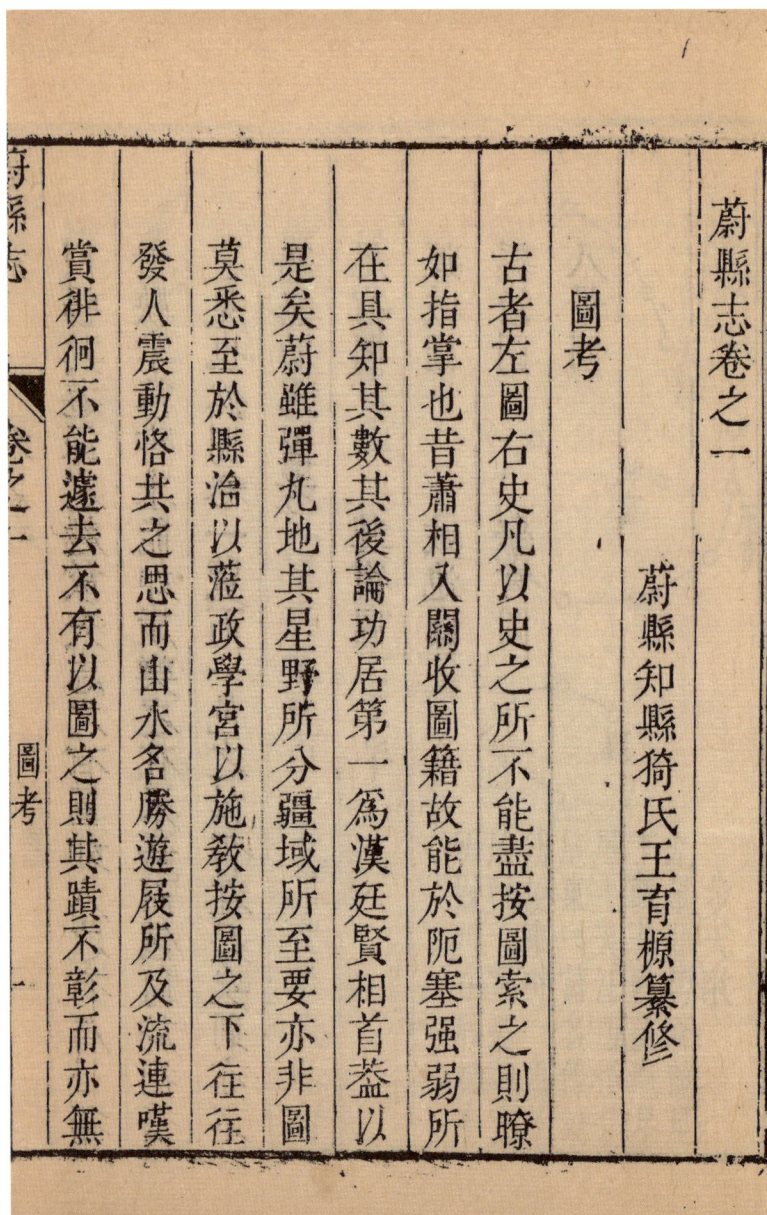

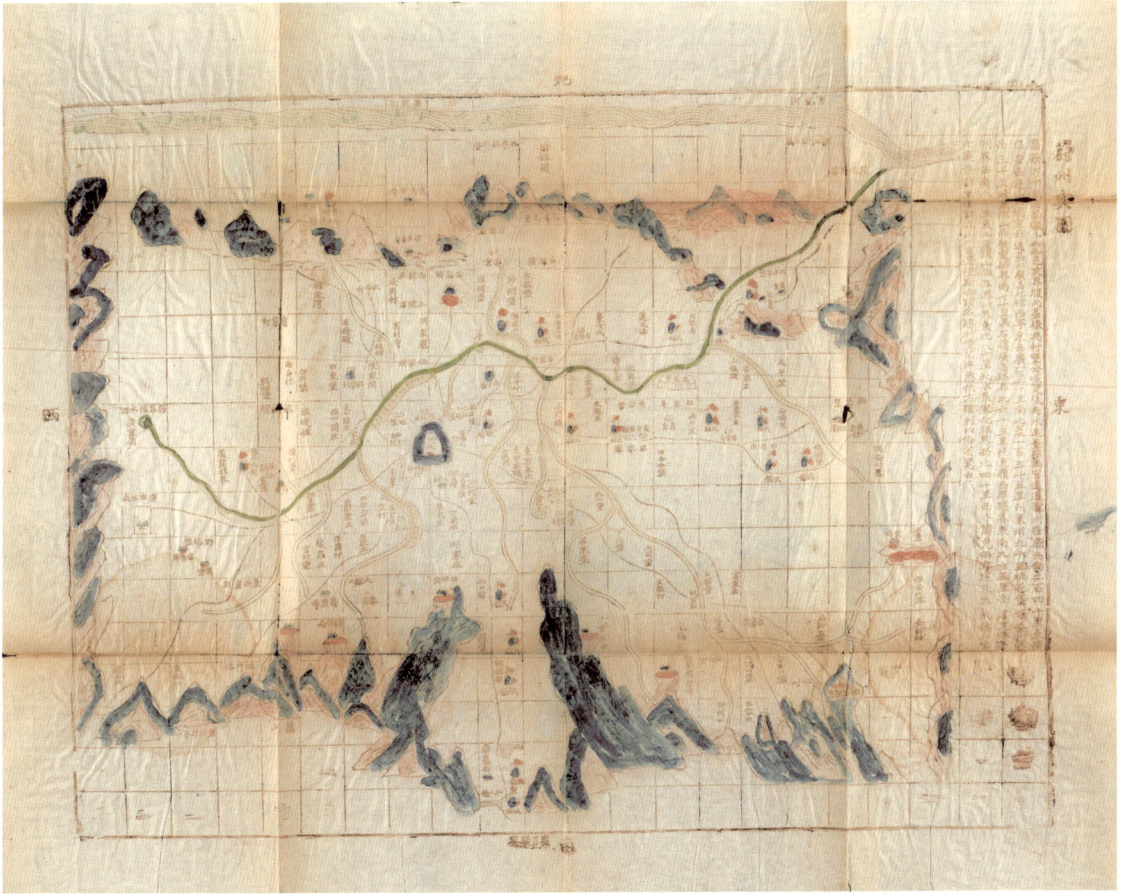

[康熙]黎城縣志四卷　　　　　　　　　　　　　　Fv3150 2345.8

〔清〕程大夏修　〔清〕李御 李吉纂　清康熙二十一年（1682）刻乾隆增刻後印本　四册

框20.4×14.8釐米。9行20字。白口，四周雙邊，單黑魚尾。版心上鐫書名，中鐫卷次及小題。藏書票題 "Gift of Mr. and Mrs. Arthur F. Wright"。

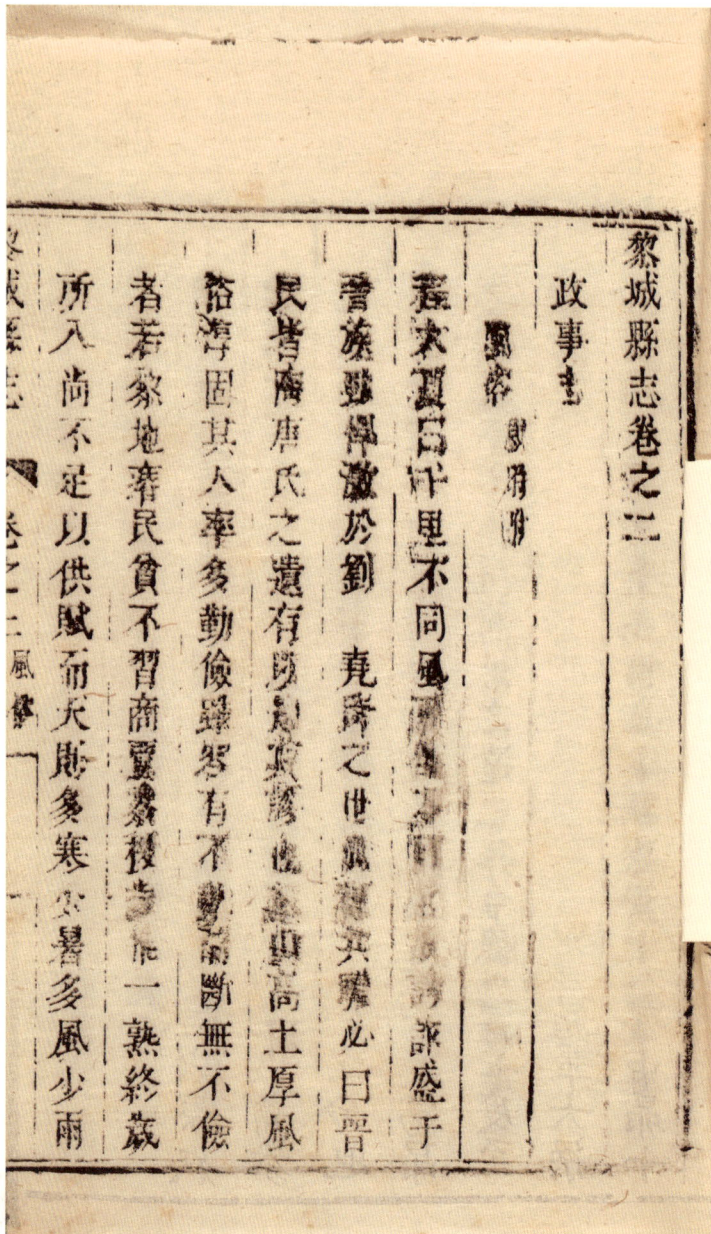

[雍正]陽高縣志六卷　　　　　　　　　　　　Fv3150 7202.8

〔清〕房裔蘭總裁　　〔清〕蘇之芬纂修　清雍正刻本　四册

框22.2×15.2釐米。9行21字，小字雙行同。白口，四周單邊，單黑魚尾。版心上鎸
書名，中鎸卷次及小題。藏書票題"Gift of Mr. and Mrs. Arthur F. Wright"。

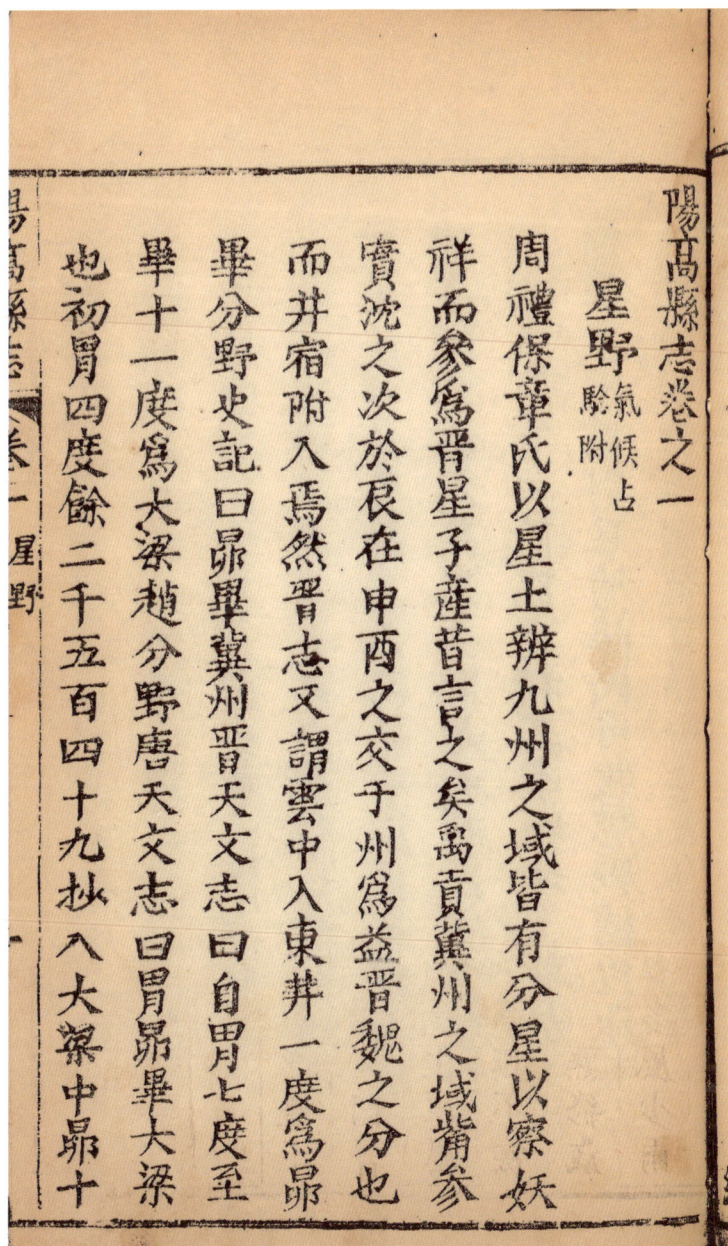

［嘉靖］三關誌十卷 Fv3150 +1177.7

〔明〕廖希顔修　清傳抄本（據明嘉靖二十四年刻本）　四册

無框格。8行18字，小字雙行同。内頁記載 "67 Mr/Mrs. Arthur F. Wright"。存
五卷（《地里總考》《武備考》《兵食考》《馬政考》《官師考》）。

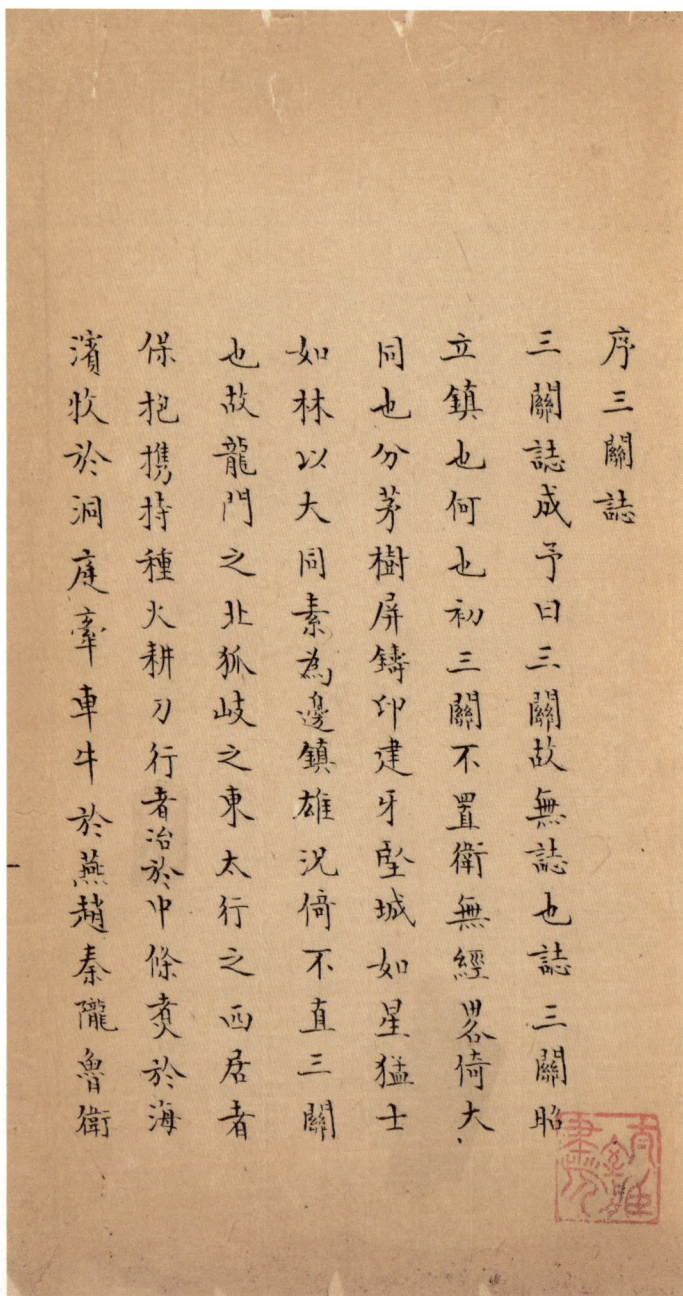

雁門關

地里總考

雁門禹貢冀州之域兩山對峙其形如門山海

經曰雁門者鴈鴈出於其間故名周禮職方并

州之分春秋時屬晉周安王二十六年三卿分

晉屬趙趙以李牧守雁門兼有勾注之地河東

記勾注在代州西北三十里雁門縣界西陘山

今太和嶺是也趙襄子殺代王而有其地至武

[崇禎]山陰縣誌六卷　　　　　　　　　　　　　　Fv3150 2773.7

〔明〕劉以守纂修　清抄本（據明崇禎三年刻本）　四册

無框格。7行20字，小字雙行同。藏書票題"Gift of Mr. and Mrs. Arthur F. Wright"。

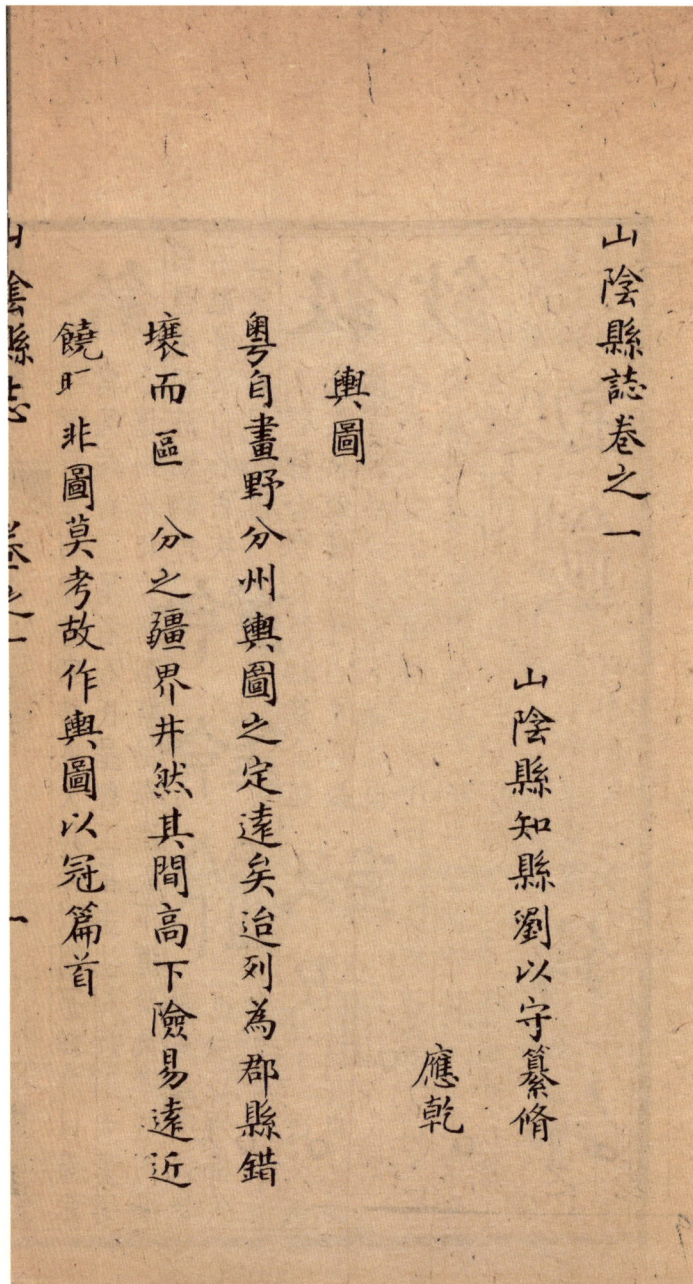

[雍正]朔平府志十二卷　　　　　　　　　　　　Fv3150 4611.8

〔清〕劉士銘纂輯　清雍正十一年（1733）刻本　十册

框19.4×14.4釐米。9行22字。白口，四周雙邊，單黑魚尾。版心上鎸書名，中鎸卷
次及小題。藏書票題"Gift of Mr. and Mrs. Arthur F. Wright"。

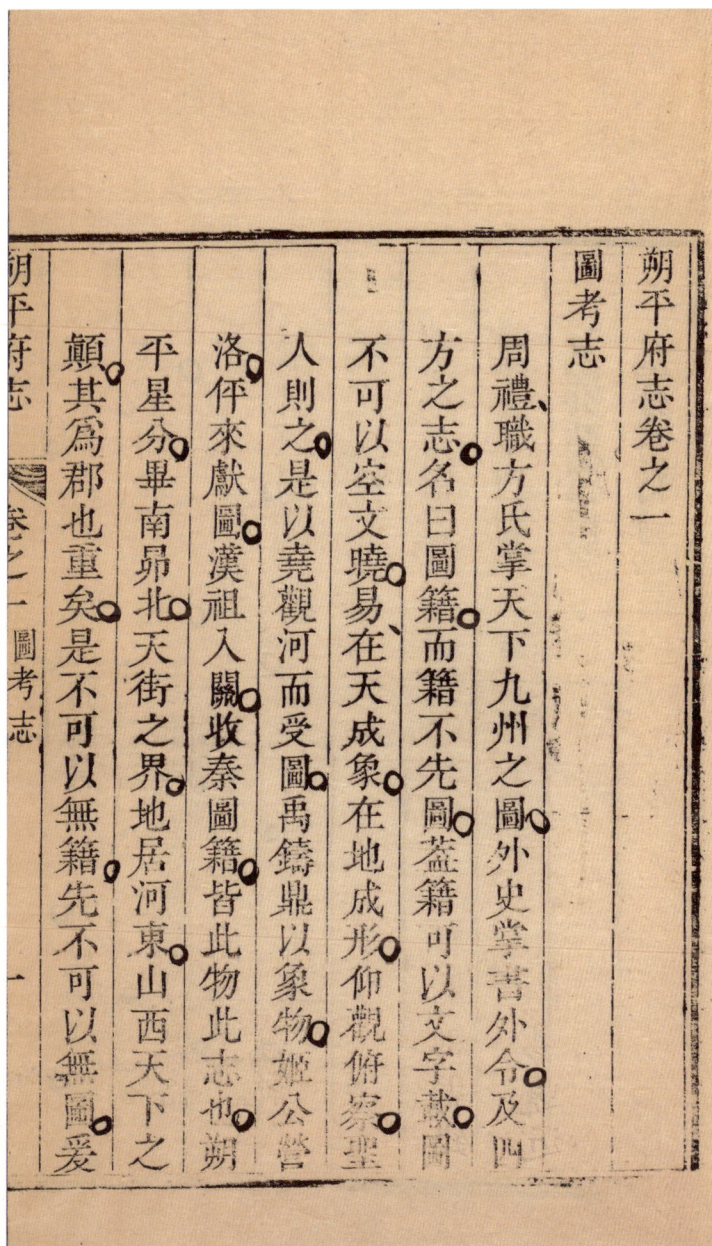

[雍正]朔州志十二卷　　　　　　　　　　　　　　Fv3150 8232.8

〔清〕汪嗣聖修　〔清〕王霨彙纂　清雍正十三年(1735)刻本　十册

框19.2×13.8釐米。9行22字。白口，四周雙邊，單黑魚尾。版心上鎸書名，中鎸卷次及小題。藏書票題"Gift of Mr. and Mrs. Arthur F. Wright"。

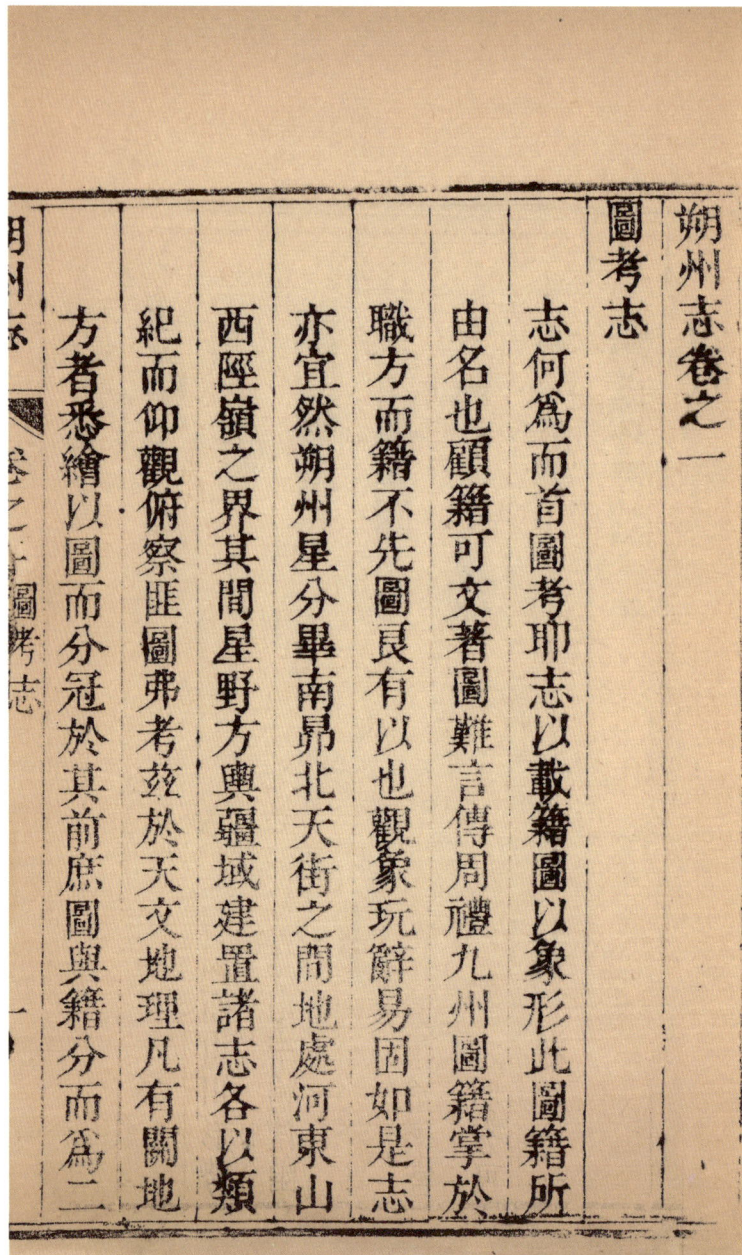

[康熙]隰州志二十四卷　[光緒]續修隰州志四卷　　　　Fv3150 7369.8

〔清〕錢以塏纂修　（光緒志）〔清〕崔澄寰修　〔清〕王嘉會纂　清康熙四十八年（1709）刻光緒二十四年（1898）續修合印本　八册

框20×13.7釐米。9行21字。白口，四周單邊，單黑魚尾。版心上鐫書名，中鐫卷次及小題。書中《凡例》言刻書地在隰州。一至四册爲康熙《志》，五至八册爲光緒《續志》。藏書票題"Gift of Mr. and Mrs. Arthur F. Wright"。

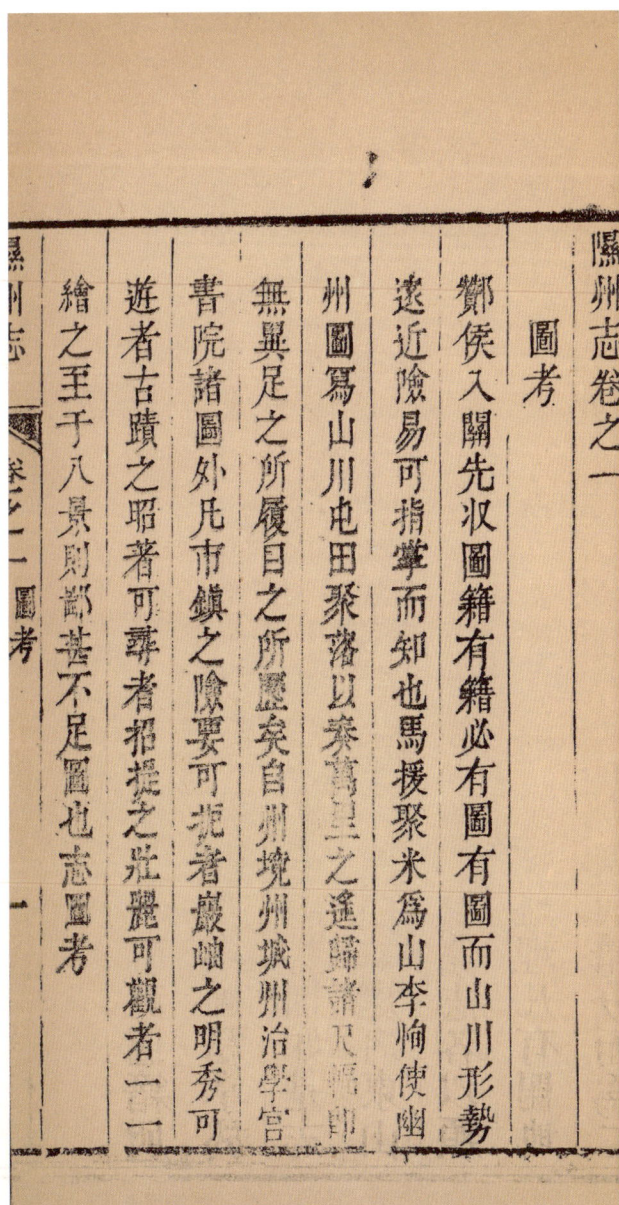

［雍正］定襄縣志八卷 Fv3150 3803.8

〔清〕王時炯重修 〔清〕王會隆續修 清康熙間刻雍正五年（1727）增補乾隆印本（卷八抄配） 八册

框20.7×14釐米。8行20字。白口，四周雙邊，單黑魚尾。版心上鎸書名，中鎸卷次及子目。内封鎸"雍正五年重續/定襄縣志"。"曆"字避諱。藏書票題"Gift of Mr. and Mrs. Arthur F. Wright"。

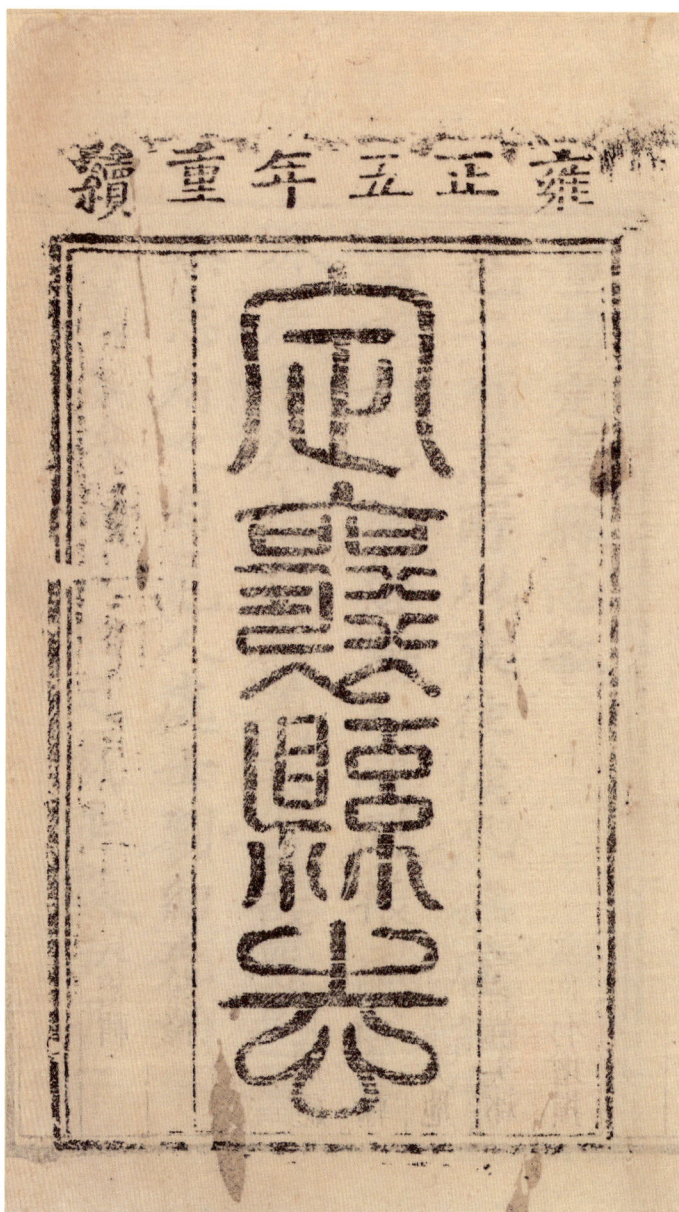

[乾隆]盂縣志十卷首一卷末一卷　　　　　　　　　　　Fv3150 1169.8

　　〔清〕馬廷俊總輯　　〔清〕吳森纂修　　清乾隆四十九年（1784）刻本　八冊
　　框19.4×14.4釐米。10行23字。白口，四周雙邊，單黑魚尾。版心上鎸書名及卷
次，中鎸小題。

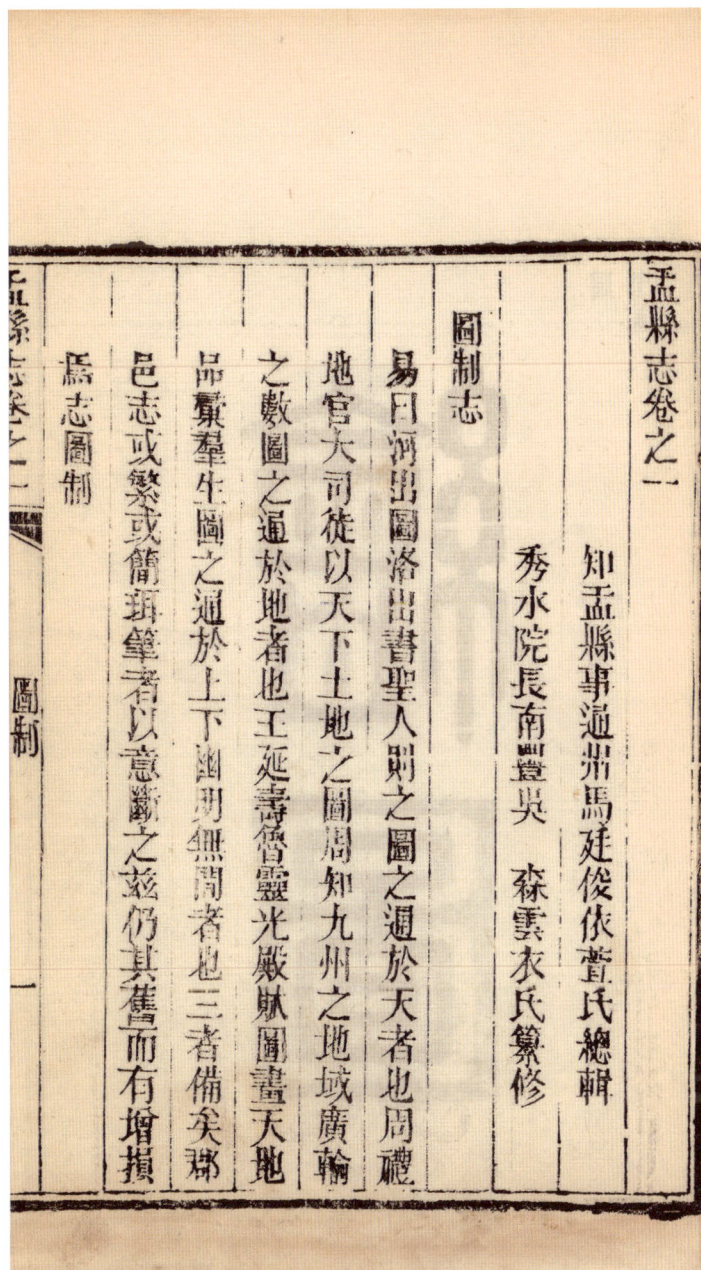

[乾隆]直隷絳州志二十卷圖考一卷　　　　　　　　　　　Fv3150 0225.8

　　〔清〕張成德總修　　〔清〕李友洙等纂修　　清乾隆三十年（1765）絳州州衙刻本
八册

　　框18.4×15.3釐米。10行21字。白口，左右雙邊，單黑魚尾。版心上鐫書名，中鐫
卷次及小題。内封鐫"乾隆乙酉年鐫/直隷絳州志/官衙藏板"。藏書票題"Gift of
Mr. and Mrs. Arthur F. Wright"。

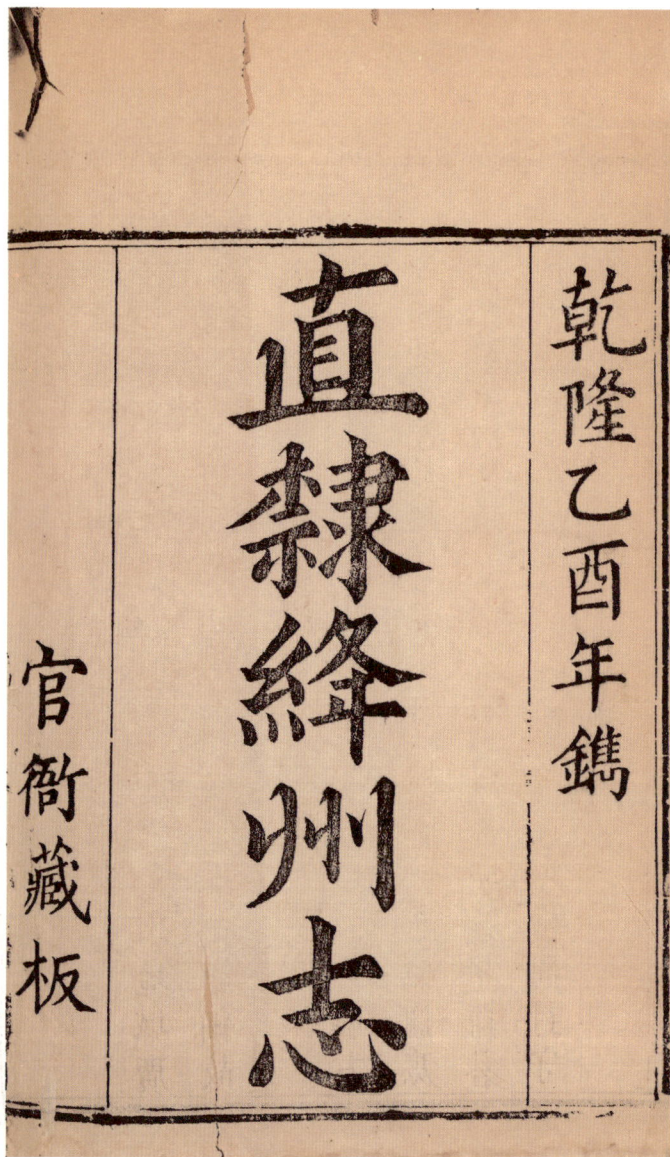

［乾隆］解州夏縣志十六卷首一卷　　　　　　　　　Fv3150 1469.8

〔清〕言如泗總修　〔清〕李遵唐等纂修　清乾隆二十九年（1764）解州州衙刻本　四册　解州全志

框18.3×15.7釐米。10行21字。白口，左右雙邊，單黑魚尾。版心上鎸"解州全志"，中鎸卷次及小題。卷端題"解州全志卷之一/夏縣"。藏書票題"Gift of Mr. and Mrs. Arthur F. Wright"。

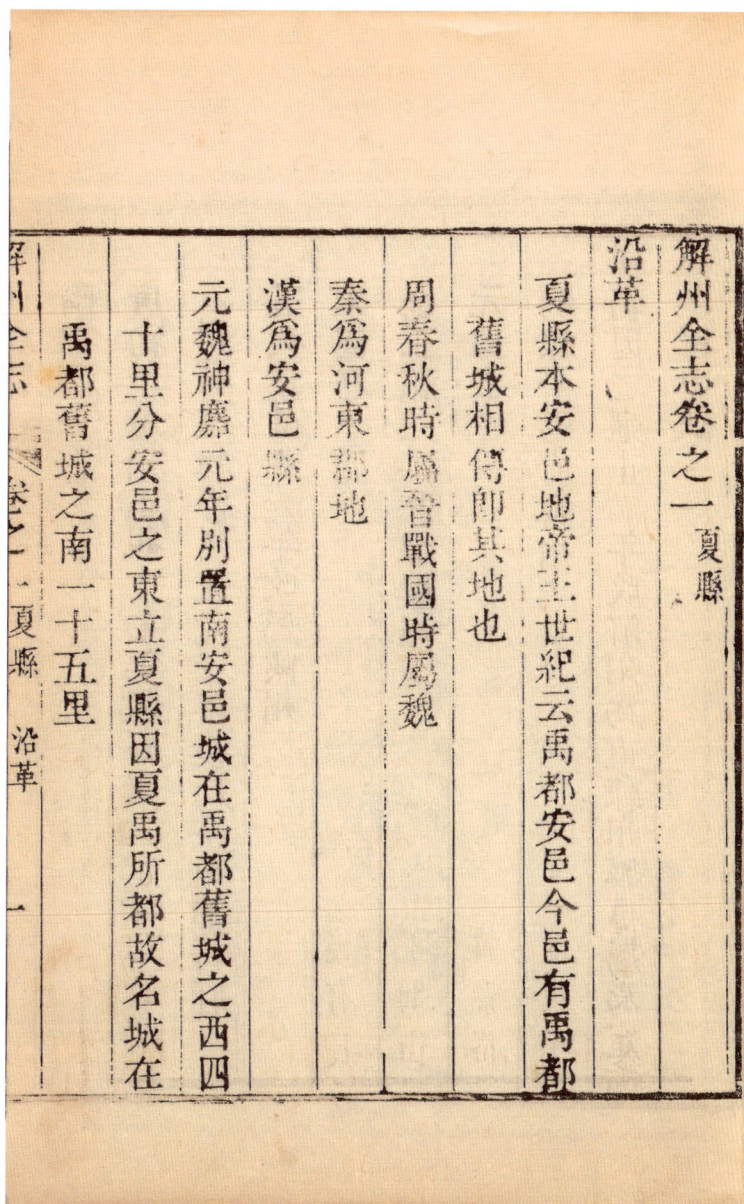

[乾隆]解州芮城縣志十六卷　　　　　　　　　　　　　Fv3150 4245.8

〔清〕言如泗總修　〔清〕莫溥等纂修　清乾隆二十九年(1764)解州州衙刻本
四册　解州全志

　　框18.6×15.4釐米。10行21字，小字雙行同。白口，左右雙邊，單黑魚尾。版心上
鐫"解州全志"，中鐫"芮城縣"及小題。内封鐫"乾隆甲申年鐫/解州芮城縣志/官衙
藏板"。卷端題"解州全志卷之一/芮城縣"。藏書票題"Gift of Mr. and Mrs. Arthur
F. Wright"。

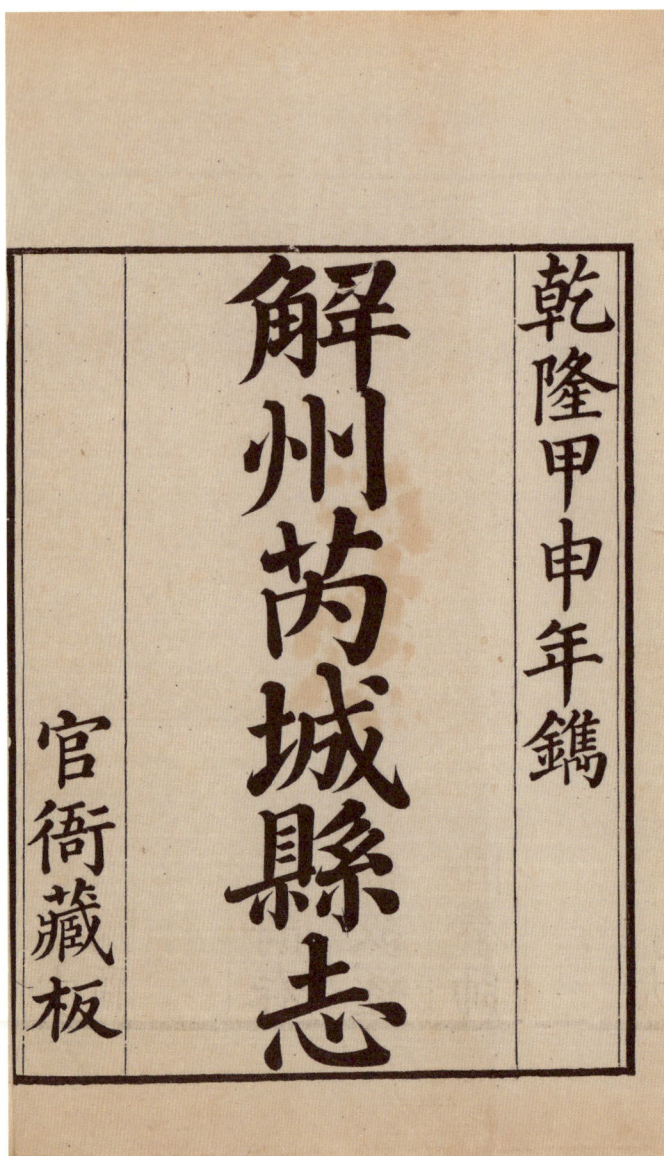

解州全志卷之一　芮城縣

沿革

芮城縣本古芮國　路史芮伯爵今陝之芮城西二十里有芮故城九域志有芮君祠商代國西伯初虞芮訟今平陸西六十里閒原者所爭田也

周康王時有芮伯屬王時有芮良夫作桑柔之詩春秋時芮伯萬之母芮姜惡芮伯之多寵人也故逐之出居於魏四年秋秦師侵芮敗焉冬王師秦師圍魏執芮伯以歸　括地志魏故國在芮城縣北五里今遺址倘存

惠王十六年晉獻公滅魏以其地賜大夫畢萬　寰宇記芮城北五里有魏城卽萬所封周八里　戰國屬魏

[乾隆]武康縣志八卷　　　　　　　　　　　　　　　Fv3210 1408.83

〔清〕劉守成輯　〔清〕高植等纂　清乾隆十二年（1747）刻本　六册

框18.7×13.3釐米。10行22字。白口，左右雙邊，單黑魚尾。版心上鐫書名，中鐫
卷次及小題。

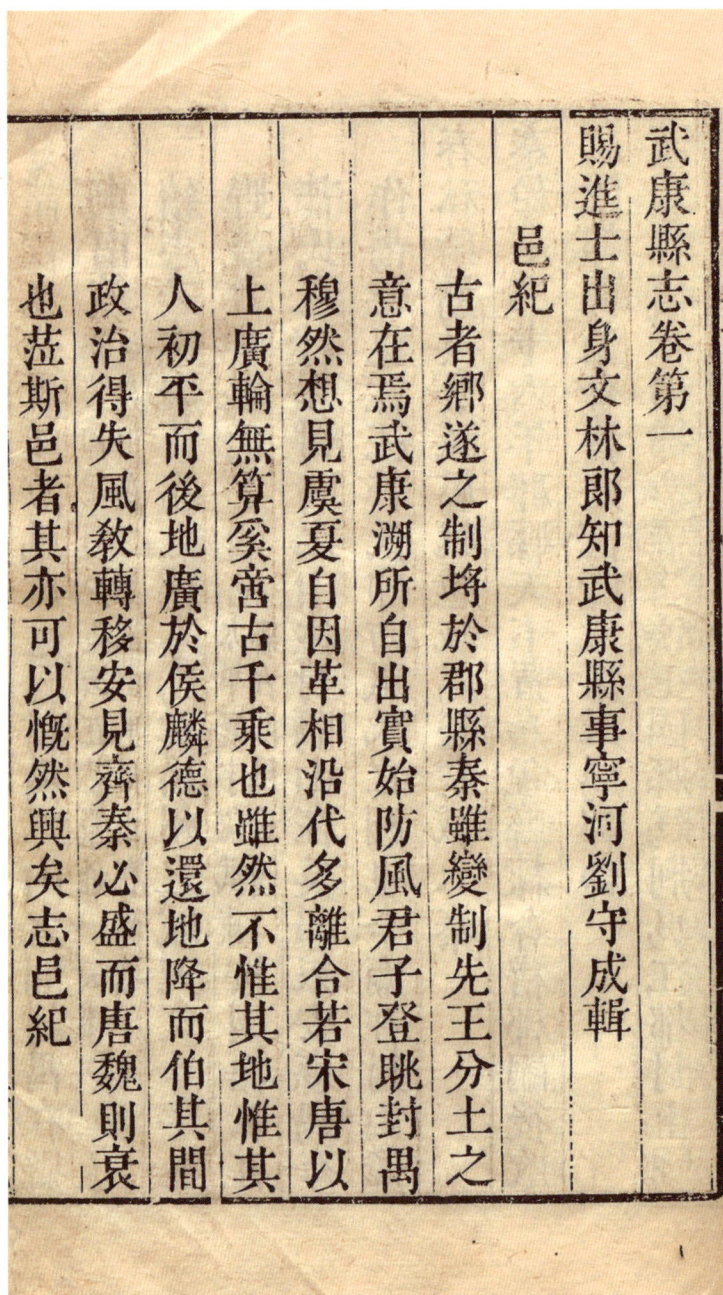

[乾隆]南海縣志二十卷　　　　　　　　　　　　Fv3230 4235.83

〔清〕魏綰修　〔清〕陳張翼纂　清乾隆六年（1741）刻本　六冊
框19.6×14.5釐米。10行22字。白口，左右雙邊，單黑魚尾。版心上鐫書名，中鐫鐫卷次及小題。

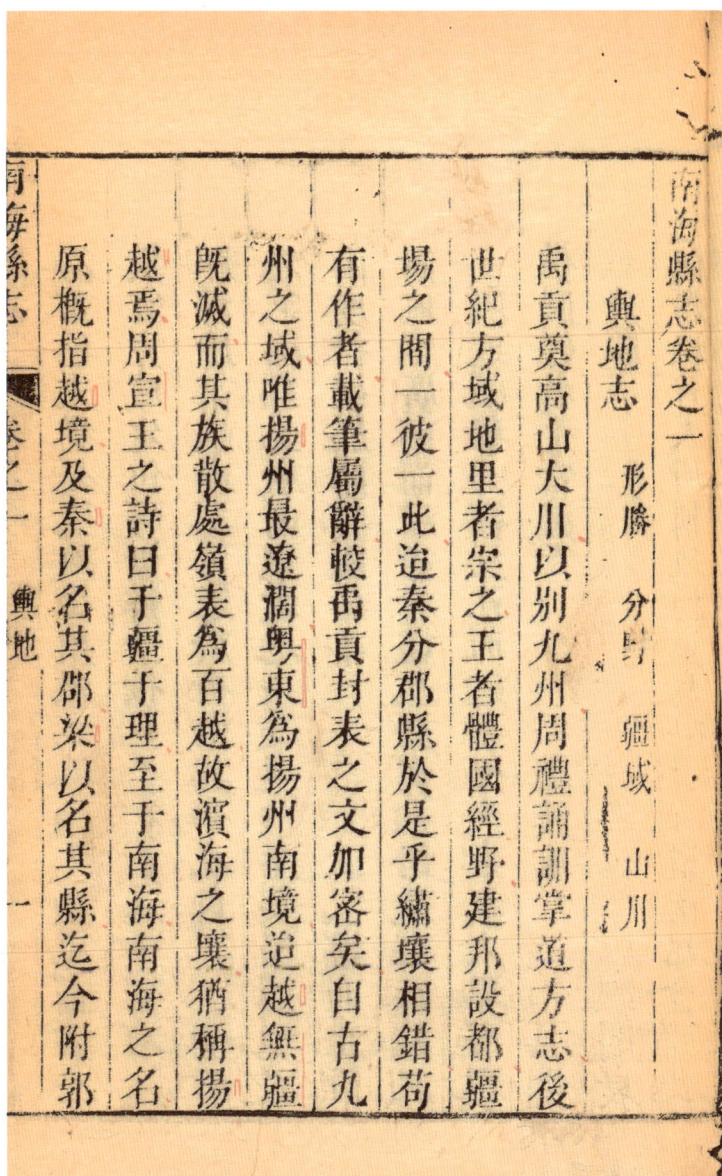

南海縣志卷之一

輿地志　形勝　分野　疆域　山川

禹貢奠高山大川以別九州周禮誦訓掌道方志後世紀方域地里者宗之王者體國經野建邦設都疆場之間一彼一此迫秦分郡縣於是乎繼壤相錯苟有作者載筆屬辭較禹貢封表之文加審矣自古九州之域唯揚州最遠潤輿東為揚州南境迫越無疆既滅而其族散處嶺表為百越故濱海之壤猶稱揚越為周宣王之詩曰于疆于理至于南海南海之名原概指越境及秦以名其郡染以名其縣迄今附郭

[康熙]西寧縣志八卷　　　　　　　　　　　　　　Fv3270 7279.8

〔清〕張充國纂輯　　清康熙五十一年（1712）西寧縣署刻後修版印本　　四册

框19.8×14.1釐米。8行18字。白口，左右雙邊，單黑魚尾。版心上鎸書名，中鎸卷次及小題。“弘”剜改作“宏”“洪”，“曆”剜改作“歷”，“丘”剜改作“邱”，“虜”剜改作“敵”，《風土志》“夷”“虜”等字剜去未補，“寧”字不諱，修版刷印當晚於乾隆後期。

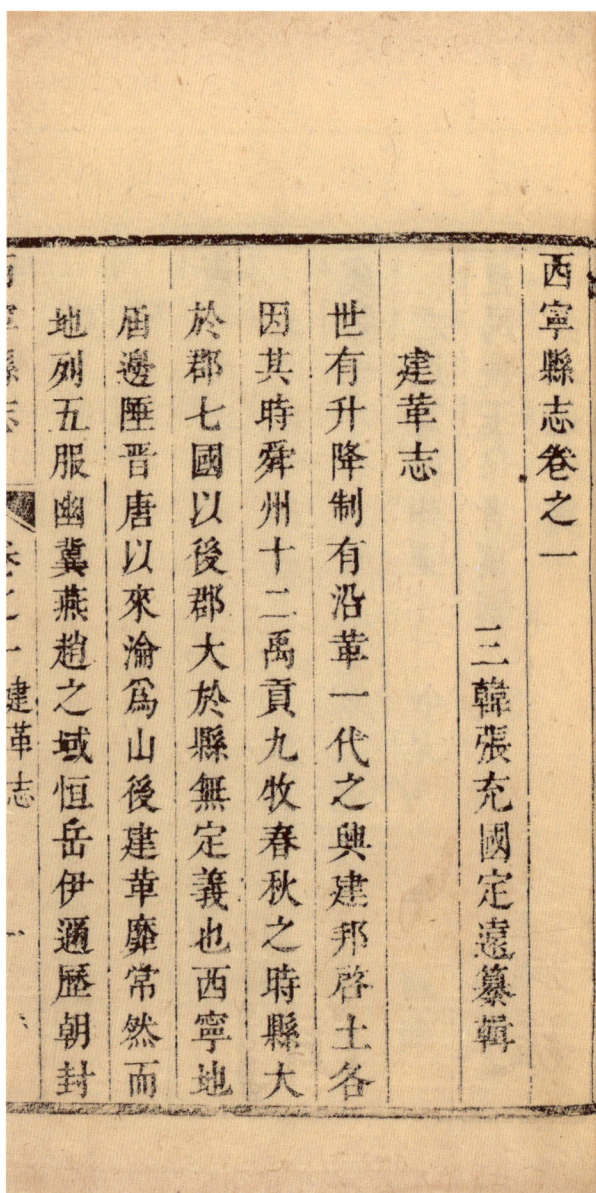

日下舊聞四十二卷補遺　　　　　　　　　　　　Fv3056 2928

　　〔清〕朱彝尊會粹　〔清〕朱昆田補遺　清康熙二十七年（1688）朱氏六峰閣刻本　十八册

　　框18.9×13.8釐米。12行21字。白口，四周單邊，單黑魚尾。版心上鐫書名，中鐫卷次。内封鐫"朱竹垞太史輯/日下舊聞/六峰閣藏板"。鈐"研經博物"印。藏書票題"From the library of Colonel E. Francis, USA, Yale 1909/Gift of his brother The Reverend T. Lawrason Riggs, Yale 1910"。另有複本一，書號Fv3056 2928B，二十册，後印本。

增補武林舊事八卷　　　　　　　　　　　　　Fv3070 H19 C45

〔宋〕周密編輯　〔明〕朱廷煥增補　清康熙四十二年（1703）朱繡寧澹堂刻本
八册

框20.6×13.8釐米。9行20字，小字雙行同。白口，四周單邊。版心上鎸"增補武
林舊事"。內封鎸"康熙癸未年重鎸/忠烈公朱中白先生增補/增補武林舊事/古單父
寧澹堂藏板"。卷端題"元四水潛夫弁陽周密公謹編輯/明冬官權使單父朱廷煥中白
增補/仲男繡重鎸"。鈐"易漱平印"。1968年6月購自李宗侗。

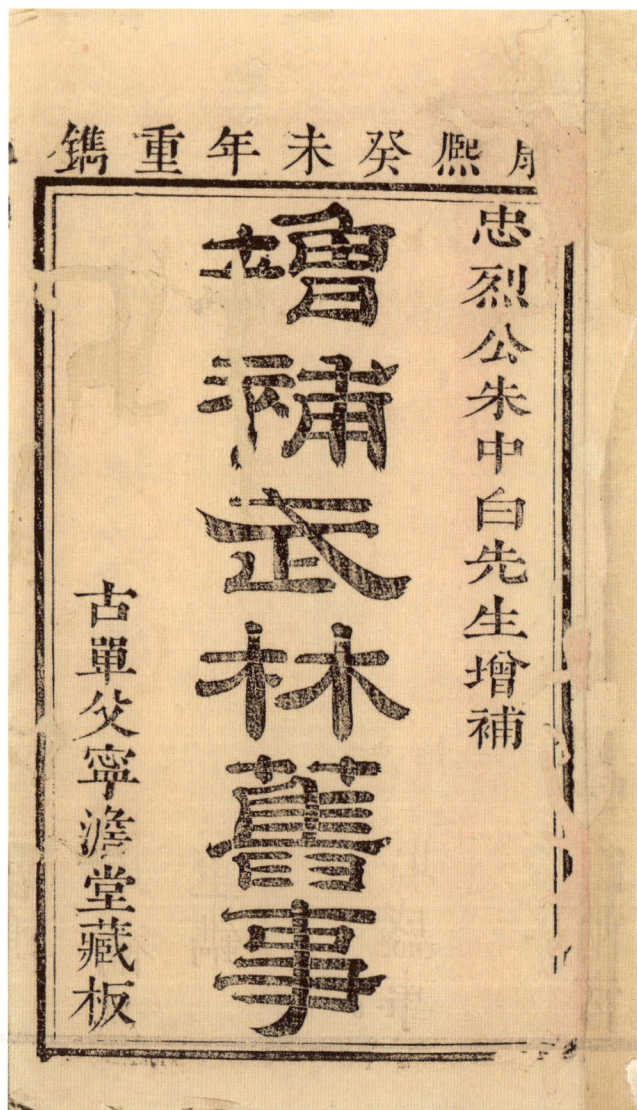

增補武林舊事卷之一

四水潛夫弁陽周　　密公謹編輯

冬官權使單父朱廷煥中白增補

仲男　　纘重鐫

元

明

◎◎ 慶壽冊寶

壽皇聖孝冠絶古今、承顏兩宮、以天下養一時盛事、

莫大於慶壽之典、今搜錄大畧於此、

淳熙三年光堯聖壽七十、預於舊歲冬至、加上兩宮、

尊號立春日行慶壽禮至十三年太上八十正月元

中山傳信録六卷奉使琉球詩三卷　　　　　　　　　　　　　Fv3468 2949

〔清〕徐葆光纂　清康熙六十年（1721）至雍正九年（1731）二友齋刻本　四册

框20.1×14.6釐米。9行21字。白口，左右雙邊，雙魚尾。版心中鎸書名及卷次。内封鎸"康熙庚子七月十一日熱河進呈册封琉球圖本副墨/中山傳信録/康熙六十年辛丑刊/二友齋藏板"。

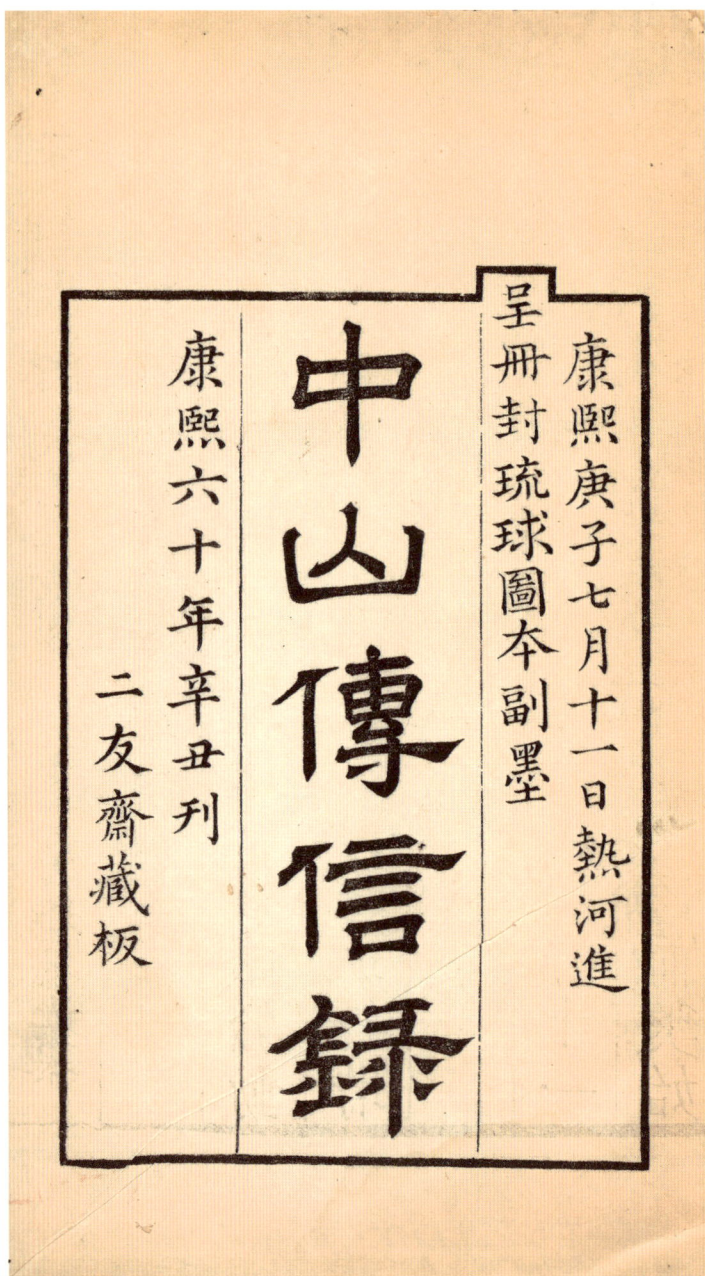

中山傳信錄卷第一

冊封琉球國王副使　賜正一品麟蟒服翰林院編修加二級臣徐葆光纂

封舟

從前冊封以造舟爲重事、歷考前冊、採木各路騷動

累歲、其事始舉自前明以至

夫役、開廠監造、糜費官帑、奸吏假手、爲獎無窮經時

本朝冊封之始、其煩費遲久前後一轍也、康熙二十一

年、使臣汪楫林麟焻、郎取現有二戰艦充之前獎始

絶、至今三十餘年、區宇昇平、海濱利涉、沿海縣鎮巨

琉球國志略十六卷　　　　　　　　　　　　　　　　Fv3468 +7291

〔清〕周煌輯　清乾隆二十四年（1759）漱潤堂刻本　六册

框18.6×14.2釐米。9行21字。白口，四周雙邊，單黑魚尾。版心上鐫書名，中鐫卷次及篇名。内封鐫"乾隆己卯年刊/琉球國志略/漱潤堂藏板"。

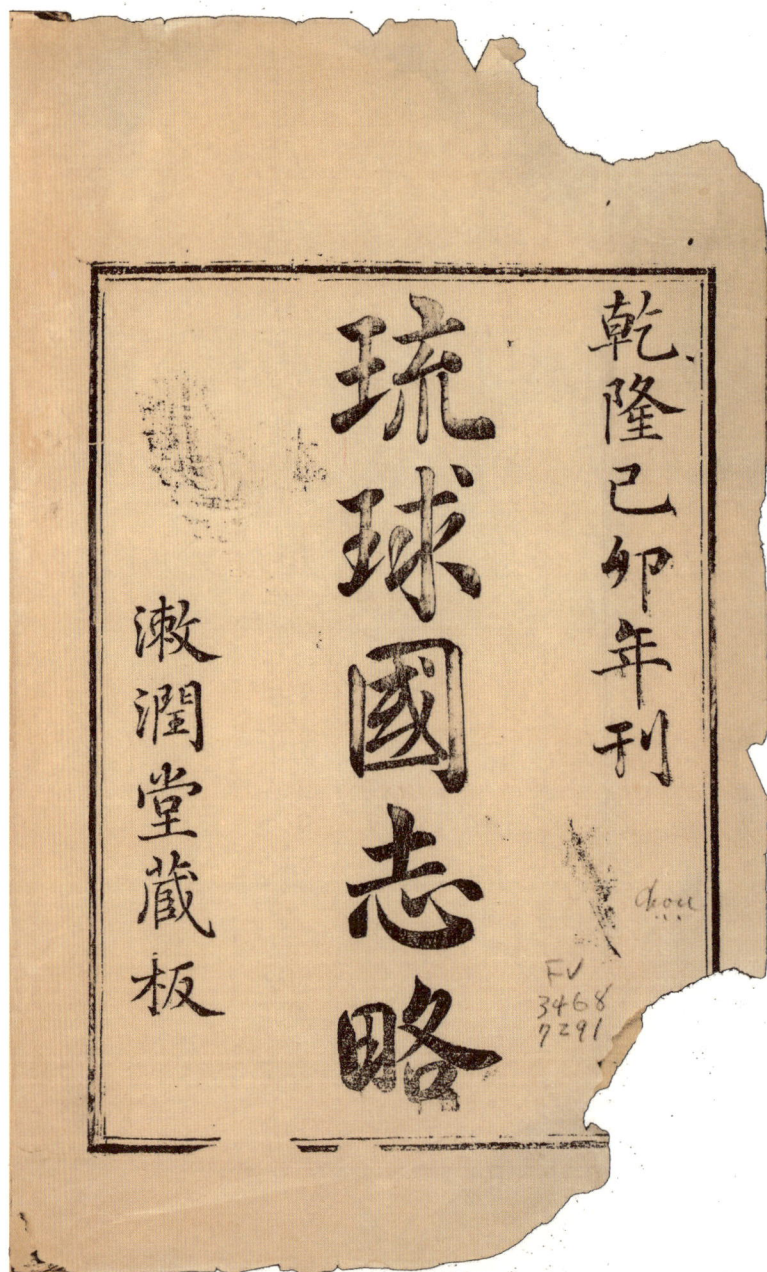

寶華山志十五卷首一卷　　　　　　　　　　　　　Fv1909 +3845

〔清〕劉名芳等修　清刻本　四册

　　框20.2×14.1釐米。9行20字。白口，左右雙邊，單黑魚尾。版心上鐫書名，中鐫卷次及小題。卷首載乾隆四十九年（1784）六幸寶華事。卷端題"千華十五世聖性宗再梓"。藏書票題"Library of the College of Missions, Indianpolis"。

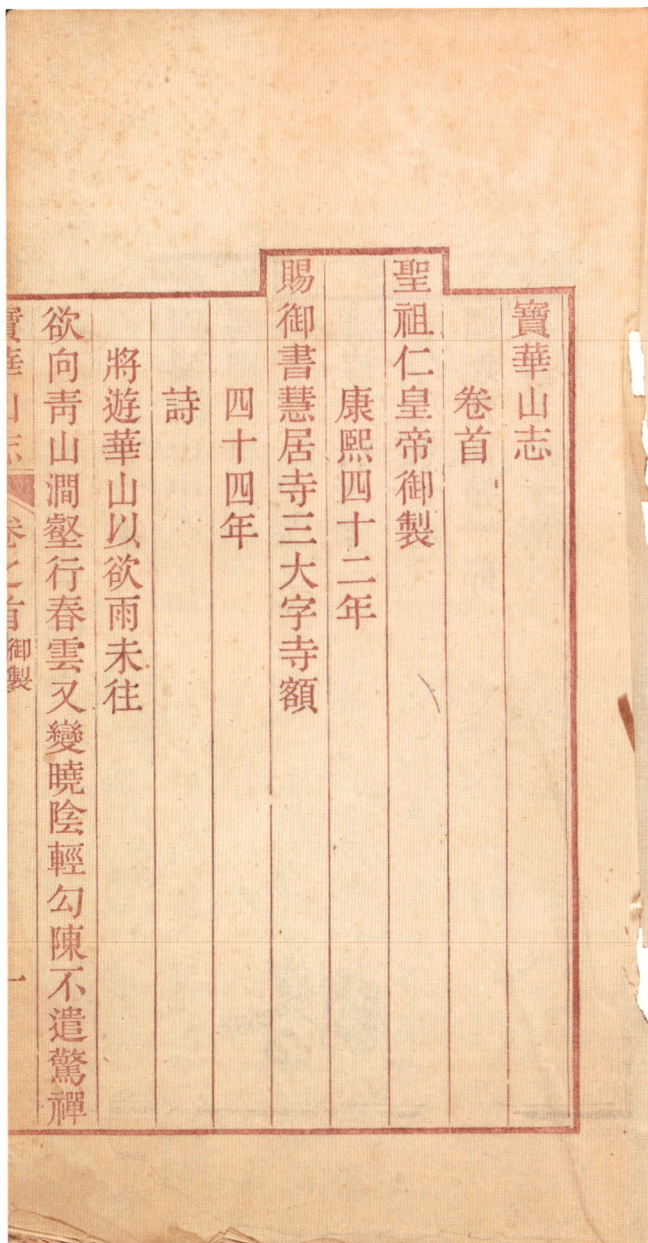

南嶽小録一卷　　　　　　　　　　　　　　Fv3035.25 H38 L6

〔唐〕李沖昭撰　清抄本　一册

無框格。9行22字。版心上抄書名,中抄卷次。卷末題"乾隆二十六年重抄/北平"。鈐"過連寶印"。

天台山全志十八卷　　　　　　　　　　　　　　Fv3035.29 132.8

〔清〕張聯元輯　　清康熙五十六年（1717）尊經閣刻本　　八册

框18.4×13.7釐米。10行21字。白口，左右雙邊，單黑魚尾。版心上鎸書名，中鎸卷次。内封鎸“楚郢張聯元覺菴輯/天台山全志/台郡尊經閣藏板”。《凡例》末款言“〔康熙〕丁酉春開雕/夏季即告竣”。

顏山雜記四卷

Fv3057 1918

〔清〕孫廷銓纂　清康熙刻本　四册

框18.8×12.5釐米。8行18字。白口，四周單邊。版心上鎸書名，中鎸卷次。鈐"傅華之印""叔和"印。

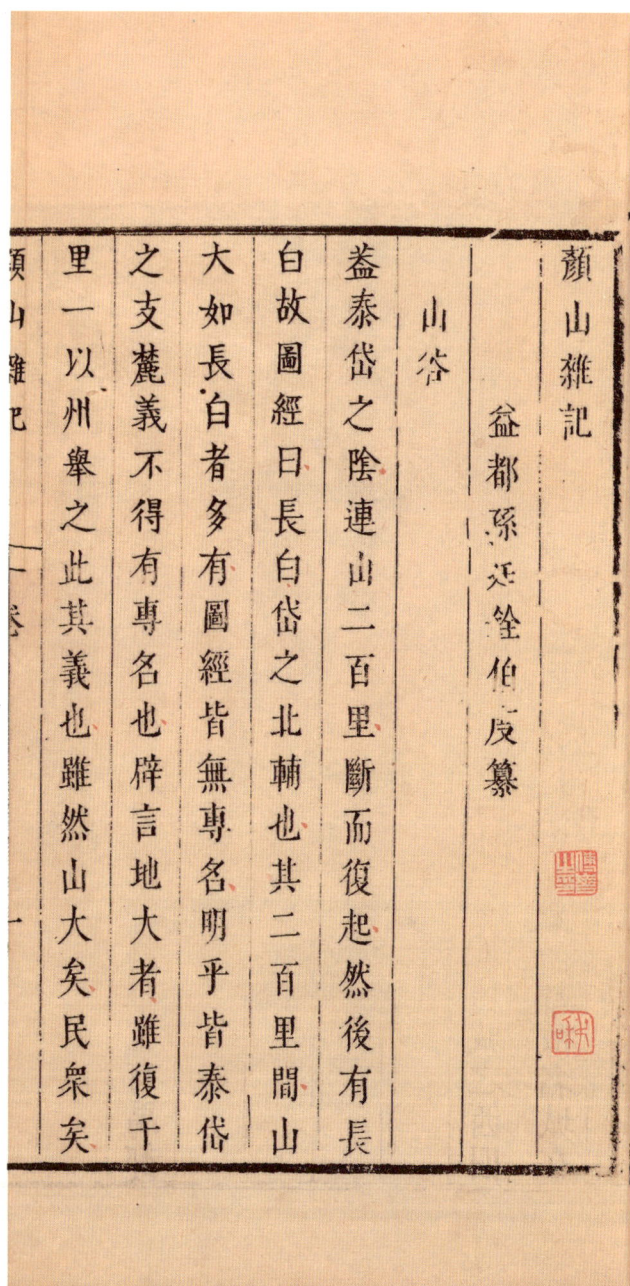

亦政堂重考古玉圖二卷　　　　　　　　　　　　　　Fv2101 +2923

〔元〕朱德潤輯　明萬曆三十一年（1603）吳萬化寶古堂刻清乾隆十七年（1752）黃晟亦政堂重修刻本　一册

框24.5×15.5釐米。8行17字。白口，四周單邊，單魚尾。版心上鎸"古玉圖"，中鎸卷次。内封鎸"乾隆壬申年秋月/天都黃曉峰監定/古玉圖/亦政堂藏版"。與《博古圖録》《考古圖》合印，俗稱"三古圖"。藏書票題"Gift of Dr. Yung Wing, 1911"。

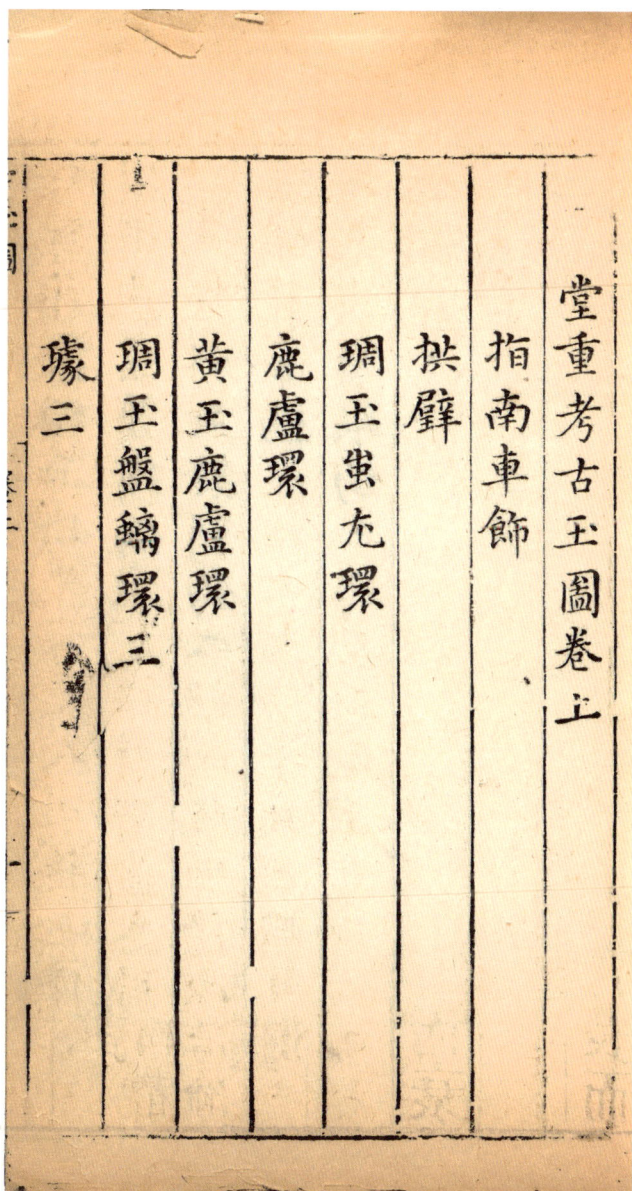

金石索十二卷　　　　　　　　　　　　　　　　PL2448 +F4 1821

〔清〕馮雲鵬 馮雲鵷撰　清道光元年（1821）崇川馮氏滋陽縣署石印本　十二册
　　内封鎸“滋陽縣署藏板”。外封題“内藤湖南舊藏”。鈐“内藤虎印”印。藏書票
題“Gift of Professor Arthur F. Wright”。
　　金索六卷
　　石索六卷

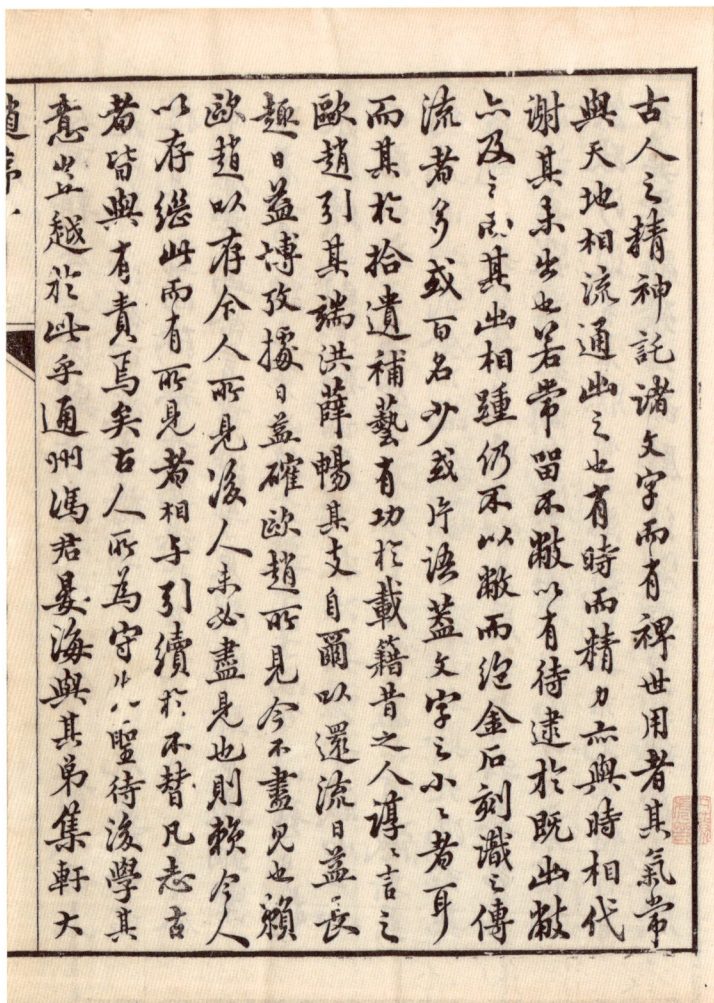

欽定錢録十六卷　　　　　　　　　　　　　　Fv2107 +8388

〔清〕梁詩正等撰　　清乾隆刻本　　六册

框19.4×14.2釐米。9行21字。黑口，四周單邊。版心中鎸"錢録"及卷次。録乾隆五十二年（1787）紀昀等撰《提要》。

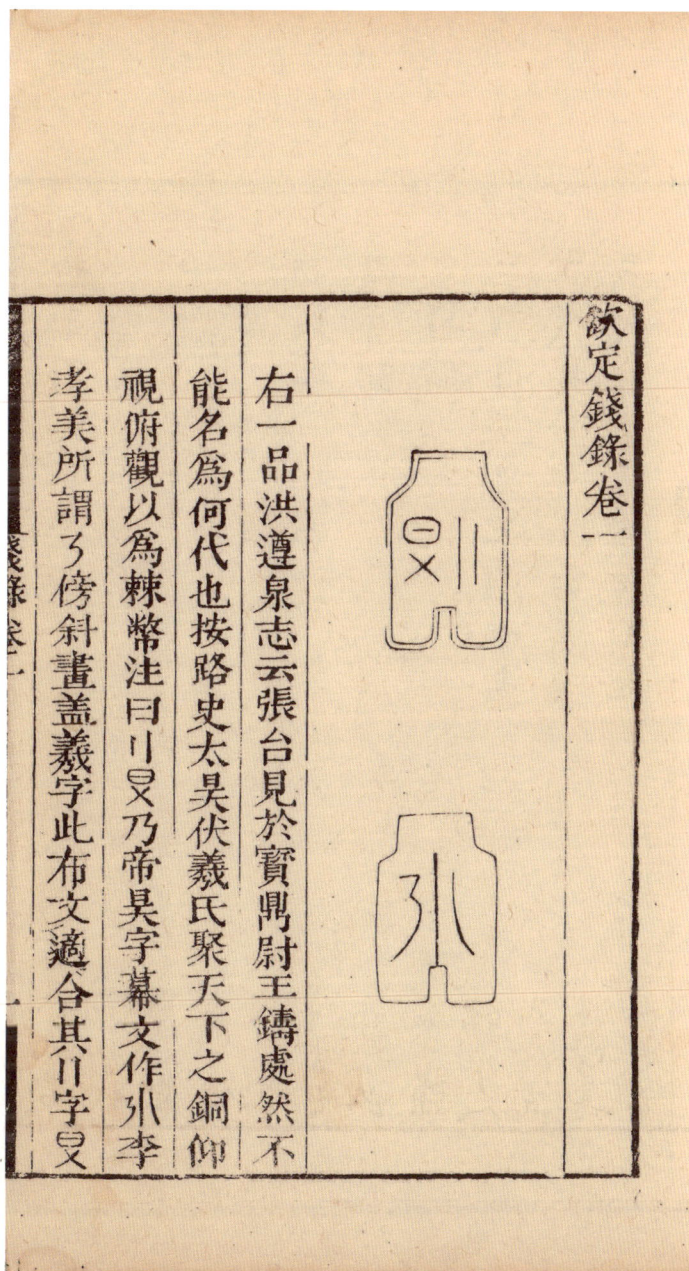

古玉圖譜三十二卷　　　　　　　　　　　　　　Fv2101 +0143

〔宋〕龍大淵等編纂　清乾隆三十六至三十七年（1771—1772）余文儀刻本　十
册

框24.8×17.2釐米。白口，四周雙邊。藏書票題"Gift of E. H. Hume 1971"。

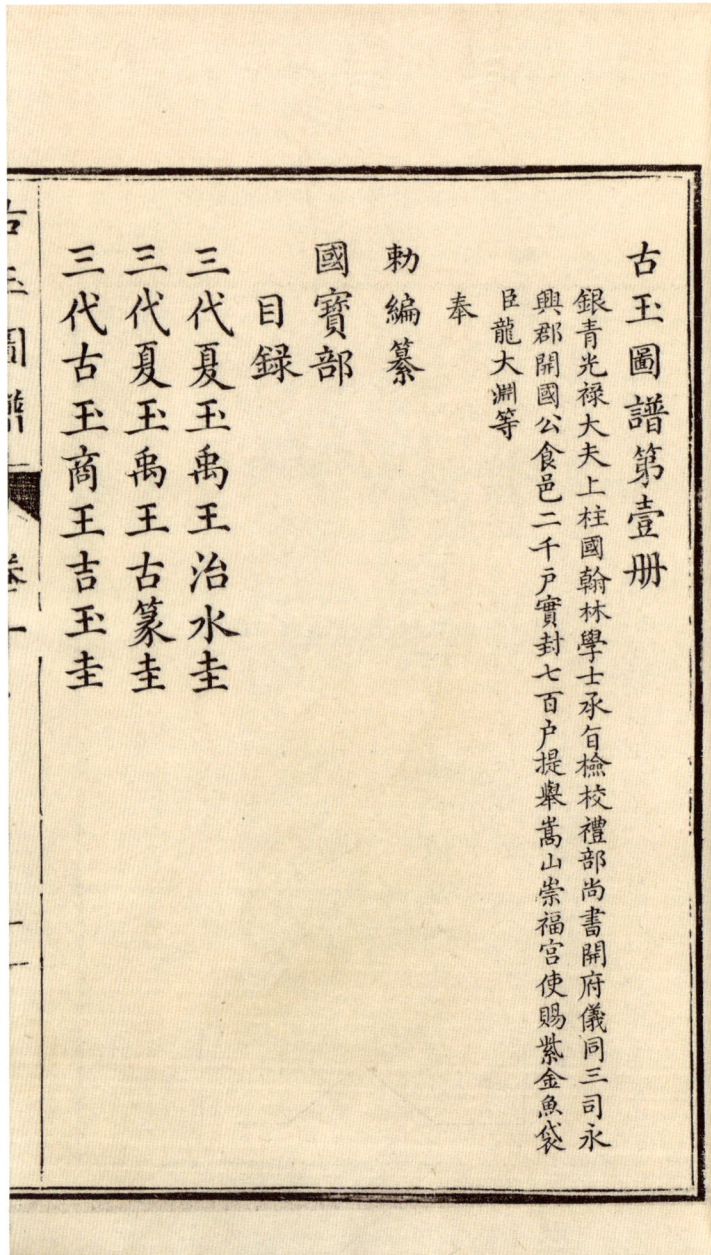

古玉圖譜第壹册

銀青光禄大夫上柱國翰林學士承旨檢校禮部尚書開府儀同三司永
興郡開國公食邑二千戶實封七百戶提舉嵩山崇福宮使賜紫金魚袋
臣龍大淵等

奉

勅編纂

目録

國寶部

三代夏玉禹王治水圭
三代夏玉禹王古篆圭
三代古玉商王吉玉圭

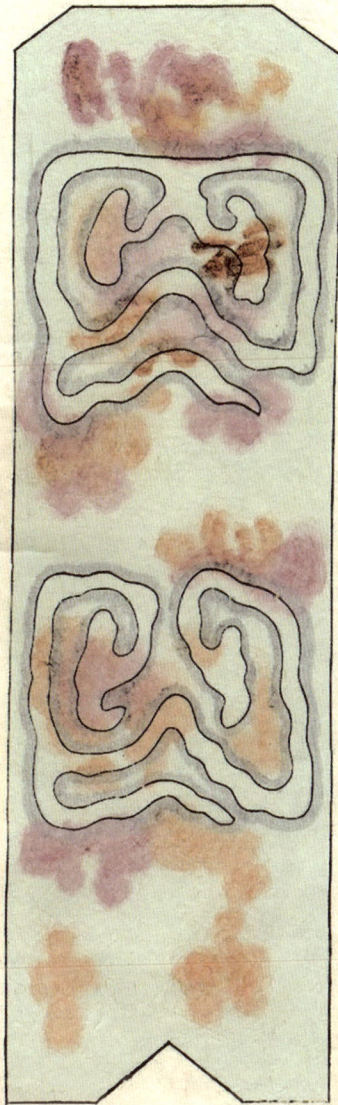

三代夏玉禹王治水圭

武周刊定衆經目録十四卷

〔唐〕明佺等撰　清康熙二至三年（1663—1664）嘉興楞嚴寺刻本　三册　嘉興藏

框22.2×15.5釐米。10行20字，小字雙行同。白口，四周雙邊。版心中鎸書名及卷次。卷四末題"康熙三年二月"。卷十四末鎸"浙江嘉興府楞嚴寺般若堂本年貨刊武周刊定目録/計字七千六百十/康熙二年十一月□日筭該銀四兩七錢□分□厘"。

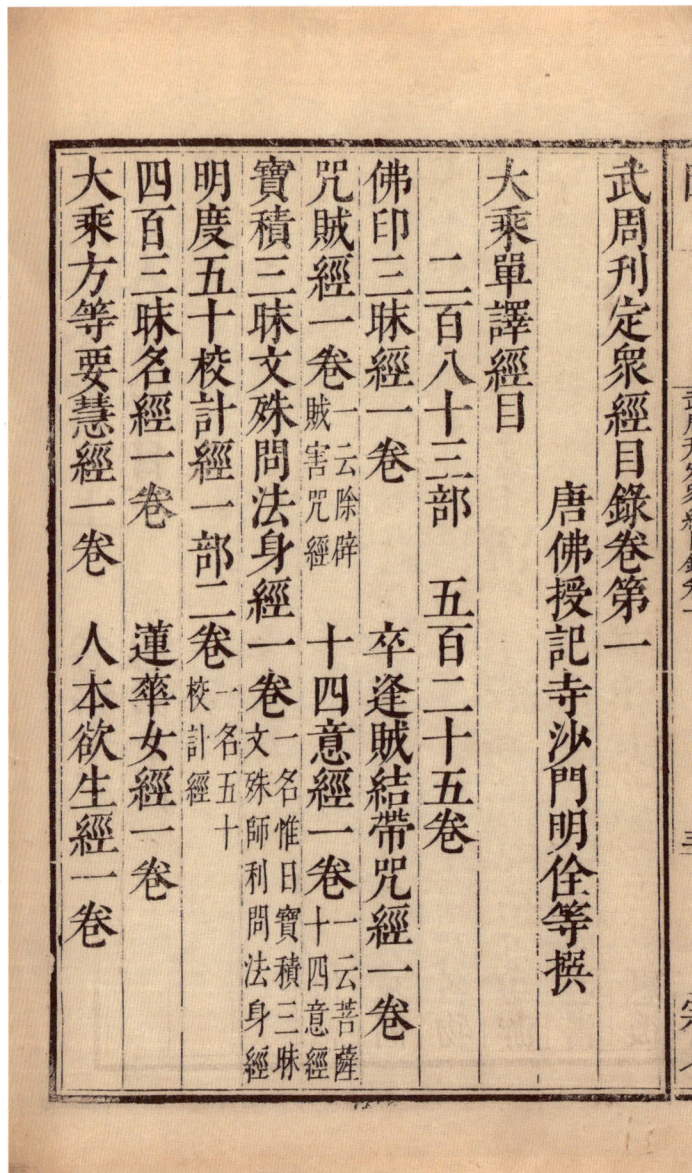

欽定四庫全書總目二百卷首四卷　　　　　　　　　　Fv9100 +C44

〔清〕紀昀等纂　清乾隆北京武英殿刻本　一百二十一册

框19.5×13.8釐米。9行21字。白口，四周雙邊，單黑魚尾。版心上鎸書名，中鎸卷次及部類。乾隆四十六年（1781）上諭。

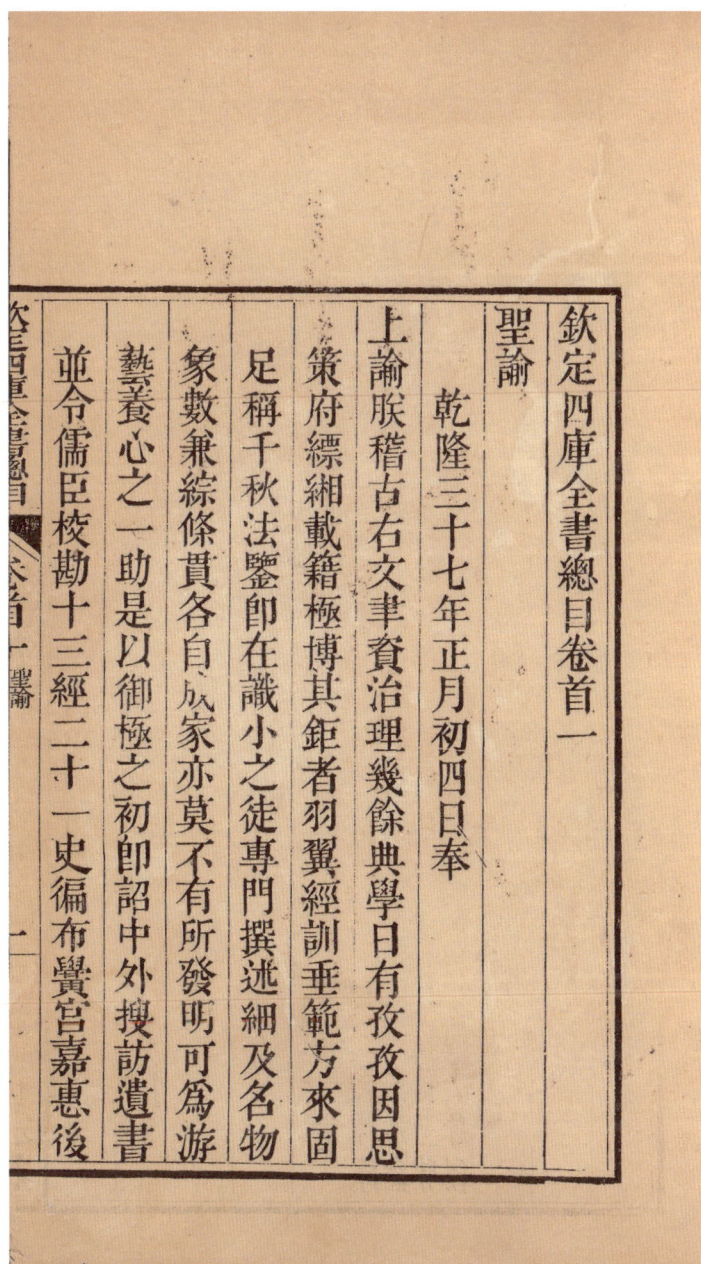

子

部

萬世玉衡錄四卷　　　　　　　　　　　　　　　Fv4673 +4422

〔清〕蔣伊編輯　清康熙刻本　四册

　　框19.6×13.9釐米。9行23字。白口，左右雙邊，單黑魚尾。版心上鎸書名，中鎸卷次及小題。鈐"曾在潛樓"印。

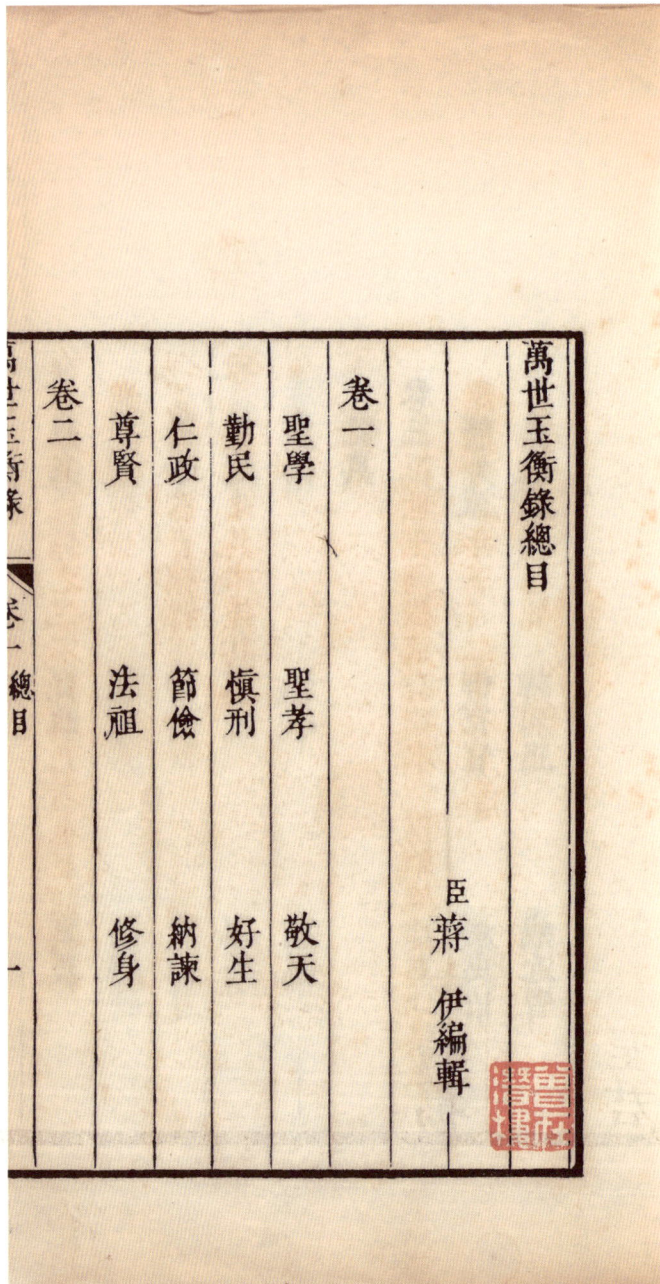

萬世玉衡錄卷一

臣 蔣 伊 編輯

聖學

法

虞典曰人心維危道心維微維精維
一允執厥中爲萬

古聖人心學之宗

夏王禹克勤克儉不寶尺璧而惜寸
陰是以能爲聖君

殷高宗舉傅說爲相作說命三篇曰人求多聞時維建

聖諭像解二十卷　　　　　　　　　　　　　　　　　Fv1686 +3918

〔清〕梁延年編輯　清康熙二十年（1681）繁昌梁延年承宣堂刻本　二十册

框24.1×16.1釐米。10行21字。白口，四周單邊。版心上鎸書名及卷次，下鎸“承宣堂”。內封鎸“聖諭像解/承宣堂梓”。

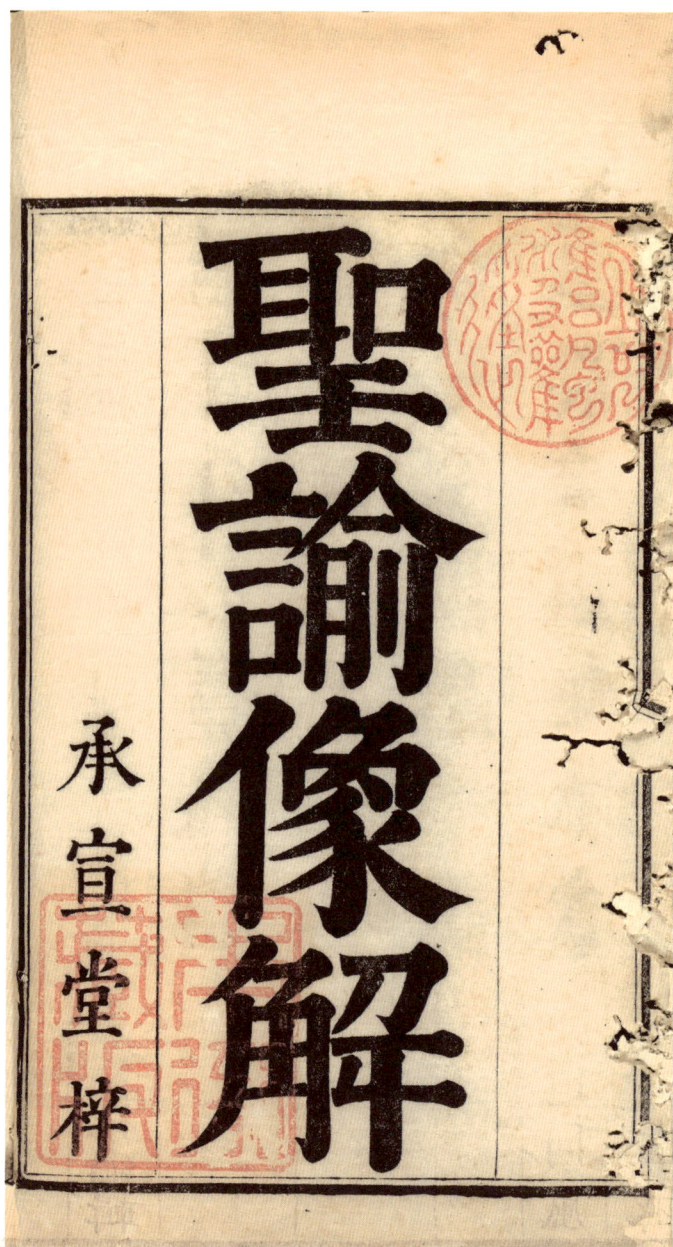

聖諭像解卷之一

江南太平府繁昌縣知縣加一級臣梁延年編輯

敦孝弟以重人倫

聖諭第一條

此一條是

皇上欲汝等百姓各親其親各長其長以臻一道同風之治也。善事父母爲孝善事兄長爲弟蓋父母生我之恩。兄長先我而生有同氣之誼。故事父母有罔極之恩。兄長先我而生。有同氣之誼。故事父母

廣治平略四十四卷   Fv9130 4909

〔清〕蔡方炳纂定　清雍正二年（1724）聚奎堂刻本　十六册

框20.7×12釐米。9行25字。白口，四周單邊。版心上鐫書名，中鐫卷次及篇名。内封鐫"雍正甲辰年鐫/聚奎堂藏板"。鈐"科第世家""中峰""晋履嵩印""柱天氏"等印。

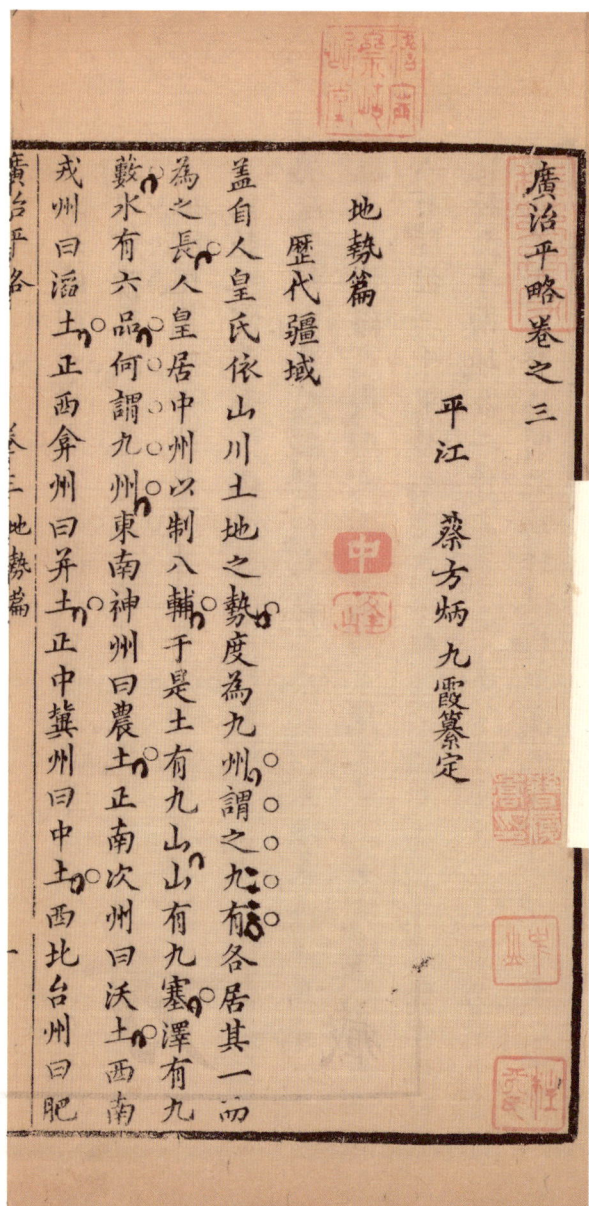

洴澼百金方十四卷　　　　　　　　　　　　　　　Fv8918 5341

〔清〕惠麓酒民編次　〔清〕玉戹居士重訂　清乾隆五十三年（1788）榕城嘉魚堂刻本　十六册

框19.5×13.7釐米。9行24字。白口，四周單邊，單黑魚尾。版心上鎸書名，中鎸卷次及小題。内封鎸"乾隆戊申年刻/福大將軍鑒定/洴澼百金方/榕城嘉魚堂藏"。藏書票題"From the library of Colonel E. Francis Riggs, USA, Yale 1909/Gift of his brother The Reverend T. Lawrason Riggs, Yale 1910"。

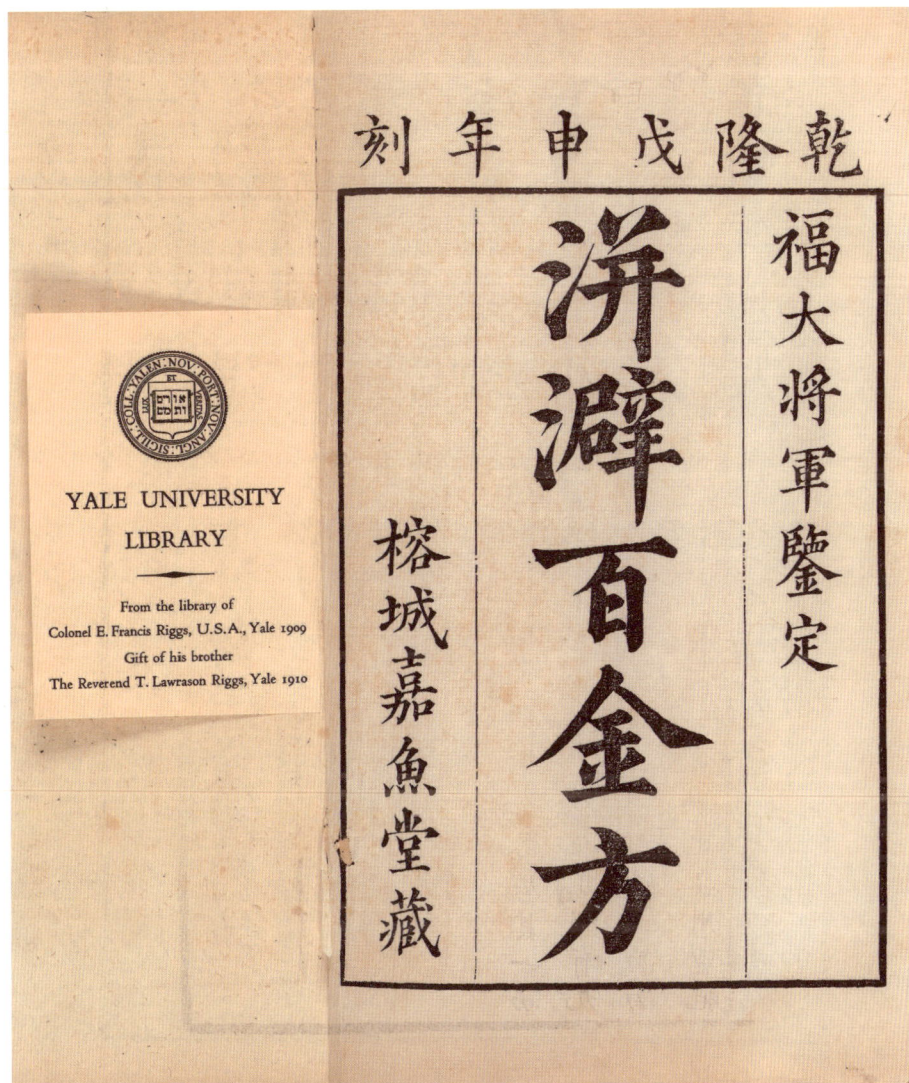

類經三十二卷圖翼十一卷附翼四卷　　　　　　　　Fv7910 1383

〔明〕張介賓類注　明天啓四年（1624）張介賓刻本　八冊

框21.4×14.1釐米。8行18字，小字雙行同。白口，四周單邊，單白魚尾。版心上鐫書名，中鐫篇名，下鐫"會稽謝應魁鐫"。

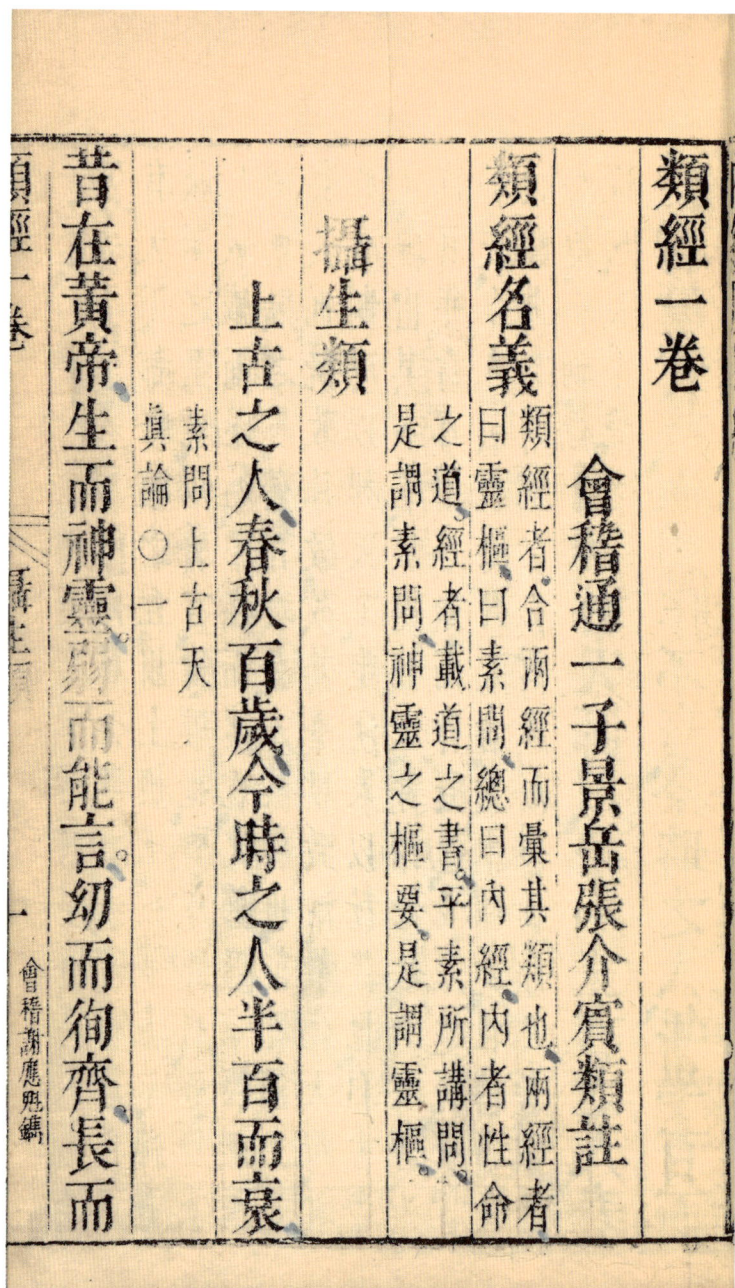

尚論張仲景傷寒論重編三百九十七法二卷　　　　　Fv7932 1345.6

〔清〕喻昌編　　清初同文堂刻本　　二册

框14.3×10.3釐米。10行24字。白口，左右雙邊，單黑魚尾。版心上鎸"尚論篇"，中鎸卷次及小題。内封鎸"尚論篇"。

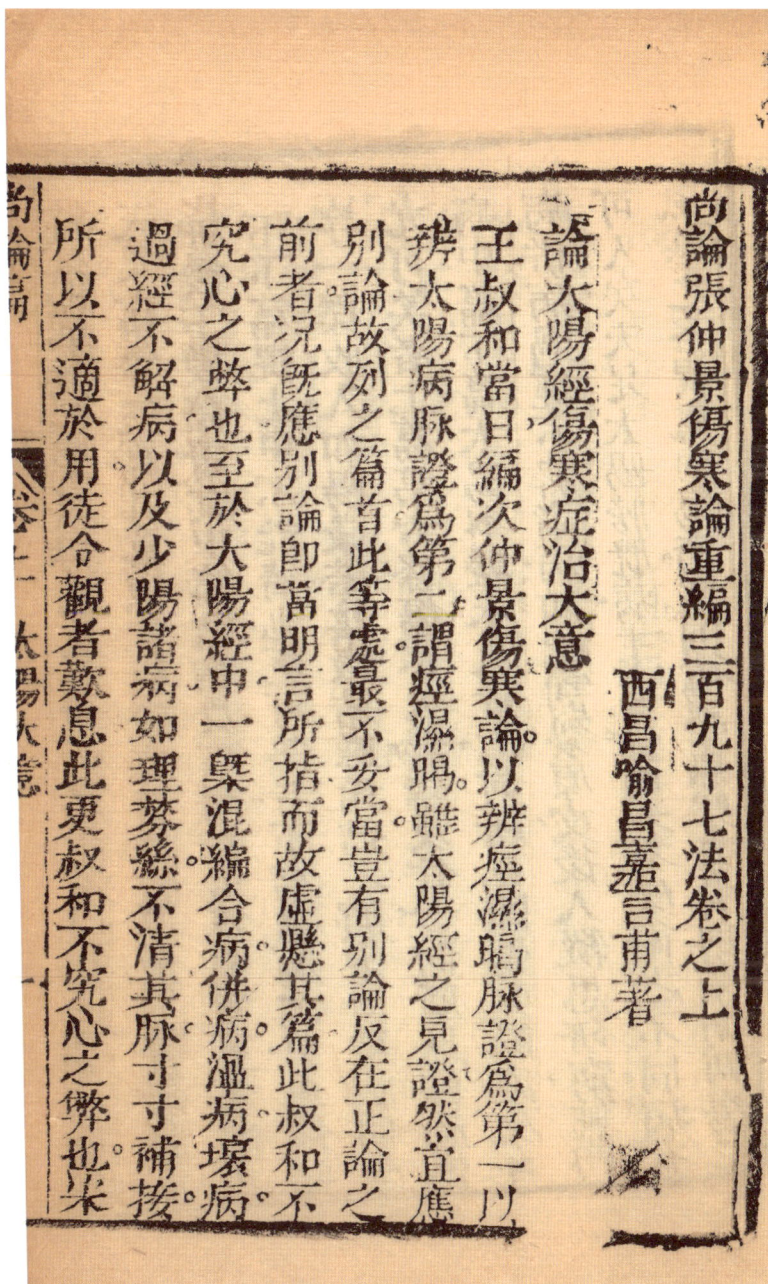

唐王燾先生外臺秘要方四十卷　　　　　　Fv7980 1143

〔唐〕王燾撰　〔宋〕林億等上進　〔明〕陸錫明校閲　〔明〕程衍道訂梓　明崇禎程衍道經餘居刻補修本　三十六册

框20.4×13.9釐米。10行22字。白口，上下雙邊，單白魚尾。版心上鎸"外臺秘要"，中鎸卷次。金聲序末鎸"黄一心刻并書"。黄一心爲明末刻工。

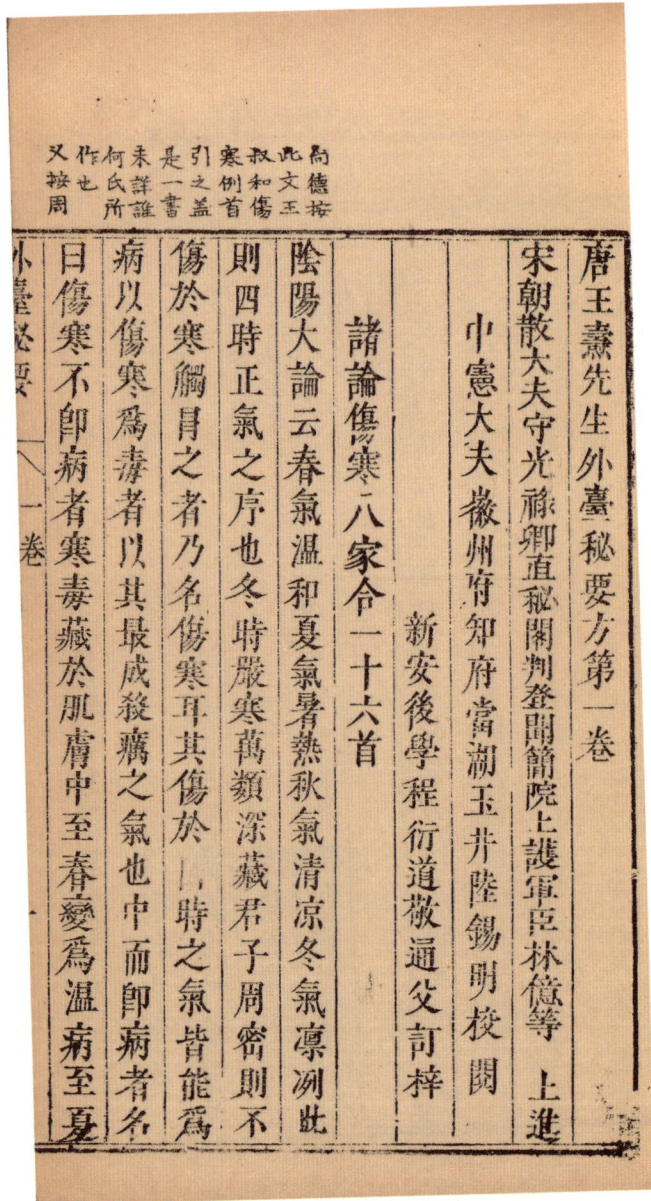

通雅五十二卷首三卷　　　　　　　　　　Fv5087 +0233

〔明〕方以智輯著　〔清〕姚文爕校訂　清康熙五年（1666）建溪姚文爕浮山此藏軒刻本　二十四册

　　框20.9×13.4釐米。10行24字，小字雙行同。白口，四周單邊，單黑魚尾。版心上鎸書名，中鎸卷次及小題，下鎸"浮山此藏軒"。鈐"慈谿畊餘樓""馮氏辨齋藏書"等印。

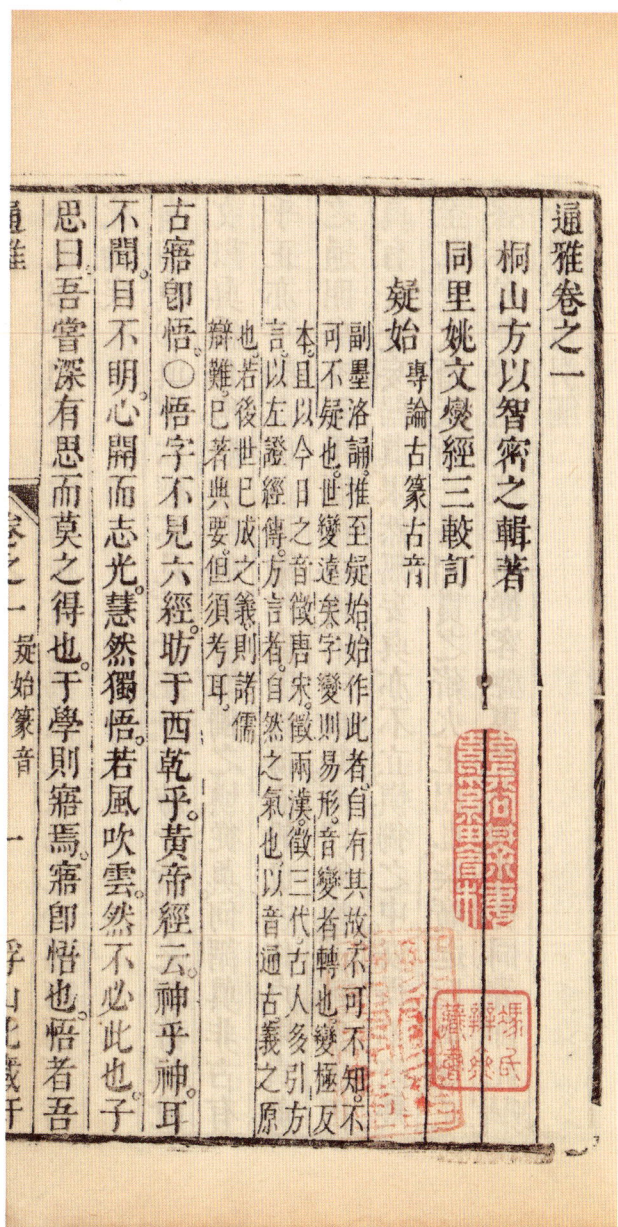

陔餘叢考四十三卷　　　　　　　　　　　　　　Fv 5481.9 4010

〔清〕趙翼撰　　清乾隆五十五年（1790）湛貽堂刻本　十二冊

框18×13.8釐米。11行21字。白口，左右雙邊，單黑魚尾。版心上鐫書名，中鐫卷次。內封鐫"乾隆庚戌/陔餘叢考/湛貽堂藏板"。鈐"愛日堂梁氏珍藏""念劬"印。

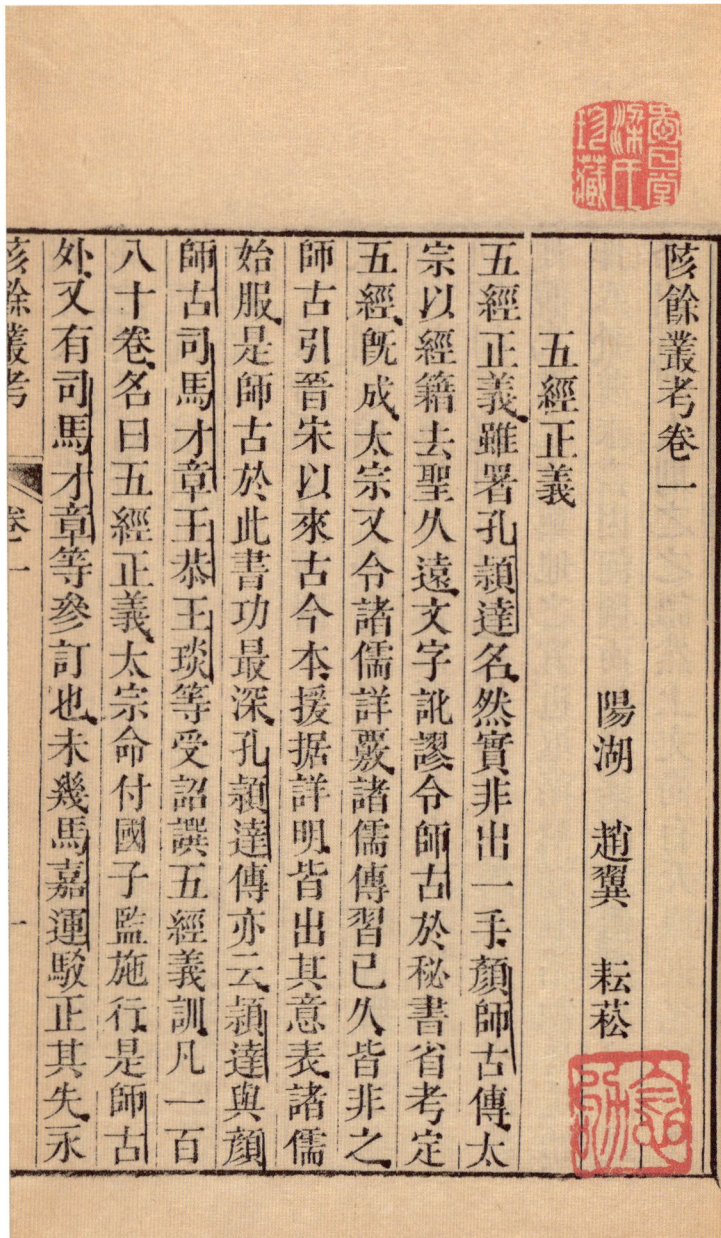

天祿閣外史八卷 Fv2517 4833

〔漢〕黄憲撰　〔明〕羅嗣中校　明末刻本　一册　漢魏叢書

框19.2×13.9釐米。9行20字。白口，左右雙邊，單白魚尾。版心上鎸"外史"，中鎸卷次。外封記載"Kennedy"。

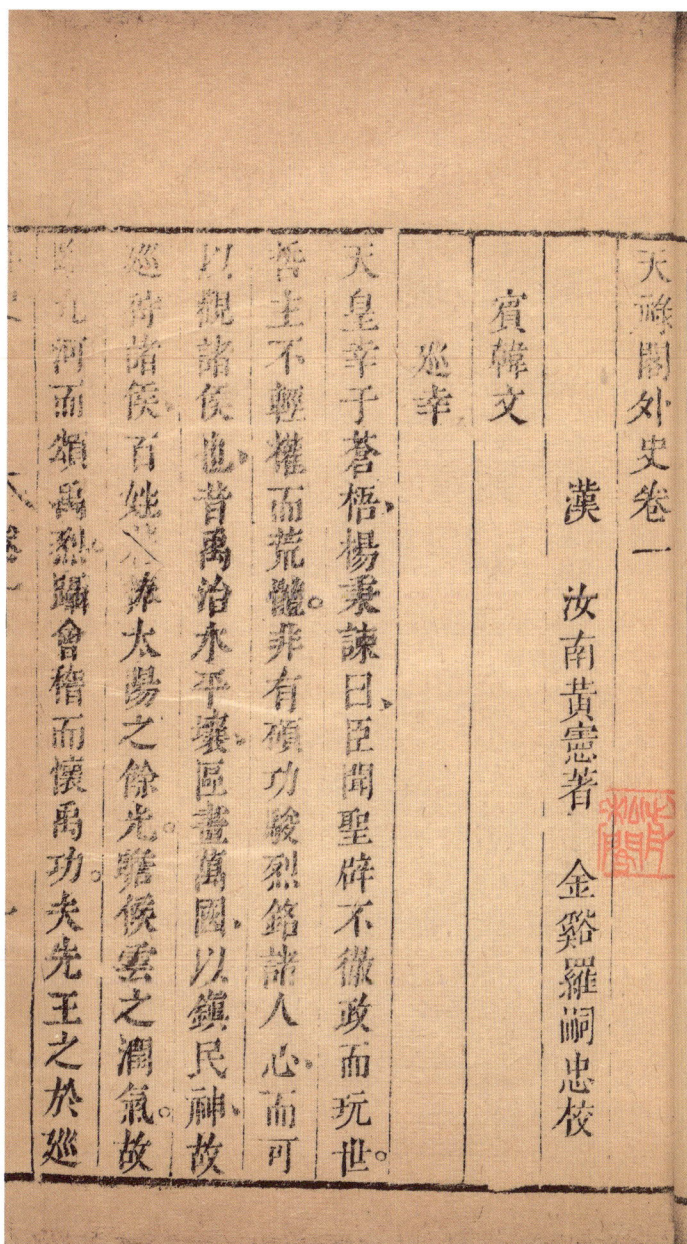

大唐新語十三卷

〔唐〕劉肅撰　明萬曆刻本　一册

　　框21.2×14.2釐米。9行20字。白口,四周單邊,單黑魚尾。書前有劉肅撰唐元和二年(807)《大唐世説新語原序》。藏書票題"Gift of Arthur Wright"。存卷一至三。鈐"□松閣"印。

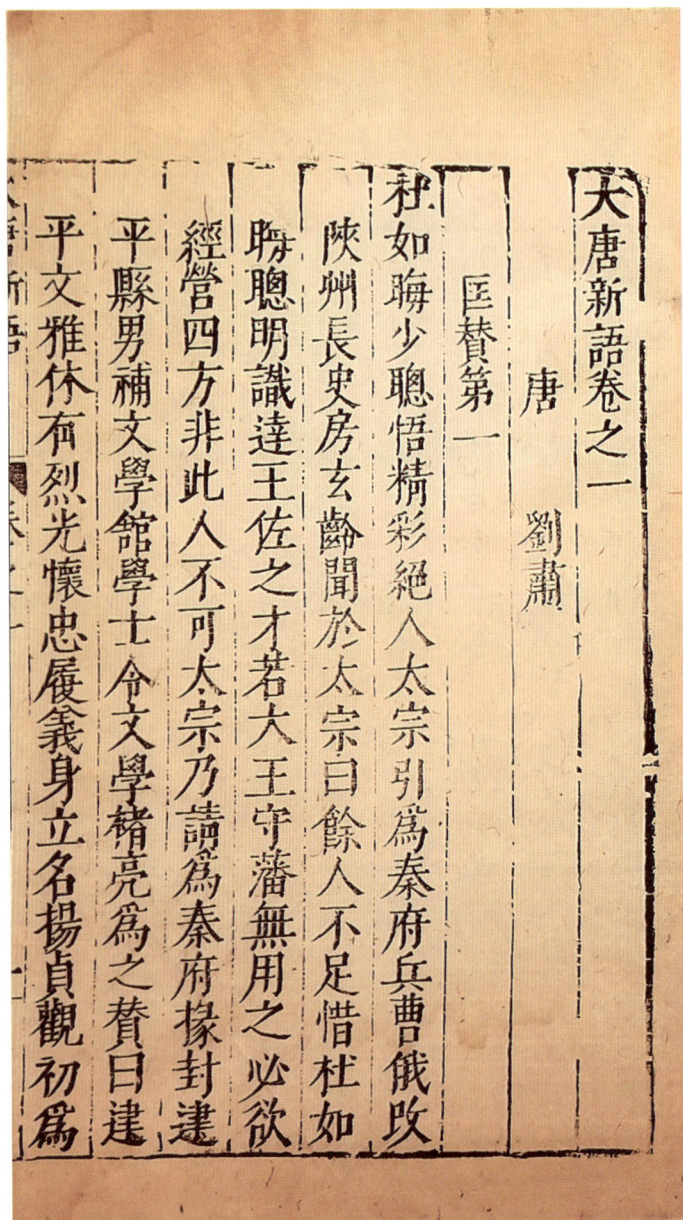

弦雪居重訂遵生八牋十九卷

Fv7910 0233

〔明〕高濂撰　　〔明〕鍾惺較　明末刻課花書屋印本　二十冊

框20.4×12.3釐米。9行18字。白口，四周單邊，單黑魚尾。版心上鎸"遵生八牋"，中鎸卷次及小題。内封鎸"課花書屋藏板"。鈐"折居藏書""园封"印。

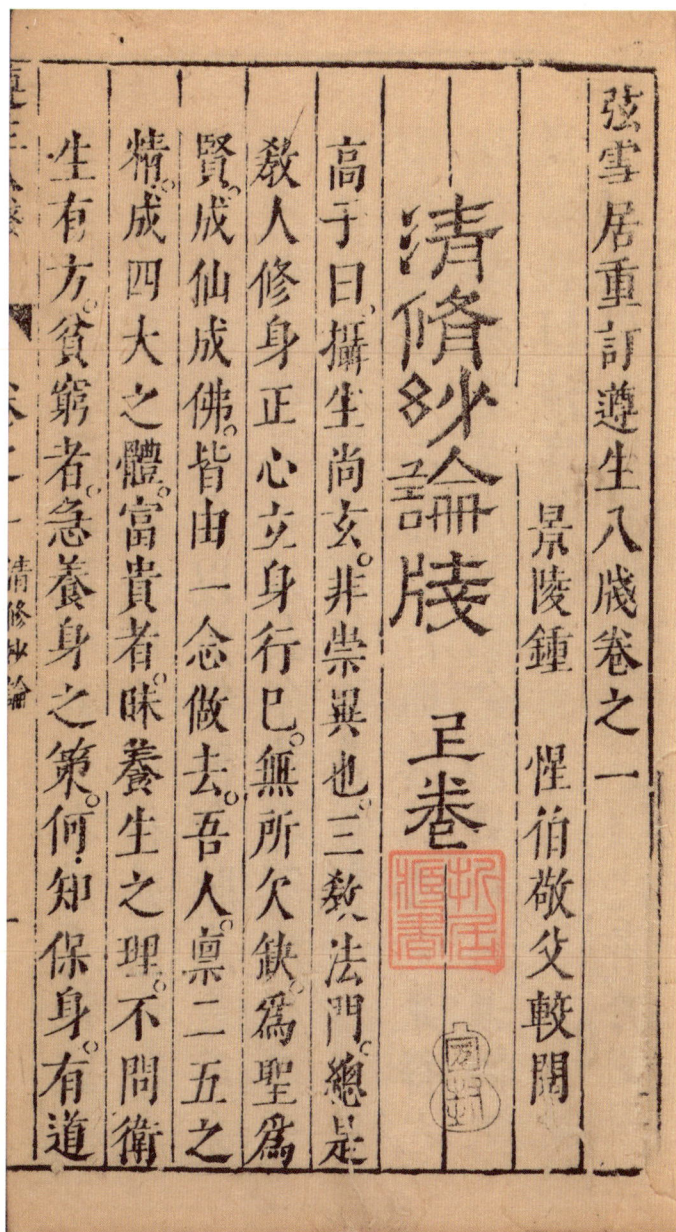

新刻黃掌綸先生評訂神仙鑑三集二十二卷圖一卷　　　　GR335 H8335

〔清〕徐衜撰　〔清〕程毓奇續　清康熙三十九年（1700）刻本　二十四冊

　　框18.6×13.3釐米。10行22字。白口，左右雙邊，單黑魚尾。版心上鐫子書名，中鐫卷次及節次，下鐫"華藏""生生館"。內封鐫"千古奇觀/龍虎山張大真人/包山黃掌綸先生同訂/歷代神仙通鑑"。"玄"字避諱。鈐"章大申印""指月齋藏"等印。書內記載"Gift of Mr. and Mrs. Arthur F. Wright"。

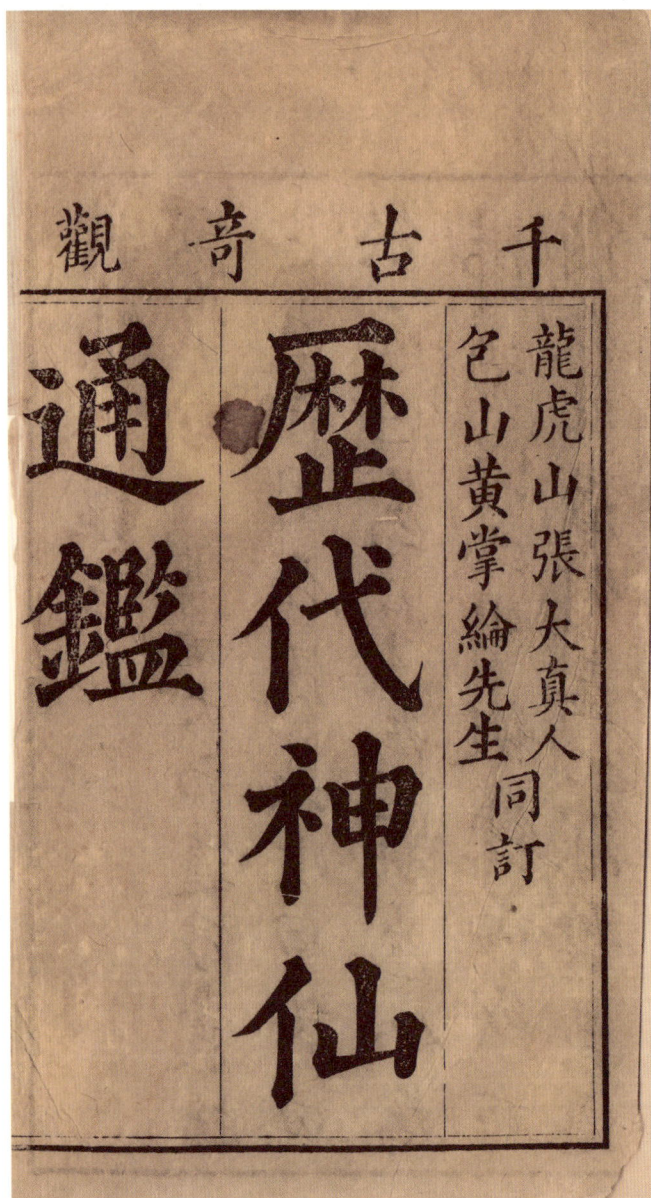

管窺輯要八十卷附天文步天歌　　　　　　　　　　Fv1742 4822

〔清〕黃鼎纂定　〔清〕黃九命等閲　清順治巴蜀黃氏善成堂刻本　四十册
天文大成全志輯要

框20.5×13.5釐米。9行19字。白口，四周單邊，單黑魚尾。版心上鐫書名，中鐫卷
次。内封鐫"天文大成全志輯要/内附步天星歌决全圖/巴蜀善成堂家藏發兑"。

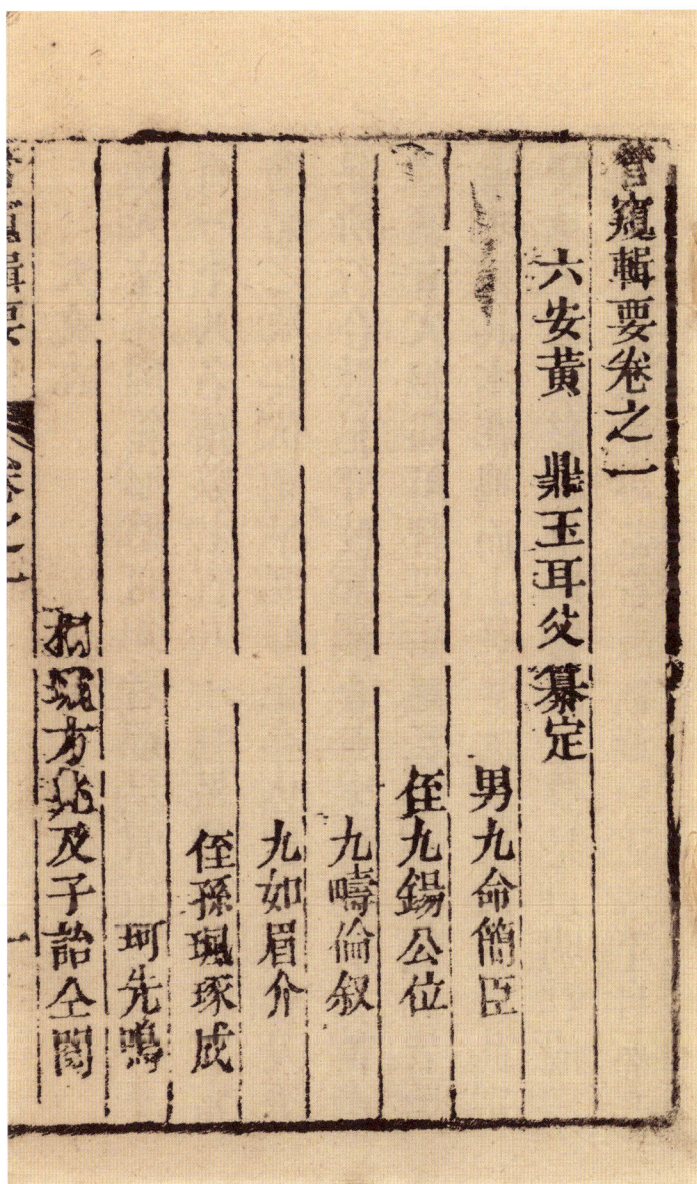

新製靈臺儀象志十六卷 　　　　　　　　　　　　　Fhqi2 674

（比利時）南懷仁（Ferdinand Verbiest）撰　〔清〕劉蘊德筆受　清康熙十三年（1674）內府刻本　二冊

框31.5×31釐米。（弁言）24行23字。白口，四周雙邊。存卷十五至十六《諸儀象圖》。外封題“靈臺儀象圖”。

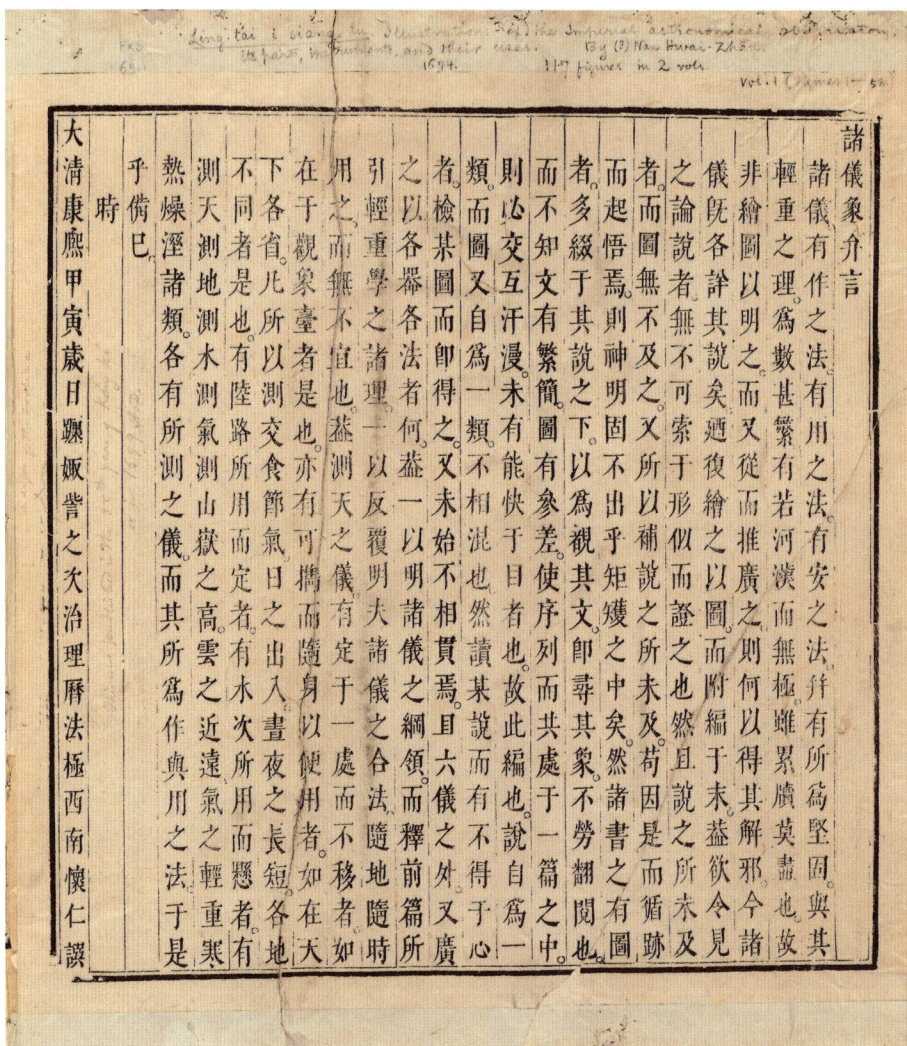

諸儀象介言

諸儀有作之法，有用之法，有安之法，并有所爲堅固與其輕重之理，爲數甚繁，有若河漢而無極，雖累廣莫盡也。故非繪圖以明之，而又從而推廣之，則何以得其解邪？今見諸儀既各詳其說矣，廼復繪之以圖而附編于末，益欲令見之論說者，無不可索于形似而證之也。然且說之所未及者，而圖無不及，又所以補說之中矣。然因是而循跡有圖者而起悟焉，則神明固不出乎矩矱之中矣。諸書之有圖者多綴于其說之下，以爲視其文卽尋其象，不勞翻閱也。而不知文有繁簡，圖有參差，使序列而其處于一篇之中，則必交互汗漫，未有能快于目者也。故此編自爲一篇，所類而圖又自爲一類，不相混然。讀某說而有不得于心者，檢某圖而卽得之，又未始不相貫焉。且六儀之外，又廣之以各器各法，何益？一以反覆明夫諸儀之綱領，而釋前篇所引之，而無不宜也。蓋諸儀之合法隨地隨時，各如在天，各有用之，而輕重學之諸理一以定身，便用者如在地，各有不同者是也。在于觀象臺者是也，亦有可攜而出入晝夜之長短者有定于一處，而不移者有。測天測地測水測氣測山嶽之高雲之近遠氣之輕熱燥溼諸類，各有所測之儀，而其所爲作與用之法于是乎備已。

時

大清康熙甲寅歲，日躔娵訾之次，治理曆法極西南懷仁譔

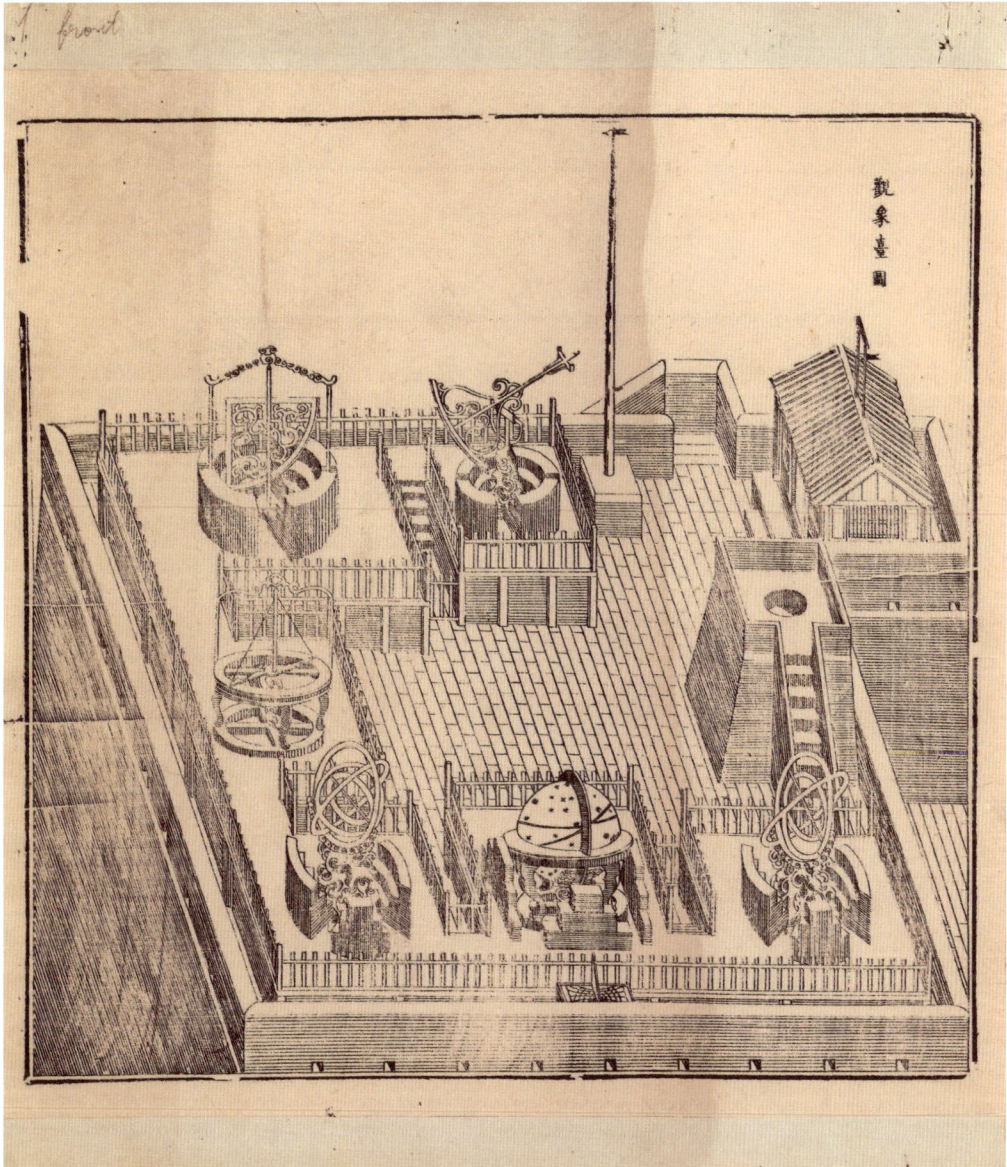

觀象臺圖

御製欽若曆書四十二卷 Fv7183 +3213

〔清〕聖祖玄燁撰　清雍正武英殿刻本　四十二冊　律曆淵源

框21.2×14.7釐米。9行20字。白口，四周雙邊，單白魚尾。版心上鐫書名，中鐫卷次及小題。版心上鐫"欽若曆書"四字被墨筆覆蓋。容閎1878年贈書。

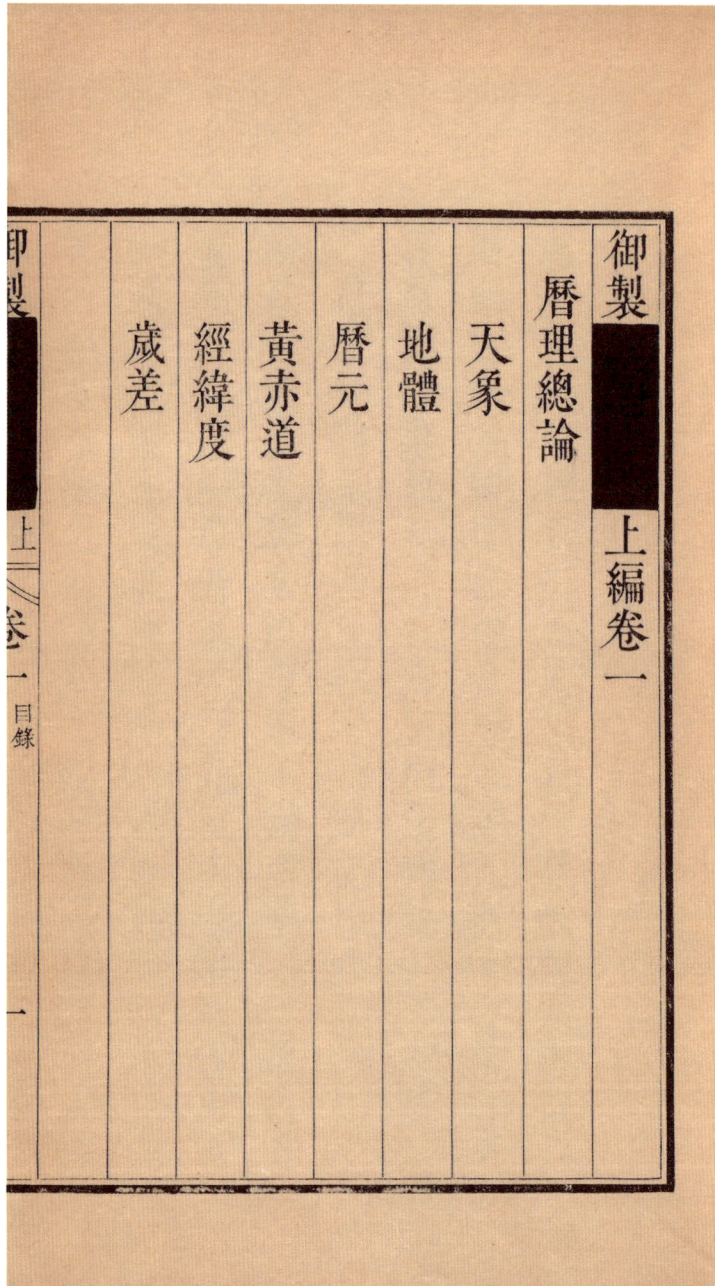

曆元

治曆者必有起算之端是謂曆元其法有二。一則遠
溯古初冬至七曜齊元之日為元自漢太初以來諸
曆所用之積年是也。一則截算為元若元授時曆以
至元辛巳天正冬至為元今時憲曆以崇禎元年戊
辰天正冬至為元是也。二者雖同為起算之端然積
年實不如截算之簡易也。夫所謂七曜齊元者乃溯
上古冬至之時歲月日時皆會甲子日月如合璧五
星如聯珠。是以為造曆之元。使果有此雖萬世遵用

御製■■■■上■■卷一 曆元

七

新鐫曆法便覽象吉備要通書大全二十九卷 Fv7188 2181

〔清〕魏鑑輯　清雍正至乾隆間桂芳齋刻本　十二册

框20.3×13.2釐米。行字數不等。白口，四周單邊，單黑魚尾。版心上鐫"象吉備
要通書"，中鐫小題及卷次，下鐫"桂芳齋"。内封鐫"新增象吉大通書/内增上元甲子
未來曆/立言堂藏板"。

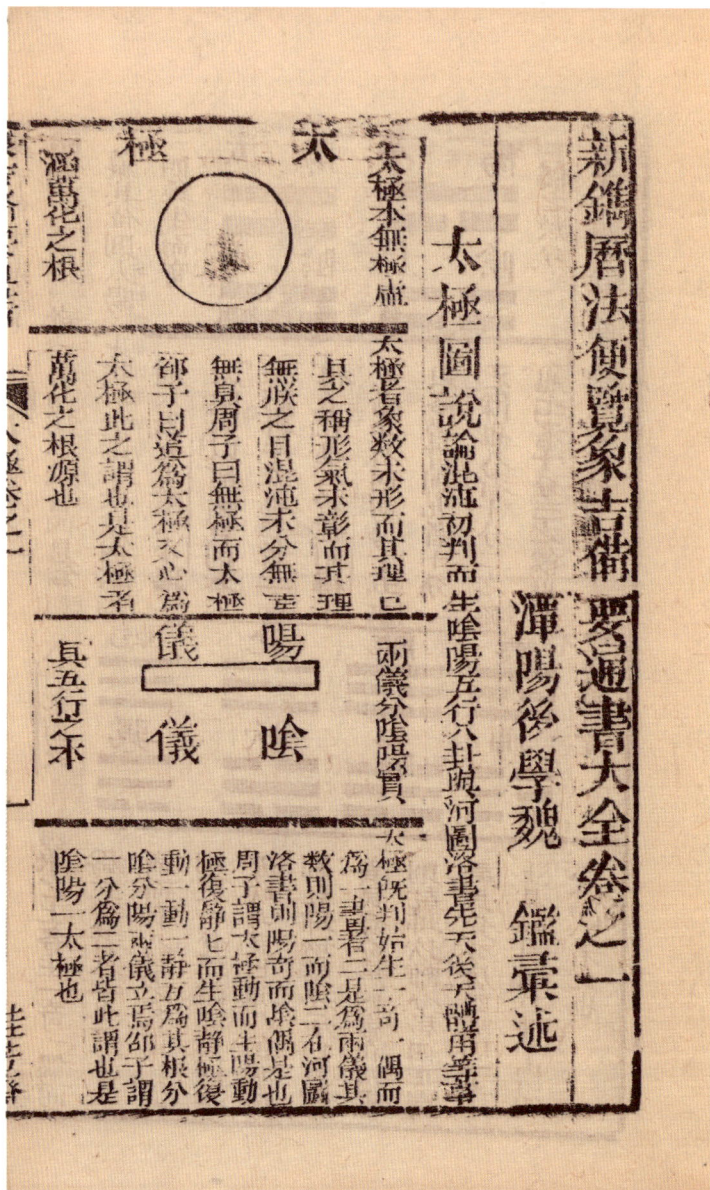

御製數理精蘊表八卷　　　　　　　　　　Fv7020 5194 +Y9

〔清〕允祉等編撰　清雍正二年（1724）內府刻本　八冊　律曆淵源

框21.5×14.8釐米。表格，5至8行不等。白口，四周雙邊，單白魚尾。版心上鐫書名，中鐫卷次及小題。

［康熙帝誥命］   YAJ C2.1

〔清〕聖祖玄燁諭　清康熙十四年（1673）寫本（卷軸裝）　一册

355.8×31.3釐米。滿漢合璧。外封書籤題"康熙帝告身/漢滿兩文"。卷首鎸"奉天誥命"。卷末記"康熙十四年十二月十四日"。鈐"制誥之寶"漢滿文御璽。

淳化秘閣法帖考正十卷附二卷淳化閣帖釋文二卷　　　　Fv6138 +1134

〔清〕王澍撰　　（釋文）〔清〕沈宗騫校定　　清乾隆三十三年（1768）冰壺閣刻本
十六册

　　框21.4×14.8釐米。9行18字。白口，左右雙邊。版心上鎸"閣帖考正"及卷次。内
封鎸"乾隆戊子年鎸/王箬林先生著/淳化閣帖攷正/冰壺閣藏板"。

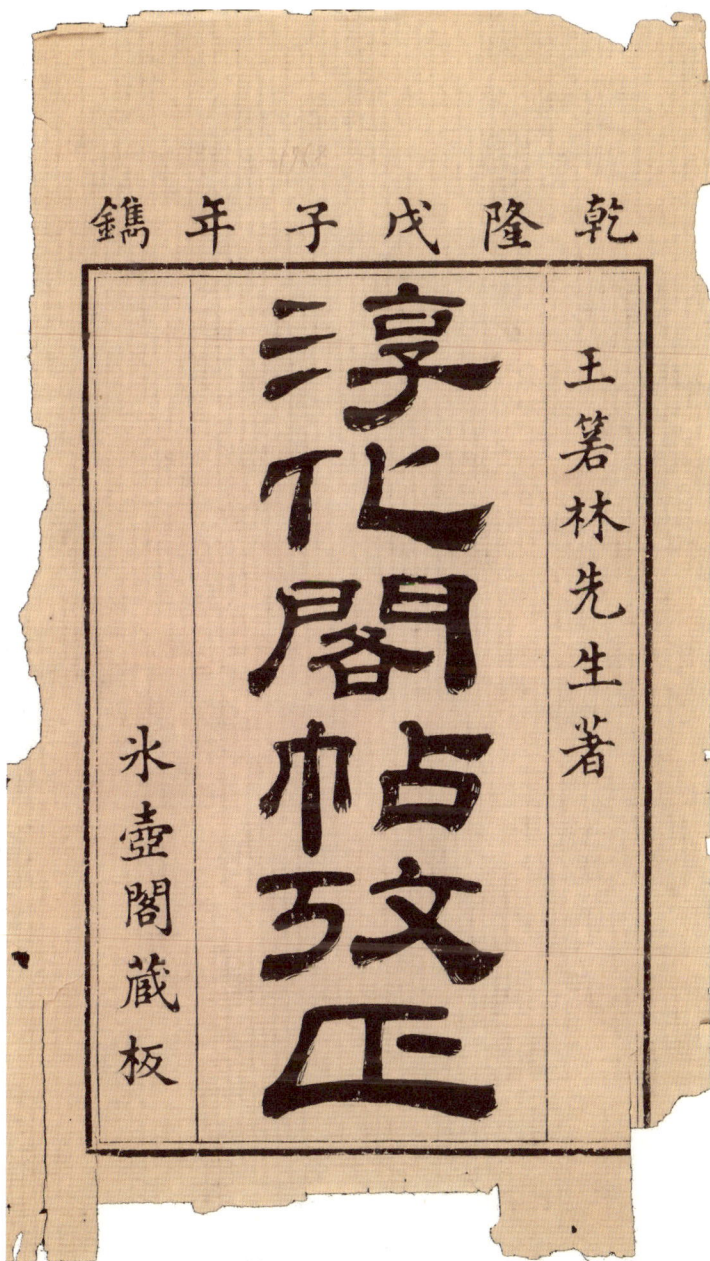

墨池編二十卷印典八卷   Fv6129 +2970

〔宋〕朱長文等纂　　（印典）〔清〕朱象賢編　清康熙五十三年（1714）朱之勣刻
雍正十一年（1733）重修本　十二册

　　框16.8×11.6釐米。11行21字。黑口，左右雙邊，雙魚尾。版心中鎸書名及卷次。
内封鎸“家藏正本／墨池編／就閒堂雕板”。鈐“藏之名山傳之其人”“平盦”“臼井惠
州之印”“雀齋”等印。

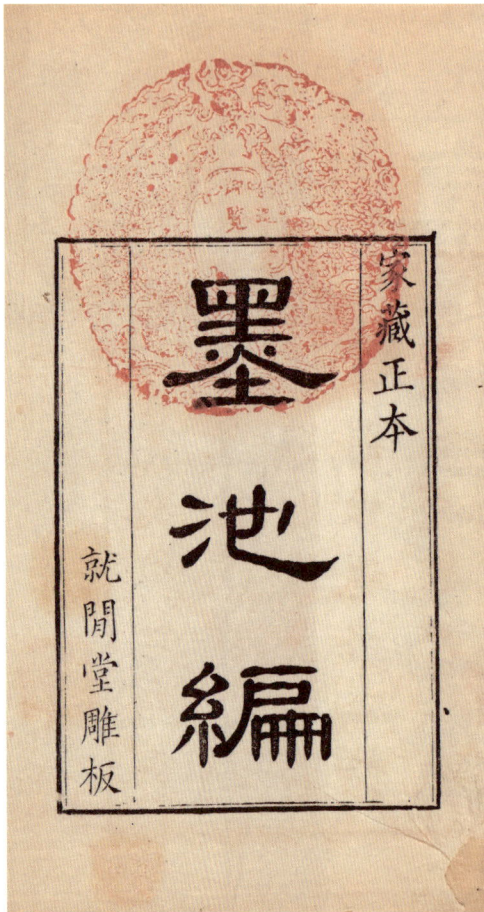

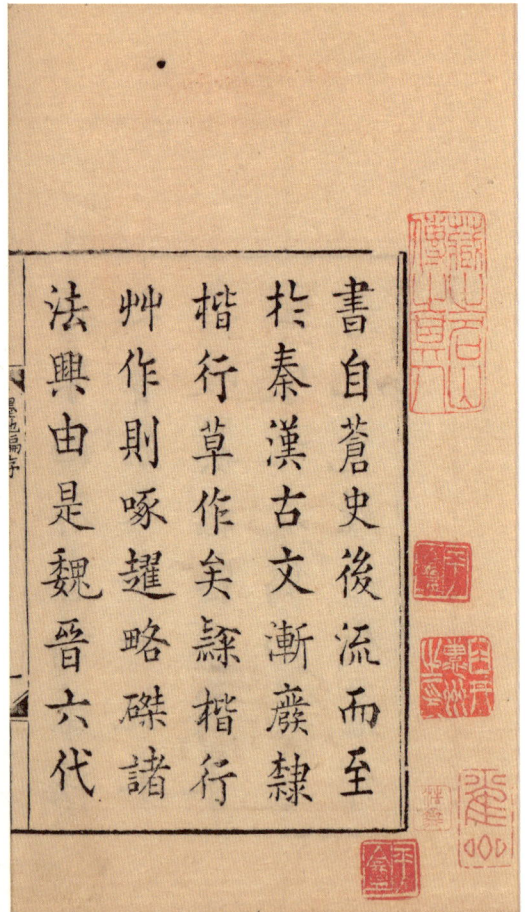

墨池編卷第一

　　　　　吳郡　朱長文伯原　纂次

字學

說文序　　　　　許慎

古者庖犧氏之王天下也仰則觀象於天俯則觀法於
地視鳥獸之文與地之宜近取諸身遠取諸物於是始
作易八卦以垂憲象及神農氏結繩為治而統其事庶
業其繁飾偽萌生黃帝之史蒼頡見鳥獸蹏迒之跡知
分理之可相別異也初造書契百工以乂萬品以察蓋
取諸夬夬揚於王庭言文者宣教明化於王者朝廷君
子所以施祿及下居德則忌也蒼頡之初作書蓋依類

繪事備考八卷 Fv6100 1187

〔清〕王毓賢纂定　清康熙三十年（1691）刻本　十二册

框19.3×13.7釐米。8行18字。白口，四周雙邊，單黑魚尾。版心上鎸書名，中鎸卷次。

購自哈佛大學燕京學社，鈐“哈佛大學漢和圖書館珍藏印”“潘汝明印”“采五”印。

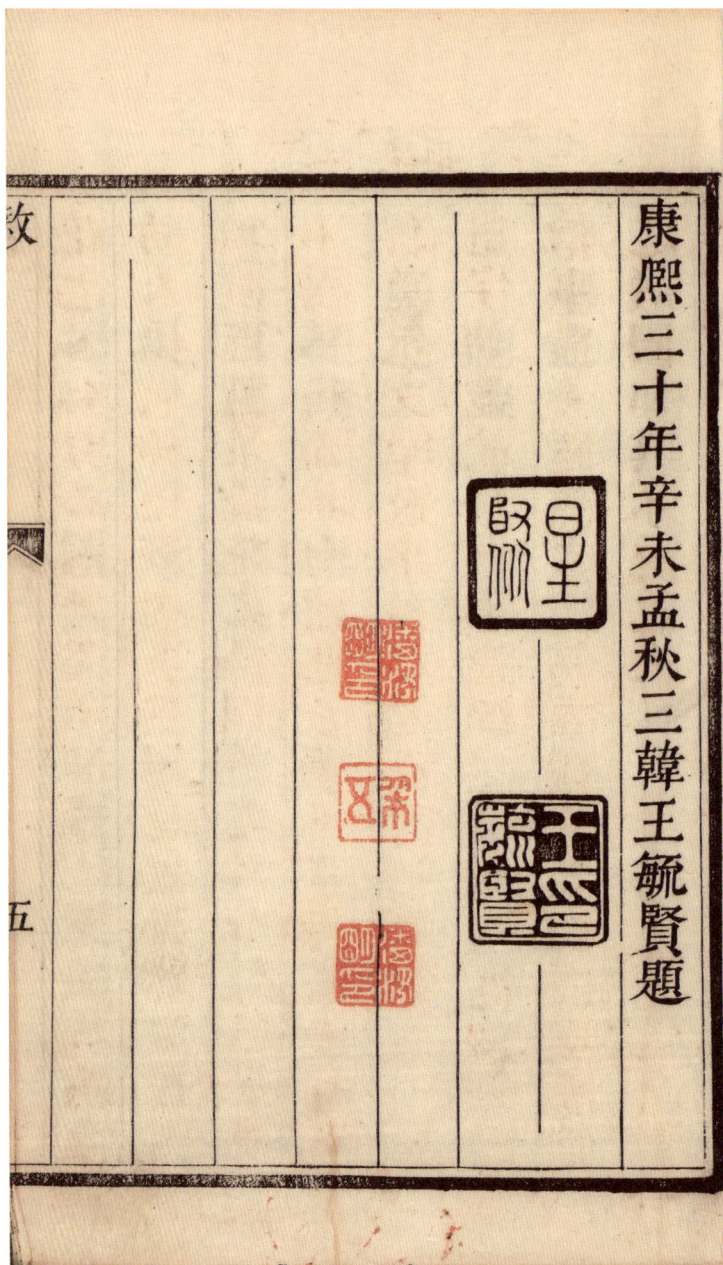

繪事備考卷之一

三韓王毓賢星聚父纂定

畫法

畫有六法一曰氣韻生動二曰骨法用筆三曰

應物象形四曰隨類傅彩五曰經營位置六曰

傳模移寫六法精論萬古不移然而筆法以下

五者可學而能至於氣韻必屬生知既不可以

巧密得復不可以歲月到惟在默契神會幾於

繪事備考 卷之一 一

十竹齋書畫譜八種　　　　　　　　　　J18 H8593 627

〔明〕胡正言輯并繪　清彩色套印本（包背裝）　十六册

無框。藏書票題"Art of the Book Collection"。含《蘭譜》《竹譜》《梅譜》《翎毛譜》《書畫册》《石譜》《果譜》《墨華册》。

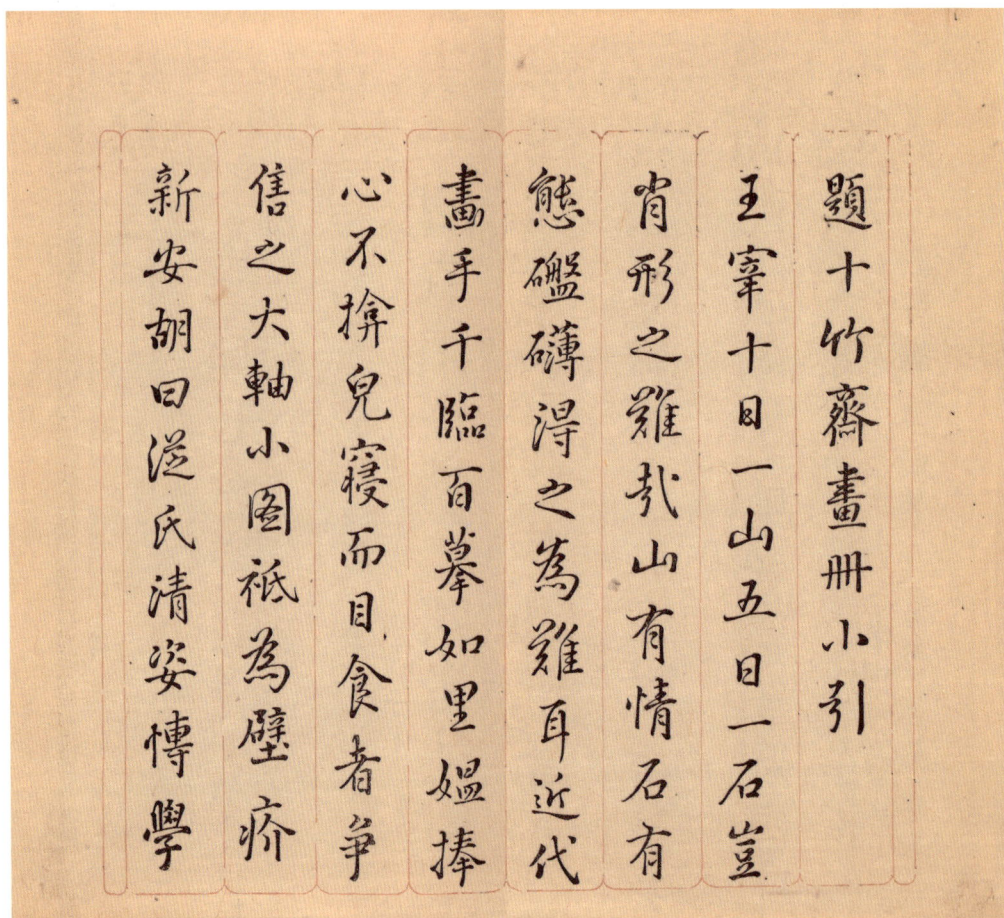

佩文齋書畫譜一百卷 Fv6070 2005

〔清〕孫岳頒等纂輯　清康熙四十七年（1708）揚州詩局刻本　四十八冊

框16.7×11.7釐米。11行21字。白口，左右雙邊，單黑魚尾。版心中鐫"書畫譜"、卷次及小題。内封鐫"賜板通行/欽定佩文齋書畫譜/静永堂藏"。鈐"木堂圖書""平水王仲子壽□父家藏"印。

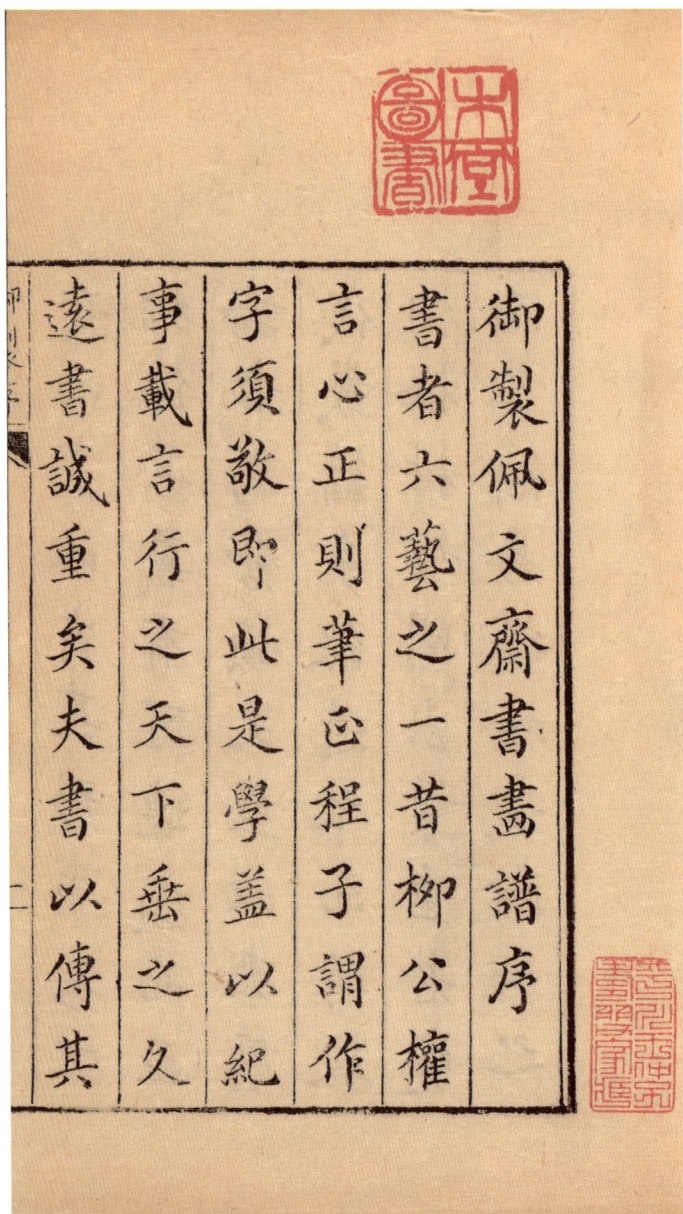

佩文齋書畫譜卷第一

論書一　書體上

伏羲書

古者伏羲氏之王天下也始畫八卦造書契以代結繩
之政由是文籍生焉　孔安國尚書序

倉頡書

倉頡之初作書蓋依類象形故謂之文其後形聲相益
即謂之字字者言孳乳而浸多也著於竹帛謂之書書
者如也以迄五帝三王之世改易殊體封於泰山者七
十有二代靡有同焉　許愼說文序

周六書

清河書畫舫十二卷附鑒古百一詩一卷 Fv6073 1311B

〔明〕張丑撰　清乾隆二十六至二十七年（1762—1763）杭州吳長元池北草堂刻本　十二册

框13.6×9.9釐米。9行22字。黑口，左右雙邊。版心中鐫書名、小題及卷名。内封鐫“張米菴先生著/清河書畫舫/池北草堂開彫”。“鶯”字號卷末鐫“乾隆壬午四月上浣六日仁和吳長元麗煌氏校於池北草堂”。“波”字號卷末鐫“乾隆癸未上元吳長元校於池北草堂”。鈐“少愚珍藏”“少愚”等印。

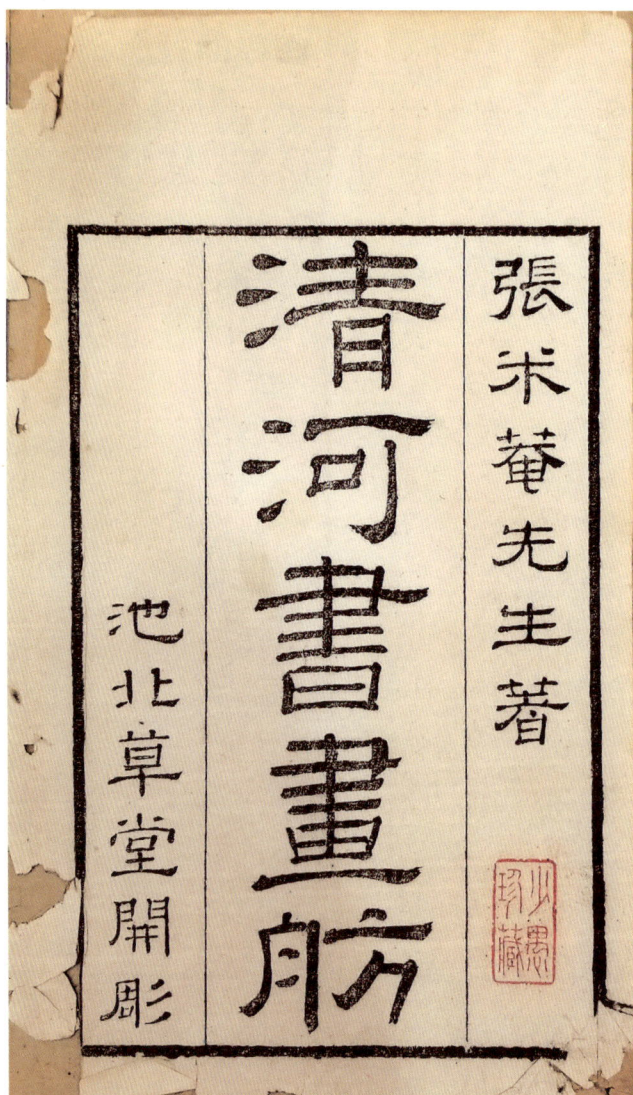

庚子銷夏記八卷附閒者軒帖考一卷　　　　　　Fv6133 +1913

〔清〕孫承澤撰　　清刻本　　四冊

框19.3×13.2釐米。10行20字。黑口，左右雙邊，雙魚尾。版心中鎸書名及卷次。鈐"臣支世濟印""古郐陽誦芬氏"印。另有複本一，書號Fv6133 +1913B。

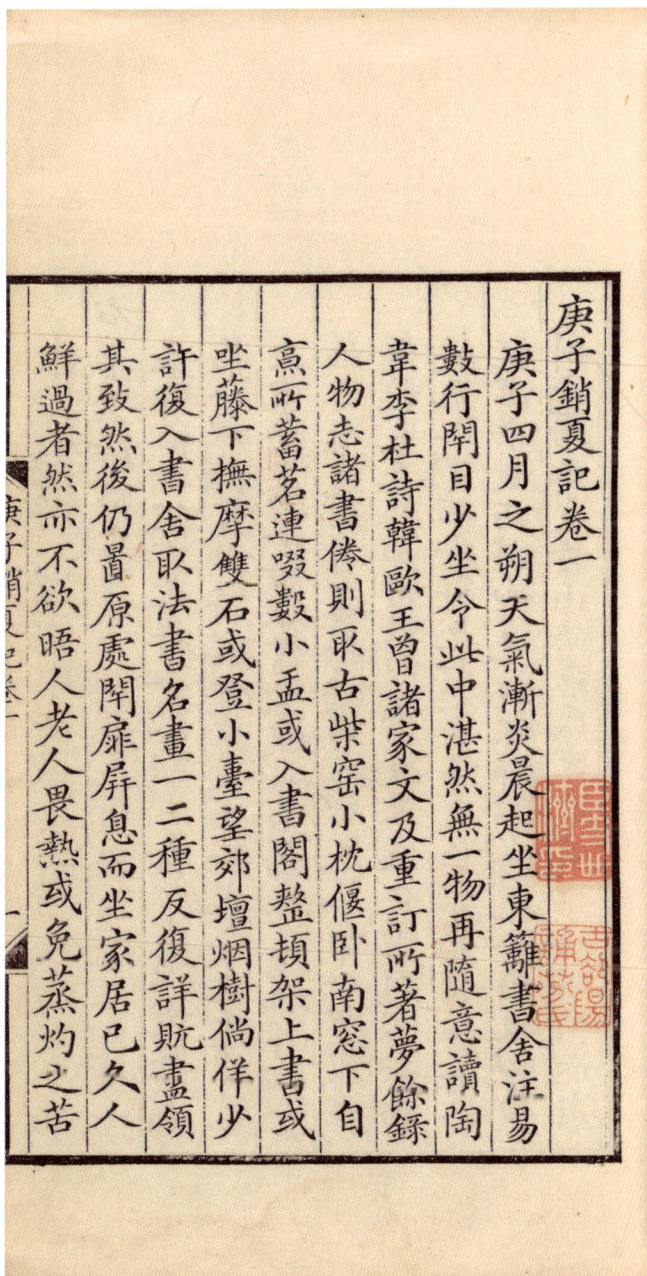

庚子銷夏記卷一

庚子四月之朔天氣漸炎晨起坐東籬書舍注易
數行閒目少坐令此中湛然無一物再隨意讀陶
韋李杜詩韓歐王酉諸家文及重訂所著夢餘錄
人物志諸書倦則取古紫窰小枕偃卧南窗下自
高所蓄茗連啜數小盂或入書閣整頓架上書或
坐藤下撫摩雙石或登小臺望郊壇烟樹倘佯少
許復入書舍取法書名畫一二種反復詳眂畫領
其致然後仍置原處閒扉息而坐家居已久人
鮮過者然亦不欲晤人老人畏熱或免蒸灼之苦

滇省夷人圖説不分卷　　　　　　　　　　　　　　　Fv6173 +3958

〔清〕伯麟繪　清末彩繪本　二冊（經摺裝）

收彩圖一百零八幅。木板封套。下册封板小題刻"并跋"。

臣謹按雲南為職方邊徼南則控馭緬甸遭羅南掌三國東則與

粵西并𤏸越南要臨即古南交重地文武將吏皆率諸土司星羅

碁布算固藩籬形勢最為雄勝

國朝應運逖彤矢開滇先弋由椰旋剪吳逆衆弓畫井震疊懷柔百數

十年屢豐有慶遭羅南掌先修雄貢緬甸亦革其鴃音欵關歸極

其他百濮諸蠻盡為編户涵濡沐訓悍然即或一二犬羊螳

距無不赴日蕩平聲教之威武烈之揚自上古以來未之有也

聖天子乾乾保泰燗萬里於户闥

詔以三迤山川人物設險經野諸大政括舉概登之圖繪用佐

乙覽臣檢校既竣謹以圖所未能備者臚舉申系於簡末臣按雲南昔

號蓋庶五金駢扔加以鹽井之利民易饒裕崇山峙嶂長川列塹

據險隘而振威複速駕長其勢為便惟是邊郵諸國風尚不必

畫同内地諸土司經甸情形亦各殊別百蠻與漢民雜居嗜欲習

俗有相協相洽亦有未盡協洽其負險阻育族毅闒蓁教者剛

柔脆悍聚散蹤跡什淳一洗亦不一律故同一逢壞而其控馭

經靖之勢各有所宜按東南臨安開化廣南三府皆壞越南即

昔之交阯水陸可通其國其國自易世以後仰沐

罷光獻琛恭順謹就軌轍無敢不恪三郡之間在昔民稀土曠川黔楚

粵以就墾至者為多耕鑿既衆不能保無穀之滋惟恃保甲稽

察勿弛衙彈嚴疆靖謐安内即為攘外要國又狹民寨地偪邊

之間為憂于臘曼夷本屬於緬甸以其民萬衆魯緬歸附遭羅嘉

慶壬申癸百之間憂夷與緬相攻擾及車里土界内遭羅恐犯

之西普洱一郡東界南掌即昔之老撾其國界内遭羅嘉

天威將戾夷邊徒東去數百里外其餘衆二千餘人憚於遠徙又復棄

遭歸緬緬首年己㤼悔其大目有四日四大萬互爭權勢國事方

雙犬容名耀衣又名百桑俗濤里祀
橙耐暑熱就身溫處叉木作棧居下
楼牛馬釜甑爨其捕鼠及畜蠡江僑
宏實南府及他郡川皆有之

妙探孫姞
草松開閨
趨生臥男
或羅承鵝
帽女三角
冠宵貨利
鶴紋吹盧
生有
清越
也紫
化嚴
及水
呂府
有之

古今印則八卷印旨一卷　　　　　　　　　　　　　Fv6413 +2133

〔明〕程遠摹選　〔明〕項夢原校正　明萬曆項夢原宛委堂鈐印本　五册

框20.3×13.4釐米。白口，四周單邊，單白魚尾。版心上鐫子目。金鑲玉裝。鈐
"平盦""籌備國民代表大會事務局長"印。

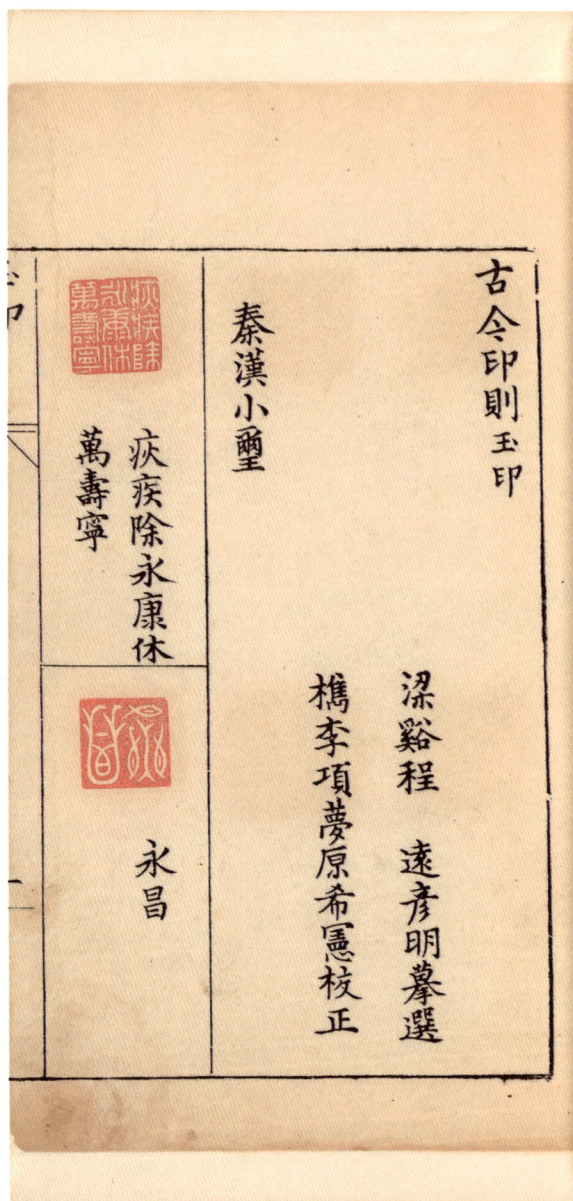

文房肆攷圖説八卷　　　　　　　　　　　Fv6291 0628

〔清〕唐秉鈞纂　　〔清〕康愷繪圖　　清乾隆四十一年（1776）唐秉鈞竹暎山莊刻本　四册

框18.1×12.6釐米。9行20字。黑口，左右雙邊，單黑魚尾。版心中鎸"文房肆攷"、卷次及小題。内封鎸"文房肆攷圖説/練水唐衡銓著/沈雲柳先生鑒定/是書原板/竹暎山莊雕"。

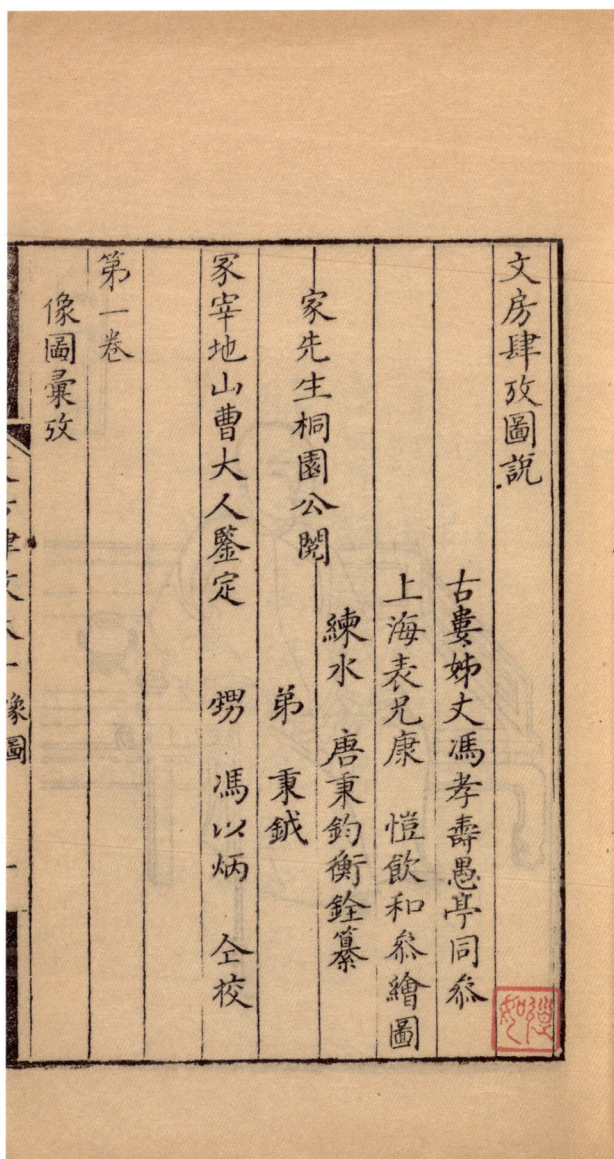

列僊酒牌不分卷

Fv6351 +2123

〔清〕任熊繪　清咸豐四年（1854）蕭山蔡照刻本　一册　任渭長四種

框17.8×7.4釐米。白口，四周單邊。鈐"祖香艸堂所藏""渭長"印。

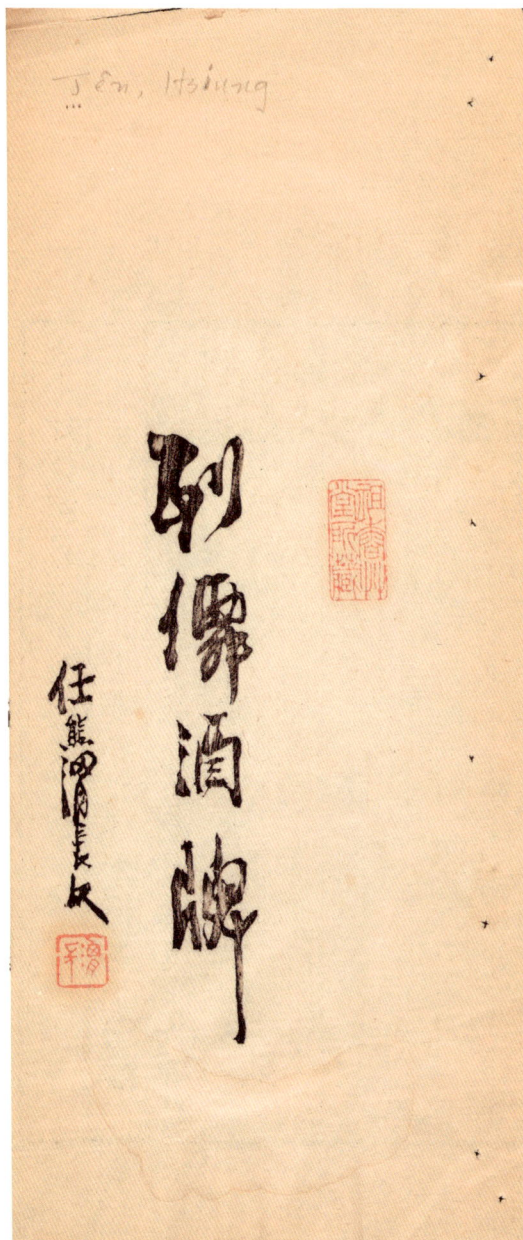

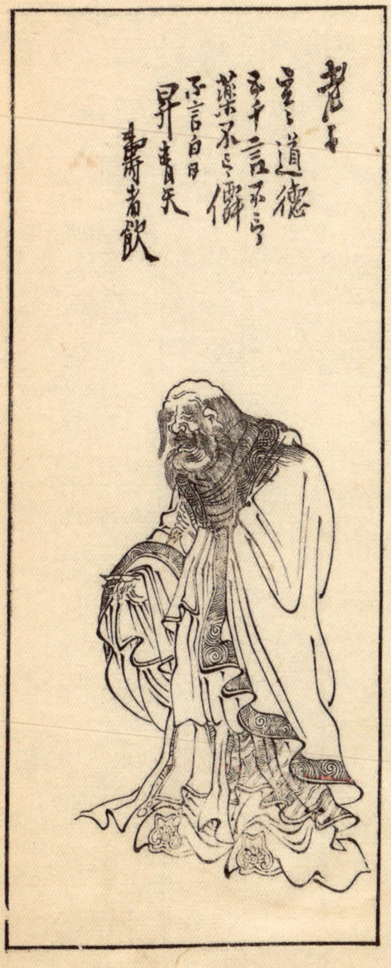
老子
不言白日
昇青天
壽者飲

方氏墨譜六卷　　　　　　　　　　　　　　　　Fv6295 +0217

〔明〕方于魯編撰　明萬曆十七年（1589）美蔭堂刻後印本　八册

框（目録）23.9×15.3釐米。行字數不等。白口，四周單邊，單白魚尾。版心上鐫書名及小題，中鐫卷次，下鐫"美蔭堂集"。鈐"楊拜冕印""謙山""嶧字謙山"等印。

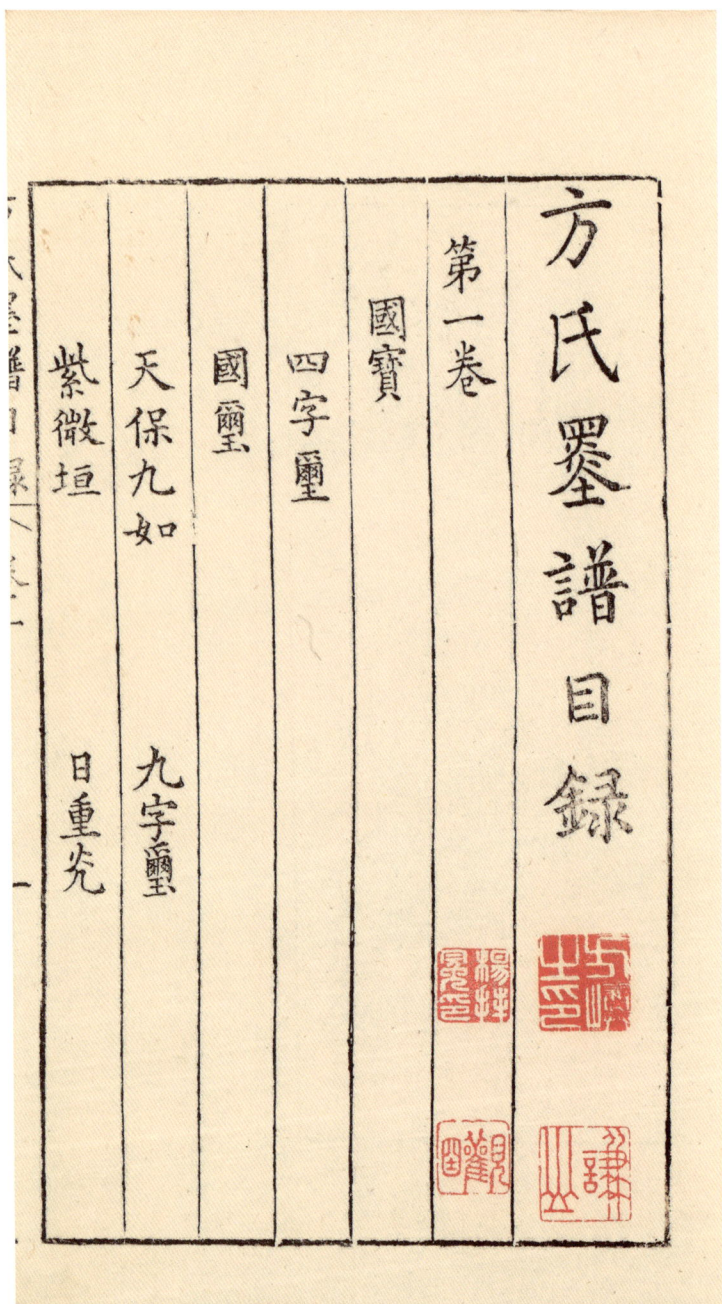

四字璽

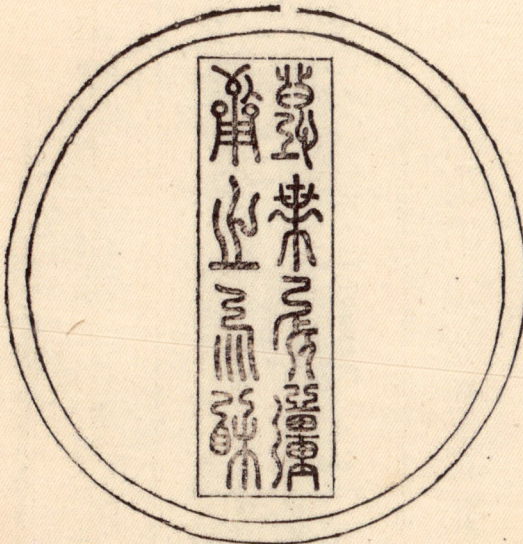

演習神武六十六章   BV1465 .Y36 1882

聖味增爵會士增譯　清光緒八年（1882）北京救世堂鉛　印本　一册

內封鎸"北京救世堂印/天主降生後一千八百八十二年歲次壬午/演習神武/主教田類斯鑒定允行"。鈐"徐匯公學 COLL. ST IGMACE ZI-KA-WEI"印。藏書票題"耶穌會神學院圖書館"。貼簽記"BIBL .SCHOL. 徐家匯"。

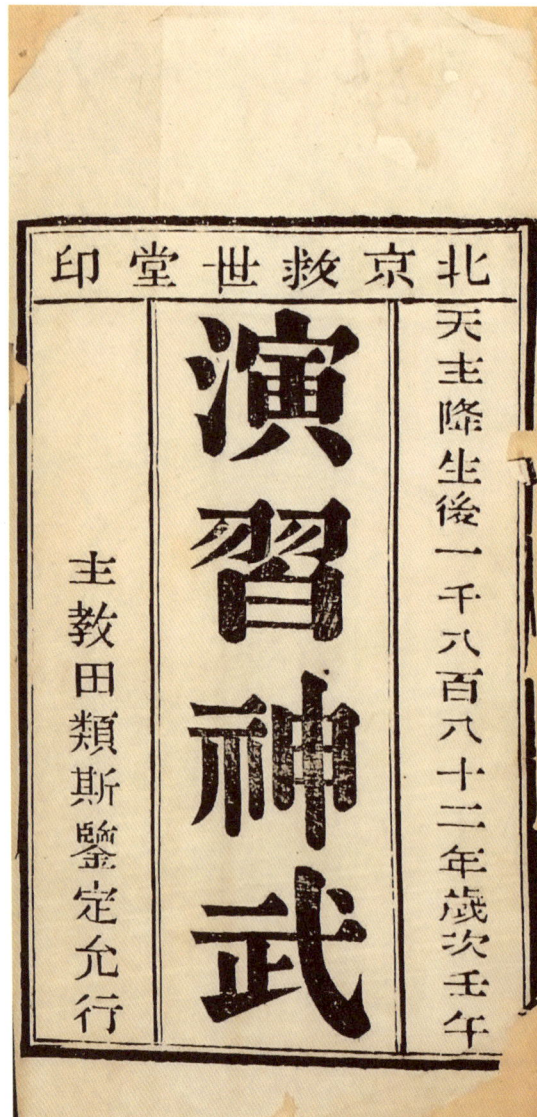

序

聖經有言人生斯世如在戰場此語
雖兼內外神形而言而於心內靈魂
之景尤為切合蓋人之靈魂無時無
處不受三仇之攻擊也天主知其然
故立堅振聖事賦特寵於人靈使能

演習神工卷　一

宗鏡録一百卷　　　　　　　　　　　　　　　　　　YAJ C11.1

〔宋〕釋延壽集　宋福州刻本（經摺裝）　一册　毗盧藏

框高28.1釐米。6行17字。白口，上下單邊。版心題千字文編號“茂”、卷次、版號、刻工名。經尾刻工“王仕”。日本耶魯學會贈書。存卷九十六，十一頁。

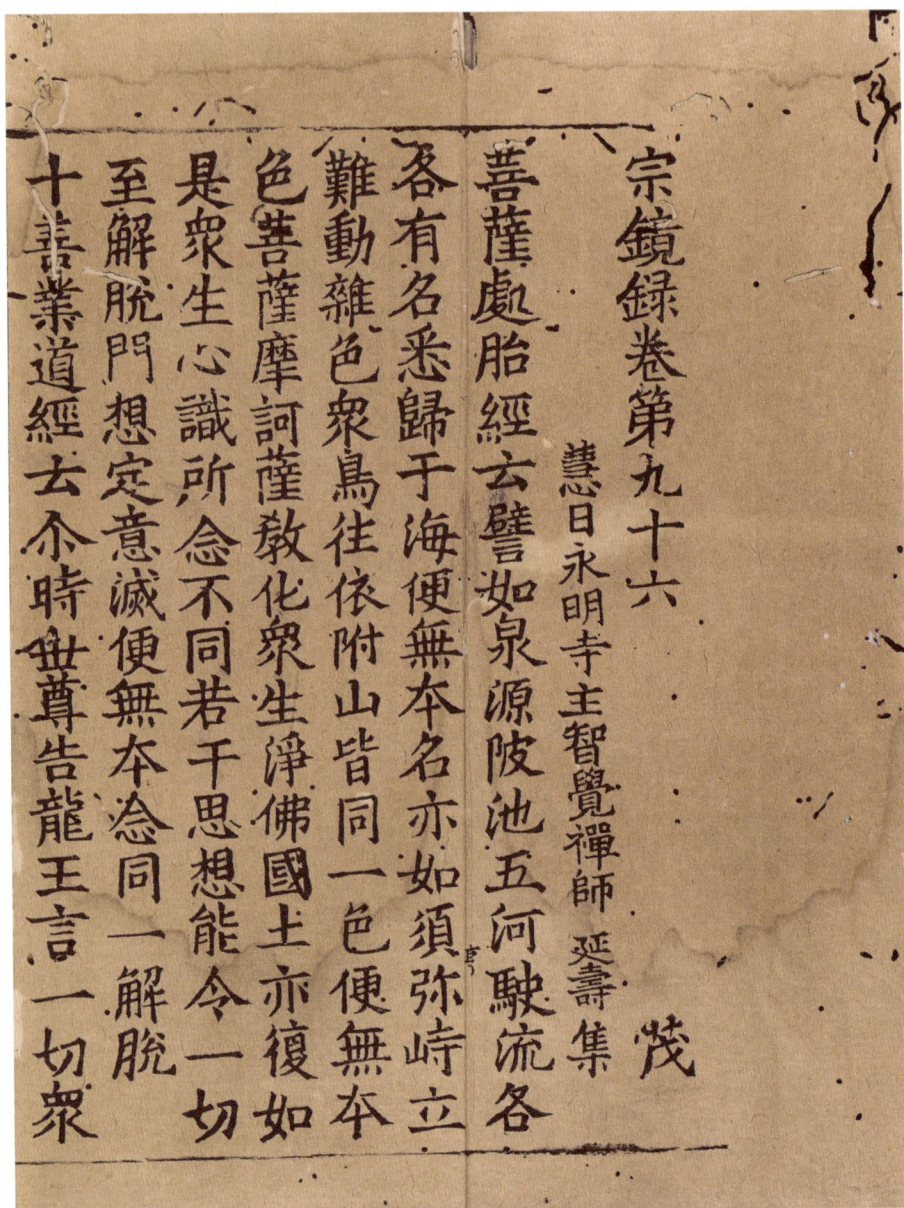

集

部

玉谿生詩箋註三卷樊南文集箋註八卷　　　　　　　　PL2672 A1 1780

〔唐〕李商隱撰　〔清〕馮浩編訂　清乾隆四十五年（1780）德聚堂刻本　十册

框18.6×14.4釐米。11行23字，小字雙行33字。白口，左右雙邊，單黑魚尾。版心上鎸書名，中鎸卷次及"重校本"。内封鎸"桐鄉馮浩孟亭編訂/李義山詩文全集箋註""玉谿生詩詳註/重校本/德聚堂藏版""樊南文集詳註/重校本/德聚堂藏版"。序後題"乾隆四十五年庚子秋日重校付梓不更序"。鈐"大槻文庫""寧静閣圖書"印"藕潢精舍"等印。

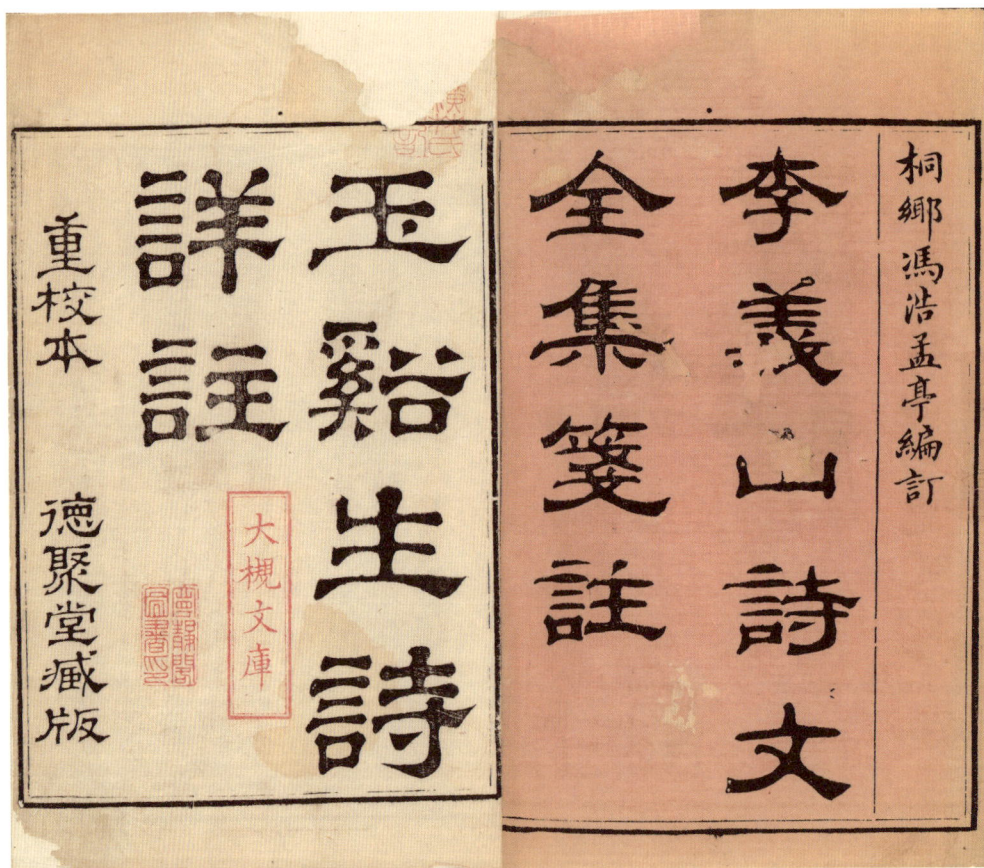

玉谿生詩箋註卷之一　編年詩○按義山懷州河內人當少年未第時習業於

云故山崚嶬玉谿在中必指玉陽王屋山中無疑也若水經注云河水自潼關東北
流玉澗之水南出玉谿北流逕皇天原西又北逕閺鄉城西又河水自潼關東北與
義山所云固相隔也又云河水又東永樂澗水注之水北出薄山南流逕河北縣故
城西又南入於河此亦稱永樂溪水而初無玉谿之名乃會昌間義山嘗居永樂故
而後人遂以此為玉谿亦非也偶三水小牘云高平縣西南四十里登山越玉屋
此與玉陽王屋地雖近接界亦稍踰矣意猶未慊近讀元耶律文正玉谿
道中詩云行吟想像章懷景多少梅花坼玉谿玩其詞義實有玉谿屬懷州
近王屋山者大可為余說之一証雖未能指明卿處必卽義山之玉谿矣

桐鄉馮浩孟亭編訂

秀水胡重子健參校

韓碑　按韓昌黎年至長慶四年段墨卿年至太和九年此當非太和前所作今
以其賦元和時事煌煌巨篇實當弁冕全集故首登之無嫌少通其例

元和天子神武姿，彼何人哉軒與羲。

誓將上雪列聖恥，何義門曰起頌

坐法宮中朝四夷。憲宗得火體

淮西有賊五十載，新書唐書李

封狼生貙貙生羆。狼爾雅貙獌似貍註曰今山民呼貙虎之

亂後藩鎮遂
多擅命故云
藩鎮傳自吳少誠建中時為亂僧稱建與王貞元二年為練仙奇藥死仙奇領鎮頗盡誠
希烈爲其節度建中時爲亂僧稱建與王貞元二年爲練仙奇藥死仙奇領鎮頗盡誠
節未幾少誠殺之授於今五十年盖大歷末李
合凡五十餘年矣

歐陽文忠公全集一百五十三卷首一卷末一卷附錄五卷　　　　Fv5338.1 0582

〔宋〕歐陽修撰　　清乾隆十一年（1746）刻本　　三十六册

框22.2×16.8釐米。9行20字。白口，左右雙邊，單黑魚尾。版心上鎸"歐陽文忠公全集"，中鎸卷次。内封鎸"乾隆丙寅重梓/唐書并五代史别刊/廬陵歐陽文忠公全集/孝思堂藏板"。鈐"陽湖王氏兆騏鑑藏圖籍之印""長春老人""檢字過目"等印。

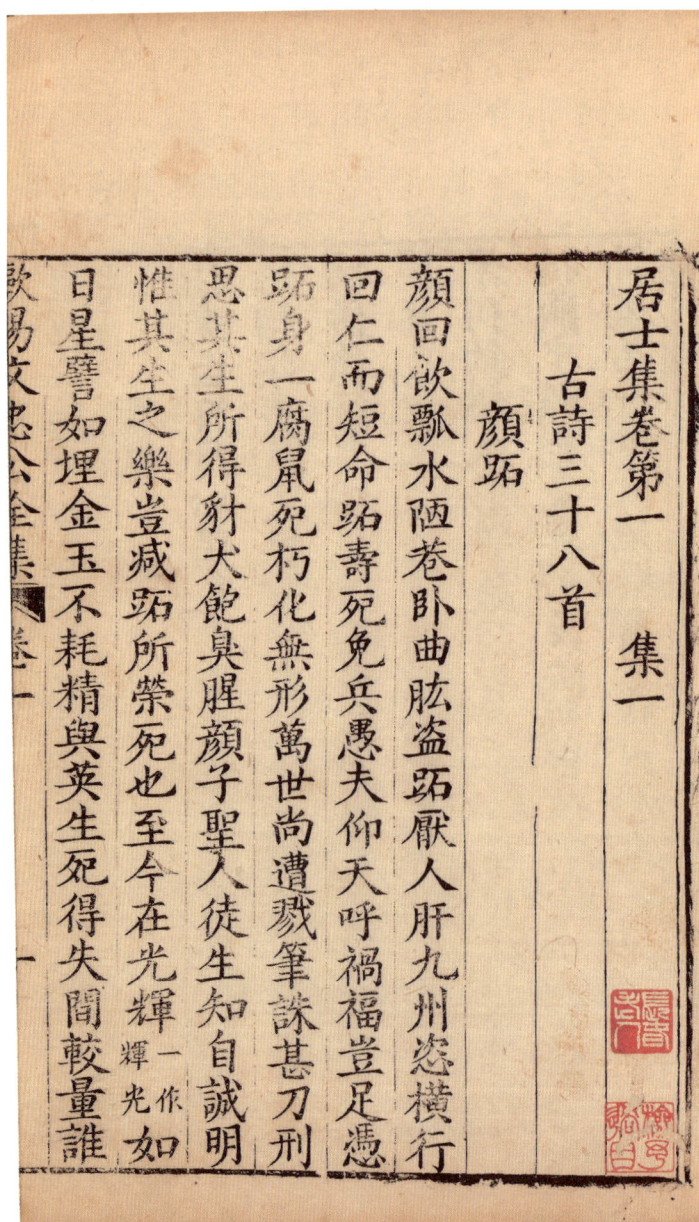

趙清獻公集十卷目録二卷　　　　　　　　　　Fv5344 4853B

〔宋〕趙抃撰　明萬曆十六年（1588）成都詹思謙刻本　二册

框23.2×14.4釐米。9行20字。白口，四周單邊，單白魚尾。版心上鎸“清獻公集”，中鎸卷次。1968年6月購自李宗侗。

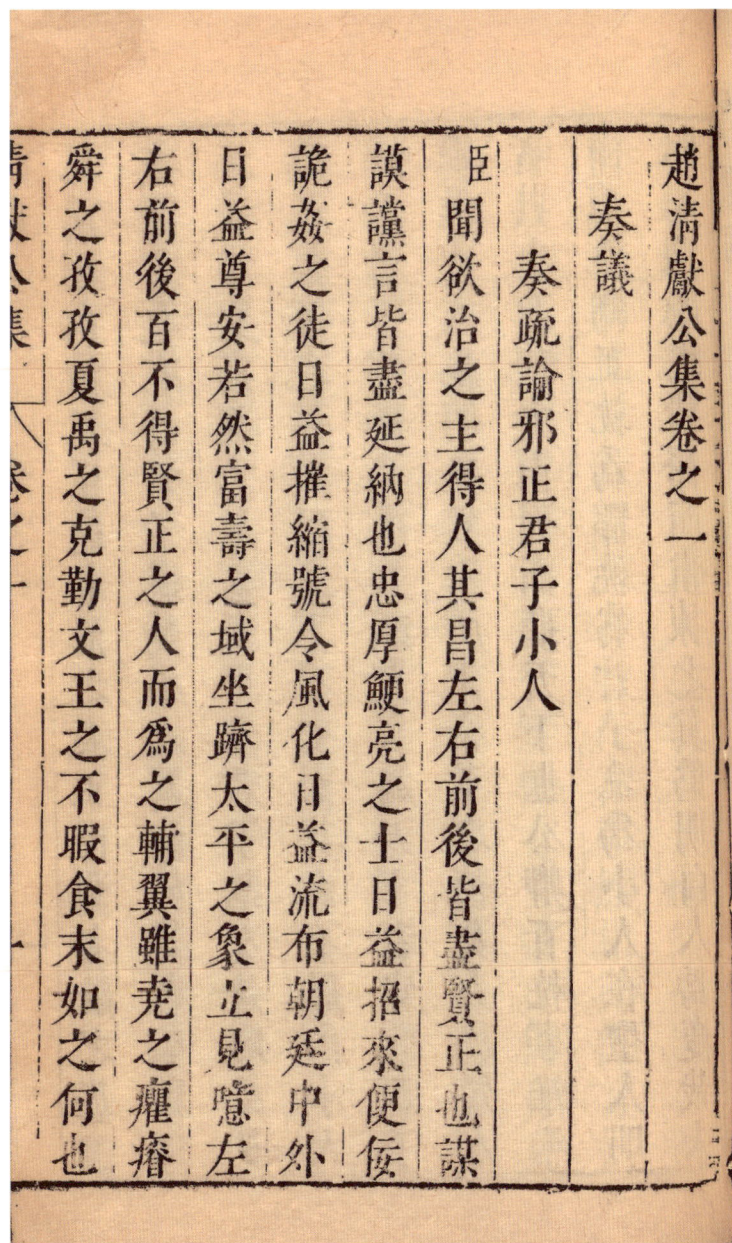

臣聞欲治之主得人其昌左右前後皆盡賢正也謀謨讜言皆盡延納也忠厚鯁亮之士日益招來便佞詭姦之徒日益摧縮號令風化日益流布朝廷中外日益尊安若然富壽之域坐躋太平之象立見億左右前後百不得賢正之人而爲之輔翼雖堯之寵瘇舜之孜孜夏禹之克勤文王之不暇食末如之何也

奏疏論邪正君子小人

奏議

趙清獻公集卷之一

南豐先生元豐類藁五十三卷　　　　　　　　　　　Fv5342 8615B

〔宋〕曾鞏撰　　〔清〕顧崧齡校　清康熙五十六年（1717）顧崧齡刻本　十冊
框18.4×13.5釐米。10行21字。白口，四周雙邊，雙魚尾。版心中鎸書名及卷次。
卷五十一、五十二題"南豐先生集外文"。卷五十三題"續附南豐先生行狀碑志哀
挽"。跋末頁闕。

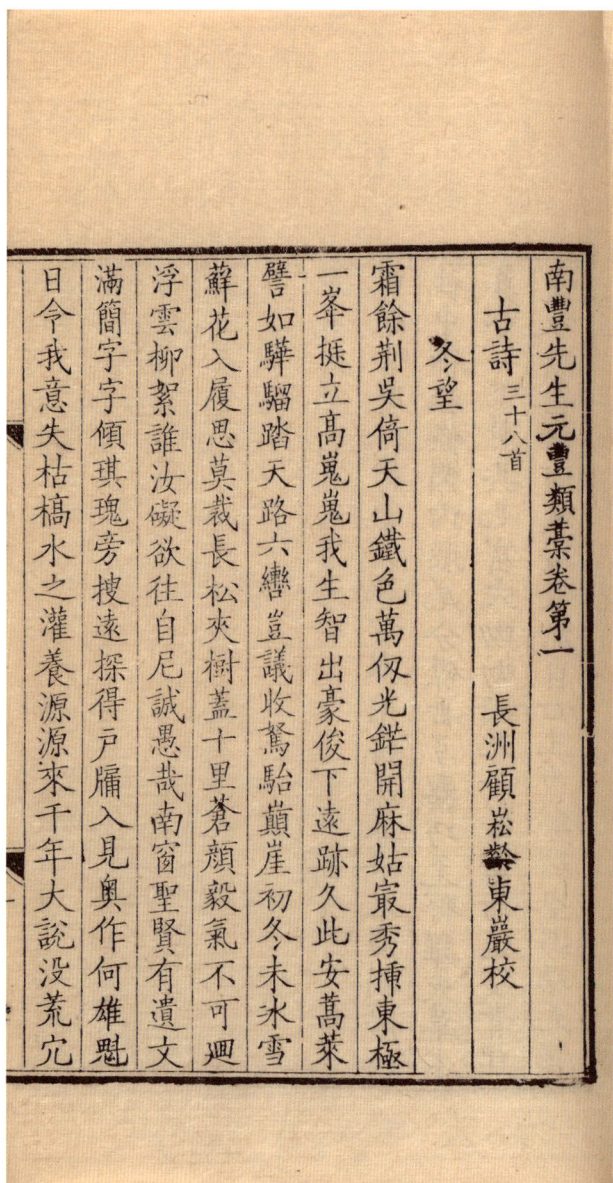

施註蘇詩四十二卷首一卷蘇詩續補遺二卷　　　　　　Fv5345.3 0113

〔宋〕蘇軾撰　〔清〕施元之注　〔清〕宋犖等閱定　〔清〕顧嗣立等刪補

（續補遺）〔清〕馮景補注　清康熙三十八年（1699）宋犖刻本　二十四冊

框18.5×14.3釐米。10行21字。黑口，四周單邊，單黑魚尾。版心中鐫書名及卷次。

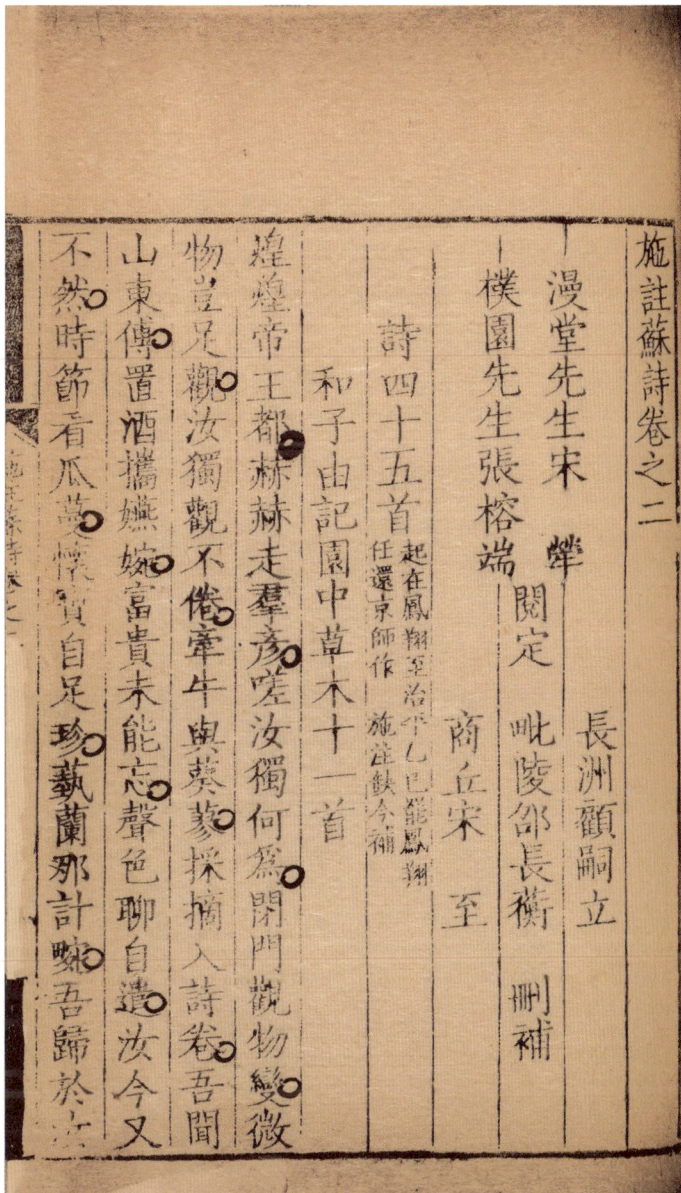

柯山集五十卷

〔宋〕張耒撰　清乾隆北京武英殿木活字印本　十六册　武英殿聚珍版書

框19.4×12.5釐米。9行21字。白口，四周雙邊，單黑魚尾。版心上鐫書名，中鐫卷次。目録卷二十六前闕。

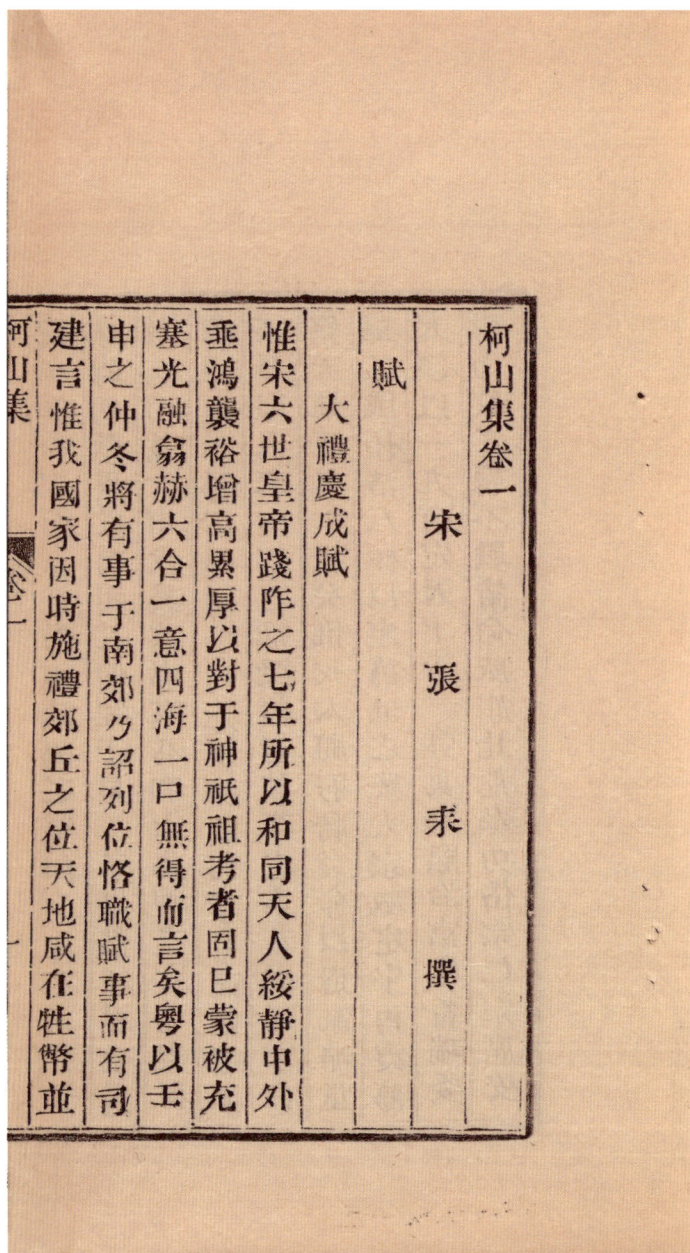

渭南文集五十卷　　　　　　　　　　　　　　　Fv5354.4 W42

〔宋〕陆游撰　　明崇祯常熟毛晋汲古阁刻清康熙毛扆、毛绥德修補本　十六册
陆放翁全集

框18.7×14.2釐米。8行18字。白口，左右雙邊。版心上鐫書名，中鐫卷次，下鐫
"汲古閣"。内封鐫"陸放翁全集/虞山詩禮堂張氏藏板"。

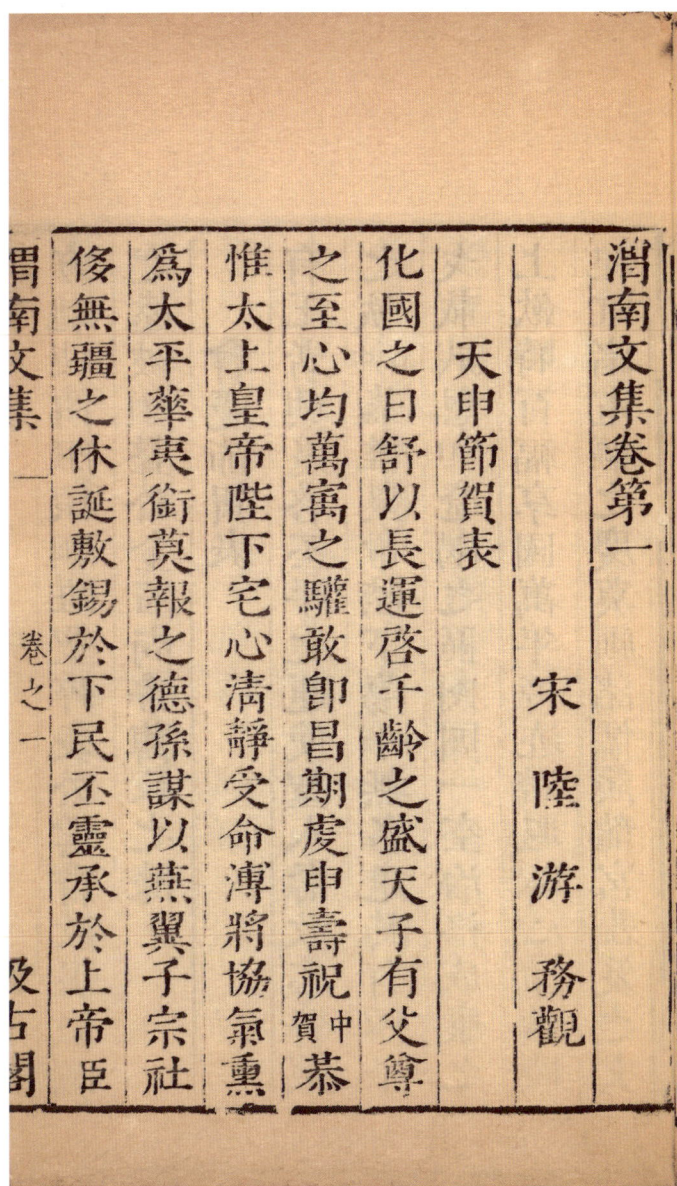

羅鄂州小集五卷附録一卷·　　　　　　　　　　Fv5358.L781 +L7

〔宋〕羅願撰　〔明〕羅郎校　明天啓六年（1626）羅朗刻本　二册

框21.8×14.1釐米。10行20字。白口，四周單邊，單白魚尾。版心上鐫書名，中鐫卷次。内封鐫"羅鄂州先生小集/呈坎文獻祠藏板"。鈐"風樹亭藏書記"印。1968年6月購自李宗侗。

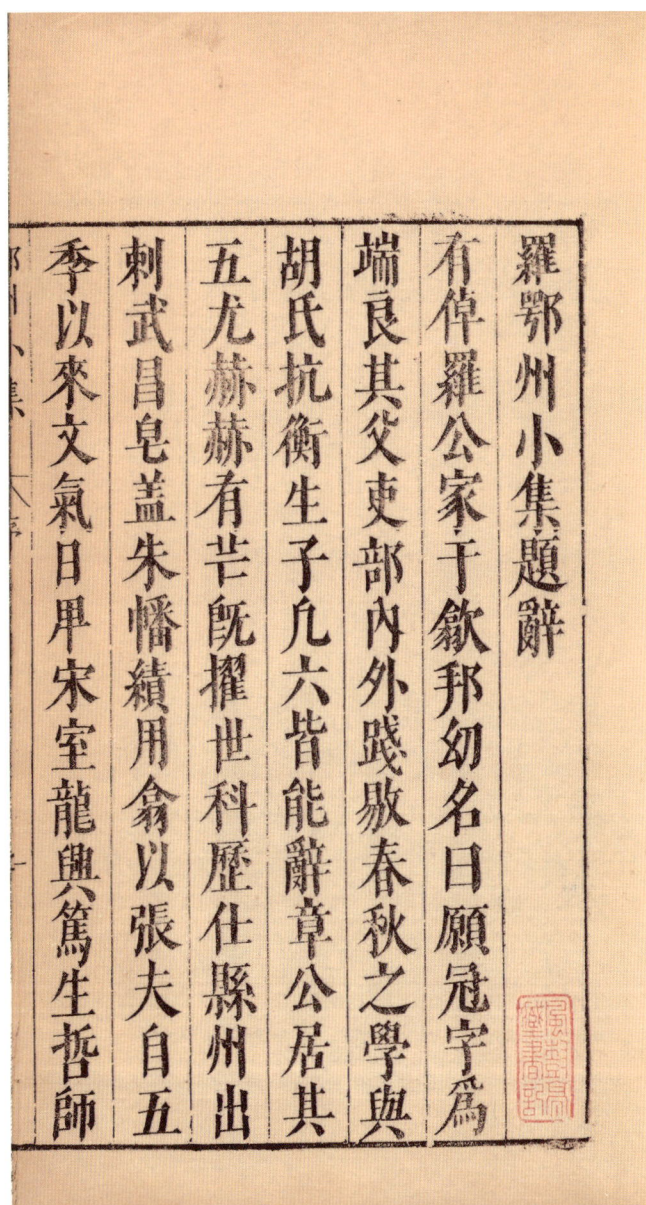

宋丞相文山先生全集二十卷 Ｆｖ5365.1 3140

〔宋〕文天祥撰 〔清〕曾弘重梓 清康熙十二年（1673）曾弘刻本 十册

框19.8×12.9釐米。10行20字，小字雙行同。白口，四周雙邊，單黑魚尾。版心上鐫"文山全集"，中鐫卷次。鈐"劉倕琴""夢松所有"等印。

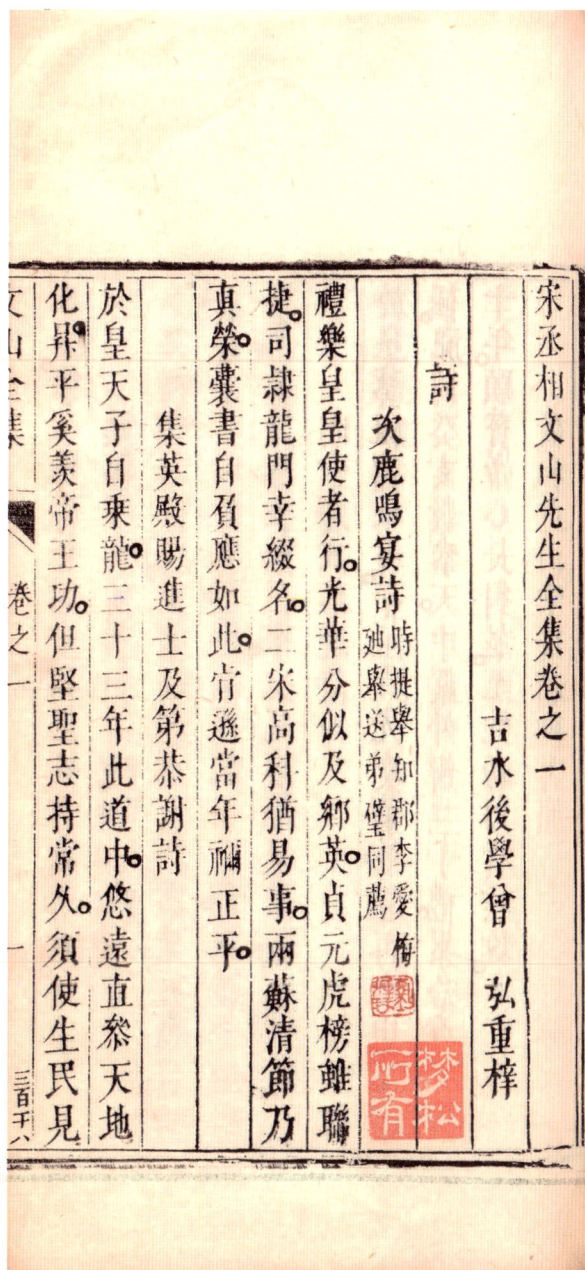

清閟閣全集十二卷　　　　　　　　　　　　　　Fv5399 2118.1

〔元〕倪瓚撰　〔清〕曹培廉校　清康熙五十二年（1713）曹培廉城書室刻本　八冊

框17.8×13.7釐米。11行21字。白口，四周單邊，單黑魚尾。版心中鐫書名及卷次。鈐"程維增"印。

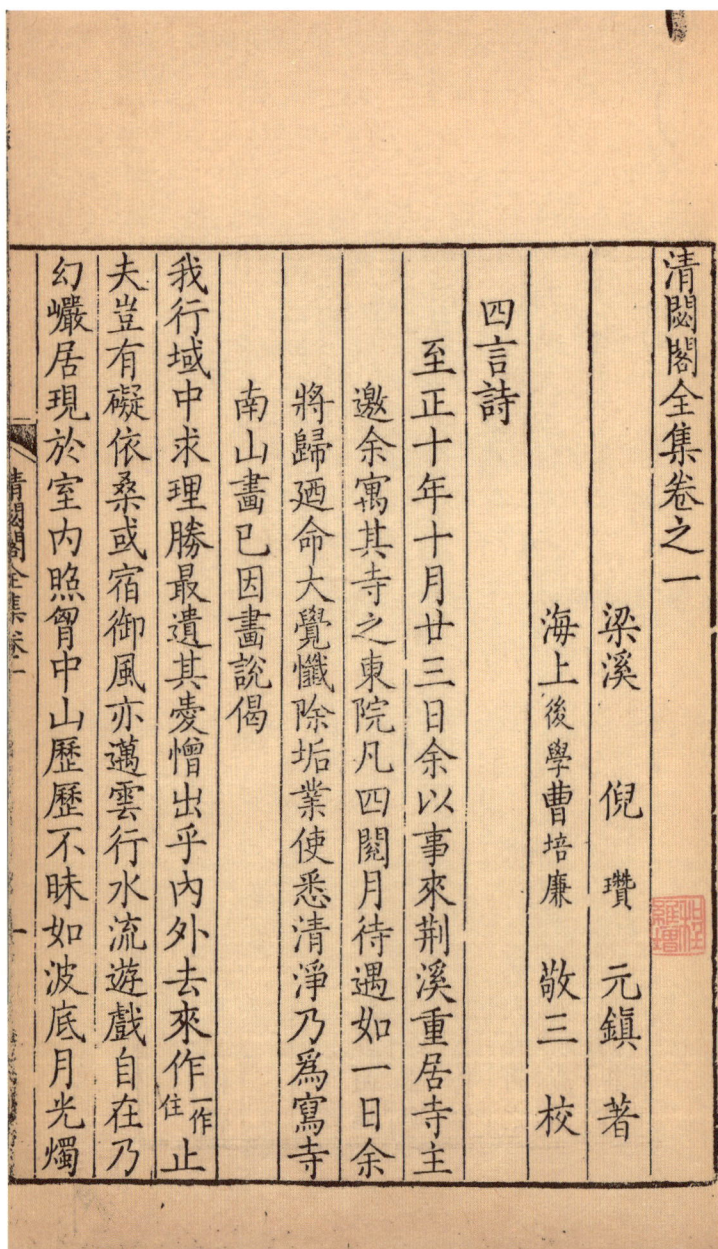

文清公薛先生文集二十四卷讀書録十二卷讀書續録十一卷薛文清公策問一卷從政
名言一卷理學粹言一卷附薛文清公年譜一卷　　　　　　　　Fv5409 +4411

〔明〕薛瑄撰　〔明〕張鼎校正編輯　（年譜）〔明〕楊鶴撰　清雍正十二年
（1734）薛氏刻本　二十二册

框20×14.2釐米。10行20字。白口，四周雙邊，單黑魚尾。版心上鐫子目書名及
卷次。《文集》卷首鐫"萬曆甲寅……薛士弘重刊於真寧署中/雍正甲寅之秋合族重
刊"，并鐫有薛氏首事人及刻工名。

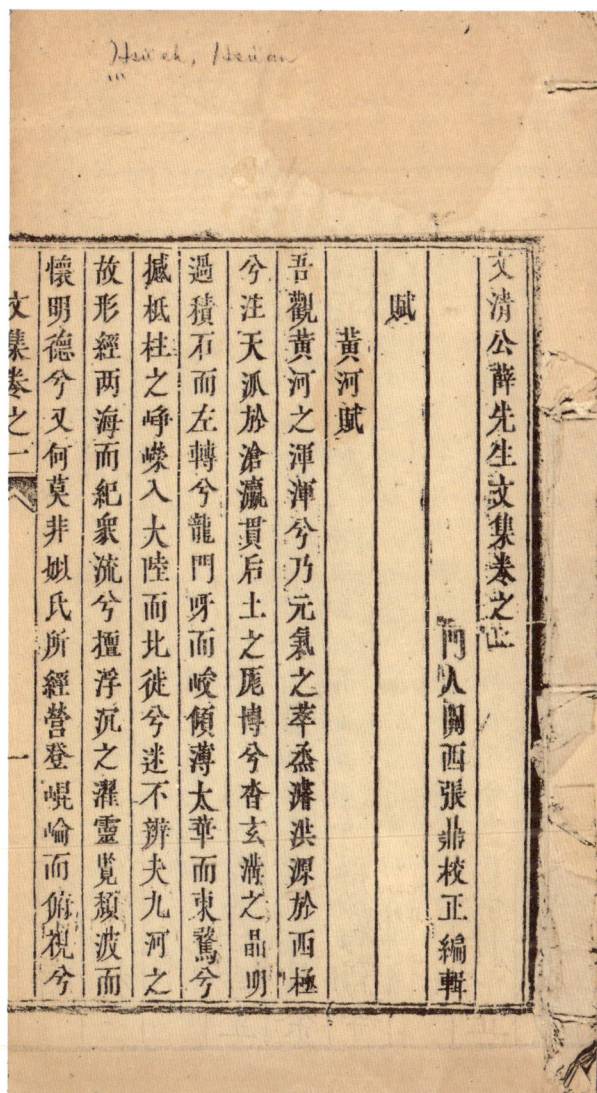

鐵厓樂府註十卷鐵厓咏史註八卷鐵厓逸編註八卷　　　　PL2694 .Y35 1774

　　〔元〕楊維楨撰　　〔元〕吳復編　　〔清〕樓卜瀍注　〔清〕楊惟信訂　清乾隆
三十九年（1774）聯桂堂刻本　六册

　　框18.7×13.7釐米。10行22字。白口，四周雙邊，單黑魚尾。版心上鐫書名，中鐫
卷次。内封鐫"乾隆甲午年鐫/同邑樓西濱輯録/鐵厓樂府註/聯桂堂藏板"。鈐"子
敦"印。

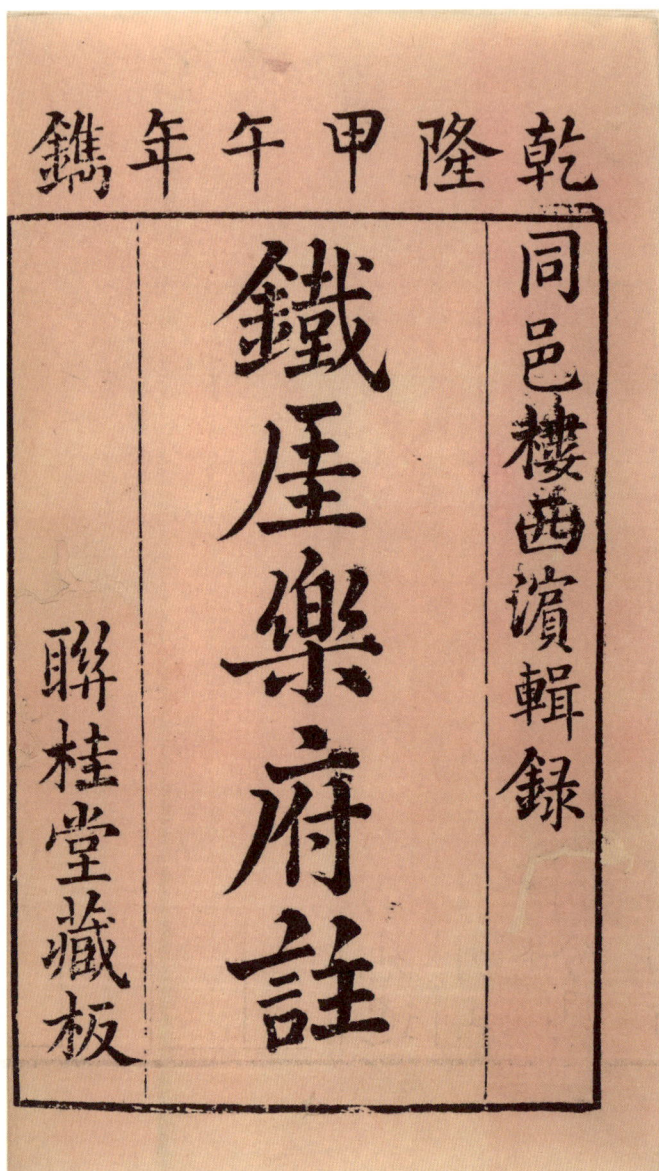

鐵厓樂府註卷之一

諸暨楊維禎廉夫著　同邑後學樓卜瀍西濱註

門人富春吳復編　十三世孫楊惟信裴午訂

履霜操并引

琴操有履霜謂尹吉甫子伯奇為後母譖而見逐

自傷而作也其詞曰朝履霜兮採晨寒考不明其

心兮信讒言何辜皇天兮遭斯愆痛殁不同兮恩

有偏誰說碩兮知此寃使是詞果出伯奇則伯奇

不得希於舜矣余為之補云

魯文恪公文集十卷　　　　　　　　　　　　Fv5413 L961 L9

〔明〕魯鐸撰　〔明〕李維楨校　明萬曆巳有園刻本　四冊

框21×14釐米。9行20字。白口,左古雙邊,單黑魚尾。版心上鐫"魯文恪公集"。內封鐫"巳有園藏板"。鈐"甬上林集虛記""易漱平印"印。1968年6月購自李宗侗。

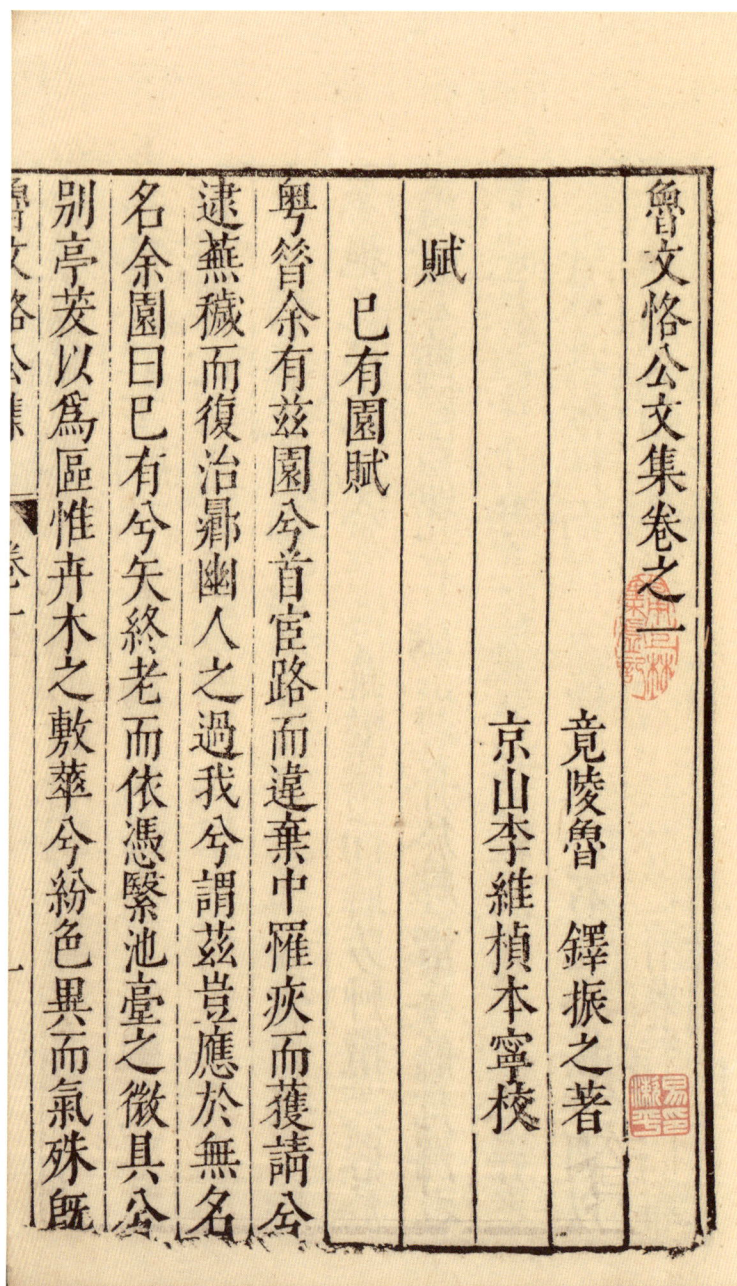

梓溪文鈔內集八卷梓溪文鈔外集十卷　　　　　　Fv5413 Sh920 1620

〔明〕舒芬撰　明萬曆四十八年（1620）鄭州舒琭刻清乾隆七年（1742）補刻本十二冊

　　框20.6×14.6釐米。9行18字。白口，四周雙邊，單黑魚尾。版心上分別鎸"梓溪內集""文鈔外集"，中鎸卷次。內封鎸"萬曆庚申六月朔鎸/舒文節公全集/本衙藏板"。鈐"澹生堂藏書印。"1968年6月購自李宗侗。

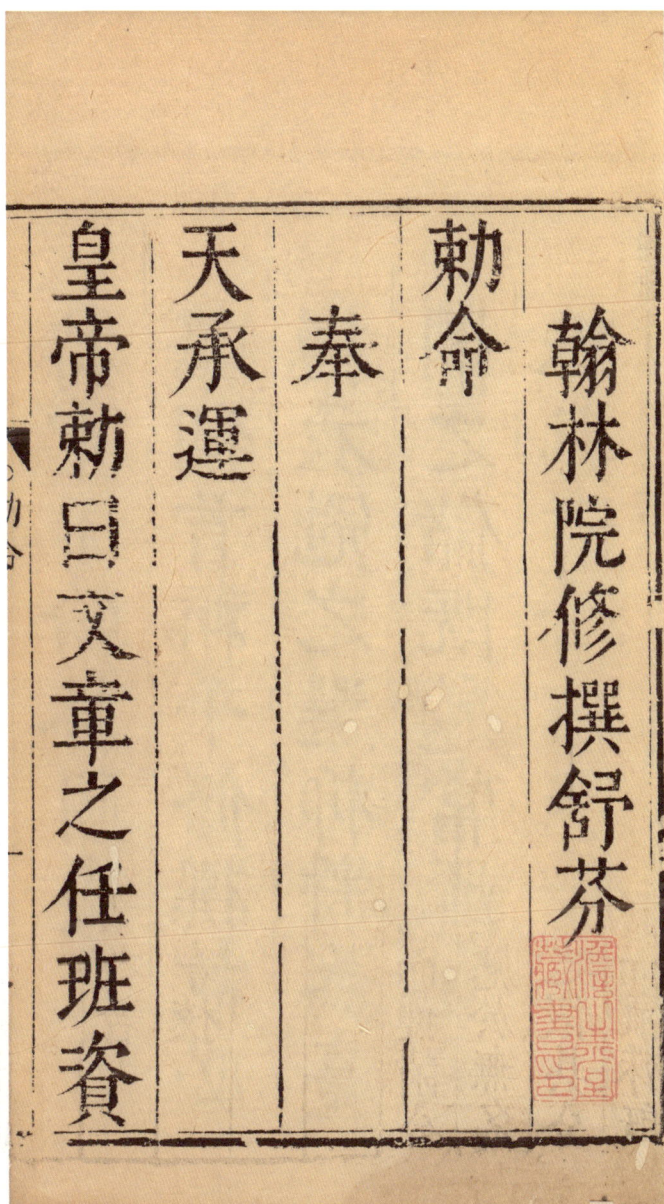

太史升菴文集八十一卷目錄四卷　　　　　　　　PL2698 .Y34 1582

〔明〕楊慎撰　〔明〕楊有仁編輯　〔明〕趙開美校　明萬曆十年（1582）蔡汝賢、張士佩刻本　十六册

　　框21.6×14釐米。10行20字，小字雙行同。白口，四周單邊，單白魚尾。版心上鐫"楊升菴全集"或"楊升菴文集"，中鐫卷次。鈐"真州吳氏有福讀書堂藏書""風樹亭藏書記"印。

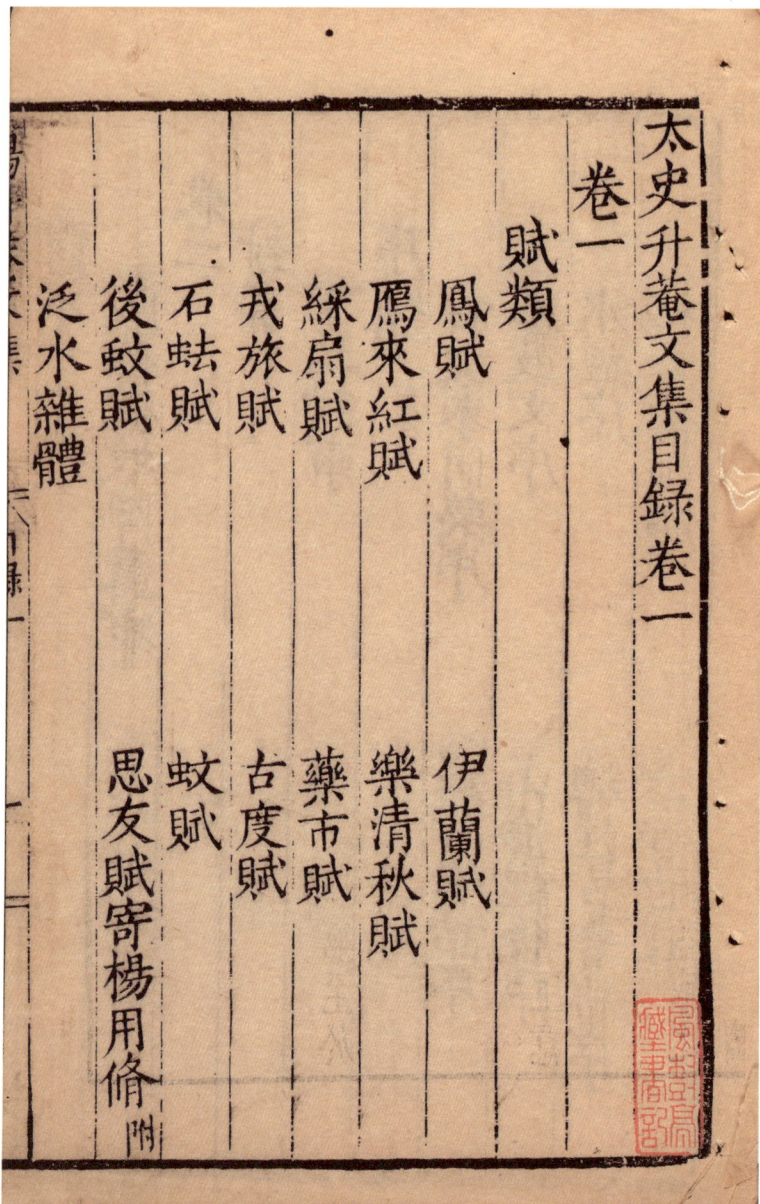

高子遺書十二卷末一卷　　　　　　　　　　　　Fv5423 7901

〔明〕高攀龍撰　〔明〕陳龍正訂次　明崇禎五年（1632）刻本　七册

框21.3×13.9釐米。9行19字。白口，四周單邊，單白魚尾。版心上鎸書名，中鎸卷次，下鎸刻工"陶明"等。缺卷末。

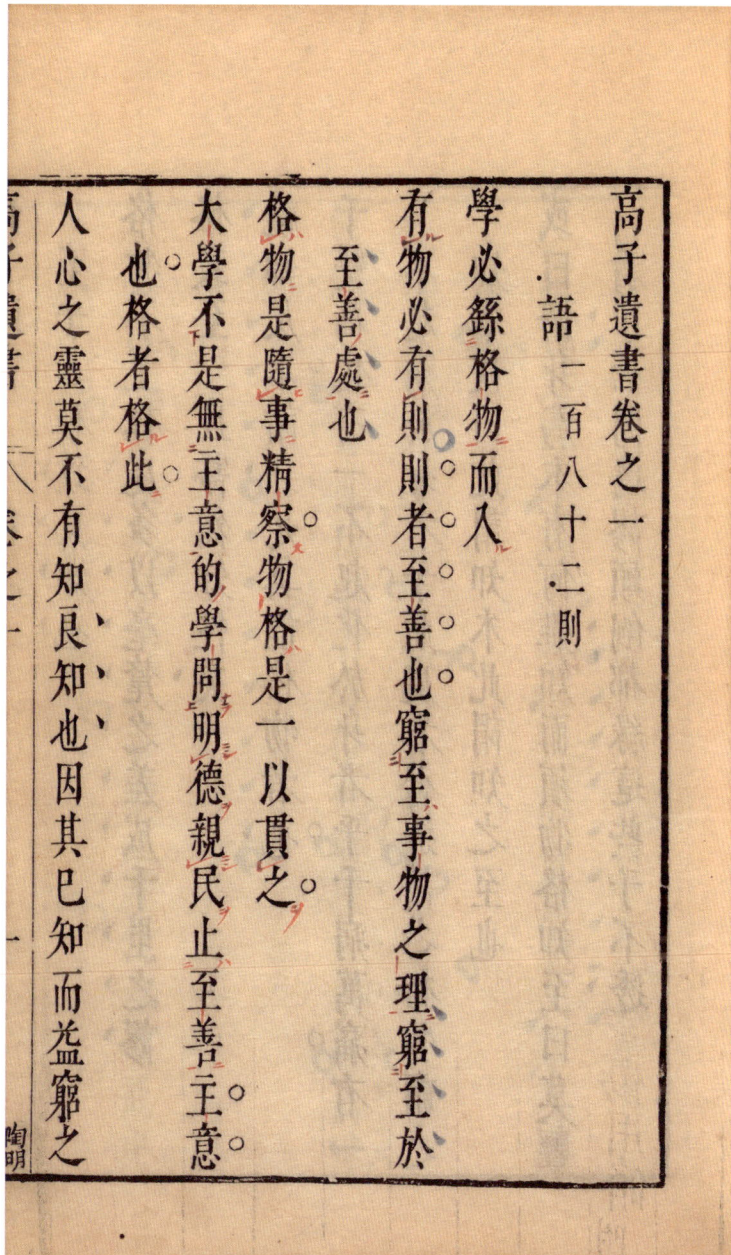

高子遺書卷之一

語　一百八十二則

學必繇格物而入有物必有則則者至善也窮至事物之理窮至於至善處也

格物是隨事精察物格是一以貫之

大學不是無主意的學問明德親民止至善主意也格者格此

人心之靈莫不有知良知也因其已知而益窮之

四憶堂詩集六卷附遺稿一卷　　　　　　　　　　　Fv5442.3 6990

　　〔清〕侯方域撰　　〔清〕賈開宗等選注　　清順治刻本　　二册

　　框18.2×14.1釐米。9行18字。白口，左右雙邊。版心上鎸書名，中鎸卷次。内封鎸
"睢陽侯方域朝宗著/四憶堂詩集/本衙藏板"。

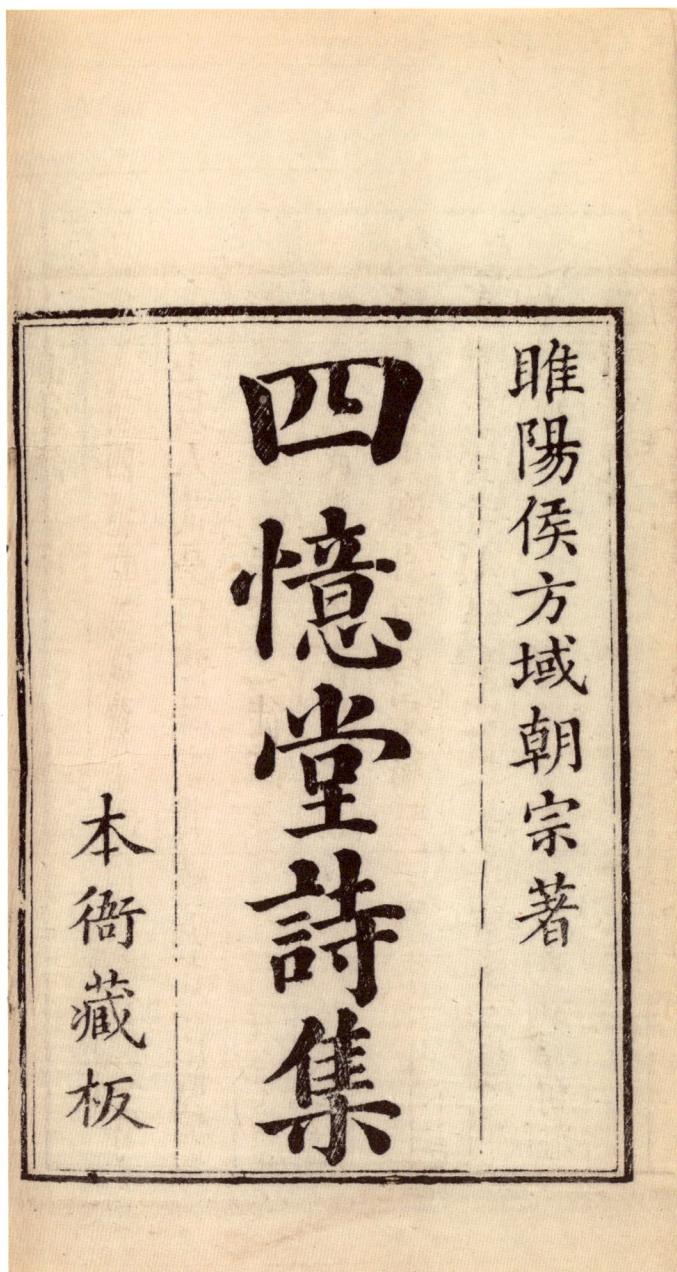

帶經堂集九十二卷　　　　　　　　　　　　Fv5461.1 2146

〔清〕王士禎撰　　〔清〕程哲校編　　清康熙五十年（1711）程哲七略書堂刻本
十二冊

　　框18.6×14釐米。10行19字。白口，左右雙邊，單黑魚尾。版心中鎸書名及卷次。
內封鎸"王阮亭先生著/帶經堂集/七略書堂校刊"。卷首有"漁洋先生遺象"。

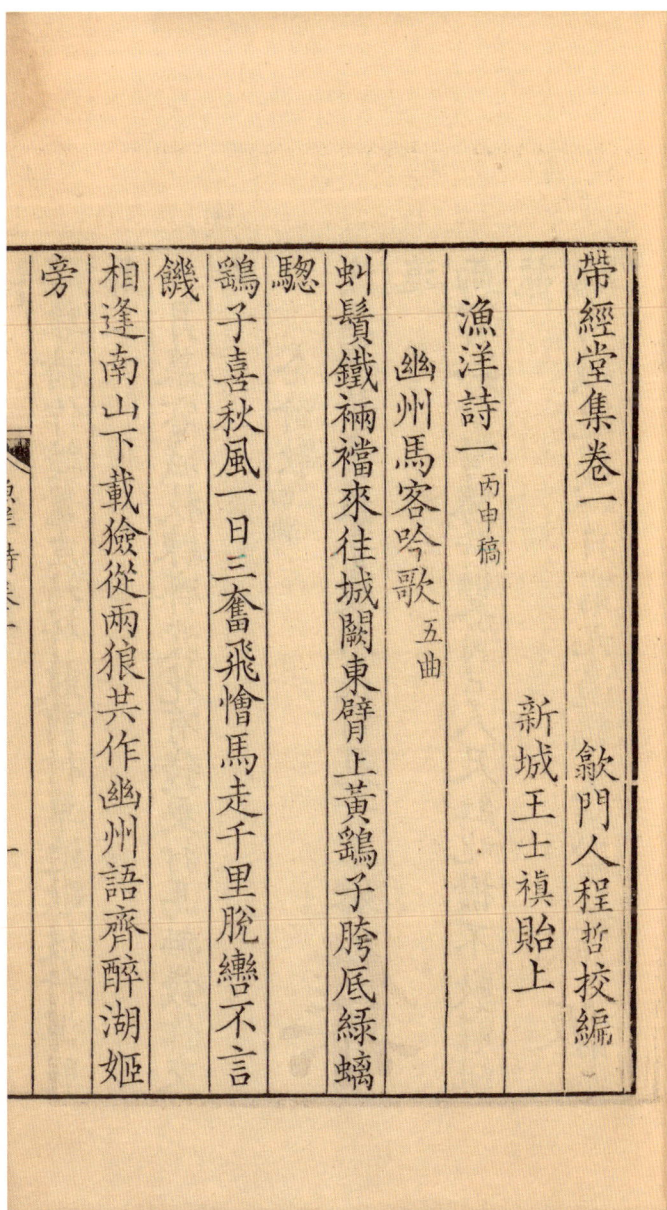

帶經堂集卷一

　　歙門人程哲校編

漁洋詩一 丙申稿

　　　　新城王士禎貽上

幽州馬客吟歌 五曲

蚍蜉鐵裲襠來往城闕東臂上黃鶻子膆底綠螭

驄

鶻子喜秋風一日三奮飛憐馬走千里脫轡不言

饑

相逢南山下載玁狁兩狼共作幽州語齊醉湖姬

旁

青門簏稿十六卷旅稿六卷賸稿八卷　　　　　　　Fv5462.1 1132

〔清〕邵長蘅纂　清康熙刻本　八册　邵子湘全集

框18.7×13.2釐米。10行21字。黑口，左右雙邊，單黑魚尾。版心中鎸書名，卷次及篇名。

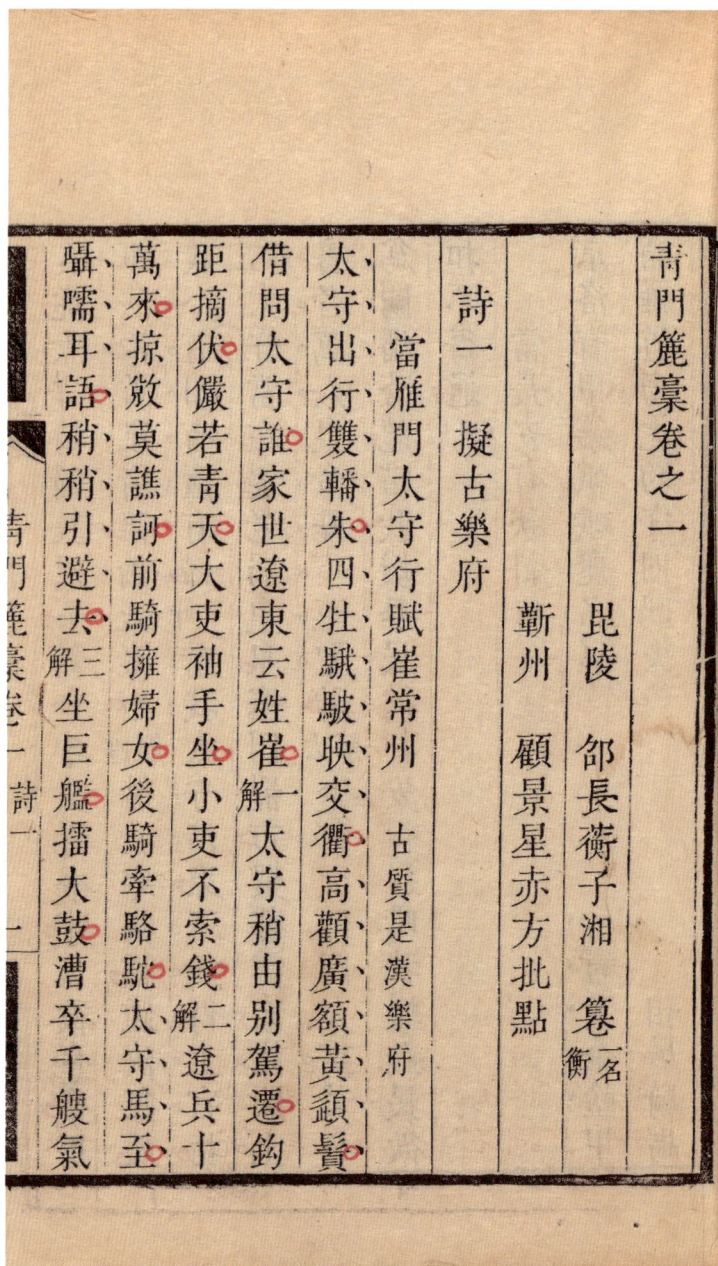

午亭文編五十卷　　　　　　　　　　　　　　　　Fv5463 7914

　　〔清〕陳廷敬撰　　〔清〕林佶輯録　　清康熙四十七年（1708）林佶寫刻康熙
五十八年（1719）陳壯履修補本　十六册

　　框19.1×14.8釐米。11行21字。黑口，左右雙邊，單黑魚尾。版心中鎸書名及卷
次。

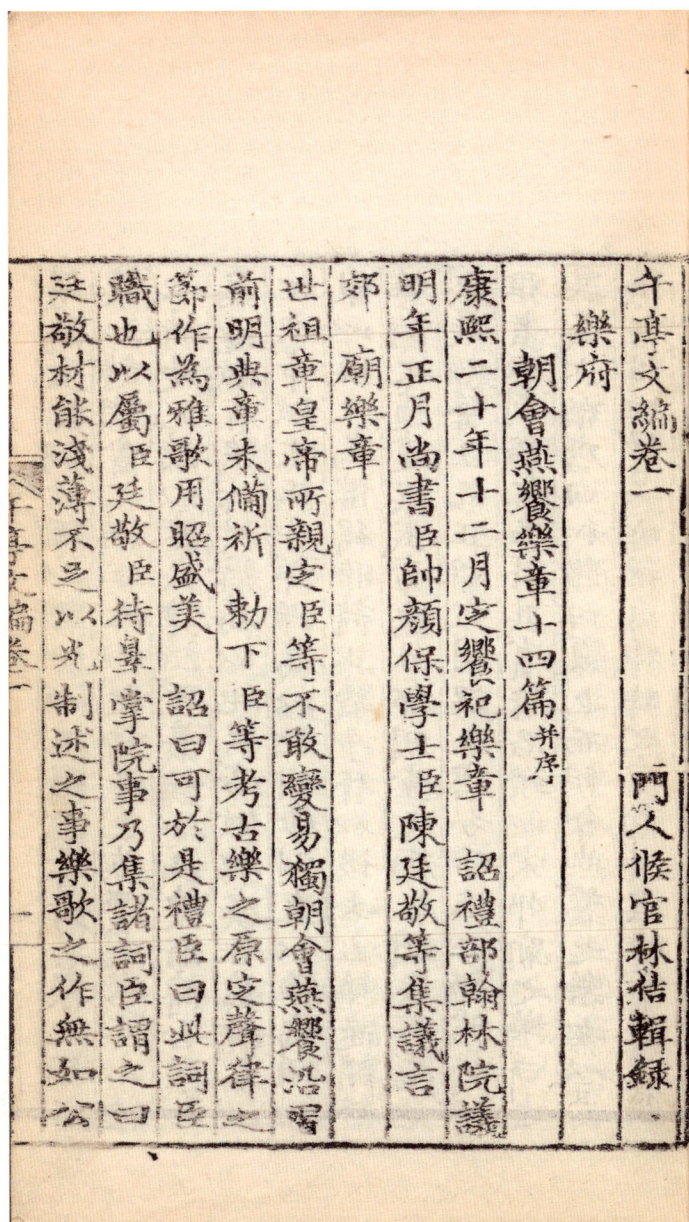

午亭文編卷一

門人候官林佶輯録

樂府

朝會燕饗樂章十四篇并序

康熙二十年十二月定饗祀樂章　詔禮部翰林院議

郊　廟樂章

明年正月尚書臣帥顏保學士臣陳廷敬等集議言

世祖章皇帝所親定臣等不敢變易獨朝會燕饗沿習

前明典章未備祈　勅下臣等考古樂之原定聲律之

節作為雅歌用昭盛美　詔曰可於是禮臣曰以詞臣

職也以屬臣廷敬臣待舉掌院事乃集諸詞臣謂之曰

廷敬材能淺薄不__以光　制述之事樂歌之作無如公

有懷堂詩文集二十八卷　　　　　　　　　　　　Fv5463 4543

〔清〕韓菼撰　清康熙四十二年（1703）刻本　四冊

框19.4×13.8釐米。11行21字，小字雙行同。白口，四周單邊，單黑魚尾。版心上鎸"有懷堂詩藁""有懷堂文藁"，中鎸卷次。内封鎸"康熙四十二年鎸/有懷堂詩文集/本衙藏板"。

有懷堂詩藁六卷

有懷堂文藁二十二卷

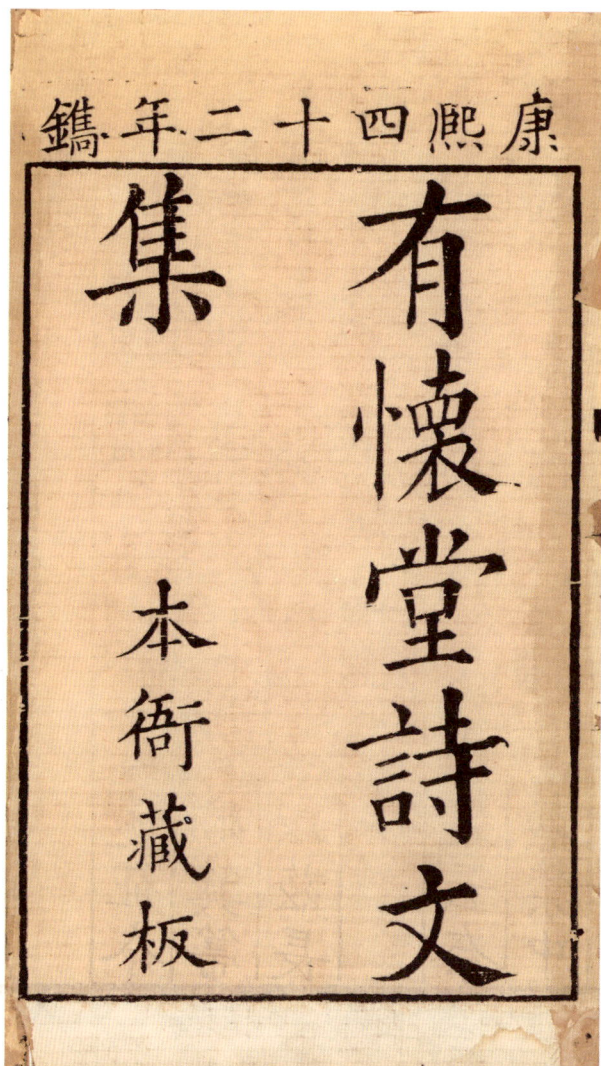

有懷堂詩藁卷一

蹢躅集

詠史六首 時將赴京兆試

孤鶴時懊喪病驥復悲鳴次寥窮巷士挾策將遄征
雖太平時慷慨慕賈生羈旅一少年廷屈漢公卿箕篝
嗟薄俗筐篚蓋世營願言稽制作聖漢垂鴻名以茲長
太息豈爲前席榮

李廣負才氣勇敢莫不聞彎弓挾大黃射鵰安足云奈
何遭數奇望氣亦虛言生不逢冲公不得策高勳禁中
卻拊髀上有聖明君試問誰頗牧何似飛將軍
嘗慷慨袴下人楚漢兩不識屠沽少年兒見侮寧足責請

日知薈説四卷　　　　　　　　　　　　　　　　　　Fv5476 6240

〔清〕高宗弘曆撰　清乾隆元年（1736）北京武英殿刻本　四册

框19.1×14釐米。7行18字。白口，四周雙邊，單黑魚尾。版心上鎸書名，中鎸卷次。

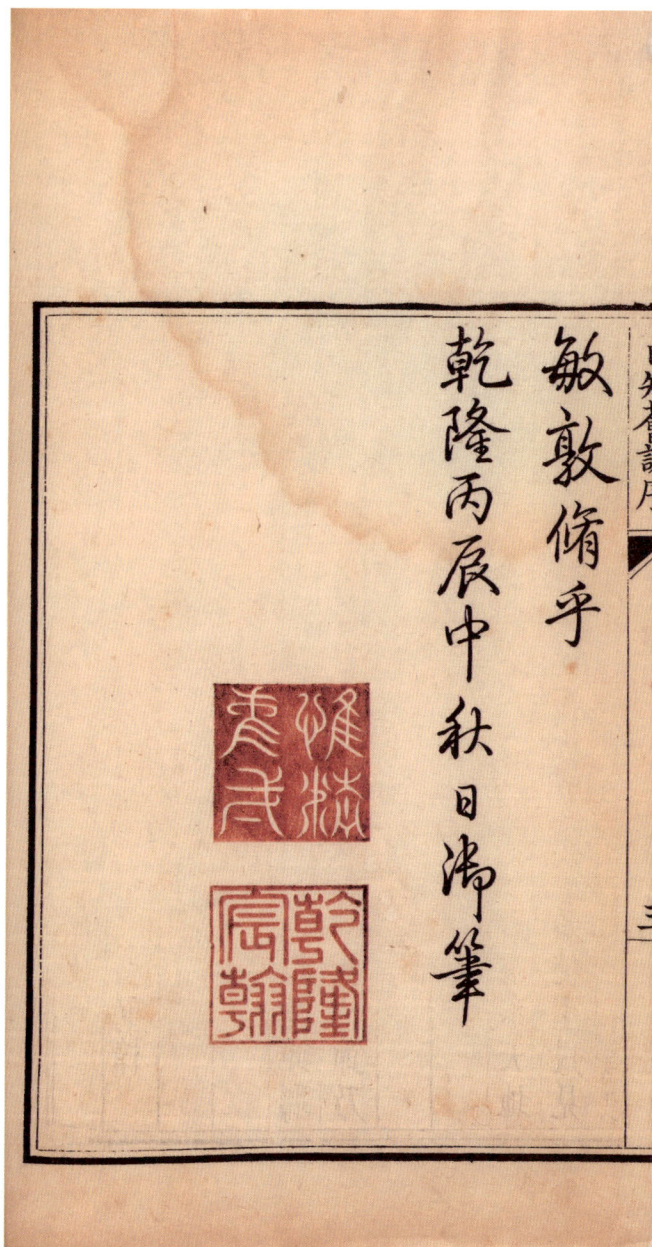

日知薈說卷一

天有四德以化生萬物而元為長聖人有五常
以財成輔相而仁為首非元則萬物不得其生
也非仁則萬物不得其育也聖人之化成天下
亦不過宅吾身於仁之中而即用此仁以仁天
下耳非別有一仁以為用也惟其一仁之所流
貫故能徧覆包涵運量萬物而有餘不然者挾

古今振雅雲箋十卷　　　　　　　　　　　　　　　　Fv5773 2932

〔明〕徐渭纂輯　〔明〕張嘉和參訂　明末刻本　十册

框22.8×12.8釐米。兩截板,下欄9行18字。白口,四周單邊,單魚尾。版心上鐫書名,中鐫卷次,眉端刻評。鈐"寶翰樓藏書記""學耕堂珍藏""白雲館圖書印""樽原家藏""山添氏""薜荔山房"等印。

辭命之祖可
為開國勳臣
弋

古今振雅雲箋卷之一

武林　徐渭文長纂輯
茂苑　張嘉和起頑參訂

輔國　賜齊侯命　周靈王

昔伯舅太公右我先王股肱周室師保萬民世
胙太師以表東海王室之不壞繄伯舅是賴今
余命女環茲率舅氏之典纂乃祖考無忝乃舅
敬之哉無廢朕命

輔國　告衛侯　錫呂望佐武王定天下封于齊表于東海

周敬王

佩文齋詠物詩選四百八十六卷　　　　　　　　　　　Fv5237.08 0278

〔清〕張玉書等彙閱　　〔清〕汪霦等編輯　清康熙四十六年（1707）揚州詩局刻本　三十二冊

框16.6×11.5釐米。11行21字，小字雙行同。黑口，左右雙邊，雙魚尾。版心上鎸類名，中鎸書名。鈐"紅梅花館藏書""維石"等印。

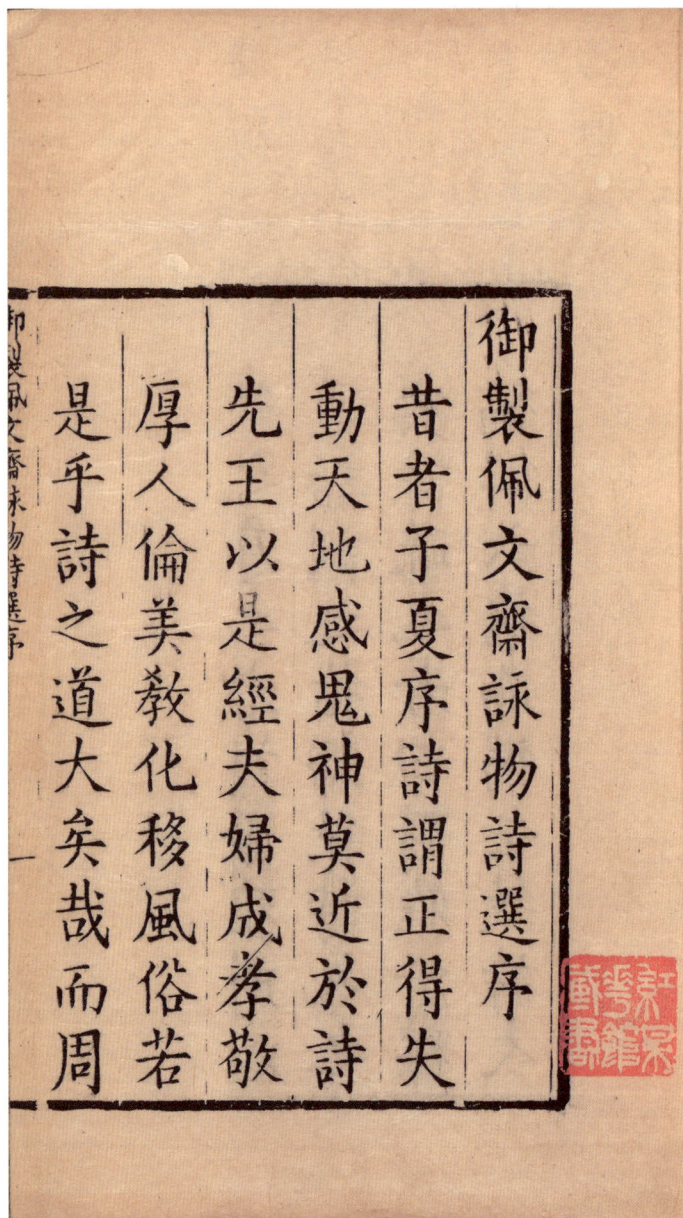

（集　部）

佩文齋詠物詩選

日類

五言古

升天行　　　　　　　　　　魏　曹植

扶桑之所出乃在朝陽谿中心凌蒼昊布葉蓋天涯日
出登東幹旣夕棲西枝願得紆陽轡迴日使東馳

日　　　　　　　　　　　　　魏　劉楨

仰視白日光皎皎高且懸兼燭八紘內物類無頗偏

詠日　　　　　　　　　晉　張載　一作左思

白日隨天回皦皦圓如規踊躍湯谷中上登榑桑枝

日　　　　　　　　　　　　　晉　傅元

日類

古文淵鑒六十四卷　　　　　　　　　　　　　　Fv5238.08 +2947

　　〔清〕聖祖玄燁選　　〔清〕徐乾學等編注　　清康熙二十四年（1685）北京内府刻
四色套印本　　二十四册

　　框18.4×14釐米。9行20字，小字雙行同。黑口，四周單邊，雙魚尾。版心中鐫書
名、卷次及小題。康熙二十四年（1685）《御製古文淵鑑序》。正文墨色，圈點用朱，
眉批用朱、黃、緑三色。藏書票題"Gift of Dr. Yung Wing, 1911"。

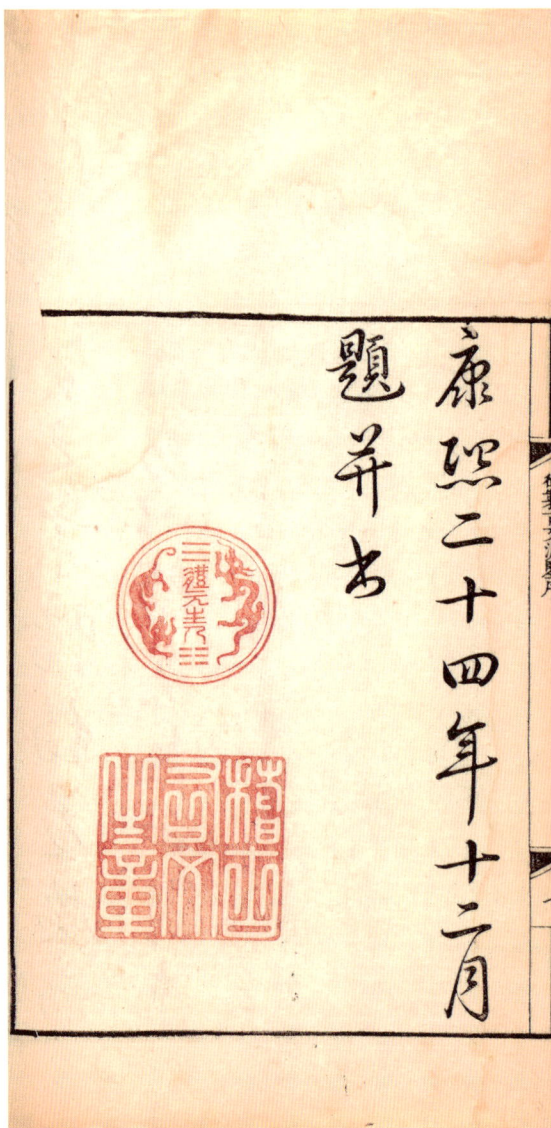

御選

古文淵鑒卷第七

內閣學士兼禮部侍郎教習庶吉士臣徐乾學等奉

旨編注

周

公羊傳　公羊子名高齊人受春秋于子夏爲經作傳故曰公羊傳　隱公

元年春王正月

元年者何君之始年也春者何歲之始也王者執謂文王也文王爲周始受命之王故曰謂文王也曷爲先言王而後言

古文淵鑒巷二公羊　元年春王正月

一

古文英華十二卷　　　　　　　　　　　　Fv5238.08 2481

〔清〕殷承爵纂定　清康熙四十三年（1704）光啓堂刻本　十二册

框19.5×12.8釐米。兩截板，上欄18行4小字，下欄9行18字，小字雙行同。白口，四周雙邊。版心上鐫書名，中鐫卷次及小題。内封鐫"彙輯諸名家原評/江左殷尊一纂定/古文英華/光啓堂梓行"。

隱公元年
左丘明學
人楚左史
倚相後孔
子修春秋
始魯隱公
元年即平
王東遷之
四十九年
也丘明因
春秋作傳
與公羊穀

古文英華卷之一

江寧殷承爵尊一選定　男克緒象賢編校

○○○鄭伯克段於鄢　　左丘明

初（原其始也）鄭武公娶於申（申國名），曰武姜，生莊公及共叔段（恭音。段出奔共故曰共叔。段故曰段）。莊公寤生（難之也），驚姜氏，故名曰寤生，遂惡之（惡音烏。寤得之無理）。愛共叔段，欲立之（無理得之無理），亟請於武公，公弗許（亟音契。數也。由此段請制，為異日相殘之端。莊公受怨之無理）。及莊公即位，為之請制（請封之。制，段請制邑以為已邑也。公曰）。公曰：制，巖邑也（巖險也。邑邑也），號叔死焉（虢鄭。德鄭滅之），他邑……

古文英華　卷一左傳　一

文苑英華選六十卷　　　　　　　　　　　　　　　Fv5236 3642

〔清〕宮夢仁訂　清康熙四十一年（1702）刻本　十二册

框18.9×11.4釐米。9行24字。白口，左右雙邊，雙魚尾。版心上鎸書名，中鎸卷次及文體名。内封鎸"瀛州宮定山輯/文苑英華選/光明正大之堂藏板"。鈐"山陰宋氏藏書"印。

文苑英華選卷之一

瀛州 宮夢仁定山 手訂

天賦

彼蒼者天成形物先初鴻濛以質判漸輕清而體圓生五材以亭毒運六氣以陶甄故使晦明相繼寒暑遞遷遠眺其原今亦極之無極近詳其理兮固玄之又玄詠神功之罕測實靈造之自然徒觀其潛化不言惟德是輔列九野而爲號時八山而爲柱其爲道也或比之以張弓其入夢也或方之於漱乳憫鄒衍

唐宋八大家類選十四卷　　　　　　　　　　　　Fv5238.4 2678

〔清〕儲欣評　〔清〕徐永勳等校　清雍正元年（1723）受祉堂刻本　二十册
框19.2×11釐米。8行25字。白口，左右雙邊。版心上鐫書名及卷次。內封鐫"雍
正癸卯新鐫/宜興儲同人先生評/飜刻必究/唐宋八大家類選/受祉堂藏板"。

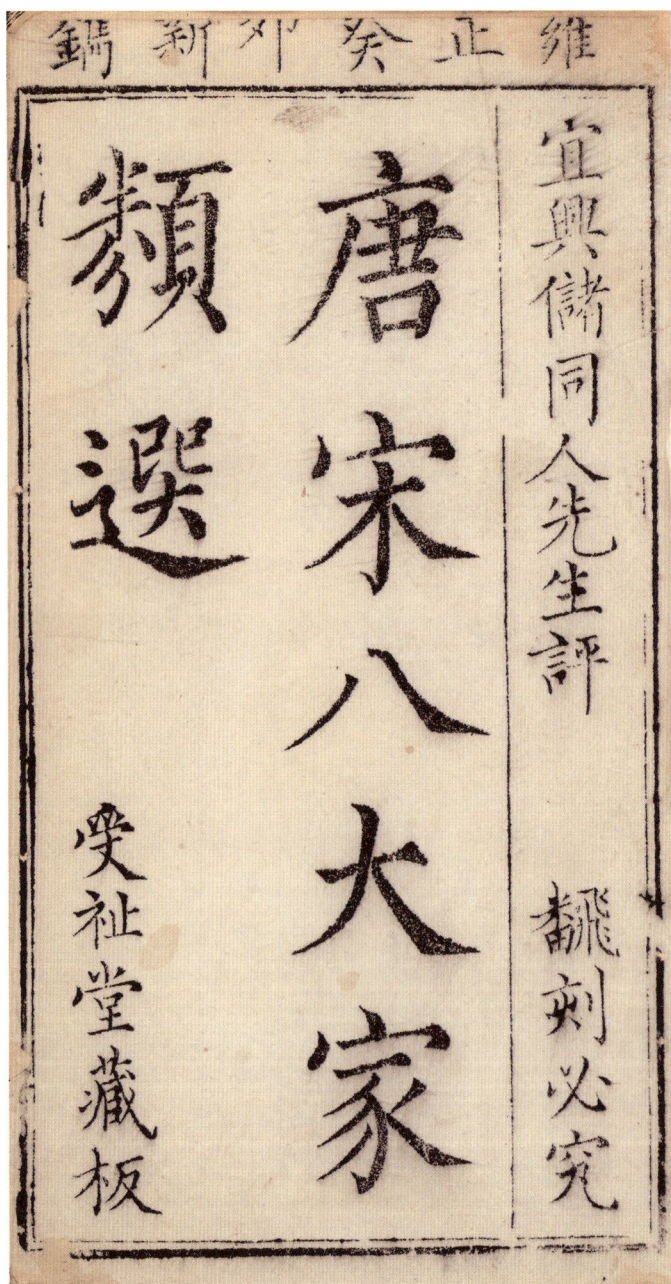

唐宋八大家類選 卷一

宜興儲 欣同人評

　　　　　男 芝五 采 泰述

門下後學徐永勳公遜

吳振乾文巖

董南紀宗少

孫男 掌文曰虞

校訂

奏疏類

　論佛骨表

臣某言伏以佛者夷狄之一法耳自後漢時流入中國上古未嘗

唐宋八大家類選卷一

二

歸田集十二卷

Fv5463 K141 K9

〔清〕高士奇撰　清康熙朗潤堂刻本　二冊

框18.4×13.5釐米。11行20字，小字雙行。黑口，四周單邊，雙魚尾。版心中鎸書
名及卷次。存卷一至四。鈐"易漱平印"。

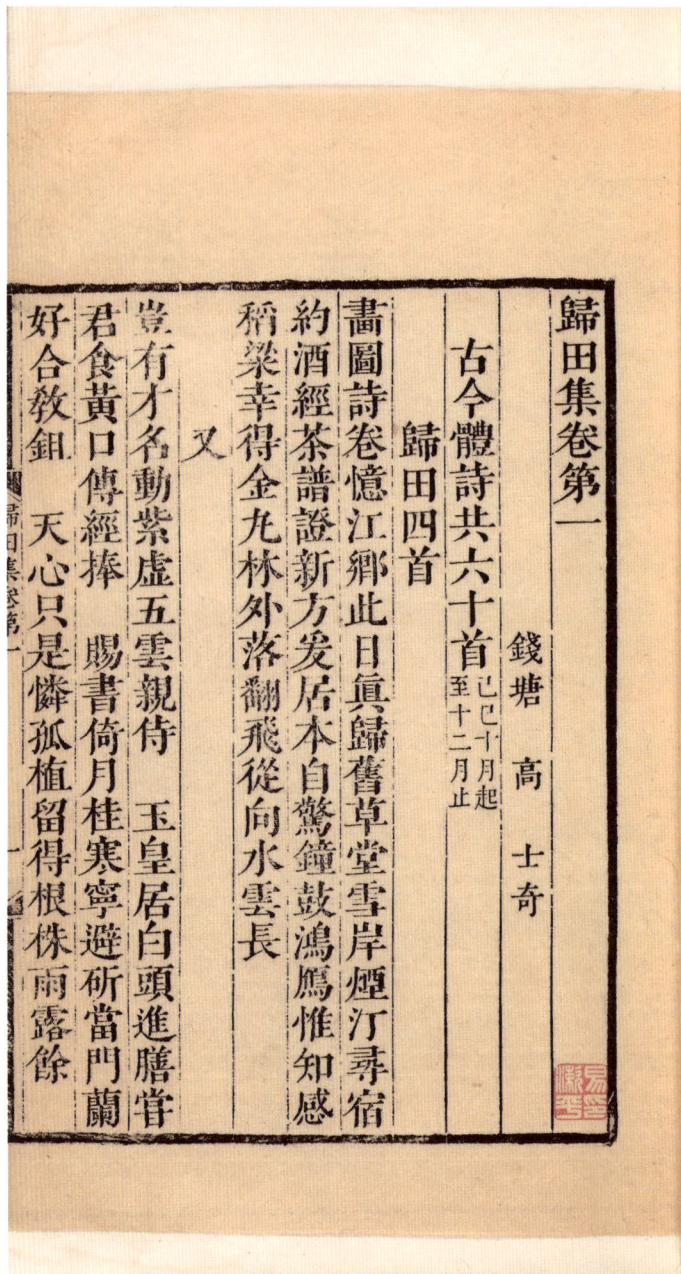

忠雅堂詩集二十九卷補遺二卷　　　　　　　　　Fv5480.3 5190

〔清〕蔣士銓撰　　清乾隆刻本　　八册

框21.4×15.3釐米。12行24字。黑口，左右雙邊，雙魚尾。版心鐫書名及卷次。内封鐫"忠雅堂詩詞全集/藻思堂藏板"。鈐"紫硯樓""求無夢齋不□"印。

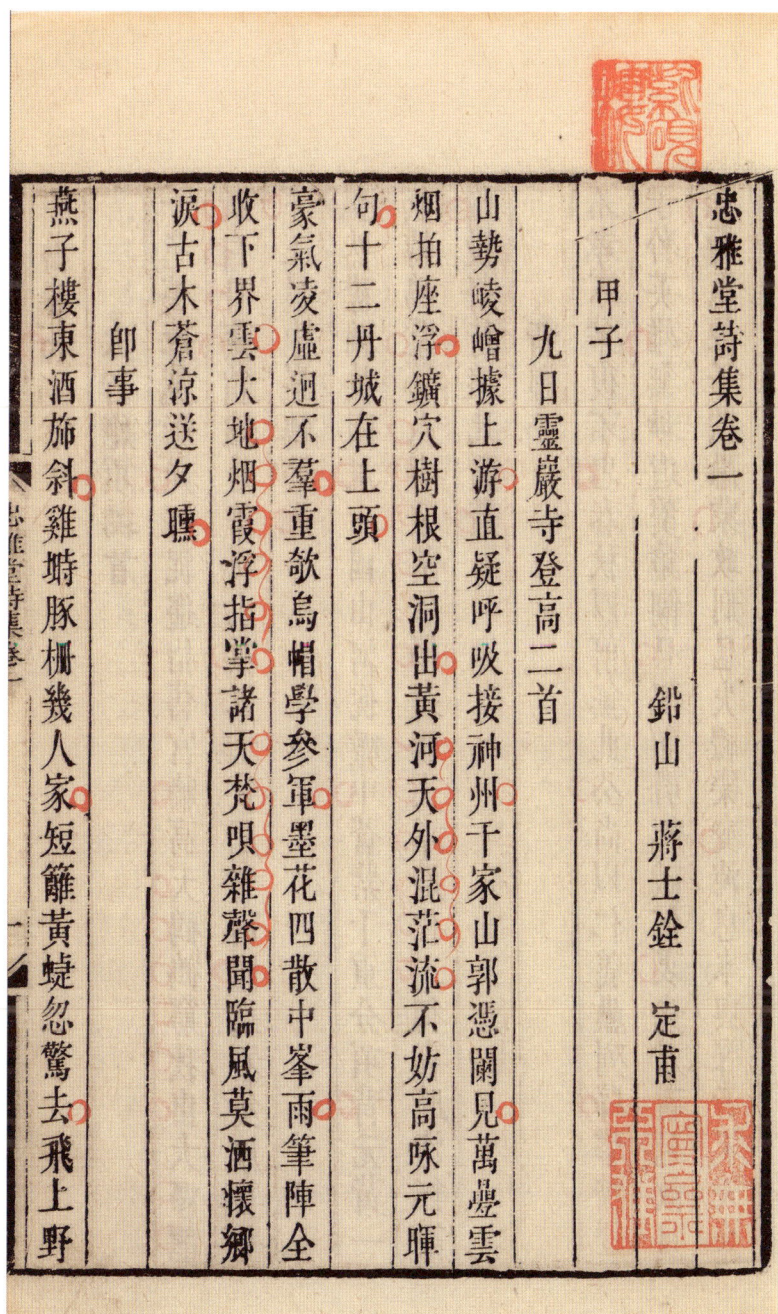

列朝詩集八十一卷　　　　　　　　　　　　　　　　Fv5237.7 8508

〔清〕錢謙益輯　清順治九年（1652）常熟毛晉汲古閣刻本　三十七冊

框20.3×13.3釐米。15行28字。白口，四周雙邊，雙魚尾。版心中鐫書名及卷次。內封鐫"絳雲樓選/列朝詩集/本府藏板"。

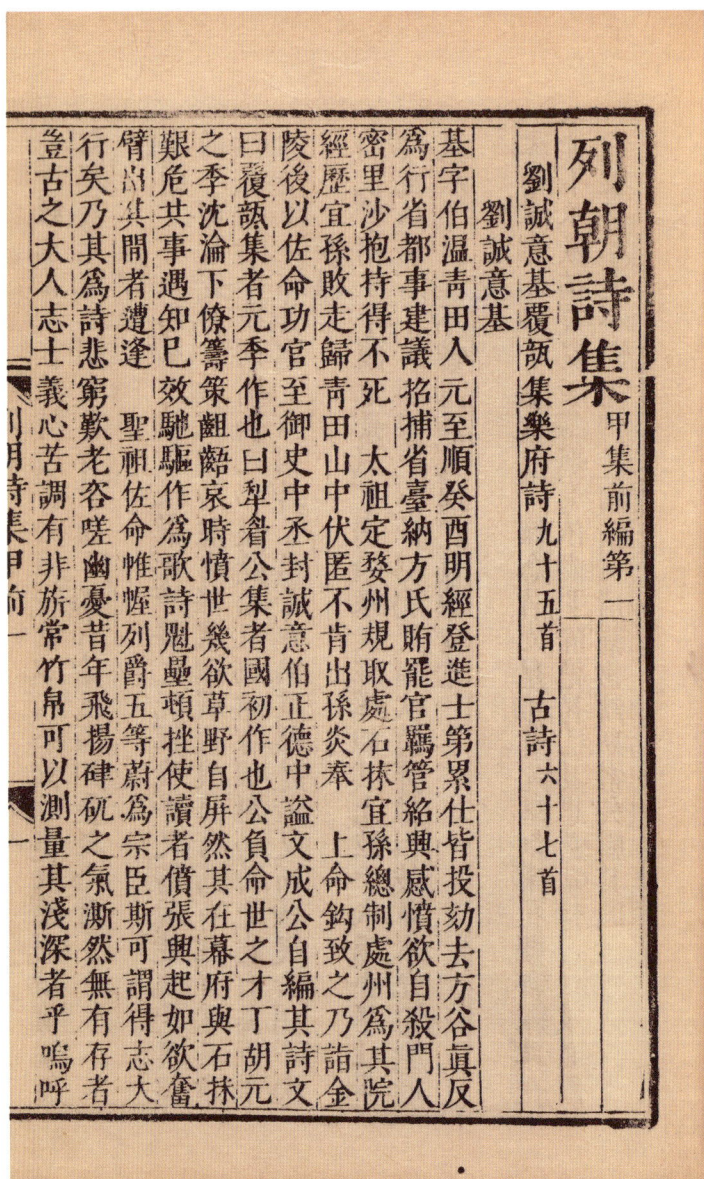

御選唐宋文醇五十八卷 Fv5238.48 +3200

　　〔清〕高宗弘曆選　清乾隆三年（1738）北京武英殿刻四色套印本　二十冊

　　框19.6×14.3釐米。9行22字。白口，四周單邊，單黑魚尾。版心上鎸書名，中鎸卷次及詩作者名。藏書票題"Gift of Dr. Yung Wing, 1911"。

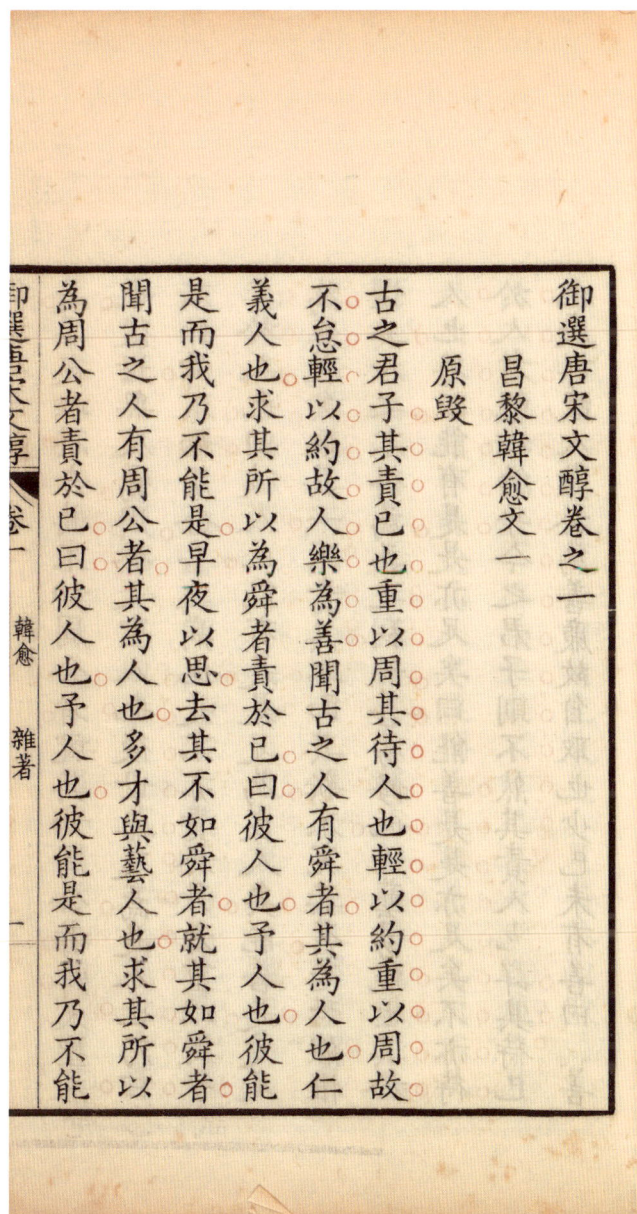

全唐詩九百卷目錄十二卷　　　　　　　　　　　Fv5237.48 5638

〔清〕曹寅等輯　清康熙四十六年（1707）揚州詩局刻本　一百二十册

框16.8×11.8釐米。11行21字，小字雙行不等。白口，左右雙邊，雙魚尾。版心中鐫書名及詩作者名。首册配補。容閎1878年贈書。

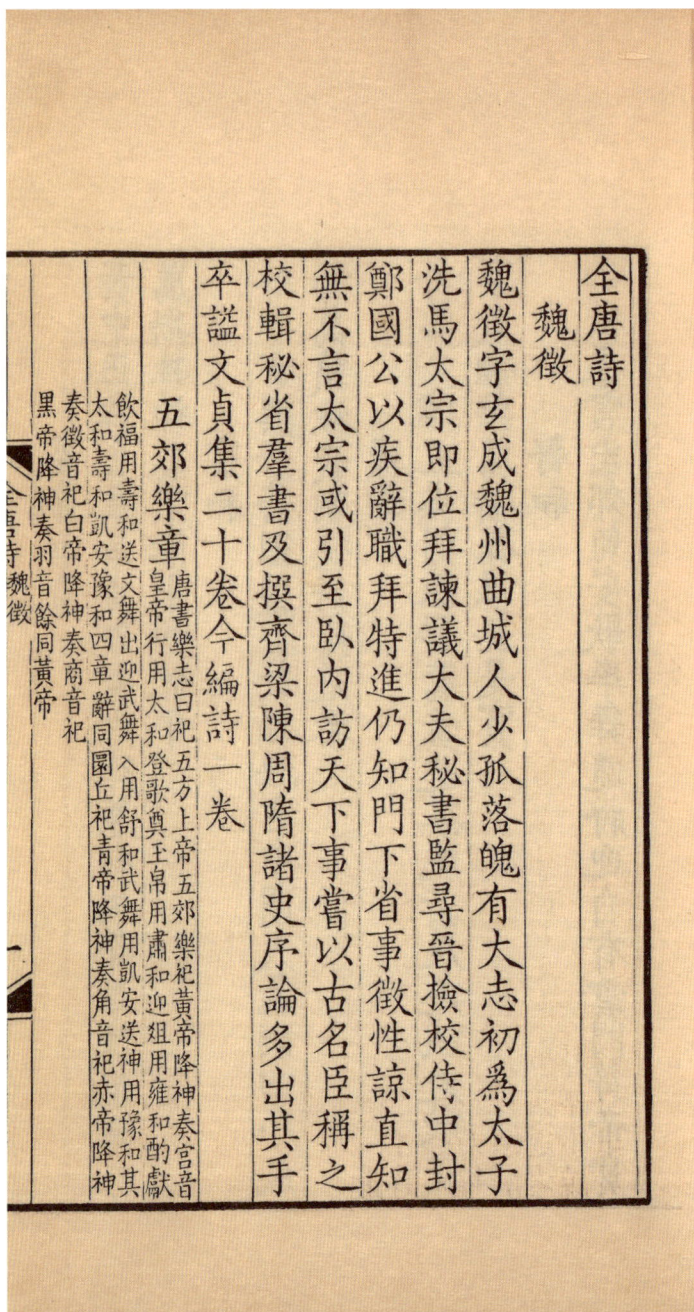

古唐詩合解十二卷

〔清〕王堯衢注　〔清〕李模 李桓校　清刻本　四册

框12.6×10.5釐米。9行21字，小字雙行同。白口，左右雙邊，單黑魚尾。版心上鐫"古唐詩合解"，中鐫卷次。外封記載"Presented by Yung Wing, October 1854"。

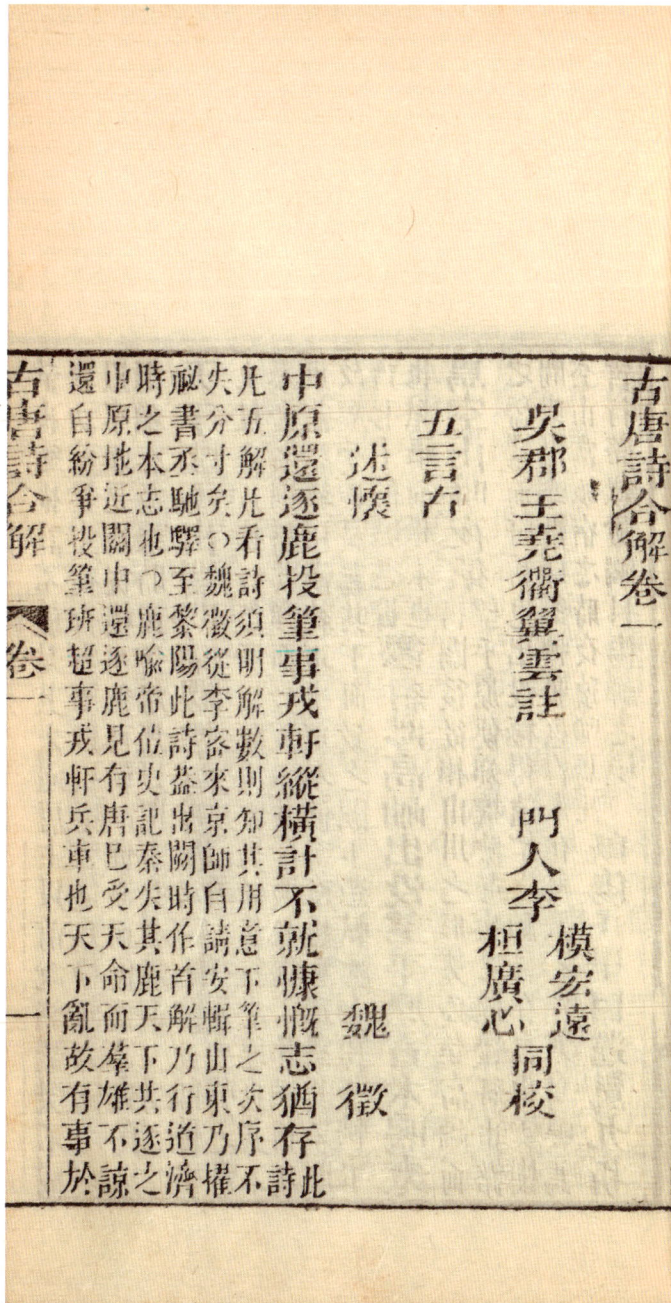

御定全唐詩録一百卷附年表 PL2531 C49 1706

〔清〕徐倬 徐元正校刊　清康熙四十五年（1706）揚州詩局刻本　二十四册

框16.1×11.7釐米。11行21字。黑口，左右雙邊，雙魚尾。版心中鎸"全唐詩録"、卷次及詩作者名。缺首册。鈐"楊簡之印""在之""中華武進謝利恒校讀之記"印。

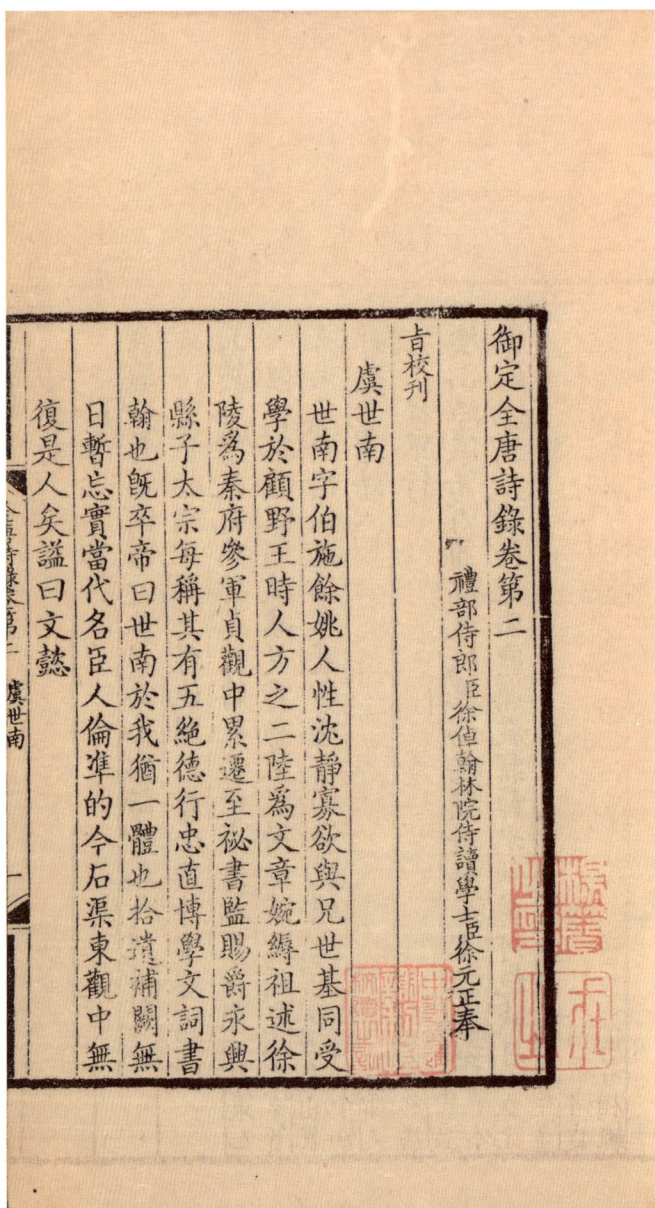

中晚唐詩叩彈集十二卷續集三卷　　　　　　　　Fv5237.48 4106

〔清〕杜詔 杜庭珠集　清康熙四十三年（1704）采山亭刻本　七册

框18.8×14.6釐米。11行20字，小字雙行不等。白口，左右雙邊，單黑魚尾。版心中鎸"叩彈集"、卷次及詩作者名，下鎸"采山亭"及刻工。内封鎸"采山亭藏板"。

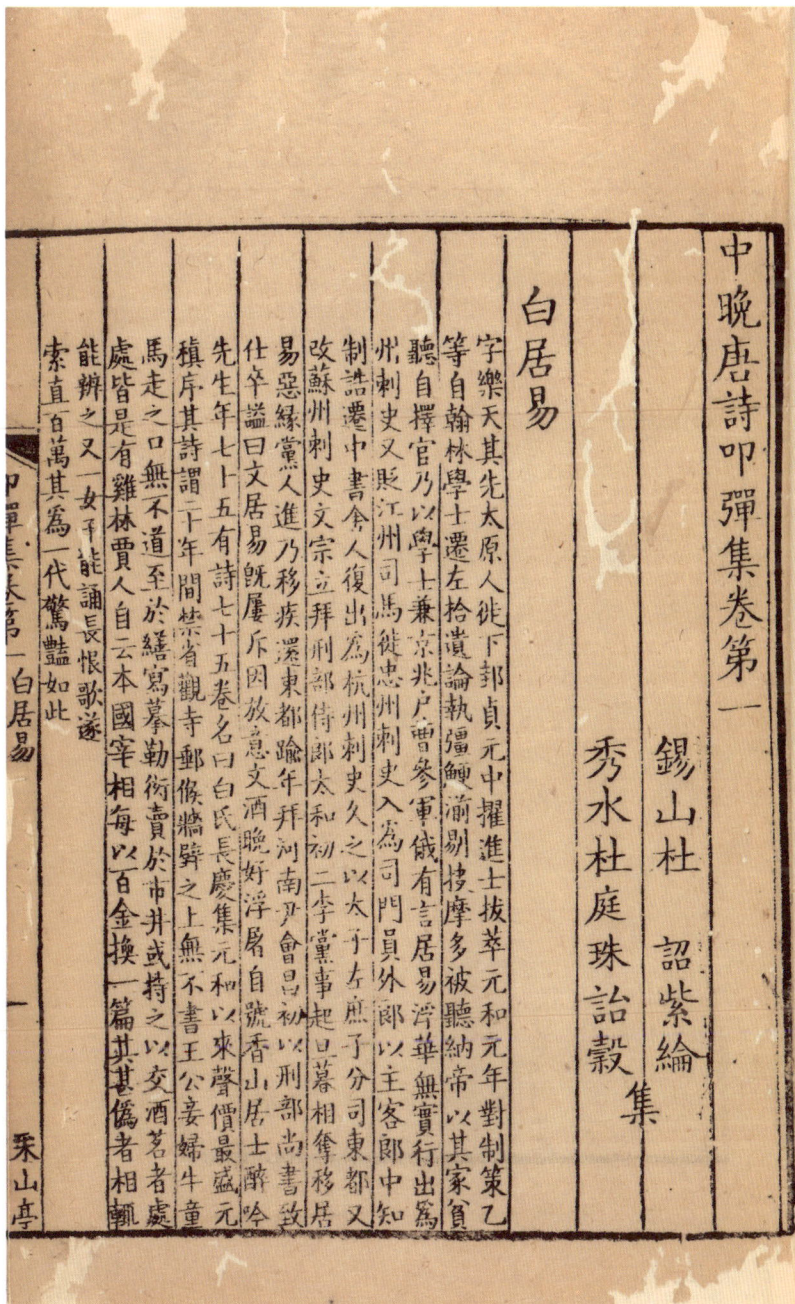

欽定全唐文一千卷總目三卷　　　　　　　　　　Fv5238.48 +8100

〔清〕董誥 阮元等編輯　清嘉慶二十三年(1818)揚州詩局刻本　一千四册

框19.9×14.5釐米。9行22字。白口，四周雙邊，單黑魚尾。版心上鐫書名，中鐫卷次及詩作者名。藏書票題 "Gift of HSIANG-HSI K'UNG, Y'07 1940"。函套與外封鈐 "Presented by H. H. KUNG"。

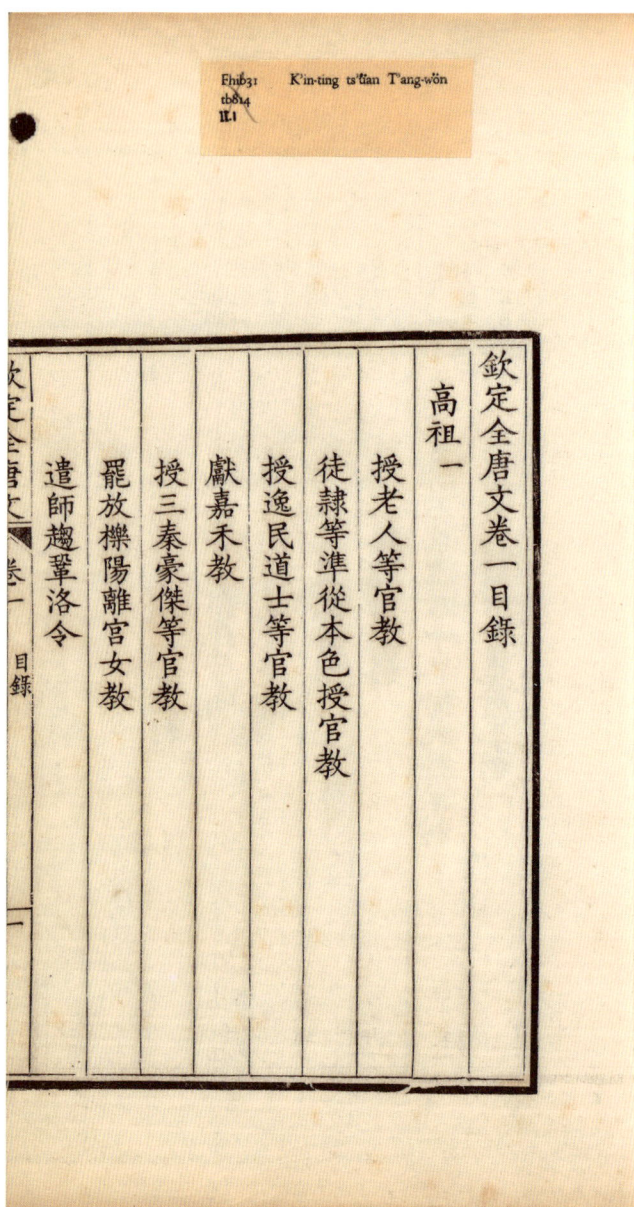

欽定全唐文卷一

高祖皇帝

帝姓李氏諱淵字叔德其先隴西成紀人後徙長安祖虎佐周有功爲柱國追封唐公帝生襲封隋大業十二年十二月爲太原留守明年五月舉義兵十一月入長安尊立恭帝自爲大丞相進爵爲王義寧二年戊寅五月受禪建元武德在位九年八月傳位太子年七十一謚曰大武皇帝廟號高祖追尊神堯大聖大光孝皇帝

授老人等官教

長生殿傳奇四卷　　　　　　　　　　　　　　　　　Fv5696 7327C

〔清〕洪昇填詞　〔清〕吳人論文　清康熙至雍正間昭德堂刻本　八冊

框9.9×7.1釐米。9行18字，小字雙行同。白口，四周雙邊，單黑魚尾。版心上鐫
"長生殿"，中鐫卷次。金鑲玉裝。內封鐫"繪像新鐫/長生殿/昭德堂藏板"。"真"
字未諱。

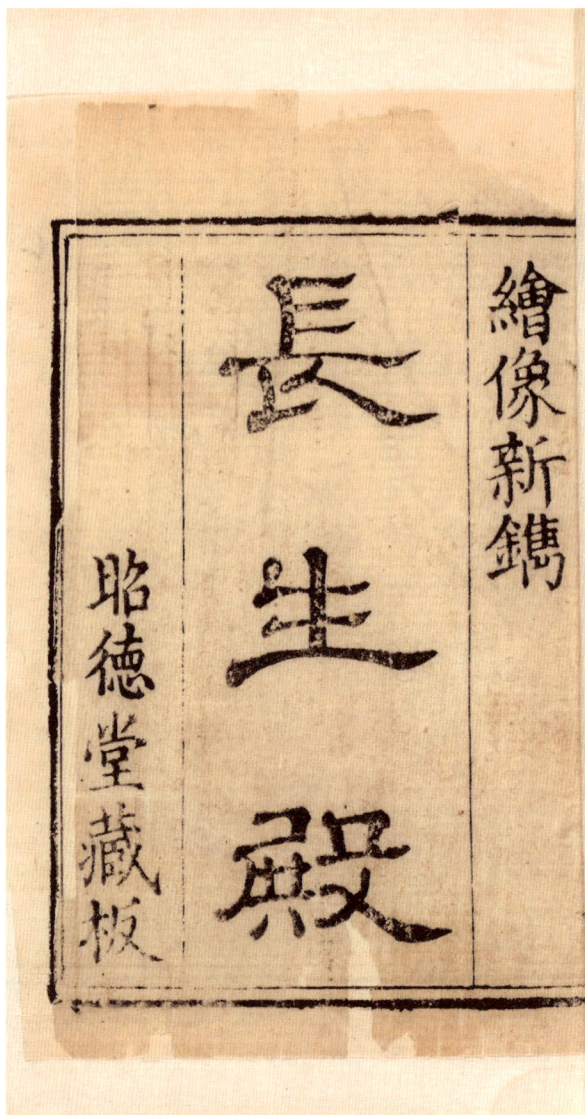

長生殿傳奇卷上之上

錢塘洪昇昉思填詞

同里吳人舒鳧論文

傳槩〔末上〕

【滿江紅】今古情場問誰個真心到底但果
有精誠不散終成連理萬里何愁南北
邪論生和死笑人間兒女悵緣慳無情
金石回天地昭白日亞青史看臣忠子孝總由
情至先聖不曾刪鄭衞君臣取義翻宮徵借太

欽定四書文不分卷　　　　　　　　　　Fv5238.08 +0241

〔清〕弘晝監理　〔清〕方苞校閲　清乾隆五年（1740）北京武英殿刻本　十六册

框22.4×15.7釐米。9行25字。白口，四周雙邊，單黑魚尾。版心上分別鎸各集書
名，中鎸四書名。鈐"筆山樓""讀我書"印。

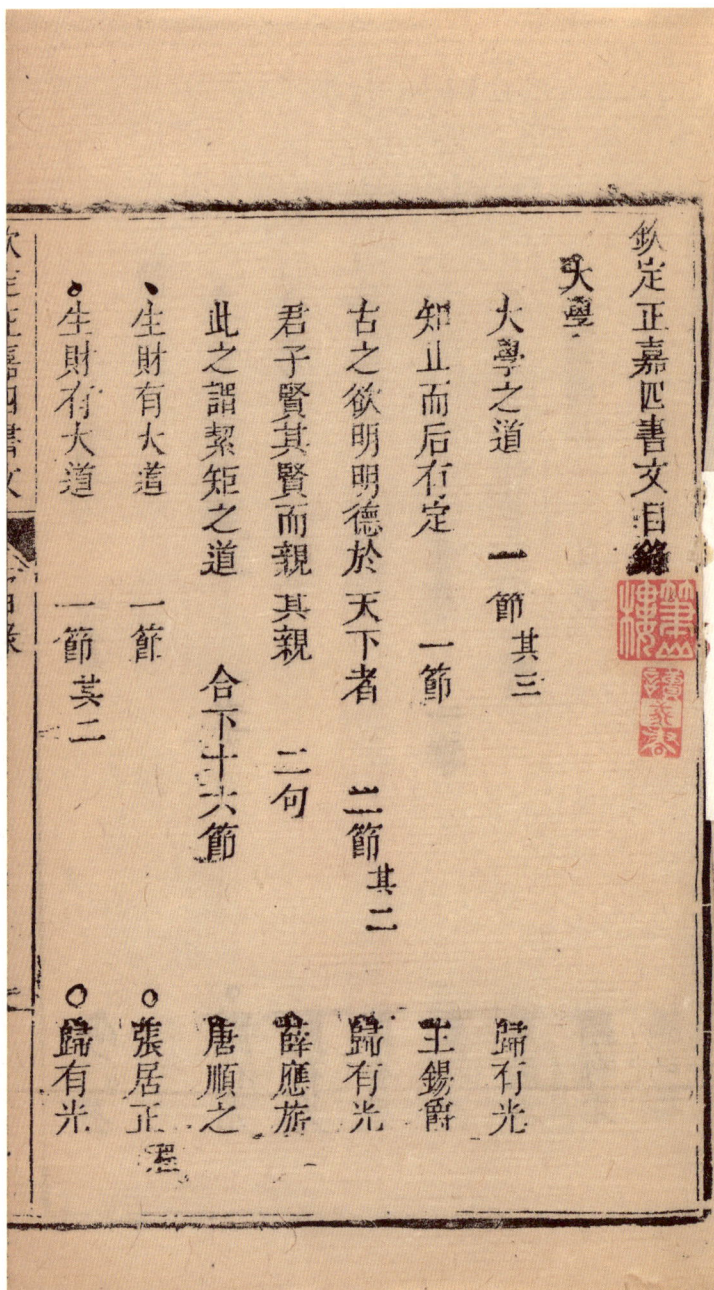

繪風亭評第七才子書琵琶記六卷釋義一卷才子琵琶寫情篇一卷　　　　Fv5676 2142

〔元〕高明撰　（寫情篇）〔清〕陳方平彙輯　清康熙映秀堂刻雍正三多齋印本
十二册

　框18.2×13釐米。8行19字。白口，左右雙邊，單黑魚尾。版心上鐫"第七才子
書"，中鐫卷次，下鐫"映秀堂"。内封鐫"毛聲山批琵琶記/第七才子書/三多齋梓
行"。

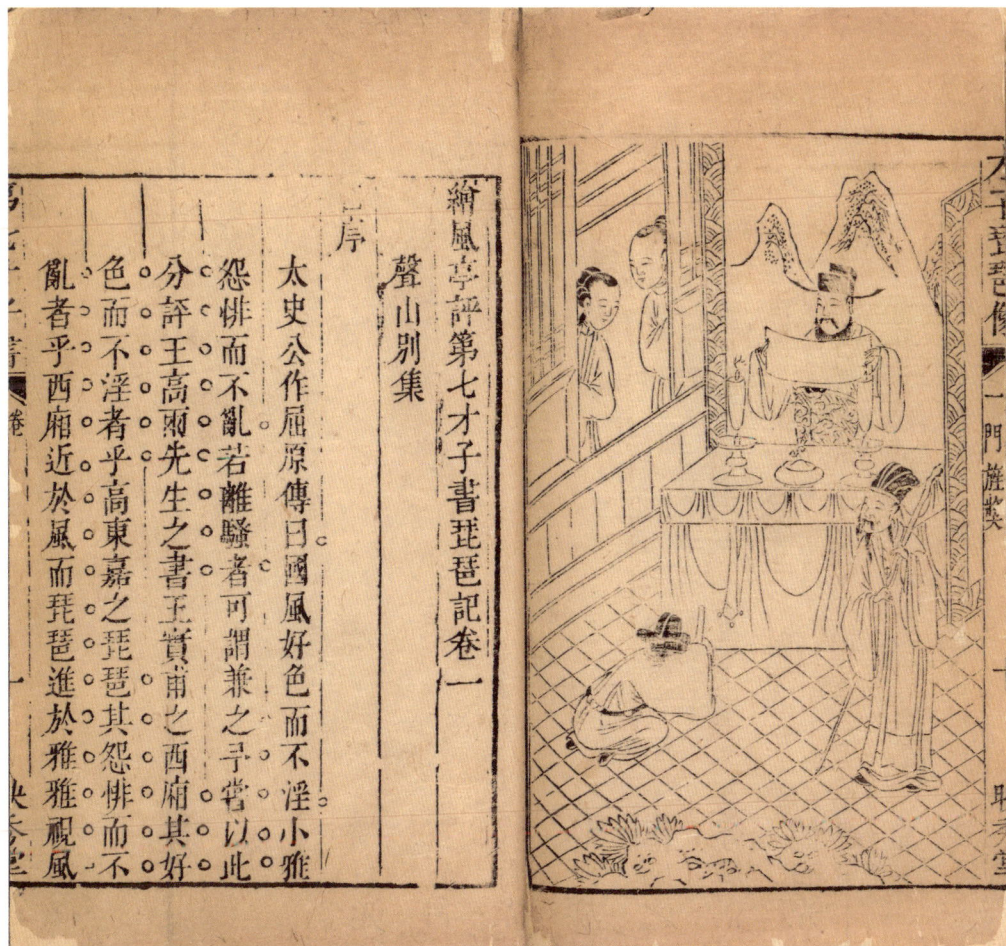

拍案驚奇三十六卷　　　　　　　　　　　　　　　Fv5750.7 3433

〔明〕凌濛初撰　　清初消閒居精刻本　　十二册

框20.8×13.8釐米。11行24字。白口，四周單邊，單黑魚尾。版心上鐫書名，中鐫
卷次。内封鐫"姑蘇原本/繡像拍案驚奇/消閒居精刊"。外封記載"Kennedy"。

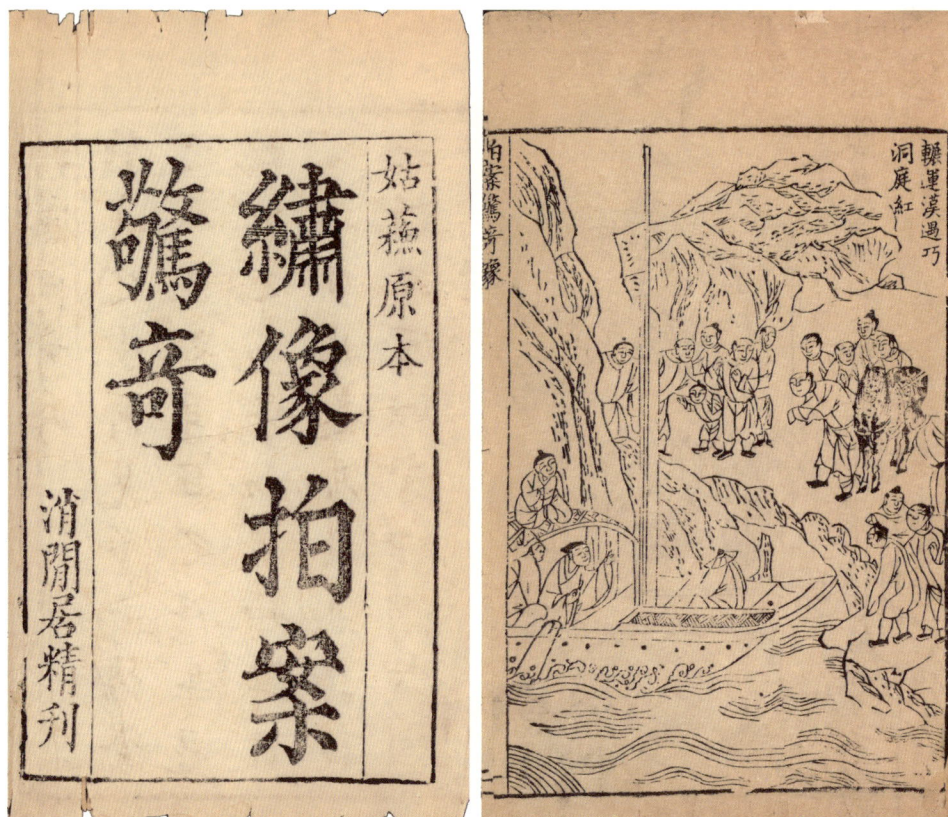

拍案驚奇卷一

轉運漢遇巧洞庭紅　波斯胡指破鼉龍殼

詞云

日日深杯酒滿　朝朝小圃花開　自歌自舞自開懷　且喜無拘

無礙　青史幾番春夢　紅塵多少奇村　不須計較與安排　領

取而今現在

這首詞乃宋朱希真所作詞寄西江月單道着人生功名富貴

總有天數不如圖一箇見前快活試看往古來今一部十七史

中多少英雄豪傑該富的不得富該貴的不得貴能文的文不

着武的武不着時幾張紙蓋不完醬瓿能武的穿楊百步用不着

干言用不着時幾張紙蓋不完醬瓿能武的穿楊百步用不着

時幾幹箭煮不熟飯鍋最是那凝呆懞董生來有福分的隨他

虞初志七卷 Fv5736.4 +2334

〔明〕袁宏道參評　　〔明〕屠隆點閱　　明天啓元年（1621）至崇禎末年凌性德刻
朱墨套印本　　八冊

框20.9×14.8釐米。8行19字。白口，四周單邊。版心上鐫書名及卷次，中鐫篇名。
金鑲玉裝。鈐"海曲馬氏""暫得於己""快然自足"印。

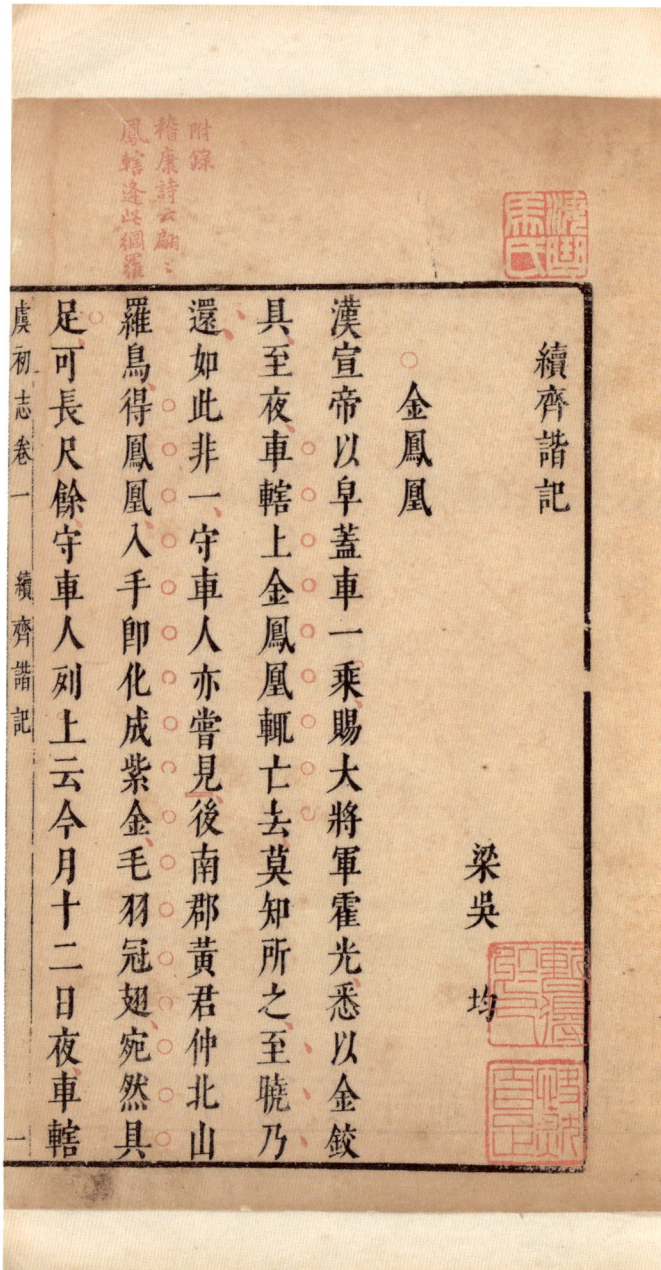

情史類略二十四卷

〔明〕馮夢龍編　〔明〕詹詹外史評輯　清乾隆至嘉慶間刻本　十二冊

框19.2×14.7釐米。11行24字。白口，左右雙邊，單黑魚尾。版心上鐫"情史"，中鐫卷次，眉欄鐫評。"弘"字避諱，"寧"字未諱。外封記載"Kennedy"。

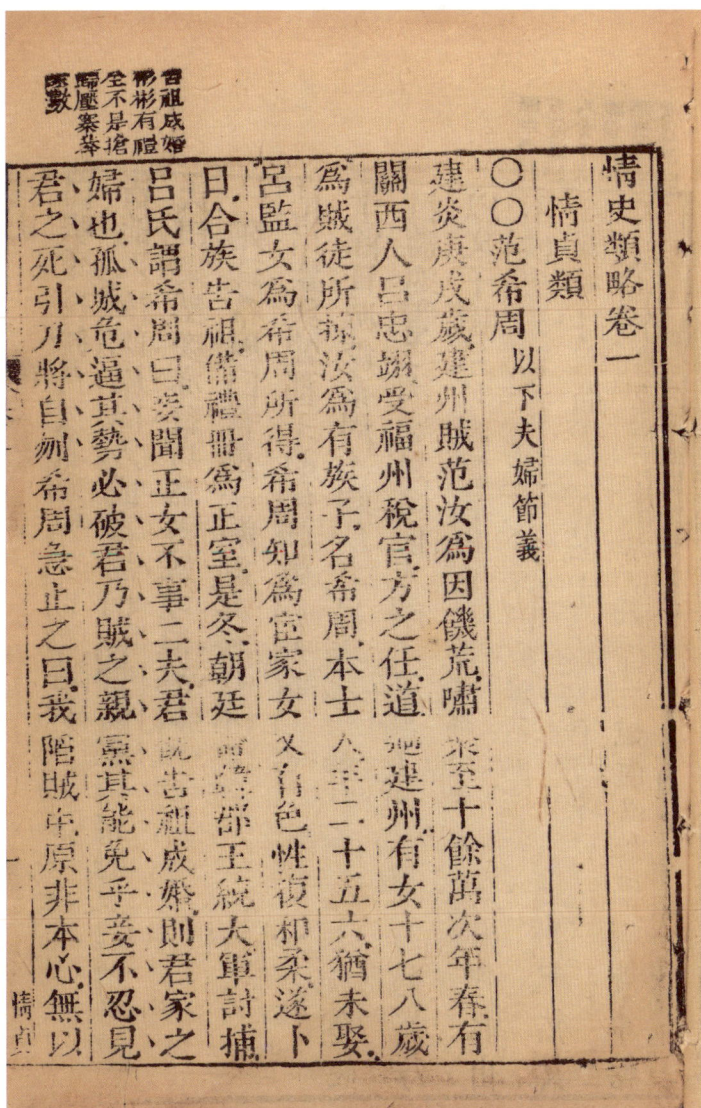

第五才子書施耐庵水滸傳七十五卷七十回 Fv5752 0110G

〔元〕施耐庵撰 〔清〕金人瑞批 清初刻本 三十二冊

框19.1×13.6釐米。9行20字。白口，左右雙邊。版心上鎸"第五才子書"，中鎸卷次。鈐"胡天獵隱藏書"印。原韓鏡塘藏書。

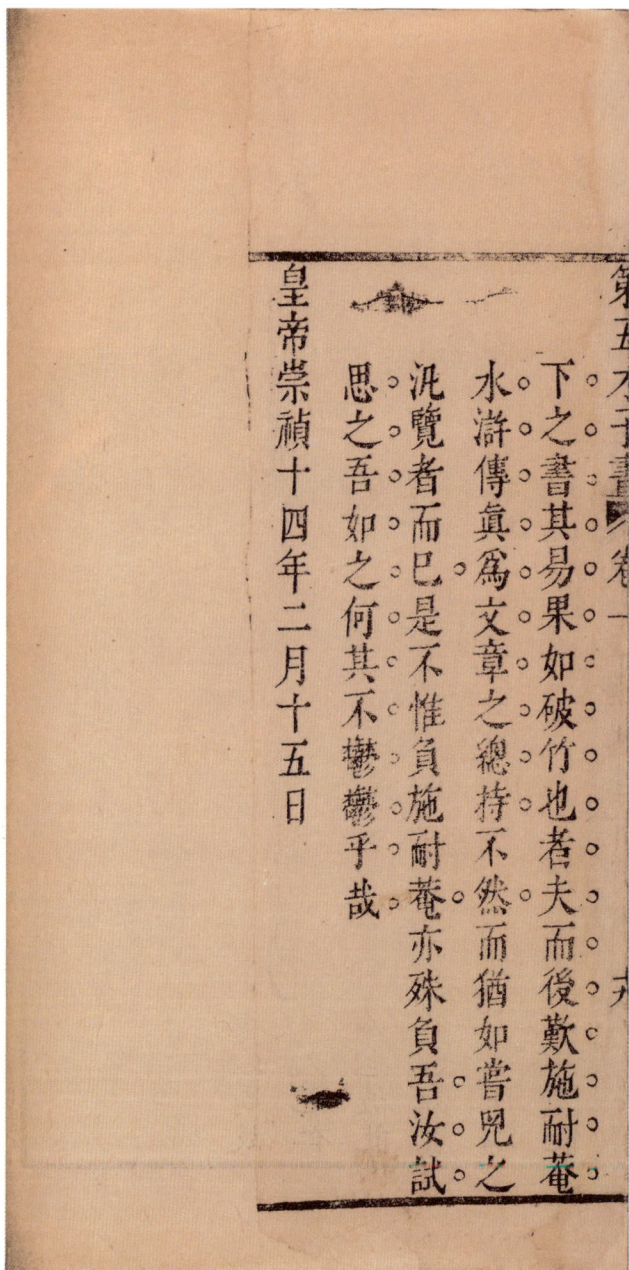

第五才子書施耐菴水滸傳卷之一

聖歎外書

序一

原夫書契之作昔者聖人所以同民心而出治
道也其端肇於結繩而其盛殺而爲六經其秉
簡載筆者則皆在聖人之位而又有其德者也
在聖人之位則有其權有聖人之德則知其故
有其權而知其故則得作而作亦不得不作而
作也是故易者導之使爲善也禮者坊之不爲

忠義水滸全書一百二十回　　　　　　　　　　　　　Fv5752 0110H

〔元〕施耐庵撰　清初郁郁堂刻本　二十册

框20.8×14.4釐米。10行22字。白口，四周單邊。版心上鎸"水滸全書"，中鎸回次，下鎸"郁郁堂"。内封鎸"卓吾評閲/繡像藏本/水滸四傳全書/郁郁堂梓行"。"玄"字未諱。鈐"胡天獵隱藏書"印。原韓鏡塘藏書。

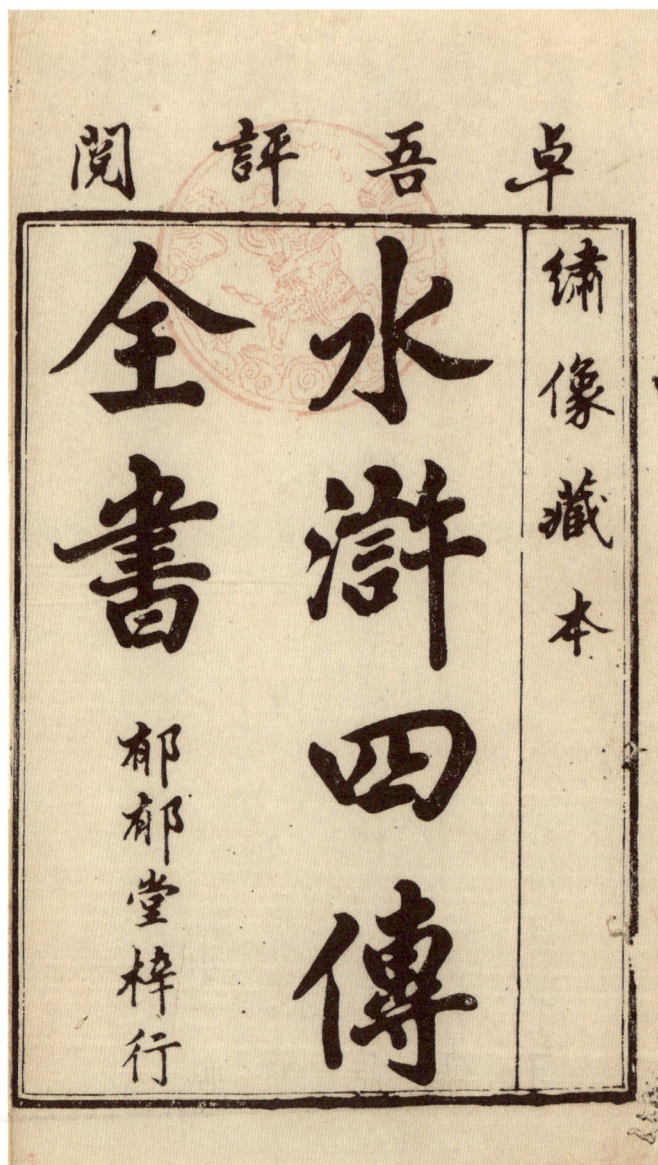

忠義水滸全書

第一回

張天師祈禳瘟疫　　洪太尉誤走妖魔

話說大宋仁宗天子在位，嘉祐三年三月三日五更三點，天子駕坐紫宸殿受百官朝賀。但見：

祥雲迷鳳閣，瑞氣罩龍樓。含煙御柳拂旌旗，帶露宮花迎劍戟。天香影裏，玉簪朱履聚丹墀；仙樂聲中，綉襖錦衣扶御駕。珍珠簾捲，黃金殿上現金輿；鳳羽扇開，白玉堦前停寶輦。隱隱淨鞭三下響，層層文武兩班濟。

當有殿頭官喝道：「有事出班早奏，無事捲簾退朝。」只見班

三國志通俗演義二十四卷附三國志宗寮　　　　　　　　Fv5754 +6175.15

〔明〕羅貫中撰　明嘉靖刻本（有抄補）　四十八册

框23.8×16.6釐米。9行17字。黑口，四周雙邊，雙魚尾。版心中鎸 "三國志" 及卷次。金鑲玉裝。鈐 "胡天獵隱藏書" 印。原韓鏡塘藏書。

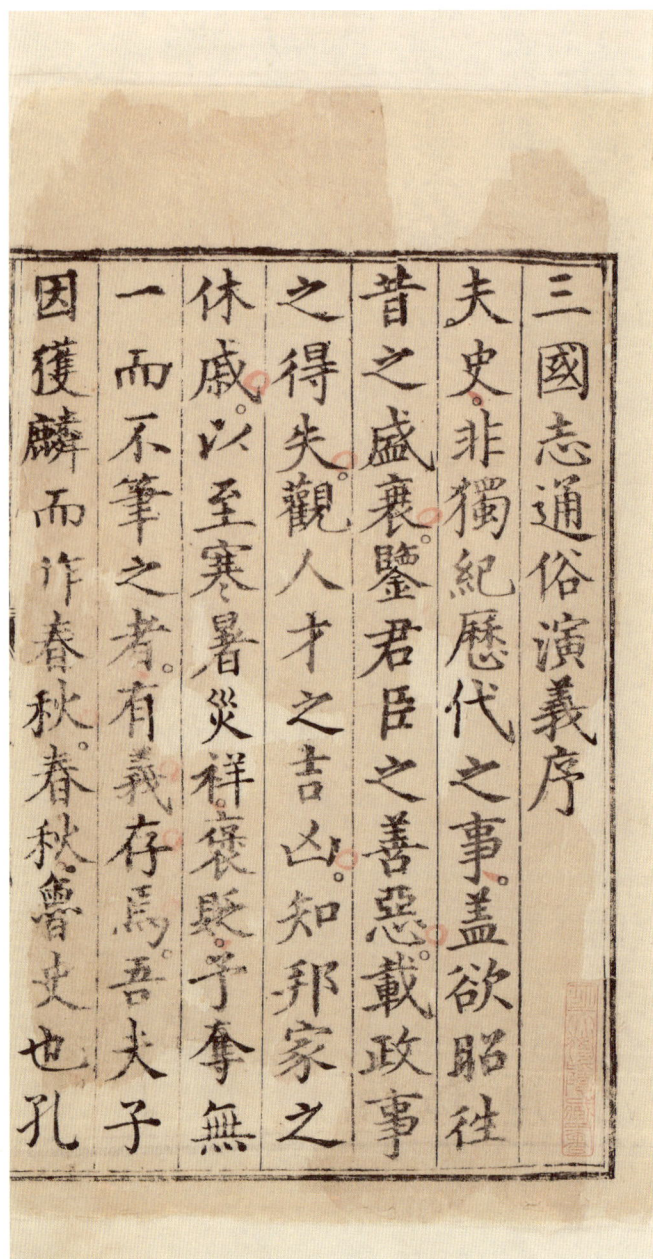

三國志通俗演義卷之一

　　　　晋平陽侯陳壽史傳

　　　　後學羅本貫中編次

祭天地桃園結義

後漢桓帝崩靈帝即诨時年十二歲朝廷有

大將軍竇武太傅陳蕃同徒胡廣共相輔佐

至秋九月中诮曹節王甫弄權竇武陳蕃預

謀誅之機謀不密反被曹節王甫所害中诮

自此得權建寧二年四月十五日帝會群臣

三國志卷之一

新刊校正古本大字音釋三國志通俗演義十二卷附三國志宗寮　　　Fv5754 +6175.12

〔明〕羅貫中撰　〔明〕周曰校刊行　明萬曆十九年（1591）金陵萬卷樓周曰校刻本　十二冊

框22.6×14.5釐米。13行26字，小字雙行同。白口，四周單邊，單黑魚尾。版心上鐫"全像三國演義"，中鐫卷次，卷二版心下題"仁壽堂刊"。內封鐫"全像三國志傳演義/書林周曰校刊"。鈐"胡天獵隱藏書"印。原韓鏡塘藏書。

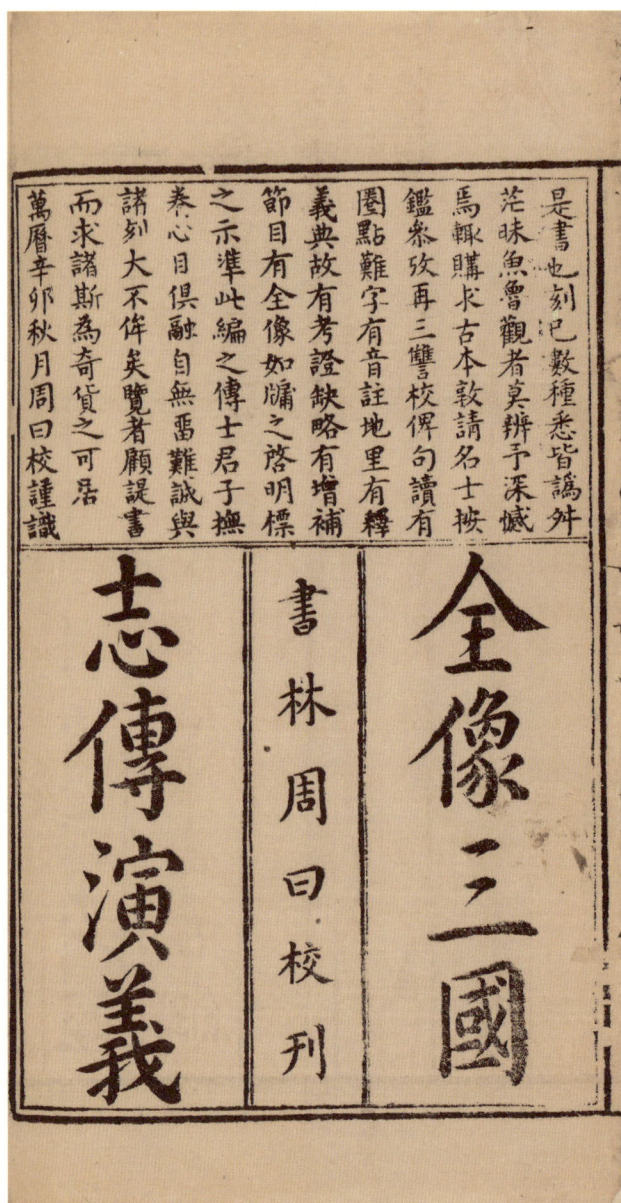

騫騰麟鳳孤。四海徒令踏白刃。

天假數年壽孔明。山河未必輕

歸晉。此編非只口耳資。萬古綱

常期復振。

昔

嘉靖壬子孟夏吉望關中脩頴子

書于居易艸亭

萬曆辛卯季冬吉望刊于萬卷樓

李卓吾先生批評三國志真本一百二十回　　　　　　Fv5754 +6175.14

〔明〕羅貫中撰　〔明〕李贄批評　清初刻本　二十六册

框20.8×14.3釐米。10行22字。白口，四周單邊。版心中鐫"三國志"。金鑲玉裝。鈐"胡天獵隱藏書"印。原韓鏡塘藏書。

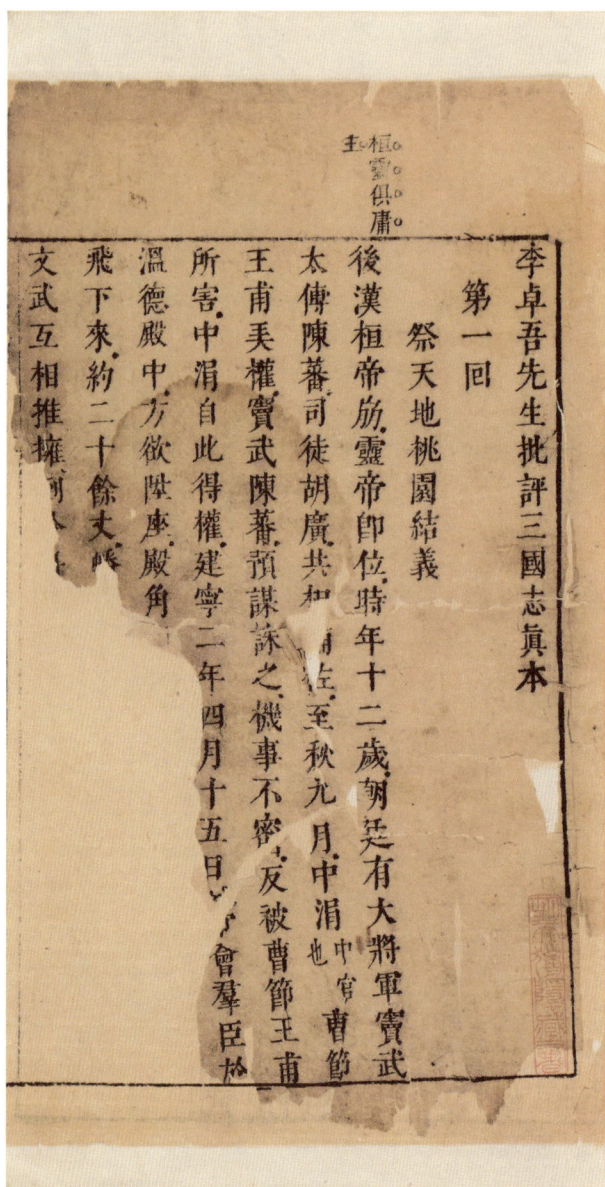

三國志二十四卷一百二十回 Fv5754 +6175.11

〔明〕羅貫中撰　清初徽州遺香堂刻本　三十六册

框20.3×14.2釐米。10行22字。白口，四周單邊，單黑魚尾。版心上鐫書名，中鐫回次，下鐫"遺香堂"。金鑲玉裝。鈐"胡天獵隱藏書""寶澤堂""榴蔭書屋"印。原韓鏡塘藏書。

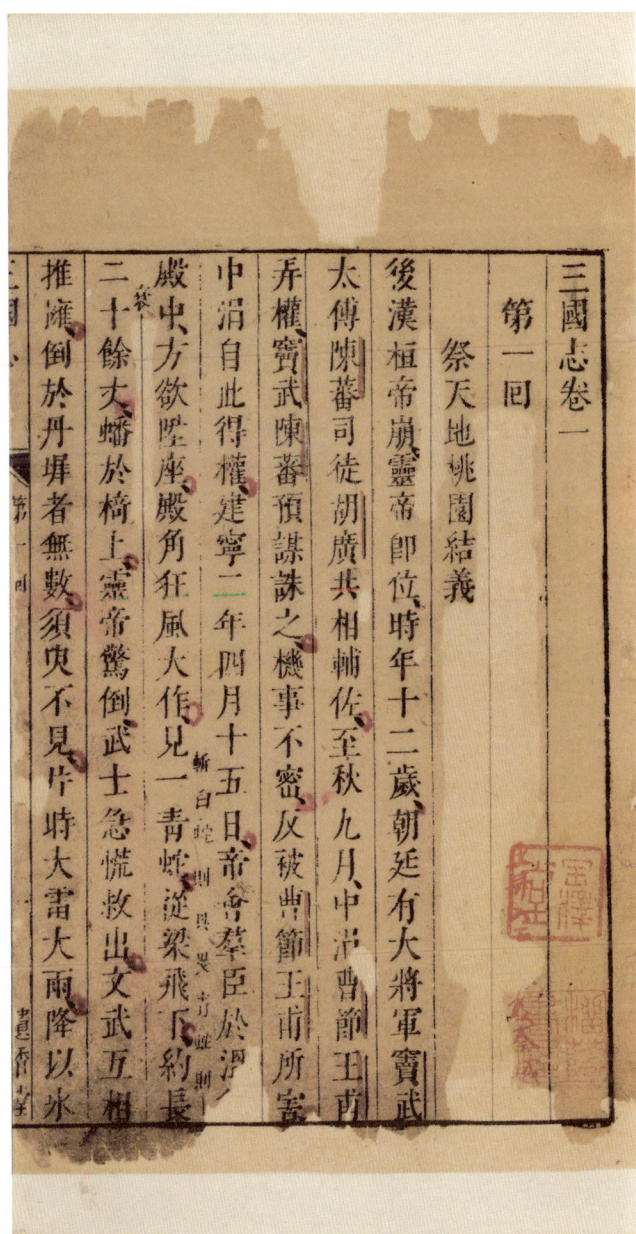

李卓吾先生批評三國志一百二十回　　　　　　　　Fv5754 +6175.13

〔明〕羅貫中撰　　〔明〕李贄批評　　清雍正三年（1725）刻本　　三十一冊

框20.8×14.3釐米。10行22字。白口，四周單邊，單白魚尾。版心上鎸"三國志"，中鎸回次。内封鎸"雍正乙巳年夏鎸/李卓吾先生評/新訂繡像三國志/古吳三槐堂三樂齋三才堂藏板"。金鑲玉裝。鈐"胡天獵隱藏書"印。原韓鏡塘藏書。另有複本一，書號同，存目錄、姓氏、像，三册，金鑲玉裝，鈐"胡天獵隱藏書"印。

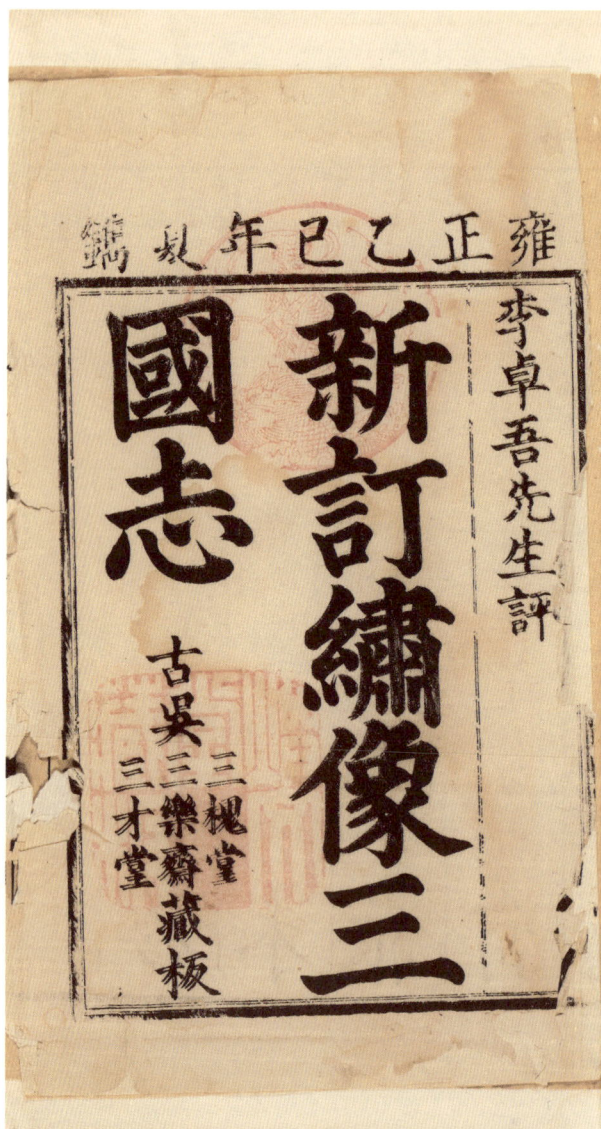

三國志演義序

昔之讀史者每致憾於

昭烈未竟其業武侯未

盡其用不知昭烈以赤

手起家實與高祖同嘗

時與高祖爲敵者不過

序一

西遊真詮一百回　　　　　　　　　　　　　　　　Fv5756 2316.6

　　〔明〕吳承恩撰　　〔清〕陳士斌詮解　　清乾隆四十五年（1780）金閶書業堂刻本
二十册

　　框21×15釐米。11行24字。白口，四周單邊，單黑魚尾。版心上鎸"西遊真詮"，
中鎸回次。内封鎸"乾隆庚子年新刊/山陰悟一子參解/重鎸繡像西游真詮/金閶書
業堂梓行"。

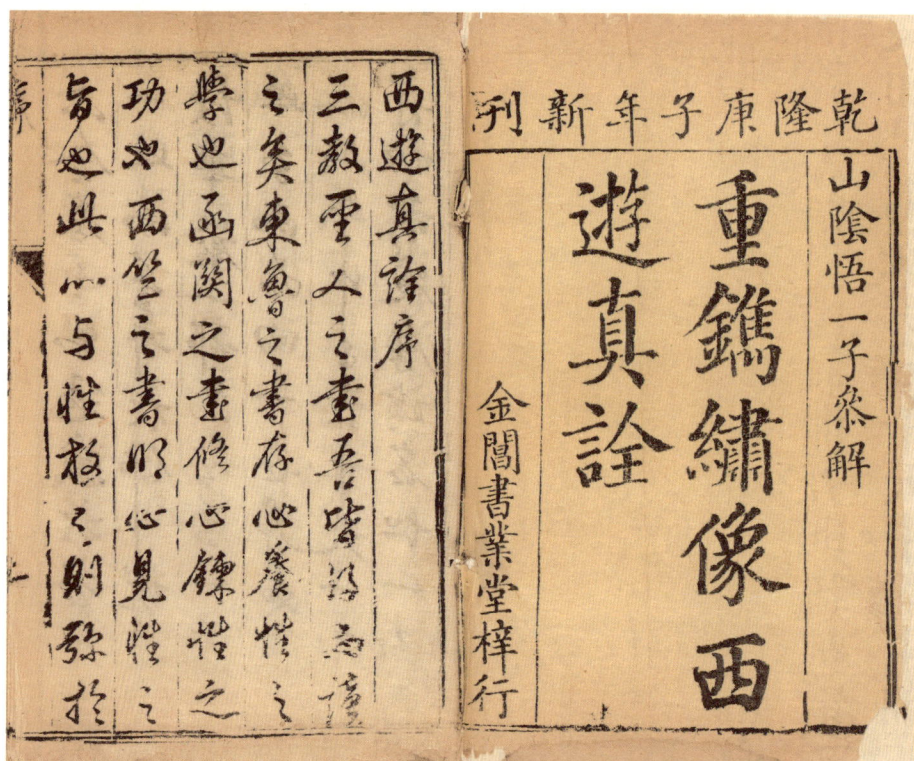

西遊眞詮　　　　　　　　山陰悟一子陳士斌允生甫詮

第一回

　　靈根育孕源流出　　心性修持大道生

詩曰

混沌未分天地亂茫茫渺渺無人見。自從盤古破鴻濛開闢

從茲清濁辨覆載羣生仰至仁發明萬物皆成善欲知造化

會元功須看西遊釋厄傳

蓋聞天地之數有十二萬九千六百歲爲一元將一元分爲十

二會乃子丑寅卯辰巳午未申酉戌亥之十二支也每會該一

萬八百歲且就一日而論子時得陽氣而丑則雞鳴寅不通光

而卯則日出辰時食後而巳則挨排日午天中而未則西蹉申

第一奇書一百回卷首圖　　　　　　　　　　　　　PL2698 H73 C5 1695

〔明〕蘭陵笑笑生撰　〔清〕張竹坡評點　清初崇經堂刻補修本　三十二冊

框12.7×9.5釐米。11行25字，小字雙行同。白口，四周單邊，單黑魚尾。版心上鎸
"第一奇書"。鈐"崇讓堂主人印"印。

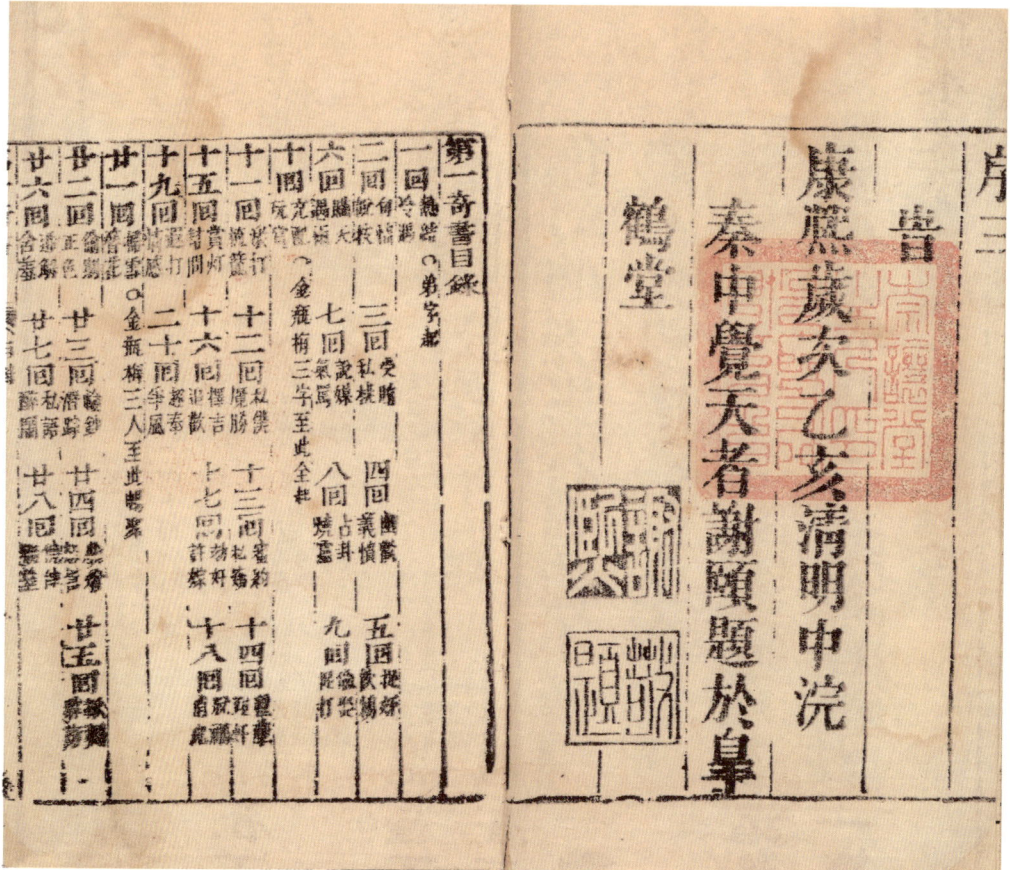

第一回

此書單重財色故卷首一詩上解悲財下解悲色。

一部炎涼書乃開首一詩並無熱氣信乎作者注意在下半

部而看官益當知看下半部也。

二八佳人一絕色也借色說入則色的利害尤財更甚下文

一朝馬死二句財也三杯茶作合二句酒也三寸氣在二句

氣也然而酒氣俱串入財色兩讀故詩亦串入小小一帶包

亦章法井井如此其文章爲何如

開講處幾句話頭乃一百回的主意一部書總不出此幾句。

然却是一起四大股四小結股臨了一結齊把整乙一篇文

字斷落皆詳批本文下。

皋鶴堂批評第一奇書金瓶梅一百回卷首圖　　　　　　Fv5758 1384B

〔明〕蘭陵笑笑生撰　〔清〕張竹坡評　清康熙刻本　十六册

框19.8×13.8釐米。10行22字，小字雙行同。白口，四周單邊。版心上鐫"第一奇書"。内封鐫"彭城張竹坡批評金瓶梅/第一奇書/本衙藏板翻刻必究"。

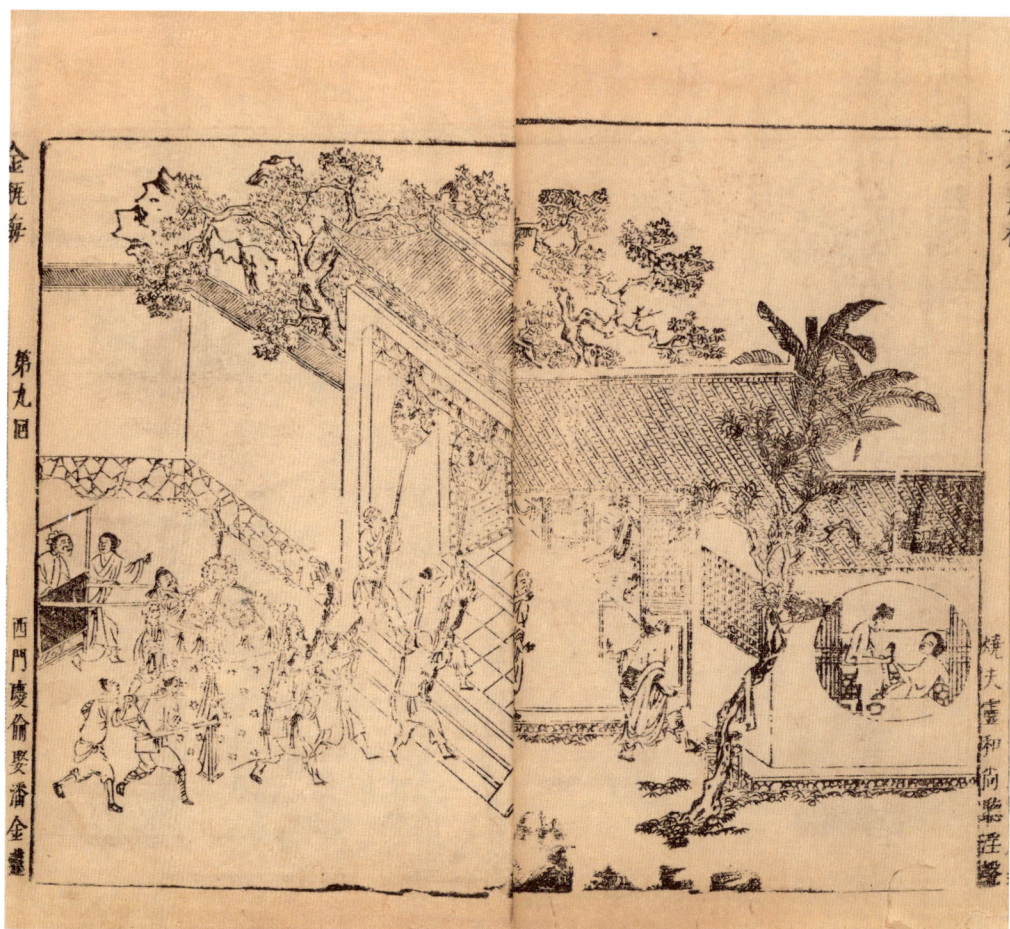

皋鶴堂批評第一奇書金瓶梅

第一回

西門慶熱結十兄弟　武二郎冷遇親哥嫂

上解空去財

豪華夫後行人絕

雄劍無威光彩沉

寶琴零落金星滅

下解空去色

玉階寂寞墜秋露

蕭箏不響歌喉咽

當時歌舞人不同

月照當時歌舞處

化爲今日西陵灰

色箴

四大奇書第四種五十卷一百回卷首圖　　　　　　　　　　PL2698.H73 C5

　　〔明〕蘭陵笑笑生撰　〔清〕張竹坡評點　清乾隆十二年（1747）刻影松軒印本
二十册

　　框21.4×13.7釐米。11行24字。白口，四周單邊，單黑魚尾。版心上鎸"奇書第四
種"，中鎸卷次。内封鎸"金聖歎批點/彭城張竹坡原本/第一奇書/影松軒藏板"，

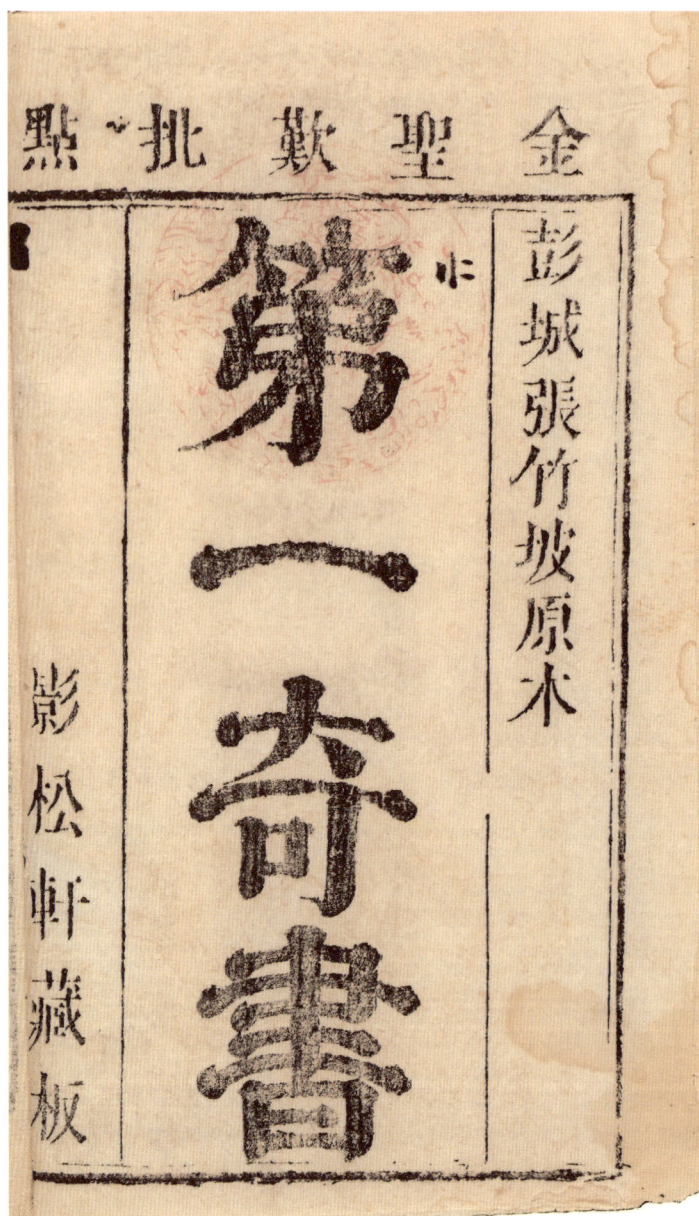

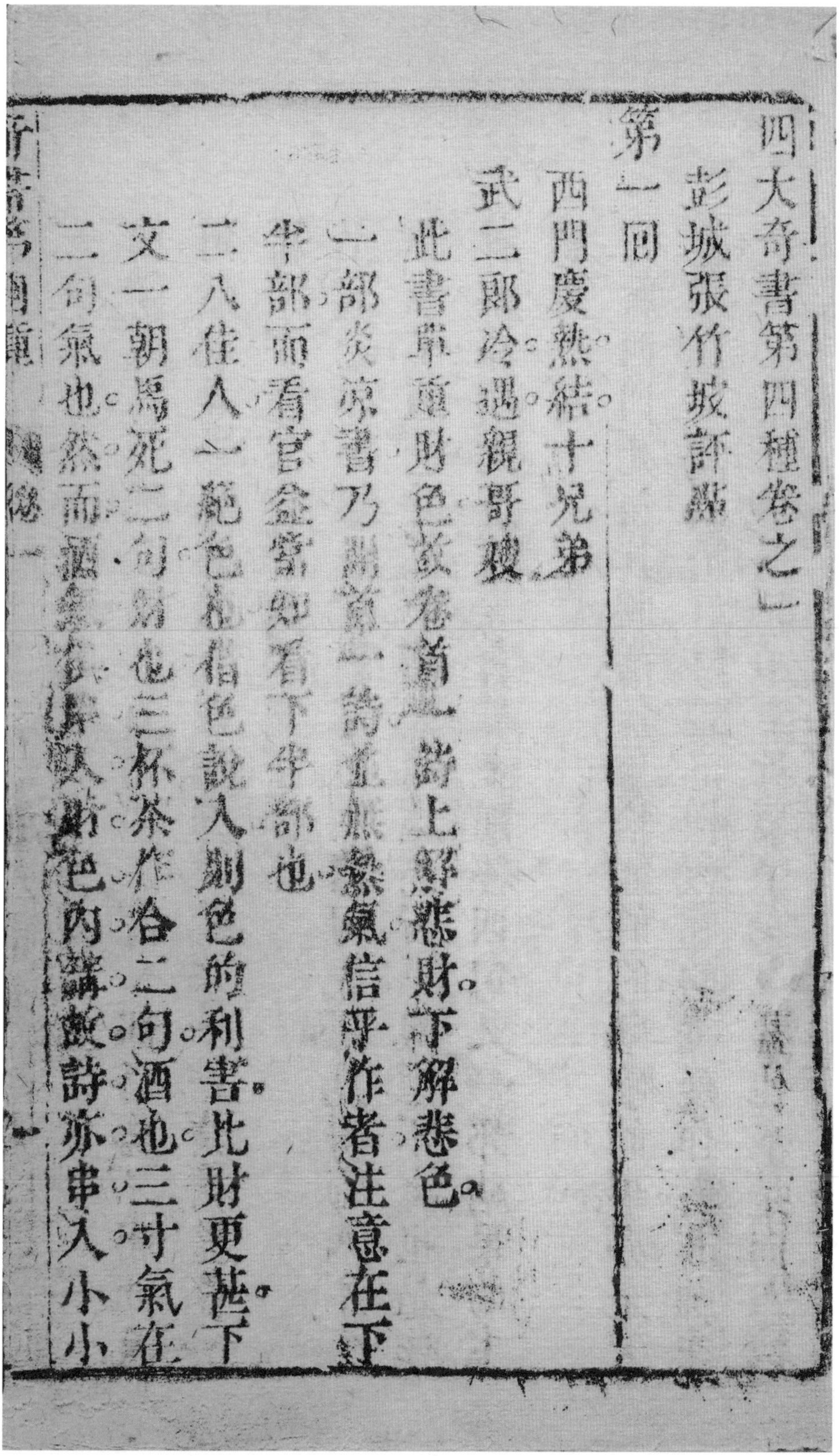

四大奇書第四種卷之一

彭城張竹坡評點

第一回

西門慶熱結十兄弟

武二郎冷遇親哥嫂

此書串頭財色故卷道一詩上解悲財下解悲色。

一部炎涼書乃開首一詩在熱結氣信乎作者注意在下

半部而看官金寶如看下半部也。

二八佳人一范色也信色說入別色的利害比財更甚下

文一朝馬死二句財也然而財色内講故詩亦串入小小

二句氣也然而……色内講故詩亦串入小小

四雪草堂重訂通俗隋唐演義二十卷一百回　　　　　　　　Fv5760 3684

〔明〕齊東野人等撰　〔清〕褚人穫彙編　〔清〕鶴樵子參訂　清初刻本　二十册
　框21.1×14.3釐米。10行23字。白口，四周單邊，單黑魚尾。版心上鎸"隋唐演
義"，中鎸卷次及回次，下鎸"四雪草堂"。内封鎸"劍嘯閣齊東野人等原本/繡像隋唐
演義"。外封記載"Kennedy"。

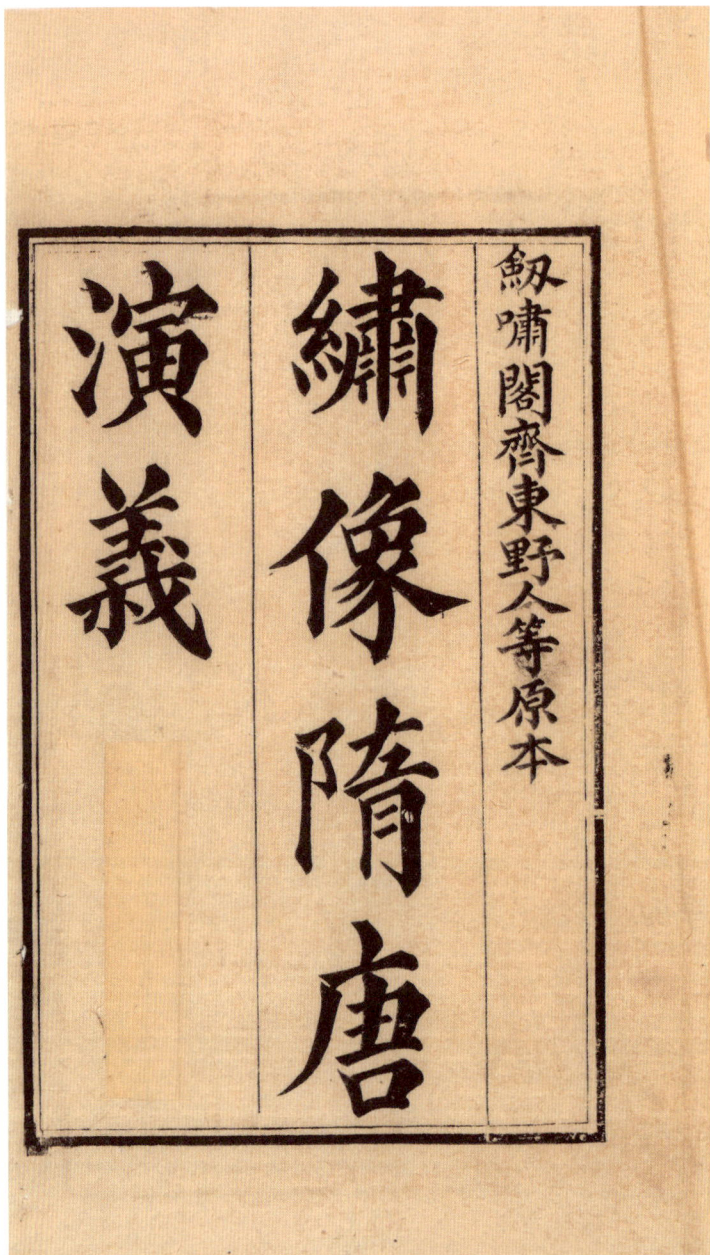

四雪草堂重 通俗隋唐演義卷之一

劍嘯閣齊東野人等原本

長洲後進没世農夫彚編

吳鶴市散人鵑樵子校訂

第一回

隋主起兵伐陳

晉王樹功奮旅

詩曰

繁華消歇似輕雲　　不朽還須建大勛

壯畧欲扶天口墜　　雄心豈入駕騙轟

時危俊傑始埋迹　　運啟英雄早致君

鐫出像楊家府世代忠勇演義志傳八卷　　　　　　　　　　Fv5759 4304

〔明〕秦淮墨客校閱　〔明〕煙波釣叟參訂　明萬曆三十四年（1606）刻本　八册

框21.8×13.9釐米。10行20字。白口，四周單邊，單黑魚尾。版心上鐫"楊家府演

義"，中鐫卷次。

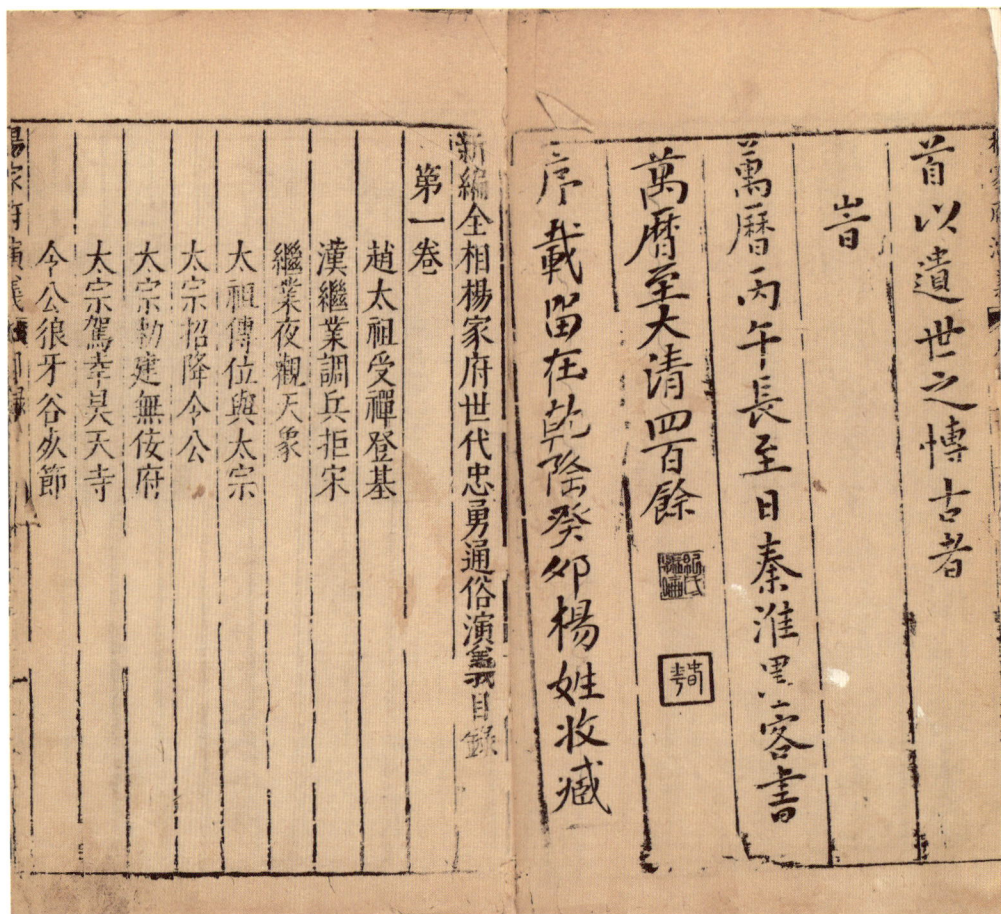

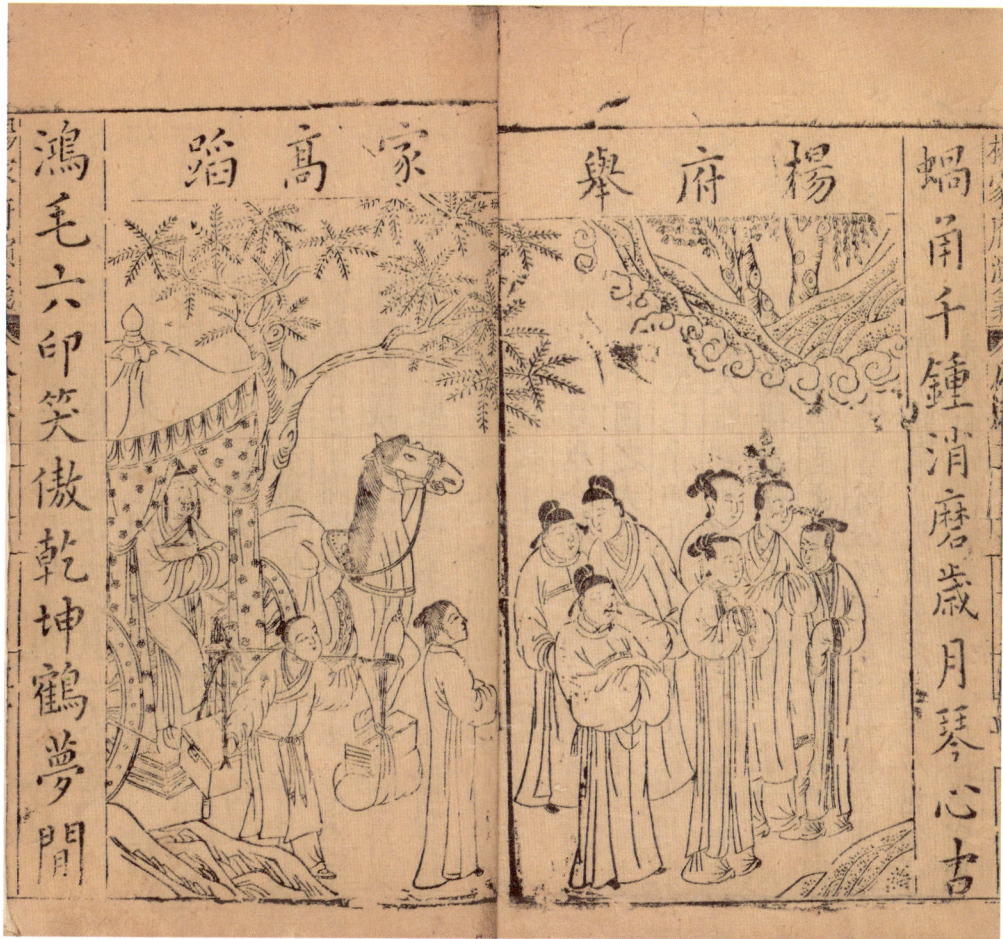

家高蹈

楊府舉

鴻毛六印笑傲乾坤鶴夢閒

蝸南千鍾消磨歲月琴心吉

今古奇觀四十卷 Fv5759 8444A

　　〔明〕抱甕老人輯　〔明〕笑花主人閱　清刻本　八册

　　框20.3×15釐米。11行23字。白口，四周單邊，單黑魚尾。版心上鎸"今古奇觀"，中鎸卷次。外封記載"Kennedy"。

第一卷

三孝廉讓產立高名

　　紫荊枝下還家日、　　　花萼樓中合被時、

　　同氣從來兄與弟、　　　千秋羞詠豆萁詩、

這首詩爲勸人兄弟和順而作用著三個故事看官聽在下一一分剖第一句說紫荊枝下還家日昔時有田氏兄弟三人從小同居合爨長的娶妻叫田大嫂次的娶妻叫田二嫂小的娶妻叫田三嫂那田三嫂爲人不賢特著自己有些粧奩妯娌和睦金無間言惟第三的年小隨著哥嫂過日後來長大娶妻叫田三嫂那田三嫂爲人不賢特著自己有些粧奩看見夫家一鍋裏煮飯卓上飲食不用私錢不動私秤便私房娶喫此一東西些不方便日夜在丈夫面前攛掇公室錢

新鐫批評繡像後西遊記四十回　　　　　　　　Fv5762.9 +8322

〔明〕佚名撰　清前期刻本　十二册

　　框19.2×13釐米。9行22字。白口，左右雙邊，單黑魚尾。版心上鐫"後西遊記"，中鐫回次。金鑲玉裝。卷四十殘。外封記載"Kennedy"。

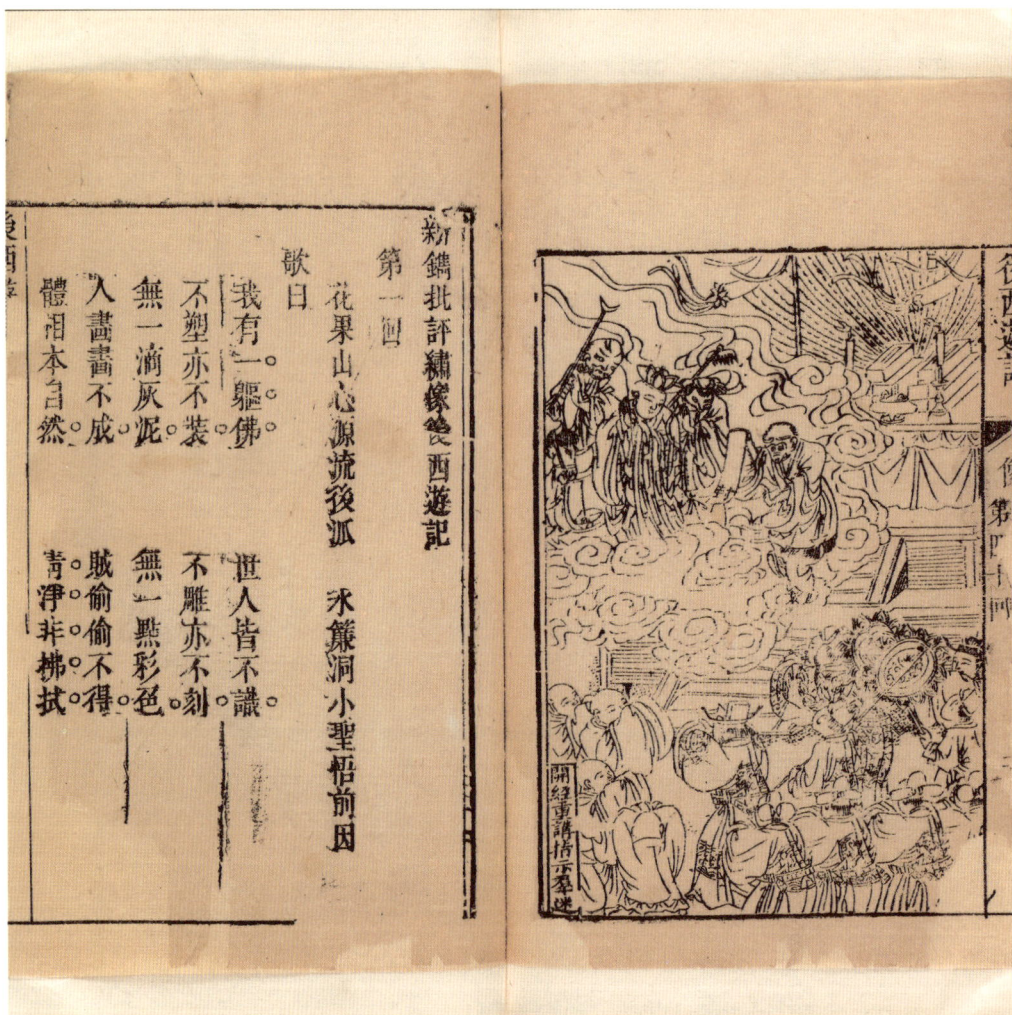

新鐫玉茗堂批評按鑑參補南宋志傳十卷五十回北宋志傳十卷五十回　　Fv5759 4213

〔明〕研石山樵訂正　〔明〕織里畸人校閱　清康熙京都文錦堂刻本　十冊

框20.1×14釐米。11行20字。白口，四周單邊，單黑魚尾。版心上鐫"南宋志傳"或"北宋志傳"，中鐫卷次。內封鐫"玉茗堂原本/繡像南北宋志傳/京都文錦堂梓行"。封面鈐"谷邑文會堂德記自在江浙蘇閩揀選古今書籍圖"印。

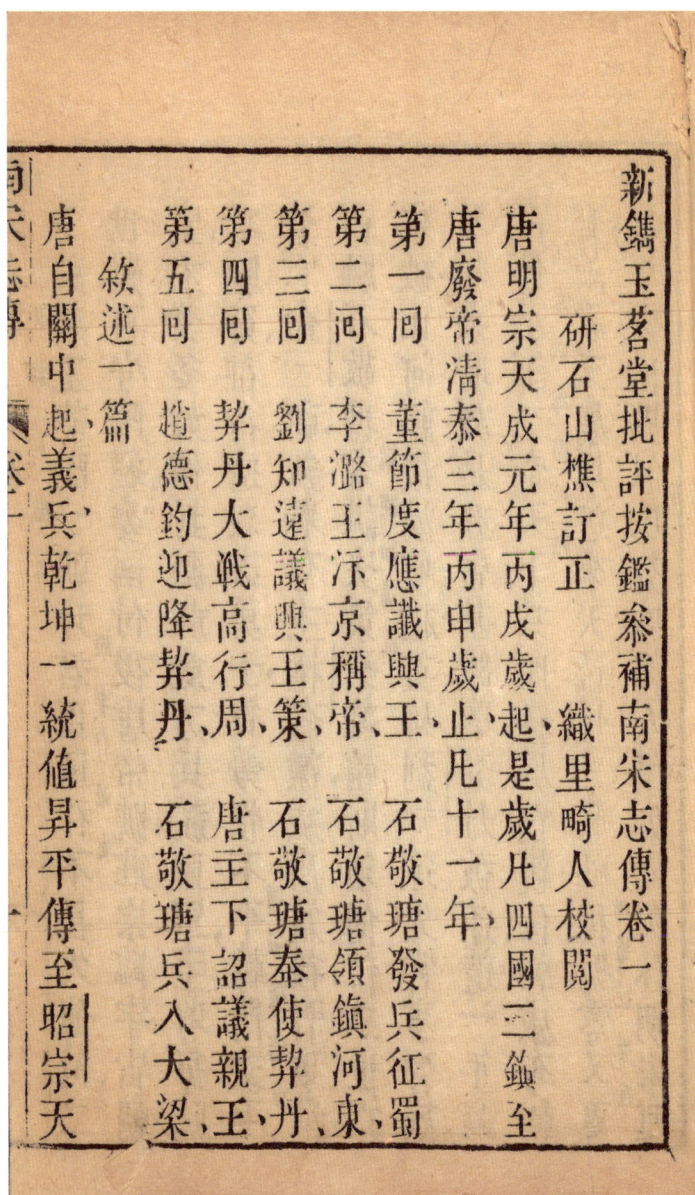

水滸後傳八卷四十回 Fv5759 C422

〔明〕陳忱撰　清初刻本　八冊

框19.1×12.9釐米。12行28字。白口，四周單邊，單黑魚尾。版心上鎸書名，中鎸卷次及回次。內封鎸"繡像水滸後傳"。"曆"字未諱。

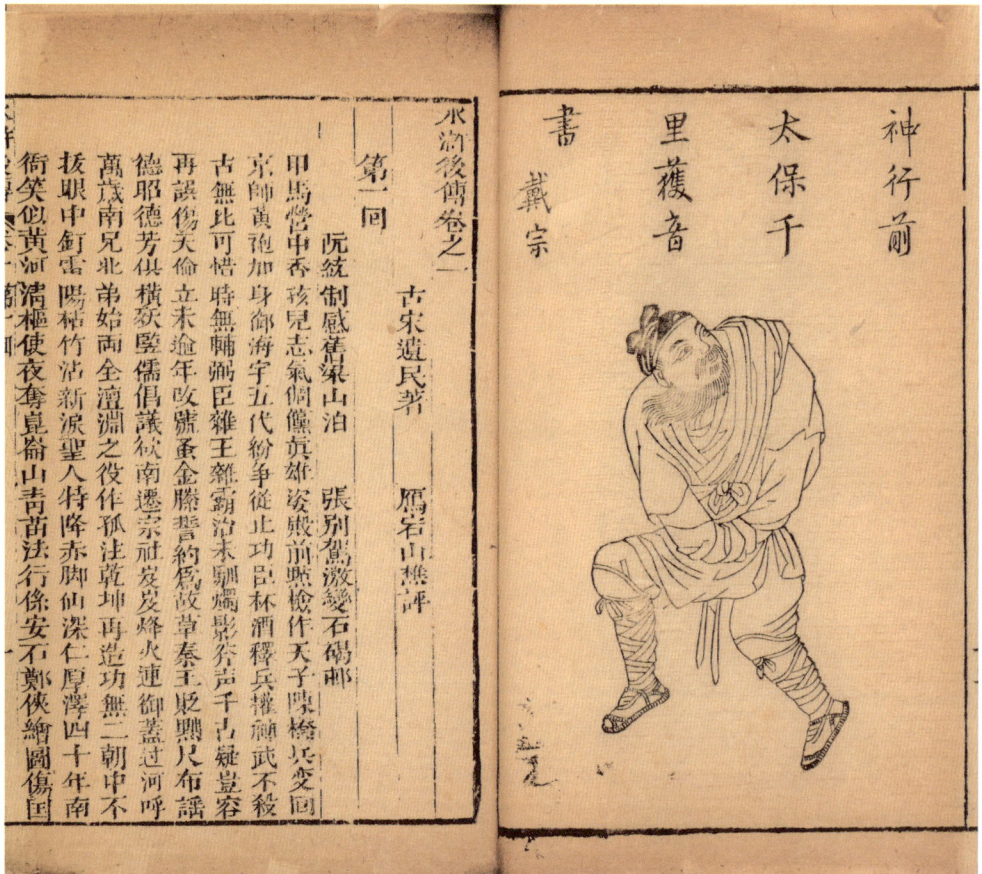

新刻按鑑開闢衍繹通俗志傳六卷八十回　　　　　　　Fv5759 7234.7

〔明〕周游集　〔明〕王黌釋　明崇禎八年（1635）刻本　六冊

框19.4×13.4釐米。9行18字。白口，四周單邊，單黑魚尾。版心上鐫"開闢衍繹"，中鐫卷次。內封鐫"鍾伯敬先生原評/開闢演義/繡像/古吳麟端堂藏板"。外封記載"Kennedy"。

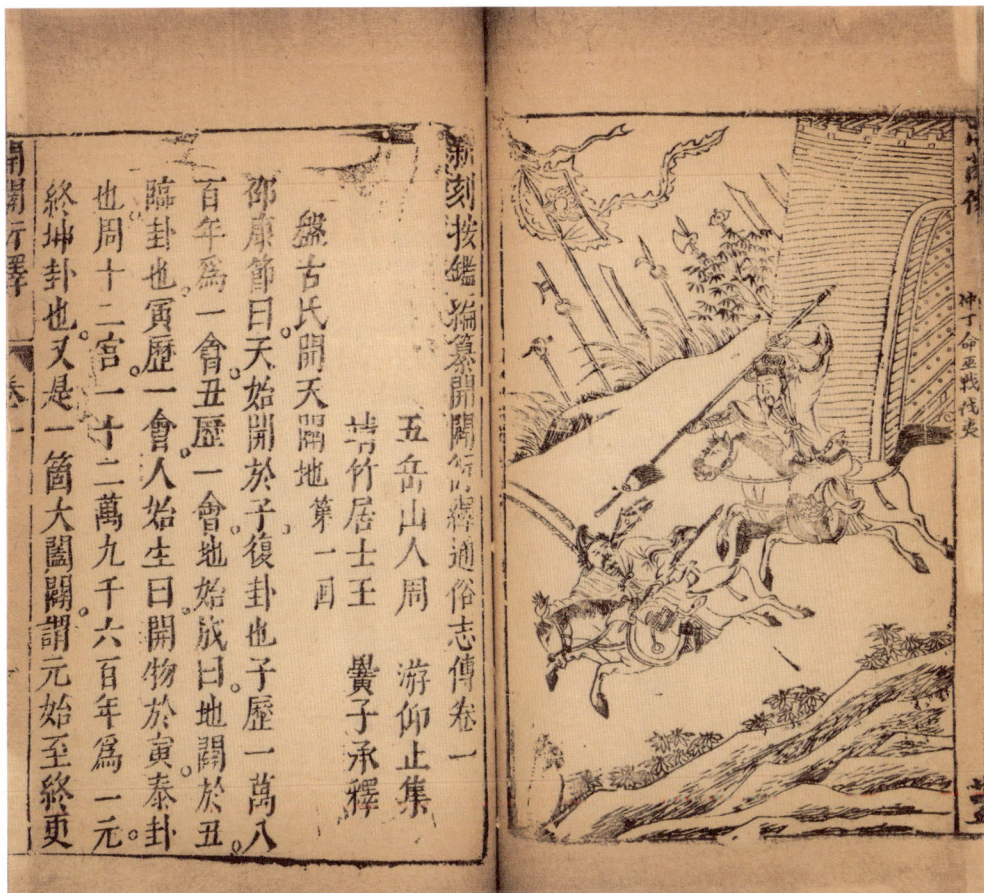

新鐫批評出像通俗奇俠禪真逸史八集四十回　　　　Fv5759 8326

〔清〕清溪道人編次　　〔清〕心心僊侶評訂　清初爽閣刻乾隆至嘉慶間印本
十六冊

框20.9×14.5釐米。9行22字。白口，四周單邊。版心上鐫"禪真逸史"，中鐫回
次。內封鐫"批評通俗演義/禪真逸史/此南北朝秘笈爽閣主人而得之精梓以公海內"
云云。外封記載"Kennedy"。

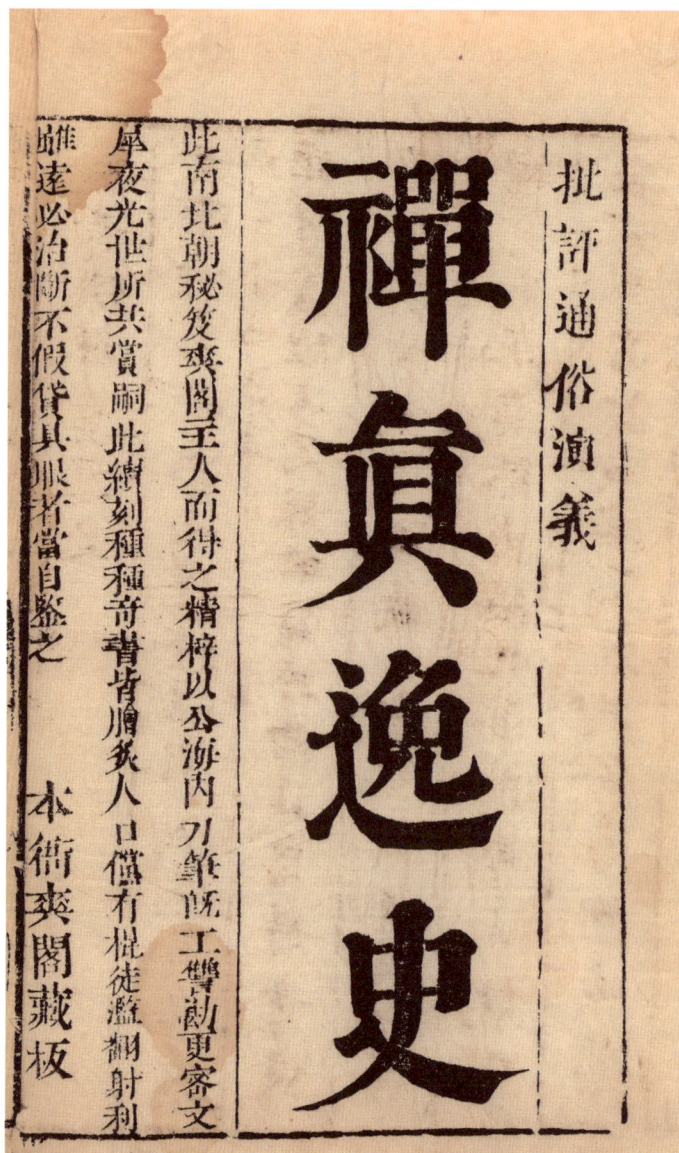

重刻繡像説唐演義後傳五十五回　　　　　　　Fv5762.9 0083

〔清〕鴛湖漁叟校訂　清乾隆四十八年（1783）觀文書屋刻本　十册

框21.6×14.1釐米。11行25字。白口，四周單邊，單黑魚尾。版心上鐫"説唐後傳"，中鐫回次。内封鐫"乾隆癸卯年重鐫/鴛湖漁叟較訂/繡像説唐後傳/觀文書屋梓行"。

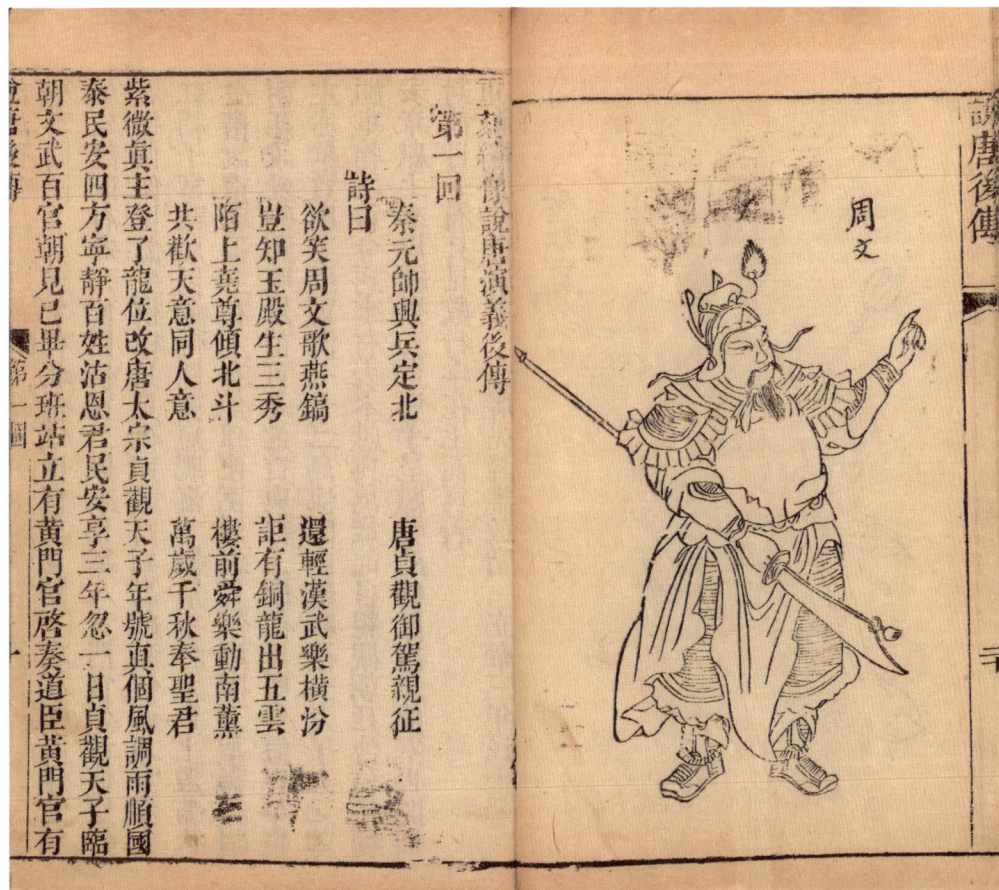

新鍥重訂出像通俗演義東晉志傳題評八卷　　　　　　Fv5759 5916

〔清〕陳氏尺蠖齋評釋　清大業堂刻本　八冊

框20.7×14.6釐米。12行24字。白口，四周單邊，單黑魚尾。版心上鐫"東晉志傳"，中鐫卷次及頁碼。外封記載"Kennedy"。

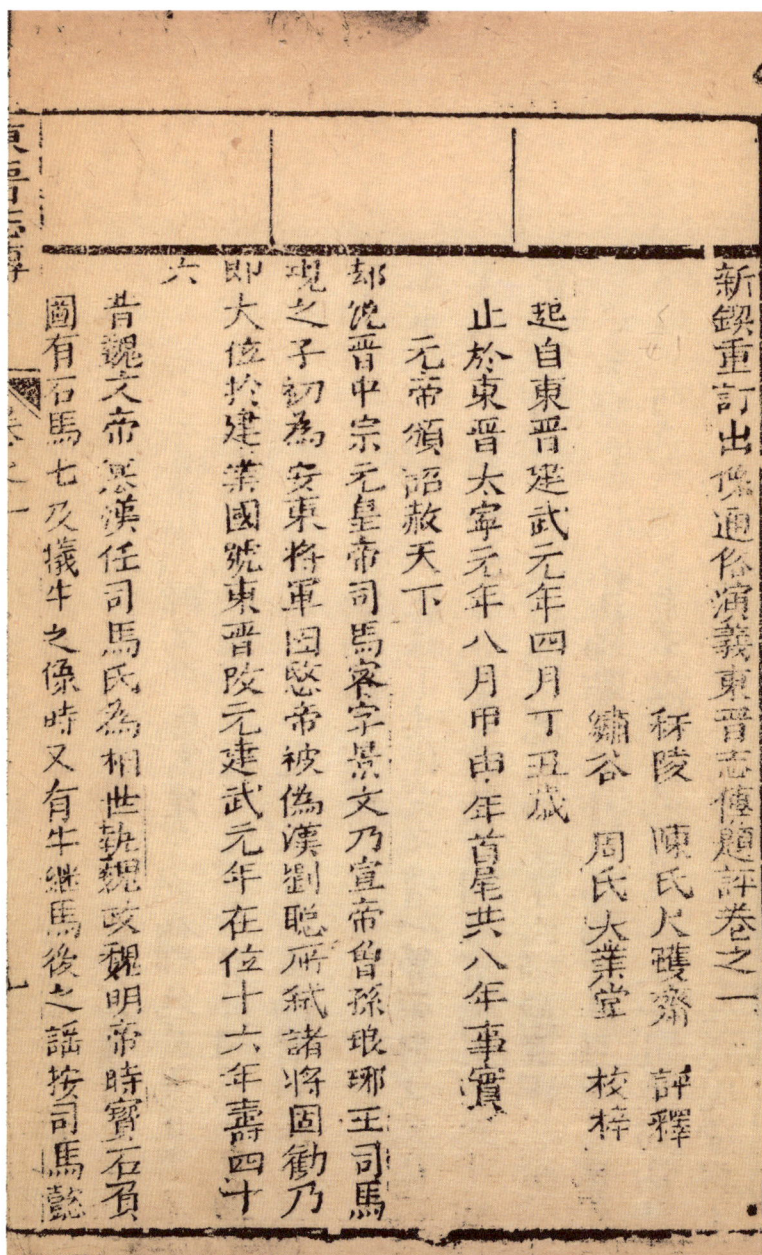

説平話好逑傳八卷

〔清〕佚名撰　清乾隆五十二年（1787）福建集新堂刻本　一册

框18.4×10.5釐米。無格，10行24至28字不等。白口，四周單邊，單黑魚尾。版心上鐫"好逑傳"。内封鐫"乾隆丁未年鐫/新刻説平話鐵中玉好逑傳/集新堂藏板"。卷八末鐫"好逑傳大全"。

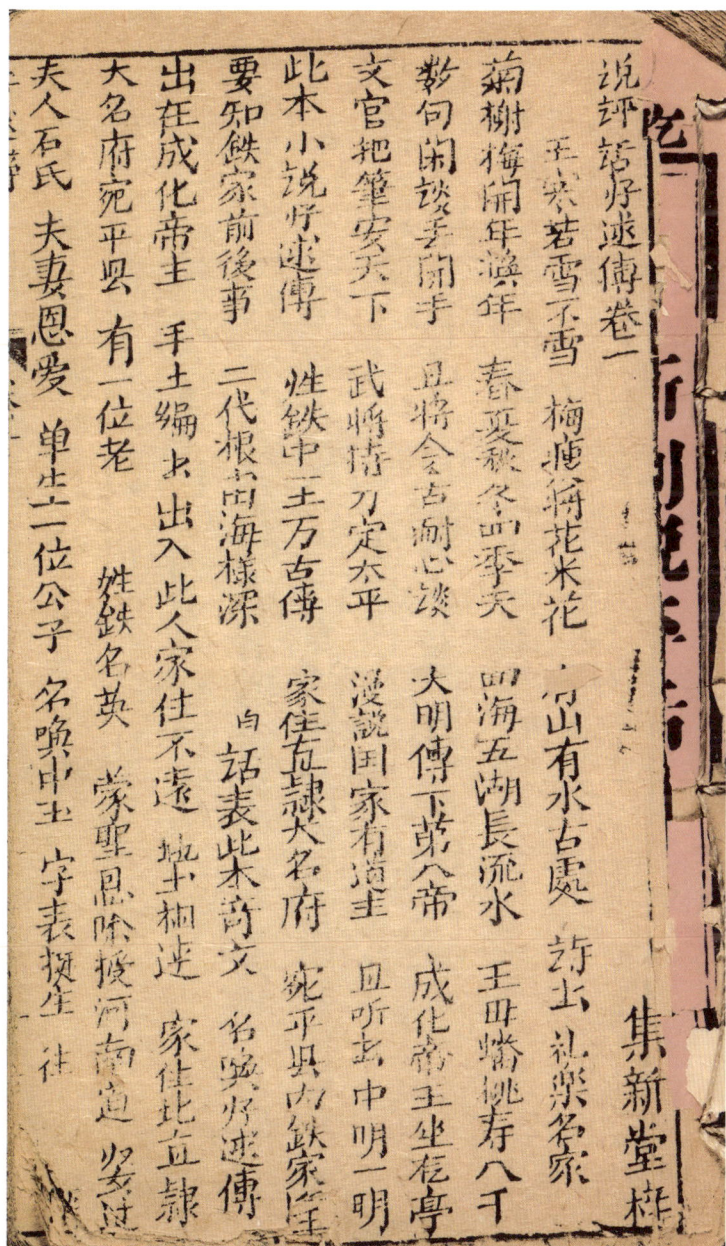

紅樓夢一百二十回　　　　　　　　　　　　　　　　Fv5762 5614.8

〔清〕曹霑撰　　〔清〕高鶚續　清乾隆五十七年（1792）北京程偉元木活字印本
三十六册

　　框17.1×11.8釐米。10行24字。白口，四周單邊，單黑魚尾。版心上鎸書名，中鎸回
次。金鑲玉裝。鈐"胡天獵隱藏書"印。原韓鏡塘藏書。

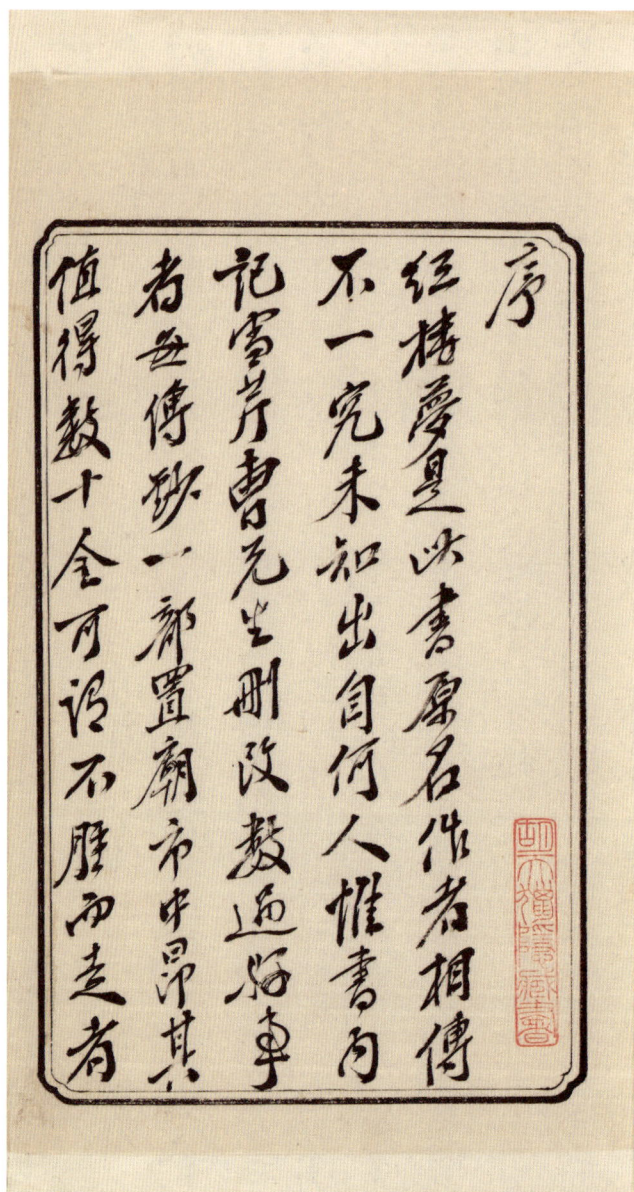

紅樓夢第一回

甄士隱夢幻識通靈　賈雨村風塵懷閨秀

此開卷第一回也作者自云曾歷過一番夢幻之後故將真事
隱去而借通靈說此石頭記一書也故曰甄士隱云但書中
所記何事何人自已又云今風塵碌碌一事無成忽念及當日
所有之女子一一細考較去覺其行止見識皆出我之上我堂
堂鬚眉誠不若彼裙釵我實愧則有餘悔又無益大無可如何
之日也當此日欲將已往所賴天恩祖德錦衣紈袴之時飫甘
饜肥之日背父兄教育之恩負師友規訓之德以致今日一技
無成牛生潦倒之罪編述一集以告天下知我之負罪固多然

東周列國全志二十三卷一百八回　　　　　　　　　　　　　　　Fv5759 5971

　　〔清〕蔡元放評點　清乾隆十七年（1752）經國堂刻本　二十三冊

　　框21.4×14.6釐米。12行26字，小字雙行同。白口，四周單邊，單黑魚尾。版心上鐫"東周列國志"，中鐫卷次，下鐫"泰和堂"。內封鐫"秣陵蔡元放批評/東周列國全志/經國堂藏版"。

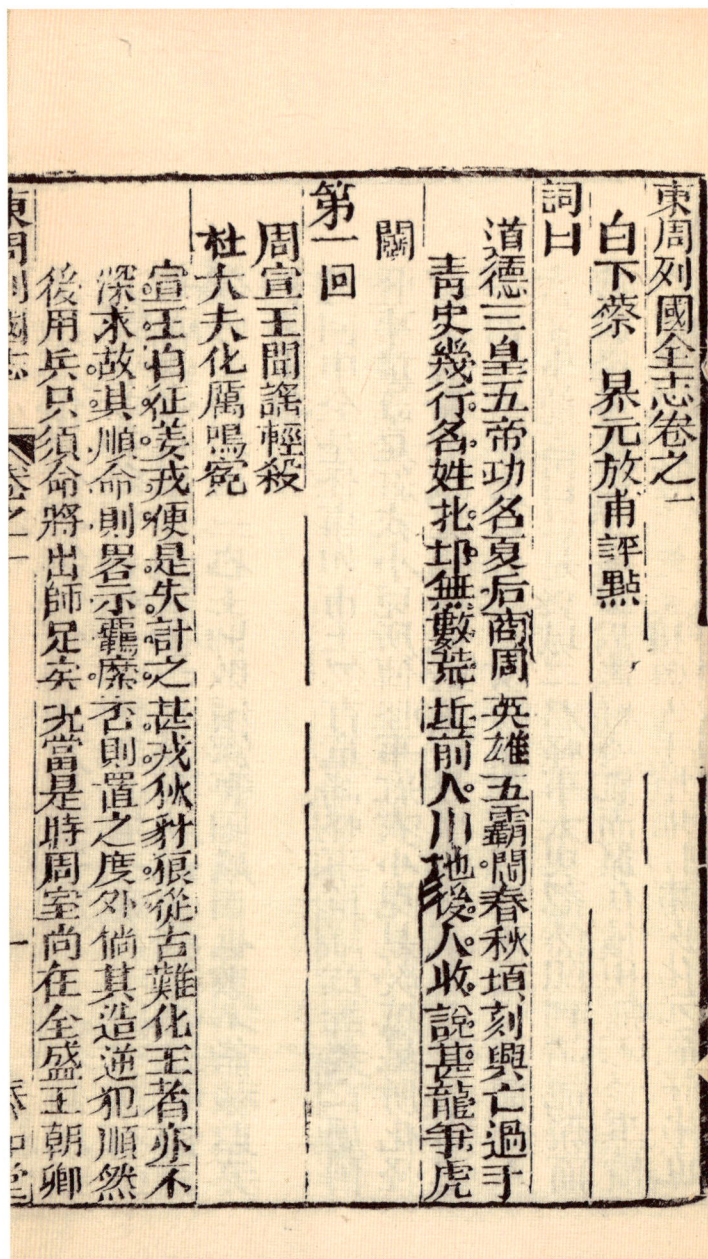

雪月梅傳十卷五十回　　　　　　　　　　　　　　Fv5765 7932

〔清〕陳朗編輯　〔清〕董孟汾評釋　〔清〕邵松年校定　清乾隆四十年（1775）德華堂刻本　十册

框19.1×14.8釐米。10行21字。黑口，左右雙邊，單黑魚尾。版心中鎸卷次。内封鎸"鏡湖逸叟著/孝義雪月楳傳/德華堂藏版"。另有複本一，書號同。

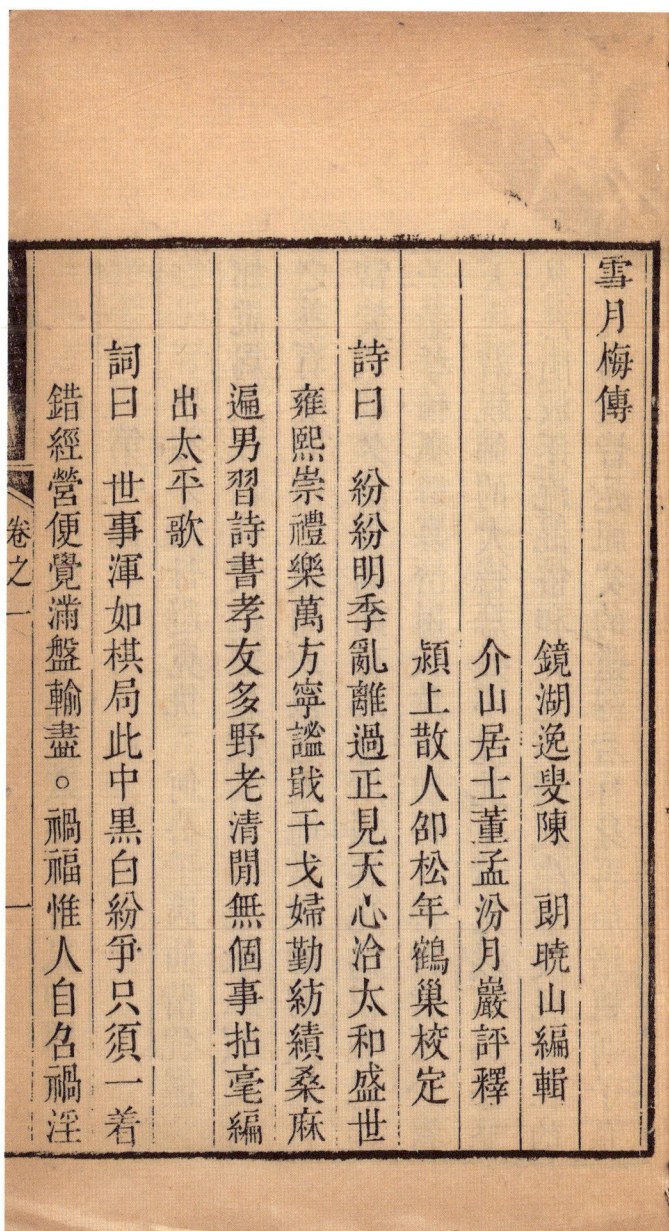

增訂精忠演義説本全傳二十卷八十回　　　　　　　　Fv5762.9 8522B

〔清〕錢彩編次　〔清〕金豐增訂　清刻本　十册

框11.9×9.6釐米。12行21字。白口，四周單邊，單黑魚尾。版心上鐫"説岳全傳"，中鐫卷次及回次。内封鐫"説岳全傳/維經堂藏板"。目録鐫"新鐫精忠演義説本岳王全傳"。

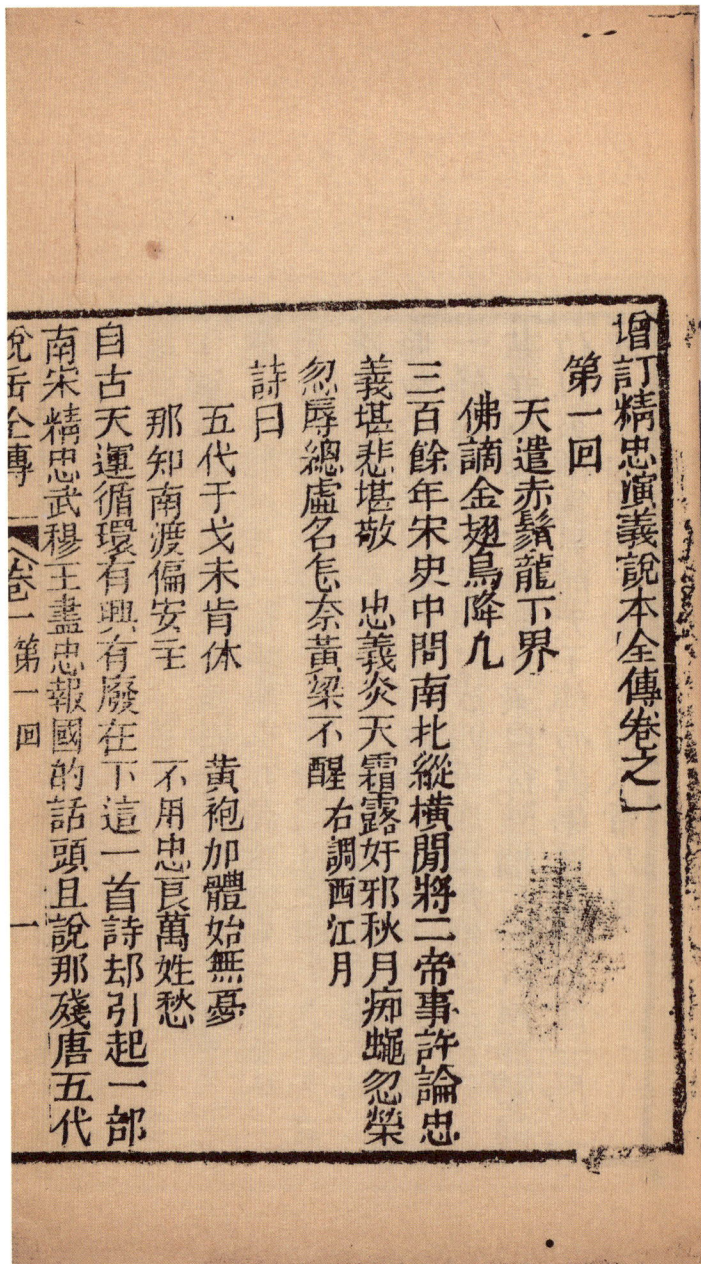

新鎸古本批評繡像三世報隔簾花影四十八回　　　　　Fv5762.9 7846

〔清〕四橋居士撰　清刻本　八册

版框19.7×14.1釐米。11行24字。白口，單黑魚尾，左右雙邊。版心鎸"隔簾花影"。内封鎸"古本三世報隔簾花影/本衙藏板"。内封記載"Kennedy"。存一至十六、二十四至四十八回。

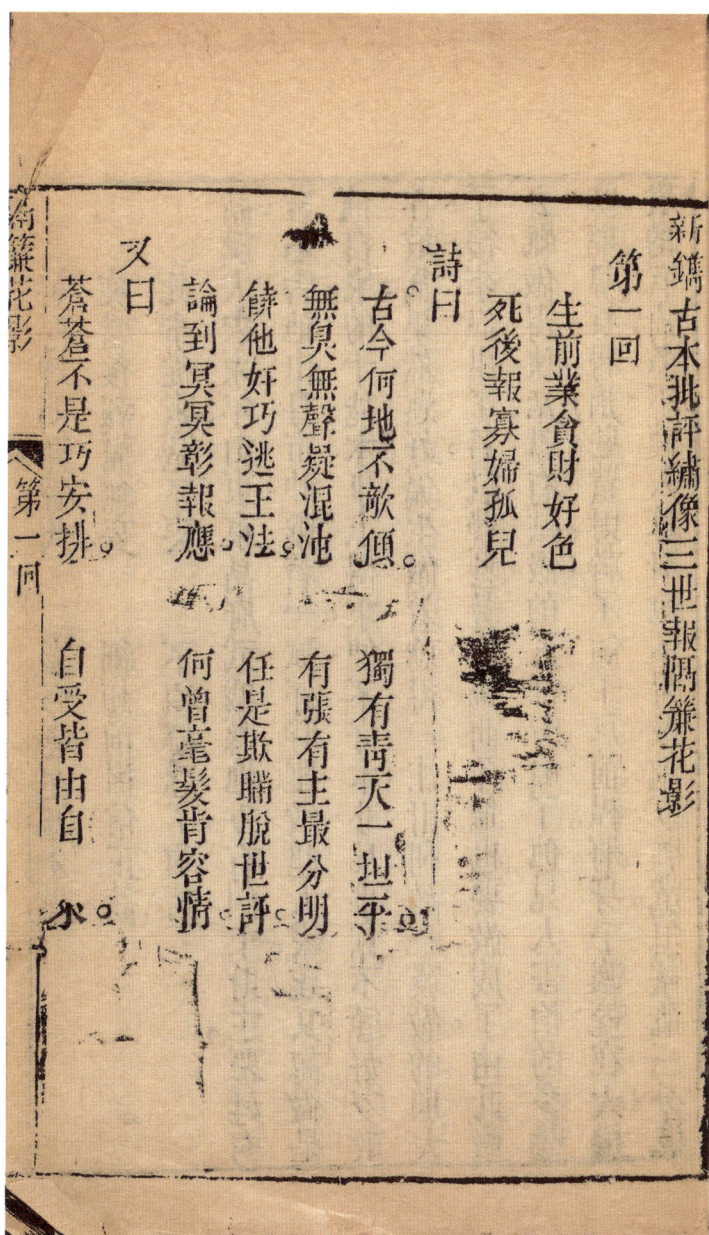

類

叢

部

一

册府元龜一千卷目録十卷 Fv9297 7012

〔宋〕王欽若修 〔明〕李嗣京參閱 〔明〕文翔鳳訂正 〔明〕黃國琦釋 明崇禎十五年（1642）黃國琦刻本 二百四十册

框19.4×14.3釐米。10行20字。白口，四周單邊。版心上鎸書名及部類名稱，中鎸卷次。藏書票題 "Gift of the Yale Association of Japan 1925"。

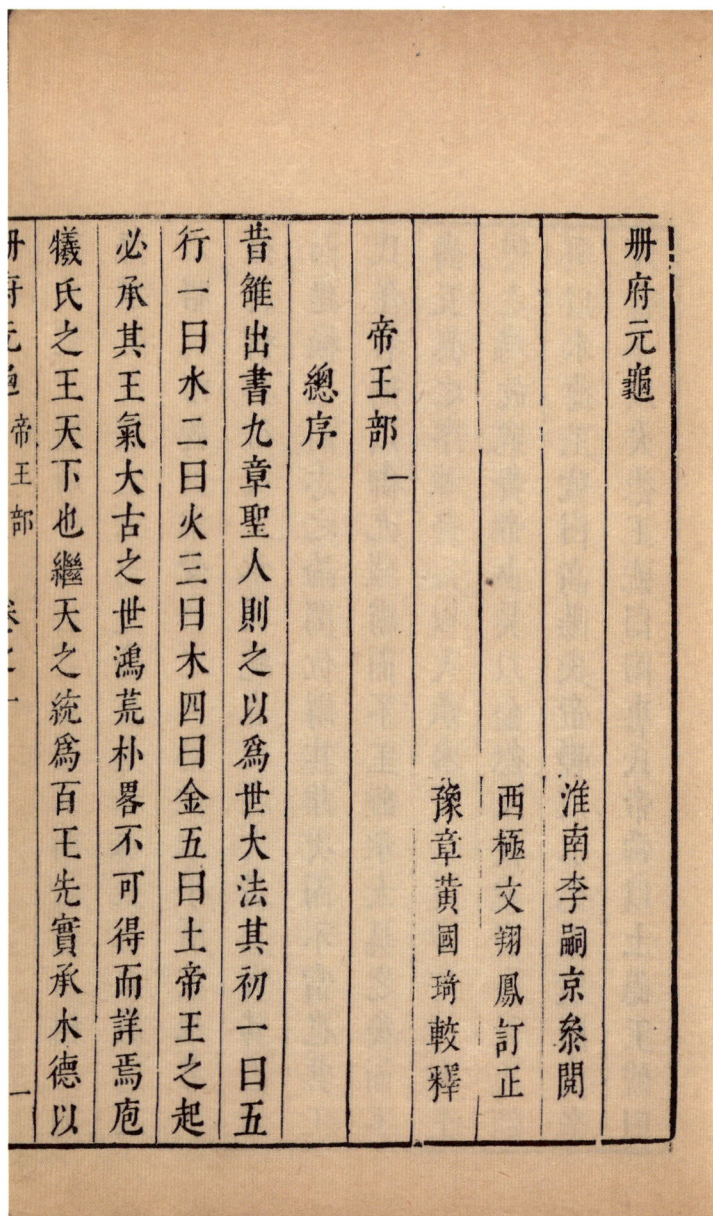

韻府拾遺一百六卷　　　　　　　　　　　　Fv9306 3213F

　〔清〕汪灝等纂修　　清康熙五十九年（1720）武英殿刻本　　二十册

　　框16.7×11.5釐米。12行25字，小字雙行同。白口，四周雙邊，單黑魚尾。版心上鎸書名，中鎸卷次及韻部。

佩文韻府一百六卷　　　　　　　　　　　　　　　Fv9306 3213

〔清〕張玉書等纂　清康熙五十年（1711）揚州詩局刻本　一百册

框17.1×11.6釐米。12行25字，小字雙行同。白口，四周雙邊，單黑魚尾。版心上鐫書名，中鐫卷次及韻部。

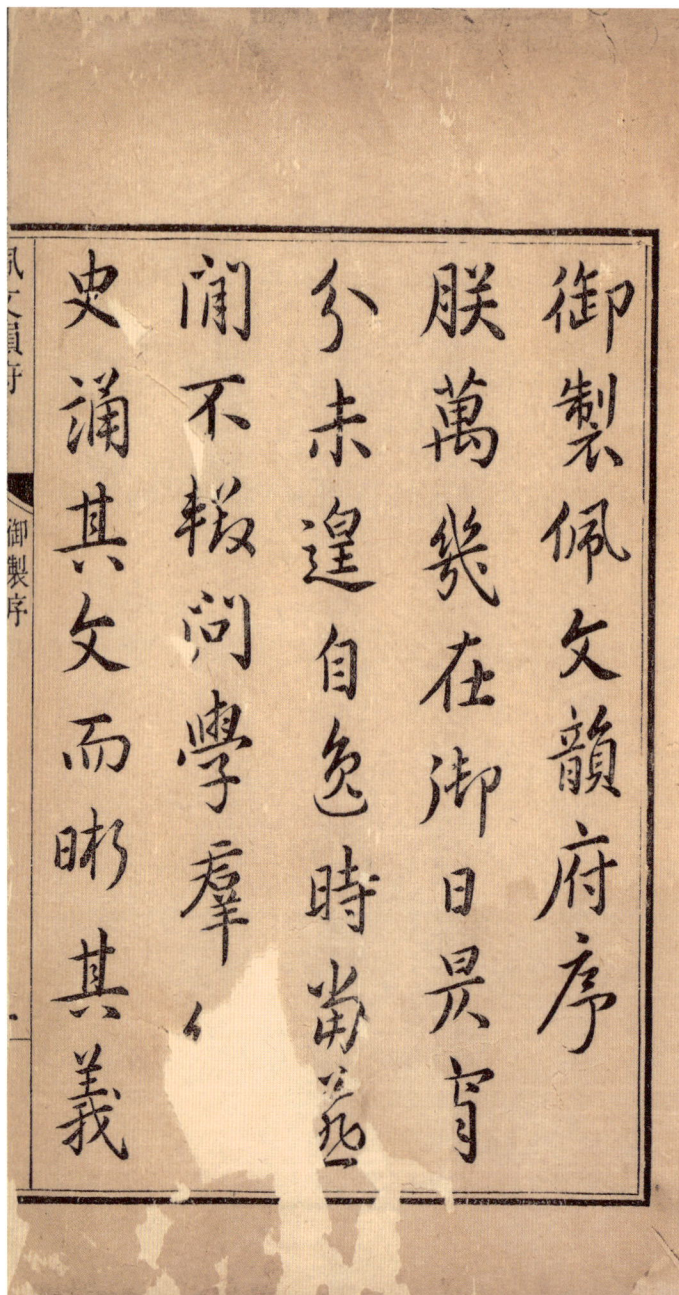

佩文韻府卷一

上平聲　一東韻

東　德紅切春方也漢書少陽在丨方丨動也從日在木中會意也禮記大明生於丨又姓陶潛聖賢羣輔錄舜友丨不訾

韻藻　南東　詩丨丨其畝李孝先詩余其歸老兮沂之丨丨鄧寶詩楚帆連日阻丨丨　白東　詩我來丨丨又自西丨丨　在東　詩蝃蝀丨丨蘇軾詩我言歲丨丨　徂東　詩自西丨丨又駕言丨丨　小東　詩丨丨大東杼柚其空言大小皆取給於東國　大東　詩遂荒丨丨　侯東　詩乃命魯公俾丨于丨　門東　詩疏天子迎賓在丨丨又杜甫詩叫怒索飰啼丨丨又白居易喜錢左丞再除華州詩左轄輟中臺丨丨倚上才注謂華在國門之東也　居東　書周公丨丨二年則罪人斯得　闐東　禮記賓不入中門公事自闐西私事自丨丨　活東　爾雅科斗丨丨蝦蟇也唐寅詩青草池塘亂丨丨　甬東　左傳越滅吳使吳王居丨丨郭翼詩江上青山接丨丨吳育浩詩故國依然在丨丨　河東　史記丨丨吾股肱郡特名君耳薛能詩萬家殘照在丨丨楊載詩作賦擬丨丨　易東　漢丁寬學易於田何學成辭歸何曰丨以丨矣又李瀚古今品略云楊震關西丁寬丨丨　膠東　漢書張敞為丨丨相謝靈運詩置酒飲丨丨　道東　漢宮闕疏長安立九市其六市在道西三市在丨丨　牆東　後漢書避世丨丨王君公黃庭堅詩老夫直欲臥丨丨　鎮東　三國趙雲胡威諸葛誕皆為丨丨將軍　征東

格致鏡原一百卷　　　　　　　　　　　　　　　　AE4 C48 1735（LC）

　　〔清〕陳元龍編　　清康熙五十六年（1717）陳元龍刻雍正十三年（1735）印本

二十四册

　　框17.3×11.4釐米。11行21字。黑口，左右雙邊，雙魚尾。版心中鎸書名、卷次及

類目名稱。另有複本一，書號AE4 C48 1735（LC），藏書票題 "From the library of

Arthur F. Wright 1913—1976 Charles Seymour Professor of History"。

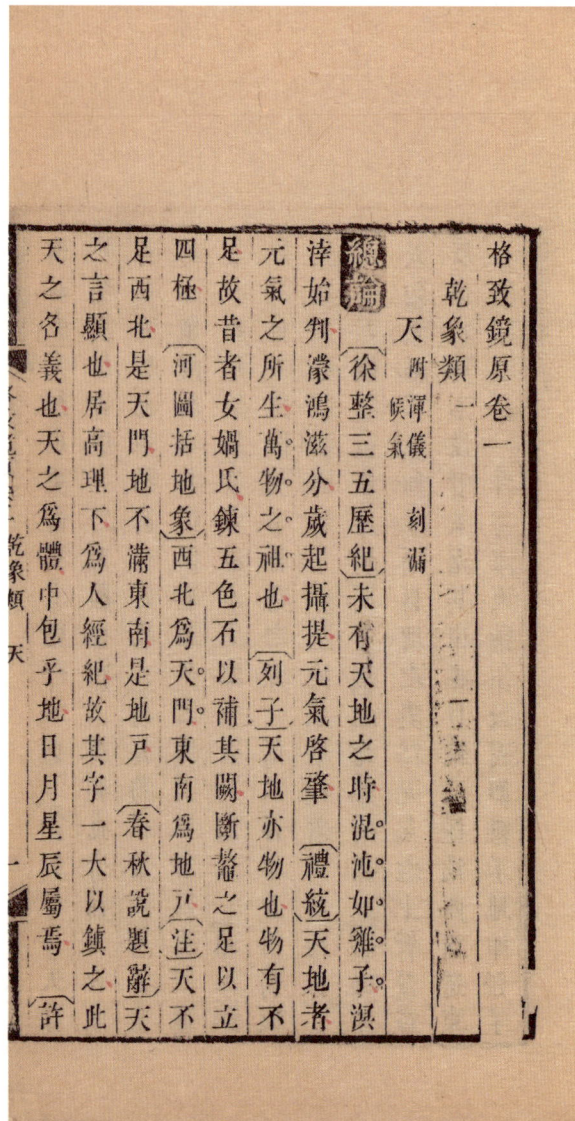

新增説文韻府群玉二十卷　　　　　　　　Fv5115 +7373

〔元〕陰時夫編輯　〔元〕陰中夫編注　〔明〕王元貞校正　明萬曆刻本　十册

框21.6×14.2釐米。11行22字，小字雙行同。白口，左右雙邊，單黑魚尾。版心上鐫"韻府群玉"，中鐫卷次。據明萬曆十八年（1590）王元貞刻本覆刻。序後鐫"金陵徐智督刻"。

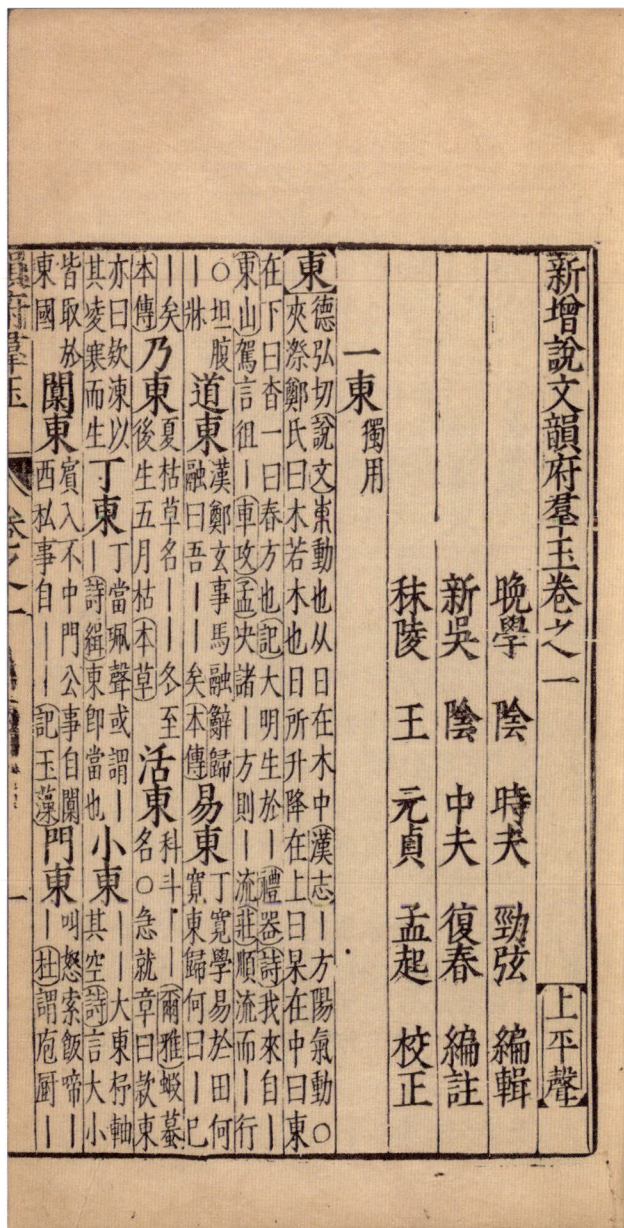

古今治平彙要十四卷   Fv4673 4234

〔清〕楊潮觀纂   〔清〕楊鴻觀校   清雍正七年（1729）文聚樓刻本   四冊
框17.6×12釐米。10行20字。黑口，左右雙邊，雙魚尾。版心中鐫"治平彙要"、
卷次及小題。內封鐫"大清雍正七年新鐫/勾吳楊潮觀纂/古今治平彙要/翻刻必究/
文聚樓梓"。

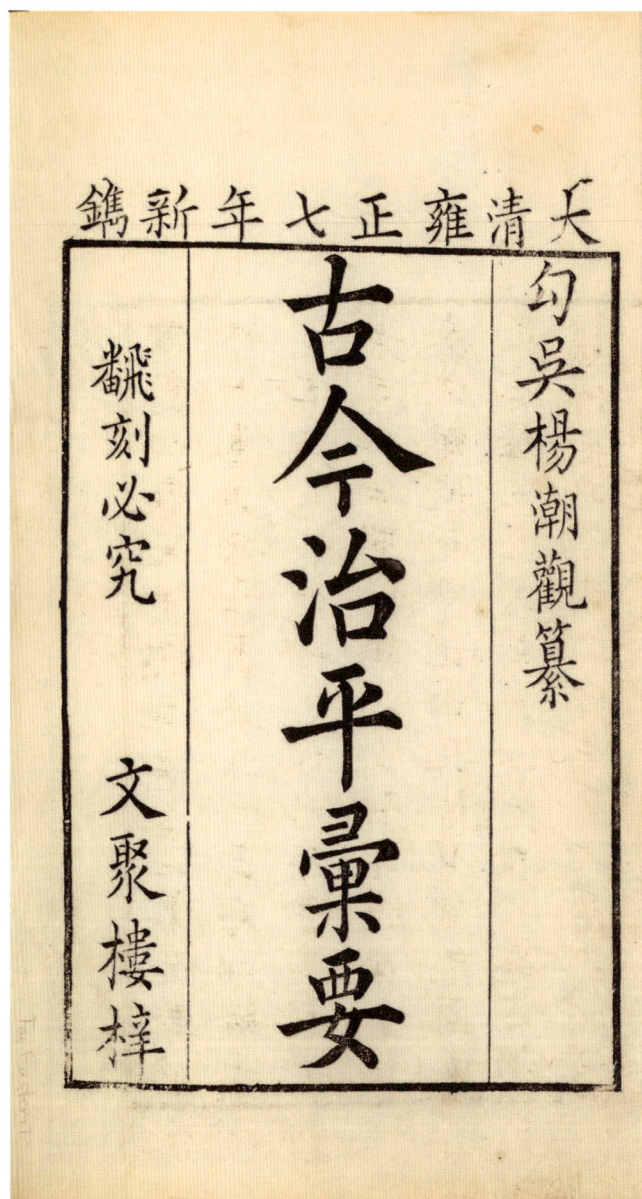

古今治平彙要卷一

勾吳 楊潮觀 纂

弟 鴻觀 較

聖學

聖王繼天以立極卽與天以同體天以治平之責付
之首出之人卽以生安之資冠諸羣倫之上故其經
綸之包乎薄海而靡遺由其學問之入於微妙而無
間天下之本在君君身之本在心君心之本在中而
執中之功則一在敬一在明一在誠至尊者人君之
位位尊則勢峻至重者人主之任任重則業艱上而
天命之降鑒不鑒其政治而鑒其宥密也下而民情

御定駢字類編二百四十卷　　　　　　　　　Fv5178 3213

〔清〕聖祖玄燁敕撰　　清雍正刻本　　一百二十册

框17.2×12釐米。10行21字，小字雙行同。黑口，四周雙邊，雙魚尾。版心中鐫"駢字類編"及卷次。鈐"海舫長壽印信"印。

説郛一百二十卷説郛續四十六卷 Fv9100 0122

〔元〕陶宗儀輯　（續）〔明〕陶珽重校續輯　清順治三年（1646）兩浙督學李際期宛委山堂刻本　一百六十册

框19.3×14.3釐米。9行20字。白口，左右雙邊，單白魚尾。版心上鐫子目書名。外封記載"Kennedy"。

子目略。

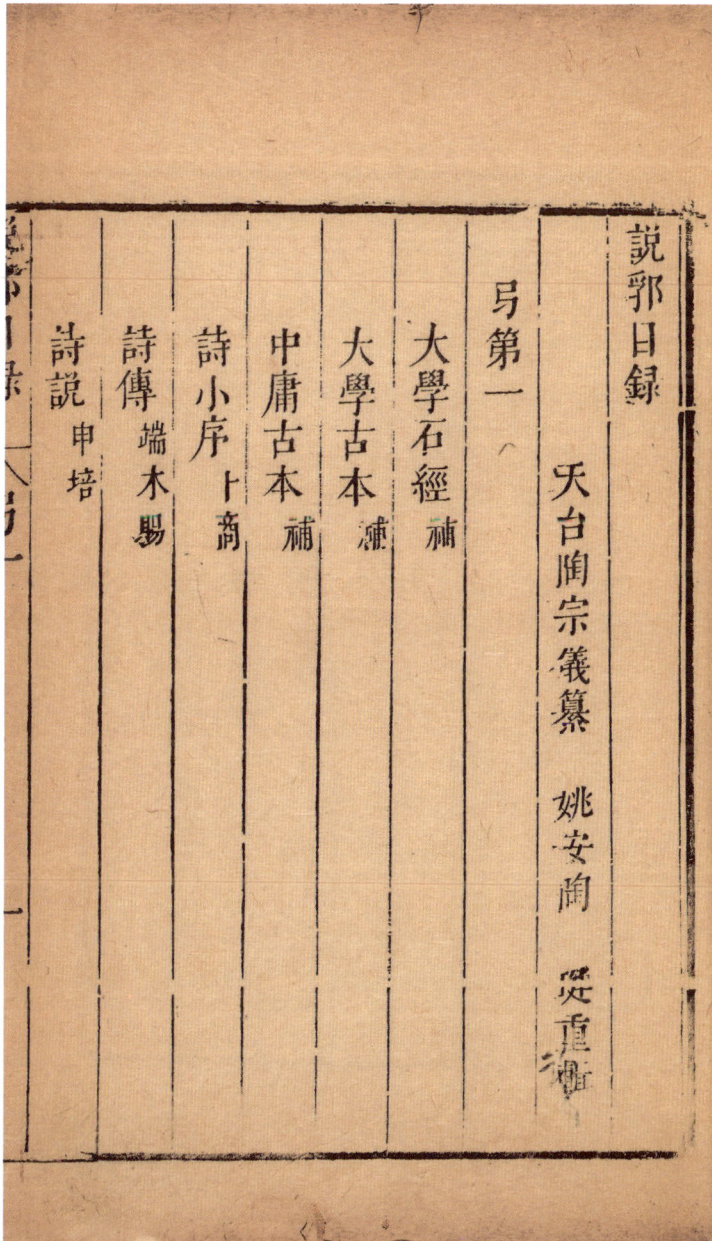

顧氏文房小説四十種 Fv5736 3810

〔明〕顧元慶輯　明嘉靖顧氏家塾刻本　八册

框18×13釐米。10行18字。白口，左右雙邊，單黑魚尾。版心中鎸子目名稱及卷次。鈐"甲""毛晉之印""毛氏子晉""汲古主人"等印。存六種十卷。

子目略。

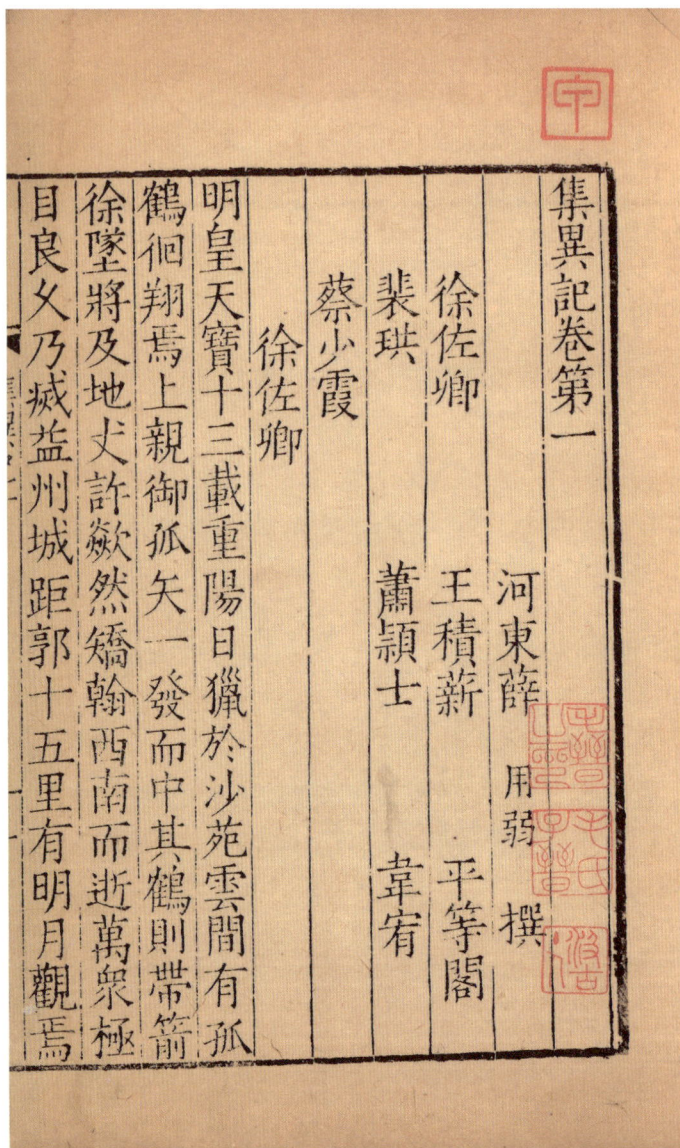

唐宋叢書七十七種　　　　　　　　　　　　　　Fv9100 0335

〔明〕鍾人傑 張遂辰輯　明崇禎經德堂刻本　三十二冊

框19.1×14.3釐米。9行20字。白口，左右雙邊，單白魚尾。版心上鐫書名。內封鐫
"唐宋叢書/經德堂藏板"。

子目略。

緑窗女史十四卷 Fv9299 +5333

〔明〕秦淮寓客編　明崇禎刻本　二十四冊

框18.3×14釐米。9行20字。白口，左右雙邊，單白魚尾。版心上鎸編名。内封鎸
"緑窗女史選士繡像/心遠堂藏板"。鈐"杭城官巷口南首讀書坊鍾畏侯發行""哈
佛大學漢和圖書館珍藏印"等印。購自哈佛大學燕京學社。

女論語

宋若莘

曹大家曰妻乃齊人之妻各家之女因嫁適今大

通書史因教女工川觀文字九烈可嘉三與可慕

深惜後人不能進步乃撰一書名為論語及編有

承教訓女子若依斯言是為賢婦周佛前八傳美

千古

立身章第一

凡為女子、先學立身立身之法、惟務清貞清則貞潔、

說鈴三集 Fv9100 0183

〔清〕吳震方輯　清康熙刻本　二十册

框20.2×14.2釐米。11行25字。黑口，左右雙邊，雙魚尾。版心中鐫書名及篇名。

子目略。

知不足齋叢書　　　　　　　　　　　　　Fv9100 2613

〔清〕鮑廷博輯　〔清〕鮑志祖續輯　清乾隆至道光長塘鮑氏刻本　二百冊

框13.1×9.9釐米。9行21字。黑口，左右雙邊。版心中鐫子目書名，下鐫"知不足齋叢書"。叢書封面鐫"御覽知不足齋叢書"。容閎1878年贈書。存二十五集。

子目略。

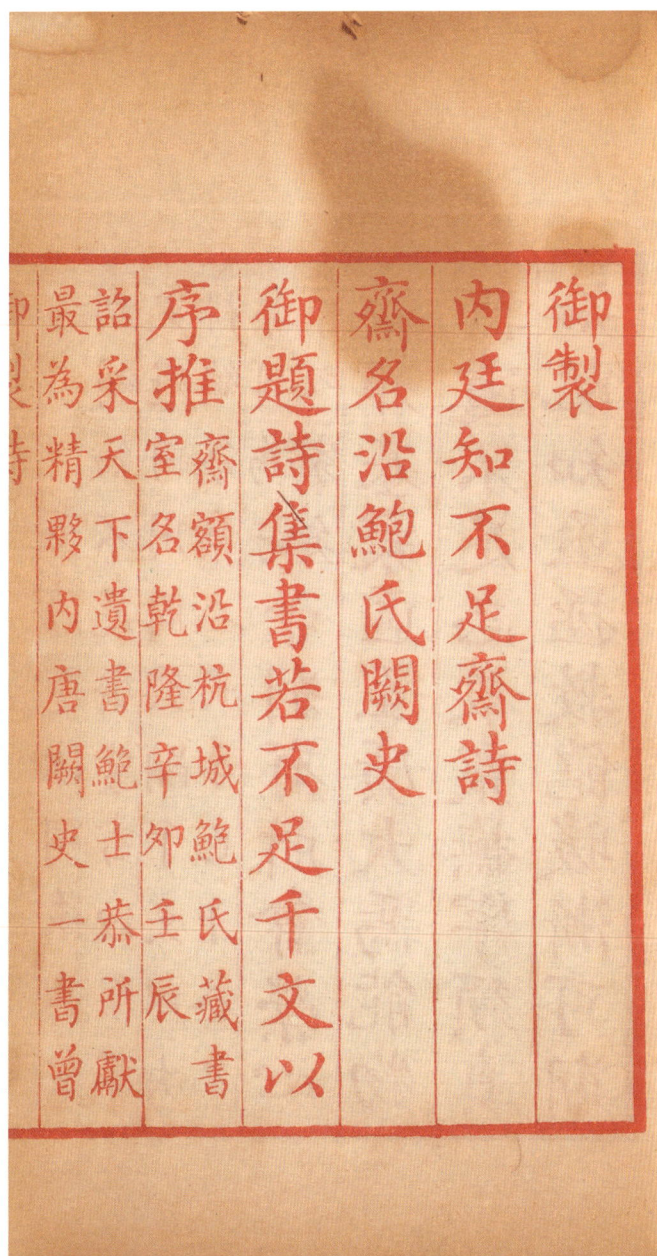

貸園叢書初集十二種　　　　　　　　　　　　　　Fv9100 2635

〔清〕周永年輯　清乾隆潮陽李文藻竹西書屋刻乾隆五十四年（1789）周永年印
本　十六冊

　　框17.4×15.3釐米。11行22字，小字雙行同。黑口，左右雙邊，雙魚尾。版心中鎸
子目書名。鈐"貴□王氏藏書"印。

　　子目略。

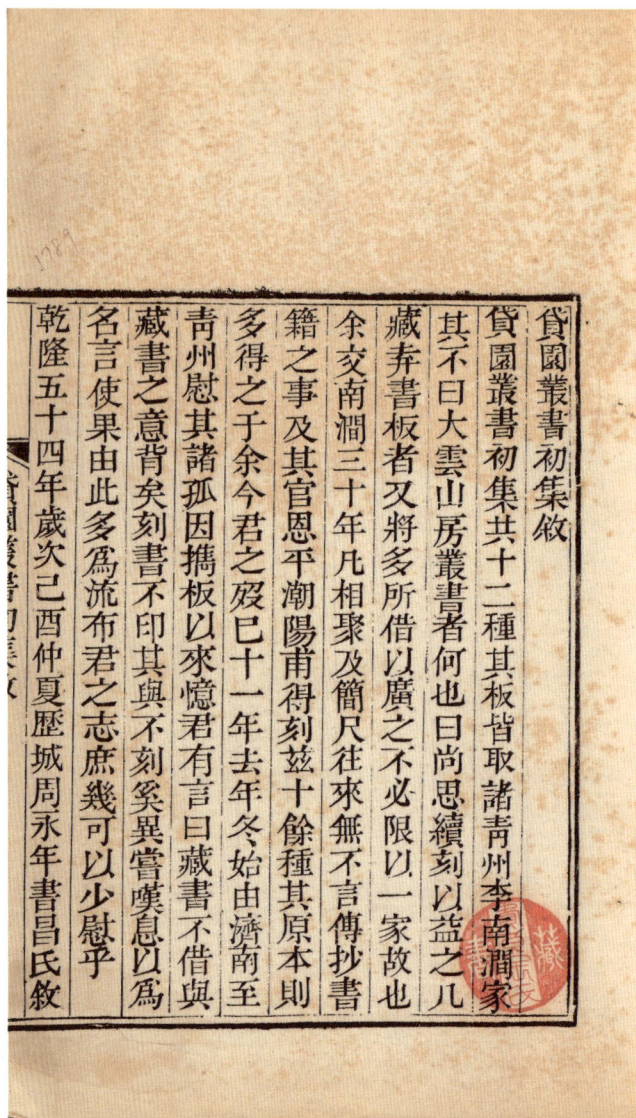

漢魏叢書八十六種　　　　　　　　　　　　　　　　　　Fv9100 3321B

〔清〕王謨輯　清乾隆刻本　六十四冊

框19.8×14.1釐米。9行20字。白口，左右雙邊，單白魚尾。版心上鎸子目書名，中鎸卷次及小題。內封鎸"乾隆辛亥重鎸/漢魏叢書/經翼二十種/別史十六種/子餘廿二種/載籍廿八種/本衙藏板"。

子目略。

經訓堂叢書二十一種　　　　　　　　　　　　　　　　　Fv9100 +2109

　　〔清〕畢沅輯　　清乾隆經訓堂靈巖山館刻本　　三十二册

　　框19.9×14.8釐米。11行22字。黑口，四周單邊，雙魚尾。版心中鎸子目書名及卷
次。《山海經》内封鎸"乾隆癸卯開雕/山海經新校正/經訓堂藏板"。鈐"沈燕謀以字
行""南通沈氏藏書"印。

　　子目略。

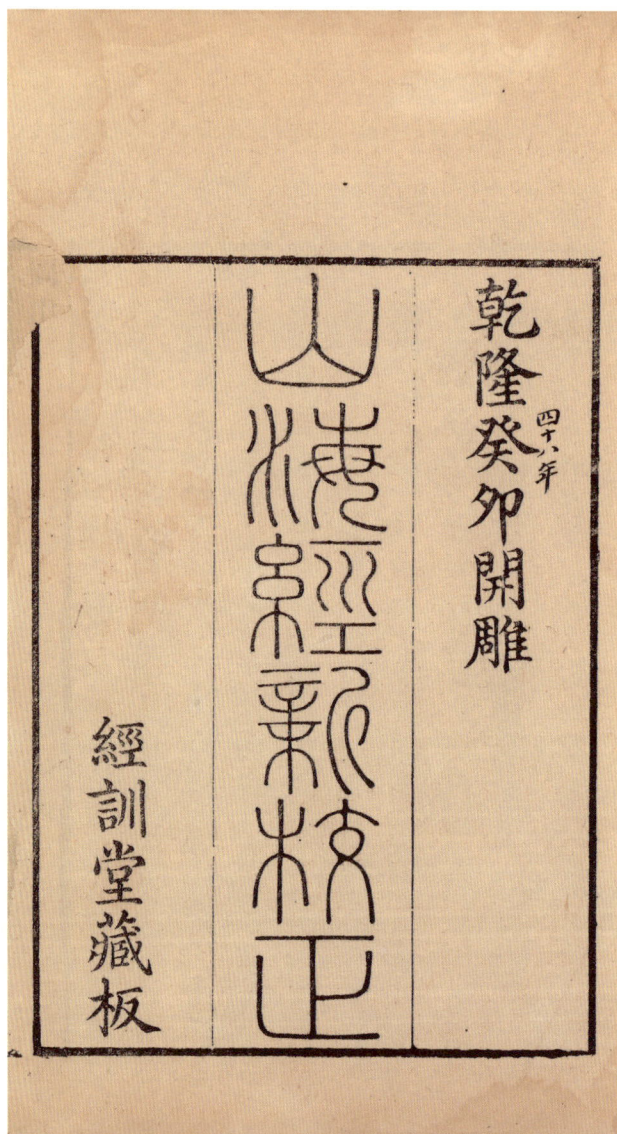

山海經新校正序

兵部侍郎兼都察院右副都御史巡撫陝西等處地方贊理軍務兼理糧餉□□　欽賜□□□□□

山海經作於禹益述於周秦其學行於漢明於晉而知之

者魏酈道元也五藏山經三十四篇實是禹書禹與伯益

主名山川定其秩祀量其道里類別草木鳥獸今其事見

於夏書禹貢爾雅釋地及此經所山經已下三十四篇爾

雅云三成爲昆侖邱絕高爲之京山再成英銳而高嶠小

而衆篇屬者崞獨者蜀上正章山舂岡如堂者密大山宮

小山霍小山別大山鮮山絕陘山東曰朝陽皆禹所名桉

此經有昆侖山京山英山高山歸山崞皋之山獨山章山

岡山密山霍山鮮山少陘山朝陽谷是其山也夏書云奠

龍威秘書十集　　　　　　　　　　　　　　　Fv9100 0175

　　〔清〕馬俊良輯　　清乾隆五十九年（1794）至嘉慶馬俊良大酉山房刻世德堂印本
八十册

　　框12.4×9.8釐米。9行20字，小字雙行同。黑口，左右雙邊。版心中鎸子書名。
內封鎸"漢魏叢書采珍/龍威秘書/凡已入秘書廿一種及有專刻者不重載/世德堂重
刊"。外封記載"Kennedy"。

　　子目略。

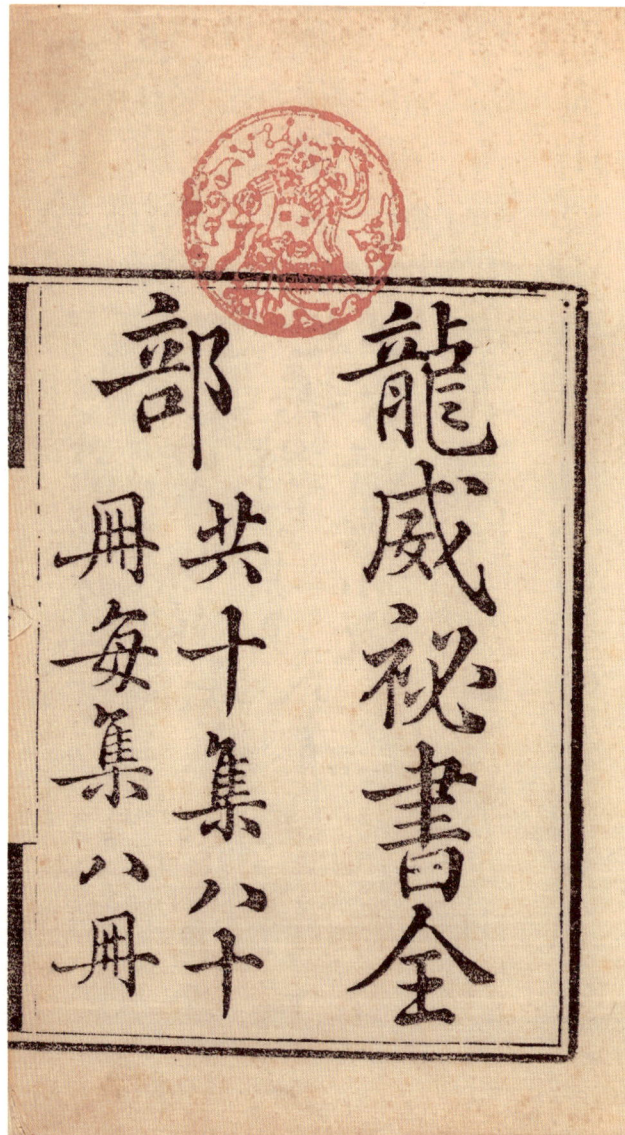

山海經新校正序

兵部侍郎兼都察院右副都御史巡撫陝西等處地方贊理軍務兼理糧餉臣畢沅

欽賜一品頂戴

山海經作於禹益述於周秦其學行於漢明於晉而知之
者魏酈道元也五藏山經三十四篇實是禹書與伯益
主名山川定其秩祀量其道里類別草木鳥獸今其事見
於夏書禹貢爾雅釋地及此經而山經巳下三十四篇爾
雅云三成為昆侖邱絕高為之京山再成英銳而高嶠小
而衆巂屬者嶧獨者蜀上正章山奄岡如堂者密大山宮
小山霍小山別大山鮮山絕陘山東日朝陽皆禹所名桉
此經有昆侖山京山英山高山歸山嶧皐之山獨山章山
岡山密山霍山鮮山少陘山朝陽谷是其山也夏書云奠

龍威秘書十集   Fv9100 0175

〔清〕馬俊良輯　清乾隆五十九年（1794）至嘉慶馬俊良大酉山房刻世德堂印本
八十册

框12.4×9.8釐米。9行20字，小字雙行同。黑口，左右雙邊。版心中鐫子書名。
内封鐫"漢魏叢書采珍/龍威秘書/凡已入秘書廿一種及有專刻者不重載/世德堂重
刊"。外封記載"Kennedy"。

子目略。

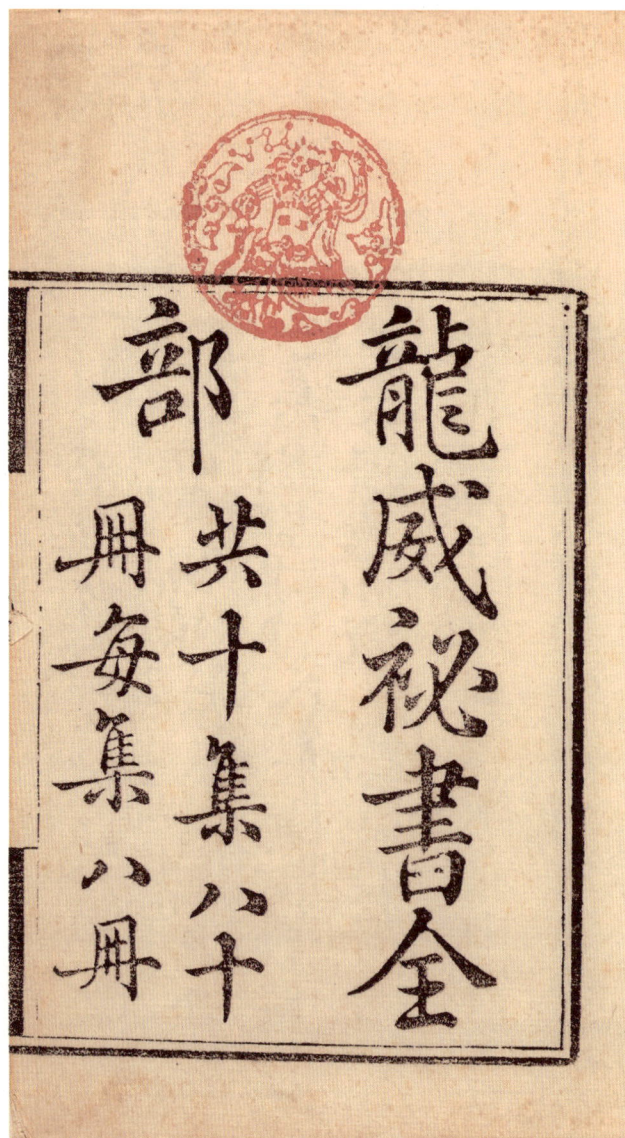

笠翁一家言全集十六卷　　　　　　　　　　　　　Fv5694 8813

〔清〕李漁撰　〔清〕沈心友等訂　清雍正八年（1730）芥子園刻本　十六冊

框19.7×13.1釐米。9行20字，小字雙行同。白口，四周單邊，單黑魚尾。版心上鐫書名，中鐫卷次，下鐫"芥子園藏板"。內封鐫"笠翁一家言全集/芥子園藏板"。書眉上有各家評論。另有複本一，書號Fv5694 4433.88，二十冊。

子目略。

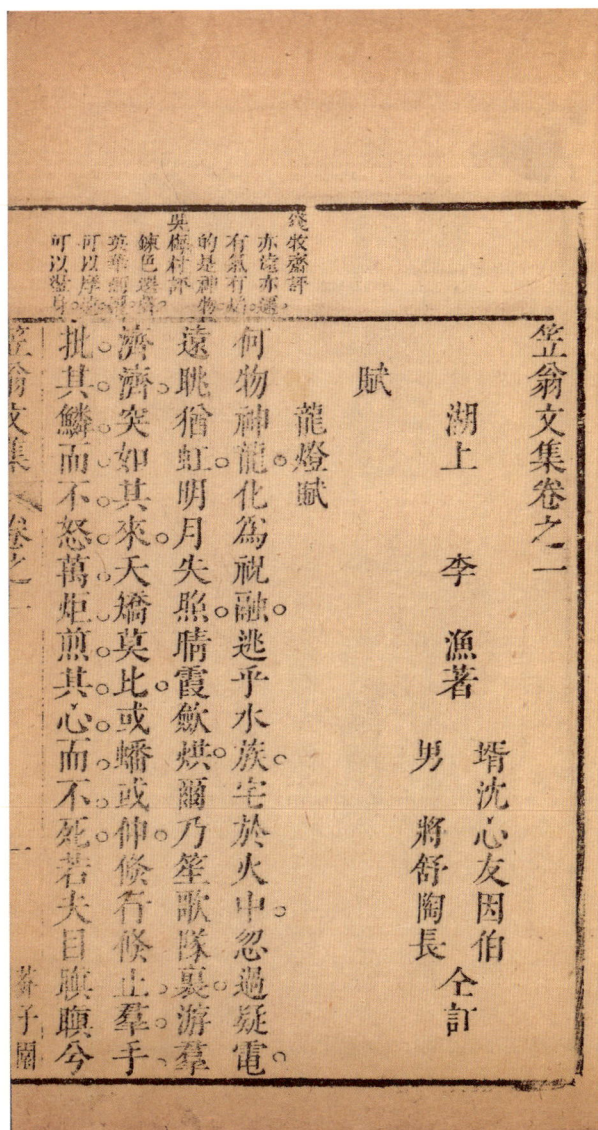

顧亭林先生遺書十種　　　　　　　　　　　　　　　Fv5440.1 3804

〔清〕顧炎武撰　清康熙蓬瀛閣刻補修本　八册

框18.7×14.7釐米。11行20字。白口，左右雙邊，單黑魚尾。版心中鎸子目。内封鎸"顧亭林先生遺書十種/蓬瀛閣校刊"。避"玄""丘""曆"字諱，"寧"字未諱。

子目略。

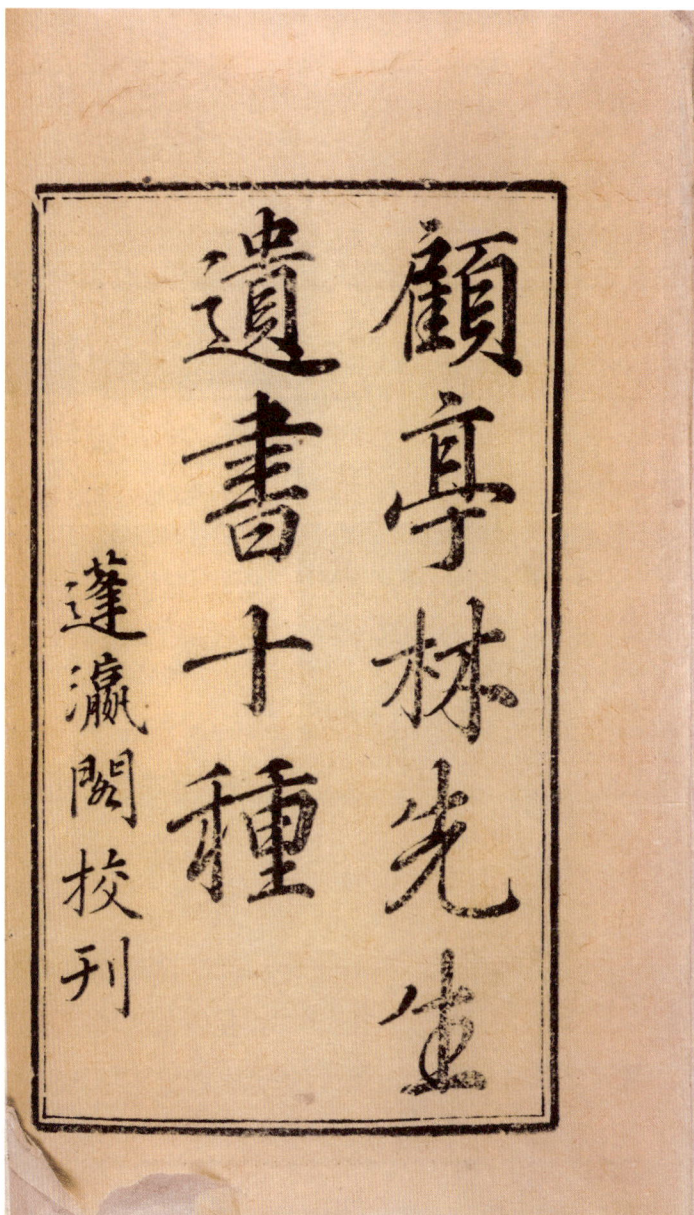

海外中文古籍總目

美國耶魯大學圖書館
中文古籍目錄

Pre-Republican Chinese Books and Manuscripts at the Yale
University Library

耶魯大學圖書館（Yale University Library）編
〔美〕孟振華（Michael Meng）主編

下册

中華書局

卷 下

目 錄

經部

叢編

監本五經二十七卷　　　　Fv110 +1121.2

清同治十年（1871）教忠堂刻本

二十一册

框19.6×14.9釐米。兩截板，上欄18行3小字，下欄9行15字，小字雙行同。下欄白口，四周單邊，單黑魚尾。版心上鐫"五經"，下鐫"教忠堂"。内封鐫"同治辛未重刻／監本五經／黎榮翰題"。序署"康熙丁卯"。藏書票題"Gift of Dr. Yung Wing, 1911"。

書經四卷

詩經五卷（存卷二至四）

易經四卷（缺）

禮記十卷（存卷一至八、十）

春秋四卷（存卷三至四）

御纂七經七種　　　　　　Fv110 2842

清光緒三十年（1904）上海育文書局石印本

二十四册

御纂周易折中二十二卷　〔清〕李光地等撰

欽定書經傳説彙纂二十一卷首二卷書序一卷　〔清〕王頊齡等撰

欽定詩經傳説彙纂二十一卷首二卷詩序二卷　〔清〕王鴻緒等撰

欽定春秋傳説彙纂三十八卷首二卷　〔清〕王掞等撰

欽定周官義疏四十八卷首一卷　〔清〕允禄等撰

欽定儀禮義疏四十八卷首二卷　〔清〕允禄等撰

欽定禮記義疏八十二卷首一卷　〔清〕允禄等撰

重刊宋本十三經注疏四百十六卷附校勘記四百十六卷　　Fv110 7111.41D

〔清〕阮元校勘

清嘉慶二十年（1815）南昌府學刻本

一百二十册

框17.4×12.9釐米。10行18字，小字雙行24字。黑口，左右雙邊，雙魚尾。牌記題"嘉慶二十年江西南昌府學開雕"。容閎1878年贈書。

周易兼義九卷附音義一卷附注疏校勘記九卷附釋文校勘記一卷　〔三國魏〕王弼注　〔晋〕韓康伯注　〔唐〕陸德明音義　〔唐〕孔穎達疏

附釋音尚書注疏二十卷附校勘記二十卷　〔漢〕孔安國傳　〔唐〕陸德明音義　〔唐〕孔穎達疏

附釋音毛詩注疏二十卷附校勘記二十卷　〔漢〕毛亨傳　〔漢〕鄭玄箋　〔唐〕陸德明音義　〔唐〕孔穎達疏

附釋音周禮注疏四十二卷附校勘記四十二卷　〔漢〕鄭玄注　〔唐〕陸德明音義　〔唐〕賈公彦疏

儀禮注疏五十卷附校勘記五十卷　〔漢〕鄭玄注　〔唐〕賈公彦疏

附釋音禮記注疏六十三卷附校勘記六十三卷　〔漢〕鄭玄注　〔唐〕陸德明音義　〔唐〕孔穎達疏

附釋音春秋左傳注疏六十卷附校勘記六十卷　〔晋〕杜預注　〔唐〕陸德明音義　〔唐〕孔穎達疏

監本附音春秋公羊注疏二十八卷附

校勘記二十八卷　〔漢〕何休學
〔唐〕陸德明音義

監本附音春秋穀梁注疏二十卷附校
勘記二十卷　〔晉〕范甯集解
〔唐〕陸德明音義　〔唐〕楊士勛疏

論語注疏解經二十卷附校勘記二十
卷　〔三國魏〕何晏集解　〔宋〕
邢昺疏

孝經注疏九卷附校勘記九卷　〔唐〕
玄宗李隆基注　〔宋〕邢昺校定

爾雅注疏十卷附校勘記十卷　〔晉〕
郭璞注　〔宋〕邢昺疏

孟子注疏解經十四卷附校勘記十四
卷　〔漢〕趙岐注　〔宋〕孫奭疏

宋本十三經注疏四百十六卷附校勘記四百十六卷附校勘記識語四卷

PL2461 N2

〔清〕阮元輯　（校勘記識語）〔清〕
汪文臺撰

清光緒十三年（1887）脉望仙館石印本
三十二冊

牌記題“光緒丁亥脉望仙館石印”。
藏書票題“From the library of Arthur F.
Wright 1913—1976 Charles Seymour Professor
of History”。

周易兼義九卷附音義一卷附注疏
校勘記九卷附釋文校勘記一卷
〔三國魏〕王弼注　〔晉〕韓康伯
注　〔唐〕陸德明音義　〔唐〕孔穎
達疏

附釋音尚書注疏二十卷附校勘記
二十卷　〔漢〕孔安國傳　〔唐〕
陸德明音義　〔唐〕孔穎達疏

附釋音毛詩注疏二十卷附校勘記

二十卷　〔漢〕毛亨傳　〔漢〕鄭
玄箋　〔唐〕陸德明音義　〔唐〕
孔穎達疏

附釋音周禮注疏四十二卷附校勘記
四十二卷　〔漢〕鄭玄注　〔唐〕
陸德明音義　〔唐〕賈公彥疏

儀禮注疏五十卷附校勘記五十卷
〔漢〕鄭玄注　〔唐〕賈公彥疏

附釋音禮記注疏六十三卷附校勘記
六十三卷　〔漢〕鄭玄注　〔唐〕
陸德明音義　〔唐〕孔穎達疏

附釋音春秋左傳注疏六十卷附校勘
記六十卷　〔晉〕杜預注　〔唐〕
陸德明音義　〔唐〕孔穎達疏

監本附音春秋公羊注疏二十八卷附
校勘記二十八卷　〔漢〕何休學
〔唐〕陸德明音義

監本附音春秋穀梁注疏二十卷附校
勘記二十卷　〔晉〕范甯集解
〔唐〕陸德明音義　〔唐〕楊士
勛疏

論語注疏解經二十卷附校勘記二十
卷　〔三國魏〕何晏集解　〔宋〕
邢昺疏

孝經注疏九卷附校勘記九卷　〔唐〕
玄宗李隆基注　〔宋〕邢昺校定

爾雅注疏十卷附校勘記十卷　〔晉〕
郭璞注　〔宋〕邢昺疏

孟子注疏解經十四卷附校勘記十四
卷　〔漢〕趙岐注　〔宋〕孫奭疏

易類

傳説之屬

周易兼義九卷音義一卷注疏校勘記九卷釋文校勘記一卷 PL2461 K3 1826

〔三國魏〕王弼注 〔晋〕韓康伯注 〔唐〕孔穎達疏

清嘉慶二十年（1815）南昌府學刻道光六年（1826）印本

四册

重刊宋本十三經注疏

框17.2×13釐米。10行字數不等。黑口，左右雙邊，雙魚尾。外封鎸"重栞宋本十三經注疏附校勘記/用文選樓藏本校定/道光六年重校本"。内封鎸"重栞宋本周易注疏附校勘記/嘉慶二十年江西南昌府學開雕"。

易傳十七卷 Fv229 4463

〔唐〕李鼎祚集解

清乾隆二十一年（1756）揚州盧見曾雅雨堂刻本

六册

雅雨堂藏書

框18.2×14.3釐米。10行21字，小字雙行同。白口，四周雙邊，單黑魚尾。版心上鎸"李氏易傳"，中鎸卷次，下鎸"雅雨堂"。内封鎸"乾隆丙子鎸/宋本校刊/李氏易傳/雅雨堂藏板"。

易經八卷首一卷 Fv231 +2943 3—5

〔宋〕程頤傳

清同治五年（1866）金陵書局刻本

三册

框18.6×14.1釐米。9行17字，小字雙行同。白口，左右雙邊，單黑魚尾。内封鎸"周易程傳"。牌記題"同治五年二月金陵書局開雕"。

誠齋易傳二十卷 Fv231 4246

〔宋〕楊萬里撰

清末刻本

八册

武英殿聚珍版叢書

框18.3×12.4釐米。9行21字，小字雙行同。白口，四周雙邊，單魚尾。提要卷端下鎸"武英殿聚珍版"。

周易四卷 PL2464 .B3 1790

〔宋〕朱熹集録

清乾隆五十五年（1790）金陵芥子園刻本

二册

芥子園重訂監本五經

框19.4×13.1釐米。11行23字，小字雙行同。白口，左右雙邊。版心上鎸書名及小題，下鎸卷次及"芥子園"，眉欄鎸注。内封鎸"乾隆庚戌年新鎸/遵依洪武正韻/芥子園重訂監本易經"。

監本易經全文四卷 Fv221 6221

〔宋〕朱熹注

清道光十二年（1832）佛山會文堂刻本

一册

框16.4×11.6釐米。兩截板，上欄18行3小字，下欄9行18字。白口，四周單邊，單黑魚尾。牌記題"道光十二年新鎸/銅板易經文/佛山會文堂藏板"。

周易四卷首一卷　　　　　Fv231 2943 1

〔宋〕朱熹本義

清道光十三年（1833）文淵堂刻本

一册

框18.6×13.5釐米。兩截板，上欄18行3小字，下欄9行17字，小字雙行同。白口，左右雙邊。内封鐫"道光癸巳年重鐫/監本易經/文淵堂藏版"。藏書票題"Presented by The Misses Goldthwaits 1889"。

周易本義十二卷首一卷末一卷附音訓

Fv231 +2943 1—2

〔宋〕朱熹撰　〔宋〕吕祖謙注

清同治四年（1865）金陵書局刻本

二册

框18.3×13.3釐米。9行17字，小字雙行同。白口，左右雙邊，單黑魚尾。牌記題"同治四年金陵書局開雕"。

新刻來瞿唐先生易註十五卷圖像一卷首一卷末一卷　　　　Fv234 +4982

〔明〕來知德撰　〔清〕凌夫惇圈點

〔清〕高嵜映校讎

清康熙十六年（1677）四川朝爽堂刻六宜軒印本

八册

框20.3×14釐米。9行22字。白口，四周單邊，單黑魚尾。版心上鐫"周易批點來註"，中鐫卷次，下鐫"朝爽堂"。内封鐫"瞿唐易註/六宜軒藏板"。凌夫惇序題"瞿唐來夫子易註"。

御纂周易折中二十二卷首一卷

Fv110 1121 C44 1—12

〔清〕李光地等纂

清刻本

十二册

御纂五經

框22×16.2釐米。8行18字，小字雙行22字。白口，四周雙邊，單黑魚尾。版心上鐫書名。

周易傳義合訂十二卷　　　Fv235 2954

〔清〕朱軾撰

清乾隆元年（1736）鄂彌達刻本

六册

朱文端公藏書

框20.7×14.7釐米。8行20字，小字雙行同。白口，四周雙邊，單黑魚尾。版心上鐫"周易傳義"，中鐫卷次及篇名。内封鐫"乾隆元年/周易傳義/本衙藏板"。鈐"張之銘珍藏""伯岸海外歸來後所收書""四明張氏古歡室藏書記"印。

易經大全會解四卷　　　Fv235 4912

〔清〕來爾繩輯

清道光二年（1822）晋祁書業堂刻本

四册

框19.2×13.9釐米。兩截板，上欄24行24小字，下欄9至11行18至23字。白口，左右雙邊，單黑魚尾。内封鐫"道光壬戊年重刊/范紫登先生重訂/易經體註會解合参/晋祁書業堂藏板"。書簽題名"增訂易經體註"。外封記載"大美國衆會友青照/此乃中國漢人最古之書/名曰易經/□□縣公理會教友梁希泰送"。

易漢學八卷　　　　　　　Fv235 +5349

〔清〕惠棟撰　〔清〕畢沅輯

清乾隆經訓堂刻本

一册

經訓堂叢書

框19.1×14.9釐米。11行22字, 小字雙行同。黑口, 四周單邊, 單黑魚尾。内封鐫 "經訓堂藏板"。

御纂周易述義十卷　　　　Fv235 2491

〔清〕傅恒等纂修

清乾隆刻本

四册

框21.1×16.1釐米。8行20字。白口, 四周雙邊, 單黑魚尾。版心上鐫 "周易述義", 中鐫卷次。鈐 "東園圖書記" 印。

易見九卷首一卷啓蒙二卷　Fv235 1833

〔清〕貢渭濱輯

清嘉慶元年(1796)郁文堂刻本

十六册

框21.8×14.3釐米。9行26字, 小字雙行同。白口, 左右雙邊, 單魚尾。版心下鐫 "脉望書樓"。内封鐫 "嘉慶元年重鐫/郁文堂藏板"。

周易集解纂疏三十六卷首一卷

　　　　　　　　PL2464 Z6 L49 1891

〔清〕李道平撰

清光緒十七年(1891)思賢書局刻本

六册

框17.8×12.9釐米。11行24字, 小字雙行同。黑口, 左右雙邊, 單魚尾。

周易明報三卷附易義節録一卷讀易要言一卷　　　　　　Fv1740 7942

〔清〕陳懋侯撰

清光緒八年(1882)刻本

六册

框19.3×12.1釐米。9行21字。黑口, 左右雙邊, 單魚尾。牌記題 "光緒壬午孟夏開雕"。

周易臆解上經二卷下經二卷附圖説二卷

　　　　　　　　　　Fv235 4223

〔清〕楊以迥釋

清光緒十年(1884)金匱楊氏刻本

四册

框18.5×13.5釐米。9行21字, 小字雙行同。白口, 左右雙邊, 單魚尾。牌記題 "光緒十年仲春月大成巷本宅開鋟"。缺《上經》下卷。

文字音義之屬

周易傳義音訓八卷首一卷末一卷

　　　　　　　　　　Fv231 2178

〔宋〕程頤傳　〔宋〕朱熹本義
〔宋〕吕祖謙音訓　〔清〕祝鳳喈輯

清光緒十五年(1889)江南書局刻本

八册

框16.8×13.4釐米。9行18字, 小字雙行同。白口, 左右雙邊, 單魚尾。牌記題 "光緒己丑年十月户部公刊於江南書局"。

易經揆一十四卷附易學啓蒙補二卷

　　　　　　　　　　Fv235 L613

〔清〕梁錫璵集傳

清乾隆十六年(1751)刻本

十冊

框19.2×13.9釐米。10行21字。白口，四周雙邊，單黑魚尾。版心上鐫書名，中鐫卷次及篇名。

書類

傳説之屬

增修東萊書説三十五卷　　　Fv331 L96

〔宋〕呂祖謙撰　〔宋〕時瀾注

清康熙通志堂刻本

五冊

通志堂經解

框20.1×15釐米。11行20字。白口，左右雙邊，單黑魚尾。版心中鐫"增修書説"，下鐫"通志堂"及刻工。序題"時氏增修東萊書説"。1968年6月購自李宗侗。

書經六卷　　　　　　　Fv331 4931B

〔宋〕蔡沈集傳

清初金閶書業堂刻本

四冊

監本尚書集傳

框21×14.4釐米。兩截板，下欄9行17字，小字雙行同。白口，左右雙邊，單黑魚尾。版心上鐫書名，中鐫卷次。内封鐫"較刊點畫無訛/監本尚書集傳/金閶書業堂藏版"。"弘"字未諱。

書經六卷　　　　　　　Fv331 4931E

〔宋〕蔡沈集傳

清嘉慶十六年（1811）揚州十笏堂刻本

四冊

御案五經

框19.6×14.5釐米。兩截板，下欄9行17字，小字雙行同。白口，左右雙邊，單黑魚尾。版心上鐫書名，中鐫卷次，下鐫"十笏堂鐫"。内封鐫"嘉慶十六年夏鐫/御案書經/揚州十笏堂藏板"。

書經集傳六卷首一卷末一卷

　　　　　　　　　　Fv331 +4931

〔宋〕蔡沈撰

清同治五年（1866）金陵書局刻本

四冊

框18×14釐米。9行17字。小字雙行同。白口，左右雙邊，單魚尾。牌記題"同治五年五月金陵書局開雕"。

書經大全十卷綱領一卷圖一卷附書經考異一卷　　　　　　　Fv334 4208

〔明〕胡廣等纂修　（書經考異）

〔宋〕王應麟撰

清雍正刻補修本

八冊

框19.4×14.1釐米。12行24字，小字雙行同。白口，左右雙邊，單黑魚尾。版心上鐫書名，中鐫卷次及小題。内封鐫"遵補御案書經大全"。

欽定書經傳説彙纂二十一卷首二卷

　　　　　　Fv110 1121 C44 13—24

〔清〕王頊齡等總裁

清刻本

十二冊

御纂五經

框20×16釐米。8行，經18字，傳22字，小字雙行22字。白口，四周雙邊，單黑魚尾。版心上鐫書名。

新刻書經備旨善本輯要六卷

Fv335 4187

〔清〕馬大猷輯

清嘉慶二十四年（1819）文發堂刻本

五册

　框22.8×14.5釐米。兩截板，上欄18行10小字，下欄9行24字，小字雙行同。白口，四周單邊，單黑魚尾。版心上鎸"書經備旨輯要"，中鎸卷次及小題。内封鎸"嘉慶己卯新鎸/范紫登先生原定/書經備旨輯要善本/文發堂藏板"。藏書票題"Gift of Prof. Hirayama Kiyoharu"。

書蔡傳附釋一卷　PL2465.Z6 T7T5

〔清〕丁晏撰

清光緒二十年（1894）廣雅書局刻本

一册

廣雅叢書

　框21×15釐米。11行24字。黑口，四周單邊，單魚尾。牌記題"光緒廿年冬十月廣雅書局刊"。

欽定書經圖説五十卷　Fv335 +1932

〔清〕孫家鼐等撰

清光緒三十一年（1905）京師大學堂編書局石印本

十六册

分篇之屬

程尚書禹貢論二卷後論一卷山川地理圖二卷　Fv345 2146

〔宋〕程大昌撰

清同治十二年（1873）廣東粤東書局刻本

二册

　框18.8×14.5釐米。11行20字。白口，左右雙邊，單黑魚尾。版心中鎸書名及卷次，下鎸"通志堂"。

禹貢川澤考二卷　Fv345 K95

〔清〕桂文燦撰

清光緒十二年（1886）利華書局鉛印本

一册

禹貢本義一卷　Fv345 +4234

楊守敬撰

清光緒三十二年（1906）刻本

一册

　框20.5×14.5釐米。10行20字，小字雙行同。黑口，四周單邊，單魚尾。牌記題"光緒丙午刊於鄂城菊灣"。

詩類

毛詩註疏二十卷附毛詩正義序詩譜序

Fv429 +2102A

〔漢〕毛亨傳　〔漢〕鄭玄箋　〔唐〕孔穎達疏

明萬曆十七年（1589）黄鳳翔、楊起元等重校刻本

八册

國子監刻十三經註疏

　框23.2×15.5釐米。9行21字，小字雙行同。白口，左右雙邊，單黑魚尾。版心上鎸"萬曆十七年刊"，中鎸"詩疏"及卷次。存卷一之一至三、卷三至卷十、卷十三之一。

詩經八卷　　　　　　　　Fv431 2943C

〔宋〕朱熹集傳

清康熙至雍正間刻本

四册

框21×14.7釐米。9行17字。白口，四周單邊。版心上鐫書名及篇名，下鐫卷數、頁次。外封記載"柏樂吉"。書中另有記載"耶穌降世一千八百六十二年"。"玄"字避諱，"丘"字未諱。佚名英文批點。蟲蛀。

詩經八卷　　　　　　　　Fv431 2943

〔宋〕朱熹集傳

清嘉慶八年（1803）刻本

一册

框20.8×14.5釐米。9行17字，小字雙行同。白口，左右雙邊，單魚尾。内封鐫"嘉慶八年春鐫/悉尊宋刊點畫無訛/監本詩經/上洋博斯堂藏版"。藏書票題"Presented by The Misses Goldthwaits 1889"。

詩經八卷　　　　　　　　Fv431 2943D

〔宋〕朱熹集傳

清嘉慶十六年（1811）揚州十笏堂刻本

四册

框19.2×14.5釐米。9行17字，小字雙行同。白口，左右雙邊，單魚尾。内封鐫"嘉慶十六年夏鐫/御案詩經/揚州十笏堂藏板"。

詩經八卷附詩序辨説一卷

　　　　　　　　　　　　　Fv431 +2943B

〔宋〕朱熹集傳

清同治五年（1866）金陵書局刻本

五册

框17.8×14釐米。9行17字，小字雙行同。白口，左右雙邊，單魚尾。内封鐫"詩經集傳"。

欽定詩經傳説彙纂二十一卷首二卷

　　　　　　　　Fv110 1121 C44 25—43

〔清〕王鴻緒等纂

清刻本

十八册

御纂五經

框21×16釐米。8行22字，小字雙行同。白口，四周雙邊，單黑魚尾。版心上鐫書名，中鐫卷次及小題。

欽定詩經傳説彙纂二十一卷首二卷詩序二卷　　　　　　Fv435 +1132

〔清〕王鴻緒等纂

清雍正九年（1731）江西官府刻本

十八册

欽定五經

框21.3×16釐米。8行大字18字，中字22字，小字雙行22字。白口，四周雙邊，單黑魚尾。版心上鐫書名，中鐫卷次及篇名。

御纂詩義折中二十卷　　Fv435 2491

〔清〕傅恒總裁　〔清〕陳兆崙等纂

清經元堂刻本（據乾隆二十年武英殿刻本）

八册

框20.2×13.8釐米。9行20字，小字雙行同。白口，左右雙邊，單黑魚尾。版心上鐫"詩義折中"，中鐫卷次，下鐫"經元堂""文光堂"等。

詩毛氏傳疏三十卷　　　Fv435 7923

〔清〕陳奂撰

清光緒十年（1884）吳門南園校經成記陳氏刻本

十册

框16.8×13.1釐米。10行21字，小字雙行同。黑口，左右雙邊，雙魚尾。牌記題"吳門南園校經成記陳氏藏版"。附《釋毛詩音》四卷、《毛詩説》一卷、《毛詩傳義類十九篇》一卷、《鄭氏箋考徵》一卷。

鄭氏箋考徵一卷　　　Fv435 7923.1

〔清〕陳奂撰

清末刻本

一册

框17×13釐米。10行21字，小字雙行同。黑口，左右雙邊，單魚尾。與《毛詩傳義類十九篇》合册。

毛詩傳義類十九篇一卷　　Fv435 7923.1

〔清〕陳奂撰

清末刻本

一册

框17×13釐米。10行21字，小字雙行同。黑口，左右雙邊，單魚尾。與《鄭氏箋考徵》合册。

毛詩説一卷　　　Fv435 7923.2

〔清〕陳奂撰

清道光二十七年（1847）武林愛日軒刻本

一册

框17.5×13.2釐米。10行21字，小字雙行同。黑口，左右雙邊，雙魚尾。牌記

題"道光丁未七月武林愛日軒刻"。末葉版框外鐫"武林愛日軒朱兆熊鐫"。與《釋毛詩音》合册。

釋毛詩音四卷　　　Fv435 7923.2

〔清〕陳奂撰

清咸豐元年（1851）蘇州漱芳齋刻本

一册

框17.5×13.2釐米。10行21字，小字雙行同。黑口，左右雙邊，雙魚尾。牌記題"咸豐辛亥五月蘇州漱芳齋鐫"。與《毛詩説》合册。

詩集傳附釋一卷　　PL2466.Z6 C5 T5

〔清〕丁晏撰　　〔清〕黄士陵等校

清光緒二十年（1894）廣雅書局刻本

一册

廣雅叢書

框20.6×15.3釐米。11行24字，小字雙行同。黑口，四周單邊，單魚尾。

毛詩名物圖説九卷　　　Fv478 2962

〔清〕徐鼎輯

清乾隆三十六年（1771）刻本

四册

框21.5×15釐米。上圖下文，14行20字。白口，四周單邊，單黑魚尾。版心上鐫書名。内封鐫"辛卯冬鐫"。

詩經備解四百五十六條　　Fv435 7242

〔清〕周封魯輯

清道光三年（1823）刻本

一册

周東山先生五經解

框16.5×12.8釐米。18行25字。白口，

詩經八卷　　　　　　　　Fv431 2943C

〔宋〕朱熹集傳

清康熙至雍正間刻本

四册

框21×14.7釐米。9行17字。白口，四周單邊。版心上鐫書名及篇名，下鐫卷數、頁次。外封記載"柏樂吉"。書中另有記載"耶穌降世一千八百六十二年"。"玄"字避諱，"丘"字未諱。佚名英文批點。蟲蛀。

詩經八卷　　　　　　　　Fv431 2943

〔宋〕朱熹集傳

清嘉慶八年（1803）刻本

一册

框20.8×14.5釐米。9行17字，小字雙行同。白口，左右雙邊，單魚尾。内封鐫"嘉慶八年春鐫/悉尊宋刊點畫無訛/監本詩經/上洋博斯堂藏版"。藏書票題"Presented by The Misses Goldthwaits 1889"。

詩經八卷　　　　　　　　Fv431 2943D

〔宋〕朱熹集傳

清嘉慶十六年（1811）揚州十笏堂刻本

四册

框19.2×14.5釐米。9行17字，小字雙行同。白口，左右雙邊，單魚尾。内封鐫"嘉慶十六年夏鐫/御案詩經/揚州十笏堂藏板"。

詩經八卷附詩序辨説一卷

　　　　　　　　　　　　Fv431 +2943B

〔宋〕朱熹集傳

清同治五年（1866）金陵書局刻本

五册

框17.8×14釐米。9行17字，小字雙行同。白口，左右雙邊，單魚尾。内封鐫"詩經集傳"。

欽定詩經傳説彙纂二十一卷首二卷

　　　　　　　Fv110 1121 C44 25—43

〔清〕王鴻緒等纂

清刻本

十八册

御纂五經

框21×16釐米。8行22字，小字雙行同。白口，四周雙邊，單黑魚尾。版心上鐫書名，中鐫卷次及小題。

欽定詩經傳説彙纂二十一卷首二卷詩序二卷　　　　　　Fv435 +1132

〔清〕王鴻緒等纂

清雍正九年（1731）江西官府刻本

十八册

欽定五經

框21.3×16釐米。8行大字18字，中字22字，小字雙行22字。白口，四周雙邊，單黑魚尾。版心上鐫書名，中鐫卷次及篇名。

御纂詩義折中二十卷　　Fv435 2491

〔清〕傅恒總裁　〔清〕陳兆崙等纂

清經元堂刻本（據乾隆二十年武英殿刻本）

八册

框20.2×13.8釐米。9行20字，小字雙行同。白口，左右雙邊，單黑魚尾。版心上鐫"詩義折中"，中鐫卷次，下鐫"經元堂""文光堂"等。

詩毛氏傳疏三十卷　　　　Fv435 7923

〔清〕陳奐撰

清光緒十年（1884）吳門南園校經成記陳氏刻本

十冊

框16.8×13.1釐米。10行21字，小字雙行同。黑口，左右雙邊，雙魚尾。牌記題"吳門南園校經成記陳氏藏版"。附《釋毛詩音》四卷、《毛詩説》一卷、《毛詩傳義類十九篇》一卷、《鄭氏箋考徵》一卷。

鄭氏箋考徵一卷　　　　Fv435 7923.1

〔清〕陳奐撰

清末刻本

一冊

框17×13釐米。10行21字，小字雙行同。黑口，左右雙邊，單魚尾。與《毛詩傳義類十九篇》合冊。

毛詩傳義類十九篇一卷　　Fv435 7923.1

〔清〕陳奐撰

清末刻本

一冊

框17×13釐米。10行21字，小字雙行同。黑口，左右雙邊，單魚尾。與《鄭氏箋考徵》合冊。

毛詩説一卷　　　　Fv435 7923.2

〔清〕陳奐撰

清道光二十七年（1847）武林愛日軒刻本

一冊

框17.5×13.2釐米。10行21字，小字雙行同。黑口，左右雙邊，雙魚尾。牌記題"道光丁未七月武林愛日軒刻"。末葉版框外鐫"武林愛日軒朱兆熊鐫"。與《釋毛詩音》合冊。

釋毛詩音四卷　　　　Fv435 7923.2

〔清〕陳奐撰

清咸豐元年（1851）蘇州漱芳齋刻本

一冊

框17.5×13.2釐米。10行21字，小字雙行同。黑口，左右雙邊，雙魚尾。牌記題"咸豐辛亥五月蘇州漱芳齋鐫"。與《毛詩説》合冊。

詩集傳附釋一卷　　PL2466.Z6 C5 T5

〔清〕丁晏撰　　〔清〕黃士陵等校

清光緒二十年（1894）廣雅書局刻本

一冊

廣雅叢書

框20.6×15.3釐米。11行24字，小字雙行同。黑口，四周單邊，單魚尾。

毛詩名物圖説九卷　　　　Fv478 2962

〔清〕徐鼎輯

清乾隆三十六年（1771）刻本

四冊

框21.5×15釐米。上圖下文，14行20字。白口，四周單邊，單黑魚尾。版心上鐫書名。内封鐫"辛卯冬鐫"。

詩經備解四百五十六條　　Fv435 7242

〔清〕周封魯輯

清道光三年（1823）刻本

一冊

周東山先生五經解

框16.5×12.8釐米。18行25字。白口，

左右雙邊, 單黑魚尾。内封鐫 "道光三年鐫/翻刻必究/家塾藏板"。

周禮類

周禮註疏四十二卷　　Fv524 +8203A

〔漢〕鄭玄注　〔唐〕陸德明音義
〔唐〕賈公彥疏

明萬曆二十一年(1593)曾朝節、劉應秋等重校刻本

十四册

國子監刻十三經註疏

框23.5×15.6釐米。9行21字, 小字雙行同。白口, 左右雙邊, 單黑魚尾。版心上鐫 "萬曆二十一年刊", 中鐫書名及卷次。

周官辨非一卷　　Fv538 W18

〔清〕萬斯大撰

清光緒二年(1876)吳江沈氏世楷堂刻本

一册

昭代叢書

框18.1×12.8釐米。9行20字, 小字雙行同。白口, 左右雙邊, 單黑魚尾。

周禮精華六卷　　Fv528 7904

〔清〕陳龍標編輯

清光緒九年(1883)掃葉山房刻本

一册

框20.8×13釐米。兩截板, 上欄小字14行8字, 下欄7行20字, 小字雙行同。白口, 左右雙邊, 單黑魚尾。内封鐫 "光緒玖年仲春校鐫/仁記鳩工校刻/周禮精華/周官附考/掃葉山房藏板"。

周禮政要二卷　　Fv546 1900

〔清〕孫詒讓撰

清光緒二十八年(1902)鉛印本

一册

禮記類

禮記註疏六十三卷　　Fv584 +1123A

〔漢〕鄭玄注　〔唐〕孔穎達疏

明萬曆十六年(1588)田一儁、王祖嫡等重校刻本

十八册

國子監刻十三經註疏

框22.3×15.4釐米。9行21字, 小字雙行同。白口, 左右雙邊, 單黑魚尾。版心上鐫 "萬曆十六年刊", 中鐫 "禮疏" 及卷次。存卷一至二十七、三十六至六十三。卷五十五起爲黄鳳翔、楊起元等刻。

禮記集説十卷　　Fv587 7936

〔元〕陳澔撰

清嘉慶十六年(1811)揚州十笏堂刻本

十册

框20.5×13.5釐米。兩截板, 上欄18行8小字, 下欄9行17字, 小字雙行同。白口, 左右雙邊, 單魚尾。版心下鐫 "汲古閣"。内封鐫 "嘉慶十六年夏鐫/御案禮記/揚州十笏堂藏板"。

禮記集説十卷　　Fv586 +7936

〔元〕陳澔撰

清同治五年(1866)金陵書局刻本

十册

框18×14.2釐米。9行17字, 小字雙行同。白口, 左右雙邊, 單黑魚尾。内封鐫

"禮記陳氏集說"。牌記題"同治五年六月金陵書局開雕"。

欽定禮記義疏一百七十八卷首四卷

Fv110 1121 C44 63—104

〔清〕鄂爾泰等撰

清乾隆刻本

四十二冊

御纂五經

框21.5×16釐米。8行22字。白口,四周雙邊,單黑魚尾。版心上鐫子目書名。書名及著者據乾隆十九年(1754)奉旨開列"欽定三禮義疏職名"。

繪圖節本禮記十卷

Fv588

〔清〕汪基輯

清末石印本

六冊

禮記節本十卷

Fv588 3141

〔清〕汪基抄輯　〔清〕江永校纂

清光緒三十四年(1908)上海廣益書局石印本

六冊

內封鐫"繪圖節本禮記"。

禮記旁訓辨體合訂六卷春秋四傳四卷附讀春秋一卷春秋提要一卷

Fv588 2902

〔清〕徐立綱輯

清乾隆至嘉慶間集古堂刻本

八冊

五經旁訓辨體

框23.1×14.9釐米。兩截板,下欄正文7行20字。白口,四周單邊,單黑魚尾。版心上鐫"立即",中鐫卷次。《春秋四傳》內封鐫"欽遵御案/旁訓辨體合訂/春秋四傳/集古堂藏版"。卷端題"春秋旁訓謹遵御案四傳合訂"。藏書票題"Library of The Oriental Society"。

禮記備解三百五十五條

Fv648 7242

〔清〕周封魯輯

清道光三年(1823)刻本

一冊

周東山先生五經解

框16.5×12.8釐米。18行25字。白口,左右雙邊,單黑魚尾。內封鐫"道光三年鐫/翻刻必究/家塾藏板"。

三禮總義類

圖説之屬

新定三禮圖二十卷

Fv645 +1428

〔宋〕聶崇義集注

清康熙通志堂刻本

二冊

通志堂經解

框22.3×16.5釐米。16行28字。白口,左右雙邊,雙黑魚尾。版心中鐫"三禮圖"及卷次。內封鐫"河南聶氏集註/三禮圖/通志堂藏板"。鈐"馬氏儒翰""一校山房書畫之圖記"等印。

通禮雜禮之屬

書儀十卷

Fv660 +1279

〔宋〕司馬光撰

清同治七年(1868)江蘇書局刻本

一冊

框18.6×13.3釐米。11行19字，小字雙行24字。白口，左右雙邊，單魚尾。牌記題"同治七年夏四月/江蘇書局將覆刊司馬文正資治通鑑胡注興文署本/刊手雜募/不能別良拙/乃以文正書儀歸安汪氏仿宋本各試刊一葉/第其去留/未帀月而工完"。

軍禮司馬法考徵二卷

U101.S69 H83 1892

〔清〕黃以周撰

清光緒十八年（1892）定海黃氏試館刻本

一冊

框18×13釐米。9行22字，小字雙行同。黑口，左右雙邊，單魚尾。牌記題"光緒壬辰夏四月黃氏試館栞"。簡又文贈書。

目錄之屬

禮書綱目八十五卷

Fv648 3133

〔清〕江永撰

清嘉慶十五年（1810）婺源俞氏鏤恩堂刻本

二十七冊

框18.8×13.5釐米。9行22字，小字雙行同。白口，左右雙邊，單黑魚尾。

春秋左傳類

春秋左傳杜注三十卷首一卷

Fv713 +4118B

〔晉〕杜預注　〔清〕姚培謙撰

清同治五年（1866）金陵書局刻本

十冊

十三經讀本

框18.7×14.5釐米。11行22字，小字雙行同。黑口，左右雙邊，雙魚尾。內封鐫"春秋左傳杜注補輯"。牌記題"同治五年七月金陵書局開雕"。

春秋左傳註疏六十卷

Fv714 +1123A

〔晉〕杜預注　〔唐〕陸德明音義

〔唐〕孔穎達疏

明萬曆十九至二十年（1591—1592）盛訥等校刻本

二十冊

國子監刻十三經註疏

框23.3×15.3釐米。9行21字，小字雙行同。白口，左右雙邊，單黑魚尾。版心上鐫"萬曆十九年刊"，中鐫"春秋疏"及卷次。存卷一至三、七至六十。

春秋左傳綱目杜林詳註十四卷首一卷

Fv714 1123B

〔明〕張岐然輯

清乾隆拔茅居刻永安堂印本

三冊

框21.2×14.2釐米。兩截板，上欄18行4字，下欄9行29字，小字雙行同。白口，四周雙邊，單黑魚尾。版心上鐫書名，中鐫卷次及紀年，部分下鐫"拔茅居"。內封鐫"仁和張岐然先生著/永安堂藏板"。

左傳經世鈔二十三卷

Fv717 2116

〔清〕魏禧評點　〔清〕彭家屏參訂

清末聯墨堂刻本

十二冊

框18.3×13釐米。9行21字，小字雙

行同。白口，左右雙邊，單魚尾。內封鐫
"聯墨堂藏板"。

欽定春秋左傳讀本三十卷　　Fv718 2163

〔清〕英和等編

清同治八年（1869）江蘇書局刻本

十冊

框20.1×14.2釐米。9行17字。白口，
左右雙邊，單魚尾。牌記題"同治己巳夏
五月江蘇書局刊"。容閎1878年贈書。

春秋左傳五十卷

〔晋〕杜預注　　〔唐〕陸德明音義
〔宋〕林堯叟注釋　　〔明〕鍾惺等評點

清末刻本

三冊

框22×14.3釐米。兩截板，上欄眉上
鐫評，行3字，下欄10行20字，小字雙行
同。白口，左右雙邊，單黑魚尾。版心下
鐫"五雲樓"。內封鐫"鍾伯敬先生評
定/孫月峰韓友一兩先生批點/春秋左傳
杜林善本/五雲樓藏板"。存卷一至八、
十三至十六。

春秋公羊傳類

春秋公羊經傳解詁十二卷附校記

Fv742 +2229

〔漢〕何休撰　　〔唐〕陸德明音義

清道光四年（1824）揚州汪氏問禮
堂刻本

四冊

框20×12.6釐米。11行19字，小字雙
行37字。白口，左右雙邊，雙魚尾。內封
鐫"宋紹熙本公羊傳注/揚州汪氏問禮堂

栞"。何休序後題"道光四年孟冬朔日甘
泉汪喜孫武進劉逢禄重校栞"。與《春秋
穀梁傳》同函。

春秋穀梁傳類

春秋穀梁傳註疏二十卷　Fv773 +4132A

〔晋〕范甯集解　　〔唐〕楊士勛疏

明萬曆二十一年（1593）曾朝節、劉
應秋等重校刻本

五冊

國子監刻十三經註疏

框23.3×15.2釐米。9行21字，小字雙
行同。白口，左右雙邊，單黑魚尾。版心
上鐫"萬曆二十一年刊"，中鐫"穀梁註
疏"及卷次。

春秋穀梁傳十二卷　　　　Fv742 +2229

〔晋〕范甯集解

清同治七年（1868）金陵書局刻本

四冊

框17.7×13.4釐米。9行22字，小字
雙行同。白口，左右雙邊，單黑魚尾。牌
記題"同治七年十月金陵書局印行"。與
《春秋公羊經傳解詁》同函。

影宋紹熙本穀梁傳十二卷

Fv773 4132B

〔晋〕范甯集解

清光緒十年（1884）遵義黎氏刻本

二冊

古逸叢書

框18×12.5釐米。11行19字，小字雙
行27字。白口，左右雙邊，雙魚尾。

春秋總義類

春秋三十卷   Fv690 4236

〔宋〕胡安國傳

清乾隆五十五年（1790）金陵芥子園刻本

一册

芥子園重訂監本五經

框17.9×12.1釐米。9行18字，小字雙行同。白口，左右雙邊。版心上鐫書名及小題，下鐫卷次及"芥子園"，眉欄鐫注。内封鐫"乾隆庚戌新鐫/遵依洪武正韻/芥子園重訂監本春秋"。

春秋臣傳三十卷   Fv690 +1196

〔宋〕王當撰

清同治十二年（1873）刻本

三册

通志堂經解

框19.5×15釐米。11行20字。白口，左右雙邊，單黑魚尾。版心中鐫書名及卷次，下鐫"通志堂"及刻工名。

春秋傳説彙要十二卷   Fv695 3213

〔清〕聖祖玄燁御案

清嘉慶十六年（1811）揚州十笏堂刻本

四册

框19.5×14.5釐米。9行17字，小字雙行同。白口，左右雙邊，單黑魚尾。内封鐫"嘉慶十六年夏鐫/御案春秋/揚州十笏堂藏板"。

欽定春秋傳説彙纂三十八卷首二卷

     Fv110 1121 C44 43—62

〔清〕王掞等修

清乾隆刻本

二十册

御纂五經

框21.7×16釐米。8行22字，小字雙行同。白口，四周雙邊，單黑魚尾。版心上鐫書名，中鐫卷次及小題，下鐫頁碼。

春秋鈔十卷   Fv695 2954

〔清〕朱軾輯   〔清〕鄂彌達校

清乾隆元年（1736）鄂彌達刻本

四册

朱文端公藏書

框19.2×13.2釐米。8行20字。白口，四周雙邊，單黑魚尾。版心上鐫書名，中鐫卷次及小題。内封鐫"乾隆元年/本衙藏板"。

春秋經傳類求十二卷附春秋列國圖説

     Fv700 +1923

〔清〕孫從添 過臨汾纂輯   〔清〕沈歸愚鑒定

清乾隆二十四年（1759）舊名堂刻本

十册

框21.2×14.5釐米。12行34字。白口，左右雙邊，單黑魚尾。版心上鐫書名、卷次。内封鐫"沈歸愚先生鑒定/舊名堂藏板"。

春秋取義測十二卷   Fv695 3343

〔清〕法坤宏撰

清乾隆五十九年（1794）法氏六書齋刻本

六册

框16.9×13.9釐米。10行19字。白口，左右雙邊，單黑魚尾。版心中鐫卷次，下鐫"迂齋藏書"。内封鐫"乾隆甲寅年鑴/膠州法坤宏著/粵省西湖街六書齋刻/受業門人胡纕蘭手書"。鈐"辰煇""次樵""蕙蔭園藏"等印。

春秋備解三百五十三條　　　Fv695 7242

〔清〕周封魯輯

清道光三年(1823)刻本

一冊

周東山先生五經解

框16.5×12.8釐米。18行25字。白口,左右雙邊,單黑魚尾。內封鑴"道光三年年鑴/翻刻必究/家塾藏板"。

孝經類

傳說之屬

孝經一卷附弟子職　　　Fv818 4421

〔宋〕朱熹注　　〔清〕任文田集注

清同治十年(1871)文成堂刻本

一冊

框16.7×13.5釐米。9行17字,小字雙行同。白口,左右雙邊,單黑魚尾。內封鑴"同治十年重鑴/孝經/後附弟子職/京口文成堂藏板"。

文字音義之屬

孝經小學正文六卷首一卷　　Fv810 4021

〔宋〕朱熹注　　〔清〕陸隴其編輯

清乾隆三十九年(1774)荷經堂刻本

四冊

框19.6×12.2釐米。白口,左右雙邊,單黑魚尾。版心上鑴"孝經正文"或"小學正文",中鑴卷次。內封鑴"乾隆甲午

年鑴/荷經堂藏板/孝經小學正文"。

孝經小學正文六卷首一卷　　Fv810 4022

〔宋〕朱熹注　　〔清〕陸隴其編輯

清乾隆五十八年(1793)刻本

四冊

框19.2×12.2釐米。7行15字。白口,左右雙邊,單黑魚尾。版心上鑴"孝經正文"或"小學正文",中鑴卷次。內封鑴"乾隆癸丑年鑴/會元藏板/孝經小學正文"。

孝經小學纂注六卷附童蒙須知一卷訓子從學帖一卷文公朱夫子年譜一卷

　　　　　　　　　　　Fv814 4021

〔清〕高愈編　　〔清〕陳弘謀重校

清乾隆刻本

二冊

框9.4×7.7釐米。9行17字,小字雙行同。白口,四周雙邊,單黑魚尾。版心上鑴"孝經"或"小學",中鑴卷次。內封鑴"奉旨頒行/梁溪高愈編定/桂林陳榕門重校/孝經小學纂注/內附近思録/朱子年譜/芥子園發兌"。外封記載"Yale College Library presented by Mr. Wm A. Macy May 1850"。

四書類

大學之屬

大學聖經解不分卷　　　Fv895.8 4712

清光緒九年(1883)刻本

一冊

框19×12.8釐米。9行24字。白口,四周單邊,單魚尾。內封鑴"光緒九年臘月/

衆善重刊/大學聖經解/板存前門外楊梅竹斜街西頭路北文豐齋刻字鋪"。

論語之屬

論語經正錄二十卷附采錄諸儒姓氏一卷王用誥年譜一卷　　　　Fv938 1131

〔清〕王肇晋撰　　〔清〕王用誥述

清光緒二十年（1894）刻本

十一册

框16×12.4釐米。12行21字。黑口，左右雙邊，雙魚尾。牌記題"光緒二十年仲春月鋟板"。

朱子論語集注訓詁考二卷

Fv935 2943 P3

〔清〕潘衍桐撰

清光緒十七年（1891）浙江書局刻本

一册

框17×11.1釐米。10行19字，小字雙行同。黑口，四周雙邊，雙魚尾。

總義之屬

四書章句集註十九卷　　Fv853 2943F

〔宋〕朱熹集注章句　〔清〕任階平校

清道光十五年（1835）裹如堂刻本

五册

框20×14釐米。兩截板，上欄18行5字，下欄9行17字，小字雙行同。白口，左右雙邊，單魚尾。版心下鎸"裹如堂"。内封鎸"裹如堂車氏原本/任階平先生校正/四書章句集註/京都藏板"。

大學一卷

中庸一卷

論語十卷

孟子七卷（存卷六至七）

四書集註十九卷　　　Fv853 2943B

〔宋〕朱熹集注

清道光十六年（1836）裹如堂刻本

六册

框17.7×11.5釐米。兩截板，上欄18行2小字，下欄9行17字，小字雙行同。白口，四周單邊，單魚尾。内封鎸"道光丙申年重鎸/較訂點畫無訛/裹如堂四書集註/味經堂藏板"。

大學一卷

中庸一卷

論語十卷

孟子七卷

四書集註十九卷　　　Fv853 +1943c

〔宋〕朱熹集注

清同治五年（1866）金陵書局刻本

六册

框17.6×14釐米。9行17字，小字雙行同。白口，左右雙邊，單魚尾。牌記題"同治五年三月金陵書局印行"

大學一卷

中庸一卷

論語十卷

孟子七卷

四書正體十九卷　　　Fv853 2943E

〔宋〕朱熹集注章句

清末文林堂刻本

六册

框17.8×10.5釐米。兩截板，上欄18

行3小字,下欄9行17字,小字雙行同。白
口,四周雙邊,單魚尾。版心上鐫"四書
正體",下鐫"文林堂"。

　　大學一卷
　　中庸一卷
　　論語十卷
　　孟子七卷

四書讀本十九卷　　　　　Fv853 2943H

　　〔宋〕朱熹集注
　　清末大梁馮氏刻本
　　六冊
　　框19.5×14釐米。兩截板,上欄16行
3小字,下欄8行17字,小字雙行同。白口,
左右雙邊,單魚尾。内封鐫"大梁馮氏重
刊"。藏書票題"Gift of Mrs. Edward P.
Drew 1936"。

　　大學一卷
　　中庸一卷
　　論語十卷
　　孟子七卷

四書離句集註十九卷　　Fv853 +2943M

　　〔宋〕朱熹集注章句　　〔清〕楊立先校
　　清嘉慶二十三年(1818)聚錦堂、聚
繡堂刻本
　　十三冊
　　框20×14.8釐米。9行17字。白口,左
右雙邊。内封鐫"嘉慶戊寅年新鐫"。藏
書票題"Library of the Board of Foreign
Missions of Presbyterian Church in the
U.S.A."。另有複本二,書號Fv853 +2943G,
十冊; 書號Fv853 +2943k, 三冊。

　　大學一卷
　　中庸一卷

　　論語十卷
　　孟子七卷

四書集註直解説約二十七卷

　　　　　　　　　　Fv853 +2943N

　　〔宋〕朱熹集注　　〔明〕張居正直解
　〔明〕顧夢麟 楊彝輯
　　清乾隆北京八旗經正書院刻本
　　十二冊
　　框21.3×14.7釐米。兩截板,上欄22
行12小字,下欄9行19字,小字雙行同。白
口,四周單邊,單黑魚尾。版心鐫"説約
合參""四書集註直解"。牌記題"八旗
經正書院翻刻"。

**省城醉經樓較正監韻分章分節四書正文
六卷**　　　　　　　　　Fv855 0848B

　　〔明〕陳豸校
　　清道光七年(1827)醉經樓刻本
　　五冊
　　框17.5×13.8釐米。9行18字,小字雙
行同。白口,四周雙邊,單黑魚尾。版心
上鐫"四書正韻"。内封鐫"道光七年春
鐫/遵依字典校訂無訛/醉經樓四書正文/
翻刻必究"。卷首題"遵依國子監銅板訂
本"。藏書票題"Library of the Foreign
Missions of the Presbyterian Church in
the USA, New York"。另有複本一,書
號Fv856 1424,五冊。

　　大學一卷
　　中庸一卷
　　論語二卷
　　孟子二卷

較正監韻分章分節四書正文六卷

Fv855 0848

〔明〕陳矛校

清道光二十二年（1842）裏如堂刻本

五冊

框15.2×11.6釐米。10行19字，小字雙行同。白口，四周單邊，單黑魚尾。版心上鎸"四書正文"。內封鎸"道光廿二年鎸/審音辨畫校訂無訛/裏如堂四書正文/富文堂藏板"。卷首題"遵依國子監銅板訂本"。外封題"Yale College Library presented by Mr. Wm A. Macy May 1850"。鈐"W. A. MACY 麋"印。

> 大學一卷
> 中庸一卷
> 論語二卷
> 孟子二卷

新訂四書補註備旨十卷　　Fv855 1249

〔明〕鄧林撰　　〔清〕鄧煜編次

〔清〕祁文友重校　　〔清〕杜定基增訂

清同治三年（1864）三元堂刻本

八冊

框21.8×14.5釐米。三截板，上欄22行5小字，中欄22行10小字，下欄11行32字，小字雙行同。白口，四周單邊，單黑魚尾。版心上鎸"四書補註備旨"。內封鎸"同治甲子年新鎸/粵東鄧林退庵訂著/銅板四書補註附考備旨/三元堂梓/太史仇滄柱先生補"。

> 大學一卷
> 中庸一卷
> 論語四卷
> 孟子四卷

四書小參一卷附四書答問一卷

Fv855 2942

〔明〕朱斯行撰

清光緒三年（1877）姑蘇刻經處刻本

一冊

框17.2×12.8釐米。10行20字。白口，左右雙邊。

鎸温陵鄭孩如觀静窩四書知新日録六卷

Fv855 8227

〔明〕鄭維岳撰　　〔明〕鄭協其校

明萬曆二十四年（1596）余泗泉萃慶堂刻本

六冊

框22×13.1釐米。13行30字。白口，四周單邊，單黑魚尾。版心上鎸"四書知新日録"。內封鎸"温陵孩如鄭先生觀静窩四書知新日録/丙申冬萃慶堂余泗泉梓"。卷端題"潭城泗泉以誠甫余彰德梓"。鈐"静岡學校"印。

集虛齋四書口義十卷　　Fv856 0214

〔清〕方棻如撰

清乾隆五十三年（1788）刻本

框19.8×11.9釐米。12行25字。白口，左右雙邊，單黑魚尾。版心上鎸書名，中鎸四書書名，下鎸卷次。內封鎸"乾隆戊申冬鎸/本衙藏板"。

四書朱子本義匯參四十七卷　Fv856 1125

〔清〕王步青輯

清乾隆十年（1745）敦復堂刻本

二十冊

框20.8×13.6釐米。10行25字。白口，四周單邊，單黑魚尾。版心上鎸"大學章句本義匯參", 中鎸卷次, 下鎸"敦復堂"。内封鎸"四書朱子本義匯參/敦復堂藏板/寶章堂發兑"。

四書約旨十九卷　　Fv856 2133

〔清〕任啓運撰

清乾隆三十六年(1771)耿毓孝刻本

十册

框18.2×13.8釐米。10行24字, 小字雙行同。白口, 四周雙邊, 單黑魚尾。版心上鎸書名。内封鎸"清芬堂藏板/乾隆歲次辛卯新刻"。

漱芳軒合纂四書體註十九卷

Fv856 +4187B

〔清〕范翔參訂

清康熙刻本

六册

框22.7×15.4釐米。兩截板, 上欄23行31小字, 四周單邊;下欄9行17字, 小字雙行同, 左右雙邊。白口。版心上鎸"四書體註", 中鎸四書書名。

漱芳軒合纂四書體註十九卷

Fv856 +4187

〔清〕范翔參訂

清道光十一年(1831)集古堂刻本

三册

框24.5×15.4釐米。兩截板, 上欄23行31小字, 四周單邊;下欄9行17字, 小字雙行同, 左右雙邊。白口。版心上鎸"四書體註", 中鎸四書書名, 下鎸"集古堂鎸"。内封鎸"道光辛卯孟春新鎸/苕溪范紫登參訂/校對無訛/銅版四書體註/字遵部頒正韻/靈蘭堂藏板"。外封記載

"A. Van Name 1870"。

四書味根録三十七卷　　Fv856 8134B

〔清〕金澄撰

清光緒十二年(1886)上海積山書局石印本(袖珍本)

六册

牌記題"光緒丙戌孟冬上海積山書局石印"。另有複本一, 書號Fv856 8134, 五册, 存卷一至三十四。

四書合講十九卷　　Fv856 +8224

〔清〕翁復輯

清嘉慶至道光間刻本

六册

框23×15.8釐米。兩截板, 上欄26行32小字, 下欄9行17字, 小字雙行同。白口, 四周雙邊。内封鎸"道光九年新鎸/五雲樓藏板"。外封記載"Yale College Library Aug 1849"。另有複本二, 書號與册數同, 内封鎸"嘉慶乙丑/銅板四書遵注合講/酌雅齋藏板/永安堂發兑"。

增補四書人物聚考二十二卷　Fv862 7930

〔明〕鍾惺撰　〔清〕陳弘謀增訂

〔清〕黄澍參訂

清聚寶樓刻本

十二册

框13.8×10.5釐米。10行25字, 小字雙行同。白口, 四周單邊, 單魚尾。内封鎸"合諸名家選訂/桂林陳榕門先生增定/增補四書人物聚考圖解/聚寶樓梓行"。外封記載"Yale College Library presented by Mr. Wm A. Macy May 1850", "Sz Shu Tu Kiai", "Classical Dictionary to the

Four Books"。

四書人物類典串珠四十卷　Fv862 5042

〔清〕臧志仁編輯

清光緒二年(1876)鉛印本(袖珍本)

四册

四書十九卷

〔宋〕朱熹章句集注

清末近文堂刻本

七册

框17.2×11.6釐米。兩截板,上欄眉上鐫評,行2字,下欄9行17字,小字雙行同。白口,左右雙邊,單黑魚尾。版心下鐫"近文堂"。内封鐫"審音辨畫校訂無訛/遵依康熙字典/近文堂四書監本"。外封記載"The Chinese Classics (Doctrines of Confucius)" "Presented by Jenichiro Oyabe"。

大學一卷

中庸一卷

論語十卷

孟子七卷

四書十九卷

〔宋〕朱熹章句集注

清光緒三年(1877)胡氏退補齋刻本

一册

框20.2×14.6釐米。9行17字,小字雙行同。白口,四周單邊,單黑魚尾。《大學》牌記題"光緒三年七月永康退補壘胡氏重雕"。藏書票題"Sinological Seminar in memory of George A. Kennedy"。存《大學》一卷、《中庸》一卷、《論語》十卷。

群經總義類

石經之屬

唐石經校文十卷　　　　Fv190 +6414

〔清〕嚴可均纂

清嘉慶九年(1804)元尚居刻本

四册

框19.9×15釐米。11行24字,小字雙行同。黑口,四周單邊,雙魚尾。

蜀石經殘字一卷　　　　Fv190 +7932

〔清〕陳宗彝輯

清道光六年(1826)三山陳氏石經精舍刻本

一册

框20.4×11.3釐米。6行字數不等,小字雙行字數不等。白口,四周單邊。牌記題"道光六年三山陳氏重刊行"。

傳説之屬

五經全註五種　　　　　Fv110 +1121.4

〔宋〕朱熹等撰

清乾隆五十五年(1790)至嘉慶二十三年(1818)翻刻金陵芥子園本

八册

框18×12.8釐米。9行18字。白口,左右雙邊。版心上鐫子日書名及篇名。内封鐫"乾隆庚戌年新鐫/嘉慶戊寅新鐫/芥子園重訂監本禮記"等。函簽題"五經全註"。《詩經》卷首之末牌記題"古吳李氏校訂/金陵芥子園梓"。《書經》卷首序末牌記題"浙江李氏訂本/金陵芥子園梓"。

吕涇野經説二十一卷　　PL2462 Z6 L83

〔明〕吕柟撰

清咸豐八年（1858）宏道書院刻本

十册

惜陰軒叢書

框16.8×12.2釐米。10行22字, 小字雙行同。黑口, 四周單邊, 單魚尾。牌記題"惜陰軒叢書/宏道書院藏板"。

周易説翼三卷

尚書説要五卷

毛詩説序六卷

春秋説志五卷

禮問二卷

五經合纂大成四十四卷　　Fv110 1121

〔清〕同文書局編撰

清光緒十一年（1885）上海同文書局石印巾箱本

二十册

内封鐫"廣百宋齋藏版"。鈐"季焯""劉季焯"等印。

周易合纂大成四卷

書經合纂大成六卷

詩經合纂大成八卷

春秋合纂大成十六卷

禮記合纂大成十卷

五經體註五十二卷　　Fv110 +1121.3

〔清〕范翔參訂

清刻本

十八册

外封記載"Yale College Library Aug 1849"。

重訂詩經衍義合參集註八卷詩經八卷

〔明〕江環輯著　　（詩經）〔宋〕朱熹集注

框21.8×14釐米。兩截板, 上欄10行小字不等, 下欄9行字數不等。白口, 左右雙邊, 單魚尾。版心上鐫"詩經衍義合參", 中鐫《詩經》篇名。内封鐫"西陵顧且庵先生鑒定/苕溪范紫登評選/增訂詩經體註衍義/五雲樓藏板"。外封記載"Yale College Library Aug 1849"。

新刻書經體註六卷書經六卷　〔清〕顧且庵鑒定　（書經）〔宋〕蔡沈集傳

框20.8×14.2釐米。兩截板, 上欄23行25小字, 下欄9行17字, 小字雙行同。白口, 四周單邊, 單魚尾。版心上鐫"書經體註", 中鐫《書經》篇名。内封鐫"道光甲辰年新鐫/范紫登先生訂/合纂諸子解説/書經體註/字遵部頒正韻/五雲樓梓行"。外封記載"Yale College Library Aug 1849"。

易經大全會解四卷周易四卷　〔清〕來爾繩纂輯　〔清〕朱采治等編訂（周易）〔宋〕朱熹本義

框21.8×14.2釐米。兩截板, 上欄24行24小字, 下欄11行23字, 小字雙行同。白口, 左右雙邊, 單魚尾。版心上鐫"崇道堂易經大全會解", 中鐫"周易"、卷數, 下鐫"五雲樓"。内封鐫"蕭山來木臣纂輯/西陵朱建予/朱瀋宗編訂/合纂諸子解説/崇道堂易經大全會解/五雲樓梓行"。外封記載"Yale College Library Aug 1849"。

禮記體註大全合參四卷禮記纂注參訂讀本　〔清〕周熾輯

　　框19.8×13.8釐米。兩截板，上欄21行24小字，下欄8行17字，小字雙行同。白口，四周單邊，單魚尾。內封鎸"范紫登先生原本/銅陵周旦林纂訂/合纂諸子解説/禮記體註大全合參/本衙藏板"。外封記載"Yale College Library Aug 1849"。

春秋體註大全合參四卷春秋經傳參訂讀本　〔清〕周熾輯　（讀本）〔宋〕胡安國傳

　　框21×14.1釐米。兩截板，上欄20行24小字，下欄8行17字，小字雙行同。白口，四周單邊，單魚尾。內封鎸"范紫登先生原本/銅陵周旦林纂訂/合纂諸子解説/春秋體註大全合參/五雲樓梓行"。外封記載"Yale College Library Aug 1849"。

五經讀本三十四卷　　　Fv110 1121.5

　　清同治七年（1868）至光緒六年（1880）刻本

　　十六冊

　　框15.4×11.7釐米。兩截板，上欄18行3字，下欄9行17至18字，小字雙行同。白口，左右雙邊，單魚尾。《春秋讀本》內封鎸"同治戊辰歲鎸/青雲樓發兑/五雲樓藏板"。《易經讀本》內封鎸"光緒庚辰年新鎸/太平新街以文堂藏板"。

　　詩經讀本四卷

　　書經讀本四卷

　　易經讀本四卷

　　禮記讀本十卷

　　春秋讀本十二卷

通志堂經解一百四十種一千八百六十卷

　　　　　　　　　　　Fv110 2452

　　〔清〕納蘭性德輯

　　清康熙十九年（1680）納蘭性德通志堂刻乾隆三十九年（1774）修補本

　　五百八十四冊

　　框19.8×15.1釐米。11行20字。白口，左右雙邊，單黑魚尾。版心中鎸子目書名及卷次，下鎸"通志堂"及刻工。

　　子夏易傳十一卷　〔周〕卜商撰

　　易數鈎隱圖三卷遺論九事一卷　〔宋〕劉牧撰

　　橫渠先生易説三卷附行狀一卷　〔宋〕張載撰　〔宋〕吕大臨撰

　　易學一卷　〔宋〕王湜撰

　　紫巖居士易傳十卷　〔宋〕張浚撰

　　漢上易傳十一卷周易卦圖三卷周易叢説一卷　〔宋〕朱震撰

　　易璇璣三卷　〔宋〕吳沆撰

　　周易義海撮要十二卷　〔宋〕李衡撰

　　易小傳六卷　〔宋〕沈該撰

　　復齋易説六卷　〔宋〕趙彦肅撰

　　古周易一卷　〔宋〕吕祖謙等撰

　　童溪王先生易傳三十卷　〔宋〕王宗傳撰

　　易裨傳一卷外篇一卷　〔宋〕林至撰

　　易圖説三卷　〔宋〕吳仁傑撰

　　易學啓蒙通釋二卷圖一卷　〔宋〕胡方平撰

　　周易玩辭十六卷　〔宋〕項安世撰

　　東谷鄭先生易翼傳二卷　〔宋〕鄭汝諧撰

三易備遺十卷　〔宋〕朱元昇撰

丙子學易編一卷　〔宋〕李心傳撰

易學啓蒙小傳一卷古經傳一卷
　　〔宋〕税與權撰

水村易鏡一卷　〔宋〕林光世撰

晦庵先生朱文公易説二十三卷　〔宋〕
　　朱鑑輯

大易緝説十卷　〔元〕王申子撰

周易輯聞六卷易雅一卷筮宗一卷
　　〔宋〕趙汝楳撰

周易傳義附録十四卷首一卷　〔宋〕
　　董楷撰

學易記九卷首一卷　〔元〕李簡撰

讀易私言一卷　〔元〕許衡撰

俞氏易集説十三卷　〔宋〕俞琰撰

周易本義附録纂注十五卷　〔元〕
　　胡一桂撰

周易發明啓蒙翼傳三卷外篇一卷
　　〔元〕胡一桂撰

周易本義通釋十卷輯録雲峰文集易
　　義一卷　〔元〕胡炳文撰

易纂言十二卷首一卷　〔元〕吳澄撰

周易本義集成十二卷首一卷　〔元〕
　　熊良輔撰

周易經傳集程朱解附録纂注（周易
　　會通）十四卷首一卷附一卷　〔元〕
　　董真卿撰

易圖通變五卷附圖一卷　〔元〕雷
　　思齊撰

易象圖説内篇三卷外篇三卷　〔元〕
　　張理撰

大易象數鈎深圖三卷　〔元〕張理撰

周易參義十二卷　〔元〕梁寅撰

合訂删補大易集義粹言八十卷
　　〔清〕納蘭性德撰

書古文訓十六卷　〔宋〕薛季宣撰

三山拙齋林先生尚書全解四十卷
　　〔宋〕林之奇撰

程尚書禹貢論二卷後論一卷程尚書
　　禹貢山川地理圖二卷　〔宋〕程
　　大昌撰

尚書説七卷　〔宋〕黃度撰

增修東萊書説三十五卷首一卷
　　〔宋〕吕祖謙撰　〔宋〕時瀾輯

書疑九卷　〔宋〕王柏撰

書集傳或問二卷　〔宋〕陳大猷撰

杏溪傅氏禹貢集解二卷　〔宋〕傅
　　寅撰

尚書詳解十三卷　〔宋〕胡士行撰

尚書表注二卷　〔宋〕金履祥撰

尚書纂傳四十六卷　〔元〕王天與
　　撰　〔元〕彭應龍增校

書蔡氏傳輯録纂注六卷首一卷
　　〔元〕董鼎撰

書纂言四卷　〔元〕吳澄撰

書蔡氏傳旁通六卷　〔元〕陳師凱撰

尚書句解十三卷　〔元〕朱祖義撰

書蔡氏集傳纂疏六卷首一卷　〔元〕
　　陳櫟撰

尚書通考十卷　〔元〕黃鎮成撰

王耕野先生讀書管見二卷　〔元〕
　　王充耘撰

定正洪範集説一卷首一卷　〔元〕
　　胡一中撰

毛詩指説一卷　〔唐〕成伯璵撰

詩本義十五卷鄭氏詩譜補亡一卷
　　〔宋〕歐陽修撰

李迂仲黃實夫毛詩集解四十二卷首
　　一卷　〔宋〕李樗　黃櫄講義
　　〔宋〕吕祖謙釋音

毛詩名物解二十卷　〔宋〕蔡卞撰

詩説一卷　〔宋〕張耒撰

詩疑二卷　〔宋〕王柏撰

詩傳遺説六卷　〔宋〕朱鑑撰

詩補傳三十卷篇目一卷　〔宋〕范
　處義撰

詩集傳名物鈔八卷　〔元〕許謙撰

詩經疑問七卷　〔元〕朱倬撰

詩解頤四卷　〔明〕朱善撰

春秋尊王發微十二卷附録一卷
　〔宋〕孫復撰

春秋皇綱論五卷　〔宋〕王晳撰

春秋劉氏傳十五卷　〔宋〕劉敞撰

春秋權衡十七卷　〔宋〕劉敞撰

劉氏春秋意林二卷　〔宋〕劉敞撰

春秋年表一卷

春秋名號歸一圖二卷　〔後蜀〕馮
　繼先撰

春秋臣傳三十卷　〔宋〕王當撰

西疇居士春秋本例二十卷　〔宋〕
　崔子方撰

木訥先生春秋經筌十六卷　〔宋〕
　趙鵬飛撰

石林先生春秋傳二十卷　〔宋〕葉
　夢得撰

止齋先生春秋後傳十二卷　〔宋〕
　陳傅良撰

春秋集解三十卷　〔宋〕呂祖謙撰

左氏傳説二十卷　〔宋〕呂祖謙撰

春秋左氏傳事類始末五卷附録一卷
　〔宋〕章冲撰

春秋提綱十卷　〔宋〕陳則通撰

春秋王霸列國世紀編三卷　〔宋〕
　李琪撰

春秋通説十三卷　〔宋〕黃仲炎撰

春秋集註十一卷綱領一卷　〔宋〕
　張洽撰

春秋或問二十卷　〔宋〕呂大圭撰

春秋五論一卷　〔宋〕呂大圭撰

則堂先生春秋集傳詳説三十卷綱領
　一卷　〔宋〕家鉉翁撰

春秋類對賦一卷　〔宋〕徐晋卿撰

春秋諸國統紀六卷　〔元〕齊履謙撰

春秋本義三十卷首一卷　〔元〕程
　端學撰

春秋或問十卷　〔元〕程端學撰

春秋集傳十五卷　〔元〕趙汸撰
　〔明〕倪尚誼校定

春秋屬辭十五卷　〔元〕趙汸撰

春秋師説三卷附録二卷　〔元〕趙
　汸撰

春秋左氏傳補注十卷　〔元〕趙汸撰

春秋諸傳會通二十四卷首一卷
　〔元〕李廉撰

春秋集傳釋義大成十二卷首一卷
　〔元〕俞皋撰

清全齋讀春秋編十二卷　〔元〕陳
　深撰

春秋春王正月考一卷辨疑一卷　〔明〕
　張以寧撰

新定三禮圖二十卷　〔宋〕聶崇義
　集注

東巖周禮訂義八十卷首一卷　〔宋〕
　王與之撰

鬳齋考工記解二卷　〔宋〕林希逸
　撰

儀禮圖十七卷旁通圖一卷　〔宋〕
　楊復撰

禮記集説一百六十卷　〔宋〕衛湜撰

禮經會元四卷　〔宋〕葉時撰

太平經國之書十一卷首一卷　〔宋〕
　鄭伯謙撰
夏小正戴氏傳四卷　〔宋〕傅崧卿注
儀禮集説十七卷　〔元〕敖繼公撰
儀禮逸經傳一卷　〔元〕吳澄撰
經禮補逸九卷附録一卷　〔元〕汪
　克寬撰
禮記陳氏集説補正三十八卷　〔清〕
　納蘭性德撰
孝經注解一卷　〔唐〕玄宗李隆基
　注　〔宋〕司馬光指解　〔宋〕范
　祖禹説
孝經大義一卷　〔元〕董鼎撰
孝經一卷　〔元〕吳澄校定
晦庵先生所定古文孝經句解一卷
　〔元〕朱申撰
南軒先生論語解十卷　〔宋〕張栻撰
論語集説十卷　〔宋〕蔡節撰
南軒先生孟子説七卷　〔宋〕張栻撰
孟子集註十四卷　〔宋〕蔡模集疏
孟子音義二卷　〔宋〕孫奭撰
大學纂疏一卷中庸纂疏一卷論語纂
　疏十卷孟子纂疏十四卷　〔宋〕趙
　順孫撰
大學集編一卷中庸集編一卷論語集
　編十卷孟子集編十四卷　〔宋〕
　真德秀撰
大學通一卷中庸通一卷論語通十卷
　孟子通十四卷　〔元〕胡炳文撰
大學章句或問通證一卷中庸章句或
　問通證一卷論語集註通證二卷孟
　子集註通證二卷　〔元〕張存中撰
大學章句纂箋一卷大學或問纂箋一
　卷中庸章句纂箋一卷中庸或問纂
　箋一卷論語集註纂箋十卷孟子集

註纂箋十四卷　〔元〕詹道傳撰
四書通旨六卷　〔元〕朱公遷撰
四書辨疑十五卷　〔元〕佚名撰
大學集説啓蒙一卷中庸集説啓蒙一
　卷　〔元〕景星撰
經典釋文三十卷　〔唐〕陸德明撰
公是先生七經小傳三卷　〔宋〕劉
　敞撰
六經奧論六卷首一卷　〔宋〕鄭樵撰
六經正誤六卷　〔宋〕毛居正撰
熊先生經説七卷　〔元〕熊朋來撰
十一經問對五卷　〔元〕何異孫撰
五經蠡測六卷　〔明〕蔣悌生撰

稽古日鈔八卷　　　　　Fv160 1303
　〔清〕彭啓豐鑒定　〔清〕張方湛等輯
　清乾隆二十九年（1764）秋曉山房刻本
　四册
　　框17.6×12.6釐米。10行24字，小字
雙行同。白口，左右雙邊，單黑魚尾。版
心上鎸書名，中鎸卷次及篇名，下鎸"秋
曉山房"。鈐"積學齋徐乃昌藏書""哈
佛大學漢和圖書館珍藏印"等印。購自哈
佛大學燕京學社。

十三經策案二十二卷　Fv110 4012 W18
　〔清〕王謨匯輯　〔清〕喻祥麟編
　清光緒十三年（1887）上海積山書局
石印本
　　一册
　　牌記題"光緒丁亥孟冬上海積山書
局石印"。存十一卷。

邃雅堂學古録七種　　　Fv9155 4106
　〔清〕姚文田撰

清道光七年（1827）刻本

四冊

邃雅堂全書

框18.4×12.3釐米。8行21字，小字雙
行同。白口，左右雙邊，單魚尾。

　學易討源一卷

　顓頊曆術一卷

　夏殷曆章部合表一卷

　周初年月日歲星考一卷

　春秋經傳朔閏表一卷

　漢初年月日表一卷

　四書瑣語一卷

六經補疏二十卷　　　　　Fv154 2326

　〔清〕焦循撰

清道光六至八年（1826—1828）刻本

五冊

焦氏叢書

框17.8×13.4釐米。10行21字，小字
雙行同。黑口，左右雙邊。

　毛詩補疏五卷

　論語補疏三卷

　周易補疏二卷

　尚書補疏二卷

　春秋左傳補疏五卷

　禮記補疏三卷

皇朝五經彙解二百七十卷　Fv154 2422

　〔清〕抉經心室主人編　〔清〕郭洪
起增輯

清光緒二十二年（1896）上海書局石
印本

三十二冊

牌記題“光緒丙申冬耕餘堂付上海
書局石印”。

易經彙解四十卷

書經彙解五十二卷

詩經彙解七十六卷

春秋彙解五十三卷

禮記彙解四十九卷

附五經正文

　周易正文不分卷

　書經正文不分卷

　詩經正文不分卷

　春秋正文不分卷

　禮記正文不分卷

附經解入門八卷　　〔清〕江藩纂

皇清經解一千四百八卷　　Fv110 7111

　〔清〕阮元輯

清道光九年（1829）廣州學海堂刻咸
豐十一年（1861）補刻本

三百二十冊

框18.6×13.6釐米。11行24字，小字雙
行同。白口，左右雙邊，單魚尾。版心下鐫
“庚申補刊”。鈐“鎔經鑄史齋”印。

　左傳杜解補正三卷　〔清〕顧炎武撰

　易音三卷　〔清〕顧炎武撰

　音論一卷　〔清〕顧炎武撰

　詩本音十卷　〔清〕顧炎武撰

　日知録二卷　〔清〕顧炎武撰

　四書釋地一卷續一卷又續一卷三續
　　一卷　〔清〕閻若璩撰

　孟子生卒年月考一卷　〔清〕閻若璩撰

　潛邱劄記一卷　〔清〕閻若璩撰

　禹貢錐指二十卷例略圖一卷　〔清〕
　　胡渭撰

　學禮質疑二卷　〔清〕萬斯大撰

　學春秋隨筆十卷　〔清〕萬斯大撰

　毛詩稽古編三十卷　〔清〕陳啓源撰

仲氏易三十卷　〔清〕毛奇齡撰

春秋毛氏傳三十六卷　〔清〕毛奇齡撰

春秋簡書刊誤二卷　〔清〕毛奇齡撰

春秋屬辭比事記四卷　〔清〕毛奇
　齡撰

經問十四卷補一卷　〔清〕毛奇齡撰

論語稽求篇七卷　〔清〕毛奇齡撰

四書賸言六卷　〔清〕毛奇齡撰

詩説三卷附録一卷　〔清〕惠周惕撰

湛園札記一卷　〔清〕姜宸英撰

經義雜記十卷　〔清〕臧琳撰

解春集二卷　〔清〕馮景撰

尚書地理今釋一卷　〔清〕蔣廷錫撰

易説六卷　〔清〕惠士奇撰

禮説十四卷　〔清〕惠士奇撰

春秋説十五卷　〔清〕惠士奇撰

白田草堂存稿一卷　〔清〕王懋竑撰

周禮疑義舉要七卷　〔清〕江永撰

深衣考誤一卷　〔清〕江永撰

春秋地理考實四卷　〔清〕江永撰

群經補義五卷　〔清〕江永撰

鄉黨圖考十卷　〔清〕江永撰

儀禮章句十七卷　〔清〕吳廷華撰

觀象授時十四卷　〔清〕秦蕙田撰

經史問答七卷　〔清〕全祖望撰

質疑一卷　〔清〕杭世駿撰

尚書注疏考證六卷　〔清〕齊召南撰

周官禄田考三卷　〔清〕沈彤撰

尚書小疏一卷　〔清〕沈彤撰

儀禮小疏八卷　〔清〕沈彤撰

春秋左傳小疏一卷　〔清〕沈彤撰

果堂集一卷　〔清〕沈彤撰

周易述二十一卷　〔清〕惠棟撰

古文尚書考二卷　〔清〕惠棟撰

春秋左傳補注六卷　〔清〕惠棟撰

九經古義十六卷　〔清〕惠棟撰

春秋正辭十三卷　〔清〕莊存與撰

鍾山札記一卷　〔清〕盧文弨撰

龍城札記一卷　〔清〕盧文弨撰

尚書集注音疏十三卷尚書師系表一
　卷　〔清〕江聲撰

尚書後案三十一卷　〔清〕王鳴盛撰

周禮軍賦説四卷　〔清〕王鳴盛撰

十駕齋養新録三卷餘録一卷　〔清〕
　錢大昕撰

潛研堂文集六卷　〔清〕錢大昕撰

四書考異三十六卷　〔清〕翟灝撰

尚書釋天六卷　〔清〕盛百二撰

讀書脞録二卷續編二卷　〔清〕孫
　志祖撰

弁服釋例八卷　〔清〕任大椿撰

釋繒一卷　〔清〕任大椿撰

爾雅正義二十卷　〔清〕邵晋涵撰

宗法小記一卷　〔清〕程瑤田撰

儀禮喪服文足徵記十卷　〔清〕程
　瑤田撰

釋宮小記一卷　〔清〕程瑤田撰

考工創物小記四卷　〔清〕程瑤田撰

磬折古義一卷　〔清〕程瑤田撰

溝洫疆理小記一卷　〔清〕程瑤田撰

禹貢三江考三卷　〔清〕程瑤田撰

水地小記一卷　〔清〕程瑤田撰

解字小記一卷　〔清〕程瑤田撰

聲律小記一卷　〔清〕程瑤田撰

九穀考四卷　〔清〕程瑤田撰

釋草小記一卷　〔清〕程瑤田撰

釋蟲小記一卷　〔清〕程瑤田撰

禮箋三卷　〔清〕金榜撰

毛鄭詩考正四卷　〔清〕戴震撰

杲溪詩經補注二卷　〔清〕戴震撰

考工記圖二卷　〔清〕戴震撰

戴東原集二卷　〔清〕戴震撰

古文尚書撰異三十三卷　〔清〕段
　　玉裁撰

毛詩故訓傳二十卷　〔清〕段玉裁訂

詩經小學四卷　〔清〕段玉裁撰
　　〔清〕臧庸録

周禮漢讀考六卷　〔清〕段玉裁撰

儀禮漢讀考一卷　〔清〕段玉裁撰

説文解字注十五卷　〔清〕段玉裁撰

六書音均表五卷　〔清〕段玉裁撰

經韻樓集六卷　〔清〕段玉裁撰

廣雅疏證十卷　〔清〕王念孫撰

讀書雜志二卷　〔清〕王念孫撰

春秋公羊通義十二卷叙一卷　〔清〕
　　孔廣森撰

禮學卮言六卷　〔清〕孔廣森撰

大戴禮記補注十三卷　〔清〕孔廣
　　森撰

經學卮言六卷　〔清〕孔廣森撰

溉亭述古録二卷　〔清〕錢塘撰

群經識小八卷　〔清〕李惇撰

經讀考異八卷　〔清〕武億撰

尚書今古文注疏三十九卷　〔清〕
　　孫星衍撰

問字堂集一卷　〔清〕孫星衍撰

儀禮釋官九卷　〔清〕胡匡衷撰

禮經釋例十三卷　〔清〕凌廷堪撰

校禮堂文集一卷　〔清〕凌廷堪撰

劉氏遺書一卷　〔清〕劉台拱撰

述學二卷　〔清〕汪中撰

經義知新記一卷　〔清〕汪中撰

大戴禮記正誤一卷　〔清〕汪中撰

曾子注釋四卷　〔清〕阮元撰

十三經注疏校勘記二百四十八卷

〔清〕阮元撰

考工記車制圖解二卷　〔清〕阮元撰

積古齋鐘鼎彝器款識二卷　〔清〕
　　阮元撰

疇人傳九卷　〔清〕阮元撰

揅經室集七卷　〔清〕阮元撰

撫本禮記鄭注考異二卷　〔清〕張
　　敦仁撰

易章句十二卷　〔清〕焦循撰

易通釋二十卷　〔清〕焦循撰

易圖略八卷　〔清〕焦循撰

孟子正義三十卷　〔清〕焦循撰

周易補疏二卷　〔清〕焦循撰

尚書補疏二卷　〔清〕焦循撰

毛詩補疏五卷　〔清〕焦循撰

禮記補疏三卷　〔清〕焦循撰

春秋左傳補疏五卷　〔清〕焦循撰

論語補疏二卷　〔清〕焦循撰

周易述補四卷　〔清〕江藩撰

拜經日記八卷　〔清〕臧庸撰

拜經文集一卷　〔清〕臧庸撰

瞥記一卷　〔清〕梁玉繩撰

經義述聞二十八卷　〔清〕王引之撰

經傳釋詞十卷　〔清〕王引之撰

周易虞氏義九卷　〔清〕張惠言撰

周易虞氏消息二卷　〔清〕張惠言撰

虞氏易禮二卷　〔清〕張惠言撰

周易鄭氏義一卷　〔清〕張惠言撰

周易荀氏九家義一卷　〔清〕張惠
　　言撰

易義別録十四卷　〔清〕張惠言撰

五經異義疏證三卷　〔清〕陳壽祺撰

左海經辨二卷　〔清〕陳壽祺撰

左海文集二卷　〔清〕陳壽祺撰

鑑止水齋集二卷　〔清〕許宗彦撰

爾雅義疏二十卷　〔清〕郝懿行撰

春秋左傳補注三卷　〔清〕馬宗璉撰

春秋公羊經何氏釋例十卷　〔清〕
　劉逢祿撰

公羊春秋何氏解詁箋一卷　〔清〕
　劉逢祿撰

發墨守評一卷　〔清〕劉逢祿撰

穀梁癈疾申何二卷　〔清〕劉逢祿撰

左氏春秋考證二卷　〔清〕劉逢祿撰

箴膏肓評一卷　〔清〕劉逢祿撰

論語述何二卷　〔清〕劉逢祿撰

燕寢考三卷　〔清〕胡培翬撰

研六室雜著一卷　〔清〕胡培翬撰

春秋異文箋十三卷　〔清〕趙坦撰

寶甓齋札記十三卷　〔清〕趙坦撰

寶甓齋文集一卷　〔清〕趙坦撰

夏小正疏義釋音異字記四卷　〔清〕
　洪震煊撰

秋槎雜記一卷　〔清〕劉履恂撰

吾亦廬稿四卷　〔清〕崔應榴撰

論語偶記一卷　〔清〕方觀旭撰

經書算學天文考一卷　〔清〕陳懋
　齡撰

四書釋地辨證二卷　〔清〕宋翔鳳撰

毛詩紬義二十四卷　〔清〕李黼平撰

公羊禮說一卷　〔清〕凌曙撰

禮說四卷　〔清〕凌曙撰

孝經義疏四卷　〔清〕阮福撰

經傳考證八卷　〔清〕朱彬撰

甓齋遺稿一卷　〔清〕劉玉麐撰

說緯一卷　〔清〕王崧撰

經義叢鈔三十卷　〔清〕嚴杰輯

國朝石經考異一卷　〔清〕馮登府撰

漢石經考異一卷　〔清〕馮登府撰

魏石經考異一卷　〔清〕馮登府撰

唐石經考異一卷　〔清〕馮登府撰

蜀石經考異一卷　〔清〕馮登府撰

北宋石經考異一卷　〔清〕馮登府撰

三家詩異文疏證二卷　〔清〕馮登
　府撰

**古經解彙函一百二十七卷小學彙函一百五
十三卷**　　　　　　　　　Fv110 +8108

〔清〕鍾謙鈞輯

清同治十二年（1873）廣州粵東書局
刻本

六十六冊

框18.2×14.1釐米。10行21字，小字
雙行同。白口，左右雙邊，單魚尾。內封鐫
"同治十二年/古經解彙函/附小學彙函/粵
東書局刊"。牌記題"菊坡精舍藏版"。鈐
"後耕堂藏書記"印。外封記載"Kn"。

古經解彙函

　鄭氏周易注三卷附補遺一卷
　　〔漢〕鄭玄撰　〔宋〕王應麟輯
　　〔清〕惠棟增補

　陸氏周易述一卷　〔三國吳〕陸
　　績撰　〔明〕姚士麟輯　〔清〕
　　孫堂增補

　周易集解十七卷　〔唐〕李鼎祚撰

　周易口訣義六卷　〔唐〕史徵撰

　易緯八種　〔漢〕鄭玄注

　尚書大傳三卷附序錄一卷辨譌一
　　卷　〔漢〕伏勝撰　〔漢〕鄭
　　玄注　（序錄、辨譌）〔清〕陳
　　壽祺輯

　韓詩外傳十卷附校注拾遺一卷
　　〔漢〕韓嬰撰　〔清〕周廷寀校注
　　（校注拾遺）〔清〕周宗杬撰

　毛詩草木鳥獸蟲魚疏二卷　〔三

國吳〕陸璣撰　〔清〕丁晏校正

春秋繁露十七卷附録一卷　〔漢〕
　　董仲舒撰　〔清〕盧文弨校

春秋釋例十五卷　〔晋〕杜預撰
　　〔清〕莊述祖　孫星衍校

春秋集傳纂例十卷　〔唐〕陸淳撰

春秋微旨三卷　〔唐〕陸淳撰

春秋集傳辯疑十卷　〔唐〕陸淳撰

論語集解義疏十卷　〔三國魏〕何
　　晏集解　〔南朝梁〕皇侃義疏

論語筆解二卷　〔唐〕韓愈　李翺撰

鄭志三卷附補遺一卷　〔三國
　　魏〕鄭小同編　〔清〕王復輯
　　〔清〕武億校

小學彙函

輶軒使者絶代語釋別國方言十三
　　卷附校正補遺一卷　〔漢〕揚
　　雄撰　〔晋〕郭璞注　〔清〕
　　盧文弨校

釋名八卷　〔漢〕劉熙撰　〔清〕
　　吳志忠校

廣雅十卷　〔三國魏〕張揖撰
　　〔隋〕曹憲音

匡謬正俗八卷　〔唐〕顏師古撰

急就篇四卷　〔漢〕史游撰　〔唐〕
　　顏師古注　〔宋〕王應麟補注

説文解字十五卷　〔漢〕許慎撰
　　〔宋〕徐鉉等校定

説文繫傳四十卷附校勘記二卷
　　〔南唐〕徐鍇撰　（校勘記）
　　〔清〕祁寯藻撰

説文解字篆韻譜五卷附録一卷
　　〔南唐〕徐鍇撰

大唐益會玉篇三卷　〔宋〕陳彭
　　年等重修

干禄字書一卷　〔唐〕顏元孫撰

五經文字三卷　〔唐〕張參撰

新加九經字樣一卷　〔唐〕唐玄
　　度撰

大宋重修廣韻五卷　〔宋〕陳彭
　　年等重修

廣韻五卷　〔宋〕陳彭年等重修

經策通纂二種　　　　　　　Fv154 2329
　〔清〕吳頴炎輯　〔清〕蔡啓盛輯
　清光緒十四年（1888）上海點石齋石
印本
　八十册
　牌記題“光緒十四年六月上海點石
齋印”。

　經學輯要二十四卷首一卷

　策學備纂三十二卷首一卷

群經平議三十五卷　　　　　　Fv154 Y9
　〔清〕俞樾撰
　清光緒二十八年（1902）刻本
　十六册
　春在堂全書
　框16.5×11.5釐米。10行21字。黑口，左
右雙邊。内封鎸“德清俞蔭甫所著書”。牌
記題“同治十年秋八月曾國藩署檢”。

　周易平議二卷

　尚書平議四卷

　周書平議一卷

　毛詩平議四卷

　周禮平議二卷

　考工記世室重屋明堂考一卷

　儀禮平議二卷

　大戴禮記平議二卷

　小戴禮記平議四卷

春秋公羊傳平議一卷
春秋穀梁傳平議一卷
春秋左傳平議三卷
春秋外傳國語平議二卷
論語平議二卷
孟子平議二卷
爾雅平議一卷

孫谿朱氏經學叢書初編十三種三十八卷

Fv118 +2174

〔清〕朱記榮輯

清光緒十二年(1886)孫谿朱氏刻本

十二册

框16.4×12.6釐米。11行22字，小字雙行同。黑口，左右雙邊，單黑魚尾。下鐫"朱氏槐廬校刊"。牌記題"光緒丙戌春月行素草堂藏版"。

李氏義解賸義三卷　〔清〕李富孫輯
古易音訓二卷　〔清〕宋咸熙輯
尚書餘論一卷　〔清〕丁晏撰
詩辨説一卷　〔清〕趙德編
饗禮補亡一卷　〔清〕諸錦補
公羊逸禮考徵一卷　〔清〕陳奐撰
論語孔注辨偽二卷　〔清〕沈濤撰
讀孟質疑二卷　〔清〕施彦士輯
孟子時事略一卷　〔清〕任兆麟述
弟子職集解一卷　〔清〕莊述祖撰
九經古義十六卷　〔清〕惠棟撰
十三經詁答問六卷　〔清〕馮登府撰
毄經筆記一卷　〔清〕陳倬撰

皇清經解續編一千四百三十卷

Fv110 7111.2

王先謙輯

清光緒十四年(1888)南菁書院刻本

三百二十册

框18.7×14釐米。11行24字，小字雙行同。白口，左右雙邊，單魚尾。鈐"皋川熊與王氏藏書記""奕學屬槀室圖書"等印。

九經誤字一卷　〔清〕顧炎武撰
周易稗疏四卷　〔清〕王夫之撰
詩經稗疏四卷　〔清〕王夫之撰
春秋稗疏二卷　〔清〕王夫之撰
四書稗疏三卷　〔清〕王夫之撰
春秋占筮書三卷　〔清〕毛奇齡撰
續詩傳鳥名三卷　〔清〕毛奇齡撰
白鷺洲主客説詩一卷　〔清〕毛奇齡撰
郊社禘祫問一卷　〔清〕毛奇齡撰
大小宗通繹一卷　〔清〕毛奇齡撰
孝經問一卷　〔清〕毛奇齡撰
禮記偶箋三卷　〔清〕萬斯大撰
尚書古文疏證九卷(缺卷第三)　〔清〕閻若璩撰
易圖明辨十卷　〔清〕胡渭撰
春秋長曆十卷　〔清〕陳厚耀撰
儀禮釋宮增注一卷　〔清〕江永撰
儀禮釋例一卷　〔清〕江永撰
禮記訓義擇言八卷　〔清〕江永撰
春秋大事表六十六卷輿圖一卷首一卷　〔清〕顧棟高撰
天子肆獻祼饋食禮纂二卷　〔清〕任啓運撰
朝廟宫室考并圖一卷附田賦考　〔清〕任啓運撰
易例二卷　〔清〕惠棟撰
易漢學八卷　〔清〕惠棟撰
明堂大道録八卷　〔清〕惠棟撰
禘説二卷　〔清〕惠棟撰

晚書訂疑三卷 〔清〕程廷祚撰

卦氣解一卷 〔清〕莊存與撰

周官記五卷 〔清〕莊存與撰

周官説二卷 〔清〕莊存與撰

周官説補三卷 〔清〕莊存與撰

儀禮管見十七卷 〔清〕褚寅亮撰

爾雅補郭二卷 〔清〕翟灝撰

鄭氏儀禮目録校證一卷 〔清〕胡
匡衷撰

深衣釋例三卷 〔清〕任大椿撰

詩聲類十二卷 〔清〕孔廣森撰

詩聲分例一卷 〔清〕孔廣森撰

經傳小記一卷 〔清〕劉台拱撰

國語補校一卷 〔清〕劉台拱撰

逸周書雜志四卷 〔清〕王念孫撰

爾雅古義二卷 〔清〕錢坫撰

爾雅釋地四篇注一卷 〔清〕錢坫撰

車制考一卷 〔清〕錢坫撰

群經義證八卷 〔清〕武億撰

釋服二卷 〔清〕宋綿初撰

孟子四考四卷 〔清〕周廣業撰

毛詩考證四卷 〔清〕莊述祖撰

毛詩周頌口義三卷 〔清〕莊述祖撰

五經小學述二卷 〔清〕莊述祖撰

詩書古訓十卷 〔清〕阮元撰

春秋左傳詁二十卷 〔清〕洪亮吉撰

左通補釋三十二卷 〔清〕梁履繩撰

周易述補五卷 〔清〕李林松撰

易圖條辨一卷 〔清〕張惠言撰

虞氏易事二卷 〔清〕張惠言撰

虞氏易言二卷 〔清〕張惠言撰

虞氏易候一卷 〔清〕張惠言撰

儀禮圖六卷 〔清〕張惠言撰

讀儀禮記二卷 〔清〕張惠言撰

書序述聞一卷 〔清〕劉逢禄撰

尚書今古文集解三十一卷附校勘記
一卷 〔清〕劉逢禄撰 （校勘
記）〔清〕劉葆楨 劉翰藻撰

卦本圖考一卷 〔清〕胡秉虔撰

尚書大傳輯校三卷 〔清〕陳壽祺撰

禹貢鄭注釋二卷 〔清〕焦循撰

群經宮室圖二卷 〔清〕焦循撰

隸經文四卷 〔清〕江藩撰

説文聲類十六卷聲類出入表一卷
〔清〕嚴可均撰

周易考異二卷 〔清〕宋翔鳳撰

尚書略説二卷 〔清〕宋翔鳳撰

尚書譜一卷 〔清〕宋翔鳳撰

大學古義説二卷 〔清〕宋翔鳳撰

論語説義十卷 〔清〕宋翔鳳撰

孟子趙注補正六卷 〔清〕宋翔鳳撰

小爾雅訓纂六卷 〔清〕宋翔鳳撰

過庭録五卷 〔清〕宋翔鳳撰

毛詩傳箋通釋三十二卷 〔清〕馬
瑞辰撰

毛詩後箋三十卷 〔清〕胡承珙撰
〔清〕陳奐補

儀禮古今文疏義十七卷 〔清〕胡
承珙撰

讀書叢録一卷 〔清〕洪頤煊撰

爾雅匡名二十卷 〔清〕嚴元照撰

周官故書考四卷 〔清〕徐養原撰

儀禮古文今文異同疏證五卷 〔清〕
徐養原撰

論語魯讀考一卷 〔清〕徐養原撰

頑石廬經説十卷 〔清〕徐養原撰

周禮學二卷 〔清〕王聘珍撰

儀禮學一卷 〔清〕王聘珍撰

易經異文釋六卷 〔清〕李富孫撰

詩經異文釋十六卷 〔清〕李富孫撰

春秋左傳異文釋十卷　〔清〕李富
　孫撰

春秋公羊傳異文釋一卷　〔清〕李
　富孫撰

春秋穀梁傳異文釋一卷　〔清〕李
　富孫撰

夏小正分箋四卷　〔清〕黃模撰

夏小正異義二卷　〔清〕黃模撰

春秋左氏古義六卷　〔清〕臧壽恭撰

春秋左氏傳補注十二卷　〔清〕沈
　欽韓撰

春秋左氏傳地名補注十二卷　〔清〕
　沈欽韓撰

儀禮經注疏正譌十七卷　〔清〕金
　曰追撰

周易虞氏略例一卷　〔清〕李銳撰

論語孔注辨僞二卷　〔清〕沈濤撰

國語發正二十一卷　〔清〕汪遠孫撰

說文諧聲譜九卷　〔清〕張成孫撰

春秋穀梁傳時月日書法釋例四卷
　〔清〕許桂林撰

求古錄禮說十五卷補遺一卷　〔清〕
　金鶚撰

鄉黨正義一卷　〔清〕金鶚撰

說文解字音均表十八卷首一卷　〔清〕
　江沅撰

儀禮正義四十卷　〔清〕胡培翬撰
　〔清〕楊大堉補

禘祫問答一卷　〔清〕胡培翬撰

實事求是齋經義二卷　〔清〕朱大
　韶撰

十三經詁答問六卷　〔清〕馮登府撰

左傳舊疏考正八卷　〔清〕劉文淇撰

春秋朔閏異同二卷　〔清〕羅士琳撰

春秋左傳賈服注輯述二十卷　〔清〕

李貽德撰

喪禮經傳約一卷　〔清〕吳卓信撰

詩毛氏傳疏三十卷　〔清〕陳奐撰

釋毛詩音四卷　〔清〕陳奐撰

毛詩說一卷　〔清〕陳奐撰

毛詩傳義類一卷　〔清〕陳奐撰

鄭氏箋考徵一卷　〔清〕陳奐撰

公羊逸禮考徵一卷　〔清〕陳奐撰

周禮注疏小箋五卷　〔清〕曾釗撰

大戴禮注補十三卷附錄一卷　〔清〕
　汪照撰

癸巳類稿六卷　〔清〕俞正燮撰

癸巳存稿四卷　〔清〕俞正燮撰

尚書餘論一卷　〔清〕丁晏撰

禹貢錐指正誤一卷　〔清〕丁晏撰

詩譜考正一卷　〔清〕丁晏撰

孝經徵文一卷　〔清〕丁晏撰

齊詩翼氏學四卷　〔清〕迮鶴壽撰

公羊禮疏十一卷　〔清〕凌曙撰

公羊問答二卷　〔清〕凌曙撰

春秋繁露注十七卷　〔清〕凌曙撰

周易姚氏學十六卷　〔清〕姚配中撰

春秋公羊傳曆譜十一卷　〔清〕包
　慎言撰

論語古注集箋二十卷　〔清〕潘維
　城撰

虞氏易消息圖說一卷　〔清〕胡祥
　麟撰

大誓答問一卷　〔清〕龔自珍撰

春秋決事比一卷　〔清〕龔自珍撰

輪輿私箋二卷圖一卷　〔清〕鄭珍
　撰　〔清〕鄭知同撰圖

儀禮私箋八卷　〔清〕鄭珍撰

巢經巢經說一卷　〔清〕鄭珍撰

禹貢圖一卷　〔清〕陳澧撰

東塾讀書記十卷　〔清〕陳澧撰

春秋古經説二卷　〔清〕侯康撰

穀梁禮證二卷　〔清〕侯康撰

説文聲讀表七卷　〔清〕苗夔撰

學禮管釋十八卷　〔清〕夏炘撰

開有益齋經説五卷　〔清〕朱緒曾撰

穀梁大義述三十卷　〔清〕柳興恩撰

春秋釋一卷　〔清〕黃式三撰

考工記考辨八卷　〔清〕王宗涑撰

逸周書集訓校釋十卷逸文一卷
　　〔清〕朱右曾撰

詩地理徵七卷　〔清〕朱右曾撰

喪服會通説四卷　〔清〕吳嘉賓撰

讀儀禮録一卷　〔清〕曾國藩撰

論語正義二十四卷附録一卷　〔清〕
　　劉寶楠撰　〔清〕劉恭冕述

釋穀四卷　〔清〕劉寶楠撰

今文尚書經説考三十八卷首一卷
　　〔清〕陳喬樅撰

尚書歐陽夏侯遺説考一卷　〔清〕
　　陳喬樅撰

三家詩遺説考　〔清〕陳壽祺撰
　　〔清〕陳喬樅述

毛詩鄭箋改字説四卷　〔清〕陳喬
　　樅撰

詩經四家異文考五卷　〔清〕陳喬
　　樅撰

齊詩翼氏學疏證二卷　〔清〕陳喬
　　樅撰

禮堂經説二卷　〔清〕陳喬樅撰

禮記鄭讀考六卷　〔清〕陳壽祺撰
　　〔清〕陳喬樅述

爾雅經注集證三卷　〔清〕龍啓
　　瑞撰

公羊義疏七十六卷　〔清〕陳立撰

白虎通疏證十二卷　〔清〕陳立撰

禮經通論一卷　〔清〕邵懿辰撰

周易爻辰申鄭義一卷　〔清〕何秋
　　濤撰

禹貢鄭氏略例一卷　〔清〕何秋濤撰

書古微十二卷　〔清〕魏源撰

詩古微十七卷　〔清〕魏源撰

讀書偶識十卷附一卷　〔清〕鄒漢
　　勛撰

劉貴陽經説一卷　〔清〕劉書年撰

穀梁補注二十四卷首一卷　〔清〕
　　鍾文烝撰

周易舊疏考正一卷　〔清〕劉毓崧撰

尚書舊疏考正一卷　〔清〕劉毓崧撰

讀易漢學私記一卷　〔清〕陳壽熊撰

孟子音義考證二卷　〔清〕蔣仁榮撰

達齋叢説一卷　〔清〕俞樾撰

周易互體徵一卷　〔清〕俞樾撰

九族考一卷　〔清〕俞樾撰

詩名物證古一卷　〔清〕俞樾撰

士昏禮對席圖一卷　〔清〕俞樾撰

禮記異文箋一卷　〔清〕俞樾撰

禮記鄭讀考一卷　〔清〕俞樾撰

玉佩考一卷　〔清〕俞樾撰

鄭君駁正三禮考一卷　〔清〕俞樾撰

春秋名字解詁補義一卷　〔清〕俞
　　樾撰

論語鄭義一卷　〔清〕俞樾撰

續論語駢枝一卷　〔清〕俞樾撰

群經平議三十五卷　〔清〕俞樾撰

古書疑義舉例七卷　〔清〕俞樾撰

禹貢説一卷　〔清〕倪文蔚撰

周易釋爻例一卷　〔清〕成蓉鏡撰

尚書曆譜二卷　〔清〕成蓉鏡撰

禹貢班義述三卷　〔清〕成蓉鏡撰

春秋日南至譜一卷 〔清〕成蓉鏡撰

何休注訓論語述一卷 〔清〕劉恭冕撰

禮記天算釋一卷 〔清〕孔廣牧撰

先聖生卒年月日考二卷 〔清〕孔廣牧撰

禮説略三卷 〔清〕黃以周撰

經説略二卷 〔清〕黃以周撰

漢孳室文鈔二卷 〔清〕陶方琦撰

昏禮重別論對駁義二卷 〔清〕劉壽曾撰

隸經賸義一卷 〔清〕林兆豐撰

毛詩譜一卷 〔漢〕鄭玄撰 〔清〕胡元儀輯

駁春秋名字解詁一卷 〔清〕胡元玉輯

經述三卷 〔清〕林頤山撰

經學不厭精五卷 Fv157 +3371

（德國）花之安（Ernst Faber）撰

清光緒二十二至二十四年（1896—1898）上海美華書館鉛印本

六册

牌記題"光緒二十二年丙申上海美華書館擺印"。書尾附"花之安叢書"。存卷一、三。

十三經考證一卷

十三經考理一卷

新學僞經考十四卷 Fv168 0343B

康有爲撰

清光緒十七年（1891）廣州康氏萬木草堂刻本

一册

框18×12.5釐米。10行20字, 小字雙行同。黑口, 左右雙邊, 單魚尾。牌記題"光緒十七年秋七月廣州康氏萬木草堂刊"。

五經精義五種 Fv154 4832

〔清〕黃淦纂

清嘉慶七至十二年（1802—1807）尊德堂刻本

十四册

框18×12.5釐米。9行20字。白口, 四周雙邊, 單黑魚尾。內封鐫"嘉慶九年秋鐫/五經精義/武林黃淦緯文氏纂/尊德堂藏板"。

周易精義四卷首一卷

書經精義四卷首一卷末一卷古尚書序一卷

詩經精義四卷首一卷末一卷詩序一卷

禮記精義六卷首一卷

春秋精義四卷首一卷

七經精義七種 Fv154 4831

〔清〕黃淦纂

清光緒掃葉山房刻本

十四册

框17.5×12.4釐米。9行20字。白口, 四周雙邊, 單黑魚尾。內封鐫"掃葉山房藏板"。

周易精義四卷首一卷

書經精義四卷首一卷末一卷

詩經精義四卷首一卷末一卷

周禮精義六卷首一卷

儀禮精義不分卷補編一卷

禮記精義六卷首一卷末一卷

春秋精義四卷首一卷

有竹石軒經句説二十四卷　　Fv435 2343

〔清〕吳英撰

清嘉慶二十三年（1818）有竹石軒刻本

二十四册

框17.4×12.7釐米。9行21字。白口，
左右雙邊，單黑魚尾。版心上鎸“經句
説”。内封鎸“經句説/有竹石軒刻”。

句溪雜著六卷

　　　　　　PL2272.8 C435+ Oversize

〔清〕陳立撰

清光緒十四年（1888）廣雅書局刻本

二册

框21.4×15.4釐米。11行24字，小字
雙行同。黑口，四周單邊，單魚尾。版心下
鎸“廣雅書局栞”。牌記題“光緒十四年
十二月廣雅書局刻”。

三大家經義前模二卷

〔清〕張啓琛編輯

清光緒二十四年（1898）粵東多文
堂、聯經堂刻本

　一册

框16.3×11.2釐米。9行25字。黑口，
四周雙邊，雙魚尾。内封鎸“宋王安石/
陸九淵/吕東萊先生稿”。牌記題“粵東
龍藏街多文堂雙門底聯經堂校刊”。

圖説之屬

六經圖考六卷　　　　Fv149 4265

〔宋〕楊甲撰　　〔宋〕毛邦翰補

清康熙六十一年（1722）潘宷鼎禮耕
堂刻本

　十二册

框19.6×14釐米。9行20字。白口，四
周單邊，單黑魚尾。版心上鎸“六經圖
考”，中鎸卷名，下鎸“禮耕堂”。内封鎸
“宋布衣楊先生撰/六經圖考/禮耕堂重
訂”。鈐“哈佛大學漢和圖書館珍藏印”
印。1966年4月購自哈佛燕京學社。

六經圖二十四卷　　　　Fv154 8232

〔清〕鄭之僑編輯

清乾隆八年（1743）鵝湖述堂刻本

二十册

框20.7×14.2釐米。9行22字。白口，
四周雙邊，單黑魚尾。版心上鎸書名，中
鎸卷次及經名，下鎸“述堂”。

五經圖十二卷　　　　Fv152 +2103

〔清〕盧謙訂正　　〔清〕盧雲英重編
録　〔清〕楊恢基等重校閲

清雍正四年（1726）盧辰告、盧元
刻本

　六册

框23×15.2釐米。10行23字。白口，
四周單邊，單黑魚尾。版心上鎸書名，中
鎸卷次及篇目。卷端題“元孫盧辰告鍾
山甫/再元孫盧元善長甫重梓”。“凡例”
後題“譚韜/端紀/刻”。

文字音義之屬

經典釋文三十卷附考證三十卷

　　　　　　　　Fv130 +7126

〔唐〕陸德明撰　　〔清〕盧文弨考證

清乾隆五十六年（1791）盧文弨刻本

十二册

抱經堂叢書

框19.5×15釐米。11行22字。黑口,四周雙邊,雙魚尾。版心中鎸"文"等。

十三經集字摹本四卷　　　Fv110 1393

〔清〕彭玉雯篆　〔清〕萬青銓校正〔清〕張小浦鑒定

清道光二十九年(1849)江右彭氏刻本

七册

框19.7×13.3釐米。行字數不等。黑口,四周雙邊,單魚尾。内封鎸"涇陽張小浦先生鑒定/十三經集字摹本/江右彭玉雯雲墀氏纂刊/萬青銓蓬山氏校正"。

經傳繹義五十卷　　　Fv130 7994

〔清〕陳燦撰

清嘉慶九年(1804)校字齋刻本

二十四册

框18.1×13.1釐米。8行21字,小字雙行同。白口,左右雙邊。版心上鎸書名、卷次,下鎸"校字齋"。

小學類

文字之屬

説文解字十五卷　　　Fv5093 +0498B

〔漢〕許慎撰　〔宋〕徐鉉等校定

清初常熟毛氏汲古閣刻本

八册

框20.4×15.7釐米。7行,小字雙行22字。白口,左右雙邊,單黑魚尾。版心中鎸"説文"及卷次。内封鎸"北宋本校刊/説文真本/汲古閣藏板"。

説文解字十五卷　　　Fv5093 0498A

〔漢〕許慎撰　〔清〕孫星衍重校

清光緒十一年(1885)上海同文書局石印本

二册

説文解字通釋四十卷附校勘記三卷　　　Fv5094 +2986.2

〔南唐〕徐鍇傳釋　〔南唐〕朱翱反切　〔清〕祁寯藻校記

清道光十九年(1839)金陵劉氏刻本

二册

框20.5×15.5釐米。7行字不等,小字雙行22字。白口,左右雙邊,單黑魚尾。内封鎸"説文解字徐氏繫傳四十卷"。牌記題"道光十九年依景宋抄本重彫"。序後鎸"金陵劉漢洲鎸"。容閎1878年贈書。

説文解字注三十二卷　　　Fv5098 +7414.2

〔清〕段玉裁撰

清同治六年(1867)蘇州保息局刻本

十六册

框19×13.9釐米。9行22字,小字雙行同。白口,四周雙邊,單魚尾。牌記題"同治六年七月補刊於蘇州保息局"。卷三十一至三十二爲《六書音韻表》。容閎1878年贈書。

説文解字句讀三十卷　　　Fv5098 +0498

〔清〕王筠撰集

清光緒八年(1882)四川尊經書局刻本

十六册

框19.5×15釐米。10行24字,小字雙行同。白口,四周單邊,單魚尾。内封鎸"説文句讀三十卷/提督四川學政詹事府事詹事餘姚朱迺然重栞"。牌記題"光緒壬午秋八月開雕/四川尊經書局藏板"。

説文解字句讀三十卷　　Fv5098 0498B

〔清〕王筠撰集

清末涵芬樓摹印本

十四册

框15×11釐米。10行,大小字數不等,小字雙行。白口,四周雙邊,單魚尾。内封鎸"同治四年二月二十二日由禮部進呈/説文句讀/同知銜附貢生王彦侗恭繕"。牌記題"王氏家刻本/涵芬樓摹印"。

説文解字斠詮十四卷

PL1281 H83 Z9 C56+ Oversize

〔清〕錢坫撰

清光緒九年(1883)淮南書局刻本

六册

框21.2×15.8釐米。7行8字,小字雙行24字。白口,左右雙邊,單魚尾。

説文古籀疏證六卷　　Fv5105 4133

〔清〕莊述祖撰

清光緒十一年(1885)吳縣潘氏刻本

四册

功順堂叢書

框18×13.5釐米。9行22字,小字雙行同。黑口,左右雙邊,單黑魚尾。另有複本一,書號Fv9100 1293 7。

段氏説文注訂八卷　　Fv5098 8141

〔清〕鈕樹玉撰

清同治五年(1866)碧螺山館刻本

二册

框18.3×12.9釐米。9行23字。白口,左右雙邊,單魚尾。牌記題"同治五年丙寅碧螺山館刊補"。與《説文新附考》同函。

説文新附考六卷續考一卷　Fv5098 8141

〔清〕鈕樹玉撰

清同治七年(1868)碧螺山館刻本

二册

框18.1×12.3釐米。10行20字。白口,左右雙邊,單魚尾。牌記題"同治戊辰夏/碧螺山館栞補/非石居原版/莫友芝署"。與《段氏説文注訂》同函。

苗氏説文四種二十卷

PL1281 H83 Z7M52+ Oversize

〔清〕苗夔撰

清咸豐元年(1851)刻本

六册

框20.8×15.6釐米。行字數不一。四周雙邊。内封鎸"咸豐辛亥冬月/苗氏説文四種/漢磚亭藏板"。

説文聲訂二卷

説文聲讀表七卷

説文建首字讀一卷

毛詩韻訂十卷

説文拈字七卷附補遺一卷

Fv5098 +1114

〔清〕王玉樹撰

清嘉慶八年(1803)芳梫堂刻本

四册

框20.2×15.5釐米。7行20字,小字雙行同。白口,四周雙邊,單魚尾。内封鎸"嘉慶八年仲秋鎸/説文拈字/芳梫堂藏版"。

説文分韻易知錄五卷重文標目五卷

Fv5109 +0472

〔清〕許巽行撰　〔清〕許嘉德校刊

清光緒五年（1879）許嘉德刻本

十册

框20.5×15.6釐米。7行7字，小字雙行22字。白口，左右雙邊，單黑魚尾。牌記題"光緒五年歲在屠維單閼蕤月校棐"。序後題"松江府西門外葆素堂許氏藏版/杭州任有容齋刻字"。

説文通檢十四卷首一卷末一卷

Fv5109 2334 Sh91

〔清〕黎永椿撰

清光緒刻本

一册

框17.4×13.2釐米。10行22字，小字雙行同。白口，左右雙邊，單魚尾。

説文提要一卷　　Fv5109 C42

〔清〕陳建侯輯

清末上海掃葉山房石印本

一册

説文本經答問二卷

PL1281 H83 Z9 C44

〔清〕鄭知同撰

清光緒十六年（1890）廣東廣雅書局刻本

二册

廣雅叢書

框20.9×15.3釐米。11行24字，小字雙行同。黑口，四周單邊，單魚尾。版心下鐫"廣雅書局棐"。内封鐫"光緒十六年廣雅書局刊"。

説文韻譜校五卷

PL1281 H83 Z9 H7 1880+ Oversize

〔南唐〕徐鍇撰　〔清〕姚覲元撰

清光緒歸安姚氏咫進齋刻杭州朱氏抱經堂印本

四册

咫進齋叢書

框18.4×13.6釐米。11行22字，小字雙行同。黑口，左右雙邊，雙魚尾。版心下鐫"咫進齋叢書/歸安姚氏棐"。牌記題"歸安姚氏咫進齋原刻/杭州朱氏抱經堂藏板"。

急就篇四卷　　　Fv5161 5034

〔漢〕史游撰　〔唐〕顔師古注

〔宋〕王應麟補注

清光緒五年（1879）福山王氏刻天壤閣叢書本

二册

天壤閣叢書

框18×13.2釐米。10行21字，小字雙行同。黑口，四周單邊，單黑魚尾。版心下鐫"天壤閣叢書"。題名頁鐫"急就篇直音"。

干禄字書一卷　　　PL1171 .Y45

〔唐〕顔元孫撰

清道光二十二年（1842）莊景賢刻本

一册

框15.6×10.6釐米。7行16字，小字雙行同。白口，四周雙邊，單黑魚尾。鈐"韞岑讀本""高氏藏書"等印。

汗簡七卷　　　　Fv5114 +0254

〔宋〕郭忠恕撰

清康熙四十二年（1703）汪立名一隅

艸堂刻本

　　二册

　　框20.8×15.5釐米。8行，大小字不等。白口，左右雙邊。版心中鎸書名及卷次，下偶鎸"一隅艸堂"。

汗簡箋正七卷　　Fv5114 +0254 C4

　　〔宋〕郭忠恕撰　　〔清〕鄭珍箋正

　　清光緒十五年（1889）廣州廣雅書局刻本

　　四册

　　框21×15.4釐米。7行9字，小字雙行27字。黑口，四周單邊，單魚尾。

類篇四十五卷　　PL1281 .L45 1876

　　〔宋〕司馬光纂

　　清光緒二年（1876）川東官舍刻本

　　十五册

　　框16×11.6釐米。8行16字，小字雙行40字。白口，左右雙邊。牌記題"光緒二年川東官舍重栞"。

復古編二卷附錄一卷曾樂軒稿一卷安陸集一卷　　Fv5114 1342

　　〔宋〕張有編輯　　（曾樂軒稿）〔宋〕張維撰　　（安陸集）〔宋〕張先撰

　　清乾隆四十六年（1781）葛鳴陽刻本

　　五册

　　框16.1×13.1釐米。9行字數不等。白口，四周單邊。版心中鎸書名及卷次。內封鎸"乾隆辛丑安邑葛氏借新安程氏舊寫本登板"。鈐"莫棠字楚生印""東莞莫氏五十萬卷樓""雯雅""崇曜"等印。與張維《曾樂軒稿》、張先《安陸集》同函。

漢隸字源五卷　　Fv6129 +5445

　　〔宋〕婁機撰

　　明末常熟毛晋汲古閣刻本

　　六册

　　框24×16.7釐米。5行字數不等。白口，左右雙邊。版心中鎸書名，下鎸"汲古閣"。內封鎸"宋本重刊/漢隸字源/汲古閣藏板"。容閎1878年贈書。

隸韻十卷考證二卷碑目考證一卷

　　　　　　　　Fv5119 +7213

　　〔宋〕劉球撰　　〔清〕翁方綱考證

　　清嘉慶十五年（1810）秦氏刻本

　　六册

　　框22.5×14.5釐米。5行12字，小字雙行24字。白口，四周單邊，單魚尾。內封鎸"宋石刻本/劉球纂/隸韻/碑目一卷考證一卷附"。

廣金石韻府五卷字略一卷

　　　　　　　　Fv5119 +1324

　　〔明〕朱雲原纂　　〔清〕林尚葵增輯〔清〕李根校正　　〔清〕張鳳藻增訂

　　清咸豐七年（1857）巴郡張氏理董軒刻本

　　四册

　　框19.5×15.5釐米。6行，大小字數不等。黑口，左右雙邊，單魚尾。內封鎸"理董軒增廣金石韻府/咸豐七年丁巳新鎸/巴郡張氏刻板/張氏家藏"。

六書通十卷　　Fv5101 7002

　　〔明〕閔齊伋撰　　〔清〕畢弘述篆訂

　　清光緒十九年（1893）上海校經山房石印本

四册

正字通十二集三十六卷　　Fv5172 1321
〔清〕張自烈輯　〔清〕廖文英輯
清康熙秀水吳源起清畏堂刻本
二十册
框19.6×12.9釐米。8行12字,小字
雙行24字。白口,四周雙邊,單魚尾。版
心上鐫書名,中鐫十二地支名、卷次及部
類。内封鐫"清畏堂藏板"。以十二地支
分爲十二集,每集各分上、中、下集。

六書分類十二卷　　Fv5101 +2444B
〔清〕傅世垚輯
清康熙四十四年(1705)周天健聽松
閣刻本
十四册
框19.3×13.9釐米。8行12字,小字雙
行24字。白口,四周單邊,單黑魚尾。版心
上鐫書名,中鐫卷次,下鐫"聽松閣"。

字林考逸八卷補一卷附録一卷
　　　　　　　　　　PL1281 J46
〔清〕任大椿撰
清光緒十六年(1890)江蘇書局刻本
四册
框16.4×11.9釐米。10行22字,小字
雙行同。白口,左右雙邊,單魚尾。内封
鐫"光緒庚寅閏月/江蘇書局校刊"。

藝文備覽一百二十卷附檢字一卷補詳字
義十四篇　　　　　　　Fv5174 +3243
〔清〕沙木集注
清嘉慶十一年(1806)粵東督榷使者
長白阿克當阿刻本

五册
框20×12.9釐米。5行,大小字數不
等。黑口,四周雙邊,單黑魚尾。内封鐫
"本衙藏版"。外封記載"Ngie Ung,
Ancient & Modern Dictionary Preface
& Introduction, M. C. White"。藏書票題
"Gift of Addison Van Name 1920"。

字學舉隅不分卷　　Fv6129 0131 1840
〔清〕龍啓瑞輯
清道光二十年(1840)刻本
一册
框18.8×14釐米。8行22字,小字雙
行同。白口,左右雙邊,單魚尾。

字學舉隅不分卷　　　　Fv6129 0131
〔清〕龍啓瑞輯
清道光二十六年(1846)刻本
一册
框19.3×14釐米。8行20字,小字雙
行30字。白口,左右雙邊,單魚尾。

綱鑑纂腋三千文註三卷　　Fv5161 2921
〔清〕徐呈岳撰　〔清〕周炘纂注
清康熙刻本
一册
19×10.4釐米。8行27字,小字雙行
同。白口,四周單邊。版心上鐫"三千文
註",中鐫卷次,下鐫"以文居"。

經韻集字析解二卷　　　Fv5175 +4239
〔清〕彭良敞集注
清道光二年(1822)天津分司署刻本
一册
框20.7×14釐米。8行16字,小字雙行

32字。白口, 四周雙邊, 單黑魚尾。內封鐫
"道光壬午年鐫/經韻集字析解/天津分
司署藏版"。

經韻集字析解二卷　　Fv5175 +4239.1

〔清〕彭良敞集注

清道光二十四年（1844）開封府署
刻本

一册

框19.5×13.6釐米。10行20字, 小字
雙行同。白口, 四周雙邊, 單魚尾。內封鐫
"道光甲辰年重鐫/經韻集字析解/開封
府署藏板"。

同音字彙二卷　　Fvh72 T83

清光緒二十四年（1898）廣州明德堂
刻本

一册

框13×9.8釐米。9行, 大小字數不等。白
口, 四周單邊, 單魚尾。內封鐫"光緒廿四年
新刻/同音字彙/省城第七甫明德堂板"。

**康熙字典十二集三十六卷總目一卷檢字一
卷辨似一卷等韻一卷補遺一卷備考一卷**

Fv5173 +0735K

〔清〕張玉書等纂修

清初刻本

八册

框19×13.5釐米。8行12字, 小字雙
行24字。白口, 四周雙邊, 單黑魚尾。版
心上鐫書名, 中鐫分卷名稱。

**康熙字典十二集三十六卷總目一卷檢字一
卷辨似一卷等韻一卷補遺一卷備考一卷**

Fv5173 +0735

〔清〕張玉書等纂修

清康熙五十五年（1716）內府刻本

四十册

框19.7×14釐米。8行12字, 小字雙行
24字。白口, 四周雙邊, 單黑魚尾。版心
上鐫書名, 中鐫集次及部首名。以十二地
支分爲十二集, 各集又分上、中、下。藏書
票題 "Gift of Dr. Yung Wing, 1911"。
鈐 "汪方叙貽子孫書畫記" "汪鐏印
信" "長宜子孫" 印。

**康熙字典十二集三十六卷總目一卷檢字一
卷辨似一卷等韻一卷補遺一卷備考一卷**

Fv5173 0735A

〔清〕張玉書等纂修

清道光七年（1827）內府刻本

三十二册

框19.8×14釐米。8行12字, 小字雙
行24字。白口, 四周雙邊, 單黑魚尾。內
封鐫 "道光七年重刊"。1948年入藏。

**康熙字典十二集三十六卷總目一卷檢字一
卷辨似一卷等韻一卷補遺一卷備考一卷**

Fv5173 0735B

〔清〕張玉書等纂修

清道光七年（1827）刻縮印本

三十二册

框13×9.5釐米。8行12字, 小字雙行24
字。白口, 四周雙邊, 單黑魚尾。內封鐫"道
光七年重刊"。外封記載 "Yale College Li-
brary Aug 1849"。另有複本一, 書號同。

**康熙字典十二集三十六卷總目一卷檢字一
卷辨似一卷等韻一卷補遺一卷備考一卷**

Fv5173 0735J

〔清〕張玉書等纂修

清道光七年（1827）刻本

十二册

框19.2×13.5釐米。8行12字，小字雙行24字。白口，四周雙邊，單黑魚尾。内封鎸"道光七年重刊"。

康熙字典十二集檢字一卷辨似一卷等韻一卷總目一卷備考一卷補遺一卷

Fv5173 0735C

〔清〕張玉書等纂修

清光緒八年（1882）上海點石齋石印本

一册

牌記題"光緒八年歲在壬午孟秋月上海點石齋縮印""申報館申昌書畫室發兑"。藏書票題"Gift of Miss R. C. Cowles 1902"。

康熙字典十二集總目一卷檢字一卷辨似一卷等韻一卷備考一卷補遺一卷

Fv5173 0735F

〔清〕張玉書等纂修

清光緒九年（1883）上海同文書局石印本

六册

牌記題"光緒癸未重九上海同文書局石印"。

康熙字典十二集附補遺　Fv5173 0735D

〔清〕張玉書等纂修

清光緒十三年（1887）上海積山書局石印本

六册

牌記題"光緒丁亥季冬上海積山書局石印"。

康熙字典十二集附備考補遺一卷

Fv5173 0735E

〔清〕張玉書等纂修

清光緒二十年（1894）上海久敬齋石印本

六册

康熙字典十二集三十六卷總目一卷檢字一卷辨似一卷等韻一卷備考一卷補遺一卷

Fv5173 0735H

〔清〕張玉書等纂修

清光緒二十四年（1898）上海鴻文書局石印本

四册

康熙字典撮要不分卷　Fv5173 +0735G

（英國）湛約翰（John Chalmers）撰　〔清〕王揚安述釋

清光緒四年（1878）廣東倫敦教會刻本

一册

框19.8×15.3釐米。13行，大小字數不等。白口，四周雙邊，單魚尾。另有複本一，書號同。

隸辨八卷　Fv5117 +3844

〔清〕顧藹吉編

清乾隆八年（1743）黄晟刻後印本

八册

框18.9×14.2釐米。6行10字，小字雙行20字。黑口，四周單邊，單黑魚尾。版心中鎸書名及卷次。内封鎸"玉淵堂原本/顧南原撰集"。

隸篇十五卷續十五卷再續十五卷

Fv5119 +1112

〔清〕翟雲升撰

清道光十七至十八年（1837—1838）東萊翟氏五經歲徧齋刻本

十冊

框24.1×16.1釐米。14行25字。白口，左右雙邊，單黑魚尾。牌記題 "道光十七年五月開雕/十八年六月成"。

篆字彙十二卷

Fv5174 2346

〔清〕佟世男編　〔清〕胡正宗　方正琇參

清康熙多山堂刻本

六冊

框20.4×13.3釐米。8行12字，小字雙行同。白口，左右雙邊。版心上鐫書名及卷次，下偶鐫 "多山堂"。内封鐫 "佐聖堂藏板"。

新刊官板千字文一卷

Fv5161 7276B

〔南朝梁〕周興嗣撰

清刻本

一冊

框15×10.3釐米。6行8字。白口，四周單邊。

千字文一卷

Fv5161 7276C

〔南朝梁〕周興嗣撰

清末光華堂刻本

一冊

框16.1×11.8釐米。5行8字，上下雙欄。白口，四周單邊，單黑魚尾。内封鐫 "會元千字文/光華堂藏板"。外封題 "Yale College Library presented by Mr. Wm A. Macy May

1850"。鈐 "W. A. MACY 糜" 印。

文字蒙求四卷

Fv5117 +1182

〔清〕王筠撰

清光緒十三年（1887）梁谿浦氏刻本

二冊

框19.7×14釐米。6行11字，小字雙行22字。白口，四周單邊，單魚尾。牌記題 "光緒丁亥重栞/梁谿浦氏藏版"。

繪圖速通虛字法

PL1103 .S43

〔清〕施崇恩撰

清光緒二十九年（1903）杭州彪蒙書室石印本

二冊

［字書］不分卷

清末寫本

一冊

外封記載 "4299 characters arranged searching to the system of 214 radicals"。

音韻之屬

集韻十卷

Fv5125 1004

〔宋〕丁度等修

清光緒二年（1876）川東官舍刻本

十冊

姚刻三種

框15.8×11.7釐米。8行16字，小字雙行20字。黑口，左右雙邊。

附釋文互注禮部韻略五卷

Fv5125 1004.1

〔宋〕丁度撰

清光緒二年（1876）川東官舍刻本

五冊

姚刻三種

框15.8×11.7釐米。8行16字，小字雙行20字。黑口，左右雙邊。

古今韻會擧要小補三十卷　Fv5116 0762

〔明〕方日升撰　〔明〕李維楨校

明萬曆書林余彰德、余象斗刻本（有補抄）

十六冊

框21×14.7釐米。8行12字，小字雙行24字。白口，四周單邊，單魚尾。版心上鐫"韻會小補"，下鐫卷次、頁碼。內封鐫"李本寧先生輯韻會小補/本衙藏板"。鈐"泉邨""節亭圖書之記"等印。

新刊增補古今名家韻學淵海大成十二卷
　　　　　　　　　　　　Fv5120 4440

〔明〕李攀龍編輯　〔明〕唐順之校正

明萬曆刻本

三冊

框21.6×15釐米。11行20字，小字雙行30字。白口，左右雙邊，單黑魚尾。版心中鐫"韻學大成"及卷次。鈐"天師明經儒"等印。1967年6月購自日本琳琅閣書店。

五方元音二卷　　　　Fv5128 4377

〔清〕樊騰鳳撰　〔清〕年希堯增補

清道光二十年（1840）文會堂刻本

一冊

框19.2×14.3釐米。10行21字，小字雙行同。白口，左右雙邊，單黑魚尾。內封鐫"道光庚子年鐫/新纂五方元音全書/文會

堂梓"。外封記載"41247 characters"。

五方元音二卷　　　　Fv5128 4377B

〔清〕樊騰鳳撰　〔清〕年希堯增補

清咸豐八年（1858）刻本

一冊

框17.9×13.3釐米。9行20字，小字雙行同。白口，左右雙邊，單黑魚尾。內封鐫"咸豐捌年新鐫/堯山樊騰鳳先生輯/增補銅板五方元音/京都琉璃廠藏板"。外封記載"Number of characters in this is 10486"。鈐"Legation of the United States of America to China 大美國駐劄中華地欽差全權大臣關□"印。

顧氏音學五書三十八卷　　Fv5120 3891

〔清〕顧炎武撰

清光緒十六年（1890）思賢講舍刻本

十二冊

框19.8×13.5釐米。9行21字，小字雙行同。黑口，左右雙邊，單黑魚尾。牌記題"光緒十六年思賢講舍開雕"。

音論三卷

詩本音十卷

易音三卷

唐韻正二十卷

古音表二卷

古今韻略五卷　　　　Fv5120 1274

〔清〕宋犖閱定　〔清〕邵長蘅纂
〔清〕宋至校

清康熙三十五年（1696）宋犖刻後印本

五冊

框19.7×14.3釐米。10行21字。黑口，四

周單邊，單黑魚尾。版心中鎸書名及卷次。

韻學指南五卷　　Fv5120 1139
〔清〕王溙編輯
清道光二十八年（1848）足雨窻刻本
五冊
框12.1×10釐米。7行，大小字數不
等。白口，左右雙邊，單黑魚尾。內封鎸
"道光戊申年/足雨窻刊本"。外封記載
"A. Van Name"。

韻學五卷　　Fv5120 1141
〔清〕王植撰
清雍正八年（1730）刻本
五冊
框19.7×14.3釐米。行字數不一。白
口，四周單邊，單黑魚尾。

漢魏音四卷　　Fv5121 +3804
〔清〕洪亮吉撰
清乾隆五十年（1785）西安刻本
一冊
框20.3×15.1釐米。12行24字。黑
口，四周單邊，雙魚尾。版心中鎸書名及
卷次。內封鎸"乾隆乙巳四月刊於西安釋
存屬鼎如作篆"。

韻府約編二十四卷　　Fv9306 3213Cb
〔清〕鄧愷輯　〔清〕鄧雲等校
清乾隆刻本
六冊
框14.8×10.2釐米。8行22字。白口，
四周單邊。版心上鎸書名及卷次，中鎸
韻部名稱。內封鎸"佩文韻府約編/文成
堂藏板/翻印必究"。另有複本一，書號

Fv9306 3213C，二十二冊。

新刻官音彙解釋義二卷　　Fv5154 4948
〔清〕蔡奭纂撰
清乾隆十三年（1748）龍江書屋刻本
一冊
框17.5×10.2釐米。11行字數不等。
白口，四周單邊。版心上鎸"註釋官音彙
解"及小題。內封鎸"西湖蔡伯龍先生纂
著/註釋官音彙解/萬有樓重鎸"。卷端下
鎸"龍江書屋梓行"。卷首有乾隆十三年
蔡奭"題識"。外封記載"A Van Name
1870"。

古音諧八卷首一卷　　Fv5120 +4206
〔清〕姚文田撰
清道光二十五年（1845）蘇州振新書
社刻本
六冊
框19.2×15.5釐米。10行24字，小字
雙行同。白口，左右雙邊，單魚尾。牌記
題"蘇州振新書社經印"。

韻府萃音十二卷　　Fv5133 0146
〔清〕龍柏撰
清嘉慶十五年（1810）廣東心簡齋刻
朱墨套印本
三冊
框16.2×11.2釐米。8行19字，小字雙
行38字。白口，四周雙邊，單魚尾。序尾題
"粵東學院前心簡齋承刊"。

戚林八音合訂八卷　　PL1201 C437
清乾隆刻後印本
一冊

框18.5×10.9釐米。兩截板，10行字數不等，小字雙行。白口，四周單邊，單黑魚尾。版心上鐫"戚參將八音"，中鐫"林碧山字義"。内封鐫"戚林八音合訂/□□堂藏板"。序記"乾隆十四年季春上浣晋安題於嵩山書屋"。鈐"葉華芬藏書"印。藏書票題"From the library of the Reverend Hua-Fen Yeh 1904—1964 Singapore. The gift of his family""葉華芬南洋文庫"。

戚參軍八音字義便覽四卷　〔清〕蔡士泮彙輯

太史林碧山先生珠玉同聲四卷　〔清〕陳他彙輯　〔清〕林儔校閱

戚林八音合訂八卷　　　Fvh55 T78

清道光二十二年（1842）寶章堂刻本一册

框19×11.6釐米。兩截板，10行字數不等，小字雙行。白口，四周單邊。版心上鐫"戚參將八音"，中鐫"林碧山字義"。内封鐫"道光壬寅年新鐫/戚林八音合訂/寶章堂梓"。"林碧山字義"下欄和地脚不全。内封記載"A. Van Name"。1891年入藏。

戚參軍八音字義便覽四卷　〔清〕蔡士泮彙輯

太史林碧山先生珠玉同聲四卷　〔清〕陳他彙輯　〔清〕林儔校閱

江氏音學十書十二卷　　Fv5120 +3140

〔清〕江有誥撰

清嘉慶十九年（1814）至道光十一年（1831）刻本

八册

框16.2×12釐米。10行20字，小字雙行同。白口，左右雙邊，單黑魚尾。

詩經韻讀四卷

群經韻讀一卷

楚辭韻讀一卷附宋賦韻讀一卷

先秦韻讀不分卷

唐韻四聲正一卷

廿一部諧聲表一卷

入聲表一卷

等韻叢説一卷

附江晋三先生傳一卷　〔清〕葛其仁撰

古韻通説二十卷　　　Fv5121 0131

〔清〕龍啓瑞撰

清光緒九年（1883）四川尊經書局刻本四册

框17.8×11.9釐米。11行22字，小字雙行同。黑口，四周單邊，雙魚尾。内封鐫"光緒癸未四川尊經書局新鐫"。

韻詁不分卷　　　　　Fv5121 0237

〔清〕方濬頤輯

清光緒四年（1878）淮南書局刻本六册

框17.8×12.5釐米。8行15字，小字雙行30字。白口，左右雙邊，單魚尾。

正音撮要四卷　　　　Fv5154 0250

〔清〕高静亭撰

清道光十四年（1834）連雲閣刻本四册

框11.3×9.6釐米。9行18字，小字雙行同。白口，四周單邊，單魚尾。内封鐫"道光甲午年春鐫/正音撮要/連雲閣藏板"。

佩文廣韻匯編五卷　　Fv518 .+4413

〔清〕李元祺輯

清道光十年（1830）半塔草堂刻本

一册

框21×15.2釐米。10行15字，小字雙行30字。白口，四周雙邊，單黑魚尾。版心下鎸“半塔草堂”。内封鎸“道光十年鎸/佩文廣韻匯編/半塔草堂藏版”。内封記載“A. Van Name”。

李氏音鑑六卷　　Fv5128 4031

〔清〕李汝珍撰

清同治七年（1868）木樨山房刻本

四册

框12.8×9.8釐米。9行20字，小字雙行同。白口，左右雙邊，單魚尾。内封鎸“同治戊辰重修/李氏音鑑/木樨山房藏板”。

佩文詩韻釋要五卷　　Fv9306 3213E

〔清〕周兆基輯　〔清〕朱蘭重輯

清同治三年（1864）刻本

一册

框16.8×11.3釐米。9行18字，小字雙行36字。白口，左右雙邊，單魚尾。牌記題“同治甲午痾月重雕”。另有複本三，書號同，同函。

佩文詩韻釋要五卷　　PL1420 P442 1911

〔清〕周兆基輯　〔清〕陸潤庠校

清宣統三年（1911）上海商務印書館石印本

二册

牌記題“辛亥六月商務印書館印”。

古今中外音韻通例不分卷　　Fvh53 H861

〔清〕胡垣撰

清光緒十四年（1888）浦口胡氏刻本

四册

框17.5×12.8釐米。12行28字，小字雙行。黑口，左右雙邊。牌記題“光緒戊子相月既望栞成”。鈐“哈佛大學漢和圖書館珍藏印”印。1966年4月購自哈佛大學燕京學社。

漢學諧聲二十四卷附説文補考一卷

　　　　　　　　　　Fvh55 C43

〔清〕戚學標撰

清嘉慶九年（1804）刻本

八册

框20.8×11.7釐米。8行字數不一。白口，四周雙邊，單魚尾。

正音切韻指掌一卷　　Fvh56 Sh12

〔清〕莎彝尊撰

清咸豐十年（1860）塵談軒刻本

一册

框20.7×12.5釐米。行字數不一。白口，四周雙邊，單黑魚尾。版心上鎸“正音指掌”，下鎸“塵談軒”。内封鎸“欽遵定字典/咸豐庚申秋月新鎸/正音切韻指掌/清文君臣稱呼附後/長白莎彝尊撰”。部分有滿文對照。

詩韻集成十卷　　Fvh64 Y9

〔清〕余照輯

清同治五年（1866）亦西齋刻本

四册

框15×10釐米。兩截板，上欄18行19字，下欄9行12字，小字雙行24字。白口，四周單邊。牌記題"同治丙寅新鎸/謹遵佩文韻府/增訂詩韻集成/亦西齋藏板"。

初學檢韻袖珍十二集附佩文詩韻一卷

Fv5120 4101

〔清〕姚文登編　〔清〕錢大昕鑒定

清道光二十七年（1847）玉檢山房刻本

一册

框13×10釐米。8行16字，小字雙行同。白口，四周雙邊，單黑魚尾。内封鎸"道光丁未冬刊/嘉定錢竹汀先生鑑定/初學檢韻/澄海姚松陰輯/玉檢山房梓"。

初學檢韻袖珍十二集附佩文詩韻一卷

Fv5120 4101B

〔清〕姚文登輯　〔清〕錢大昕鑒定

清同治十年（1871）遜齋刻本

四册

框12.5×9.8釐米。8行16字，小字雙行同。白口，四周雙邊，單黑魚尾。版心下鎸"遜齋"。内封鎸"同治十年冬鎸/嘉定錢竹汀先生鑒定/初學檢韻/内附佩文詩韻"。鈐"張止銘藏書記"印。

華英字録不分卷　　　　Fvh88 P75

（意大利）波列地（Pietro Poletti）編

清光緒六年（1881）天津新海關書信館刻本

一册

無框。行字數不等。内封鎸"光緒六年/華英字録/Analytic Index of Chinese Characters: List of Chinese Words with the concise meaning in English. By P. Poletti. Tientsin: 1881"。總目下題"天津新海關書信館波列地藏板"。英華合璧。

加訂美全八音四卷　　　PL1201 C576

〔清〕鍾德明彙輯

清光緒三十二年（1906）吴縣山對湖可園刻本

一册

框14.7×10釐米。9行22字，小字雙行同。白口，四周單邊，單黑魚尾。内封鎸"光緒丙午歲鎸/加訂美全八音/校對無訛翻印必究/福靈堂藏板"。外封題"最新適用美全八音"。鈐"葉華芬藏書""華芬""魏成德印""魏繼堯印"印。藏書票題"From the library of the Reverend Hua-Fen Yeh 1904—1964 Singapore. The gift of his family""葉華芬南洋文庫"。

正音咀華三卷續編一卷　　PL2008 .S62

〔清〕莎彝尊撰

清宣統二年（1910）麟書閣刻本

一册

框17.6×11.5釐米。9行22字，小字雙行40字。黑口，四周雙邊，單魚尾。内封鎸"宣統庚戌重刊/硃注正音咀華/麟書閣藏板"。

上海土音字寫法不分卷

Fvh98 Sh16 Sh12

（美國）高第丕（Tarleton Perry Crawford）撰

清末上海刻本

一册

框12.4×9.5釐米。6行10字。白口，四周單邊，單黑魚尾。

文學書官話不分卷 Fvh30 C85

（美國）高第丕（Tarleton Perry Crawford）撰 〔清〕張儒珍撰

清同治八年（1869）登州鉛印本

一冊

内封鐫 "同治八年訂/Mandarin Grammar/登州府"。

華英通語集全不分卷 Zc72 855ht

〔清〕佚名輯

清光緒五年（1879）藏文堂刻本

一冊

框15.5×11.5釐米。行字數不一。白口，四周雙邊，單黑魚尾。内封鐫 "光緒己卯重訂/藏文堂印/華英通語集全/藏版"。華英合璧。存上冊。

訓詁之屬

爾雅注疏十一卷 Fv5072 +0213.3

〔晋〕郭璞注 〔宋〕邢昺疏

明萬曆二十一年（1593）北京國子監刻天啓至崇禎間吳士元等重修本

三冊

國子監刻十三經註疏

框22.7×15.2釐米。9行21字，小字雙行同。白口，左右雙邊，單黑魚尾。版心上鐫 "萬曆二十一年刊"，中鐫書名、卷次。藏書票題 "Gift of Jan 27 1950. Collation"。

爾雅注疏十一卷 Fv5072 0213.4

〔晋〕郭璞注 〔宋〕邢昺疏

明崇禎元年（1628）常熟毛氏汲古閣刻本

四冊

十三經注疏

框18.2×12.7釐米。9行21字，小字雙行同。白口，左右雙邊。版心上鐫 "爾雅疏"，中鐫卷次，下鐫 "汲古閣"。

爾雅三卷 Fv5072 0213.5

〔晋〕郭璞注 〔唐〕陸德明音義

清嘉慶二十二年（1817）張氏清芬閣刻本

三冊

框19.4×14.4釐米。12行25字，小字雙行37字。白口，左右雙邊，單魚尾。内封鐫 "清芬閣藏版"。

拾雅二十卷 Fv5088 1469

〔清〕夏味堂撰

清嘉慶二十四年（1819）遂園刻本

十冊

框18.2×14釐米。10行21字，小字雙行同。白口，左右雙邊，單魚尾。

經籍纂詁一百六卷首一卷附補遺

Fv130 7111

〔清〕阮元撰集

清嘉慶四年（1799）揚州阮氏琅環僊館刻本

六十冊

框14×11釐米。8行20字，小字雙行同。白口，左右雙邊，單黑魚尾。牌記題 "經籍纂詁并補遺百六卷/揚州琅嬛僊館梥本"。1920年入藏。存卷一至六十三、七十四至一百六。

駢雅訓纂十六卷　　　　Fv5087 +2904

〔明〕朱謀㙔撰　　〔清〕魏茂林訓纂

清光緒七年（1881）成都渝雅齋刻本

八册

框22.1×15.6釐米。12行25字，小字雙行同。白口，四周雙邊，單魚尾。版心下鐫"渝雅齋藏版"。

方言十三卷續二卷續補一卷

　　　　　　　　　　Fv5151 +0213

〔漢〕揚雄撰　　〔晋〕郭璞注

清光緒十七年（1891）思賢講舍刻本

三册

框20.4×14.8釐米。10行20字，小字雙行同。黑口，左右雙邊，單魚尾。牌記題"光緒辛卯季夏思賢講舍開雕"。

三字經訓詁一卷　　　　Fv5161 1146

〔清〕王相注　　〔清〕徐士業校刊

清集古堂刻本

一册

重訂徐氏三種

框18.6×13.8釐米。8行16字，小字雙行同。白口，四周單邊，單黑魚尾。版心上鐫子書名。内封鐫"王伯厚先生纂/徐氏三種/集古堂藏版"。有康熙五年（1666）王相識語。

通俗編三十八卷　　　　Fv9155 1168

〔清〕翟灝輯

清乾隆武林竹簡齋刻本

十二册

框17.1×12.7釐米。12行22字。白口，左右雙邊，單黑魚尾。版心上鐫書名，中鐫卷次及小題。内封鐫"無不宜齋雕本/

武林竹簡齋藏版"。

訓詁諧音四卷　　　　　Fvh53 H85

〔清〕槐蔭主人撰

清光緒八年（1882）唫楳書屋刻本

四册

框18×12釐米，7行字數不等，小字雙行33字。白口，左右雙邊，單黑魚尾。内封鐫"光緒壬午仲秋月新鋟/唫楳書屋藏板"。

廣續方言四卷附拾遺一卷

　　　　　　　　　　Fvh90 +C42 1

程先甲撰

清宣統二年（1910）江寧程氏千一齋木活字印本

三册

千一齋全書

框17×13釐米。10行21字。黑口，左右雙邊，單黑魚尾。版心下鐫"千一齋全書"。内封鐫"廣續方言四卷/孝胥題"。與《金陵賦》同函。

粤謳一卷　　　　　　　PL2519 F6 C43

〔清〕招子庸撰

清道光八年（1828）仂學齋刻本

一册

框18×14釐米。9行20字。白口，四周雙邊，單魚尾。書脊鐫"葉華芬珍藏"。鈐"廣州永漢路登雲閣藏版"印。

（滿漢合璧）御製增訂清文鑑三十二卷

　　　　　　　　　　Fv2527 +0202b

〔清〕傅恒等撰

清抄本（據清乾隆三十六年刻本）

九册

框22.6×17.7釐米。8行, 黄格。白口,
四周雙邊。版心中抄漢文卷次、類別、頁
碼。鈐 "寶素堂記" 印。存《正編》三十二
卷, 缺《補編》四卷、《總綱》八卷、《補
編總綱》二卷, 附《增訂續頒》。

（滿漢合璧）御製增訂清文鑑補編四卷
增補編一卷　　　　　　Ftp5 +C434
　〔清〕傅恒等撰
　清乾隆三十六年（1771）武英殿刻本
　五册
框21.8×17.9釐米。8行。白口, 四周雙
邊。版心鐫書名、卷次、類別、頁碼。

稱謂録三十二卷　　CR4161 .L52（LC）
　〔清〕梁章鉅撰　〔清〕梁恭辰校

清光緒十年（1884）杭州賈景文齋
刻本
　八册
框18.2×13.4釐米。行21字, 小字雙行
同。白口, 左右雙邊, 單魚尾。牌記題 "同
治甲子起校/光緒乙亥開刊/甲申竣工"。

讖緯類

易緯略義三卷　　　　PL2464 Z9 C42
　〔清〕張惠言撰
　清光緒廣雅書局刻本
　三册
　廣雅叢書
框21.3×15.3釐米。11行24字, 小字雙
行同。黑口, 四周單邊, 單魚尾。

史部

叢編

十七史一千五百七十四卷附宋遼金元宏簡錄二百五十四卷　　Fv2455 +17

〔明〕毛晉輯刻

清嘉慶至道光間古吳書業趙氏翻汲古閣刻本

三百二十册

框21.3×15.2釐米。12行25字。白口，左右雙邊，單黑魚尾。版心中鎸"汲古閣"及"毛氏正本"。内封鎸"汲古閣十七史/附宋遼金元宏簡錄"。牌記題"古吳書業趙氏重鎸"。

史記一百三十卷　〔漢〕司馬遷撰

前漢書一百卷　〔漢〕班固撰

後漢書一百二十卷　〔南朝宋〕范曄撰

三國志六十五卷　〔晉〕陳壽撰

晉書一百三十卷　〔唐〕房玄齡撰

宋書一百卷　〔南朝梁〕沈約撰

南齊書五十九卷　〔南朝梁〕蕭子顯撰

梁書五十六卷　〔唐〕姚思廉撰

陳書三十六卷　〔唐〕姚思廉撰

魏書一百十四卷　〔北齊〕魏收撰

北齊書五十卷　〔唐〕李百藥撰

周書五十卷　〔唐〕令狐德棻撰

隋書八十五卷　〔唐〕魏徵撰

南史八十卷　〔唐〕李延壽撰

北史一百卷　〔唐〕李延壽撰

唐書二百二十五卷　〔宋〕歐陽修撰

五代史七十四卷　〔宋〕歐陽修撰

二十四史三千二百二十三卷　Fv2455 24

清光緒十年（1884）上海同文書局石印本

二百十七册

内封鎸"光緒十年甲申仲春上海同文書局用石影印"。據乾隆四年（1739）武英殿本影印。藏書票題"Presented by S. Wells Williams, L. L. D. and Mr. Francis E. Woodruff, 1891"。

史記一百三十卷　〔漢〕司馬遷撰

前漢書一百卷　〔漢〕班固撰

後漢書一百二十卷　〔南朝宋〕范曄撰

三國志六十五卷　〔晉〕陳壽撰

晉書一百三十卷　〔唐〕房玄齡撰

宋書一百卷　〔南朝梁〕沈約撰

南齊書五十九卷　〔南朝梁〕蕭子顯撰

梁書五十六卷　〔唐〕姚思廉撰

陳書三十六卷　〔唐〕姚思廉撰

魏書一百十四卷　〔北齊〕魏收撰

北齊書五十卷　〔唐〕李百藥撰

周書五十卷　〔唐〕令狐德棻撰

隋書八十五卷　〔唐〕魏徵撰

南史八十卷　〔唐〕李延壽撰

北史一百卷　〔唐〕李延壽撰

舊唐書二百卷　〔五代〕劉昫等撰

唐書二百二十五卷　〔宋〕歐陽修撰

舊五代史一百五十卷　〔宋〕薛居正撰　〔清〕邵晉涵等輯

五代史七十四卷　〔宋〕歐陽修撰

宋史四百九十六卷　〔元〕脱脱等撰

遼史一百十六卷　〔元〕脱脱等撰

金史一百三十五卷　〔元〕脱脱等撰

元史二百十卷　〔明〕宋濂撰

明史三百三十二卷　〔清〕張廷玉等撰

紀事本末五種五百八卷　　Fv2513 1142

〔清〕思賢書局輯

清光緒二十四年（1898）湖南思賢書

局刻本

六十四册

框19.2×14.2釐米。11行20字。黑口，左右雙邊，雙魚尾。牌記題"光緒戊戌湖南思賢書局校刊"。

左傳紀事本末五十三卷　〔清〕高
　士奇撰

通鑑紀事本末二百三十九卷　〔宋〕
　袁樞撰

宋史紀事本末一百九卷　〔明〕馮琦撰

元史紀事本末二十七卷　〔明〕陳
　邦瞻撰

明史紀事本末八十卷　〔清〕谷應泰撰

九朝紀事本末九種六百五十八卷

Fv2513 2909

〔清〕丁立鈞輯

清光緒二十九年（1903）上海文林書局石印本

四十册

牌記題"光緒癸卯仲春文林書局石印"。總目題"歷朝紀事本末"。

左傳紀事本末五十三卷　〔清〕高
　士奇撰

通鑑紀事本末二百三十九卷　〔宋〕
　袁樞撰　〔明〕張溥論正

宋史紀事本末一百九卷　〔明〕馮琦
　撰　〔明〕陳邦瞻補　〔明〕張溥
　論正

遼史紀事本末四十卷　〔清〕李有
　棠撰

金史紀事本末五十二卷　〔清〕李
　有棠撰

西夏紀事本末三十六卷　〔清〕張
　鑑撰

元史紀事本末二十七卷　〔明〕陳
　邦瞻撰　〔明〕張溥論正

明史紀事本末八十卷　〔清〕谷應
　泰撰

附三藩紀事本末二十二卷　〔清〕
　楊陸榮撰

歷朝紀事本末九種六百五十八卷

Fv2513 2909A

〔清〕朱記榮編

清光緒二十八年（1902）上海捷記書局石印本

四十二册

牌記題"光緒壬寅小春月上海捷記書局石印"。

左傳紀事本末五十三卷　〔清〕高
　士奇撰

通鑑紀事本末二百三十九卷　〔宋〕
　袁樞撰　〔明〕張溥論正

宋史紀事本末一百九卷　〔明〕馮
　琦撰　〔明〕陳邦瞻補　〔明〕張
　溥論正

遼史紀事本末四十卷　〔清〕李有
　棠撰

金史紀事本末五十二卷　〔清〕李
　有棠撰

西夏紀事本末三十六卷　〔清〕張
　鑑撰

元史紀事本末二十七卷　〔明〕陳
　邦瞻撰　〔明〕張溥論正

明史紀事本末八十卷　〔清〕谷應泰撰

附三藩紀事本末二十二卷　〔清〕
　楊陸榮撰

宋遼金元別史五種三百七卷

Fv2662 +3381

〔清〕席世臣輯

清嘉慶三年（1798）掃葉山房刻本

四十四冊

框21.5×15.1釐米。12行25字。白口，左右雙邊，單魚尾。

東都事略一百三十卷　〔宋〕王偁撰

南宋書六十八卷　〔明〕錢士升撰

契丹國志二十七卷　〔宋〕葉隆禮撰

大金國志四十卷　〔宋〕宇文懋昭撰

元史類編四十二卷　〔清〕邵遠平撰

遼金史紀事本末九十六卷

Fv2662 +4449

〔清〕李有棠編纂

清光緒二十九年（1903）李氏鄂樓刻本

二十冊

框19.9×14.6釐米。10行20字，小字雙行同。黑口，左右雙邊，單魚尾。牌記題"光緒癸卯仲冬李氏鄂樓開雕"。

遼史紀事本末四十卷首一卷末一卷

金史紀事本末五十二卷首一卷末一卷

紀傳類

正史之屬

史記一百三十卷首一卷　Fv2511 1273C

〔漢〕司馬遷撰　〔南朝宋〕裴駰集解　〔唐〕司馬貞索隱　〔唐〕張守節正義　〔明〕徐孚遠 陳子龍測議

明崇禎十三年（1640）刻本

二十二冊

框19.5×14.3釐米。9行20字，小字雙行同。白口，左右雙邊，單魚尾。

史記一百三十卷　DS735 A2 S6 1866

〔漢〕司馬遷撰　〔南朝宋〕裴駰集解　〔唐〕司馬貞索隱　〔唐〕張守節正義

清同治五至九年（1866—1870）金陵書局刻本

二十冊

框19.4×13.7釐米。11行22字，小字雙行同。黑口，四周雙邊，雙魚尾。內封鐫"史記集解索隱正義合刻"。牌記題"同治五年首夏金陵書局校梓/九年仲春畢工"。另有複本一，書號Fv2511 +1273B。

史記索隱三十卷

DS741.3.S683 S675 1893+ Oversize

〔唐〕司馬貞撰

清光緒十九年（1893）廣雅書局刻本

四冊

框20.8×15.4釐米。12行25字，小字雙行同。黑口，四周單邊，單魚尾。版心下鐫"廣雅書局梓"。牌記題"光緒十九年九月廣雅書局校刻"。

漢書一百二十卷　Fv2550 +1166c

〔漢〕班固撰　〔唐〕顏師古注

清同治八年（1869）金陵書局重刻汲古閣二十四史本

十六冊

框21.5×15釐米。12行25字，小字雙行37字。白口，左右雙邊，單魚尾。存卷一至一百。

漢書補注一百卷　　　　Fv2550 +1166B

王先謙補注

清光緒二十六年(1900)長沙王氏刻本

三十二册

框21×15.2釐米。12行25字, 小字雙
行同。白口, 左右雙邊, 單魚尾。牌記題
"光緒庚子長沙春日王氏校刊"。

後漢書九十卷附續漢志三十卷

Fv2555 +4165

〔南朝宋〕范曄撰　　〔唐〕李賢注
(續漢志)〔晉〕司馬彪撰　　〔南朝梁〕
劉昭注

清同治八年(1869)金陵書局重刻汲
古閣二十四史本

十六册

框21.4×15.4釐米。12行25字, 小字
雙行37字。白口, 左右雙邊, 單魚尾。容
閎1878年贈書。

後漢書集解九十卷首一卷續漢志集解三十卷

Fv2555 +4165C

〔南朝宋〕范曄撰　　〔唐〕李賢注
王先謙集解

清光緒五年(1879)長沙王氏虛受堂
刻本

三十册

框20.9×15.2釐米。12行25字, 小字
雙行同。白口, 左右雙邊, 單魚尾。

三國志六十五卷　　Fv2560 +7954B

〔晉〕陳壽撰　　〔南朝宋〕裴松之注

清同治九年(1870)金陵書局刻本

八册

框21×15釐米。12行25字, 小字雙

行37字。白口, 左右雙邊, 單魚尾。牌記
題"同治九年正月金陵書局印行"。容閎
1878年贈書。

舊唐書校勘記六十六卷

Fv2620 +7262.61

〔清〕羅士琳　　〔清〕劉文淇校訂

清同治十一年(1872)定遠方氏刻本

二十四册

框21.1×15.3釐米。12行25字, 小字
雙行同。白口, 左右雙邊, 單魚尾。版心
下鐫"懼盈齋"。牌記題"同治十一年夏
六月定遠方氏重刊補/方濬益署檢"。不
避"淳"字諱。

元史譯文證補三十卷

Fv2700 1435 +H89

〔清〕洪鈞撰

清光緒二十三年(1897)元和陸潤庠
刻本

四册

框20.9×15.4釐米。12行25字, 小字
雙行同。白口, 左右雙邊, 單魚尾。

明史三百三十二卷目録四卷

Fv2455 +17 321—400

〔清〕張廷玉等修

清乾隆刻本

八十册

框21.6×15.3釐米。10行21字。白口,
左右雙邊, 單黑魚尾。版心中鐫書名、卷
次及小題。

明史藁三百十卷　　　Fv2720 1132

〔清〕王鴻緒編撰

清雍正敬慎堂刻本

八十冊

框19.8×14.5釐米。11行23字。白口，左右雙邊，單黑魚尾。版心中鐫“横雲山人集史藁”，下鐫“敬慎堂”。“慎”字缺末筆。

大清穆宗毅皇帝本紀五十四卷

DS763.5 .D3 Oversize

清同治光緒抄本

一冊

框21.7×15.6釐米。8行19字。白口，四周雙邊，單黑魚尾。存卷一至二十九。

別史之屬

晉略六十六卷　　DS748.4 C517 1876

〔清〕周濟撰

清光緒二年（1876）荆溪周氏味雋齋刻本

十冊

框19.2×14.8釐米。12行25字，小字雙行37字。白口，左右雙邊，單魚尾。牌記題“光緒二年丙子六月味雋齋重刊”。藏書票題“Gift of Professor Arthur F. Wright”。

清朝史略十一卷　　DS754 .S3

（日本）佐藤楚材編輯

清光緒二十八年（1902）上海書局石印本

十一冊

編年類

通代之屬

竹書紀年五卷　　Fv2521 3122.17

〔南朝梁〕沈約注　〔清〕雷學淇校訂

清通州雷氏亦囂囂齋刻本

一冊

框17.8×14.5釐米。11行24字，小字雙行同。白口，左右雙邊，單魚尾。版心下鐫“亦囂囂齋”。《地形都邑圖》卷尾記“江西省城甲戌坊明古齋喻秉衡鐫”。外封記載“Peking W. L. 1864”。

竹書紀年統箋十二卷附前編一卷雜述一卷

DS742 C48

〔南朝梁〕沈約注　〔清〕徐文靖統箋　〔清〕馬陽 崔萬烜校訂

清乾隆十五年（1750）刻本

四冊

徐位山六種

框19.5×13.1釐米。9行20字，小字雙行。白口，左右雙邊，單黑魚尾。版心上鐫“竹書統箋”，中鐫卷次。内封鐫“本衙藏板”。

資治通鑑二百九十四卷附目録三十卷

Fv2512 +1279

〔宋〕司馬光撰　〔元〕胡三省音注

清同治八年（1869）江蘇書局刻本

一百十冊

框21.7×14.8釐米。10行20字，小字雙行同。黑口，四周雙邊，雙魚尾。内封鐫“江蘇書局修補鄱陽胡氏仿元本二百七卷重梨九十九卷”。《目録》内封鐫"同治八年歲在己巳/江蘇書局仿宋本刊"。另有複本一,書號Fv2512 +1279F。

資治通鑑目録三十卷　　Fv2512 +1279a

〔宋〕司馬光編集

清同治八年(1869)江蘇書局刻本

十册

框23.5×14.1釐米。白口,左右雙邊,單魚尾。版心上鐫字數,下鐫刻工名。内封鐫"同治八年歲在己巳/江蘇書局仿宋本刊"。牌記題"同治己巳江蘇書局仿宋本刊"。

資治通鑑補二百九十四卷　Fv2512 1280

〔宋〕司馬光編輯　〔元〕胡三省音注　〔明〕嚴衍補

清光緒二年(1876)武進盛氏思補樓木活字印本

八十册

框15.5×12.3釐米。11行25字,小字雙行同。黑口,左右雙邊,單魚尾。内封鐫"光緒丙子下月/思補樓校印"。

資治通鑑綱目前編二十五卷資治通鑑綱目五十九卷續資治通鑑綱目二十七卷

Fv2512 2543

〔明〕南軒撰　(綱目)〔宋〕朱熹等撰　(續綱目)〔明〕商輅撰　〔明〕陳仁錫評閲

明崇禎三年(1630)陳仁錫刻本

一百二十册

框20.6×14.5釐米。7行18字,小字雙行同。白口,四周單邊,單黑魚尾。版心上鐫"通鑑綱目",中鐫卷次、篇目及頁碼,眉端鐫評。

資治通鑑綱目五十九卷

Fv2512 +2543A

〔宋〕朱熹等撰　〔清〕牛兆濂輯

清光緒二年(1876)壬子校刻本

三十册

清麓叢書正編

框19.5×13.8釐米。9行20字,小字雙行同。黑口,四周雙邊,雙魚尾。版心下鐫"述荊堂藏書"。内封鐫"朱子通鑑綱目原本/光緒二年丙子正印/壬子校刊"。

御撰資治通鑑綱目三編二十卷

Fv2512 1142.1

〔清〕張廷玉等撰

清乾隆十一年(1746)刻本

四册

框17.1×12.8釐米。11行22字,小字雙行同。黑口,四周雙邊,雙魚尾。内封鐫"御撰資治通鑑明紀綱目"。

御撰資治通鑑綱目三編二十卷

Fv2512 1142

〔清〕張廷玉等撰

清道光三十年(1850)武英殿刻本

八册

框22.5×14釐米。11行22字,小字雙行同。白口,四周單邊,單黑魚尾。

續資治通鑑長編五百二十卷目録二卷

Fv2665 +4444

〔宋〕李燾撰

清光緒七年(1881)浙江書局刻本

一百二十册

框21.8×13.9釐米。12行21字,小字雙行同。白口,左右雙邊,單魚尾。牌記

題 "光緒七年辛巳浙江書局校刻"。

續資治通鑑長編拾補六十卷
Fv2665 +4444B

〔清〕黃以周等撰　〔清〕秦緗業輯

清光緒九年（1883）浙江書局刻本

十六册

框19.4×13.5釐米。12行21字，小字雙行同。白口，左右雙邊，單魚尾。牌記題 "光緒癸未浙江書局鋟板"。

續資治通鑑二百二十卷　Fv2512 +6531

〔清〕畢沅撰

清同治八年（1869）江蘇書局刻本

六十册

框22×15.6釐米。10行21字，小字雙行同。白口，四周雙邊，單魚尾。牌記題 "嘉興馮氏補刊／鎮洋畢氏原板"。

綱鑑易知録九十二卷附明鑑易知録十五卷
Fv2512 2324.5

〔清〕吳乘權等輯

清康熙五十年（1711）刻本

四十册

框19.7×13.3釐米。9行20字。白口，四周單邊，單黑魚尾。版心上鐫 "綱鑑易知録"，中鐫卷次及小題。内封鐫 "綱鑑易知録／尺木堂藏板／吳大中丞鑒定"。

綱鑑易知録九十二卷　Fv2512 2324

〔清〕吳乘權等輯

清康熙五十年（1711）刻本

九十二册

框19.9×13.7釐米。9行20字。白口，四周單邊，單黑魚尾。版心上鐫書名，眉欄鐫注。内封鐫 "吳大中丞鑒定／綱鑑易知録／金陵敬書堂藏板"。

綱鑑易知録九十二卷附明鑑易知録十五卷
Fv2512 2324.4

〔清〕吳乘權等輯

清光緒十三年（1887）上海同文書局石印本

八册

尺木堂綱鑑易知録九十二卷
Fv2512 2324.1

〔清〕吳乘權等輯

清尺木堂刻後印本

三十二册

框19.7×13.3釐米。9行20字。白口，四周單邊，單黑魚尾。版心上鐫 "綱鑑易知録"，中鐫卷次及小題。内封鐫 "綱鑑易知録／尺木堂藏板"。"丘""曆"未諱。

尺木堂綱鑑易知録九十二卷尺木堂明鑑易知録十五卷　Fv2512 2324.3

〔清〕吳乘權等輯

清大文堂刻本

四十八册

框13.3×10.2釐米。9行20字。白口，四周單邊，單黑魚尾。版心上鐫 "綱鑑易知録"，中鐫卷次及小題。内封鐫 "綱鑑易知録／京都大文堂藏板"。"曆"字避諱。

御批歷代通鑑輯覽一百二十卷
Fv2512 3203

〔清〕高宗弘曆敕撰

清光緒二十五年（1899）上海順成書局石印本

四册

内封鎸"御批通鑑輯覽"。牌記題
"光緒乙亥春月上海順成書局敬印"。

御批歷代通鑑輯覽一百二十卷

Fv2512 3203A

〔清〕高宗弘曆敕撰

清光緒三十年（1904）上海錦章書局
石印本

九册

内封鎸"兩朝御批通鑑輯覽"。牌記
題"光緒甲辰冬月上海錦章書局敬印"。
藏書票題"Gift of H. J. Fei 1914"。

御批歷代通鑑輯覽一百二十卷

Fv2512 3203B

〔清〕高宗弘曆敕撰

清末鉛印本

四十册

有《勘誤記》。

重新校正入註附音通鑑外紀四卷

YAJ C11.7

〔宋〕劉恕撰

明初刻本

一册

框21.4×13.6釐米。兩截板，上欄鎸
注要旨，行數不等3字，下欄18行32字。
黑口，四周雙邊，雙魚尾。又名《通鑑外
紀》。日本耶魯學會贈書。

歷代通鑑纂要九十二卷　Fv2512 +4457

〔明〕李東陽等撰

清光緒二十三年（1897）廣雅書局刻本

四十八册

框21.7×14.9釐米。10行20字，小字
雙行同。白口，左右雙邊，單魚尾。

新鎸歷朝捷録大全四卷通鑑潘氏總論

Fv2516 3801

〔明〕鍾惺等編著　　〔明〕陳繼儒
彙參

清初刻本

四册

框19.1×12.5釐米。8行18字，小字雙
行同。白口，四周單邊。版心上鎸書名，中
鎸卷次，眉端刻批語。佚名朱墨批點。

精刻歷朝捷録方家評林四卷

YAJ C11.11

〔明〕顧充編撰　　〔明〕王衡評釋

明萬曆三十年（1602）余祥我衍慶堂
刻本

二册

框21.3×12.1釐米。兩截板，下欄9行
21字。白口，四周雙邊，單黑魚尾。版心
上鎸書名，有眉欄。卷末牌記題"萬曆壬
寅歲仲夏月/衍慶堂余祥我繡梓"。日本
耶魯學會贈書。

綱鑑正史約三十六卷　　Fv2512 +3886

〔明〕顧錫疇編　　〔清〕陳弘謀增訂

清同治八年（1869）浙江書局刻本

二十册

框17.6×13.2釐米。11行20字，小字
雙行同。白口，左右雙邊，單魚尾。存卷
五至八、十一至十二、二十三至二十四、
二十七至三十四。

皇明通紀直解十六卷　　Fv2720 +1342

〔明〕張嘉和輯　〔明〕鍾惺評

明崇禎刻清初續刻本

八冊

框20.3×14.3釐米。8行18字,小字雙行同。白口,四周單邊。版心上鐫"通紀直解",中鐫卷次。眉上刻評。正文卷端題"通紀直解",首兩卷作"通鑑直解"。目錄將卷十五、十六列爲"續"。鈐"適廬主人黃秋舫藏"印。

通鑑地理今釋十六卷　　Fv2512 +1279.5

〔清〕吳熙載撰

清光緒二十三年(1897)廣東經史閣刻本

四冊

框20.8×14.7釐米。10行20字,小字雙行同。黑口,四周雙邊,雙魚尾。内封鐫"光緒廿三年廣東經史閣重校刊"。

最近支那史二卷　　Bj14H 898K

(日本)河野通之 石村貞一編

清光緒二十四年(1898)上海振東室學社鉛印本

四冊

斷代之屬

新刻屠儀部編集註解皇明捷録一卷

　　　　　　　　　YAJ C11.11

〔明〕屠隆編　〔明〕歐大任訂

明萬曆三十一年(1603)書林鄭聚垣刻本

一冊

框23×14.1釐米。兩截板,下欄9行21字。白口,四周雙邊,單黑魚尾。版心上鐫"我朝捷録評林",中鐫帝紀及卷次。牌記題"萬曆癸卯歲孟春月書林鄭聚垣梓"。日本耶魯學會贈書。

欽定明鑑二十四卷首一卷

　　　　　　Fv2720 6281 Oversize

〔清〕托津等纂

清同治九年(1870)湖北崇文書局刻本

十冊

框18.3×13.4釐米。8行20字。白口,四周雙邊,單魚尾。内封鐫"同治九年季冬湖北崇文書局撫刊"。

欽定明鑑二十四卷首一卷

　　　　　　　　　Fv2720 +8386

〔清〕托津等纂

清嘉慶二十三年(1818)刻本

十二冊

框18.5×13.4釐米。8行20字。白口,四周雙邊,單魚尾。

清史攬要六卷　　Bj17H 877M

(日本)增田貢撰

清末上海商務印書館鉛印本

一冊

東華録一百九十五卷續録二百三十卷

(天命至道光朝)　　Fv2742 +1120B

王先謙編

清光緒十年(1884)刻本

一百六十冊

框21×14.8釐米。12行25字。白口,左右雙邊,單魚尾。

十朝東華録五百二十五卷附同治東華續
録一百卷（天命至同治朝）

　　　　　　　　　　DS754 .W217

　　王先謙編

　　清光緒二十五年（1899）石印本

　　八十八册

　　牌記題“光緒二十五年仿泰西法石印”。

東華録三十二卷（天命至雍正朝）

　　　　　　　　　　Fv2742 1120G

　　〔清〕蔣良騏編

　　清末刻本

　　十二册

　　框24.4×17釐米。8行16字。白口，四
周單邊，單黑魚尾。

乾隆朝東華續録一百二十卷

　　　　　　　　　　Fv2742 +1120

　　工先謙編

　　清光緒十三年（1887）北京欽文書局
刻本

　　四十八册

　　框20.8×15.5釐米。12行25字。白
口，左右雙邊，單魚尾。

咸豐朝東華續録一百卷　Fv2742 +1120C

　　王先謙編

　　清光緒十五至十六年（1889—
1890）浙江會稽籀三倉室刻本

　　六十四册

　　框21×15釐米。12行25字。白口，左右
雙邊，單魚尾。内封鎸“光緒十五年秋九月
會稽籀三倉室開雕/十六年十二月刻竟”。

同治朝東華續録一百卷

　　　　　　　DS763.5 .W358 1899

　　王先謙編

　　清光緒二十五年（1899）公記書莊石
印本

　　二十四册

　　簡又文贈書。

同治朝東華續録一百卷　Fv2742 +1120D

　　王先謙編

　　清光緒刻本

　　六十四册

　　框20.5×15釐米。12行25字。白口，
左右雙邊，單魚尾。

光緒朝東華續録二百二十卷

　　　　　　　　　　Fv2742 1120.2

　　〔清〕朱壽朋輯　　〔清〕潘鴻鼎校

　　清宣統元年（1909）上海集成圖書公
司鉛印本

　　六十四册

　　另有複本一，書號DS764 C562。

紀事本末類

斷代之屬

蜀鑑十卷附蜀鑑劄記　　Fv3178 0226

　　〔宋〕郭允蹈撰

　　清光緒七年（1881）成都志古堂刻本

　　五册

　　框17.8×11.2釐米。10行20字。黑口，
左右雙邊，雙魚尾。

三朝北盟會編二百五十卷附校勘記二卷補遺一卷　　　　Fv2674 2944

〔宋〕徐夢莘撰

清光緒四年（1878）越東鉛印本

四十册

西夏紀事本末三十六卷首二卷
　　　　　　　　　Bj15H 884C

〔清〕張鑑撰

清光緒十一年（1885）金陵刻本

三册

框20.3×14.5釐米。12行25字。黑口，左右雙邊，單黑魚尾。牌記題"光緒乙酉刻於金陵"。

明朝紀事本末八十卷　　Fv2720 8605

〔清〕谷應泰撰

清刻本

二十四册

框17.9×13.5釐米。9行20字。白口，左右雙邊，單黑魚尾。版心上鎸"紀事本末"，中鎸卷次。内封鎸"豐潤谷應泰編著/明鑑紀事本末/本衙藏板"。藏書票題"Gift of Dr. Yung Wing, 1911"。

皇清開國方略三十二卷首一卷
　　　　　　　　　Fv2750 2376A

〔清〕阿桂等輯

清光緒十年（1884）上海廣百宋齋鉛印本

六册

皇清開國方略三十二卷首一卷
　　　　　　　　　Fv2750 2376

〔清〕阿桂等輯

清光緒十五年（1889）上海廣百宋齋鉛印本

六册

聖武記十四卷　　　　Fv2819 2139A

〔清〕魏源撰

清末上海泰東時務譯印局鉛印本

六册

親征平定朔漠方略四十八卷附御製親征朔漠紀略一卷　　　Fv2780 +C44

〔清〕温達等撰　　（附）〔清〕聖祖玄燁撰

清康熙四十七年（1708）北京内府刻初印本

二十册

框24.4×17釐米。7行20字。黑口，四周雙邊，雙魚尾。版心中鎸書名、卷次。藏書票題"Gift of Edwin J. Beinecke, Yale 1907"。

欽定平定教匪紀略四十二卷首一卷
　　　　　　　　　Fv2844 +1434

〔清〕托津等撰

清嘉慶二十一年（1816）刻本

二十

框20.4×16.5釐米。7行20字，小字雙行同。白口，四周雙邊，單魚尾。

欽定剿平粵匪方略四百二十卷表文一卷首一卷　　　Fv2870 +2974

〔清〕奕訢纂修

清同治十一年（1872）鉛印本

四百二十二册

欽定剿平捻匪方略三百二十卷
Fv2870 2974 +C5
〔清〕奕訢纂修
清同治十一年（1872）鉛印本
三百二十一册

欽定平定雲南回匪方略五十卷
Fv2870 +7951
〔清〕奕訢纂修
清光緒二十二年（1896）鉛印本
五十一册

欽定平定陝甘新疆回匪方略三百二十卷
Fv2870 7951 +C5
〔清〕奕訢纂修
清光緒二十二年（1896）鉛印本
三百二十二册

欽定平定貴州苗匪紀略四十卷
Fv2870 7951 +C6
〔清〕奕訢纂修
清光緒二十二年（1896）鉛印本
四十册

雜史類

通代之屬

戰國策三十三卷　　　Fv2527 +0202b
〔漢〕劉向編　　〔漢〕高誘注
清嘉慶八年（1803）士禮居刻本
十二册
框21.7×15.1釐米。11行20字。黑
口，左右雙邊，單黑魚尾。版心中鎸書
名及卷次。鈐"繆曰芑印""尚書郎徐禎

印""文學侍從""北平王氏所藏"印。

國語校注本三種二十九卷　Fv2523 3131
〔清〕汪遠孫撰
清道光二十六年（1846）汪氏振綺
堂刻本
五册
框16.5×12.2釐米。10行21字。白口，
左右雙邊，單黑魚尾。
國語三君注輯存四卷
國語發正二十一卷
國語明道本考異四卷

路史十六卷　　　　　Fv2520 6133A
〔宋〕羅泌撰　〔明〕吳弘基訂
清光緒二十年（1894）石印本
六册

閱史約書五卷　　　　Fv2514 1192
〔明〕王光魯纂著
明末清初吳門刻本
六册
框21.3×13.7釐米。9行20字，小字雙
行40字。白口，四周單邊。版心上鎸書名，
中鎸内容簡稱。未署年熊維熊跋言"刻未
成而舅氏殂"。

歷代邊事彙鈔十二卷　　DS740.4 C57
〔清〕朱克敬輯　〔清〕江考棠參訂
清光緒二十八年（1902）上海捷記書
局石印本
二册

舊史内篇八卷　　　　　DS748 .Y35
〔清〕楊世猷撰

清光緒二十八年（1902）刻本

六冊

框16.8×12.3釐米。9行22字。白口，四周雙邊，單魚尾。

秘史叢刻五種五卷　　DS753.6 .Y823

〔清〕喻萬青輯佚

清光緒三十年（1904）上海新智譯書社鉛印本

一冊

内封鎸"新智譯書社藏版"。

四王合傳一卷　〔清〕佚名撰

甲申紀事一卷　〔清〕佚名撰

北使紀略一卷　〔明〕陳洪範撰

孫愷陽先生殉城論一卷　〔明〕蔡鼎撰

永歷紀事一卷

外患史不分卷　　DS740.4 C41

〔清〕陳崎編譯

清光緒二十九年（1903）上海時中書局鉛印本

一冊

國恥叢言

中國工業史不分卷

HD2321 C44（LC）

〔清〕陳家錕編

清宣統元年（1909）中國圖書公司鉛印本

一冊

斷代之屬

大業雜記一卷　　Fv2612 4138

〔唐〕杜寶撰　〔清〕錢熙祚校

清道光十九年（1839）守山閣刻本

一冊

指海

框14.2×10.8釐米。9行21字。白口，左右雙邊，單黑魚尾。與《司馬法》合冊。

涑水紀聞十六卷　　Fv2666 Ss72

〔宋〕司馬光撰

清光緒三年（1877）湖北崇文書局刻本

四冊

框18.8×14.8釐米。12行24字。黑口，四周雙邊，雙魚尾。

契丹國志二十七卷　　Fv2687 4934

〔宋〕葉隆禮撰

清嘉慶二年（1797）掃葉山房刻本

二冊

框20.5×15.2釐米。12行25字，小字雙行同。白口，左右雙邊，單魚尾。

錢塘遺事十卷　　Fv2676 L74

〔元〕劉一清撰

清光緒十三年（1887）錢塘丁氏嘉惠堂刻本

二冊

武林掌故叢編

框17×11.8釐米。11行20字，小字雙行同。白口，四周雙邊，單魚尾。

永樂別錄兩卷　　DS753 .W83

〔清〕吳廷燮輯

清光緒三十四年（1908）江寧遼海書社鉛印本

二冊

遼海叢書

牌記鐫"遼海書社印行"。

野獲編三十卷補遺四卷首一卷

Fv2720.7 3128

〔明〕沈德符撰　〔清〕錢枋輯

清道光七年(1827)錢塘姚祖恩扶荔山房刻同治八年(1869)修補本

二十册

框21.4×14.3釐米。10行21字。白口,四周雙邊,單魚尾。

東林本末三卷

Fv2734 +5455

〔明〕吳應箕撰

清光緒二十四年(1898)刻本

二册

框17×13釐米。13行23字。黑口,四周單邊,單魚尾。附《復社姓氏》二卷《補録》一卷。

明季北略二十四卷

Fv2738 0404

〔清〕計六奇編輯

清光緒十三年(1887)上海圖書集成印書局鉛印本

六册

明季南略十八卷

Fv2738 0404

〔清〕計六奇編輯

清光緒十三年(1887)上海圖書集成印書局鉛印本

四册

嘉定屠城慘史不分卷

Fv2738 2915

〔清〕朱子素撰

清宣統三年(1911)鉛印本

一册

內封鐫"黃帝紀元四千六百零九年九月出版/上海商務印書館代印"。

欽定蒙古源流八卷

Fv2700 9274

〔清〕小徹辰薩囊台吉撰

清末刻本

四册

框18×13.6釐米。8行18字。白口,四周雙邊,單黑魚尾。版心上鐫"蒙古源流",中鐫卷次。首爲乾隆五十五年(1790)陸錫熊等撰之《四庫提要》。"寧"字缺筆。

經略洪承疇奏對筆記二卷

Fv5433 3876.4

〔清〕洪承疇撰　〔清〕饒旬宣輯

清光緒十六年(1890)欽文書局刻本

二册

框17.5×13.5釐米。13行25字。白口,左右雙邊,單魚尾。卷末鐫"板存京都琉璃廠火神廟欽文書局"。

清秘史二卷附吳三桂借兵始末記

Bj17H 904Y

〔清〕陳範撰

清光緒三十年(1904)陸沈叢書社鉛印本

一册

皇朝紀略一卷

DS754 .S42

〔清〕紹興北鄉義塾編

清光緒二十七年(1901)上海普通學書室鉛印本

一册

內封鐫"紹興北鄉義塾編譯/皇朝紀

略全/上海普通學書室板”。

國朝遺事紀聞　　　　　DS754 .T34

〔清〕湯殿三撰

清宣統二年（1910）民興報館鉛印本

一冊

劉村讀書記

內封鐫“劉村讀書記第五種”。

小腆紀年附考二十卷　　DS753 .H77 1861

〔清〕徐鼒撰

清咸豐十一年（1861）刻本

十二冊

框19.2×14.5釐米。11行23字。白口，

四周雙邊，黑魚尾。版心上鐫書名，中鐫

卷次。

小腆紀傳六十五卷附補遺五卷

　　　　　　　　　　DS753 H76

〔清〕徐鼒撰

清光緒十三年（1887）金陵刻本

十六冊

框18.3×13.6釐米。11行24字。白口，

四周雙邊，單魚尾。牌記題“光緒丁亥孟

夏刊於金陵/孫禄增署耑”。《補遺》牌記題

“光緒十四年廣刊/歸安孫禄增廣題”。

皇朝政典挈要八卷　　　Bj17H 877Md

（日本）增田貢撰　〔清〕毛澂補編

清光緒二十八年（1902）上海書局鉛

印本

四冊

皇朝掌故讀本二卷　　　DS754 C433

〔清〕陳蕭編輯

清末廣州全經書局鉛印本

一冊

平浙紀略十六卷

　　　DS758 C5546 1873+ Oversize

〔清〕秦緗業 陳鍾英撰

清同治十二年（1873）浙江書局刻本

四冊

框18.9×14.1釐米。10行23字。白口，

四周雙邊，單魚尾。牌記題“同治癸酉冬

浙江書局刊”。

平浙紀略十六卷　　　　DS759 C5

〔清〕秦緗業 陳鍾英撰

清光緒元年（1875）申報館鉛印本

四冊

申報館叢書

平桂紀略四卷　　DS758.7 .P56 1889

〔清〕蘇鳳文撰

清光緒十五年（1889）刻本

一冊

框16.2×11.3釐米。10行20字，小字

雙行同。白口，左右雙邊，單黑魚尾。牌

記題“光緒己丑七月開雕”。外封記載

“此書爲廣西省立桂林圖書館特藏部珍

藏/於民國卅[五]年九月一日奉准贈送廣

東文獻館簡又文館長惠存/特藏部主任黃

遠智謹志”。鈐“廣西省立第二師範附屬

圖書館之藏書”“廣西省立桂林圖民國卅

四年劫後存書”“體用學堂藏本”“廣西

省立第二師範學校附屬圖書館桂林”“體

用學堂藏書”等印。簡又文贈書。

六合紀事四卷附記

      DS758.23 C568 1886+ Oversize

〔清〕周長森撰

清光緒十二年（1886）傳抄本

一冊

簡又文贈書。

庚辛泣杭録十六卷　DS758.7 .D56 1895

〔清〕丁丙編

清光緒二十一年（1895）錢塘丁氏刻本

六冊

框17.5×11.8釐米。10行20字。白口，四周雙邊，單黑魚尾。內封鐫"光緒二十一年冬月"。牌記題"錢塘丁氏刊行"。簡又文贈書。

盾鼻隨聞録八卷　　DS759 .C485 1934

〔清〕樗園退叟撰

清末傳抄本

一冊

簡又文贈書。

蕩平髮逆圖記二十二卷

      DS759 .D8 1893

〔清〕杜文瀾撰　　〔清〕白雲山人繪

清光緒十九年（1893）上海寶文書局石印本

四冊

簡又文贈書。

淮軍平捻記十二卷　DS759.5 .Z46 1877

〔清〕周世澄撰

清光緒三年（1877）申報館鉛印本

一冊

牌記題"申報館仿聚珍板印"。簡又

文贈書。

軍興本末紀略四卷　　　DS759 H64

〔清〕謝蘭生撰

清光緒二年（1876）刻本

二冊

框21.5×14.5釐米。8行21字。白口，四周單邊，單魚尾。簡又文贈書。

英傑歸真一卷　　　　　DS759 H88

〔清〕洪仁玕撰　〔清〕何春發等輯

清咸豐十一年（1861）傳抄本

一冊

無框格。8行20字。版心上方記書名。內封鐫"天父天兄天王太平天國辛酉年新鐫/欽命文衡正總裁開朝精忠軍師干王洪/欽定英傑歸真/旨准頒行"。簡又文贈書。

中興別記六十一卷　　　DS759 L525

〔清〕李濱撰

清宣統二年（1910）鉛印本

十二冊

湘軍水陸戰紀十六卷

      DS759 .W182 1885

王闓運撰

清光緒十一年（1885）京都同文堂石印本

二冊

牌記題"乙酉仲春月京都同文堂石印"。簡又文贈書。

湘軍志十六篇　DS759 .W32+ Oversize

王闓運撰

清光緒刻本

四冊

框23.6×16.4釐米。10行21字。白口，左右雙邊，單魚尾。有朱筆眉批、圈點。簡又文贈書。另有複本一，書號DS759 .W32 1879 Oversize。

湘軍記二十卷　DS759 .W36+ Oversize

〔清〕王定安撰

清光緒十五年（1889）江南書局刻本

十二冊

框18.1×13.1釐米。9行22字。白口，四周雙邊，單魚尾。牌記題"光緒乙丑仲秋江南書局刊板"。另有複本一，書號DS759 .W36 1889，八冊。

江南大營軍事紀略　DS759 .X53 1860

〔清〕蕭盛遠撰　〔清〕曾國藩批

清抄本（據清咸豐十年曾國藩批進呈本抄）

一冊

8行字數不等。内封記載"此書原由曾國藩手批成爲粵匪紀略/□改爲江南大營軍事紀略""此書原本爲貴縣羅爾綱先生所得/内有曾國藩手批墨蹟"。簡又文贈書。有簡氏眉批和朱、藍筆圈點。

太平天國戰史前編一卷

DS759 .T357 1900

〔清〕漢公撰

清末祖國雜志社鉛印本

一冊

簡又文贈書。

粵寇竄遂紀略一卷武川寇難詩草一卷

DS759 .M35 1864

〔清〕毛淦撰　（武川寇難詩草）

〔清〕何德潤撰

清末傳抄本

一冊

外封記載"斑園藏"。簡又文贈書。

平定粵匪紀略十八卷附記四卷

DS759 .T85

〔清〕杜文瀾纂輯

清同治八年（1869）群玉齋木活字印本

九冊

框20.8×13.3釐米。9行22字。白口，四周單邊，單黑魚尾。下書口鐫"群玉齋"。内封鐫"同治八年印/群玉齋"。

平定粵匪紀略十八卷附記四卷

DS759 .T85 1870

〔清〕杜文瀾纂輯

清同治九年（1870）刻巾箱本

十冊

框12.8×9.5釐米。10行22字。白口，四周雙邊，單魚尾。内封鐫"同治九年鐫"。

平定粵匪紀略十八卷附記四卷

DS759 .T85 1875

〔清〕杜文瀾纂輯

清光緒元年（1875）詒穀堂刻本

八冊

曼陀羅華閣叢書

框26.8×11.8釐米。9行21字。白口，左右雙邊，單魚尾。牌記題"光緒元年九月詒穀堂梓"。

粵氛紀事十三卷　　DS759 .X53 1869

〔清〕夏燮輯

清同治刻本

八册

框16.9×12.8釐米。10行22字。白口，四周雙邊，單魚尾。簡又文贈書。

粵東剿匪紀略五卷

　　　　HV6453.C6 C46（LC）

〔清〕陳坤編次　〔清〕鄭洪湘輯録

〔清〕王雲書參訂

清同治十年（1871）粵東省城西湖街藝苑樓傳抄本

二册

簡又文贈書。

從戎紀略一卷　　DS759 .Z48 1890

〔清〕朱洪章撰

清光緒十六年（1890）傳抄本

一册

簡又文贈書。

金陵癸甲摭談一卷　DS759.35 X54 1856

〔清〕謝介鶴撰

清咸豐六年（1856）刻本

一册

框17.7×10.5釐米。8行22字。黑口，左右雙邊，單黑魚尾。内封鐫"咸豐六年秋鐫/大觀書屋藏板"。簡又文贈書。

霆軍紀略十六卷　　DS761 C4

〔清〕陳昌撰

清光緒八年（1882）上海申報館仿聚珍版鉛印本

六册

牌記題"上海申報館仿聚珍版印"。另有複本一，書號DS761 .C4 1882，爲簡又文贈書。

平定關隴紀略十三卷

　　　　DS762 I3+ Oversize

〔清〕易孔昭等撰

清光緒十三年（1887）刻本

十册

框19.6×13.6釐米。9行23字。白口，左右雙邊，單黑魚尾。牌記題"光緒丁亥二月開雕"。

海隅紀略一卷　　Bj17P 906D

〔清〕陳碧池輯

清光緒三十二年（1906）敬元堂刻本

一册

框14.2×11釐米。12行24字，小字雙行同。白口，四周雙邊，單魚尾。内封鐫"光緒歲次丙午/敬元堂刊印"。簡又文贈書。

海東逸史十八卷　　Fv2738 W48

〔清〕翁洲老民撰　〔清〕楊家駱王善長校

清光緒十年（1884）慈谿楊氏經畬塾刻本

二册

框18×14.5釐米。12行25字，小字雙行同。黑口，左右雙邊，單魚尾。版心下鐫"飲雪軒校本"。牌記題"光緒十年甲申冬月刊/慈谿楊氏經畬塾藏版"。

光緒政要三十四卷　　Fv2900 3142

〔清〕沈桐生輯

清宣統元年(1909)上海崇義堂石印本

三十冊

牌記題"宣統元年夏上海崇義堂校印"。

庚子海外紀事四卷　　　Fv2913 +6633

〔清〕呂海寰編

清光緒二十七年(1901)上海辦理商

約行轅鉛印本

四冊

牌記題"辛丑仲夏刊於上海辦理商約

行轅"。另有複本一, 書號Bj17U +901Lp。

義和拳教門源流考一卷　　Fv2913 9213

勞乃宣撰

清光緒二十五年(1899)刻本

一冊

框17.3×14.3釐米。10行22字。黑口,

左右雙邊, 單魚尾。

嘯亭雜錄十卷續錄三卷　　Fv9155 6643

〔清〕昭槤撰

清宣統元年(1909)中國圖書公司石

印本

四冊

堂匪總錄十二卷廣西道里表一卷

　　　HS310.Z6 H86 1889 (LC)

〔清〕蘇鳳文撰

清光緒十五年(1889)刻本

二冊

框16.2×11.2釐米。10行20字。白口,

左右雙邊, 單黑魚尾。牌記題"光緒己丑

七月開雕"。簡又文贈書。

股匪總錄三卷

　　　HV6453.C6 S8 1889 (LC)

〔清〕蘇鳳文撰

清光緒十五年(1889)刻本

一冊

框16.4×11.3釐米。10行20字, 小字雙

行同。白口, 左右雙邊, 單黑魚尾。牌記題

"光緒己丑七月開雕"。外封記載"此書爲

廣西省立桂林圖書館特藏部珍藏/於民國

卅五年九月一日奉准贈送廣東文獻館簡又

文館長惠存/特藏部主任黃遠智謹志"。鈐

"廣西省立桂林圖民國卅四年劫後存書"

印。簡又文贈書。另有複本一, 未編。

滿清二百年來失地記不分卷

　　　Bj617H 911C

〔清〕陳沂撰

清宣統三年(1911)香港神州復社鉛

印本

一冊

存下冊。

粵匪雜錄不分卷

〔清〕佚名撰

清咸豐三年(1853)傳抄本

四冊

簡又文贈書。

粵匪紀略不分卷

〔清〕張鑑撰

清末傳抄本

一冊

外封題"孑遺集摘鈔/上元張鑑遺稿/

任羆署"。簡又文贈書。

金壇守城日記一卷

〔清〕李淮撰

清光緒十二年（1886）刻本

一冊

框17.8×13.2釐米。10行21字。白口，左右雙邊，單黑魚尾。内封鎸"江蘇金壇縣守城日記"。序題"金壇守城雜記"。簡又文贈書。

金陵兵事彙略四卷

〔清〕李圭撰

清光緒十三年（1887）甬上寓齋刻本

四冊

框17.9×11.9釐米。9行23字。白口，四周雙邊，單魚尾。牌記題"光緒十三年丁亥冬十月刊於甬上寓齋"。簡又文贈書。

趙氏洪楊日記不分卷

〔清〕趙□撰

清末傳抄本

一冊

簡又文贈書。

僞干王洪仁玕親筆供一卷

〔清〕洪仁玕撰

清末傳抄本

一冊

11行22字。簡又文贈書。

咄咄録不分卷

〔清〕魏秀仁編

清末傳抄本

四冊

9行20字。簡又文贈書。

江陰典史閻公守城殉難紀一卷江陰寇變紀略一卷

〔清〕佚名撰

清末傳抄本

一冊

簡又文贈書。

載記類

十六國春秋一百卷

DS748.2 .T786 1886

〔北魏〕崔鴻撰

清光緒十二年（1886）湖北官書處刻本

十二冊

框17.9×13.7釐米。11行23字，小字雙行同。白口，左右雙邊。牌記題"光緒十二年六月湖北官書處重刊"。

史表類

歷代帝王年表不分卷附帝王廟謚年諱譜一卷　　　　　Fv2458 0214.1

〔清〕齊召南編　〔清〕阮福續編（附）〔清〕陸費墀撰

清道光四年（1824）小琅嬛僊館刻本

四冊

框19.5×13釐米。8行24字，小字雙行不等。黑口，左右雙邊，雙魚尾。内封鎸"道光四年冬刊/小琅嬛僊館藏"。另有複本一，書號同。

歷代帝王年表一卷附紀元同異考略一卷　　　　　Fv2458 +4844

〔清〕黃大華編

清光緒二十六年（1900）夢紅豆邨

刻本

　　二册

　　框19.8×14釐米。行字數不一。白口，四周單邊，雙魚尾。牌記題"夢紅豆邨藏版"。

歷代帝王世統全圖　　Fv2459 4317

　　清同治十二年（1873）刻本

　　四幅

　　框86.1×19.3釐米。白口，四周單邊。

四裔編年表四卷 DS733 S72+ Oversize

　　（美國）林樂知（Young John Allen）

〔清〕嚴良勳譯　　〔清〕李鳳苞彙編

　　清光緒上海江南製造總局刻本

　　四册

　　江南製造局譯書彙刻

　　框22.5×18.5釐米。表格，行字數不一。白口，左右雙邊。牌記題"江南製造總局鋟板"。鈐"葉華芬藏書"印。

史抄類

新舊唐書合鈔二百六十卷首一卷唐書宰相世系表訂譌十二卷唐書合鈔補正六卷

　　　　　　　　　　Fv2620 +3191

　　〔清〕沈炳震訂抄　　〔清〕丁子復補正

　　清嘉慶十八年（1813）浙江海昌查世倓刻本

　　八十册

　　框20.5×14.8釐米。10行21字。黑口，左右雙邊。

南北史捃華八卷　　Fv2580 7248

　　〔清〕周嘉猷輯

　　清刻本

　　四册

　　框13.7×10.7釐米。9行20字。白口，左右雙邊，單黑魚尾。

史筌五卷首一卷　　Fv2516 4284

　　〔清〕楊銘柱編

　　清道光二十六年（1846）寄雲書屋刻本

　　四册

　　框20.5×12.8釐米。9行20字，小字雙行同。白口，四周雙邊，單魚尾。內封鐫"道光丙午夏鐫/史筌/寄雲書屋藏板"。

廿一史約編八卷首一卷　　Fv2516 1415

　　〔清〕鄭元慶述

　　清光緒六年（1880）得月樓刻本

　　八册

　　框13×10.4釐米。9行21字，小字雙行同。白口，左右雙邊，單魚尾。內封鐫"校補廿一史約編"。牌記題"光緒庚辰得月樓鐫"。

史評類

史論之屬

史通通釋二十卷　　DS734.7 L587 1899

　　〔唐〕劉知幾撰　　〔清〕浦起龍釋

　　清光緒二十五年（1899）上海通時書局石印本

　　八册

史通削繁四卷　　·　　Fv2460 +7282.2

〔唐〕劉知幾撰　〔清〕紀昀削繁

清光緒元年(1875)湖北崇文書局刻本

四册

框18.8×13.1釐米。10行21字，小字雙行同。白口，左右雙邊，雙魚尾。牌記題"光緒紀元夏月湖北崇文書局開雕"。

增廣古今人物論三十六卷續編十二卷

Fv2257 3 8214

〔明〕鄭賢撰

清光緒二十五年(1899)杭州衢奠書局石印本

十二册

牌記題"光緒歲在己亥四月杭州衢奠書局石印"。

歷代史論十二卷附宋史論三卷元史論一卷明史論四卷左傳史論二卷

Fv2514 1334

〔明〕張溥撰

清光緒十八年(1892)紫文書局刻本

十二册

框13.3×10.6釐米。11行21字。白口，四周單邊，單魚尾。牌記題"光緒壬辰孟夏紫文書局校刊"。外封記載"負米書屋"。

讀史大略六十卷首一卷附小沙子史略一卷

Fv2514 3212

〔清〕沙張白撰　（附）〔清〕沙晋撰

清光緒二十六年(1900)刻本

十二册

框17.5×13.7釐米。11行24字。白口，左右雙邊，單魚尾。牌記題"光緒庚子春仲校正重栞"。

史緯三百三十卷　　　Fv2455 7928

〔清〕陳允錫撰

清光緒二十九年(1903)文來書局石印本

六十册

牌記題"光緒癸卯仲夏文來書局校印"。

讀史論略二卷　　　DS735 T74 1—2

〔清〕杜詔撰　〔清〕王溶校

清光緒七年(1881)京口得一廬刻本

二册

框11.2×8.3釐米。6行13字，小字雙行同。白口，四周雙邊，單黑魚尾。

歷代名賢史論統編五十卷　DS706 L58

〔清〕李祓輯

清光緒二十八年(1902)上海石印書局石印本

十六册

遼金元三史語解三種四十六卷

DS705 L53 1878+ Oversize

〔清〕高宗弘曆敕撰

清光緒四年(1878)江蘇書局刻本

十册

框21.2×16釐米。12行25字，小字雙行同。白口，左右雙邊，單魚尾。牌記題"光緒戊寅三月江蘇書局刊版"。內封題"遼史語解""金史語解""元史語解"。

欽定遼史語解十卷

欽定金史語解十二卷

欽定元史語解二十四卷

鑑史提綱四卷　　　　　DS735 L84

〔清〕盧文錦注

清同治四年（1865）刻本

二册

框12.3×9.7釐米。9行25字，小字雙行同。白口，四周雙邊，單魚尾。內封鐫"同治乙丑春鐫"。

綱鑑總論一卷　〔元〕潘榮撰

讀史論略二卷　〔清〕杜詔撰

自古帝王世次源流考一卷　〔清〕蔣先庚撰

讀史鏡古編三十二卷　　Fv2258 P192

〔清〕潘世恩撰

清同治十三年（1874）冶城飛霞閣刻本

六册

框19×13.5釐米。9行21字。白口，四周雙邊，單魚尾。牌記題"同治甲戌孟秋月冶城飛霞閣重鐫"。

二十四史論贊七十八卷　　Fv2455 24 C4

〔清〕陳闈撰

清光緒二十年（1894）長生書室石印本

二十册

內封鐫"弍十四史論贊"。牌記題"光緒甲午夏日長生書室刊行"。

古今史論觀海甲編二十二卷

　　　　　　　　Fv2514 1313

〔清〕恥不逮齋主人編輯

清光緒二十八年（1902）上海鴻文書局石印本

十二册

牌記題"光緒壬寅秋月上海鴻文書局石印"。藏書票題"Gift of K. C. Lau 1919"。

歷代史事論海三十二卷　　Fv2514 7255

〔清〕知新子輯

清光緒二十八年（1902）石印本

二十四册

分類古今史論大全八卷　　Fv2514 8294

〔清〕佚名輯

清光緒二十八年（1902）上海書局石印本

二册

牌記題"光緒壬寅三月上海書局石印"。藏書票題"Gift of K. C. Lau 1919"。

東社讀史隨筆二卷　　BJ117 .T84（LC）

〔清〕獨醒主人撰

清光緒三十一年（1905）石印本

二册

考訂之屬

廿二史劄記三十六卷附補遺一卷

　　　　　　　　DS735 C38 1900

〔清〕趙翼撰

清末上海鴻章書局石印本

十二册

外封題"校正廿二史劄記刻"。牌記題"上海文瑞樓發行／鴻章書局石印"。

考史拾遺十卷　　Fv2514 C43

〔清〕錢大昕撰

清嘉慶十二年（1807）嘉興郡齋刻本

二册

框17.5×13.4釐米。10行21字，小字雙行同。白口，左右雙邊，單魚尾。內封鐫"考史拾遺／三史五卷／諸史五卷／嘉慶十有二年十月栞於嘉興郡齋"。卷末題"稻香吟館栞本"。1968年6月購自李宗侗。

傳記類

總傳之屬

歷代史略六卷　　　　Fv2516 7256

柳詒徵編

清光緒江楚書局刻本

八册

框18×13.5釐米。10行22字,小字雙行同。黑口,左右雙邊,單魚尾。

歷代名臣言行録二十四卷　Fv2258 2941

〔清〕朱桓編

清光緒十七年(1891)上海廣百宋齋鉛印本

十二册

歷代名臣傳節録三十卷　　Fv2258 +2954

〔清〕蕭培元編　〔清〕崇厚增輯

清同治九年(1870)雲蔭堂刻本

二册

框19.3×13.2釐米。10行22字。白口,四周雙邊,單魚尾。内封鎸"板存雲蔭堂"。鈐"完顏崇厚""青宮少保"印。

歷代奸庸殿鑑録三十二卷　DS734 L47

〔清〕李漱蘭等輯

清光緒三十年(1904)上海開智書局石印本

八册

史外八卷　　　　　　DS753.5 .W36

〔清〕汪有典撰

清同治四年(1865)陝甘公所刻本

八册

框20.2×14.5釐米。9行24字。白口,左右雙邊,單魚尾。牌記題"同治四年乙丑/陝甘公所藏板"。

熙朝人鑒二集八卷首二卷　Fv1681 1213

〔清〕丁承祜輯

清光緒十三年(1887)刻本

八册

框16.5×13.8釐米。9行21字。白口,四周雙邊,單黑魚尾。牌記題"光緒丁亥孟春開雕/仲秋告成"。

熙朝宰輔録一卷　　　Fv2259.8 +3646

〔清〕潘世恩等編

清道光十八年(1838)思補軒刻本

一册

框20.5×13.4釐米。9行20字。白口,左右雙邊,單魚尾。内封鎸"道光戊戌秋鎸/熙朝宰輔録/思補軒藏板"。封套内鈐"Hoover Library"印。

統系備覽一卷　　　　Fv2513 9142

〔清〕惟勤輯

清道光八年(1828)時敏齋刻本

一册

框18.3×11.4釐米。6行20字,小字雙行同。白口,四周雙邊,單黑魚尾。内封鎸"道光戊子仲春刊/統系備覽/時敏齋藏板"。藏書票題"Gift of Dr. Yung Wing, 1911"。

碑傳集一百六十卷首二卷末二卷

　　　　　　　　　　　Fv2259.8 +8525

〔清〕錢儀吉纂

清光緒十九年（1893）江蘇書局刻本

六十册

　　框21.1×13.5釐米。16行27字。黑口，
四周單邊，雙魚尾。内封鐫"光緒十九年
歲在昭陽大荒落日長至/碑傳集/錢塘諸
可寶署檢"。牌記題"江蘇書局校刊"。
另有複本一，書號同，五十九册。

續碑傳集八十六卷首二卷

　　　　　　　　　　　Fv2259.8 8525A

繆荃孫纂錄

清宣統二年（1910）江楚編譯書局刻本

二十四册

　　框19.7×13.5釐米。16行27字，小字
雙行同。黑口，四周單邊，雙魚尾。牌記
題"江楚編譯書局刊校"。

皇明異姓諸侯傳二卷附皇明異姓諸侯表 皇明恩澤表

　　　　　　　　　　　Fv2259.7 +C42

〔明〕鄭曉撰

明隆慶元年（1567）鄭履淳刻吾學編本

二册

鄭端簡公全集

　　框18.3×13.8釐米。10行19字。白口，
左右雙邊。版心上鐫書名，中鐫卷次，下
鐫刻工。購自日本山本書店。

國史傳四種七卷

　　　　　　　　　　　Fv2259.8 6152

〔清〕阮元等撰

清末刻本

四册

　　框17.6×13.5釐米。12行24字。白口，四周

單邊，單黑魚尾。阮序標題下小字注"《國
史傳》無此序，今從《揅經室集》鈔出"。
阮氏《揅經室集》初刻於道光初年。

　　國史儒林傳二卷

　　國史文苑傳二卷

　　國史賢良祠王大臣小傳二卷

　　國史循吏傳一卷

吳郡名賢圖傳贊二十卷　Fv2258 +O831

〔清〕顧沅輯

清道光九年（1829）長洲顧氏刻本

三册

　　框18×13.3釐米。12行26字，小字雙
行同。白口，左右雙邊，單魚尾。存卷十
至二十。

於越先賢像傳贊二卷　Fv2260.29 +1123

〔清〕王齡撰　　〔清〕任熊繪

清咸豐六年（1856）蕭山王氏養龢堂

刻本

　　二册

　　框17.8×11.3釐米。8行18字。白口，
四周單邊。牌記題"咸豐丙辰八月初吉
開雕/蕭山王氏養龢堂藏版"。

韓氏宗譜二卷　Bb28 C6 +868H

〔清〕韓有和主修　　〔清〕譚錦珩修輯

清同治七年（1868）廣德堂刻本

　　二册

　　框25×17.8釐米。10行22字。白口，
四周雙邊，單黑魚尾。版心下鐫"廣德
堂"。内封鐫"同治歲次戊辰年重修/韓
氏宗譜/廣德堂藏板"。

鍾氏族譜不分卷

CS1169 C65 1852 （LC）

〔清〕鍾惟清抄録

清咸豐二年（1852）六吉堂抄本

四册

求闕齋弟子記三十二卷　　Fv5511.5 1133

〔清〕王定安編

清光緒二年（1876）京師琉璃廠龍文齋刻本

十八册

框19×12.4釐米。10行24字。白口，左右雙邊，單魚尾。牌記題“光緒二年刊於都門/板存琉璃廠東門桶子胡同龍文齋”。另有複本一，書號DS755 .S53 1876，十四册，爲簡又文贈書。

元和姓纂十卷　　　　　　Fv2251 4938

〔唐〕林寶撰　　〔清〕孫星衍等校

清光緒六年（1880）金陵書局刻本

四册

框17.8×14.5釐米。12行24字，小字雙行同。黑口，左右雙邊，雙魚尾。内封鎸“嘉慶七年刊版/元和姓纂/古歙洪氏校藏”。牌記題“金陵書局校刊/光緒六年工竣”。據清嘉慶七年（1802）古歙洪氏校藏本重刻。

姓氏譜纂七卷　　　　　　Fv2252 4464

〔明〕李日華撰　　〔明〕魯重民補

〔明〕錢蔚起校定

明崇禎東溪堂刻本

一册

框20.5×14.5釐米。9行20字，小字雙行同。白口，四周單邊。内封鎸“李君實先生增定/古今氏族譜/東溪堂梓行”。

古今萬姓統譜一百四十卷歷代帝王姓系統譜六卷氏族博考十四卷

Fv2258 3438

〔明〕凌迪知編

明萬曆七年（1579）吳興凌迪知刻明末姑蘇徐衕補刻本

二十六册

框20.9×13.9釐米。9行20字，小字雙行同。白口，四周單邊，單黑魚尾。版心上鎸書名，中鎸卷次，下鎸刻工。内封鎸“凌稚哲先生輯/萬姓統譜/東雅堂藏板”。鈐“本衕藏板”“姑蘇徐衕重訂”印。1967年9月購自日本琳琅閣書店。

新纂氏族箋釋八卷　　　　Fv2251 2323

〔清〕熊峻運撰　　〔清〕楊煌義編次

清乾隆刻本

六册

框20.5×13.2釐米。10行26字。白口，四周單邊，單黑魚尾。版心上鎸“增補氏族箋釋”，中鎸卷次。内封鎸“增補姓氏族譜箋釋/三讓堂藏板”。“弘”字避諱。

容氏譜牒四卷　　　　　　Fv2252.1 +3670

〔清〕容坤續修

清咸豐三年（1853）楊正文堂刻本

四册

框20.7×14.4釐米。12行24字。白口，四周雙邊，單黑魚尾。内封鎸“咸豐三年仲夏鎸/容氏譜牒/省城西湖街楊正文堂承刊”。藏書票題“Gift of Dr. Yung Wing, 1911”。

史姓韻編六十四卷　　　　Fv2519 3193A

〔清〕汪輝祖撰

清同治九年（1870）金陵書局木活字
印本

二十四册

框19.5×13.7釐米。8行19字，小字雙行
同。黑口，四周單邊，單魚尾。牌記題"同治
庚午冬十月用聚珍版重印於金陵書局"。

史姓韻編六十四卷　　　　Fv2519 3193

〔清〕汪輝祖撰

清光緒十年（1884）慈谿耕餘樓書
局鉛印本

四册

牌記題"光緒甲申孟冬月慈谿耕餘
樓叢編校印"。

史姓韻編六十四卷　　Fv2519 3193 Er39

〔清〕汪輝祖撰

清末上海中西書局石印本

四册

牌記題"上海中西書局石印"。

百家姓考略一卷　　　　Fv5161 1634

〔清〕王相纂　　〔清〕徐士業校刊

清敦化堂刻本

一册

框19.3×14.4釐米。7行8字，小字雙
行17字。白口，左右雙邊，單黑魚尾。版
心上鎸書名。內封鎸"王晉升先生纂/徐
士業先生校/敦化堂梓行"。

宋元以來畫人姓氏錄三十六卷

Fv6100 +2674

〔清〕魯駿輯

清道光十年（1830）刻本

二十册

框17.5×13.1釐米。10行21字。白口，
四周雙邊，雙魚尾。

兩廣同學姓名册

LC3089 J3 L54 （LC）

〔清〕兩廣同鄉會編輯

清光緒三十年（1904）鉛印本

一册

中國藝術家徵略六卷　　J696 C6 911L

〔清〕李放撰

清宣統三年（1911）鉛印本

四册

補疑年錄四卷　　　　Fv2257 8544

〔清〕錢椒編

清道光十八年（1838）刻本

一册

框17.2×12.2釐米。9行20字，小字雙
行同。白口，四周雙邊，單魚尾。

三續疑年錄十卷　　　　Fv2257 7133

〔清〕陸心源撰

清光緒五年（1879）刻本

三册

框17×12釐米。10行20字，小字雙行
同。白口，四周雙邊，單魚尾。

宋名臣言行錄七十五卷

Fv2259.5 +2943

〔宋〕朱熹纂　　〔宋〕李幼武補

清道光二十二年（1842）丹徒包氏刻本

十二册

框20.4×12.7釐米。12行23字。黑口，左右雙邊，單黑魚尾。

建文遜國記一卷建文遜國臣記八卷

Fv2722 C42

〔明〕鄭曉撰

明隆慶元年（1567）鄭履淳刻本

六册

吾學編

框18.7×13.8釐米。10行19字。白口，左右雙邊，單白魚尾。版心上鐫"遜國記"或"遜國臣記"，下鐫刻工。《建文遜國臣記》卷端下題"吾學編第五十三"。1967年5月購自日本山本書店。

碧血録二卷附周端孝先生血疏貼黄册

Fv2259.7 4091

〔明〕黄煜撰

清末刻知不足齋叢書本

二册

框13.1×9.8釐米。9行21字，小字雙行同。黑口，左右雙邊。

修史試筆二卷

Fv2259.4 4121

〔清〕藍鼎元纂　〔清〕曠敏本評

清刻本

二册

框18.8×14.1釐米。9行20字。白口，左右雙邊，單黑魚尾。版心中鐫書名及卷次，行間鐫圈點及小字評語。

中國名相傳二卷

DS734 P3

〔清〕潘博編

清光緒三十四年（1908）上海廣智書局鉛印本

一册

百將圖傳二卷

Fv2258 1266

〔清〕丁日昌編

清同治八至九年（1869—1870）江蘇書局刻本

四册

框19.1×13.5釐米。11行21字。白口，左右雙邊，單魚尾。牌記題"同治八年十二月江蘇書局刊"。鈐"校經山房督造書籍"印。

政蹟匯覽十四卷

Fv4673 0944

〔清〕糜奇瑜編

清嘉慶二十年（1815）蜀東糜氏刻本

三册

框20.2×13釐米。9行23字。白口，四周雙邊。内封鐫"嘉慶乙亥年鐫"。

大清搢紳全書四卷大清中樞備覽二卷（乙亥冬季）

Otk14 875c

〔清〕佚名編

清光緒元年（1875）京都榮禄堂刻本

六册

框13×10.4釐米。14行32字，小字雙行同。白口，四周單邊，單黑魚尾。版心下鐫"榮禄堂"。書衣簽題"乙亥冬季榮禄堂梓"。

大清搢紳全書四卷

Bj17H 893T

〔清〕佚名編

清光緒九年（1883）斌陞堂刻本

四册

框12.3×10.4釐米。14行32字，小字雙行同。白口，四周雙邊，單黑魚尾。内封鐫"斌陞堂鐫板"。

中興將帥別傳三十卷　　　DS734 C5

〔清〕朱孔彰撰

清光緒二十三年（1897）江寧刻本

十冊

框18.2×13.1釐米。9行20字。黑口，
四周雙邊，單黑魚尾。牌記題"光緒丁酉
孟秋栞於江寧"。

中興將帥別傳續編六卷

　　　　　　　　DS734 .C5 1906

〔清〕朱孔彰撰

清光緒三十二年（1906）江寧刻本

一冊

框18.3×12.5釐米。9行20字。黑口，
四周雙邊，單黑魚尾。牌記題"光緒丙午
栞於江寧"。鈐"Hoover Library"印。

中興名臣事略八卷　DS755.3 .Z48 1898

〔清〕朱孔彰撰

清光緒二十四年（1898）上海書局石
印本

二冊

牌記題"光緒戊戌秋月上海書局石
印"。鈐"簡氏又文藏書"印。簡又文贈書。

中興名臣事略八卷　　　DS763 A2 C4

〔清〕朱孔彰撰

清光緒二十七年（1901）上海書局石
印本

四冊

國朝先正事略六十卷　　　DS734 L477

〔清〕李元度纂　〔清〕許時庚重校

清光緒十二年（1886）鉛印本

十冊

牌記題"光緒十有二年小春上浣重
校刊印"。另有複本一，書號同。

滿漢大臣列傳八十卷　　　DS754.3 K86

〔清〕國史館纂

清末東方學會鉛印本

二十冊

張忠武事錄四卷　DS759 C423 1906

〔清〕陳慶年編

清光緒三十二年（1906）刻本

四冊

框17×12.6釐米。9行20字。白口，左
右雙邊，單黑魚尾。簡又文贈書。

湖南褒忠錄初稿五十七卷

　　　　　　　　DS759 .G85 1873

〔清〕郭嵩燾等纂

清同治十二年（1873）木活字印本

二十二冊

框20.8×13.5釐米。10行24字。白
口，左右雙邊，單魚尾。牌記題"同治
十二年用活字印行"。鈐"乙丑翰林"等
印。簡又文贈書。

寇事述四卷
殉陣二十六卷
殉城四卷
殉防四卷
殉勞六卷
殉團六卷
殉職一卷
外紀三卷
殉貞三卷

向張二公傳忠錄不分卷　DS763.A2 X53

〔清〕過鑄輯錄

清光緒刻本

一冊

框18×13.2釐米。10行22字。白口，左右雙邊，單黑魚尾。簡又文贈書。

聖賢像贊三卷　　　　　Fv2258 1722

〔明〕呂維祺撰

清光緒四年（1878）曲阜會文堂刻本

四冊

框19.1×13.7釐米。10行19字。白口，左右雙邊，單魚尾。牌記題"光緒四年重刊/板藏曲阜會文堂"。

聖蹟圖不分卷　　　　Folio B27（LC）

〔清〕孔憲蘭識

清同治十三年（1874）刻本

一冊

框21.3×38.6釐米。白口，四周單邊，單黑魚尾。另有複本二，書號FFv 1786.2 +1166。

闕里文獻考一百卷首一卷末一卷

　　　　　　　　　　　Fv1786 1123

〔清〕孔繼汾述

清乾隆二十七年（1762）孔氏刻後印本

八冊

框19.1×14.8釐米。13行26字。黑口，左右雙邊，雙魚尾。版心中鐫書名、卷次及小題。外封記載"耶魯大學圖書館惠存/孔德成敬贈/一九四八.十二.十四"。卷首題"孔子六十九代孫繼汾敬述"。

學統五十六卷　　　　　Fv1011 2367

〔清〕熊賜履編

清康熙二十四年（1685）熊賜履刻經義齋印本

十二冊

框20.1×14釐米。9行20字。白口，左右雙邊，單黑魚尾。版心上鐫書名，中鐫卷次及篇名。內封鐫"敕賜經義齋刊行/溇川熊先生著/學統/學辨學餘嗣出/下學堂藏版"。

道學淵源錄八種一百卷　Fv1011 4865

〔清〕黃嗣東編

清光緒三十四年（1908）鳳山學舍鉛印本

三十冊

牌記題"光緒戊申九月栞於鳳山學舍"。

河洛淵源錄六卷

洙泗淵源錄八卷

兩漢淵源錄八卷

河汾淵源錄八卷

濂洛淵源錄二十四卷

江漢淵源錄八卷

姚江淵源錄八卷

聖清淵源錄三十卷

宋元學案一百卷明儒學案六十二卷清儒學案十四卷　　　　Fv1022 4838D

〔清〕黃宗羲撰　（清儒學案）〔清〕唐鑒撰

清光緒二十五年（1899）上海文瑞樓石印本

五十四冊

節本明儒學案二十卷　　Fv1025 3934

〔清〕黃宗羲輯　梁啓超抄

清光緒三十二年(1906)新民社鉛印本

一冊

東林列傳二十四卷末二卷　Fv2734 5412

〔清〕陳鼎輯　〔清〕沈霽 蔡世英校

清康熙五十年(1711)陳鼎鐵肩書屋

刻本

八冊

框17.1×13.3釐米。9行20字。白口，

左右雙邊，單黑魚尾。版心上鐫書名，中

鐫卷次。

清儒學案十四卷首一卷末一卷

　　　　　　　Fv1027 0681D

〔清〕唐鑒撰

清光緒十年(1884)文瑞樓石印本

二冊

國朝學案小識十五卷首一卷

　　　　　　　Fv1027 0681E

〔清〕唐鑒撰

清光緒十年(1884)四砭齋刻本

十二冊

框17.3×14.3釐米。10行21字。黑口，

左右雙邊，雙魚尾。內封鐫"光緒十年孟

春月重鐫/四砭齋原本"。

國朝漢學師承記八卷附國朝經師經義目

錄一卷　　　　Fv1027 3146.2 1896

〔清〕江藩撰

清光緒二十二年(1896)寶慶勸學書

社刻本

四冊

框16.7×13.3釐米。13行25字，小字

雙行同。黑口，左右雙邊，單黑魚尾。牌

記題"寶慶勸學書社藏版"。

校正尚友錄二十二卷　　Fv2257 0277

〔明〕廖用賢撰　〔清〕張伯琮補輯

清末石印本(袖珍本)

六冊

校正尚友錄統編二十四卷

　　　　　　　Fv2257 0277A

〔清〕潘遵祈編

清光緒十四年(1888)上海文瑞樓

石印本

十六冊

牌記題"上海文瑞樓發行/鴻章書局

石印"。

文獻徵存錄十卷　　Fv2259.8 8549

〔清〕錢林輯　〔清〕王藻編

清咸豐八年(1858)有嘉樹軒刻本

十冊

框19×13.7釐米。11行21字。白口，左

右雙邊，單魚尾。版心下鐫"有嘉樹軒"。

內封鐫"咸豐八年刻/有嘉樹軒藏板"。

古今楹聯彙刻小傳　　Fv5789 +2373A

〔清〕吳隱輯

清光緒三十二年(1906)西泠印社鉛印

二冊

內封鐫"光緒丙午春西泠印社印"。

忠義紀聞錄三十卷續錄十卷

　　　　　　　DS758.22 .C465 1882

〔清〕陳繼聰撰

清光緒八年（1882）鎮海陳氏刻本

八册

框17.4×13.1釐米。11行22字。白口，左右雙邊，單魚尾。牌記題"光緒壬午仲春開雕/孟冬藏工"。簡又文贈書。

浙江忠義録十卷續編二卷表八卷

DS793.C3 Z54 1867 Oversize

〔清〕張景祁等纂

清同治六年（1867）浙江采訪忠義總局刻本

八册

框20.4×14.8釐米。10行22字。白口，左右雙邊，單魚尾。存《表》六至八。簡又文贈書。

病榻夢痕録二卷　　DS734A W3374 A3

〔清〕汪輝祖撰

清嘉慶元年（1796）清河龔氏刻本

二册

汪龍莊先生遺書

框17.9×12.6釐米。10行21字，小字雙行同。白口，左右雙邊，單魚尾。

列女傳八卷　　　　　DS725 L58

〔漢〕劉向撰　　〔清〕梁端校注

清末上海會文堂石印本

二册

牌記題"上海會文堂粹記出版""據錢塘汪氏振綺堂藏本校印"。

列女傳十六卷　　　　YAJ C11.12

〔漢〕劉向撰　　〔明〕汪道昆增輯

〔明〕仇英繪圖

明萬曆刻清乾隆四十四年（1779）鮑

氏知不足齋印本

十六册

知不足齋叢書

框22.8×15.6釐米。11行21字。白口，四周單邊，單黑魚尾。版心中鐫書名及卷次。首頁版心下鐫"仇英實甫繪圖"。内封鐫"仇十洲先生繪圖/列女傳/知不足齋藏版"。日本耶魯學會贈書。

繡像古今賢女傳九卷首一卷

Fv2261.5 2126

〔清〕魏息園編

清光緒三十四年（1908）集成圖書公司點石齋石印本

八册

杭女表微録十六卷首一卷

Fv2261.5 1943

〔清〕孫樹禮編

清光緒三十二年（1906）寧城蔣氏刻本

八册

框17×12.5釐米。11行24字。白口，左右雙邊，單黑魚尾。

高僧傳初集十五卷首一卷

BQ634 K36 1—4 （LC）

〔南朝梁〕釋慧皎撰

清光緒十年（1884）金陵刻經處刻本

四册

框18.3×13.1釐米。10行20字。黑口，左右雙邊。鈐"指月齋藏"印。藏書票題"Gift of Professor Arthur F. Wright"。另有複本一，書號BQ634 .H84 1884。

高僧傳二集四十卷

BQ634 .K36 5—14（LC）

〔唐〕釋道宣撰

清光緒十六年（1890）江北刻經處刻本

十冊

框18.3×13.1釐米。10行20字。黑口，左右雙邊。藏書票題"Gift of Professor Arthur F. Wright"。

高僧傳三集三十卷

BQ634 .K36 15—22（LC）

〔宋〕釋贊寧撰

清光緒十三年（1887）江北刻經處刻本

八冊

框18.3×13.1釐米。10行20字。黑口，左右雙邊。藏書票題"Gift of Professor Arthur F. Wright"。

高僧傳四集六卷

BQ634 K36 23—24（LC）

〔明〕釋如惺撰

清光緒十六年（1890）金陵刻經處刻本

二冊

框18.3×13.1釐米。10行20字。黑口，左右雙邊。藏書票題"Gift of Professor Arthur F. Wright"。

續高僧傳三十卷 YAJ C11.6

〔唐〕釋道宣撰

宋元間平江府磧砂延聖禪院刻本

一冊

磧砂藏

框24.1×11.2釐米。6行17字，小字雙行同。存卷第二，共十一葉，每葉五折，其中葉十九、二十一缺。內鎸刻工"虞良""虞"等。卷端下鎸"內二"。日本耶魯學會贈書。

五燈會元二十卷

BQ9298 F82 1906（LC）Oversize

〔宋〕釋慧明編

清光緒三十二年（1906）貴池劉氏影宋寶祐刻本

十六冊

框22.5×15.6釐米。13行24字，小字雙行同。白口，左右雙邊，單黑魚尾。藏書票題"From the library of Arthur F. Wright 1913—1976 Charles Seymour Professor of History"。

神僧傳九卷 BQ634 .S47 1909（LC）

〔明〕成祖朱棣輯

清宣統元年（1909）常州天寧寺刻本

四冊

框17.4×13釐米。10行20字。白口，左右雙邊。卷前有明永樂十五年（1417）《御製神僧傳》。鈐"指月齋藏"印。原芮沃壽教授藏書。

釋迦如來應化事迹一卷 Folio B19（LC）

〔清〕釋永珊撰

清嘉慶十三年（1808）裕豐刻同治八年（1869）印本

四冊

前附唐王勃撰《釋迦如來成道記》。

居士傳五十六卷　　BQ634 C454（LC）

〔清〕彭紹升撰

清刻本

四册

框17.1×12.7釐米。10行20字。黑口，左右雙邊。鈐“指月齋藏”印。藏書票題“Gift of Professor Arthur F. Wright”。

繪圖歷代神仙傳二十四卷

BL1920 H85（LC）

清宣統元年（1909）上海掃葉山房石印本

八册

泰西各國名人言行録十六卷

Fv2250.6 1314

〔清〕張兆蓉編

清光緒二十九年（1903）石印本

四册

多忠勇公勤勞録四卷

〔清〕雷正縉纂輯

清光緒三年（1877）敬恕堂刻本

四册

框18.4×12.5釐米。8行22字。白口，四周雙邊，單黑魚尾。内封鎸“光緒元年孟冬固原提督敬鎸/多忠勇公勤勞録/清光緒三年孟冬敬恕堂謹重雕”。簡又文贈書。

廣西昭忠録八卷首一卷

〔清〕蘇鳳文纂

清光緒十五年（1889）刻本

四册

框16.2×11.5釐米。10行20字。白口，左右雙邊，單黑魚尾。牌記題“光緒己丑

十月開彫”。簡又文贈書。

平定粤匪功臣戰績圖一卷附題詠一卷

〔清〕吳嘉猷繪　　〔清〕艾颺春輯

清光緒二十年（1894）金谿艾氏石印本

一册

簡又文贈書。

紫光閣功臣小像并湘軍平定粤匪戰圖不分卷

〔清〕彭鴻年編撰　　〔清〕吳友如等繪

清光緒末點石齋石印本

一册

内頁記載“民國廿四年五月購得紫光閣功臣小像/係曾氏後人廣鎮藏本/又文兄搜集太平天國史料十有餘載/見而愛之/即以爲贈/七月二日林語堂”“此書册又名名將傳真/李鴻章署簽/内另有俞曲園署中興名將傳略/又文志”。鈐“林語堂印”印。簡又文贈書。

別傳之屬

四洪年譜四卷　　　　　Fv2270 3834

〔清〕洪汝奎編

清宣統元年至三年（1909—1911）晦木齋刻本

五册

框18.8×13.5釐米。10行23字，小字雙行同。白口，左右雙邊，單魚尾。牌記題“宣統元年己酉孟秋晦木齋刊/陽湖汪洵署檢/晦木齋藏板”。内封鎸“涇舟老人年譜附”，原缺。

洪忠宣公年譜一卷　〔清〕洪汝奎撰

洪文惠公年譜一卷 〔清〕錢大昕撰
　〔清〕洪汝奎增訂
洪文安公年譜一卷 〔清〕洪汝奎撰
洪文敏公年譜一卷 〔清〕錢大昕撰
　〔清〕洪汝奎增訂

歸顧朱三先生年譜合刻三種附觀復堂稿
略一卷 DS734A A1 C46
　〔清〕金吳瀾編
清光緒六年(1880)嘉興金氏刻本
六册
框12.7×9.8釐米。9行21字,小字雙
行同。黑口,左右雙邊,雙魚尾。鈐"蟫
隱廬印行書籍記"印。
　歸震川先生年譜一卷
　顧亭林先生年譜一卷
　朱柏廬先生年譜三卷
　觀復堂稿略一卷 〔明〕朱集璜撰

秦良玉傳彙編初集一卷
　　　　　　Bj14G C444 909C
　〔清〕秦嵩年撰
清宣統元年(1909)鉛印本
一册

辛酉記不分卷
　　　DS759.15 .Z43 1890 Oversize
　〔清〕張光烈撰
清光緒十六年(1890)蘇城謝文翰
齋刻本
　一册
框18.7×13.5釐米。10行21字。白口,
左右雙邊,單魚尾。牌記題"光緒庚辰刊
於錢唐里舍/甲申再刊於京東行營/庚寅
叄刊於吳中旅邸"。簡又文贈書。

林則徐不分卷 DS760.9 L5 C4
　〔清〕陳穎侶撰　梁紀佩輯
清宣統元年(1909)鉛印本
一册

文文忠公事略四卷 DS763.W45 W4
　〔清〕文祥撰
清光緒八年(1882)文氏刻本
四册
框19×13.8釐米。11行22字。白口,四
周雙邊,單黑魚尾。内封鑴"光緒壬午六
月開雕/本宅藏板"。函套記載"Gift from
Prof. Mary Wright, March 1969"。

合肥相國七十賜壽圖附壽言
　　　　　DS763 L6 H6+ Oversize
　〔清〕李鴻藻等撰　〔清〕楊宗濂
盛宣懷輯
清光緒十八年(1892)石印本
六册

李鴻章不分卷 DS763 L6 L6
　梁啓超撰
清光緒二十七年(1901)新民叢報鉛印本
一册

李鴻章不分卷 DS763.L6 L6 1902
　梁啓超撰
清光緒二十八年(1902)石印本
一册
簡又文贈書。

[劉秉璋行狀]一卷
　　　DS763 L58 L5+ Oversize
　〔清〕劉體乾等述

清光緒三十一年（1905）刻本

一冊

框21.6×12釐米。6行22字。白口，四周雙邊，單黑魚尾。版心上鎸"行狀"。

劉坤一不分卷 DS763.63.L58 L58 1903

〔清〕佚名撰

清光緒二十九年（1903）石印本

一冊

簡又文贈書。

倪高士年譜二卷 DS734A N57 S44

〔清〕沈世良編

清宣統元年（1909）刻本

一冊

框18.5×14.2釐米。11行22字，小字雙行同。黑口，左右雙邊，雙魚尾。牌記題"宣統元年冬月重刊"。

施愚山先生年譜四卷

DS734A S577 S45

〔清〕施念曾撰

清宣統二年（1910）上海國學扶輪社石印本

一冊

陳安道先生年譜二卷

DS734A C33475 S7+ Oversize

〔清〕陳溥撰

清光緒十九年（1893）刻本

一冊

東倉書庫叢刻

框17.9×13釐米。10行21字。黑口，左右雙邊，雙魚尾。

小酉腴山館主人自著年譜二卷

DS734A.W868 A3

〔清〕吳大廷撰

清光緒五年（1879）刻本

二冊

小酉腴山館集

框16.5×12.5釐米。10行21字，小字雙行同。白口，左右雙邊，單魚尾。

日記之屬

曾文正公手書日記（道光二十一年至同治十一年） Fv5511.5 8018

〔清〕曾國藩撰

清宣統元年（1909）上海中國圖書公司影印本

四十冊

牌記題"宣統元年己酉孟冬上海中國圖書公司印行"。

節相壯游日録二卷 DS763 L6 A3

〔清〕李鴻章撰　〔清〕桃谿漁隱輯
〔清〕惺新盦主輯

清光緒二十三年（1897）上海石印本

二冊

出使美日秘國日記十六卷

Bj14G T791 894

〔清〕崔國因撰

清光緒二十年（1894）鉛印本

十二冊

羅景山臺灣海防并開山日記不分卷

DS895 F7 L62

〔清〕羅大春撰

清光緒石印本

一册

版心鐫"聖多節參文鈔"。

出使英法義比四國日記六卷

Fv2488.8 4435 C4 1—6

〔清〕薛福成撰

清光緒二十年（1894）孫谿校經堂
刻本

六册

框16.8×11.8釐米。10行21字。白口，
左右雙邊，單黑魚尾。牌記題"光緒甲午
春壬月孫谿校經堂校刊"。鈐"朱氏樓廬
審定"印。

續刻出使日記十卷

Fv2488.8 4435 C4 7—16

〔清〕薛福成撰

清光緒二十四年（1898）傳經樓刻本

十册

框16.5×12釐米。10行21字。黑口，
左右雙邊，單黑魚尾。版心下鐫"傳經樓
校本"。牌記題"光緒戊戌季夏開雕"。
卷末鐫"上虞鍾達卿督刻"。

甲辰考察日本商務日記一卷

Nc96 J3 904H

〔清〕許炳榛撰

清光緒三十年（1904）鉛印本

一册

乙巳考察日本礦務日記　Un56 J3 905H

〔清〕許炳榛撰

清光緒三十一年（1905）鉛印本

一册

英軺日記十二卷　DS740.5.G5 T8

〔清〕載振撰

清光緒二十九年（1903）上海文明書
局鉛印本

四册

花溪日記二卷　DS759 .F45

〔清〕馮氏撰

清末石印本

二册

簡又文贈書。

科舉錄之屬

明朝歷科題名碑錄不分卷

Fv2259.7 6247

〔清〕李周望編

清雍正刻本

六册

框19.9×14.9釐米。10行22字，小字
雙行同。黑口，左右雙邊，雙魚尾。版心
中鐫"題名碑錄"及歷科年份。卷端題
"明洪武四年進士題科"。記錄至崇禎
十六年（1643）癸未科止。"玄""胤"
避諱，"丘"字未諱。外封記載"Kenne-
dy"。

浙江武鄉試錄（光緒二十三年丁酉正科）

JQ1512 C345（LC）

〔清〕廖壽豐編

清光緒二十三年（1897）刻本

一册

框21.5×16釐米。9行20字。白口，四
周雙邊，單魚尾。

[湖南貢卷咸豐癸丑科貢生馬維乾册]

　　　　　PL2719A84 H85+ Oversize

　〔清〕馬維乾撰

　清末刻本

　一册

　框17×11.6釐米。行字數不一。白口，
單黑魚尾。

殿試策　　　MSSA Samuel Wells Williams

　　　　Family Papers Box 17 Folder 99

　〔清〕陸潤庠撰

　清同治十三年（1874）寫本

　一册

　內封記載"第一甲第一名"。

政書類

通制之屬

通典二百卷　　　　　Fv9296 +4126

　〔唐〕杜佑撰

　清同治十年（1871）學海堂刻本

　四十册

　框21.8×15.3釐米。10行21字。白口，左
右雙邊，單魚尾。內封鐫"武英殿本/通典/
同治十年學海堂重刊"。

文獻通考三百四十八卷　　Fv9297 +7207

　〔元〕馬端臨撰

　明末刻本

　一百册

　框21.5×14.7釐米。10行20字。白口，
四周單邊，單黑魚尾。版心上鐫書名，中
鐫卷次。

文獻通考三百四十八卷　　Fv9297 +7207.2

　〔元〕馬端臨撰

　清咸豐元年（1851）佛山唐氏錫木活
字印本

　三十六册

　框23.6×15.8釐米。10行21字。白口，
四周雙邊，單黑魚尾。版心上鐫書名，中
鐫卷次及小題。

文獻通考詳節二十四卷　Fv9297 7207.6

　〔元〕馬端臨撰　　〔清〕嚴虞惇録

　清乾隆二十九年（1764）常熟嚴有禧
繩武堂刻後印本

　十二册

　框17.1×13.2釐米。11行24字。白口，
左右雙邊，單黑魚尾。版心上鐫書名，中
鐫卷次及類名。內封鐫"乾隆甲申年鐫/
繩武堂藏板"。

九通九種　　　　　Fv9290 4130

　清光緒二十八年（1902）上海鴻寶書
局石印本

　二百四册

　牌記題"光緒二十八年仲春上海鴻
寶書局石印"。

　通典二百卷附考證一卷　〔唐〕杜
　　佑撰

　欽定續通典一百五十卷　〔清〕嵇
　　璜纂

　皇朝通典一百卷　〔清〕嵇璜纂

　通志二百卷　〔宋〕鄭樵撰

　欽定續通志六百四十卷　〔清〕嵇
　　璜纂

　皇朝通志一百二十六卷　〔清〕嵇
　　璜纂

文獻通考三百四十八卷附考證三卷

〔元〕馬端臨撰

欽定續文獻通考二百五十卷 〔清〕

嵇璜纂

皇朝文獻通考三百卷 〔清〕嵇璜纂

九通分類總纂二百四十卷

DS705 .W36 1902

〔清〕汪鍾霖輯

清光緒二十八年（1902）上海文瀾書

局石印本

八十冊

內封鐫“光緒壬寅仲夏上浣”。牌記

題“吳縣汪氏編輯/上海文瀾石印”。

二十四史九通政典類要合編三百二十卷

DS705 E75 1902

〔清〕黃書霖輯

清光緒二十八年（1902）黃氏約雅堂

石印本

六十冊

牌記題“光緒壬寅夏五約雅堂主人

輯”。版心下鐫“約雅堂藏版”。

三通考輯要七十六卷 Fv2460 3253

〔清〕湯壽潛輯

清光緒二十五年（1899）圖書集成局

鉛印本

六十冊

內封鐫“光緒二十五年十月通雅堂

藏版/圖書集成局鉛印/陽湖汪洵書耑”。

文獻通考輯要二十四卷

欽定續文獻通考輯要二十六卷

皇朝文獻通考輯要二十六卷

西漢會要七十卷 Fv4682 +2910A

〔宋〕徐天麟撰

清末刻本

五冊

武英殿聚珍版叢書

框17.6×12.6釐米。9行21字，小字雙

行同。白口，左右雙邊，單魚尾。藏書票

題“Gift of the Yale Association of Ja-

pan 1925”。

西漢會要七十卷東漢會要四十卷

Fv4682 +2910C

〔宋〕徐天麟撰

清光緒十年（1884）江蘇書局刻本

十八冊

框18.4×12.7釐米。9行21字，小字雙

行同。白口，四周雙邊，單魚尾。牌記題

“光緒甲申江蘇書局開雕”。

東漢會要四十卷 Fv4682 +2910.1

〔宋〕徐天麟撰

清末刻本

八冊

框17.6×12.5釐米。9行21字，小字雙

行同。白口，左右雙邊，單魚尾。藏書票

題“Gift of the Yale Association of Japan

1925”。

唐會要一百卷 Fv4683 +1034A

〔宋〕王溥撰

清光緒十年（1884）江蘇書局刻本

二十四冊

框18.4×12.9釐米。9行21字，小字雙

行同。白口，四周雙邊，單魚尾。牌記題

“光緒甲申江蘇書局開雕”。

唐會要一百卷　　　　　Fv4683 +1034B
　〔宋〕王溥撰
　清末刻本
　十四冊
　武英殿聚珍版叢書
　框17.6×12.6釐米。9行21字，小字雙行同。白口，左右雙邊，單魚尾。藏書票題"Gift of the Yale Association of Japan 1925"。

五代會要三十卷　　　　Fv4683 1035
　〔宋〕王溥撰　　〔宋〕宋璋校
　清光緒十二年(1886)江蘇書局刻本
　六冊
　框21.1×12.6釐米。9行21字，小字雙行同。白口，四周雙邊，單魚尾。牌記題"光緒丙戌江蘇書局開雕"。

明會要八十卷　　　　　DS753 L85
　〔清〕龍文彬纂
　清光緒廣州廣雅書局刻本
　二十冊
　框19.6×12.9釐米。9行21字，小字雙行同。白口，四周雙邊，單魚尾。内封鐫"廣雅書局校刊"。

元典章六十卷附新集二卷
　　　　DS752 Y88 1908+ Oversize
　沈家本校
　清光緒三十四年(1908)北京修訂法律館刻本
　二十四冊
　框18.7×14釐米。13行23字，小字雙行同。白口，左右雙邊，單魚尾。牌記題"光緒戊申夏修訂法律館以杭州丁氏藏

本重校付梓"。

大明會典二百二十八卷　Fv4686 +4685
　〔明〕申時行等修　　〔明〕趙用賢等重纂
　明萬曆十五年(1587)北京内府刻本
　二十八冊
　框24.8×17.6釐米。10行20字。黑口，四周雙邊，雙魚尾。版心中鐫"會典"及卷次。藏書票題"From the library of Colonel E. Francis Riggs, USA, Yale 1909/Gift of his brother The Reverend T. Lawrason Riggs, Yale 1910"。存卷一、九至十一、十七至十九、二十六至二十七、三十一至三十四、四十三至六十、六十七至七十三、八十三至八十四、九十七至一百十、一百十三至一百二十二、一百二十六至一百三十八、一百五十四至一百六十二、一百八十八至一百九十、二百八至二百二十八。

欽定大清會典一百卷欽定大清會典則例一百八十卷　　　Fv4687 +5135.5B
　〔清〕允祹等纂修
　清乾隆二十九年(1764)北京内府刻本
　一百十七冊
　框23.1×17釐米。10行20字，小字雙行同。白口，四周雙邊，單黑魚尾。版心上鐫書名，中鐫卷次及小題。藏書票題"Gift of Professor Mary Wright"。

欽定大清會典(乾隆朝)一百卷
　　　　　　　　Fv4687 5135.5
　〔清〕允祹等纂修
　清末刻本

十二冊

框14×10釐米。10行20字。白口,四周雙邊,單魚尾。存卷五十九至一百。

欽定大清會典(嘉慶朝)八十卷

Fv4687 +5135

〔清〕托津等撰

清嘉慶二十三年(1818)武英殿刻本

三十八冊

框22.3×15.8釐米。10行20字,小字雙行同。四周雙邊,單魚尾。藏書票題"Presented by Yung Wing, L.L.D. 1879"。存卷七至十二、三十一至八十。

欽定大清會典(光緒朝)一百卷

Fv4687 5135.4

〔清〕昆岡等修　〔清〕吳樹梅等纂

清宣統元年(1909)南洋官書局石印本

十二冊

欽定大清會典(光緒朝)一百卷事例一千二百二十卷首一卷　DS754 A2 1899

〔清〕昆岡等撰

清光緒三十四年(1908)上海商務印書館石印本(據光緒二十五年進呈本)

八十冊

牌記題"光緒戊申十一月商務印書館恭印"。版心下鐫"商務印書館恭印"。所載會典事例自嘉慶十八年(1813)起至光緒二十二年(1896)止。

欽定大清會典事例(嘉慶朝)九百二十卷

Fv4687 +5135.2

〔清〕托津等撰

清嘉慶二十三年(1818)武英殿刻本

三百五十六冊

框21.8×15.4釐米。10行20字,小字雙行同。白口,四周雙邊,單魚尾。冊三十九至四十六遺失。書前有清嘉慶六年(1796)王杰等奏摺。藏書票題"Presented by Yung Wing, L.L.D. 1879"。

欽定大清會典圖(嘉慶朝)一百三十二卷

Fv4687 +5135.3

〔清〕慶桂等修

清嘉慶十六年(1811)武英殿刻本

四十六冊

框21.5×17釐米。10行20字,小字雙行同。白口,四周雙邊,單魚尾。書前有嘉慶十六年奏摺。藏書票題"Presented by Yung Wing, L.L.D. 1879"。

盛京典制備考八卷首一卷

DS783.7 C5+ Oversize

〔清〕特慎庵撰　〔清〕崇厚增輯

清光緒四年(1878)盛京軍督署刻本

六冊

框19×13.5釐米。10行22字,小字雙行同。白口,四周雙邊,單魚尾。鈐"Hoover Library"印。

熙朝紀政八卷　Bj17H 902W

〔清〕王慶雲撰

清光緒二十八年(1902)石印本

四冊

牌記題"光緒壬寅九月仿泰西法石印"。

吾學録初編二十四卷　　Fv4679 2399A

〔清〕吳榮光撰

清道光十二年（1832）刻本

六册

框14.7×9.4釐米。9行21字，小字雙行同。白口，四周雙邊，單魚尾。

儀制之屬

四禮翼四卷　　Fv1682 +6645

〔明〕吕坤撰

清光緒二十三年（1897）昆明何氏刻本

一册

框19×14釐米。8行21字。黑口，左右雙邊，單黑魚尾。牌記題“昆明何氏校刊”。

聖門禮樂志一卷　　BL1851 K85（LC）

〔清〕孔慶輔 孔祥霖纂　〔清〕孔令貽彙輯

清光緒十三年（1887）曲阜闕里孔氏刻本

一册

框18.5×14.4釐米。10行24字。白口，四周單邊，單黑魚尾。内封鐫“光緒丁亥重刊/聖門禮/板藏闕里硯寬亭”。另有複本一，書號Fv4158 1112。

聖廟祀典圖考五卷附聖蹟圖一卷孟子聖蹟圖一卷　　Fv1787 3831

〔清〕顧沅撰

清道光六年（1826）刻本

八册

框18.8×12.8釐米。9行19字，小字雙行同。白口，左右雙邊，單魚尾。缺卷五。

聖廟祀典圖考三卷

　　BL1880 K8 1910（LC）

〔清〕顧沅撰

清光緒至宣統間上海同文書局縮印本

一册

另有複本一，書號BL1858 .G8 1991（LC）。

大清通禮五十四卷　　Fv4679 +4333

〔清〕穆克登額等續纂　〔清〕恒泰等撰

清道光四年（1824）刻本

十二册

框21.7×16.5釐米。9行20字，小字雙行同。白口，四周雙邊，單魚尾。

皇朝祭器樂舞録二卷　　Fv1788 +2953

〔清〕徐暢達輯

清同治十年（1871）湖北崇文書局刻本

二册

框20.4×13.9釐米。9行21字，小字雙行同。白口，四周雙邊，單魚尾。牌記題“同治十年楚北崇文書局開雕”。

皇朝諡法考五卷續編一卷補編一卷

　　Fv2253 2103

〔清〕鮑康輯　（續編）〔清〕王鵬運輯

清同治三年（1864）刻本

四册

框18×12.5釐米。10行24字，小字雙行。白口，左右雙邊，單魚尾。

皇朝禮器圖式十八卷　　Fv4679 +3673

〔清〕允禄等纂修

清乾隆三十一年（1766）北京内府刻本

十六册

框20.4×16.3釐米。11行20字。白口，四周雙邊，單黑魚尾。版心上鎸書名，中鎸卷次及小題。藏書票題 "Gift of Dr. Yung Wing, 1911"。

紀元編三卷　　　　　　Fv2458 4413B

〔清〕李兆洛撰

清同治十年（1871）合肥李氏刻本

一册

李氏五種合刊

框16.8×12.5釐米。10行24字。白口，左右雙邊，單魚尾。牌記題"同治辛未仲秋合肥李氏重刊"。

紀元通考十二卷　　　　Fv2458 4920

〔清〕葉維庚撰

清道光八年（1828）鍾秀山房刻本

四册

框19.2×13釐米。10行24字，小字雙行同。白口，左右雙邊，單魚尾。内封鎸"紀元通考十二卷/道光八年鎸/鍾秀山房藏版"。

大唐開元禮一百五十卷　Fv4676 4222

〔唐〕蕭嵩等撰

清光緒十二年（1886）公善堂刻本

十六册

框17.4×13.2釐米。10行20字，小字雙行同。白口，左右雙邊，單魚尾。牌記題"光緒丙戌公善堂校"。藏書票題 "Gift of the Yale Association of Japan 1925"。

奏定學堂章程不分卷　　Lav5 C6 +903C

〔清〕張百熙等編

清光緒二十九年（1903）湖北學務處刻本

五册

框21.7×15.5釐米。10行23字。黑口，左右雙邊，單魚尾。

遺派游學學生辦法大綱不分卷

　　　　　　　　　　　　Lfn30 909C

清宣統元年（1909）北京鉛印本

一册

邦計之屬

籌濟編三十二卷首一卷　　Fv4220 4262

〔清〕楊景仁輯

清光緒五年（1879）山東書局刻本

八册

框20.3×13.5釐米。9行25字，小字雙行同。白口，四周雙邊，單魚尾。牌記題"光緒己卯六月江蘇書局重刊"。

欽定户部則例一百卷　　　Nj76 +C2

〔清〕穆宗載淳敕修

清同治四年（1865）刻本

四十八册

框17.4×14.8釐米。9行20字，小字雙行同。白口，四周雙邊，單魚尾。版心上鎸"同治四年校刊"。藏書票題 "Gift of Dr. Yung Wing, 1911"。

增修籌餉事例條款二卷籌餉事例一卷增修現行常例一卷　　Fv4596 3202

〔清〕户部纂修

清同治五年（1866）刻本

四册

框17.2×13.5釐米。9行21字。白口，四周雙邊，單魚尾。

廣東財政説明書十六卷

HC428 K9 A35（LC）

〔清〕廣東清理財政局編訂

清宣統二年（1910）廣東清理財政局鉛印本

十六册

内封鎸“宣統二年六月/廣東財政説明書/廣東清理財政局編訂”。

中國財政紀略不分卷　Nje96 C6 902T

（日本）東邦協會編纂　〔清〕吳銘譯

清光緒二十八年（1902）上海廣智書局鉛印本

一册

通商章程成案彙編三十卷

Oza46 C66 884

〔清〕李鴻章等輯

清光緒十年（1884）鐵城廣百宋齋鉛印本

十二册

内封鎸“鐵城廣百宋齋藏本”。卷十八内附彩繪官衙圖，卷三十内附彩繪各國國旗。

通商約章類纂三十五卷首一卷

Nff86 C6 886C

〔清〕張開運等纂輯

清光緒十二年（1886）天津官書局刻本

二十册

框18×12.3釐米。10行24字，小字雙行同。黑口，四周雙邊。牌記題“光緒十二年集刊/板存天津官書局”。卷三十内有彩繪各國國旗，卷三十一至三十五爲附録。

國朝通商始末記二十卷　Nff86 C6 895w

〔清〕王之春編

清光緒二十一年（1895）寶善書局石印本

六册

通商出入款項確實情形考

Nff86 C6 905C

〔清〕馬士譯撰

清光緒三十一年（1905）鉛印本

一册

通商税則善後條約三種　Nfe39 C6 859c

清咸豐八年（1859）刻本

一册

框22×15.5釐米。9行24字，小字雙行同。白口，左右雙邊，單魚尾。

英國税則條款附照會

法國税則條款附照會

美國税則條款附照會

奏准天津新議通商條款七種

Nfe39 C6 +860c

清咸豐十年（1860）刻本

一册

框22.4×15.5釐米。9行24字，小字雙行同。白口，左右雙邊，單魚尾。卷首有咸豐十年上諭。外封記載“1858 Treaties in Chinese with Great Britain America Russia France”。

英國條款一卷

英國續增條款一卷

法國條款一卷

法國續增條款一卷

美國條款一卷

俄國條款一卷

俄國續增條款一卷

江北運程四十卷首一卷　Fv3039.4 4192

〔清〕董恂輯

清同治六年（1867）刻本

四十一冊

框18.5×14.2釐米。9行24字，小字雙行同。白口，四周雙邊，單魚尾。內封鐫“咸豐十年歲次庚申輯於京兆尹署空青水碧齋”。卷四十末鐫“京都琉璃廠龍文齋陳恭超刊”。書末有同治六年趙熙和跋。“淳”字避諱。

河東鹽法備覽十二卷　Fv3148 4434

〔清〕蔣兆奎編輯

清乾隆五十五年（1790）刻本

八冊

框20.1×14.3釐米。9行22字。白口，四周單邊，單黑魚尾。版心上鐫書名，中鐫卷次。藏書票題“Gift of Mr. and Mrs. Arthur F. Wright”。

淮南鹽法紀略十卷　Ndx45 C6 +873F

〔清〕方濬頤 龐際雲撰

清同治十二年（1873）淮南書局刻本

六冊

框18.4×14.9釐米。9行22字，小字雙行同。白口，左右雙邊，單魚尾。牌記題“同治十二年正月淮南書局刊”。

雲南鹽政紀要二卷　Ndx45 C6 910p

〔清〕潘定祥編著

清末鉛印本

四冊

救荒活民書三卷　Fv4220 +4492

〔宋〕董煟撰　〔清〕莊肇麟校

清新昌莊肇麟刻本

一冊

框20×14.4釐米。11行23字，小字雙行同。黑口，左右雙邊。卷端下鐫“新昌莊肇麟木生氏校刊”。卷前附《四庫提要》。藏書票題“Gift of the Yale Association of Japan 1925”。

荒政輯要九卷首一卷　Fv4397 3142

〔清〕汪志伊纂

清同治八年（1869）湖北崇文書局刻本

二冊

框19×13.2釐米。10行22字，白口。四周雙邊，單黑魚尾。牌記題“同治八年楚北崇文書局開雕”。

郵傳部第一次統計表（清光緒三十三年）　Ne96 C6 +907C

〔清〕郵傳部統計處編

清光緒三十四年（1908）鉛印本

六冊

郵傳部第一次路政統計表二卷

郵傳部第一次電政統計表二卷

郵傳部第一次郵政統計表

郵傳部第一次總務船政統計表

軌政紀要初編九卷次編三卷

Neg96 C6 907Cr

〔清〕陳毅編

清光緒三十三年（1907）至宣統元年（1909）郵傳部圖書通譯局鉛印本

六冊

牌記題"郵傳部參議廳編覈科審定"。

邦交之屬

約章分類輯要三十八卷首一卷

Oza46 C66 900

〔清〕蔡乃煌總纂

清光緒二十六年（1900）湖南商務局刻本

三十冊

框12.9×8.9釐米。11行23字。黑口，左右雙邊。牌記題"光緒庚子仲冬湖南商務局栞"。

約章分類輯要三十八卷首一卷附辛丑和約文件彙録一卷　Oza46 C66 900B

〔清〕蔡乃煌總纂

清光緒二十七年（1901）上海緯文閣石印本

三十三冊

牌記題"光緒辛丑仲冬湖南商務局交上海緯文閣重印"。

約章成案匯覽甲篇　Oza46 C66 +905A

〔清〕北洋洋務局纂輯

清光緒三十一年（1905）點石齋石印本

十冊

約章成案匯覽乙篇　Oza46 C66 +905B

〔清〕北洋洋務局纂輯

清光緒三十一年（1905）點石齋石印本

四十二冊

新纂約章大全七十三卷　Oza46 C66 909

〔清〕陸鳳石編

清宣統元年（1909）上海崇義堂石印本

四十八冊

包括清康熙二十八年（1680）至光緒三十四年（1908）各國與中國之立約。

奏定出使章程不分卷　Ozc96 C6 909C

〔清〕總理各國事務衙門編

清宣統元年（1909）鉛印本

一冊

版心鎸"出使章程"。

大中國與大亞美利駕合衆國和約章程

Oza46 C66 858

〔清〕桂良 花沙納　（美國）列衛廉（William B. Reed）輯

清咸豐八年（1858）刻本

一冊

框18.2×11.8釐米。10行22字。白口，四周雙邊，單魚尾。内封鎸"共擬三十條"。

國朝柔遠記二十卷　Fv2488 +1135

〔清〕彭玉麟定　〔清〕王之春編

清光緒十七年（1891）廣雅書局刻本

六冊

框19×13.6釐米。11行22字，小字雙行同。黑口，左右雙邊，單魚尾。牌記題"光緒十七年夏五廣雅書局刻"。

中西關繫略論四卷 *China and Her Neighbors:*
A Tract for the Times　　　　　Bj14f 876a
〔美國〕林樂知（Young John Allen）撰
清光緒二年（1876）上海美華書院鉛
印本
一册
內封鐫"光緒二年孟秋中浣／中西關
繫略論／活字版印"。

籌洋芻議一卷　　　　　DS740.4 .H77
〔清〕薛福成撰
清光緒十至十一年（1884—1885）
刻本
一册
庸庵全集
框17.1×12.1釐米。10行21字。白口,
左右單邊, 單黑魚尾。牌記題"光緒甲申
孟秋開彫"。

防海輯要十八卷
〔清〕俞昌會編
清末刻本
一册
框19.5×13.7釐米。11行22字, 小字雙行
同。白口, 左右雙邊, 單魚尾。鈐"葉華芬
印""葉華芬藏書"印。存卷十七至十八。

軍政之屬

歷代兵制八卷　　　　　Fv4681 +7923
〔宋〕陳傅良撰
清刻本
一册
框20×14.5釐米。11行25字, 小字雙
行同。黑口, 左右雙邊, 單魚尾。藏書票題

浙東籌防録四卷　　　　　Fv3034 +4437
〔清〕薛福成輯
清光緒十三年（1887）刻本
四册
庸庵全集
框17.1×11.8釐米。10行21字, 小字
雙行同。白口, 左右雙邊, 單黑魚尾。

金軺籌筆四卷奏摺一卷和約一卷陸路通
商章程一卷附卡倫單一卷
　　　　　DS740.5.R9 T79 1887
〔清〕曾紀澤等録
清光緒十三年（1887）無錫楊楷刻本
四册
框14.1×10.3釐米。10行22字。黑口,
四周單邊, 雙魚尾。

常勝軍案略一卷　　　　DS759 .X54 1895
〔清〕謝元壽編輯
清光緒二十一年（1895）成德堂木活
字印本
一册
框20.8×13.8釐米。9行21字, 小字雙
行同。白口, 四周雙邊, 雙魚尾。版心下鐫
"成德堂"。簡又文贈書。

欽定八旗通志三百四十二卷首十二卷目
録二卷　　　　　Fv2740 +3243
清刻本
一百二十册
框20.8×15.5釐米。8行21字。白口,
四周雙邊, 單魚尾。鈐"鶴侶氏墨香書屋
珍藏"印。

保甲書輯要四卷　　Fv4673 2949

〔清〕徐棟編　〔清〕丁日昌重校

清同治七年（1868）江蘇書局刻本

一冊

牧令全書

框17.1×12.6釐米。11行21字，小字雙行同。白口，四周單邊，單魚尾。牌記題"同治戊辰秋江蘇書局刊"。

律令之屬

故唐律疏議三十卷附律音義一卷洗冤集錄五卷　　Fv4882 +7187.2

〔唐〕長孫無忌等撰

清光緒十七年（1891）京師刻本

二冊

框18.6×13.6釐米。10行24字，小字雙行同。黑口，四周雙邊，單黑魚尾。内封鐫"唐律疏義卅卷附音義一卷洗冤錄五卷"。牌記題"光緒十七年春錢唐諸可寶書"。

重刊補註洗冤錄集證五卷附洗冤錄解一卷　　Fv4899 +3983B

〔宋〕宋慈撰　〔清〕王又槐增輯

〔清〕李觀瀾補輯　〔清〕阮其新補注

（附）〔清〕姚德豫撰

清道光二十四年（1844）醉文堂、大雅堂四色套印本

四冊

框15.5×12.9釐米。10行18字，小字雙行同。白口，左右雙邊，單黑魚尾。眉上鐫紅、黃、藍色評注，行5至13字不等。卷尾題"醉文堂大雅堂領刻"。

重刊補註洗冤錄集證五卷洗冤錄辨正一卷附刊檢驗合參一卷附刊洗冤錄解一卷　　Fv4899 3983

〔宋〕宋慈撰　〔清〕王又槐增輯

〔清〕李觀瀾補輯　〔清〕阮其新補注

（洗冤錄辨正）〔清〕瞿中溶撰　（檢驗合參）〔清〕郎錦騏纂輯　（洗冤錄解）〔清〕姚德豫撰

清光緒三十年（1904）北直文昌會四色套印本

五冊

框14.9×12.9釐米。10行18字，小字雙行同。白口，左右雙邊，黑魚尾。眉上鐫紅、黃、藍色評注，行5至13字不等。《洗冤錄辨正》卷中題名"附刊檢驗合參"、卷下題名"附刊洗冤錄解"。内封鐫"光緒甲辰季春校刊／補註洗冤錄集證／北直文昌會梓行"。

大清律例三十九卷首一卷　　Fv4885 +4322 1825

〔清〕刑部纂修

清道光五年（1825）武英殿刻本

二十四冊

框21.4×16.7釐米。9行20字，小字雙行同。白口，四周雙邊，單黑魚尾。

大清律例增修統纂集成四十卷附督捕則例二卷　　KNN34 D33 1870（LC）

〔清〕姚潤纂輯　〔清〕任彭年重輯

清同治九年（1870）刻本

二十四冊

框20×14釐米。行字數不一，小字雙行。白口，四周單邊，單魚尾。牌記題"武林清來堂吳宅藏版"。藏書票題"Gift of Dr.

Yung Wing 1911"。

大清律例增修統纂集成四十卷附督捕則例二卷總目一卷附二卷　Fv4885 4322E

〔清〕姚潤纂輯　〔清〕任彭年重輯

清光緒二十年（1894）上海珍藝書局鉛印本

二十四册

内封鐫"遵武林清來堂吳氏原本增修"。牌記題"上洋珍藝書局仿古聚珍版印"。

欽定大清刑律二卷　Fv4885 +3135

沈家本等纂

清宣統三年（1911）刻本

二册

框20.4×16.9釐米。10行20字，小字雙行同。白口，四周雙邊，單魚尾。牌記題"宣統三年六月刊印"。

大清律例總類不分卷

KNN34 .D32 1889（LC）

〔清〕朱軾等編纂

清光緒十五年（1889）江蘇書局刻本

四册

框15.8×11釐米。13行24字，小字雙行同。白口，左右雙邊，單魚尾。牌記題"光緒乙丑季秋刊於江蘇書局"。

欽定王公處分則例四卷　Fv4885 1828

〔清〕宗人府擬議

清咸豐六年（1856）刻本

六册

框18.3×14.7釐米。8行20字，小字雙行同。白口，四周雙邊，單黑魚尾。

欽定學政全書八十六卷　Fv4668 7185

〔清〕恭阿拉等編　〔清〕童璜等纂

清嘉慶十七年（1812）刻本

十六册

框18×14.1釐米。9行20字，小字雙行同。白口，四周雙邊，單魚尾。卷首有嘉慶十七年奏摺。

律例便覽八卷處分則例圖要六卷

Fv4885 4912

〔清〕蔡逢年 蔡嵩年編

清咸豐九年（1859）刻本

六册

框16.8×12.1釐米。9行26字，小字雙行同。白口，左右雙邊，單魚尾。内封鐫"咸豐九年開鐫"。

律例便覽八卷處分則例圖要六卷

Fv4885 4912B

〔清〕蔡逢年 蔡嵩年編

清同治八年（1869）刻本

六册

框16×12釐米。9行26字，小字雙行同。白口，左右雙邊，單魚尾。内封鐫"同治八年增修"。藏書票題"Gift of Dr. Yung Wing, 1911"。

增訂刑部説帖八卷附增訂通行條例二卷

Fv4885 1004

〔清〕國英等修

清光緒九年（1883）廣西臬署刻本

十册

框20.5×14.3釐米。9行28字，小字雙行同。白口，四周雙邊，單黑魚尾。

刑案匯覽六十卷首一卷末一卷拾遺備考
一卷 Fv4885 3103

〔清〕祝慶祺編纂

清同治八年（1869）刻本

六十四冊

框19.5×13.5釐米。兩截板，上欄18行6
字，下欄9行22字。白口，左右雙邊，單黑魚
尾。內封鐫"同治八年新鐫/本衙藏板"。藏
書票題"Gift of Dr. Yung Wing, 1911"。

續增刑案匯覽十六卷 Fv4885 3103B

〔清〕祝慶祺編纂

清道光二十年（1840）棠樾慎思堂
刻本

十六冊

框18.8×13釐米。兩截板，上欄18行
6字，下欄9行22字，小字雙行同。白口，
左右雙邊，單黑魚尾。內封鐫"道光庚子
冬鐫/棠樾慎思堂藏板"。藏書票題"Gift
of Dr. Yung Wing, 1911"。

大清光緒新法令十三類附錄一卷

Fv4885.8 O212

〔清〕商務印書館編譯所編纂

清宣統元年（1909）上海商務印書館
鉛印本

十八冊

版心鐫"大清新法令"。

大清宣統新法令不分卷 Fv4885.9 O212

〔清〕商務印書館編譯所編纂

清宣統二年（1910）上海商務印書館
鉛印本

十三冊

粵東省例新纂八卷 Fv4885 0859

〔清〕黃恩彤等撰

清道光二十六年（1846）廣東刻本

四冊

框19.1×13.2釐米。9行22字，小字雙
行同。白口，四周雙邊，單黑魚尾。內封
鐫"道光丙午冬鐫/藩署藏板"。外封記載
"Annals of Canton"。

江蘇省例不分卷（同治二至七年）

Fv4885 3149

清同治八年（1869）江蘇書局刻本

四冊

框16.6×12.4釐米。11行21字，小字雙
行同。黑口，左右雙邊。牌記題"同治己
巳季冬月江蘇書局刊"。藏書票題"From
the library of Arthur F. Wright 1913—
1976 Charles Seymour Professor of His-
tory"。

所見集三十七卷二集十九卷三集二十一
卷四集十八卷 Fv4885.3 7241

〔清〕馬世璘等編　（四集）〔清〕
王又槐 謝奎編

清乾隆五十八年（1793）至嘉慶十年
（1805）再思堂刻本

二十四冊

框15.3×11.2釐米。9行22字。白
口，左右雙邊，單黑魚尾。牌記題"乾
隆五十八年春鐫/再思堂藏板"。存一集
卷四至十七、十九至二十三、二十六、
三十四至三十五，三集卷一至三、五至
十，四集卷一至九、十一至十五、十八。

駁案續編七卷　　　Fv4894.5 3302A

〔清〕佚名輯

清嘉慶刻本

七冊

框13.3×10.7釐米。9行20字。白口，四周單邊，單魚尾。內封鐫"嘉慶元年起至本年止/駁案續編/本衙藏板"，即嘉慶元年（1796）至嘉慶二十一年（1816）。

監獄訪問録二編　　　HV8669 .O43（LC）

（日本）小河滋次郎講演　〔清〕董□□輯

清光緒三十三年（1907）鉛印本

二冊

牌記題"光緒丁未七月排印"。

同治四年吉日立行刑領銀部不分卷

〔清〕刑部編

清同治四年（1865）藍格寫本

一冊

版心下鐫"恒昌"。

掌故瑣記之屬

石渠餘紀六卷　　　Fv2746 1101

〔清〕王慶雲撰

清末刻朱印本

六冊

框18.5×13.2釐米。11行23字。黑口，左右雙邊，單魚尾。

石渠餘紀六卷　　　Fv2746 1101B

〔清〕王慶雲撰

清光緒十六年（1890）攸縣龍氏刻本

六冊

框13.6×10釐米。10行22字。黑口，左右雙邊，單黑魚尾。牌記題"光緒庚寅龍氏校栞"。外封記載"伯鹿藏書"。

公牘檔冊之屬

曾文正公批牘六卷　　Fv5511.2 8018 T8

〔清〕曾國藩撰

清光緒二年（1876）傳忠書局刻本

六冊

曾文正公全集

框21×14.2釐米。10行24字。黑口，左右雙邊，單魚尾。牌記題"光緒二年秋傳忠書局栞"。

三星使書牘三卷　　　Fv2488 0857

〔清〕廣智書局編輯部輯

清光緒三十四年（1908）上海廣智書局鉛印本

一冊

郭侍郎書牘一卷　〔清〕郭嵩燾撰

曾惠敏書牘一卷　〔清〕曾紀澤撰

薛中丞書牘一卷　〔清〕薛福成撰

出使公牘十卷　　　Fv2488.8 +4435

〔清〕薛福成撰

清光緒二十三年（1897）傳經樓刻本

五冊

框16.7×12.1釐米。10行21字，小字雙行同。黑口，左右雙邊，單魚尾。牌記題"光緒丁酉孟夏開雕"。

李文忠公外部函稿二十八卷

　　　DS763 L6 A12

〔清〕李鴻章撰　〔清〕吳汝綸編輯

清光緒二十八年（1902）保定蓮池書社鉛印本

十四冊

直東剿匪電存四卷首一卷　DS770 L57

〔清〕林學瑊編

清光緒三十二年（1906）石印本

四冊

東江借箸錄一卷　DS793.K7 T36

〔清〕吳均 陶汝鎮撰

清咸豐十年（1860）如不及齋刻本

一冊

框17.8×12.2釐米。11行22字。黑口，左右雙邊，雙魚尾。

開縣李尚書政書八卷首一卷

Fv5517 4438

〔清〕李宗羲撰

清光緒十一年（1885）武昌刻本

五冊

框17.2×12.5釐米。10行22字。白口，左右雙邊，單魚尾。牌記題"光緒乙酉春武昌開雕"。

職官類

官制之屬

唐六典三十卷　Fv4882 4005C

〔唐〕玄宗李隆基撰　〔唐〕李林甫等注

清光緒二十一年（1895）廣州廣雅書局刻本

二冊

框20.8×15.5釐米。11行24字，小字雙行同。黑口，四周單邊，單魚尾。版心下鐫"廣雅書局栞"。內封鐫"光緒二十一年廣雅書局刊"。

資治新書初集十四卷首一卷二集二十卷

Fv4660.3 4433

〔清〕李漁輯　〔清〕沈心友訂

清康熙經綸堂刻本

二十冊

框12.9×10.3釐米。11行20字。白口，左右雙邊。版心上鐫"資治新書"及卷次，部分版心下題"文光堂"。內封鐫"新增資治新書全集／經綸堂藏板"。卷首卷端下題"李漁笠翁論次／壻沈心友因伯訂"。"丘""禛"未諱。

歷代職官表六卷　Fv4681 4847

〔清〕黃本驥校　〔清〕張孝楷覆校

清光緒六年（1880）膚詁齋刻本

四冊

框17.4×11釐米。11行22字，小字雙行同。黑口，左右雙邊，雙魚尾。牌記題"光緒庚辰仲春重鋟於膚詁齋"。

詞林典故八卷　Fv4681 8304

〔清〕張廷玉等修

清刻本

八冊

框19.1×13.9釐米。7行18字。白口，四周雙邊，單黑魚尾。版心上鐫書名，中鐫卷次及小題。內封鐫"欽定詞林典故"。鈐"黃軼球印"印。

樞垣記略十六卷　　　　Fv5503 +3908

〔清〕梁章鉅撰

清道光十五年（1835）刻本

四册

框17.8×13.5釐米。9行22字。黑口，左右雙邊，單魚尾。

樞垣記略二十八卷　　　Fv5503 +3908A

〔清〕梁章鉅撰　〔清〕朱智增補

清光緒元年（1875）鉛印本

六册

京秩王公大小官員每歲俸銀考數二卷

Otk16 890C

〔清〕佚名編

清鉛印本

一册

康南海官制議十四卷　　Otk16 906K

康有爲撰

清光緒三十二年（1906）上海廣智書局鉛印本

一册

官箴之屬

牧民忠告二卷　　　　Fv1685.2 1383

〔元〕張養浩撰

清同治七年（1868）姑蘇書局刻本

一册

框17.4×12.5釐米。11行21字。黑口，左右雙邊，單魚尾。內封鐫"元張文忠公爲政忠告三種之一"。牌記題"同治七年二月姑蘇書局開雕"。

實政錄七卷　　　　Fv3148 +2716.7

〔明〕呂坤撰

清同治十一年（1872）浙江書局刻本

六册

框18×12.9釐米。9行22字。白口，左右雙邊，單魚尾。牌記題"同治十一年春浙江書局重刊"。

欽頒州縣事宜一卷　　　Fv4673 6008

〔清〕田文鏡 李衛撰

清同治七年（1868）江蘇書局刻本

一册

牧令全書

框17×12.5釐米。11行21字，小字雙行同。黑口，左右雙邊，單魚尾。牌記題"同治戊辰首夏江蘇書局重刊"。藏書票題"Gift of Dr. Yung Wing, 1911"。

潤經堂自治官書四卷首一卷

Fv4673 +4000

〔清〕李彥章撰

清道光侯官李氏刻本

四册

框18.4×13.5釐米。10行21字。白口，左右雙邊，單魚尾。

詔令奏議類

詔令之屬

太祖高皇帝聖訓四卷　　Fv1686.8 C441

〔清〕太祖努爾哈赤撰

清末石印本

一册

1968年6月購自李宗侗。

太宗文皇帝聖訓六卷　　Fv1686.8 C442

〔清〕太宗皇太極撰

清末石印本

一册

1968年6月購自李宗侗。

世祖章皇帝聖訓三十六卷

　　　　　　　　　　Fv1686.8 C443

〔清〕世祖福臨撰

清末石印本

四册

1968年6月購自李宗侗。

聖祖仁皇帝聖訓六十卷　Fv1686.8 C444

〔清〕聖祖玄燁撰

清末石印本

六册

1968年6月購自李宗侗。

大義覺迷錄四卷　　　　Fv2800 T12

〔清〕世宗胤禛撰

清雍正八年（1730）内府刻本

八册

框19.6×14.3釐米。8行17字，小字

雙行24字。白口，四周雙邊，單黑魚尾。

版心上鐫“大義覺迷錄”，中鐫卷次。鈐

“今關天彭藏書之印”印。1968年4月購

自日本琳琅閣書店。

硃批諭旨不分卷　　　　Fv2809 +6215

〔清〕世宗胤禛批

清乾隆刻朱墨套印本

一百十二册

框20.5×14.6釐米。10行21字。白口，左

右雙邊，單黑魚尾。版心上鐫“硃批諭旨”，

下鐫上奏摺者姓名。雍正十年（1732）上諭。

藏書票題 “Gift of Dr. Yung Wing, 1911”。

高宗純皇帝聖訓三百卷　Fv1686.8 C446

〔清〕高宗弘曆撰

清末石印本

三十册

1968年6月購自李宗侗。

仁宗睿皇帝聖訓一百十卷　　Fv1686.8 C447

〔清〕仁宗顒琰撰

清末石印本

十四册

1968年6月購自李宗侗。

大清宣宗成皇帝聖訓一百三十卷

　　　　　　　　　　Fv2852 +4333

〔清〕宣宗旻寧撰

清咸豐六年（1856）内府木活字印本

十册

框21.3×16.5釐米。9行18字。白口，四

周雙邊，單魚尾。存卷九十六至一百六。

宣宗成皇帝聖訓一百三十卷目錄一卷

　　　　　　　　　　Fv1686.8 C448

〔清〕宣宗旻寧撰

清末石印本

十八册

1968年6月購自李宗侗。

文宗顯皇帝聖訓一百十卷

　　　　　　　　　　Fv1686.8 C449

〔清〕穆宗載淳敕編

清末石印本

十册

1968年6月購自李宗侗。

穆宗毅皇帝聖訓一百六十卷

Fv1686.8 C45

〔清〕穆宗載淳撰

清末石印本

十六册

1968年6月購自李宗侗。

［清朝歷代聖訓］十種　　　Fv2748 3242

清末石印本

一百册

太祖高皇帝聖訓四卷

太宗文皇帝聖訓六卷

世祖章皇帝聖訓六卷

聖祖仁皇帝聖訓六十卷

世宗憲皇帝聖訓三十六卷

高宗純皇帝聖訓三百卷

仁宗睿皇帝聖訓一百十卷

宣宗成皇帝聖訓一百三十卷

文宗顯皇帝聖訓一百十卷

穆宗毅皇帝聖訓一百六十卷

皇上硃批聖諭一卷　　　Fv2850 3391

〔清〕宣宗旻寧撰

清道光三十年（1850）刻本

一册

框14.2×9.8釐米。10行23字。白口，四周單邊。卷末“道光三十年十□二十八日特諭”。

奏議之屬

包孝肅公奏議十卷　　　Fv4662.5 2151

〔宋〕包拯撰

清道光二十年（1840）朝宗書室木活字印本

四册

框20×12.8釐米。9行24字。白口，四周單邊，單魚尾。版心下鎸“朝宗書室”。内封鎸“朝宗書室聚珍”。

曾文正公奏議十卷附卷首一卷末一卷補編四卷　　Fv5511.2 8018 T6

〔清〕曾國藩撰　　〔清〕薛福成編次

清同治十三年（1874）上海醉六堂刻本

十四册

框17.2×11.9釐米。9行21字。白口，左右雙邊，單魚尾。

左文襄公奏疏三編一百二十卷

Fv4662.8 4139

〔清〕左宗棠撰

清光緒十六年（1890）上海圖書集成局鉛印本

二十册

牌記題“光緒庚寅歲中冬上海圖書集成局印”。

左文襄公奏稿初編三十八卷續編七十六卷三編六卷　　Fv4662.8 4139 1902

〔清〕左宗棠撰

清光緒二十八年（1902）上海古香閣石印本

十二册

牌記題“光緒壬寅年春月上海古香閣石印”。

彭剛直公奏稿八卷彭剛直公詩稿八卷

DS761 .P46 1891 Oversize

〔清〕彭玉麟撰

清光緒十七年（1891）刻本

六冊

框21.5×13.5釐米。10行24字，小字雙行同。白口，左右雙邊，單魚尾。牌記題"光緒十有七年／歲在辛卯／吳下開雕"。簡又文贈書。

彭剛直公奏稿八卷　　DS755 P47

〔清〕彭玉麟撰

清光緒十七年（1891）鉛印本

四冊

牌記題"光緒十有七年／歲在辛卯／吳下開雕"。原屬Hoover Library，封套內鈐"Hoover Library"印。另有複本一，書號Fv4662.8 4210。

沈文肅公政書七卷首一卷

　　　　DS763.63.S53 A3 1880

〔清〕沈葆楨撰

清光緒十八年（1892）烏石山祠刻本

七冊

框19.8×13.3釐米。10行24字。白口，四周雙邊，單黑魚尾。牌記題"庚辰吳門節署擺印／壬辰烏石山祠重栞"。簡又文贈書。

李文忠公函稿五十四卷

　　　　Bj14G L611 902

〔清〕李鴻章撰　　〔清〕吳汝綸編輯

清光緒二十八年（1902）鉛印本

二十七冊

外部函稿二十八卷

遷移教堂函稿二卷

朋僚函稿二十四卷

李文忠公奏議二十卷　　Bj17Q 897L

〔清〕李鴻章撰　　〔清〕章洪鈞　吳汝綸輯

清末蓮池書院石印本

二十冊

撫吳公牘五十卷　　DS793.K5 T56

〔清〕丁日昌撰　　〔清〕沈葆楨評選

清光緒三年（1877）林達鉛印本

六冊

丁中丞政書六種三十六卷

　　　　Fv4662.88 +1266

〔清〕丁日昌撰　　〔清〕溫廷敬編次

清末大埔溫氏藏手抄本

十四冊

12行24字，無格。

撫吳奏稿六卷

撫閩奏稿四卷

藩吳公牘十五卷

巡滬公牘七卷

淮鹺摘要三卷

兩淮公牘一卷

劉文莊公奏議八卷　　Fv4662.88 7221

〔清〕劉秉璋撰　　〔清〕朱孔彰編次

清光緒鉛印本

八冊

岑襄勤公奏藁三十卷首一卷

　　　　DS763.T72 T7

〔清〕岑毓英撰

清光緒二十三年（1897）武昌糧署刻本

一冊

框19×13.8釐米。11行21字。黑口，四

周雙邊, 雙魚尾。牌記題 "光緒二十三年
刻於武昌督糧官署"。存卷首。

江楚會奏變法三摺附片一卷

　　　　　　　　　　Fv4664.89 1333

〔清〕劉坤一 張之洞撰

清光緒二十七年 (1901) 鉛印本

三冊

南皮張宮保政書十二卷　　Bj17q 901c

〔清〕張之洞撰

清光緒二十七年 (1901) 上海圖書集
成印書局鉛印本

六冊

户部山西司奏稿輯要八卷首一卷附户部
山西司會議奏稿輯要一卷首一卷 (光緒
元年至十八年)　　　　DS793 S3 A14

〔清〕户部山西司編

清光緒鉛印本

九冊

藏書票題 "Gift of Mr. and Mrs.
Arthur F. Wright"。

出使奏疏二卷　　　　Fv2488.8 4435B

〔清〕薛福成撰

清光緒二十年 (1894) 刻本

二冊

庸盦全集

框17×11.8釐米。10行21字, 小字雙
行同。白口, 左右雙邊, 單魚尾。

曾惠敏公奏疏六卷　　　Fv4662.88 T78

〔清〕曾紀澤撰

清光緒十九年 (1893) 江南製造局

鉛印本

三冊

曾惠敏公遺集

鄧鐵香奏稿六卷　　　　Fv4662.8 T253

〔清〕鄧承修撰

清光緒二十八年 (1902) 安雅書局鉛印本

一冊

牌記題 "光緒壬寅孟春排印"。版心
下鐫 "安雅書局袖珍本"。

戊戌奏稿一卷　　　　　DS764 K3

康有爲撰

清宣統三年 (1911) 鉛印本

一冊

目錄題 "南海先生戊戌奏稿"。

奏摺譜一卷　　　　　　Fvh66 J27

〔清〕饒旬宣撰

清光緒十三年 (1887) 刻本

一冊

框12.3×9釐米。9行25字, 小字雙行
同。白口, 四周單邊, 單魚尾。內封鐫 "光
緒丁亥/摺譜"。

時令類

月令粹編二十四卷　　　Fv7188 5940

〔清〕秦嘉謨編

清嘉慶十七年 (1812) 江都琳琅仙館
刻本

六冊

框18.4×12.4釐米。9行22字, 小字
雙行同。黑口, 四周雙邊, 單魚尾。內封
鐫 "月令粹編/嘉慶十七年"。卷末牌記題

"嘉慶壬申夏四月乙巳朔/江都秦嘉謨編
刻於琳琅仙館"。

地理類

總志之屬

太平寰宇記二百卷目録二卷

Fv3025 2950

〔宋〕樂史撰　〔清〕萬廷蘭輯補
清嘉慶八年（1803）刻本（據乾隆南
昌萬氏刻本）
四十八册
框16.8×13.4釐米。10行20字，小字
雙行同。白口，左右雙邊，單黑魚尾。

太平寰宇記二百卷目録二卷

DS706.5 .Y83 1882

〔宋〕樂史撰
清光緒八年（1882）金陵書局刻本
三十六册
框18×13.5釐米。10行20字，小字
雙行同。白口，左右雙邊，單魚尾。牌記題
"光緒八年五月金陵書局刊行"。鈐"元和
胡氏玉緔所藏"印。藏書票題"From the
library of Arthur F. Wright 1913—1976
Charles Seymour Professor of History"。

廣輿記二十四卷

Fv3028 7107

〔明〕陸應陽纂　〔清〕蔡方炳增輯
清康熙二十五年(1686)蘇州寶翰樓刻本
二十四册
框21.3×15.4釐米。10行19字，小字
雙行同。白口，左右雙邊，單黑魚尾。版心
上鐫書名，中鐫卷次。内封鐫"康熙丙寅

新鐫/蔡九霞先生彙輯/增訂廣輿記/吳郡寶
翰樓"。鈐"沈氏山樓藏書記""安丘張氏
寶墨樓圖書""張在己印""憻爲"印。藏書
票題"From the library of Colonel E. Francis
Riggs, USA, Yale 1909/Gift of his brother The
Reverend T. Lawrason Riggs, Yale 1910"。

廣輿記二十四卷

DS706.5 L98 1686

〔明〕陸應陽纂　〔清〕蔡方炳增輯
清康熙大文堂刻本
十二册
框20×14釐米。10行19字。白口，左
右雙邊，單黑魚尾。版心上鐫書名，中鐫
卷次，下鐫地名。内封鐫"平江蔡九霞增
輯/重訂廣輿記/大文堂梓行"。"玄"字
諱，"丘"字未諱。

寰宇分合志八卷增輯一卷

Fv2517 2941

〔明〕徐樞編輯
清光緒二十八年（1902）湘潭楊氏刻本
八册
框14.1×12.2釐米。10行20字。黑口，
四周單邊，單魚尾。牌記題"光緒二十八
年春月開雕/湘潭楊氏家塾縮本"。

天下一統志九十卷

Fv3027 4478

〔明〕李賢等總裁　〔明〕萬安等纂修
明萬曆萬壽堂刻清初補刻本
四十八册
框21.2×14.2釐米。10行22字，小字雙
行同。白口，四周單邊，單黑魚尾。版心上鐫
"一統志"，中鐫卷次，下鐫"萬壽堂刊"。
序文、目録、卷端原"大明一統志"均剜改
作"天下一統志"，版心剜去"大明"二字，
係清初修版。藏書票題"From the library of

Colonel E. Francis Riggs, USA, Yale 1909/ Gift of his brother The Reverend T. Lawrason Riggs, Yale 1910"。另有複本一, 書號 Fv3027 4478.2, 三十二册, 卷末抄配。

天下郡國利病書一百二十卷　　　　fv3028 3891

〔清〕顧炎武撰　　〔清〕龍萬育訂

清嘉慶十二年(1807)敷文閣刻本

六十四册

框19.2×14.3釐米。10行21字, 小字雙行同。白口, 四周雙邊, 單黑魚尾。藏書票題 "Gift of Dr. Yung Wing, 1911"。

讀史方輿紀要一百三十卷附輿圖要覽四卷

DS708 K88 1879

〔清〕顧祖禹輯　　〔清〕彭元瑞校定

清光緒五年(1879)蜀南薛氏桐華書屋刻本

四十八册

框19.7×13.5釐米。10行21字, 小字雙行同。白口, 四周雙邊, 單魚尾。版心題 "敷文閣"。藏書票題 "From the library of Arthur F. Wright 1913—1976 Charles Seymour Professor of History"。

郡縣分韻考十卷　　　　Fv3012 H863

〔清〕黃本驥撰

清道光二十七年(1847)知敬學齋刻本

三册

三長物齋叢書

框17.9×12.7釐米。10行21字, 小字雙行同。白口, 四周雙邊, 單魚尾。

歷代地理沿革表四十七卷

Fv3020 +7942

〔清〕陳芳績撰

清光緒二十一年(1895)廣雅書局刻本

十六册

框21.2×15.5釐米。10行24字。黑口, 四周單邊, 單魚尾。牌記題 "光緒廿一年春二月廣雅書局刊"。

歷代地理志三種　　　　Fv3022 7241

〔清〕兩益書坊主人輯

清光緒二十六年(1900)兩益齋鉛印本

四册

兩益齋叢刻

牌記題 "光緒庚子兩益齋印"。

前漢地理志二卷附考證　　〔漢〕班固撰　　〔唐〕顏師古注

楚漢諸侯疆域志三卷　　〔清〕劉文淇撰

後漢郡國志五卷附考證　　〔晉〕司馬彪撰　　〔南朝梁〕劉昭補并注

補三國疆域志二卷　　　　Fv2560 +3804

〔清〕洪亮吉撰

清乾隆四十六年(1781)西安刻本

二册

框19.6×15釐米。10行24字。黑口, 四周單邊, 雙魚尾。版心中鎸書名及卷次。內封鎸 "乾隆辛丑歲刊於西安/孫星衍署"。

東晉疆域志四卷　　　　Fv2576 +3804

〔清〕洪亮吉譔

清嘉慶元年(1796)刻本

二册

框19.8×15釐米。12行24字, 小字雙
行同。黑口, 四周單邊, 雙魚尾。内封鐫
"嘉慶丙辰仲秋刻於京師"。

十六國疆域志十六卷　　Fv2578 +3804A

〔清〕洪亮吉饌

清嘉慶三年(1798)刻本

四册

框19.8×15釐米。12行24字, 小字雙
行同。黑口, 四周單邊, 雙魚尾。

乾隆府廳州縣圖志五十卷

Fv3028 +3804

〔清〕洪亮吉撰

清乾隆五十三年(1788)至嘉慶八年
(1803)刻本

十二册

框19.3×14.7釐米。12行24字。黑口, 四
周雙邊, 雙魚尾。版心中鐫書名及卷次。内
封鐫"乾隆戊申刊起/至嘉慶癸亥工竣"。另
有複本一, 未編, 存卷三十二至五十。

大清一統志五百卷　　Fv3028 4312

〔清〕和珅等纂

清光緒二十七年(1901)上海寶善齋
石印本

六十册

牌記題"光緒辛丑秋上海寶善齋石印"。

皇朝直省地名韻語一卷

DS706.5 C423+ Oversize

〔清〕陳樹鏞纂　　〔清〕韓銘基補

清光緒十九年(1893)刻本

一册

框18.2×13.4釐米。9行22字。黑口,

四周單邊, 單魚尾。内封鐫"五洲各國統
屬全圖"。

李氏五種合刊　　Fv5503.9 4712

〔清〕李兆洛輯

清光緒十四年(1888)掃葉山房刻本

十二册

框18×13.2釐米。8行22字, 小字雙
行同。白口, 四周雙邊, 單魚尾。内封鐫
"光緒戊子春月掃葉山房校刊"。

歷代地理志韻編今釋二十卷

另有複本一, 書號Fv3012
4433.1, 二册。

皇朝輿地韻編二卷

另有複本一, 書號Fv3012
4433.2, 二册。

歷代地理沿革圖一卷

皇朝一統輿地圖一卷

歷代紀元編三卷

皇朝輿地略不分卷附皇朝輿地韻編

Fv3080.9 0814

〔清〕六承如纂　　〔清〕馮焌光增補

清光緒五年(1879)羊城王氏聽春雨
樓刻本

四册

框19.8×12.2釐米。11行24字。白口,
四周雙邊, 單魚尾。牌記題"光緒五年歲
在己卯三月/羊城王氏聽春雨樓開雕"。

方志之屬

[雍正]畿輔通志一百二十卷

Fv3128 0.82

〔清〕唐執玉等總裁　　〔清〕陳儀纂修

清雍正十三年（1735）刻乾隆印本

四十八册

框18.2×14.8釐米。10行20字。白口，四周雙邊，單黑魚尾。版心上鐫書名，中鐫卷次及小題。"弘"字避諱。藏書票題"From the library of Colonel E. Francis Riggs, USA, Yale 1909/Gift of his brother The Reverend T. Lawrason Riggs, Yale 1910"。

[光緒]重修天津府志五十四卷首一卷末一卷　　　Fv3133 1335.88

沈家本等修

清光緒二十五年（1899）天津府署刻本

二十八册

框16.8×13.7釐米。10行21字，小字雙行同。白口，左右雙邊，單魚尾。内封鐫"天津府志/光緒乙未修"。牌記題"光緒戊戌冬開雕/己亥秋畢工/版藏本署"。存卷一至二十三、二十六至五十四。

[乾隆]山西志輯要十卷首一卷　　　Fv3148 2716.8

〔清〕雅德修　〔清〕汪本直輯

清乾隆四十五年（1780）刻本

十二册

框12.9×9.4釐米。9行21字。白口，四周雙邊，單黑魚尾。版心上鐫書名，中鐫卷次及小題。附《清凉山志輯要》。藏書票題"Gift of Mr. and Mrs. Arthur F. Wright"。

[雍正]山西通志二百三十卷　　　Fv3148 2716.82

〔清〕覺羅石麟總裁

清雍正十二年　（1734）刻本

九十六册

框20.4×14.4釐米。12行23字。白口，四周雙邊，單黑魚尾。版心上鐫書名，中鐫卷次及小題。藏書票題"From the library of Colonel E. Francis Riggs, USA, Yale 1909/Gift of his brother The Reverend T. Lawrason Riggs, Yale 1910"。

[光緒]山西通志一百八十四卷首一卷　　　Fv3148 2716.88

〔清〕曾國荃等修　〔清〕王軒等纂

清光緒十八年（1892）刻本

九十六册

框19.5×14.8釐米。12行23字，小字雙行同。黑口，左右雙邊，雙魚尾。牌記題"光緒十有八年歲在元黓執徐皋月鐫畢"。首册《疆域圖》爲朱墨套印。藏書票題"Gift of Mr. and Mrs. Arthur F. Wright"。另有複本二，書號Fv3148 2716.88C，九十六册；書號Fv3148 2716.88B，七十四册，存卷一至三十二、五十六至一百八十四。

[光緒]吉林通志一百二十二卷圖一卷　　　Fv3120 +0.88

〔清〕長順　訥欽修　〔清〕李桂林　顧雲纂

清光緒十七年（1891）刻本

四十九册

框19.5×15.4釐米。10行22字。黑口，四周單邊，雙魚尾。

[乾隆]江南通志二百卷首四卷　　　Fv3203 3142.83

〔清〕尹繼善等總裁　〔清〕黃之雋等纂修

清乾隆刻本

八十册

框20.8×14.7釐米。11行23字。白口, 左右雙邊, 單黑魚尾。版心上鐫書名, 中鐫卷次及小題。

[光緒]安徽通志三百五十卷補遺十卷

Fv3198 +3424.88

〔清〕何紹基等纂

清光緒三年(1877)刻本

一百二十册

框21.5×15釐米。12行26字, 小字雙行同。白口, 四周雙邊, 單魚尾。

[道光]重纂福建通志二百七十八卷首七卷附補采福建全省列女附志不分卷

Fv3222 +3614.85

〔清〕孫爾準等修 〔清〕陳壽祺纂
〔清〕程祖洛等續修 〔清〕魏敬中續纂
(列女附志)〔清〕林鴻年等纂

清同治七至十年(1868—1871)福建正誼書院刻本

一百三十九册

框23×16釐米。11行25字。白口, 四周雙邊, 單魚尾。牌記題"同治戊辰春鐫/正誼書院藏板"。

[光緒]江西通志一百八十卷首五卷

Fv3193 3116.88

〔清〕劉坤一修 〔清〕劉繹 趙之謙纂

清光緒七年(1881)江西刻本

一百二十册

框19.9×14.6釐米。12行23字, 小字雙行同。黑口, 四周雙邊, 雙魚尾。牌記題"光緒六年六月梥七年六月成"。據清雍正十年(1732)刻本重修。

[道光]廣東通志三百三十四卷首一卷

Fv3228 0859.84

〔清〕阮元等修 〔清〕陳昌齊等纂

清同治三年(1864)刻本

一百八十二册

20.5×14.7釐米。11行21字。黑口, 四周雙邊, 雙魚尾。牌記題"同治甲子二月重刊"。

[光緒]廣西通志二百七十九卷首一卷

Fv3236 0816.84

〔清〕胡虔等纂 〔清〕謝啓昆修

清光緒十七年(1891)桂垣書局刻本

七十九册

框21×14.5釐米。11行21字。黑口, 四周雙邊, 雙魚尾。版心鐫書名、卷次及小題。據清嘉慶六年(1801)刻本補刻。

[嘉慶]四川通志二百四卷首二十二卷

Fv3178 6122.84

〔清〕常明等修 〔清〕楊芳燦等纂

清嘉慶二十一年(1816)刻本

一百六十册

框22×15.5釐米。9行21字。白口, 四周雙邊, 單黑魚尾。

[康熙]貴州通志三十七卷

Fv3243 +5832.81

〔清〕衛既齊總裁 〔清〕薛載德纂
〔清〕閻興邦補修

清康熙三十六年(1697)刻本

十八册

框24.5×17.9釐米。10行20字。白口, 四周雙邊, 單黑魚尾。版心上鐫書名及小題, 中鐫卷次。藏書票題"From the library of Colonel E. Francis Riggs, USA,

Yale 1909/Gift of his brother The Reverend T. Lawrason Riggs, Yale 1910"。

[乾隆]貴州通志四十六卷首一卷

Fv3243 5832.83

〔清〕鄂爾泰總裁　〔清〕靖道謨杜詮纂修

清乾隆六年(1741)刻嘉慶補刻本

二十冊

框20.1×14.5釐米。11行21字。白口，四周雙邊，單黑魚尾。版心上鎸書名，中鎸卷次及小題。

[道光]雲南通志稿二百十六卷首三卷

Fv3248 1342.85

〔清〕阮元等修　〔清〕王崧等纂

清道光十五年(1835)雲南督署刻本

一百十二冊

框22.1×16.2釐米。10行22字，小字雙行同。白口，四周雙邊，單黑魚尾。"凡例"末題"始於道光六年/刊稿於十五年"。另有複本一，書號Fv2224.4 +4405，存卷一百八十二至一百八十七、《南蠻志》三之一至三之六。

[嘉慶]衛藏通志十六卷首一卷

Fv3290 0.9821

〔清〕和琳纂修

清光緒二十二年(1896)桐廬漸西村舍刻本

八冊

框19×13.7釐米。10行21字，小字雙行同。白口，左右雙邊，單魚尾。版心下鎸"漸西村舍"。牌記題"光緒丙申用寫本梁/漸西村舍"。

[雍正]陝西通志一百卷

Fv3153 +7316.82

〔清〕劉於義等監修　〔清〕沈青崖編輯

清雍正刻後印本

一百冊

框22×16.5釐米。12行26字。白口，四周雙邊，單黑魚尾。版心上鎸書名，中鎸卷次及小題。雍正十三年(1735)劉於義"進表"。"弘"字避諱。

[宣統]甘肅新通志一百卷首五卷

Fv3158 4752.89

〔清〕升允 長庚修　〔清〕安維峻纂

清宣統元年(1909)刻本(有抄補)

十七冊

框21.6×16.8釐米。12行26字。白口，四周雙邊，單黑魚尾。

[乾隆]續修臺灣府志二十六卷首一卷

Fv3470 4132.8

〔清〕余文儀修　〔清〕黃佾纂

清同治十一年(1872)補刻本

十二冊

框19.9×15.3釐米。11行22字，小字雙行同。白口，四周雙邊，單黑魚尾。版心上鎸"臺灣府志"，中鎸卷次及篇名。鈐"慶應義塾圖書館印"印。藏書票題"Gift of Mr. and Mrs. Arthur F. Wright"。

[光緒]順天府志一百三十卷附錄一卷

Fv3129 +2241

〔清〕周家楣修　〔清〕張之洞 繆荃孫纂

清光緒十至十二年(1884—1886)刻本

六十四册

框20.8×15.9釐米。12行25字,小字雙行同。黑口,四周單邊,雙魚尾。内封鐫"光緒順天府志百卅卷"。牌記題"光緒甲申仲冬開雕/丙戌季夏畢工"。

[光緒]延慶州志十二卷首一卷末一卷
DS793 C25 C32

〔清〕何道增等修　〔清〕張惇德纂輯

清光緒六年(1880)刻本

十册

框18.5×13.5釐米。10行22字,小字雙行同。白口,四周雙邊,單魚尾。鈐"後耕堂藏書記"印。藏書票題"Gift of Mr. and Mrs. Arthur F. Wright"。

[乾隆]延慶衛志略二卷
Fv3270 1404.83

〔清〕周碩勳編　〔清〕李士宣修

清末抄本

二册

無框,10行21字,小字雙行不等。藏書票題"Gift of Mr. and Mrs. Arthur F. Wright"。

[光緒]良鄉縣志八卷　DS793 H6 L5

〔清〕陳嵋 范履福修　〔清〕黄儒荃纂

清光緒十五年(1889)刻本

六册

框19×13.8釐米。8行20字,小字雙行同。白口,四周雙邊,單黑魚尾。1968年6月購自李宗侗。

[乾隆]口北三廳志十六卷首一卷
Fv3270 1336.8

〔清〕黄可潤纂

清乾隆二十三年(1758)刻本

八册

框17.6×14.7釐米。10行22字。白口,左右單邊,單黑魚尾。版心上鐫書名,中鐫卷次及小題。藏書票題"Gift of Mr. and Mrs. Arthur F. Wright"。

[康熙]宣化縣志三十卷
DS796 H782 H73 1711

〔清〕陳坦修

清康熙五十年(1711)刻乾隆補修本

六册

框22×14.3釐米。9行21字。白口,四周雙邊,單黑魚尾。版心上鐫書名,中鐫卷次及小題。卷末附雍正十三年(1735)豁免宣化府門税牌記。文末題"宣化城内煙商郝振民/雜貨商高崇謹續"。"弘""曆"兩字挖改避諱。

[乾隆]宣化府志四十二卷首一卷
DS796 H782 H7 1757

〔清〕吳廷華等總修　〔清〕王者輔等總裁

清乾隆八年(1743)刻二十二年(1757)補修本(卷首抄配)

八册

框18.4×14.7釐米。10行22字。白口,左右雙邊,單黑魚尾。版心上鐫書名,中鐫卷次。藏書票題"From the library of Arthur F. Wright 1913—1976 Charles Seymour Professor of History"。存卷一至十八。

[乾隆]赤城縣志八卷末一卷
Fv3270 +4345.8

〔清〕孟思誼纂修

清乾隆十二年（1747）刻二十四年
（1759）黃紹七補刻本

四冊

框18×14.8釐米。10行22字。白口，
左右雙邊，單黑魚尾。版心上鎸書名，中
鎸卷次及子目。藏書票題"Gift of Mr.
and Mrs. Arthur F. Wright"。

[嘉定]赤城志四十卷　　Fv3210 4345.5

〔宋〕陳耆卿撰

清嘉慶二十三年（1818）臨海宋氏刻本

四冊

台州叢書

框17.7×12.9釐米。10行20字。白口，
左右雙邊，單黑魚尾。

[乾隆]萬全縣志十卷　　Fv3270 4281.8

〔清〕左承業纂修

清乾隆十年（1745）刻道光十四年
（1834）重修本

六冊

框17.7×14.4釐米。10行21字。白口，四
周雙邊，單黑魚尾。版心上鎸書名，中鎸卷
次及小題。卷端下鎸"道光甲午重修"。藏書
票題"Gift of Mr. and Mrs. Arthur F. Wright"。

[乾隆]蔚縣志三十一卷　　Fv3270 4469.8

〔清〕王育橺纂修

清乾隆四年（1739）刻本

四冊

框19.3×14.8釐米。10行22字，小字
雙行36至37字。白口，左右雙邊，單黑魚
尾。版心上鎸書名，中鎸卷次及小題。含
單刻彩圖一頁。藏書票題"Gift of Mr.
and Mrs. Arthur F. Wright"。

[道光]保安州志八卷

　　　　　　　　Fv3270 3301.8 1—4

〔清〕楊桂森纂修

清道光十五年（1835）刻本

四冊

框19.8×14.8釐米。10行22字，小字
雙行同。白口，左右雙邊，單魚尾。內封
鎸"道光乙未重修/板藏州署"。與光緒
《保安州續志》同函。

[光緒]保安州續志四卷首一卷

　　　　　　　　Fv3270 3301.8 1—4

〔清〕張毓生 尋鑾晉纂修

清光緒三年（1877）刻本

一冊

框19.8×14.8釐米。10行22字，小字
雙行同。白口，左右雙邊，單魚尾。內封
鎸"光緒丁丑秋鎸/板藏州署"。與道光
《保安州志》合函。

[光緒]懷安縣志八卷首一卷末一卷

　　　　　　　　DS793 C25 C3

〔清〕蔭禄修　〔清〕程燮奎纂

清光緒二年（1876）刻本

四冊

框18.6×14.3釐米。10行22字，小字
雙行同。白口，四周雙邊，單魚尾。內封鎸
"光緒二年丙子續修"。藏書票題"Gift
of Mr. and Mrs. Arthur F. Wright"。

[光緒]懷來縣志十八卷首一卷

　　　　　　　　DS793 C25 H8

〔清〕席之瓚纂　〔清〕朱乃恭修

清光緒八年（1882）刻本

六册

框19×14.5釐米。10行23字，小字雙行同。黑口，四周雙邊，單魚尾。鈐“後耕堂藏書記”印。藏書票題“Gift of Mr. and Mrs. Arthur F. Wright”。

[光緒]蔚州志二十卷首一卷

DS793.C25 Y35

〔清〕慶之金 楊篤纂輯

清光緒三年（1877）蔚州州署刻本

八册

框18×14.3釐米。10行23字，小字雙行同。白口，四周雙邊，單魚尾。内封鐫“光緒三年正月刻於蘿川公廨”。藏書票題“Gift of Mr. and Mrs. Arthur F. Wright”。

[光緒]屯留縣志八卷首一卷

DS793.S3 Y3

〔清〕楊篤等纂修

清光緒十一年（1885）刻本

八册

框18.1×13.7釐米。10行21字。白口，四周雙邊，單魚尾。内封鐫“光緒乙酉孟冬刊/縣署藏板”。藏書票題“Gift of Mr. and Mrs. Arthur F. Wright”。

[乾隆]長治縣志二十八卷

Fv3150 7336.8

〔清〕吳九齡修輯

清乾隆二十八年（1763）刻後印本

十册

框19.4×14.3釐米。9行22字。白口，四周雙邊，單黑魚尾。版心上鐫書名，中鐫卷次及小題。藏書票題“Gift of Mr.

and Mrs. Arthur F. Wright”。

[光緒]長治縣志八卷首一卷

DS793.S3 Y31

〔清〕李楨等修 〔清〕楊篤纂

清光緒二十年（1894）刻本

十册

框18.7×13.9釐米。10行23字。白口，四周雙邊，單魚尾。内封鐫“續修長治縣志八卷”。牌記題“歲在光緒閼逢敦牂相月鐫畢”。藏書票題“Gift of Mr. and Mrs. Arthur F. Wright”。

[光緒]潞城縣志四卷首一卷

DS793.S3 Y32

〔清〕崔曉然修 〔清〕楊篤纂

清光緒十一年（1885）刻本

八册

框18.4×13.5釐米。10行21字，小字雙行同。黑口，四周雙邊，單魚尾。内封鐫“光緒乙酉仲春刊/縣署藏板”。藏書票題“Gift of Mr. and Mrs. Arthur F. Wright”。

[乾隆]重修襄垣縣志八卷

Fv3150 0341.8

〔清〕李廷芳編輯

清乾隆四十七年（1782）刻本

八册

框19.1×13.9釐米。10行21字。白口，四周雙邊，單黑魚尾。版心上鐫“襄垣縣志”，中鐫卷次及小題。内封鐫“乾隆四十七年重修/襄垣縣志”。藏書票題“Gift of Mr. and Mrs. Arthur F. Wright”。

[乾隆]武鄉縣志六卷首一卷

Fv3150 1422.8

〔清〕白鶴修

清乾隆五十五年（1790）刻本

六冊

框18.8×13.9釐米。9行22字。白口，四周雙邊，單黑魚尾。版心上鎸書名，中鎸卷次及小題。藏書票題"Gift of Mr. and Mrs. Arthur F. Wright"。

[康熙]黎城縣志四卷

Fv3150 2345.8

〔清〕程大夏修　〔清〕李御 李吉纂

清康熙二十一年（1682）刻乾隆增刻後印本

四冊

框20.4×14.8釐米。9行20字。白口，四周雙邊，單黑魚尾。版心上鎸書名，中鎸卷次及小題。藏書票題"Gift of Mr. and Mrs. Arthur F. Wright"。

[道光]壺關縣志十卷續二卷

Fv3150 4177.8

〔清〕茹金纂修　〔清〕申瑤纂

清道光十四年（1834）刻本

八冊

框17.8×13.9釐米。10行21字。白口，四周雙邊，單黑魚尾。內封鎸"道光甲午冬鎸/壺關縣志/官衙藏板"。藏書票題"Gift of Mr. and Mrs. Arthur F. Wright"。

[嘉慶]長子縣志二十一卷首一卷

Fv3150 7314.8

〔清〕劉樾修　〔清〕樊兌纂

清嘉慶二十一年（1816）刻本

八冊

框17.7×13.9釐米。10行21字，小字雙行同。白口，四周雙邊，單魚尾。藏書票題"Gift of Mr. and Mrs. Arthur F. Wright"。

[光緒]渾源州續志十卷附恒山續志一卷

DS793 S3 H6

〔清〕賀澍恩修　〔清〕程續纂

清光緒七年（1881）刻本

七冊

框18.8×14.5釐米。9行22字。白口，左右雙邊，單魚尾。內封鎸"光緒辛巳鎸/州署藏板"。藏書票題"Gift of Mr. and Mrs. Arthur F. Wright"。

[乾隆]渾源州志十卷

Fv3150 3539.8

〔清〕桂敬順纂修　〔清〕孔廣培增補

清乾隆二十八年（1763）刻同治九年（1870）孔廣培增刻本

五冊

框18.8×14.6釐米。9行20字。白口，左右雙邊，單黑魚尾。版心上鎸書名，中鎸卷次及小題。內封鎸"乾隆癸未重鎸/渾源州志/州署藏板"。藏書票題"Gift of Mr. and Mrs. Arthur F. Wright"。

[乾隆]廣靈縣志十卷首一卷末一卷 [光緒]廣靈縣補志十卷首一卷末一卷

Fv3150 0811.8

〔清〕郭磊纂修

清乾隆十九年（1754）刻光緒七年（1881）印本

六冊

框19.6×15釐米。10行22字。白口，四周雙邊，單黑魚尾。版心上鎸書名，中鎸卷次及小題。内封鎸"乾隆甲戌年鎸"。

[康熙]靈邱縣志四卷　　Fv3150 1172.8
〔清〕宋起鳳編輯　　〔清〕岳宏譽重訂
清康熙二十三年(1684)刻乾隆增刻光緒八年(1882)印本
四册
框19×13.5釐米。9行20字。白口，左右雙邊，單黑魚尾。版心上鎸"靈□縣志"，中鎸卷次。

[光緒]左雲縣志十卷　Fv3150 4113.8
〔清〕李翼聖纂　　〔清〕余卜頤增修
〔清〕藺炳章增纂
清末石印本
四册
藏書票題"Gift of Mr. and Mrs. Arthur F. Wright"。

[乾隆]大同府志三十二卷首一卷
　　　　　　Fv3150 4372.8
〔清〕吳輔宏纂輯　　〔清〕文光校正
清乾隆四十七年(1782)刻清末印本
十四册
框18.4×14.8釐米。10行22字。白口，四周雙邊，單黑魚尾。版心上鎸書名，中鎸卷次及小題。藏書票題"Gift of Mr. and Mrs. Arthur F. Wright"。

[道光]大同縣志二十卷首一卷末一卷
　　　　　　Fv3150 4372.85
〔清〕黎中輔纂修
清道光十年(1830)大同縣署刻本
八册

框20×14.7釐米。10行25字。白口，四周雙邊，單黑魚尾。内封鎸"本衙藏板"。藏書票題"Gift of Mr. and Mrs. Arthur F. Wright"。另有複本一，書號Fv3150 4372.85B，二册。

[雍正]陽高縣志六卷　　Fv3150 7202.8
〔清〕房裔蘭總裁　　〔清〕蘇之芬纂修
清雍正刻本
四册
框22.2×15.2釐米。9行21字，小字雙行同。白口，四周單邊，單黑魚尾。版心上鎸書名，中鎸卷次及小題。藏書票題"Gift of Mr. and Mrs. Arthur F. Wright"。

[光緒]汾陽縣志十四卷首一卷
　　　　　　DS793 S3 L53
〔清〕方家駒修　　〔清〕王文員纂
清光緒十年(1884)汾陽縣署刻本
十册
框19.4×13.2釐米。10行21字。白口，左右雙邊，單黑魚尾。藏書票題"Gift of Mr. and Mrs. Arthur F. Wright"。

[乾隆]汾陽縣志十四卷首一卷
　　　　　　Fv3150 3272.83
〔清〕李文起纂修　　〔清〕戴震纂
清乾隆三十七年(1772)刻本
八册
框19.6×13.4釐米。10行21字。白口，左右雙邊，單黑魚尾。版心上鎸書名，中鎸卷次及小題。藏書票題"Gift of Mr. and Mrs. Arthur F. Wright"。

[咸豐]汾陽縣志十四卷

Fv3150 3272.86

〔清〕周貽纓修

清咸豐元年（1851）汾陽縣署刻本

八冊

框18.6×13.4釐米。10行21字。白口，四周雙邊，單黑魚尾。版心上鐫書名，中鐫卷次及小題。藏書票題"Gift of Mr. and Mrs. Arthur F. Wright"。

[乾隆]汾州府志三十四卷首一卷

Fv3149 3232.83B

〔清〕孫和相纂修　〔清〕戴震纂

清乾隆三十六年（1771）刻本

十六冊

框20.1×14釐米。10行21字。白口，左右雙邊，單黑魚尾。版心上鐫書名，中鐫卷次及小題。藏書票題"From the library of Colonel E. Francis Riggs, USA, Yale 1909/Gift of his brother The Reverend T. Lawrason Riggs, Yale 1910"。另有複本一，書號Fv3149 3232.83，應係後印本，藏書票題"Gift of Mr. and Mrs. Arthur F. Wright"，鈐"武昌柯逢時收藏圖記"印。

[同治]陽城縣志十八卷首一卷

DS793.S3 T3

〔清〕賴昌期修　〔清〕譚澐 盧廷棻纂

清同治十三年（1874）陽城縣署刻本

八冊

框20.5×14.5釐米。9行25字。白口，四周雙邊，單魚尾。藏書票題"Gift of Mr. and Mrs. Arthur F. Wright"。

[乾隆]陽城縣志十六卷　Fv3150 7245.8

〔清〕楊善慶總修　〔清〕田懋彙輯

清乾隆二十年（1755）刻本

八冊

框19.7×14.5釐米。9行22字。白口，四周雙邊，單黑魚尾。版心上鐫書名，中鐫卷次及小題。藏書票題"Gift of Mr. and Mrs. Arthur F. Wright"。

[乾隆]高平縣志二十二卷首一卷末一卷

Fv3150 0214.8

〔清〕傅德宜修　〔清〕戴純纂

清乾隆三十九年（1774）刻光緒六年（1880）印本

八冊

框19.9×13.8釐米。10行22字。白口，四周雙邊，單黑魚尾。版心上鐫書名，中鐫卷次及小題。藏書票題"Gift of Mr. and Mrs. Arthur F. Wright"。

[嘉靖]三關誌十卷　Fv3150 +1177.7

〔明〕廖希顏修

清傳抄本（據明嘉靖二十四年刻本）

四冊

無框格。8行18字，小字雙行同。內頁記載"67 Mr/Mrs. Arthur F. Wright"。存五卷（《地里總考》《武備考》《兵食考》《馬政考》《官師考》）。

[光緒]壽陽縣志十三卷首一卷

DS793 S3 C32

〔清〕白昶 馬家鼎修　〔清〕張嘉言等纂

清光緒八年（1882）會元齋刻本

六冊

框18.5×14釐米。10行21字。白口，四周雙邊，單黑魚尾。内封鐫"光緒己卯續修/板存受川書院"。藏書票題"Gift of Mr. and Mrs. Arthur F. Wright"。

[乾隆]太谷縣志八卷　　Fv3150 +4386.8

〔清〕郭晋總裁　〔清〕管粤秀纂修

清乾隆六十年（1795）刻本

八册

框19.4×14.4釐米。9行20字。白口，四周雙邊，單黑魚尾。版心上鐫書名，中鐫卷次及子目。藏書票題"Gift of Mr. and Mrs. Arthur F. Wright"。

[光緒]太谷縣志八卷首一卷末一卷

DS793.S3 W37

〔清〕恩浚修　〔清〕王效尊纂

清光緒十二年（1886）太谷縣署刻本

八册

框18.5×13.5釐米。9行20字。白口，四周雙邊，單魚尾。内封鐫"光緒丙戌重修/鳳山書院藏板"。藏書票題"Gift of Mr. and Mrs. Arthur F. Wright"。

[嘉慶]靈石縣志十二卷　　Fv3150 1116.8

〔清〕王志瀜修　〔清〕黄憲臣纂

清嘉慶二十二年（1817）刻本

六册

框21.5×15.3釐米。9行22字。白口，四周雙邊，單黑魚尾。内封鐫"嘉慶二十二年纂修/本衙藏板"。藏書票題"Gift of Mr. and Mrs. Arthur F. Wright"。

[光緒]祁縣志十六卷　　Fv3150 3269.8

〔清〕劉發岉修　〔清〕李芬纂

清光緒八年（1882）刻本

十册

框19.2×14.2釐米。9行21字。白口，四周雙邊，單黑魚尾。藏書票題"Gift of Mr. and Mrs. Arthur F. Wright"。

[嘉慶]介休縣志十四卷　　Fv3150 8229.8

〔清〕徐品山 陸元鏸纂修

清嘉慶二十四年（1819）刻本

八册

框19.3×14釐米。10行21字，小字雙行同。白口，四周雙邊，單魚尾。藏書票題"Gift of Mr. and Mrs. Arthur F. Wright"。

[乾隆]續修曲沃縣志八卷

Fv3150 5633.8

〔清〕侯長熺修　〔清〕王安恭纂

清嘉慶二年（1797）曲沃縣署刻本

八册

框18.4×14.5釐米。9行25字。白口，四周雙邊，單黑魚尾。内封鐫"嘉慶丙辰年鐫/本衙藏板"。

[光緒]續修曲沃縣志三十二卷

DS793 S3 C33

〔清〕張鴻逵纂　〔清〕茅丕熙修

清光緒六年（1880）曲沃縣署刻本

六册

框18.4×14.7釐米。9行25字，小字雙行同。白口，四周雙邊，單魚尾。内封鐫"曲沃縣志/本衙藏板"。藏書票題"Gift of Mr. and Mrs. Arthur F. Wright"。

[光緒]汾西縣志八卷首一卷

DS793 S3 C46

〔清〕馮安瀾總纂　　〔清〕周鳳翩等
參訂

清光緒八年（1882）汾西縣署刻本
（有抄補）

四册

框19.8×15.5釐米。9行22字，小字
雙行同。白口，上下雙邊，單黑魚尾。内
封鐫"光緒八年壬午/官衙藏板"。藏書
票題"Gift of Mr. and Mrs. Arthur F.
Wright"。

[同治]浮山縣志三十四卷　DS793 S3 C5

〔清〕慶鍾纂修

清同治十三年（1874）浮山縣署刻本

八册

框19.9×14.1釐米。8行22字，小字雙行
同。白口，四周雙邊，單黑魚尾。藏書票題
"Gift of Mr. and Mrs. Arthur F. Wright"。

[光緒]翼城縣志二十八卷

DS793.S3 W3

〔清〕王耀章等纂修

清光緒七年（1881）刻本

八册

框21.8×16.4釐米。9行22字。白口，
四周雙邊，單魚尾。藏書票題"Gift of
Mr. and Mrs. Arthur F. Wright"。

[道光]直隸霍州志二十五卷首一卷

Fv3150 1132.8 1—10

〔清〕崔允昭纂修

清道光六年（1826年）刻本

十册

框18.1×14釐米。9行21字。白口，左
右雙邊，單黑魚尾。内封鐫"道光五年重

修/本署藏板"。藏書票題"Gift of Mr.
and Mrs. Arthur F. Wright"。與《續刻
直隸霍州志》同函。

[光緒]續刻直隸霍州志二卷

Fv3150 1132.8 11—12

〔清〕楊立旭修　　〔清〕白天章等纂

清光緒六年（1880）刻本

二册

框18.2×13.4釐米。9行21字。白口，
左右雙邊，單黑魚尾。内封鐫"光緒六年
續修/本署藏板"。藏書票題"Gift of Mr.
and Mrs. Arthur F. Wright"。與《直隸
霍州志》同函。

[道光]趙城縣志三十七卷首一卷

Fv3150 4845.8

〔清〕楊延亮纂修

清道光七年（1827）刻本

七册

框19.8×13.7釐米。9行22字。白口，
四周雙邊，單黑魚尾。藏書票題"Gift of
Mr. and Mrs. Arthur F. Wright"。存卷
四至三十七。

[嘉慶]臨汾縣學志二卷　Fv3150 7632.84

〔清〕卞珩纂輯

清嘉慶九年（1804）刻本

二册

框18×14.1釐米。10行22字。白口，四
周雙邊，單黑魚尾。版心上鐫書名，中鐫
卷次。藏書票題"Gift of Mr. and Mrs.
Arthur F. Wright"。

[康熙]猗氏縣志八卷 [同治]續猗氏縣志四卷 [光緒]續猗氏縣志二卷

      Fv3150 +4274.8 1—8

〔清〕潘鉞纂輯 〔清〕宋之樹重輯（同治續志）〔清〕周之楨續 （光緒續志）〔清〕徐浩續

清康熙五十六年（1717）刻雍正續修光緒六年（1880）合印本

八册

框21.7×15.1釐米。10行22字。白口，左右雙邊，單黑魚尾。版心上鎸書名，中鎸卷次及小題。一至四册爲康熙《志》，五至六册爲同治續修《志》，七至八册爲光緒續修《志》。"真""曆""寧"字避諱。藏書票題"Gift of Mr. and Mrs. Arthur F. Wright"。

[光緒]文水縣志三十二卷首一卷末一卷

      DS793.S3 Y55

〔清〕范啓堃修

清光緒九年（1883）刻本

六册

框19×13.7釐米。10行22字。白口，四周雙邊，單魚尾。内封鎸"光緒九年重修/本衙藏板"。藏書票題"Gift of Mr. and Mrs. Arthur F. Wright"。

[康熙]交城縣志十八卷首一卷

      Fv3150 0445.8

〔清〕趙鳳鑒定 〔清〕洪璟纂修

清康熙四十八年（1709）刻清末印本

六册

框18.3×14釐米。9行20字。白口，四周雙邊，單黑魚尾。版心上鎸書名，中鎸卷次。藏書票題"Gift of Mr. and Mrs.

Arthur F. Wright"。

[乾隆]孝義縣志二十卷

      Fv3150 +4485.8

〔清〕鄧必安重修 〔清〕鄧常纂

清乾隆三十五年（1770）刻本

四册

框18×14.5釐米。10行20字。白口，左右雙邊，單黑魚尾。版心上鎸書名，中鎸子目。目録卷端題"乾隆三十五年知縣鄧必安重修"。藏書票題"Gift of Mr. and Mrs. Arthur F. Wright"。

[康熙]臨縣志八卷   Fv3150 7669.8

〔清〕楊飛熊總裁 〔清〕崔鶴齡纂修

清康熙五十七年（1718）刻嘉慶間補刻本

八册

框19.6×14.1釐米。9行20字。白口，四周雙邊，單黑魚尾。版心上鎸書名，中鎸卷次。"寧"字未諱。藏書票題"Gift of Mr. and Mrs. Arthur F. Wright"。

[光緒]平遥縣志十二卷首一卷

      DS793.S3 W83+ Oversize

〔清〕恩端修 〔清〕武達材 王舒莘纂

清光緒八年（1882）刻本

十册

框21.8×14.5釐米。9行22字，小字雙行同。白口，四周雙邊，單魚尾。内封鎸"張大中丞鑒定/縣署藏板/光緒八年續修"。藏書票題"Gift of Mr. and Mrs. Arthur F. Wright"。

[光緒]懷仁縣新志十三卷首一卷

　　　　　　　　DS793 S3 H36

〔清〕李長華修　〔清〕郝敦園等
纂輯

　　清光緒三十二年（1906年）抄本

　　十冊

　　框21.5×14.3釐米。9行22字, 小字雙
行同。白口, 四周雙邊, 單魚尾。内封記載
“62, Mr. and Mrs. Arthur F. Wright”。

[萬曆]馬邑縣志二卷

　　DS797.75.S587 M39 1608 Oversize

〔明〕宋子質編纂

　　明萬曆三十六年（1608）刻本

　　二冊

　　框18.6×13.5釐米。10行24字, 小字
雙行同。白口, 四周雙邊, 單黑魚尾。版
心上鎸書名, 中鎸卷次。

[崇禎]山陰縣誌六卷　　Fv3150 2773.7

〔明〕劉以守纂修

　　清抄本（據明崇禎三年刻本）

　　四冊

　　7行20字, 小字雙行同, 無格。藏書
票題“Gift of Mr. and Mrs. Arthur F.
Wright”。

[雍正]朔平府志十二卷　　Fv3150 4611.8

〔清〕劉士銘纂輯

　　清雍正十一年（1733）刻本

　　十冊

　　框19.4×14.4釐米。9行22字。白口,
四周雙邊, 單黑魚尾。版心上鎸書名, 中
鎸卷次及小題。藏書票題“Gift of Mr.
and Mrs. Arthur F. Wright”。

[雍正]朔州志十二卷　　Fv3150 8232.8

〔清〕汪嗣聖修　〔清〕王霨彙纂

　　清雍正十三年（1735）刻本

　　十冊

　　框19.2×13.8釐米。9行22字。白口,
四周雙邊, 單黑魚尾。版心上鎸書名, 中
鎸卷次及小題。藏書票題“Gift of Mr.
and Mrs. Arthur F. Wright”。

[道光]太原縣志十八卷　　Fv3150 4379.8

〔清〕員佩蘭修　〔清〕楊國泰纂

　　清道光六年（1826）太原縣署刻本

　　六冊

　　框20.4×14.9釐米。10行22字。白
口, 四周雙邊, 單黑魚尾。内封鎸“道光
六年重修/中州員紉菴纂輯/本署藏板”。
藏書票題“Gift of Mr. and Mrs. Arthur
F. Wright”。

[光緒]續太原縣志二卷　　DS796 T3 H8

〔清〕薛元釗修　〔清〕王效尊纂

　　清光緒八年（1882）太原縣署刻本

　　二冊

　　框19.7×15釐米。10行22字, 小字雙
行同。白口, 四周雙邊, 單黑魚尾。内封鎸
“光緒八年續修/宛南薛菊村纂輯/本署
藏板”。藏書票題“Gift of Mr. and Mrs.
Arthur F. Wright”。

[道光]新修陽曲縣志十六卷

　　　　　　　　Fv3150 7256 8

〔清〕李培謙監修　〔清〕張廷銓編
次　〔清〕閻士驤等纂輯

　　清道光二十三年（1843）山西文興齋
葛英繁刻本

十册

框18.4×12.9釐米。9行23字, 小字雙行同。白口, 四周雙邊, 單黑魚尾。版心上鎸書名, 中鎸卷次及小題。内封鎸"道光二十三年采/版藏儒學東齋"。牌記題"省城文興齋葛英繁錈版"。藏書票題"Gift of Mr. and Mrs. Arthur F. Wright"。

[康熙]隰州志二十四卷 [光緒]續修隰州志四卷　　　　Fv3150 7369.8

〔清〕錢以塏纂修　（光緒志）〔清〕崔澄寰修　〔清〕王嘉會纂

清康熙四十八年（1709）刻光緒二十四年（1898）續修合印本

八册

框20×13.7釐米。9行21字。白口, 四周單邊, 單黑魚尾。版心上鎸書名, 中鎸卷次及小題。書中"凡例"言刻書地在隰州。一至四册爲康熙《志》, 五至八册爲光緒續《志》。藏書票題"Gift of Mr. and Mrs. Arthur F. Wright"。

[光緒]夏縣志十卷首一卷

DS793 S3 C35

〔清〕黄緒榮 萬啓鈞修　〔清〕張承熊纂

清光緒六年（1880）刻本

四册

框19.5×14.1釐米。10行21字, 小字雙行同。黑口, 四周雙邊, 單黑魚尾。藏書票題"Gift of Mr. and Mrs. Arthur F. Wright"。

[同治]河曲縣志八卷　DS793 S3 C312

〔清〕金福增修　〔清〕張兆魁 金鍾彦纂

清同治十一年（1872年）刻本

八册

框19.5×15釐米。9行25字, 小字雙行同。白口, 四周雙邊, 單黑魚尾。内封鎸"同治壬申重鎸/板存河曲縣署"。

[乾隆]忻州志六卷　　　Fv3150 9269.8

〔清〕周人龍撰　〔清〕竇容邃補輯

清乾隆十二年（1747）刻本

六册

框20.1×13.3釐米。10行22字。白口, 左右雙邊, 單黑魚尾。版心上鎸書名, 中鎸卷次及小題。藏書票題"Gift of Mr. and Mrs. Arthur F. Wright"。

[光緒]忻州志四十二卷

DS793 S3 F35+ Oversize

〔清〕方戊昌修　〔清〕方淵如纂

清光緒六年（1880）刻本

八册

框19.2×13.5釐米。10行22字, 小字雙行同。白口, 四周雙邊, 單黑魚尾。内封鎸"光緒六年歲次庚辰清和節重修/本衙藏板"。

[光緒]定襄縣補志十三卷

DS793 S3 H85

〔清〕鄭繼修修　〔清〕邢澍田纂

清光緒六年（1880）定襄縣署刻本

八册

框17.8×13.3釐米。9行21字, 小字雙行同。白口, 四周雙邊, 單魚尾。内封鎸"光緒庚辰年梅月新鎸"。藏書票題"Gift of Mr. and Mrs. Arthur F. Wright"。

[光緒]岢嵐州志十二卷　DS793.S3 S35

〔清〕吳光熊修　〔清〕史文炳纂

清光緒傳抄本

六册

無框。9行字數不一。藏書票題 "Gift of Mr. and Mrs. Arthur F. Wright"。

[光緒]神池縣志十卷首一卷

DS793.S3 T8

〔清〕崔長清修

清光緒六年（1880）抄本

六册

無框。9行20字。内襯《乾隆府廳州縣圖志》。藏書票題 "Gift of Mr. and Mrs. Arthur F. Wright"。

[乾隆]五臺縣志八卷　Fv3150 1141.8

〔清〕王秉韜編纂

清乾隆四十五年（1780）刻後印本

四册

框19.3×15釐米。9行21字。白口，四周雙邊，單黑魚尾。版心上鐫書名，中鐫卷次。藏書票題 "Gift of Mr. and Mrs. Arthur F. Wright"。

[光緒]五臺新志四卷首一卷

DS793.S3 W35

〔清〕徐繼畬修　〔清〕孫汝明 王步墀續修

清光緒九年（1883）刻本

四册

框18.3×13.3釐米。9行20字，小字雙行同。黑口，四周雙邊，單魚尾。内封鐫 "光緒九年四月校刊/崇實書院藏板"。

[光緒]代州志十二卷首一卷

DS793.S3 Y34

〔清〕俞廉三修　〔清〕楊篤纂

清光緒八年（1882）代山書院刻本

六册

框22×13.7釐米。10行23字，小字雙行同。白口，四周雙邊，單魚尾。内封鐫 "光緒八年九月梓於代山書院"。藏書票題 "Gift of Mr. and Mrs. Arthur F. Wright"。

[光緒]繁峙縣志四卷首一卷

DS793.S3 Y36

〔清〕何才价修　〔清〕楊篤纂

清光緒七年（1881）刻本

四册

框18.2×14.5釐米。9行20字，小字雙行同。白口，四周雙邊，單魚尾。藏書票題 "Gift of Mr. and Mrs. Arthur F. Wright"。

[乾隆]寧武府志十二卷首一卷

Fv3149 3214.8

〔清〕魏元樞 周景柱修

清乾隆十五年（1750）刻咸豐七年（1857）印本

七册

框19.6×14.7釐米。9行20字。白口，左右雙邊，單黑魚尾。版心上鐫書名，中鐫卷次及小題。藏書票題 "Gift of Mr. and Mrs. Arthur F. Wright"。

[乾隆]五寨縣志二卷　Fv3150 1139

〔清〕秦雄褒 朱青選彙纂

清乾隆十六年（1751）刻嘉慶十四年（1809）增刻清末印本

二册

框19.6×13.2釐米。9行20字。白口，四周雙邊，單白魚尾。版心上鎸書名，中鎸"上集"或"下集"。内封鎸"乾隆歲次辛未/居安堂藏版"。藏書票題"Gift of Mr. and Mrs. Arthur F. Wright"。

[乾隆]崞縣志八卷　　　Fv3150 2469.8

〔清〕邵豐鍭等纂修　　〔清〕賈瀛等編輯

清乾隆二十二年（1757）刻本

四册

框19.6×14.7釐米。9行19字。白口，四周雙邊，單黑魚尾。版心上鎸書名，中鎸卷次及小題。内封鎸"乾隆二十二年鎸/本衙藏板"。藏書票題"Gift of Mr. and Mrs. Arthur F. Wright"。

[雍正]定襄縣志八卷　　　Fv3150 3803.8

〔清〕王時炯重修　　〔清〕王會隆續修

清康熙刻雍正五年（1727）增補乾隆印本（卷八抄配）

八册

框20.7×14釐米。8行20字。白口，四周雙邊，單黑魚尾。版心上鎸書名，中鎸卷次及子目。内封鎸"雍正五年重續/定襄縣志"。"曆"字避諱。藏書票題"Gift of Mr. and Mrs. Arthur F. Wright"。

[康熙]静樂縣志十卷　　　Fv3150 5529.8

〔清〕黃圖昌纂修

清抄本（據清康熙三十九年刻本）

六册

9行22字，無格。"曆"字避諱。藏書

票題"Gift of Mr. and Mrs. Arthur F. Wright"。

[乾隆]盂縣志十卷首一卷末一卷

　　　　　　　Fv3150 1169.8

〔清〕馬廷俊總輯　　〔清〕吴森纂修

清乾隆四十九年（1784）刻本

八册

框19.4×14.4釐米。10行23字。白口，四周雙邊，單黑魚尾。版心上鎸書名及卷次，中鎸小題。

[光緒]盂縣志二十二卷首一卷末一卷捐輸花費目録一卷　　　DS793. S3 C34

〔清〕張嵐奇 劉鴻逵修　　〔清〕武纘緒 劉懋功纂

清光緒七年（1881）盂縣縣署刻本

十册

框19.5×14.5釐米。10行23字，小字雙行同。白口，左右雙邊，單黑魚尾。内封鎸"光緒辛巳重修/試院藏板"。藏書票題"Gift of Mr. and Mrs. Arthur F. Wright"。

[光緒]平定州志十六卷首一卷

　　　　　　　DS793 S3 C36

〔清〕賴昌期修　　〔清〕張彬纂

清光緒八年（1882）湧雲樓刻本

十七册

框17.8×12.5釐米。9行21字，小字雙行同。白口，四周雙邊，單黑魚尾。内封鎸"光緒壬午續修/平定直隸州志/湧雲樓藏板"。藏書票題"Gift of Mr. and Mrs. Arthur F. Wright"。

[同治]榆次縣志十六卷首一卷末一卷

　　　　　DS793.S3 W36+ Oversize

〔清〕俞世銓纂修

清同治二年（1863）刻本

八册

框19.9×14.9釐米。9行21字，小字雙行同。白口，四周雙邊，單魚尾。内封鐫"同治元年重修/鳳鳴書院藏板"。藏書票題"Gift of Mr. and Mrs. Arthur F. Wright"。

[光緒]榆次縣續志四卷　　DS793.S3 W4

〔清〕吳師祁等修　〔清〕黄汝梅等纂

清光緒十一年（1885）刻本

二册

框19.6×14.7釐米。10行21字。白口，四周雙邊，單魚尾。内封鐫"光緒十一年續修/續編/板存書院"。藏書票題"Gift of Mr. and Mrs. Arthur F. Wright"。

[光緒]垣曲縣志十四卷　　DS793 S3 C39

〔清〕薛元釗修　〔清〕張于鑄纂

清光緒六年（1880）垣曲縣署刻本

十四册

框19×15.5釐米。9行20字。白口，左右雙邊，單黑魚尾。内封鐫"光緒庚辰年鐫/官衙藏板"。藏書票題"Gift of Mr. and Mrs. Arthur F. Wright"。

[光緒]河津縣志十四卷首一卷

　　　　　DS793 S3 C42

〔清〕茅丕熙 楊漢章修　〔清〕程象濂 韓秉鈞纂

清光緒六年（1880）河津縣署刻本（有抄補）

十册

框17.5×15.3釐米。10行21字。白口，左右雙邊，單黑魚尾。藏書票題"Gift of Mr. and Mrs. Arthur F. Wright"。

[光緒]絳縣志二十一卷　　DS793 S3 H8

〔清〕胡延纂修

清光緒二十年（1894）刻本

四册

框21.3×14釐米。10行24字。黑口，四周雙邊，單魚尾。藏書票題"Gift of Mr. and Mrs. Arthur F. Wright"。

[光緒]永濟縣志二十四卷

　　　　　DS793 S3 L54+ Oversize

〔清〕李榮和等修　〔清〕胡仰廷等纂

清光緒十二年（1886）永濟縣署刻本

十四册

框20.2×14.5釐米。9行22字。黑口，四周雙邊，雙魚尾。内封鐫"光緒丙戌年鐫/縣署藏板"。藏書票題"Gift of Mr. and Mrs. Arthur F. Wright"。

[光緒]續修稷山縣志二卷

　　　　　DS793 S3 M3

〔清〕馬家鼎纂修

清光緒十一年（1885）刻本

四册

框18.5×15.5釐米。9行20字。白口，左右雙邊，單魚尾。藏書票題"Gift of Mr. and Mrs. Arthur F. Wright"。

[光緒]芮城縣續志四卷

　　　　　DS793.S3 W34 1—4

〔清〕馬丕瑶修　〔清〕萬啓鈞 張

承熊纂

　　清光緒六年（1880）抄本

　　四册

　　無框。10行21字，小字雙行同。藏書票
題“Gift of Mr. and Mrs. Arthur F. Wright”。

[乾隆]直隸絳州志二十卷圖考一卷

　　　　　　　　Fv3150 0225.8

　　〔清〕張成德總修　　〔清〕李友洙等
纂修

　　清乾隆三十年（1765）絳州州衙刻本

　　八册

　　框18.4×15.3釐米。10行21字。白口，
左右雙邊，單黑魚尾。版心上鎸書名，中
鎸卷次及小題。内封鎸“乾隆乙酉年鎸/
直隸絳州志/官衙藏板”。藏書票題“Gift
of Mr. and Mrs. Arthur F. Wright”。

[乾隆]蒲州府志二十四卷

　　　　　　　　Fv3150 3332.8

　　〔清〕周景柱　喬光烈總修

　　清乾隆十九至二十年（1754—1755）
蒲州府署刻本

　　十册

　　框19.6×15.5釐米。9行20字。白口，
左右雙邊，單黑魚尾。版心上鎸書名，中
鎸卷次及小題。藏書票題“Gift of Mr.
and Mrs. Arthur F. Wright”。

[乾隆]解州夏縣志十六卷首一卷

　　　　　　　　Fv3150 1469.8

　　〔清〕言如泗總修　　〔清〕李遵唐等
纂修

　　清乾隆二十九年（1764）解州州衙刻本

　　四册

解州全志

　　框18.3×15.7釐米。10行21字。白口，
左右雙邊，單黑魚尾。版心上鎸“解州全
志”，中鎸卷次及小題。卷端題“解州全
志卷之一/夏縣”。藏書票題“Gift of Mr.
and Mrs. Arthur F. Wright”。

[乾隆]解州平陸縣志十六卷首一卷

　　　　　　　　Fv3150 1471.8

　　〔清〕言如泗總修　　〔清〕韓夔典纂
修　〔清〕杜若拙等修

　　清乾隆二十九年（1764）解州州衙刻
光緒六年（1880）印本

　　四册

解州全志

　　框18.3×15.1釐米。10行21字。白口，
左右雙邊，單黑魚尾。版心上鎸“解州全
志”，中鎸卷次及小題。卷端題“解州全志
卷之一/平陸縣”。藏書票題“Gift of Mr.
and Mrs. Arthur F. Wright”。

[乾隆]解州安邑縣志十六卷首一卷

　　　　　　　　Fv3150 3461.8

　　〔清〕言如泗總修　　〔清〕吕瀡等纂修

　　清乾隆二十九年（1764）解州州衙刻本

　　四册

解州全志

　　框18.4×15.7釐米。10行21字。白口，左
右雙邊，單黑魚尾。版心上鎸“解州全志”，
中鎸卷次及小題。卷端題“解州全志卷
之一/安邑縣”。藏書票題“Gift of Mr. and
Mrs. Arthur F. Wright”。

[乾隆]解州芮城縣志十六卷

　　　　　　　　Fv3150 4245.8

〔清〕言如泗總修　〔清〕莫溥等纂修

清乾隆二十九年（1764）解州州衙刻本

四冊

解州全志

框18.6×15.4釐米。10行21字，小字雙行同。白口，左右雙邊，單黑魚尾。版心上鎸"解州全志"，中鎸"芮城縣"及小題。内封鎸"乾隆甲申年鎸/解州芮城縣志/官衙藏板"。卷端題"解州全志卷之一/芮城縣"。藏書票題"Gift of Mr. and Mrs. Arthur F. Wright"。

[光緒]綏遠志十卷首一卷

DS793 S68 K3

〔清〕高賡恩纂　〔清〕貽穀修

清光緒三十四年（1908）刻本

六冊

框18.2×13.7釐米。10行22字，小字雙行同。白口，四周雙邊，單魚尾。藏書票題"Gift of Mr. and Mrs. Arthur F. Wright"。

[同治]和林格爾廳志略一卷

DS793 C25 C34

〔清〕陳寶晋纂

清末抄本

一冊

無框。9行，大小字不等。清同治十年（1871）陳寶晋識。藏書票題"Gift of Mr. and Mrs. Arthur F. Wright"。

[光緒]清水河廳志二十卷

DS793 S68 L82+ Oversize

〔清〕盧夢蘭等纂　〔清〕文秀修

清光緒九年（1883）新修傳抄本

八冊

7行20字，小字雙行同。藏書票題"Gift of Mr. and Mrs. Arthur F. Wright"。

[乾隆]盛京通志四十八卷首一卷

Fv3116 0.82

〔清〕吕燿曾修　〔清〕宋筠等修
〔清〕魏樞纂

清乾隆元年（1736）刻咸豐二年（1852）補刻本

二十冊

框19.5×14釐米。10行21字，小字雙行同。白口，四周雙邊，單魚尾。

[雍正]遼州志八卷　Fv3150 3369.8

〔清〕徐三俊纂修　〔清〕劉澐等參訂

清雍正十一年（1733）刻清末印本

六冊

框21.4×14.8釐米。9行22字。白口，四周雙邊，單黑魚尾。版心上鎸書名，中鎸卷次及小題。藏書票題"Gift of Mr. and Mrs. Arthur F. Wright"。

[同治]上海縣志三十二卷首一卷末一卷附補遺叙録　Fv3205 2135.87

〔清〕應寶時修　〔清〕俞樾等纂

清同治十年（1871）吳門縣署刻本

十六冊

框18×12.8釐米。12行23字，小字雙行同。白口，四周雙邊，單魚尾。牌記題"同治歲次辛未刊於吳門梟署"。

[光緒]寶山縣志十四卷首一卷

Fv3205 +3827.88

〔清〕梁蒲貴等修　〔清〕朱延射等纂

清光緒八年（1882）學海書院刻本

八册

框20.1×12.9釐米。11行23字，小字雙行同。白口，左右雙邊，單魚尾。内封鎸"寶山縣志/光緒壬午春刊/學海書院藏板"。

[嘉慶]重刊江寧府志五十六卷首一卷

Fv3204 3132.8

〔清〕吕燕昭修　〔清〕姚鼐纂

清嘉慶十六年（1811）修光緒六年（1880）刻本

十二册

框20.4×15.6釐米。12行25字，小字雙行同。白口，四周雙邊，單魚尾。内封鎸"光緒六年八月"。

[同治]上元江寧兩縣志二十九卷首一卷

Fv3205 +2111.87

〔清〕莫祥芝　甘紹盤修　〔清〕汪士鐸纂

清同治十三年（1874）刻本

十二册

框21.3×13.7釐米。10行25字，小字雙行同。黑口，四周雙邊，雙魚尾。存卷二下至二十九。

[同治]蘇州府志一百五十卷首三卷

Fv3204 4932.87

〔清〕李銘皖等修　〔清〕馮桂芬等纂

清同治修光緒九年（1883）江蘇書局刻本

八十册

框20.2×14.3釐米。10行24字，小字雙行同。白口，左右雙邊，單魚尾。牌記題"同治重修/江蘇書局開雕"。

[光緒]丹陽縣志三十六卷首一卷

Fv3205 7472.88

〔清〕凌焯修　〔清〕徐錫麟纂

清光緒十一年（1885）刻本

十六册

框18.7×13.9釐米。10行21字，小字雙行同。白口，左右雙邊，單黑魚尾。内封鎸"光緒乙酉仲夏重修/丹陽縣志/板藏鳴鳳書院"。

丹徒縣志摭餘二十一卷

Fv3205 +7428.88

〔清〕李恩綬編纂

清光緒十六年（1890）刻本

十二册

框19×14釐米。11行21字，小字雙行同。白口，左右雙邊，單魚尾。

談浙四卷　　　CHIUNCAT814768

〔清〕許瑶光纂輯

清光緒十四年（1888）刻本

二册

框16.8×12.1釐米。9行18字，小字雙行同。黑口，左右雙邊，單魚尾。牌記題"光緒十四年戊子春正月校栞"。簡又文贈書（羅爾綱贈簡又文）。

[光緒]杭州府志一百七十八卷首八卷

Fv3209 4132.9

〔清〕吴慶坻等纂

清光緒二十四年（1898）鉛印本

八十册

另有複本一，書號同。

[嘉靖]仁和縣志十四卷　Fv3210 2126.7
〔明〕沈朝宣纂修
清光緒十九年（1893）武林丁氏刻本
六册
框17×11.8釐米。10行20字, 小字雙
行同。白口, 四周雙邊, 單黑魚尾。

[萬曆]錢塘縣志十卷　Fv3210 8546.7
〔明〕聶心湯纂修
清光緒十九年（1893）武林丁氏刻本
六册
框19.1×11.7釐米。10行20字, 小字
雙行同。白口, 四周雙邊, 單魚尾。内封鐫
"萬曆錢塘縣志"。牌記題"光緒十九年
武林丁氏刻/陶濬宣署"。

[乾隆]平陽府志三十六卷
Fv3150 7632.8
〔清〕章廷珪纂修　〔清〕范安治等
分纂
清乾隆元年（1736）刻本（卷一抄配）
十八册
框21.8×15.5釐米。9行22字。白口, 四
周雙邊, 單黑魚尾。版心上鐫書名, 中鐫
卷次及小題。藏書票題"Gift of Mr. and
Mrs. Arthur F. Wright"。

[乾隆]温州府志三十卷首一卷
Fv3209 3132.83
〔清〕李琬修　〔清〕齊召南等纂
清乾隆二十七年（1762）刻同治四年
（1865）周開錫修補本
十八册
框19.8×14.5釐米。10行22字。白口,
四周雙邊, 單黑魚尾。版心上鐫書名, 中

鐫卷次及小題。

[同治]湖州府志九十六卷首一卷
Fv3209 3232.87
〔清〕宗源瀚等修　〔清〕周學濬等纂
清同治十三年（1874）刻光緒九年
（1883）重校印本
四十册
框19.6×13.7釐米。11行26字, 小字
雙行同。白口, 左右雙邊, 單魚尾。内封
鐫"同治壬寅二月開雕於愛山書院/甲戌
冬竣工"。

[乾隆]武康縣志八卷　Fv3210 1408.83
〔清〕劉守成輯　〔清〕高植等纂
清乾隆十二年（1747）刻本
六册
框18.7×13.3釐米。10行22字。白口,
左右雙邊, 單黑魚尾。版心上鐫書名, 中
鐫卷次及小題。

[同治]鄞縣志七十五卷
Fv3210 +4269.88
〔清〕戴枚修　〔清〕董沛 張恕纂
清光緒三年（1877）刻本
三十四册
框18.6×14.9釐米。12行25字, 小字
雙行同。白口, 左右雙邊, 單魚尾。内封
鐫"新修鄞縣志"。牌記題"光緒三年丁
丑冬十二月刊竣"。1949年入藏。

[乾隆]鳳臺縣志二十卷首一卷　[光緒]
鳳臺縣續志四卷首一卷
Fv3150 1645.8
〔清〕林荔等纂修　（續志）〔清〕

張貽琯纂修

清乾隆四十九年（1784）刻光緒八年（1882）印本

二十册

框18×14.1釐米。9行22字。白口，四周雙邊，單黑魚尾。版心上鐫書名，中鐫卷次及小題。藏書票題"Gift of Mr. and Mrs. Arthur F. Wright"。

[道光]太平縣志十六卷 Fv3150 +3245.8

〔清〕李炳彦修　〔清〕梁棲鸞纂

清道光五年（1825）刻本

八册

框19.3×14.4釐米。9行25字。白口，四周雙邊，單黑魚尾。藏書票題"Gift of Mr. and Mrs. Arthur F. Wright"。

[光緒]太平縣志十四卷首一卷

DS793 S3 L6+ Oversize

〔清〕勞文慶 朱光綬修　〔清〕婁道南纂

清光緒八年（1882）縣學署刻本

十册

框19.2×14.6釐米。9行25字。白口，四周雙邊，單黑魚尾。內封鐫"光緒壬午年鐫/板存學署"。外封記載"致和堂"。藏書票題"Gift of Mr. and Mrs. Arthur F. Wright"。

[萬曆]閩都記三十三卷 DS793.F8 W353

〔明〕王應山纂

明萬曆間修清道光十一年（1831）求放心齋刻本

六册

框19.4×13.6釐米。10行24字，小字雙行同。黑口，左右雙邊，單魚尾。版心

下鐫"求放心齋"。內封鐫"閩都記/道光辛卯年重鐫/求放心齋藏板"。

[道光]廈門志十六卷 Fv3224 747.85

〔清〕周凱纂修

清道光十九年（1839）刻本

十一册

框18.9×13.2釐米。10行22字，小字雙行同。白口，四周雙邊，單魚尾。缺册一。

[光緒]清源鄉志十八卷首一卷

DS793.S3 W38

〔清〕王勳祥修　〔清〕王效尊纂

清光緒八年（1882）梗陽書院刻朱印本

六册

框19×14釐米。9行20字。白口，四周雙邊，單魚尾。內封鐫"光緒壬午年重修/梗陽書院藏板"。藏書票題"Gift of Mr. and Mrs. Arthur F. Wright"。

[順治]清源縣志二卷 Fv3150 3239.8

〔清〕王灝儒纂修

清順治十八年（1661）刻康熙增刻清末印本

四册

框21.9×14.7釐米。9行21字。白口，四周雙邊，單黑魚尾。版心上鐫書名，中鐫卷次。藏書票題"Gift of Mr. and Mrs. Arthur F. Wright"。

[同治]九江府志五十四卷首一卷末一卷

Fv3194 +4131.87

〔清〕達春布修

清同治十三年（1874）刻本

二十四册

框20×14.1釐米。9行24字,小字雙行同。白口,四周雙邊,單魚尾。

[光緒]吉州全志八卷

DS793 S3 P45+ Oversize

〔清〕吳葵之修　〔清〕裴國苞纂

清光緒五年(1879)傳抄本

六册

框22.8×14.3釐米。10行字數不等,小字雙行同。白口,四周雙邊,單黑魚尾。藏書票題"Gift of Mr. and Mrs. Arthur F. Wright"。

[乾隆]濰縣志六卷首一卷末一卷

Fv3140 3169.83

〔清〕張耀璧總裁　〔清〕王誦芬編纂

清乾隆二十五年(1760)刻後印本

六册

框18.6×14釐米。9行21字,小字雙行。白口,左右雙邊,單黑魚尾。版心上鐫"濰縣志",中鐫卷次。

[道光]重修膠州志四十卷

Fv3140 7232.85

〔清〕張同聲修　〔清〕李圖纂

清道光二十五年(1845)膠州刻本

八册

框20.9×14.5釐米。10行25字,小字雙行同。白口,左右雙邊,單魚尾。内封鐫"道光乙巳重修/本衙藏板"。

[同治]江夏縣志八卷　Fv3185 3114.87

〔清〕王庭楨修　〔清〕彭崧毓纂

清同治八年(1869)刻本

八册

框19.1×13.7釐米。10行25字,小字雙行同。白口,四周雙邊,單魚尾。内封鐫"同治八年刊"。1949年入藏。

[同治]漢陽縣志二十八卷　Fv3185 3372.8

〔清〕黃式度 王庭楨修　〔清〕王柏心纂

清同治七年(1868)刻本

二十册

框20×14釐米。9行21字,小字雙行同。白口,四周雙邊,單魚尾。牌記題"同治戊辰重梓"。

[光緒]續修江陵縣志六十五卷首一卷

Fv3185 3174.88

〔清〕蒯正昌修　〔清〕胡九皋纂

清光緒三年(1876)刻本

二十四册

框19.1×13.7釐米。9行22字,小字雙行同。白口,四周雙邊,單魚尾。牌記題"光緒二年鐫/板存賓興館"。鈐"江陵縣志局"印。

[同治]宜昌府志十六卷首一卷

Fv3184 318.87

〔清〕聶光鑾等修　〔清〕王柏心等纂

清同治四年(1865)文昌宮刻本

十六册

框19.1×14.1釐米。10行21字,小字雙行同。白口,四周雙邊,單魚尾。

[同治]長沙縣志三十六卷首一卷

Fv3190 +7332.87B

〔清〕劉采邦修　〔清〕張延珂纂

清同治十年（1871）刻本

二十册

框21.3×14.7釐米。11行25字, 小字雙行同。白口, 四周雙邊, 單魚尾。牌記題 "同治六年續修／九年開雕／十年刊竟"。另有複本一, 書號Fv3190 +7332.87, 十六册。

［康熙］寧鄉縣志十卷 Fv3150 +5572.8

〔清〕吕履恒纂修

清傳抄本（據清康熙四十一年刻本）

六册

框19.2×14.8釐米。8行21字。白口, 四周雙邊, 單黑魚尾。版心上抄書名, 中抄卷次。"曆" 字避諱。藏書票題 "Gift of Mr. and Mrs. Arthur F. Wright"。

［光緒］善化縣志三十四卷首一卷

Fv3190 +8621.88

〔清〕吴兆熙等修 〔清〕張先掄等纂

清光緒三年（1877）刻本

二十册

框21.1×14.1釐米。11行23字。白口, 四周雙邊, 單魚尾。内封鎸 "光緒丁丑年栞"。藏書票題 "Gift of E. H. Hume 1912"。

［乾隆］廣州府志六十卷首一卷

Fv3229 0304

〔清〕李侍堯等總裁 〔清〕張嗣衍主修 〔清〕沈廷芳總纂

清乾隆二十四年（1759）刻後印本

六册

框21.9×14.8釐米。10行21字。白口, 四周雙邊, 單黑魚尾。版心上鎸書名, 中鎸卷次及篇名。藏書票題 "Library of the Board of Foreign Missions of Presbyterian Church

in the U.S.A."。鈐 "Foreign Missions Library 156 Fifth Avenue, New York" 印。存卷首、卷一、四至七、十至十五。

［光緒］廣州府志一百六十三卷

Fv3229 0832.88

〔清〕戴肇辰等修 〔清〕史澄等纂

清光緒五年（1879）廣州粤秀書院刻本

六十四册

框18.7×14.9釐米。11行23字。白口, 四周單邊, 雙魚尾。牌記題 "光緒五年冬月栞於粤秀書院"。

［光緒］嘉應州志三十二卷首一卷

DS793.K7 W4

〔清〕吴宗焯等修 〔清〕温仲和纂

清光緒二十四至二十七年（1898—1901）刻本

十四册

框18.5×14.2釐米。12行24字, 小字雙行同。黑口, 左右雙邊。牌記題 "戊戌仲春鋟板"。内封記載1967年9月購自 "閩粤"。

［乾隆］南海縣志二十卷 Fv3230 4235.83

〔清〕魏縮修 〔清〕陳張翼纂

清乾隆六年（1741）刻本

六册

框19.6×14.5釐米。10行22字。白口, 左右雙邊, 單黑魚尾。版心上鎸書名, 中鎸卷次及小題。

［道光］佛山忠義鄉志十四卷

Fv3231 2643

〔清〕吴榮光纂修

清道光十一年（1831）佛山刻本
三册

框19.5×14.5釐米。11行21字。白口，四周雙邊，單黑魚尾。版心上鎸書名，中鎸卷次及小題。

[嘉慶]雷州府志二十卷首一卷

Fv3229 1632.84

〔清〕雷學海修　〔清〕陳昌齊纂
清嘉慶十六年（1811）刻本
十六册

框20.5×13.7釐米。9行21字。白口，四周單邊，單黑魚尾。

[光緒]吳川縣志十卷首一卷

Fv3230 2322.88

〔清〕毛昌善修　〔清〕陳蘭彬纂
清光緒二十三年（1897）啓壽刻本
十册

框19.7×14.7釐米。11行21字，小字雙行同。黑口，上下雙邊，雙魚尾。内封鎸"光緒十二年甘泉毛昌善重修/十八年四月襄平啓壽校刊/吳川縣志/計十卷/板存本邑尊經閣"。

[道光]香山縣志八卷首一卷附録一卷

Fv3230 2627.85

〔清〕祝淮修　〔清〕黄培芳纂
清道光七年（1827年）刻本
九册

框20.1×15.1釐米。12行23字，小字雙行同。白口，四周單邊，雙魚尾。

[嘉慶]澄海縣志二十六卷首一卷

Fv3230 +3135.84

〔清〕李書吉　王愷纂修
清嘉慶二十年（1815）澄海縣署刻本
八册

框19.2×14釐米。10行20字。白口，左右雙邊，單黑魚尾。

新廣西不分卷　　　　DS793 K6 L46

〔清〕李官理撰并繪圖
清光緒三十一年（1905）廣州商務印書分館鉛印本
一册

[同治]增修萬縣志三十六卷首一卷

Fv3180 4152

〔清〕張琴　王玉鯨修　〔清〕范泰衡等纂
清同治五年（1866）刻本
六册

框20.6×14釐米。9行22字，小字雙行同。白口，四周雙邊，單魚尾。存卷二至二十一、二十七至三十六。

[康熙]龍門縣志十六卷　Fv3270 0177.8

〔清〕章焞纂修
清康熙五十一年（1712）刻乾隆補刻本
五册

框20.3×13.8釐米。9行20字。白口，四周雙邊，單黑魚尾。版心上鎸書名，中鎸卷次。"曆"字避諱。藏書票題"Gift of Mr. and Mrs. Arthur F. Wright"。

[康熙]西寧縣志八卷　Fv3270 7279.8

〔清〕張充國纂輯
清康熙五十一年（1712）西寧縣署刻後修版印本

四册

框19.8×14.1釐米。8行18字。白口，左右雙邊，單黑魚尾。版心上鐫書名，中鐫卷次及小題。"弘"剜改作"宏""洪"，"曆"剜改作"歷"，"丘"剜改作"邱"，"虜"剜改作"敵"，《風土志》"夷""虜"等字剜去未補，"寧"字不諱，修版刷印當晚於乾隆後期。

[同治]西寧新志十卷首一卷

DS793.C25 Y36

〔清〕韓志超等修　〔清〕楊篤纂

清同治十二年（1873）至光緒元年（1875）西寧縣宏州書院刻本

四册

框19×14.3釐米。10行23字，小字雙行同。白口，左右雙邊，單魚尾。内封鐫"同治癸酉七月宏州書院校栞"。藏書票題"Gift of Mr. and Mrs. Arthur F. Wright"。

[同治]淡水廳志十六卷

DS895.F77 T35 C3 Oversize

〔清〕陳培桂等纂修

清同治十年（1871）刻本

八册

框20.5×14釐米。10行22字。白口，四周雙邊，單魚尾。牌記題"同治十年新纂校刊"。

專志之屬

歷代帝王宅京記二十卷　　Fv3045 K95

〔清〕顧炎武輯　〔清〕周奕钫校

清雍正三年（1725）藍格傳抄本

十册

框18×13釐米。8行22字，小字雙行。白口，左右雙邊，單魚尾。版心下鐫"二餘軒"。鈐"易漱平印"印。1968年6月購自李宗侗。

續山東考古録三十二卷首一卷

Fv2133 +4942

〔清〕葉圭綬撰

清咸豐元年（1851）滄州葉氏刻本

六册

框19.4×14.3釐米。10行24字，小字雙行同。白口，左右雙邊，單魚尾。版心下鐫"蝸角尖廬"。内封鐫"咸豐元年鐫/本宅藏板"。

湘城訪古録十七卷首一卷　Fv3041 7933

〔清〕陳運溶纂

清光緒二十年（1894）刻本

二册

框14.4×10.5釐米。9行24字，小字雙行同。黑口，左右雙邊。牌記題"光緒廿年甲午夏刊"。藏書票題"Gift of E. H. Hume 1912"。

湄洲嶼志略四卷首一卷附天上聖母真經一卷天上聖母籤譜一卷　DS793.F8 Y3

〔清〕楊浚纂輯

清光緒十四年（1888）冠悔堂刻本

二册

四神志略

框19.4×13.6釐米。9行21字，小字雙行同。黑口，左右雙邊，單魚尾。版心下鐫"冠悔堂募刊"。牌記題"光緒戊子季夏開雕/吕澂題端"。鈐"葉華芬藏書""葉華芬印"印。

滄浪小志二卷　　　　Fv3069 4934.8

〔清〕宋犖編

清光緒十年(1884)江蘇書局刻本

一册

框17.5×13.4釐米。10行21字,小字
雙行同。白口,四周雙邊,雙魚尾。牌記
題"光緒甲申江蘇書局開雕"。

東林書院志二十二卷　　　Fv2734 5457

〔清〕高廷珍增輯

清光緒七年(1881)刻本

八册

框21.1×13.2釐米。12行25字。白口,
左右雙邊,單黑魚尾。内封鎸"光緒辛巳
重鎸"。

雜志之屬

增補武林舊事八卷　　　Fv3070 H19 C45

〔宋〕周密編輯　　〔明〕朱廷焕增補

清康熙四十二年(1703)朱繡寧澹堂
刻本

八册

框20.6×13.8釐米。9行20字,小字
雙行同。白口,四周單邊。版心上鎸"增
補武林舊事"。内封鎸"康熙癸未年重鎸
/忠烈公朱中白先生增補/增補武林舊事/
古單父寧澹堂藏板"。卷端題"元四水潛
夫弁陽周密公謹編輯/明冬官権使單父朱
廷焕中白增補/仲男繡重鎸"。鈐"易漱平
印"。1968年6月購自李宗侗。

剡録十卷　　　　　Fv3210 2969.8

〔宋〕高似孫撰

清同治九年(1870)刻本

二册

框19×14釐米。9行22字,小字雙行
同。白口,四周單邊,單魚尾。

日下舊聞四十二卷補遺　　Fv3056 2928

〔清〕朱彝尊會粹　　〔清〕朱昆田補遺

清康熙二十七年(1688)朱氏六峰閣
刻本

十八册

框18.9×13.8釐米。12行21字。白口,
四周單邊,單黑魚尾。版心上鎸書名,中
鎸卷次。内封鎸"朱竹垞太史輯/日下舊聞
/六峰閣藏板"。鈐"研經博物"印。藏書票
題"From the library of Colonel E. Francis
Riggs, USA, Yale 1909/Gift of his brother
The Reverend T. Lawrason Riggs, Yale
1910"。另有一複本,書號Fv3056 2928B,
二十册,後印本。

中山傳信録六卷奉使琉球詩三卷

　　　　　　　　Fv3468 2949

〔清〕徐葆光纂

清康熙六十年(1721)至雍正九年
(1731)二友齋刻本

四册

框20.1×14.6釐米。9行21字。白口,
左右雙邊,雙魚尾。版心中鎸書名及卷
次。内封鎸"康熙庚子七月十一日熱河進
呈册封琉球圖本副墨/中山傳信録/康熙
六十年辛丑刊/二友齋藏板"。

[乾隆]澳門記略二卷首一卷末一卷

　　　　　　　　Fv3073 +7292

〔清〕印光任 張汝霖纂修

清刻本

二册

框18.1×13.8釐米。9行20字, 小字雙行同。白口, 左右雙邊, 單黑魚尾。

琉球國志略十六卷　　　Fv3468 +7291

〔清〕周煌輯

清乾隆二十四年(1759)漱潤堂刻本

六册

框18.6×14.2釐米。9行21字。白口, 四周雙邊, 單黑魚尾。版心上鎸書名, 中鎸卷次及篇名。内封鎸"乾隆己卯年刊/琉球國志略/漱潤堂藏板"。

揚州畫舫録十八卷　　　Fv3069 4434

〔清〕李斗撰

清乾隆六十年(1795)自然盦刻道光印本

四册

永報堂集

框16.8×11.6釐米。10行24字。白口, 左右雙邊, 單黑魚尾。版心上鎸"畫舫録", 中鎸卷次。内封鎸"乾隆乙卯鎸/自然盦藏板"。

使琉球記六卷　　　Fv3468 4021

〔清〕李鼎元撰

清嘉慶七年(1802)師竹齋刻本

一册

框19.1×14釐米。10行21字。白口, 四周雙邊, 單魚尾。内封鎸"師竹齋藏板"。

宸垣識略十六卷　　　Fv3056 2371

〔清〕吳長元輯

清乾隆五十三年(1788)池北草堂刻本

八册

框13.1×9.7釐米。9行21字。白口, 左右雙邊, 單黑魚尾。版心上鎸書名, 中鎸卷次。内封鎸"乾隆戊申冬/池北草堂開彫"。

宸垣識略十六卷　　　Fv3056 2371B

〔清〕吳長元輯

清咸豐二年(1852)藻思堂刻本

八册

框13.1×9.9釐米。9行21字。白口, 左右雙邊, 單魚尾。内封鎸"咸豐二季春/藻思堂開彫"。外封鈐"河野藏書"印。

秣陵集六卷表圖一卷圖考一卷

　　　Fv3202 7903

〔清〕陳文述撰

清光緒十年(1884)淮南書局刻本

五册

框19.9×12.5釐米。11行22字, 小字雙行同。黑口, 左右雙邊, 單魚尾。牌記題"光緒十年淮南書局重刊"。

漢西域圖考七卷　　　Fv3079 4491

〔清〕李光廷撰

清光緒八年(1882)陽湖趙氏壽諼草堂木活字印本

四册

框17.6×13釐米。9行21字, 小字雙行同。白口, 四周單邊, 單魚尾。每卷首頁版心下鎸"陽湖趙氏壽諼草堂"。

閩産録異六卷　　　DS793 F8 K86

〔清〕郭柏蒼撰

清光緒十二年(1886)刻本

五册

框19.7×12.8釐米。9行21字, 小字

雙行同。黑口,左右雙邊,單魚尾。鈐"葉華芬藏書"印。藏書票題 "From the library of the Reverend Hua-Fen Yeh 1904—1964 Singapore. The gift of his family" "葉華芬南洋文庫"。1970年1月贈書。有缺頁。

廣東考古輯要四十六卷 DS793 K7 C46
〔清〕周廣 鄭業崇輯

清光緒十九年(1893)還讀書屋刻本

十册

框12.3×9.2釐米。12行24字,小字雙行同。白口,單魚尾,四周雙邊。牌記題"光緒十九年癸巳歲春開雕/板藏還讀書屋"。

晋疆物産志八卷 DS793.S3 S9
〔清〕宋琦輯

清光緒二十二年(1896)傳抄本

八册

8行22字,小字雙行同。藏書票題 "Gift of Mr. and Mrs. Arthur F. Wright"。

湖墅小志四卷 DS796 H28 K36
〔清〕高鵬年輯

清光緒二十二年(1896)石印本

一册

鈐"葉華芬藏書"印。

瀛壖雜志六卷 DS796.S2 W9
〔清〕王韜輯

清光緒元年(1875)刻本

二册

框18×13.5釐米。12行23字,小字雙行

行同。白口,左右雙邊,單魚尾。

吉林外記十卷 Fv3054 4143
〔清〕薩英額撰

清光緒二十一年(1895)漸西村舍刻本

四册

框19.3×13.7釐米。10行21字,小字雙行同。白口,左右雙邊,單魚尾。版心下鐫"漸西村舍"。

永嘉聞見録二卷 Fv3070 W48 Su72
〔清〕孫同元撰

清光緒十四年(1888)刻本

二册

框16.8×10.8釐米。9行20字。黑口,左右雙邊,單魚尾。

羊城古鈔八卷首一卷 Fv3073 0832
〔清〕仇池石輯

清嘉慶十一年(1806)大賚堂刻本

四册

框17.7×13.5釐米。10行19字,小字雙行同。白口,四周雙邊,單魚尾。内封鐫"順德仇池石輯/大賚堂藏版/羊城古鈔"。

朔方備乘六十八卷首十二卷
Fv3077 +2228

〔清〕何秋濤撰

清光緒七年(1881)刻本

二十五册

框20.9×14.7釐米。9行21字,小字雙行同。白口,四周雙邊,單魚尾。

[嘉慶]滇繫四十卷 Fv3248 1342.84
〔清〕師範纂

清嘉慶十一年（1806）二餘堂刻本

二十冊

框19.5×13.2釐米。9行24字，小字雙行同。白口，四周雙邊，單黑魚尾。內封鐫"嘉慶丙寅冬鐫/二餘堂藏"。藏書票題"Gift of Dr. Yung Wing, 1911"。

西域記八卷　　　　　Fv3275 4141

〔清〕七十一撰

清嘉慶十九年（1814）武寧盧浙味經堂刻本

四冊

框18.7×13.7釐米。9行22字。黑口，四周雙邊，單黑魚尾。藏書票題"From the library of Colonel E. Francis Riggs, USA, Yale 1909/Gift of his brother The Reverend T. Lawrason Riggs, Yale 1910"。

[光緒]西藏圖考八卷首一卷

Fv3290 0.8843

〔清〕黃沛翹輯

清光緒二十年（1894）滇南李培榮刻本

四冊

框18.8×13.1釐米。10行22字，小字雙行同。黑口，左右雙邊，單魚尾。內封鐫"光緒甲午秋鐫"。牌記題"清光緒二十年滇南李培榮付京都申榮堂刊"。

環遊地球新錄四卷

G463 .L576 1878 （LC）

〔清〕李圭撰

清光緒四年（1878）鉛印本

四冊

藏書票題"Gift of Dr. Yung Wing, 1911"。

金陵賦一卷　　　　Fvh90 +C42 2

程先甲撰

清宣統二年（1910）江寧程氏千一齋木活字印本

一冊

千一齋全書

框16.7×12.9釐米。10行21字。黑口，左右雙邊，單黑魚尾。版心下方鐫"千一齋全書"。卷首附注"第二次定本"。與《廣續方言》同函。

地球韻言四卷　　　G115 C48 （LC）

〔清〕張士瀛撰

清光緒二十八年（1902）蘇城文瑞樓刻本

二冊

框17.6×13.5釐米。10行19字，小字雙行同。白口，左右雙邊，單黑魚尾。牌記題"光緒辛丑冬月蘇城文瑞樓藏板"。鈐"真味"印。

外國地名人名辭典不分卷

G106.C5 S2419 （LC）

（日本）坂本健一撰 新學會社編譯

清光緒三十年（1903）上海新學會社鉛印本

一冊

山川之屬

天下名山記不分卷　　DS706.5 .T546

〔清〕吳秋士輯　〔清〕汪立名校訂

清光緒二仙庵刻本

六冊

道藏輯要

框19.8×15釐米。10行24字。白口，左右雙邊，單魚尾。

明州阿育王山志十六卷續志六卷

　　BQ6345.Y562 A243 1758（LC）

〔明〕郭子章編　（續志）〔清〕釋畹荃輯

　　明萬曆四十七年（1619）刻清乾隆增修本

　　五册

　　框19.5×14.5釐米。10行19字。白口，四周單邊。版心上鐫“阿育王山志”，中鐫卷次。卷十分上下，卷十一至十六爲續集。卷端下題“住山釋畹荃嵩來輯集”。記事至乾隆二十二年（1757）。函套内附1946年10月2日北京琉璃廠函雅堂書店寄書單（致瑞德先生），題六册伍千元。藏書票題“Gift of Professor Arthur F. Wright”。

方廣巖志四卷　　　　Fv1909 H85

〔明〕謝肇淛纂輯　〔明〕徐燉校訂

　　清雍正十三年（1735）刻光緒十一年（1885）增補本

　　一册

　　框19.3×13.3釐米。9行18字。白口，四周單邊，單黑魚尾。内封鐫“重刊方廣巖記”。鈐“華芬”“葉華芬藏書”印。

清凉山志十卷　　　　Fv3035.17 114.7B

〔明〕鎮澄纂修

　　清乾隆二十年（1755）刻光緒十三年（1887）印本

　　四册

　　框20.1×15.2釐米。9行20字。白口，四周雙邊，單黑魚尾。版心上鐫“清凉志”，中鐫卷次。史震林乾隆二十年《重刻清凉山志序》前鐫“淮陰祁豐元鐫”。

北固山志十四卷　　　DS793 K5 C36

〔清〕周伯義編　〔清〕陳任暘訂

　　清光緒三十年（1904）刻本

　　五册

　　框17.5×13釐米。9行21字。白口，左右雙邊，單黑魚尾。

峨山圖志二卷　　　　Eeb Om3 +891H

〔清〕黄綬芙編　〔清〕譚鍾岳繪圖

　　清光緒十七年（1891）刻本

　　二册

　　框25.9×15.4釐米。10行25字，小字雙行同。黑口，四周單邊，單黑魚尾。版心上鐫書名、卷次。

寶華山志十五卷首一卷　　Fv1909 +3845

〔清〕劉名芳等修

　　清刻本

　　四册

　　框20.2×14.1釐米。9行20字。白口，左右雙邊，單黑魚尾。版心上鐫書名，中鐫卷次及小題。卷首載乾隆四十九年（1784）六幸寶華事。卷端題“千華十五世聖性宗再梓”。藏書票題“Library of the College of Missions, Indianpolis”。

鼓山志十四卷　　　　Fv1909 7871

〔清〕黄任輯　〔清〕張伯謨參訂　〔清〕李拔鑒定

　　清乾隆福州鼓山寺刻本

　　六册

　　框22.2×14.5釐米。9行20字。白口，四周雙邊,單黑魚尾。版心上鎸書名,中鎸卷次。鼓山圖末鎸"温陵施俊章手刻"。

重修南海普陀山志二十卷首一卷

Fv1909 +8672

〔清〕秦耀曾編　〔清〕王青甫參訂

清道光十二年(1832)刻後印本

四册

框20.6×14.5釐米。10行21字。白口,四周單邊,單黑魚尾。藏書票題"Library of the Board of Foreign Missions of Presbyterian Church in the U.S.A."。

泰山志二十卷　　　Fv3035.15 532.84

〔清〕金榮纂

清嘉慶十三年(1808)刻本

十册

框18×14.5釐米。11行22字。黑口,左右雙邊,單黑魚尾。另有複本一,書號Fv3035 15 532 84。

泰山道里記一卷　　Fv3035.15 532.88

〔清〕聶鈫撰

清光緒二十三年(1897)雨山堂刻本

一册

框17.5×14.5釐米。11行21字。黑口,左右雙邊,單黑魚尾。版心下鎸"雨山堂"。

恒山志五集圖一卷　Fv3035.18 912.8

〔清〕桂敬順纂修

清乾隆二十八年(1763)渾源州署刻本

五册

框18.3×14.5釐米。9行20字。白口,四周單邊,單黑魚尾。版心上鎸書名,中鎸

卷次及小題。内封鎸"乾隆癸未重鎸/恒山志/州署藏板"。分乾、元、亨、利、貞五集。

南嶽小録一卷　　Fv3035.25 H38 L6

〔唐〕李沖昭撰

清抄本

一册

無框格。9行22字。版心上抄書名,中抄卷次。卷末題"乾隆二十六年重抄/北平"。鈐"過連寶印"。

天台山全志十八卷　　Fv3035.29 132.8

〔清〕張聯元輯

清康熙五十六年(1717)尊經閣刻本

八册

框18.4×13.7釐米。10行21字。白口,左右雙邊,單黑魚尾。版心上鎸書名,中鎸卷次。内封鎸"楚郢張聯元覺菴輯/天台山全志/台郡尊經閣藏板"。"凡例"末款言"〔康熙〕丁酉春開雕/夏季即告竣"。

武夷山志二十四卷首一卷

Fv3035.31 W95 T83

〔清〕董天工編

清道光二十六年(1846)五夫尺木軒刻本

八册

框19.5×14.3釐米。10行22字。白口,四周雙邊,單黑魚尾。内封鎸"道光丙午年重刻/武夷山志/五夫尺木軒藏板"。鈐"葉華芬藏書"印。

顔山雜記四卷　　　　Fv3057 1918

〔清〕孫廷銓纂

清康熙刻本

四册

框18.8×12.5釐米。8行18字。白口，四周單邊。版心上鐫書名，中鐫卷次。鈐"傅華之印""叔和"印。

水經注四十卷首一卷附錄二卷

Fv3037 +1231

〔北魏〕酈道元注　王先謙編校

清光緒十八年（1892）長沙王氏思賢講舍刻本

十六册

框17.8×13.8釐米。11行24字，小字雙行同。黑口，左右雙邊，單魚尾。内封鐫"光緒壬辰年孟秋思賢講舍栞"。藏書票題"From the library of Arthur F. Wright 1913—1976 Charles Seymour Professor of History"。另有複本一，書號GB1337 S54 1892（LC）。

水經注釋四十卷附錄二卷刊誤十二卷

Fv3037 4813

〔清〕趙一清録

清光緒六年（1880）蛟川花雨樓張氏刻本

十六册

框19.5×14.6釐米。10行22字，小字單或雙行，字數同。白口，左右雙邊，單魚尾。版心下鐫"東潛趙氏定本"。内封鐫"光緒庚辰蛟川華雨慶張氏重校鋟板"。

水經注疏要刪四十卷附補遺水經注圖

GB1337.S54 Y32 1905（LC）+Oversize

楊守敬撰

清光緒三十一年（1905）宜都楊氏

觀海堂刻本

七册

框20.8×14.5釐米。10行20字。黑口，四周單邊，單黑魚尾。牌記題"光緒乙巳觀海堂刻"。另有複本一，書號Fv3037 +4234，六册。

水道提綱二十八卷

Fv3039 O214

〔清〕齊召南撰

清光緒十七年（1891）湖南崇德書局刻本

八册

框12.8×9.2釐米。10行22字，小字雙行同。白口，左右雙邊，單魚尾。牌記題"光緒辛卯湖南崇德書局重校栞"。

長江圖説十二卷首一卷

DS793 Y3 M3+ Oversize

〔清〕馬徵麐撰

清同治十年（1871）湖北崇文書局刻本

五册

框26.8×27.4釐米。6行24字。白口，四周雙邊。内封鐫"同治十年歲次辛未湖北崇文書局開雕"。

韓江記八卷

DS796 C42 L564 1857

〔清〕林大川撰

清咸豐七年（1857）釣月山房刻本

三册

框13.2×9.7釐米。8行16字。白口，左右雙邊，單黑魚尾。内封鐫"咸豐丁巳／釣月山房藏板"。

揚子江四編

Eeb Y16 902H

（日本）林安繁撰

清光緒二十八年（1902）上海商務印書館鉛印本

一冊

帝國叢書

西湖志四十八卷　　Fv3040 1632.82

〔清〕李衛修　〔清〕傅王露纂修

清光緒四年（1878）浙江書局刻本

二十冊

框19.7×14.9釐米。9行21字，小字雙行同。白口，左右雙邊，單魚尾。牌記題"光緒四年孟春浙江書局重刻"。

〔光緒〕西湖遊覽志二十四卷志餘二十六卷　　Fv3210 6035B

〔明〕田汝成撰

清光緒二十二年（1896）錢塘丁氏嘉惠堂刻本

十六冊

框17.2×11.8釐米。11行20字，小字雙行同。白口，四周雙邊，單魚尾。牌記題"光緒廿二年丙申四月錢塘丁氏嘉惠堂重刊"。

莫愁湖志六卷首一卷　　Fv3040 4323.8

〔清〕馬士圖撰

清光緒八年（1882）刻本

二冊

框17.2×13.6釐米。9行19字，小字雙行同。黑口，左右雙邊，雙魚尾。牌記題"光緒壬午卯月重鋟"。

遊記之屬

陳眉公訂正遊城南記一卷　　Fv3060 1331

〔宋〕張禮撰注　〔明〕沈孚先 張

應世校

明末刻本

一冊

框20×12.8釐米。8行18字。白口，四周單邊。版心上鐫"遊城南記"。

秦蜀驛程後記二卷　　Fv3060 1143A

〔清〕王士禎撰

清康熙至雍正間刻本

一冊

框16.4×13.2釐米。10行19字。黑口，左右雙邊，單黑魚尾。版心中鐫書名。不避雍正朝諱，後印時"禎"字缺筆。另有複本一，書號同。

乘查筆記一卷　　Bj14G P651 868

〔清〕斌椿撰

清同治七年（1868）刻本

一冊

框19.9×12.釐米。9行21字。白口，四周雙邊，單黑魚尾。即《乘槎筆記》。

遣戍伊犁日記一卷　　DS760.9 H784 A3

〔清〕洪亮吉撰

清宣統上海中國圖書公司鉛印本

一冊

古今說部叢書

使西紀程二卷　　WA 5396

〔清〕郭嵩燾撰

清光緒鉛印本

一冊

游歷加納大圖經八卷　　F1015 F8（LC）

〔清〕傅雲龍撰

清光緒二十八年（1902）石印本

二册

游歷巴西國圖經十卷 F2515 F89 （LC）

〔清〕傅雲龍撰

清光緒二十七年（1901）石印本

二册

游歷秘魯圖經四卷 F3423 F8 （LC）

〔清〕傅雲龍撰

清光緒二十七年（1901）石印本

二册

李傅相歷聘歐美記二卷

Bj14G L614 899L

（美國）林樂知（Young John Allen）

彙譯 〔清〕蔡爾康輯

清光緒二十五年（1899）鉛印本

二册

辛卯侍行記六卷 DS793.S62 T8

〔清〕陶保廉撰

清光緒二十三年（1897）養樹山房刻本

六册

框15.5×12.9釐米。10行22字，小字

雙行同。黑口，左右雙邊。牌記題"光緒

丁酉養樹山房槧"。

出洋瑣記一卷附奏疏條陳一卷

WB 15913

〔清〕蔡鈞撰

清光緒十年（1884）弢園王氏木活

字印本

一册

牌記題"光緒甲申孟秋弢園老民校

印"。

西泠閨詠十六卷 Fv2261.5 7903

〔清〕陳文述撰

清光緒十三年（1887）西泠翠螺閣刻本

四册

框17×11.8釐米。10行22字。白口，

四周雙邊，單魚尾。

鴻雪因緣圖記三集 Fv5508 0504.5

〔清〕麟慶撰

清光緒六年（1880）點石齋石印本

六册

外紀之屬

瀛環志略十卷 Fv2370 2928

〔清〕徐繼畬撰

清道光二十八年（1848）福建撫署刻本

六册

框25.6×18.3釐米。10行24字。黑

口，四周單邊，單黑魚尾。内封鐫"道光

戊申年鐫/本署藏版"。容閎1878年贈

書。另有複本一，待編。

瀛環志略十卷 Fv2370 +2928B

〔清〕徐繼畬撰

清同治五年（1866）總理衙門刻本

六册

框25.2×18.4釐米。10行25字，小字

雙行同。黑口，左右雙邊，單黑魚尾。内

封鐫"同治丙寅重訂/壁星泉先生劉玉坡

先生鑒定/瀛環志略/總理衙門藏版"。書

末題"福省東街口宋鐘鳴刻字"。另有複

本一，書號同。

瀛環志略十卷　　　　Fv2370 2928D

〔清〕徐繼畬撰

清光緒二十一年（1895）上海寶文局石印本

六册

牌記題"光緒乙未春上海寶文局石印"。

談瀛録六種　　　　G463 .Y88（LC）

〔清〕袁祖志撰

清光緒十年（1884）上海同文書局石印本

二册

牌記題"光緒十年孟冬上海同文書局石印"。

瀛海採問紀實一卷

涉洋管見一卷

西俗雜志一卷

出洋須知一卷

海外吟二卷

海上吟一卷

瀛海論三篇　　　　Bj14H 876Y

〔清〕張自牧撰

清光緒二年（1876）刻本

一册

框11×8.5釐米。9行20字，小字雙行同。黑口，四周雙邊，單黑魚尾。書末題"光緒二年丙子十月羅江荷笠者自識於潔園無知知齋"。羅江荷笠者，張自牧號。

東藩紀要十二卷補録一卷　　DS902 H8

〔清〕薛培榕編輯

清光緒八年（1882）鉛印本

四册

牌記題"上海申報館仿聚珍版印"

瀛環新志十卷

〔清〕李慎儒撰　　〔清〕夏霖校

清光緒二十八年（1902）退思軒石印本

六册

牌記題"光緒壬寅夏五月退思軒西法石印"。鈐"葉華芬藏書"印。

輿圖之屬

歷代地理沿革圖一卷　　Bj13F 871L

〔清〕六嚴繪　　〔清〕馬徵麐增輯

清同治十年（1871）金陵刻本

一册

框18×13.1釐米。12行24字。白口，左右雙邊，單魚尾。牌記題"同治十年刻於金陵/懷寧方朔署檢"。

歷代輿地沿革險要圖

G2306.S1 Y35 1879（LC）＋Oversize

楊守敬 饒敦秩撰

清光緒五年（1879）東湖饒氏朱墨套印本

一册

框29.5×21.4釐米。白口，四周單邊。牌記題"光緒五年東湖饒氏開雕"。

歷代輿地圖四十五種

G2306.S1 Y35 1910（LC）＋Oversize

楊守敬編繪

清光緒三十二年（1906）至宣統二年（1910）楊氏觀海堂刻朱墨套印本

三十四册

框22.2×17.1釐米。白口，四周雙邊，單魚尾。內封鐫"觀海堂楊氏栞"。

歷代輿地沿革險要圖

春秋列國圖

戰國疆域圖

嬴秦郡縣圖

前漢地理圖

後漢郡國圖

三國疆域圖

西晉地理圖

東晉疆域圖

前趙疆域圖

後趙疆域圖

前燕疆域圖

後燕疆域圖

南燕疆域圖

北燕疆域圖

前秦疆域圖

後秦疆域圖

西秦疆域圖

前涼疆域圖

後涼疆域圖

南涼疆域圖

北涼疆域圖

西涼疆域圖

後蜀疆域圖

夏疆域圖

劉宋州郡圖

蕭齊州郡圖

蕭梁疆域圖

陳疆域圖

北魏地形志圖

北齊疆域圖

西魏疆域圖

北周疆域圖

隋地理志圖

唐地理志圖

後梁并十國圖

後唐并七國圖

後晋并七國圖

後漢并六國圖

後周并七國圖

宋地理志圖

遼地理志圖

金地理志圖

元地理志圖

明地理志圖

大清一統輿圖三十卷首一卷

Fv3080.9 +6444

〔清〕嚴樹森輯

清同治二年（1863）湖北撫署刻本

二十六册

框22.6×17.5釐米。9行16至18字。黑口，四周雙邊，單黑魚尾。內封鐫“同治二年鐫/皇朝中外壹統輿圖/板藏湖北撫署景桓樓”。藏書票題“From the library of Colonel E. Francis Riggs, USA, Yale 1909/Gift of his brother The Reverend T. Lawrason Riggs, Yale 1910”。另有複本一，未編，存十一册。

支那一統地圖 Folio EEeb 902C

清光緒二十八年（1902）上海中外書會鉛印本

一册

水經注圖四十卷補一卷

GB1337.S54 Y3 1905 （LC）+ Oversize

楊守敬 熊會貞撰

清光緒三十一年（1905）宜都楊氏觀海堂刻朱墨套印本

八册

框20.8×14.5釐米。12行28字。白口，四周雙邊，單魚尾。牌記題"光緒乙巳觀海堂刊"。藏書票題"From the library of Arthur F. Wright 1913—1976 Charles Seymour Professor of History"。

[中國古航海圖]

Double Covers Manuscript 56cea +1840

〔清〕佚名繪

清道光手繪本

一册（圖一百二十二幅）

24×25釐米。内頁記載"This book of charts was taken out of a Chinese trading junk, of between 400 & 500 tons burden, trading from the Gulf of Pechili in China & the Strait of Singapore, by Philip Bean, of H. M. S. Herald, in the year of 1841; the junk being taken as a seige by the 'Herald'"。

湖南輿圖不分卷

Folio G2308.H7S2 P46 1897 （LC）

〔清〕彭清瑋 左學吕摹繪

清光緒二十三年（1897）刻本

二册

框30×35釐米。白口，四周單邊。藏書票題"Gift of E. H. Hume 1912"。

廣東圖説九十二卷首一卷附總圖二十三卷

Eeb K97 +866K

〔清〕毛鴻賓修 〔清〕桂文燦纂

清同治五年（1866）刻本

三册

框21.8×16.2釐米。20行字數不一。白口，四周單邊，單魚尾。内封鎸"同治五

年春正月栞"。藏書票題"Gift of Dr. Yung Wing, 1911"。存《總圖》二十三卷。

金石類

總志之屬

亦政堂重修考古圖十卷　Fv2101 +2923

〔宋〕吕大臨論次

明萬曆三十一年（1603）吴萬化寶古堂刻清乾隆十七年（1752）黄晟亦政堂重修本

二册

框24.2×15.5釐米。8行17字。白口，四周單邊，單魚尾。版心上鎸"考古圖"，中鎸卷次。内封鎸"乾隆壬申年秋月/天都黄曉峰鑒定/考古圖/亦政堂藏板"。與《博古圖録》《古玉圖》合印，俗稱"三古圖"。藏書票題"Gift of Dr. Yung Wing, 1911"。

亦政堂重修宣和博古圖録三十卷

Fv2105.7 +1132

〔宋〕王黼撰

明萬曆三十一年（1603）吴萬化寶古堂刻清乾隆十七年（1752）黄晟亦政堂重修本

九册

框24.2×15.7釐米。8行17字。白口，四周單邊，單魚尾。版心上鎸"博古圖録"，中鎸卷次。内封鎸"乾隆壬申年秋月/天都黄曉峰鑒定/博古圖/亦政堂藏板"。書名取自卷二。卷一卷端題"東書堂重修宣和博古圖録"。與《考古圖》《古玉圖》合印，俗稱"三古圖"。藏書票題"Gift of Dr. Yung Wing, 1911"。

歷代鐘鼎彝器款識法帖二十卷
　　　　　　　　　　　Fv2105.6 4491
　〔宋〕薛尚功撰
　　清嘉慶二年（1797）刻本
　　一册
　　框19.2×14釐米。行字數不一。白口，四周單邊。内封鎸"嘉慶二年閏六月刊"。

亦政堂重考古玉圖二卷　Fv2101 +2923
　　　〔元〕朱德潤輯
　　明萬曆三十一年（1603）吳萬化寶古堂刻清乾隆十七年（1752）黃晟亦政堂重修本
　　一册
　　框24.5×15.5釐米。8行17字。白口，四周單邊，單魚尾。版心上鎸"古玉圖"，中鎸卷次。内封鎸"乾隆壬申年秋月/天都黃曉峰鑒定/古玉圖/亦政堂藏版"。與《博古圖錄》《考古圖》合印，俗稱"三古圖"。藏書票題"Gift of Dr. Yung Wing, 1911"。

觀妙齋藏金石文考略十六卷
　　　　　　　　　　　Fv2080 4496
　　　〔清〕李光暎纂
　　清末抄本
　　三册
　　無框。8行字數不等。白口，四周雙邊，單黑魚尾。版心下鎸"唫梅書屋"。存卷九至十六。

關中金石記八卷目錄一卷附記一卷
　　　　　　　　　　　Fv2136 6531
　　　〔清〕畢沅撰
　　清道光二十七年（1847）渭邑焦醇敬堂刻本
　　五册

框18.8×15釐米。12行24字。黑口，四周雙邊，雙魚尾。内封鎸"道光丁未重鎸/渭邑焦醇敬堂藏板"。

小蓬萊閣金石文字不分卷
　　　　　　　　　　　Fv2105.6 +4862
　　　〔清〕黃易輯
　　清道光十四年（1834）刻本
　　五册
　　框21×12.3釐米。11行25字，小字雙行同。白口，四周單邊，單魚尾。

金石文鈔八卷　PL2448 C43+ Oversize
　　　〔清〕趙紹祖輯
　　清嘉慶七年（1802）古墨齋刻本
　　八册
　　框19.5×13.2釐米。9行17字，小字雙行同。白口，四周單邊，單魚尾。

兩浙金石志十八卷補遺一卷
　　　　　　　　　　　Fv2146 7111
　　　〔清〕阮元編
　　清光緒十六年（1890）浙江書局刻本
　　十二册
　　框18.5×13釐米。11行22字，小字雙行同。白口，左右雙邊，單魚尾。牌記題"光緒十有六年浙江書局重刻"。

金石圖不分卷　Fv2105.7 +3624
　　　〔清〕褚峻摹　〔清〕牛運震等説
　　清乾隆刻本
　　四册
　　框25.7×16.3釐米。10行20字。白口，四周單邊。

香南精舍金石契一卷　　　PL2447 C53
〔清〕崇恩撰
清光緒二十六年（1900）石印本（據稿本）
二册

清儀閣金石題識四卷　　　Fv2080 1313
〔清〕張廷濟撰　〔清〕陳其榮編輯
清光緒二十年觀自得齋刻本
四册
觀自得齋叢書
框16×12.2釐米。11行21字。黑口，
四周雙邊，單魚尾。

筠清館金石文字五卷　　　Fv2105.6 2399
〔清〕吳榮光撰
清道光二十二年（1842）南海吳氏刻本
五册
框19.4×13.7釐米。9行21字，小字雙
行同。白口，四周雙邊，單黑魚尾。牌記
題“道光二十有二年壬寅六月南海吳氏
筠清館刊”。

吳郡金石目一卷　　　Fv2144 2130
〔清〕程祖慶撰
清光緒三年（1877）吳縣潘氏八囍
齋刻本
一册
框17.4×13.1釐米。10行21字，小字
雙行同。白口，四周單邊，單魚尾。

括蒼金石志十二卷續志四卷
　　　Fv2146 4431
〔清〕李遇孫輯　〔清〕鄒柏森增補
清同治十三年（1874）浙江處州府署刻本
八册

框18.5×14釐米。10行21字。白口，
左右雙邊，單黑魚尾。内封鐫“同治甲戌
十月重栞/溯江處州府署藏板”。

金石索十二卷　　　PL2448 +F4 1821
〔清〕馮雲鵬　馮雲鵷撰
清道光元年（1821）崇川馮氏滋陽縣
署石印本
十二册
内封鐫“滋陽縣署藏板”。外封題“内
藤湖南舊藏”。鈐“内藤虎印”印。藏書票題
“Gift of Professor Arthur F. Wright”。
金索六卷
石索六卷

金石索十二卷首一卷　　　Fv2083 3217
〔清〕馮雲鵬　馮雲鵷撰
清光緒三十三年（1907）上海文新書
局石印本
二十四册
金索六卷
石索六卷

金石萃編補略二卷　　　Fv2082 +1133Aa
〔清〕王言撰
清光緒八年（1882）仁和王氏刻本
四册
框18.5×13.8釐米。10行21字，小字
雙行同。黑口，左右雙邊，單黑魚尾。内
封鐫“光緒八年太歲在壬午九月刊”。

獨笑齋金石文考二集十三卷
　　　Fv2082 C42
〔清〕鄭業斅撰
清末石印本

三册

金石屑不分卷附編 Fv2083 +2167

〔清〕鮑昌熙輯

清光緒三年(1877)嘉興鮑氏刻本

四册

框21.5×15釐米。行字數不等。白口,左右雙邊,單魚尾。

金石苑六卷 Fv2083 +7243

〔清〕劉喜海撰

清道光二十八年(1848)刻本

六册

框20.9×13.8釐米。10行20字。白口,四周單邊。

海東金石苑四卷 Fv2185 +7243

〔清〕劉喜海撰

清光緒七年(1881)二銘草堂刻本

四册

框18.3×14.2釐米。11行21字,小字雙行同。白口,四周雙邊,單魚尾。

長安獲古編二卷補一卷 Fv2105.6 +7243

〔清〕劉喜海輯

清光緒三十一年(1905)東武劉鶚刻本

二册

框21.1×15釐米。白口,四周單邊,單魚尾。

淮陰金石僅存録一卷附編一卷補遺一卷

Fv2144 6141

羅振玉録

清光緒十八年(1892)鉛印本

一册

金之屬

西清古鑑四十卷錢録十六卷

Fv2105.7 1348A

〔清〕梁詩正等撰

清光緒十四年(1888)上海鴻文書局石印本

二十四册

西清古鑑四十卷錢録十六卷

Fv2105.7 +1348

〔清〕梁詩正等撰

清光緒三十四年(1908)集成圖書公司影印清武英殿刻本

二十四册

另有複本一,書號同。

西清續鑑甲編二十卷附録一卷

Fv2105.7 1348.1

〔清〕王杰等撰

清宣統三年(1911)上海商務印書館影印清寧壽宮寫本

四十二册

焦山鼎銘考一卷 Fv2105.6 8202

〔清〕翁方綱編

清乾隆刻本

一册

蘇齋叢書

框15.5×11.9釐米。11行字數不等。白口,四周單邊。版心中鐫書名。

吉金所見録十六卷首一卷末一卷

Fv2107 3292

〔清〕初尚齡輯

清嘉慶二十四年(1819)萊陽初氏渭園刻道光七年(1827)古香書舍補刻本

四册

框19×14.1釐米。8行18字, 小字雙行同。白口, 四周雙邊, 單魚尾。

重定金石契四卷　　Fv2105.6 +1346

〔清〕張燕昌撰

清乾隆刻本

四册

圖17.4×14.3釐米。内封鐫"乾隆戊戌夏日/金石契/大興翁方綱題"。

積古齋鐘鼎款識稿本四卷附卷一卷

Fv2105.6 +7111

〔清〕阮元藏　　〔清〕朱之榛編

清光緒三十二年(1906)影印本

三册

攈古録金文三卷　　Fv2105.6 +2344

〔清〕吳式分撰

清光緒二十一年(1895)海豐吳氏刻本

九册

山陰吳氏遯盦金石叢書

框18×14.1釐米。11行24字, 小字雙行同。白口, 左右雙邊, 雙魚尾。

兩罍軒彝器圖釋十二卷　Fv2105.7 2313

〔清〕吳雲撰

清同治十一年(1872)刻本

六册

框19×13.3釐米。10行22字。白口, 左右單邊。内封鐫"同治十有式年秋九月"。

敬吾心室彝器款識不分卷　Fv2105.6 +2980

〔清〕朱善旂輯

清光緒三十四年(1908)朱之榛石印本

二册

攀古廔彝器款識一卷　　Fv2105.6 +3634

〔清〕潘祖蔭撰

清同治十一年(1872)吳縣潘氏滂喜齋京師刻本

二册

框20.5×13.5釐米。10行24字。白口, 四周單邊, 單黑魚尾。牌記題"同治十一年京師滂喜齋刻"。

恒軒所見所藏吉金録一卷　Fv2105.7 +2343

〔清〕吳大澂輯

清光緒十一年(1885)吳縣吳氏刻本

四册

框26.2×14.3釐米。字數不等。白口, 四周單邊, 單魚尾。

周吉遺文毛公鼎不分卷

PL2448 .W823+ Oversize

〔清〕吳大澂輯撰

清光緒十三年(1887)上海同文書局石印本

一册

牌記題"光緒十三年丁亥秋八月上海同文書局石印"。

奇觚室吉金文述二十卷首一卷

PL2448 L57+ Oversize

〔清〕劉心源撰

清光緒二十八年(1902)嘉魚劉氏石印本

十册

陶齋吉金錄八卷   Fv2105.7 0202 +T2

〔清〕端方輯

清光緒三十四年（1908）金陵端方石印本

八冊

牌記題"光緒戊申輯於金陵"。

陶齋吉金續錄二卷

〔清〕端方輯

清宣統元年（1909）金陵端方石印本

一冊

存卷二。

錢幣之屬

錢神志七卷   Fv2107 4442

〔明〕李世熊撰

清光緒六年（1880）劉國光刻本

七冊

框20.8×14釐米。9行23字。白口，四周雙邊，單魚尾。

欽定錢錄十六卷   Fv2107 +8388

〔清〕梁詩正等撰

清乾隆刻本

六冊

框19.4×14.2釐米。9行21字。黑口，四周單邊。版心中鐫"錢錄"及卷次。錄乾隆五十二年（1787）紀昀等撰《提要》。

錢錄十六卷   Zn31 O16

〔清〕梁詩正等撰

清光緒五年（1879）苑古室刻本

四冊

框19.8×14.2釐米。9至11行21至22字。黑口，四周單邊。牌記題"光緒五年

己卯冬十月苑古室重刊"。1881年入藏。

錢志新編二十卷   Fv2107 1324

〔清〕張崇懿校輯

清道光十年（1830）酌春堂刻本

四冊

框18×13.8釐米。9行20字，小字雙行同。白口，左右雙邊，雙魚尾。

古今錢略三十二卷首一卷末一卷

           Fv2107 +2143

〔清〕倪模撰

清光緒三年（1877）望江倪氏兩彊勉齋刻本

十八冊

框20.8×15.2釐米。10行25字，小字雙行同。黑口，左右雙邊。版心下鐫"大雷岸經鋤堂"。内封鐫"望江倪氏兩彊勉齋鐵板"。

古泉叢話三卷首一卷   Fv2107 4573

〔清〕戴熙撰

清同治十一年（1872）吳縣潘氏滂喜齋刻本

一冊

框20.6×13.9釐米。10行20字。白口，四周單邊，單黑魚尾。版心中鐫書名及卷次。内封鐫"同治壬申/滂喜齋刻"。

古泉匯六十四卷   Zn31 15

〔清〕李佐賢撰

清同治三年（1864）利津李氏石泉書屋刻本

十六冊

框18.3×11.7釐米。9行24字。白口，

四周雙邊，單黑魚尾。内封鎸"同治甲子年鎸/利津李氏石泉書屋藏板"。藏書票題"Gift of Dr. Yung Wing, 1911"。

石之屬

金薤琳琅二十卷補遺一卷

Fv2100 +4222

〔明〕都穆輯　（補遺）〔清〕宋振譽撰

清乾隆四十三年（1778）汪荻洲刻本

四册

框20.6×13.5釐米。9行18字。白口，四周單邊，單黑魚尾。版心上鎸書名，中鎸卷次。卷首列《欽定四庫全書總目》。

寰宇訪碑録十二卷

Fv2096.2 1962A

〔清〕孫星衍　邢澍撰

清光緒十一年（1885）吳縣朱氏槐廬家塾刻本

六册

平津館叢書

框17.1×11.4釐米。11行20字。白口，左右雙邊，單黑魚尾。

墨妙亭碑目考二卷附考二卷

Fv2096.6 +1381

〔清〕張鑑撰

清光緒六年（1880）刻本

二册

框12.7×9.5釐米。10行23字，小字雙行同。黑口，左右雙邊，單黑魚尾。

隋唐石刻拾遺二卷附關中金石記隋唐石刻原目一卷

Fv2096.6 +H86

〔清〕黃本驥撰　〔清〕劉世珩校

清光緒貴池劉氏刻本

二册

聚學軒叢書

框16.2×11.7釐米。11行21字，小字雙行同。黑口，左右雙邊，雙魚尾。

漢魏六朝志墓金石例三卷附唐人志墓諸例一卷

Fv2096.3 +2382

〔清〕吳鎬撰

清嘉慶十七年（1812）刻本

二册

框19.9×13.8釐米。10行21字。白口，左右雙邊，單黑魚尾。

陶齋藏石記四十四卷

Fv2096.6 0202

〔清〕端方輯

清宣統元年（1909）上海商務印書館石印本

十二册

牌記題"宣統元年十月刊行"。

再續寰宇訪碑録二卷

Fv2096.2 1962 L7

羅振玉撰

清光緒十九年（1893）面城精舍石印本

二册

牌記鎸"宣統二年玉簡齋印"。

玉之屬

古玉圖譜三十二卷

Fv2101 +0143

〔宋〕龍大淵等編纂

清乾隆三十六至三十七年（1771—1772）余文儀刻本

十册

框24.8×17.2釐米。白口，四周雙邊。

藏書票題 "Gift of E. H. Hume 1971"。

甲骨之屬

殷商貞卜文字考一卷　　　Fv2086.6 6151

羅振玉撰

清宣統二年（1910）玉簡齋石印本

一冊

蟫隱廬叢書

陶之屬

封泥考略十卷　　　Fv2092 2344

〔清〕吳式芬　陳介祺輯

清光緒三十年（1904）海豐吳氏濰

縣陳氏石印本

十冊

千甓亭古塼圖釋二十卷　　　Fv2091 7133

〔清〕陸心源編

清光緒十七年（1891）吳興陸氏石印本

四冊

目録類

總録之屬

八史經籍志十種三十卷　　Fv9530 +8050

（日本）佚名輯　　〔清〕張壽榮纂

清光緒八年（1882）鎮海張氏刻本

十二冊

框22.6×15.4釐米。10行21字, 小字雙

行同。白口, 左右雙邊, 單魚尾。外封記載

"Kn"。

前漢書藝文志一卷

隋書經籍志四卷

舊唐書經籍志二卷

唐書藝文志四卷

宋史藝文志八卷

宋史藝文志補一卷

補遼金元藝文志一卷

補三史藝文志一卷

元史藝文志四卷

明史藝文志四卷

武周刊定衆經目録十四卷

　　　　　　　Z7895.B9 M56

〔唐〕明佺等撰

清康熙二至三年（1663—1664）嘉興

楞嚴寺刻本

三冊

嘉興藏

框22.2×15.5釐米。10行20字, 小

字雙行同。白口, 四周雙邊。版心中鎸書

名及卷次。卷四末題 "康熙三年二月"。卷

十四末鎸 "浙江嘉興府楞嚴寺般若堂本年

貲刊武周刊定目録/計字七千六百十/康熙二

年十一月□日筭該銀四兩七錢□分□厘"。

欽定四庫全書總目二百卷首四卷

　　　　　　　Fv9100 +C44

〔清〕紀昀等纂

清乾隆北京武英殿刻本

一百二十一冊

框19.5×13.8釐米。9行21字。白口,

四周雙邊, 單黑魚尾。版心上鎸書名, 中鎸

卷次及部類。乾隆四十六年（1781）上諭。

欽定四庫全書總目二百卷首一卷

　　　　　　　Fv9100 6085 C442

〔清〕紀昀等纂

清同治七年（1868）廣東書局刻本

一百八冊

框14.2×10.9釐米。9行21字，小字雙行同。白口，左右雙邊。牌記題"同治七年廣東書局重梓"。書後題"粵東省城富文齋/萃文堂/聚珍堂承刊"。

欽定四庫全書簡明目録二十卷

Fv9100 6085 C435

〔清〕紀昀等纂

清乾隆四十九年（1784）刻本

十冊

框13×10.1釐米。9行21字，小字雙行同。白口，左右雙邊。外封記載"Yale College Library Aug 1849"。

欽定四庫全書簡明目録二十卷

Fv9100 6085 C43

〔清〕紀昀等纂

清同治七年（1868）廣東書局刻本

十二冊

框14.2×10.8釐米。9行21字。白口，左右雙邊。牌記題"同治七年廣東書局重梓"。容閎1878年贈書。

欽定四庫全書簡明目録二十卷

Fv9100 6085 C433

〔清〕紀昀等纂

清末刻本

十二冊

框14×11釐米。9行21字，小字雙行同。白口，左右雙邊。

欽定天禄琳琅書目十卷後編二十卷

X861 +884Y

〔清〕于敏中等編

清光緒十年（1884）長沙王氏刻本

十冊

框20×14.5釐米。9行20字，小字雙行同。黑口，左右雙邊，雙魚尾。

彙刻書目二十卷　Fv9525 3822 1886

〔清〕顧修編　〔清〕朱學勤增補

清光緒十五年（1889）上海福瀛書局刻本

二十冊

框13.5×9.8釐米。11行25字。黑口，左右雙邊，單黑魚尾。牌記題"光緒十二年春三月上海福瀛書局借仁和朱氏增訂本重編付梓/十五年夏四月梓成/福山王懿榮題"。

稽瑞樓書目四卷　X861 877C

〔清〕陳揆編

清光緒三年（1877）吳縣潘氏八囍齋刻本

一冊

框17.4×13.1釐米。10行21字。黑口，左右雙邊，單魚尾。

邵亭知見傳本書目十六卷　X861 873M

〔清〕莫友芝撰

清宣統元年（1909）鉛印本

八冊

邵亭知見傳本書目十六卷

Z3101 .M627 1873（LC）

〔清〕莫友芝撰

清同治十二年（1873）鉛印本

八冊

行素堂目睹書録十編 Z3109 C46（LC）

〔清〕朱記榮輯

清光緒十年（1884）古吳白堤孫溪槐廬刻本

十册

吳縣朱氏槐廬家刊本十集

框12.6×10釐米。9行21字，小字雙行同。黑口，左右雙邊。內封鎸"光緒甲申仲冬古吳白堤孫溪槐廬家藏板"。

古越藏書樓書目二十卷首一卷

X328 K87 904

徐樹蘭編

清光緒三十年（1904）崇實書局石印本

八册

內封鎸"光緒三十年十月崇實書局石印"。

留真譜初編十二卷二編八卷

X195 +901Y

楊守敬編輯

清光緒二十七年（1901）宜都楊氏刻本

二十册

版式不一，行字數不等。白口，四周雙邊。內封鎸"光緒辛丑三月宜都楊氏梓行"。

書志之屬

經義考三百卷 Fv120 +2928B

朱彝尊撰

清光緒二十三年（1897）浙江書局刻本

四十八册

框18.5×14.7釐米。12行23字。白口，左右雙邊，單魚尾。內封鎸"光緒丁酉仲秋浙江書局刊成"。

日本訪書志十六卷 X861 897Y

楊守敬撰

清光緒二十三年（1897）宜都楊氏鄰蘇園刻本

八册

框17.3×12.8釐米。9行20字。黑口，左右雙邊，單魚尾。牌記題"光緒丁酉嘉平月鄰蘇園開雕"。

專録之屬

小學考五十卷 Fv5070 +0436

〔清〕謝啓昆撰

清嘉慶二十一年（1815）樹經堂刻本

二十册

框18.1×13.9釐米。11行21字，小字雙行同。白口，左右雙邊，單魚尾。內封鎸"嘉慶丙子校刊/小學考/樹經堂藏板"。鈐"寄寄山房"印。

小學考五十卷 Fv5070 O436A

〔清〕謝啓昆撰

清光緒十四年（1888）浙江書局刻本

二十册

框18.3×13.5釐米。11行21字，小字雙行同。白口，左右雙邊，單魚尾。牌記題"光緒戊子秋九浙江書局栞成"。

子部

叢編

諸子彙函二十六卷　　　　Fv1060 +2449

〔明〕歸有光輯

明天啓五年(1625)刻本

十四冊

框22.5×13.5釐米。9行18字，小字雙行同。白口，四周單邊，單黑魚尾。版心上鐫書名，中鐫卷次、作者及篇名，眉欄鐫注。

　　鬻子　〔周〕鬻熊撰

　　子牙子　〔周〕呂望撰

　　關尹子　〔周〕尹喜撰

　　子華子　〔周〕程本撰

　　老子　〔周〕李耳撰

　　莊子　〔周〕莊周撰

　　列子　〔周〕列禦寇撰

　　墨子　〔周〕墨翟撰

　　管子二卷　〔周〕管仲撰

　　亢倉子　〔周〕庚桑楚撰

　　晏子　〔周〕晏嬰撰

　　鄧析子　〔周〕鄧析撰

　　鬼谷子

　　文子　〔周〕辛銒撰

　　公孫龍子　〔周〕公孫龍撰

　　商子　〔周〕商鞅撰

　　鶡冠子

　　司馬子　〔周〕司馬穰苴撰

　　吳子　〔周〕吳起撰

　　尹文子　〔周〕尹文撰

　　孫武子　〔周〕孫武撰

　　尉繚子　〔周〕尉繚撰

　　玉虛子　〔周〕屈平撰

　　鹿谿子　〔周〕宋玉撰

　　慎子　〔周〕慎到撰

　　汗子　〔周〕汗明撰

　　尸子　〔周〕尸佼撰

　　囂囂子　〔周〕江乙撰

　　荀子一卷　〔周〕荀況撰

　　韓非子二卷　〔周〕韓非撰

　　波弄子　〔周〕淳于髡撰

　　惠子　〔周〕惠施撰

　　胡非子　〔周〕胡非子撰

　　子家子　〔周〕孔求撰

　　希子　〔周〕希寫撰

　　薛子　〔周〕薛燭撰

　　風胡子　〔周〕風胡撰

　　三柱子　〔周〕魯仲連撰

　　歲寒子　〔周〕張孟同撰

　　首山子　〔秦〕頓弱撰

　　呂子　〔秦〕呂不韋撰

　　潼山子　〔秦〕甘羅撰

　　雲晃子　〔秦〕齊辯貌撰

　　隨巢子

　　孔叢子　〔漢〕孔鮒撰

　　黄石子　〔漢〕黄石公撰

　　雲陽子　〔漢〕陸賈撰

　　金門子　〔漢〕賈誼撰

　　淮南子二卷　〔漢〕劉安撰

　　桂巖子二卷　〔漢〕董仲舒撰

　　封龍子　〔漢〕韓嬰撰

　　吉雲子　〔漢〕東方朔撰

　　青黎子　〔漢〕劉向撰

　　揚子　〔漢〕揚雄撰

　　符子　〔漢〕符□撰

　　金樓子　〔南朝梁〕元帝蕭繹撰

　　嵯岈子　〔漢〕崔寔撰

　　荆山子　〔漢〕桓譚撰

　　委宛子　〔漢〕王充撰

　　白虎通　〔漢〕班固撰

風俗通　〔漢〕應劭撰

慎陽子　〔漢〕黃憲撰

譽山子　〔漢〕仲長統撰

回中子　〔漢〕王符撰

貞山子　〔漢〕桓寬撰

天隱子　〔唐〕司馬承禎撰

徐子　〔漢〕徐幹撰

小荀子　〔漢〕荀悅撰

鏡機子　〔三國魏〕曹植撰

抱朴子　〔晉〕葛洪撰

白雲子　〔晉〕束晳撰

靈源子　〔三國魏〕嵇康撰

雲門子　〔南朝梁〕劉勰撰

干山子　〔晉〕陸機撰

石虎子　〔北齊〕劉畫撰

無能子

譚子　〔南唐〕譚峭撰

文中子　〔隋〕王通撰

天隨子　〔唐〕陸龜蒙撰

鹿門子　〔唐〕皮日休撰

玄真子　〔唐〕張志和撰

來子　〔唐〕來鵠撰

文泉子　〔唐〕劉蛻撰

協律子　〔唐〕李翱撰

靈壁子　〔唐〕羅隱撰

次山子　〔唐〕元結撰

東萊子　〔宋〕呂祖謙撰

邵子　〔宋〕邵雍撰

橫渠子　〔宋〕張載撰

長春子　〔宋〕石介撰

艸盧子　〔元〕吳澄撰

道園子　〔元〕虞集撰

郁離子　〔明〕劉基撰

二十二子三百三十八卷　　Fv1060 1411

〔清〕鴻文書局輯

清光緒十九年（1893）鴻文書局石印本
十六冊

牌記題“光緒癸巳年上海鴻文局據
湖海樓本校印”。

老子道德經二卷附音義一卷　〔周〕
　李耳撰

莊子十卷　〔周〕莊周撰

管子二十四卷　〔周〕管仲撰

列子八卷　〔周〕列禦寇撰

墨子十六卷　〔周〕墨翟撰

荀子二十卷附校勘補遺一卷　〔周〕
　荀況撰

尸子二卷存疑一卷　〔周〕尸佼撰

孫子十家註十三卷附叙錄一卷附遺
　説一卷　〔周〕孫武撰

孔子集語十七卷　〔清〕孫星衍輯

晏子春秋七卷附音義二卷校勘記二
　卷　〔周〕晏嬰撰

呂氏春秋二十六卷附考一卷　〔秦〕
　呂不韋撰

新書十卷　〔漢〕賈誼撰

董氏春秋繁露十七卷　〔漢〕董仲
　舒撰

揚子法言十三卷附音義一卷　〔漢〕
　揚雄撰

文子纘義十二卷　〔元〕杜道堅撰

補注黃帝內經素問二十四卷靈樞
　十二卷附素問遺篇一卷　〔唐〕王
　冰注　〔宋〕林億等校正　〔宋〕
　孫兆重改誤

竹書紀年統箋十二卷前編一卷雜述
　一卷　〔清〕徐文靖撰

商君書五卷　〔周〕商鞅撰

韓非子二十卷附識誤三卷　〔周〕
　韓非撰　（識誤）〔清〕顧廣圻撰

淮南子二十一卷　〔漢〕劉安撰

文中子中説十卷　〔隋〕王通撰

山海經十八卷　〔晋〕郭璞傳

子書二十三種　　　Fv1060 1514

〔清〕浙江書局輯

清光緒二十三年（1897）上海圖書集
成局鉛印本

十九册

内封鎸“依浙江書局本/子書二十二
種/增鶡冠子/上海圖書集成局校印”。藏
書票題“Gift of Yale in China 1922”。

老子道德經二卷音義一卷　〔周〕
　李耳撰　〔三國魏〕王弼注　〔唐〕
　陸德明音義

莊子十卷　〔周〕莊周撰　〔晋〕郭
　象注　〔唐〕陸德明音義

管子二十四卷　〔周〕管仲撰　〔唐〕
　房玄齡注　〔明〕劉績增注

荀子二十卷校勘補遺一卷　〔周〕
　荀况撰　〔唐〕楊倞注　〔清〕盧
　文弨 謝墉校

列子八卷　〔周〕列禦寇撰　〔晋〕
　張湛注　〔唐〕殷敬順釋文

韓非子二十卷識誤三卷　〔周〕韓
　非撰　（識誤）〔清〕顧廣圻撰

淮南子二十一卷　〔漢〕劉安撰
　〔漢〕高誘注　〔清〕莊逵吉校

文中子中説十卷　〔隋〕王通撰
　〔宋〕阮逸注

揚子法言十三卷音義一卷　〔漢〕
　揚雄撰　〔晋〕李軌注　〔宋〕佚
　名音義

鶡冠子三卷　〔宋〕陸佃解　〔明〕
　王宇評

墨子十六卷篇目考一卷　〔周〕墨
　翟撰　〔清〕畢沅校注

孫子十家註十三卷叙録一卷遺説一
　卷　〔周〕孫武撰　〔宋〕吉天
　保輯　〔清〕孫星衍 吳人驥校
　（叙録）〔清〕畢以珣撰　（遺説）
　〔宋〕鄭友賢撰

孔子集語十七卷　〔清〕孫星衍輯

晏子春秋七卷音義二卷校勘記二卷
　〔周〕晏嬰撰　〔清〕孫星衍校并
　音義　〔清〕黄以周校勘

呂氏春秋二十六卷附考一卷　〔秦〕
　呂不韋撰　〔漢〕高誘注　〔清〕
　畢沅校

賈子新書十卷　〔漢〕賈誼撰　〔清〕
　盧文弨校

董子春秋繁露十七卷附録一卷　〔漢〕
　董仲舒撰　〔清〕盧文弨校

文子纘義十二卷　〔元〕杜道堅撰

補注黄帝内經素問二十四卷素問遺
　篇一卷靈樞十二卷　〔唐〕王冰注
　〔宋〕林億等校正　〔宋〕孫兆重
　改誤　〔宋〕劉温舒原本遺篇

竹書紀年統箋十二卷前編一卷雜述
　一卷　〔清〕徐文靖撰

尸子二卷存疑一卷　〔周〕尸佼撰
　〔清〕汪繼培輯

商君書五卷附考一卷　〔周〕商鞅
　撰　〔清〕嚴可均校

山海經十八卷　〔晋〕郭璞傳　〔清〕
　畢沅校

儒家類

儒家之屬

晏子春秋七卷音義二卷校勘二卷

Fv1079 1962A

〔周〕晏嬰撰　〔清〕孫星衍校并音義　〔清〕黃以周校勘

清光緒元年（1875）浙江書局刻本

四冊

框18.3×13.3釐米。9行21字，小字雙行同。白口，左右雙邊，單魚尾。牌記題“光緒元年十一月浙江書局據孫氏平津館本校刻”。

晏子春秋七卷音義二卷校勘二卷

Fv1079 1962B

〔周〕晏嬰撰　〔清〕孫星衍校并音義　〔清〕黃以周校勘

清光緒二十三年（1897）上海圖書集成局鉛印本

一冊

子書二十二種

荀子集解二十卷考證卷首一卷

B128 .H65 1891（LC）

〔唐〕楊倞注　王先謙集解

清光緒十七年（1891）思賢講舍刻本

六冊

框17.6×13.2釐米。10行20字，小字雙行同。黑口，左右雙邊，單黑魚尾。牌記題“光緒辛卯季夏思賢講舍開雕”。藏書票題“Gift of Professor Arthur F. Wright”。

劉氏荀子補注一卷荀子考異一卷

B128 H7 C46（LC）

〔清〕劉台拱撰　（荀子考異）〔宋〕錢佃撰

清光緒三十一年（1905）刻本

一冊

對雨樓叢書

框16.7×11.8釐米。10行20字。黑口，左右雙邊，單魚尾。

子思子七卷

Fv1083 H862

〔漢〕鄭玄注　〔清〕黃以周輯解

清光緒二十二年（1896）南菁書院刻本

二冊

框17.2×12.6釐米。10行21字，小字雙行同。黑口，四周雙邊，單黑魚尾。牌記題“意林逸子之第二種”。卷末題“江陰南菁書院高豪康刻字”。

儒學之屬

鹽鐵論十卷附校勘小識一卷

Fv4311 4131A

〔漢〕桓寬撰　王先謙校訂

清光緒十七年（1891）思賢講舍刻本

二冊

框17.9×13.7釐米。11行24字，小字雙行同。黑口，左右雙邊，單魚尾。牌記題“光緒辛卯冬月思賢講舍開雕”。

繹志十九卷

Fv1335 4210 Ic2

〔清〕胡承諾撰

清道光十七年（1837）婁東顧氏護聞書屋刻本

十二冊

框18.5×13釐米。12行22字。黑口，左右雙邊，單黑魚尾。

廣治平略四十四卷　　　　Fv9130 4909

〔清〕蔡方炳纂定

清雍正二年（1724）聚奎堂刻本

十六冊

框20.7×12釐米。9行25字。白口，四周單邊。版心上鐫書名，中鐫卷次及篇名。內封鐫"雍正甲辰年鐫/聚奎堂藏板"。鈐"科第世家""中峰""晋履嵩印""柱天氏"等印。

萬世玉衡錄四卷　　　　Fv4673 +4422

〔清〕蔣伊編輯

清康熙刻本

四冊

框19.6×13.9釐米。9行23字。白口，左右雙邊，單黑魚尾。版心上鐫書名，中鐫卷次及小題。鈐"曾在潛樓"印。

陸桴亭思辨錄輯要二十二卷後集十三卷

　　　　Fv1337 6085

〔清〕陸世儀撰　〔清〕張伯行重訂

清同治五年（1874）福州正誼書院刻本

五冊

正誼堂全書

框19×13.7釐米。10行22字，小字雙行同。白口，左右雙邊，單魚尾。版心下題"正誼堂"。牌記題"福州正誼書院藏版"。卷末牌記題"同治五年夏月福州正誼書院重校開雕"。

漢學商兌三卷　　　　Fv160 0254B

〔清〕方東樹撰

清光緒二十六年（1900）浙江書局刻本

四冊

框20×13.3釐米。10行23字，小字雙行同。黑口，左右雙邊。牌記題"光緒庚子季夏浙江書局校刊"。

皇朝經世文編一百二十卷

　　　　Fv4660.3 4872

〔清〕賀長齡輯　〔清〕魏源編

清道光七年（1827）刻本

六十二冊

框19.6×14釐米。11行24字。白口，左右雙邊，單魚尾。內封鐫"道光丁亥刊"。藏書票題"Gift of Dr. Yung Wing, 1911"。另有複本一，書號WB 15081，存卷十一至一百二十。

皇朝經世文編一百二十卷首一卷附姓名總目二卷生存姓名一卷

　　　　Fv4660.3 4872.1

〔清〕賀長齡輯　〔清〕魏源編

清同治十二年（1873）撫郡雙峰書屋刻本

八十冊

框13.5×10.7釐米。11行24字。白口，四周雙邊，單黑魚尾。版心下鐫"雙峰書屋"。內封鐫"同治癸酉歲春月/重校刻本/袖珍皇朝經世文編/冬月三次覆加校對/撫郡雙峰書屋藏珍"。卷首同治十二年辜滉叙末鐫"同治壬申春月撫州饒玉成新泉氏鐫袖珍本於長郡佐署/癸酉冬月男祖蔭隨同覆校"。

皇朝經世文編一百二十卷姓名總錄三卷

　　　　Fv4660.3 4872.2B

〔清〕賀長齡輯　〔清〕魏源編

清光緒十二年（1886）思補樓石印本

六十册

皇朝經世文編一百二十卷

Fv4660.3 4872.2

〔清〕賀長齡輯　〔清〕魏源編

清光緒二十五年（1899）上海中西書

局石印本

十一册

牌記題"光緒己亥孟春上海中西書

局校閲石印"。缺卷七十一至七十九。

校邠廬抗議二卷　　Fv5513 3244

〔清〕馮桂芬撰

清光緒十年（1884）豫章刻本

二册

框18.4×13.1釐米。11行23字，小字

雙行同。黑口，左右雙邊，單魚尾。牌記

題"光緒十年冬雕於豫章"。

皇朝經世文續編一百二十卷

Fv4660.3 4872.3

〔清〕葛士濬輯

清光緒二十四年（1898）上海文盛書

局石印本

一百二十册

皇朝經世文新編二十一卷

Fv4660.3 4872.4

〔清〕麥仲華輯

清光緒二十四年（1898）上海書局石印本

八册

皇朝經世文三編八十卷

Fv4660.3 4872.5

〔清〕陳忠倚輯

清光緒二十四年（1898）寶文書局石

印本

八十册

近思錄集注十四卷附考訂朱子世家一卷校勘記一卷　　Fv1237 3133A

〔宋〕朱熹撰　〔清〕江永集注

清同治八年（1869）江蘇書局刻本

四册

框19.1×13.2釐米。9行19字，小字雙

行同。白口，左右雙邊，單魚尾。藏書票

題"Gift of Dr. Yung Wing, 1911"。

近思錄集注十四卷附考訂朱子世家一卷校勘記一卷　　Fv1237 3133C

〔宋〕朱熹撰　〔清〕江永集注

清光緒十五年（1889）掃葉山房刻本

六册

框18×13釐米。9行19字，小字雙行

同。白口，左右雙邊，單魚尾。鈐"校經

山房督造書籍"印。

五子近思錄輯要十四卷　Fv1237 3133D

〔宋〕朱熹輯　〔清〕孫嘉淦訂

清雍正刻本

二册

框17.1×12.3釐米。9行20字。黑口，

左右雙邊，單黑魚尾。版心上鐫"近思錄

輯要"，中鐫卷次及小題。

呻吟語六卷附呻吟語疑一卷

Fv1319 6645 Sh4

〔明〕呂坤撰　（附）〔清〕陸隴其撰

清道光七年（1827）開封府署刻本

六册

吕子遺書

框20.7×14釐米。9行22字。黑口，四周雙邊，單魚尾。内封鎸“道光丁亥/開封府署雕版”。

理學庸言二卷　B127 N4 C46（LC）

〔清〕金錫齡撰

清光緒二十一年（1895）刻本

一册

框18.7×14.2釐米。10行20字。白口，四周雙邊，單魚尾。牌記題“光緒二十一年乙未夏五月開雕”。

小學集註六卷

BJ966 C563 1867（LC）

〔宋〕朱熹撰　〔明〕陳選注

清同治六年（1867）金陵書局刻本

一册

框17.8×13.5釐米。10行22字，小字雙行同。黑口，左右雙邊，雙魚尾。牌記題“同治丁卯陽月金陵書局開雕”。另有複本一，書號Fv1665 2943.1，二册。

小學集解六卷　　Fv1665 +2943.3

〔宋〕朱熹撰　〔明〕吳納集解

清同治八年（1869）刻本

四册

框18.7×13.2釐米。9行19字，小字雙行同。白口，左右雙邊，單魚尾。容閎1878年贈書。

小學集解六卷附欽定孝經大全

Fv1665 2943.4

〔宋〕朱熹撰　〔清〕張伯行輯注

〔清〕李蘭校訂

清同治十年（1871）醴陵聚奎閣刻本

四册

框20.1×14釐米。9行17字，小字雙行同。白口，左右雙邊，單魚尾。牌記題“醴陵聚奎書閣藏板”。

小學講義十二卷　　Fv1665 +2943.5

〔宋〕朱熹撰　〔清〕何松講解

清嘉慶十七年（1812）傳抄本

五册

框21×16.5釐米。8行19字，小字雙行字數不一。白口，四周雙邊，單黑魚尾。鈐“繼庭”印。

淵鑒齋御纂朱子全書六十六卷

Fv1237 4494

〔宋〕朱熹輯　〔清〕李光地等纂

清刻本

五十五册

框19×14釐米。9行20字。黑口，四周單邊，雙魚尾。版心中鎸“朱子全書”、卷次及篇名。缺卷三十七至三十九、四十二至四十三、四十八至五十一。

國朝儒林正論四卷　　Fv1660 +3111

〔清〕汪正編

清道光二十年（1840）刻本

一册

框18.5×14釐米。12行25字。黑口，左右雙邊，單魚尾。

人範六卷　　　Fv1668 4411

〔清〕蔣元撰　〔清〕沈曰康校

清咸豐九年（1859）木活字印本

一册

框21×13.7釐米。11行23字,小字雙行同。白口,四周雙邊,單黑魚尾。

人範須知六卷　　　　Fv1668 5171

〔清〕盛隆輯

清同治二年(1863)武昌石竹山房刻本

六册

框21×13.3釐米。10行25字。白口,四周雙邊,單黑魚尾。

臣鑒錄二十卷　　　　Fv4673 4422 C4

〔清〕蔣伊編輯

清光緒二十五年(1899)天寶鈕店刻本

十册

框15.5×10.2釐米。9行23字。白口,四周雙邊,單黑魚尾。内封鎸"清光緒二十五年重刊/藏板省城狀元坊天寶鈕店"。

寄傲山房塾課新增幼學故事瓊林四卷首一卷　　　　Fv5161 2122D

〔清〕程允升撰　　〔清〕鄒聖脉增補

清乾隆文林堂刻本

四册

框20.5×14.4釐米。10行26字。白口,左右雙邊,單黑魚尾。版心上鎸"新增故事瓊林",中鎸卷次及小題。序版心下鎸"文林堂"。

寄傲山房塾課新增幼學故事瓊林四卷首一卷　　　　Fv5161 +2122

〔清〕程允升撰　　〔清〕鄒聖脉增補

清嘉慶元年(1796)永安堂刻本

四册

框20.2×15釐米。兩截板,上欄11行7字,小字雙行同;下欄10行26字,小字雙行同。版心上鎸"新增故事瓊林",中鎸卷次及小題。内封鎸"霧閣鄒梧岡定/新增幼學故事瓊林/永安堂藏板"。外封記載"Yale College Library presented by Mr. Wm A. Macy May 1850"。鈐"W. A. MACY 麋"印。

寄傲山房塾課新增幼學故事瓊林四卷首一卷　　　　Fv5161 2122C

〔清〕程允升撰　　〔清〕鄒聖脉增補

清同治九年(1870)連元閣刻本

二册

框19.3×14.4釐米。兩截板,上欄11行7字,小字雙行同;下欄10行26字,小字雙行同。白口,左右雙邊,單黑魚尾。版心上鎸"新增故事瓊林",中鎸卷次及小題。内封鎸"霧閣鄒梧岡定/新增幼學故事瓊林/連元閣藏版"。

新增繪圖幼學故事瓊林四卷　　　　Fv5161 +2122B

〔清〕程允升撰　　〔清〕鄒聖脉補

清光緒三十年(1904)上海育文書局石印本

六册

吕書四種合刻九卷　　　　Fv1323 6627

〔明〕吕坤撰

清道光七年(1827)開封府署刻本

一册

吕子遺書

框20.7×14釐米。9行22字。黑口,四周雙邊,單魚尾。内封鎸"道光丁亥/開封府署雕版"。

小兒語六卷

好人歌一卷

宗約歌一卷

閨戒一卷

聖諭像解二十卷　　　Fv1686 +3918

〔清〕梁延年編輯

清康熙二十年（1681）繁昌梁延年承宣堂刻本

二十册

框24.1×16.1釐米。10行21字。白口，四周單邊。版心上鐫書名及卷次，下鐫"承宣堂"。內封鐫"聖諭像解/承宣堂梓"。

聖諭廣訓十六條　　　Fv1686.8 0373

〔清〕聖祖玄燁諭　〔清〕世宗胤禛訓

清嘉慶十三年（1808）刻本

一册

框22×16.8釐米。滿漢文對照各7行，行字數不等。白口，四周雙邊，單黑魚尾。版心上鐫書名，中鐫條次。另有複本一，書號同，二册，

聖祖仁皇帝庭訓格言一卷

　　　　　　　　Fv1686.8 3213 T4

〔清〕聖祖玄燁諭　〔清〕世宗胤禛訓

清同治元年（1862）刻本

一册

框18×14釐米。7行18字。白口，四周雙邊，單黑魚尾。牌記題"同治元年冬十二月敬謹謄刻"。

傳家寶四集三十二卷　　　Fv9155 1650

〔清〕石成金撰

清刻本

二十八册

家寶全集

框19×13.5釐米。10行29字，小字雙行同。白口，四周單邊，單黑魚尾。存初集卷二、四至八，二至三集，四集卷一至三、五至八。

傳家至寶十卷　　　Fv1060 7889

〔清〕與善堂輯

清道光二十三年（1843）有是樓易氏刻本

一册

框13.5×10.2釐米。9行21字，小字雙行同。白口，左右雙邊，單黑魚尾。版心上鐫書名，中鐫卷次及篇名，下鐫頁次及"有是樓易氏"。

增訂正續盛世危言九卷　　Otk12 905Cb

〔清〕鄭觀應撰

清光緒二十年（1894）上海六先書局鉛印本

八册

朱子家禮十卷首一卷附四禮初稿四卷四禮約言四卷　　　Fv1237 2133

〔宋〕朱熹撰　〔明〕丘濬輯　（四禮初稿）〔明〕宋纁輯　（四禮約言）〔明〕呂維祺撰

清嘉慶六年（1801）寶寧堂刻本

六册

框20.8×13.8釐米。10行20字，小字雙行同。白口，左右雙邊，單魚尾。版心下鐫"寶寧堂"。內封鐫"紫陽書院定本"。

朱柏廬先生居家格言集説四卷

Fvk84 C47

〔清〕朱柏廬撰

清末刻本

一册

框13.5×10.5釐米。9行21字。白口,左右雙邊,單黑魚尾。版心上鐫"格言集説",下鐫"有是樓易氏藏書"。卷三首題記"同敦社原本""粤東易容之若谷重校刊"。存卷三至四。

曾文正公家訓二卷

Kn85 884t

〔清〕曾國藩撰 〔清〕尊聞閣主輯

清光緒十年(1884)鉛印本

二册

申報館叢書

曾文正公家訓二卷

Kn85 884tb

〔清〕曾國藩撰

清光緒十四年(1888)鴻文書局鉛印本

一册

曾文正公全集

徐氏三種

PL1115 H785 1867

〔清〕徐士業增補

清同治六年(1867)三益堂刻本

三册

框18.7×13.7釐米。8行16字,小字雙行同。白口,左右雙邊,單魚尾。

　　三字經訓詁一卷 〔宋〕王應麟撰
　　　　〔清〕王相注
　　百家姓考略一卷 〔清〕王相纂
　　　　〔清〕徐士業校
　　千字文釋義一卷 〔清〕汪嘯尹纂
　　輯 〔清〕孫謙益參注

徐氏三種

PL1115 .H785 1875

〔清〕徐士業增補

清光緒元年(1875)刻本

三册

框18.8×13.8釐米。行字數不一。白口,四周單邊,單黑魚尾。

　　三字經訓詁一卷 〔宋〕王應麟撰
　　　　〔清〕王相注
　　百家姓考略一卷 〔清〕王相纂
　　　　〔清〕徐士業校
　　千字文釋義一卷 〔清〕汪嘯尹纂
　　輯 〔清〕孫謙益參注

三字經一卷

PL1115 .W39 1890

〔宋〕王應麟撰

清光緒十六年(1890)維經堂刻本

一册

框14.5×11.4釐米。5行6字。白口,四周單邊,單黑魚尾。內封鐫"光緒庚寅較正/平陽近仁書/解元三字經/天平街維經堂藏板"。

三字經一卷

PL1115 .W39 1900

〔□〕歐適子著

清末光華堂刻本

一册

框15.5×11.8釐米。5行6字。白口,四周單邊,單黑魚尾。內封鐫"順德歐適子著/解元三字經/光華堂藏板"。外封記載"Yale College Library presented by Mr. Wm A. Macy May 1850"。鈐"W. A. MACY 縻"印。

三字經一卷

Fv5161 9222

〔清〕佚名編

清咸豐五年（1855）廈門花旗館刻本

一册

框11.2×7.7釐米。5行6字。四周雙邊，單黑魚尾。版心上題書名。内封鐫"鷺門蓁仔後花旗館寓藏板"。

三字經一卷　　　　　BR121 .S19 1890

〔清〕佚名編

清光緒十六年（1890）京都美華書院鉛印本

一册

内封鐫"耶穌降世一千八百九十年/光緒十六年/歲次庚寅重刊/京都燈市口美華書院印鐫"。

增訂三字鑑註釋附紀年一卷

　　　　　　　　　　DS736 .W26

〔清〕藕舲注釋

清光緒二十二年（1896）羊城璧經堂刻本

一册

框19.5×12.8釐米。行字數不一。黑口，四周雙邊，單黑魚尾。内封鐫"光緒丙申歲校正重刊/新增三字鑑/羊城學院前璧經堂昌記藏板"。

英華三字經不分卷　PL1115 .W3913 1902

（英國）楊格非（Griffith John）譯

清光緒二十八年（1902）上海石印書局刻本

一册

牌記題"光緒壬寅仲春上海石印書局"。

較正幼學須知成語考二卷　Fv9308 7236

〔明〕丘濬撰

清富文堂刻本

一册

框16.5×11.4釐米。9行22字。白口，左右雙邊，單黑魚尾。内封鐫"邱文莊公原本/大字成語考文/富文堂藏板"。外封記載"Yale College Library presented by Mr. Wm A. Macy"。鈐"W. A. MACY 糜"印。

鑑韻幼學詩帖一卷　　　Fv5161 2127

清末光華堂刻本

一册

框15.8×11.5釐米。5行5字。白口，四周單邊，單黑魚尾。内封鐫"諸名家選本/狀元幼學詩/光華堂藏板"。外封記載"Yale College Library presented by Mr. Wm A. Macy May 1850"。鈐"W. A. MACY 糜"印。

訓蒙趣味新書二卷　　　Fvh34 K95

〔清〕關百康編輯

清光緒二十七年（1901）羊城時雅書局刻本

二册

框15.9×10.5釐米。5行，大小字數不等。白口，四周雙邊，單魚尾。内封鐫"光緒廿七年新鐫本/羊城十八甫時雅書局藏板"。

蒙學讀本全書七卷　　　Fvh34 W95

〔清〕無錫三等公學堂編

清光緒三十四年（1908）上海文明書局石印本

七册

澄衷蒙學堂字課圖説四卷　　Fvh35 L74
〔清〕劉樹屏輯著　〔清〕吳子城繪圖
清光緒二十八年（1902）石印本
八册

啓蒙幼學初階五十課
LB1529.C5 Y68 1902
〔清〕佚名輯
清光緒香港鉛活字印本
一册
卷首題"此書乃奉大憲專爲香港義學
教初入書館者設"。外封記載"F. Oklinger,
First Steps in Youthful Learning""Presented
by Constance Oklinger"。

程氏家塾讀書分年日程三卷綱領一卷
Fv4950 2103
〔元〕程端禮撰
清同治七年（1868）湖北崇文書局刻本
二册
框19.2×13.2釐米。10行22字，小字
雙行同。白口，四周雙邊，單魚尾。

程氏家塾讀書分年日程三卷綱領一卷
Fv4950 +2103.1
〔元〕程端禮撰
清同治八年（1869）江蘇書局刻本
一册
框19×15.2釐米。11行22字，小字雙
行同。白口，左右雙邊，單魚尾。牌記題
"同治八年五月江蘇書局重刊"。

讀書説四卷附年譜一卷　　Fv1335 4210
〔清〕胡承諾撰
清光緒十七年（1891）三餘草堂刻本

三册
湖北叢書
框16.4×12釐米。11行20字。黑口，
四周單邊，雙魚尾。

教諭語四卷　　　　　　Fv4932 0080
〔清〕謝金鑾撰　〔清〕李彥章輯
清道光六年（1826）刻本
一册
框18.3×13.3釐米。10行21字。白口，
左右雙邊，單魚尾。

自勉編四卷　　　　　　Fv1668 5980
〔清〕秦篤新撰
清同治九年（1870）刻本
二册
框17.7×13釐米。9行22字。白口，四
周雙邊，單黑魚尾。内封鐫"同治庚午歲
刊/自勉編/孫業進校字"。

輶軒語不分卷　　　　　Fv5531 1333:7
〔清〕張之洞撰
清光緒二年（1876）退補齋刻本
一册
框19.5×13釐米。9行21字，小字雙行
同。白口，四周雙邊，單魚尾。牌記題"退
補齋開雕"。

五種遺規二十二卷　　　Fv1668 7930B
〔清〕陳弘謀撰
清光緒十九年（1893）上海洋布公所
振華堂刻本
七册
框17.9×13釐米。9行22字，小字雙
行同。白口，四周雙邊，單黑魚尾。内封鐫

"光緒十九年重刻"。牌記題"上海洋布公所振華堂藏版"。存三種十卷。

養正遺規二卷補編一卷

教女遺規三卷

訓俗遺規四卷

五種遺規十八卷　　BJ116 C45（LC）

〔清〕陳弘謀撰

清宣統三年（1911）上海商務印書館鉛印本

八冊

養正遺規二卷補編一卷

教女遺規三卷

訓俗遺規四卷補編一卷

從正遺規三卷

在官法戒錄四卷

道家類

老子道德經二卷附釋文　　Fv1071 1112

〔三國魏〕王弼注　〔唐〕陸德明音義

清光緒元年（1875）浙江書局刻本

一冊

子書二十二種

框18.3×13.3釐米。9行21字，小字雙行同。白口，左右雙邊，單魚尾。牌記題"光緒元年浙江書局據華亭張氏本校刻"。

老子翼八卷　　　　Fv1071 2303

〔明〕焦竑撰

清光緒二十一年（1895）漸西村舍刻本

四冊

框18.9×12.5釐米。10行20字，小字雙行同。黑口，左右雙邊。

老子道德經解二卷首一卷附觀老莊影響論一卷　　　　Fv1071 2332B

〔明〕釋德清撰

清光緒十二年（1886）金陵刻經處刻本

二冊

框16.5×12.9釐米。10行20字。黑口，左右雙邊。卷末鐫有清光緒十二年金陵刻經處題識。

老子正義二卷　　　　Fv1071 0218

〔清〕高延第撰

清光緒六年（1880）上海古書流通處石印本

一冊

莊子內篇註四卷　　　Fv1111 2332

〔明〕釋德清撰

清光緒十四年（1888）金陵刻經處刻本

二冊

框16.9×12.4釐米。8行19字，小字雙行同。黑口，左右雙邊。

莊子集解八卷

BL1900 C5 1909（LC）

王先謙撰

清宣統元年（1909）上海掃葉山房石印本

四冊

莊子集解八卷

BL1900 C5 1909A（LC）

王先謙撰

清宣統元年（1909）上海商務印書館影印本

三册

莊子集解八卷

BL1900 C5 1909B（LC）

王先謙撰

清宣統元年（1909）思賢書局刻本

一册

框17.7×12.9釐米。11行24字，小字雙行同。黑口，左右雙邊，單魚尾。牌記題"宣統己酉年冬月思賢書局刊"。

莊子因六卷　　BL1940 C5 L54（LC）

〔清〕林雲銘評述

清乾隆四十五年（1780）萃華堂刻本

六册

框20.6×14釐米。9行22字。白口，四周單邊，單黑或單白魚尾。版心上鐫書名，中鐫卷次及篇名。内封鐫"乾隆庚子年新鐫/增註莊子因/梅園萃華堂謹識"。

南華真經正義内篇七卷外篇十五卷雜篇十一卷附識餘三種　　Fv1111 7946

〔清〕陳壽昌輯

清光緒十三年（1887）刻本

五册

框15.2×11.7釐米。10行20字。白口，四周雙邊，單黑魚尾。

兵家類

兵法之屬

孫子吳子司馬法合刻八卷　Fv8910 1914

〔清〕顧廣圻校

清嘉慶五年（1800）菊坡精舍刻本

二册

框18.1×13.7釐米。10行21字，小字雙行同。白口，左右雙邊，單黑魚尾。藏書票題"From the library of Colonel E. Francis Riggs, USA, Yale 1909/Gift of his brother The Reverend T. Lawrason Riggs, Yale 1910"。

孫子三卷

吳子二卷

司馬法三卷

孫子十家註十三卷附叙錄一卷遺説一卷

Fv8910 1914E

〔宋〕吉天保輯　〔清〕孫星衍 吳人驥校

清咸豐五年（1855）淡香齋刻本

六册

框18.3×14.3釐米。12行24字，小字雙行同。黑口，四周單邊，雙魚尾。内封鐫"咸豐丁卯仲冬/孫子十家註/淡香齋擺字板"。藏書票題"From the library of Colonel E. Francis Riggs, USA, Yale 1909/Gift of his brother The Reverend T. Lawrason Riggs, Yale 1910"。

登壇必究四十卷　　　Fv8910 +1164

〔明〕王鳴鶴編

清刻本

三十六册

框20.7×15.3釐米。9行20字，小字雙行同。白口，四周單邊，單黑魚尾。版心上鐫書名，中鐫卷次。"寧"字避諱。容閎1878年贈書。

登壇必究四十卷　　　　Fv8910 +1164.1

〔明〕王鳴鶴編

清乾隆木活字印本

六册

框20.7×15.3釐米。9行20字，小字
雙行同。白口，四周單邊，單黑魚尾。版
心上鐫書名，中鐫卷次。"曆"字避諱。
外封記載"To Mr. Henry Fletcher Field
Point Park, Greenwich, Connecticut"。
藏書票題"Gift of Henry Fletcher"。存
卷一至二。

戚大將軍練兵紀效合刻二種

U101 .Q25 1875 （LC）

〔明〕戚繼光撰

清光緒元年（1875年）京都寶林堂
刻本

十二册

框18.8×13.4釐米。9行21字，小字雙行
同。黑口，左右雙邊。藏書票題"From the
library of Colonel E. Francis Riggs, USA,
Yale 1909/Gift of his brother The Rever-
end T. Lawrason Riggs, Yale 1910"。

紀效新書十八卷首一卷

練兵實紀九卷附雜集六卷

火攻挈要二卷附圖　　　Fv8926 2362

（德國）湯若望（Johann Adam
Schall von Bell）授　〔清〕焦勗述纂
〔清〕趙仲訂

清道光二十一年（1841）番禺潘氏刻本

四册

框18.4×12.4釐米。9行24字。白口，
四周單邊。内封鐫"則克録/本衙藏板"。
藏書票題"From the library of Colonel E.

Francis Riggs, USA, Yale 1909/Gift of his
brother The Reverend T. Lawrason Riggs,
Yale 1910"。

司馬法三卷　　　　　　Fv2612 4138 2

〔周〕司馬穰苴撰　〔清〕錢熙祚校

清道光十九年（1839）守山閣刻本

一册

指海

框14.2×10.6釐米。9行21字，小字
雙行同。白口，左右雙邊，單黑魚尾。與
《大業雜記》合册。

演礮圖説輯要四卷附圖説

Fv8926 +1257

〔清〕丁拱辰撰

清道光二十三年（1843）刻本

三册

框23.7×15.8釐米。10行25字。白
口，四周雙邊，單黑魚尾。内封鐫"道光
二十三年癸卯陽月重輯/演礮圖説輯要/
晉江丁士著"。鈐"徐石卿印""陶淑精
舍收藏"等印。藏書票題"From the li-
brary of Colonel E. Francis Riggs, USA,
Yale 1909/Gift of his brother The Rever-
end T. Lawrason Riggs, Yale 1910"。

讀史兵略四十六卷　　　Fv2516 H86

〔清〕胡林翼纂

清咸豐十一年（1861）武昌節署刻本

十六册

框22×15.6釐米。12行24字，小字雙
行同。白口，四周雙邊，單魚尾。牌記題
"咸豐十一年春刊於武昌節署"。

汪氏兵學三書七卷　　　　Fv8910 W133

〔清〕汪宗沂輯

清光緒二十年（1894）避舍蓋公堂校刻本

二冊

漸西村舍叢刻

框20.1×14.2釐米。10行21字，小字雙行同。黑口，左右雙邊，單黑魚尾。版心下記"漸西村舍"。

太公兵法逸文一卷

武侯八陣兵法輯略一卷附用陣雜録一卷

衛公兵法輯本三卷附舊唐書李靖傳考證一卷　〔唐〕李靖撰

洴澼百金方十四卷　　　　Fv8918 5341

〔清〕惠麓酒民編次　〔清〕玉戹居士重訂

清乾隆五十三年（1788）榕城嘉魚堂刻本

十六冊

框19.5×13.7釐米。9行24字。白口，四周單邊，單黑魚尾。版心上鐫書名，中鐫卷次及小題。内封鐫"乾隆戊申年刻/福大將軍鑒定/洴澼百金方/榕城嘉魚堂藏"。藏書票題"From the library of Colonel E. Francis Riggs, USA, Yale 1909/Gift of his brother The Reverend T. Lawrason Riggs, Yale 1910"。

臨陣心法不分卷

〔清〕劉連捷撰

清光緒十六年（1890）金陵刻本

一冊

框18×13釐米。8行18字。白口，左右雙邊，單黑魚尾。内封鐫"臨陣心法"。牌記題"光緒十有六秊弍月栞於金陵"。簡又文贈書。

武術技巧之屬

蹶張心法一卷附刀鎗法一卷

　　　　　　　　　Fv8918 +2133

〔明〕程宗猷撰

清道光二十二年（1842）聚文堂刻本

一冊

框25.8×19.5釐米。12行22字。白口，四周單邊。

法家類

洗冤録詳義四卷首一卷　Fv7941 +0443

〔宋〕宋慈撰　〔清〕許槤編校

清光緒二年（1876）刻本

四冊

框19×13.8釐米。9行28字，小字雙行同。白口，左右雙邊，單黑魚尾。

農學農家類

總論之屬

農政全書六十卷　　　　Fv8037 2993A

〔明〕徐光啓纂輯

清道光十七年（1837）貴州刻本

十六冊

框21.3×14.5釐米。9行20字，小字雙行同。白口，四周單邊，單黑魚尾。外封記載"Yale College Library presented by Mr. Wm A. Macy, May 1850"。

農政全書六十卷　　Fv8037 2993B

〔明〕徐光啓纂輯

清道光二十三年（1843）曙海樓刻本

二十四册

框20.2×14.5釐米。9行20字，小字雙行同。白口，左右雙邊，單魚尾。内封鐫"道光癸卯重刊/曙海樓藏板"。

農政全書六十卷　　Fv8037 2993C

〔明〕徐光啓纂輯

清宣統元年（1909）上海求學齋局石印本

八册

内封鐫"道光癸卯重刊/曙海樓藏板"。牌記題"宣統元年上海求學齋局石印"。

欽定授時通考七十八卷　Fv8038 5634

〔清〕鄂爾泰 蔣溥等撰

清乾隆江西撫署刻清末江西書局印本

二十四册

框20.7×14.7釐米。11行21字。白口，四周雙邊，單黑魚尾。版心上鐫書名，中鐫卷次及小題。内封鐫"江西書局敬謹重修"。

御製耕織圖　　Fv8038 +3203

〔清〕聖祖玄燁 高宗弘曆題詩〔清〕焦秉貞繪

清乾隆刻朱墨套印本

一册

框（圖）24.2×24釐米。耕、織圖各二十三幅，共四十六幅。有康熙、雍正及乾隆題詩。

御製耕織圖　　Fv8038 +3203A

〔清〕聖祖玄燁題詩　〔清〕焦秉貞繪圖　〔清〕朱圭刻

清光緒五年（1879）上海點石齋影印本（珂羅版）

一册

框21×15釐米。白口，四周雙邊，單黑魚尾。内封題"御製耕織圖/申報館申昌書畫室發兑"。牌記題"清光緒五年點石齋縮本"。存織圖二十三幅。

御題棉花圖　　Fv8474 +4171

〔清〕方觀承繪　〔清〕高宗弘曆題

清拓印本（摺裝）

一册

框26.5×37.5釐米。外封題"乾隆御製棉花圖"。卷前題"御題棉花圖"。另有複本一，書號同，框30×30.2釐米。

海錯百一録五卷　　SH298 K86（LC）

〔清〕郭柏蒼輯

清光緒十二年（1886）刻本

三册

框19.9×12.8釐米。9行21字，小字雙行同。黑口，左右雙邊，單魚尾。

農藝之屬

植物名實圖考三十八卷長編二十二卷

　　Fv7660 +2343

〔清〕吳其濬撰　〔清〕陸應穀校

清道光二十八年（1848）太原府署刻本

六十册

框24×16釐米。9行24字。白口，四周雙邊，單黑魚尾。

隨園食單一卷　　　　　Fv8281 Y9

〔清〕袁枚撰

清道光四年（1824）小倉山房刻本

一冊

框18.7×14.5釐米。11行21字，小字雙行
同。白口，左右雙邊，單魚尾。內封鐫"道光
四年增刊/隨園食單/小倉山房藏版"。

醫家類

醫經之屬

中藏經八卷附内照法一卷

　　　　　R127.1 H825（LC）

〔漢〕華佗撰　　〔清〕徐舜山校

清光緒六年（1880）上虞蘭蘭山房徐
氏刻本

二冊

框18.4×14釐米。9行25字，小字雙
行同。白口，左右雙邊，單黑魚尾。

類經三十二卷圖翼十一卷附翼四卷

　　　　　Fv7910 1383

〔明〕張介賓類注

明天啓四年（1624）張介賓刻本

八冊

框21.4×14.1釐米。8行18字，小字雙行
同。白口，四周單邊，單白魚尾。版心上鐫
書名，中鐫篇名，下鐫"會稽謝應魁鐫"。

傷寒金匱之屬

傷寒論十卷附明理論二卷

Classics（MEDICAL/HISTORICA）

〔漢〕張機撰　　〔晉〕王叔和編

〔金〕成無己注

清同治九年（1870）常郡雙白燕堂陸
氏刻本

六冊

框17.8×12.6釐米。10行20字。白口，
左右雙邊，單黑魚尾。內封鐫"同治庚
午重鐫/常郡雙白燕堂陸氏藏板"。又名
《注解傷寒論》。

傷寒論十卷附明理論四卷　Fv7932 1345

〔漢〕張機撰　　〔晉〕王叔和編

〔金〕成無己注

清光緒二十二年（1896）湖南書局刻本

六冊

框17.6×12.8釐米。10行20字，小字
雙行同。白口，左右雙邊，單黑魚尾。牌
記題"光緒廿二年湖南書局栞"。

傷寒明理論三卷論方一卷　Fv7932 5081

〔金〕成無己撰

清末刻本

一冊

框16.8×12.7釐米。10行20字。白口，
左右雙邊，單黑魚尾。藏書票題"Gift of
Dr. H. Hume"。

尚論張仲景傷寒論重編三百九十七法二卷

　　　　　Fv7932 1345.6

〔清〕喻昌編

清初同文堂刻本

二冊

框14.3×10.3釐米。10行24字。白口，左
右雙邊，單黑魚尾。版心上鐫"尚論篇"，中
鐫卷次及小題。內封鐫"尚論篇"。

診法之屬

脉經十卷

Classics （MEDICAL/HISTORICA）

〔晋〕王叔和撰　〔明〕袁表校
〔清〕廖積性重校

清道光五年（1825）刻本

六冊

框19.2×14釐米。9行18字。白口，左
右雙邊，單黑魚尾。外封書簽題"叔和脉
經"。内封鎸"王氏脉經"。

針灸之屬

針灸大成十卷附正人明堂圖

16th cent （MEDICAL/HISTORICA）

〔明〕楊繼洲編　〔清〕李月桂重修

清康熙十九年（1680）致和堂刻本

十二冊

框20.9×15.3釐米。10行22字。白口，
四周雙邊，單黑魚尾。版心上鎸書名，
中鎸卷次。内封鎸"針灸大成/致和堂
梓行"。函内有顧盛（Harvey Williams
Cushing）英文信函及書單。

針灸大成十卷附伏人明堂圖側人明堂圖臟腑明堂圖

16th cent （MEDICAL/HISTORICA）

〔明〕楊繼洲編　〔清〕章廷珪重修
（附）〔清〕李月桂重修

清光緒紫文閣刻本

十冊

框18.7×14.1釐米。10行22字，小字
雙行同。行間有句讀。白口，左右雙邊，
單黑魚尾。版心上鎸書名，中鎸卷次，下

鎸頁次及"紫文閣"。内封鎸"第一善
本/針灸大成/上海千頃堂藏板"。函内另
有英文注解來源兩頁。

針灸大成十卷

16th cent （MEDICAL/HISTORICA）

〔明〕楊繼洲編　〔清〕李月桂重修

清宣統元年（1909）北京老二酉堂
刻本

十冊

框20.5×14釐米。10行22字，小字雙
行同。白口，四周雙邊，單黑魚尾。版心
上鎸書名，中鎸卷次，下鎸頁次。内封鎸
"第一善本/宣統己酉重刊/針灸大成/北
京老二酉堂製"。

本草之屬

本草綱目五十二卷圖三卷附本草萬方針線八卷本草藥品總目一卷

Fv7971 4461

〔明〕李時珍撰　（針線）〔清〕蔡
烈先撰　（總目）〔明〕李時珍撰

清順治十二年（1655）太和堂刻本

十一冊

框20.7×14.6釐米。8行18字。白口，
四周單邊，單黑魚尾。版心上鎸"本草
綱目序例"等，中鎸卷次。内封鎸"吳氏
重訂本草綱目/太和堂藏板/增補萬方針
線"。《本草綱目》存卷一至四。

本草綱目五十二卷圖三卷附脉學一卷奇經八脉考一卷脉訣考證一卷附本草萬方針線八卷

Fv7971 4461 C36

〔明〕李時珍撰　〔清〕張雲中重訂

（針線）〔清〕蔡烈先撰

清道光六年（1826）英德堂刻本

四十冊

框21×14.5釐米。9行20字。白口，四周單邊，單魚尾。版心上鐫"本草綱目序例"等，中鐫卷次。内封鐫"道光丙戌年春鐫/李時珍先生原本/本草綱目/英德堂藏版/萬方針線并刻"。

本草綱目五十二卷首一卷本草綱目圖三卷附本草萬方針線八卷奇經八脉考一卷

Herbals（MEDICAL/HISTORICA）

〔明〕李時珍撰　〔清〕張雲中重訂（針線）〔清〕蔡烈先撰

清同治十一年（1872）芥子園刻本

五十二冊

框20.1×14釐米。9行20字，小字雙行同。白口，四周單邊，單魚尾。内封鐫"同治壬申重鐫/芥子園/李時珍先生原本/蘇郡後學張雲中重訂/張青萬仝參"。

本草綱目五十二卷附本草綱目拾遺十卷本草萬方針線八卷　Fv7971 4461 H89

〔明〕李時珍撰　（拾遺）〔清〕趙學敏輯　（針線）〔清〕蔡烈先輯

清光緒十四年（1888）上海鴻寶齋書局石印本

二十四冊

十藥神書註解一卷　RS125 K62（LC）

〔明〕葛可久撰　〔清〕陳念祖注

清咸豐十年（1860）遠安堂刻本

一冊

框14.8×11釐米。9行21字。白口，四周單邊，單魚尾。

神農本草經讀四卷

RS180 C5 C38（LC）

〔清〕陳念祖撰

清嘉慶八年（1803）刻本

一冊

框10.6×8.4釐米。8行17字，小字雙行同。白口，四周雙邊，單魚尾。版心題"本草經讀"。内封鐫"金璧堂藏板"。

方書之屬

唐王燾先生外臺秘要方四十卷

Fv7980 1143

〔唐〕王燾撰　〔宋〕林億等上進〔明〕陸錫明校閱　〔明〕程衍道訂梓

明崇禎程衍道經餘居刻補修本

三十六冊

框20.4×13.9釐米。10行22字。白口，上下雙邊，單白魚尾。版心上鐫"外臺秘要"，中鐫卷次。金聲序末鐫"黃一心刻并書"。黃一心爲明末刻工。

經驗良方一百方　Fv1919 3808

清光緒二十年（1894）北京聚文齋刻本

一冊

框18.5×12.7釐米。9行24字，小字雙行同。白口，四周雙邊，單魚尾。内封鐫"光緒二十年重鐫/板存楊梅竹斜街東頭路北聚文齋刻字鋪"。與《重刊玉歷至寶鈔》合册。

赤水玄珠三十卷醫旨緒餘二卷

Fv7910 1914

〔明〕孫一奎輯

清光緒十四至十七年（1888—1891）

刻本

　　三十冊

　　框19.5×14釐米。11行22字, 小字雙行同。白口, 四周雙邊, 單黑魚尾。內封鐫 "新安孫東宿先生著/赤水玄珠/佛鎮字林書局校"。牌記題 "重校赤水玄珠經/始於光緒戊子年/告竣於辛卯六月/校閱三載方始成書鋟板/主人順德潘氏四之三/嚴氏梁氏四之弍也"。

串雅內編四卷　　　　Fv7931 4878

　　〔清〕趙學敏纂輯　〔清〕吳庚生補

　　清光緒十四年（1888）榆園刻本

　　二冊

　　框17.4×13釐米。10行22字, 小字雙行同。白口, 左右雙邊, 單魚尾。內封鐫 "光緒戊子榆園雕版"。

驗方新編二十四卷　　　Fv7976 2141

　　〔清〕鮑相璈編輯　〔清〕李龍訂訛

　　清光緒十九年（1893）上海鴻寶齋石印本

　　六冊

　　內封鐫 "校正增廣驗方新編"。

長沙方歌括六卷　RC195 C5 C48（LC）

　　〔清〕陳念祖撰

　　清光緒二十七年（1901）湖南新化三味書局刻本

　　二冊

　　框19.6×13.5釐米。10行26字, 小字雙行同。白口, 左右雙邊, 單黑魚尾。牌記題 "光緒二十七年春月新化三味書局校刊"。

醫林改錯二卷

　　18th cent（MEDICAL/HISTORICA）

　　〔清〕王清任撰

　　清咸豐六年（1856）順天張氏九思堂刻本

　　二冊

　　框17.4×12.5釐米。9行20字。白口, 左右雙邊, 單黑魚尾。內封鐫 "玉田王清任著/咸豐癸丑仲夏刊刻於粵東敬慎軒/醫林改錯/順天文會堂張藏版"。

醫林改錯二卷

　　18th cent（MEDICAL/HISTORICA）

　　〔清〕王清任撰　〔清〕王之春重訂

　　清光緒二十三年（1896）湖北刻本

　　一冊

　　框18.9×13.4釐米。9行20字。白口, 左右雙邊, 單魚尾。

醫林改錯二卷

　　18th cent（MEDICAL/HISTORICA）

　　〔清〕王清任撰

　　清宣統元年（1909）北京老二酉堂刻本

　　二冊

　　框16.5×12.5釐米。9行20字。白口, 左右雙邊, 單黑魚尾。內封鐫 "道光己酉冬刊/緯文堂藏板"。牌記題 "咸豐丙辰年仲冬順天九思堂張純山識"。

兒科之屬

引痘略不分卷附引痘詩題額

　　　　　　　　　　Fv7919 +7296

　　〔清〕邱熺輯　〔清〕邱昶重刊

　　清同治元年（1862）邱氏心耕堂刻本

一冊

框17.8×13釐米。11行24字，小字雙行同。黑口，四周單邊，雙魚尾。內封鐫"同治壬戌孟秋重刊/邱宅寓粤東省城西關十二甫西約/引痘詩存附刻/邱大宅心耕堂鐫藏"。牌記題"廣東傳種洋豆自邱浩川始刑/事載全省通志"。

外科之屬

重訂外科正宗十二卷

17th cent（MEDICAL/HISTORICA）

〔明〕陳實功撰　〔清〕張鷟翼重訂

清乾隆五十年（1785）京都善成堂刻本

六冊

框19.4×12.7釐米。12行26字，小字雙行同。白口，四周雙邊，單黑魚尾。版心上鐫"外科正宗"，下鐫"善成堂"。內封鐫"詳訂外科正宗/善成堂藏板"。又名《詳訂外科正宗》《外科正宗》。

養生之屬

達生篇一卷　RG93 C465 1840（LC）

〔清〕亟齋居士撰

清道光二十年（1840）福州集新堂刻本

一冊

框17.2×12釐米。9行21字，小字雙行同。黑口，四周雙邊，單黑魚尾。內封鐫"道光庚子重鐫/板存福省東街口宋鐘鳴刻坊"。鈐"福省南關外集新堂發兌"印。外封記載"Hand Book of Obstetric Medicine M. C. White Fuckau, China Dec 7th 1848"。

綜合之屬

景岳全書二十四集六十四卷

Fv7910 1383 C5

〔明〕張介賓撰　〔明〕魯超訂

清大文堂刻本

二十四冊

框20.4×14.8釐米。13行24字。白口，左右雙邊，單黑魚尾。內封鐫"大文堂藏板"。不避道光諱。

御纂醫宗金鑑九十卷首一卷

18th cent+（MEDICAL/HISTORICA）

〔清〕吳謙等撰

清光緒二年（1876）江西書局刻本

六十冊

框20.4×14.3釐米。9行19字。白口，四周雙邊，單黑魚尾。

筆花醫鏡二卷

R601 C447 C45 1863（LC）

〔清〕江涵暾撰

清同治二年（1863）連元閣刻本

一冊

框12.7×10釐米。10行20字，小字雙行同。白口，左右雙邊，單黑魚尾。內封鐫"同治二年秋季新鐫/浙胡江筆花撮要/筆花醫鏡/連元閣藏板"。

雜家類

奎壁齋增訂詳註廣日記故事二卷

BJ1533.F5 K85（LC）

〔清〕王相增注

清初刻本

一册

框18×11.6釐米。9行20字。白口, 左右雙邊。版心中鎸“日記故事”。金鑲玉裝。

諸子通考三卷　　　　B126 .S83（LC）

〔清〕孫德謙撰

清宣統二年(1910)江蘇存古學堂鉛印本

三册

四益宦叢書

淮南子二十一卷

〔漢〕劉安撰　　〔漢〕高誘注

清光緒二年(1876)杭州浙江書局刻本

一册

框16.3×12.9釐米。9行21字, 小字雙行同。白口, 左右雙邊, 單魚尾。牌記題“光緒二年浙江書局據武進莊氏本校栞”。

雜著類

雜考之屬

翁注困學紀聞二十卷首一卷 Fv9150 1100

〔宋〕王應麟撰　　〔清〕翁元圻注

清光緒十五年(1889)上海點石齋石印本

六册

牌記題“光緒十五年己丑之歲仲春月上海點石齋印”。

通雅五十二卷首三卷　　Fv5087 +0233

〔清〕方以智輯著　　〔清〕姚文燮校訂

清康熙五年(1666)建溪姚文燮浮山此藏軒刻本

二十四册

框20.9×13.4釐米。10行24字, 小字雙

行同。白口, 四周單邊, 單魚尾。版心上鎸書名, 中鎸卷次及小題, 下鎸“浮山此藏軒”。鈐“慈谿畔餘樓”“馮氏辨齋藏書”印。

日知錄集釋三十二卷附刊誤二卷續刊誤二卷　　　　Fv1334 6882A

〔清〕顧炎武撰　　〔清〕黃汝成集釋

清同治八年(1869)廣州述古堂刻本

十六册

框18.2×13.2釐米。11行22字, 小字雙行同。黑口, 左右雙邊, 雙魚尾。牌記題“同治八年冬廣州述古堂重刊”。容閎1878年贈書。

義門讀書記五十八卷　　Fv9155 2294

〔清〕何焯撰

清乾隆三十四年(1769)蔣維鈞刻本

十六册

框14.7×12.1釐米。14行22字。黑口, 左右雙邊, 單黑魚尾。版心中鎸書名及小題。總目前鎸“吳郡鐵瓶王景桓鎸”。

陔餘叢考四十三卷　　Fv5481.9 4010

〔清〕趙翼撰

清乾隆五十五年(1790)湛貽堂刻本

十二册

框18×13.8釐米。11行21字。白口, 左右雙邊, 單黑魚尾。版心上鎸書名, 中鎸卷次。内封鎸“乾隆庚戌/陔餘叢考/湛貽堂藏板”。鈐“愛日堂梁氏珍藏”“念劬”印。

十駕齋養新錄二十卷餘錄三卷附錢辛楣先生年譜一卷竹汀居士年譜續編一卷

Fv1344 +8346C

〔清〕錢大昕撰　　（年譜）〔清〕錢

慶曾撰

　　清光緒二年（1876）浙江書局刻本

　　八冊

　　框17.2×12.5釐米。10行23字，小字
雙行同。白口，左右雙邊，單魚尾。牌記
題"光緒二年丙子浙江書局重刻"。另有
複本一，書號Fv1344 8346B。

癸巳存稿十五卷　　　　Fv154＋8219A

　　〔清〕俞正燮撰

　　清光緒十年（1884）刻本

　　六冊

　　框19.5×13.4釐米。12行24字。白口，
四周雙邊，單黑魚尾。内封鐫"癸巳存稿
十五卷/光緒甲申夏平湖徐惟琨題"。

無邪堂答問五卷　　　　Fv9155＋2910

　　〔清〕張之洞撰　　〔清〕朱一新輯

　　清光緒二十一年（1895）廣雅書局刻本

　　五冊

　　廣雅書局叢書

　　框20.9×15.2釐米。11行24字，小字
雙行同。黑口，四周單邊，單魚尾。版心下
鐫"廣雅書局栞"。牌記題"光緒二十一
年春二月廣雅書局刊"。

札迻十二卷　　　　　　Fv9157 1900

　　〔清〕孫詒讓撰

　　清光緒二十年（1894）刻本

　　四冊

　　框17.5×14釐米。12行23字，小字雙
行同。黑口，左右雙邊，雙魚尾。牌記題
"光緒廿年刊成籀稿"。

雜説之屬

天禄閣外史八卷　　　　Fv2517 4833

　　〔漢〕黄憲撰　　〔明〕羅嗣中校

　　明末刻本

　　一冊

　　漢魏叢書

　　框19.2×13.9釐米。9行20字。白口，
左右雙邊，單白魚尾。版心上鐫"外史"，
中鐫卷次。外封記載"Kennedy"。

世説新語六卷　　　　DS736 L56 1891

　　〔南朝宋〕劉義慶撰　　〔南朝梁〕劉
孝標注

　　清光緒十七年（1891）思賢講舍刻本

　　六冊

　　框17.9×13.7釐米。11行24字，小字
雙行同。黑口，左右雙邊，單黑魚尾。牌
記題"光緒十有七年思賢講舍開雕"。

世説新語補二十卷　　　Fv9141 2140Ba

　　〔南朝宋〕劉義慶撰　　〔南朝梁〕劉
孝標注　　〔明〕何良俊增　　〔清〕黄汝琳
補訂

　　清末海寧陳氏慎初堂刻本

　　八冊

　　框12.4×9.2釐米。9行20字。黑口，
四周雙邊，單魚尾。牌記題"海寧陳氏慎初
堂藏版"。鈐"傅雷藏書""榴紅閣"等印。

避暑録話二卷　　　　　PL2687.Y43 P5

　　〔宋〕葉夢得撰　　〔清〕葉廷琯校

　　清道光二十五年（1845）刻本

　　二冊

　　框17.4×13.5釐米。10行22字，小字

雙行同。白口,左右雙邊,單魚尾。牌記題"道光二十五年歲次乙巳/裔孫鍾安山氏覆校重刊"。

容齋隨筆十六卷續筆十六卷三筆十六卷四筆十六卷五筆十卷　Fv9150 3830B

〔宋〕洪邁撰

清光緒九年(1883)刻本

十四册

框17.4×12.3釐米。10行18字。黑口,左右雙邊,單魚尾。内封鐫"容齋隨筆/同治十一年校刊/光緒元年印行/新豐洪氏十三公祠藏版/光緒九年依會通館本重校"。

容齋隨筆十六卷續筆十六卷三筆十六卷四筆十六卷五筆十卷　Fv9150 3830D

〔宋〕洪邁撰

清刻本

八册

框19.6×13.9釐米。9行18字,小字雙行同。黑口,左右雙邊。1968年6月購自李宗侗。存《隨筆》卷六至十一、《續筆》卷一至十六、《三筆》卷九至十六、《四筆》卷九至十六、《五筆》卷一至十。

冥寥子遊二卷　Fv1938 7671

〔明〕屠隆撰　〔明〕何三畏評〔明〕陳天保校

明末刻本

一册

框20.5×13.3釐米。8行18字。白口,左右雙邊,單黑魚尾。

玉芝堂談薈三十六卷　Fv9153 2902

〔明〕徐應秋輯

清光緒元年(1875)蒨園刻本

二十册

框18.6×14.2釐米。9行19字。白口,四周單邊,單魚尾。内封鐫"蒨園藏板/翻刻必究"。

香祖筆記十二卷　Fv5461.5 2380

〔清〕王士禛撰

清康熙四十四年(1705)刻本

六册

王漁洋遺書

框16.1×13.3釐米。10行19字。白口,左右雙邊,單黑魚尾。版心中鐫書名及卷次。

池北偶談二十六卷　Fv5461 1383

〔清〕王士禛撰　〔清〕張介祺校正

清同光汀洲張氏勵志齋刻本

十二册

勵志齋叢書

框14.9×10釐米。9行21字,小字雙行同。白口,四周雙邊,單魚尾。版心下鐫"勵志齋叢書"。牌記題"汀洲張氏勵志齋據高都王氏本校鋟"。"弘""曆""寧""淳""惇"皆諱,"儀"字不諱。

人海記二卷　Fv5464 8030

〔清〕查慎行撰

清光緒七年(1881)刻本

二册

框10.8×8.3釐米。9行18字。白口,左右雙邊,單魚尾。牌記題"光緒七年仲冬重槧"。

茶餘客話十二卷　　　Fv5484 7142C

〔清〕阮葵生撰　〔清〕戴璐選

清光緒五年（1879）上海千頃堂刻本

四冊

框13.2×9.6釐米。9行20字。白口，四周單邊，單魚尾。

定香亭筆談四卷　　　Fv9155 +7111

〔清〕阮元撰

清嘉慶五年（1800）揚州阮氏琅嬛僊館刻本

二冊

框19.3×14.2釐米。10行20字，小字雙行同。白口，四周雙邊，單魚尾。

退菴隨筆二十二卷　　Fv5503 3908 T7

〔清〕梁章鉅撰

清道光十七年（1837）刻本

八冊

框18.7×13.3釐米。9行22字。白口，左右雙邊，單魚尾。

吹網錄六卷　　　Fv9155 4911 1—2

〔清〕葉廷琯撰

清同治八年（1869）刻本

二冊

框19×12.7釐米。10行24字，小字雙行同。白口，左右雙邊。牌記題"同治八年夏六月開琱/冬十月蔵工/嘉興唐翰題署"。與《鷗陂漁話》同函。

鷗陂漁話六卷　　　Fv9155 4912 3—4

〔清〕葉廷琯撰

清同治九年（1870）嘉興謝文翰齋刻本

二冊

框19×12.7釐米。10行24字，小字雙行同。白口，左右雙邊。牌記題"同治八年十月開琱/九年二月蔵工/嘉興唐翰題屬"。與《吹網錄》同函。

致富新書一卷 *First Lessons in Political Economy for the Use of Schools and Families*

　　　　　　　　Fv4318 1305

（美國）鮑留雲（Samuel Robbins Brown）編

清道光二十七年（1847）香港飛鵝山書院刻本

一冊

框18.4×12.4釐米。8行21字。白口，四周雙邊，單黑魚尾。版心上鎸書名，中鎸小題。目錄卷下記"粵東香港飛鵝山書院藏板"。

橋西雜記一卷　　　PL2733.E53 C5

〔清〕葉名澧撰

清宣統鉛印本

一冊

張氏適園叢書

版心下鎸"張氏適園叢書"。

郎潛紀聞十四卷　DS754.13 .C424 1880

〔清〕陳康祺撰

清光緒六年（1880）琴川刻本

四冊

舊雨草堂叢書

框18.1×13.6釐米。10行21字，小字雙行同。白口，左右雙邊，單黑魚尾。牌記題"光緒六年刻於琴川"。目錄後鎸"舊雨草堂叢書第六"。簡又文贈書。

燕下鄉脞錄十六卷　　DS754 .C435 1881

〔清〕陳康祺撰

清光緒七年（1881）暨陽刻本

四册

舊雨草堂叢書

框18.2×13.4釐米。10行21字。白口，左右雙邊，單黑魚尾。版心上鐫"郎潛二筆"。牌記題"光緒七年梓於暨陽"。序後鐫"舊雨草堂叢書第七"。簡又文贈書。

壬癸藏札記十二卷　　DS754 .C54 1883

〔清〕陳康祺撰

清光緒十一年（1885）刻本

四册

舊雨草堂叢書

框18×13.5釐米。10行21字。白口，左右雙邊，單黑魚尾。版心上鐫"郎潛三筆"。牌記題"光緒旃蒙作噩吳下開雕"。目錄後鐫"舊雨草堂叢書第八"。簡又文贈書。

粟香隨筆八卷二筆八卷三筆八卷四筆八卷五筆八卷　　Fv5528 8110

〔清〕金武祥撰

清光緒二十年（1894）掃葉山房石印本

十六册

珊瑚舌雕談初筆八卷　　Fv9155 0448

〔清〕許起撰

清光緒十一年（1885）王韜弢園木活字印本

四册

框13.4×9.8釐米。9行20字。黑口，左右雙邊，單魚尾。版心上鐫"雕談初筆"。牌記題"光緒乙酉仲夏弢園老民校印"。

沮江隨筆二卷　　PL2705 H75

〔清〕朱錫綬撰

清光緒十六年（1890）羊城刻本

一册

框17×13.5釐米。8行20字。黑口，左右雙邊，雙魚尾。牌記題"光緒庚寅年重栞於羊城"。

大唐新語十三卷

〔唐〕劉肅撰

明萬曆刻本

一册

框21.2×14.2釐米。9行20字。白口，四周單邊，單黑魚尾。書前有劉肅撰唐元和二年（807）"大唐世説新語原序"。藏書票題"Gift of Arthur Wright"。存卷一至三。鈐"囗松閣"印。

雜品之屬

弦雪居重訂遵生八牋十九卷
　　Fv7910 0233

〔明〕高濂撰　　〔明〕鍾惺較

明末刻課花書屋印本

二十册

框20.4×12.3釐米。9行18字。白口，四周單邊，單黑魚尾。版心上鐫"遵生八牋"，中鐫卷次及小題。内封鐫"課花書屋藏板"。鈐"折居藏書""囗封"印。

雜纂之屬

雲仙雜記十卷　　Fv5744 F35

〔唐〕馮贄撰

清光緒四年（1878）葛氏嘯園刻本

二册

嘯園叢書

框12.3×9.3釐米。9行20字, 小字雙行同。黑口, 四周雙邊, 單魚尾。

譚子化書六卷　　BL1900 .T36（LC）

〔南唐〕譚峭撰

明末刻本

一册

框18.9×14.2釐米。9行20字。白口, 左右雙邊, 單白魚尾。版心上鐫 "化書", 中鐫卷次。

博物要覽十二卷　　Fv2085 8605

〔清〕谷應泰撰　　〔清〕李調元輯

清道光五年（1825）綿州李氏重補刻本

二册

函海

框18.7×14.1釐米。10行20字, 小字雙行同。白口, 四周雙邊, 單魚尾。

章實齋乙卯劄記丙辰劄記合刻

　　　　Fv9155 0470

〔清〕章學誠撰

清宣統三年（1911）上海神州國光社鉛印本

二册

風雨樓叢書

內封鐫 "順德鄧氏依桐城蕭氏鈔校本印行"。

顧體集四卷附急救良方一卷

　　　　BJ117 L54（LC）

〔清〕李仲麟輯

清同治七年（1868）文玉樓刻本

四册

框12.5×10釐米。10行20字。白口, 四周單邊, 單黑魚尾。內封鐫 "同治戊辰年重鐫/顧體集/內附急救良方達生編/天平街文玉樓藏板"。藏書票題 "Bought with the income of the President Naphtali Daggett Fund"。

四淫齊四卷　　DS721 S8747 1907

〔清〕古崗嘯天氏輯

清光緒二十一年（1895）石印本

一册

外封書簽題 "繪圖四淫會齊"。

嘉懿集初鈔四卷　　Fv1668 0226

〔清〕高壋集

清乾隆五十四年（1789）刻本

四册

框19.6×15.4釐米。9行25字。白口, 四周雙邊, 單黑魚尾。版心上鐫 "嘉懿集初鈔", 中鐫卷次及篇名, 眉欄鐫評。內封鐫 "乾隆五十四年鐫/嘉懿集初鈔/留耕堂藏板"。

良言瑣記二卷補遺一卷　　Fv1668 8514

〔清〕鐵珊輯

清光緒五年（1879）甘涼道署刻本

三册

框18.6×13釐米。9行20字, 小字雙行同。白口, 四周單邊, 單黑魚尾。牌記題 "光緒己卯夏月甘涼道署集刊"。

經餘必讀八卷續編八卷三編四卷

　　　　Fv5236.08 1619

〔清〕雷琳等輯　　（三編）〔清〕趙在翰纂

清光緒二年（1876）退補齋刻本

十冊

框17.7×12.8釐米。10行22字。白口，四周雙邊，單黑魚尾。牌記題“光緒二年秋季退補齋重刊”。

家言隨記四卷　　　　Fv9155 1172

〔清〕王賢儀撰

清同治九年（1870）素風堂刻本

四冊

框17.8×13.2釐米。10行22字，小字雙行同。白口，四周雙邊，單魚尾。

博物新編三卷　　19th Cent R114 851H （MEDICAL/HISTORICA）

（英國）合信（Benjamin Hobson）〔清〕管茂材撰

清咸豐五年（1855）上海墨海書館刻本

一冊

框19.2×14釐米。10行24字，小字雙行同。白口，四周雙邊，單黑魚尾。內封鐫“咸豐元年刊全體新論/五年刊博物新編/七年刊西醫略論/八年刊婦嬰新説續刊內科新説/板片俱存上海仁濟醫館”。另有複本一，書號WC 9640。

新齊諧二十四卷　　　Fv5748 4344

〔清〕袁枚撰

清宣統二年（1910）上海鴻文書局石印本

三冊

續新齊諧十卷　　　　Fv5748 4344.1

〔清〕袁枚撰

清宣統二年（1910）上海鴻文書局石

印本

一冊

閱微草堂筆記二十四卷　　Fv5482 2162

〔清〕紀昀撰

清嘉慶五年（1800）北平盛氏刻本

十二冊

框16.8×11.7釐米。10行21字。黑口，四周雙邊，雙魚尾。內封鐫“嘉慶丙子北平盛氏重鐫”。

札樸十卷　　　　　　Fv9155 4124

〔清〕桂馥撰

清嘉慶十八年（1813）小李山房刻本

十冊

框17.6×13.6釐米。10行21字。黑口，左右雙邊。版心下題“會稽徐氏補刊/小李山房校刊”。

諧鐸十二卷　　　　　Fv5739 3147B

〔清〕沈起鳳撰

清乾隆五十七年（1792）刻本

六冊

框13.1×9.7釐米。9行20字。黑口，左右雙邊。版心中鐫書名及卷次。內封鐫“乾隆壬子仲冬新鐫/本衙藏板”。

竹葉亭雜記八卷　　　Fv9155 4113

〔清〕姚元之撰

清光緒十九年（1893）刻本

二冊

框18×12.3釐米。12行24字，小字雙行同。黑口，四周雙邊，單魚尾。牌記“光緒癸巳七月陽湖汪洵署檢”。

薈蕞編二十卷　　　　　DS754 .Y87 1910

　　〔清〕俞樾撰

　　清末上海進步書局石印本

　　六册

金壺七墨六種十九卷　　　Fv5739 H858

　　〔清〕黄鈞宰撰

　　清光緒二十一年（1895）上海文明書

局石印本

　　二册

　　金壺浪墨八卷

　　金壺遯墨五卷

　　金壺逸墨二卷

　　金壺戲墨一卷

　　金壺醉墨一卷

　　心影（原名金壺淚墨）二卷

水窗春囈二卷　　　　　DS755 .O88 1858

　　〔清〕歐陽兆熊 金安清撰

　　清光緒三年（1877）上海機器印書局

鉛印本

　　二册

　　簡又文贈書。

墨餘録四卷　　　　　　PL2719 A86 M6

　　〔清〕毛祥麟撰

　　清末上海文明書局石印本

　　三册

甕牖餘談八卷　　　　DS736 .W366 1875

　　〔清〕王韜撰

　　清光緒元年（1875）上海申報館仿聚

珍板鉛印本

　　二册

　　申報館叢書

簡又文贈書。

耳郵四卷　　　　　　　Fv5739 8528

　　〔清〕羊朱翁撰

　　清光緒四年（1878）申報館鉛印本

　　二册

　　申報館叢書

秋燈叢話十八卷　　　　　Fv5748 1145

　　〔清〕王椷撰

　　清乾隆刻本

　　四册

　　框17.5×12.6釐米。9行17字。白口，

四周雙邊，單黑魚尾。版心上鐫書名，中

鐫卷次。存卷一至九。

海上群芳譜四卷　　HQ250 K84（LC）

　　〔清〕顧曲詞人評　〔清〕懺情侍者輯

　　清光緒十年（1884）申報館鉛印本

　　一册

　　申報館叢書

異聞之屬

山海經十八卷圖五卷雜述一卷

　　　　　　　　　　　　　Fv2522 0213B

　　〔晉〕郭璞傳

　　清刻本

　　四册

　　框13.4×10釐米。10行20字，小字雙

行同。白口，四周單邊，單黑魚尾。版心上

鐫書名，中鐫卷次。内封鐫"圖像山海經詳

註"。外封記載"Shan Hai King" "Classic

of Land & Sea"。鈐"W. A. MACY 麇"印。

山海經十八卷附圖註　　　Fv2522 0213C

〔晉〕郭璞傳　　〔明〕吳中珩校

清輔仁堂刻本

二册

框13.7×10.3釐米。10行20字, 小字雙行同。白口, 左右雙邊, 單魚尾。

新刻出像增補搜神記六卷　Fv5743 1438

〔晉〕干寶撰　　〔明〕唐富春校梓

明萬曆金陵大盛堂刻後印本

四册

框19.3×13釐米。11行20字。白口, 四周單邊, 單黑魚尾。版心上鐫"出像增補搜神記", 中鐫卷次, 下鐫頁次。内封鐫"刻出像增補搜神記大全/金陵大盛堂梓"。

重增三教源流聖帝佛師搜神記

　　　　　　　　　　Fv1887 5430

〔晉〕干寶撰

清刻本

二册

框16.6×12.8釐米。10行24字。白口, 左右雙邊, 單黑魚尾。

聊齋志異評註十六卷　　Fv5748 4242.1

〔清〕蒲松齡撰　　〔清〕王士禛評

〔清〕呂湛恩注

清道光二十三年(1842)粤東五雲樓刻本

十六册

框12.8×10.5釐米。10行21字, 小字雙行不等。黑口, 左右雙邊, 單黑魚尾。内封鐫"新城王士正貽上評/淄川蒲松齡留仙著/文登呂湛恩叔清註/聊齋志異評註/青柯亭初雕/五雲樓合梓"。外封記載

"Yale College Library: presented by Mr. Wm A. Macy May 1850"。

詳註聊齋志異圖詠十六卷

　　　　　　　　　　Fv5748 4242.2

〔清〕蒲松齡撰　　〔清〕呂湛恩注

〔清〕王士禛評

清光緒十二年(1886)同文書局石印本

八册

内封鐫"鐵城廣百宋齋藏本"。

聊齋志異新評十六卷　Fv5748 4242 T2

〔清〕蒲松齡撰　　〔清〕王士禛評

〔清〕但明倫新評

清道光二十二年(1842)廣順但氏朱墨套印本

十六册

框14×10.2釐米。9行21字, 小字雙行同。黑口, 左右雙邊。内封鐫"道光壬寅仲夏/廣順但氏開雕"。

聊齋志異拾遺四卷附錄一卷

　　　　　　　　　　Fv5748 4242A H8

〔清〕蒲松齡撰　　〔清〕胡泉等校

〔清〕劉瀛珍等編

清光緒四年(1878)聚珍堂木活字印本

二册

框14.5×10.8釐米。10行22字。白口, 四周雙邊, 單黑魚尾。版心上鐫"聊齋拾遺", 下鐫"聚珍堂"。牌記題"光緒四年歲次戊寅首夏校字"。鈐"礮堂藏書"印。

三異筆談四卷　　　　　Fv9155 O412

〔清〕許仲元撰

清光緒上海申報館鉛印本

二冊

新刻黃掌綸先生評訂神仙鑑三集二十二卷圖一卷　　GR335 H8335

〔清〕徐衟撰　〔清〕程毓奇續

清康熙三十九年（1700）刻本

二十四冊

框18.6×13.3釐米。10行22字。白口，左右雙邊，單黑魚尾。版心上鐫子書名，中鐫卷次及節次，下鐫“華藏”“生生館”。內封鐫“千古奇觀/龍虎山張大真人/包山黃掌綸先生同訂/歷代神仙通鑑”。“玄”字避諱。鈐“章大申印”“指月齋藏”等印。藏書票題“Gift of Mr. and Mrs. Arthur F. Wright”。

天文曆算類

天文之屬

管窺輯要八十卷附天文步天歌

Fv1742 4822

〔清〕黃鼎纂定

清順治巴蜀黃氏善成堂刻本

四十冊

天文大成全志輯要

框20.5×13.5釐米。9行19字。白口，四周單邊，單黑魚尾。版心上鐫書名，中鐫卷次。內封鐫“天文大成全志輯要/內附步天星歌決全圖/巴蜀善成堂家藏發兌”。

新製靈臺儀象志十六卷　　Fhqi2 674

（比利時）南懷仁（Ferdinand Verbiest）撰　〔清〕劉蘊德筆受

清康熙十三年（1674）內府刻本

二冊

框31.5×31釐米。（弁言）24行23字。白口，四周雙邊。存卷十五至十六《諸儀象圖》。外封書簽題“靈臺儀象圖”。

曆法之屬

御製欽若曆書四十二卷　　Fv7183 +3213

〔清〕聖祖玄燁撰

清雍正武英殿刻本

四十二冊

律曆淵源

框21.2×14.7釐米。9行20字。白口，四周雙邊，單白魚尾。版心上鐫書名，中鐫卷次及小題。版心上鐫“欽若曆書”四字被墨筆覆蓋。容閎1878年贈書。

新鐫曆法便覽象吉備要通書大全二十九卷

Fv7188 2181

〔清〕魏鑑輯

清雍正至乾隆間桂芳齋刻本

十二冊

框20.3×13.2釐米。行字數不等。白口，四周單邊，單黑魚尾。版心上鐫“象吉備要通書”，中鐫小題及卷次，下鐫“桂芳齋”。內封鐫“新增象吉大通書/內增上元甲子未來曆/立言堂藏板”。

御纂歷代三元甲子編年一·卷

Bj14H 740L

清乾隆刻本

一冊

框20.7×13.8釐米。6行，小字單雙行不等。白口，四周雙邊，單黑魚尾。卷末有墨筆添字。

華英和合通書不分卷　　　WC 13822

清道光二十三年（1843）香港刻本

一册

框19.7×14.8釐米。行字數不等。
白口，四周單邊。版心上鎸篇名，下鎸
卷次。外封鎸“日月刻度通書”。內封鎸
“道光二十三年/英一千八百四十三年至
四十四年二月十七日止/日月刻度/香港刊
發”。另有複本一，書號FHCE20 843。

御定萬年書（天啓四年至道光十五年）

Be6 835W

〔清〕欽天監編

清道光刻本

一册

框20.2×14.5釐米。8行，大小字不
等。白口，四周雙邊，單黑魚尾。

大清道光二十八年歲次戊申時憲書

WC 14026

〔清〕欽天監編

清道光二十七年（1847）朱墨套印本

一册

框18.9×13.7釐米。行字數不等。黑
口，四周雙邊，雙魚尾。內封鎸“欽天監
欽遵御製數理精蘊印造時憲書頒行天
下”。鈐滿漢合璧朱印“欽天監時憲書之
印”。與《大清咸豐元年歲次辛亥時憲書》
《大清咸豐二年歲次壬子時憲書》合册。

大清咸豐元年歲次辛亥時憲書

WC 14026

〔清〕欽天監編

清道光三十年（1850）朱墨套印本

一册

框20×14釐米。行字數不等。黑口，
四周雙邊，雙魚尾。內封鎸“欽天監欽遵
御製數理精蘊印造時憲書頒行天下”。
與《大清道光二十八年歲次戊申時憲書》
《大清咸豐二年歲次壬子時憲書》合册。

大清咸豐二年歲次壬子時憲書

WC 14026

〔清〕欽天監編

清咸豐元年（1851）朱墨套印本

一册

框19.8×13.8釐米。行字數不等。黑
口，四周雙邊，雙魚尾，內封鎸“欽天監
欽遵御製數理精蘊印造時憲書頒行天
下”。與《大清道光二十八年歲次戊申時
憲書》《大清咸豐元年歲次辛亥時憲書》
合册。另有複本一，爲縮印袖珍本，書號
同，合訂。

算書之屬

御製數理精蘊表八卷

Fv7020 5194 +Y9

〔清〕允祉等編撰

清雍正二年（1724）內府刻本

八册

律曆淵源

框21.5×14.8釐米。表格，5至8行不
等。白口，四周雙邊，單白魚尾。版心上
鎸書名，中鎸卷次及小題。

翠微山房數學十五種三十八卷

Fv7020 1444

〔清〕張作楠撰輯

清嘉慶至道光間刻本

八册

框17×13釐米。9行22字, 小字雙行同。白口, 左右雙邊, 單黑魚尾。版心上鎸篇名, 中鎸卷次。

量倉通法五卷

方田通法補例六卷

倉田通法續編三卷

八線類編三卷

八線對數類編二卷

弧角設如三卷

弧三角舉隅一卷

揣籥小録一卷

揣籥續録三卷

高弧細草一卷

新測恒星圖表一卷

新測中星圖表一卷

新測更漏中星表三卷

金華晷漏中星表二卷

交食細草三卷

白芙堂算學叢書二十二種附録一種

Fv7023 P152

〔清〕丁取忠輯

清同治十一年(1872)至光緒三年(1877)長沙古荷花池精舍刻本

三十二册

框17.7×12.8釐米。10行22字。白口, 左右雙邊, 單黑魚尾。版心下鎸"古荷花池精舍校刊"。牌記題"同治十三年刊於長沙古荷花池精舍"。

算書廿一種 〔清〕吳嘉善撰

筆算一卷

九章翼十種

今有術一卷

分法一卷

開方一卷

平方各形術一卷

平圓各形圖一卷

立方立圓術一卷

句股一卷

衰分一卷

盈不足一卷

方程一卷

平三角邊角互求術一卷

弧三角術一卷

測量高遠術一卷

天元一術釋例一卷

天元名式釋例一卷

天元一草一卷

天元問答一卷

方程天元合釋一卷

四元名式釋例一卷

四元草一卷四元加減乘除釋一卷

附八綫對數類編二卷 〔清〕張作楠撰 〔清〕黃宗憲校正

借根方勾股細草一卷 〔清〕李錫蕃撰

勾股算術細草一卷 〔清〕李銳撰

開方説三卷 〔清〕李銳撰

益古演段三卷 〔元〕李冶撰

務民義齋算學七種 〔清〕徐有壬撰

測圓密率三卷

造各表簡法一卷

橢圓正術一卷

截球解義一卷

弧三角拾遺一卷

用表推日食三差一卷

朔食九服里差三卷

百鷄術衍二卷 〔清〕時曰醇撰

輿地經緯度里表一卷 〔清〕丁取

忠撰

求一術通解二卷 〔清〕黃宗憲撰

割圓八線綴術四卷 〔清〕徐有壬撰 〔清〕吳嘉善述草 〔清〕左潛補草

數學拾遺一卷 〔清〕丁取忠撰

測圓海鏡細草十二卷 〔元〕李冶撰

少廣縋鑿一卷 〔清〕夏鸞翔撰

圓率考真圖解一卷 〔清〕左潛 曾紀鴻 黃宗憲撰

算法圓理括囊一卷 （日本）加悅傳一郎撰

粟布演草二卷補一卷 〔清〕鄒伯奇撰 〔清〕吳嘉善等演 〔清〕丁取忠等述

緝古算經三卷 〔唐〕王孝通撰 〔清〕張敦仁細草

對數詳解五卷 〔清〕丁取忠撰

綴術釋明二卷 〔清〕明安圖原本 〔清〕左潛釋

綴術釋戴一卷 〔清〕戴煦原本 〔清〕左潛釋

四元玉鑒三卷首一卷末一卷附四象假令細草一卷 〔元〕朱世傑撰

格術補一卷 〔清〕鄒伯奇撰 〔清〕殷家儁箋

則古昔齋算學十三種二十四卷 QA3 L5

〔清〕李善蘭撰

清同治六年（1867）刻本

六冊

框18.5×13.7釐米。10行22字。黑口，左右雙邊，雙魚尾。牌記題 "同治丁卯初春獨山莫友芝檢"。容閎1878年贈書。

方圓闡幽一卷

弧矢啓秘二卷

對數探源二卷

垛積比類四卷

四元解二卷

麟德術解三卷

橢圜正術解二卷

橢圜新術一卷

橢圜拾遺三卷

火器真訣一卷

對數尖錐變法釋一卷

級數回求一卷

天算或問一卷

算學初集十七種附方程天元合釋一卷句股細草一卷 QA27.C5 W8

〔清〕吳嘉善撰 〔清〕丁取忠輯

清同治元年至二年（1862—1863）白芙堂刻本

三冊

框19.6×13.1釐米。10行22字，小字雙行同。白口，單黑魚尾，四周雙邊。藏書票題 "Gift of Dr. Yung Wing, 1911"。

筆算一卷

今有術一卷

命分一卷

開方一卷

平方各形術一卷

平圜術一卷

立方立圓術一卷

句股術一卷

平三角邊角互求術一卷

測量高遠術一卷

方程術一卷

天元一術釋例一卷

天元名式釋例一卷

天元一草一卷

天元問答一卷

四元名式釋例一卷

四元草一卷

附方程天元合釋一卷句股細草一卷

術數類

陰陽五行之屬

增廣玉匣記通書六卷末一卷

Fv1746 0448

〔晉〕許真君撰　　〔清〕朱説霖校

清同治三年（1864）寶賢堂刻本

二册

框16.8×12釐米。行字數不一。白口，四周單邊，單黑魚尾。内封鐫"同治甲子重刊/許真君靈寶秘笈/新增廣玉匣記選擇通書/增補繡像星宿夢解全書/寶賢堂藏版"。

欽定協紀辨方書三十六卷　Fv7188 2133

〔清〕允禄等纂修

清乾隆刻朱墨套印本

二十四册

框12.9×9.8釐米。9行20字。白口，四周雙邊，單黑魚尾。版心上鐫書名，中鐫卷次及小題。内封鐫"協紀辨方書"。

占候之屬

御製天元玉曆祥異賦不分卷

Fv1742 +6223

〔明〕仁宗朱高熾撰

明末藍格抄本

六册

框25.1×14.9釐米。三截板，中間圖（套印兼手繪），下文，文11行13字。黑口，四周雙邊，單黑魚尾。

易隱八卷首一卷　　　　　Fv1740 5648

〔清〕曹九錫輯

清末上海鴻章書局石印本

四册

内封鐫"精校易隱"。牌記題"上海文瑞樓發行/鴻章書局石印"。

命書相書之屬

水鏡集四卷　　　　　　　Fv1745 4106

〔清〕范騋撰

清末刻本

二册

框14.4×10.2釐米。10行22字，小字雙行同。白口，四周單邊，單黑魚尾。内封記載"Gift of Rev. C. Schuchert"。存卷一至二。

協紀撮要吉書不分卷　　　Fv1746 4241

清光緒九年（1884）粵東丹柱堂刻三色套印本

一册

框尺寸不等，版式不一，墨、朱、藍三色分印。内封鐫"光緒九年/增福添慶/省城丹柱堂真本"。藏書票題"Sinological Seminar in memory of George A. Kennedy"。另有複本一，書號WB 27363。

藝術類

總論之屬

四銅鼓齋論畫集刻十二種十四卷

Fv6135 1333

〔清〕張祥河輯

清宣統元年（1909）北京會文齋刻本

四册

框13.5×10.8釐米。9行18字，小字雙行同。黑口，左右雙邊。目録卷題“論畫集刻”。牌記題“北京琉璃廠會文齋藏板”。

畫語録一卷　〔清〕釋道濟撰

畫筌一卷　〔清〕笪重光撰

畫訣一卷　〔清〕龔賢撰

雨窗漫筆一卷　〔清〕王原祁撰

東莊論畫一卷　〔清〕王昱撰

繪事發微一卷　〔清〕唐岱撰

浦山論畫一卷　〔清〕張庚撰

小山畫譜二卷　〔清〕鄒一桂撰

傳神秘要一卷　〔清〕蔣驥撰

山靜居畫論二卷　〔清〕方薰撰

畫品一卷　〔清〕黃鉞撰

山南論畫一卷　〔清〕王學浩撰

賞奇軒四種合編四卷

Fv6150 +9456

〔清〕佚名輯

清刻本

四册

框19.3×12.2釐米。白口，四周單邊。

南陵無雙譜一卷　〔清〕金史繪

竹譜一卷　〔清〕佚名繪

東坡遺意二卷　〔明〕顧杲 鄒德□書

官子譜一卷　〔清〕佚名撰

書畫之屬

王奉常書畫題跋二卷

Fv6137 1168

〔清〕王時敏撰

清宣統二年（1910）通州李氏甌鉢羅室刻本

二册

框17.3×13.1釐米。11行25字。白口，四周雙邊，單黑魚尾。内封鐫“宣統建元小易月/煙客題跋”。牌記題“通州李氏甌鉢羅室藏板”。

［康熙帝誥命］

YAJ C2.1

〔清〕聖祖玄燁諭

清康熙十四年（1673）寫本（卷軸裝）

一册

355.8×31.3釐米。滿漢合璧。外封書籤題“康熙帝告身/漢滿兩文。”卷首鐫“奉天誥命”。卷末記“康熙十四年十二月十四日”。鈐“制誥之寶”漢滿文御璽。

歷朝聖賢篆書百體千文

Fv6129 +1942

〔清〕尤侗鑒定　〔清〕孫枝秀集篆

〔清〕周霳參訂

清康熙刻本

一册

框24.7×17.7釐米。4行6字，小字不等。白口，四周雙邊。版心上鐫書名。内封鐫“百體千文/携雪軒重栞”。

草字彙十二卷

Fv6160 1639

〔清〕石梁集

清乾隆刻本

六册

框18.3×13.7釐米。行字數不等。白

口, 四周雙邊。版心上鐫十二地支。內封
鐫 "聚奎堂藏板"。

草韻彙編二十六卷　　Fv5119 +7240

〔清〕陶南望輯
清乾隆二十年 (1755) 陶錕刻本
四册
框21.8×15.2釐米。行字數不等。白
口, 四周單邊。內封鐫 "上海陶遜亭編輯/
艸韻彙編/南邨艸堂藏板"。

草字入門　　　　　　Fvh48 H855

〔清〕許桐君撰
清光緒三十四年 (1908) 長沙育材編
譯社石印本
一册

淳化秘閣法帖考正十卷附二卷淳化閣帖
釋文二卷　　　　　　Fv6138 +1134

〔清〕王澍撰　　 (釋文)〔清〕沈宗騫校定
清乾隆三十三年 (1768) 冰壺閣刻本
十六册
框21.4×14.8釐米。9行18字。白口, 左
右雙邊。版心上鐫 "閣帖考正" 及卷次。內
封鐫 "乾隆戊子年鐫/王箬林先生著/淳化
閣帖攷正/冰壺閣藏板"。

御刻三希堂石渠寶笈法帖　Fv6160 8314

〔清〕梁詩正等排類
清宣統元年 (1909) 文盛書局石印本
三十二册
牌記題 "蜚英書館藏版/文盛書局
發行"。

御題三希堂續初法帖　　Fv6160 8314A

〔清〕梁詩正等排類
清宣統元年 (1909) 文盛書局石印本
四册
牌記題 "蜚英書館藏版/文盛書局
發行"。

欽定三希堂法帖　　　　WC 10348

〔清〕梁詩正等排類
清宣統元年 (1909) 上海中華圖書館
石印本
三十六册
御刻三希堂石渠寶笈法帖
三希堂續刻法帖

御刻三希堂石渠寶笈法帖釋文十六卷
　　　　　　　　　　　　　Fv6134 1493

〔清〕陳焯釋　　〔清〕梁詩正等排類
清末石印本
六册

南村帖考四卷　　　　Fv6138 +2109

〔清〕程文榮撰　　劉世珩校刊
清光緒二十九年 (1903) 貴池劉氏刻本
四册
聚學軒叢書
框15.5×11.8釐米。11行21字, 小字
雙行同。黑口, 左右雙邊, 雙魚尾。

墨池編二十卷印典八卷　Fv6129 +2970

〔宋〕朱長文等纂　　 (印典)〔清〕
朱象賢編
清康熙五十三年 (1714) 朱之勘刻雍
正十一年 (1733) 重修本
十二册

框16.8×11.6釐米。11行21字。黑口，左右雙邊，雙魚尾。版心中鎸書名及卷次。內封鎸"家藏正本/墨池編/就閒堂雕板"。鈐"藏之名山傳之其人""平盦""臼井惠州之印""雀齋"等印。

畫史一卷　　　　　　　Fv6105 1246
〔宋〕米芾撰
明崇禎虞山毛氏汲古閣刻本
一冊
津逮秘書
框18.9×13.5釐米。8行19字。白口，左右雙邊。版心上鎸書名，下鎸"汲古閣"。與《畫繼》合函。

畫繼十卷　　　　　　　Fv6105 1246
〔宋〕鄧椿撰
明崇禎虞山毛氏汲古閣刻本
三冊
津逮秘書
框18.9×13.5釐米。8行19字。白口，左右雙邊。版心上鎸書名，中鎸卷次，下鎸"汲古閣"。與《畫史》合函。

鐵網珊瑚二十卷　　　　Fv6133 4222
〔明〕都穆輯
清乾隆二十三年（1758）都肇斌刻本
四冊
框17.1×13.7釐米。10行22字。白口，左右雙邊，單黑魚尾。版心上鎸書名，中鎸卷次。內封鎸"鐵網珊瑚/本衙藏板"。

無聲詩史七卷　　　　　Fv6107 8425
〔清〕姜紹書撰
清宣統二年（1910）杭州雲林閣石印本

六冊

晚笑堂竹莊畫傳不分卷　Fv2258 +2037
〔清〕上官周繪撰
清乾隆至嘉慶間刻本
一冊
框23.5×16.8釐米。12行22字。白口，左右雙邊，單黑魚尾。版心上鎸"晚笑堂畫傳"。

山靜居畫論二卷茗香詩論一卷
　　　　　　　　　　　Fv6130 0243
〔清〕方薰撰　（詩論）〔清〕宋大樽撰
清嶺南盧氏刻本
一冊
知不足齋叢書
框12.2×9.8釐米。9行21字。黑口，左右雙邊。

盼雲軒畫傳二卷　　　　Folio F 16
〔清〕李若昌繪
清同治三年（1864）刻本
二冊
框26×34釐米。白口，四周單邊。

桐陰論畫初編二卷二編二卷三編二卷附續桐陰論畫一卷桐陰畫訣一卷
　　　　　　　　　　　Fv6097 5933
〔清〕秦祖永撰
清同治三年（1864）至光緒八年（1882）刻朱墨套印本
四冊
框13×10.7釐米。8行18字，小字雙行同。黑口，左右雙邊。牌記題"同治三年太歲在甲子春三月開雕"。

繪事備考八卷 　　　　　Fv6100 1187

〔清〕王毓賢纂定

清康熙三十年（1691）刻本

十二册

框19.3×13.7釐米。8行18字。白口，四周雙邊，單黑魚尾。版心上鐫書名，中鐫卷次。購自哈佛大學燕京學社，鈐"哈佛大學漢和圖書館珍藏印""潘汝明印""采五"印。

玉臺畫史五卷別錄一卷 　　Fv6100 3231

〔清〕湯漱玉輯

清道光十一年（1831）錢唐汪氏振綺堂刻本

一册

框17.1×12.2釐米。行字數不一，小字雙行。白口，左右雙邊，單魚尾。牌記題"道光辛卯秋七月錢塘汪氏振綺堂開雕"。

歷代畫史彙傳七十二卷 　　Fv6100 4241

〔清〕彭蘊璨編

清光緒八年（1882）掃葉山房刻本

二十四册

框14.5×10.1釐米。8行20字，小字雙行同。白口，四周雙邊，單魚尾。內封鐫"畫史彙傳"。牌記題"光緒壬午年季冬月掃葉山房藏版"。

圖繪寶鑑六卷補遺一卷續補一卷

　　　　　　　　　　Fv6130 1400B

〔元〕夏文彥纂　〔明〕毛晉訂

明崇禎毛晉汲古閣刻本

六册

津逮秘書

框18.9×13.5釐米。8行19字。白口，左右雙邊。版心上鐫書名，下鐫"汲古閣"。

新鐫梅竹蘭菊四譜不分卷

　　　　　　　　　　Fv6177 +4873

〔明〕黃鳳池編

明泰昌元年（1620）至天啓元年（1621）集雅齋刻本

一册

黃氏畫譜

框26×18.6釐米。6行13字。白口，四周單邊。版心中鐫"梅譜"等。內封題"集雅齋藏板"。原衛三畏藏書。

新鐫六言唐詩畫譜不分卷

　　　　　　　　　　Fv6177 +4873 2

〔明〕黃鳳池編

明泰昌元年（1620）至天啓元年（1621）集雅齋刻本

一册

黃氏畫譜

框26.3×18.3釐米。8行12字。白口，四周單邊。版心中鐫"六言序"。內封題"集雅齋藏板"。原衛三畏藏書。

新鐫草本花詩譜不分卷

　　　　　　　　　　Fv6177 +4873 3

〔明〕黃鳳池編

明天啓元年（1621）集雅齋刻本

一册

黃氏畫譜

框26.3×18.1釐米。7行14字。白口，四周單邊。版心中鐫"草本"。內封題"集雅齋藏板"。原衛三畏藏書。

十竹齋書畫譜八種　CHIUNCAT814770

〔明〕胡正言輯并繪

清彩色套印本（包背裝）

十六冊

框21.2×12釐米。白口，四周單邊。

十竹齋畫傳

十竹齋墨華譜

十竹齋果譜

十竹齋翎毛譜

十竹齋蘭譜

十竹齋竹譜

十竹齋梅譜

十竹齋石譜

十竹齋書畫譜八種　　J18 H8593 627

〔明〕胡正言輯并繪

清彩色套印本（包背裝）

十六冊

無框。藏書票題“Art of the Book Collection”。

蘭譜

竹譜

梅譜

翎毛譜

書畫冊

石譜

果譜

墨華冊

佩文齋書畫譜一百卷　　Fv6070 2005

〔清〕孫岳頒等纂輯

清康熙四十七年（1708）揚州詩局刻本

四十八冊

框16.7×11.7釐米。11行21字。白口，左右雙邊，單黑魚尾。版心中鐫“書畫

譜”、卷次及小題。内封鐫“賜板通行/欽定佩文齋書畫譜/静永堂藏”。鈐“木堂圖書”“平水王仲子壽□父家藏”印。

芥子園畫傳四集　　　　Fv6178 1041A

〔清〕王概摹輯

清光緒十二年（1886）上海鴻文書局石印本

十六冊

芥子園畫傳初至三集　　Fv6178 1041D

〔清〕王概摹輯

清光緒十四年（1888）上海天寶書局石印本

十一冊

芥子園畫傳六卷　　Fv6178 1041 C36

〔清〕任伯年繪　〔清〕巢勳編

清光緒二十三年（1879）石印本

四冊

改七香百美嬉春圖長卷

Folio N 115（LC）

〔清〕改琦繪

清光緒三十二年（1906）上海有正書局影印本（珂羅版）

一冊

百美新詠圖傳不分卷　　Fv2261.5 0843

〔清〕王翽繪圖　〔清〕顏希源輯

〔清〕袁枚鑒定

清嘉慶十年（1805）集腋軒刻本

四冊

框19.1×12.5釐米。8行18字。白口，四周雙邊，單魚尾。版心上鐫“百美新

詠"。内封鐫"袁簡齋先生鑒定/江左書林發兌/百美新詠圖傳/集腋軒藏板"。

新增百美圖全傳八卷補遺一卷

Fv2261.5 1686

清咸豐六年（1856）刻本

八冊

框13.4×9.4釐米。9行22字。白口，四周雙邊，單黑魚尾。内封鐫"咸豐丙辰刊刻/新增繡像百美圖全傳/梓行"。目録題"增删百美全傳"。

泛槎圖一卷續泛槎圖一卷續泛槎圖三集一卷鱶槎圖四集一卷

Fv6178 +1138

〔清〕張寶繪撰

清道光六年（1826）羊城尚古齋刻本

八冊

框22.2×15.7釐米。白口，四周單邊。内封鐫"羊城尚古齋張太占刻"。

冶梅石譜二卷

NJ18 W19454 A12 1882 （LC）

〔清〕王寅繪

清光緒八年（1882）石印本

二冊

神州國光集二十集

J10 +Sh45

〔清〕鄧秋枚編

清光緒三十四年（1908）至民國元年（1912）神州國光社影印本

二十冊

任渭長畫譜不分卷

NJ18.J41 A12 1856 （LC） Oversize

〔清〕任熊繪　〔清〕蔡容莊雕

清咸豐六年（1856）刻本

四冊

框17.4×7.5釐米。白口，四周單邊。内封鐫"咸豐丙辰"。後記"咸豐四年仲春之月蕭山蔡照初自題"。第二册外封記載"民國八年新正月購於北京火神廟"。

任渭長人物畫譜

卅三劍客圖

清河書畫舫十二卷附鑒古百一詩一卷

Fv6073 1311B

〔明〕張丑撰

清乾隆二十六至二十七年（1762—1763）杭州吳長元池北草堂刻本

十二册

框13.6×9.9釐米。9行22字。黑口，左右雙邊。版心中鐫書名、小題及卷名。内封鐫"張米菴先生著/清河書畫舫/池北草堂開彫"。"鶯"字號卷末鐫"乾隆壬午四月上浣六日仁和吳長元麗煌氏校於池北草堂"。"波"字號卷末鐫"乾隆癸未上元吳長元校於池北草堂"。鈐"少愚珍藏""少愚"印。

清河書畫舫十二卷附鑒古百一詩一卷

Fv6073 1311

〔明〕張丑撰

清中後期翻刻吳長元池北草堂本

十二册

框13.6×9.9釐米。9行22字。黑口，左右雙邊。版心中鐫書名、小題及卷名。内封鐫"張米菴先生著/池北草堂開彫"。"子"字卷末鐫"乾隆壬午四月上浣六日仁和吳長元麗煌氏校於池北草堂"。"酉"字卷末鐫"乾隆癸未上元吳長元校於池北

草堂"。鈐"蘇伯謀又號平庵""番禺蘇氏
遯廬藏書""遯廬藏書""蘇伯謀"印。

妮古錄四卷　　Fv6296 3121

〔明〕陳繼儒撰　〔明〕鍾人傑校

明末刻本

一冊

廣百川學海

框19.9×14.1釐米。9行20字。白口,
左右雙邊,單白魚尾。版心上鎸書名。與
《硯譜》《古奇器錄》合刊。

寶繪錄二十卷　　ND1043 C4（LC）

〔明〕張泰階評訂

清道光長塘鮑氏重校刻本

十冊

知不足齋叢書第三十一集

框12.5×9.6釐米。9行20字。黑口,
左右雙邊。版心中鎸書名及卷次,下鎸
"知不足齋正本"。內封鎸"第三十一集
知不足齋叢書/長塘鮑氏重校刊"。

庚子銷夏記八卷附閒者軒帖考一卷
　　　　　　　　Fv6133 +1913

〔清〕孫承澤撰

清刻本

四冊

框19.3×13.2釐米。10行20字。黑口,
左右雙邊,雙魚尾。版心中鎸書名及卷
次。鈐"叵世濟印""古郘陽誦芬氏"印。
另有複本一,書號Fv6133 +1913B。

周櫟園手輯名人畫冊不分卷國初諸名人
題記不分卷
　　　　ND1042 C52（LC）+ Oversize

〔清〕周亮工輯　鄧秋枚集印

清宣統三年（1911）上海神州國光社
珂羅版印本

一冊

神州國光集外名品

江邨銷夏錄三卷　　Fv6074 0244

〔清〕高士奇輯

清末刻本

三冊

框15.4×12.7釐米。9行18字。黑口,左
右雙邊,雙魚尾。版心中鎸書名及卷次。

南宋院畫錄八卷　　Fv6105 7262

〔清〕厲鶚輯

清光緒十年（1884）錢唐丁氏竹書
堂刻本

四冊

框16.6×11.9釐米。10行20字,小字雙
行同。白口,左右雙邊,黑魚尾。版心中鎸
書名及卷次,下鎸頁次。牌記題"光緒十
年錢唐丁氏竹書堂刊於邗上/凌瑕署"。

墨林今話十八卷續編一卷　Fv6108 4432

〔清〕蔣寶齡撰　〔清〕蔣茝生續編

清咸豐二年（1852）刻本

六冊

框16.7×12釐米。10行21字。白口,四
周單邊,單黑魚尾。內封鎸"咸豐二年秋
九月/次閑趙之琛"。

天慵菴筆記二卷　　Fv6139 0240

〔清〕方士庶撰

清光緒九年（1883）會稽趙氏刻本

一冊

仰視千七百二十九鶴齋叢書

框12.4×9.4釐米。9行20字。黑口，左右雙邊，單魚尾。

吳越所見書畫録六卷書畫説鈴一卷

Fv6137 7162

〔清〕陸時化輯

清光緒二十二年（1896）懷煙閣木活字印本

六册

框21×14.6釐米。10行21字。白口，四周單邊，單魚尾。

芥舟學畫編四卷　　　Jda96 C66 781S

〔清〕沈宗騫撰

清乾隆四十六年（1781）冰壺閣刻本

四册

框14.7×11.2釐米。8行18字。白口，四周單邊。版心下鎸"冰壺閣"。内封鎸"乾隆辛丑年鎸/琴書閣藏板"。

國朝畫識十七卷　　　Fv6108 3282

〔清〕馮金伯撰

清乾隆刻道光十一年（1831）增修本

八册

框12.1×9.4釐米。9行20字。黑口，左右雙邊。内封鎸"江左書林藏板"。

胡氏書畫考三種八卷　　Fv6137 +4244B

〔清〕胡敬纂輯

清嘉慶二十一年（1816）刻本

四册

框18.7×14.4釐米。12行24字。黑口，四周單邊，雙魚尾。

南薰殿圖像考二卷

國朝院畫録二卷

西清劄記四卷

紅豆樹館書畫記八卷　　Fv6188 +7249

〔清〕陶樑編輯

清光緒八年（1882）潘氏韡園刻本

六册

框18.7×13釐米。10行20字，小字雙行同。白口，左右雙邊，單魚尾。

辛丑銷夏記五卷　　　Fv6137 +2393

〔清〕吳榮光撰

清光緒三十一年（1905）長沙郋園刻本

五册

框19.5×13.6釐米。9行21字。黑口，左右雙邊，單黑魚尾。

習苦齋畫絮十卷　　　Fv6139 +4573

〔清〕戴熙撰　　〔清〕惠年編輯

清光緒十九年（1893）惠年刻本

四册

框18×13.3釐米。10行22字。黑口，左右雙邊，雙魚尾。内封鎸"光緒十九年癸巳夏日鎸/戴文節畫記"。

嶽雪樓書畫録五卷　　　Fv6137 +1107

〔清〕孔廣陶編　　〔清〕孔廣鏞閲

清光緒十五年（1889）南海孔氏三十有三萬卷堂刻本

五册

框19.2×14.8釐米。9行20字，小字雙行同。白口，左右雙邊，單黑魚尾。牌記題"光緒己丑孟秋栞成於三十有三萬卷堂"。

書畫鑑影二十四卷　　　Fv6137 +4427

〔清〕李佐賢編

清同治十年（1871）利津李氏刻本

十二冊

框17.6×11.7釐米。9行24字，小字雙行同。白口，四周雙邊，單魚尾。牌記題"同治辛未年鐫/利津李氏藏板"。

滇省夷人圖説不分卷　　　Fv6173 +3958

〔清〕伯麟繪

清末彩繪本（經摺裝）

二冊

收彩圖一百零八幅。木板封套。下冊封板小題刻"并跋"。

甌鉢羅室書畫過目考四卷首一卷附一卷

　　　　　　　Fv6140 +4414

〔清〕李玉棻編輯

清光緒二十三年（1897）刻本

四冊

框17×13.3釐米。11行25字。白口，四周雙邊，單魚尾。牌記題"光緒丁酉秋月開雕"。

愛日吟廬書畫録四卷補録一卷續録八卷別録四卷　　　Fv6137 +4289

〔清〕葛金烺編纂　〔清〕葛嗣浵續纂

清宣統二年（1910）當湖葛氏刻本

六冊

框16.8×12.3釐米。11行21字。黑口，左右雙邊，單黑魚尾。牌記題"宣統二年歲次庚戌仲冬之月當湖葛氏刊於滬上"。

穰梨館過眼録四十卷　　　Fv6137 7133

〔清〕陸心源編

清光緒十七年（1891）吳興陸氏刻本

十冊

框17.2×12.3釐米。10行20字，小字雙行同。黑口，四周雙邊，單魚尾。牌記題"光緒十七年吳興陸氏刻於家塾"。

澄蘭室古緣萃録十八卷　Jda96 C6 904S

〔清〕邵松年輯

清光緒三十年（1904）上海鴻文書局石印本

六冊

内封鐫"古緣萃録一十八卷"。牌記題"澄蘭主任輯録付上海鴻文書局石印"。

虛齋名畫録十六卷　　　Fv6140 7113

〔清〕龐元濟撰

清宣統元年（1909）上海烏程龐氏刻本

十六冊

框19.8×11.6釐米。9行21字，小字雙行同。黑口，四周雙邊，單魚尾。牌記題"宣統己酉烏程龐氏刊於申江"。

紉齋畫賸不分卷　　　Fv6178 +7922

〔清〕陳允升繪

清光緒二年（1876）甬上陳氏得古歡室刻本

六冊

框22.1×11.9釐米。白口，四周單邊。

神州大觀集外名品不分卷

　　　ND1042 S43 （LC）+ Oversize

清宣統上海神州國光社印本

十六冊

音樂之屬

琴學叢書十種三十二卷　　　Vh2 C6 914Y

〔清〕楊宗稷撰輯

清末刻本

三册

框18.5×13釐米。10行20字，小字雙行同。黑口，四周單邊，單魚尾。存三種十一卷。

琴粹四卷

琴話四卷

琴譜三卷

琴學入門二卷　　　Vh16 874c

〔清〕張鶴輯

清同治六年（1867）滬讀心響往齋刻本

二册

框17.8×14.1釐米。10行21字。白口，四周單邊。

山門新語二卷　　　PL1201 C546 1893

〔清〕周贇撰

清光緒十九年（1893）六聲草堂刻本

二册

框20.9×12.8釐米。9行24字，小字雙行同。白口，四周雙邊，單黑魚尾。書口題“周氏琴律切音”。

篆刻之屬

古今印則八卷印旨一卷　　　Fv6413 +2133

〔明〕程遠摹選　〔明〕項夢原校正

明萬曆項夢原宛委堂鈐印本

五册

框20.3×13.4釐米。白口，四周單邊，單

白魚尾。版心上鐫子目。金鑲玉裝。鈐“平盦”“籌備國民代表大會事務局長”印。

印人傳三卷續印人傳八卷再續印人小傳三卷　　　Fv6411 7201

〔清〕周亮工撰　（續）〔清〕汪啓淑撰　（再續）〔清〕葉銘撰

清宣統二年（1910）西泠印社鉛印本

八册

[清代名人印集]不分卷　　　Fv6417 +C44

〔清〕丁敬 蔣仁刻

清末鈐印本

二册

原本影印谷園印譜四卷

　　　NJ18 H8528 A12 1900 （LC）

〔清〕許容篆　〔清〕胡介祉藏

清末上海掃葉山房石印本

四册

續印人傳八卷　　　Fv6411 +3133

〔清〕汪啓淑撰

清宣統二年（1910）西泠印社鉛印本

四册

鄧石如印存二卷

　　　NJ18 T238 A12 1906 （LC）

〔清〕鄧石如篆

光緒三十二年（1906）上海有正書局石印本

二册

二金蜨堂印譜二卷　　　Fv6417 2423

〔清〕趙之謙鐫　〔清〕傅以禮輯

清末鈐印本

二册

框11.8×7.8釐米。白口,四周單邊。版心下鎸"有萬熹齋輯"。

歷代名將印色不分卷　　Fv6417 2281

〔清〕趙穆篆刻

清末鈐印本

四册

框11.8×7.8釐米。白口,四周單邊。版心下鎸"穆龕製印"。

遊藝之屬

列僊酒牌不分卷　　Fv6351 +2123

〔清〕任熊繪

清咸豐四年(1854)蕭山蔡照刻本

一册

任渭長四種

框17.8×7.4釐米。白口,四周單邊。鈐"祖香艸堂所藏""渭長"印。

卅三劍客圖不分卷

NJ18 J41 A12 1856（LC）+ Oversize

〔清〕任熊繪　　〔清〕蔡容莊雕

清咸豐六年(1856)刻本

二册

框17.2×7.3釐米,白口,四周單邊。內封鎸"咸豐丙辰"。

七巧新譜一卷七巧圖解一卷

Fv6891 4112

〔清〕桑下客編

清道光三年(1823)福文堂刻本

二册

工藝類

日用器物之屬

景德鎮陶錄十卷　　Jkb36 C6 815Le

〔清〕藍浦撰　　〔清〕鄭廷桂補輯

清光緒十七年(1891)京都書業堂刻本

四册

框11.2×7.9釐米。8行20字。白口,四周雙邊,單魚尾。牌記題"景德鎮陶錄/京都書業堂藏板/光緒辛卯夏重鎸"。

文房四寶之屬

方氏墨譜六卷　　Fv6295 +0217

〔明〕方于魯編撰

明萬曆十七年(1589)美蔭堂刻後印本

八册

框(目錄)23.9×15.3釐米。行字數不等。白口,四周單邊,單白魚尾。版心上鎸書名及小題,中鎸卷次,下鎸"美蔭堂集"。鈐"楊拜冕印""謙山""嶟字謙山"等印。

硯譜一卷　　Fv6296 3121

〔明〕沈仕撰

明末刻本

一册

廣百川學海

框19.4×14.3釐米。9行20字。白口,左右雙邊,單黑魚尾。版心上鎸書名。與《妮古錄》《古奇器錄》合刊。

文房肆攷圖説八卷　　Fv6291 0628

〔清〕唐秉鈞纂　　〔清〕康愷繪圖

清乾隆四十一年（1776）唐秉鈞竹暎山莊刻本

　　四冊

　　框18.1×12.6釐米。9行20字。黑口，左右雙邊，單黑魚尾。版心中鎸"文房肆攷"、卷次及小題。內封鎸"文房肆攷圖說/練水唐衡銓著/沈雲柳先生鑒定/是書原板/竹暎山莊雕"。

觀賞之屬

古奇器録一卷　　　　　　Fv6296 3121

　　〔明〕陸深撰

　　明末刻本

　　一冊

　　廣百川學海

　　框19.7×14.1釐米。9行20字。白口，左右雙邊，單白魚尾。版心上鎸書名。與《妮古録》《硯譜》合刊。

二如亭群芳譜二十八卷首一卷　　1983 44

　　〔明〕王象晉纂輯

　　清康熙刻本

　　十五冊

　　框18.7×14.6釐米。8行18字。白口，四周單邊，單黑魚尾。版心上鎸書名，中鎸卷次。"玄"字避諱，"胤""丘"字未諱。

宗教類

佛教之屬

釋氏十三經　　　　　　Fv1804 2741

　　〔清〕吳坤修輯

　　清同治九至十一年（1870—1872）金

陵刻經處刻本

　　十冊

　　框16.8×13釐米。10行20字。黑口，左右雙邊。版心中鎸經名及卷次。

　　大方廣圓覺修多羅了義經二卷　　〔唐〕釋佛陀多羅譯

　　佛説梵網經二卷　　〔後秦〕釋鳩摩羅什譯

　　佛説四十二章經一卷　　〔漢〕釋迦葉摩騰等譯　　〔宋〕釋守遂注

　　佛遺教經施行敕一卷　　〔後秦〕釋鳩摩羅什譯

　　八大人覺經一卷　　〔漢〕釋安世高譯

　　金剛般若波羅密經一卷　　〔後秦〕釋鳩摩羅什譯

　　般若波羅蜜多心經一卷　　〔唐〕釋玄奘譯

　　佛説無量壽經二卷　　〔三國魏〕釋康僧鎧譯

　　御製無量壽佛贊一卷

　　佛説觀無量壽佛經一卷　　〔南朝宋〕釋畺良耶舍譯

　　大佛頂如來密因修證了義諸菩薩萬行首楞嚴經十卷　　〔唐〕釋般刺密帝譯

　　楞伽阿跋多羅寶經四卷　　〔宋〕釋求那跋陀羅譯

　　妙法蓮華經七卷　　〔後秦〕釋鳩摩羅什譯

佛説阿彌陀經二卷　　Fv1821 7172 C43

　　〔三國吳〕釋支謙譯

　　清光緒五年（1879）常熟刻經處刻本

　　一冊

　　框16.8×12.9釐米。10行20字。白口，

左右雙邊。書尾署"光緒五年冬月常熟刻經處識"。藏書票題"Library of the College of Missions, Indianpolis"。

佛説無量壽經二卷　Fv1821 7172 +Sa51

〔三國魏〕釋康僧鎧譯

清末刻本（經摺裝）

二册

無框。4行17字。

金剛般若波羅蜜經一卷

Fv1818 8172 +K97

〔後秦〕釋鳩摩羅什譯

清嘉慶十九年（1814）刻本（經摺裝）

一册

框高20釐米。4行11字。上下雙邊。版刻年據卷末楊廷棟"誠造"。內頁記載"A. Van Name"。1891年入藏。

金剛般若波羅蜜經一卷

Fv1818 8172 K96

〔後秦〕釋鳩摩羅什譯

清光緒十五年（1889）金陵刻經處刻本

一册

框高18.6釐米。9行18字。黑口，左右雙邊。外封簽題"大字金剛經"。藏書票題"Library of the College of Missions, Indianpolis"。

金剛般若波羅蜜經一卷　Fv1818 +8172

〔後秦〕釋鳩摩羅什譯

清末汪崇文齋刻本（經摺裝）

一册

框高22釐米。4行11字。白口，上下雙邊。版心鐫"金剛經"。卷尾記"版存九華山祇園寺經房"。卷末版心鐫"蕪邑汪崇文齋刊刻"。藏書票題"Library of the College of Missions, Indianpolis"。

妙法蓮華經觀世音菩薩普門品一卷

Fv1819 +4344

〔後秦〕釋鳩摩羅什譯

清光緒十八年（1892）揚州藏經院刻本

一册

框23.2×10.7釐米。5行17字。白口，上下雙邊。

佛説梵網經二卷　Fv1830 +4122

〔後秦〕釋鳩摩羅什譯

清末華山律堂刻本

一册

框18.9×13.6釐米。9行18字。黑口，左右雙邊。卷末題"板存華山律堂"。藏書票題"Library of the College of Missions, Indianpolis"。

地藏菩薩本願經三卷　Fv1822 +4444B

〔唐〕釋實叉難陀譯

清光緒十二年（1886）刻本

三册

框高23釐米。4行11字。上下雙邊。卷末鐫"大清光緒十二年冬重刊"。經摺裝。

地藏菩薩本願經三卷　Fv1822 4444

〔唐〕釋實叉難陀譯

清光緒三十年（1904）金陵刻經處刻本

一册

框高18.5釐米。9行18字。黑口，左右雙邊。卷端題"唐于闐國三藏沙門實叉難陀譯"。卷末鎸"光緒三十年秋七月金陵刻經處識"。

大方廣佛華嚴經八十卷　　　YAJ C7a.1

〔唐〕釋實叉難陀譯

北宋間寫本

一冊

無框。12行17字。卷前記載"愛""一十三紙""大和寧國藏"。存卷第二十一。日本耶魯學會贈書。

千手千眼觀世音菩薩廣大圓滿無礙大悲心陀羅尼經三卷　　　Fv1825 4504

〔唐〕釋伽梵達摩譯

清咸豐元年（1851）刻本

一冊

框21.6×13.9釐米。8行20字。白口，四周雙邊。內封鎸"咸豐元年孟春鎸/觀世音菩薩大悲陀羅尼經咒"。

大般若波羅蜜多經六百卷　　　YAJ C11.2

〔唐〕釋玄奘譯

宋元間平江府磧砂延聖禪院刻本（經摺裝）

一冊

磧砂藏

框高24.1釐米。6行17字，小字雙行同。卷末題"大檀越成忠郎趙安國"。刻工詹榮、占榮、吳顯等。存卷第五百八十二。日本耶魯學會贈書。

四分戒本：出曇無德部　　　Fv1828 +6855

〔後秦〕釋耶舍 釋竺佛念譯

清同治至光緒間江蘇寶華山律堂刻本

一冊

框18.5×13.2釐米。9行18字。黑口，左右雙邊。卷末題"板存華山律堂"。藏書票題"Library of the College of Missions, Indianpolis"。

阿毗曇毗婆沙論二百卷　　　YAJ C11.4

〔□〕迦旃延子造　〔北涼〕浮陀跋摩等譯

宋元間平江府磧砂延聖禪院刻本

一冊

磧砂藏

框高24.6釐米。6行17字，小字雙行同。卷端下鎸"慈二"。卷端鈐有"清音寺"印。刻工徐成。經摺裝。存卷第六十二。日本耶魯學會贈書。

阿毗曇論三十卷　　　YAJ C11.5

〔□〕迦旃延子造　〔晋〕釋僧伽提婆等譯

宋元間平江府磧砂延聖禪院刻本

一冊

磧砂藏

框高24.7釐米。6行17字，小字雙行同。卷端下鎸"孔四"。刻工徐堅。經摺裝。存卷第二十四，共十一葉，每葉五折。日本耶魯學會贈書。

妙法蓮華經要解二十卷附科文

　　　Fv1819 5413

〔宋〕釋戒環撰

清光緒三十四年（1908）常州天寧寺刻本

六冊

框17×13釐米。10行20字。白口，左右雙邊。藏書票題"Library of the College of Missions, Indianpolis"。

法苑珠林一百卷　　　Fv1809 +3341 47

〔唐〕釋道世撰

宋宣和六年（1124）福州開元寺刻本（經摺裝）

一册

毗盧藏

框高22.2釐米。6行17字。白口，上下單邊。卷端題"宣和六年八月"。刻工依次爲陳得、吳浦、程亨、一勻、王康、林宗、王賢、李昊、王才、王雄、鍾汝、高選、王和、孫永。藏書票題"Gift of Mrs. Henry Fletcher"。存卷四十七，十五葉。

宗鏡録一百卷　　　YAJ C11.1

〔宋〕釋延壽集

宋福州刻本（經摺裝）

一册

毗盧藏

框高28.1釐米。6行17字。白口，上下單邊。版心題千字文編號"茂"、卷次、版號、刻工名。經尾刻工"王仕"。存卷九十六，十一葉。日本耶魯學會贈書。

宗門統要續集十二卷　　　YAJ C11.3

〔宋〕釋宗永集　〔元〕釋清茂續集

元刻本

十二册

框19.4×12.5釐米。10行20字。白口，四周單邊，單黑魚尾。版心中鎸"續統要"及卷次。存卷一至四、六、九。日本耶魯學會贈書。

釋氏稽古略四卷續集三卷

BQ622 C46 1866（LC）

〔元〕釋覺岸撰　〔明〕釋大聞續撰

清光緒十二年（1886）刻本

五册

框19.5×13.7釐米。9行28字，小字雙行同。黑口，左右雙邊。藏書票題"From the library of Arthur F. Wright 1913—1976 Charles Seymour Professor of History"。

天目中峰和尚廣録三十卷

BQ9299.P83 C4（LC）

〔元〕釋明本撰　〔元〕釋慈寂編輯

清光緒七年（1881）姑蘇刻經處刻本

六册

框17.3×13釐米。10行20字。黑口，左右雙邊。

閱藏知津四十四卷總目四卷

Fv1807 8641

〔明〕釋智旭輯

清光緒十八年（1892）金陵刻經處刻本

十一册

框17.5×13.1釐米。10行20字。黑口，左右雙邊。書末題"光緒十八年夏四月金陵刻經處識"。

瑜伽焰口施食要集一卷　　　Fv1825 +1226

〔清〕定庵基述

清光緒五年（1879）九華山祇園禪林刻本

一册

框19.8×15.3釐米。行字數不一。白口，四周雙邊。版心題"瑜伽施食"。內封鐫"光緒五年冬月新鐫/瑜伽焰口/大九華山祇園禪林藏板"。藏書票題"Library of the College of Missions, Indianpolis"。

律門祖庭彙志不分卷 Me65 H876X F95
〔清〕釋輔仁編
清宣統三年(1911)南京古林律堂鉛印本
一册

佛爾雅八卷 BL1403 C43 1816（LC）
〔清〕周春撰
清嘉慶二十一年(1816)陳鴻壽刻本
三册
框17.7×11.7釐米。10行20字,小字雙行同。黑口,左右雙邊,雙魚尾。鈐"韻齋所藏""吳興沈氏萬卷樓珍藏""指月齋藏"等印。藏書票題"From the library of Arthur F. Wright 1913—1976 Charles Seymour Professor of History"。

佛爾雅八卷 BL1403 C43（LC）
〔清〕周春撰
清宣統上海國學扶輪社鉛印本
一册
存卷一至四。

佛教初學課本不分卷 Fv1808 4208
〔清〕楊文會撰
清光緒三十二年(1906)金陵刻經處刻本
一册
框18.4×13.1釐米。7行20字,小字雙行同。黑口,左右雙邊。

禪門日誦一卷 Fv1852 +3760
清光緒二十八年(1902)九華山祇園禪寺刻本
一册
框20.5×15.5釐米。行字數不一。白口,四周雙邊,單黑魚尾。

選僧圖一卷 BQ628 .B36 1664（LC）
〔□〕半邊道人識
清康熙三年(1664)刻後印本
一册
框12.6×11釐米。9行14字,小字雙行同。白口,四周單邊,單黑魚尾。版心上鐫書名,下鐫頁次。

石室秘寶二集
BL1800 S53 1910（LC）+ Oversize
存古學會編定
清末有正書局影印本
二册

道教之屬

太上混元道德真經一卷 Fv1071 +4414
〔□〕孚佑帝君闡解 〔□〕八洞仙祖分章合注
清宣統三年(1911)上海中正刻本
一册
框21.5×15釐米。8行20至22字,小字雙行同。白口,四周雙邊,單黑魚尾。内封鐫"上八洞仙祖彙解/上海中正藏板"。

太上洞玄靈寶高上玉皇本行集經三卷附無上玉皇心印妙經 Fv1923.1 +4230
〔清〕張照寫

清乾隆二年（1737）張照寫刻本（經摺裝）

三册

框高24.3釐米。5行13字。上下雙邊。卷末題"乾隆二年三月二十日臣張照奉敕薰沐敬書"。

太上感應篇直講不分卷　Fv1938.2 4250

清咸豐元年（1851）京都文林齋刻本

一册

框18×13釐米。8行22字，小字雙行同。白口，四周雙邊，單黑魚尾。內封鐫"咸豐元年夏六月京都第一刻/感應篇直講"。

丹桂籍不分卷　　　　Fv1723.1 0811

〔明〕顏正注釋　〔清〕趙松一重校

清末刻本

四册

框16×13.2釐米。10行24字。白口，四周單邊，單魚尾。莊兆鍾乾隆四十八年（1783）序記"福建省南街種墨堂書坊藏版"。

文帝全書三十二卷附錄二卷　Fv1790 7274

〔清〕劉體恕編

清光緒二年（1876）常郡文昌閣刻本

十八册

框19.9×13.8釐米。9行21字，小字雙行同。白口，左右雙邊，單黑魚尾。內封鐫"光緒二年孟夏重刊/板存常郡陽邑廟文昌閣"。與《武帝彙編》同函。

文昌帝君陰隲文勸戒編四卷

Fv1938.2 +7370

〔清〕洪德元輯注　〔清〕孔繼光重刊

清嘉慶二十四年（1819）嶽雪樓刻本

二册

框17.6×13.5釐米。8行20字，小字雙行同。白口，四周雙邊，單黑魚尾。版心上鐫"陰隲文勸戒編"，下鐫"嶽雪樓藏"。內封鐫"陰隲文勸戒編/嶽雪樓重刊"。卷末胡慶祥識記"版存粵東省城西湖街簡書齋"。藏書票題"Library of the Board of Foreign Missions of Presbyterian Church in the U.S.A."。

桂宮梯六卷　　　　　　Fv1723.1 2803

〔清〕徐謙撰

清道光四年（1824）四香草堂刻本

四册

框12.8×9.5釐米。9行21字。白口，左右雙邊，單魚尾。版心下鐫"四香草堂"。1891年入藏。

新鐫校正明心寶鑑二卷　Fv1681 6338

清寶章堂刻本

一册

框19.3×12釐米。10行28字。白口，四周單邊，單黑魚尾。版心鐫"明心寶鑑"。

新刻增正明心寶鑑二卷　Fv1681 6338A

清刻本

一册

框19.3×12釐米。9行22字。白口，左右雙邊，單黑魚尾。版心上鐫"明心寶鑑"。

新刻陳宏謀批評記史通鑑三十九卷

Fv1932 7930

〔清〕徐衛撰　〔清〕陳弘謀批評

〔清〕李理贊

清乾隆五十二年（1787）刻本

二十冊

框11.7×10.1釐米。9行20字。白口，左右雙邊，單黑魚尾。版心上鐫“記史通鑑”，中鐫卷次。内封鐫“乾隆丁未年/神仙通鑑/京板”。與《歷代神仙通鑑》内容同。

同善錄十卷首一卷前一卷末一卷

Kn70 858L

〔清〕李承福輯

清咸豐八年（1858）吳蘭刻同治十年（1871）廣東番邑陳彝階重印本

二十冊

框12×9.4釐米。9行21字，小字雙行同。白口，左右雙邊，單黑魚尾。版心上鐫子書名、卷次。内封鐫“咸豐戊午/板存福省南街安民巷口王友士刻字坊/同善錄/豫章芳古氏募刊”“重鐫”。外封書簽題“同善錄全書”。容閎1878年贈書。

武帝彙編四卷

Fv1790 7274

〔清〕吳惠等纂輯

清光緒二年（1876）常郡文昌閣刻本

二冊

框19.9×13.9釐米。9行21字，小字雙行同。白口，左右雙邊，單黑魚尾。内封鐫“光緒二年孟夏重刊/板存常郡陽邑廟文昌閣”。與《文帝全書》同函。

重刊玉歷至寶鈔不分卷　Fv1919 3808

清光緒十六年（1890）北京聚文齋刻本

一冊

框19.5×12.7釐米。11行24字，小字

雙行同。黑口，四周雙邊，單魚尾。牌記題“版存北京前門外楊梅竹斜街青雲閣後門對過聚文齋韓姓刻字鋪”。與《經驗良方》合冊。

玉歷鈔傳警世不分卷　037016

清咸豐二年（1852）福州刻本

一冊

框17.1×14.8釐米。10行22字。白口，左右雙邊，單黑魚尾。内封鐫“咸豐壬子年福州重刊/板存福省按司前衙門邊陳鳳鳴刻字鋪”。

勸戒社彙選不分卷

HV5816 .Q35 1876 （LC）

〔清〕勸戒社輯

清光緒二年（1876）鉛印本

一冊

戒淫寶訓二卷

〔清〕傅伯辰撰

清同治四年（1865）刻本

一冊

框18.8×13.3釐米。9行23字。黑口，左右雙邊，單黑魚尾。内封鐫“同治乙丑重鐫/板存琉璃廠梓文齋/願刷者不取板貲”。

其他宗教之屬

清真指南十卷　Fv1988 7231

〔清〕馬注撰

清光緒十一年（1885）成都寶真堂刻本

十冊

框19.4×13.8釐米。行字數不一。白

口, 四周雙邊, 單魚尾。下鐫 "寶真堂"。內封鐫 "成都寶真堂重刻"。

正教真詮二卷首一卷　　　Fv1988.9 4648

〔清〕王岱輿撰

清嘉慶六年(1801)清真堂刻本

二册

框19.1×13.8釐米。8行18字。白口, 四周單邊, 單黑魚尾。版心下鐫 "清真堂"。欄上有批注。內封鐫 "真回老人著/正教真詮/清真堂"。

新舊約全書　　　Mlp191 C5 855

(英國)麥都思(Walter Henry Medhurst)譯

清咸豐五年(1855)香港英華書院鉛活字印本

三册

新舊約全書　　　Mlp191 C5 855

(英國)麥都思(Walter Henry Medhurst)譯

清咸豐五年(1855)上海墨海書館鉛活字印本

一册

內封鐫 "耶穌降世壹仟捌佰伍拾伍年/江蘇松江上海墨海書館印本"。

新舊約全書　　　WA 26173

〔美國〕裨治文(Elijah Coleman Bridgman)譯

清同治三至四年(1864—1865)上海美華書館鉛活字印本

四册

內封鐫 "蘇松上海美華書館藏板"。藏書票題 "Gift of Addison Van Name 1920"。

新舊約全書　　　Mlp191 C5 +864

清同治三至五年(1864—1866)香港英華書院鉛活字印本

五册

新舊約全書　　　Mlp191 C5 891

清光緒十七年(1891)上海美華書館鉛印本

一册

內封鐫 "大英聖書公會托印/上海美華書館活板"。

舊約聖經五卷　　　Mlp305 C5 853

(英國)麥都思(Walter Henry Medhurst)譯

清咸豐三至四年(1853—1854)寧波華花聖經書房鉛活字印本

五册

內封鐫 "大清咸豐三年春正月鐫/華花聖經書房寧波/耶穌降世一千八百五十三年"。另有 "舊約書出埃及記/1854/依希伯來本文譯"。

舊約全書　　　Mlp191 C5 854m

(英國)麥都思(Walter Henry Medhurst)譯

清咸豐四年(1854)上海墨海書館鉛活字印本

八册

內封鐫 "耶穌降世一千八百五十四年/舊約全書/江蘇松江上海墨海書館印"。1891年入藏。

舊約全書三集　　　　Mlp291 C5 856

（英國）麥都思（Walter Henry Medhurst）譯

清咸豐六年（1856）福州烏石山道山觀鉛活字印本

三冊

題名頁記"耶穌降世壹仟捌百伍拾陸年/福省烏石山道山觀印送"。

舊約全書　　　　　　BS315 C52 1863

清同治三至四年（1863—1864）香港英華書院鉛活字印本

七冊

另有複本一, 存卷五至七, 三冊, 待編。

耶穌基利士督我主救者新遺詔書

BS315 C55 1813

（英國）馬禮遜（Robert Morrison）譯

清嘉慶十八年（1813）澳門刻本

八冊

框13.3×9.8釐米。8行22字。白口, 四周雙邊, 單黑魚尾。版心上鎸篇名, 中鎸章次, 下鎸頁次。目録卷末鎸"耶穌降生一千八百一十三年鎸"。

新遺詔書　　　　　　Mlp691 C5 865g

（英國）麥都思（Walter Henry Medhurst）纂

清道光鉛活字印本

二冊

聖經新遺詔全書 *The New Testament in Chinese*　　　　BS315 .C55 1853

（美國）高德（Josiah Goddard）譯訂

清咸豐三年（1853）寧波真神堂鉛活字印本

一冊

內封鎸"The New Testament in Chinese/耶穌一千八百五十三年/高德譯訂/聖經新遺詔全書/寧波真神堂敬送/For the AM. & For. Bible Society. By J. Goddard. 1853"。外封記載"Rev J. Goddard"。

新約全書　　　　　　Mlp691 C5 854

（英國）麥都思（Walter Henry Medhurst）譯

清咸豐四年（1854）寧郡鉛活字印本

四冊

內封鎸"耶穌降世一千八百五十四年/浙江省寧郡敬刊"。

新約全書　　　　　　Mlp691 C5 855

（英國）麥都思（Walter Henry Medhurst）譯

清咸豐五年（1855）上海墨海書館鉛活字印本

一冊

內封鎸"耶穌降世壹仟捌伯五拾五年/江蘇松江上海墨海書館［印］"。

新約全書　　　　　　Mlp691 C5 +855b

（英國）麥都思（Walter Henry Medhurst）譯

清咸豐五年（1855）鉛活字印本

一冊

藏書票題"Gift of Carroll A. Means"。

（官話）新約全書二卷　Mlp691 C5 857

（英國）麥都思（Walter Henry Medhurst）譯

清咸豐七年（1857）上海墨海書館鉛活字印本

一册

内封鎸"耶穌降世壹仟捌伯伍拾七年/江蘇松江上海墨海書館印"。

新約全書:神子耶穌基督救世主二十七卷

Mlp691 C5 858

（英國）麥都思（Walter Henry Medhurst）譯

清咸豐八年（1858）鉛活字印本

一册

内封鎸"戊午年新鎸/神子耶穌基督救世主之新約全書/依希利尼音譯"。

新約全書　　Mlp691 C5 863

清同治二年（1863）上海美華書局鉛活字印本

一册

内封鎸"耶穌降世一千八百六十三年/新約聖書/蘇松上海美華書局藏板"。另有複本一，書號Mlp691 C5 863c。

聖經新約全書二十七集

Mlp691 C5 863b

（美國）弼利民（Lyman B. Peet）

（美國）麥利和（Robert S. Maclay）譯

清同治二年（1863）鉛活字印本

一册

内封鎸"凡二十七集/耶穌降生一千八百六十三年/聖經新約全書/同治二年"。卷首篇名"翻譯福州平話"。版心上鎸"聖經新約"。

（榕腔）新約全書　　Mlp691 C5 864

清同治三年（1864）福州美華書局鉛活字印本

一册

封面題"翻譯榕腔"。卷首有彩色猶太地圖。

（榕腔）新約全書　　Mlp691 C5 866

清同治五年（1866）福州美華書局鉛活字印本

三册

福音四書（卷首有猶太地圖）

使徒行傳至腓立比

哥羅西至啓示録

新約全書　　BS315 .C55 1868

清同治七年（1868）福州美華書局鉛印本

一册

外封記載"W H Thomas"，應係William Henry Griffith Thomas, 1861—1924。

新約全書　　Mlp691 C5 869

清同治八年（1869）上海美華書館銅版印本

一册

内封鎸"耶穌降世一千八百六十九年/新鑄銅版/同治八年/蘇松上海美華書館藏板"。

（官話）新約全書　　Mlp691 C5 872

清同治十一年（1872）上海美華書館鉛印本

一册

内封鎸 "耶穌降世一千八百七十二年/歲次壬申/蘇松上海美華書館鉛板"。

新約全書 *The New Testament*
Mlp691 C5 872b

清同治十一年（1872）京都美華書館鉛印本

一冊

内封鎸 "耶穌降世一千八百七十二年/歲次壬申/京都美華書館刷印"。英文題名頁鎸 "The New Testament translated into Chinese by a committee of Peking Missionaries. American Mission Press, Peking—1872"。

新約全書　　　Mlp691 C5 874

清同治十三年（1874）鉛活字印本

三冊

内封鎸 "耶穌降世一千八百七十四年/新約全書/按希利尼原文繙譯官話"。

新約全書　　　BS315 .C55 1877

（美國）高德（Josiah Goddard）譯（美國）羅爾梯（Edward Clemens Lord）刪訂

清光緒三年（1877）上海美華書館鉛印本

一冊

内封鎸 "耶穌降世一千八百七十七年/高德譯原本羅爾梯刪訂/新約全書/光緒三年歲次丁丑/上海美華書館印/Printed for the Am. and For. Bible Society"。

（榕腔）新約全書　　Mlp691 C5 878

清光緒四年（1878）福州美華書館鉛

活字印本

一冊

内封鎸 "主一千八百七十八年/光緒四年/大美國聖經會鎸/福州美華書館活板"。

新約全書 *Southern Mandarin Testament*
Mlp691 C5 882

清光緒八年（1882）上海申報館鉛印本

一冊

内封鎸 "耶穌降世一千八百八十二年/大英聖書會印/新約全書/上海申報館代刊"。外封書脊鎸 "Southern Mandarin Testament"。1937年入藏。

（羊城土話）新約全書 Mlp691 C5 882b

清光緒八至十四年（1882—1888）鉛活字印本

三冊

内封鎸 "耶穌一千八百八十二年/光緒八年/羊城土話"。外封書簽題 "新約土話"。冊二《使徒行傳》外封鈐 "丹拿約翰" 印。

新約全書 *Northern Mandarin Testament*
Mlp691 C5 884

清光緒十年（1884）福州美華書局鉛活字印本

一冊

内封鎸 "耶穌降世一千八百八十四年/新約全書/光緒十年/福州美華書局活板"。書脊鎸 "Northern Mandarin Testament"。1937年入藏。

新約全書　　　　Mlp691 C5 884b

清光緒十年（1884）福州美華書局鉛活字印本

一冊

內封鎸"耶穌降世一千八百八十四年/新約全書/光緒十年/福州美華書局活板"。藏書票題"Gift of Mrs. Frank C. Porter, 1906"。

新約全書　　　　Mlp691 C5 885

清光緒十一年（1885）福州美華書館鉛印本

一冊

外封記載"Charles Wenyon""雲仁"。

新約全書　　　　Mlp691 C5 887

清光緒十三年（1887）上海美華書館鉛印本

一冊

內封鎸"耶穌降世一千八百八十七年/新約全書/光緒十三年/上海美華書館印"。

新約聖經　　　　MLp691 C5 889b

（英國）包爾騰（John Shaw Burdon）（美國）白漢理（Henry Blodget）譯

清光緒十五年（1889）福州美華書局鉛印本

一冊

外封記載"Library Yale College, presented by Henry Boldget"。藏書票題"Presented by Rev. Henry Boldget, DD, 1890"。

新約全書　BS315 C55 1894（LC）＋Oversize

清光緒二十年（1894）上海美華書館鉛活字印本

一冊

內封鎸"大清光緒二十年歲次甲午/大英聖書公會托印/新約全書/西歷一千八百九十四年/上海美華書館活板""IMPERIAL EDITION: Printed from the same type as the Presentation Copy to the Empress—Dowager"。外封題"救世聖經"。另有複本一，書號Folio BS315 C55 1894。藏書票題"Gift of Donald M. Blodget"。

（官話）新約全書　　Mlp691 C5 894j

（英國）楊格非（Griffith John）譯

清光緒二十年（1894）漢口英漢書館鉛印本

一冊

內封鎸"西歷一千八百九十四年/英牧師楊格非重譯/新約聖書/光緒二十年歲次甲午/漢鎮英漢書館鉛板印"。

（官話）新約全書　　Mlp691 C5 898

清光緒二十四年（1898）聖書公會鉛印本

一冊

內封鎸"耶穌降世一千八百九十八年/官話/新約全書/大清光緒二十四年歲次戊戌/聖書公會印發"。卷前有彩色猶太地圖。

（官話）新約全書　　Mlp691 C5 899

清光緒二十五年（1899）上海大美國聖經會鉛印本

一冊

另有複本一，書號 Mlp691 C5 899b。

（中西字）新約全書 *The New Testament in English and Canton Colloquial*

WC 3672

清光緒二十九年（1903）鉛印本

一冊

内封鎸"The New Testament in English and Canton Colloquial. Published by the American Bible Society; Printed by the Fukuin Printing Co., Ltd. 1903."。另有複本一，書號BS315 .C55 1903。

新約全書　　　　Mlp691 C5 907

清光緒三十三年（1907）聖書公會鉛印本

一冊

内封鎸"救主降世一千九百零七年/光緒三十三年歲次丁未/聖公會印發""British & Foreign Bible Society, Wen-li N. T. (Delegates' Version)""第七三五次刷印"。

（官話和合）新約全書　Mlp691 C5 911

清宣統三年（1911）大美國聖經會鉛印本

一冊

新約註釋　　　　Mlp710 C5 898

清光緒二十四年（1898）上海美華書局鉛印本

一冊

舊約書：創世記　　Mlp310 C5 853

清咸豐三年（1853）寧波華花聖經書房鉛活字印本

一冊

内封鎸"大清咸豐三年春正月鎸/華花聖經書房寧波/舊約書創世紀/耶穌降世一千八百五十三年"。外封記載"Yale College Library Presented by Yung Wing, Oct. 1854"。

（文理）創世記　　MLp310 C5 899j

（英國）楊格非（Griffith John）譯

清光緒二十五年（1899）漢口英漢書館鉛印本

一冊

内封鎸"西曆一千八百九十九年/英牧師楊格非譯/創世記/光緒二十五年乙亥歲/漢鎮英漢書館鉛板印"。外封題"舊約""文理"。

聖經舊遺詔創世傳 *Genesis*

Mlp310 C5 850g

（美國）高德（Josiah Goddard）參訂

清道光三十年（1850）寧波真神堂鉛活字印本

一冊

内封鎸"道光三十年/寧城西門内真神堂著書/GENESIS/聖經舊遺詔創世傳/J. GODDARD/耶穌降世一千八百五十年/高德參訂"。

聖經舊遺詔出麥西傳 *Exodus*

BR53.C45 E96 1851

（美國）高德（Josiah Goddard）參訂

清咸豐元年（1851）寧波真神堂鉛活字印本

一冊

内封鎸"大清咸豐元年/寧城西門内真神堂著書/EXODUS/聖經舊遺詔出麥西傳/J. GODDARD/耶穌降世一千八百五

十一年/高德參釘”。版心上鎸“聖經出麥西傳”。

（文理）出埃及記　　Mlp315 C5 900

清光緒二十六年（1900）漢口英漢書館鉛印本

一册

內封鎸“西曆一千九百年/出埃及記/光緒二十六年庚子歲/漢鎮英漢書館鉛板印”。外封題“舊約”“文理”。

（榕腔）撒母耳後書　Mlp355 C5 878w

（美國）伍丁（S. F. Woodin）譯

清光緒四年（1878）福州美華書局鉛印本

一册

內封鎸“耶穌降生一千八百七十八年/箴言全書/光緒七年/福州美華書局印”。版心鎸“舊約全書”。

（榕腔）約伯記略　　Mlp395 C5 866

（美國）弼利民（Lyman B. Peet）譯

清同治五年（1866）福州美華書局鉛活字印本

一册

內封鎸“同治五年/約伯記略/福州美華書局印”。

利未記釋義　　　　MLx320 905m

（英國）慕華德（Walter S. Moule）撰

清光緒三十一年（1905）中國聖教會鉛印本

一册

內封鎸“耶穌降世一千九百零五年/慕華德著/利未記釋義/光緒三十一年歲次

乙巳/中國聖教書會發印/上海美華書館代印”“Expository Commentary on Leviticus/ by Rev. W. S. Moule, B.A./Shanghai: The Chinese Tract Society. 1905”。

［使徒保羅達羅馬人書至使徒保羅達以弗所人書］　　Mlp755 C5 875

清末鉛活字印本

一册

［使徒保羅與羅馬輩書至使徒保羅與弟撒羅尼亞輩書］

BS315.C56 B36 1816（LC）

（英國）馬士曼（Joshua Marshman）譯

清末鉛活字印本

一册

外封記載“Presented by Mrs. Richard Hosker, 1870”。外封書號Mlp755 C5 +816m。

使徒保羅達羅馬人書　Mlp691 C5 +855b

清咸豐五年（1855）寧波聖經書房鉛活字印本

一册

藏書票題“Gift of Carroll A. Means”。

使徒保羅達羅馬人書十六章

Mlp760 C5 875

清末鉛活字印本

一册

哥林多後書註釋十三章

Mlp765 C5 882T

（美國）陶錫祁（Samuel T. Dodd）譯

清光緒八年（1882）上海美華書館鉛印本

一册

内封鐫“耶穌降世一千八百八十二年/教士陶錫祁譯/哥林多後書註釋/中國光緒壬午年季春月/上海美華書館重鐫”。

[四福音和使徒行傳]　　Mlp710 C5 865

（美國）白漢理（Henry Blodget）譯

清同治三至四年（1864—1865）上海美華書館鉛活字印本

一册

内封鐫“耶穌降世一千八百六十五年/京都敬譯官話/馬太傳福音書/歲次乙丑/上海美華書館藏板”。外封記載“Rev. H. Blodget Peking”。

馬太傳福音書二十八章

馬可傳福音書十六章

路加傳福音書二十四章

約翰傳福音書二十一章

使徒行傳二十八章

福音經輯解　　　　Mlp710 C5 +884b

（俄羅斯）固唎乙原譯漢文　（俄羅斯）法喇韋按重訂附注

清光緒九年（1884）京都東教宗北館鉛活字印本

一册

内封鐫“天主降生一千八百八十四年/福音經輯解/歲次甲申/京都東教宗北館”。外封記載“The Blodgett Russian version of the gospels”。

宗徒瑪特斐福音經二十八章

宗徒瑪兒克福音經十六章

宗徒魯喀福音經二十四章

宗徒依鄂按福音經二十一章

誦福音經節目

（文理）新約聖書四卷　Mlp710 C5 887j

（英國）楊格非（Griffith John）譯

清光緒十三年（1887）漢口英漢書館鉛印本

一册

内封鐫“西曆一千八百八十七年/英牧師楊格非重譯/新約聖書/光緒十三年歲次丁亥/漢鎮英漢書館鉛板印”。

馬太福音書二十八章

馬可福音十六章

路加福音二十四章

約翰福音二十一章

新約聖書　　　　　Mlp710 C5 899

清光緒二十五年（1899）漢口英漢書館鉛印本

五册

内封鐫“西曆一千八百九十九年/馬太福音/光緒二十五年乙亥歲/漢鎮英漢書館鉛板印”。

馬太福音書

馬可福音

路加福音

約翰福音

使徒行傳

（上海土白）馬太福音書二十八章

Mlp720 C5 856

清咸豐六年（1856）上海趙哈松活字本

一册

框17×12釐米。10行20字。白口，四周雙邊，單魚尾。内封鐫“耶穌降世一千八百五十六年/上海土白/馬太傳福音書/咸豐六年孟夏/趙哈松刻訂”。

馬太傳福音書翻譯註釋福州平話

Mlp720 C5 868

清同治七年（1868）鉛活字印本

一冊

内封鎸“耶穌降世一千八百六十八年/榕腔註釋/馬太傳福音書/同治七年”。

新約馬太傳福音書翻繹榕腔二十八章

Mlp720 C5 865

清同治福州鉛活字印本

一冊

（上海土白）馬太福音傳

Mlp720 C5 876

清光緒二年（1876）上海浸會堂鉛印本

一冊

内封鎸“上海浸會堂晏瑪太土白”。

馬太傳福音書　　Mlp720 C5 881

清光緒七年（1881）上海美華書館鉛印本

一冊

（官話）馬太福音二十八章

Mlp720 C5 886

清光緒十二年（1886）京都美華書院鉛印本

一冊

馬太福音　　Mlp720 C5 904

清光緒三十年（1904）上海大美國聖經會鉛印本

一冊

馬太傳福音書俗話一卷　Mlp720 C5 875

清末廣州鉛活字印本

一冊

内封鎸“羊城俗語譯”。

（漢滿合璧）我主耶穌基督之新遺詔書第一卷：馬太傳福音書 *Musei ejen isus heristos i tutabuha ice hese. ujui debtelin. Enduringge ewanggelium mattai i ulaha songkoi*　　Mlp720 M2 +859w

清末刻本

一冊

框22.3×14.1釐米。9行字數不一。白口，四周雙邊，單魚尾。版心上鎸滿漢文“Tutabuha ice hese 新遺詔書”，中鎸滿漢文卷次、卷名及篇次，下鎸滿漢文頁數。

馬太傳福音書註釋 *The Gospel of Mattew in Chinese with Explanatory Notes*

Mlz720 848d

（美國）憐爲仁（William Dean）纂

清道光二十八年（1848）香港刻本

一冊

框21.1×13.1釐米。8行22字，小字雙行同。白口，左右雙邊，單黑魚尾。内封鎸“The Gospel of Mattew in Chinese with Explanatory Notes. By William Dean. Printed in Hong Kong. MDCCCXLVIII”“道光二十八年鎸/香港裙帶地藏板/馬太傳福音書註釋/爲仁者纂”。外封記載“Yale College Library presented by Mr. Wm A. Macy”。

馬太福音註釋　　　　　　037004

清光緒二十四年（1898）上海美華書館鉛印本

一册

内封鎸“耶穌降生一千八百九十八年/馬太福音註釋/光緒二十四年歲次戊戌/上海美華書館重印”。

馬可傳福音書十六章　　Mlp725 C5 845g

（德國）郭實臘（Karl Friedrich Gützlaff）譯

清道光二十五年（1845）鉛活字印本

一册

内封鎸“道光二十五年重鎸/馬可福音書/上帝乃靈而凡拜之者必以靈意誠心而拜之也”。外封記載“Version by Drs. Gützlaff, Bridgman, Medhurst”。

（上海土白）馬可傳福音書

Mlp725 C5 862

清同治元年（1862）上洋趙文藝堂鉛活字印本

一册

内封鎸“耶穌降世一千八百六十二年/上海土白/書馬可傳福音書/同治元年/上洋趙文藝堂刻印裝訂”。

馬可傳福音書略解　　Mlp725 C5 866

清同治五年（1866）上海美華書局鉛活字印本

一册

内封鎸“耶穌降世一千八百六十六年/馬可傳福音書略解/歲次丙寅/上海美華書局活字板新鎸”。外封書籤題“馬可傳略解”。

馬可福音　　　　　Mlp725 C5 873

清同治十二年（1873）京都美華書院

鉛印本

一册

内封鎸“耶穌降世一千八百七十三年/馬可福音/歲次癸酉/京都燈市口美華書院刷印”。

馬可福音註釋 Notes on the Gospel of Mark

Mlp725 C5 880d

（美國）憐爲仁（William Dean）纂

清光緒六年（1880）上海美華書館鉛印本

一册

内封題“主一千八百八十年/暹邦揾禮會繙譯/馬可福音註釋/庚辰年/上海美華書館擺印”。外封書籤題“神天教福音傳世”。卷末有英文題名、出版注記：“Notes on the Gospel of Mark, in Chinese by William Dean D. D., for the American and Foreign Bible Society Bangkok”“Shanghai: American Presbyterian Mission Press. 1880”。

馬可傳福音書 The Gospel According to Saint Mark　　　　　Mlp725 C5 882a

清光緒八年（1882）上海美華書館鉛印本

一册

内封鎸“The Gospel according to Saint Mark in English and Mandarin”。1937年入藏。

（官話）新約聖書馬可福音

Mlp725 C5 893

清光緒十九年（1893）漢口英漢書館鉛印本

一册

內封鐫"西歷一千八百九十三年/馬可福音/清光緒十九年歲次癸巳/漢口英漢書館鉛印"。外封題"馬可福音官話"。

馬可講義　　　　　　　037003

清同治十三年（1874）大德國禮賢會刻本

五冊

內封鐫"耶穌降生後一千八百七十四年/馬可講義/大英國印書會捐刻/大德國禮賢會藏版"。

路加傳福音書二十四章　Mlp730 C5 845

清道光二十五年（1845）華英校書房鉛活字印本

一冊

內封鐫"道光二十五年/路加傳福音書/華英校書房香山"。

路加傳福音書註釋二十四章

Mlp730 C5 849

清道光二十九年（1849）寧波華花聖經書房鉛活字印本

一冊

內封鐫"耶穌降世一千八百四十九年/路加傳福音書註釋/大清道光二十九年孟冬鐫/華花聖經書房寧波"。

路加福音二十四章　　　Mlp730 C5 873

清同治十二年（1873）京都美華書院鉛活字印本

一冊

內封鐫"耶穌降世一千八百七十三年/路加福音/歲次癸酉/京都燈市口美華書院刷印"。

新約聖書路加福音二十四章

Mlp730 C5 892

清光緒十八年（1892）上海五彩公司石印本

一冊

內封鐫"耶穌降世一千八百九十二年/大英聖書會托印/路加福音/大清光緒十八年歲次壬辰/上海五彩公司石印"。外封題"新約聖書路加傳"。

約翰傳福音書二十一章　Mlp735 C5 845

清道光二十五年（1845）鉛活字印本

一冊

《新約全書》卷四。內封鐫"道光二十五年重鐫/約翰傳福音書"。

約翰福音二十一章　　　Mlp735 C5 874

清同治十三年（1874）京都美華書院鉛活字印本

一冊

內封鐫"耶穌降世一千八百七十四年/約翰福音/歲次甲戌/京都燈市口美華書院刷印"。

（羊城土話）約翰福音傳

Mlp735 C5 883

清光緒九年（1883）廣州鉛活字印本

一冊

內封鐫"耶穌降世一千八百八十三年/約翰傳福音書/光緒九年歲次癸未/羊城土話"。外封書脊鐫"Canton S. John"。1937年入藏。

（客話）約翰福音書　Mlp735 C5 883b

清光緒九年（1883）鉛活字印本

一册

内封鐫"主後一千八百八十三年/光緒九年新鐫/新約聖書/約翰福音傳/客話"。外封書脊鐫"Hakka S. John"。1937年入藏。

約翰傳福音書二十一章　　　　037023

清光緒九年（1883）福州美華書局鉛活字印本

一册

内封鐫"耶穌降生一千八百八十三年/約翰福音/光緒九年/福州美華書局活板"。版心上鐫"新約全書/約翰傳福音書"。

約翰傳福音書俗話二十一章

Mlp735 C5 875

清末鉛活字印本

一册

《新約全書》卷四。内封鐫"羊城俗語譯"。

（榕腔）舊約但以理　Mlp465 C5 873b

（英國）保靈（Stephen Livingstone Baldwin）譯

清光緒元年（1875）福州美華書局鉛印本

一册

内封鐫"耶穌降生一千八百七十五年/但以理/光緒元年/福州美華書局印"。

聖差言行傳卷五二十八章 *The Acts of the Apostles*　　　Mlp740 C5 845g

（德國）郭實臘（Karl Friedrich Gützlaff）譯

清道光二十五年（1845）華英校書房

鉛活字印本

一册

内封鐫"道光二十五年/聖差言行傳/華英校書房香山"。外封記載"Yale College Library: presented by Chad Wm Bradley, Esq 1854""Acts of the Apostles（Gützlaff Version）"。

聖差言行卷五二十八章 *The Acts of the Apostles*　　　Mlp740 C5 +847d

（美國）憐爲仁（William Dean）譯

清道光二十七年（1847）香港刻本

一册

框22.7×14.1釐米。兩截板，上欄8行，小字雙行，下欄8行22字。白口，左右雙邊，單魚尾。内封鐫"The Acts of the Apostles with Marginal References. Translated into Chinese by William Dean. Printed in Hong Kong: 1847"。卷前鐫"聖差言行卷之五""西國信士爲林依原文參較并節引參証"。1924年入藏。

聖差言行傳卷五二十八章

Mlp740 C5 895

清末鉛活字印本

一册

使徒行傳二十八章　　　Mlp740 C5 874

清同治十三年（1874）京都美華書院鉛活字印本

一册

内封鐫"耶穌降世一千八百七十四年/使徒行傳/歲次甲戌/京都燈市口美華書院刷印"。

使徒行傳二十八章　　　　Mlp740 C5 875
　　清末鉛活字印本
　　一册

（官話）舊約詩篇　　Mlp400 C5 867b
　　（英國）賓惠廉（William Chalmers Burns）譯
　　清同治六年（1867）京都福音堂刻本
　　一册
　　框16.6×11.8釐米。10行24字，小字雙行同。白口，四周雙邊，單黑魚尾。內封鎸"同治六年春鎸/舊約詩篇/官話/京都福音堂藏板"。

（廣東俗話）舊約詩篇
　　　　　　　　Mlp400 C5 875h
　　（英國）Arthur Blockey Hutchinson譯
　　清光緒元年（1875）鉛活字印本
　　一册
　　內封鎸"耶穌降生一千八百七十五年/舊約詩篇/光緒元年/粵東俗話淺譯"。

（上海話）舊約詩篇　　Mlp400 C5 891
　　清末鉛活字印本
　　一册
　　書脊鎸"Shanghai Psalms"。

（榕腔）詩篇全書　　Mlp400 C5 868p
　　（美國）弼利民（Lyman B. Peet）譯
　　清同治七年（1868）福州美華書局鉛活字印本
　　一册
　　外封記載"Psalms in Foochow Colloquial"。版心上鎸"舊約詩篇"。計一百五十篇。

（榕腔）神詩　　　　　　037015
　　清同治九年（1870）榕城福音堂刻本
　　一册
　　框16.8×11.2釐米。9行字數不一。白口，四周雙邊，單黑魚尾。內封鎸"耶穌降生一千八百七十年鎸/同治九年/榕城太平街福音堂藏板"。

（榕腔）宗主詩章　　BV510.C45 Z66 1871
　　清同治十年（1871）福州福音堂、救主堂刻本
　　一册
　　內封鎸"福州城內太平街福音堂/南臺鋪前頂救主堂印"。

詩篇　　　　　　　　Mlp400 C5 907
　　聖公會撰
　　清光緒三十三年（1907）聖公會鉛印本
　　一册

（官話）詩篇　　　　BS1443 . C5 1910
　　清宣統二年（1910）大美國聖經會鉛印本
　　一册
　　內封鎸"救主耶穌降世後一千九百十年/官話/詩篇/歲次庚戌/大美國聖經會印發""Mandarin Psalms, Revised. American Bible Society, 1910"。

新約述史淺譯　　BS2330 .X56 1902
　　〔清〕李滿譯
　　清光緒二十八年（1902）上海美華書館鉛印本
　　一册
　　外封鎸"耶穌降世一千九百零二年/

李滿譯/光緒二十八年歲次壬寅/上海美華書館印”。存卷一。

箴言　　　　　　　Mlp425 C5 868p

清同治七年（1868）福州美華書局鉛活字印本

一冊

內封鐫“同治七年/箴言全書/福州美華書局印”。

（寧波土白）衆禱告文　　　037002

（英國）高富（Frederick Foster Gough）　（英國）慕雅德（Arthur Evans Moule）譯

清同治三年（1864）寧波仁恩堂鉛印本

一冊

內封鐫“耶穌降世一千八百六十四年/衆禱告文/同治三年三月/寧波仁恩堂刊”。

頌主聖詩　　　　　　HY1875.2

清光緒元年（1875）京都美華書院鉛印本

一冊

頌主詩歌三百五十八首

BV510 C4 S93 1891（LC）

清光緒十七年（1891）京都美華書院鉛印本

一冊

外封記載“H. Blodget and C. Goodrich, 1891”。

默示錄註釋　　　　Mlp850 C5 902

（英國）潘察理輯　〔清〕周學舒譯

清光緒十八年（1892）羊城真寶堂刻本

一冊

框18.3×13.4釐米。11行24字，小字雙行同。白口，左右雙邊，單魚尾。內封鐫“光緒十八年新鐫/默示錄註釋/羊城真寶堂承刊”。存上卷。

（官話）真理問答　　　　037011

清同治十二年（1873）京都美華書院鉛印本

一冊

內封鐫“耶穌降世一千八百七十三年/歲次癸酉/京都燈市口美華書院印刷”。

兩可喻言　　　　　　　037018

清光緒元年（1875）京都美華書院鉛印本

一冊

美華書院短篇集

耶穌巡徒養心日課 *Daily Manna for Christian Pilgrims*　　　BV4811 .S76 1844

（美國）Baron Stow撰　（美國）憐爲仁（William Dean）譯

清道光二十四年（1844）香港刻本

一冊

內封鐫“甲辰歲鐫/耶穌巡徒養心日課/爲林譯”“Daily Manna for Christian Pilgrims by Baron Stow. Translated into Chinese by W. Dean. Hong Kong: 1844”。

真理易知　　　　　　　037017

（美國）麥嘉締（Divie Bethune McCartee）撰　（美國）夏察理（Charles Hartwell）校

清同治二年（1863）福州金粟山刻本

一冊

框14.4×10.8釐米。9行18字。白口，四周雙邊，單黑魚尾。内封鎸"耶穌降生一千八百六十三年/真理易知/福州城内金粟山藏板"。

靈魂篇 *On the Soul* 037019

（美國）麥嘉締（Divie Bethune McCartee）撰 （美國）夏察理（Charles Hartwell）修訂

清同治八年（1869）福州福音堂鉛活字印本

一册

内封鎸"同治八年/靈魂篇/福州城内太平街福音堂印"。外封記載"The Soul"。

（榕腔）小學四字經三十一課 037022

（美國）夏察理（Charles Hartwell）修訂

清同治十二年（1873）福州美華書局鉛活字印本

一册

牌記題"美華書局活板"。

聖書論略 *Introduction to the Study of the Bible* BS475 .W55 1870

（美國）葉韙良（William Aitchison）撰

清同治九年（1870）京都美華書院鉛印本

一册

内封鎸"耶穌降世一千八百七十年/教士葉韙良著/歲次庚午/京都燈市口美華書院印刷"。

以利亞言行傳一卷 *The Two Thousand Character Classic* BS580.E4 Y55 1861

清咸豐十一年（1861）上海美華書館鉛印本

一册

内封鎸"耶穌降世一千八百六十一年/歲次辛酉/上海美華書館活字板"。外封記載"瑪特斐"。

雙千字文不分卷 Fv5786 M365

（美國）丁韙良（William Alexander Parsons Martin）譯

清末刻本

一册

框18.4×12.5釐米。6行8字。白口，四周雙邊，單黑魚尾。另有複本二，未編。

孩童歸耶穌 MSSA Samuel Wells Williams Family Papers Box 17 Folder 96

（美國）丕思業（Charles Finney Preston）撰

清末刻本

一册

框14×10.6釐米。10行18字。白口，四周雙邊，單黑魚尾。外封鎸"孩童歸耶穌/隱此道於智者達者而顯之於赤子"。卷末鎸"美國丕思業未定稿"。

祀先辨謬 BL467 .N48 1869

（美國）倪維思（John Livingstone Nevius）撰

清同治八年（1869）福州福音堂鉛活字印本

一册

内封鎸"福州城内太平街福音堂印"。另有複本一，未編。

集説詮真不分卷 Fv1978 4823

〔清〕黄伯禄輯 〔清〕蔣超凡校

清光緒四年（1878）上海懷永堂刻本

四册

框21×14.7釐米。9行20字，小字雙行同。白口，四周雙邊，單魚尾。

瞽牧勸捐 037014

（美國）富善（Chauncey Goodrich）譯

清光緒元年（1875）京都美華書院鉛印本

一册

美華書院短篇集

苦人約色實録 037020

（美國）富善（Chauncey Goodrich）譯

清光緒元年（1875）京都美華書院鉛印本

一册

美華書院短篇集

内封鐫"耶穌降生一千八百七十五年/歲次乙亥/京都燈市口美華書院刷印"。

燕京開教略三卷 BX1665 F35（LC）

（法國）樊國樑（Alphonse Favie）撰

清光緒三十一年〔1905〕北京救世堂鉛印本

三册

内封鐫"降生後一千九百零五年/歲次乙巳/救世堂印/燕京開教略/北京主教樊國樑准"。

美以美始基爲斯理傳 *A Story of the Wonderful Life of the Celebrated John Wesley*

WB 8731

（美國）薛師母（Sarah Moore Sites）譯

清光緒十八年（1892）福州美華書局鉛活字印本

一册

内封鐫"A Story of the Wonderful Life of the Celebrated John Wesley. By Mrs. S. Moore Sites. 1892. Methodist Episcopal Mission Press. Foochow, China""耶穌降生一千八百九十二年/爲斯理傳/光緒十八年歲次壬辰/福州美華書局活板"。序前記"此傳原爲英/經節譯福州土話/閲者頗受其益/兹再翻爲華文……大美國薛師母譯"。

自西徂東 *Civilization, a Fruit of Christianity*

WB 36865

（德國）花之安（Ernst Faber）撰

清光緒二十八年（1902）上海廣學會鉛印本

五册

内封鐫"第四次重印五千本"。

與女史論道一卷 BT80 .M46 1882

〔清〕陳夢南譯

清光緒八年（1882）廣州鉛印本

一册

卷末注"No. 14—The Gospel Discussed with a Female Scholar. China Baptist Publication Society. Canton, China"。

主必速臨一卷 BT885 .Z48 1911

清宣統三年（1911）上海時兆月報館鉛印本

一册

内封鐫"西歷一千九百十一年/宣統三年歲次辛亥/上海時兆月報館印""Second

Coming of Christ（wen li）"。卷末附新天新地。

遵主聖範四卷　　BV4509.5 K46 1891

清光緒十七年（1891）京都美華書院鉛印本

一冊

內封鐫"耶穌降世一千八百九十一年/光緒十七年/歲次辛卯重刊/京都燈市口美華書院印鐫"。序言"著此書者乃根比斯之篤瑪……今特將天主教類思田所刪定之本略改數處……柏亨理序"。

（官話）天路歷程五卷 The Pilgrim's Progress
　　　　　　　　WB 9444

（英國）班揚（John Bunyan）撰

清同治八年（1869）上海美華書館鉛印本

一冊

內封鐫"新鑄銅版"。

（羊城土話）天路歷程五卷 The Pilgrim's Progress
　　　　　　　　WB 26940

（英國）班揚（John Bunyan）撰

清同治十年（1871年）羊城惠師禮堂刻本

一冊

框15.8×11.6釐米。10行24字，界行間鐫小字注。白口，四周雙邊，單黑魚尾。版心上鐫書名，中鐫卷次。內封鐫"同治十年/天路歷程土話/羊城惠師禮堂鐫"。外封記載"Pilgrim's Progress PT I. Christian Canton Vernaucular, 1871"。

救主奇恩　　　　　　037021

清光緒二年（1876）京都美華書院鉛印本

一冊

內封鐫"耶穌降世一千八百七十五年/歲次丙子/京都燈市口美華書院刷印"。

教務紀略四卷
　　　　　BR1285 . J54 1904 （LC）

〔清〕李剛己輯

清光緒三十年（1904）山東印書局鉛印本

五冊

演習神武六十六章　BV1465 .Y36 1882

聖味增爵會士增譯

清光緒八年（1882）北京救世堂鉛印本

一冊

內封鐫"北京救世堂印/天主降生後一千八百八十二年歲次壬午/演習神武/主教田類斯鑒定允行"。鈐"徐匯公學 COLL. ST IGMACE ZI-KA-WEI"印。藏書票題"耶穌會神學院圖書館"。貼簽記"BIBL. SCHOL. 徐家匯"。

景教碑文紀事考正三卷　Fv1981.8 4290

〔清〕楊榮鋕撰

清光緒二十一年（1895）楊大本堂刻本

三冊

框17×12.8釐米。10行20字，小字雙行同。黑口，左右雙邊，單魚尾。版心上鐫"景教碑文"。牌記題"光緒二十一年歲次乙未楊大本堂發刊"。鈐"澹迓丙辰所得"印。

憲書不分卷　　　　　　　WB 27362

清同治十一年（1872）華經堂朱墨藍三色套印本

一冊

框20.7×14釐米。行字數不等。黑口，四周雙邊，雙魚尾。

傳道書釋義一卷　　BS1475.J33127 1903

（英國）翟雅各（James Jackson）譯

清光緒二十九年（1903）中國聖教書會鉛印本

一冊

內封鐫“耶穌降世一千九百零三年/鄂城文華書院監院翟雅各譯/傳道書釋義/光緒二十九年歲次癸卯/中國聖教書會印發/上海華美書局擺印”“The Conference Commentary on Ecclesiastes by Rev. James Jackson. Shanghai:The Chinese Tract Society. 1903”。牌記題“光緒二十八年校於文華書院”“Printed by Lacy & Wilson:Methodist Publishing House,Shanghai”。鈐“林鳴宗”“林鳴宗收藏”等印。

（土白）聖經註釋不分卷

清末抄本

一冊

6行20字。

安樂家不分卷

（英國）沃爾頓夫人（Catherine Augusta Walton）撰　（美國）博美瑞（Mary Harriet Porter）譯

清光緒八年（1882）中國聖教書會鉛印本

一冊

內封鐫“耶穌降世一千八百八十二年/中國聖教書會發/安樂家/光緒八年/歲次壬午/書圖新報館印”。外封記載“Number 14”“Chinese Religious Tract Society”。

白衣喻言不分卷

（美國）諾士（Martha B. North）撰

清同治十三年（1874）京都美華書院鉛活字印本

一冊

外封鐫“耶穌降世一千八百七十四年/白衣喻言/歲次甲戌/京都燈市口美華書院刷印”“Translated from ‘The Champney stories’ by M.B.N, Woman’s Union Missionary Society of American”。

拜日學課不分卷

清光緒四年（1878）京都美華書院鉛印本

一冊

內封鐫“耶穌降世一千八百七十八年/由七月初七日至九月二十九日/拜日學課/光緒四年由六月初八日至九月初四日/京都美華書院刷印”。

拜日學課十三課

清光緒三十四年（1908）北京華北書會鉛印本

一冊

內封鐫“華北書會/救主降世一千九百零八年/西正月初五日至三月廿九日/光緒三十四年/中臘月初二日至二月廿七日/北京匯文書局擺印”。外封題

"1908春季""約翰希伯來箴言"。

常拜真神之道不分卷

（美國）波乃耶（Dyer Ball）撰

清道光鉛活字印本

一册

外封鎸"真神乃靈而凡拜之者必以靈意誠心而拜之也"。

朝廷准行正教録不分卷

清道光二十五年（1845）寧波華花聖經書房鉛活字印本

一册

創世記略解不分卷

（英國）貝赫奕（Henry Price）譯

清光緒三十一年（1905）中國聖教書會鉛印本

一册

内封鎸"耶穌降世一千九百零五年／英國教士貝赫奕譯／創世記略解／大清光緒三十一年歲次乙巳／中國聖教書會印發"。

當審判日耶穌區別善惡者不分卷

清咸豐元年（1851）福省刻本

一册

框14.8×9.6釐米。8行16字，小字雙行同。白口，四周單邊。外封鎸"耶穌降世一千八百五十一年／當審判日耶穌區別善惡者／板藏福省南臺"。卷首"馬太傳福音第二十五章三十一節以下云録"。

德慧入門不分卷

（英國）楊格非（Griffith John）撰

清光緒六年（1880）漢口聖教書局鉛印本

一册

外封鎸"西曆一千八百八十年／德慧入門／光緒六年歲次庚辰／漢口聖教書局印發"。

奉勸真假人物論不分卷

（美國）憐爲仁（William Dean）撰

清道光二十九年（1849）鉛活字印本

一册

外封鎸"道光二十九年重鎸／奉勸真假人物論／爲仁者撰"。

奉勸真假人物論不分卷

（美國）憐爲仁（William Dean）撰

清道光三十年（1850）鉛活字印本

一册

外封鎸"道光三十年／奉勸真假人物論／耶穌降世一千八百五十年"。

福音聖詩三卷

〔清〕馮活泉譯

清光緒十至十六年（1884—1890）浸信小書會刻本

一册

框15.0×11.6釐米。12行22字。白口，四周單邊，單黑魚尾。卷一外封鎸"主降世一千八百八十四年／福音聖詩／光緒十年／浸信小書會藏板"。卷二、三外封鎸"馮活泉譯"。

福音總論不分卷

（英國）台約爾（Samuel Dyer）撰

清道光二十八年（1848）福省刻本

一册

框11.4×6.8釐米。4行8字。白口,四周雙邊,單黑魚尾。外封鐫"道光二十八年重鐫/福音總論/板藏福省南臺中洲鋪"。

悔罪信耶穌略論不分卷

清咸豐元年(1851)寧波華花聖經書房活鉛字印本

一册

外封鐫"大清咸豐元年/華花聖經書房寧波/悔罪信耶穌略論/耶穌降世一千八百五十一年"。

基督徒模範十四章

(英國)祁真福(J. Norman Case)撰

清光緒三十年(1904)中國聖教書會鉛印本

一册

內封記"Shanghai: The Chinese Tract Society, 1904. For sale at the Presbyterian Mission Press. Printed at the Wha Yang Press"。外封鐫"英國教師祁真福著"。

加拉太書註釋不分卷

清光緒四年(1878)上海美華書館鉛印本

一册

內封題"耶穌降世一千八百七十八年/加拉太書註釋/光緒四年歲次戊寅/上海美華書館印"。

家用禱文不分卷

(英國)包爾騰(John Shaw Burdon)譯

清光緒十七年(1891)京都美華書館鉛印本

一册

題名頁鐫"救主降生後一千八百九十一年/大清光緒十七年歲次辛卯/香港聖保羅書院藏本/上海美華書館擺印"。序署"救主降生後一千八百九十一年九月中旬包爾騰謹序於香港之聖保羅書院"。

教會禱文卷二

(英國)包爾騰(John Shaw Burdon)(美國)施約瑟(Samuel Isaac Joseph Schereschewsky)譯

清末鉛活字印本

一册

聖詩一百五十篇。

進教要理問答二卷

(□)崇教者纂

清末刻本

一册

框10.3×7.5釐米。8行18字。白口,四周雙邊,單黑魚尾。外封記載"Yale College Library presented by Mr. Wm A. Macy"。

進教要理問答三卷

(□)崇教者纂

清末刻本

三册

框10.3×7.5釐米。8行18字。白口,四周雙邊,單黑魚尾。中、下卷各有複本四册。

救世主坐山教訓不分卷

（英國）馬禮遜（Robert Morrison）譯

清末刻本

一冊

框13.5×8.9釐米。7行18字。白口，四周雙邊，單黑魚尾。

浪子悔改不分卷

清咸豐九年（1859）廣州太平塘小書會鉛活字印本

一冊

外封鐫"咸豐九年鐫/浪子悔改/羊城太平塘小書會真寶藏"。

靈生詮言不分卷

（美國）裨治文（Elijah Coleman Bridgman）撰

清道光二十八年（1848）寧波華花聖經書房鉛活字印本

一冊

外封鐫"道光二十八年/華花聖經書房寧波/靈生詮言/耶穌降世一千八百四十八年"。書後記"泰西裨治文謹撰"。

論過年之道不分卷

清道光二十八年（1848）寧波華花聖經書房鉛活字印本

一冊

外封鐫"道光二十八年/華花聖經書房寧波/論過年之道/耶穌降世一千八百四十八年"。

論花旗師來中國之意連所傳教不分卷

清道光二十九年（1849）刻本

一冊

框19.3×10.7釐米。9行21字。白口，四周雙邊，單黑魚尾。外封鐫"道光二十九年鐫/論花旗師來中國之意連所傳教/耶穌降世壹千八百四十九年/板藏福省南臺中洲鋪"。

論人不信耶穌之故不分卷

清道光二十八年（1848）寧波華花聖經書房鉛活字印本

一冊

外封鐫"道光二十八年/華花聖經書房寧波/論人不信耶穌之故/耶穌降世一千八百四十八年"。

論善惡人生死不分卷

（□）士多那撰

清道光二十五年（1845）鉛活字印本

一冊

外封鐫"道光乙巳年集/論善惡人生死/士多那撰"。

論善惡人死不分卷

（英國）麥都思（Walter Henry Medhurst）撰

清道光二十四年（1842）香港英華書院刻本

一冊

框12.1×9.3釐米。8行18字。白口，四周雙邊，單黑魚尾。外封鐫"道光二十四年孟夏新鐫/論善惡人死/香港英華書院藏板"。

論善惡者不得入神國：訓八

清末鉛活字印本

一冊

版心上鐫"鄉訓"。外封記載"Yale College Library: presented by Chad Wm Bradley, Esq 1854"。

論祈禱之理：訓九

清末鉛活字印本

一冊

版心上鐫"鄉訓"。外封記載"Ningpo"。另有複本一。

論善人以此世之難而受益：訓十

清末鉛活字印本

一冊

版心上鐫"鄉訓"。外封記載"Ningpo"。

論善人安死：訓十一

清末鉛活字印本

一冊

版心上鐫"鄉訓"。

論聖靈三章

（美國）明師母（Mrs. Arthur Smith）撰

清光緒三十一年（1905）中國聖教書會鉛印本

一冊

內封鐫"耶穌降世一千九百零五年/美國明師母著/論聖靈/光緒三十一年歲次乙巳/中國聖教書會印發""The Holy Spirit by Mrs. Arthur Smith. Shanghai: The Chinese Tract Society, 1905"。

論土地福神之虛幻不分卷

清末刻本

一頁

論耶穌爲救世者不分卷

清咸豐二年（1852）寧波華花聖經書房鉛活字印本

一冊

外封鐫"咸豐二年/華花聖經書房寧波/論耶穌爲救世者/耶穌降世一千八百五十二年"。

馬可福音

清同治十二年（1873）京都美華書院鉛活字印本

一冊

內封題"耶穌降世一千八百七十三年/馬可福音/歲次癸酉/京都燈市口美華書院刷印"。

馬可傳福音書

清咸豐元年（1851）香港英華書院鉛活字印本

一冊

外封鐫"咸豐元年鐫/馬可傳福音書/香港英華書院印刷"。外封記載"Yale College Library: presented by Chad Wm Bradley, 1854"。

（文理略解）馬可福音不分卷

（英國）楊格非（Griffith John）譯

清光緒二十四年（1898）漢口英漢書館鉛印本

一冊

內封鐫"西曆一千八百九十八年/英牧師楊格非譯/馬可福音/光緒二十四年歲次戊戌/漢口英漢書館鉛板印"。有彩色地圖。

馬太傳福音書

清末鉛印本

一册

華英合璧。

馬太傳福音書

清末紅格抄本

一册

框18.1×10.6釐米。6行20字。白口，四周雙邊。

馬太傳福音書

清咸豐元年（1851）香港英華書院鉛活字印本

一册

内封鐫“咸豐元年鐫/馬太傳福音書/香港英華書院印刷”。外封記載“Yale College Library: presented by Chad Wm Bradley, 1854”。

祈禱文不分卷

美以美總會參訂

清咸豐七年（1857）福省刻本

一册

框18.5×11.5釐米。6行19字，小字雙行同。白口，左右雙邊，單黑魚尾。内封鐫“耶穌降生一千八百五十七年/祈禱文/咸豐七年/美以美總會參訂”。

祈禱敘式不分卷

（英國）馬禮遜（Robert Morrison）譯

清末抄本

一册

無框。8行16字，小字雙行同。内封記載“用平話講”。

祈禱真神入門要訣不分卷

（美國）麥嘉締（Divie Bethune McCartee）撰

清道光三十年（1850）鉛活字印本

一册

外封鐫“道光三十年/祈禱入門要訣/耶穌降世一千八百五十年”。

勸崇真理不分卷

清道光二十七年（1847）寧波華花聖經書房鉛活字印本

一册

外封鐫“道光二十七年/華花聖經書房寧波/勸崇真理/耶穌降世一千八百四十七年”。卷首“論耶穌道理與孔子道理總説”。

勸世良言：論靈魂生命貴於珍寶美物不分卷

〔清〕梁阿發撰

清刻本

一頁

入耶穌教例言不分卷

清咸豐二年（1852）寧波華花聖經書房鉛活字印本

一册

外封鐫“咸豐二年/寧波華花聖經書房刊/入耶穌教例言/耶穌降世一千八百五十二年”。

若瑟言行全傳不分卷

（美國）克陛存（Michael Simpson

Culbertson）撰

清道光二十七年（1847）寧波華花聖經書房鉛活字印本

一册

外封鐫“道光二十七年/華花聖經書房寧波/若瑟言行全傳/耶穌降世一千八百四十七年”。

賽跑預言不分卷

清光緒元年（1875）京都美華書院鉛活字印本

一册

外封鐫“耶穌降世一千八百七十五年/賽跑預言/歲次甲戌/京都燈市口美華書院刷印”“Translated from ‘The Champney stories’, by M.B.N, Woman's Union Missionary Society of America”。

上帝辯證不分卷

清咸豐二年（1852）廣州太平塘小書會刻本

一册

框18.4×12.4釐米。8行21字。白口，四周雙邊，單黑魚尾。版心上鐫書名，下鐫頁碼。外封鐫“咸豐二年新鐫/上帝辯證/羊城太平塘小書會真寶藏”。

神道論贖救世總説真本不分卷

（英國）米憐（William Milne）撰

清末鉛活字印本

一册

神律法十誡不分卷

清道光二十八年（1848）福州刻本

一册

框14.9×10.7釐米。7行16字。白口，四周雙邊。外封鐫“道光二十八年重鐫/神律法十誡/板藏福州南臺”。卷首正題名下記“見神天聖書出傳第二十章”。

生意公平聚盆法不分卷

清道光二十七年（1847）寧波華花聖經書房鉛活字印本

一册

外封鐫“道光二十七年/華花聖經書房寧波/生意公平聚盆法/耶穌降世一千八百四十七年”。

盛世芻蕘五篇首一篇

（法國）馮秉正（Joseph-Anne-Marie de Moyriac de Mailla）述

清嘉慶元年（1796）刻本

一册

框17.8×11.4釐米。8行20字。黑口，四周雙邊，雙魚尾。内封鐫“天主降生一千七百九十六年/主教亞立山湯准/遠西馮秉正述”。外封鐫“上卷”。存《溯源篇》《救贖篇》，缺《靈魂篇》《賞罰篇》《異端篇》。

聖會禱詞六卷

（德國）郭實臘（Karl Friedrich August Gützlaff）撰

清刻本

一册

框20.6×14.8釐米。15行36字。白口，四周單邊，單黑魚尾。

聖會詩不分卷

清光緒二年（1876）上海美華書館鉛

印本

一册

七十九首。外封鐫"耶穌降世一千八百七十六年/聖會詩/上海土白/光緒二/上海美華書館印"。

聖教例言不分卷

（美國）麥嘉締（Divie Bethune McCartee）撰 （美國）夏察理（Charles Hartwell）校

清同治八年（1869）福州福音堂鉛活字印本

一册

外封鐫"同治八年/培瑞氏著/察理氏校/聖教例言/福州城內太平街福音堂印"。

聖教淺説三卷

〔清〕劉愣佐等訂

清道光二十七年（1847）福州堂鉛活字印本

三册

外封鐫"天主降生壹千捌佰叁拾陸年/聖教淺説/道光拾陸年丙申長至月"。牌記題"景教後學道滋氏述/極西聖多明我值會士張篤瑪重刊/同會劉愣佐/高彌格/繆若翰訂/司教羅羅格準梓"。總目錄題"天主降生壹千捌佰肆拾柒年/羅主教准/板藏福州堂/道光貳拾柒年丁未麥秋月周神父如斯多重刊"。鈐"天主十字架聖教書"印。

聖經標題二卷

清同治十二年（1873）刻本

二册

框20.5×16.0釐米。4行6字。白口，四周雙邊，單黑魚尾。外封鐫"耶穌降生一千八百七十三年/聖經標題/癸酉七月新鐫"。

聖經精義上卷

（英國）包爾騰（John Shaw Burdon）撰

清同治十二年（1873）刻本

一册

框18.3×14.3釐米。10行25字，欄上有注解。四周單邊，單黑魚尾。書名頁題"耶穌降世一千八百七十三年/聖經精義/癸酉七月新鐫"。

聖經指略二卷

（英國）包爾騰（John Shaw Burdon）撰

清同治十二年（1873）刻本

二册

框18.1×14.1釐米。10行25字。白口，左右雙邊，單黑魚尾。外封鐫"耶穌降世一千八百七十三年/聖經指略/癸酉七月新鐫"。

聖經註釋不分卷

清道光二十八年（1848）寧波華花聖經書房鉛活字印本

一册

外封鐫"道光二十八年/華花聖經書房寧波/聖經註釋/耶穌降世一千八百四十八年"。

十分捐一論不分卷

（美國）郭顯德（Hunter Corbett）撰

清光緒三十年（1904）中國聖教書會

鉛印本

一冊

內封鎸"耶穌降世一千九百零四年/山東郭顯德著/十分捐一論/大清光緒三十年歲次甲辰/中國聖教書會印發/上海中新書局擺印"。

使徒行傳

清末紅格抄本

一冊

框19.9×9.7釐米。6行22字。白口,四周雙邊。外封記載"Fuchow or Amoy"。

使徒信經十二節

(英國)霍約瑟(J. C. Hoare)撰

清光緒三十一年(1905)中國聖教書會鉛印本

一冊

外封鎸"耶穌降世一千九百零五年/霍約瑟著/使徒信經/光緒三十一年歲次乙巳/中國聖教書會印發/上海商務印書館代印"。內封鎸"A Commentary on the Apostles' Creed.(Based on Bishop Pearson's Commentorary.) By Rt. Rev. J. C. Hoare, D.D., Bishop of Victoria. New and Revised Edition. Shanghai:The Chinese Tract Society. Printed at the Commercial Press. 1905. For sale at the Presbyterian Mission Press"。

受洗禮之約不分卷

美以美總會參訂

清咸豐七年(1857)福省刻本

一冊

框18.6×11.2釐米。6行19字,小字雙行同。白口,左右雙邊,單黑魚尾。外封鎸"耶穌降生一千八百五十七年/受洗禮之約/咸豐七年/美以美總會參訂"。

雙千字文不分卷

(美國)丁韙良(William Alexander Parsons Martin)譯

清末刻本

一冊

框18.4×12.5釐米。6行8字。白口,四周雙邊,單黑魚尾。另一複本同函。另有複本一,書號Fv5786 M365。

頌主詩歌不分卷

(美國)白漢理(Henry Blodget)撰

清光緒二年(1876)鉛活字印本

一冊

牌記題"Peking, 15th May, 1876 H. B."。另有複本一。

探道本原不分卷

清光緒二十年(1894)刻本

二冊

框21.5×12.5釐米。10行24字。白口,四周單邊,單黑魚尾。內封鎸"光緒十二年仲春開雕"。

天道溯原三卷

(美國)丁韙良(William Alexander Parsons Martin)撰

清同治六年(1867)上海美華書館鉛活字印本

一冊

內封鎸"耶穌降世一千八百六十七年/天道溯原/咸豐四年初次刊刻/同治六

年次重鐫/蘇松上海美華書館藏板"。外封記載 "A. Van Name"。

天路歷程五卷附進窄門走狹路論不分卷

（英國）班揚（John Bunyan）撰

清咸豐七年（1857）鉛活字印本

一冊

外封鐫"進窄門走狹路論附/天路歷程/耶穌降世一千八百五十七年"。

天路指南不分卷附天路指南條問不分卷

（美國）倪維思（John Livingstone Nevius）撰

清咸豐十一年（1861）上海美華書館鉛活字印本

一冊

內封鐫"耶穌降世一千八百六十一年/天路指南/歲次辛酉/上海美華書館活字板"。牌記題"倪維思著"。

往金山要訣必讀不分卷

（英國）理雅各（James Legge）撰

清同治十年（1871）香港英華書院鉛活字印本

一冊

外封鐫"同治十年鐫/往金山要訣/香港英華書院活板"。

問答便明不分卷附洗禮問答不分卷做親問答不分卷

清末抄本

一冊

五字經註解不分卷

（美國）夏察理（Charles Hartwell）撰

清同治十年（1871）福州福音堂鉛活字印本

一冊

內封鐫"福州城內太平街福音堂印"。外封記載 "Five character classic with commentary, by C. Hartwell, 1871"。

鄉訓五十二則

（英國）米憐（William Milne）撰

清道光三十年（1850）福州刻本

一冊

框15.6×10.8釐米。9行18字。白口，四周雙邊，單黑魚尾。外封鐫"道光三十年鐫/版藏福建省/鄉訓五十二則/第一卷/耶穌降世一千八百五十年"。存卷一鄉訓一至十二。

鄉訓（十二）

清末寫本

一冊

6行38字。

新約史記問答十九章

（美國）哈巴安德（Andrew Patton Happer）撰

清咸豐二年（1852）廣東惠濟醫館鉛活字印本

一冊

外封鐫"大清咸豐二年/東粵惠濟醫館印送/新約史記問答/耶穌降世一千八百五十二年"。

新約問答不分卷

（英國）富世德（Arnold Foster）撰

清光緒三十一年（1905）中國聖教書

會鉛印本

一册

外封鎸“耶穌降世一千九百零五年/中國聖教書會印發/新約問答/大清光緒三十一年歲次乙巳/上海中新書局擺印”。內封鎸“Cathechism on the New Testament. By Mrs. Arnold Foster. Shanghai: The Chinese Tract Society, for sale at the Presbyterian Mission Press, 1905”。

新纂靈魂篇大全卷上

（英國）米憐（William Milne）撰

清道光三十年（1850）寧波華花聖經書房活鉛字印本

一册

外封鎸“道光三十年/華花聖經書房寧波/新纂靈魂篇大全/耶穌降世一千八百五十年”。

新纂聖道備全不分卷

（英國）高大衛（David Collie）撰

清刻本

一册

框14.9×11.6釐米，10行20字，白口，四周雙邊，單黑魚尾。內封鎸“古語云人有善願天必從之心有向道神必助之/新纂聖道備全/種德者纂”。

新纂聖經釋義不分卷

（英國）高大衛（David Collie）撰

清道光十年（1830）新嘉坡刻本

一册

框16.2×12.0釐米。9行18字。白口，四周雙邊，單黑魚尾。版心鎸“聖經釋義”。內封鎸“道光十年孟春重鎸/新纂聖經釋義/種德纂”。外封記載“Shing ching shih hi”“Passages from the Bible explained”“Singapore, 1835”。

續天路歷程官話六卷

（英國）班揚（John Bunyan）撰

清同治五年（1866）京都福音堂刻本

一册

框17.8×12.0釐米。10行24字。白口，四周雙邊，單黑魚尾。外封鎸“同治五年仲夏鎸/續天路歷程官話/京都福音堂藏板”。另有複本一。

宣鐸便用不分卷

（美國）明以小姐（Miss E. Irvine）譯　〔清〕嚴庭樾述

清光緒三十年（1904）中國聖教書會鉛印本

一册

外封鎸“耶穌降世一千九百零四年/中國聖教書會印發/宣鐸便用/大清光緒三十年歲次甲申/上海中新書局擺印”。內封鎸“The World for the Work By Miss E. Irvine Shanghai: The Chinese Tract Society. For sale at the ‘Presbyterian Mission Press’. 1904. Printed at the Tsong Sing Press”。

耶穌登山教衆録不分卷

清道光二十八年（1848）寧波華花聖經書房鉛活字印本

一册

外封鎸“道光二十八年/華花聖經書房寧波/耶穌登山教衆録/耶穌降世

一千八百四十八年"。

耶穌教略論不分卷

清道光三十年（1850）刻本

一冊

框19.9×12.2釐米。10行20字。白口，四周單邊，單黑魚尾。外封鐫"道光三十年鐫/耶穌教略論/版藏福建省"。

耶穌教聖詩五十首

清同治元年（1862）天津耶穌堂刻本

一冊

框17.0×11.8釐米。7行13字。白口，四周雙邊，單黑魚尾。外封鐫"耶穌降世一千八百六十二年/官話/耶穌教聖詩/天津東門內耶穌堂存板"。

耶穌教聖詩十三首

清末刻本

一冊

框15.5×10.8釐米。9行14字。白口，四周雙邊。內封鐫"南臺真神堂藏板"。外封記載"洪老二讀"。附《土音詩》。

耶穌教要訣不分卷

清咸豐二年（1852）寧波華花聖經書房鉛活字印本

一冊

外封鐫"咸豐二年/寧波華花聖經書房刊/耶穌教要訣/耶穌降世一千八百五十二年"。

耶穌教易知論不分卷

（美國）白秀生（H. W. White）撰

清光緒三十年（1904）中國聖教書會

鉛印本

一冊

內封鐫"耶穌降世一千九百零四年/白秀生著/耶穌教易知論/大清光緒三十年歲次甲申/中國聖教書會印發/上海西門外華洋書局擺印""Easy Explanation of Christianity. By Rev. H. W. White. Shanghai: The Chinese Tract Society, 1904. For sale at the Presbyterian Mission Press. Printed at the Wha Yang Press"。

（榕腔）耶穌上山傳道不分卷

清咸豐二年（1852）福州刻本

一冊

框17.5×11釐米。9行20字。黑口，四周單邊，單黑魚尾。內封鐫"咸豐二年翻譯福州平話/耶穌上山傳道/耶穌降世一千八百五十二年新刻/板藏福州南臺"。另有複本一。

耶穌聖教問答不分卷

（美國）柏樂極譯

清光緒七年（1882）京都美華書院鉛印本

一冊

外封鐫"耶穌降世一千八百八十二年歲次壬午/京都燈市口美華書院刷印"。

耶穌小學一卷

清咸豐元年（1851）刻本

一冊

框17.8×11.4釐米。8行20字。白口，四周雙邊，單黑魚尾。外封鐫"咸豐元年歲次辛亥季春新鐫/耶穌小學/耶穌降世一千八百五十一年"。

耶穌言行録三十章

（美國）何天爵（Chester Holcomb）輯

清同治十一年（1872）北京美華書館鉛活字印本

一册

內封鐫“耶穌降世一千八百七十二年/耶穌言行録/摘用聖經/歲次壬申/北京美華書館刷印”。外封記載“Honr. S. Wells Williams with esquards of the compiler Chester Holcomb”。

耶穌言行韻文便蒙不分卷

清咸豐二年（1852）寧波華花聖經書房鉛活字印本

一册

外封鐫“咸豐二年/寧波華花聖經書房刊/耶穌言行韻文便蒙/耶穌降世一千八百五十二年”。

耶穌于山論道不分卷

清咸豐二年（1852）福州刻本

一册

框16.4×11.3釐米。9行20字。白口，四周雙邊，單黑魚尾。版心上鐫“新約全書”，中鐫“馬太傳福音書第五六章”。外封鐫“咸豐二年重鐫/耶穌于山論道/板藏福省南（臺倉）前鋪”。

依經問答新編不分卷

（美國）麥利和（Robert Samuel Maclay）撰

清咸豐七年（1857）福省刻本

一册

框19×11.5釐米。6行19字，小字雙行同。白口，左右雙邊，單黑魚尾。外封鐫“清咸豐七年仲夏/依經問答新編/福省東壁軒著達到鋪刊刷”。

以弗所書日課不分卷

（美國）路思義（Henry Winters Luce）編纂　〔清〕于樹榮筆述

清末山東濰縣鉛印本

一册

以來者言行紀略不分卷

（美國）憐芬妮（Fanny Dean）撰

清道光二十九年（1849）鉛活字印本

一册

外封鐫“道光二十九年鐫/以來者言行紀略/爲仁之女纂”。另有複本一。

以所多書即是出去以至比多傳不分卷

清末抄本

一册

9行20字。

引家當道十六章

（英國）楊格非（Griffith John）撰〔清〕沈子星書

清光緒八年（1882）漢口聖教書局鉛活字印本

一册

外封鐫“西曆一千八百八十二年/引家當道/光緒八年歲次壬午/漢口聖教書局印發”。

由淺入深三卷

（美國）畢來思（Philip Franci Price）撰

清光緒三十一年（1905）中國聖教書

會鉛印本

一冊

內封鐫"耶穌降世一千九百零五年/中國聖教書會發/大清光緒三十一年歲次乙巳/美教師畢來思著/上海美華書館擺印"。存卷二。

幼學淺解問答一百五十問

（英國）米憐（William Milne）撰

清道光二十五年（1845）上海墨海書館鉛活字印本

一冊

內封鐫"道光二十五年重鐫/幼學淺解問答/墨海書館"。外封記載"Cathechism for children, London mission Shanghai 1947"。

幼學四字經不分卷

清咸豐元年（1851）刻本

一冊

框17.7×10.7釐米。7行16字。白口，四周雙邊，單黑魚尾。版心上鐫書名，下鐫頁碼。外封鐫"咸豐元年仲春鐫/幼學四字經/耶穌降世一千八百五十一年"。

贊美詩二十四首

清咸豐元年（1851）寧波華花聖經書房活鉛字印本

一冊

框14.6×10.4釐米。9行16字。白口，四周雙邊，單黑魚尾。外封鐫"大清咸豐元年/華花聖經書房寧波/贊美詩/耶穌降世一千八百五十一年"。

贊美詩三十首

清咸豐二年（1852）刻本

一冊

框17.0×12.6釐米。11行14字。白口，四周雙邊，單黑魚尾。外封鐫"咸豐貳年/贊美詩/耶穌降世一千八百五十二年"。

張遠兩友相論十二回

（英國）米憐（William Milne）撰

清末刻本

一冊

框12.7×9.8釐米。8行22字。白口，四周雙邊，單黑魚尾。外封記載"Discussion between Chang and Yuen on Christianity.（Singapore）1836"。

真道入門不分卷

（英國）美魏茶（William Charles Milne）撰

清咸豐元年（1851）香港英華書院鉛活字印本

一冊

外封鐫"咸豐元年/真道入門/香港英華書院印刷"。

真道入門不分卷

（英國）美魏茶（William Charles Milne）撰

清咸豐元年（1851）上海墨海書館鉛活字印本

一冊

外封鐫"咸豐元年/真道入門/江蘇松江上海墨海書館印"。

真理課選不分卷

清光緒七年（1881）漢口聖教書局鉛印本

一册

内封題"西曆一千八百八十一年/真理課選/光緒七年歲次辛巳/漢口聖教書局印發"。外封記載"二課"。

真神十誡釋意不分卷

清道光二十八年(1848)寧波華花聖經書房鉛活字印本

一册

外封鎸"道光二十八年/華花聖經書房寧波/真神十誡釋意/耶穌降世一千八百四十八年"。

真神堂覺世文詩不分卷

清咸豐七年(1857)福省刻本

一册

框19×11.5釐米。6至8行,20至23字。白口,四周雙邊,單黑魚尾。外封鎸"清咸豐七年仲夏/真神堂覺世文詩/福省東壁軒著達到鋪刊刷"。

真神耶穌之論不分卷

(美國)雅裨理(David Abeel)撰

清末刻本

一册

框19.2×13.9釐米。9行22字。白口,四周雙邊,單黑魚尾。外封鎸"世間獨有一真神/真神耶穌之論/論真神無始無終"。

真神總論宗徒書札不分卷

(美國)叔未士(Jehu Lewis Shuck)撰

清道光三十年(1850)寧波華花聖經書房鉛活字印本

一册

外封鎸"道光三十年/華花聖經書房寧波/真神總論/耶穌降世一千八百五十年"。

宗徒書札不分卷

清末刻本

四册

框16.1×12.4釐米。10行22字。白口,四周雙邊,單黑魚尾。存第七至十册。

正道啓蒙五十課

(英國)賓惠廉(William Chalmers Burns)撰

清同治三年(1864)京都福音堂刻本

一册

框16.5×11.2釐米。10行24字。白口,四周雙邊,單黑魚尾。内封鎸"同治三年孟春鎸/正道啓蒙/京都福音堂藏板"。

罪人得赦之法不分卷

清道光二十八年(1848)寧波華花聖經書房鉛活字印本

一册

内封鎸"道光二十八年/華花聖經書房寧波/罪人得赦之法/耶穌降世一千八百四十八年"。

鴉片六戒不分卷

(美國)帝禮仕(Ira Tracy)纂
〔清〕梁阿發譯

清道光二十七年(1847)寧波華花聖經書房鉛活字印本

一册

外封鎸"道光二十七年/鴉片六戒/華花聖經書房寧波/鴉片六戒/耶穌降世一千八百四十七年"。

勸戒食鴉片煙醒世圖十二幅
　清光緒刻本
　一册
　框18.2×11.3釐米。9行25字。白口，
四周雙邊，單黑魚尾。

勸誡鴉片良言不分卷
　清末刻本
　一册
　框19.7×13.1釐米。9行22字。白口，
四周雙邊，單黑魚尾。另有複本一。

集部

楚辭類

楚辭燈四卷　　　　　Fv5240 4824 L4
〔清〕林雲銘論述　〔清〕林沅校
清中期刻本
四冊
　框17.8×13釐米。8行20字，小字雙行字同。白口，左右雙邊，單黑魚尾。版心上鎸書名，中鎸卷次。

別集類

漢魏六朝別集

忠武侯諸葛孔明先生全集五種
　　　　　　　　Fv5235 3457 1—8
〔三國蜀〕諸葛亮撰　〔清〕張澍纂輯
清同治元年（1862）聚珍齋木活字印本
八冊
　四忠遺集
　框18.5×12.9釐米。9行24字，小字雙行同。白口，左右雙邊，單魚尾。內封鎸“同治元年秋月/聚珍齋擺字”。所收各書內封第三欄鎸“本年新擺/校對無訛”。另有複本一，書號Fv8912 0640 C36。
　　忠武侯諸葛孔明先生故事五卷
　　忠武侯諸葛孔明先生火攻一卷
　　忠武侯諸葛孔明先生兵法六卷
　　諸葛忠武侯行兵遁甲金函玉鏡海底
　　　眼圖六卷
　　忠武侯諸葛孔明先生文集

陳思王集二卷　　　　Fv5254.1 7618
〔三國魏〕曹植撰　〔明〕張溥評閱
清同治朝宗書室木活字印本

四冊
　框19.8×13.4釐米。9行24字。白口，四周單邊，單魚尾。版心下鎸“朝宗書室”。內封鎸“陳思王全集/朝宗書室聚珍”。

傅鶉觚集五卷附傅子校勘記一卷
　　　　　　　　Fv1185 +2022
〔晉〕傅玄撰　〔清〕方濬師校集
清光緒二年（1876）廣州書局刻本
三冊
　框17.5×13釐米。9行21字。白口，四周雙邊，單魚尾。牌記題“光緒二年八月刊於廣州書局”。

唐五代別集

李太白文集三十六卷　　Fv5298.3 4420
〔唐〕李白撰　〔清〕王琦輯注
清乾隆二十四年（1759）刻聚錦堂印本
二十冊
　框17.5×13.5釐米。10行20字，小字雙行同。白口，左右雙邊，單黑魚尾。版心上鎸書名，中鎸卷次。內封鎸“李太白文集輯註/聚錦堂藏板”。卷一卷端下鎸“繆端臣思謙蘊山較”，其他各卷不同。

唐陸宣公集二十二卷　Fv4662.4 7148.1
〔唐〕陸贄撰　〔清〕年羹堯重訂
清乾隆刻本
六冊
　框18.6×14.1釐米。10行20字。白口，四周單邊，單黑魚尾。版心上鎸“陸宣公集”，中鎸卷次。避乾隆諱。藏書票題“Gift of Dr. Yung Wing, 1911”。

昌黎先生集四十卷遺文一卷

Fv5308 +4580.1

〔唐〕韓愈撰　　〔唐〕李漢編

清同治九年（1870）廣東述古堂刻本

六册

框18.6×13.8釐米。10行20字。白口，四周雙邊，單魚尾。牌記題"同治九年閏月述古堂梓"。容閎1878年贈書。

洪度集一卷首一卷

PL2677 .H76 1906

〔唐〕薛濤撰　　〔清〕陳矩校刊

清光緒三十二年（1906）貴陽陳氏靈峰草堂刻本

一册

框17.5×13.5釐米。12行23字，小字雙行同。白口，四周單邊，單黑魚尾。版心下鐫"靈峰草堂"。

柳文惠公全集四十三卷柳文別集二卷外集二卷附柳文惠公年譜一卷

Fv5309.1 4058

〔唐〕柳宗元撰　　〔唐〕劉禹錫編〔宋〕穆修訂　　〔清〕楊季鸞重校　（年譜）〔宋〕文安禮編

清同治七年（1868）刻本

六册

框18.8×13釐米。11行22字。白口，左右雙邊，單魚尾。內封鐫"同治戊辰補梓/柳文惠公全集/本祠藏版"。

昌谷集四卷

Fv5312.3 8681

〔唐〕李賀撰　　〔明〕曾益釋

明末刻本

四册

框21.8×13.7釐米。9行20字。白口，

四周單邊，單白魚尾。版心上鐫書名，中鐫卷次。內封鐫"李賀詩解/會稽曾益釋/飛鴻堂藏板"。

李義山詩集三卷

Fv5318.3 2932

〔唐〕李商隱撰　　〔清〕朱鶴齡箋注

清順治十六年（1659）朱鶴齡繼溪山房刻本

六册

框18×14.2釐米。10行21字。白口，左右雙邊，單黑魚尾。版心上鐫書名，中鐫卷次。內封鐫"李義山詩譜箋註""金沙繼溪山房梓行"。

玉谿生詩箋註三卷樊南文集詳註八卷

PL2672 A1 1780

〔唐〕李商隱撰　　〔清〕馮浩編訂

清乾隆四十五年（1780）德聚堂刻本

十册

框18.6×14.4釐米。11行25字，小字雙行33字。白口，左右雙邊，單黑魚尾。版心上鐫書名，中鐫卷次及"重校本"。內封鐫"桐鄉馮浩孟亭編訂/李義山詩文全集箋註""玉谿生詩詳註/重校本/德聚堂藏版""樊南文集詳註/重校本/德聚堂藏版"。序後題"乾隆四十五年庚子秋日重校付梓不更序"。鈐"大槻文庫""寧静閣圖書印""藕潢精舍"等印。

羅昭諫集八卷

Fv5324 6600

〔唐〕羅隱撰

清道光四年（1824）刻本

二册

框18.5×14釐米。11行20字，小字雙行同。白口，四周雙邊，雙魚尾。內封鐫

"羅昭諫文集/欽賢藏板"。鈐"皎亭圖書""皎亭改藏"印。

可之先生文集二卷　　PL2677 .S83 1909

〔唐〕孫樵撰

清宣統二年（1910）上海會文堂石印本

一冊

内封鎸"宣統二年仲秋/孫可之先生文集/上海會文堂粹記出版"。鈐"皎亭圖書""皎亭改藏"等印。

徐騎省集三十卷附補遺并校刊記

Fv5331 2792

〔宋〕徐鉉撰

清光緒十七年（1891）黟縣李氏刻本

六冊

框18.4×13釐米。10行21字。白口，四周雙邊，單魚尾。牌記題"光緒辛卯夏黟李氏依舊鈔栞"。

宋別集

乖崖先生文集十二卷末一卷

Fv5344 1303

〔宋〕張詠撰

清光緒八年（1882）刻本

二冊

框17.3×12.8釐米。10行20字。黑口，左右雙邊，雙魚尾。内封鎸"張忠定公文集"。牌記題"光緒壬午新秋獨山莫氏仿宋本校刊"。

林和靖先生詩集四卷附和靖先生梅花詩三十首一卷林集詩話一卷

Fv5344 +4930.3B

〔宋〕林逋撰

清光緒二十一年（1895）婺源俞氏清蔭堂刻本

二冊

框16.5×12.3釐米。8行18字，小字雙行同。白口，左右雙邊，單魚尾。牌記題"光緒二十有一年太歲在旃蒙協洽閏天中節婺原俞氏清蔭堂鋟版"。

范文正公集十二卷附襃賢詞錄二卷

Fv5336 4123B

〔宋〕范仲淹撰　　〔明〕周孔教等校

清刻本

六冊

框21.8×15釐米。9行20字。白口，四周單邊，單黑魚尾。1968年6月購自李宗侗。

武溪集二十卷首一卷　　Fv5344 8902

〔宋〕余靖撰　　〔清〕高登科等校

清康熙三十六年（1697）刻後印本

六冊

框17.4×13.3釐米。9行20字。白口，左右雙邊，單魚尾。

宛陵先生集六十卷附錄三卷拾遺一卷續金針詩格一卷　　Fv5337.3 3722

〔宋〕梅堯臣撰

清道光十年（1830）刻本

十冊

框18.2×13.4釐米。10行22字。白口，左右雙邊，單黑魚尾。版心上鎸"陵詩集"，中鎸卷次。

歐陽文忠公全集一百五十三卷首一卷末一卷附錄五卷　　Fv5338.1 0582

〔宋〕歐陽修撰

清乾隆十一年（1746）刻本

三十六冊

框22.2×16.8釐米。9行20字。白口，左右雙邊，單黑魚尾。版心上鐫"歐陽文忠公全集"，中鐫卷次。內封鐫"乾隆丙寅重梓/唐書并五代史別刊/廬陵歐陽文忠公全集/孝思堂藏板"。鈐"陽湖王氏兆騏鑑藏圖籍之印""長春老人""檢字過目"等印。

居士集五十卷外集二十五卷

易童子問三卷

外制集三卷內制集八卷

表奏書啓四六集七卷

奏議集十八卷

河東奉使奏草二卷

河北奉使奏草二卷

奏事錄一卷

濮議四卷

崇文總目叙釋一卷

于役志一卷

歸田錄二卷

詩話一卷

筆說一卷

試筆一卷

詩餘三卷

集古錄跋尾十卷

書簡十卷

趙清獻公集十卷目錄二卷

Fv5344 4853B

〔宋〕趙抃撰

明萬曆十六年（1588）成都詹思謙刻本

二冊

框23.2×14.4釐米。9行20字。白口，四周單邊，單白魚尾。版心上鐫"清獻公集"，中鐫卷次。1968年6月購自李宗侗。

趙清獻公集十卷目錄二卷

Fv5344 +4853

〔宋〕趙抃撰

明萬曆十六年（1588）成都詹思謙刻

清光緒三年（1877）補修本

四冊

框20.6×15.4釐米。9行20字。白口，四周單邊，單白魚尾。版心上鐫"清獻公集"，中鐫卷次。內封鐫"南陽趙氏/清獻公文集/裔孫趙塈藏板"。鈐"有衢郡聚秀堂印行"印。

南豐先生元豐類藁五十三卷

Fv5342 8615B

〔宋〕曾鞏撰　〔清〕顧崧齡校

清康熙五十六年（1717）顧崧齡刻本

十冊

框18.4×13.5釐米。10行21字。白口，四周雙邊，雙魚尾。版心中鐫書名及卷次。卷五十一、五十二題"南豐先生集外文"。卷五十三題"續附南豐先生行狀碑志哀挽"。跋末頁闕。

曾南豐文集四卷

PL2687.T679 .A6 1910

〔宋〕曾鞏撰

清宣統二年（1910）上海會文堂石印本

二冊

內封鐫"宣統二年仲夏/曾南豐先生文集/上海會文堂粹記出版"。

蘇魏公文集七十二卷　　Fv5344 4988.4

〔宋〕蘇頌撰　〔清〕萬靈校

清同治四年（1865）同蘆山本祠堂石印本

十冊

鈐"上海民立中學校圖書館"印。

施註蘇詩四十二卷首一卷蘇詩續補遺二卷

Fv5345.3 0113

〔宋〕蘇軾撰　〔清〕施元之注

〔清〕宋犖等閱定　〔清〕顧嗣立等删補

（續補遺）〔清〕馮景補注

清康熙三十八年（1699）宋犖刻本

二十四冊

框18.5×14.3釐米。10行21字。黑口，四周單邊，單黑魚尾。版心中鐫書名及卷次。

蘇文忠公詩集五十卷目録二卷

Fv5345.3 2162

〔宋〕蘇軾撰　〔清〕紀昀評點

清同治八年（1869）韞玉山房刻朱墨套印本

十二冊

框17.7×13.1釐米。10行21字，小字雙行同。白口，左右雙邊，單魚尾。内封鐫"粤東省城翰墨園藏板"。牌記題"同治八年孟秋栞於韞玉山房"。

蘇東坡先生尺牘八卷

Fv5345.5 4542 1—4

〔宋〕蘇軾撰　〔清〕周心如校

清宣統元年（1909）石印巾箱本

四冊

黄山谷先生尺牘十卷

Fv5434.5 4542 5—8

〔宋〕黄庭堅撰　〔清〕周心如校

清宣統元年（1909）石印巾箱本

四冊

山谷老人刀筆二十卷　　Fv5347.5 2818

〔宋〕黄庭堅撰　〔清〕周心如校

清末紛欣閣刻本

四冊

框19.2×13.7釐米。10行22字。白口，左右雙邊，雙魚尾。版心上鐫"山谷刀筆"，下鐫"紛欣閣"。鈐"浦江周氏"印。

楊龜山先生集四十二卷首一卷

Fv5350 4264

〔宋〕楊時撰

清光緒五年（1879）刻本

八冊

框18.9×13.7釐米。9行20字。白口，左右雙邊，單魚尾。

柯山集五十卷　　Fv5350 +1359

〔宋〕張耒撰

清乾隆北京武英殿木活字印本

十六冊

框19.4×12.5釐米。9行21字。白口，四周雙邊，單黑魚尾。版心上鐫書名，中鐫卷次。目録卷二十六前闕。

道鄉先生詩文集四十卷補遺一卷年譜一卷

Fv5350 2236

〔宋〕鄒浩撰　（年譜）〔清〕李兆洛編

清道光十一年（1831）鄒氏留餘堂刻本

八冊

框16.5×12釐米。10行21字。白口,
左右雙邊,單魚尾。

宋宗忠簡公集七卷　　Fv5350 3934B

〔宋〕宗澤撰

清同治四年(1865)鳩江戎幄刻本

二册

框19.2×13.7釐米。11行22字,小字
雙行同。黑口,四周雙邊,單魚尾。牌記
題"同治乙丑仲夏栞於鳩江戎幄"。

石林奏議十五卷　　Fv5350.9 +4944

〔宋〕葉夢得撰

清光緒十一年(1885)吳興陸氏皕
宋樓刻本

二册

框24.2×17.2釐米。10行25字。白
口,左右雙邊,單魚尾。

苕溪集五十五卷　　Fv5358 +7212

〔宋〕劉一止撰

清宣統二年(1910)刻本

四册

框16.8×11.8釐米。12行22字。黑口,
左右雙邊,單魚尾。

韋齋集十二卷玉瀾集一卷　Fv5358 2943

〔宋〕朱松撰　(玉瀾集)〔宋〕朱槔撰

清康熙四十九年(1710)朱昌辰刻本

四册

框17.5×13.1釐米。9行18字。黑口,四
周單邊,雙魚尾。版心中鐫書名及卷次。

宋王忠文公文集五十卷　Fv5352.1 0628

〔宋〕王十朋撰　〔清〕唐傳鉎重編

清光緒二年(1876)刻本

十二册

框18.1×14釐米。11行21字,小字雙
行同。白口,四周單邊,單黑魚尾。

劍南詩鈔不分卷　　Fv5354.3 8408

〔宋〕陸游撰　〔清〕楊大鶴選

清光緒五年(1879)善成堂刻本

八册

框16.3×13.4釐米。10行18字,小字雙行
同。白口,左右雙邊,單魚尾。內封鐫"劍南
詩鈔/光緒己卯歲重鐫/善成堂藏板"。

渭南文集五十卷　　Fv5354.4 W42

〔宋〕陸游撰

明崇禎常熟毛晋汲古閣刻清康熙毛
扆、毛綏德修補本

十六册

陸放翁全集

框18.7×14.2釐米。8行18字。白口,
左右雙邊。版心上鐫書名,中鐫卷次,下
鐫"汲古閣"。內封鐫"陸放翁全集/虞山
詩禮堂張氏藏板"。

誠齋詩集十六卷　　Fv5353.3 2933A

〔宋〕楊萬里撰　〔清〕徐達源輯校

清嘉慶七年(1802)刻本

八册

框18.6×12.3釐米。10行21字,小字
雙行同。白口,左右雙邊,單黑魚尾。

羅鄂州小集五卷附錄一卷

　　　　　　　Fv5358.L781 +L7

〔宋〕羅願撰　〔明〕羅朗校

明天啓六年(1626)羅朗刻本

二册

框21.8×14.1釐米。10行20字。白口，四周單邊，單白魚尾。版心上鎸書名，中鎸卷次。内封鎸"羅鄂州先生小集/呈坎文獻祠藏板"。鈐"風樹亭藏書記"印。1968年6月購自李宗侗。

陳龍川先生文集三十卷補遺一卷附錄二卷札記一卷　　Fv5358.9 7901B

〔宋〕陳亮撰

清同治八年（1869）永康應氏刻本

十册

框18.5×14釐米。9行19字。白口，四周單邊，單魚尾。牌記題"同治八年五月永康應氏重刊"。

水心文集二十九卷補遺一卷

Fv5359 4933A

〔宋〕葉適撰

清光緒八年（1882）瑞安孫衣言詒善祠塾刻本

十二册

永嘉叢書

框17.5×13.5釐米。13行22字，小字雙行同。黑口，左右雙邊，單魚尾。牌記題"光緒壬午瑞安孫氏據明正統本校正刻置詒善祠塾"。

南海百詠一卷　　PL2687 F35 N3

〔宋〕方信孺撰

清光緒八年（1882）廣州學海堂刻本

一册

框17.2×12.3釐米。11行20字，小字雙行同。黑口，左右雙邊，雙魚尾。牌記題"光緒壬午年學海堂重刻"。卷首下記

"甘泉江氏所藏影鈔元本"。

文信國公集二十卷首一卷

Fv5235 3457 9—22

〔宋〕文天祥撰

清光緒二十三年（1897）湖南湘南書局刻本

十四册

四忠遺集

框19.4×12.7釐米。9行24字。白口，四周雙邊，單魚尾。内封鎸"宋忠烈文文山先生集"。牌記題"光緒丁酉冬月湘南書局開雕"。

廬陵宋丞相信國公文忠烈先生全集十六卷

Fv5365 +0013

〔宋〕文天祥撰　　〔清〕文有焕等編輯

清雍正文氏五桂堂刻道光二十三年（1843）印本

十六册

框22.7×15.5釐米。10行20字。白口，四周單邊，單黑魚尾。版心上鎸"廬陵文丞相全集"，中鎸卷次。内封鎸"雍正三年新鎸/廬陵文丞相文山先生全集/五桂堂藏版"。《御製序》首頁鈐有"京都廠橋路南文琳堂發兑"印。

宋丞相文山先生全集二十卷

Fv5365.1 3140

〔宋〕文天祥撰　　〔清〕曾弘重梓

清康熙十二年（1673）曾弘刻本

十册

框19.8×12.9釐米。10行20字，小字雙行同。白口，四周雙邊，單黑魚尾。版心上鎸"文山全集"，中鎸卷次。鈐"劉

徲琴""夢松所有"印。

劍南詩鈔不分卷

〔宋〕陸游撰　〔清〕楊大鶴選

清宣統二年（1910）上海掃葉山房石
印本

二冊

內封鎸"宣統二年石印/掃葉山房"。

金別集

元遺山先生全集七種　　Fv5372.1 1322

〔金〕元好問撰　〔元〕張德輝編

清光緒七年（1881）讀書山房刻本

十七冊

框17.4×12.6釐米。10行22字。黑口，
四周單邊。內封鎸"光緒七年重鎸/讀書
山房刻本/秀容書院藏板"。

元遺山先生集四十卷首一卷附錄一
　卷補載一卷　〔金〕元好問撰
〔元〕張德輝類次　（附錄）〔明〕
儲罐輯　〔清〕華希閔增　（補載）
〔清〕施國祁編

元遺山先生新樂府四卷　〔金〕元
　好問撰

續夷堅志四卷　〔金〕元好問撰

元遺山先生集考證三卷　〔清〕趙
　培因考證

附年譜三種

元遺山先生年譜二卷　〔清〕凌
　廷堪編　〔清〕張穆訂

元遺山先生年譜一卷附錄一卷
〔清〕翁方綱編　〔清〕張穆訂

元遺山先生年譜一卷　〔清〕施
　國祁編　〔清〕張穆訂

元別集

趙文敏公松雪齋全集十卷續集一卷外集
一卷　　　　　　　　Fv5386.1 5640

〔元〕趙孟頫撰　〔清〕曹培廉重訂

清光緒八年（1882）洞庭楊氏城書
室刻本

六冊

框16.7×13.5釐米。10行19字。白口，左
右雙邊，單魚尾。版心中鎸"松雪齋全集"，
下鎸"城書室"。內封鎸"城書室藏板"。

白雲先生許文懿公傳集四卷

Fv5393 0403

〔元〕許謙撰　〔清〕戴錡編次

清雍正十年（1732）金律刻本

一冊

率祖堂叢書

框16.3×12.1釐米。10行20字。黑口，
左右雙邊，雙魚尾。版心上鎸"白雲先生
傳集"，中鎸卷次。卷端題"東湖後學金
律梓"。內封鎸"雍正壬子年鎸/元許白雲
先生傳集/婺郡東藕塘賢祠義學藏板"。

虞文靖公道園全集六十卷

Fv5390.1 1612

〔元〕虞集撰

清道光十七年（1837）鵝溪孫氏刻本

十六冊

古棠書屋叢書

框19.6×14.2釐米。11行21字。黑口，
四周雙邊，單魚尾。版心下鎸"古棠書
屋"。內封鎸"元蜀郡虞文靖公道園學古
錄/鵝溪村舍重編"。牌記題"蜀本/道光
十七年秋八月蜀郫縣孫鏶墅史校栞"。

虞文靖公道園全集文四十四卷
虞文靖公道園全集詩八卷
虞文靖公道園全集詩遺稿八卷

存復齋文集十卷附錄一卷 Fv5393 C47
〔元〕朱德潤撰
清刻本
三冊
框21.7×13釐米。11行20字。黑口，四周雙邊，雙魚尾。卷首有"虞集題"。1968年6月購自李宗侗。存卷一至八。

鐵厓樂府註十卷鐵厓詠史註八卷鐵厓逸編註八卷 PL2694 .Y35 1774
〔元〕楊維楨撰　〔元〕吳復編
〔清〕樓卜瀍注　〔清〕楊惟信訂
清乾隆三十九年（1774）聯桂堂刻本
六冊
框18.7×13.7釐米。10行22字。白口，四周雙邊，單黑魚尾。版心上鐫書名，中鐫卷次。內封鐫"乾隆甲午年鐫/同邑樓西濱輯錄/鐵厓樂府註/聯桂堂藏板"。鈐"子敦"印。

鐵厓樂府註十卷鐵厓詠史註八卷鐵厓逸編註八卷 Fv5397.3 +8712B
〔元〕楊維楨撰　〔清〕樓卜瀍注
清光緒十四年（1888）諸暨樓氏崇德堂刻本
六冊
框18.8×13.7釐米。10行22字。白口，四周雙邊，單黑魚尾。

鐵厓樂府註十卷鐵厓詠史註八卷鐵厓逸編註八卷 Fv5397.3 8712

〔元〕楊維楨撰　〔清〕樓卜瀍注
清宣統二年（1910）上海掃葉山房石印本
十冊

清閟閣全集十二卷 Fv5399 2118.1
〔元〕倪瓚撰　〔清〕曹培廉校
清康熙五十二年（1713）曹培廉城書室刻本
八冊
框17.8×13.7釐米。11行21字。白口，四周單邊，單黑魚尾。版心中鐫書名及卷次。鈐"程維增"印。

明別集

太師誠意伯劉文成公集二十卷 Fv5403 4270
〔明〕劉基撰
清康熙四十六年（1707）劉元奇刻萬里劉沛補刻本
十冊
框19.3×13.7釐米。10行23字。白口，左右雙邊，單黑魚尾。版心上鐫"誠意伯文集"，中鐫卷次。內封鐫"栝芝南田果育堂藏板/太師劉文成公集"。卷端題"裔孫孤嶼元奇重梓"。

海叟詩集四卷集外詩一卷附錄一卷 Fv5405 4321
〔明〕袁凱撰　〔清〕曹炳曾重輯
清宣統三年（1911）江西印刷局石印本
二冊

方正學集七卷 Fv5406 0172
〔明〕方孝孺撰　〔清〕張伯行訂

清同治五年（1866）福州正誼書院刻本
二册
正誼堂全書
框18.9×13.7釐米。10行22字，小字
雙行同。白口，左右雙邊，單黑魚尾。内
封鐫"福州正誼書院藏版"。

文清公薛先生文集二十四卷讀書録十二卷讀書續録十一卷薛文清公策問一卷從政名言一卷理學粹言一卷附薛文清公年譜一卷　　　　Fv5409 +4411
〔明〕薛瑄撰　〔明〕張鼎校正編輯
（年譜）〔明〕楊鶴撰
清雍正十二年（1734）薛氏刻本
二十二册
框20×14.2釐米。10行20字。白口，
四周雙邊，單黑魚尾。版心上鐫子目書名
及卷次。《文集》卷首鐫"萬曆甲寅……
薛士弘重刊於真寧署中/雍正甲寅之秋合
族重刊"，并鐫有薛氏首事人及刻工名。

白沙子全集十卷首一卷末一卷
　　　　　　　　　　Fv5409 7920.1
〔明〕陳獻章撰
清乾隆三十六年（1771）碧玉樓刻本
九册
框19.2×13.4釐米。10行21字。白口，
四周雙邊，單黑魚尾。版心上鐫書名，中
鐫卷次及小題。内封鐫"乾隆辛卯重鐫/
碧玉樓藏板"。

魯文恪公文集十卷　　Fv5413 L961 L9
〔明〕魯鐸撰　〔明〕李維楨校
明萬曆巳有園刻本
四册

框21×14釐米。9行20字。白口，左
右雙邊，單黑魚尾。版心上鐫"魯文恪公
集"。内封鐫"巳有園藏板"。鈐"甬上林
集虚記""易漱平印"印。1968年6月購自
李宗侗。

王陽明先生全集十六卷　　Fv5411 1762
〔明〕王守仁撰　〔清〕王貽樂編
〔清〕陶濬霍批評
清道光六年（1826）刻本
十七册
框18.9×12.5釐米。9行24字。白口，左
右雙邊，單黑魚尾。内封鐫"文德藏版"。
藏書票題"Gift of Dr. Yung Wing, 1911"。
另有複本一，書號同，存卷一至九。

李空同詩集三十三卷　PL2698 L56 1910
〔明〕李夢陽撰
清宣統二年（1910）上海掃葉山房石
印本
十册

苑洛集二十二卷　　　　Fv5417 4554.1
〔明〕韓邦奇撰
清道光八年（1828）朝邑縣西河書院
刻本
十册
框17.9×13.5釐米。10行20字。白口，四
周雙邊，單黑魚尾。牌記題"大清道光八年
/同里謝氏重鐫/朝邑縣西河書院藏板"。

梓溪文鈔内集八卷外集十卷
　　　　　　　　　　Fv5413 Sh920 1620
〔明〕舒芬撰
明萬曆四十八年（1620）鄭州舒琜刻

清乾隆七年（1742）補刻本

十二冊

框20.6×14.6釐米。9行18字。白口，四周雙邊，單黑魚尾。版心上分別鎸“梓溪内集”“文鈔外集”，中鎸卷次。内封鎸“萬曆庚申六月朔鎸/舒文節公全集/本衙藏板”。鈐“澹生堂藏書印”。1968年6月購自李宗侗。

太史升菴文集八十一卷目録四卷

PL2698 .Y34 1582

〔明〕楊慎撰　〔明〕楊有仁編輯
〔明〕趙開美校

明萬曆十年（1582）蔡汝賢、張士佩刻本

十六冊

框21.6×14釐米。10行20字，小字雙行同。白口，四周單邊，單白魚尾。版心上鎸“楊升菴全集”或“楊升菴文集”，中鎸卷次。鈐“真州吳氏有福讀書堂藏書”“風樹亭藏書記”印。

唐荆川先生文集十二卷外集三卷補遺五卷附録一卷　Fv5416 +4222

〔明〕唐順之撰

清光緒三十年（1904）江南書局刻本
十册

框17.8×13.6釐米。10行20字。黑口，單黑魚尾，左右雙邊。内封鎸“江南書局刊”。

楊忠愍公全集四卷　Fv5419 4227.4B

〔明〕楊繼盛撰　〔清〕章鈺輯
清道光八年（1828）侯氏刻本
四册

框19.5×13.8釐米。9行20字。白口，四周雙邊，單魚尾。版心上鎸“楊椒山集”。内封鎸“楊椒山全集/東昌善成堂板”。子目：奏疏、序、引、跋、説、記、書、祭文、詩、年譜、遺囑、行狀、墓誌銘、碑記。

楊椒山先生集四卷年譜一卷

Fv5419 4227.4

〔明〕楊繼盛撰

清道光二十一年（1841）北京會文齋刻本

二册

框17.7×13.4釐米。10行20字。白口，四周單邊，單魚尾。内封鎸“道光辛丑重刊/楊忠愍公全集原本/板存京都前門外桶子衚衕北口會文齋刻字鋪/每部紙工銀壹錢八分”。

楊忠愍公集五卷首一卷末一卷

Fv5235 3457 23—25

〔明〕楊繼盛撰

清光緒二十三年（1897）湖南湘南書局刻本

三册

四忠遺集

框19.4×12.7釐米。9行24字。白口，四周雙邊，單魚尾。内封鎸“明忠愍楊椒山先生集”。牌記題“光緒丁酉冬月湘南書局開雕”。

去僞齋集十卷　Fv1323 6627 2—6

〔明〕吕坤撰

清道光七年（1827）開封府署刻本
五册

吕子遺書

框20.7×14釐米。9行22字。黑口，四周雙邊，單魚尾。内封鎸"道光丁亥/開封府署雕版"。

北窗瑣語一卷　PL2698.Y88 P4

〔明〕余永麟撰

清宣統鉛印本

一册

古今説部叢書

紫柏老人集二十九卷首一卷

Fv1805.4 1228

〔明〕釋真可撰　〔明〕釋德清閲

清光緒四年（1878）許靈虛刻本

十册

框17.1×12.8釐米。10行20字。白口，左右雙邊。版心中鎸書名及卷次。内封鎸"光緒戊寅年錢塘許靈虛重刻"。

憨山老人夢遊集五十五卷首一卷

Fv1874 1327

〔明〕釋德清撰　〔明〕釋福善日録

〔明〕釋通炯編

清光緒五年（1879）江北刻經處刻本

二十册

框16.6×12.8釐米。10行20字。黑口，左右雙邊，單黑魚尾。

高子遺書十二卷末一卷　Fv5423 7901

〔明〕高攀龍撰　〔明〕陳龍正訂次

明崇禎五年（1632）刻本

七册

框21.3×13.9釐米。9行19字。白口，四周單邊，單白魚尾。版心上鎸書名，中鎸卷次，下鎸刻工"陶明"等。缺卷末。

楊忠烈公文集五卷　Fv5427 Y16

〔明〕楊漣撰

清宣統三年（1911）上海文盛書局石印本

五册

劉子全書遺編二十四卷　Fv1321.1 Sh45

〔明〕劉宗周撰　〔清〕沈復粲編

清光緒十八年（1892）刻本

九册

框18×13.8釐米。12行22字，小字雙行同。黑口，左右雙邊，單魚尾。内封鎸"道光庚戌刻本/光緒壬辰重修"。

觀復堂稿略一卷無欺録二卷

Fv5429 +2921

〔明〕朱集璜撰　〔清〕諸可寶輯

清光緒二十六年（1900）玉山書院刻本

三册

框18.2×12.5釐米。11行21字，小字雙行同。黑口，左右雙邊，單魚尾。内封鎸"玉山朱氏遺書之一"。牌記題"丁卯九月校刊/存板玉山書院"。

史忠正公集四卷首一卷附録一卷

Fv5235 3457 26—28

〔明〕史可法撰

清光緒二十三年（1897）湖南湘南書局刻本

三册

四忠遺集

框19.4×12.7釐米。9行24字。白口，四周雙邊，單魚尾。内封鎸"明忠正史道鄰先生集"。牌記題"光緒丁酉冬月湘南書局開雕"。

返生香一卷疏香閣附集一卷竊聞一卷續
竊聞一卷　　　　　　　Fv5429 +4992
　〔明〕葉小鸞撰　（疏香閣附集）〔明〕
沈自炳集　（竊聞、續竊聞）〔明〕葉紹
袁撰
　　清光緒二十二年（1896）羊城葉氏秋
夢盦刻本
　　二冊
　　框16.7×11.7釐米，9行21字，小字雙
行同。白口，四周單邊。

薛文清公從政名言一卷薛文清公理學粹
言一卷
　〔明〕薛瑄撰
　　明崇禎十六年（1643）刻本
　　一冊
　　框18.1×13.3釐米。12行22字。黑口，
左右雙邊，雙魚尾。書末題“崇禎十六年
歲次癸未仲春吉旦/九代孫壬午舉人薛繼
巖/薛昌胤重刊”。

清別集

牧齋全集一百六十三卷　Fv5432.1 2082
　〔清〕錢謙益撰
　　清宣統二年（1910）吳江邃漢齋鉛印本
　　四十冊
　　牌記題“宣統二年庚戌邃漢齋校印”。
　　初學集一百十卷
　　有學集五十卷
　　補遺二卷
　　投筆集一卷

霜紅龕集四十卷傅青主先生年譜一卷
　　　　　　　　　　　Fv5433 2427
　〔清〕傅山撰　（年譜）丁寶銓輯
　　清宣統三年（1911）山陽丁氏刻本
　　十二冊
　　框16.8×12.1釐米。10行21字，小字
雙行同。黑口，左右雙邊，雙魚尾。

梅村集四十卷　　　　Fv5434.1 2323
　〔清〕吳偉業撰　〔清〕許旭 顧湄
訂　〔清〕吳暻 吳暄校
　　清康熙八年（1669）刻後印本
　　八冊
　　框18.2×14釐米。9行19字。黑口，左
右雙邊，單黑魚尾。內封鐫“本府藏板/
翻刻必究”。
　　吳梅村先生詩集二十卷
　　吳梅村先生文集二十卷

吳詩集覽二十卷補注二十卷談藪二卷
　　　　　　　　　　Fv5435.3 2323
　〔清〕吳偉業撰　〔清〕靳榮藩輯
　　清乾隆刻本
　　十二冊
　　框17.9×13.5釐米。9行21字，小字雙行
同。黑口，四周雙邊，單黑魚尾。版心上鐫
書名，中鐫卷次。內封鐫“凌雲亭藏版”。

栖雲閣詩十六卷拾遺三卷　Fv5463 0212
　〔清〕高珩撰
　　清乾隆三年（1738）高肇豐刻本
　　四冊
　　框16.6×13釐米。9行19字。白口，四
周單邊，單黑魚尾。版心上鐫“栖雲閣”，
中鐫卷次。

顧亭林先生詩箋注十七卷

Fv5440.3 3042

〔清〕顧炎武撰

清光緒二十七年（1901）徐氏味静齋刻本

六册

框18.5×14.3釐米。11行25字，小字雙行33字。白口，左右雙邊，單魚尾。牌記題"光緒丁酉徐氏味静齋梓/辛丑年成路岯署檢"。

定山堂詩集四十三卷附詩餘四卷

Fv5436 +0868.3

〔清〕龔鼎孳撰

清光緒九年（1883）聽彝書屋刻本

十六册

框18×12.8釐米。9行19字。白口，四周單邊，單黑魚尾。内封鐫"龔瑞毅公定山堂詩集"。牌記題"光緒癸未聽彝書屋重校刊"。

四憶堂詩集六卷附遺稿一卷

Fv5442.3 6990

〔清〕侯方域撰　〔清〕賈開宗等選注

清順治刻本

二册

框18.2×14.1釐米。9行18字。白口，左右雙邊。版心上鐫書名，中鐫卷次。内封鐫"睢陽侯方域朝宗著/四憶堂詩集/本衙藏板"。

壯悔堂文集十卷附年譜一卷

Fv5442.4 C47

〔清〕侯方域撰　〔清〕賈開宗等選注

清乾隆刻本

六册

框17.7×14.2釐米。9行20字。白口，左右雙邊。版心上鐫書名，中鐫卷次。内封鐫"睢陽侯方域朝宗著/壯悔堂文集/本衙藏板"。

陋軒詩六卷

Fv5446 +2342

〔清〕吴嘉紀撰

清康熙汪芾斯刻本

六册

框17.5×13.9釐米。10行19字。白口，四周單邊，單黑魚尾。版心上鐫書名及卷次。内封鐫"玉蘭堂藏板"。

吴赤溟先生文集一卷附録一卷

Fv5431 2398

〔清〕吴炎撰

清光緒三十二年（1906）上海國學保存會鉛印本

一册

國粹叢書

醉白堂文集四卷續集一卷　Fv5439 0431

〔清〕謝良琦撰

清光緒十九年（1893）王鵬運刻本

三册

框16×11.5釐米。10行24字。黑口，左右雙邊。

海日堂集七卷補遺一卷　Fv5453 +2116

〔清〕程可則撰

清道光五年（1825）程氏金山縣署刻本

六册

框18.3×13.3釐米。9行19字，小字雙行同。白口，四周雙邊。内封鐫"道光乙酉重刊/海日堂集/板藏一經書室"。

魏叔子詩集八卷魏叔子日錄三卷

Fv5451.3 2210

〔清〕魏禧撰　〔清〕魏世侃編次
〔清〕歐陽士杰校

清康熙易堂刻本

四册

寧都三魏全集

框18.9×13.9釐米。9行20字。白口,
左右雙邊,單白魚尾。版心上鐫書名,中
鐫卷次及小題。

七頌堂詩文集十四卷

Fv5466 7172.3

〔清〕劉體仁撰

清同治九年（1870）劉氏刻本

四册

框20×12.7釐米。9行22字。白口,四
周雙邊,單黑魚尾。

　　七頌堂詩集十卷
　　七頌堂文一卷
　　七頌堂文集二卷
　　七頌堂尺牘一卷

堯峰文鈔四十卷 PL2732 A754 A6 1910

〔清〕汪琬撰　〔清〕林佶編

清宣統二年（1910）上海集成圖書公
司石印本

八册

湖海樓全集四集五十一卷 Fv5456 3348.1

〔清〕陳維崧撰　〔清〕任光奇校

清光緒十七年（1891）弇山鐸署刻本

十六册

框18.4×12.3釐米。10行21字。白口,

左右雙邊,單魚尾。

　　文集六卷
　　儷體文十二卷
　　詩集十二卷附補遺一卷
　　詞二十卷

湯文正公集五種附年譜 Fv5453 3204

〔清〕湯斌撰　〔清〕閻興邦評

清同治十二年（1873）紅杏山房刻本

六册

框17.2×13.3釐米。9行20字。白口,四
周雙邊,單魚尾。内封鐫"同治癸酉鐫/湯
文正公集/紅杏山房藏板"。

　　潛菴先生全集五卷
　　潛菴先生疏稿一卷
　　困學錄一卷
　　志學會約一卷
　　志學會約補一卷
　　湯文正公年譜定本一卷　〔清〕楊
　　　椿輯

二曲集四十六卷 Fv5460 4468

〔清〕李顒撰

清光緒三年（1877）信述堂刻本

十六册

框21×14.1釐米。9行20字。白口,四周
雙邊,單魚尾。内封鐫"關中李二曲先生全
集"。牌記題"光緒丁丑夏信述堂重梓"。

湛園未定藁六卷 Fv5458 3653

〔清〕姜宸英撰

清康熙刻本

六册

框19.1×14.3釐米。10行20字。黑口,
左右雙邊,單黑魚尾。版心上鐫書名,中

鐫卷次,下鐫篇名簡稱。

吕晚村東莊詩集七卷　　Fv5453 6673.3

〔清〕吕留良撰

清宣統三年(1911)上海神州國光社鉛印本

一册

版心中鐫"東莊詩存",下鐫"風雨樓"。書後題名"吕晚村東莊詩存"。牌記題"宣統辛亥三月依舊寫本刊竣"。

曝書亭集詩註二十四卷朱竹垞先生年譜一卷　　PL2703 .A6

〔清〕朱彝尊撰　　〔清〕李集等參(年譜)〔清〕楊謙纂

清乾隆木山閣刻本

九册

框17.6×13釐米。11行23字,小字雙行同。白口,左右雙邊。版心中鐫書名、卷次。内封鐫"木山閣藏板"。鈐"木山閣"印。

曝書亭集八十卷附笛漁小稿十卷

Fv5459.18 2928B

〔清〕朱彝尊撰　　(笛漁小稿)〔清〕朱昆田撰

清光緒十五年(1889)刻本

十六册

框18.9×12.7釐米。12行23字,小字雙行同。白口,左右雙邊,單魚尾。内封鐫"光緒十五年刊/寒梅館藏板"。

三魚堂文集十二卷外集六卷

Fv5460 7175

〔清〕陸隴其撰　　〔清〕席永恂 席前席校

清後期掃葉山房刻本

六册

框17.8×14.2釐米。9行20字。白口,四周單邊。版心上鐫書名及卷次。

綿津山人詩集二十七卷　　Fv5463 3995.3

〔清〕宋犖撰

清康熙二十七年(1688)刻本

四册

框17.9×13.4釐米。10行19字。白口,四周單邊,單黑魚尾。版心上鐫書名,中鐫卷次及篇名。

帶經堂集九十二卷　　　　Fv5461.1 2146

〔清〕王士禛撰　　〔清〕程哲校編

清康熙五十年(1711)程哲七略書堂刻本

十二册

框18.6×14釐米。10行19字。白口,左右雙邊,單黑魚尾。版心中鐫書名及卷次。内封鐫"王阮亭先生著/帶經堂集/七略書堂校刊"。卷首有"漁洋先生遺象"。

古歡堂集三十六卷長河志籍考十卷黔書二卷蒙齋年譜一卷有懷堂文集一卷有懷堂詩集一卷　　Fv5463 6614.1

〔清〕田雯撰　　(有懷堂文集、詩集)〔清〕田肇麗撰

清康熙至乾隆間刻本

十二册

德州田氏叢書

框19.6×14.5釐米。12行22字。黑口,左右雙邊,雙魚尾。版心中鐫文類及卷次。

有懷堂詩文集二十八卷　　Fv5463 4543

〔清〕韓菼撰

清康熙四十二年（1703）刻本

四冊

框19.4×13.8釐米。11行21字。白口，四周單邊，單黑魚尾。版心上鐫"有懷堂詩藁""有懷堂文藁"，中鐫卷次。内封鐫"康熙四十二年鐫/有懷堂詩文集/本衙藏板"。

有懷堂詩藁六卷

有懷堂文藁二十二卷

青門簏稿十六卷旅稿六卷膡稿八卷

　　　Fv5462.1 1132

〔清〕邵長蘅纂

清康熙刻本

八冊

邵子湘全集

框18.7×13.2釐米。10行21字。黑口，左右雙邊，單黑魚尾。版心中鐫書名、卷次及篇名。

午亭文編五十卷　　　Fv5463 7914

〔清〕陳廷敬撰　〔清〕林佶輯錄

清康熙四十七年（1708）林佶寫刻康熙五十八年（1719）陳壯履修補本

十六冊

框19.1×14.8釐米。11行21字。黑口，左右雙邊，單黑魚尾。版心中鐫書名及卷次。

海秋詩集二十六卷後集一卷

　　　Fv5508 +3272

〔清〕湯鵬撰

清道光十八年（1838）刻同治十二年（1873）湯壽銘補刻本

十冊

框19.8×13.9釐米。9行21字。白口，四周雙邊，單黑魚尾。

樓邨詩集二十五卷　　　Fv5466 1146.3

〔清〕王式丹撰

清雍正四年（1726）吳興王懋訥刻本

四冊

框17.9×13.4釐米。11行21字，小字雙行同。白口，左右雙邊，單黑魚尾。版心中鐫書名、卷次及集名。與《小樓詩集》同函。

小樓詩集八卷　　v5466 1146.3 5—6

〔清〕王嵩高撰

清道光十六年（1836）寶應王氏刻本

二冊

框17.9×13.4釐米。11行21字，小字雙行同。白口，左右雙邊，單黑魚尾。版心中鐫書名、卷次及集名。内封鐫"道光丙申夏六月栞版"。與《樓邨詩集》同函。

歸田集十二卷　　　Fv5463 K141 K9

〔清〕高士奇撰

清康熙朗潤堂刻本

二冊

清吟堂全集

框18.4×13.5釐米。11行20字，小字雙行。黑口，四周單邊，雙魚尾。版心中鐫書名及卷次。存卷一至四。鈐"易漱平印"。

遂初堂詩集十二卷　　Fv5460 3659.3

〔清〕潘耒撰

清康熙刻本

三册

框17.2×13.1釐米。10行21字。黑口,四周單邊,雙魚尾。版心上鐫"遂初堂集",中鐫卷次。

正誼堂文集十二卷續集八卷

　　　　　　　　　　Fv5466 1322

〔清〕張伯行編

清同治五年(1866)福州正誼書院刻本

五册

框18.9×13.7釐米。10行22字,小字雙行同。白口,左右雙邊,單魚尾。版心下題"正誼堂"。牌記題"福州正誼書院藏版"。卷末牌記題"同治五年夏月福州正誼書局重校開雕"。

秋園吟草八卷胠餘集四卷其餘集四卷石菖蒲館詩鈔四卷　　　Fv5513 4862

〔清〕黃鼎撰　　(胠餘集)〔清〕黃鐸撰　　(其餘集)〔清〕黃文濤撰　　(詩鈔)〔清〕黃文達撰

清宣統三年(1911)鉛印本

十册

牌記題"宣統辛亥孟春校印"。

飴山詩集二十卷聲調譜二卷續譜一卷談龍録一卷　　　　　Fv5465.3 8202

〔清〕趙執信撰

清乾隆十七至三十九年(1752—1774)因園刻本

八册

框17.5×12.7釐米。10行21字。白口,四周單邊,單黑魚尾。版心中鐫書名及卷次。內封鐫"乾隆壬申新鐫/因園藏板"。《談龍録》內封題"乾隆甲午秋七月/因

園藏鐫"。

望溪先生全集三十二卷

　　　　　　　　　Fv5467.1 4582B

〔清〕方苞撰　　〔清〕戴鈞衡編(年譜)〔清〕蘇惇元撰

清咸豐元年(1851)桐城戴氏刻本

十二册

框17.5×12.5釐米。11行21字,小字雙行同。白口,左右雙邊,單魚尾。

文集十八卷

集外文十卷

集外文補遺二卷

年譜一卷附録一卷

沈歸愚詩文全集十二種　　Fv5468 3760

〔清〕沈德潛撰

清乾隆教忠堂刻本

二十册

框17.3×13.8釐米。10行19字。白口,左右雙邊,單黑魚尾。版心上鐫卷名及卷次,下鐫"教忠堂"。內封鐫"沈歸愚詩文全集/教忠堂藏板"。

歸愚文鈔二十卷餘集七卷

説詩晬語二卷

歸愚詩鈔二十卷餘集八卷(卷四殘)

矢音集四卷

歸田集一卷

八秩壽序壽詩一卷

九秩壽序壽詩一卷

黃山游草一卷

台山游草一卷

南巡詩一卷

浙江通省志圖説一卷

沈德潛自訂年譜一卷

巢林集七卷　　　　Fv5475 W184 C36
〔清〕汪士慎撰
清道光十三年（1833）刻本
一冊
框16.6×11.3釐米。10行19字，小字
雙行同。白口，左右雙邊。

課士直解七卷　　　　Fv856 +7930
〔清〕陳弘謀撰　〔清〕陳蘭森等編校
清乾隆四十八年（1781）培遠堂刻本
四冊
框17.3×13.1釐米。10行20字。白口，
四周雙邊，單黑魚尾。版心上鐫書名，中
鐫卷次及四書書名，下鐫“培遠堂”。

道古堂詩集二十六卷　Fv5473.93 +3490
〔清〕杭世駿撰
清乾隆刻本
六冊
框18.6×13.5釐米。10行21字，小字雙
行同。白口，左右雙邊，單黑魚尾。版心中
鐫書名、卷次及集名。鈐“紫硯樓”印。

道古堂全集七十七卷　Fv5473.91 +3498
〔清〕杭世駿撰
清光緒十四年（1888）汪氏振綺堂
刻本
十六冊
框18.4×13釐米。10行21字，小字雙
行同。白口，左右雙邊，單魚尾。
文集四十八卷
詩集二十六卷
集外文一卷

集外詩一卷
軼事一卷

石笥山房集二十三卷　Fv5472.9 1923
〔清〕胡天游撰
清咸豐二年（1852）刻本
八冊
框16.7×12.3釐米。10行20字。白口，
四周雙邊，單黑魚尾。牌記題“咸豐二年
三月重刊”。
文集六卷補遺一卷
詩集十一卷詩餘一卷詩補遺二卷續
　補遺二卷

石笥山房文集五卷補遺一卷
　　　　　Fv5472.9 4130.4
〔清〕胡天游撰
清宣統元年（1909）國學扶輪社鉛
印本
四冊
版心鐫“胡天游文集”。内封鐫“宣
統紀元/胡天游文鈔/國學扶輪社印行”。

陳司業遺書三卷
　　　　PL2272.8 C436+ Oversize
〔清〕陳祖范撰
清光緒十七年（1891）廣雅書局刻本
二冊
廣雅叢書
框18.9×12.5釐米。11行24字，小字
雙行同。黑口，四周單邊，單魚尾。版心
下題“廣雅書局栞”。牌記題“光緒十七
年四月廣雅書局校刊”。
掌録二卷
經咫一卷

重編留青新集二十四卷　　Fv5781 7924

〔清〕陳枚輯　〔清〕伊□□重編

清光緒三十四年（1908）上海廣益書
局鉛印本

十二册

海峰詩集十一卷　　Fv5473.3 3525

〔清〕劉大櫆撰

清乾隆醒園刻本

四册

框20.3×13.7釐米。9行19字。白口,
左右雙邊,單黑魚尾。版心上鐫書名,中
鐫詩體及卷次。內封鐫"醒園藏板"。

古體詩五卷

今體詩六卷

寶綸堂文鈔八卷　　Fv5475 O214

〔清〕齊召南撰　〔清〕秦瀛校

清嘉慶二年（1797）刻本

八册

框18.4×13.5釐米。10行21字,小字
雙行同。黑口,左右雙邊,雙魚尾。

寶綸堂外集十二卷　　PL2705 I52 1911

〔清〕齊召南撰

清宣統三年（1911）掃葉山房石印本

二册

**鮚埼亭集三十八卷首一卷經史問答十卷
外編五十卷**　　Fv5474.2 5045

〔清〕全祖望撰

清同治十一年（1872）姚江借樹山房
刻本

二十八册

框18×13.3釐米。10行21字,小字雙

行同。白口,左右雙邊,單魚尾。內封鐫
"鄞全謝山先生著/鮚埼亭集/姚江借樹
山房藏板"。

思綺堂文集十卷　　Fv5470 1341

〔清〕章藻功撰

清刻本

十册

框19.4×14.7釐米。10行22字,小字雙
行同。白口,四周單邊,單黑魚尾。版心中
鐫書名及卷次。內封鐫"錢唐章豈績著/
註釋思綺堂四六全集/聚錦堂藏板"。

日知薈説四卷　　Fv5476 6240

〔清〕高宗弘曆撰

清乾隆元年（1736）北京武英殿刻本

四册

框19.1×14釐米。7行18字。白口,四
周雙邊,單黑魚尾。版心上鐫書名,中鐫
卷次。

御製詩初集四十四卷目録四卷

　　Fv5476 0432

〔清〕高宗弘曆撰

清乾隆刻本

十六册

框19.9×14釐米。9行17字。白口,四周雙
邊,單黑魚尾。版心上鐫書名,中鐫卷次。

御製詩二集九十卷目録十卷

　　Fv5476 0433

〔清〕高宗弘曆撰

清乾隆刻本

二十六册

框19.7×14釐米。9行17字。白口,四周雙

邊,單黑魚尾。版心上鎸書名,中鎸卷次。

樂善堂全集四十卷目錄六卷

Fv5476 2898

〔清〕高宗弘曆撰

清乾隆慶復等翻刻武英殿本

二十四册

框19×14.1釐米。7行18字。白口,四周雙邊,單黑魚尾。版心上鎸書名,中鎸卷次及文體名。

籜石齋詩集五十卷　　Fv5481 +8545

〔清〕錢載撰

清光緒四年(1878)蘇州刻本

八册

框19.1×14釐米。12行23字,小字雙行同。白口,左右雙邊,單魚尾。内封鎸"長興王氏仁壽堂藏版"。

集古梅花詩十九卷　　Fv5237.08 +4540

〔清〕張吳曼輯

清光緒張汝翼刻本

六册

框17.7×13.4釐米。9行18字。白口,四周單邊。版心上鎸"梅花詩"。内封鎸"張梅禪先生集/楳華誳[詩]"。避"玄"字諱。

　　梅花百詠一卷　〔元〕釋明本撰
　　　　〔清〕張吳曼集
　　梅花百和一卷　〔清〕張吳曼集
　　梅花集句二卷　〔清〕張吳曼集
　　梅花十詠一卷　〔清〕張吳曼輯
　　集唐梅花詩一卷　〔清〕張吳曼集
　　梅花賦一卷　〔清〕張吳曼撰
　　梅花賦注一卷　〔清〕張朱雲釋
　　大梅歌一卷　〔清〕張吳曼撰
　　律陶一卷　〔明〕王思任撰
　　律蘇和陶一卷　〔清〕張吳曼撰
　　八十自壽一卷附梅花詩集唐一卷
　　　　〔清〕張吳曼撰
　　切法指南一卷　〔清〕張吳曼撰
　　無言秘訣一卷　〔清〕張吳曼撰
　　按聲指數法一卷　〔清〕張吳曼撰
　　切法辨疑一卷　〔清〕張吳曼撰
　　和涉江梅花詩一卷　〔清〕張山農集
　　集唐梅花詩一卷　〔清〕張山農集

銅鼓書堂遺稿三十二卷　　Fv5475 +4131

〔清〕查禮撰

清乾隆查淳刻本

八册

框19.3×14.3釐米。12行22字。白口,左右雙邊,單黑魚尾。版心中鎸書名及卷次。

袁文箋正十六卷　　Fv5477 +1641

〔清〕袁枚撰　〔清〕石韞玉箋

清嘉慶十七年(1812)鶴壽山堂刻本

六册

框18.8×13.8釐米。10行20字,小字雙行30字。白口,左右雙邊,單黑魚尾。牌記題"鶴壽山堂藏板"。

頻羅庵遺集七種　　Fv5484 3975

〔清〕梁同書撰

清光緒十三年(1887)蛟川修綆山莊刻本

六册

框18.3×13.8釐米。10行21字,小字雙行同。白口,左右雙邊,單魚尾。牌記題"蛟川修綆山莊藏板"。

詩三卷

集杜二卷

文四卷

題跋四卷

直語補證一卷

日貫齋塗説一卷

筆史一卷

戴東原集十二卷附覆校札記一卷年譜一卷

　　　　　　　　　　Fv5479.4 7414

〔清〕戴震撰　　〔清〕段玉裁札記

清宣統二年（1910）成都渭南嚴氏孝義家塾刻本

六册

框15.8×11.4釐米。10行21字，小字雙行同。黑口，左右雙邊，雙魚尾。牌記題“宣統二秊嘉平月渭南嚴氏孝義家塾雕於成都”。

容齋詩集二十八卷文鈔十卷附古香詞一卷補遺一卷　　　Fv5487 4405

〔清〕茹綸常撰

清乾隆三十五年（1770）至嘉慶十三年（1808）綿上茹氏刻本

二十册

框16.1×13.7釐米。10行19字，小字雙行同。白口，左右雙邊，單黑魚尾。《詩集》卷一至十刻於乾隆三十五年（1770），卷十一至二十刻於乾隆五十二年（1787），卷二十一至二十六刻於嘉慶四年（1799），卷二十七至二十八刻於嘉慶十三年（1808），《補遺》刻於嘉慶十三年以後。《古香詞》刻於嘉慶四年，原爲《詩集》之卷二十七。《文鈔》卷一至八刻於嘉慶四年，卷九至十刻於嘉慶十三

年，其目録題曰“容齋文鈔續刻”。

春融堂集六十八卷目録一卷附年譜二卷雜記八種　　　　　Fv5484 1133

〔清〕王昶撰

清光緒十八年（1892）珠溪文彬齋增刻本

二十册

框19.1×13.7釐米。12行23字，小字雙行同。黑口，左右雙邊，單魚尾。内封鐫“嘉慶丁卯孟夏鐫/春融堂集/塾南書舍藏版”。牌記題“光緒十有八年孟夏重修/珠溪文彬齋刻印”。

雜記八種

滇行日録一卷

征緬紀聞一卷

征緬紀略一卷

蜀徼紀聞一卷

商洛行程記一卷

雪鴻再録一卷

使楚叢譚一卷

臺懷隨筆一卷

忠雅堂詩集二十九卷補遺二卷

　　　　　　　　　　Fv5480.3 5190

〔清〕蔣士銓撰

清乾隆刻本

八册

框21.4×15.3釐米。12行24字。黑口，左右雙邊，雙魚尾。版心中鐫書名及卷次。内封鐫“忠雅堂詩詞全集/藻思堂藏板”。鈐“紫硯樓”“求無夢齋不□”印。

甌北集五十三卷　　　Fv5481.93 7112

〔清〕趙翼撰

清刻本

十冊

框17.5×14釐米。11行21字。白口，左右雙邊，單黑魚尾。

理堂文集十卷外集一卷附錄三種詩集四卷

Fv5484 4447

〔清〕韓夢周撰

清道光三至四年（1823—1824）靜恒書屋刻本

十四冊

框18.2×14.5釐米。10行22字。白口，四周雙邊，單魚尾。內封鐫"靜恒書屋藏板"。

蘭韻堂詩集十二卷御覽集六卷

Fv5490 +3132

〔清〕沈初撰

清乾隆五十九年（1794）刻本

四冊

框19.2×13.2釐米。10行21字。白口，左右雙邊，單黑魚尾。版心上鐫書名，中鐫卷次。《詩集》內封鐫"乾隆甲寅春編/本衙藏版"。

南澗文集二卷　　PL2718.I316 A6 1774

〔清〕李文藻撰

清刻本

一冊

框18.3×13.1釐米。9行22字。黑口，左右雙邊，單黑魚尾。

恩餘堂經進初稿十二卷續稿二十二卷三稿十一卷策問存課二卷　　Fv5487 4211

〔清〕彭元瑞撰

清乾隆至嘉慶間刻本

二十冊

框22.6×14.9釐米。8行19字，小字雙行同。白口，四周雙邊，單黑魚尾。鈐"哈佛大學漢和圖書館珍藏印"印記。1966年4月購自哈佛燕京學社。

諸華香處詩集十三卷首一卷

Fv5500 7214

〔清〕邱璋撰

清嘉慶十九年（1814）諸華香處刻本

八冊

框18×12.8釐米。12行23字。白口，左右雙邊，單魚尾。內封鐫"吳江邱太史輯/存研樓詩編/諸華香處開雕"。總目末鐫"嘉慶十九年歲次甲戌六月鐫"。

雪門詩草十四卷

AC149 .X78 1874（LC）

〔清〕許瑤光撰

清同治十三年（1874）刻本

六冊

框17.3×11釐米。9行21字，小字雙行同。白口，四周雙邊，單黑魚尾。簡又文贈書。

附鮚軒詩八卷　　　　Fv5491 +7250

〔清〕洪亮吉撰

清乾隆六十年（1795）貴陽節署刻本

二冊

框19.4×14.3釐米。11行22字。黑口，四周單邊，雙魚尾。與《卷施閣集》同函。

卷施閣詩二十卷　　　　Fv5491 +9070

〔清〕洪亮吉撰

清乾隆六十年（1795）貴陽節署刻本

五冊

框19.4×14.3釐米。11行22字。黑口，四周單邊，雙魚尾。與《卷施閣集》同函。

卷施閣集四十八卷附年譜一卷

Fv5491 +9072B

〔清〕洪亮吉撰 （年譜）〔清〕吕培等編

清乾隆六十年（1795）貴陽節署刻本

十二冊

框19.4×14.3釐米。11行22字。黑口，四周單邊，雙魚尾。版心中鐫子目書名及卷次。内封鐫"卷施閣集/文甲集十卷/乙集十卷/詩集二十卷/附鮚軒詩八卷/乾隆乙卯仲秋刊於貴陽"。

更生齋集十八卷 Fv5491 +1202

〔清〕洪亮吉撰

清嘉慶七年（1802）洋川書院刻本

四冊

框19.7×14.5釐米。11行22字，小字雙行同。黑口，四周單邊，雙魚尾。

文甲集四卷

乙集四卷

詩集八卷

詩餘二卷

有正味齋詩集十六卷詞集八卷

Fv5489.3 +4160

〔清〕吳錫麒撰

清嘉慶十三年（1808）刻本

六冊

框18.8×14.5釐米。12行24字，小字雙行不等。黑口，四周單邊，雙魚尾。外

封鈐"亦園藏書""德誠藏記"印。

有正味齋駢體文箋二十四卷

Fv5489.2 +4160

〔清〕吳錫麒撰 〔清〕王廣業箋

清咸豐九年（1859）青箱墊刻本

八冊

框21.4×15釐米。12行25字，小字雙行30字。黑口，四周雙邊，雙魚尾。牌記題"咸豐九年青箱墊鐫"。

有正味齋駢體文二十四卷外集五卷

Fv5489.2 +4160B

〔清〕吳錫麒撰

清末刻本

六冊

框18.7×14.4釐米。12行24字。黑口，四周單邊，雙魚尾。外封鈐"亦園藏書""德誠藏記"印。

兩當軒詩鈔十四卷附悔存詞鈔二卷

PL2710 U28 L5

〔清〕黄景仁撰

清嘉慶二十二年（1817）刻本

四冊

框17.6×14.5釐米。11行23字。白口，左右雙邊，單魚尾。内封鐫"莳古山房藏板"。外封記載"殘本""甲午三月購於九龍城冷攤中"。鈐"順德馬氏文庫"印。

重刊兩當軒全集二十二卷考異二卷附錄四卷 Fv5491.9 2219

〔清〕黄景仁撰

清光緒二年（1876）黄氏家塾刻本

六冊

框18×12.8釐米。11行22字, 小字雙行同。黑口, 四周單邊, 雙魚尾。

吴學士文集四卷詩集五卷　Fv5496 2342
〔清〕吴鼐撰　〔清〕梁肇煌 薛時雨編
清光緒八年（1882）江寧藩署刻本
六册
框18.5×13.3釐米。11行24字, 小字雙行同。白口, 左右雙邊, 單魚尾。牌記題"光緒壬午江寧藩署開雕"。

清娱閣詩鈔六卷　　Fv5484 0323
〔清〕鮑之蕙撰
清末刻本
三册
框16.5×11.6釐米。10行21字。黑口, 四周雙邊, 雙魚尾。

大雲山房文稿初集四卷二集四卷言事二卷
Fv5495 9544B
〔清〕惲敬撰
清同治二年（1863）惲世臨刻本
十册
框19.5×13.1釐米。10行22字, 小字雙行同。黑口, 四周雙邊, 雙魚尾。

邃雅堂集十卷文集續編一卷
Fv5500 +4106
〔清〕姚文田撰
清道光元年至八年（1821—1828）江陰學使署刻本
五册
框20.1×13.7釐米。8行21字, 小字雙行同。白口, 左右雙邊, 單魚尾。内封鐫"邃雅

堂集/道光元年刻於江陰學使者署"。《文集續編》内封鐫"道光八年刻"。

賞雨茅屋詩集二十卷附外集一卷
Fv5498 9147
〔清〕曾燠撰
清嘉慶二十四年（1819）至道光三年（1823）刻本
六册
框18.2×13.6釐米。10行21字, 小字雙行同。白口, 四周雙邊, 單魚尾。内封鐫"嘉慶己卯重編"。

秋心集一卷　　　PL2724.H84 C4
〔清〕舒夢蘭撰　〔清〕舒懋禧輯
清嘉慶至道光間刻本
一册
框17.6×12.4釐米。8行20字, 小字雙行同。白口, 四周雙邊, 單魚尾。

繞竹山房詩稿十卷詩餘一卷
Fv5508 2904 1—4
〔清〕朱文治撰
清嘉慶二十三年（1818）刻本
八册
框17.3×13.5釐米。10行21字。黑口, 左右雙邊, 單黑魚尾。内封鐫"嘉慶戊寅年鋟"。

繞竹山房續稿十四卷
Fv5508 2904 5—8
〔清〕朱文治撰
清咸豐五年（1855）刻本
八册
框17×13.3釐米。10行21字。黑口,

左右雙邊, 單黑魚尾。内封鐫 "咸豐乙卯秋鋟"。

雪莊西湖漁唱七卷　　Fv5496 +0413
　〔清〕許承祖撰
　清光緒十年 (1884) 刻本
　四册
　框17×11.8釐米。10行21字, 小字雙行同。白口, 四周雙邊, 單魚尾。版心鐫 "西湖漁唱"。

天真閣集五十四卷外集六卷附長真閣集七卷　　Fv5496 +1973
　〔清〕孫原湘撰　　(長真閣集)〔清〕席佩蘭撰
　清嘉慶五至十七年 (1800—1812) 刻本
　十六册
　框19.9×14.8釐米。12行24字。黑口, 左右雙邊, 雙魚尾。

鶹園詩集十二卷附詞一卷隨筆四卷
　　　　Fv5496 +2341
　〔清〕吳覲撰
　清道光二年 (1822) 刻本
　四册
　框18×13.7釐米。10行21字。白口, 左右雙邊, 單魚尾。

尚絅堂詩集五十二卷　　Fv5500 +7262
　〔清〕劉嗣綰撰
　清同治八年 (1869) 刻本
　八册
　框17.7×13.2釐米。11行22字, 小字雙行同。黑口, 左右雙邊, 單魚尾。

雕菰樓集二十四卷附密梅花館集二卷
　　　　Fv5498.9 +7442
　〔清〕焦循撰
　清道光四年 (1824) 刻本
　十二册
　框20.9×14.3釐米。10行21字。黑口, 四周單邊, 單黑魚尾。

讀白華草堂詩初集九卷二集十二卷菖蒲集八卷　　Fv5506 4882
　〔清〕黄劍撰
　清道光十五至十九年 (1835—1839) 刻本
　八册
　框17.7×13.2釐米。10行21字, 小字雙行同。白口, 四周雙邊, 單魚尾。

嘯劍山房詩鈔十四卷附試帖一卷
　　　　PL2732.E536 H7
　〔清〕文星瑞撰
　清同治九年 (1870) 羊城刻本
　四册
　框17.5×13.6釐米。10行21字, 小字雙行同。白口, 左右雙邊, 單黑魚尾。牌記題 "同治九年季夏刊於羊城"。

船山詩草二十卷補遺六卷
　　　　Fv5495.9 1377.3A
　〔清〕張問陶撰
　清同治十三年 (1874) 刻本
　八册
　框16.7×13.1釐米。10行20字, 小字雙行同。白口, 左右雙邊, 單魚尾。内封鐫 "同治甲戌重鐫/敦仁堂藏板"。

校經廎文稿十八卷 Fv5500 4431

〔清〕李富孫撰

清道光元年（1821）讀書臺刻本

六冊

框17.8×12.3釐米。10行23字，小字雙行同。黑口，左右雙邊，單魚尾。內封鐫"讀書臺家藏"。

香蘇山館古體詩鈔十七卷今體詩鈔十九卷

Fv5500 2323

〔清〕吳嵩梁撰

清嘉慶至道光間刻本

六冊

框16.2×11.8釐米。10行21字，小字雙行同。白口，四周雙邊，單黑魚尾。牌記題"木犀軒重鐫於漢皋榷署"。

鑑止水齋集二十卷 Fv5500 0430

〔清〕許宗彥撰

清咸豐八年（1858）刻本

六冊

框16.9×13.5釐米。10行20字，小字雙行同。白口，左右雙邊。

小謨觴館詩文全集十八卷

PL2722 E53 1874

〔清〕彭兆蓀撰

清同治十三年（1874）吳縣潘氏滂喜齋刻本

六冊

框18.5×13.5釐米。12行23字，小字雙行同。白口，左右雙邊，單魚尾。另有複本一，書號Fv5503 4234.1A，存《詩集》八卷、《續集》二卷、《詩餘》一卷，四冊。

詩集八卷

詩續集二卷附錄二卷

文集四卷

文續集二卷

白鶴山房詩鈔十八卷詞鈔二卷

Fv5508 4924

〔清〕葉紹本撰

清道光七年（1827）桂林使廨刻本

六冊

框18.2×14.5釐米。12行24字。黑口，左右雙邊，雙魚尾。內封鐫"道光丁亥季秋/白鶴山房詩鈔/桂林使廨鐫"。

春華集二卷 PL2718 U64+ Oversize

〔清〕龍元任撰

清光緒十九年（1893）刻本

一冊

框16.6×12.4釐米。10行21字，小字雙行同。黑口，左右雙邊，雙魚尾。

邃懷堂詩鈔前編五卷後編五卷

Fv5506 +4378

〔清〕袁翼撰

清咸豐七年（1857）刻本

四冊

邃懷堂全集

框19.7×12.8釐米。9行22字，小字雙行同。白口，四周雙邊，單魚尾。

邃懷堂駢文箋註十六卷補箋一卷

Fv5506 4378 Su12

〔清〕袁翼撰 〔清〕朱鈴箋注

清光緒十四年（1888）刻本

八冊

邃懷堂全集

框17.7×13.5釐米。10行21字，小字雙行同。白口，左右雙邊，單魚尾。牌記題"光緒十四年四月重校刊竟"。

詠梅軒稿五卷　　　　AC150 .X53 1869（LC）

〔清〕謝蘭生撰

清同治八年（1869）木活字印本

一册

框21.2×14.5釐米。8行20字。白口，四周單邊，單黑魚尾。簡又文贈書。

思補齋詩集六卷　　PL2722 A55 1850

〔清〕潘世恩撰

清末鉛印本

一册

絳跗草堂詩集六卷　　Fv5501.3 4308

〔清〕陳壽祺撰

清道光刻本

二册

框18.3×13.9釐米。10行20字，小字雙行同。黑口，左右雙邊，單黑魚尾。

雙白燕堂文集二卷外集八卷詩集八卷

　　　　　　　　　　Fv5503 +7193.2

〔清〕陸耀遹撰

清同治六年（1867）至光緒五年（1879）興國州署刻本

六册

框16.8×12.7釐米。11行21字，小字雙行同。黑口，四周雙邊。

思詒堂詩稿十二卷文稿不分卷

　　　　　　　　　　Fv5513 8123

〔清〕金衍宗撰

清同治五年（1866）刻本

五册

框18×12釐米。10行22字，小字雙行同。黑口，左右雙邊。

紅豆樹館詩稿十四卷補遺一卷

　　　　　　　　　　Fv5503 7249

〔清〕陶樑撰

清光緒六年（1880）刻本

三册

框16.3×11.8釐米。10行20字。黑口，四周單邊。內封鐫"紅豆樹館詩集"。

今白華堂詩録八卷補八卷詩集二卷

　　　　　　　　　　Fv5503 0141

〔清〕童槐撰

清光緒三年（1877）刻本

五册

框19.2×13.6釐米。10行22字。白口，四周雙邊，單魚尾。

梅麓詩鈔十八卷　　　　Fv5510 O204

〔清〕齊彥槐撰

清光緒元年（1875）楊州隨安室刻本

六册

雙溪草堂全集

框15.7×13.7釐米。10行19字，小字雙行同。黑口，左右雙邊，單魚尾。牌記題"光緒元年乙亥板/楊州隨安室重刊"。

小棲霞館集一卷

燕臺集一卷

改官集一卷

梁溪集二卷

養疴集一卷

雙溪草堂集二卷

談海集一卷

出山集二卷

還山集一卷

補遺集三卷

新安往還集一卷

勝遊集一卷

拾遺集一卷

琴隱園詩集三十六卷詞集四卷

Fv5506 3263.3

〔清〕湯貽汾撰

清光緒元年（1875）曹氏刻本

八册

框17.4×12.8釐米。11行22字，小字
雙行同。白口，左右雙邊，單黑魚尾。

妙吉祥室詩鈔十三卷附詩餘一卷雜存一卷壽間齋吟草八卷

Fv5508 +2943

〔清〕朱葵之撰

清光緒十年（1884）古義安郡署刻本

八册

框20×13.5釐米。11行21字，小字雙
行同。白口，左右雙邊，單魚尾。

衍石齋記事稿十卷續稿十卷刻楮集四卷旅逸小稿二卷

Fv5503 8524

〔清〕錢儀吉撰

清光緒六年（1880）錢彝甫刻本

十二册

框18.2×13.5釐米。9行21字，小字雙行
同。黑口，四周雙邊，單魚尾。內封鐫“咸豐
四年甲寅海昌蔣光焴寅昉校梓/光緒六年歲

在上章執徐陽月男彝甫謹重校刊”。

劉孟塗集前集十卷後集二十二卷文集十卷駢體文二卷

Fv5506.9 L74

〔清〕劉開撰

清道光六年（1826）桐城姚氏檗山
草堂刻本

八册

框17.4×14.1釐米。12行24字。黑口，
四周單邊，單魚尾。牌記題“道光六年夏
同里姚氏檗山草堂刊”。

清芬集十卷

Fv5241.28 7234

〔清〕劉寶楠輯

清道光十八年（1838）寶應劉氏刻本

八册

框17.6×13釐米。10行21字，小字雙
行同。白口，左右雙邊，單魚尾。

集義軒詠史詩鈔六十卷

Fv5513 +6192

〔清〕羅惇衍撰

清光緒三年（1877）刻本

十二册

框19.1×13.2釐米。9行21字，小字雙
行同。白口，左右雙邊，單黑魚尾。

江上小蓬萊吟舫詩存十八卷詩餘二卷

Fv5513 Y35

〔清〕葉坤厚撰

清光緒九年（1883）刻本

二十册

框18.8×12.5釐米。10行21字。白口，四
周雙邊，單黑魚尾。牌記題“光緒九年歲次
癸未季秋之月/男伯英謹鋟於陝西藩署”。

意苕山館詩稿十六卷　　Fv5508 +7122.3

〔清〕陸嵩撰

清光緒十八年（1892）刻本

四冊

框19×14釐米。11行22字。白口，四
周雙邊，單魚尾。牌記題"光緒壬辰仲夏
刊於京師"。

悟雪樓詩存三十四卷　　Fv5508 2903.3

〔清〕徐謙撰

清道光二十九年（1849）四香草堂刻本

八冊

框17×13釐米。10行19字，小字雙行
同。白口，四周雙邊，單黑魚尾。

定盦文集三卷補編四卷續集四卷

Fv5507.2 6821A

〔清〕龔自珍撰

清光緒二十九年（1903）文瑞樓石印本

四冊

自然好學齋詩鈔十卷　　Fv5508 3102

〔清〕汪端撰

清末刻本

六冊

框17.5×12釐米。11行22字，小字雙
行同。黑口，左右雙邊，雙魚尾。

拙修集十卷　　Fv5517 W951 C45

〔清〕吳廷棟撰

清末刻本

四冊

框18.1×12.8釐米。11行21字，小字
雙行同。黑口，左右雙邊，雙魚尾。書尾
有吳大廷跋。鈐"丁丑翰林"印。1968年

6月購自李宗侗。

望山草堂詩鈔八卷　　Fv5510 4962

〔清〕林鶚撰

清咸豐刻本

四冊

框18.6×12.3釐米。9行21字。白口，
四周雙邊，單黑魚尾。

榕園文鈔一卷　　Fv5508 +4000

〔清〕李彥章撰

清道光十二年（1832）刻本

一冊

框18.4×13.5釐米。10行21字，小字
雙行同。白口，左右雙邊，單魚尾。

會稽山齋全集七種二十七卷

Fv5510 0404

〔清〕謝應芝撰

清光緒十四年（1888）刻本

六冊

框18×13.5釐米。12行22字，小字雙
行同。白口，左右雙邊，單魚尾。

文十二卷

詩五卷

詞一卷

文續六卷

詩續一卷

經義一卷

附蒙泉子一卷

禮部遺集七種九卷　　Fv5517 4837

〔清〕黃富民撰

清同治九年（1870）刻本

六冊

框18×14釐米。12行24字, 小字雙行同。黑口, 四周單邊, 雙魚尾。牌記題"同治庚午歲嘉平月刊成"。

過庭小稿一卷

誓墓餘稿一卷

避弋小草二卷

萍軒小草二卷

萍軒詞草一卷

律賦賸稿一卷

試帖賸稿一卷

慎盦文鈔二卷　　　　Fv5513 T789

〔清〕左宗植撰

清光緒元年(1875)刻本

二冊

框20.3×12.3釐米。10行22字, 小字雙行同。黑口, 四周雙邊, 單魚尾。牌記題"光緒元年冬月開雕"。

桴湖文錄八卷　　　　Fv5510 2384

〔清〕吳敏樹撰

清同治八年(1869)刻本

四冊

框17.9×13.3釐米。10行23字, 小字雙行同。黑口, 四周雙邊, 雙魚尾。

運甓齋詩稿八卷續編六卷文稿六卷續編六卷贈言錄四卷　　Fv5526 +7942

〔清〕陳勱撰

清光緒十至二十年(1884—1894)刻本

五冊

框17.5×13.5釐米。10行21字, 小字雙行同。黑口, 左右雙邊, 雙魚尾。

梅氏遺書四卷附錄三卷　　Fv5508 4583

〔清〕梅鍾澍撰　　〔清〕梅英傑編

清宣統三年(1911)寧鄉梅氏莓田古屋刻本

三冊

框18.4×12.5釐米。10行21字, 小字雙行同。黑口, 左右雙邊。《詩集》一卷、《文略》一卷、《家書》二卷。

顯志堂稿十二卷夢奈詩稿一卷　　Fv5513 3244 H7

〔清〕馮桂芬撰

清光緒二年(1876)校邠廬刻本

八冊

框17.6×12.4釐米。11行23字。黑口, 左右雙邊, 單黑魚尾。內封鐫"顯志堂集"。牌記題"光緒二年校邠廬刊"。目錄後印"古吳胥門內謝文翰齋刻"。

曾文正公文鈔四卷附刊一卷詩鈔四卷事略四卷詩一卷六十壽文二卷雜著四卷輓聯一卷　　Fv5511.2 8018

〔清〕曾國藩撰　　〔清〕張瑛編校

清同治十二年(1873)至光緒四年(1878)上海醉六堂刻本

十四冊

框17.2×11.9釐米。9行21字。白口, 左右雙邊, 單魚尾。

曾文正公家書十卷大事記四卷家訓二卷榮哀錄一卷　　DS758.23.T74 A4 1895

〔清〕曾國藩撰

清光緒上海著易堂書局石印本

八冊

內封鐫"斷句大字本/曾文正公家書

四種/指嚴署/上海著易堂書局出版"。簡
又文贈書。

曾文正公書札三十三卷

Fv5511.5 +8015

〔清〕曾國藩撰
清光緒刻本
十六冊
框16.3×12.7釐米。12行22字。黑
口，左右雙邊，單魚尾。

劬書室遺集十六卷附理學庸言二卷

Fv5517 8182

〔清〕金錫齡撰
清光緒二十一年（1895）刻本
五冊
框18.5×14.4釐米。10行20字。白口，
四周雙邊，單魚尾。牌記題"光緒二十一
年乙未夏五月開雕"。

江忠烈公遺集二卷首一卷附錄一卷

CHIUNCAT814769

〔清〕江忠源撰
清同治三年（1864）四川藩署刻本
一冊
框18.5×14.5釐米。10行22字。白口，
四周雙邊，單魚尾。簡又文贈書。

胡文忠公遺集十卷首一卷

Fv5513 4241.1B

〔清〕胡林翼撰　　〔清〕鄭敦謹
曾國荃輯　　〔清〕胡鳳丹重編
清同治五年（1866）姑蘇漱芳齋刻本
八冊
框18×13.2釐米。9行20字，小字雙

行同。黑口，四周雙邊，單魚尾。版心鐫
"胡文忠遺集"。牌記題"同治五年十月
重刊"。容閎1878年贈書。

胡文忠公遺集八十六卷

Fv5513 4241.1C

〔清〕胡林翼撰　　〔清〕鄭敦謹
曾國荃輯
清同治六年（1867）黄鶴樓刻本
三十二冊
框17.2×12.8釐米。10行20字。黑
口，四周雙邊，單魚尾。牌記題"同治六
年季夏鋟於黄鶴樓"。

胡文忠公遺集八十六卷

DS758.23.H8 A2 1901

〔清〕胡林翼撰　　〔清〕曾國荃等輯
清光緒二十七年（1901）上海圖書集
成印書局鉛印本
八冊
牌記題"光緒二十七年上海圖書集
成印書局印"。簡又文贈書。

煙嶼樓詩集十八卷附遊杭合集一卷

Fv5517 2964.3

〔清〕徐時棟撰
清同治六年（1867）葉氏虎胖山房刻本
四冊
煙嶼樓全集
框17.2×13.3釐米。10行21字，小字雙行
同。黑口，左右雙邊，雙魚尾。牌記題"同
治六年丁卯二月虎胖山房葉氏開雕"。

煙嶼樓文集四十卷　　Fv5517 2964.2

〔清〕徐時棟撰

清光緒三年（1877）刻本

八册

框17.8×13釐米。10行21字。黑口，左右雙邊，雙魚尾。

蓮溪吟稿八卷 Fv5521 3133

〔清〕沈濂撰

清咸豐四年（1854）始言堂刻本

二册

沈蓮溪全集

框18.3×12.4釐米。9行21字。黑口，四周雙邊，單黑魚尾。内封鎸“始言堂藏板”。牌記題“咸豐甲寅冬日開雕”。

蘿藦亭遺詩四卷 Fv5513 2248

〔清〕喬松年撰

清光緒七年（1881）皖城刻本

四册

框17×12.8釐米。11行21字。白口，四周雙邊，單魚尾。

俞俞齋文稿初集四卷詩稿初集二卷 Fv5528 5083

〔清〕史念祖撰

清光緒三十二年（1906）廣陵刻本

六册

框18.6×13.5釐米。10行26字，小字雙行同。白口，左右雙邊，單魚尾。牌記題“光緒丙午季秋四校栞于廣陵”。

二知軒詩鈔十四卷 Fv5513 0237

〔清〕方濬頤撰

清同治五年（1866）廣州刻本

七册

框16.5×13.2釐米。10行21字，小字雙行同。黑口，四周雙邊，單魚尾。

轉徙餘生記一卷 AC150 F32 1879（LC）

〔清〕方濬頤撰

清光緒五年（1879）泉唐汪氏振綺堂刻本

一册

振綺堂叢書

框16.5×12.2釐米。10行21字。黑口，四周單邊，雙魚尾。牌記題“漸學廬藏版”。簡又文贈書。

四百三十二峰草堂詩二十五卷 Fv5531 4819

〔清〕黄璟撰

清宣統刻本

七册

框16.2×11.5釐米。9行21字。白口，左右雙邊，單魚尾。

悔餘庵樂府四卷 Fv5513 +2244

〔清〕何栻撰

清咸豐七年（1857）刻本

二册

框18.2×14.5釐米。12行24字，小字雙行同。黑口，四周雙邊，單魚尾。

好雲樓初集二十八卷首一卷 Fv5517 4411

〔清〕李聯琇撰

清咸豐十一年（1861）通州李彬彬堂刻本

八册

框18.2×12.5釐米。12行24字，小字雙行同。黑口，四周雙邊，單魚尾。内封鎸

"咸豐十一年鐫/好雲樓初集/恩養堂藏板"。書後記"通州東門李彬彬堂刊印"。

知白齋詩鈔四卷附雙橋小築詞存四卷詞存集餘一卷　　Fv5513 3188

〔清〕江人鏡撰

清光緒二十年(1894)鏟障山房刻本

四册

框18×14.2釐米。9行21字,小字雙行同。黑口,左右雙邊,單魚尾。牌記題"光緒甲午仲春月刊/板藏鏟障山房"。

玉笙樓詩録十二卷　　Fv5517 3144

〔清〕沈壽榕撰

清光緒九年(1883)刻本

六册

框19×14釐米。9行19字,小字雙行同。黑口,左右雙邊,單魚尾。牌記題"光緒九年癸未仲夏開雕"。

古照堂詩集二卷　　PL2727.185 K8

〔清〕狄雲鼎撰

清末鉛印本

二册

六半樓詩鈔四卷附文杏堂詩剩一卷　　PL2727.S16 L5

〔清〕蔡鵬飛撰

清光緒十年(1884)蔡氏刻本

一册

框17×13.4釐米。11行23字,小字雙行同。白口,左右雙邊,單魚尾。

蚓菴瑣語一卷　　PL2732.A36 Y5

〔清〕王逋撰

清宣統上海中國圖書公司鉛印本

一册

小輞川詩集五卷　　PL2732 A425 H7 1910+ Oversize

〔清〕王景仁撰　〔清〕陳步墀選

清宣統二年(1910)鉛活字印本

一册

繡詩樓叢書

存卷一至三。

小酉腴山館集十五卷　　Fv5513 2341

〔清〕吳大廷撰

清同治元年至四年(1862—1865)刻本

四册

框16.5×12.5釐米。9行21字,小字雙行同。白口,四周雙邊,單魚尾。容閎1878年贈書。

文鈔七卷

外文三卷

詩鈔五卷

蘅華館詩録五卷　　PL2732.A73 H4

〔清〕王韜撰

清光緒六年(1880)鉛印本

一册

弢園叢書

弢園文録外編十二卷　　Fv5526 1147

〔清〕王韜撰

清光緒九年(1883)香海弢園老民鉛印本

一册

牌記題"癸未仲春弢園老民刊於

香海"。藏書票題 "Gift of Dr. Yung Wing, 1911"。存卷一至三。

寒松閣集二十卷　　　　Fv5526 1361

〔清〕張鳴珂撰

清光緒十至二十四年(1884—1898)江西書局刻本

六册

框17.6×12.9釐米。11行22字, 小字雙行同。黑口, 左右雙邊, 雙魚尾。

詩八卷

詞四卷

駢體文二卷

疑年賡録二卷

説文佚字考四卷

翁松禪手札不分卷　　　　Fv5523 8432

〔清〕翁同龢撰

清宣統三年(1911)石印本

十册

湘綺樓詩十四卷　　　　Fv5532.3 1322

王闓運撰

清光緒三十三年(1907)長沙刻本

四册

湘綺樓全書

框18.6×12.7釐米。10行21字, 小字雙行同。黑口, 左右雙邊, 雙魚尾。内封鎸"王湘綺先生詩集"。

醉月居詩詞鈔二卷　　　　Fv5531 4942

〔清〕葉世熊撰

清宣統二年(1910)刻本

一册

框17.9×12.2釐米。9行21字, 小字雙

行同。白口, 四周雙邊, 單魚尾。

拙尊園叢稿六卷　　　　Fv5528 +2306

〔清〕黎庶昌撰

清光緒十九年(1893)上海醉六堂石印本

二册

拙尊園叢稿六卷　　　　Fv5528 2306B

〔清〕黎庶昌撰

清光緒二十一年(1895)金陵狀元閣刻本

二册

框20.4×14.7釐米。11行25字, 小字雙行同。黑口, 左右雙邊, 單魚尾。牌記題"光緒乙未金陵狀元閣印"。

人壽堂詩鈔不分卷附人壽集不分卷

　　　　　　　　　　Fv5531 5022

〔清〕戈鯤化撰

清光緒三至四年(1877—1878)刻本

二册

框13.2×9.7釐米。7行17字。白口, 四周雙邊, 單黑魚尾。

庸庵文續編二卷　　　　Fv5526 +4435

〔清〕薛福成撰

清光緒刻本

二册

庸盦全集

框17×11.5釐米。10行21字。白口, 左右單邊, 單黑魚尾。

不慊齋漫存六卷續集二卷　Fv5528 2907

〔清〕徐賡陛撰

清光緒八年（1882）南海官刻本

八册

框18.1×13.7釐米。10行21字，小字雙行同。黑口，左右雙邊，單魚尾。

曾惠敏公全集四種十七卷　　Fv5521 8623

〔清〕曾紀澤撰

清光緒二十年（1894）上海石印本

四册

牌記題"奏議六卷/文集五卷/詩集四卷/日記二卷/光緒二十年七月上海石印"。

延秋吟館詩鈔四卷續鈔四卷

PL2700 C43 Y4

〔清〕張聯桂撰

清光緒十一至十八年（1885—1892）刻本

二册

框18×12.9釐米。9行21字。白口，左右雙邊，單黑魚尾。《詩鈔》牌記題"光緒乙酉仲春重刊"。《續鈔》牌記題"光緒壬辰孟冬刻於粵西節署"。

桐城吳先生文集四卷　　Fv5527 +4422

〔清〕吳汝綸撰

清光緒三十年（1904）刻本

五册

桐城吳先生全書

框18×12.4釐米。9行21字。黑口，左右雙邊。

吳摯甫詩集一卷　　Fv5527.3 2450

〔清〕吳汝綸撰

清宣統二年（1910）上海國學扶輪社石印本

一册

慎庵古近體詩五卷試帖二卷賦稿一卷

Fv5517 0255.3

〔清〕高静撰

清光緒律古齋刻本

二册

框16.4×11.5釐米。8行19字，小字雙行同。白口，四周雙邊，單魚尾。

選夢樓詩鈔八卷　　Fv5517 +1344.3

〔清〕豫本撰

清同治十三年（1874）刻本

四册

框17.8×13.4釐米。11行22字，小字雙行同。白口，四周雙邊，單魚尾。牌記題"同治甲戌冬十乙月開雕"。

居易初集二卷　　Bj17C 901C

〔清〕經元善撰

清光緒二十七年（1901）葡國濠鏡大炮臺鉛印本

二册

牌記題"光緒辛丑仲夏刊於葡國濠鏡之大炮臺"。藏書票題"Gift of Dr. Yung Wing, 1911"。

虛受堂詩存十六卷文集十六卷

Fv5528 1120

王先謙撰

清光緒二十六至二十八年（1900—1902）平江蘇氏刻本

十册

框17.5×13.3釐米。10行21字，小字雙行同。白口，左右雙邊，單魚尾。

義烏朱先生文鈔四卷 PL2705 U25 1897

〔清〕朱一新撰 〔清〕平遠輯

清光緒二十三年（1897）刻本

二册

框14.7×11.5釐米。10行22字。黑口，左右雙邊，雙魚尾。

白圭堂詩鈔八卷續鈔六卷

Fv5500 +3132

〔清〕江之紀撰

清光緒十九年（1893）刻本

四册

框18.5×14.3釐米。9行21字。黑口，左右雙邊，單魚尾。牌記題"光緒十九年三月重刊/後學桐城張祖翼補署"。

于湖小集六卷附金陵雜事詩一卷溫籍擬墨一卷 Fv5531 4333

〔清〕袁昶撰

清光緒二十年（1894）刻本

三册

框17.3×13.5釐米。10行22字，小字雙行同。黑口，左右雙邊，單黑魚尾。版心下題"水明樓"。

人境結廬詩稿十二卷 Fv5517 3624

〔清〕褚維塈撰

清光緒二十年（1894）刻本

六册

框16×11.5釐米。11行23字，小字雙行同。黑口，左右雙邊，單魚尾。

退思軒詩集六卷 PL2700 C46 T8

〔清〕張百熙撰

清宣統三年（1911）上海文會堂石印本

二册

梨園娛老集不分卷 *A Vernacular Poetical Dissertation on Lessons from Chinese Drama* PL2357 H84

〔清〕胡禮垣撰

清宣統元年（1909）香港廣藝印書局鉛印本

二册

内封鐫"A Vernacular Poetical Dissertation on Lessons from Chinese Drama in 2 volumes by Woo Lai woon"。

漪香山館文集一卷 Fv5550 W95

〔清〕吳曾祺撰

清宣統二年（1910）上海商務印書館鉛印本

一册

棣垞集四卷外集三卷 PL2705 U23 T5

〔清〕朱啓連撰

清光緒二十六年（1900）刻本

二册

框15×12釐米。11行21字。黑口，左右雙邊。

説劍堂集六卷 PL2722 E54 S4

〔清〕潘飛聲撰

清光緒十七至二十年（1891—1894）羊城富文齋刻本

二册

框18×14釐米。12行24字。白口，左右雙邊，單魚尾。

海山詞一卷

花語詞一卷

珠江低唱一卷
長相思詞一卷
西海紀行一卷
天外歸槎録一卷

健修堂詩集二十二卷　　　Fv5513 +3033
〔清〕邊浴禮撰
清咸豐十一年（1861）木活字印本
七册
框18.8×13.4釐米。10行23字，小字
雙行同。白口，四周單邊，單魚尾。與《空
青館詞稿》同函。

空青館詞稿三卷　　　Fv5513 +3033
〔清〕邊浴禮撰
清光緒二十四年（1898）刻本
一册
框19×13.5釐米。10行23字，小字雙
行同。白口，左右雙邊，單魚尾。與《健
修堂詩集》同函。

瑞芝山房詩鈔八卷文鈔八卷
　　　　　　　Fv5241.28 4591
〔清〕戴燮元輯
清光緒元年至三年（1875—1877）
丹徒戴氏刻本
十册
框17.4×12.2釐米。10行21字，小字
雙行同。黑口，四周雙邊，雙魚尾。

墨花吟館詩鈔十六卷試帖一卷策雲集試
帖一卷感舊懷人集一卷　　　Fv5517 6473
〔清〕嚴辰撰
清光緒八至十五年（1882—1889）刻本
六册

框17.4×12.5釐米。10行21字。白口，
四周雙邊，單黑魚尾。

倉海君庚戌羅浮游草一卷
　　　　　　　PL2705 I83 T7
〔清〕邱逢甲撰
清宣統二年（1910）鉛印本
一册

黛韻樓詩文集八卷　　　Fv5549 7422
〔清〕薛紹徽撰
清宣統三年（1911）刻本
四册
框18.3×13.3釐米。10行22字，小字
雙行同。白口，四周雙邊，單黑魚尾。
黛韻樓詩四卷
黛韻樓文集二卷
附陳孝女遺集（原名小黛軒集）二
　卷　〔清〕陳芸撰

桯一變文乙集四卷　　　Fv5550 +2126A
程先甲撰
清宣統二年（1910）千一齋刻本
二册
千一齋全書
框17.4×12.2釐米。10行21字，小字
雙行同。黑口，左右雙邊，單魚尾。

公言集三卷續編一卷　　　PL2724.H47 K8
〔清〕沈同芳撰
清宣統三年（1911年）武進沈氏鉛印本
一册
萬物炊累室類稿甲編

清芬集二卷　　　　　PL2722 A57 1911

〔清〕潘譽徵撰

清宣統三年(1911)南海潘氏廣州刻本

一册

框15.8×12.5釐米。10行21字。黑口,左右雙邊,雙魚尾。内封鐫"南海潘氏藏版"。牌記題"辛亥刊於廣州"。

貴池二妙集五十一卷　　Fv5433 5314

〔清〕劉世珩編

清光緒二十六年(1900)貴池劉氏刻本

十册

框17.3×13釐米。13行23字,小字雙行同。黑口,左右雙邊,單魚尾。

樓山堂集二十七卷　〔明〕吳應箕撰
嶧桐文集十卷　　〔明〕劉城撰
嶧桐詩集十卷　　〔明〕劉城撰
附録四卷

棲雲山房古體詩鈔二卷
　　　　　　　Fv5517 4443 1—2

〔清〕李樹瀛撰

清咸豐六年(1856)刻本

四册

框19.8×12.6釐米。10行21字,小字雙行同。白口,四周雙邊,單黑魚尾。内封鐫"咸豐丙辰秋刊"。與《同聲詩鈔》同函。

同聲詩鈔一卷補刊一卷續補一卷
　　　　　　　Fv5517 4444 3—4

〔清〕李樹瀛等撰

清同治五至十年(1866—1871)興國學署刻本

四册

框18.2×11.4釐米。9行21字,小字行同。白口,四周雙邊,單黑魚尾。内封鐫"同治五年季秋鐫/興國學署藏板"。《補刊》牌記題"同治九年庚午孟夏月續刻/興國易亨署首"。《續補》牌記題"同治十年辛未四月既望刊/江陵周岐山題"。鈐"真州吳氏有福讀書堂藏書"印。與《棲雲山房古體詩鈔》同函。

鄂城表忠詩不分卷 DS796.W8 L36 1853

〔清〕勞光泰撰　〔清〕田立慈參刻

清咸豐三年(1853)錦城西花軒刻本

一册

框18.6×13.5釐米。8行20字。黑口,四周雙邊,單黑魚尾。牌記題"咸豐三年錦城重刊"。簡又文贈書。

舒嘯樓詩稿四卷　　　　Fv5517 4483

〔清〕李曾裕撰

清同治九年(1870)刻本

二册

框18×12.3釐米。9行21字,小字雙行同。白口,左右雙邊,單黑魚尾。

孺齋丁戊稿一卷附壽樓春課一卷
　　　　　　　Fv5565 Ij821 J86

〔清〕易孺撰

清末鉛印本

一册

梅壽盦叢書

版心中鐫"孺稿"或"壽課",版心下鐫"梅壽盦叢書"。

鐵花山館詩稿八卷試帖一卷附紅薔吟館
詩稿一卷　　　　　　　Fv5531 2330
　〔清〕吳兆麟撰　（附）〔清〕鎖瑞芝撰
　　清光緒六年（1880）刻本
　　五册
　　框18.3×11.6釐米。9行21字。黑口，
四周雙邊，單魚尾。牌記題"光緒六年歲
次庚辰秋九月梓"。

繡詩樓詩五卷
　　　　　PL2705 E5446 H7+ Oversize
　〔清〕陳步墀撰
　　清宣統元年（1909）廣州鉛印本
　　一册
　　牌記題"歲在己酉鎸於羊城"。

亦愛吾廬詩集三卷附錄二卷
　　清末刻本
　　一册
　　框20.3×13.8釐米。9行21字。白口，
四周單邊，單魚尾。附《徐澹溪先生詩
集》《毛搏秋先生詩集》。簡又文贈書。
存卷三及附錄。

總集類

選集之屬

文選六十卷　　　　　　YAJ C11.10
　〔南朝梁〕蕭統選　〔唐〕李善注
　　明成化二十三年（1487）唐藩刻本
　　六册
　　框22.3×14.6釐米。10行22字。黑
口，四周雙邊，雙魚尾。版心中鎸書名及
卷次。卷二十六、四十五鈐"唐國經史

之章"。存卷二十六至二十七、四十五至
五十三、五十六至五十七。日本耶魯學會
贈書。

文選六十卷　　　　　　Fv5326 +4221.2
　〔南朝梁〕蕭統選　〔唐〕李善注
　〔清〕葉樹藩參訂
　　清文光牲刻本
　　十二册
　　框18.8×14.8釐米。12行22字，小字
雙行37字。白口，左右雙邊，單黑魚尾。
版心中鎸書名及卷次，下鎸"海録軒"。
眉欄鎸評。內封鎸"新刻昭明文選李善
注/文光牲藏板"。

文選六十卷　　　　　　Fv5236 +4221.1
　〔南朝梁〕蕭統選　〔唐〕李善注
　　清同治八年（1869）湖北崇文書局刻本
　　十八册
　　框21×13.7釐米。10行21字，小字雙
行同。白口，四周雙邊，單魚尾。牌記題
"同治八年夏月湖北崇文書局重雕"。容
閎1878年贈書。

文選六十卷附考異十卷
　　　　　　　PL2455 H75 1911
　〔南朝梁〕蕭統撰　〔唐〕李善注
　　清宣統三年（1911）上海會文堂石印本
　　十六册
　　牌記題"宋淳熙本重雕/鄱陽胡氏藏
版/宣統三年上海會文堂粹記石印"。

漢魏六朝百三家集一百十八卷
　　　　　　　Fv5236 1333
　〔明〕張溥輯

清光緒五年（1879）彭戀謙信述堂刻本

一百册

框18.8×14.2釐米。9行18字，小字雙行同。白口，左右雙邊，白魚尾。牌記題"光緒己卯夏信述堂重刻"。

賈長沙集一卷　〔漢〕賈誼撰

司馬文園集一卷　〔漢〕司馬相如撰

董膠西集一卷　〔漢〕董仲舒撰

東方大中集一卷　〔漢〕東方朔撰

漢褚先生集一卷　〔漢〕褚少孫撰

王諫議集一卷　〔漢〕王褒撰

漢劉中壘集一卷　〔漢〕劉向撰

揚侍郎集一卷　〔漢〕揚雄撰

漢劉子駿集一卷　〔漢〕劉歆撰

馮曲陽集一卷　〔漢〕馮衍撰

班蘭臺集一卷　〔漢〕班固撰

東漢崔亭伯集一卷　〔漢〕崔駰撰

張河間集二卷　〔漢〕張衡撰

漢蘭臺令李伯仁集一卷　〔漢〕李尤撰

東漢馬季長集一卷　〔漢〕馬融撰

東漢荀侍中集一卷　〔漢〕荀悅撰

蔡中郎集二卷　〔漢〕蔡邕撰

東漢王叔師集一卷　〔漢〕王逸撰

孔少府集一卷　〔漢〕孔融撰

諸葛丞相集一卷　〔三國蜀〕諸葛亮撰

魏武帝集一卷　〔三國魏〕武帝曹操撰

魏文帝集二卷　〔三國魏〕文帝曹丕撰

陳思王集二卷　〔三國魏〕曹植撰

陳記室集一卷　〔漢〕陳琳撰

王侍中集一卷　〔漢〕王粲撰

魏阮元瑜集一卷　〔三國魏〕阮瑀撰

魏劉公幹集一卷　〔三國魏〕劉楨撰

魏應德璉集一卷　〔三國魏〕應瑒撰

魏應休璉集一卷　〔三國魏〕應璩撰

阮步兵集一卷　〔三國魏〕阮籍撰

嵇中散集一卷　〔三國魏〕嵇康撰

魏鍾司徒集一卷　〔三國魏〕鍾會撰

晉杜征南集一卷　〔晉〕杜預撰

魏荀公曾集一卷　〔晉〕荀勖撰

傅鶉觚集一卷　〔晉〕傅玄撰

晉張司空集一卷　〔晉〕張華撰

孫馮翊集一卷　〔晉〕孫楚撰

晉摯太常集一卷　〔晉〕摯虞撰

晉束廣微集一卷　〔晉〕束皙撰

夏侯常侍集一卷　〔晉〕夏侯湛撰

潘黃門集一卷　〔晉〕潘岳撰

傅中丞集一卷　〔晉〕傅咸撰

潘太常集一卷　〔晉〕潘尼撰

陸平原集二卷　〔晉〕陸機撰

陸清河集二卷　〔晉〕陸雲撰

晉成公子安集一卷　〔晉〕成公綏撰

晉張孟陽集一卷　〔晉〕張載撰

晉張景陽集一卷　〔晉〕張協撰

晉劉越石集一卷　〔晉〕劉琨撰

郭弘農集二卷　〔晉〕郭璞撰

晉王右軍集二卷　〔晉〕王羲之撰

晉王大令集一卷　〔晉〕王獻之撰

孫廷尉集一卷　〔晉〕孫綽撰

陶彭澤集一卷　〔晉〕陶潛撰

宋何衡陽集一卷　〔南朝宋〕何承天撰

宋傅光禄集一卷　〔南朝宋〕傅亮撰

謝康樂集二卷　〔南朝宋〕謝靈運撰

顏光禄集一卷　〔南朝宋〕顏延之撰

鮑參軍集二卷　〔南朝宋〕鮑照撰

宋袁陽源集一卷　〔南朝宋〕袁淑撰

謝法曹集一卷　〔南朝宋〕謝惠連撰

謝光祿集一卷　〔南朝宋〕謝莊撰

南齊竟陵王集二卷　〔南朝齊〕蕭
　子良撰

王文憲集一卷　〔南朝齊〕王儉撰

王寧朔集一卷　〔南朝齊〕王融撰

謝宣城集一卷　〔南朝齊〕謝朓撰

齊張長史集一卷　〔南朝齊〕張融撰

南齊孔詹事集一卷　〔南朝齊〕孔
　稚珪撰

梁武帝御製集一卷　〔南朝梁〕武
　帝蕭衍撰

梁昭明太子集一卷　〔南朝梁〕蕭
　統撰

梁簡文帝御製集二卷　〔南朝梁〕
　簡文帝蕭綱撰

梁元帝集一卷　〔南朝梁〕元帝蕭
　繹撰

江醴陵集二卷　〔南朝梁〕江淹撰

沈隱侯集二卷　〔南朝梁〕沈約撰

陶隱居集一卷　〔南朝梁〕陶弘景撰

梁丘司空集一卷　〔南朝梁〕丘遲撰

任中丞集一卷　〔南朝梁〕任昉撰

王左丞集一卷　〔南朝梁〕王僧孺撰

陸太常集一卷　〔南朝梁〕陸倕撰

劉戶曹集一卷　〔南朝梁〕劉峻撰

王詹事集一卷　〔南朝梁〕王筠撰

劉秘書集一卷　〔南朝梁〕劉孝綽撰

劉豫章集一卷　〔南朝梁〕劉潛撰

劉庶子集一卷　〔南朝梁〕劉孝威撰

庾度支集一卷　〔南朝梁〕庾肩吾撰

何記室集一卷　〔南朝梁〕何遜撰

吳朝請集一卷　〔南朝梁〕吳均撰

陳後主集一卷　〔南朝陳〕陳叔寶撰

徐僕射集一卷　〔南朝陳〕徐陵撰

沈侍中集一卷　〔南朝陳〕沈炯撰

江令君集一卷　〔南朝陳〕江總撰

陳張散騎集一卷　〔南朝陳〕張正
　見撰

高令公集一卷　〔北魏〕高允撰

溫侍讀集一卷　〔北魏〕溫子昇撰

邢特進集一卷　〔北齊〕邢邵撰

魏特進集一卷　〔北齊〕魏收撰

庾開府集二卷　〔北周〕庾信撰

王司空集一卷　〔北周〕王褒撰

隋煬帝集一卷　〔隋〕煬帝楊廣撰

盧武陽集一卷　〔隋〕盧思道撰

李懷州集一卷　〔隋〕李德林撰

牛奇章集一卷　〔隋〕牛弘撰

薛司隸集一卷　〔隋〕薛道衡撰

御選唐宋詩醇四十七卷目錄二卷

Fv5237.48 3901

〔清〕高宗弘曆選　〔清〕梁詩正等編

清光緒十八年（1892）學庫山房刻本

二十冊

框17.2×13.2釐米。9行19字。白口，
左右雙邊，單黑魚尾。牌記題“光緒壬辰
年學庫山房刊”。

古今振雅雲箋十卷　　Fv5773 2932

〔明〕徐渭纂輯　〔明〕張嘉和參訂

明末刻本

十冊

框22.8×12.8釐米。兩截板，下欄9行18
字。白口，四周單邊，單魚尾。版心上鐫書
名，中鐫卷次，眉端刻評。鈐“寶翰樓藏書
記”“學耕堂珍藏”“白雲館圖書印”“樗原
家藏”“山添氏”“薛荔山房”等印。

新訂京本增和釋義魁字千家詩選二卷

1977 +294

〔明〕顧起元校閱

明萬曆書林鄭氏宗文堂刻本

一册

框20.2×13.2釐米。9行18字。白口，四周單邊，單黑魚尾。版心中鐫卷次。金鑲玉裝。内封鐫"前賢註釋/元魁千家詩/名公和韻/鄭繼華梓"。卷末牌記題"萬曆新春之吉鄭氏宗文堂繼華梓"。鈐"魯德福印"等印。原理查德·魯德福藏書。

詩林正宗十八卷　　Fv5213 8923

〔明〕余象斗輯　〔明〕李廷機校正拼音

清同治八年（1869）芸居樓刻本

十六册

框12.4×9.6釐米。行字數不一。白口，左右雙邊，單黑魚尾。内封鐫"同治八年新鎸/鬱岡山房較訂/芸居樓藏板"。

列朝詩集八十一卷　　Fv5237.7 8508

〔清〕錢謙益輯

清順治九年（1652）常熟毛晋汲古閣刻本

三十七册

框20.3×13.3釐米。15行28字。白口，四周雙邊，雙魚尾。版心中鐫書名及卷次。内封鐫"絳雲樓選/列朝詩集/本府藏板"。

漁洋山人古詩選五言詩十七卷七言詩十五卷七言今體詩鈔九卷

Fv5237.08 +1143.2

〔清〕王士禎選

清同治五年（1866）金陵書局刻本

九册

框18.3×13.8釐米。10行22字。黑口，左右雙邊，雙魚尾。

佩文齋詠物詩選四百八十六卷

Fv5237.08 0278

〔清〕張玉書等彙閱　〔清〕汪霦等編輯

清康熙四十六年（1707）揚州詩局刻本

三十二册

框16.6×11.5釐米。11行21字。黑口，左右雙邊，雙魚尾。版心上鐫類名，中鐫書名。鈐"紅梅花館藏書""維石"等印。

詠物詩選八卷　　Fv5237.08 8219

〔清〕俞琰輯

清刻本

四册

框16.6×11.7釐米。10行21字。黑口，左右雙邊，單黑魚尾。版心中鐫書名、卷次及小題。

歷朝詩約選九十三卷　　Fv5237.08 +7244

〔清〕劉大櫆纂

清光緒二十三年（1897）文徵閣刻本

八册

框19.8×14.1釐米。10行22字，小字雙行同。白口，左右雙邊，單黑魚尾。牌記題"光緒乙未秋文徵閣校刊/丁酉秋竣工/何維樸署檢"。

歷朝制帖詩選同聲集十二卷玉堂清課一卷

Fv5237.08 4234

〔清〕胡浚等選注　　（玉堂清課）

〔清〕張麟錫撰　〔清〕胡浚等注

清乾隆刻本

四册

框16.5×12.7釐米。9行19字,小字雙行同。黑口,四周單邊,單黑魚尾。版心上鎸"同聲集",中鎸卷次及類名。

三十家詩鈔六卷　　　Fv5237 +8664

〔清〕曾國藩編　〔清〕王安定增輯

清同治十三年(1874)傳忠書局刻本

六册

框21.4×14.1釐米。10行24字,小字雙行同。黑口,左右雙邊,單魚尾。

青雲詩集四卷　　　Fv5237.08 4235

〔清〕楊逢春 蕭應槐輯　〔清〕沈品華等注　〔清〕沈錫慶校正

清道光十一年(1831)六也齋朱墨套印本

四册

框17.8×11釐米。兩截板,上欄朱印題解與注,9行9字,小字雙行同;下欄9行18字。白口,左右雙邊,單黑魚尾。內封鎸"奉提督學院頒行/謹尊佩文韻府/函海珍之分韻試帖/校對無訛/硃套銅板清雲詩註釋/六也齋珍藏"。序署"道光辛卯年夏月通家生李宗昉書於聞妙香室"。

全上古三代秦漢三國六朝文七百四十六卷

　　　PL2451 C5 1887+ Oversize

〔清〕嚴可均輯

清光緒十三至十九年(1887—1893)廣州廣雅書局刻本

一百册

框20.6×14.2釐米。13行25字,小字雙行同。黑口,四周單邊,單魚尾。牌記題"光緒丁亥鋟於廣州廣雅書局/癸巳九月刻竟/會稽陶濬宣題記"。缺《韻編全文姓氏》五卷。外封鈐"北京大學歷史系資料室"印。原芮沃壽教授藏書。

全上古三代文十六卷

全秦文一卷

全漢文六十三卷

全後漢文一百六卷

全三國文七十五卷

全晉文一百六十七卷

全宋文六十四卷

全齊文二十六卷

全梁文七十四卷

全陳文十八卷

全後魏文六十卷

全北齊文十卷

全後周文二十四卷

全隋文三十六卷

先唐文一卷

古文辭類纂十五卷　　　PL2451 K83 1894

〔清〕姚鼐輯　王先謙輯

清光緒二十年(1894)上海圖書集成印書局鉛印本

六册

古文淵鑒六十四卷　　　Fv5238.08 +2947

〔清〕聖祖玄燁選　〔清〕徐乾學等編注

清康熙二十四年(1685)北京內府刻四色套印本

二十四册

框18.4×14釐米。9行20字,小字雙行同。黑口,四周單邊,黑魚尾。版心中鎸書名、卷次及小題。正文墨色，圈點用朱，眉批用朱、黃、綠三色。藏書票題 "Gift of Dr. Yung Wing, 1911"。

古文英華十二卷　　　　Fv5238.08 2481

〔清〕殷承爵纂定

清康熙四十三年（1704）光啓堂刻本

十二冊

框19.5×12.8釐米。兩截板，上欄18行4小字，下欄9行18字，小字雙行同。白口，四周雙邊。版心上鐫書名，中鐫卷次及小題。內封鐫"彙輯諸名家原評/江左殷尊一纂定/古文英華/光啓堂梓行"。

古文析義十六卷　　　　Fv5238.08 4918

〔清〕林雲銘評注　〔清〕葉世宸等校

清刻本

十六冊

框17.5×13.6釐米。9行23字，小字雙行同。白口，左右雙邊，單黑魚尾。版心上鐫書名，中鐫卷次。內封鐫"增訂古文析義合編/寶文堂藏板"。另有複本一，書號同。

古文析義十六卷　Fv5238.08 4918 K95

〔清〕林雲銘評注　〔清〕王棪校刊

清末刻本

六冊

框19.3×13.3釐米。9行23字，小字雙行同。白口，左右雙邊，單黑魚尾。版心上鐫書名，中鐫卷次。鈐"蕭朝"印。藏書票題 "Gift of Dr. Yung Wing, 1911"。存卷四、八、九、十三、十四、十六。

文苑英華選六十卷　　　Fv5236 3642

〔清〕宮夢仁訂

清康熙四十一年（1702）刻本

十二冊

框18.9×11.4釐米。9行24字。白口，左右雙邊，雙魚尾。版心上鐫書名，中鐫卷次及文體名。內封鐫"瀛州宮定山輯/文苑英華選/光明正大之堂藏板"。鈐"山陰宋氏藏書"印。

唐宋八大家類選十四卷　Fv5238.4 2678

〔清〕儲欣評　〔清〕徐永勳等校

清雍正元年（1723）受祉堂刻本

二十冊

框19.2×11釐米。8行25字。白口，左右雙邊。版心上鐫書名及卷次。內封鐫"雍正癸卯新鐫/宜興儲同人先生評/飜刻必究/唐宋八大家類選/受祉堂藏板"。

唐宋十大家全集錄十種五十二卷

　　　　　　　　　　　Fv5235.4 2678

〔清〕儲欣輯

清光緒八年（1882）蘇州江蘇書局刻本

三十二冊

框20×13.5釐米。9行25字，小字雙行同。黑口，左右雙邊，雙魚尾。牌記題"唐宋十大家全集錄/光緒壬午五月江蘇書局重刊"。

昌黎先生全集錄八卷　〔唐〕韓愈撰

河東先生全集錄六卷外集錄一卷

　　〔唐〕柳宗元撰

習之先生全集錄二卷　〔唐〕李翱撰

可之先生全集錄二卷　〔唐〕孫樵撰

六一居士全集錄五卷外集錄二卷

　　〔宋〕歐陽修撰

老泉先生全集錄五卷　〔宋〕蘇洵撰

東坡先生全集録九卷　〔宋〕蘇軾撰

欒城先生全集録六卷　〔宋〕蘇轍撰

南豐先生全集録二卷　〔宋〕曾鞏撰

臨川先生全集録四卷　〔宋〕王安
　石撰

御選唐宋文醇五十八卷

Fv5238.48 +3200

〔清〕高宗弘曆選

清乾隆三年（1738）北京武英殿刻
四色套印本

　二十册

　框19.6×14.3釐米。9行22字。白口, 四
周單邊, 單黑魚尾。版心上鐫書名, 中鐫
卷次及詩作者名。藏書票題 "Gift of Dr.
Yung Wing, 1911"。

斯文精萃不分卷　Fv5236 4399

〔清〕尹繼善輯

清乾隆刻本

　九册

　框18.3×12.4釐米。8行21字。白口,
左右雙邊。

湖海文傳七十五卷　Fv5238.88 1133

〔清〕王昶輯

清道光十七年（1837）經訓堂刻本

　十二册

　框17.9×13.4釐米。12行23字。小字
雙行同。黑口, 左右雙邊, 雙魚尾。內封
鐫 "道光丁酉年鐫/經訓堂藏版"。

切問齋文鈔三十卷　Fv5238.88 +7191

〔清〕陸燿輯

清乾隆四十年（1775）崇陽楊國楨

刻本

　十册

　框17.7×14.6釐米。12行25字, 小字
雙行同。黑口, 左右雙邊, 雙魚尾。

重訂古文釋義新編八卷

Fv5238.08 8905

〔清〕余誠評注

清光緒著易堂石印本

　八册

　內封鐫 "著易堂書局發兑/上海英界棋
盤街武昌察院坡西首廣東雙門底上街"。

重訂古文釋義新編八卷

Fv5238.08 8905B

〔清〕余誠評注

清光緒二十三年（1897）上海文瑞樓
刻本

　八册

　框19.5×13.2釐米。兩截板, 上欄20
行6字, 下欄10行22字, 小字雙行同。白
口, 四周單邊, 單魚尾。版心下鐫 "文瑞
樓"。內封鐫 "光緒二十三年重鐫/上元余
自明選注/重訂古文釋義新編/上海文瑞
樓藏板"。

救時捷要十二卷　Bj17 896W

王闓運輯

清光緒二十二年（1896）上海嵩雲草
堂石印本

　四册

　內封鐫 "光緒二十二年丙申春正月
嵩雲草堂付印/上海賜書堂代售/不准翻
板"。另有複本一, 書號同。

七十家賦鈔六卷附札記六卷

Fv5240 1350

〔清〕張惠言輯

清光緒二十三年（1897）江蘇書局刻本

五冊

框18.5×12.9釐米。13行22字，小字雙行同。黑口，左右雙邊。内封鐫"七十家賦鈔六卷／學古堂校讀本"。牌記題"光緒丁酉仲夏江蘇書局重刻"。

賦鈔箋略十五卷　　Fv5240.08 1619

〔清〕雷琳 張杏濱箋

清乾隆三十一年（1766）王烜刻本

六冊

框15.1×11.2釐米。9行19字。白口，左右雙邊，單黑魚尾。版心中鐫書名、卷次及篇名。内封鐫"丙戌秋鐫"。

賦學正鵠集釋十一卷　Fv5240.08 L612

〔清〕李元度輯

清光緒八年（1882）崇文堂刻本

六冊

框16×10釐米。兩截板，上欄18行5字，下欄9行21字，小字雙行同。白口，左右雙邊，單魚尾。牌記題"光緒八年夏月崇文堂藏板"。

增廣賦海大全三十卷首一卷

PL2519 F8 C53

〔清〕張承爐撰

清光緒二十三年（1897）上海慎記書莊石印本

十二冊

新選律賦評箋不分卷　　PL2519 F8 L56

〔清〕黎翔鳳編

清光緒八年（1882）粤東儒林閣刻本

一冊

框16.8×12釐米。兩截板，上欄小字18行4字，下欄9行25字，小字雙行同。白口，四周雙邊，單魚尾。内封鐫"光緒八年新鐫／端州黎文卿先生選／新選律賦評箋／校對無訛／省城儒林閣藏板"。

賦類玉盆珠五卷　　PL2519 F8 L58

〔清〕梁樹輯

清同治十二年（1873）掃葉山房刻本

五冊

框14×10釐米。20行42字。白口，四周雙邊。内封鐫"同治癸酉新鐫／類賦玉盆珠／掃葉山房藏版"。

賦海測蠡新編四卷　　PL2519 F8 N53

〔清〕倪珖編次

清咸豐十年（1860）福州刻本

一冊

框15.9×11釐米。9行25字。白口，左右雙邊，單魚尾。版心中鐫"賦海測蠡"。

忠雅堂評選四六法海八卷　Fv5217 4448

〔清〕蔣士銓評選

清同治十年（1871）藏園刻朱墨套印本

八冊

蔣氏全集

框19×13.9釐米。9行20字。白口，四周雙邊，單黑魚尾。内封鐫"評選四六法海／藏園藏板"。

唐賢三昧集三卷　　　　Fv5237.48 1143

〔清〕王士禛編

清康熙三十一年(1692)吳門書林刻本

二冊

框16.9×13.2釐米。10行19字。黑口，左右雙邊，單黑魚尾。版心中鐫"三昧集"及卷次。内封鐫"吳門書林梓"。

十種唐詩選十七卷　Fv5237.48 1143 +T6

〔清〕王士禛删纂

清康熙蘿延齋刻本

六冊

框16.5×13.4釐米。10行19字。黑口，左右雙邊，單黑魚尾。版心中鐫子目書名。内封鐫"十種唐詩選/蘿延齋重梓"。

河嶽英靈集選一卷　　〔唐〕殷璠輯

中興閒氣集選一卷　　〔唐〕高仲武輯

國秀集選一卷　　〔唐〕芮挺章輯

篋中集選一卷　　〔唐〕元結輯

搜玉集選一卷　　〔唐〕佚名輯

御覽詩集選一卷　　〔唐〕令狐楚輯

極玄集選一卷　　〔唐〕姚合輯

又玄集選一卷　　〔五代〕韋莊輯

才調集選三卷　　〔五代〕韋縠輯

唐文粹詩選六卷　　〔宋〕姚鉉輯

全唐詩九百卷目録十二卷

　　　　Fv5237.48 5638

〔清〕曹寅等輯

清康熙四十六年(1707)揚州詩局刻本

一百二十册

框16.8×11.8釐米。11行21字，小字雙行不等。白口，左右雙邊，雙魚尾。版心中鐫書名及詩作者名。首册配補。容閎1878年贈書。

古唐詩合解十二卷　　　Fv5237.4 1142

〔清〕王堯衢注　〔清〕李模 李桓校

清刻本

四册

框12.6×10.5釐米。9行21字，小字雙行同。白口，左右雙邊，單黑魚尾。版心上鐫"古唐詩合解"，中鐫卷次。外封記載"Presented by Yung Wing, October 1854"。

唐詩初選二卷　　　　PL2531 .S842

〔清〕蘅塘退士選　〔清〕吳宗麟重編

清同治三年(1864)可尺長室刻本

四册

框17×12.5釐米。9行21字。白口，左右雙邊，單魚尾。鈐"黼朝"印。藏書票題"Gift of Dr. Yung Wing, 1911"。另有複本一，書號同。

御定全唐詩録一百卷附年表

　　　　PL2531 C49 1706

〔清〕徐倬 徐元正校刊

清康熙四十五年(1706)揚州詩局刻本

二十四册

框16.1×11.7釐米。11行21字。黑口，左右雙邊，雙魚尾。版心中鐫"全唐詩録"、卷次及詩作者名。缺首册。鈐"楊簡之印""在之""中華武進謝利恒校讀之記"印。

唐詩金粉十卷　　　　Fv5237.48 3191

〔清〕沈炳震纂輯

清雍正冬讀書齋刻本

二册

框19.1×14.1釐米。11行23字，小字雙行33字。白口，左右雙邊，單黑魚尾。版心上鎸書名，中鎸卷次及類名，下鎸"冬讀書齋藏本"。内封鎸"冬讀書齋藏板"。

唐人三家集三種二十六卷考異三卷

　　　　　　　　Fv5238.48 0813

〔清〕秦恩復輯　（考異）〔清〕顧廣圻撰

清道光十年（1830）江都石研齋影宋刻本

四册

框18.4×11.4釐米。11行21字，小字雙行同。白口，左右雙邊，單魚尾。内封鎸"道光庚寅江都石研齋影宋本開雕"。

　　駱賓王文集十卷附考異一卷　〔唐〕
　　駱賓王撰　（考異）〔清〕顧廣圻撰
　　吕衡州文集十卷附考異一卷　〔唐〕
　　吕温撰　（考異）〔清〕顧廣圻撰
　　李元賓文集六卷　〔唐〕李觀撰

宋本唐人小集五十種七十三卷

　　　　　　　　Fv5236.4 +3149

〔清〕江標輯

清光緒二十一年（1895）靈鶼閣影刻本

十六册

框17.5×12.1釐米。10行18字。白口，左右雙邊，單魚尾。總目題"唐人五十家小集"。牌記題"靈鶼閣影刊／章鈺署檢""蘇州察院場振新書社經印"。

　　王勃集二卷　〔唐〕王勃撰
　　楊炯集二卷　〔唐〕楊炯撰
　　盧照鄰集二卷　〔唐〕盧照鄰撰
　　駱賓王集二卷　〔唐〕駱賓王撰
　　唐司空文明詩集三卷　〔唐〕司空曙撰

李端詩集三卷　〔唐〕李端撰
耿湋詩集一卷　〔唐〕耿湋撰
嚴維詩集一卷　〔唐〕嚴維撰
唐靈一詩集一卷　〔唐〕釋靈一撰
唐皎然詩集一卷　〔唐〕釋皎然撰
華陽真逸詩二卷　〔唐〕顧況撰
戎昱詩集一卷　〔唐〕戎昱撰
戴叔倫集二卷　〔唐〕戴叔倫撰
權德輿集二卷　〔唐〕權德輿撰
羊士諤詩集一卷　〔唐〕羊士諤撰
吕衡州詩集一卷　〔唐〕吕温撰
朱慶餘詩集一卷　〔唐〕朱慶餘撰
劉滄詩集一卷　〔唐〕劉滄撰
盧仝詩集三卷　〔唐〕盧仝撰
喻鳧詩集一卷　〔唐〕喻鳧撰
項斯詩集一卷　〔唐〕項斯撰
唐求詩集一卷　〔唐〕唐求撰
詩集二卷　〔唐〕曹鄴撰
崔塗詩集一卷　〔唐〕崔塗撰
張蠙詩集一卷　〔唐〕張蠙撰
劉駕詩集一卷　〔唐〕劉駕撰
唐李推官披沙集六卷　〔唐〕李咸用撰
劉叉詩集三卷　〔唐〕劉叉撰
蘇拯詩集一卷　〔唐〕蘇拯撰
章孝標詩集一卷　〔唐〕章孝標撰
于濆詩集一卷　〔唐〕于濆撰
李丞相詩集二卷　〔南唐〕李建勳撰
唐女郎魚玄機詩一卷　〔唐〕魚玄機撰
唐貫休詩集一卷　〔唐〕釋貫休撰
唐齊己詩集一卷　〔唐〕釋齊己撰
僧無可詩集二卷　〔唐〕釋無可撰
劉兼詩集一卷　〔唐〕劉兼撰
王周詩集一卷　〔南唐〕王周撰

儲嗣宗詩集一卷　〔唐〕儲嗣宗撰

章碣詩集一卷　〔唐〕章碣撰

李遠詩集一卷　〔唐〕李遠撰

會昌進士詩集一卷　〔唐〕馬戴撰

林寬詩集一卷　〔唐〕林寬撰

羅鄴詩集一卷　〔唐〕羅鄴撰

秦韜玉詩集一卷　〔唐〕秦韜玉撰

殷文珪詩集一卷　〔唐〕殷文珪撰

唐尚顔詩集一卷　〔唐〕釋尚顔撰

于武陵詩集一卷　〔唐〕于武陵撰

無名氏詩集一卷　〔唐〕佚名撰

張司業樂府集一卷　〔唐〕張籍撰

中晚唐詩叩彈集十二卷續集三卷

Fv5237.48 4106

〔清〕杜詔 杜庭珠集

清康熙四十三年(1704)采山亭刻本

七册

框18.8×14.6釐米。11行20字,小字雙行不等。白口,左右雙邊,單黑魚尾。版心中鐫"叩彈集"、卷次及詩作者名,下鐫"采山亭"及刻工。内封鐫"采山亭藏板"。

讀雪山房唐詩三十四卷　Fv5237.48 9648

〔清〕管世銘輯

清光緒十二年(1886)湖北官書處刻本

十二册

框18×13.3釐米。11行23字,小字雙行同。黑口,四周雙邊,單黑魚尾。内封鐫"光緒十二年秋月/讀雪山房唐詩鈔/湖北官書處刊"。

欽定全唐文一千卷總目三卷

Fv5238.48 +8100

〔清〕董誥 阮元等編輯

清嘉慶二十三年(1818)揚州詩局刻本

一千四册

框19.9×14.5釐米。9行22字。白口,四周雙邊,單黑魚尾。版心上鐫書名,中鐫卷次及詩作者名。藏書票題 "Gift of HSIANG-HSI K'UNG, Y'07 1940"。函套與外封鈐 "Presented by H. H. KUNG"。

唐駢體文鈔十七卷　PL2402 C43

〔清〕陳均輯

清嘉慶二十五年(1820)刻本

四册

框18.2×13.3釐米。11行24字。白口,左右雙邊,單魚尾。

唐人賦鈔六卷　Fv5240 7222

〔清〕邱先德選　〔清〕邱士超箋

清同治元年(1862)廣州寶文堂刻本

六册

框13.2×9.8釐米。9行20字,小字雙行同。白口,四周雙邊,單黑魚尾。内封鐫"同治壬戌重鐫/寶文堂藏板"。鈐"粵東省城學院前紹文堂發兑"印。

三宋人集三種四十七卷　Fv5238.58 0215

〔清〕方功惠編

清光緒七年(1881)方氏碧琳瑯館刻本

六册

框18.4×13釐米。10行21字。黑口,左右雙邊,雙魚尾。牌記題"光緒辛巳孟秋碧琳瑯館校刊"。

河東先生集十五卷附錄一卷　〔宋〕柳開撰

河南先生文集二十七卷　〔宋〕尹

洙撰

穆參軍集三卷附遺事一卷　〔宋〕
穆修撰

南宋雜事詩七卷　　　Fv5237.58 4335

〔清〕沈嘉轍撰

清雍正武林芹香齋刻本

四册

框17.3×13.1釐米。11行21字，小字雙
行不等。白口，左右雙邊，單黑魚尾。卷末
鐫"嘉善劉子端手録/武林芹香齋摹鐫"。

南宋文範七十卷外編四卷作者考二卷

Fv5236.5 +4120

〔清〕莊仲方編

清光緒十四年（1888）江蘇書局刻本

十六册

框20×14.1釐米。14行25字，小字雙
行同。白口，左右雙邊，單魚尾。牌記題
"光緒戊子江蘇書局開雕"。

元詩選六卷補遺一卷　　Fv5237.68 3849

〔清〕顧奎光選輯　〔清〕陶瀚等參評

清光緒元年（1875）文選樓刻本

二册

框16×13.2釐米。10行19字。白口，
左右雙邊，單黑魚尾。内封鐫"光緒元年
八月開雕/文選樓藏板"。外封記載"惠
農藏書"。鈐"惠農所藏"印。

明詩綜一百卷　　　Fv5237.7 2928

〔清〕朱彝尊録　〔清〕汪森等緝評

清康熙嘉興六峰閣刻乾隆錢塘吳氏
清來堂印本

三十二册

框18.8×14.3釐米。11行21字，小字雙
行。白口，左右雙邊，單黑魚尾。版心中鐫
書名及卷次。内封鐫"朱竹垞太史選本/
西泠清來堂吳氏藏版"。函套書名籤紙上
鈐"上洋江左書林督造古今書籍發"。

欽定國朝詩別裁集三十二卷

Fv5237.88 +3123B

〔清〕沈德潛纂評

清乾隆二十六年（1761）刻本

十二册

框17.1×13.5釐米。10行19字，小字
雙行27字。白口，左右雙邊，單黑魚尾。
版心上鐫書名，中鐫卷次。

國朝六家詩鈔八卷　　Fv5237.88 7241

〔清〕劉執玉選　〔清〕許庭堅　鄒
容成參閲

清乾隆三十二年（1767）詒燕樓刻本

八册

框18×13.3釐米。10行21字。白口，
左右雙邊，單黑魚尾。版心上鐫書名，中
鐫詩鈔名。内封題"乾隆丁亥新鐫/詒燕
樓藏板"。

荔裳詩鈔一卷　〔清〕宋琬撰
愚山詩鈔一卷　〔清〕施閏章撰
阮亭詩鈔二卷　〔清〕王士禛撰
秋谷詩鈔一卷　〔清〕趙執信撰
竹垞詩鈔一卷　〔清〕朱彝尊撰
初白詩鈔二卷　〔清〕查慎行撰

國朝四家詩選十四卷　　Fv5237.88 4420

〔清〕李仁毅撰

清道光元年（1821）常熟鄭錦椿局刻本

十二册

框16.8×13.8釐米。10行19字, 小字
雙行同。黑口, 左右雙邊, 單魚尾。容閎
1878年贈書。

張問陶四卷

郟掄逵四卷

查初揆二卷

陳文述四卷

本朝館閣詩二十卷附錄二卷

Fv5237.88 +7173

〔清〕阮學浩 阮學濬編次

清乾隆二十三年(1758)阮學濬困學
書屋刻本

十二冊

框16.2×11.7釐米。10行21字。黑口,
左右雙邊, 雙魚尾。版心中鐫書名, 卷次
及詩體名稱。內封鐫"乾隆戊寅秋新鐫/
困學書屋藏板"。

批點七家詩試帖詳注　Fv5781 1373

〔清〕張熙宇輯訂

清同治二年(1863)蘇州裕文祥刻本

四冊

框18.7×11.3釐米。兩截板, 上欄12
行10小字, 下欄10行20字, 小字雙行同。
白口, 左右雙邊, 單黑魚尾。內封鐫"同
治癸亥重鐫/批點七家詩試帖詳注/澹香
齋、修竹齋、尚絅齋、樨花館、桐雲閣、西
漚、簡學齋/姑蘇裕文祥藏板"。

四先生詩存四卷　PL2537 +S786

〔清〕陳子丹輯

清宣統元年(1909)繡詩樓鉛印本

一冊

四先生爲陳廷光、陳士鑛、陳多緣、

許之琎。

臺灣雜詠合刻三卷　Fv5237.88 T13

〔清〕王凱泰等撰　〔清〕楊希閔輯

清光緒七年(1881)刻本

一冊

框12.4×9.3釐米。8行20字, 小字雙
行同。黑口, 左右雙邊, 單黑魚尾。牌記
題"光緒辛巳大冬開雕"。

臺灣雜詠一卷續詠一卷　〔清〕王
凱泰撰

臺陽雜興一卷　〔清〕馬清樞撰

臺陽雜詠一卷　〔清〕何澂撰

陸陳二先生文鈔二種十二卷詩鈔二種
十六卷　Fv5431 7142

〔清〕陸世儀 陳瑚撰　〔清〕葉裕
仁編次

清同治九年(1870)至光緒二年
(1876)蒯德模刻本

八冊

框18.2×12.8釐米。12行23字, 小字
雙行同。白口, 四周雙邊, 單魚尾。內封鐫
"安道書院藏板"。

桴亭先生文鈔六卷　〔清〕陸世儀撰

確庵先生文鈔六卷　〔清〕陳瑚撰

桴亭先生詩鈔八卷　〔清〕陸世儀撰

確庵先生詩鈔八卷　〔清〕陳瑚撰

國朝駢體正宗十二卷　Fv5239.88 8693

〔清〕曾燠輯

清嘉慶十一年(1806)粵東賞雨茆屋
刻本

六冊

框18.6×14.2釐米。11行22字, 小字

雙行同。白口，左右雙邊，單魚尾。内封
鎸"嘉慶丙寅七月/國朝駢體正宗/賞雨茆
屋藏板"。

清朝駢體正宗十二卷 Fv5239.88 8693B
〔清〕曾燠選　〔清〕姚燮評　〔清〕張
壽榮參
　　清光緒十一年（1885）上海文瑞樓
石印本
　　四册

國朝文錄八十二卷　　Fv5238.8 4437
〔清〕李祖陶編
　　清道光十九年（1839）瑞州鳳儀書院
刻本
　　三十二册
　　框19.8×12.8釐米。9行25字。白口，
四周雙邊，單魚尾。牌記題"道光十九年
鎸於瑞州府鳳儀書院"。

國朝文錄八十二卷　　Fv5238.8 4146
〔清〕姚椿輯
　　清光緒二十六年（1900）掃葉山房石
印本
　　十六册

皇朝駢文類苑十四卷　　Fv5239 4194
〔清〕姚燮選
　　清光緒九年（1883）上海張壽榮刻本
　　二十四册
　　框13.2×10釐米。9行20字。黑口，左
右雙邊，單魚尾。牌記題"光緒重光大荒
落律中林鐘雕板"。

皇朝駢文類苑十四卷首一卷
　　　　　　　　　　Fv5239 4194B
〔清〕姚燮選
　　清光緒十二年（1886）刻本
　　十八册
　　框13×9.5釐米。9行20字。黑口，左
右雙邊，單魚尾。内封鎸"皇朝駢文類苑
十五卷"。牌記題"光緒丙戌重鎸"。

國朝文匯二百卷　　　　Fv5238.8 3194
〔清〕沈萃芬編
　　清宣統元年（1909）上海國學扶輪
社石印本
　　一百一册

國朝文棟八卷　　　　　Fv5238.8 4248
〔清〕胡嘉銓輯
　　清宣統元年（1909）上海時中書局鉛
印本
　　四册

國朝二十四家文鈔二十四卷
　　　　　　　　　　Fv5238 2912
〔清〕徐斐然輯
　　清道光十年（1830）文光堂刻本
　　六册
　　框13×10.5釐米。10行21字。白口，四
周單邊，單魚尾。内封鎸"道光十年新鎸
/文光堂梓/國朝二十四家文鈔/歸安徐鳳
輝輯評"。鈐"合田""棚古""黃五大學
區長崎師範學校圖書之印""長崎師範
學校之消印"等印。

國朝元魁墨萃不分卷　　Fv5238.88 6412
〔清〕點石齋主人輯

清光緒十三年（1887）上海點石齋石印本

六冊

内封鐫"光緒丁亥夏五上海點石齋印"。

患難一家言一卷

〔清〕胡思燮撰

清末傳抄本

一冊

外封記載"白下愚園集"。簡又文贈書。

郡邑之屬

國朝中州文徵五十四卷首一卷

v5241.16 4932

〔清〕蘇源生編

清道光二十五年（1845）刻本

二十八冊

框17.9×13.4釐米。10行22字，小字雙行同。白口，四周雙邊，單黑魚尾。牌記題"道光癸卯孟夏開雕/乙巳季秋告竣"。

新安先集二十卷　　Fv5241.29 +2934

〔清〕朱之榛輯

清同治十三年（1874）蘇州刻本

六冊

框19×14.6釐米。10行25字，小字雙行同。黑口，左右雙邊，單魚尾。

江蘇詩徵一百八十三卷　Fv5241.28 1113

〔清〕王豫輯

清道光元年（1821）焦山海西庵詩徵閣刻本

四十冊

框19.5×13.9釐米。11行23字，小字雙行同。白口，四周單邊，單魚尾。牌記題"焦山海西庵詩徵閣藏板"。

國朝常州駢體文錄三十一卷附結一宧駢體文一卷　　Fv5239.88 7634

〔清〕屠寄輯

清光緒十六年（1890）廣州武進屠氏刻本

八冊

框17.8×13.8釐米。13行22字，小字雙行同。黑口，左右雙邊，雙魚尾。牌記題"光緒十六年九月陶濬宣署"。卷末鐫"廣東省城西湖街富文齋刻字"。《結一宧駢體文》牌記題"光緒庚寅十月刻於廣州/陶濬宣署檢"。

京江鮑氏三女史詩鈔合刻十二卷

Fv5484 0322

〔清〕戴燮元輯

清光緒八年（1882）丹徒戴氏嘉禾刻本

五冊

框16.5×11.5釐米。10行21字。黑口，四周雙邊，雙魚尾。

　　起雲閣詩鈔四卷　〔清〕鮑之蘭撰

　　清娛閣詩鈔六卷　〔清〕鮑之蕙撰

　　三秀齋詩鈔二卷　〔清〕鮑之芬撰

海虞文徵三十卷　　Fv5241.28 1248

〔清〕邵松年編輯

清光緒三十一年（1905）上海鴻文書局石印本

十六冊

兩浙輶軒録四十卷　　　Fv5241.29 7111

〔清〕阮元輯

清嘉慶六年（1801）仁和朱氏刻本

二十册

框18.9×14.3釐米。12行23字，小字雙行同。白口，左右雙邊，單魚尾。

國朝杭郡詩三輯一百卷 Fv5241.29 1250

〔清〕丁申 丁丙編

清同治十二年（1873）至光緒十九年（1893）錢塘丁氏刻本

五十册

框18×14釐米。12行23字，小字雙行同。白口，左右雙邊，單魚尾。

國朝杭郡詩輯三十二卷國朝杭郡詩續輯

四十六卷　　　　　Fv5241.29 +2368

〔清〕吳顥輯　〔清〕吳振棫編

清道光刻本

四十册

框18.6×13.8釐米。12行23字，小字雙行同。白口，左右雙邊，單魚尾。

容城三賢文集三種十二卷

　　　　　　　　　Fv5235 1312

〔清〕張斐然 楊莅輯

清道光十六年（1836）正義書院刻本

十二册

框20×14.4釐米。10行20字。白口，四周雙邊，單魚尾。內封鐫"道光丙申年重刊/容城縣/三賢文集/正義書院藏板"。

容城文靖劉先生文集四卷　〔元〕
　劉因撰

容城忠愍楊先生文集四卷　〔明〕
　楊繼盛撰

容城鍾元孫先生文集四卷　〔清〕
　孫奇逢撰

廬陽三賢集三種十九卷　　Fv5235 1344

〔清〕張樹聲輯

清光緒元年（1875）合肥張氏毓秀堂刻本

四册

框17.8×13.3釐米。10行21字。黑口，四周雙邊，雙魚尾。

包孝肅奏議十卷附録一卷　〔宋〕
　包拯撰

余忠宣青陽山房集五卷附録一卷
　〔元〕余闕撰

周給事垂光集一卷附録一卷　〔明〕
　周璽撰

廣東校士録十卷　　　　Fv5241.32 2932

朱祖謀訂

清光緒三十年（1904）上海大成書局石印本

六册

內封鐫"研究文學之藍本"。

氏族之屬

三蘇全集七種二百四卷　Fv5339 1482

〔宋〕蘇洵等撰　〔清〕弓翊清訂

清道光十二年（1832）眉州三蘇祠刻本

六十四册

框19.4×14.6釐米。9行25字。黑口，左右雙邊，雙魚尾。內封鐫"道光壬辰新鐫/板藏眉州三蘇祠"。

東坡集八十四卷　〔宋〕蘇軾撰

嘉祐集二十卷　　〔宋〕蘇洵撰

欒城集四十八卷後集二十四卷三集十

　　卷應詔集十二卷　　〔宋〕蘇轍撰

斜川集六卷　　〔宋〕蘇過撰

務滋堂集二十六卷　　　　Fv5241.28 1392

　　〔清〕金文城撰

　　清乾隆至道光刻本

　　三册

　　　框17.5×12.7釐米。12行20字。白口，

四周單邊，單白魚尾。版心上鎸“務滋堂

集”，中鎸書名及卷次。《其恕齋詩草》

卷一至卷八刻於嘉慶二十一年（1816），

卷九起補刻於道光十年（1830）。

　　　翠娛樓詩草四卷

　　　翠娛樓詩餘一卷

　　　翠娛樓雜著一卷

　　　味真山房詩草二卷

　　　其恕齋詩草十八卷

酬唱之屬

坡門酬唱二十三卷　　　Fv5237.55 +1236

　　〔宋〕邵浩編

　　清宣統二年（1910）貴池劉氏玉海堂

影宋刻本

　　八册

　　玉海堂影宋元叢書

　　　框20.1×14.8釐米。9行16字。白口，

左右雙邊，單黑魚尾。

是程堂倡和投贈集二十五卷

　　　　　　　　　　Fv5237.88 7624

　　〔清〕屠倬輯

　　清道光五年（1825）錢塘屠氏刻本

　　二册

　　　框18.4×13.5釐米。11行23字，小字

雙行同。白口，左右雙邊，單黑魚尾。存

卷一至五。

清暉贈言十卷

　　　　NJ18 W1933 C4 1911 （LC）

　　〔清〕徐永宣編

　　清宣統三年（1911）順德鄧氏風雨樓

鉛印本

　　三册

　　風雨樓叢書

題詠之屬

百美新詠不分卷　　　　Bj14g .805y

　　〔清〕顔希源輯

　　清嘉慶十年（1805）集腋軒刻本

　　一册

　　　框18.8×12.8釐米。8行18字，小字雙

行同。白口，四周雙邊，單魚尾。内封鎸

“袁簡齋先生鑒定/百美新詠圖傳/集腋

軒藏板”。

紅樓夢圖詠　　　　　　Fv5762 +1412

　　〔清〕改琦繪

　　清光緒五年（1879）淮浦居士刻本

　　四册

　　　框22.1×14.6釐米。行字數不一。白

口，四周單邊。

于湖題襟集十卷　　　Fv5236.88 4333

　　〔清〕袁昶輯

　　清光緒二十一年（1895）刻本

　　三册

框17×13.1釐米。10行22字。黑口，左右雙邊，單魚尾。版心下鐫 "小漚巢"。牌記題 "光緒乙未仲夏凌稂書首"。

于湖題襟詩集五卷
施均父詩一卷
梁節庵詩一卷
王六譚詩一卷
黃公度詩一卷
思舊集一卷
于湖題襟文集五卷

後聊齋志異圖詠四卷

　　　　　　PL2715 U34 T78 1910

〔清〕顧光傑撰
清宣統二年（1910）廣益書局石印本
四冊

尺牘之屬

蘇黃尺牘四卷　　　　Fv5775 4846

〔明〕黃始輯
清同治元年（1862）緯文堂刻本
三冊
框12.2×10釐米。9行20字。白口，左右雙邊，單魚尾。内封鐫 "同治元年重鐫/蘇黃尺牘/緯文堂藏板"。

蘇軾尺牘二卷
黃庭堅尺牘二卷

清暉閣贈貽尺牘二卷　　PL2610 C47

〔清〕王翬撰
清宣統三年（1911）上海神州國光社鉛印本
一冊
風雨樓叢書

音註小倉山房尺牘八卷　　Fv5778 4344

〔清〕袁枚撰　〔清〕胡又蘆箋釋
清咸豐十年（1861）存雅堂刻本
四冊
框16.6×10.5釐米。9行21字，小字雙行同。黑口，四周雙邊，單黑魚尾。内封鐫 "咸豐辛酉年新鐫/分類尺牘飲香/山陰胡又蘆箋釋/存雅堂藏板"。容閎1878年贈書。

李文忠公朋僚函稿二十四卷

　　　　　　　　Fv5778 4430.1 L7

〔清〕李鴻章撰　〔清〕吳汝綸編
清光緒二十八年（1902）蓮池書社鉛印本
十二冊

弢園尺牘八卷　　　　Fv5778 1147

〔清〕王韜撰
清光緒二年（1876年）天南遯窟鉛印本
六冊

弢園尺牘續抄六卷

　　　　　　PL2732.A73 Z6 1971

〔清〕王韜撰
清光緒十五年（1889）弢園鉛印本
一冊

三名臣書牘四卷　　　Fv5778 2114

〔清〕何天柱編
清光緒三十三年（1907）廣智書局鉛印本
三冊
存卷二至四。三名臣係曾國藩、胡林翼、左宗棠。

三名臣書牘四卷　　Fv5778 2114 1908

〔清〕何天柱編

清光緒三十四年（1908）廣智書局鉛印本

四冊

三名臣係曾國藩、胡林翼、左宗棠。

潛園友朋書問十二卷　　Fv5778 7133

〔清〕陸心源輯

清光緒三十三年（1907）醉二室石印本

六冊

五十名家書札不分卷　PL2610 L82 1893

〔清〕陸心源撰

清光緒十九年（1893）上海學有根柢齋石印本

四冊

內封鎸"湖州陸氏皕宋樓摹刻/元和鄒福保署首"。牌記題"光緒癸巳仲夏上海學有根柢齋影石印"。書口上題"名賢書札"，下題"潛園摹刻"。外封記載"安塞齋藏"。

五十名家書札不分卷　PL2610 L82 1894

〔清〕陸心源撰

清光緒二十年（1894）上海復古齋石印本

四冊

內封鎸"湖州陸氏皕宋樓摹刻/元和鄒福保署首"。牌記題"光緒甲午春上海復古齋石印"。書口上題"名賢書札"，下題"潛園摹刻"。

尺牘輯要四卷分韻撮要字彙四集
　　Fvh66 Y9

〔清〕虞世英編　〔清〕虞學圃　温

儀鳳輯

清道光二十三年（1843）刻本

一冊

框14.3×10釐米。兩截板，上欄13行13字，下欄9行字數不等。白口，四周雙邊，單黑魚尾。版心上鎸"尺牘"，中鎸"分韻撮要"。內封鎸"清道光二十三年新鎸/吳郡虞學圃武溪温岐石全輯/江湖尺牘分韻撮要合集/內附輓詩/味經堂藏板"。外封記載"Yale College Library presented by Mr. Wm A. Macy"。

尺牘輯要四卷分韻撮要字彙四卷
　　Fvh66 C44

〔清〕虞世英編　〔清〕虞學圃　温

儀鳳輯

清刻本

二冊

框13.7×10釐米。兩截板，上欄13行13字，下欄9行字數不等。白口，四周單邊，單黑魚尾。版心上鎸"尺牘"，中鎸"分韻撮要"。外封鈐"程汝湖書束"。藏書票題"Gift of Dr. Yung Wing, 1911"。存卷二至三。

初學指南尺牘全集四卷附經驗各方一卷
　　Fvh66 T493

〔清〕丁琪辰纂輯

清末佛山三元堂刻本

二冊

框12.1×9.6釐米。8行20字，小字雙行同。白口，左右雙邊，單魚尾。版心題"指南尺牘"。內封鎸"內附來往信札/指南尺牘生理要訣/佛山三元堂板/內附稱呼問答"。卷四末鎸"順邑梁安順堂敬送"。外封鈐"容閎印"。

名賢手札八卷　　　　　　WB 26219

〔清〕郭慶藩輯

清光緒二十九年（1903）上海點石齋石印本

一冊

外封書籤題"八賢手札墨蹟"。牌記題"光緒癸卯九月上海點石齋印"。存卷一至四。

八大功臣手札八卷附二卷　Fv5773 0213

〔清〕郭子瀞輯

清光緒十一年（1885）刻本

六冊

框9.8×7.5釐米。8行15字。黑口，左右單邊，單魚尾。内封鐫"中興名臣手札"。八大功臣即曾文正公國藩、駱文忠公秉章、胡文忠公林翼、沈文肅公葆楨、左恪靖侯宗棠、曾威毅伯國荃、彭大司馬玉麟、李肅毅伯鴻章，附二臣爲曾襲侯紀澤、王方伯德榜。

秋水軒尺牘四卷　　　　Fv5778 0463

〔清〕許思湄撰

清道光三十年（1850）粵東刻本

二冊

尺牘稱呼合解不分卷　　Fv5771 3190

〔清〕江耀亭編

清光緒二十年（1894）羊城璧經堂鉛印本

一冊

内封鐫"光緒甲午年校正重刊/新增尺牘稱呼合解/羊城學院前璧經堂昌記

藏板"。1947年入藏。

分類詳註飲香尺牘四卷　　Fv5771 8827

〔清〕飲香居士編　〔清〕白下慵隱子釋

清道光八年（1828）三貴堂刻本

二冊

框13.8×10.5釐米。10行23字，小字雙行同。白口，四周雙邊，單魚尾。内封鐫"道光戊子新鐫/分類尺牘飲香/三貴堂梓/詳註箋釋"。書口題"詳註飲香"。

增註秋水雪鴻軒尺牘合璧不分卷

Fv5778 0875

〔清〕廣益書局編

清宣統三年（1911）廣益書局石印本

二冊

謠諺之屬

古謠諺一百卷　　　　　Fv5788 4103

〔清〕杜文瀾輯

清咸豐十一年（1861）曼陀羅華閣刻本

二十冊

框16.1×11.9釐米。9行21字，小字雙行同。白口，左右雙邊，單黑魚尾。版心下鐫"曼陀羅華閣"。

課藝之屬

欽定四書文不分卷　　Fv5238.08 +0241

〔清〕弘晝監理　〔清〕方苞校閱

清乾隆五年（1740）北京武英殿刻本

十六冊

框22.4×15.7釐米。9行25字。白口，四周雙邊，單黑魚尾。版心上分別鐫各集書名，中鐫四書名。鈐"筆山樓""讀我書"印。

學海堂集六十二卷　　　Fv5236.8 7392
〔清〕阮元等輯

清道光五年（1825）至咸豐九年（1859）啓秀山房刻本

二十四冊

框18.4×14.1釐米。10行20字, 小字雙行同。白口, 左右雙邊, 單魚尾。内封鐫"學海堂集/道光五年/啓秀山房藏版"。

初集十六卷　〔清〕阮元輯

二集二十二卷　〔清〕吳蘭修輯

三集二十四卷　〔清〕張維屏輯

時藝引階合編不分卷　　　Fv5781 6623
〔清〕路德等撰　〔清〕葉錫鳳編

清咸豐六年（1856）寧波汲古齋刻本

四冊

框16.6×10.5釐米。7行25字, 小字雙行同。白口, 四周單邊, 單魚尾。内封鐫"咸豐六年重鐫/仁在堂時藝引階合編/寧郡汲古齋"。

國朝論策類編附經義一卷
　　　　　　Fv5236.8 2981
〔清〕朱鍾琪輯

清光緒二十四年（1898）識小社刻本

四冊

框18×12釐米。12行25字。黑口, 四周雙邊。牌記題"光緒戊戌識小社栞"。

增廣試律大觀彙編四卷附韻語麗珠一卷
詩裁駢玉一卷　　　Fv5237.88 4002
〔清〕補蠹書屋主人編

清光緒十二年（1886）上海書局石印本

四冊

館律分韻初編六卷　　　Fv5237.88 8224
〔清〕春暉閣主人輯

清光緒十四年（1888）上海鴻寶齋石印本

六冊

仕商應酬須知便覽二十卷　　Fvh66 Sh21
〔清〕求是齋校輯

清光緒二十三年（1897）文陞書局刻本

十二冊

框12.8×8.5釐米。12行32字, 小字雙行同。黑口, 四周單邊。内封鐫"光緒丁酉季秋/新輯仕商應酬便覽/式如曾文玉署"。牌記題"文陞書局校栞"。

增訂臨文便覽不分卷　　　Fvh80 T78
〔清〕怡雲仙館主人編

清光緒二年（1876）怡雲仙館刻本

四冊

框11.6×8釐米。6行20字, 小字雙行同。白口, 四周單邊, 單魚尾。合《字學舉隅》與《韻辨》二書而成。

五經文海不分卷　　　Fv110 1121.6
〔清〕海墨樓書局主人輯

清光緒十年（1884）廣州海墨樓書局石印本

十二冊

牌記題"光緒十年冬十有二月羊城海墨樓書局印行"。

分類應酬通考八卷　　　Fvh66 F35
清光緒二十二年（1896）上海文苑閣

石印本

　　八册

　　外封題"仕商應酬備覽四百種/尺牘維新"。

詩文評類

詩評之屬

談藝珠叢二十七種四十四卷

Fv5213 1131

〔清〕王啓原輯

　　清光緒十一年(1885)長沙玉尺山房刻本

　　十二册

　　框12.6×9.9釐米。8行21字, 小字雙行同。白口, 四周雙邊, 單魚尾。牌記題"光緒乙酉夏刊於長沙玉尺山房"。

　　詩品三卷　〔南朝梁〕鍾嶸撰

　　樂府古題要解二卷　〔唐〕吳兢撰

　　詩式一卷　〔唐〕釋皎然撰

　　主客圖三卷　〔唐〕張爲撰

　　詩品一卷　〔唐〕司空圖撰

　　風騷旨格一卷　〔唐〕釋齊己撰

　　晦庵詩説一卷　〔宋〕陳文蔚等撰

　　白石道人詩説一卷　〔宋〕姜夔撰

　　滄浪詩話一卷　〔宋〕嚴羽撰

　　詩法家數一卷　〔元〕楊載撰

　　木天禁語一卷　〔元〕范梈撰

　　詩學禁臠一卷　〔元〕范梈撰

　　麓堂詩話一卷　〔明〕李東陽撰

　　談藝録一卷　〔明〕徐禎卿撰

　　藝苑卮言八卷　〔明〕王世貞撰

　　詩家直説四卷　〔明〕謝榛纂

　　藝圃擷餘一卷　〔明〕王世懋撰

　　詩譯一卷　〔清〕王夫之撰

　　夕堂永日緒論一卷　〔清〕王夫之撰

　　師友詩傳録一卷　〔清〕郎廷槐問　〔清〕王士禎等答

　　師友詩傳續録一卷　〔清〕劉大勤問　〔清〕王士禎答

　　談龍録一卷　〔清〕趙執信撰

　　聲調譜前譜一卷後譜一卷續譜一卷　〔清〕趙執信撰

　　聲調譜拾遺一卷　〔清〕翟翬撰

　　然鐙記聞一卷　〔清〕王士禎口授　〔清〕何世璂筆述

　　説詩晬語二卷　〔清〕沈德潛撰

　　詩評一卷　〔清〕黄景仁撰

詩比興箋四卷

Fv5213 7931

〔清〕陳沆撰

　　清咸豐四年(1855)刻本(有抄補)

　　二册

　　框17.8×12.7釐米。10行22字。白口, 左右雙邊, 單魚尾。

宋詩紀事補遺一百卷

PL2533 L56a

〔清〕陸心源輯

　　清光緒十九年(1893)刻本

　　二十五册

　　框17.2×12釐米。10行20字, 小字雙行同。黑口, 四周雙邊, 單魚尾。牌記題"光緒癸巳秋七月楊峴署"。

文評之屬

馬氏文通十卷

Fvh30 M212

〔清〕馬建忠撰

　　清光緒二十四年(1898)上海商務印

書館鉛印本

　　十冊

　　牌記題"光緒二十四年孟冬/馬氏文通/上海商務印書館排印/翻刻必究"。

四六叢話三十三卷附選詩叢話一卷

Fv5212 +1945

〔清〕孫梅輯

清光緒七年(1881)吳下嶺南許應鑅刻本

　　十二冊

　　框18.6×13.5釐米。10行21字,小字雙行同。黑口,左右雙邊,雙魚尾。牌記題"光緒七年歲次辛巳中秋之月吳下重雕"。外封鈐"上海世界書局圖書館"印記。

文章潤色不分卷

PL1489 .W453

〔清〕佚名輯

清光緒二十七年(1901)抄本

　　一冊

文法之屬

賦學指南十卷

PL2519.F8 Y85

〔清〕余丙照編　　〔清〕吳立荺鑒定

清同治六年(1867)刻本

　　二冊

　　框12×10.1釐米。9行21字,小字雙行同。白口,左右雙邊,單魚尾。

七律指南甲編八卷乙編四卷

Fv5237.08 0216

〔清〕方元鵾評點

清嘉慶十六年(1811)刻本

　　六冊

框18.4×13.5釐米。10行25字。白口,左右雙邊,單魚尾。鈐"紫硯樓"印。

詞類

別集之屬

片玉詞二卷補遺一卷

Fv5599 +2210

〔宋〕周邦彥撰

清光緒十一年(1885)刻本

　　一冊

　　西泠詞萃

　　框17.6×13.5釐米。12行23字。白口,左右雙邊,單魚尾。牌記題"光緒十一年歲乙酉二月付梓"。與《簫臺公餘詞》同函。

簫臺公餘詞一卷

Fv5599 +2210

〔宋〕姚述堯撰

清光緒十二年(1886)刻本

　　一冊

　　西泠詞萃

　　框17.6×13.5釐米。12行23字。白口,左右雙邊,單魚尾。牌記題"光緒十二年歲丙戌八月刊成"。與《片玉詞》同函。

紅豆樹館詞八卷

PL2727.A653 H8

〔清〕陶樑撰

清道光二十三年(1843)刻本

　　一冊

　　框17.2×12.3釐米。10行20字。黑口,四周單邊。

才子西廂醉心篇一卷

Fv5668.6 7922

〔清〕陳維崧訂

清刻本

二冊

框18.5×13釐米。9行20字。白口，四周單邊，單魚尾。內封鐫"名家時藝彙選/醉心篇/三亦齋梓行"。

雨屋深鐙詞一卷　　　PL2732.A32 Y8

〔清〕汪兆鏞撰

清宣統三年（1911）鉛印本

一冊

總集之屬

詞學全書十六卷　　　Fv5575 0785

〔清〕查培繼鑒定

清乾隆世德堂刻本

八冊

框17.4×13.5釐米。10行20字，小字雙行同。白口，四周單邊，單黑魚尾。版心上鐫子目書名，中鐫卷次。內封鐫"詞學全書/世德堂梓行/東海查王望先生鑒定"。

古今詞論一卷　　〔清〕王又華輯

填詞名解四卷　　〔清〕毛先舒撰

填詞圖譜六卷續集三卷　　〔清〕賴以邠撰　　〔清〕查繼超增輯

詞韻二卷　　〔清〕仲恒撰

附古韻通略一卷　　〔清〕柴紹炳撰

詞學全書十六卷　　　Fv5575 0785B

〔清〕查培繼鑒定

清乾隆世德堂刻本

十冊

框17.8×12.6釐米。9行20字，小字雙行同。白口，四周單邊，單黑魚尾。版心上鐫子目書名，中鐫卷次。內封鐫"詞學全書/世德堂梓行/東海查王望先生鑒定"。

填詞名解四卷　　〔清〕毛先舒撰

古今詞論一卷　　〔清〕王又華輯

填詞圖譜六卷續集三卷　　〔清〕賴以邠撰　　〔清〕查繼超增輯

詞韻二卷　　〔清〕仲恒撰

附古韻通略一卷　　〔清〕柴紹炳撰

詞選二卷附錄一卷續詞選二卷

　　　　　　　Fv5582.4 1350

〔清〕張惠言輯　　〔清〕董毅續選

清同治十一年（1872）會稽章氏刻本

二冊

框18.4×13.7釐米。11行23字，小字雙行同。白口，左右雙邊，單黑魚尾。

宋四家詞選不分卷　　Fv5582.5 +7232B

〔清〕周濟編

清光緒三十四年（1908）鉛印本

二冊

四家即周邦彥、辛棄疾、王沂孫、吳文英。

宋元名家詞十七卷　　　Fv5580.58 3149

〔清〕江標輯

清光緒二十一年（1895）刻本

四冊

框15.3×11.9釐米。11行20字，小字雙行同。黑口，左右雙邊。

信齋詞一卷　　〔宋〕葛郯撰

樂齋詞一卷　　〔宋〕向滈撰

晦庵詞一卷　　〔宋〕朱熹撰

竹洲詞一卷　　〔宋〕吳儆撰

虛齋樂府一卷　　〔宋〕趙以夫撰

古山樂府一卷　　〔元〕張埜撰

雲林詞一卷　　〔元〕倪瓚撰

雪坡詞一卷　　〔宋〕姚勉撰
演山詞二卷　　〔宋〕黃裳撰
和清真詞一卷　〔宋〕楊澤民撰
風雅遺音二卷　〔宋〕林正大編
文山樂府一卷　〔宋〕文天祥撰
松雪齋詞一卷　〔元〕趙孟頫撰
雪樓樂府一卷　〔元〕程文海撰
雁門集一卷　　〔元〕薩都剌撰

啓禎宮詞合刻二卷　　　Fv5631.9 +6124
　〔清〕瞿紹基校
　清嘉慶十六年（1811）海虞瞿氏鐵琴
銅劍樓刻本
　一冊
　框18×13釐米。10行21字。黑口，左
右雙邊，單魚尾。牌記題"嘉慶辛未春
鎸／海虞鐵琴銅劍樓藏版"。
　天啓宮詞一卷　〔明〕秦蘭徵撰
　崇禎宮詞一卷　〔清〕王譽昌撰

閨秀詞鈔十六卷補遺一卷續補遺四卷
　　　　　　　　　Fv5582 +2916
　徐乃昌撰錄
　清宣統元年（1909）小檀欒室刻本
　八冊
　框18.3×12.3釐米。11行21字，小字
雙行同。黑口，左右雙邊，雙魚尾。牌記題
"宣統元年己酉年朝日小檀欒室開雕"。

詞話之屬

白雨齋詞話八卷附詞存一卷詩鈔一卷
　　　　　　　　　Fv5577 7919
　〔清〕陳廷焯撰
　清光緒二十年（1894）刻本

三冊
　框15.8×11.9釐米。10行19字，小字
雙行同。白口，四周雙邊，單魚尾。

詞譜之屬

詞律校勘記二卷　　　Fv5577 4103
　〔清〕杜文瀾撰
　清光緒十八年（1892）掃葉山房石印本
　二冊
　曼陀羅華閣叢書

詞韻之屬

詞林正韻三卷　　　Fv5576 +5045B
　〔清〕戈載撰
　清光緒十七年（1891）思賢講舍刻本
　二冊
　框17.6×13.2釐米。10行22字，小字
雙行同。白口，左右雙邊，單黑魚尾。

曲類

散曲之屬

**靜淨齋第八才子書花箋記六卷附二酉齋
花箋文章**　　　　　　　　1983 63
　〔清〕靜淨齋評
　清雍正芥子園刻考文堂印本
　二冊
　框12×9.5釐米。9行20字。白口，四
周單邊，單黑魚尾。版心上鎸"第八才子
書"，中鎸卷次，部分下鎸"芥子園"。內
封鎸"聖嘆外書／繡像第八才子書／考文
堂藏版／靜淨齋評／文藝備載"。

曲選之屬

雪中人一卷

藏園九種曲十三卷　　　Fv5704 4442

〔清〕蔣士銓填詞

清乾隆刻漁石堂印本

八冊

框18×13釐米。9行22字。白口，四周
單邊，單黑魚尾。版心上鐫子書名，中鐫卷
次。內封鐫"藏園九種曲/漁石堂藏板"。

空谷香傳奇二卷

第二碑一卷

冬青樹一卷

四絃秋一卷

香祖樓二卷

臨川夢二卷

桂林霜二卷

雪中人一卷

一片石一卷

清容外集十三卷　　　Fv5704 4442C

〔清〕蔣士銓填詞

清乾隆至嘉慶間紅雪樓刻本

十二冊

框17.8×13.2釐米。9行22字。白口，
四周單邊或雙邊，單黑魚尾。版心上鐫曲
名，中鐫卷次。內封鐫"清容外集/史院
填詞/紅雪樓藏板"。

香祖樓（一名轉情關）二卷

容谷香傳奇二卷

臨川夢二卷

四絃秋（一名青衫泪）一卷

冬青樹一卷

桂林霜（一名賜衣記）二卷

一片石一卷

第二碑（一名後一片石）一卷

玉獅堂十種曲十五卷　　　Fv5711 7993

〔清〕陳烺撰

清光緒十四年（1891）刻本

十冊

框16.3×11.8釐米。9行22字。白口，
四周雙邊，單魚尾。

仙緣記傳奇二卷

蜀錦袍傳奇二卷

燕子樓傳奇二卷

海虯記傳奇二卷

梅喜緣傳奇二卷

同亭宴傳奇一卷

迴流記傳奇一卷

海雲唫傳奇一卷

負薪記傳奇一卷

錯姻緣傳奇一卷

倚晴樓七種曲十二卷　　　Fv5708 2644

〔清〕黃燮清填詞

清光緒七年（1881）刻本

五冊

框16.4×12.4釐米。9行22字，小字雙
行同。白口，左右雙邊，單魚尾。缺第五
冊《桃谿雪》二卷。

茂陵絃二卷

帝女花二卷

脊令原二卷

鴛鴦鏡一卷

凌波影一卷

居官鑑二卷

重訂綴白裘十集四卷　　PL2568 W3 1823

〔清〕錢德蒼輯

清道光三年（1823）共賞齋刻本

十二册

框12.5×10.5釐米。12行20字。白口，四周單邊，單魚尾。內封鐫"道光三年新鐫/重訂綴白裘十集/共賞齋藏版"。

繪圖綴白裘十二集四十八卷

Fv5665 1408

〔清〕玩花主人輯　〔清〕錢德蒼續輯

清光緒三十四年（1908）萃香社石印本

二册

內封鐫"改良全圖綴白裘十二集全傳"。

繪圖綴白裘十二集四十八卷

Fv5665 1408A

〔清〕玩花主人輯　〔清〕錢德蒼續輯

清末上海廣雅書局石印本

十二册

內封鐫"改良全圖綴白裘十二集全傳"。

彈詞之屬

再生緣全傳二十卷　　Fv5765 1222

〔清〕陳端生撰

清光緒十七年（1891）學庫山房刻本

二十册

框12.3×8.5釐米。10行22字。白口，四周單邊，單黑魚尾。內封鐫"光緒辛卯春月鐫/再生緣/學庫山房藏版"。

新刊鳳雙飛全傳五十二回　Fv5727 2144

〔清〕程惠英撰

清光緒二十五年（1899）上海書局石

印本

二十六册

新增笑中緣圖詠四卷七十五回

Fv5765 8352

〔清〕曹春江撰

清光緒十四年（1888）上海書局石印本

四册

牌記題"光緒戊子年仲穐八月上海書局石印"。

續刻笑中緣圖説四卷二十四回

Fv5765 8352A

〔清〕曹春江撰

清光緒十九年（1893）上海書局石印本

四册

另有複本一，書號Fhib21 s893。

筆生花三十二回　　　　Fv5727 3346

〔清〕心如女史撰

清光緒上海申報館鉛印本

十六册

內封鐫"上海申報館仿聚珍版印"。

新刻秘本雲中落繡鞋九卷　Fv5727 1377

〔清〕雲間居士撰

清光緒二十年（1894）上海書局鉛印本

四册

娛萱草彈詞三十二篇　　　Fv5727 4238

〔清〕橘道人撰

清光緒二十年（1894）木活字印本

六册

框15.2×11.4釐米。11行21字。白口，左右雙邊，單魚尾。

曲韻曲譜曲律之屬

一笠菴北詞廣正譜不分卷附南戲北詞正謬一卷　　　　　　　Fv5658 4411

〔明〕徐于室撰　〔明〕李玄玉訂

清康熙青蓮書屋刻本

八冊

框20.4×14.5釐米。6行25字，小字雙行同。白口，左右雙邊，單黑魚尾。版心上鐫"北詞廣正譜"，下鐫"青蓮書屋"。內封鐫"文靖書院藏板/吳門李元玉手訂/一笠菴北詞廣正九宮譜/青蓮書屋定本"。避"玄"字諱。鈐"銅鞮吳氏藏書"印。

遏雲閣曲譜初集　　　　Fv6756.2 1182

〔清〕王錫純輯

清光緒十九年（1893）著易堂鉛印本

十二冊

內封鐫"光緒癸巳仲冬/遏雲閣初集曲譜"。

戲劇類

雜劇之屬

貫華堂第六才子書八卷附六才西廂文一卷　　　　　　　　Fv5668 1135 C44

〔元〕王實甫撰　〔清〕金人瑞評

清尚論堂刻本

八冊

框21.1×14.1釐米。10行22字，小字雙行同。白口，四周單邊，單黑魚尾。版心題"第六才子書"。內封鐫"貫華堂第六才子書/尚論堂梓行"。鈐"漱六軒"等印。1968年6月購自李宗侗。

增像第六才子書五卷首一卷　　　　　　　　　PL2693 H77 1906

〔元〕王實甫撰　〔清〕金人瑞評

清光緒三十二年（1906）上海書局石印本

三冊

內封鐫"繪圖第六才子書"。卷首鐫"聖嘆外書"。

傳奇之屬

繪風亭評第七才子書琵琶記六卷釋義一卷才子琵琶寫情篇一卷　　Fv5676 2142

〔元〕高明撰　（寫情篇）〔清〕陳方平彙輯

清康熙映秀堂刻雍正三多齋印本

十二冊

框18.2×13釐米。8行19字。白口，左右雙邊，單黑魚尾。版心上鐫"第七才子書"，中鐫卷次，下鐫"映秀堂"。內封鐫"毛聲山批琵琶記/第七才子書/三多齋梓行"。

牡丹亭傳奇二卷　　　　Fv5686 2170

〔明〕湯顯祖撰

清光緒三十四年（1908）上海群益書社鉛印本

一冊

比目魚傳奇二卷　　　　Fv5694 2622

〔清〕李漁編次　〔清〕秦淮醉侯批評

清初刻本

四冊

框19.5×13.6釐米。9行20字。白口，四周單邊。版心上鐫"比目魚"及卷次。

"寧"字未諱。

奈何天傳奇二卷　　　　　Fv5694 N143

〔清〕李漁編　　〔清〕紫珍道人評

清初刻本

二冊

笠翁傳奇十種

框19×13.5釐米。9行20字, 小字雙行同。白口, 四周單邊。版心上鐫"奈何天"及卷次。金鑲玉裝。卷首題名下記"一名奇福記"。鈐"吟香居士珍藏"等印。存卷上 (第一至十五齣)。

長生殿傳奇四卷　　　　　Fv5696 7327C

〔清〕洪昇填詞

清康熙至雍正間昭德堂刻本

八冊

框9.9×7.1釐米。9行18字, 小字雙行同。白口, 四周雙邊, 單黑魚尾。版心上鐫"長生殿", 中鐫卷次。金鑲玉裝。內封鐫"繪像新鐫/長生殿/昭德堂藏板"。"真"字未諱。

回春夢二卷　　　　　　　Fv5707 3849

〔清〕顧森編　　〔清〕王元常評
〔清〕楊坊訂

清道光三十年 (1850) 三鱣堂刻本

四冊

框18.4×13.6釐米。9行20字。黑口, 四周雙邊, 單魚尾。內封鐫"庚戌冬月/回春夢傳奇/三鱣堂藏板"。鈐"昭和女子大學圖書館 36.8.10"印。

小説類

短篇之屬

虞初志七卷　　　　　　　Fv5736.4 +2334

〔明〕袁宏道參評　　〔明〕屠隆點閱

明天啓元年 (1621) 至崇禎末年凌性德刻朱墨套印本

八冊

框20.9×14.8釐米。8行19字。白口, 四周單邊。版心上鐫書名及卷次, 中鐫篇名。金鑲玉裝。鈐"海曲馬氏""暫得於己""快然自足"印。

新鐫批評繡像列女演義六卷

　　　　　　　　　Fv2261.5 7272 Y9

〔明〕馮夢龍編　　〔清〕鬚眉客評閱

清初古吳三多齋刻本

六冊

框17.8×11.5釐米。8行20字。白口, 四周單邊, 單黑魚尾。版心上鐫"列女演義", 中鐫卷次, 下鐫"長春閣藏板"。內封鐫"新編繡像/古今列女傳演義/古吳三多齋梓"。

情史類略二十四卷　　　　Fv5736 2225

〔明〕馮夢龍編　　〔明〕詹詹外史評輯

清乾隆至嘉慶間刻本

十二冊

框19.2×14.7釐米。11行24字。白口, 左右雙邊, 單黑魚尾。版心上鐫"情史", 中鐫卷次, 眉欄鐫評。"弘"字避諱, "寧"字未諱。外封記載"Kennedy"。

拍案驚奇三十六卷　　Fv5750.7 3433

〔明〕凌濛初撰

清初消閒居刻本

十二册

框20.8×13.8釐米。11行24字。白口，四周單邊，單黑魚尾。版心上鑴書名，中鑴卷次。內封鑴"姑蘇原本/繡像拍案驚奇/消閒居精刊"。外封記載"Kennedy"。

新刻京臺公餘勝覽國色天香十卷

Fv9153 2347

〔明〕吳敬所編輯

清康熙書業堂刻本

八册

框14.1×10.2釐米。兩截板，上欄16行14小字，下欄13行16字。白口，四周單邊，單黑魚尾。內封鑴"公餘勝覽/京臺新鑴/國色天香/晋祁書業堂藏板"。每卷端書名間有題"新鍥幽閒玩味奪趣群芳"，卷下署"大梁周文煒如山甫重梓"，無刻書年月。

覺世名言十二卷三十八回

Fv5694 4014C

〔清〕覺世稗官編次　〔清〕睡鄉祭酒批評

清初刻本

六册

框12.5×8.8釐米。9行20字。白口，四周單邊，單黑魚尾。版心上分別鑴十二樓樓名，中鑴卷次。內封鑴"笠翁覺世名言十二樓"。卷端書名下題"一名十二樓"。

新刻説平話小桃圖六卷　Fv5750.7 9046

清道光十九年（1839）集新堂刻本

一册

框18×10.5釐米。行字數不一。白口，四周單邊，單黑魚尾。版心上鑴"小桃圖"，中鑴卷次。卷一末題記"鮫綃帕小桃圖"。卷六末題記"新刻説平話鮫綃帕小桃圖"。

長篇之屬

景宋殘本五代平話十卷

Fv5750 1251 +H84

〔宋〕佚名撰

清宣統三年（1911）毗陵董氏誦芬室影刻本

二册

誦芬室叢刊

內封鑴"毗陵董氏誦芬室新刊"。各卷卷末或鑴"湖北黃岡陶子麟刊""陶子麟刊"。

新編五代梁史平話二卷（存卷上）

新編五代唐史平話二卷

新編五代晋史平話二卷（存卷上）

新編五代漢史平話二卷（存卷上）

新編五代周史平話二卷（存卷上）

第五才子書施耐庵水滸傳七十五卷七十回

Fv5752 0110G

〔元〕施耐庵撰　〔清〕金人瑞批

清初刻本

三十二册

框19.1×13.6釐米。9行20字。白口，左右雙邊。版心上鑴"第五才子書"，中鑴卷次。鈐"胡天獵隱藏書"印。原韓鏡塘藏書。

忠義水滸全書一百二十回

Fv5752 0110H

〔元〕施耐庵撰

清初郁郁堂刻本

二十冊

框20.8×14.4釐米。10行22字。白口，四周單邊。版心上鐫"水滸全書"，中鐫回次，下鐫"郁郁堂"。内封鐫"卓吾評閱/繡像藏本/水滸四傳全書/郁郁堂梓行"。"玄"字未諱。鈐"胡天獵隱藏書"印。原韓鏡塘藏書。

評論出像水滸傳二十卷七十回

Fv5752 0110

〔元〕施耐庵撰 〔清〕金人瑞批

清順治十四年（1657）善成堂刻後印本

二十冊

框21.2×15釐米。11行24字，小字雙行同，無欄格。白口，四周單邊，單黑魚尾。版心上鐫"五才子奇書"，中鐫卷次。内封鐫"聖嘆外書/施耐庵先生水滸傳/繡像第五才子書/善成堂重鐫"。首列桐菴老人順治十四年（1657）書於醉耕堂墨室"序"，次列"姓名"，次"王望如先生評論出像水滸傳總論"，卷首附繡像。存卷一至十（一至三十一回）、十二至二十（三十八至七十回）。容閎1878年贈書。

三國志通俗演義二十四卷附三國志宗寮

Fv5754 +6175.15

〔明〕羅貫中撰

明嘉靖刻本（有抄補）

四十八冊

框23.8×16.6釐米。9行17字。黑口，四周雙邊，雙魚尾。版心中鐫"三國志"及卷次。金鑲玉裝。鈐"胡天獵隱藏書"印。原韓鏡塘藏書。

新刊校正古本大字音釋三國志通俗演義十二卷附三國志宗寮

Fv5754 +6175.12

〔明〕羅貫中撰 〔明〕周曰校刊行

明萬曆十九年（1591）金陵萬卷樓周曰校刻本

十二冊

框22.6×14.5釐米。13行26字，小字雙行同。白口，四周單邊，單黑魚尾。版心上鐫"全像三國演義"，中鐫卷次，卷二版心下題"仁壽堂刊"。内封鐫"全像三國志傳演義/書林周曰校刊"。鈐"胡天獵隱藏書"印。原韓鏡塘藏書。

第一才子書十九卷一百二十回

Fv5754 6157.3

〔明〕羅貫中撰 〔清〕毛宗崗評〔清〕金人瑞批點

清前期蘇州桐石山房刻本

二十冊

框20.4×14.7釐米。12行26字，小字雙行同。白口，左右雙邊，單黑魚尾。内封鐫"聖嘆外書/毛聲山評三國志/桐石山房藏板"。

李卓吾先生批評三國志真本一百二十回

Fv5754 +6175.14

〔明〕羅貫中撰 〔明〕李贄批評

清初刻本

二十六冊

框20.8×14.3釐米。10行22字。白口，四周單邊。版心中鐫"三國志"。金鑲玉裝。鈐"胡天獵隱藏書"印。原韓鏡塘藏書。

三國志二十四卷一百二十回

　　　　　　　　　　　Fv5754 +6175.11

〔明〕羅貫中撰

　清初徽州遺香堂刻本

　三十六册

　　框20.3×14.2釐米。10行22字。白口，四周單邊，單黑魚尾。版心上鐫書名，中鐫回次，下鐫"遺香堂"。金鑲玉裝。鈐"胡天獵隱藏書""寶澤堂""榴蔭書屋"印。原韓鏡塘藏書。

李卓吾先生批評三國志一百二十回

　　　　　　　　　　　Fv5754 +6175.13

〔明〕羅貫中撰　　〔明〕李贄批評

　清雍正三年（1725）刻本

　三十一册

　　框20.8×14.3釐米。10行22字。白口，四周單邊，單白魚尾。版心上鐫"三國志"，中鐫回次。內封鐫"雍正乙巳年夏鐫/李卓吾先生評/新訂繡像三國志/古吳三槐堂三樂齋三才堂藏板"。金鑲玉裝。鈐"胡天獵隱藏書"印。原韓鏡塘藏書。另有複本一，書號同，存目錄、姓氏、像，三册，金鑲玉裝，鈐"胡天獵隱藏書"印。

四大奇書第一種六十卷一百二十回

　　　　　　　　　　　Fv5754 6175.5

〔明〕羅貫中撰　　〔清〕毛宗崗評

〔清〕金人瑞批點

　清刻本

　十九册

　　框18.9×14.3釐米。12行26字，小字雙行同。白口，四周單邊，單黑魚尾。版心上鐫"第一才子書"，中鐫卷次。內封鐫"金聖嘆外書/振元堂藏板/第一才子書/毛聲山評"。總目題"古本三國志"。外封記載"Presented with Brother's Library by Yung Wing Librarian of the day of 1854""Begin from top to bottom, from left to right"。

四大奇書第一種六十卷一百二十回卷首一卷

　　　　　　　　　　　Fv5754 6175

〔明〕羅貫中撰　　〔清〕毛宗崗評

〔清〕金人瑞批點

　清嘉慶二十五年（1820）永安堂刻本

　二十册

　　框11.9×9.5釐米。10行25字，小字雙行同。白口，四周單邊，單黑魚尾。版心上鐫"第一才子書"，中鐫卷次。內封鐫"嘉慶庚辰年重鐫/金聖嘆批點/繡像第一才子書/永安堂藏板"。卷前有"讀三國志法"及"凡例"。卷之一題"聖嘆外書"。

四大奇書第一種六十卷首一卷一百二十回

　　　　　　　　　　　Fv5754 6175.1

〔明〕羅貫中撰　　〔清〕毛宗崗評

〔清〕金人瑞批點　　〔清〕杭永年定

　清同治維經堂刻本

　二十册

　　框11.6×9.2釐米。11行25字，小字雙行同。白口，四周單邊，單黑魚尾。版心上鐫"第一才子書"，中鐫卷次。內封鐫"金聖嘆批點/繡像第一才子書/天平街維經堂藏板"。附順治甲申（1644）金聖嘆序、"凡例""讀三國志法"及"像"。卷一題"聖嘆外書"。外封記載"Presented to Yale Library by Yan Phou Lee, Class of 1887. Mar. 24, 1890"。

第一才子書繡像三國志演義六十卷一百二十回　　　　Fv5754 6175.6

〔明〕羅貫中撰　　〔清〕毛宗崗評

清光緒三十年（1904）上海商務印書館鉛印本

八冊

內封鐫"光緒甲辰孟冬上海商務印書館鑄版"。

四大奇書第一種六十卷一百二十回　　　　　Fv5754 6175.2

〔明〕羅貫中撰　　〔清〕毛宗崗評〔清〕金人瑞批點

清刻本

二十冊

框12.1×9.6釐米。11行25字，小字雙行同。白口，四周單邊，單黑魚尾。版心上鐫"第一才子書"，中鐫卷次。內封鐫"聖嘆外書/振元堂藏板/第一才子書/毛聲山評"。總目題"古本三國志"。外封記載"Presented with Brother's Library by Yung Wing Librarian of the day of 1854" "Begin from top to bottom, from left to right"。

殘唐五代史演義傳十二卷六十回　　　　　Fv5754 6175C

〔明〕羅貫中撰　　〔明〕李贄評

清雍正刻本

六冊

框16.9×11.6釐米。12行28字。白口，四周單邊，單黑魚尾（部分無魚尾）。版心上鐫"殘唐五代傳"，中鐫卷次。插圖六頁十二幅。鈐"國立清華大學圖書館藏"印。外封記載"Kennedy"。

殘唐五代史演義傳四卷六十回　　　　　Fv5754 6175Cb

〔明〕羅貫中撰　　〔明〕李贄評閱

清末上海錦章圖書局石印本

一冊

內封鐫"繡像五代殘唐全傳"。

新刻繡像粉粧樓全傳十二卷八十回　　　　　Fv5754 6175D

〔明〕羅貫中撰　　〔清〕竹溪山人編

清道光十二年（1832）刻本

五冊

框12.8×10.2釐米。12行22字。白口，四周單邊，單魚尾。版心上鐫"粉粧樓傳"，中鐫卷次、回次。內封鐫"道光十貳年新鐫/續說唐志傳/繡像粉粧樓全傳"。存六十六回（一至十一、二十六至八十回）。

新刻繪圖粉粧樓全傳八十回　　　　　PL2627.5 F43 1900

〔明〕羅貫中撰

清光緒二十五年（1900）上海福記書局石印本

六冊

內封鐫"繪圖粉粧樓全傳/光緒庚子上海福記書局石印"。版心上鐫"繪圖粉粧樓"。外封題簽鐫"繡像羅家將粉粧樓全傳/上海章福記書局印"。

西遊真詮一百回　　　　　Fv5756 2316.6

〔明〕吳承恩撰　　〔清〕陳士斌詮解

清乾隆四十五年（1780）金閶書業堂
刻本

二十册

框21×15釐米。11行24字。白口，四周
單邊，單黑魚尾。版心上鎸"西遊真詮"，
中鎸回次。内封鎸"乾隆庚子年新刊/重
鎸繡像西遊真詮/金閶書業堂梓行"。

西遊真詮十卷一百回　　Fv5756 2316.5

〔明〕吳承恩撰　〔清〕金人瑞等評閱
清乾隆刻本

五册

框18.3×11.4釐米。11行28字。白口，
四周單邊，單黑魚尾。版心上鎸書名，中
鎸卷次、回次。鈐"渡邊文庫"印。十册
改裝五册。

西遊真詮一百回　　PL2697 .H75 1884

〔明〕吳承恩撰　〔清〕陳士斌批點
清光緒十年（1884）掃葉山房刻本

十册

框20.4×14.7釐米。11行24字。白口，
四周單邊，單黑魚尾。内封鎸"繡像西遊
記/光緒甲申良月掃葉山房校刻"。

新刻鍾伯敬先生批評封神演義十九卷
一百回　　　　　　　　Fv5759 4338

〔明〕陸西星撰　〔明〕鍾惺評
清刻善成堂印本

二十册

框20.6×14.7釐米。11行24字。白口，
四周單邊，單黑魚尾。版心上鎸"封神演
義"，中鎸卷次。内封鎸"鍾伯敬先生批
評/重鎸繪像封神演義/善成堂藏板"。外
封記載"Kennedy"。

繡像京本雲合奇踪玉茗英烈全傳十卷

Fv5759 2936

〔明〕徐渭編
清康熙金閶書業堂刻本

五册

框21.7×15.5釐米。11行24字。白口，
四周單邊，單黑魚尾。版心上鎸"英烈全
傳"及卷次。内封鎸"雲合奇踪/稽山徐
文長先生編/玉茗堂英烈全傳/金閶書業
堂梓行"。鈐"完氏圖書印"印。

新刻劍嘯閣批評西漢演義傳八卷新刻劍
嘯閣批評東漢演義傳十卷　　Fv5753 1125

〔明〕甄偉撰　〔明〕謝詔續撰
〔明〕鍾惺批評
清同治五年（1866）榮茂堂刻本

十二册

框20.3×14.5釐米。10行22字。白口，
四周單邊，單黑魚尾。内封鎸"同治丙寅
鎸/鍾伯敬先生批評/繡像東西漢全傳/榮
茂堂發兑"。

三遂平妖傳八卷四十回　　　Fv5755 6175

〔明〕馮夢龍補
清刻本（有抄配）

八册

框19.5×12.7釐米。10行24字。白口，
四周單邊，單黑魚尾。版心上鎸"平妖
傳"，中鎸回次。

三遂平妖傳八卷四十回　　Fv5755 6175B

〔明〕馮夢龍補
清刻本

八册

框19.2×12.9釐米。12行24字。黑

口，四周單邊，雙魚尾。版心中鎸"平妖
傳"及回次。未署年張無咎"叙"言泰昌
元年（1620）後重刻是書。

第一奇書一百回卷首圖

PL2698 H73 C5 1695

〔明〕蘭陵笑笑生撰　〔清〕張竹坡
評點

　　清初崇經堂刻補修本

　　三十二冊

　　框12.7×9.5釐米。11行25字，小字雙
行同。白口，四周單邊，單黑魚尾。版心上
鎸"第一奇書"。鈐"崇讓堂主人印"印。

皋鶴堂批評第一奇書金瓶梅一百回卷首圖

Fv5758 1384B

〔明〕蘭陵笑笑生撰　〔清〕張竹坡評

　　清康熙刻本

　　十六冊

　　框19.8×13.8釐米。10行22字，小字
雙行同。白口，四周單邊。版心上鎸"第
一奇書"。内封鎸"彭城張竹坡批評金瓶
梅/第一奇書/本衙藏板翻刻必究"。

四大奇書第四種五十卷一百回卷首圖

PL2698.H73 C5

〔明〕蘭陵笑笑生撰　〔清〕張竹坡
評點

　　清乾隆十二年（1747）刻影松軒印本

　　二十冊

　　框21.4×13.7釐米。11行24字。白口，
四周單邊，單黑魚尾。版心上鎸"奇書第四
種"，中鎸卷次。内封鎸"金聖歎批點/彭城
張竹坡原本/第一奇書/影松軒藏板"。

新鎸全像通俗演義隋煬帝艷史八卷四十回

Fv5759 0256

〔明〕齊東野人編　〔明〕不經先生評

　　清康熙刻本

　　十六冊

　　框20.4×14.2釐米。9行20字。白口，
四周單邊，單黑魚尾。版心上鎸"艷史"，
中鎸回次。金鑲玉裝（内襯《中興群公吟
稿》影印本等）。

隋煬艷史四十回　　Fv5759 0256 Su37

〔明〕齊東野人編

　　清光緒二十年（1895）上海書局石印本

　　六冊

四雪草堂重訂通俗隋唐演義二十卷一百回

Fv5760 3684

〔明〕齊東野人等撰　〔清〕褚人穫
彙編　〔清〕鶴樵子參訂

　　清初刻本

　　二十冊

　　框21.1×14.3釐米。10行23字。
白口，四周單邊，單黑魚尾。版心上鎸
"隋唐演義"，中鎸卷次及回次，下鎸
"四雪草堂"。内封鎸"劍嘯閣齊東野
人等原本/繡像隋唐演義"。外封記載
"Kennedy"。

北宋志楊家府傳五卷六十回

Fv5759 1134

〔明〕研石山樵訂正　〔明〕織里畸
人校閱

　　清道光二十八年（1848）藝林堂刻本

　　二冊

　　框12.7×9.6釐米。14行24字。白口，四

周雙邊，單魚尾。版心上鎸"北宋志傳"。卷五（五十一至六十回）爲《續北宋志楊家府傳》。内封鎸"道光戊申秋鎸/鍾伯敬先生定/繡像北宋志傳/藝林堂藏板"。

新鎸玉茗堂批評按鑑參補南宋志傳十卷五十回北宋志傳十卷五十回

Fv5759 4213

〔明〕研石山樵訂正　〔明〕織里畸人校閱

清康熙京都文錦堂刻本

十册

框20.1×14釐米。11行20字。白口，四周單邊，單黑魚尾。版心上鎸"南宋志傳"或"北宋志傳"，中鎸卷次。内封鎸"玉茗堂原本/繡像南北宋志傳/京都文錦堂梓行"。封面鈐"谷邑文會堂德記自在江浙蘇閩揀選古今書籍圖"印。

新鎸玉茗堂批評按鑑參補南宋志傳十卷五十回北宋志傳十卷五十回

Fv5759 N15

〔明〕研石山樵訂正　〔明〕織里畸人校閱

清乾隆至嘉慶間啓元堂刻本

六册

框20.2×13.8釐米。12行24字。白口，左右雙邊，單黑魚尾。版心上鎸"南宋志傳"或"北宋志傳"，中鎸卷次及回目。内封鎸"玉茗堂批點繡像南北宋志傳"。

鎸出像楊家府世代忠勇演義志傳八卷

Fv5759 4304

〔明〕秦淮墨客校閱　〔明〕煙波釣叟參訂

明萬曆三十四年（1606）刻本

八册

框21.8×13.9釐米。10行20字。白口，四周單邊，單黑魚尾。版心上鎸"楊家府演義"，中鎸卷次。

今古奇觀四十卷

Fv5759 8444

〔明〕抱甕老人輯

清末刻本

十册

框12.4×9.6釐米。11行25字。白口，四周單邊，單黑魚尾。版心上鎸"今古奇觀"，中鎸卷次，下鎸頁碼。存卷四至四十。

今古奇觀四十卷

Fv5759 8444A

〔明〕抱甕老人輯　〔明〕笑花主人閱

清刻本

八册

框20.3×15釐米。11行23字。白口，四周單邊，單黑魚尾。版心上鎸"今古奇觀"，中鎸卷次。外封記載"Kennedy"。

新鎸批評繡像後西遊記四十回

Fv5762.9 +8322

〔明〕佚名撰

清前期刻本

十二册

框19.2×13釐米。9行22字。白口，左右雙邊，單黑魚尾。版心上鎸"後西遊記"，中鎸回次。金鑲玉裝。卷四十殘。外封記載"Kennedy"。

新編續西遊記一百回

PL2627 H78

〔明〕佚名撰　〔清〕悟真子批評

清嘉慶十年（1805）漁古山房刻本

十册

框13.3×9.6釐米。10行24字。白口，左右雙邊，單黑魚尾。版心題"續西遊記"及回次。内封鎸"悟真子批評/全像續西遊記真詮/漁古山房梓"。

水滸後傳八卷四十回　　Fv5759 C422

〔明〕陳忱撰

清初刻本

八册

框19.1×12.9釐米。12行28字。白口，四周單邊，單黑魚尾。版心上鎸書名，中鎸卷次及回次。内封鎸"繡像水滸後傳"。"曆"字未諱。

新刻按鑑開闢衍繹通俗志傳六卷八十回

Fv5759 7234.7

〔明〕周游集　　〔明〕王黌釋

明崇禎八年（1635）刻本

六册

框19.4×13.4釐米。9行18字。白口，四周單邊，單黑魚尾。版心上鎸"開闢衍繹"，中鎸卷次。内封鎸"鍾伯敬先生原評/開闢演義/繡像/古吴麟端堂藏板"。外封記載"Kennedy"。

新刻按鑑編纂開闢衍繹通俗志傳六卷

Fv5759 7234

〔明〕周游集　　〔明〕王黌釋

清乾隆刻本

六册

框12.6×9.6釐米。9行18字。白口，四周雙邊，單黑魚尾。版心上鎸"開闢衍繹"，中鎸卷次。

新鎸批評出像通俗奇俠禪真逸史八集四十回　　Fv5759 8326

〔清〕清溪道人編次　　〔清〕心心僊侶評訂

清初爽閣刻乾隆至嘉慶間印本

十六册

框20.9×14.5釐米。9行22字。白口，四周單邊。版心上鎸"禪真逸史"，中鎸回次。内封鎸"批評通俗演義/禪真逸史/此南北朝秘笈爽閣主人而得之精粹以公海内"云云。外封記載"Kennedy"。

重刻繡像説唐演義後傳五十五回

Fv5762.9 0083

〔清〕鴛湖漁叟校訂

清乾隆四十八年（1783）觀文書屋刻本

十册

框21.6×14.1釐米。11行25字。白口，四周單邊，單黑魚尾。版心上鎸"説唐後傳"，中鎸回次。内封鎸"乾隆癸卯年重鎸/鴛湖漁叟較訂/繡像説唐後傳/觀文書屋梓行"。

新鎸重訂出像通俗演義東晉志傳題評八卷

Fv5759 5916

〔清〕陳氏尺蠖齋評釋

清大業堂刻本

八册

框20.7×14.6釐米。12行24字。白口，四周單邊，單黑魚尾。版心上鎸"東晉志傳"，中鎸卷次及頁碼。外封記載"Kennedy"。

新刻天花藏批評玉嬌梨四卷二十回

Fv5759 1142

〔清〕荻岸散人編次

清刻本

一册

框12.3×9.6釐米。11行21字。白口，四周單邊，單魚尾。版心鎸"第三才子"。

説平話好逑傳八卷　　Fv5762.9 4432.2

〔清〕佚名撰

清乾隆五十二年（1787）福建集新堂刻本

一册

框18.4×10.5釐米。無格，10行24至28字不等。白口，四周單邊，單黑魚尾。版心上鎸"好逑傳"。内封鎸"乾隆丁未年鎸/新刻説平話鐵中玉好逑傳/集新堂藏板"。卷八末鎸"好逑傳大全"。

東周列國全志二十三卷一百八回

Fv5759 5971

〔清〕蔡元放評點

清乾隆十七年（1752）經國堂刻本

二十三册

框21.4×14.6釐米。12行26字，小字雙行同。白口，四周單邊，單黑魚尾。版心上鎸"東周列國志"，中鎸卷次，下鎸"泰和堂"。内封鎸"秣陵蔡元放批評/東周列國全志/經國堂藏版"。

東周列國全志二十三卷一百八回

Fv5759 5971B

〔清〕蔡元放評點

清乾隆刻本

四册

框21.7×14.5釐米。11行24字。白口，四周單邊。版心上鎸書名，中鎸卷次。内封鎸"重鎸東周列國全志/星聚堂藏板"。

岑督征西　　PL2718 I3845 T7

〔清〕梁紀佩 潘俠魂撰

清宣統元年（1909）羊城悟群著書社鉛印本

一册

卷首題"軍政演義小説"。存卷上十回。

金嬌墓十三回　　PL2718 I3845 C53

〔清〕梁紀佩撰

清宣統二年（1910）惜花社鉛印本

一册

内封鎸"哀艷小説"。

七夕演義十回　　PL2718 I3845 C4

〔清〕梁紀佩撰

清宣統三年（1911）嶺南小説社鉛印本

一册

卷首題"哀艷小説"。

臺灣外記三十卷　　Fv3470 3166

〔清〕江日昇識

清道光十三年（1833）求無不獲齋木活字印本

十二册

框17.9×11.2釐米。10行23字。白口，四周雙邊，雙魚尾。版心上鎸書名，中鎸卷次，下鎸"求無不獲齋"。内封鎸"癸巳仲夏/臺灣外記/求無不獲齋刊"。

增像繪圖女仙外史一百回

PL2718 U22 N8

〔清〕吕熊撰

清宣統元年（1909）上海章福記石印本

八册

第一奇書野叟曝言二十卷一百五十二回

Fv5763.1 1443

〔清〕夏敬渠撰

清光緒八年（1882）石印本

二十冊

紅樓夢一百二十回 Fv5762 5614.8

〔清〕曹霑撰 〔清〕高鶚續

清乾隆五十七年（1792）北京程偉元木活字印本

三十六冊

框17.1×11.8釐米。10行24字。白口，四周單邊，單黑魚尾。版心上鎸書名，中鎸回次。金鑲玉裝。鈐"胡天獵隱藏書"印。原韓鏡塘藏書。

紅樓夢一百二十回 Fv5762 .5614.1

〔清〕曹霑撰 〔清〕高鶚續

清嘉慶十六年（1811）東觀閣刻本

二十冊

框14.4×10釐米。10行22字。白口，四周單邊，單黑魚尾。內封鎸"嘉慶辛未重鎸/東觀閣梓行/文畬堂藏板/新增批評繡像紅樓夢"。

增評補像全圖金玉緣一百二十回

PL2727 .S22 1887

〔清〕曹霑撰 〔清〕高鶚續

清光緒十三年（1887）上海石印本

十六冊

書名題"金玉緣"。

增評補像全圖金玉緣一百二十回

Fv5762 5614.4

〔清〕曹霑撰 〔清〕高鶚續 〔清〕

王希廉評

清光緒二十五年（1899）上海書局石印本

十六冊

內封鎸"增評全圖石頭記/光緒己亥孟夏上海書局石印"。

紅樓夢一百二十回 Fv5762 5614.2

〔清〕曹霑撰 〔清〕高鶚增訂

清末佛山連元閣刻本

十五冊

框13×10釐米。11行27字。白口，四周單邊，單黑魚尾。內封鎸"曹雪芹原本/新增批評繡像紅樓夢行/佛山連元閣藏板"。存一至七十七、一百九至一百二十回。

紅樓夢一百二十回 Fv5762 5614.3

〔清〕曹霑撰 〔清〕高鶚增訂

清末籜花榭刻本

十八冊

框12.1×9.8釐米。11行24字。黑口，左右雙邊。內封鎸"重鎸全部/繡像紅樓夢/籜花榭藏板"。書前有程偉元識。存一至九十回。

紅樓復夢一百回 Fv5762 9022

〔清〕小和山樵編輯 〔清〕陳詩雯校

清嘉慶四年（1799）嫏嬛齋刻本

三十二冊

框14.4×10.7釐米。9行22字。白口，左右雙邊，單魚尾。

紅樓夢補四十八回 PL2717 U35 H8

〔清〕歸鋤子撰

清光緒二年（1876）申報館鉛印本

四册

紅樓夢影二十四回　　　　Fv5765 Y92

〔清〕西湖散人撰　〔清〕雲槎外史編

清光緒三年（1877）北京聚珍堂木

活字印本

四册

框14.5×10.8釐米。10行22字。白口，四

周雙邊，單魚尾。版心下題"聚珍堂"。內

封鐫"雲槎外史新編/紅樓夢影/光緒丁丑

校印/京都隆福寺路南聚珍堂書坊發兌"。

警富新書四卷四十回　　Fv5748.4 3020

〔清〕安和撰

清嘉慶十四年 （1809）刻本

二册

框12.6×9.5釐米。10行22字，小字雙

行同。白口，左右雙邊，單黑魚尾。

新編雷峰塔奇傳五卷　　　Fv5748 1624

〔清〕玉山主人撰　〔清〕玉花堂主

人校訂

清道光二十二年（1842）刻本

二册

框11.1×10.1釐米。10行20字。白口，四

周單邊，黑魚尾。版心上鐫"雷峰塔"。內

封鐫"姑蘇原本/繡像雷峰塔白蛇記傳"。

書前嘉慶十一年（1806）吳炳文序後鐫

"時道光二十二年歲在壬寅重刊"。外封

記載"Yale College Library: presented by

Mr. Wm A. Macy May 1850"。

臨水平妖傳八卷　　　　　Fv5768 1442

清嘉慶二十四年（1819）福建日新堂

刻本

一册

框18.5×11.2釐米。10行28字。白口，

四周單邊，單黑魚尾。版心上鐫"靖姑"，

中鐫卷次。內封鐫"臨水平妖傳/嘉慶

二十四年菊月新刻/日新堂藏板"。

爭春園全傳四十八回　　　Fv5760 2556

〔清〕佚名撰

清嘉慶二十五年（1820）文德堂刻本

十二册

框11.6×8.8釐米。8行18字。白口，四

周單邊，單魚尾。

綠野仙踪八十回　　　　Fv5762.9 4412

〔清〕李百川撰

清道光十年（1830）刻本

二十四册

框14.2×10.5釐米。9行21字。白口，

四周單邊，單黑魚尾。內封鐫"道光十

年新鐫/繡像綠野仙踪全傳"。外封記載

"Kennedy"。另有複本一，書號同，存

四十一至八十回，十二册。

增像綠野仙踪全傳八十回

　　　　　　　　　　Fv5762.9 4412B

〔清〕李百川撰

清光緒二十一年（1895）集誼會刻本

十二册

框15.6×10.5釐米。10行24字。白口，四

周雙邊，單黑魚尾。版心鐫"綠野仙踪"、

回次。牌記題"光緒乙未年集誼會校刊"。

蟫史二十卷　　　　　　　Fv5760 1123

〔清〕屠紳撰

清光緒上海申報館鉛印本

六册

雪月梅傳十卷五十回　　　Fv5765 7932

〔清〕陳朗編輯　　〔清〕董孟汾評釋

〔清〕邵松年校定

清乾隆四十年（1775）德華堂刻本

十册

框19.1×14.8釐米。10行21字。黑口，左右雙邊，單黑魚尾。版心中鐫卷次。内封鐫"鏡湖逸叟著/孝義雪月楳傳/德華堂藏版"。另有複本一，書號同。

忠烈俠義傳一百二十回　　Fv5764.5 5228

〔清〕石玉昆撰

清光緒五年（1879）刻本

十二册

框14.6×10.8釐米。10行22字。白口，左右雙邊，單黑魚尾。牌記題"光緒五年歲次己卯首夏校字"。

小五義一百二十四回　　　Fv5765 9018

〔清〕石玉昆撰

清光緒十六年（1890）鉛印本

六册

增像續小五義一百二十四回

Fv5765 2918

〔清〕石玉昆撰

清光緒二十二年（1896）廣百宋齋鉛印本

六册

牌記題"丙申孟夏上海廣百宋齋纂粦大字本"。

繡像鏡花緣　　　Fv5763.5 4431

〔清〕李汝珍撰　　〔清〕謝葉梅畫像

〔清〕麥大鵬書贊

清道光二十一年（1841）順德刻本

二十四册

框12.3×9.6釐米。10行20字。白口，四周單邊，單魚尾。内封鐫"鏡花緣/芥子園藏版"。

花月痕四卷五十二回　　　Fv5765 2122

〔清〕魏秀仁撰

清末鉛印本

一册

花月痕四卷五十二回

PL2732.E54 H8 1900

〔清〕魏秀仁撰

清末上海商務印書館鉛印本

一册

蕩寇志七十卷首一卷末一卷

PL2733.U27 T3 1871

〔清〕俞萬春撰

清同治十年（1871）玉屏山館刻本

二十册

框19.3×13.7釐米。10行25字，小字雙行同。白口，左右雙邊，單魚尾。本書起七十一回，訖一百四十回，附結子一回。内封鐫"同治十年重鐫/山陰俞仲華先生蕩寇志/蕩寇志/蕉軒摭錄嗣出/玉屏山館藏板/翻刻千里必究/姪繼光題籤"。書前俞焜刻書序題"識於穗垣之退思軒"。

繪圖清風閘四卷三十二回　　Fv5765 3219

〔清〕浦琳撰

清光緒二十一年（1895）上海書局石印本

四册

增訂精忠演義説本全傳二十卷八十回

Fv5762.9 8522B

〔清〕錢彩編次 〔清〕金豐增訂

清刻本

十册

框11.9×9.6釐米。12行21字。白口，四周單邊，單黑魚尾。版心上鐫“説岳全傳”，中鐫卷次及回次。内封鐫“説岳全傳/維經堂藏板”。目録鐫“新鐫精忠演義説本岳王全傳”。

青樓夢六十四回 Fv5765 4348

〔清〕俞達撰 〔清〕瀟湘館侍者評

清光緒四年（1878）上海申報館鉛印本

十册

牌記題“上海申報館仿聚珍版印”。

新選今古奇聞二十二卷 PL2651 C45

〔清〕東璧山房主人編次 〔清〕退思軒主人校訂

清末石印本

六册

内封鐫“新選繪圖今古奇聞”。

繪圖順治過江全傳二十二回

PL2627.5 H784

〔清〕佚名撰

清末上海錦章圖書局石印本

四册

繡像繪圖兩晉演義十二卷

PL2698 T845 1910

〔清〕陳氏尺蠖齋評釋

清末上海進步書局石印本

六册

東晉演義八卷

西晉演義四卷

繡像五女興唐傳四卷四十二回

PL2710 S538 1910

〔清〕佚名撰

清末石印本

四册

繪圖萬花樓傳十四卷六十八回

PL2718 I25 H8

〔清〕李雨堂撰

清光緒十九年（1893）上海書局石印本（袖珍本）

六册

新評龍圖神斷公案十卷 Fv5750.7 0168

清刻本

四册

框19.5×13.1釐米。9行20字。白口，四周單邊，單黑魚尾。版心上鐫“龍圖公案”，中鐫卷次。外封記載“Kennedy”。

繡像繪圖後列國志六十回 Fv5759 1264

〔清〕佚名撰

清末進步書局石印本

一册

新刻濟顛大師醉菩提全傳四卷二十回
　　　　　　　　　　Fv5760 3442
　〔清〕天花藏主人編次
　清刻本
　二册
　　12.5×10釐米。12行23字。白口，
左右雙邊，單魚尾。版心上鐫“濟顛全
傳”。内封鐫“醉菩題演義／濟顛僧重修
西湖全傳／省城第七甫丹桂堂藏板”。
1967年9月購自日本琳琅閣書店。

後三國石珠演義三十回　Fv5762.9 4533
　〔清〕梅溪遇安氏撰
　清刻本
　六册
　　框18.4×12.8釐米。10行22字。白口，
四周單邊，單黑魚尾。版心上鐫“後三國
演義”。内封鐫“聖嘆外書／李卓吾先生
批評／三國後傳”。

**新鐫古本批評繡像三世報隔簾花影
四十八回**　　　　　Fv5762.9 7846
　〔清〕四橋居士撰
　清刻本
　八册
　　版框19.7×14.1釐米。11行24字。白
口，左右雙邊，單黑魚尾。版心鐫“隔簾
花影”。内封鐫“古本三世報隔簾花影／
本衙藏板”。内封記載“Kennedy”。存
一至十六、二十四至四十八回。

兒女英雄傳評話四十回首一回
　　　　　　　　PL2732.E57 E7 1898
　〔清〕文康撰
　清光緒四年（1878）京都聚珍堂木

活字印本
　二十册
　　框14.5×10.8釐米。10行22字。白口，
四周雙邊，單魚尾。版心下鐫“聚珍堂”。
牌記題“光緒四年歲次戊寅孟秋校字”。
鈐“寄情吟館珍藏書畫之章”“藤蔭館
珍藏書畫印”印。

風月夢三十二回　　Fv5765 1224
　〔清〕邗上蒙人撰
　清光緒十二年（1886）刻本
　六册
　　框12.3×10釐米。12行27字。白口，四
周雙邊，雙魚尾。内封鐫“光緒丙戌”。

新纂緑牡丹全傳十一卷六十四回
　　　　　　　　　　Fv5760 2327
　〔清〕佚名撰
　清光緒十五年（1889）刻本
　六册
　　框11.8×9.4釐米。10行24字。白口，四
周單邊，單魚尾。内封鐫“光緒己丑重鐫／
繡像反唐緑牡丹／板存京都琉璃廠”。

新刻繪圖十二美女玉蟬緣四卷五十三回
　　　　　　　　　　Fv5765 T78
　〔清〕崔象川撰
　清光緒二十五年（1899）上海錦章圖
書局石印本
　一册
　　内封鐫“繪圖十二美女玉蟾奇緣”。
版心上題“繪圖玉蟬緣”。目録末記“毗
陵劉氏藏本”。

新史奇觀演義全傳四卷二十二回
　　　　　　　　　　　　Fv5765 4341
　〔清〕蓬蒿子編
　清道光十五年（1835）刻本
　四册
　　框13.1×9.5釐米。10行20字。白口，四周單邊，單魚尾。版心上鎸"新史奇觀"。内封鎸"道光十五年刊/蓬蒿子原本/新史奇觀全傳/本衙梓行"。

繪像鐵花仙史二十六回　　Fv5760 8425
　〔清〕佚名撰
　清光緒十七年（1891）石印本
　四册
　　牌記題"辛卯秋七月仿聚珍版印"。

繪圖湘軍平逆傳四卷八回
　　　　　　　　PL2718.I6 H8 1906
　〔清〕醴泉居士撰
　清光緒二十五年（1899）上海書局石印本
　三册
　　牌記題"光緒己亥榴月上海書局石印"。簡又文贈書。

争春園全傳四十八回　　Fv5765 2556
　〔清〕佚名撰
　清道光二十九年（1849）一也軒刻本
　八册
　　框11.5×9釐米。8行18字。白口，四周單邊，單魚尾。

繡像海上繁華夢初集六卷三十回二集六卷三十回
　　　　　　　　　　　　Fv5765 4640
　〔清〕警夢癡仙編

清光緒三十一年（1905）上海笑林報館鉛印本
　十二册
　　牌記題"乙巳九月再版發行"。孫家振原題"驚夢癡仙"。

繪圖大明奇俠傳六卷五十四回
　　　　　　　　　　　　Fv5759 2246
　〔清〕似羿山人校定
　清光緒三十二年（1906）上海書局石印本
　六册
　　牌記題"光緒丙午孟夏上海書局石印"。

新刻天門陣四卷三十九回
　　　　　　　　PL2735.5 H7574 1906
　〔清〕佚名撰
　清光緒三十二年（1906）有益齋書局石印本
　四册
　　牌記題"光緒丙午夏月有益齋書局印"。

繡像紅樓圓夢傳四卷三十一回
　　　　　　　　　　　　Fv5762 2224
　〔清〕夢夢先生撰
　清光緒三十三年（1907）石印本
　四册

後水滸蕩平四大寇傳六卷四十九回
　　　　　　　　PL2735.5 H75834 1910
　〔清〕佚名撰
　清宣統上海錦章圖書局石印本
　六册

繪圖呼家將欽賜紫金鞭忠孝全傳四卷

　　　　PL2735.5 H75845 1910

〔清〕佚名撰

清宣統上海錦章圖書局石印本

四冊

內封鎸"繡像紫金鞭呼家將忠孝全傳"。

繪圖第一情書聽月樓全傳四卷二十回

　　　　PL2735.5 H85367 1900

〔清〕佚名撰

清宣統上海石印本

四冊

內封鎸"繪圖九種奇情聽月樓"。

永慶昇平二十四卷九十七回

　　　　Fv5765 0306

〔清〕郭廣瑞撰

清光緒十八年(1892)北京寶文堂刻本

二十四冊

框13.8×9釐米。15行36字。白口，四周單邊，雙魚尾。內封鎸"打磨廠東口路南寶文堂藏板"。

海上花列傳六十四回　　Fv5765 4550

〔清〕韓邦慶撰

清光緒二十九年(1903)上海日新書局石印本

八冊

廿載繁華夢四十回

　　　　PL2710 U276 N5 1907

〔清〕黃小配撰

清光緒三十三年(1907)石印本

四冊

女獄花十二回　　PL2732.A538 N8

〔清〕王妙如撰

清光緒三十年(1904)鉛印本

一冊

慘女界二卷三十回　　PL2718 U63 T7

〔清〕呂俠人撰

清光緒三十四年(1908)商務印書館鉛印本

二冊

吉祥花六卷　　DS754 C4536 1911

〔清〕邵紀棠輯評

清宣統三年(1911)刻本

一冊

框12×9釐米。9行20字。白口，單黑魚尾，左右雙邊。內封鎸"宣統三年重鎸/探古小說吉祥花/羊城學院前守經堂藏板"。存卷一至五。

官場現形記五編六十卷

　　　　Fv5765 4434 K95

〔清〕李寶嘉撰

清光緒二十九年(1903)石印本

十七冊

分《初編》十二卷、《續編》十二卷、《三編》十二卷、《四編》十二卷、《五編》十二卷。

增評補像全圖金玉緣十六卷一百二十回

〔清〕曹霑撰　　〔清〕高鶚續

清光緒二十四年(1898)上海石印本

十六冊

版心鎸"評註全圖金玉緣"。書名頁題"評註金玉緣"。

類叢部

類書類

通類之屬

初學記三十卷附校勘　Fv9296 2971B

〔唐〕徐堅等撰　〔宋〕黃加焜校刊

清光緒十四年（1888）黃氏蘊石齋刻本

十二冊

框14.2×10釐米。9行18字，小字雙行同。黑口，四周單邊，單魚尾。版心下鐫“蘊石齋叢書”“黃氏家藏板”。内封鐫“初學記/附校勘/顧復初題”。牌記題“光緒戊子秋蘊石齋鋟木”。各卷卷末附校勘記。1968年6月購自李宗侗。

清異録二卷　Fv9297 7244

〔宋〕陶穀撰

清道光二十年（1840）刻本

二冊

惜陰軒叢書

框16.6×12釐米。10行22字，小字雙行同。黑口，四周單邊，單魚尾。

太平廣記五百卷目録十卷　Fv5736 4462

〔宋〕李昉撰　〔清〕黃晟校

清嘉慶元年（1796）黃晟刻本

五十冊

框12.2×9.3釐米。12行22字。白口，四周雙邊，單黑魚尾。内封鐫“嘉慶元年重鋟/天都黃曉峰校刊/太平廣記/京都藏板”。

册府元龜一千卷目録十卷　Fv9297 7012

〔宋〕王欽若修　〔明〕李嗣京參閲

〔明〕文翔鳳訂正　〔明〕黃國琦釋

明崇禎十五年（1642）黃國琦刻本

二百四十册

框19.4×14.3釐米。10行20字。白口，四周單邊。版心上鐫書名及部類名稱，中鐫卷次。藏書票題“Gift of the Yale Association of Japan 1925”。

三才圖會一百六卷　Fv9304 1468

〔明〕王圻編

明萬曆三十七年（1609）刻本（有抄補）

五十九册

框20.9×13.9釐米。9行22字。白口，四周單邊。版心上鐫書名、卷次，下鐫“金陵吳云軒刻”。鈐“張府内庫圖書”印。

玉海二百卷辭學指南四卷　AE2 .W345 1883 （LC）

〔宋〕王應麟編

清光緒九年（1883）浙江書局刻本

一百册

框18.1×13.1釐米。10行20字。白口，左右雙邊，單魚尾。内封鐫“光緒九年浙江書局重鋟/玉海二百卷/詞學指南四卷”。無附刻十三種。藏書票題“Gift of the Yale Association of Japan 1922”。

潛確居類書一百二十卷　Fv9299 7962

〔明〕陳仁錫纂輯

明崇禎吳門徐觀我大觀堂刻本

五十册

框21.3×15釐米。10行20字。白口，四周單邊，單黑魚尾。版心上鐫“潛確類書”，中鐫卷次及類目，下鐫小題。内封鐫“潛確類書/本衙藏版”。鈐“裕滋堂”印。

廣博物志五十卷　　　　Fv9299 +4141
　〔明〕董斯張纂
　清光緒五年（1879）學海堂刻本
　三十二冊
　框20.2×15.7釐米。9行18字，小字雙行同。白口，四周單邊，單魚尾。內封鐫"光緒己卯年學海堂重鐫"。下書口鐫"高暉堂"。

韻府拾遺一百六卷　　　Fv9306 3213F
　〔清〕汪灝等纂修
　清康熙五十九年（1720）武英殿刻本
　二十冊
　框16.7×11.5釐米。12行25字，小字雙行同。白口，四周雙邊，單黑魚尾。版心上鐫書名，中鐫卷次及韻部。

經濟類考約編二卷　　　Fv9301 K95
　〔清〕顧九錫輯撰
　清康熙七年（1668）顧九錫刻本
　四冊
　框18.8×11.9釐米。9行25字。白口，左右雙邊，單黑魚尾。版心上鐫書名，中鐫類目及卷次。內封鐫"三樂齋藏板"。卷端題"西園書屋重校"。鈐"衣德堂藏書"印。

淵鑑類函四百五十卷　　Fv9301 3892
　〔清〕張英等纂
　清刻清吟堂印本
　一百四十冊
　框17.2×11.7釐米。10行21字，小字雙行同。黑口，四周雙邊，黑魚尾。版心上鐫部名，中鐫書名及卷次。內封鐫"御定淵鑑類函/奉旨刷印頒行/板藏清吟

堂"。容閎1878年贈書。

佩文韻府一百六卷　　　Fv9306 3213
　〔清〕張玉書等纂
　清康熙五十年（1711）揚州詩局刻本
　一百冊
　框17.1×11.6釐米。12行25字，小字雙行同。白口，四周雙邊，單黑魚尾。版心上鐫書名，中鐫卷次及韻部。

佩文韻府一百六卷　　　Fv9306 3213B
　〔清〕張玉書等纂　〔清〕張廷玉等拾遺
　清道光廣東嶺南潘氏海山仙館刻本
　一百二十冊
　框16.2×11.7釐米。12行25字，小字雙行同。白口，四周雙邊，單黑魚尾。牌記題"嶺南潘氏海山仙館藏板"。

格致鏡原一百卷　　　　Fv9301 7910
　〔清〕陳元龍編
　清康熙五十六年（1717）陳元龍刻雍正十三年（1735）印本
　二十四冊
　框17.3×11.4釐米。11行21字。黑口，左右雙邊，雙魚尾。版心中鐫書名、卷次及類目名稱。另有複本一，書號AE4 C48 1735（LC），藏書票題"From the library of Arthur F. Wright 1913—1976 Charles Seymour Professor of History"。

子史精華一百六十卷　　Fv9301 1311
　〔清〕允禄等監修　〔清〕張廷玉等校對
　清刻本

八冊

框17.8×12.5釐米。8行24字,小字雙行同。白口,四周雙邊,單黑魚尾。版心上鎸書名,中鎸卷次及部類。容閎1878年贈書。

巾經纂二十卷　　　Fv9301 3931

〔清〕宋宗元撰

清道光二十七年(1847)易氏刻本

五冊

框15×11釐米。10行21字,小字雙行同。白口,四周雙邊,單魚尾。

類林新詠三十六卷　　Fv9301 4137

〔清〕姚之駰編

清刻本

十二冊

框19.3×14.3釐米。10行20字,小字雙行同。白口,左右雙邊,單黑魚尾。版心上鎸書名,中鎸卷次及類目。卷首殘。

五經類編二十八卷　　Fv110 C457

〔清〕周世樟編輯

清乾隆三十八年(1773)友益齋刻本

十冊

框16.8×13.6釐米。8行20字,小字雙行同。白口,左右雙邊,單黑魚尾。版心上鎸書名,中鎸卷次及篇名。内封鎸"重訂五經類編/乾隆癸巳年新鎸/友益齋藏板"。鈐"友益齋藏書"印。

五經類典囊括八部六十四卷 Fv130 1121

清光緒十四年(1888)上海積山書局石印本

一冊

牌記題"光緒戊子孟春上海積山書局石印"。八部爲天、地、人、物、禮、樂、刑、政。

鑄史駢言十二卷　　　BJ117 .S84（LC）

〔清〕孫玉田編

清光緒二年(1876)四明陳氏銀藤花館刻本

四冊

框10.8×7.5釐米。9行24字,小字雙行同。白口,四周單邊,單魚尾。

中道全書六十二卷　　Fv9302 0422

〔清〕謝維嶽輯

清宣統二年(1910)中道齋刻本

二十冊

框17.6×12.8釐米。11行22字。白口,左右雙邊,單黑魚尾。牌記題"宣統二年仲夏月中道齋鎸成"。

普通百科新大辭典

AE17 P86 1911（LC）

〔清〕黃人編

清宣統三年(1911)上海國學扶輪社鉛印本

十五冊

廣學類編十二卷 *Handy Cyclopedia*

AE5 .H33127 1901

（英國）唐蘭孟(Joseph Triemens)編輯　〔清〕任廷旭譯

清光緒二十七年(1901)上海廣學會鉛印本

六冊

内封英文鎸"Handy cyclopedia. Edited

by Rev. Timothy Richard, D. D. L. D.”

專類之屬

新增説文韻府群玉二十卷 Fv5115 +7373

〔元〕陰時夫編輯　〔元〕陰中夫編注　〔明〕王元貞校正

明萬曆刻本

十册

框21.6×14.2釐米。11行22字，小字雙行同。白口，左右雙邊，單黑魚尾。版心上鐫“韻府群玉”，中鐫卷次。據明萬曆十八年（1590）王元貞刻本覆刻。序後鐫“金陵徐智督刻”。

聯新事備詩學大成三十卷　YAJ C11.8

〔明〕林楨輯

明宣德元年（1426）日新堂刻本

八册

框19.7×12.8釐米。13行24字。黑口，四周雙邊，雙魚尾。元至正九年（1349）朱文霆叙言“書市劉君衡甫鋟諸梓”。目録末牌記題“宣德丙午仲冬日新書堂重刊”。書末牌記題“宣德元年歲次丙午日新堂刊”。日本耶魯學會贈書。

新增註釋對類大全二十卷　YAJ C11.9

〔明〕佚名編

明正德七年（1512）書林陳氏餘慶堂、余氏福興堂刻本

四册

框19.6×12.8釐米。13至15行大小字不等。黑口，四周雙邊，雙魚尾。版心上鐫書名，中鐫分門類目。目録前牌記題“皇明正德壬申書林陳氏餘慶堂新增補

註校刊行”。卷四末牌記題“正德壬申孟春陳氏餘慶書堂刊/書林余氏福興堂增註釋新刊”。鈐“鹿王藏書”印。日本耶魯學會贈書。

歷代政治類編十二卷　　　Fv4681 2929

〔清〕柴紹炳撰

清光緒二十七年（1901）上海自强局石印本

六册

内封鐫“歷代政治類考”。牌記題“光緒辛丑孟冬上海自强局印”。

御定駢字類編二百四十卷　Fv5178 3213

〔清〕聖祖玄燁敕撰

清雍正刻本

一百二十册

框17.2×12釐米。10行21字，小字雙行同。黑口，四周雙邊，雙魚尾。版心中鐫“駢字類編”及卷次。鈐“海舫長壽印信”印。

古事比五十二卷　　　　Fv9130.3 0252

〔清〕方中德輯

清光緒十八年（1892）上海點石齋石印本

六册

增訂集録十二卷　　　　Fv9155 1494

〔清〕于光華編輯

清乾隆四十四年（1779）英德堂刻本

十六册

框13.3×10.1釐米。9行22字。白口，左右雙邊，單黑魚尾。版心上鐫書名，中鐫篇名，下鐫卷次。内封鐫“乾隆己亥秋

日重鐫/英德堂藏板/心簡齋"。

韻海大全角山樓類腋不分卷

Fv5128 4240

〔清〕姚培謙輯

清光緒十二年（1886）上海文瑞樓石
印本

六冊

牌記題"上海文瑞樓印行"。

角山樓增補類腋 〔清〕姚培謙原
　輯 〔清〕趙克宜增輯

韻府對偶不分卷

韻府精華五卷

詩學法程不分卷

賦學法程不分卷

古今治平彙要十四卷 Fv4673 4234

〔清〕楊潮觀纂 〔清〕楊鴻觀校

清雍正七年（1729）文聚樓刻本

四冊

框17.6×12釐米。10行20字。黑口，左
右雙邊，雙魚尾。版心中鐫"治平彙要"、
卷次及小題。內封鐫"大清雍正七年新鐫/
勾吳楊潮觀纂/古今治平彙要/翻刻必究/
文聚樓梓"。

叢書類

增補事類統編九十三卷首一卷

Fv9297 2334

〔宋〕吳淑編 〔清〕黃葆真輯

清光緒十四年（1888）上海積山書局
石印本

十二冊

牌記題"光緒戊子仲春之月上海積

山書局石印"。

事類賦 〔宋〕吳淑撰 〔明〕華麟
　祥校

廣事類賦 〔清〕華希閔撰

廣廣事類賦 〔清〕吳世旃撰

續廣事類賦 〔清〕王鳳喈撰

事類賦補遺 〔清〕張均編撰

二程全書六十七卷 Fv1209 2162

〔宋〕程顥 程頤撰 〔宋〕朱熹輯

清康熙禦兒呂氏寶誥堂刻道光星沙
小嫏嬛山館重校本

六冊

框17.5×14釐米。12行22字，小字雙
行同。黑口，左右雙邊，雙魚尾。內封鐫
"二程全書/禦兒呂氏寶誥堂刻/星沙小
嫏嬛山館重校刊"。避諱至"寧"。鈐"眉
橋文庫伊藤鐫治"印。

遺書二十五卷附錄一卷

外書十二卷

明道先生文集五卷

伊川先生文集八卷附錄二卷

周易傳四卷

經說八卷

粹言二卷

說郛一百二十卷說郛續四十六卷

Fv9100 0122

〔明〕陶宗儀輯 （續）〔明〕陶珽
重校續輯

清順治三年（1646）兩浙督學李際期
宛委山堂刻本

一百六十冊

框19.3×14.3釐米。9行20字。白口，
左右雙邊，單白魚尾。版心上鐫子目書

名。外封記載 "Kennedy"。

　説郛

　　大學石經一卷

　　大學古本一卷　〔明〕陶宗儀録

　　中庸古本一卷　〔明〕陶宗儀録

　　詩小序一卷　〔周〕卜商撰

　　詩傳一卷　〔周〕端木賜撰

　　詩説一卷　〔漢〕申培撰

　　乾鑿度二卷

　　元包一卷　〔北周〕衛元嵩撰

　　潛虛一卷　〔宋〕司馬光撰

　　京氏易略一卷　〔漢〕京房撰

　　關氏易傳一卷　〔北魏〕關朗撰

　　周易略例一卷　〔三國魏〕王弼撰

　　周易古占一卷　〔宋〕程迥撰

　　周易舉正一卷　〔唐〕郭京撰

　　讀易私言一卷　〔元〕許衡撰

　　元包數義一卷　〔宋〕張行成撰

　　櫝薈記一卷　〔元〕劉因撰

　　論語筆解一卷　〔唐〕韓愈撰

　　論語拾遺一卷　〔宋〕蘇轍撰

　　疑孟一卷　〔宋〕司馬光撰

　　詰墨一卷　〔漢〕孔鮒撰

　　翼莊一卷　〔晋〕郭象撰

　　毛詩草木鳥獸蟲魚疏二卷　〔三國吳〕陸璣撰

　　詩説一卷　〔宋〕張耒撰

　　三禮叙録一卷　〔元〕吳澄撰

　　夏小正一卷　〔漢〕戴德傳

　　月令問答一卷　〔漢〕蔡邕撰

　　九經補韻一卷　〔宋〕楊伯嵒撰

　　小爾雅一卷　〔漢〕孔鮒撰

　　三墳書一卷　〔明〕陶宗儀訂

　　易飛候一卷　〔漢〕京房撰

　　易洞林一卷　〔晋〕郭璞撰

　　易稽覽圖一卷

　　易巛靈圖一卷

　　易通卦驗一卷

　　尚書旋璣鈐一卷

　　尚書帝命期一卷

　　尚書考靈耀一卷

　　尚書中候一卷

　　詩含神霧一卷

　　詩紀曆樞一卷

　　春秋元命苞一卷

　　春秋運斗樞一卷

　　春秋文曜鈎一卷

　　春秋合誠圖一卷

　　春秋孔演圖一卷

　　春秋説題辭一卷

　　春秋感精符一卷

　　春秋潛潭巴一卷

　　春秋佐助期一卷

　　春秋緯一卷

　　春秋後語一卷　〔晋〕孔衍撰

　　春秋繁露一卷　〔漢〕董仲舒撰

　　禮稽命徵一卷

　　禮含文嘉一卷

　　禮斗威儀一卷

　　大戴禮逸一卷

　　樂稽耀嘉一卷

　　孝經援神契一卷

　　孝經鈎命決一卷

　　孝經左契一卷

　　孝經右契一卷

　　孝經内事一卷

　　五經析疑一卷　〔三國魏〕邯鄲綽撰

　　五經通義一卷　〔漢〕劉向撰

　　龍魚河圖一卷

河圖括地象一卷

河圖稽命徵一卷

河圖稽耀鈎一卷

河圖始開圖一卷

洛書甄耀度一卷

遁甲開山圖一卷

淮南畢萬術一卷

聖門事業圖一卷　〔宋〕李元綱撰

兼明書五卷　〔宋〕丘光庭撰

希通録一卷　〔宋〕蕭參撰

實賓録一卷　〔宋〕馬永易撰

譚子化書六卷　〔南唐〕譚峭撰

素書一卷　〔漢〕黃石公撰

枕中書一卷　〔晉〕葛洪撰

參同契一卷　〔漢〕魏伯陽撰

陰符經一卷　〔漢〕張良等注

三教論衡一卷　〔唐〕白居易撰

令旨解二諦義一卷　〔南朝梁〕

　蕭統撰

漁樵對問一卷　〔宋〕邵雍撰

西疇老人常言一卷　〔宋〕何坦撰

藝圃折中一卷　〔宋〕鄭厚撰

發明義理一卷　〔宋〕呂希哲撰

鹿門隱書一卷　〔唐〕皮日休撰

山書一卷　〔唐〕劉蛻撰

兩同書一卷　〔唐〕羅隱撰

迂書一卷　〔宋〕司馬光撰

武侯新書一卷　〔三國蜀〕諸葛

　亮撰

權書一卷　〔宋〕蘇洵撰

正朔考一卷　〔宋〕魏了翁撰

史剡一卷　〔宋〕司馬光撰

綱目疑誤一卷　〔宋〕周密撰

揚子新注一卷　〔唐〕柳宗元撰

新唐書糾謬一卷　〔宋〕吳縝撰

遂初堂書目一卷　〔宋〕尤袤撰

輶軒絶代語一卷　〔漢〕揚雄撰

獨斷一卷　〔漢〕蔡邕撰

臆乘一卷　〔宋〕楊伯嵒撰

芥隱筆記一卷　〔宋〕龔頤正撰

宜齋野乘一卷　〔宋〕吳枋撰

中華古今注三卷　〔後唐〕馬縞

　撰

古今考一卷　〔宋〕魏了翁撰

刑書釋名一卷　〔宋〕王鍵撰

釋常談三卷　〔宋〕佚名撰

續釋常談一卷　〔宋〕龔頤正撰

事原一卷　〔唐〕劉孝孫撰

袖中記一卷　〔南朝梁〕沈約撰

演繁露一卷　〔宋〕程大昌撰

學齋咕嗶一卷　〔宋〕史繩祖撰

李氏刊誤一卷　〔唐〕李涪撰

孔氏雜説一卷　〔宋〕孔平仲撰

鼠璞二卷　〔宋〕戴埴撰

資暇録一卷　〔唐〕李匡乂撰

賓退録一卷　〔宋〕趙與時撰

紀談録一卷　〔宋〕晁邁撰

過庭録一卷　〔宋〕范公稱撰

楮記室一卷　〔明〕潘塤撰

螢雪叢説二卷　〔宋〕俞成撰

孫公談圃三卷　〔宋〕孫升述

　〔宋〕劉延世録

墨客揮犀一卷　〔宋〕彭乘撰

師友談記一卷　〔宋〕李廌撰

宋景文公筆記一卷　〔宋〕宋祁撰

王文正筆録一卷　〔宋〕王曾撰

丁晉公談録一卷　〔宋〕丁謂撰

楊文公談苑一卷　〔宋〕楊億述

　〔宋〕黃鑑録　〔宋〕宋庠重訂

欒城先生遺言一卷　〔宋〕蘇籀記

愛日齋叢抄一卷　〔宋〕葉□撰

能改齋漫録一卷　〔宋〕吳曾撰

識遺一卷　〔宋〕羅璧撰

退齋雅聞録一卷　〔宋〕侯延慶撰

南墅閒居録一卷

雪浪齋日記一卷

廬陵官下記一卷　〔唐〕段成式撰

玉溪編事一卷　〔五代〕佚名撰

渚宮故事一卷　〔唐〕余知古撰

麟臺故事一卷　〔宋〕程俱撰

五國故事一卷

郡閣雅言一卷　〔宋〕潘若同撰

侯鯖録一卷　〔宋〕趙令畤撰

畫墁録一卷　〔宋〕張舜民撰

摭青雜説一卷　〔宋〕王明清撰

樂郊私語一卷　〔元〕姚桐壽撰

隱窟雜志一卷　〔宋〕溫革撰

梁溪漫志一卷　〔宋〕費袞撰

墨娥漫録一卷

三水小牘一卷　〔宋〕皇甫枚撰

寓簡一卷　〔宋〕沈作喆撰

碧鷄漫志一卷　〔宋〕王灼撰

晁氏客語一卷　〔宋〕晁説之撰

涪翁雜説一卷　〔宋〕黃庭堅撰

雲麓漫抄一卷　〔宋〕趙彥衛撰

黃氏筆記一卷　〔元〕黃溍撰

兩鈔摘腴一卷　〔元〕史浩撰

碧湖雜記一卷　〔宋〕謝枋得撰

西林日記一卷　〔元〕姚燧撰

搜神秘覽一卷　〔宋〕章炳文撰

牧堅聞談一卷　〔宋〕景煥撰

紫薇雜記一卷　〔宋〕呂祖謙撰

巖下放言一卷　〔宋〕葉夢得撰

玉澗雜書一卷　〔宋〕葉夢得撰

石林燕語一卷　〔宋〕葉夢得撰

避暑録話一卷　〔宋〕葉夢得撰

深雪偶談一卷　〔宋〕方嶽撰

葦航紀談一卷　〔宋〕蔣津撰

豹隱紀談一卷　〔宋〕周遵道撰

悦生隨抄一卷　〔宋〕賈似道撰

齊東野語一卷　〔宋〕周密撰

邇言志見一卷　〔宋〕劉炎撰

晰獄龜鑑一卷　〔宋〕鄭克撰

青箱雜記一卷　〔宋〕吳處厚撰

冷齋夜話一卷　〔宋〕釋惠洪撰

癸辛雜識一卷　〔宋〕周密撰

墨莊漫録一卷　〔宋〕張邦基撰

龍川別志一卷　〔宋〕蘇轍撰

羅湖野録一卷　〔宋〕釋曉瑩撰

鶴林玉露一卷　〔宋〕羅大經撰

雲谿友議一卷　〔唐〕范攄撰

後山談叢一卷　〔宋〕陳師道撰

林下偶譚一卷　〔宋〕吳□撰

緗素雜記一卷　〔宋〕黃朝英撰

捫虱新話一卷　〔宋〕陳善撰

研北雜志一卷　〔元〕陸友撰

清波雜志一卷　〔宋〕周煇撰

壺中贅録一卷

物類相感志一卷　〔宋〕蘇軾撰

因話録一卷　〔唐〕趙璘撰

同話録一卷　〔宋〕曾三異撰

五色線一卷　〔宋〕佚名撰

五總志一卷　〔宋〕吳炯撰

金樓子一卷　〔南朝梁〕元帝蕭
　繹撰

乾饌子一卷　〔唐〕溫庭筠撰

投荒雜録一卷　〔唐〕房千里撰

炙轂子録一卷　〔唐〕王叡撰

抒情録一卷　〔宋〕盧懷撰

啓顏録一卷　〔唐〕侯白撰

絕倒録一卷　〔宋〕朱暉撰

唾玉集一卷　〔宋〕俞文豹撰

辨疑志一卷　〔唐〕陸長源撰

開城録一卷　〔唐〕李石撰

原化記一卷　〔唐〕皇甫□撰

蠹海録一卷　〔宋〕王逵撰

澄懷録一卷　〔元〕袁桷撰

王氏談録一卷　〔宋〕王洙撰

先公談録一卷　〔宋〕李宗諤録

槁簡贅筆一卷　〔宋〕章淵撰

傳講雜記一卷　〔宋〕呂希哲撰

繼古藂編一卷　〔宋〕施青臣撰

南窗記談一卷　〔宋〕佚名撰

後耳目志一卷　〔宋〕鞏豐撰

群居解頤一卷　〔唐〕高懌撰

雁門野説一卷　〔宋〕邵思撰

三柳軒雜識一卷　〔元〕程棨撰

負暄雜録一卷　〔宋〕顧文薦撰

中吳紀聞一卷　〔宋〕龔明之撰

緯略一卷　〔宋〕高似孫撰

鉤玄一卷　〔元〕佚名撰

遯齋閒覽一卷　〔宋〕范正敏撰

稗史一卷　〔元〕仇遠撰

志林一卷　〔宋〕蘇軾撰

因論一卷　〔唐〕劉禹錫撰

晉問一卷　〔唐〕柳宗元撰

窮愁志一卷　〔唐〕李德裕撰

席上腐談一卷　〔宋〕俞琰撰

讀書隅見一卷　〔宋〕佚名撰

田閒書一卷　〔宋〕林芳撰

判決録一卷　〔唐〕張鷟撰

東園友聞一卷　〔元〕佚名撰

劉馮事始一卷　〔唐〕劉存

　〔五代〕馮鑑撰

西墅記譚一卷　〔五代〕潘遠撰

遺史紀聞一卷　〔宋〕詹玠撰

姑蘇筆記一卷　〔宋〕羅志仁撰

南部新書一卷　〔宋〕錢易撰

龍城録一卷　〔唐〕柳宗元撰

桂苑叢談一卷　〔唐〕馮翊撰

義山雜記一卷　〔唐〕李商隱撰

文藪雜著一卷　〔唐〕皮日休撰

法苑珠林一卷

蒼梧雜志一卷　〔宋〕胡珵撰

青瑣高議一卷　〔宋〕劉斧撰

秘閣閒話一卷

耕餘博覽一卷　〔宋〕佚名撰

鷄肋編一卷　〔宋〕莊綽撰

泊宅編一卷　〔宋〕方勺撰

吹劍録一卷　〔宋〕俞文豹撰

投轄録一卷　〔宋〕王明清撰

鑑戒録一卷　〔後蜀〕何光遠撰

暇日記一卷　〔宋〕劉跂撰

佩楚軒客談一卷　〔元〕戚輔之撰

志雅堂雜抄一卷　〔宋〕周密撰

浩然齋視聽抄一卷　〔宋〕周密撰

瑞桂堂暇録一卷

陵陽室中語一卷　〔宋〕范季隨撰

猗覺寮雜記一卷　〔宋〕朱翌撰

昭德新編一卷　〔宋〕晁迥撰

山陵雜記一卷　〔元〕楊奐撰

鷄肋一卷　〔宋〕趙崇絢撰

桯史一卷　〔宋〕岳珂撰

雲谷雜記一卷　〔宋〕張淏撰

船窗夜話一卷　〔宋〕顧文薦撰

野人閒話一卷　〔宋〕景煥撰

植杖閒談一卷　〔宋〕錢康功撰

東齋記事一卷　〔宋〕許觀撰

澹山雜識一卷　〔宋〕錢功撰

坦齋通編一卷　〔宋〕邢凱撰

桃源手聽一卷　〔宋〕陳賓撰
韋居聽輿一卷　〔宋〕陳直撰
仇池筆記一卷　〔宋〕蘇軾撰
暘谷謾録一卷　〔宋〕洪巽撰
友會談叢一卷　〔宋〕上官融撰
野老記聞一卷　〔宋〕王梂撰
灌畦暇語一卷　〔宋〕佚名撰
澗泉日記一卷　〔宋〕韓淲撰
步里客談一卷　〔宋〕陳長方撰
雲齋廣録一卷　〔宋〕李獻民撰
續骫骳說一卷　〔宋〕朱昂撰
西齋話記一卷　〔宋〕祖士衡撰
雪舟脞語一卷　〔元〕王仲暉撰
西軒客談一卷
蒙齋筆談一卷　〔宋〕葉夢得撰
廬陵雜說一卷　〔宋〕歐陽修撰
昌黎雜說一卷　〔唐〕韓愈撰
漁樵閒話一卷　〔宋〕蘇軾撰
游宦紀聞一卷　〔宋〕張世南撰
行都紀事一卷　〔宋〕陳晦撰
鄰幾雜志一卷　〔宋〕江休復撰
楓窗小牘二卷　〔宋〕袁褧撰
　　〔宋〕袁頤續
湖湘故事一卷　〔宋〕陶岳撰
誠齋雜記一卷　〔元〕周達觀撰
溫公瑣語一卷　〔宋〕司馬光撰
蔣氏日録一卷　〔宋〕蔣穎叔撰
剡溪野語一卷　〔宋〕程正敏撰
釣磯立談一卷　〔宋〕費樞撰
盛事美談一卷
衣冠盛事一卷　〔唐〕蘇特撰
硯崗筆志一卷　〔宋〕唐稷撰
窗閒記聞一卷　〔宋〕陳子兼撰
翰墨叢記一卷　〔宋〕滕康撰
備忘小抄一卷　〔五代〕文谷撰

艅艎日疏一卷　〔元〕凌準撰
輶軒雜録一卷　〔宋〕王襄撰
獨醒雜志一卷　〔宋〕吳宏撰
姚氏殘語一卷　〔宋〕姚寬撰
有宋佳話一卷
採蘭雜志一卷
嘉蓮燕語一卷
戊辰雜抄一卷
真率筆記一卷
芸窗私志一卷　〔元〕陳芬撰
致虛雜俎一卷
内觀日疏一卷
漂粟手牘一卷
奚囊橘柚一卷
玄池説林一卷
賈氏説林一卷
然藜餘筆一卷
荻樓雜抄一卷
客退紀談一卷
下帷短牒一卷
下黃私記　卷
嬾嬛記一卷　〔元〕伊世珍撰
宣室志一卷　〔唐〕張讀撰
傳載一卷　〔唐〕劉餗撰
傳載略一卷　〔宋〕釋贊寧撰
瀟湘録一卷　〔唐〕李隱撰
野雪鍛排雜説一卷　〔宋〕許景
　迁撰
耳目記一卷　〔唐〕張鷟撰
樹萱録一卷　〔唐〕劉燾撰
善謔集一卷　〔宋〕天和子撰
紹陶録一卷　〔宋〕王質撰
視聽抄一卷　〔宋〕吳萃撰
却掃編一卷　〔宋〕徐度撰
開顏集一卷　〔宋〕周文玘撰

雞跖集一卷 〔宋〕王子韶撰

葆化録一卷 〔唐〕陳京撰

聞見録一卷 〔宋〕羅點撰

洽聞記一卷 〔唐〕鄭常撰

閒談録一卷 〔宋〕蘇耆撰

解醒語一卷 〔元〕李材撰

延漏録一卷 〔宋〕章望之撰

三餘帖一卷

北山録一卷

玉匣記一卷 〔宋〕皇甫枚撰

潛居録一卷

西溪叢語一卷 〔宋〕姚寬撰

倦游雜録一卷 〔宋〕張師正撰

虛谷閒抄一卷 〔元〕方回撰

玉照新志六卷 〔宋〕王明清撰

醉翁寱語一卷 〔宋〕樓璹撰

錦里新聞一卷 〔宋〕佚名撰

清尊録一卷 〔宋〕廉布撰

昨夢録一卷 〔宋〕康與之撰

就日録一卷 〔元〕耐得翁撰

漫笑録一卷 〔宋〕徐愷撰

軒渠録一卷 〔宋〕呂本中撰

拊掌録一卷 〔宋〕元懷撰

諧噱録一卷 〔唐〕劉訥言撰

咸定録一卷

天定録一卷

調謔編一卷 〔宋〕蘇軾撰

謔名録一卷 〔宋〕吳淑撰

艾子雜説一卷 〔宋〕蘇軾撰

撫言一卷 〔唐〕何晦撰

諧史一卷 〔宋〕沈俶撰

可談一卷 〔宋〕朱彧撰

話腴一卷 〔宋〕陳郁撰

談藪一卷 〔宋〕龐元英撰

談淵一卷 〔宋〕王陶撰

談撰一卷 〔元〕虞裕撰

尚書故實一卷 〔唐〕李綽撰

次柳氏舊聞一卷 〔唐〕李德裕撰

隋唐嘉話一卷 〔唐〕劉餗撰

劉賓客嘉話録一卷 〔唐〕韋絢録

賓朋宴語一卷 〔宋〕丘昶撰

法藏碎金録一卷 〔宋〕晁迥撰

春渚紀聞一卷 〔宋〕何薳撰

曲洧舊聞一卷 〔宋〕朱弁撰

茅亭客話一卷 〔宋〕黃休復撰

珩璜新論一卷 〔宋〕孔平仲撰

閒燕常談一卷 〔宋〕董弅撰

儒林公議一卷 〔宋〕田況撰

賈氏談録一卷 〔宋〕張洎撰

燈下閒談一卷 〔宋〕江洵撰

鞠堂野史一卷 〔宋〕林子中撰

退齋筆録一卷 〔宋〕侯延慶撰

皇朝類苑一卷 〔宋〕江少虞撰

白獺髓一卷 〔宋〕張仲文撰

清夜録一卷 〔宋〕俞文豹撰

貴耳録一卷 〔宋〕張端義撰

碧雲騢一卷 〔宋〕梅堯臣撰

異聞記一卷 〔宋〕何先撰

芝田録一卷 〔唐〕丁用晦撰

避亂録一卷 〔宋〕王明清撰

壽關録一卷 〔唐〕太行山人撰

啽囈集一卷 〔元〕宋无撰

揮麈録一卷 〔宋〕王明清撰

揮麈餘話一卷 〔宋〕王明清撰

避暑漫抄一卷 〔宋〕陸游撰

南唐近事一卷 〔宋〕鄭文寶撰

洞微志一卷 〔宋〕錢易撰

該聞録一卷 〔宋〕李畋撰

從駕記一卷 〔宋〕陳世崇撰

東巡記一卷 〔宋〕趙彥衛撰

青溪寇軌一卷　〔宋〕方勺撰

江表志一卷　〔宋〕鄭文寶撰

歸田録二卷　〔宋〕歐陽修撰

嬾真子録一卷　〔宋〕馬永卿撰

陶朱新録一卷　〔宋〕馬純撰

東皋雜録一卷　〔宋〕孫宗鑑撰

東軒筆録一卷　〔宋〕魏泰撰

山房隨筆一卷　〔元〕蔣子正撰

十友瑣説一卷　〔宋〕温革撰

春明退朝録三卷　〔宋〕宋敏求撰

澠水燕談録一卷　〔宋〕王闢之撰

幙府燕閒録一卷　〔宋〕畢仲詢撰

老學庵筆記一卷　〔宋〕陸游撰

老學庵續筆記一卷　〔宋〕陸游撰

蓼花洲閒録一卷　〔宋〕高文虎撰

秀水閒居録一卷　〔宋〕朱勝非撰

大唐創業起居注三卷　〔唐〕温
　大雅撰

乾淳起居注一卷　〔宋〕周密撰

御塞行程一卷　〔宋〕趙彦衛撰

熙豐日曆一卷　〔宋〕王明清撰

唐年補録一卷　〔唐〕馬總撰

東觀奏記三卷　〔唐〕裴庭裕撰

國老談苑二卷　〔宋〕王君玉撰

明道雜志一卷　〔宋〕張耒撰

續明道雜志一卷　〔宋〕張耒撰

燕翼貽謀録五卷　〔宋〕王栐撰

玉堂逢辰録一卷　〔宋〕錢惟演撰

宜春傳信録一卷　〔宋〕羅誘撰

洛陽搢紳舊聞記一卷　〔宋〕張
　齊賢撰

小説舊聞記一卷　〔唐〕柳公權撰

廣陵妖亂志一卷　〔唐〕鄭廷誨撰

玉堂雜記三卷　〔宋〕周必大撰

玉壺清話一卷　〔宋〕釋文瑩撰

道山清話一卷　〔宋〕王暐撰

家世舊聞一卷　〔宋〕陸游撰

錢氏私志一卷　〔宋〕錢愐輯

家王故事一卷　〔宋〕錢惟演撰

桐陰舊話一卷　〔宋〕韓元吉撰

北夢瑣言一卷　〔宋〕孫光憲撰

杜陽雜編三卷　〔唐〕蘇鶚撰

金華子雜編一卷　〔南唐〕劉崇遠撰

玉泉子真録一卷　〔唐〕佚名撰

松窗雜記一卷　〔唐〕杜荀鶴撰

南楚新聞一卷　〔唐〕尉遲樞撰

中朝故事一卷　〔南唐〕尉遲偓撰

戎幕閒談一卷　〔唐〕韋絢撰

商芸小説一卷　〔南朝梁〕殷芸撰

封氏聞見記一卷　〔唐〕封演撰

景龍文館記一卷　〔唐〕武平一撰

行營雜録一卷　〔宋〕趙葵撰

江行雜録一卷　〔宋〕廖瑩中撰

聞見雜録一卷　〔宋〕蘇舜欽撰

養痾漫筆一卷　〔宋〕趙溍撰

文昌雜録一卷　〔宋〕陳襄撰

遂昌雜録一卷　〔元〕鄭元祐撰

宣政雜録一卷　〔宋〕江萬里撰

古杭雜記一卷　〔元〕李有撰

錢塘遺事一卷　〔元〕劉一清撰

默記一卷　〔宋〕王銍撰

朝野僉載一卷　〔唐〕張鷟撰

唐國史補一卷　〔唐〕李肇撰

唐闕史一卷　〔唐〕吳兢撰

唐語林一卷　〔宋〕王讜撰

大唐新語一卷　〔唐〕劉肅撰

大唐奇事一卷　〔唐〕馬總撰

三聖記一卷　〔唐〕李德裕撰

先友記一卷　〔唐〕柳宗元撰

皮子世録一卷　〔唐〕皮日休撰

盧氏雜說一卷　〔唐〕盧言撰

零陵總記一卷　〔唐〕陸龜蒙撰

玉堂閒話一卷　〔五代〕范資撰

四朝聞見錄一卷　〔宋〕葉紹翁撰

三朝聖政錄一卷　〔宋〕石承進撰

會昌解頤錄一卷　〔唐〕包湑撰

洛中紀異錄一卷　〔宋〕秦再思撰

鐵圍山叢談一卷　〔宋〕蔡絛撰

相學齋雜鈔一卷　〔元〕鮮于樞撰

金鑾密記一卷　〔唐〕韓偓撰

常侍言旨一卷　〔唐〕柳珵撰

朝野遺記一卷　〔唐〕張鷟撰

朝野僉言一卷　〔唐〕張鷟撰

大中遺事一卷　〔唐〕令狐澄撰

西朝寶訓一卷

涑水記聞一卷　〔宋〕司馬光撰

蜀道征討比事一卷　〔宋〕袁申儒撰

大事記一卷　〔宋〕呂祖謙撰

三朝野史一卷　〔元〕吳萊撰

甲申雜記一卷　〔宋〕王鞏撰

隨手雜錄一卷　〔宋〕王鞏撰

聞見近錄一卷　〔宋〕王鞏撰

續聞見近錄一卷　〔宋〕王鞏撰

南遊記舊一卷　〔宋〕曾紆撰

燕北雜記一卷　〔宋〕武珪撰

山居新語一卷　〔元〕楊瑀撰

家世舊事一卷　〔宋〕程頤撰

卓異記一卷　〔唐〕李翱撰

翰林志一卷　〔唐〕李肇撰

續翰林志一卷　〔宋〕蘇易簡撰

翰林壁記一卷　〔唐〕丁居晦撰

御史臺記一卷　〔唐〕韓琬撰

上庠錄一卷　〔宋〕呂榮義撰

唐科名記一卷　〔宋〕高似孫撰

五代登科記一卷　〔宋〕韓思撰

趨朝事類一卷　〔宋〕佚名撰

紹熙行禮記一卷　〔宋〕周密撰

上壽拜舞記一卷　〔宋〕陳世崇撰

封禪儀記一卷　〔漢〕馬第伯撰

明禋儀注一卷　〔宋〕王儀撰

梁雜儀注一卷　〔唐〕段成式撰

婚雜儀注一卷　〔唐〕段成式撰

朝會儀記一卷　〔漢〕蔡質撰

稽古定制一卷

明皇十七事一卷　〔唐〕李德裕撰

開元天寶遺事一卷　〔五代〕王仁裕撰

傳信記一卷　〔唐〕鄭棨撰

幽閒鼓吹一卷　〔唐〕張固撰

摭異記一卷　〔唐〕李濬撰

愧郯錄一卷　〔宋〕岳珂撰

新城錄一卷　〔唐〕沈亞之撰

南渡宮禁典儀一卷　〔宋〕周密撰

乾淳御教記一卷　〔宋〕周密撰

燕射記一卷　〔宋〕周密撰

唱名記一卷　〔宋〕周密撰

天基聖節排當樂次一卷　〔宋〕周密撰

乾淳教坊樂部一卷　〔宋〕周密撰

雜劇段數一卷　〔宋〕周密撰

高宗幸張府節次略一卷　〔宋〕周密撰

藝流供奉志一卷　〔宋〕周密撰

晋史乘一卷

楚史檮杌一卷

蜀檮杌一卷　〔宋〕張唐英撰

幸蜀記一卷　〔唐〕宋居白撰

五代新說一卷　〔唐〕徐炫撰

三楚新錄一卷　〔宋〕周羽翀撰

江南野録一卷　〔宋〕龍袞撰

金志一卷　〔宋〕宇文懋昭撰

遼志一卷　〔宋〕葉隆禮撰

松漠記聞一卷　〔宋〕洪皓撰

鷄林類事一卷　〔宋〕孫穆撰

虜廷事實一卷　〔宋〕文惟簡撰

夷俗考一卷　〔宋〕方鳳撰

北風揚沙録一卷　〔宋〕陳準撰

蒙韃備録一卷　〔宋〕孟珙撰

北邊備對一卷　〔宋〕程大昌撰

燕北録一卷　〔宋〕王易撰

北轅録一卷　〔元〕周煇撰

西使記一卷　〔元〕劉郁撰

使高麗録一卷　〔宋〕徐兢撰

天南行記一卷　〔元〕徐明善撰

高昌行紀一卷　〔宋〕王延德撰

陷虜記一卷　〔五代〕胡嶠撰

群輔録一卷　〔晋〕陶潛撰

英雄記鈔一卷　〔漢〕王粲撰

真靈位業圖一卷　〔南朝梁〕陶
　弘景撰

東林蓮社十八高賢傳一卷　〔晋〕
　佚名撰

高士傳一卷　〔晋〕皇甫謐撰

汝南先賢傳一卷　〔晋〕周斐撰

陳留耆舊傳一卷　〔三國魏〕蘇林
　撰

會稽先賢傳一卷　〔三國吳〕謝
　承撰

益都耆舊傳一卷　〔晋〕陳壽撰

楚國先賢傳一卷　〔晋〕張方撰

襄陽耆舊傳一卷　〔晋〕習鑿齒撰

長沙耆舊傳一卷　〔晋〕劉彧撰

零陵先賢傳一卷　〔晋〕司馬彪撰

廣州先賢傳一卷　〔□〕鄒閔甫撰

閩川名士傳一卷　〔唐〕黃璞撰

西州後賢志一卷　〔晋〕常璩撰

文士傳一卷　〔晋〕張隱撰

列女傳一卷　〔晋〕皇甫謐撰

梓潼士女志一卷　〔晋〕常璩撰

漢中士女志一卷　〔晋〕常璩撰

孝子傳一卷　〔晋〕徐廣撰

幼童傳一卷　〔南朝梁〕劉劭撰

高道傳一卷　〔宋〕賈善翊撰

方外志一卷

列仙傳一卷　〔漢〕劉向撰

神仙傳一卷　〔晋〕葛洪撰

續神仙傳一卷　〔南唐〕沈汾撰

集仙傳一卷　〔宋〕曾慥撰

江淮異人録一卷　〔宋〕吳淑撰

漢官儀一卷　〔漢〕應劭撰

獻帝春秋一卷

玄晏春秋一卷　〔晋〕皇甫謐撰

九州春秋一卷　〔晋〕司馬彪撰

帝王世記一卷　〔晋〕皇甫謐撰

魏晋世語一卷　〔晋〕郭頒撰

東宮舊事一卷　〔晋〕張敞撰

元嘉起居注一卷

大業拾遺録一卷　〔唐〕杜寶撰

建康宮殿簿一卷　〔唐〕張著撰

山公啓事一卷　〔晋〕山濤撰

八王故事一卷　〔晋〕盧綝撰

陸機要覽一卷　〔晋〕陸機撰

桓譚新論一卷　〔漢〕桓譚撰

譙周法訓一卷　〔三國蜀〕譙周撰

裴啓語林一卷　〔晋〕裴啓撰

虞喜志林一卷　〔晋〕虞喜撰

魏臺訪議一卷　〔三國魏〕王肅撰

魏春秋一卷　〔晋〕孫盛撰

齊春秋一卷　〔南朝梁〕吳均撰

晋陽秋一卷　〔晋〕庾翼撰

續晋陽秋一卷　〔南朝宋〕檀道鸞撰

晋中興書一卷　〔南朝宋〕何法盛撰

宋拾遺録一卷　〔南朝梁〕謝綽撰

會稽典録一卷　〔晋〕虞預撰

三國典略一卷　〔晋〕魚豢撰

建康實録一卷

三輔決録一卷　〔漢〕趙岐撰

鄴中記一卷　〔晋〕陸翽撰

吳録一卷　〔晋〕張勃撰

靈憲注一卷　〔漢〕張衡撰

玉曆通政經一卷

徐整長曆一卷　〔三國吳〕徐整撰

孫氏瑞應圖一卷　〔南朝梁〕孫柔之撰

玉符瑞圖一卷　〔南朝梁〕顧野王撰

地鏡圖一卷

五行記一卷

玄中記一卷　〔□〕郭□撰

發蒙記一卷　〔晋〕束晳撰

決疑要注一卷　〔晋〕摯虞撰

在窮記一卷　〔□〕孔元舒撰

河東記一卷

鷄林志一卷

湘山録一卷　〔宋〕釋文瑩撰

九國志一卷　〔□〕劉旻撰

九域志一卷　〔宋〕李昉撰

十道志一卷　〔唐〕李吉甫撰

十三州記一卷　〔晋〕黃義仲撰

寰宇記一卷　〔宋〕樂史撰

風土記一卷　〔晋〕周處撰

神境記一卷　〔南朝宋〕王韶之撰

西征記一卷　〔晋〕戴祚撰

三輔黃圖一卷　〔漢〕佚名撰

三輔舊事一卷　〔唐〕袁郊撰

西都雜記一卷　〔唐〕韋述撰

太康地記一卷

燉煌新録一卷　〔北魏〕劉昞撰

扶南土俗一卷　〔三國吳〕康泰撰

南宋市肆紀一卷　〔宋〕周密撰

三秦記一卷　〔□〕辛□撰

長安志一卷　〔宋〕宋敏求撰

關中記一卷　〔晋〕潘岳撰

洛陽記一卷　〔晋〕陸機撰

梁州記一卷　〔南朝齊〕劉澄之撰

梁京寺記一卷

宜都記一卷　〔晋〕袁山松撰

益州記一卷　〔晋〕任豫撰

荊州記一卷　〔南朝宋〕盛弘之撰

湘中記一卷　〔晋〕羅含撰

武陵記一卷　〔□〕鮑堅撰

漢南記一卷　〔□〕張瑩撰

南雍州記一卷　〔南朝宋〕王韶之撰

安城記一卷　〔□〕王孚撰

南康記一卷　〔晋〕鄧德明撰

潯陽記一卷　〔晋〕張僧鑒撰

鄱陽記一卷　〔南朝齊〕劉澄之撰

九江志一卷　〔三國魏〕何晏撰

丹陽記一卷　〔南朝宋〕山謙之撰

會稽記一卷　〔晋〕孔曄撰

永嘉郡記一卷　〔南朝宋〕鄭緝之撰

三齊略記一卷　〔晋〕伏琛撰

南越志一卷　〔晋〕沈懷遠撰

廣州記一卷 〔晋〕顧微撰

廣志一卷 〔晋〕郭義恭撰

番禺雜記一卷 〔唐〕鄭熊撰

始興記一卷 〔南朝宋〕王韶之撰

林邑記一卷

凉州記一卷 〔北凉〕段龜龍撰

交州記一卷 〔晋〕劉欣期撰

沙州記一卷 〔南朝宋〕段國撰

雲南志略一卷 〔元〕李京撰

遼東志略一卷 〔元〕戚輔之撰

桂海虞衡志一卷 〔宋〕范成大撰

岳陽風土記一卷 〔宋〕范致明撰

真臘風土記一卷 〔元〕周達觀撰

陳留風俗傳一卷 〔晋〕江微撰

成都古今記一卷 〔宋〕趙朴撰

臨海水土記一卷

臨海異物志一卷 〔三國吳〕沈
　瑩撰

吳地記一卷 〔唐〕陸廣微撰

遊城南注一卷 〔宋〕張禮撰

北户錄一卷 〔唐〕段公路撰

湖山勝概一卷 〔宋〕周密撰

入越記一卷 〔宋〕呂祖謙撰

吳郡諸山錄一卷 〔宋〕周必大撰

廬山錄一卷後錄一卷 〔宋〕周
　必大撰

九華山錄一卷 〔宋〕周必大撰

金華遊錄一卷 〔宋〕方鳳撰

大嶽志一卷 〔明〕方升撰

來南錄一卷 〔唐〕李翱撰

入蜀記一卷 〔宋〕陸游撰

攬轡錄一卷 〔宋〕范成大撰

驂鸞錄一卷 〔宋〕范成大撰

吳船錄一卷 〔宋〕范成大撰

汎舟錄二卷 〔宋〕周必大撰

乾道庚寅奏事録一卷 〔宋〕周
　必大撰

河源志一卷 〔元〕潘昂霄撰

于役志一卷 〔宋〕歐陽修撰

峽程記一卷 〔五代〕韋莊撰

述異記一卷 〔南朝梁〕任昉撰

佛國記一卷 〔晋〕釋法顯撰

神異經一卷 〔漢〕東方朔撰
　〔晋〕張華注

拾遺名山記一卷 〔晋〕王嘉撰

海内十洲記一卷 〔漢〕東方朔撰

洞天福地記一卷 〔五代〕杜光
　庭撰

別國洞冥記一卷 〔漢〕郭憲撰

西京雜記一卷 〔漢〕劉歆撰

南部烟花記一卷 〔唐〕馮贄撰

豫章古今記一卷 〔南朝宋〕雷
　次宗撰

睦州古蹟記一卷 〔宋〕謝翱撰

南海古蹟記一卷 〔元〕吳萊撰

遊甬東山水古蹟記一卷 〔元〕
　吳萊撰

洛陽伽藍記一卷 〔北魏〕楊衒
　之撰

寺塔記一卷 〔唐〕段成式撰

益部方物略記一卷 〔宋〕宋祁撰

嶺表錄異記一卷 〔唐〕劉恂撰

溪蠻叢笑一卷 〔宋〕朱輔撰

函潼關要志一卷 〔宋〕程大昌撰

南宋故都宮殿一卷 〔宋〕周密撰

東京夢華錄一卷 〔宋〕孟元老撰

古杭夢遊錄一卷 〔宋〕耐得翁撰

錢塘瑣記一卷 〔宋〕于肇撰

六朝事迹一卷 〔宋〕張敦頤撰

汴故宮記一卷 〔元〕楊奐撰

汴都平康記一卷　〔宋〕張邦基撰

艮嶽記一卷　〔宋〕張淏撰

洛陽名園記一卷　〔宋〕李廌撰

吳興園林記一卷　〔宋〕周密撰

廬山草堂記一卷草堂三謠一卷　〔唐〕白居易撰

終南十志一卷　〔唐〕盧鴻撰

平泉山居雜記一卷　〔唐〕李德裕撰

平泉山居草木記一卷　〔唐〕李德裕撰

歲華紀麗譜一卷　〔元〕費著撰

荊楚歲時記一卷　〔南朝梁〕宗懍撰

乾淳歲時記一卷　〔宋〕周密撰

輦下歲時記一卷

秦中歲時記一卷　〔唐〕李淖撰

玉燭寶典一卷　〔隋〕杜臺卿撰

四民月令一卷　〔漢〕崔寔撰

千金月令一卷　〔唐〕孫思邈撰

四時寶鏡一卷

歲時雜記一卷　〔宋〕呂原明撰

歲華紀麗四卷　〔唐〕韓鄂撰

影燈記一卷

畫簾緒論一卷　〔宋〕胡太初撰

官箴一卷　〔宋〕呂本中撰

政經一卷　〔宋〕真德秀撰

忠經一卷　〔漢〕馬融撰

女孝經一卷　〔唐〕鄭□撰

女論語一卷　〔唐〕宋若昭撰

女誡一卷　〔漢〕班昭撰

厚德錄一卷　〔宋〕李元綱撰

省心錄一卷　〔宋〕林逋撰

涑水家儀一卷　〔宋〕司馬光撰

顏氏家訓一卷　〔北齊〕顏之推撰

石林家訓一卷　〔宋〕葉夢得撰

緒訓一卷　〔宋〕陸游撰

蘇氏族譜一卷　〔宋〕蘇洵撰

訓學齋規一卷　〔宋〕朱熹撰

呂氏鄉約一卷　〔宋〕呂大忠撰

義莊規矩一卷　〔宋〕范仲淹撰

世範一卷　〔宋〕袁采撰

鄭氏家範一卷　〔元〕鄭太和撰

前定錄一卷　〔唐〕鍾輅撰

續前定錄一卷　〔唐〕鍾輅撰

還冤記一卷　〔北齊〕顏之推撰

報應記一卷　〔唐〕唐臨撰

袪疑說一卷　〔宋〕儲泳撰

辨惑論一卷　〔元〕謝應芳撰

善誘文一卷　〔宋〕陳錄撰

樂善錄一卷　〔宋〕李昌齡撰

東谷所見一卷　〔宋〕李之彥撰

山家清供一卷　〔宋〕林洪撰

山家清事一卷　〔宋〕林洪撰

忘懷錄一卷　〔宋〕沈括撰

登涉符籙一卷　〔晋〕葛洪撰

臥游錄一卷　〔宋〕呂祖謙撰

對雨編一卷　〔宋〕洪邁撰

農家諺一卷　〔漢〕崔寔撰

經鉏堂雜志一卷　〔宋〕倪思撰

吳下田家志一卷　〔元〕陸泳撰

天隱子養生書一卷　〔唐〕司馬承禎撰

保生要錄一卷　〔宋〕蒲處貫撰

保生月錄一卷　〔唐〕韋行規撰

養生月錄一卷　〔宋〕姜蛻撰

攝生要錄一卷　〔明〕沈仕撰

齊民要術一卷　〔北魏〕賈思勰撰

林下清錄一卷　〔明〕沈仕撰

蘭亭集一卷　〔晋〕王羲之等撰

輞川集一卷　〔唐〕王維 裴迪撰

洛中耆英會一卷　〔宋〕司馬光撰

洛中九老會一卷　〔唐〕白居易撰

錦帶書一卷　〔南朝梁〕蕭統撰

耕禄藁一卷　〔宋〕胡錡撰

水族加恩簿一卷　〔宋〕毛勝撰

禪本草一卷　〔宋〕釋慧日撰

義山雜纂一卷　〔唐〕李商隱撰

雜纂續一卷　〔宋〕王君玉撰

雜纂二續一卷　〔宋〕蘇軾撰

小名録一卷　〔唐〕陸龜蒙撰

侍兒小名録一卷　〔宋〕王銍撰

侍兒小名録一卷　〔宋〕温豫撰

侍兒小名録一卷　〔宋〕洪遂撰

侍兒小名録一卷　〔宋〕張邦幾撰

釵小志一卷　〔唐〕朱揆撰

粧樓記一卷　〔南唐〕張泌撰

粧臺記一卷　〔唐〕宇文士及撰

靚粧録一卷　〔唐〕温庭筠撰

髻鬟品　卷　〔唐〕段成式撰

織錦璇璣圖一卷　〔前秦〕蘇蕙撰

北里志一卷　〔唐〕孫棨撰

教坊記一卷　〔唐〕崔令欽撰

青樓集一卷　〔元〕黃雪蓑撰

麗情集一卷　〔宋〕張君房撰

文則一卷　〔宋〕陳騤撰

文録一卷　〔宋〕唐庚撰

詩品三卷　〔南朝梁〕鍾嶸撰

詩式一卷　〔唐〕釋皎然撰

詩譜一卷　〔元〕陳繹曾撰

二十四詩品一卷　〔唐〕司空圖撰

詩談一卷　〔宋〕佚名撰

詩論一卷　〔宋〕釋普聞撰

詩病五事一卷　〔宋〕蘇轍撰

杜詩箋一卷　〔宋〕黃庭堅撰

風騷旨格一卷　〔唐〕釋齊己撰

韻語陽秋一卷　〔宋〕葛立方撰

藝苑雌黃一卷　〔宋〕嚴有翼撰

譚苑醍醐一卷　〔明〕楊慎撰

竹林詩評一卷

謝氏詩源一卷

潛溪詩眼一卷　〔宋〕范温撰

本事詩一卷　〔唐〕孟棨撰

續本事詩一卷　〔□〕聶奉先撰

碧溪詩話一卷　〔宋〕黃徹撰

環溪詩話一卷　〔宋〕吳沆撰

東坡詩話一卷　〔宋〕蘇軾撰

西清詩話一卷　〔宋〕蔡絛撰

艇齋詩話一卷　〔宋〕曾季貍撰

梅澗詩話一卷　〔宋〕韋居安撰

後村詩話一卷　〔宋〕劉克莊撰

漫叟詩話一卷

桐江詩話一卷

蘭莊詩話一卷　〔明〕閔文振撰

迂齋詩話一卷

金玉詩話一卷　〔宋〕蔡絛撰

漢皋詩話一卷

陳輔之詩話一卷　〔宋〕陳輔撰

敷器之詩話一卷　〔宋〕敷陶孫撰

潘子真詩話一卷　〔宋〕潘子真撰

青瑣詩話一卷　〔宋〕劉斧撰

玄散詩話一卷

六一居士詩話一卷　〔宋〕歐陽修撰

司馬温公詩話一卷　〔宋〕司馬光撰

劉攽貢父詩話一卷　〔宋〕劉攽撰

後山居士詩話一卷　〔宋〕陳師道撰

許彥周詩話一卷　〔宋〕許顗撰

滄浪詩話一卷　〔宋〕嚴羽撰

珊瑚鈎詩話三卷　〔宋〕張表臣撰

石林詩話三卷　〔宋〕葉夢得撰

烏臺詩案一卷　〔宋〕朋九萬撰

庚溪詩話一卷　〔宋〕陳巖肖撰

紫微詩話一卷　〔宋〕呂本中撰

竹坡老人詩話一卷　〔宋〕周紫
　芝撰

臨漢隱居詩話一卷　〔宋〕魏泰撰

苕溪漁隱叢話一卷　〔宋〕胡仔撰

歲寒堂詩話一卷　〔宋〕張戒撰

娛書堂詩話一卷　〔宋〕趙與虤撰

二老堂詩話一卷　〔宋〕周必大撰

比紅兒詩話一卷　〔宋〕馮曾撰

林下詩談一卷

詩話雋永一卷　〔元〕喻正己撰

詩詞餘話一卷　〔元〕俞悼撰

詞品一卷　〔明〕朱權撰

詞旨一卷　〔元〕陸行直撰

四六餘語一卷　〔宋〕相國道撰

月泉吟社一卷　〔宋〕吳渭輯

佩觿三卷　〔宋〕郭忠恕撰

干祿字書一卷　〔唐〕顏元孫撰

金壺字考一卷　〔宋〕釋適之撰

俗書證誤一卷　〔隋〕顏愍楚撰

字書誤讀一卷　〔宋〕王雱撰

字格一卷　〔唐〕竇臮撰

字林一卷　〔晉〕呂忱撰

六義圖解一卷　〔宋〕王應電撰

筆勢論略一卷　〔晉〕王羲之撰

筆陣圖一卷　〔晉〕衛鑠撰

筆髓論一卷　〔唐〕虞世南撰

書法一卷　〔唐〕歐陽詢撰
　〔明〕王道焜注

五十六種書法一卷　〔唐〕韋續撰

九品書一卷　〔唐〕韋續撰

書品優劣一卷　〔唐〕韋續撰

續書品一卷　〔唐〕韋續撰

書評一卷　〔唐〕韋續撰

書評一卷　〔南朝梁〕袁昂撰

論篆一卷　〔唐〕李陽冰撰

陽冰筆訣一卷　〔唐〕李陽冰撰

張長史十二意筆法一卷　〔唐〕
　顏真卿撰

四體書勢一卷　〔晉〕衛恒撰

法書苑一卷　〔宋〕周越撰

衍極一卷　〔元〕鄭杓撰

書譜一卷　〔唐〕孫過庭撰

續書譜一卷　〔宋〕姜夔撰

書斷四卷　〔唐〕張懷瓘撰

書品一卷　〔南朝梁〕庾肩吾撰

書評一卷　〔南朝梁〕武帝蕭衍撰

後書品一卷　〔唐〕李嗣真撰

能書錄一卷　〔南朝齊〕王僧虔撰

書史二卷　〔宋〕米芾撰

海岳名言一卷　〔宋〕米芾撰

翰墨志一卷　〔宋〕高宗趙構撰

思陵書畫記一卷　〔宋〕周密撰

歐公試筆一卷　〔宋〕歐陽修撰

寶章待訪錄一卷　〔宋〕米芾撰

譜系雜說二卷　〔宋〕曹士冕撰

法帖刊誤二卷　〔宋〕黃伯思撰

法帖刊誤一卷　〔宋〕陳與義撰

集古錄一卷　〔宋〕歐陽修撰

古畫品錄一卷　〔南朝齊〕謝赫撰

後畫品錄一卷　〔南朝陳〕姚最撰

續畫品錄一卷　〔唐〕李嗣真撰

益州名畫錄三卷　〔宋〕黃休復撰

名畫記一卷　〔唐〕張彥遠撰

思撰　〔宋〕王厚之考

學古編一卷　〔元〕吾丘衍撰

傳國璽譜一卷　〔宋〕鄭文寶撰

玉璽譜一卷　〔唐〕徐令信撰

相貝經一卷　〔漢〕朱仲撰

相手板經一卷

帶格一卷　〔宋〕陳世崇撰

三器圖義一卷　〔宋〕程迥撰

寶記一卷

三代鼎器録一卷　〔唐〕吳協撰

鼎録一卷　〔南朝陳〕虞荔撰

錢譜一卷　〔宋〕董逌撰

泉志一卷　〔宋〕洪遵撰

香譜一卷　〔宋〕洪芻撰

名香譜一卷　〔宋〕葉廷珪撰

墨經一卷　〔宋〕晁貫之撰

墨記一卷　〔宋〕何薳撰

筆經一卷　〔晉〕王羲之撰

蜀牋譜一卷　〔元〕費著撰

蜀錦譜一卷　〔元〕費著撰

衛公故物記一卷　〔唐〕韋端符撰

古玉圖考一卷　〔元〕朱德潤撰

文房圖贊一卷　〔宋〕林洪撰

文房圖贊續一卷　〔元〕羅先登撰

燕几圖一卷　〔宋〕黃伯思撰

琴曲譜録一卷　〔宋〕釋居月撰

雅琴名録一卷　〔南朝宋〕謝莊撰

琴聲經緯一卷　〔宋〕陳暘撰

琴箋圖式一卷　〔明〕陶宗儀撰

雜書琴事一卷　〔宋〕蘇軾撰

古琴疏一卷　〔宋〕虞汝明撰

樂府解題一卷　〔唐〕劉餗撰

驃國樂頌一卷　〔唐〕佚名撰

唐樂曲譜一卷　〔宋〕高似孫撰

籟紀一卷　〔南朝陳〕陳叔齊撰

嘯旨一卷　〔唐〕孫廣撰

玄真子漁歌記一卷　〔唐〕張志

和撰　〔唐〕李德裕録

觱篥格一卷　〔唐〕段成式撰

柘枝譜一卷　〔宋〕樂史撰

管絃記一卷　〔□〕凌秀撰

鼓吹格一卷

樂府雜録一卷　〔唐〕段安節撰

尤射一卷　〔三國魏〕繆襲撰

射經一卷　〔宋〕王琚撰

九射格一卷　〔宋〕歐陽修撰

投壺儀節一卷　〔宋〕司馬光撰

投壺新格一卷　〔宋〕司馬光撰

丸經二卷　〔元〕佚名撰

蹴踘圖譜一卷　〔明〕汪雲程撰

打馬圖一卷　〔宋〕李清照撰

譜雙五卷　〔宋〕洪遵撰

除紅譜一卷　〔元〕楊維楨撰

醉緑圖一卷　〔□〕張光撰

骰子選格一卷　〔唐〕房千里撰

樗蒲經略一卷　〔宋〕程大昌撰

藝經一卷　〔三國魏〕邯鄲淳撰

五木經一卷　〔唐〕李翱撰　〔唐〕

元革注

彈碁經一卷　〔晉〕徐廣撰

儒棋格一卷　〔三國魏〕□肇撰

棋訣一卷　〔宋〕劉仲甫撰

棋經一卷　〔宋〕張擬撰

棋手勢一卷　〔□〕徐泓撰

棋品一卷　〔南朝梁〕沈約撰

圍棋義例一卷　〔宋〕徐鉉撰

古局象棋圖一卷　〔宋〕司馬光撰

琵琶録一卷　〔唐〕段安節撰

羯鼓録一卷　〔唐〕南卓撰

金漳蘭譜一卷　〔宋〕趙時庚撰

王氏蘭譜一卷　〔宋〕王貴學撰

菊譜一卷　〔宋〕范成大撰

菊譜一卷　〔宋〕劉蒙撰

菊譜一卷　〔宋〕史正志撰

海棠譜一卷　〔宋〕陳思撰

海棠譜詩二卷　〔宋〕陳思輯

洛陽牡丹記一卷　〔宋〕歐陽修撰

洛陽牡丹記一卷　〔宋〕周師厚撰

陳州牡丹記一卷　〔宋〕張邦基撰

天彭牡丹譜一卷　〔宋〕陸游撰

花經一卷　〔宋〕張翊撰

花九錫一卷　〔唐〕羅虬撰

洛陽花木記一卷　〔宋〕周師厚撰

魏王花木志一卷

桂海花木志一卷　〔宋〕范成大撰

牡丹榮辱志一卷　〔宋〕丘璿撰

揚州芍藥譜一卷　〔宋〕王觀撰

梅譜一卷　〔宋〕范成大撰

梅品一卷　〔宋〕張鎡撰

楚辭芳草譜一卷　〔宋〕謝翱撰

南方草木狀三卷　〔晋〕嵇含撰

園林草木疏一卷　〔唐〕王方慶撰

桐譜一卷　〔宋〕陳翥撰

竹譜一卷　〔晋〕戴凱之撰

續竹譜一卷　〔元〕劉美之撰

筍譜二卷　〔宋〕釋贊寧撰

荔枝譜一卷　〔宋〕蔡襄撰

橘錄三卷　〔宋〕韓彥直撰

打棗譜一卷　〔元〕柳貫撰

菌譜一卷　〔宋〕陳仁玉撰

蔬食譜一卷　〔宋〕陳達叟撰

野菜譜一卷　〔明〕王磐撰

茹草紀事一卷　〔宋〕林洪撰

藥譜一卷　〔唐〕侯寧極撰

藥錄一卷　〔晋〕李當之撰

何首烏錄一卷　〔唐〕李翱撰

彰明附子記一卷　〔宋〕楊天惠撰

種樹書一卷　〔唐〕郭槖駝撰

禽經一卷　〔晋〕張華注

肉攫部一卷　〔唐〕段成式撰

麟書一卷　〔宋〕汪若海撰

蠶書一卷　〔宋〕秦觀撰

養魚經一卷　〔周〕范蠡撰

魚具詠一卷　〔唐〕陸龜蒙撰

相鶴經一卷　〔□〕浮丘公撰

相牛經一卷　〔周〕甯戚撰

相馬書一卷　〔宋〕徐咸撰

蟹譜二卷　〔宋〕傅肱撰

蟫史一卷

禽獸決錄一卷　〔南朝齊〕卞彬撰

解鳥語經一卷　〔□〕和菟撰

風后握奇經一卷附握奇經續圖
　一卷八陣總述一卷　〔漢〕公
　孫弘解　（續圖）〔□〕佚名撰
　（八陣總述）〔晋〕馬隆述

算經一卷　〔唐〕謝察微撰

望氣經一卷　〔唐〕邵諤撰

星經二卷　〔漢〕甘公撰　〔漢〕
　石申撰

相雨書一卷　〔唐〕黃子發撰

水衡記一卷

峽船志一卷　〔南唐〕王周撰

水經二卷　〔漢〕桑欽撰

太乙經一卷

起世經一卷

宅經一卷

木經一卷　〔宋〕李誡撰

耒耜經一卷　〔唐〕陸龜蒙撰

褚氏遺書一卷　〔南朝齊〕褚澄撰

脉經一卷　〔晋〕王叔和撰

子午經一卷

相地骨經一卷　〔漢〕青烏子授

玄女房中經一卷　〔唐〕孫思邈撰

相兒經一卷　〔漢〕嚴助撰

龜經一卷

卜記一卷　〔宋〕王宏撰

箕龜論一卷　〔宋〕陳師道撰

百怪斷經一卷　〔宋〕俞誨撰

土牛經一卷　〔宋〕向孟撰

漏刻經一卷

感應經一卷　〔元〕陳櫟撰

感應類從志一卷　〔宋〕釋贊寧撰

夢書一卷

數術記遺一卷　〔漢〕徐岳撰

漢雜事秘辛一卷　〔漢〕佚名撰

大業雜記一卷　〔唐〕杜寶撰

大業拾遺記一卷　〔唐〕顏師古撰

元氏掖庭記一卷　〔明〕陶宗儀撰

焚椒録一卷　〔遼〕王鼎撰

開河記一卷　〔唐〕佚名撰

迷樓記一卷　〔唐〕佚名撰

海山記一卷　〔唐〕佚名撰

東方朔傳一卷　〔漢〕郭憲撰

漢武帝内傳一卷　〔漢〕班固撰

趙飛燕外傳一卷　〔漢〕伶玄撰

飛燕遺事一卷

趙后遺事一卷　〔宋〕秦醇撰

楊太真外傳二卷　〔宋〕樂史撰

梅妃傳一卷　〔唐〕曹鄴撰

長恨歌傳一卷　〔唐〕陳鴻撰

高力士傳一卷　〔唐〕郭湜撰

緑珠傳一卷　〔宋〕樂史撰

非煙傳一卷　〔唐〕皇甫枚撰

謝小娥傳一卷　〔唐〕李公佐撰

霍小玉傳一卷　〔唐〕蔣防撰

劉無雙傳一卷　〔唐〕薛調撰

虬髯客傳一卷　〔唐〕張説撰

韓仙傳一卷　〔唐〕韓若雲撰

神僧傳一卷　〔晋〕釋法顯撰

劍俠傳一卷　〔唐〕佚名撰

穆天子傳一卷

鄴侯外傳一卷　〔唐〕李繁撰

同昌公主傳一卷　〔唐〕蘇鶚撰

梁四公記一卷　〔唐〕張説撰

林靈素傳一卷　〔宋〕趙與時撰

希夷先生傳一卷　〔宋〕龐覺撰

梁清傳一卷　〔南朝宋〕劉敬叔撰

西王母傳一卷　〔漢〕桓驎撰

魏夫人傳一卷　〔唐〕蔡偉撰

杜蘭香傳一卷　〔晋〕曹毗撰

麻姑傳一卷　〔晋〕葛洪撰

白猿傳一卷　〔唐〕佚名撰

柳毅傳一卷　〔唐〕李朝威撰

李林甫外傳一卷　〔唐〕佚名撰

汧國夫人傳一卷　〔唐〕白行簡撰

靈鬼志一卷　〔晋〕荀□撰

才鬼記一卷　〔宋〕張君房撰

太清樓侍宴記一卷　〔宋〕蔡京撰

延福宮曲宴記一卷　〔宋〕李邦
　彦撰

保和殿曲宴記一卷　〔宋〕蔡京撰

周秦行紀一卷　〔唐〕牛僧孺撰

東城老父傳一卷　〔唐〕陳鴻撰

登西臺慟哭記一卷　〔宋〕謝翱撰

東陽夜怪録一卷　〔唐〕王洙撰

冥通記一卷　〔南朝梁〕陶弘景撰

冥音録一卷　〔唐〕朱慶餘撰

三夢記一卷　〔唐〕白行簡撰

古鏡記一卷　〔隋〕王度撰

記錦裾一卷　〔唐〕陸龜蒙撰

甘澤謠一卷　〔唐〕袁郊撰

夢遊錄一卷　〔唐〕任蕃撰

博異志一卷　〔唐〕鄭還古撰

集異記一卷　〔唐〕薛用弱撰

續齊諧記一卷　〔南朝梁〕吳均撰

春夢錄一卷　〔元〕鄭禧撰

會真記一卷　〔唐〕元稹撰

諾皋記一卷　〔唐〕段成式撰

金剛經鳩異一卷　〔唐〕段成式撰

集異志一卷　〔唐〕陸勳撰

括異志一卷　〔宋〕張師正撰

括異志一卷　〔宋〕魯應龍撰

異聞實錄一卷　〔唐〕李玫撰

靈異小錄一卷　〔宋〕曾忤撰

異苑一卷　〔南朝宋〕劉敬叔撰

幽明錄一卷　〔南朝宋〕劉義慶撰

續幽明錄一卷　〔唐〕劉孝孫撰

搜神記一卷　〔晉〕干寶撰

搜神後記一卷　〔晉〕陶潛撰

稽神錄一卷　〔宋〕徐鉉撰

幽怪錄一卷　〔唐〕牛僧孺撰

幽怪錄一卷　〔唐〕王憚撰

續幽怪錄一卷　〔唐〕李復言撰

窮怪錄一卷

玄怪記一卷　〔唐〕徐炫撰

續玄怪錄一卷

志怪錄一卷　〔唐〕陸勳撰

志怪錄一卷　〔晉〕祖台之撰

吉凶影響錄一卷　〔宋〕岑象求撰

靈應錄一卷　〔唐〕傅亮撰

聞奇錄一卷　〔唐〕于逖撰

錄異記一卷　〔五代〕杜光庭撰

纂異記一卷　〔唐〕李玫撰

采異記一卷　〔宋〕陳達叟撰

乘異記一卷　〔宋〕張君房撰

廣異記一卷　〔唐〕戴孚撰

獨異志一卷　〔唐〕李冗撰

甄異記一卷　〔南朝宋〕戴祚撰

徂異記一卷　〔宋〕聶田撰

祥異記一卷

近異記一卷　〔南朝宋〕劉質撰

旌異記一卷　〔隋〕侯君素撰

冥祥記一卷　〔南朝齊〕王琰撰

集靈記一卷　〔北齊〕顏之推撰

太清記一卷　〔南朝宋〕王韶之撰

妖化錄一卷　〔宋〕宣靖撰

宣驗記一卷　〔南朝宋〕劉義慶撰

睽車志一卷　〔宋〕郭象撰

睽車志一卷　〔元〕歐陽玄撰

鬼國記一卷　〔宋〕洪邁撰

鬼國續記一卷　〔宋〕洪邁撰

壟上記一卷　〔唐〕蘇頲撰

物異考一卷　〔宋〕方鳳撰

雲仙雜記九卷　〔唐〕馮贄撰

清異錄四卷　〔宋〕陶穀撰

説郛續

正學編一卷　〔明〕陳琛撰

聖學範圍圖說一卷　〔明〕岳元
聲撰

元圖大衍一卷　〔明〕馬一龍撰

周易稽疑一卷　〔明〕朱睦㮮撰

周易會占一卷　〔明〕程鴻烈撰

戊申立春考一卷　〔明〕邢雲路撰

讀史訂疑一卷　〔明〕王世懋撰

書傳正誤一卷　〔明〕郭孔太撰

莊子闕誤一卷　〔宋〕陳景元撰

廣莊一卷　〔明〕袁宏道撰

草木子一卷　〔明〕葉子奇撰

豢龍子一卷　〔明〕董穀撰

觀微子一卷　〔明〕朱袞撰

海樵子一卷　〔明〕王崇慶撰

沕溋子一卷　〔明〕蔣鐄撰

郁離子微一卷　〔明〕劉基撰

潛溪邃言一卷　〔明〕宋濂撰

蘿山雜言一卷　〔明〕宋濂撰

何子雜言一卷　〔明〕何景明撰

華川卮辭一卷　〔明〕王褘撰

青巖叢錄一卷　〔明〕王褘撰

廣成子解一卷　〔宋〕蘇軾撰

空同子一卷　〔明〕李夢陽撰

續志林一卷　〔明〕王褘撰

冥影契一卷　〔明〕董穀撰

宵練匣一卷　〔明〕朱得之撰

玄機通一卷　〔明〕仇俊卿撰

求志編一卷　〔明〕王文祿撰

從政錄一卷　〔明〕薛瑄撰

遁徇編一卷　〔明〕葉秉敬撰

海涵萬象錄一卷　〔明〕黃潤玉撰

補衍一卷　〔明〕王文祿撰

機警一卷　〔明〕王文祿撰

筆疇一卷　〔明〕陳世寶（一題
　明王達）撰

古言一卷　〔明〕鄭曉撰

燕書一卷　〔明〕宋濂撰

庸書一卷　〔明〕崔銑撰

松窗寤言一卷　〔明〕崔銑撰

後渠漫記一卷　〔明〕崔銑撰

仰子遺語一卷　〔明〕胡憲仲撰

蒙泉雜言一卷　〔明〕岳正撰

槎菴燕語一卷　〔明〕來斯行撰

容臺隨筆一卷　〔明〕董其昌撰

未齋雜言一卷　〔明〕黎久撰

南山素言一卷　〔明〕潘府撰

類博雜言一卷　〔明〕岳正撰

思玄庸言一卷　〔明〕桑悅撰

東田皐言一卷　〔明〕馬中錫撰

侯城雜誡一卷　〔明〕方孝孺撰

西原約言一卷　〔明〕薛蕙撰

凝齋筆語一卷　〔明〕王鴻儒撰

方山紀述一卷　〔明〕薛應旂撰

經世要談一卷　〔明〕鄭善夫撰

儼山纂錄一卷　〔明〕陸深撰

奇子雜言一卷　〔明〕楊春芳撰

拘虛晤言一卷　〔明〕陳沂撰

文昌旅語一卷　〔明〕王文祿撰

鷄鳴偶記一卷　〔明〕蘇濬撰

讀書筆記一卷　〔明〕祝允明撰

汲古叢語一卷　〔明〕陸樹聲撰

病榻寤言一卷　〔明〕陸樹聲撰

清暑筆談一卷　〔明〕陸樹聲撰

遵聞錄一卷　〔明〕梁億撰

賢識錄一卷　〔明〕陸釴撰

在田錄一卷　〔明〕張定撰

逐鹿記一卷　〔明〕王褘撰

壟起雜事一卷　〔明〕楊儀撰

龍興慈記一卷　〔明〕王文祿撰

聖君初政記一卷　〔明〕沈文撰

一統肇基錄一卷　〔明〕夏原吉撰

東朝紀一卷　〔明〕王泌撰

椒宮舊事一卷　〔明〕王達撰

復辟錄一卷　〔明〕楊瑄撰

保孤記一卷　〔明〕楊儀撰

秘錄一卷　〔明〕李夢陽撰

明良錄略一卷　〔明〕沈士謙撰

明良記一卷　〔明〕楊儀撰

明臣十節一卷　〔明〕崔銑撰

造邦賢勳錄略一卷　〔明〕王褘撰

備遺錄一卷　〔明〕張芹撰

明輔起家考一卷　〔明〕徐儀世撰

掾曹名臣録一卷　〔明〕王鴻儒撰

殉身録一卷　〔明〕裘玉撰

致身録一卷　〔明〕史仲彬撰

翊運録一卷　〔明〕劉基撰

遜國記一卷　〔明〕佚名撰

革除遺事一卷　〔明〕黄佐撰

擁絮迂談一卷　〔明〕朱鷺撰

天順日録一卷　〔明〕李賢撰

九朝野記一卷　〔明〕祝允明撰

玉池談屑一卷　〔明〕佚名撰

嵩陽雜識一卷　〔明〕佚名撰

溶溪雜記一卷　〔明〕佚名撰

郊外農談一卷　〔明〕佚名撰

冶城客論一卷　〔明〕陸采撰

西皋雜記一卷　〔明〕佚名撰

滄江野史一卷　〔明〕佚名撰

澤山雜記一卷　〔明〕佚名撰

沂陽日記一卷　〔明〕佚名撰

海上紀聞一卷　〔明〕佚名撰

孤樹裒談一卷　〔明〕李默撰

西墅雜記一卷　〔明〕楊穆撰

藩獻記一卷　〔明〕朱謀㙔撰

琬琰録一卷　〔明〕楊廉撰

瑣綴録一卷　〔明〕尹直撰

代醉編一卷　〔明〕張鼎思撰

明興雜記一卷　〔明〕陳敬則撰

水東記略一卷　〔明〕葉盛撰

玉壺遐覽一卷　〔明〕胡應麟撰

良常仙系記一卷　〔明〕鄒迪光撰

賜遊西苑記一卷　〔明〕李賢撰

延休堂漫録一卷　〔明〕佚名撰

濯纓亭筆記一卷　〔明〕戴冠撰

錦衣志一卷　〔明〕王世貞撰

馬政志一卷　〔明〕歸有光撰

冀越通一卷　〔明〕唐樞撰

邊紀略一卷　〔明〕鄭曉撰

制府雜録一卷　〔明〕楊一清撰

醫間漫記一卷　〔明〕賀欽撰

征藩功次一卷　〔明〕王守仁撰

兵符節制一卷　〔明〕王守仁撰

十家牌法一卷　〔明〕王守仁撰

保民訓要一卷　〔明〕劉宗周撰

備倭事略一卷　〔明〕歸有光撰

北虜紀略一卷　〔明〕汪道昆撰

雲中事記一卷　〔明〕蘇祐撰

南巡日録一卷　〔明〕陸深撰

北還録一卷　〔明〕陸深撰

北使録一卷　〔明〕李實撰

西征記一卷　〔明〕宗臣撰

北征記一卷　〔明〕楊榮撰

北征録一卷　〔明〕金幼孜撰

北征後録一卷　〔明〕金幼孜撰

北征事蹟一卷　〔明〕袁彬撰

　　　　　〔明〕尹直録

平夏録一卷　〔明〕黄標撰

平夷録一卷　〔明〕趙輔撰

平定交南録一卷　〔明〕丘濬撰

撫安東夷記一卷　〔明〕馬文升撰

哈密國王記一卷　〔明〕馬文升撰

滇南慟哭記一卷　〔明〕王紳撰

渤泥入貢記一卷　〔明〕宋濂撰

琉球使略一卷　〔明〕陳侃撰

日本寄語一卷　〔明〕薛俊撰

朝鮮紀事一卷　〔明〕倪謙撰

夷俗記二卷　〔明〕蕭大亨撰

否泰録一卷　〔明〕劉定之撰

遇恩録一卷　〔明〕劉仲璟撰

彭公筆記一卷　〔明〕彭時撰

蒴勝野聞一卷　〔明〕徐禎卿撰

庭聞述略一卷　〔明〕王文禄撰

今言一卷　〔明〕鄭曉撰

觚不觚錄一卷　〔明〕王世貞撰

金臺紀聞一卷　〔明〕陸深撰

玉堂漫筆一卷　〔明〕陸深撰

皇明盛事一卷　〔明〕王世貞撰

雙槐歲抄一卷　〔明〕黃瑜撰

後渠雜識一卷　〔明〕崔銑撰

古穰雜錄一卷　〔明〕李賢撰

震澤紀聞一卷　〔明〕王鏊撰

菽園雜記一卷　〔明〕陸容撰

莘野纂聞一卷　〔明〕伍餘福撰

駒陰冗記一卷　〔明〕闕莊撰

客座新聞一卷　〔明〕沈周撰

枝山前聞一卷　〔明〕祝允明撰

尊俎餘功一卷　〔明〕佚名撰

漱石閒談一卷　〔明〕王元楨撰

平江記事一卷　〔元〕高德基撰

南翁夢錄一卷　（越南）黎澄撰

公餘日錄一卷　〔明〕湯沐撰

中洲野錄一卷　〔明〕程文憲撰

三餘贅筆一卷　〔明〕都卬撰

懸笥瑣探一卷　〔明〕劉昌撰

蘇談一卷　〔明〕楊循吉撰

吳中故語一卷　〔明〕楊循吉撰

庚巳編一卷　〔明〕陸粲撰

續巳編一卷　〔明〕郎瑛撰

長安客話一卷　〔明〕蔣一葵撰

快雪堂漫錄一卷　〔明〕馮夢禎撰

雲夢藥溪談一卷　〔明〕文翔鳳撰

聞雁齋筆談一卷　〔明〕張大復撰

鬱岡齋筆塵一卷　〔明〕王肯堂撰

胡氏雜說一卷　〔明〕胡儼撰

劉氏雜志一卷　〔明〕劉定之撰

丹鉛雜錄一卷　〔明〕楊慎撰

書肆說鈴一卷　〔明〕葉秉敬撰

田居乙記一卷　〔明〕方大鎮撰

碧里雜存一卷　〔明〕董穀撰

聽雨紀談一卷　〔明〕都穆撰

宦遊紀聞一卷　〔明〕張誼撰

意見一卷　〔明〕陳于陛撰

識小編一卷　〔明〕周賓所撰

語言談一卷　〔明〕張獻翼撰

子元案垢一卷　〔明〕何孟春撰

西樵野記一卷　〔明〕侯甸撰

甲乙剩言一卷　〔明〕胡應麟撰

寒檠膚見一卷　〔明〕毛元仁撰

語窺今古一卷　〔明〕洪文科撰

詢蒭錄一卷　〔明〕陳沂撰

新知錄一卷　〔明〕劉仕義撰

涉異志一卷　〔明〕閔文振撰

前定錄補一卷　〔明〕朱佐撰

維園鉛摘一卷　〔明〕謝廷贊撰

攬莒微言一卷　〔明〕顧其志撰

墨池浪語一卷　〔明〕胡維霖撰

雪濤談叢一卷　〔明〕江盈科撰

春雨雜述一卷　〔明〕解縉撰

世說舊注一卷　〔南朝梁〕劉孝標撰　〔明〕楊慎錄

簷曝偶談一卷　〔明〕顧元慶撰

病逸漫記一卷　〔明〕陸釴撰

蜩笑偶言一卷　〔明〕鄭瑗撰

東谷贅言一卷　〔明〕敖英撰

篷軒別記一卷　〔明〕楊循吉撰

蓬窗續錄一卷　〔明〕馮時可撰

琅琊漫抄一卷　〔明〕文林撰

高坡異纂一卷　〔明〕楊儀撰

水南翰記一卷　〔明〕李如一撰

藜牀瀋餘一卷　〔明〕陸澄原撰

霏雪錄一卷　〔明〕劉績撰

已瘧編一卷　〔明〕劉玉撰

夢餘録一卷　〔明〕唐錦撰
祐山雜説一卷　〔明〕馮汝弼撰
江漢叢談一卷　〔明〕陳士元撰
投甕隨筆一卷　〔明〕姜南撰
洗硯新録一卷　〔明〕姜南撰
丑莊日記一卷　〔明〕姜南撰
輟築記一卷　〔明〕姜南撰
雙溪雜記一卷　〔明〕王瓊撰
二酉委譚一卷　〔明〕王世懋撰
窺天外乘一卷　〔明〕王世懋撰
百可漫志一卷　〔明〕陳鼐撰
近峰聞略一卷　〔明〕皇甫録撰
近峰記略一卷　〔明〕皇甫録撰
寓圃雜記一卷　〔明〕王錡撰
青溪暇筆一卷　〔明〕姚福撰
方洲雜録一卷　〔明〕張寧撰
遼邸記聞一卷　〔明〕錢希言撰
宛委餘編一卷　〔明〕王世貞撰
谿山餘話一卷　〔明〕陸深撰
委巷叢談一卷　〔明〕田汝成撰
無用閒談一卷　〔明〕孫緒撰
逌旃璅言一卷　〔明〕蘇祐撰
井觀瑣言一卷　〔明〕鄭瑗撰
林泉隨筆一卷　〔明〕張綸撰
推蓬寤語一卷　〔明〕李豫亨撰
讕言長語一卷　〔明〕曹安撰
震澤長語一卷　〔明〕王鏊撰
桑榆漫志一卷　〔明〕陶輔撰
延州筆記一卷　〔明〕唐覲撰
戒菴漫筆一卷　〔明〕李詡撰
暖姝由筆一卷　〔明〕徐充撰
農田餘話一卷　〔明〕長谷真逸撰
雨航雜録一卷　〔明〕馮時可撰
菊坡叢語一卷　〔明〕單宇撰
玄亭涉筆一卷　〔明〕王志遠撰
野航史話一卷　〔明〕茅元儀撰
西峰淡話一卷　〔明〕茅元儀撰
大賓辱語一卷　〔明〕姜南撰
抱璞簡記一卷　〔明〕姜南撰
賓櫝記一卷　〔明〕滑惟善撰
脚氣集一卷　〔宋〕車若水撰
望崖録一卷　〔明〕王世懋撰
燕閒録一卷　〔明〕陸深撰
閒中今古録一卷　〔明〕黄溥撰
緑雪亭雜言一卷　〔明〕敖英撰
春風堂隨筆一卷　〔明〕陸深撰
雲蕉館紀談一卷　〔明〕孔邇撰
蒹葭堂雜抄一卷　〔明〕陸楫撰
鳳凰臺記事一卷　〔明〕馬生龍撰
願豐堂漫書一卷　〔明〕陸深撰
天爵堂筆餘一卷　〔明〕薛崗撰
壁疏一卷　〔明〕凌登名撰
譚輅一卷　〔明〕張鳳翼撰
戲瑕一卷　〔明〕錢希言撰
麈餘一卷　〔明〕謝肇淛撰
談剩一卷　〔明〕胡江撰
雲林遺事一卷　〔明〕顧元慶撰
比事摘録一卷　〔明〕佚名撰
瑾户録一卷　〔明〕楊慎撰
蟫簃瓻筆一卷　〔明〕楊慎撰
病榻手吹一卷　〔明〕楊慎撰
枕譚一卷　〔明〕陳繼儒撰
群碎録一卷　〔明〕陳繼儒撰
記事珠一卷　〔唐〕馮贄撰
俗呼小録一卷　〔明〕李翊撰
名公像記一卷　〔明〕顧起元撰
傷逝記一卷　〔明〕顧起元撰
景仰撮書一卷　〔明〕王達撰
見聞紀訓一卷　〔明〕陳良謨撰
仰山脞録一卷　〔明〕閔文振撰

先進遺風一卷　〔明〕耿定向撰

畜德錄一卷　〔明〕陳沂撰

新倩籍一卷　〔明〕徐禎卿撰

國寶新編一卷　〔明〕顧璘撰

金石契一卷　〔明〕祝肇撰

西州合譜一卷　〔明〕張鴻磐撰

兒世説一卷　〔明〕趙瑜撰

香案牘一卷　〔明〕陳繼儒撰

女俠傳一卷　〔明〕鄒之麟撰

貧士傳二卷　〔明〕黃姬水撰

客越志一卷　〔明〕王穉登撰

雨航紀一卷　〔明〕王穉登撰

明月編一卷　〔明〕王穉登撰

荊溪疏一卷　〔明〕王穉登撰

閩部疏一卷　〔明〕王世懋撰

入蜀紀見一卷　〔明〕郝郊撰

黃山行六頌一卷　〔明〕吳士權撰

瀛涯勝覽一卷　〔明〕馬歡撰

海槎餘錄一卷　〔明〕顧岕撰

吳中勝記一卷　〔明〕華鑰撰

泉南雜志一卷　〔明〕陳懋仁撰

南陸志一卷　〔明〕崔銑撰

貴陽山泉志一卷　〔明〕慎蒙撰

雲南山川志一卷　〔明〕楊慎撰

金陵冬遊記略一卷　〔明〕羅洪
　先撰

廬陽客記一卷　〔明〕楊循吉撰

居山雜志一卷　〔明〕楊循吉撰

武夷遊記一卷　〔明〕吳拭撰

太湖泉志一卷　〔明〕潘之恒撰

半塘小志一卷　〔明〕潘之恒撰

諸寺奇物記一卷　〔明〕顧起元撰

西干十寺記一卷　〔明〕謝廷瓚撰

西浮籍一卷　〔明〕錢希言撰

楚小志一卷　〔明〕錢希言撰

烏蠻瀧夜談記一卷　〔明〕董傳
　策撰

邊堠紀行一卷　〔元〕張德輝撰

銀山鐵壁謾談一卷　〔明〕李元
　陽撰

遊台宕路程一卷　〔明〕陶望齡撰

朔雪北征記一卷　〔明〕屠隆撰

滇行紀略一卷　〔明〕馮時可撰

榕城隨筆一卷　〔明〕凌登名撰

西吳枝乘一卷　〔明〕謝肇淛撰

禮白嶽紀一卷　〔明〕李日華撰

居家制用一卷　〔元〕陸梳山撰

清齋位置一卷　〔明〕文震亨撰

黿采清課一卷　〔明〕費元禄撰

巖棲幽事一卷　〔明〕陳繼儒撰

林水錄一卷　〔明〕彭年撰

山棲志一卷　〔明〕慎蒙撰

玉壺冰一卷　〔明〕都穆撰

帝城景物略一卷　〔明〕劉侗撰

熙朝樂事一卷　〔明〕田汝成撰

賞心樂事一卷　〔宋〕張鑑撰

吳社編一卷　〔明〕王穉登撰

武陵競渡略一卷　〔明〕楊嗣昌撰

清閟供一卷　〔明〕程羽文撰

林下盟一卷　〔明〕沈仕撰

田家曆一卷　〔明〕程羽文撰

古今諺一卷　〔明〕楊慎輯

畫舫約一卷　〔明〕汪汝謙撰

南陔六舟記一卷　〔明〕潘之恒撰

宛陵二水評一卷　〔明〕潘之恒撰

明經會約一卷　〔明〕林希恩撰

讀書社約一卷　〔明〕丁奇遇撰

林閒社約一卷　〔明〕馮時可撰

勝蓮社約一卷　〔明〕虞淳熙撰

生日會約一卷　〔明〕高兆麟撰

月會約一卷 〔明〕嚴武順撰

紅雲社約一卷 〔明〕徐㷿撰

紅雲續約一卷 〔明〕謝肇淛撰

浣俗約一卷 〔明〕李日華撰

運泉約一卷 〔明〕李日華撰

霞外雜俎一卷 〔明〕杜巽才撰

韋弦佩一卷 〔明〕屠本畯撰

禪門本草補一卷 〔明〕袁中道撰

蘇氏家語一卷 〔明〕蘇士潛撰

韻史一卷 〔明〕陳梁撰

陰符經解一卷 〔明〕湯顯祖撰

胎息經疏一卷 〔明〕王文祿撰

析骨分經一卷 〔明〕甯一玉撰

醫先一卷 〔明〕王文祿撰

葬度一卷 〔明〕王文祿撰

農說一卷 〔明〕馬一龍撰

友論一卷 （意大利）利瑪竇撰

田家五行一卷 〔明〕婁元禮撰

居家宜忌一卷 〔明〕瞿佑撰

放生辯惑一卷 〔明〕陶望齡撰

長者言一卷 〔明〕陳繼儒撰

清言一卷續一卷 〔明〕屠隆撰

歸有園麈談一卷 〔明〕徐學謨撰

木几冗談一卷 〔明〕彭汝讓撰

偶譚一卷 〔明〕李鼎撰

玉笑零音一卷 〔明〕田藝蘅撰

寓林清言一卷 〔明〕黃汝亨撰

狂言紀略一卷 〔明〕黃汝亨撰

切韻射標一卷 〔明〕李世澤撰

發音錄一卷 〔明〕張位撰

讀書十六觀一卷 〔明〕陳繼儒撰

文章九命一卷 〔明〕王世貞撰

歌學譜一卷 〔明〕林希恩撰

三百篇聲譜一卷 〔明〕張蔚然撰

陽關三疊圖譜一卷 〔明〕田藝

蘅撰

談藝錄一卷 〔明〕徐禎卿撰

秋圃擷餘一卷 〔明〕王世懋撰

詩文浪談一卷 〔明〕林希恩撰

歸田詩話一卷 〔明〕瞿佑撰

南濠詩話一卷 〔明〕都穆撰

蓉塘詩話一卷 〔明〕姜南撰

敬君詩話一卷 〔明〕葉秉敬撰

蜀中詩話一卷 〔明〕曹學佺撰

麓堂詩話一卷 〔明〕李東陽撰

夷白齋詩話一卷 〔明〕顧元慶撰

存餘堂詩話一卷 〔明〕朱承爵撰

娛書堂詩話一卷 〔明〕趙與虤撰

升菴辭品一卷 〔明〕楊慎撰

千里面譚一卷 〔明〕楊慎撰

詩家直說一卷 〔明〕謝榛撰

詩談一卷 〔明〕徐泰撰

香宇詩談一卷 〔明〕田藝蘅撰

西園詩麈一卷 〔明〕張蔚然撰

雪濤詩評一卷 〔明〕江盈科撰

閨秀詩評一卷 〔明〕江盈科撰

閒書杜律一卷 〔明〕楊慎撰

樂府指迷一卷 〔宋〕張炎撰

墨池璅錄一卷 〔明〕楊慎撰

書畫史一卷 〔明〕陳繼儒撰

書畫金湯一卷 〔明〕陳繼儒撰

論畫瑣言一卷 〔明〕董其昌撰

丹青志一卷 〔明〕王穉登撰

繪妙一卷 〔明〕茅一相撰

畫麈一卷 〔明〕沈顥撰

畫說一卷 〔明〕莫是龍撰

畫禪一卷 〔明〕釋蓮儒撰

竹派一卷 〔明〕釋蓮儒撰

射經一卷 〔明〕李呈芬撰

鄉射直節一卷 〔明〕何景明撰

名劍記一卷　〔明〕李承勛撰

玉名詁一卷　〔明〕楊慎撰

古奇器録一卷　〔明〕陸深撰

紙箋譜一卷　〔元〕鮮于樞撰

牋譜銘一卷　〔明〕屠隆撰

十友圖贊一卷　〔明〕顧元慶撰

古今印史一卷　〔明〕徐官撰

硯譜一卷　〔明〕沈仕撰

水品一卷　〔明〕徐獻忠撰

煮泉小品一卷　〔明〕田藝蘅撰

茶譜一卷　〔明〕顧元慶撰

茶録一卷　〔明〕馮時可撰

茶疏一卷　〔明〕許次紓撰

茶箋一卷　〔明〕聞龍撰

茶解一卷　〔明〕羅廩撰

羅岕茶記一卷　〔明〕熊明遇撰

岕茶牋一卷　〔明〕馮可賓撰

茶寮記一卷　〔明〕陸樹聲撰

煎茶七類一卷　〔明〕徐渭撰

焚香七要一卷　〔明〕朱權撰

觴政一卷　〔明〕袁宏道撰

文字飲一卷　〔明〕屠本畯撰

醉鄉律令一卷　〔明〕田藝蘅撰

小酒令一卷　〔明〕田藝蘅撰

弈問一卷　〔明〕王世貞撰

弈旦評一卷　〔明〕馮元仲撰

弈律一卷　〔明〕王思任撰

詩牌譜一卷　〔明〕王良樞輯
　〔明〕周履靖校續

宣和牌譜一卷　〔明〕瞿佑撰

壺矢銘一卷　〔明〕袁九齡撰

朝京打馬格一卷　〔明〕文翔鳳撰

彩選百官鐸一卷　〔明〕佚名撰

穎譜一卷　〔明〕郭樞叟撰

六博譜一卷　〔明〕潘之恒撰

兼三圖一卷　〔明〕屠幽叟撰

數錢葉譜一卷　〔明〕汪道昆撰

楚騷品一卷　〔明〕汪道昆撰

嘉賓心令一卷　〔明〕巢玉庵撰

葉子譜一卷續一卷　〔明〕潘之
　恒撰

運掌經一卷　〔明〕黎遂球撰

馬吊脚例一卷牌經十三篇一卷
　〔明〕馮夢龍撰

姆陣譜一卷　〔明〕袁福徵撰

瓶史一卷　〔明〕袁宏道撰

瓶花譜一卷　〔明〕張丑撰

瓶史月表一卷　〔明〕屠本畯撰

花曆一卷　〔明〕程羽文撰

花小名一卷　〔明〕程羽文撰

學圃雜疏三卷　〔明〕王世懋撰

藥圃同春一卷　〔明〕夏旦撰

募種兩堤桃柳議一卷　〔明〕聞
　啓祥撰

草花譜一卷　〔明〕高濂撰

亳州牡丹表一卷　〔明〕薛鳳翔撰

牡丹八書一卷　〔明〕薛鳳翔撰

荔枝譜二卷　〔明〕徐燉撰

荔枝譜一卷　〔明〕宋珏撰

荔枝譜一卷　〔明〕曹蕃撰

荔枝譜一卷　〔明〕鄧慶寀撰

記荔枝一卷　〔明〕吳載鰲撰

廣菌譜一卷　〔明〕潘之恒撰

種芋法一卷　〔明〕黃省曾撰

野菜箋一卷　〔明〕屠本畯撰

野蔌品一卷　〔明〕高濂撰

菫經一卷　〔明〕蔣德璟撰

獸經一卷　〔明〕黃省曾撰

虎苑二卷　〔明〕王穉登撰

名馬記一卷　〔明〕李翰撰

促織志一卷　〔明〕袁宏道撰
促織志一卷　〔明〕劉侗撰
海味索隱一卷　〔明〕屠本畯撰
魚品一卷　〔明〕顧起元撰
冥寥子游一卷　〔明〕屠隆撰
廣寒殿記一卷　〔明〕宣宗朱瞻
　基撰
洞簫記一卷　〔明〕陸粲撰
周顛仙人傳一卷　〔明〕太祖朱
　元璋撰
一瓢道士傳一卷　〔明〕袁中道撰
醉叟傳一卷　〔明〕袁宏道撰
拙效傳一卷　〔明〕袁宏道撰
李公子傳一卷　〔明〕陳繼儒撰
楊幽妍別傳一卷　〔明〕陳繼儒撰
阿寄傳一卷　〔明〕田汝成撰
義虎傳一卷　〔明〕祝允明撰
倉庚傳一卷　〔明〕楊慎撰
煮茶夢記一卷　〔元〕楊維楨撰
西玄青鳥記一卷　〔明〕茅元儀撰
女紅餘志一卷　〔元〕龍輔撰
燕都妓品一卷　〔明〕曹大章撰
蓮臺仙會品一卷　〔明〕曹大章撰
廣陵女士殿最一卷　〔明〕曹大
　章撰
秦淮士女表一卷　〔明〕曹大章撰
曲中志一卷　〔明〕潘之恒撰
金陵妓品一卷　〔明〕潘之恒撰
秦淮劇品一卷　〔明〕潘之恒撰
曲艷品一卷後一卷續一卷　〔明〕
　潘之恒撰
劇評一卷　〔明〕潘之恒撰
艾子後語一卷　〔明〕陸灼撰
雪濤小説一卷　〔明〕江盈科撰
應諧錄一卷　〔明〕劉元卿撰

笑禪録一卷　〔明〕潘游龍撰
談言一卷　〔明〕江盈科撰
權子一卷　〔明〕耿定向撰
雜纂三續一卷　〔明〕黃允交撰
猥談一卷　〔明〕祝允明撰
異林一卷　〔明〕徐禎卿撰
語怪一卷　〔明〕祝允明撰
幽怪録一卷　〔明〕田汝成撰

顧氏文房小説四十種　　Fv5736 3810
〔明〕顧元慶輯
明嘉靖顧氏家塾刻本
八冊
框18×13釐米。10行18字。白口，左
右雙邊，單黑魚尾。版心中鐫子目名稱
及卷次。鈐“甲”“毛晋之印”“毛氏子
晋”“汲古主人”等印。存六種十卷。
　集異記二卷　〔唐〕薛用弱撰
　幽閑鼓吹一卷　〔唐〕張固撰
　海內十洲記一卷　〔漢〕東方朔撰
　資暇集三卷　〔唐〕李匡乂撰
　續齊諧記一卷　〔南朝梁〕吳均撰
　開元天寶遺事二卷　〔五代〕王仁
　　裕撰

文林綺繡五種　　Fv5236.08 0422
〔明〕凌迪知輯
清光緒二十年（1894）上海鴻寶齋石
印本
六冊
牌記題“光緒甲午暮春上洋鴻寶齋
印”。
　兩漢雋言十六卷　〔宋〕林鉞輯
　楚騷綺語六卷　〔明〕張之象輯
　左國腴詞八卷　〔明〕凌迪知輯

太史華句八卷　〔明〕凌迪知輯

文選錦字二十一卷　〔明〕凌迪知輯

唐宋叢書七十七種　　Fv9100 0335

〔明〕鍾人傑　張遂辰輯

明崇禎經德堂刻本

三十二冊

框19.1×14.3釐米。9行20字。白口，左右雙邊，單白魚尾。版心上鐫書名。內封鐫"唐宋叢書/經德堂藏板"。

經翼

關氏易傳三卷　〔北魏〕關朗撰

潛虛一卷　〔宋〕司馬光撰

詩小序一卷　〔周〕卜商撰

論語筆解一卷　〔唐〕韓愈撰

毛詩草木鳥獸蟲魚疏二卷　〔三國吳〕陸璣撰

詩說一卷　〔漢〕申培撰

鼠璞二卷　〔宋〕戴埴撰

別史

大唐創業起居注三卷　〔唐〕溫大雅撰

唐國史補一卷　〔唐〕李肇撰

大業雜記一卷　〔南朝宋〕劉義慶撰

東林蓮社十八高賢傳一卷　〔晉〕佚名撰

聞見近錄一卷　〔宋〕王鞏撰

春明退朝錄一卷　〔宋〕宋敏求撰

燕翼貽謀錄五卷　〔宋〕王栐撰

佛國記一卷　〔晉〕釋法顯撰

吳地記一卷　〔唐〕陸廣微撰

物類相感志一卷　〔宋〕蘇軾撰

南唐近事一卷　〔宋〕鄭文寶撰

畫墁錄一卷　〔宋〕張舜民撰

子餘

譚子化書六卷　〔南唐〕譚峭撰

新書一卷　〔三國蜀〕諸葛亮撰

枕中書一卷　〔晉〕葛洪撰

宋景文公筆記一卷　〔宋〕宋祁撰

孔氏雜說一卷　〔宋〕孔平仲撰

青箱雜記一卷　〔宋〕吳處厚撰

緗素雜記一卷　〔宋〕黃朝英撰

捫蝨新話一卷　〔宋〕陳善撰

仇池筆記一卷　〔宋〕蘇軾撰

羅湖野錄一卷　〔宋〕釋曉瑩撰

林下偶譚一卷　〔宋〕吳□撰

後山談叢一卷　〔宋〕陳師道撰

友會談叢一卷　〔宋〕上官融撰

續釋常談一卷　〔宋〕龔頤正撰

資暇錄一卷　〔唐〕李匡乂撰

楓窗小牘二卷　〔宋〕袁褧撰

研北雜志一卷　〔元〕陸友撰

石林燕語一卷　〔宋〕葉夢得撰

愛日齋叢鈔一卷　〔宋〕葉□撰

王氏談錄一卷　〔宋〕王洙撰

載籍

獨斷一卷　〔漢〕蔡邕撰

算經一卷　〔唐〕謝察微撰

文則一卷　〔宋〕陳騤撰

詩式一卷　〔唐〕釋皎然撰

墨經一卷　〔宋〕晁貫之撰

佩觿一卷　〔宋〕郭忠恕撰

籟紀一卷　〔南朝陳〕陳叔齊撰

尤射一卷　〔三國魏〕繆襲撰

風后握奇經一卷握奇經續圖一卷八陣總述一卷　〔漢〕公孫弘解　（續圖）佚名撰　（八陣總述）〔晉〕馬隆撰

相貝經一卷　〔漢〕朱仲撰

禽經一卷　〔周〕師曠撰
　〔晉〕張華注
酒譜一卷　〔宋〕竇苹撰
茶經一卷　〔唐〕陸羽撰
香譜一卷　〔宋〕洪芻撰
筍譜二卷　〔宋〕釋贊寧撰
桐譜一卷　〔宋〕陳翥撰
畫竹譜一卷　〔元〕李衎撰
雲林石譜三卷　〔宋〕杜綰撰
畫論一卷　〔元〕湯垕撰
畫鑒一卷　〔元〕湯垕撰
畫史一卷　〔宋〕米芾撰
益州名畫錄三卷　〔宋〕黃休復撰
桂海虞衡志十四卷　〔宋〕范成
　大撰
學古編一卷　〔元〕吾丘衍撰
洞天清錄一卷　〔宋〕趙希鵠撰
前定錄一卷　〔唐〕鍾輅撰
集異記一卷　〔唐〕薛用弱撰
博異志一卷　〔唐〕鄭還古撰
甘澤謠一卷　〔唐〕袁郊撰
揮麈錄一卷　〔宋〕王明清撰
搜神後記一卷　〔晉〕陶潛撰
芥隱筆記一卷　〔宋〕龔頤正撰
明道雜志一卷　〔宋〕張耒撰
碧雞漫志一卷　〔宋〕王灼撰
玉照新志四卷　〔宋〕王明清撰
雲仙雜記九卷（存卷二至九）
　〔唐〕馮贄撰
東觀奏記三卷　〔唐〕裴庭裕撰
新唐書糾謬一卷　〔宋〕吳縝撰

群芳清玩十二種　　　Fv6069.1 4418
　〔明〕李璵輯
　明崇禎二年（1629）虞山毛氏汲古閣

刻本
　八冊
　框19.6×12.1釐米。8行18字。白口，
左右雙邊。版心上鐫“鼎錄”等目次。內
封鐫“翻刻必究/汲古閣藏版”。
　　鼎錄一卷　〔南朝陳〕虞荔撰
　　刀劍錄一卷　〔南朝梁〕陶弘景撰
　　研史一卷　〔宋〕米芾撰
　　畫鑒一卷　〔元〕湯垕撰
　　石譜一卷　〔宋〕杜綰撰
　　瓶史二卷　〔明〕袁宏道撰
　　弈律一卷　〔明〕王思任撰
　　蘭譜一卷　〔宋〕王貴學撰
　　茗笈二卷品藻一卷　〔明〕屠本畯撰
　　香園二卷　〔明〕毛晉撰
　　采菊雜詠一卷　〔明〕馬弘衙撰
　　蝶几譜一卷　〔明〕戈汕撰

綠窗女史十四卷　　　Fv9299 +5333
　〔明〕秦淮寓客編
　明崇禎刻本
　二十四冊
　框18.3×14釐米。9行20字。白口，左
右雙邊，單白魚尾。版心上鐫編名。內封
鐫“綠窗女史選士繡像/心遠堂藏板”。
鈐“杭城官巷口南首讀書坊鍾畏侯發
行”“哈佛大學漢和圖書館珍藏印”等
印。購自哈佛大學燕京學社。

〔魏晉小説選輯〕　　　Fv5736.2 W42
　〔明〕佚名輯
　明末刻清初印本
　四冊
　五朝小説
　框20.1×13.6釐米。9行20字，小

字雙行同。白口，左右雙邊，單白魚尾。版心上鐫篇名。存四冊，外封記載"五""六""七"。冊八誤置於《唐人百家小説》第一函中。1968年6月購自李宗侗。

西京雜記一卷　〔漢〕劉歆撰　〔晋〕葛洪録

三輔決録一卷　〔漢〕趙岐撰

漢雜事秘辛一卷　〔漢〕佚名撰

三國典略一卷　〔三國魏〕魚豢撰

陸機要覽一卷　〔晋〕陸機撰

魏晋世語一卷　〔晋〕郭頒撰

裴啓語林一卷　〔晋〕裴啓撰

虞喜志林一卷　〔晋〕虞喜撰

東宮舊事一卷　〔晋〕張敞撰

大業雜記一卷　〔南朝宋〕劉義慶（一題唐杜寶）撰

別國洞冥記一卷　〔漢〕郭憲撰

搜神記一卷　〔晋〕干寶撰

搜神後記一卷　〔晋〕陶潛撰

異苑一卷　〔南朝宋〕劉敬叔撰

幽明録一卷　〔南朝宋〕劉義慶撰

述異記一卷　〔南朝梁〕任昉撰

冥通記一卷　〔南朝梁〕陶弘景撰

宣驗記一卷　〔南朝宋〕劉義慶撰

風后握奇經一卷附握奇經續圖一卷附八陣總述一卷　〔漢〕公孫弘解　（續圖）佚名撰　（八陣總述）〔晋〕馬隆撰

月令問答一卷　〔漢〕蔡邕撰

書評一卷　〔南朝梁〕袁昂撰

書品一卷　〔南朝梁〕庾肩吾撰

法書苑一卷　〔宋〕周越撰

四體書勢一卷　〔晋〕衛恒撰

詩品三卷　〔南朝梁〕鍾嶸撰

詩譜一卷　〔元〕陳繹曾撰

古畫品録一卷　〔南朝齊〕謝赫撰

後畫品録一卷　〔南朝陳〕姚最撰

相兒經一卷　〔漢〕嚴助撰

禽經一卷　〔晋〕張華注

相鶴經一卷　〔宋〕浮丘公修

相牛經一卷　〔周〕甯戚撰

龜經一卷

相貝經一卷　〔漢〕朱仲撰

筆經一卷　〔晋〕王羲之撰

鼎録一卷　〔南朝陳〕虞荔撰

古鏡記一卷　〔隋〕王度撰

竹譜一卷　〔晋〕戴凱之撰

夢書一卷

籟紀一卷　〔南朝陳〕陳叔齊撰

探春歷記一卷　〔漢〕東方朔撰

登涉符籙一卷　〔晋〕葛洪撰

齊民要術一卷　〔北魏〕賈思勰撰

顏氏家訓一卷　〔北齊〕顏之推撰

褚氏遺書一卷　〔南朝齊〕褚澄撰

尤射一卷　〔三國魏〕繆襲撰

儒棋格一卷　〔三國魏〕□肇撰

唐人百家小説　　　　Fv5736.4 T15

〔明〕桃園居士編

明末刻後印本

十五冊

五朝小説

框19.1×14.2釐米。9行20字。白口，左右雙邊，單白魚尾。版心上鐫篇名。鈐"易漱平印"。1968年6月購自李宗侗。存一百種一百三卷，十五冊。上函外封記載"二至八"（又一冊"八"實屬《魏晋小説選輯》函），下函外封記載"一至八"。

小説舊聞記　〔唐〕柳公權撰

卓異記一卷　〔唐〕李翺撰

摭異記一卷　〔唐〕李濬撰

朝野僉載一卷　〔唐〕張鷟撰

中朝故事一卷　〔南唐〕尉遲偓撰

南楚新聞一卷　〔唐〕尉遲樞撰

金華子雜編一卷　〔南唐〕劉崇遠撰

商芸小説一卷　〔南朝梁〕殷芸撰

幽閑鼓吹一卷　〔唐〕張固撰

樹萱録一卷　〔唐〕劉燾撰

葆化録一卷　〔唐〕陳京撰

桂苑叢談一卷　〔唐〕馮翊撰

周秦行紀一卷　〔唐〕牛僧孺撰

三夢記一卷　〔唐〕白行簡撰

廣寧妖亂志一卷　〔唐〕鄭廷誨撰

常侍言旨一卷　〔唐〕柳珵撰

夢遊録一卷　〔唐〕任蕃撰

迷樓記一卷　〔唐〕韓偓撰

集異記一卷　〔唐〕薛用弱撰

博異志一卷　〔唐〕鄭還古撰

海山記一卷　〔唐〕韓偓撰

幽怪録一卷　〔唐〕王惲撰

續幽怪録一卷　〔唐〕李復言撰

耳目記一卷　〔唐〕張鷟撰

瀟湘録一卷　〔唐〕李隱撰

前定録一卷　〔唐〕鍾輅撰

開元天寶遺事一卷　〔五代〕王仁裕撰

明皇十七事一卷　〔唐〕李德裕撰

楊太真外傳二卷　〔宋〕樂史撰

長恨歌傳一卷　〔唐〕陳鴻撰

梅妃傳一卷　〔唐〕曹鄴撰

李林甫外傳一卷　〔唐〕佚名撰

東城老父傳一卷　〔唐〕陳鴻撰

高力士傳一卷　〔唐〕郭湜撰

鄴侯外傳一卷　〔唐〕李繁撰

開河記一卷　〔唐〕韓偓撰

劍俠傳一卷　〔唐〕段成式撰

洛中九老會一卷　〔唐〕白居易撰

黑心符一卷　〔唐〕于義方撰

大藏治病藥一卷　〔唐〕釋靈澈撰

平泉山居草木記一卷　〔唐〕李德裕撰

嶺表録異一卷　〔唐〕劉恂撰

來南録一卷　〔唐〕李翺撰

北户録一卷　〔唐〕段公路撰

吳地記一卷　〔唐〕陸廣微撰

南部烟花記一卷　〔唐〕馮贄撰

粧樓記一卷　〔南唐〕張泌撰

教坊記一卷　〔唐〕崔令欽撰

北里志一卷附録一卷　〔唐〕孫棨撰

本事詩一卷　〔唐〕孟棨撰

終南十志一卷　〔唐〕盧鴻撰

洞天福地記一卷　〔五代〕杜光庭撰

比紅兒詩一卷　〔唐〕羅虬撰

義山雜纂一卷　〔唐〕李商隱撰

嘯旨一卷　〔唐〕孫廣撰

茶經三卷　〔唐〕陸羽撰

十六湯品一卷　〔唐〕蘇廙撰

煎茶水記一卷　〔唐〕張又新撰

醉鄉日月一卷　〔唐〕皇甫松撰

食譜一卷　〔唐〕韋巨源撰

花九錫一卷　〔唐〕羅虬撰

二十四詩品一卷　〔唐〕司空圖撰

書法一卷　〔唐〕歐陽詢撰

畫學秘訣一卷　〔唐〕王維撰

申宗傳一卷　〔唐〕孫頠撰

小名録一卷　〔唐〕陸龜蒙撰

記錦裾一卷　〔唐〕陸龜蒙撰

耒耜經一卷　〔唐〕陸龜蒙撰

五木經一卷　〔唐〕李翺撰

樂府雜録一卷　〔唐〕段安節撰

羯鼓録一卷　〔唐〕南卓撰

摭言一卷　〔唐〕何晦撰

衛公故物記一卷　〔唐〕韋端符撰

藥譜一卷　〔唐〕侯寧極撰

諧噱録一卷　〔唐〕劉訥言撰

肉攫部一卷　〔唐〕段成式撰

金剛經鳩異一卷　〔唐〕段成式撰

會真記一卷　〔唐〕元稹撰

記事珠一卷　〔唐〕馮贄撰

志怪録一卷　〔唐〕陸勳撰

聞奇録一卷　〔唐〕于逖撰

靈應録一卷　〔唐〕傅亮撰

妙女傳一卷　〔唐〕顧非熊撰

稽神録一卷　〔宋〕徐鉉撰

揚州夢記一卷　〔唐〕于鄴撰

杜秋傳一卷　〔唐〕杜牧撰

龍女傳一卷　〔唐〕薛瑩撰

柳毅傳一卷　〔唐〕李朝威撰

蔣子文傳一卷　〔唐〕羅鄴撰

杜子春傳一卷　〔唐〕鄭還古撰

奇男子傳一卷　〔唐〕許棠撰

虬髯客傳一卷　〔唐〕張説撰

劉無雙傳一卷　〔唐〕薛調撰

霍小玉傳一卷　〔唐〕蔣防撰

墨崑崙傳一卷　〔南唐〕馮延已撰

牛應貞傳一卷　〔唐〕宋若昭撰

紅線傳一卷　〔唐〕楊巨源撰

章臺柳傳一卷　〔唐〕許堯佐撰

宋人百家小説　　　　　　Fv5737 Su72

〔明〕桃源溪父編

明末刻後印本

十五册

五朝小説

框19.2×14.4釐米。9行20字。白口，

左右雙邊，單白魚尾。版心上鎸篇名。鈐
"易漱平印"。1968年6月購自李宗侗。
首册佚，存一百三十二種一百三十二卷。
上函外封記載"二至八"，下函外封記載
"一至八"。

幙府燕閒録一卷　〔宋〕畢仲詢撰

洛中紀異録一卷　〔宋〕秦再思撰

熙豐日曆一卷　〔宋〕王明清撰

上壽拜舞記一卷　〔宋〕陳世崇撰

太清樓侍宴記一卷　〔宋〕蔡京撰

高宗幸張府節次略一卷　〔宋〕周
　密撰

從駕記一卷　〔宋〕陳世崇撰

東巡記一卷　〔宋〕趙彥衛撰

避亂録一卷　〔宋〕王明清撰

異聞記一卷　〔宋〕何先撰

白獺髓一卷　〔宋〕張仲文撰

清夜録一卷　〔宋〕俞文豹撰

梁溪漫志一卷　〔宋〕費袞撰

暘谷謾録一卷　〔宋〕洪巽撰

春渚紀聞一卷　〔宋〕何薳撰

曲洧舊聞一卷　〔宋〕朱弁撰

摭青雜説一卷　〔宋〕王明清撰

玉壺清話一卷　〔宋〕釋文瑩撰

儒林公議一卷　〔宋〕田況撰

友會談叢一卷　〔宋〕上官融撰

閒燕常談一卷　〔宋〕董弅撰

桯史一卷　〔宋〕岳珂撰

默記一卷　〔宋〕王銍撰

談藪一卷　〔宋〕龐元英撰

江南野録一卷　〔宋〕龍袞撰

談淵一卷　〔宋〕王陶撰

話腴一卷　〔宋〕陳郁撰

聞見雜録一卷　〔宋〕蘇舜欽撰

東軒筆録一卷　〔宋〕魏泰撰

陶朱新録一卷　〔宋〕馬純撰

倦游雜録一卷　〔宋〕張師正撰

東皋雜録一卷　〔宋〕孫宗鑑撰

行都紀事一卷　〔宋〕陳晦撰

彭蠡小龍記一卷　〔元〕王惲撰

虛谷閒抄一卷　〔元〕方回撰

蓼花洲閒録一卷　〔宋〕高文虎撰

傳載略一卷　〔宋〕釋贊寧撰

該聞録一卷　〔宋〕李畋撰

洞微志一卷　〔宋〕錢易撰

芝田録一卷　〔宋〕丁用晦撰

嘐嗋集一卷　〔元〕宋无撰

吹劍録一卷　〔宋〕俞文豹撰

碧雲騢一卷　〔宋〕梅堯臣撰

投轄録一卷　〔宋〕王明清撰

忘懷録一卷　〔宋〕沈括撰

對雨編一卷　〔宋〕洪邁撰

軒渠録一卷　〔宋〕呂本中撰

中山狼傳一卷　〔宋〕謝良撰

清尊録一卷　〔宋〕廉布撰

昨夢録一卷　〔宋〕康與之撰

拊掌録一卷　〔元〕元懷撰

調謔編一卷　〔宋〕蘇軾撰

艾子雜説一卷　〔宋〕蘇軾撰

仇池筆記一卷　〔宋〕蘇軾撰

睽車志一卷　〔宋〕郭彖撰

玉澗雜書一卷　〔宋〕葉夢得撰

石林燕語一卷　〔宋〕葉夢得撰

巖下放言一卷　〔宋〕葉夢得撰

避暑録話一卷　〔宋〕葉夢得撰

避暑漫抄一卷　〔宋〕陸游撰

席上腐談一卷　〔宋〕俞琰撰

游宦紀聞一卷　〔宋〕張世南撰

悦生隨抄一卷　〔宋〕賈似道撰

嬾真子録一卷　〔宋〕馬永卿撰

豹隱紀談一卷　〔宋〕周遵道撰

東谷所見一卷　〔宋〕李之彦撰

讀書偶見一卷　〔宋〕鄭震撰

齊東野語一卷　〔宋〕周密撰

野人閒話一卷　〔宋〕景焕撰

西溪叢語一卷　〔宋〕姚寬撰

植杖閒談一卷　〔宋〕錢康功撰

道山清話一卷　〔宋〕王暐撰

深雪偶談一卷　〔宋〕方岳撰

船窗夜話一卷　〔宋〕顧文薦撰

葦航紀談一卷　〔宋〕蔣津撰

雲谷雜記一卷　〔宋〕張淏撰

東齋記事一卷　〔宋〕許觀撰

澹山雜識一卷　〔宋〕錢功撰

楊文公談苑一卷　〔宋〕楊億撰
　〔宋〕黄鑑録

老學庵筆記一卷　〔宋〕陸游撰

三柳軒雜識一卷　〔元〕程榮撰

鷄肋編一卷　〔宋〕莊綽撰

泊宅編一卷　〔宋〕方勺撰

暇日記一卷　〔宋〕劉跂撰

隱窟雜志一卷　〔宋〕温革撰

韋居聽輿一卷　〔宋〕陳直撰

桃源手聽一卷　〔宋〕陳賓撰

坦齋通編一卷　〔宋〕邢凱撰

臆乘一卷　〔宋〕楊伯嵒撰

鷄肋一卷　〔宋〕趙崇絢撰

鑑戒録一卷　〔後蜀〕何光遠撰

事原一卷　〔唐〕劉孝孫撰

釋常談三卷　〔宋〕佚名撰

乾道庚寅奏事録一卷　〔宋〕周必
　大撰

艮嶽記一卷　〔宋〕張淏撰

登西臺慟哭記一卷　〔宋〕謝翱撰

于役志一卷　〔宋〕歐陽修撰

六朝事迹一卷 〔宋〕張敦頤撰

錢塘瑣記一卷 〔宋〕于肇撰

古杭夢遊録一卷 〔宋〕耐得翁撰

汴都平康記一卷 〔宋〕張邦基撰

侍兒小名録一卷 〔宋〕洪遂撰

侍兒小名録一卷 〔宋〕王銍撰

侍兒小名録一卷 〔宋〕温豫撰

侍兒小名録一卷 〔宋〕張邦幾撰

思陵書畫記一卷 〔宋〕周密撰

琴曲譜録一卷 〔宋〕釋居月撰

本朝茶法一卷 〔宋〕沈括撰

宣和北苑貢茶録一卷 〔宋〕熊蕃撰

北苑別録一卷 〔宋〕趙汝礪撰

品茶要録一卷 〔宋〕黄儒撰

茶録一卷 〔宋〕蔡襄撰

酒名記一卷 〔宋〕張能臣撰

蔬食譜一卷 〔宋〕陳達叟撰

麗情集一卷 〔宋〕張君房撰

花經一卷 〔宋〕張翊撰

禪本草一卷 〔宋〕釋慧日撰

耕禄藁一卷 〔宋〕胡錡撰

水族加恩簿一卷 〔宋〕毛勝撰

感應經一卷 〔宋〕陳櫟撰

土牛經一卷 〔宋〕向孟撰

物類相感志一卷 〔宋〕蘇軾撰

雜纂續一卷 〔宋〕王君玉撰

雜纂二續一卷 〔宋〕蘇軾撰

遊仙夢記一卷 〔宋〕蘇轍撰

龍壽丹記一卷 〔宋〕蔡襄撰

惠民藥局記一卷 〔宋〕沈括撰

鬼國記一卷 〔宋〕洪邁撰

鬼國續記一卷 〔宋〕洪邁撰

海外怪洋記一卷 〔宋〕洪芻撰

閩海蠱毒記一卷 〔宋〕楊胐撰

福州猴王神記一卷 〔宋〕洪邁撰

皇明百家小説一百八種 Fv5738 M663

〔明〕馮猶龍輯

明末刻清代剜改本

十六册

五朝小説

框19.3×14.2釐米。9行20字。白口，左右雙邊，單白魚尾。鈐"易漱平印"印。1968年6月購自李宗侗。

皇朝盛事一卷 〔明〕王世貞撰

菽園雜記一卷 〔明〕陸容撰

客座新聞一卷 〔明〕沈周撰

枝山前聞一卷 〔明〕祝允明撰

莘野纂聞一卷 〔明〕伍餘福撰

駒陰冗記一卷 〔明〕闕莊撰

中州野録一卷 〔明〕程文憲撰

長安客語一卷 〔明〕蔣一葵撰

古穰雜録一卷 〔明〕李賢撰

後渠雜識一卷 〔明〕崔銑撰

懸笥瑣探一卷 〔明〕劉昌撰

南翁夢録一卷 〔越南〕黎澄撰

碧里雜存一卷 〔明〕董穀撰

田居乙記一卷 〔明〕方大鎮撰

西樵野記一卷 〔明〕侯甸撰

二酉委譚一卷 〔明〕王世懋撰

三餘贅筆一卷 〔明〕都卬撰

聽雨紀談一卷 〔明〕都穆撰

劉氏雜志一卷 〔明〕劉定之撰

推篷寤語一卷 〔明〕李豫亨撰

寒檠膚見一卷 〔明〕毛元仁撰

書肆説鈴一卷 〔明〕葉秉敬撰

語窺今古一卷 〔明〕洪文科撰

新知録一卷 〔明〕劉仕義撰

識小編一卷 〔明〕周賓所撰

庚巳編一卷 〔明〕陸燦撰

續巳編一卷 〔明〕郎瑛撰

涉異志一卷　〔明〕閔文振撰

蘇談一卷　〔明〕楊循吉撰

意見一卷　〔明〕陳于陛撰

遇恩録一卷　〔明〕劉仲璟撰

天順日録一卷　〔明〕李賢撰

今言一卷　〔明〕鄭曉撰

彭公筆記一卷　〔明〕彭時撰

琅琊漫抄一卷　〔明〕文林撰

震澤紀聞一卷　〔明〕王鏊撰

震澤長語一卷　〔明〕王鏊撰

病逸漫記一卷　〔明〕陸釴撰

高坡異纂一卷　〔明〕楊儀撰

豫章漫抄一卷　〔明〕陸深撰

蓬軒別記一卷　〔明〕楊循吉撰

蓬窗續録一卷　〔明〕馮時可撰

青巖叢録一卷　〔明〕王褘撰

東谷贅言一卷　〔明〕敖英撰

閩中今古録一卷　〔明〕黃溥撰

春風堂隨筆一卷　〔明〕陸深撰

簷曝偶談一卷　〔明〕顧元慶撰

雨航雜録一卷　〔明〕馮時可撰

農田餘話一卷　〔明〕長谷真逸撰

水南翰記一卷　〔明〕李如一撰

黽采清課一卷　〔明〕費元禄撰

吳風録一卷　〔明〕黃省曾撰

篷櫳夜話一卷　〔明〕李日華撰

寶櫝記一卷　〔明〕滑惟善撰

脚氣集一卷　〔宋〕車若水撰

逐鹿記一卷　〔明〕土褘撰

寓圃雜記一卷　〔明〕王錡撰

青溪暇筆一卷　〔明〕姚福撰

近峰聞略一卷　〔明〕皇甫録撰

近峰記略一卷　〔明〕皇甫録撰

窮勝野聞一卷　〔明〕徐禎卿撰

遜國記一卷　〔明〕佚名撰

谿山餘話一卷　〔明〕陸深撰

吳中故語一卷　〔明〕楊循吉撰

清暑筆談一卷　〔明〕陸樹聲撰

甲乙剩言一卷　〔明〕胡應麟撰

百可漫志一卷　〔明〕陳鼐撰

見聞紀訓一卷　〔明〕陳良謨撰

先進遺風一卷　〔明〕耿定向撰

擁絮迁談一卷　〔明〕朱鷺撰

遼邸記聞一卷　〔明〕錢希言撰

女俠傳一卷　〔明〕鄒之麟撰

秘録一卷　〔明〕李夢陽撰

西征記一卷　〔明〕戴延撰

醫閭漫記一卷　〔明〕賀欽撰

義虎傳一卷　〔明〕祝允明撰

琉球使略一卷　〔明〕陳侃撰

雲中事記一卷　〔明〕蘇祐撰

南巡日録一卷　〔明〕陸深撰

朝鮮紀事一卷　〔明〕倪謙撰

平定交南録一卷　〔明〕丘濬撰

雲林遺事一卷　〔明〕顧元慶撰

國寶新編一卷　〔明〕顧璘撰

仰山脞録一卷　〔明〕閔文振撰

新倩籍一卷　〔明〕徐禎卿撰

吳中往哲記一卷　〔明〕楊循吉撰

綠雪亭雜言一卷　〔明〕敖英撰

雲夢藥溪談一卷　〔明〕文翔鳳撰

蒹葭堂雜抄一卷　〔明〕陸楫撰

快雪堂漫録一卷　〔明〕馮夢禎撰

天爵堂筆餘一卷　〔明〕薛崗撰

遒徇編一卷　〔明〕葉秉敬撰

雪濤談叢一卷　〔明〕江盈科撰

委巷叢談一卷　〔明〕田汝成撰

前定録補一卷　〔明〕朱佐撰

譚輅一卷　〔明〕張鳳翼撰

戲瑕一卷　〔明〕錢希言撰

語怪一卷　〔明〕祝允明撰

異林一卷　〔明〕徐禎卿撰

西州合譜一卷　〔明〕張鴻磐撰

海味索隱一卷　〔明〕屠本畯撰

笑禪録一卷　〔明〕潘游龍撰

雜纂三續一卷　〔明〕黄允交撰

洞簫記一卷　〔明〕陸燦撰

廣寒殿記一卷　〔明〕宣宗朱瞻基撰

周顛僊人傳一卷　〔明〕太祖朱元
　璋撰

李公子傳一卷　〔明〕陳繼儒撰

阿寄傳一卷　〔明〕田汝成撰

檀几叢書初集五十種二集五十種餘集
五十七種　　　　　Fv9100 4171

〔清〕王晫輯　〔清〕張潮校

清康熙三十四至三十六年（1695—
1697）霞舉堂刻本

十六册

框17.9×13.6釐米。9行20字。白口，
四周單邊。版心上鎸書名，中鎸篇名，下鎸
"霞舉堂"。内封鎸"檀几叢書"。《初集》
有康熙三十四年張潮"序"，《二集》"序"及
"凡例"言康熙三十六年張潮續刻書事。

初集

　三百篇鳥獸草木記一卷　〔清〕
　　徐士俊撰

　月令演一卷　〔清〕徐士俊撰

　歷代甲子考一卷　〔清〕黄宗羲撰

　二十一史徵一卷　〔清〕徐汾撰

　黜朱梁紀年論一卷　〔清〕宋實
　　穎撰

　韻史一卷　〔清〕金諾撰

　釋奠考一卷　〔清〕洪若皋撰

　臚傳紀事一卷　〔清〕繆彤撰

喪禮雜説附常禮雜説一卷　〔清〕
　毛先舒撰

喪服或問一卷　〔清〕汪琬撰

錦帶連珠一卷　〔清〕王嗣槐撰

操觚十六觀一卷　〔清〕陳鑑撰

十七帖述一卷　〔清〕王弘撰撰

龜臺琬琰一卷　〔清〕張正茂撰

稚黄子一卷　〔清〕毛先舒撰

東江子一卷　〔清〕沈謙撰

續證人社約誡一卷　〔清〕惲日
　初撰

家訓一卷　〔清〕張習孔撰

高氏塾鐸一卷　〔清〕高拱京撰

餘慶堂十二戒一卷　〔清〕劉德
　新撰

猶見篇一卷　〔清〕傅麟昭撰

七勸口號一卷　〔清〕張習孔撰

元寶公案一卷　〔清〕謝開寵撰

聯莊一卷聯騷一卷　〔清〕漲潮撰

琴聲十六法一卷　〔清〕莊臻鳳撰

鶴齡録一卷　〔清〕李清撰

新婦譜一卷　〔清〕陸圻撰

新婦譜補一卷　〔清〕陳確撰

新婦譜補一卷　〔清〕查琪撰

美人譜一卷　〔清〕徐震撰

婦人鞋襪考一卷　〔清〕余懷撰

七療一卷　〔清〕張潮撰

鬱單越頌一卷　〔清〕黄周星撰

地理驪珠一卷　〔清〕張澐撰

雁山雜記一卷　〔清〕韓則愈撰

越問一卷　〔清〕王修玉撰

真率會約一卷　〔清〕尤侗撰

酒律一卷　〔清〕張潮撰

酒箴一卷　〔清〕金昭鑑撰

觸政五十則一卷　〔清〕沈中楹撰

廣抑戒録一卷　〔清〕朱曉撰

農具記一卷　〔清〕陳玉璂撰

怪石贊一卷　〔清〕宋犖撰

惕菴石譜一卷　〔清〕諸九鼎撰

端溪硯石考一卷　〔清〕高兆撰

羽族通譜一卷　〔清〕來集之撰

獸經一卷　〔清〕張綱孫撰

江南魚鮮品一卷　〔清〕陳鑑撰

虎丘茶經注補一卷　〔清〕陳鑑撰

荔枝話一卷　〔清〕林嗣環撰

二集

逸亭易論一卷　〔清〕徐繼恩撰

孟子考一卷　〔清〕閻若璩撰

人譜補圖一卷　〔清〕宋瑾撰

教孝編一卷　〔清〕姚廷傑撰

仕的一卷　〔清〕吳儀撰

古觀人法一卷　〔清〕宋瑾撰

古人居家居鄉法一卷　〔清〕丁
　雄飛撰

幼訓一卷　〔清〕崔學古撰

少學一卷　〔清〕崔學古撰

俗砭一卷　〔清〕方象瑛撰

燕翼篇一卷　〔清〕李淦撰

艾言一卷　〔清〕徐元美撰

訓蒙條例一卷　〔清〕陳芳生撰

拙翁庸語一卷　〔清〕劉芳喆撰

醉筆堂三十六善一卷　〔清〕李
　日景撰

七怪一卷　〔清〕黃宗羲撰

華山經一卷　〔清〕東蔭商撰

長白山録一卷　〔清〕王士禎撰

水月令一卷　〔清〕王士禎撰

三江考一卷　〔清〕毛奇齡撰

黔中雜記一卷　〔清〕黃元治撰

苗俗紀聞一卷　〔清〕方亨咸撰

念佛三昧一卷　〔清〕金人瑞撰

佛解一卷　〔清〕畢熙暘撰

漁洋詩話一卷　〔清〕王士禎撰

文房約一卷　〔清〕江之蘭撰

罩溪自課一卷　〔明〕馮京第撰

讀書燈一卷　〔明〕馮京第撰

學畫淺説一卷　〔清〕王概撰

廣惜字説一卷　〔清〕張允祥撰

古歡社約一卷　〔清〕丁雄飛撰

彷園清語一卷　〔清〕張蓋撰

鴛鴦牒一卷　〔清〕程羽文撰

袾菴黛史一卷　〔清〕張芳撰

小星志一卷　〔清〕丁雄飛撰

艷體聯珠一卷　〔明〕葉小鸞撰

戒殺文一卷　〔明〕黎遂球撰

九喜榻記一卷　〔清〕丁雄飛撰

行醫八事圖一卷　〔清〕丁雄飛撰

雪堂墨品一卷　〔清〕張仁熙撰

漫堂墨品一卷　〔清〕宋犖撰

水坑石記一卷　〔清〕錢朝鼎撰

琴學八則一卷　〔清〕程雄撰

觀石録一卷　〔清〕高兆撰

紅朮軒紫泥法定本一卷　〔清〕
　汪鎬京撰

陽羨茗壺系一卷　〔明〕周高起撰

洞山岕茶系一卷　〔明〕周高起撰

桐堦副墨一卷　〔明〕黎遂球撰

南村觴政一卷　〔清〕張惣撰

鴿經一卷　〔清〕張萬鍾撰

餘集

山林經濟策　〔清〕陸次雲撰

讀書法　〔清〕魏際瑞撰

根心堂學規　〔清〕宋瑾撰

家塾座右銘　〔清〕宋起鳳撰

洗塵法　〔清〕馬文燦撰

香雪齋樂事　〔清〕江之蘭撰

客齋使令反　〔明〕程羽文撰

一歲芳華　〔明〕程羽文撰

芸窗雅事　〔清〕施清撰

菊社約　〔清〕狄億撰

豆腐戒　〔清〕尤侗撰

清戒　〔清〕石崇階撰

友約　〔清〕顧有孝撰

灌園十二師　〔清〕徐沁撰

約言　〔清〕張適撰

詩本事　〔明〕程羽文撰

劍氣　〔明〕程羽文撰

石交　〔明〕程羽文撰

燈謎　〔清〕毛際可撰

宦海慈航　〔清〕蔣埴撰

病約三章　〔清〕尤侗撰

艮堂十戒　〔清〕方象瑛撰

婦德四箴　〔清〕徐士俊撰

半菴笑政　〔清〕陳皋謨撰

書齋快事　〔清〕沈元琨撰

負卦　〔清〕尤侗撰

古今外國名考　〔清〕孫蘭撰

廣東月令　〔清〕鈕琇撰

黔西古迹考　〔清〕錢霦撰

明制女官考　〔清〕黃百家撰

五嶽約　〔清〕韓則愈撰

攬勝圖　〔清〕吳陳琰撰

南極諸星考　〔清〕梅文鼎撰

引勝小約　〔明〕張陛撰

酒警　〔清〕程弘毅撰

酒政六則　〔清〕吳彬撰

酒約　〔清〕吳肅公撰

彷園酒評　〔清〕張蓋撰

籩貳約　〔清〕尤侗撰

小半斤謠　〔清〕黃周星撰

四十張紙牌説　〔清〕李式玉撰

選石記　〔清〕成性撰

美人揉碎梅花迴文圖　〔清〕沈士瑛撰

西湖六橋桃評　〔清〕曹之璜撰

竹連珠　〔清〕鈕琇撰

征南射法　〔清〕黃百家撰

黃熟香考　〔清〕萬泰撰

紀草堂十六宜　〔清〕王晫撰

課婢約　〔清〕王晫撰

報謁例言　〔清〕王晫撰

謟卦　〔清〕王晫撰

書本草　〔清〕張潮撰

貧卦　〔清〕張潮撰

花鳥春秋　〔清〕張潮撰

補花底拾遺　〔清〕張潮撰

玩月約　〔清〕張潮撰

飲中八仙令　〔清〕張潮撰

昭代叢書十二集五百六十種

〔清〕張潮輯　〔清〕楊復吉增輯
〔清〕沈楙德補輯

　清道光世楷堂刻光緒印本

　一百七十二冊

　框18.1×12.8釐米。9行20字, 小字雙
行同。白口, 左右雙邊, 單黑魚尾。

　甲集

　　更定文章九命一卷　〔清〕王晫撰

　　天官考異一卷　〔清〕吳肅公撰

　　五行問一卷　〔清〕吳肅公撰

　　學曆説一卷　〔清〕梅文鼎撰

　　改元考同一卷　〔清〕吳肅公撰

　　進賢説一卷　〔清〕張能鱗撰

　　塾講規約一卷　〔清〕施璜撰

夙興語一卷 〔清〕甘京撰

家人子語一卷 〔清〕毛先舒撰

語小一卷 〔清〕毛先舒撰

日録雜説一卷 〔清〕魏禧撰

竹溪雜述一卷 〔清〕殷曙撰

松溪子一卷 〔清〕王晫撰

讀莊子法一卷 〔清〕林雲銘撰

謝皋羽年譜一卷 〔清〕徐沁撰

西華仙籙一卷 〔清〕王言撰

將就園記一卷 〔清〕黃周星撰

歆問一卷 〔清〕洪玉圖撰

黃山松石譜一卷 〔清〕閔麟嗣撰

外國竹枝詞一卷 〔清〕尤侗撰
〔清〕尤珍注

西方要紀一卷 （意大利）利類
思 （葡萄牙）安文思 （比
利時）南懷仁撰

安南雜記一卷 〔清〕李仙根撰

秋星閣詩話一卷 〔清〕李沂撰

而菴詩話一卷 〔清〕徐增撰

製曲枝語一卷 〔清〕黃周星撰

書法約言一卷 〔清〕宋曹撰

岕茶彙鈔一卷 〔清〕冒襄撰

硯林一卷 〔清〕余懷纂

宣爐歌注一卷 〔清〕冒襄撰

裝潢志一卷 〔清〕周嘉胄撰

兵仗記一卷 〔清〕王晫撰

荔枝譜一卷 〔清〕陳鼎撰

蘭言一卷 〔清〕冒襄撰

龍經一卷 〔清〕王晫撰

周易古義一卷 〔清〕惠棟撰

周易大衍辨一卷 〔清〕吳鼐撰

尚書古義一卷 〔清〕惠棟撰

毛詩古義一卷 〔清〕惠棟撰

周禮古義一卷 〔清〕惠棟撰

儀禮古義一卷 〔清〕惠棟撰

禮經釋例目録一卷 〔清〕凌廷
堪撰

禮記古義一卷 〔清〕惠棟撰

公羊古義一卷 〔清〕惠棟撰

穀梁古義一卷 〔清〕惠棟撰

論語古義一卷 〔清〕惠棟撰

讀東坡志林一卷 〔清〕尤侗撰

淇泉摹古録一卷 〔清〕趙希璜撰

西征賦一卷 〔清〕李祖惠撰

七釋一卷 〔清〕尤侗撰

十國詞箋略一卷 〔清〕錢載撰

乙集

毛朱詩説一卷 〔清〕閻若璩撰

春秋三傳異同考一卷 〔清〕吳
陳琰撰

讀禮問一卷 〔清〕吳肅公撰

十六國年表一卷 〔清〕張愉曾撰

江南星野辨一卷 〔清〕葉燮撰

廣祀典議一卷 〔清〕吳肅公撰

師友行輩議一卷 〔清〕魏禧撰

國朝謚法考一卷 〔清〕王士禛撰

旗軍志一卷 〔清〕金德純撰

封長白山記一卷 〔清〕方象瑛撰

琉球入太學始末一卷 〔清〕王
士禛撰

人瑞録一卷 〔清〕孔尚任撰

迎駕紀恩録一卷 〔清〕王士禛撰

恩賜御書記一卷 〔清〕董文驥撰

恭迎大駕記一卷 〔清〕徐秉義撰

暢春苑御試恭記一卷 〔清〕狄
億撰

出山異數記一卷 〔清〕孔尚任撰

塞程別紀一卷 〔清〕宋犖撰

西北水利議一卷 〔清〕許承宜撰

廣州遊覽小志一卷　〔清〕王士
　禛撰

隴蜀餘聞一卷　〔清〕王士禛撰

東西二漢水辯一卷　〔清〕王士
　禛撰

日錄裏言一卷　〔清〕魏禧撰

偶書一卷　〔清〕魏際瑞撰

漫堂説詩一卷　〔清〕宋犖撰

然脂集例一卷　〔清〕王士禄撰

聲韻叢説一卷　〔清〕毛先舒撰

伯子論文一卷　〔清〕魏際瑞撰

日錄論文一卷　〔清〕魏禧撰

韻問一卷　〔清〕毛先舒撰

南曲入聲客問一卷　〔清〕毛先
　舒撰

連文釋義一卷　〔清〕王言撰

畫訣一卷　〔清〕孔衍栻撰

焦山古鼎考一卷　〔清〕王士禄撰

瘞鶴銘辯一卷　〔清〕張弨撰

昭陵六駿贊辯一卷　〔清〕張弨撰

漢甘泉宮瓦記一卷　〔清〕林佶撰

飯有十二合説一卷　〔清〕張英撰

醫津一筏一卷　〔清〕張之蘭撰

江邨草堂紀一卷　〔清〕高士奇撰

後觀石錄一卷　〔清〕毛奇齡撰

石友贊一卷　〔清〕王晫撰

竹譜一卷　〔清〕陳鼎撰

箋卉一卷　〔清〕吳菼撰

禘祫問答一卷　〔清〕胡培翬撰

侯國職官表一卷　〔清〕胡匡衷撰

漢水發源考一卷　〔清〕王筠撰

汴水説一卷　〔清〕朱際虞撰

山樵書外記一卷　〔清〕張開福撰

圖畫精意識一卷　〔清〕張庚撰

丙集

漢魏石經考一卷　〔清〕萬斯同撰

唐宋石經考一卷　〔清〕萬斯同撰

五經金文古文考一卷　〔清〕吳
　陳琰撰

聖諭樂本解説一卷　〔清〕毛奇
　齡撰

春秋日食質疑一卷　〔清〕吳守
　一撰

檀弓訂誤一卷　〔清〕毛奇齡撰

三年服制考一卷　〔清〕毛奇齡撰

讀史管見一卷　〔清〕王轂撰

乾清門奏對記一卷　〔清〕湯斌撰

松亭行紀一卷　〔清〕高士奇撰

扈從西巡日錄一卷　〔清〕高士
　奇撰

塞北小鈔一卷　〔清〕高士奇撰

北嶽恒山歷祀上曲陽考一卷
　〔清〕劉師峻撰

聖節會約一卷　〔清〕郭存會撰

荊園小語一卷　〔清〕申涵光撰

荊園進語一卷　〔清〕申涵光撰

格言僅錄一卷　〔清〕王仕雲撰

宗規一卷　〔清〕鍾于序撰

戒淫錄一卷　〔清〕姚廷傑撰

學語雜篇一卷　〔清〕沈思倫撰

觀物篇一卷　〔清〕石龐撰

古國都今郡縣合考一卷　〔清〕
　閔麟嗣撰

周末列國有今郡縣考一卷　〔清〕
　閔麟嗣撰

黃山史概一卷　〔清〕陳鼎撰

臺灣隨筆一卷　〔清〕徐懷祖撰

寧古塔志一卷　〔清〕方拱乾撰

峒谿纖志志餘一卷　〔清〕陸次
　雲撰

滇黔土司婚禮記一卷 〔清〕陳
　鼎撰

身易一卷 〔清〕唐彪撰

切字釋疑一卷 〔清〕方中履撰

西河詩話一卷 〔清〕毛奇齡撰

南州草堂詞話一卷 〔清〕徐釚撰

賓告一卷 〔清〕葉奕苞撰

諺說一卷 〔清〕毛先舒撰

醉鄉約法一卷 〔清〕葉奕苞撰

練閱火器陣記一卷 〔清〕薛熙撰

貫虱心傳一卷 〔清〕紀鑑撰

捕蝗考一卷 〔清〕陳芳生撰

文苑異稱一卷 〔清〕王晫撰

思舊錄一卷 〔清〕靳治荊撰

知我錄一卷 〔清〕梅庚撰

瓊花志一卷 〔清〕朱顯祖撰

徐園秋花譜一卷 〔清〕吳儀一撰

吳蕈譜一卷 〔清〕吳林撰

續蟹譜一卷 〔清〕褚人穫撰

春秋四傳糾正一卷 〔清〕俞汝
　言撰

夏小正詁一卷 〔清〕諸錦撰

增訂歐陽文忠公年譜一卷 〔清〕
　華孳亨撰

古金待問錄一卷 〔清〕朱楓撰

齊山巖洞志一卷 〔清〕陳蔚撰

丁集新編

五經讀法一卷 〔清〕徐與喬撰

經咫一卷 〔清〕陳祖范撰

書經地理今釋一卷 〔清〕蔣廷
　錫撰

建文帝後紀一卷 〔清〕邵遠平撰

汰存錄一卷 〔清〕黃宗羲撰

客窗偶談一卷 〔清〕陳僖撰

九諦解疏一卷 〔明〕許孚遠撰

〔清〕周汝登解 〔清〕王煒疏

環書一卷 〔清〕方殿元撰

漁樵問答一卷 〔清〕釋成鷲撰

五九枝譚一卷 〔清〕尤侗撰

吳鯤放言一卷 〔清〕吳莊撰

哀江南賦註一卷 〔清〕徐樹轂
　徐炯輯

塵餘一卷 〔清〕曹宗璠撰

西河雜箋一卷 〔清〕毛奇齡撰

諾皋廣志一卷 〔清〕徐芳撰

石里雜識一卷 〔清〕張尚瑗撰

香天談藪一卷 〔清〕吳雷發撰

茶餘客話一卷 〔清〕阮葵生撰

吳語一卷 〔清〕戴延年撰

粵西瑣記一卷 〔清〕沈曰霖撰

苗俗記一卷 〔清〕田雯撰

譯史紀餘一卷 〔清〕陸次雲撰

進藏紀程一卷 〔清〕王世睿撰

重集列女傳例一卷 〔清〕魏于
　雲撰

古艷樂府一卷 〔清〕楊淮撰

說詩菅蒯一卷 〔清〕吳雷發撰

天啓宮詞一卷 〔明〕陳悰撰

璇璣碎錦一卷 〔清〕萬樹撰

西河詞話一卷 〔清〕毛奇齡撰

琴況一卷 〔清〕徐祺撰

滋蕙堂法帖題跋一卷 〔清〕曾
　恒德撰

小山畫譜一卷 〔清〕鄒一桂撰

繪事發微一卷 〔清〕唐岱撰

煙譜一卷 〔清〕陸耀撰

野菜贊一卷 〔清〕顧景星撰

洋菊譜一卷 〔清〕鄒一桂撰

識物一卷 〔清〕陳僖撰

昭代樂章恭紀一卷 〔清〕張玉

書撰

讀史記劄記一卷 〔清〕潘永季撰

讀明史劄記一卷 〔清〕潘永季撰

再生紀略一卷 〔清〕陳濟生撰

籌餉厄言一卷 〔清〕唐夢賚撰

兵謀一卷 〔清〕魏僖撰

兵法一卷 〔清〕魏僖撰

東行述一卷 〔清〕趙之俊撰

南行述一卷 〔清〕王心敬撰

征西紀略一卷 〔清〕陸楣撰

使蜀日記一卷 〔清〕方象瑛撰

自滇入都程記一卷 〔清〕楊名
時撰

戊集續編

周官辨非一卷 〔清〕萬斯大撰

春秋列國地形口號一卷 〔清〕
顧棟高撰

元秘史略一卷 〔元〕佚名撰
〔清〕萬光泰節録

閩難記一卷 〔清〕洪若皋撰

海寇記一卷 〔清〕洪若皋撰

制科雜録一卷 〔清〕毛奇齡撰

南巡扈從紀略一卷 〔清〕張英撰

西征紀略一卷 〔清〕殷化行撰

河圖洛書同異考一卷 〔清〕冉
覲祖撰

孔廟從祀末議一卷 〔清〕閻若
璩撰

霜紅龕家訓一卷 〔清〕傅山撰

恒産瑣言一卷 〔清〕張英撰

漁談一卷 〔清〕郭欽華撰

讀戰國策隨筆一卷 〔清〕張尚
瑗撰

復社紀事一卷 〔清〕吳偉業撰

社事始末一卷 〔清〕杜登春撰

書事七則一卷 〔清〕陳貞慧撰

山陽録一卷 〔清〕陳貞慧撰

矩齋雜記一卷 〔清〕施閏章撰

嗒史一卷 〔清〕王煒撰

積山雜記一卷 〔清〕汪惟憲撰

梅谷偶筆一卷 〔清〕陸烜撰

秋燈叢話一卷 〔清〕戴延年撰

東城雜記一卷 〔清〕厲鶚撰

洱海叢談一卷 〔清〕釋同揆撰

衡嶽遊記一卷 〔清〕黃周星撰

海國聞見録一卷 〔清〕陳倫炯撰

裨海紀遊一卷 〔清〕郁永河撰

袖海編一卷 〔清〕汪鵬撰

文章薪火一卷 〔清〕方以智撰

江西詩社宗派圖録一卷 〔清〕
張泰來撰

崇禎宮詞一卷 〔清〕王譽昌撰
〔清〕吳理注

衍琵琶行一卷 〔清〕曹秀先撰

續詩品一卷 〔清〕袁枚撰

論文四則一卷 〔清〕楊繩武撰

天文説一卷 〔清〕董以寧撰

畫筌一卷 〔清〕笪重光撰
〔清〕王翬 惲格評

畫語録一卷 〔清〕釋道濟撰

畫羅漢頌一卷 〔清〕廖燕撰

玉臺書史一卷 〔清〕厲鶚撰

賞延素心録一卷 〔清〕周二學撰

秋園雜佩一卷 〔清〕陳貞慧撰

談虎一卷 〔清〕趙彪詔撰

原善一卷 〔清〕戴震撰

原象一卷 〔清〕戴震撰

儒行述一卷 〔清〕彭紹升撰

良吏述一卷 〔清〕彭紹升撰

觀感録一卷 〔清〕李顒撰

詔撰

虎口餘生記一卷 〔明〕邊大綬撰

庸言一卷 〔清〕魏象樞撰

志學會約一卷 〔清〕湯斌撰

宗譜纂要一卷 〔清〕王鋑撰

婦學一卷 〔清〕章學誠撰

瀾堂夕話一卷 〔清〕張次仲撰

山中問答一卷 〔清〕楊士美撰

蒿菴閒話一卷 〔清〕張爾岐撰

寒燈絮語一卷 〔清〕汪惟憲撰

牘外餘言一卷 〔清〕袁枚撰

廣連珠一卷 〔清〕陳濟生撰

説文凝錦録一卷 〔清〕萬光泰撰

七十二候考一卷 〔清〕曹仁虎撰

西臺慟哭記註一卷 〔清〕黃宗
　　羲撰

聞見偶録一卷 〔清〕朱象賢撰

東齋脞語一卷 〔清〕吳翌鳳撰

定香亭筆談一卷 〔清〕阮元撰

宸垣識餘一卷 〔清〕吳長元撰

南漳子一卷 〔清〕孫之騄撰

寧古塔紀略一卷 〔清〕吳振臣撰

番社采風圖考一卷 〔清〕六十七撰

維西見聞紀一卷 〔清〕余慶遠撰

七招一卷 〔清〕洪亮吉撰

七娛一卷 〔清〕沈清瑞撰

選材録一卷 〔清〕周春撰

集世説詩一卷 〔清〕李鄴嗣撰

宮詞一卷 〔清〕徐昂發撰

皺水軒詞筌一卷 〔清〕賀裳撰

書筏一卷 〔清〕笪重光撰

畫論一卷 〔清〕張庚撰

印文考略一卷 〔清〕鞠履厚撰

新曆曉或一卷 （德國）湯若望撰

七頌堂識小録一卷 〔清〕劉體

仁撰

菊房心語一卷 〔清〕楊中訥撰

端溪硯譜記一卷 〔清〕袁樹撰

竹連珠一卷 〔清〕鈕琇撰

荔譜一卷 〔清〕陳定國撰

木棉譜一卷 〔清〕褚華撰

北墅抱瓮録一卷 〔清〕高士奇撰

宗法論一卷 〔清〕萬斯大撰

明史十二論一卷 〔清〕段玉裁撰

車制圖解一卷 〔清〕阮元撰

今韻古分十七部表一卷 〔清〕
　　段玉裁撰

辛集別編

讀易緒言一卷 〔清〕錢棻撰

饗禮補亡一卷 〔清〕諸錦撰

春秋五禮源流口號一卷 〔清〕
　　顧棟高撰

經書厄言一卷 〔清〕范泰恒撰

史略一卷 〔清〕蕭震撰

擬更季漢書昭烈皇帝本紀一卷
　　〔清〕黃中堅撰

平臺紀略一卷 〔清〕藍鼎元撰

征緬紀略一卷 〔清〕王昶撰

蜀徼紀聞一卷 〔清〕王昶撰

臨清寇略一卷 〔清〕俞蛟撰

強聒録一卷 〔清〕彭堯諭撰

旅書一卷 〔清〕陳璜撰

釋冰書一卷 〔清〕孫沔如撰

雜言一卷 〔清〕鈕琇撰

蕉窗日記一卷 〔清〕王豫撰

鍾山書院規約一卷 〔清〕楊繩
　　武撰

天問校正一卷 〔清〕屈復撰

説文義例一卷附小學字解 〔清〕
　　王宗誠撰 （小學字解）〔清〕

王紹蘭撰

説鈴一卷　〔清〕汪琬撰

張氏巵言一卷　〔清〕張元賡撰

峽川志略一卷　〔清〕蔣弘任撰

出塞紀略一卷　〔清〕錢良擇撰

從西紀略一卷　〔清〕范昭逵撰

藏行紀程一卷　〔清〕杜昌丁撰

徵刻唐宋秘本書目一卷　〔清〕

　黃虞稷 周在浚撰

藏書紀要一卷　〔清〕孫從添撰

金石史一卷　〔明〕郭宗昌撰

淳化閣帖跋一卷　〔清〕沈蘭先撰

漢詩總説一卷　〔清〕費錫璜撰

秋窗隨筆一卷　〔清〕馬位撰

詠物十詞一卷　〔清〕曹貞吉撰

鈍吟書要一卷　〔清〕馮班撰

畫麈一卷　〔明〕沈顥撰

畫訣一卷　〔清〕龔賢撰

秋水園印説一卷　〔清〕陳鍊撰

紀聽松庵竹鑪始末一卷　〔清〕

　鄒炳泰撰

窯器説一卷　〔清〕程哲撰

怪石録一卷　〔清〕沈心撰

岕茶牋一卷　〔明〕馮可賓撰

茶史補一卷　〔清〕余懷撰

人葠譜一卷　〔清〕陸烜撰

亳州牡丹述一卷　〔清〕鈕琇撰

牡丹譜一卷　〔清〕計楠撰

菊説一卷　〔清〕計楠撰

唐述山房日録一卷　〔清〕盛朝

　勛撰

忠文靖節編一卷　〔清〕張方湛撰

憩遊偶考一卷　〔清〕華湛恩撰

燕都識餘一卷　〔清〕徐應芬撰

山齋客譚一卷　〔清〕景星杓撰

外國紀一卷　〔清〕張玉書撰

壬集補編

周易稗疏一卷　〔清〕王夫之撰

易漢學一卷　〔清〕惠棟撰

古文尚書考一卷　〔清〕惠棟撰

毛鄭詩考正一卷　〔清〕戴震撰

春秋稗疏一卷　〔清〕王夫之撰

考工記圖一卷　〔清〕戴震撰

孟子遊歷考一卷　〔清〕潘眉撰

續方言一卷　〔清〕杭世駿撰

聲韻考一卷　〔清〕戴震撰

音韻問答一卷　〔清〕錢大昕撰

史記天官書補目一卷　〔清〕孫

　星衍撰

補續漢書藝文志一卷　〔清〕錢

　大昭撰

明季遺聞一卷　〔清〕鄒漪撰

守汴日志一卷　〔清〕李光壂口

　授　〔清〕周斯盛重編

隆平紀事一卷　〔清〕史冊撰

東槎紀略一卷　〔清〕姚瑩撰

鄭康成年譜一卷　〔清〕沈可培撰

水地記一卷　〔清〕戴震撰

人海記一卷　〔清〕查慎行撰

柳邊紀略一卷　〔清〕楊賓撰

疏河心鏡一卷　〔清〕凌鳴喈撰

三吳水利條議一卷　〔清〕錢中

　諧撰

鶴徵前録一卷　〔清〕李集撰

　〔清〕李富孫 李遇孫續

鶴徵後録一卷　〔清〕李富孫撰

鐵函齋書跋一卷　〔清〕楊賓撰

義門題跋一卷　〔清〕何焯撰

湛園題跋一卷　〔清〕姜宸英撰

史論五答一卷　〔清〕施國祁撰

淑艾錄一卷　〔清〕張履祥撰
　〔清〕祝洤輯
思問錄一卷　〔清〕顧道穊撰
算術問答一卷　〔清〕錢大昕撰
新法表異一卷　（德國）湯若望撰
麓臺題畫稿一卷　〔清〕王原祁撰
讀畫錄一卷　〔清〕王槩撰
指頭畫説一卷　〔清〕高秉撰
墨志一卷　〔明〕麻三衡撰
甘藷錄一卷　〔清〕陸燿撰
適來子一卷　〔清〕張潤貞撰
經史管窺一卷　〔清〕蕭曇撰
畏壘筆記一卷　〔清〕徐昂發撰
日貫齋塗説一卷　〔清〕梁同書撰
老子解一卷　〔清〕吳鼐撰
莊子解一卷　〔清〕吳峻撰
愚菴雜著一卷　〔清〕朱鶴齡撰
春秋詠史樂府一卷　〔清〕舒位撰
十國宮詞一卷　〔清〕孟彬撰
十國宮詞一卷　〔清〕吳省蘭撰
野鴻詩的一卷　〔清〕黃子雲撰
寒廳詩話一卷　〔清〕顧嗣立撰
貞一齋詩説一卷　〔清〕李重華撰
癸集萃編
周易尋門餘論一卷　〔清〕黃宗
　炎撰
易學辨惑一卷　〔清〕黃宗炎撰
尚書稗疏一卷　〔清〕王夫之撰
正訛初稿一卷　〔清〕王麟趾撰
毛詩日箋一卷　〔清〕秦松齡撰
春秋客難一卷　〔清〕龔元玠撰
讀左瑣言一卷　〔清〕倪倬撰
周禮客難一卷　〔清〕龔元玠撰
二李經説一卷　〔清〕李光墺 李
　光型撰

禮經學述一卷　〔清〕秦蕙昌撰
甕天錄一卷　〔清〕柯汝鄂撰
駢字分箋一卷　〔清〕程際盛撰
後漢三公年表一卷　〔清〕華湛
　恩撰
三國志考證一卷　〔清〕潘眉撰
五代春秋志疑一卷　〔清〕華湛
　恩撰
明季實錄一卷　〔清〕顧炎武撰
秋鐙錄一卷　〔清〕沈元欽撰
綱目志疑一卷　〔清〕華湛恩撰
平海紀略一卷　〔清〕溫承志撰
閩中紀略一卷　〔清〕許旭撰
西神叢語一卷　〔清〕黃蛟起撰
澳門記略一卷　〔清〕印光任 張
　汝霖撰
廬山紀遊一卷　〔清〕查慎行撰
黔山紀遊一卷　〔清〕汪淮撰
桂鬱巖洞記一卷　〔清〕賈敦臨撰
淳化秘閣法帖源流考一卷　〔清〕
　周行仁撰
金石小箋一卷　〔清〕葉奕苞撰
農書一卷　〔明〕沈□撰　〔清〕
　張履祥補
漢氾勝之遺書一卷　〔漢〕氾勝
　之撰　〔清〕宋葆淳輯
恒星説一卷　〔清〕江聲撰
月滿樓甄藻錄一卷　〔清〕顧宗
　泰撰
三萬六千頃湖中畫船錄一卷
　〔清〕迮朗撰
金粟箋説一卷　〔清〕張燕昌撰
淄硯錄一卷　〔清〕盛百二撰
邇語一卷　〔清〕熊賜履撰
訂譌雜錄一卷　〔清〕胡鳴玉撰

春秋左傳類聯一卷 〔清〕陸桂森撰

閒情十二慪一卷 〔清〕蘇士琨撰

清閒供一卷 〔明〕程羽文撰

琉璃志一卷 〔清〕孫廷銓撰

悅容編一卷 〔明〕謝泳撰

海鷗小譜一卷 〔清〕趙執信撰

五石瓠一卷 〔清〕劉鑾撰

潮嘉風月記一卷 〔清〕俞蛟撰

火戲略一卷 〔清〕趙學敏撰

羽扇譜一卷 〔清〕張燕昌撰

鳳仙譜一卷 〔清〕趙學敏撰

貓乘一卷 〔清〕王初桐撰

附

弧矢算術細草圖解一卷 〔清〕李銳撰 〔清〕馮桂芬解

正誼堂全書六十三種 PL2451 C44

〔清〕張伯行輯 〔清〕楊浚重輯

清同治五年（1866）福州正誼書院刻本

一百六十册

框20×14釐米。10行22字，小字雙行同。白口，左右雙邊，單魚尾。版心下鐫“正誼堂”。牌記題“福州正誼書院藏版”。

周濂溪先生全集十三卷 〔宋〕周敦頤撰

二程文集十二卷 〔宋〕程顥 程頤撰

張橫渠先生文集十二卷 〔宋〕張載撰

朱子文集十八卷 〔宋〕朱熹撰

楊龜山先生集六卷 〔宋〕楊時撰

尹和靖先生集一卷 〔宋〕尹焞撰

羅豫章先生文集十卷 〔宋〕羅從彥撰

李延平先生文集四卷 〔宋〕李侗撰

張南軒先生文集七卷 〔宋〕張栻撰

黃勉齋先生文集八卷 〔宋〕黃榦撰

陳克齋先生集五卷 〔宋〕陳文蔚撰

許魯齋先生集六卷 〔元〕許衡撰

薛敬軒先生文集十卷 〔明〕薛瑄撰

胡敬齋先生文集三卷 〔明〕胡居仁撰

諸葛武侯文集四卷 〔三國蜀〕諸葛亮撰

唐陸宣公文集四卷首一卷 〔唐〕陸贄撰

韓魏公集二十卷 〔宋〕韓琦撰

司馬溫公文集十四卷 〔宋〕司馬光撰

文山先生文集二卷 〔宋〕文天祥撰

謝疊山先生文集二卷 〔宋〕謝枋得撰

方正學先生文集七卷 〔明〕方孝孺撰

楊椒山先生文集二卷 〔明〕楊繼盛撰

二程粹言二卷 〔明〕楊時輯

伊洛淵源錄十四卷 〔宋〕朱熹撰

上蔡先生語錄三卷 〔宋〕謝良佐撰

程氏家塾讀書分年日程三卷 〔元〕程端禮撰

朱子學的二卷 〔明〕丘濬輯

陳清瀾先生學蔀通辯十二卷 〔明〕陳建撰

薛文清公讀書錄八卷 〔明〕薛瑄撰

胡敬齋先生居業錄八卷 〔明〕胡居仁撰

道南源委六卷 〔明〕朱衡撰

羅整庵先生困知記二卷續記二卷

〔明〕羅順欽撰

陸桴亭思辨録輯要二十二卷　〔清〕陸世儀撰

王學質疑五卷附録一卷　〔清〕張烈撰

讀禮志疑六卷　〔清〕陸隴其撰

讀朱隨筆四卷　〔清〕陸隴其撰

陸稼書先生問學録四卷　〔清〕陸隴其撰

陸稼書先生松陽鈔存一卷　〔清〕陸隴其撰

石守道先生集二卷　〔宋〕石介撰

高東溪先生遺集二卷　〔宋〕高登撰

真西山先生集八卷　〔宋〕真德秀撰

熊勿軒先生文集六卷　〔宋〕熊禾撰

吳朝宗先生聞過齋集四卷　〔元〕吳海撰

魏莊渠先生集二卷　〔明〕魏校撰

羅整庵先生存稿二卷　〔明〕羅順欽撰

陳剩夫先生集四卷　〔明〕陳真晟撰

張陽和文選三卷　〔明〕張元忭撰

湯潛庵先生集三卷　〔清〕湯斌撰

陸稼書先生文集二卷　〔清〕陸隴其撰

道統録二卷附録一卷　〔清〕張伯行撰

二程語録十八卷　〔宋〕朱熹輯

朱子語類輯略八卷　〔清〕張伯行輯

濂洛關閩書十九卷　〔清〕張伯行輯注

近思録十四卷　〔宋〕朱熹　呂祖謙輯　〔清〕張伯行集解

廣近思録十四卷　〔清〕張伯行輯

困學録集粹八卷　〔清〕張伯行撰

小學集解六卷　〔清〕張伯行撰

濂洛風雅九卷　〔清〕張伯行輯

學規類編二十七卷　〔清〕張伯行撰

養正類編十三卷　〔清〕張伯行撰

居濟一得八卷　〔清〕張伯行撰

正誼堂文集十二卷　〔清〕張伯行撰

正誼堂續集八卷　〔清〕張伯行撰

説鈴三集　　　　　Fv9100 0183

〔清〕吳震方輯

清康熙刻本

二十册

框20.2×14.2釐米。11行25字。黑口，左右雙邊，雙魚尾。版心中鐫書名及篇名。

　前集

　　冬夜箋記一卷　〔清〕王崇簡撰

　　隴蜀餘聞一卷　〔清〕王士禎撰

　　分甘餘話二卷　〔清〕王士禎撰

　　安南雜記一卷　〔清〕李仙根撰

　　奉使俄羅斯日記一卷　〔清〕張鵬翮撰

　　筠廊偶筆二卷　〔清〕宋犖撰

　　金鰲退食筆記二卷　〔清〕高士奇撰

　　扈從西巡日録一卷　〔清〕高士奇撰

　　塞北小鈔一卷　〔清〕高士奇撰

　　松亭行紀二卷　〔清〕高士奇撰

　　天禄識餘二卷　〔清〕高士奇撰

　　封長白山記一卷　〔清〕方象瑛撰

　　使琉球紀一卷　〔清〕張學禮撰

　　閩小紀二卷　〔清〕周亮工撰

　　西征紀略一卷　〔清〕殷化行撰

　　滇行紀程一卷　〔清〕許纘曾撰

東還紀程一卷　〔清〕許纘曾撰

粵述一卷　〔清〕閔叙撰

絕域紀略一卷　〔清〕方拱乾撰

揚州鼓吹詞序一卷　〔清〕吳綺撰

粵西偶記一卷　〔清〕陸祚蕃撰

滇黔紀遊一卷　〔清〕陳鼎撰

京東考古錄一卷　〔清〕顧炎武撰

山東考古錄一卷　〔清〕顧炎武撰

救文格論一卷　〔清〕顧炎武撰

雜錄一卷　〔清〕顧炎武撰

守汴日志一卷　〔清〕李光壂口
　授　〔清〕周斯盛重編

坤輿外紀一卷　（比利時）南懷
　仁撰

臺灣紀略一卷附澎湖　〔清〕林
　謙光撰

臺灣雜記一卷　〔清〕季麒光撰

安南紀遊一卷　〔清〕潘鼎珪撰

峒谿纖志一卷　〔清〕陸次雲撰

泰山紀勝一卷　〔清〕孔貞瑄撰

匡廬紀遊一卷　〔清〕吳闡思撰

登華記一卷　〔清〕屈大均撰

遊雁蕩山記一卷　〔清〕周清原撰

甌江逸志一卷　〔清〕勞大與撰

嶺南雜記二卷　〔清〕吳震方撰

後集

讀史吟評一卷　〔清〕黃鵬揚撰

觚賸一卷　〔清〕鈕琇撰

湖壖雜記一卷　〔清〕陸次雲撰

談往一卷　〔清〕花村看行侍者撰

板橋雜記三卷　〔清〕余懷撰

簪雲樓雜說一卷　〔清〕陳尚古撰

天香樓偶得一卷　〔清〕虞兆漋撰

蚓菴瑣語一卷　〔清〕王逋撰

見聞錄一卷　〔清〕徐岳撰

冥報錄二卷　〔清〕陸圻撰

現果隨錄一卷　〔清〕釋戒顯撰

果報聞見錄一卷　〔清〕楊式傅撰

信徵錄一卷　〔清〕徐慶撰

曠園雜志二卷　〔清〕吳陳琰撰

言鯖二卷　〔清〕呂種玉撰

蓴鄉贅筆三卷　〔清〕董含撰

述異記三卷　〔清〕東軒主人撰

續集

談助一卷　〔清〕王崇簡撰

畫壁詩一卷　〔清〕范承謨撰

邇語一卷　〔清〕熊賜履撰

庸言一卷　〔清〕魏象樞撰

筠廊二筆一卷　〔清〕宋犖撰

池北偶談三卷　〔清〕王士禎撰

讀書質疑二卷　〔清〕吳震方撰

知不足齋叢書　　　Fv9100 2613

〔清〕鮑廷博輯　〔清〕鮑志祖續輯

清乾隆至道光間長塘鮑氏刻本

二百冊

　框13.1×9.9釐米。9行21字。黑口，左右雙邊。版心中鐫子目書名，下鐫"知不足齋叢書"。叢書封面鐫"御覽知不足齋叢書"。容閎1878年贈書。存二十五集。

　第一集

御覽闕史二卷　〔唐〕高彥休撰

古文孝經孔氏傳一卷　〔漢〕孔
　安國撰

寓簡十卷附錄一卷　〔宋〕沈作
　喆撰

兩漢刊誤補遺十卷附錄一卷
　〔宋〕吳仁傑撰

涉史隨筆一卷　〔宋〕葛洪撰

客杭日記一卷　〔元〕郭畀撰

粵行紀事三卷 〔清〕瞿昌文撰

滇黔土司婚禮記一卷 〔清〕陳
鼎撰

三山鄭菊山先生清雋集一卷
〔宋〕鄭起撰 〔元〕仇遠選

所南翁一百二十圖詩集一卷附錦
錢餘笑一卷附錄一卷 〔宋〕
鄭思肖撰

鄭所南先生文集一卷 〔宋〕鄭
思肖撰

第二十二集

重彫足本鑒誡錄十卷 〔後蜀〕
何光遠撰

侯鯖錄八卷 〔宋〕趙令畤撰

松窗百説一卷 〔宋〕李季可撰

北軒筆記一卷 〔元〕陳世隆撰

藏海詩話一卷 〔宋〕吳可撰

吳禮部詩話一卷 〔元〕吳師道撰

畫墁集八卷補遺一卷 〔宋〕張
舜民撰

第二十三集

讀易別錄三卷 〔清〕全祖望撰

古今偽書考一卷 〔清〕姚際恒撰

澠水燕談錄十卷 〔宋〕王闢之撰

石湖紀行三錄 〔宋〕范成大撰

湛淵遺稿三卷 〔元〕白珽撰

趙待制遺稿一卷 〔元〕趙雍撰

灤京雜詠二卷 〔元〕楊允孚撰

北行日錄二卷 〔宋〕樓鑰撰

放翁家訓一卷 〔宋〕陸游撰

庶齋老學叢談三卷 〔元〕盛如
梓撰

陽春集一卷 〔宋〕米友仁撰

草窗詞二卷補二卷 〔宋〕周密撰

第二十四集

吹劍錄外集一卷 〔宋〕俞文豹撰

宋遺民錄十五卷 〔明〕程敏政輯

天地間集一卷 〔宋〕謝翱輯

宋舊宮人詩詞一卷 〔宋〕汪元
量撰

竹譜詳錄七卷 〔元〕李衎撰

書學捷要二卷 〔清〕朱履貞撰

第二十五集

履齋示兒編二十三卷 〔宋〕孫
奕撰

霽山先生集五卷首一卷拾遺一卷
〔宋〕林景熙撰 〔元〕章祖
程注

後知不足齋叢書 Fv9100 +2613.2

〔清〕鮑廷博輯

清光緒十年（1884）常熟鮑氏刻本

三十二册

框18.9×14.6釐米。行字數不一。黑
口或白口，左右雙邊，單黑魚尾。版心中
鎸子目書名，下鎸“後知不足齋校刊”。
外封記載“Kennedy”。

鄭氏遺書五種 〔漢〕鄭玄撰

駁五經異義一卷補遺一卷 〔清〕
王復輯 〔清〕武億校

箴膏肓一卷 〔清〕王復輯
〔清〕武億校

起廢疾一卷 〔清〕王復輯
〔清〕武億校

發墨守一卷 〔清〕王復輯
〔清〕武億校

鄭志三卷附錄一卷 〔三國魏〕
鄭小同編

沈氏經學六種 〔清〕沈淑撰

陸氏經典異文輯六卷

注疏瑣語四卷

春秋左傳分國土地名二卷

左傳列國職官一卷

左傳器物宮室一卷

經典異文補六卷

五經文字三卷 〔唐〕張參撰

新加九經字樣一卷 〔唐〕唐玄度撰

石經殘字考一卷 〔清〕翁方綱撰

干祿字書一卷 〔唐〕顏元孫撰

班馬字類二卷 〔宋〕婁機撰

九經補韻一卷附錄一卷 〔宋〕楊
伯嵒撰

許氏說文解字雙聲疊韻譜一卷
〔清〕鄧廷楨撰

積古齋鐘鼎彝器款識十卷 〔清〕
阮元撰

兩漢五經博士考三卷 〔清〕張金
吾撰

漢魏六朝志墓金石例三卷唐人志墓
諸例一卷 〔清〕吳鎬撰

金石訂例四卷 〔清〕鮑振方撰

稽瑞一卷 〔唐〕劉賡撰

崇文總目五卷補遺一卷附錄一卷
〔宋〕王堯臣等編 〔清〕錢東垣
等輯釋 （補遺）〔清〕錢侗輯

第六絃溪文鈔四卷 〔清〕黃廷鑑撰

貸園叢書初集十二種　　Fv9100 2635

〔清〕周永年輯

清乾隆潮陽李文藻竹西書屋刻乾隆

五十四年（1789）周永年印本

十六冊

框17.4×15.3釐米。11行22字，小字
雙行同。黑口，左右雙邊，雙魚尾。版心
中鐫子目書名。鈐"貴□王氏藏書"印。

九經古義十六卷 〔清〕惠棟撰

易例二卷 〔清〕惠棟撰

春秋左傳補注六卷 〔清〕惠棟撰

左傳評三卷 〔清〕李文淵撰

古韻標準四卷舉例一卷 〔清〕江
永撰 〔清〕戴震參定

四聲切韻表一卷凡例一卷 〔清〕
江永撰

聲韻考四卷 〔清〕戴震撰

石刻鋪叙二卷 〔宋〕曾宏父撰

鳳墅殘帖釋文二卷 〔清〕錢大昕撰

三事忠告四卷 〔元〕張養浩撰

蒿菴閒話二卷 〔清〕張爾岐撰

談龍錄一卷 〔清〕趙執信撰

經訓堂叢書二十一種　　Fv9100 +2109

〔清〕畢沅輯

清乾隆經訓堂靈巖山館刻本

三十二冊

框19.9×14.8釐米。11行22字。黑口，
四周單邊，雙魚尾。版心中鐫子目書名及
卷次。《山海經》内封鐫"乾隆癸卯開雕
/山海經新校正/經訓堂藏板"。鈐"沈燕
謀以字行""南通沈氏藏書"印。

山海經十八卷 〔晉〕郭璞傳 〔清〕
畢沅校

夏小正考注一卷 〔清〕畢沅撰

老子道德經考異二卷 〔清〕畢沅撰

墨子十六卷篇目考一卷 〔周〕墨
翟撰 〔清〕畢沅校注

晏子春秋七卷 〔周〕晏嬰撰 〔清〕
孫星衍校

吕氏春秋二十六卷 〔秦〕吕不韋撰
〔漢〕高誘注 〔清〕畢沅輯校

釋名疏證八卷補遺一卷續釋名一卷

（正字本） 〔清〕畢沅撰

釋名疏證八卷補遺一卷續釋名一卷
（篆字本） 〔清〕畢沅撰

王隱晋書地道記一卷 〔晋〕王隱
撰 〔清〕畢沅輯

晋太康三年地記一卷 〔晋〕佚名
撰 〔清〕畢沅輯

晋書地理志新補正五卷 〔清〕畢
沅撰

三輔黃圖六卷補遺一卷 〔漢〕佚
名撰 〔清〕畢沅校

長安志二十卷 〔宋〕宋敏求撰
〔元〕李好文繪圖 〔清〕畢沅校

易漢學八卷 〔清〕惠棟撰

説文解字舊音一卷 〔清〕畢沅輯

明堂大道錄八卷 〔清〕惠棟撰

禘説二卷 〔清〕惠棟撰

關中金石記八卷 〔清〕畢沅撰

中州金石記五卷 〔清〕畢沅撰

音同義異辯一卷 〔清〕畢沅撰

經典文字辨證書五卷 〔清〕畢沅撰

增訂漢魏叢書八十六種 Fv9100 3321B

〔清〕王謨輯

清乾隆刻本

六十四册

框19.8×14.1釐米。9行20字。白口，
左右雙邊，單白魚尾。版心上鎸子目書
名，中鎸卷次及小題。内封鎸“乾隆辛亥
重鎸/漢魏叢書/經翼二十種/別史十六種/
子餘廿二種/載籍廿八種/本衙藏板”。

經翼

焦氏易林四卷 〔漢〕焦贛撰

易傳三卷 〔漢〕京房撰 〔三
國吴〕陸績注

關氏易傳一卷 〔北魏〕關朗撰

周易略例一卷 〔三國魏〕王弼
撰 〔唐〕邢璹注

古三墳一卷 〔晋〕阮咸注

汲冢周書十卷 〔晋〕孔晁注

詩傳孔氏傳一卷 〔周〕端木賜
撰

詩説一卷 〔漢〕申培撰

韓詩外傳十卷 〔漢〕韓嬰撰

毛詩草木鳥獸蟲魚疏二卷 〔三
國吴〕陸璣撰

大戴禮記十三卷 〔漢〕戴德撰
〔北周〕盧辯注

春秋繁露十七卷 〔漢〕董仲舒撰

白虎通德論四卷 〔漢〕班固撰

獨斷一卷 〔漢〕蔡邕撰

忠經一卷 〔漢〕馬融撰

孝傳一卷 〔晋〕陶潛撰

小爾雅一卷 〔漢〕孔鮒撰

方言十三卷 〔漢〕揚雄撰
〔晋〕郭璞注

博雅十卷 〔三國魏〕張揖撰
〔隋〕曹憲音

釋名四卷 〔漢〕劉熙撰

別史

竹書紀年二卷 〔南朝梁〕沈約撰

穆天子傳六卷 〔晋〕郭璞注

越絶書十五卷 〔漢〕袁康撰

吴越春秋六卷 〔漢〕趙曄撰
〔元〕徐天祜音注

西京雜記六卷 〔漢〕劉歆撰

漢武帝内傳一卷 〔漢〕班固撰

飛燕外傳一卷 〔漢〕伶玄撰

雜事秘辛一卷 〔漢〕佚名撰

華陽國志十四卷附江原士女志

〔晋〕常璩撰

十六國春秋十六卷　〔北魏〕崔
　鴻撰

元經薛氏傳十卷　〔隋〕王通撰
　〔唐〕薛收傳　〔宋〕阮逸注

群輔録一卷　〔晋〕陶潛撰

英雄記鈔一卷　〔漢〕王粲撰

高士傳三卷　〔晋〕皇甫謐撰

蓮社高賢傳一卷　〔晋〕佚名撰

神僊傳十卷　〔晋〕葛洪撰

子餘

孔叢二卷附詰墨一卷　〔漢〕孔
　鮒撰

新語二卷　〔漢〕陸賈撰

新書十卷　〔漢〕賈誼撰

新序十卷　〔漢〕劉向撰

説苑二十卷　〔漢〕劉向撰

淮南鴻烈解二十一卷　〔漢〕劉
　安撰　〔漢〕高誘注

鹽鐵論十二卷　〔漢〕桓寬撰
　〔明〕張之象注

法言十卷　〔漢〕揚雄撰　〔宋〕
　宋咸注

申鑒五卷　〔漢〕荀悦撰　〔明〕
　黄省曾注

論衡三十卷　〔漢〕王充撰

潛夫論十卷　〔漢〕王符撰

中論二卷　〔漢〕徐幹撰

中説二卷　〔隋〕王通撰

風俗通義十卷　〔漢〕應劭撰

人物志三卷　〔三國魏〕劉邵撰
　〔北魏〕劉昞注

新論十卷　〔北齊〕劉晝撰

顔氏家訓二卷　〔北齊〕顔之推撰

參同契一卷　〔漢〕魏伯陽撰

陰符經一卷　〔漢〕張良等撰

風后握奇經一卷附握奇經一卷八
　陣總述一卷　〔漢〕公孫弘解
　（續圖）佚名撰　（八陣總述）
　〔晋〕馬隆撰

素書一卷　〔漢〕黄石公撰

心書一卷　〔三國蜀〕諸葛亮撰

載籍

古今注三卷　〔晋〕崔豹撰

博物志十卷　〔晋〕張華撰　〔宋〕
　周日用 盧□注

文心雕龍十卷　〔南朝梁〕劉勰撰

詩品三卷　〔南朝梁〕鍾嶸撰

書品一卷　〔南朝梁〕庾肩吾撰

尤射一卷　〔三國魏〕繆襲撰

拾遺記十卷　〔晋〕王嘉撰　〔南
　朝梁〕蕭綺録

述異記二卷　〔南朝梁〕任昉撰

續齊諧記一卷　〔南朝梁〕吳均撰

搜神記八卷　〔晋〕干寶撰

搜神後記二卷　〔晋〕陶潛撰

還冤記一卷　〔北齊〕顔之推撰

神異經一卷　〔漢〕東方朔撰
　〔晋〕張華注

海内十洲記一卷　〔漢〕東方朔撰

別國洞冥記四卷　〔漢〕郭憲撰

枕中書一卷　〔晋〕葛洪撰

佛國記一卷　〔晋〕釋法顯撰

伽藍記五卷　〔北魏〕楊衒之撰

三輔黄圖六卷　〔漢〕佚名撰

水經二卷　〔漢〕桑欽撰

星經二卷　〔漢〕甘公 石申撰

荆楚歲時記一卷　〔南朝梁〕宗
　懍撰

南方草木狀三卷　〔晋〕嵇含撰

竹譜一卷　〔晋〕戴凱之撰

禽經一卷　〔周〕師曠撰　〔晋〕
　張華注

鼎録一卷　〔南朝陳〕虞荔撰

古今刀劍録一卷　〔南朝梁〕陶
　弘景撰

天禄閣外史八卷　〔漢〕黃憲撰

函海一百六十三種　　　Fv9100 1735
〔清〕李調元編

清乾隆李氏萬卷樓刻道光五年
(1825)李朝夔補刻本

一百六十册

框19×13.5釐米。10行20字，小字雙
行同。白口，四周雙邊，單魚尾。内封鎸
"川西李雨村編/萬卷樓藏板"。外封鈐
"The University of Chicago Libraries
Far Eastern Library"印。

華陽國志十二卷　〔晋〕常璩撰

郭子翼莊一卷　〔晋〕郭象撰　〔明〕
　高辨輯

古今同姓名録二卷　〔南朝梁〕元帝
　蕭繹撰　〔唐〕陸善經續　〔元〕
　葉森補

素履子三卷　〔唐〕張弧撰

説文解字韻譜五卷　〔南唐〕徐鍇撰

緝古算經一卷　〔唐〕王孝通撰并注

主客圖一卷　〔唐〕張爲撰

蘇氏演義二卷　〔唐〕蘇鶚撰

寶藏論一卷　〔後秦〕釋僧肇撰

心要經一卷　〔唐〕釋道㲄譯

金華子雜編二卷　〔南唐〕劉崇遠撰

易傳燈四卷　〔宋〕徐□撰

鄭氏古文尚書十卷　〔漢〕鄭玄注
　〔宋〕王應麟撰集　〔清〕李調元案

程氏考古編十卷　〔宋〕程大昌撰

敷文鄭氏書説一卷　〔宋〕鄭伯熊撰

洪範統一一卷　〔宋〕趙善湘撰

孟子外書四篇四卷　〔宋〕熙時子撰

續孟子二卷　〔唐〕林慎思撰

伸蒙子三卷　〔唐〕林慎思撰

廣成子解一卷　〔宋〕蘇軾撰

唐史論斷三卷　〔宋〕孫甫撰

東坡烏臺詩案一卷　〔宋〕朋九萬撰

藏海詩話一卷　〔宋〕吳可撰

益州名畫録三卷　〔宋〕黃休復撰

韓氏山水純全集一卷　〔宋〕韓拙撰

月波洞中記一卷　〔三國吳〕張仲
　遠傳本

蜀檮杌二卷　〔宋〕張唐英撰

産育寶慶集二卷　〔宋〕郭稽中纂

顧顗經一卷　〔宋〕佚名撰

出行寶鏡一卷　〔漢〕佚名撰

翼元十二卷　〔宋〕張行成撰

農書三卷　〔宋〕陳旉撰

芻言三卷　〔宋〕崔敦禮撰

常談一卷　〔宋〕吳箕撰

靖康傳信録三卷　〔宋〕李綱撰

淳熙薦士録一卷　〔宋〕楊萬里撰

江南餘載二卷　〔宋〕鄭文寶撰

江淮異人録二卷　〔宋〕吳淑撰

青溪弄兵録一卷　〔宋〕王彌大輯

張氏可書一卷　〔宋〕張知甫撰

珍席放談二卷　〔宋〕高晦叟撰

鶴山筆録一卷　〔宋〕魏了翁撰

建炎筆録三卷　〔宋〕趙鼎撰

辯誣筆録一卷　〔宋〕趙鼎撰

采石瓜州斃亮記一卷　〔宋〕蹇駒撰

家訓筆録一卷　〔宋〕趙鼎撰

舊聞證誤四卷　〔宋〕李心傳撰

建炎以來朝野雜記甲集二十卷乙集
　二十卷　〔宋〕李心傳撰
州縣提綱四卷　〔宋〕陳襄撰
諸蕃志二卷　〔宋〕趙如适撰
省心雜言一卷　〔宋〕李邦獻撰
三國雜事二卷　〔宋〕唐庚撰
三國紀年一卷　〔宋〕陳亮撰
五國故事二卷　〔宋〕佚名撰
東原錄一卷　〔宋〕龔鼎臣撰
冐繁錄一卷　〔宋〕趙叔向撰
燕魏雜記一卷　〔宋〕呂頤浩撰
夾漈遺稿三卷　〔宋〕鄭樵撰
龍洲集十卷　〔宋〕劉過撰
龍龕手鑑四卷　〔遼〕釋行均撰
雪履齋筆記一卷　〔元〕郭翼撰
日聞錄一卷　〔元〕李翀撰
吳中舊事一卷　〔元〕陸友仁撰
鳴鶴餘音一卷　〔元〕虞集撰
升菴經說十四卷　〔明〕楊慎撰
檀弓叢訓二卷　〔明〕楊慎撰
世說舊注一卷　〔南朝梁〕劉孝標
　撰　〔明〕楊慎錄
山海經補註一卷　〔明〕楊慎撰
莊子闕誤一卷　〔明〕楊慎撰
秋林伐山二十卷　〔明〕楊慎撰
古雋八卷　〔明〕楊慎撰
謝華啓秀八卷　〔明〕楊慎撰
哲匠金桴五卷　〔明〕楊慎撰
均藻四卷　〔明〕楊慎撰
譚苑醍醐八卷　〔明〕楊慎撰
升菴韻學七種　〔明〕楊慎撰
　轉註古音略五卷古音後語一卷
　古音叢目五卷
　古音獵要五卷
　古音附錄一卷

　古音餘五卷
　奇字韻五卷
　古音略例一卷
古音駢字五卷　〔明〕楊慎輯
古音複字五卷　〔明〕楊慎撰
希姓錄五卷　〔明〕楊慎撰
升菴詩話十二卷補遺二卷　〔明〕
　楊慎撰
詞品六卷拾遺一卷　〔明〕楊慎撰
墨池瑣錄二卷　〔明〕楊慎撰
法帖神品目一卷　〔明〕楊慎撰
名畫神品目一卷　〔明〕楊慎撰
書品一卷　〔明〕楊慎撰
畫品一卷　〔明〕楊慎撰
金石古文十四卷　〔明〕楊慎輯
古文韻語一卷　〔明〕楊慎輯
石鼓文音釋三卷附一卷　〔明〕楊
　慎撰
風雅逸篇十卷　〔明〕楊慎輯
古今風謠一卷　〔明〕楊慎輯
古今諺一卷　〔明〕楊慎輯
俗言一卷　〔明〕楊慎撰
麗情集一卷牀麗情集一卷　〔明〕
　楊慎撰
墐户錄一卷　〔明〕楊慎撰
雲南山川志一卷　〔明〕楊慎撰
滇載記一卷　〔明〕楊慎撰
丹鉛雜錄十卷　〔明〕楊慎撰
玉名詁一卷　〔明〕楊慎撰
異魚圖贊四卷　〔明〕楊慎撰
異魚圖贊補三卷閏集一卷　〔清〕
　胡世安撰
升菴先生年譜一卷　〔明〕佚名撰
大學古本旁註一卷　〔明〕王守仁撰
月令氣候圖説一卷　〔清〕李調元撰

尚書古文考一卷 （日本）山井鼎撰

詩音辯略二卷 〔明〕楊貞一撰

左傳事緯四卷 〔清〕馬驌撰

夏小正箋一卷 〔清〕李調元撰

蜀語一卷 〔明〕李實撰

蜀碑記十卷 〔宋〕王象之撰

中麓畫品一卷 〔明〕李開元撰

巵辭一卷 〔明〕王禕撰

周禮摘箋五卷 〔清〕李調元撰

儀禮古今考二卷 〔清〕李調元撰

禮記補注四卷 〔清〕李調元撰

易古文三卷 〔清〕李調元撰

逸孟子一卷 〔清〕李調元輯

十三經註疏錦字四卷 〔清〕李調
　元撰

左傳官名考二卷 〔清〕李調元撰

春秋三傳比二卷 〔清〕李調元撰

蜀碑記補十卷 〔清〕李調元撰

卍齋璅録十卷 〔清〕李調元撰

諸家藏畫簿十卷 〔清〕李調元撰

博物要覽十二卷 〔清〕谷應泰撰

金石存十卷 〔清〕吳玉搢輯

通俗編十五卷 〔清〕翟灝撰

南越筆記十六卷 〔清〕李調元撰

賦話十卷 〔清〕李調元撰

詩話二卷 〔清〕李調元撰

詞話四卷 〔清〕李調元撰

曲話二卷 〔清〕李調元撰

六書分毫三卷 〔清〕李調元撰

古音合二卷 〔清〕李調元撰

尾蔗叢談四卷 〔清〕李調元撰

奇字名十二卷 〔清〕李調元撰

樂府侍兒小名録二卷 〔清〕李調
　元撰

通詁二卷 〔清〕李調元撰

剿説四卷 〔清〕李調元撰

四家選集 〔清〕張懷湉輯

　小倉選集八卷 〔清〕袁枚撰

　夢樓選集四卷 〔清〕王文治撰

　甌北選集五卷 〔清〕趙翼撰

　童山選集十二卷 〔清〕李調元撰

制義科瑣記四卷 〔清〕李調元撰

然犀志二卷 〔清〕李調元撰

出口程記一卷 〔清〕李調元撰

方言藻二卷 〔清〕李調元撰

粵風四卷 〔清〕李調元輯

蜀雅二十卷 〔清〕李調元輯

醒園録二卷 〔清〕李化楠撰

萬善堂集十卷李石亭文集六卷 〔清〕
　李化楠撰

全五代詩九卷 〔清〕李調元輯

童山詩集四十二卷蠢翁詞二卷童山
　文集二十卷補一卷 〔清〕李調
　元撰

粵東皇華集四卷 〔清〕李調元撰

淡墨録十六卷 〔清〕李調元撰

羅江縣志十卷 〔清〕李調元撰

龍威秘書十集　　　　Fv9100 0175

〔清〕馬俊良輯

清乾隆五十九年（1794）至嘉慶馬俊
良大酉山房刻世德堂印本

八十册

框12.4×9.8釐米。9行20字，小字雙
行同。黑口，左右雙邊。版心中鐫子書
名。内封鐫"漢魏叢書采珍/龍威秘書/凡
已入秘書廿一種及有專刻者不重載/世德
堂重刊"。外封記載"Kennedy"。

第一集：漢魏叢書采珍

　小爾雅一卷 〔漢〕孔鮒撰

群輔録一卷 　〔晋〕陶潛撰
南方草木狀二卷 　〔晋〕嵇含撰
西京雜記六卷 　〔漢〕劉歆撰
海内十洲記一卷 　〔漢〕東方朔撰
搜神記八卷 　〔晋〕干寶撰
神仙傳十卷 　〔晋〕葛洪撰
神異經一卷 　〔漢〕東方朔撰
　〔晋〕張華注
穆天子傳六卷 　〔晋〕郭璞注
漢武帝内傳一卷 　〔漢〕班固撰
飛燕外傳一卷 　〔漢〕伶玄撰
雜事秘辛一卷 　〔漢〕佚名撰
述異記二卷 　〔南朝梁〕任昉撰
枕中書一卷 　〔晋〕葛洪撰
別國洞冥記四卷 　〔漢〕郭憲撰
詩品三卷 　〔南朝梁〕鍾嶸撰
鼎録一卷 　〔南朝陳〕虞荔撰
竹譜一卷 　〔晋〕戴凱之撰
古今刀劍録一卷 　〔南朝梁〕陶
　弘景撰

第二集: 四庫論録
江淮異人録一卷 　〔宋〕吳淑撰
離騷集傳一卷 　〔晋〕錢杲之撰
離騷草木疏四卷 　〔宋〕吳仁傑撰
御覽佚史二卷 　〔唐〕參寥子撰
農書三卷 　〔宋〕陳旉撰
蠶書一卷 　〔宋〕秦觀撰
耕織圖詩不分卷 　〔宋〕樓璹撰
江南餘載二卷 　〔宋〕鄭文寶撰
五國故事二卷 　〔宋〕佚名撰
故宮遺録一卷 　〔明〕蕭洵撰
赤雅三卷 　〔明〕鄺露撰
平臺紀略一卷 　〔清〕藍鼎元撰
雲仙雜記一卷 　〔唐〕馮贄撰

第三集: 歷代詩話

二十四詩品一卷 　〔唐〕司空圖撰
本事詩一卷 　〔唐〕孟棨撰
雲溪友議一卷 　〔唐〕范攄撰
本朝名家詩鈔小傳四卷 　〔清〕
　鄭方坤撰
蓮坡詩話一卷 　〔清〕查爲仁撰
歸田詩話三卷 　〔明〕瞿祐撰
臨漢隱居詩話一卷 　〔宋〕魏泰撰
滹南詩話三卷 　〔宋〕王若虛撰

第四集: 晋唐小説暢觀
酉陽雜俎二卷 　〔唐〕段成式撰
諾皋記一卷 　〔唐〕段成式撰
博異志一卷 　〔唐〕鄭還古撰
李泌傳一卷 　〔唐〕李繁撰
仙吏傳一卷 　〔唐〕太上隱者撰
英雄傳一卷 　〔唐〕雍陶撰
劍俠傳一卷 　〔唐〕段成式撰
柳毅傳一卷 　〔唐〕李朝威撰
虬髯客傳一卷 　〔唐〕張説撰
馮燕傳一卷 　〔唐〕沈亞之撰
蔣子文傳一卷 　〔唐〕羅鄴撰
杜子春傳一卷 　〔唐〕鄭還古撰
龍女傳一卷 　〔唐〕薛瑩撰
妙女傳一卷 　〔唐〕顧非熊撰
神女傳一卷 　〔唐〕孫頠撰
楊太真外傳二卷 　〔宋〕樂史撰
長恨歌傳一卷 　〔唐〕陳鴻撰
梅妃傳一卷 　〔唐〕曹鄴撰
紅線傳一卷 　〔唐〕楊巨源撰
劉無雙傳一卷 　〔唐〕薛調撰
霍小玉傳一卷 　〔唐〕蔣防撰
牛應貞傳一卷 　〔唐〕宋若昭撰
謝小娥傳一卷 　〔唐〕李公佐撰
李娃傳一卷 　〔唐〕白行簡撰
章臺柳傳一卷 　〔唐〕許堯佐撰

非烟傳一卷　〔唐〕皇甫枚撰
會真記一卷　〔唐〕元稹撰
黑心符一卷　〔唐〕于義方撰
南柯記一卷　〔唐〕李公佐撰
枕中記一卷　〔唐〕李泌撰
高力士傳一卷　〔唐〕郭湜撰
白猿傳一卷　〔唐〕佚名撰
任氏傳一卷　〔唐〕沈既濟撰
袁氏傳一卷　〔後蜀〕顧敻撰
揚州夢記一卷　〔唐〕于鄴撰
妝樓記一卷　〔南唐〕張泌撰
雷民傳一卷　〔唐〕沈既濟撰
離魂記一卷　〔唐〕陳元祐撰
再生記一卷　〔後蜀〕閭選撰
夢遊錄一卷　〔唐〕任蕃撰
三夢記一卷　〔唐〕白行簡撰
幽怪錄一卷　〔唐〕王惲撰
續幽怪錄一卷　〔唐〕李復言撰
幻戲志一卷　〔唐〕蔣防撰
幻異志一卷　〔唐〕孫頠撰
靈應傳一卷　〔唐〕佚名撰
才鬼記一卷　〔唐〕鄭賁撰
靈鬼志一卷　〔唐〕常沂撰
玄怪記一卷　〔唐〕徐炫撰
續玄怪錄一卷
昌黎雜說一卷　〔唐〕韓愈撰
錄異記一卷　〔五代〕杜光庭撰
飛燕遺事一卷　〔唐〕佚名撰
趙后遺事一卷　〔宋〕秦醇撰
搜神後記一卷　〔晋〕陶潛撰
窮怪錄一卷
幽怪錄一卷　〔唐〕牛僧孺撰
古鏡記一卷　〔隋〕王度撰
楊娼傳一卷　〔唐〕房千里撰
第五集：古今叢說拾遺

輶軒絕代語一卷　〔漢〕揚雄撰
臆乘一卷　〔宋〕楊伯嵒撰
吉凶影響錄一卷　〔宋〕岑象求撰
桯史一卷　〔宋〕岳珂撰
仇池筆記一卷　〔宋〕蘇軾撰
東齋記事一卷　〔宋〕許觀撰
漁樵閒話一卷　〔宋〕蘇軾撰
廬陵雜說一卷　〔宋〕歐陽修撰
遺史紀聞一卷　〔宋〕詹玠撰
摭青雜說一卷　〔宋〕王明清撰
晰獄龜鑑一卷　〔宋〕鄭克撰
搜神秘覽一卷　〔宋〕章炳文撰
玉溪編事一卷　〔五代〕佚名撰
乘異記一卷　〔宋〕張君房撰
廣異記一卷　〔唐〕戴孚撰
近異錄一卷　〔南朝宋〕劉質撰
甄異記一卷　〔南朝宋〕戴祚撰
旌異記一卷　〔隋〕侯君素撰
暌車志一卷　〔宋〕郭彖撰
雞肋一卷　〔宋〕趙崇絢撰
虎口餘生記一卷　〔明〕邊大綬撰
小娥傳一卷
陶說六卷　〔清〕朱琰撰
鬼董五卷　〔宋〕沈□撰
說郛雜著十種　〔清〕馬俊良輯
考槃餘事四卷　〔明〕屠隆撰
第六集：麗體金膏八卷　〔清〕馬俊良輯
第七集：吳氏說鈴攬勝
金鰲退食筆記二卷　〔清〕高士奇撰
京東考古錄一卷　〔清〕顧炎武撰
山東考古錄一卷　〔清〕顧炎武撰
泰山紀勝一卷　〔清〕孔貞瑄撰
隴蜀餘聞一卷　〔清〕王士禛撰

板橋雜記三卷　〔清〕余懷撰

揚州鼓吹詞序一卷　〔清〕吳綺撰

匡廬紀遊一卷　〔清〕吳闈思撰

遊雁蕩山記一卷　〔清〕周清原撰

甌江逸志一卷　〔清〕勞大與撰

湖壖雜記一卷　〔清〕陸次雲撰

峒谿纖志一卷志餘一卷　〔清〕
　　陸次雲撰

坤輿外紀一卷　（比利時）南懷
　　仁撰

嶺南雜記一卷　〔清〕吳震方撰

封長白山記一卷　〔清〕方象瑛撰

使琉球記一卷　〔清〕張學禮撰

閩小紀二卷　〔清〕周亮工撰

臺灣紀略一卷　〔清〕林謙光撰

臺灣雜記一卷　〔清〕季麒光撰

安南紀遊一卷　〔清〕潘鼎珪撰

粵述一卷　〔清〕閔叙撰

粵西偶記一卷　〔清〕陸祚蕃撰

滇黔紀遊一卷　〔清〕陳鼎撰

滇行紀程一卷　〔清〕許纘曾撰

東還紀程一卷　〔清〕許纘曾撰

第八集：西河經義存醇

推易始末四卷　〔清〕毛奇齡撰

春秋屬辭比事記四卷　〔清〕毛
　　奇齡撰

春秋占筮書三卷　〔清〕毛奇齡撰

韻學要指一卷　〔清〕毛奇齡撰

竟山樂錄四卷　〔清〕毛奇齡撰

李氏學樂錄一卷　〔清〕李塨撰

論語稽求篇七卷　〔清〕毛奇齡撰

大學證文一卷　〔清〕毛奇齡撰

明堂問一卷　〔清〕毛奇齡撰

白鷺洲主客説詩一卷　〔清〕毛
　　奇齡撰

續詩傳鳥名卷三卷　〔清〕毛奇
　　齡撰

第九集：荒外奇書

八紘譯史四卷　〔清〕陸次雲撰

八紘荒史一卷　〔清〕陸次雲撰

譯史紀餘四卷　〔清〕陸次雲撰

西番譯語一卷

外國竹枝詞一卷　〔清〕尤侗撰

西藏記二卷　〔清〕佚名撰

第十集：説文解字繫傳四十卷附錄
　　一卷　〔南唐〕徐鍇撰

武英殿聚珍版書　　　Fv9100 1471

清刻本

一百二十八冊

框21.5×15.9釐米。9行20字，小字
雙行同。白口，四周雙邊，單黑魚尾。藏
書票題"Gift of the Yale Association of
Japan 1925"。存五十四種。

郭氏傳家易説十一卷總論一卷
　　〔宋〕郭雍撰

易象意言一卷　〔宋〕蔡淵撰

易緯十二卷　〔漢〕鄭玄注

禹貢指南四卷　〔宋〕毛晃撰

融堂書解二十卷　〔宋〕錢時撰

續呂氏家塾讀詩記三卷　〔宋〕戴
　　溪撰

絜齋毛詩經筵講義四卷　〔宋〕袁
　　燮撰

儀禮識誤三卷　〔宋〕張淳撰

儀禮釋宮一卷　〔宋〕李如圭撰

春秋傳説例一卷　〔宋〕劉敞撰

春秋辨疑四卷附校勘記一卷　〔宋〕
　　蕭楚撰　（校勘記）〔清〕周自得撰

鄭志三卷拾遺一卷附校勘記一卷

〔漢〕鄭玄撰 〔三國魏〕鄭小同編 （拾遺）〔清〕王復輯 （校勘記）〔清〕孫星華撰

水經注四十卷附御製文一卷 〔北魏〕酈道元撰 （御製文）〔清〕高宗弘曆撰

五代史纂誤三卷 〔宋〕吳縝撰

魏鄭公諫續録二十卷 〔元〕翟思忠輯

宋朝事實二十卷 〔宋〕李攸撰

直齋書録解題二十二卷 〔宋〕陳振孫撰

欽定武英殿聚珍版程式一卷 〔清〕金簡撰

漢官舊儀二卷 〔漢〕衛宏撰

鄴中記一卷 〔晋〕陸翽撰

嶺表録異三卷 〔唐〕劉恂撰

麟臺故事五卷補遺一卷 〔宋〕程俱撰

傅子一卷 〔晋〕傅玄撰

帝範四卷 〔唐〕太宗李世民撰

公是弟子記四卷 〔宋〕劉敞撰

明本釋三卷 〔宋〕劉荀撰

農桑輯要七卷 〔元〕司農司撰

孫子算經三卷 〔唐〕李淳風等注

海島算經一卷 〔晋〕劉徽撰 〔唐〕李淳風等注

五曹算經五卷 〔唐〕李淳風等注

夏侯陽算經三卷 〔□〕夏侯陽撰

五經算術二卷 〔北周〕甄鸞撰 〔唐〕李淳風等注

墨法集要一卷 〔明〕沈繼孫撰

雲谷雜記四卷首一卷末一卷 〔宋〕張淏撰

甕牖閒評八卷 〔宋〕袁文撰

考古質疑六卷 〔宋〕葉大慶撰

澗泉日記三卷 〔宋〕韓淲撰

敬齋古今黈八卷 〔元〕李冶撰

老子道德經二卷 〔三國魏〕王弼注

涑水記聞十六卷 〔宋〕司馬光撰

南陽集六卷 〔宋〕趙湘撰

學易集八卷 〔宋〕劉跂撰

文恭集四十卷 〔宋〕胡宿撰

后山詩注十二卷 〔宋〕陳師道撰 〔宋〕任淵注

陶山集十六卷 〔宋〕陸佃撰

絜齋集二十四卷 〔宋〕袁燮撰

蒙齋集二十卷 〔宋〕袁甫撰

茶山集八卷 〔宋〕曾幾撰

拙軒集六卷 〔金〕王寂撰

金淵集六卷 〔元〕仇遠撰

文苑英華辨證十卷 〔宋〕彭叔夏撰

歲寒堂詩話二卷 〔宋〕張戒撰

碧溪詩話十卷 〔宋〕黃徹撰

浩然齋雅談三卷 〔宋〕周密撰

涇川叢書四十五種續六種

Fv9100 3122

〔清〕趙紹祖 趙繩祖輯校

清道光十二年（1832）涇縣趙氏古墨齋刻本

二十四冊

框12.5×9釐米。9行20字，小字雙行同。黑口，左右雙邊，單魚尾。內封鐫"涇川叢書/古墨齋藏板"。外封記載"趙道生藏"。

毅齋經説一卷 〔明〕查鐸撰

學測一卷 〔明〕蕭良榦撰

讀書些子會心一卷 〔明〕朱苞撰

易學管窺一卷 〔清〕章芝撰

讀左管窺二卷 〔清〕趙青藜撰

論語註參二卷 〔清〕趙良猷撰

賓退録四卷 〔明〕趙善政撰

筆記一卷 〔明〕蕭良幹撰

拙齋十議一卷 〔明〕蕭良幹撰

濟南紀政一卷 〔明〕徐榜撰

浙鹺紀事一卷 〔明〕葉永盛撰

三峰傳藁一卷 〔明〕萬應隆撰

史疑一卷 〔明〕張應泰撰

續史疑二卷 〔明〕張一卿撰

三峰史論一卷 〔明〕萬應隆撰

星閣史論一卷 〔清〕趙青藜撰

九畹史論一卷 〔清〕翟灝撰

五城奏疏一卷 〔明〕董傑撰

毅齋奏疏一卷 〔明〕查鐸撰

伯仲諫臺疏草二卷 〔明〕鄭欽 鄭銳撰

制府疏草二卷 〔明〕蕭彦撰

玉城奏疏一卷 〔明〕葉永盛撰

西臺摘疏一卷 〔明〕吳尚默撰

太極後圖説一卷 〔明〕左輔撰

八士辯一卷 〔明〕董傑撰

楚中會條一卷 〔明〕查鐸撰

水西會條一卷 〔明〕查鐸撰

稽山會約一卷 〔明〕蕭良幹撰

惜陰書院緒言一卷 〔明〕翟台撰

赤山會約一卷 〔明〕蕭雍撰

水西會語一卷 〔明〕查鐸撰

白水質問一卷 〔明〕徐榜撰

赤山會語一卷 〔明〕蕭雍撰

水西答問一卷 〔明〕翟台撰

梅峰語録二卷 〔明〕趙仲全撰

論學俚言一卷 〔清〕蕭繼炳撰

星閣正論一卷 〔清〕趙青藜撰

子貫附言一卷 〔清〕胡元暉撰

宦遊日記一卷 〔明〕徐榜撰

讀書十六觀補一卷 〔明〕吳愷撰

漢林四傳一卷 〔清〕鄭相如撰

箴友言一卷 〔清〕趙青藜撰

涇川詩話三卷 〔清〕趙知希撰

隻塵譚二卷續二卷 〔清〕胡承譜撰

東井誥敕一卷 〔明〕左鎰撰

讀春秋二卷 〔清〕趙良霔撰

讀禮記十二卷 〔清〕趙良霔撰

讀詩經四卷 〔清〕趙良霔撰

讀易經一卷 〔清〕趙良霔撰

古墨齋金石跋六卷 〔清〕趙紹祖撰

涇川金石記一卷 〔清〕趙紹祖撰

士禮居叢書二十種 Fv9100 4131

〔清〕黄丕烈輯

清光緒十三年(1887)上海蜚英館石印本

三十四册

内封鎸"士禮居藏板"。牌記題"光緒丁亥年季秋上海蜚英館石印"。

周禮十二卷附札記一卷 〔漢〕鄭玄注 (札記)〔清〕黄丕烈撰

儀禮十七卷附校録一卷附續校一卷 〔漢〕鄭玄注 (附)〔清〕黄丕烈撰

夏小正戴氏傳四卷校録一卷 〔宋〕傅崧卿注 (校録)〔清〕黄丕烈撰

夏小正經傳集解四卷 〔清〕顧鳳藻撰

國語二十一卷附札記一卷 〔三國吳〕韋昭注 (札記)〔清〕黄丕烈撰

戰國策三十三卷附札記三卷 〔漢〕高誘注 (札記)〔清〕黄丕烈撰

梁公九諫一卷　〔宋〕佚名撰

輿地廣記三十八卷附札記二卷　〔宋〕
　歐陽忞撰　（札記）〔清〕黃丕烈撰

汲古閣珍藏秘本書目一卷　〔清〕
　毛扆撰

延令宋板書目一卷　〔清〕季振宜撰

藏書記要一卷　〔清〕孫從添撰

傷寒總病論六卷附札記一卷　〔宋〕
　龐安時撰　（札記）〔清〕黃丕烈撰

洪氏集驗方五卷　〔宋〕洪遵撰

焦氏易林十六卷　〔漢〕焦贛撰

博物志十卷　〔晋〕張華撰　〔宋〕
　周日用等注

新刊宣和遺事前集一卷後集一卷
　〔宋〕佚名撰

百宋一廛賦一卷　〔清〕顧廣圻撰
　〔清〕黃丕烈注

汪本隸釋刊誤一卷　〔清〕黃丕烈撰

船山詩草選一卷　〔清〕張問陶撰

同人唱和詩三卷　〔清〕黃丕烈編

藝海珠塵八集一百六十四種

Fv9100 2394

〔清〕吳省蘭輯　〔清〕錢熙輔增輯
〔清〕戴殿泗等校

清嘉慶吳氏聽彝堂刻本

六十四冊

框15.7×11.4釐米。10行21字，小字
雙行同。白口，左右雙邊，單黑魚尾。内
封題“聽彝堂藏版”。分金、石、絲、竹、
匏、土、革、木八集。

金集

　易象意言一卷　〔宋〕蔡淵撰

　詩論一卷　〔宋〕程大昌撰

　春秋或辯一卷　〔清〕許之獬撰

春秋三傳異同考一卷　〔清〕吳
　陳琰撰

春秋識小録三種　〔清〕程廷祚撰

中文孝經一卷　〔清〕周春輯

孝經外傳一卷　〔清〕周春撰

箴膏肓一卷起廢疾一卷發墨守一
　卷　〔漢〕鄭玄撰　〔清〕王
　復輯　〔清〕武億撰

讀書瑣記一卷　〔清〕鳳應韶撰

轉注古義考一卷　〔清〕曹仁虎撰

官韻考異一卷　〔清〕吳省欽撰

續方言二卷　〔清〕杭世駿撰

續方言補正二卷　〔清〕程際盛撰

七十二候考一卷　〔清〕曹仁虎撰

江漢叢談二卷　〔明〕陳士元撰

說叩一卷　〔清〕葉抱崧撰

夾漈遺稿三卷　〔宋〕鄭樵撰

可儀堂文集二卷　〔清〕俞長城撰

聲調譜一卷　〔清〕趙執信撰

談龍録一卷　〔清〕趙執信撰

石集

春秋經玩四卷　〔清〕沈淑撰

五經贊一卷　〔清〕陸榮柜撰
　〔清〕徐堂注

婦學一卷　〔清〕章學誠撰

天問略一卷　（葡萄牙）陽瑪諾撰

海國聞見録一卷附圖一卷　〔清〕
　陳倫炯撰

備邊屯田車銃議一卷車銃圖一卷
　倭情屯田議一卷　〔明〕趙士
　楨撰

番社采風圖考一卷　〔清〕六十七撰

維西見聞紀一卷　〔清〕余慶遠撰

金川瑣記六卷　〔清〕李心衡撰

朝鮮志二卷　（朝鮮）佚名撰

至游子二卷　〔宋〕曾慥撰

夢占逸旨八卷　〔明〕陳士元撰

五總志一卷　〔宋〕吳炯撰

孔氏談苑五卷　〔宋〕孔平仲撰

讀書偶見一卷　〔清〕吳騏撰

學福齋雜著一卷　〔清〕沈大成撰

岳忠武王集一卷　〔宋〕岳飛撰

丁孝子詩集三卷　〔元〕丁鶴年撰

圭塘欸乃集一卷　〔元〕許有壬
　等撰

刻燭集一卷　〔清〕曹仁虎撰

絲集

鄭敷文書説一卷　〔宋〕鄭伯熊撰

舜典補亡一卷　〔清〕毛奇齡撰

論語筆解二卷　〔唐〕韓愈 李翱
　撰　〔明〕鄭鄤評

論語絶句一卷　〔宋〕張九成撰

孟子外書四篇四卷　〔宋〕熙時
　子撰

駁五經異義一卷補遺一卷　〔漢〕
　鄭玄撰　〔清〕王復輯　〔清〕
　武億校

駢字分箋二卷　〔清〕程際盛撰

武宗外紀一卷　〔清〕毛奇齡撰

勝朝彤史拾遺記六卷　〔清〕毛
　奇齡撰

蜀檮杌二卷　〔宋〕張唐英撰

東南防守利便三卷　〔宋〕陳克
　吳若撰　〔宋〕呂祉輯

炳燭偶鈔一卷　〔清〕陸錫熊撰

讀史論略一卷　〔清〕杜詔撰

異魚圖贊四卷　〔明〕楊慎撰

龜經一卷

古算器考一卷　〔清〕梅文鼎撰

曆學疑問補二卷　〔清〕梅文鼎撰

半村野人閒談一卷　〔明〕姜南撰

抱璞簡記一卷　〔明〕姜南撰

一樱居詩稿二卷　〔清〕馮枑撰

竹集

春秋傳説例一卷　〔宋〕劉敞撰

饗禮補亡一卷　〔清〕諸錦撰

魯齋述得一卷　〔清〕丁傳撰

唐史論斷三卷　〔宋〕孫甫撰

滇載記一卷　〔明〕楊慎撰

奉使俄羅斯行程録一卷　〔清〕
　張鵬翮撰

外國竹枝詞一卷　〔清〕尤侗撰
　〔清〕尤珍注

異域竹枝詞三卷　〔清〕福慶撰

海潮説三卷　〔清〕周春撰

三垣疏稿三卷　〔明〕許譽卿撰

閩中海錯疏三卷　〔明〕屠本畯
　撰　〔明〕徐燉補疏

伸蒙子三卷　〔唐〕林慎思撰

廣成子解一卷　〔宋〕蘇軾撰

二儀銘補注一卷　〔清〕梅文鼎撰

曆學答問一卷　〔清〕梅文鼎撰

蘇氏演義二卷　〔唐〕蘇鶚撰

投甕隨筆一卷　〔明〕姜南撰

風月堂雜識一卷　〔明〕姜南撰

學圃餘力一卷　〔明〕姜南撰

王義士輞川詩鈔六卷　〔清〕王
　澐撰

匏集

北郊配位尊西嚮議一卷　〔清〕
　毛奇齡撰

昏禮辨正一卷　〔清〕毛奇齡撰

大小宗通繹一卷　〔清〕毛奇齡撰

四書索解四卷　〔清〕毛奇齡撰
　〔清〕王錫輯

紀元要略二卷附補一卷　〔清〕陳
　景雲撰　（補）〔清〕陳黄中撰
山海經補註一卷　〔明〕楊慎撰
海潮輯説二卷　〔清〕俞思謙撰
吾師録一卷　〔明〕黄淳耀撰
聰訓齋語二卷　〔清〕張英撰
恒産瑣言一卷　〔清〕張英撰
中星表一卷附時刻盤圖説　〔清〕
　徐朝俊撰
木棉譜一卷　〔清〕褚華撰
宜齋野乘一卷　〔宋〕吳枋撰
東原録一卷　〔宋〕龔鼎臣撰
文録一卷　〔宋〕唐庚撰
呵凍漫筆二卷　〔明〕談修撰
墨畬錢鎛一卷　〔明〕姜南撰
瓠里子筆談一卷　〔明〕姜南撰
洗硯新録一卷　〔明〕姜南撰
蓉塘記聞一卷　〔明〕姜南撰
夏内史集九卷附録一卷　〔明〕
　夏完淳撰

土集
易緯乾坤鑿度二卷　〔漢〕鄭玄注
易緯是類謀一卷　〔漢〕鄭玄注
洪範統一一卷　〔宋〕趙善湘撰
説學齋經説一卷　〔清〕葉鳳毛撰
辨定嘉靖大禮議二卷　〔清〕毛
　奇齡撰
儒林譜一卷　〔清〕焦袁熹撰
雲間第宅志一卷　〔清〕王澐撰
耻言二卷　〔明〕徐禎稷撰
修慝餘編一卷　〔清〕陳薲撰
太玄解一卷　〔清〕焦袁熹撰
潛虛解一卷　〔清〕焦袁熹撰
素履子三卷　〔唐〕張弧撰
握奇經解一卷握奇經續圖一卷八

陣總述一卷　〔漢〕公孫弘解
　（續圖）佚名撰　（八陣總述）
　〔晋〕馬隆撰
黄帝授三子玄女經一卷
冑繁録一卷　〔宋〕趙叔向撰
東皋雜鈔三卷　〔清〕董潮撰
茶餘客話十二卷　〔清〕阮葵生撰
古今風謡一卷　〔明〕楊慎輯
古今諺一卷　〔明〕楊慎輯
聲調譜拾遺一卷　〔清〕翟翬撰
古詩十九首解一卷　〔清〕張庚撰

革集
易稽覽圖二卷　〔漢〕鄭玄注
詩説一卷　〔宋〕張耒撰
詩疑二卷　〔宋〕王柏撰
左氏蒙求註一卷　〔清〕許乃濟
　王慶麟撰
匡謬正俗八卷　〔唐〕顏師古撰
皇朝武功紀盛四卷　〔清〕趙翼撰
山海經圖贊一卷補遺一卷　〔晋〕
　郭璞撰
明洪武四年進士登科録一卷
社事始末一卷　〔清〕杜登春撰
淞故述一卷　〔明〕楊樞撰
南華經傳釋一卷　〔清〕周金然撰
經天該一卷　（意大利）利瑪竇撰
地理古鏡歌一卷　〔明〕蔣平階撰
翻卦挨星圖訣考著一卷　〔清〕
　戴鴻撰
蘇沈良方八卷　〔宋〕蘇軾 沈括撰
一草亭目科全書一卷　〔明〕鄧
　苑撰
雲仙散録一卷　〔唐〕馮贄撰
燕魏雜記一卷　〔宋〕吕頤浩撰
叩舷憑軾録一卷　〔明〕姜南撰

交行摘稿一卷　〔明〕徐孚遠撰

貞蕤稿略文一卷詩一卷　（朝鮮）朴齊家撰

拜經樓詩話四卷　〔清〕吳騫撰

木集

正易心法一卷　〔宋〕陳摶撰

學校問一卷　〔清〕毛奇齡撰

郊社禘祫問一卷　〔清〕毛奇齡撰

小國春秋一卷　〔清〕焦袁熹撰

小兒語一卷　〔明〕呂德勝撰

續小兒語一卷　〔明〕呂坤撰

捕蝗考一卷　〔清〕陳芳生撰

滇南新語一卷　〔清〕張泓撰

松江衢歌一卷　〔清〕陳金浩撰

淞南樂府一卷　〔清〕楊光輔撰

遠鏡說一卷　（德國）湯若望撰

滇南憶舊録一卷　〔清〕張泓撰

紀聽松菴竹鑪始末一卷　〔清〕鄒炳泰撰

雜詠百二十首二卷　〔唐〕李嶠撰

月山詩集四卷　〔清〕恒仁撰

月山詩話一卷　〔清〕恒仁撰

鐮山草堂詩合鈔二卷　〔明〕王光承 王烈撰

四繪軒詩鈔一卷　〔清〕徐振撰

杜詩雙聲疊韻譜括略八卷　〔清〕周春撰

春雨樓叢書六種　Fv9100 5614

〔清〕朱士端撰輯

清同治元年至五年（1862—1866）寶應朱氏刻本

六册

框19.4×13釐米。10行24字，小字雙行同。黑口，單黑魚尾，左右雙邊。

彊識編四卷續一卷

説文校定本十五卷

宜禄堂收藏金石記六卷補編一卷

讀書解義一卷　〔清〕朱毓楷撰

吉金樂石山房文集一卷續編一卷詩集二卷

棗花書屋詩集一卷　〔清〕朱之璣撰

春暉堂叢書十二種　Fv9100 5665

〔清〕徐渭仁輯

清末刻本

十二册

框18.5×12.8釐米。9行22字，小字雙行同。黑口，四周雙邊，雙魚尾。

來齋金石刻考略三卷　〔清〕林侗撰

寓意録四卷　〔清〕繆曰藻撰

煙霞萬古樓詩選二卷　〔清〕王曇撰

仲瞿詩録一卷　〔清〕王曇撰

秋紅丈室遺詩一卷　〔清〕金禮嬴撰

陔南池館遺集二卷　〔清〕喬重禧撰

雙樹生詩草一卷　〔清〕林鎬撰

紀半樵詩一卷　〔清〕紀大復撰

思適齋集十八卷　〔清〕顧廣圻撰

儀鄭堂殘稿二卷　〔清〕曹堉撰

賜硯齋題畫偶録一卷　〔清〕戴熙撰

居易堂殘稿一卷　〔清〕章六峰撰

玉函山房輯佚書　Fv9100 1112

〔清〕馬國翰輯

清光緒十五年（1889）章邱李氏重校刻本

八十四册

框17.5×12.9釐米。9行20字，小字雙

行同。白口，四周雙邊，單魚尾。牌記題
"光緒十五年己丑仲春重校刊/繡江李氏
藏板"。

經編

連山一卷附諸家論説

歸藏一卷附諸家論説

周易子夏傳二卷　〔周〕卜商撰

周易薛氏記一卷　〔□〕薛虞撰

蔡氏易説一卷　〔漢〕蔡景君撰

周易丁氏傳二卷　〔漢〕丁寬撰

周易韓氏傳二卷　〔漢〕韓嬰撰

周易古五子傳一卷

周易淮南九師道訓一卷　〔漢〕
劉安撰

周易施氏章句一卷　〔漢〕施讎撰

周易孟氏章句二卷　〔漢〕孟喜撰

周易梁丘氏章句一卷　〔漢〕梁
丘賀撰

周易京氏章句一卷　〔漢〕京房撰

費氏易一卷　〔漢〕費直撰

費氏易林一卷　〔漢〕費直撰

周易分野一卷　〔漢〕費直撰

周易馬氏傳三卷　〔漢〕馬融撰

周易劉氏章句一卷　〔漢〕劉表撰

周易宋氏注一卷　〔漢〕宋衷撰

周易荀氏注三卷　〔漢〕荀爽撰

周易陸氏述三卷　〔三國吳〕陸
績撰

周易王氏注二卷　〔三國魏〕王
肅撰

周易王氏音一卷　〔三國魏〕王
肅撰

周易何氏解一卷　〔三國魏〕何
晏撰

周易董氏章句一卷　〔三國魏〕

董遇撰

周易姚氏注一卷　〔三國吳〕姚
信撰

周易翟氏義一卷　〔□〕翟玄撰

周易向氏義一卷　〔晋〕向秀撰

周易統略一卷　〔晋〕鄒湛撰

周易卦序論一卷　〔晋〕楊乂撰

周易張氏義一卷　〔晋〕張軌撰

周易張氏集解一卷　〔晋〕張璠撰

周易干氏注三卷　〔晋〕干寶撰

周易王氏注一卷　〔晋〕王廙撰

周易蜀才注一卷　〔三國蜀〕范
長生撰

周易黃氏注一卷　〔晋〕黃穎撰

周易徐氏音一卷　〔晋〕徐邈撰

周易李氏音一卷　〔晋〕李軌撰

易象妙於見形論一卷　〔晋〕孫
盛撰

周易繫辭桓氏注一卷　〔晋〕桓
玄撰

周易繫辭荀氏注一卷　〔南朝
宋〕荀柔之撰

周易繫辭明氏注一卷　〔南朝
齊〕明僧紹撰

周易沈氏要略一卷　〔南朝齊〕
沈驎士撰

周易劉氏義疏一卷　〔南朝齊〕
劉瓛撰

周易大義一卷　〔南朝梁〕武帝
蕭衍撰

周易伏氏集解一卷　〔南朝梁〕
伏曼容撰

周易褚氏講疏一卷　〔南朝梁〕
褚仲都撰

周易周氏義疏一卷　〔南朝陳〕

周弘正撰

周易張氏講疏一卷　〔南朝陳〕
張譏撰

周氏何氏講疏一卷　〔隋〕何妥撰

周易姚氏注一卷　〔□〕姚規撰

周易崔氏注一卷　〔□〕崔覲撰

周易傅氏注一卷　〔□〕傅□撰

周易盧氏注一卷　〔□〕盧□撰

周易王氏注一卷　〔□〕王凱冲撰

周易王氏義一卷　〔□〕王嗣宗撰

周易朱氏義一卷　〔□〕朱仰之撰

周易莊氏義一卷　〔□〕莊□撰

周易侯氏注三卷　〔□〕侯果撰

周易探元三卷　〔唐〕崔憬撰

周易元義一卷　〔唐〕李淳風撰

周易新論傳疏一卷　〔唐〕陰弘
道撰

周易新義一卷　〔唐〕徐郢撰

易纂一卷　〔唐〕僧一行撰

今文尚書一卷

古文尚書三卷

尚書歐陽章句一卷　〔漢〕歐陽
生撰

尚書大夏侯章句一卷　〔漢〕夏
侯勝撰

尚書小夏侯章句一卷　〔漢〕夏
侯建撰

尚書馬氏傳四卷　〔漢〕馬融撰

尚書王氏注二卷　〔三國魏〕王
肅撰

古文尚書音一卷　〔晋〕徐邈撰

古文尚書舜典注一卷　〔晋〕范
甯撰

尚書劉氏義疏一卷　〔隋〕劉焯撰

尚書述義一卷　〔隋〕劉炫撰

尚書顧氏疏一卷　〔隋〕顧彪撰

魯詩故三卷　〔漢〕申培撰

齊詩傳二卷　〔漢〕后蒼撰

韓詩故二卷　〔漢〕韓嬰撰

韓詩内傳一卷　〔漢〕韓嬰撰

韓詩説一卷　〔漢〕韓嬰撰

薛君韓詩章句二卷　〔漢〕薛漢撰

韓詩翼要一卷　〔漢〕侯苞撰

毛詩馬氏注一卷　〔漢〕馬融撰

毛詩義問一卷　〔漢〕劉楨撰

毛詩王氏注四卷　〔三國魏〕王
肅撰

毛詩義駁一卷　〔三國魏〕王肅撰

毛詩奏事一卷　〔三國魏〕王肅撰

毛詩問難一卷　〔三國魏〕王肅撰

毛詩駁一卷　〔三國魏〕王基撰

毛詩答雜問一卷　〔三國吳〕韋
昭等撰

毛詩譜暢一卷　〔三國吳〕徐整撰

毛詩異同評三卷　〔晋〕孫毓撰

難孫氏毛詩評一卷　〔晋〕陳統撰

毛詩拾遺一卷　〔晋〕郭璞撰

毛詩徐氏音一卷　〔晋〕徐邈撰

毛詩序義疏一卷　〔南朝齊〕劉
瓛撰

毛詩周氏注一卷　〔南朝宋〕周
續之撰

毛詩十五國風義一卷　〔南朝
梁〕簡文帝蕭綱撰

毛詩隱義一卷　〔南朝梁〕何胤撰

集注毛詩一卷　〔南朝梁〕崔靈
恩撰

毛詩舒氏義疏一卷　〔三國魏〕
舒援撰

毛詩沈氏義疏二卷　〔北周〕沈

重撰

毛詩箋音義證一卷　〔北魏〕劉
芳撰

毛詩述義一卷　〔隋〕劉炫撰

毛詩草蟲經一卷

毛詩題綱一卷

施氏詩說一卷　〔唐〕施士丏撰

周禮鄭大夫解詁一卷　〔漢〕鄭
興撰

周禮鄭司農解詁六卷　〔漢〕鄭
衆撰

周禮杜氏注二卷　〔漢〕杜子春撰

周禮賈氏解詁一卷　〔漢〕賈逵撰

周官傳一卷　〔漢〕馬融撰

周禮鄭氏音一卷　〔漢〕鄭玄撰

周官禮干氏注一卷　〔晋〕干寶撰

周禮徐氏音一卷　〔晋〕徐邈撰

周禮李氏音一卷　〔晋〕李軌撰

周禮聶氏音一卷　〔□〕聶□撰

周官禮義疏一卷　〔北周〕沈重撰

周禮劉氏音二卷　〔□〕劉昌宗撰

周禮戚氏音一卷　〔南朝陳〕戚
袞撰

大戴喪服變除一卷　〔漢〕戴德撰

冠儀約制一卷　〔漢〕何休撰

鄭氏婚禮一卷　〔漢〕鄭衆撰

喪服經傳馬氏注一卷　〔漢〕馬
融撰

鄭氏喪服變除一卷　〔漢〕鄭玄撰

新定禮一卷　〔漢〕劉表撰

喪服經傳王氏注一卷　〔三國
魏〕王肅撰

王氏喪服要記一卷　〔三國魏〕
王肅撰

喪服變除圖一卷　〔三國吳〕射

慈撰

喪服要集一卷　〔晋〕杜預撰

喪服經傳袁氏注一卷　〔晋〕袁
準撰

集注喪服經傳一卷　〔晋〕孔倫撰

喪服經傳陳氏注一卷　〔□〕陳
銓撰

喪服釋疑一卷　〔晋〕劉智撰

蔡氏喪服譜一卷　〔晋〕蔡謨撰

賀氏喪服譜一卷　〔晋〕賀循撰

葬禮一卷　〔晋〕賀循撰

賀氏喪服要記一卷　〔晋〕賀循撰

喪服要記注一卷　〔□〕謝徵撰

葛氏喪服變除一卷　〔晋〕葛洪撰

凶禮一卷　〔晋〕孔衍撰

集注喪服經傳一卷　〔南朝宋〕
裴松之撰

略注喪服經傳一卷　〔南朝宋〕
雷次宗撰

喪服難問一卷　〔南朝宋〕崔凱撰

喪服古今集記一卷　〔南朝齊〕
王儉撰

禮記馬氏注一卷　〔漢〕馬融撰

禮記盧氏注一卷　〔漢〕盧植撰

禮傳一卷　〔漢〕荀爽撰

月令章句一卷　〔漢〕蔡邕撰

月令問答一卷　〔漢〕蔡邕撰

禮記王氏注二卷　〔三國魏〕王
肅撰

禮記孫氏注一卷　〔三國魏〕孫
炎撰

禮記音義隱一卷　〔□〕謝□撰

禮記范氏音一卷　〔晋〕范宣撰

禮記徐氏音三卷　〔晋〕徐邈撰

禮記劉氏音一卷　〔□〕劉昌宗撰

禮記略解一卷 〔南朝宋〕庾蔚之撰

禮記隱義一卷 〔南朝梁〕何胤撰

禮記新義疏一卷 〔南朝梁〕賀瑒撰

禮記皇氏義疏四卷 〔南朝梁〕皇侃撰

禮記沈氏義疏一卷 〔北周〕沈重撰

禮記義證一卷 〔北魏〕劉芳撰

禮記熊氏義疏四卷 〔北周〕熊安生撰

禮記外傳一卷 〔唐〕成伯璵撰 〔唐〕張幼倫注

石渠禮論一卷 〔漢〕戴聖撰

魯禮禘祫志一卷 〔漢〕鄭玄撰

三禮圖一卷 〔漢〕鄭玄 阮諶撰

問禮俗一卷 〔三國魏〕董勛撰

雜祭法一卷 〔晉〕盧諶撰

祭典一卷 〔晉〕范汪撰

後養議一卷 〔晉〕干寶撰

禮雜問一卷 〔晉〕范甯撰

雜禮議一卷 〔晉〕吳商撰

禮論答問一卷 〔晉〕徐廣撰

禮論一卷 〔南朝宋〕何承天撰

禮論條牒一卷 〔南朝宋〕任預撰

禮論鈔略一卷 〔南朝齊〕荀萬秋撰

禮義答問一卷 〔南朝齊〕王儉撰

禮統一卷 〔南朝梁〕賀述撰

禮疑義一卷 〔南朝梁〕周捨撰

三禮義宗四卷 〔南朝梁〕崔靈恩撰

釋疑論一卷 〔唐〕元行冲撰

樂經一卷 〔漢〕陽成子長撰

樂記一卷 〔漢〕劉向校定

樂元語一卷 〔漢〕劉德撰

琴清英一卷 〔漢〕揚雄撰

樂社大義一卷 〔南朝梁〕武帝蕭衍撰

鍾律緯一卷 〔南朝梁〕武帝蕭衍撰

古今樂録一卷 〔南朝陳〕釋智匠撰

樂書一卷 〔北魏〕信都芳撰

樂部一卷

琴歷一卷

樂律義一卷 〔北周〕沈重撰

樂譜集解一卷 〔隋〕蕭吉撰

琴書一卷 〔唐〕趙惟暕撰

春秋大傳一卷 〔漢〕佚名撰

春秋決事一卷 〔漢〕董仲舒撰

公羊嚴氏春秋一卷 〔漢〕嚴彭祖撰

春秋公羊顏氏記一卷 〔漢〕顏安樂撰

春秋穀梁傳章句一卷 〔漢〕尹更始撰

春秋穀梁傳説一卷 〔漢〕劉向撰

春秋左氏傳章句一卷 〔漢〕劉歆撰

春秋牒例章句一卷 〔漢〕鄭眾撰

春秋左氏傳解詁二卷 〔漢〕賈逵撰

春秋左氏長經章句一卷 〔漢〕賈逵撰

春秋三傳異同説一卷 〔漢〕馬融撰

解疑論一卷 〔漢〕戴宏撰

春秋文謚例一卷　〔漢〕何休撰

春秋左氏傳解誼四卷　〔漢〕服虔撰

春秋成長説一卷　〔漢〕服虔撰

春秋左氏膏肓釋痾一卷　〔漢〕服虔撰

春秋釋例一卷　〔漢〕潁容撰

左氏奇説一卷　〔漢〕彭汪撰

春秋左傳許氏注一卷　〔漢〕許淑撰

春秋左氏經傳章句一卷　〔三國魏〕董遇撰

春秋左傳王氏注一卷　〔三國魏〕王肅撰

春秋左氏傳嵇氏音一卷　〔三國魏〕嵇康撰

春秋穀梁傳麋氏注一卷　〔三國魏〕麋信撰

春秋公羊穀梁傳解詁一卷　〔晋〕劉兆撰

春秋左氏傳義注一卷　〔晋〕孫毓撰

春秋公羊穀梁二傳評一卷　〔晋〕江熙撰

春秋穀梁傳徐氏注一卷　〔晋〕徐乾撰

春秋土地名一卷　〔晋〕京相璠撰

春秋穀梁傳注義一卷　〔晋〕徐邈撰

春秋徐氏音一卷　〔晋〕徐邈撰

春秋左氏函傳義一卷　〔晋〕干寶撰

薄叔元問穀梁義一卷　〔晋〕范甯撰

春秋穀梁傳鄭氏説一卷　〔晋〕鄭嗣撰

春秋左氏經傳義略一卷　〔南朝陳〕沈文阿撰

續春秋左氏傳義略一卷　〔南朝陳〕王元規撰

春秋傳駁一卷　〔北魏〕賈思同撰　〔北魏〕姚文安 秦道静述

春秋左傳義疏一卷　〔□〕蘇寬撰

春秋左氏傳述義二卷　〔隋〕劉炫撰

春秋規過二卷　〔隋〕劉炫撰

春秋攻昧一卷　〔隋〕劉炫撰

春秋井田記一卷

春秋集傳一卷　〔唐〕啖助撰

春秋闡微纂類義統一卷　〔唐〕趙匡撰

春秋通例一卷　〔唐〕陸希聲撰

春秋折衷論一卷　〔唐〕陳岳撰

孝經傳一卷　〔周〕魏文侯撰

孝經后氏説一卷　〔漢〕后蒼撰

孝經安昌侯説一卷　〔漢〕張禹撰

孝經長孫氏説一卷　〔漢〕長孫□□撰

孝經王氏解一卷　〔三國魏〕王肅撰

孝經解贊一卷　〔三國吳〕韋昭撰

孝經殷氏注一卷　〔晋〕殷仲文撰

集解孝經一卷　〔晋〕謝萬撰

齊永明諸王孝經講義一卷　〔南朝齊〕佚名撰

孝經劉氏説一卷　〔南朝齊〕劉瓛撰

孝經義疏一卷　〔南朝梁〕武帝蕭衍撰

孝經嚴氏注一卷　〔南朝梁〕嚴
　植之撰

孝經皇氏義疏一卷　〔南朝梁〕
　皇侃撰

古文孝經述義一卷　〔隋〕劉炫撰

御注孝經疏一卷　〔唐〕元行冲撰

孝經訓注一卷　〔隋〕魏真己撰

古論語六卷

齊論語一卷

論語孔氏訓解十一卷　〔漢〕孔
　安國撰

論語包氏章句二卷　〔漢〕包咸撰

論語周氏章句一卷　〔漢〕周□撰

論語馬氏訓說二卷　〔漢〕馬融撰

論語鄭氏注十卷　〔漢〕鄭玄撰

論語孔子弟子目録一卷　〔漢〕
　鄭玄撰

論語陳氏義說一卷　〔三國魏〕
　陳群撰

論語王氏說一卷　〔三國魏〕王
　朗撰

論語王氏義說一卷　〔三國魏〕
　王肅撰

論語周生氏義說一卷　〔三國
　魏〕周生烈撰

論語釋疑一卷　〔三國魏〕王弼撰

論語譙氏注一卷　〔三國蜀〕譙
　周撰

論語衛氏集注一卷　〔晋〕衛瓘撰

論語旨序一卷　〔晋〕繆播撰

論語繆氏說一卷　〔晋〕繆協撰

論語體略一卷　〔晋〕郭象撰

論語欒氏釋疑一卷　〔晋〕欒肇撰

論語虞氏贊注一卷　〔晋〕虞喜撰

論語庾氏釋一卷　〔晋〕庾翼撰

論語李氏集注二卷　〔晋〕李充撰

論語范氏注一卷　〔晋〕范甯撰

論語孫氏集解一卷　〔晋〕孫綽撰

論語梁氏注釋一卷　〔晋〕梁覬撰

論語袁氏注一卷　〔晋〕袁喬撰

論語江氏集解二卷　〔晋〕江熙撰

論語殷氏解一卷　〔晋〕殷仲堪撰

論語張氏注一卷　〔晋〕張憑撰

論語蔡氏注一卷　〔晋〕蔡謨撰

論語顏氏說一卷　〔南朝宋〕顏
　延之撰

論語琳公說一卷　〔南朝宋〕釋
　慧琳撰

論語沈氏訓注一卷　〔南朝齊〕
　沈驎士撰

論語顧氏注一卷　〔南朝齊〕顧
　歡撰

論語梁武帝注一卷　〔南朝梁〕
　武帝蕭衍撰

論語太史氏集解一卷　〔南朝
　梁〕太史叔明撰

論語褚氏義疏一卷　〔南朝梁〕
　褚仲都撰

論語沈氏說一卷　〔□〕沈峭撰

論語熊氏說一卷　〔□〕熊埋撰

論語隱義注一卷

孟子章指二卷篇叙一卷　〔漢〕
　趙岐撰

孟子程氏章句一卷　〔漢〕程曾撰

孟子高氏章句一卷　〔漢〕高誘撰

孟子劉氏注一卷　〔漢〕劉熙撰

孟子鄭氏注一卷　〔漢〕鄭玄撰

孟子綦毋氏注一卷　〔晋〕綦毋
　邃撰

孟子陸氏注一卷　〔唐〕陸善經撰

孟子張氏音義一卷 〔唐〕張鎰撰

孟子丁氏手音一卷 〔唐〕丁公
著撰

爾雅犍爲文學注三卷 〔漢〕郭
舍人撰

爾雅劉氏注一卷 〔漢〕劉歆撰

爾雅樊氏注一卷 〔漢〕樊光撰

爾雅李氏注三卷 〔漢〕李巡撰

爾雅孫氏注三卷 〔三國魏〕孫
炎撰

爾雅孫氏音一卷 〔三國魏〕孫
炎撰

爾雅音義一卷 〔晋〕郭璞撰

爾雅圖贊一卷 〔晋〕郭璞撰

集注爾雅一卷 〔南朝梁〕沈旋撰

爾雅施氏音一卷 〔南朝陳〕施
乾撰

爾雅謝氏音一卷 〔南朝陳〕謝
嶠撰

爾雅顧氏音一卷 〔南朝梁〕顧
野王撰

爾雅裴氏注一卷 〔唐〕裴瑜撰

五經通義一卷 〔漢〕劉向撰

五經要義一卷 〔□〕雷□撰

六藝論一卷 〔漢〕鄭玄撰

五經然否論一卷 〔三國蜀〕譙
周撰

聖證論一卷 〔三國魏〕王肅撰
〔晋〕馬昭駁 〔晋〕孔晁答
〔南朝齊〕張融評

五經通論一卷 〔晋〕束皙撰

五經鈎沉一卷 〔晋〕楊方撰

五經大義一卷 〔晋〕戴逵撰

六經略注序一卷 〔北魏〕常爽撰

七經義綱一卷 〔北周〕樊深撰

尚書中候三卷 〔漢〕鄭玄注

尚書緯璇璣鈐一卷 〔漢〕鄭玄注

尚書緯考靈曜一卷 〔漢〕鄭玄注

尚書緯刑德放一卷 〔漢〕鄭玄注

尚書緯帝命驗一卷 〔漢〕鄭玄注

尚書緯運期授一卷 〔漢〕鄭玄注

詩緯推度災一卷 〔三國魏〕宋
均注

詩緯氾歷樞一卷 〔三國魏〕宋
均注

詩緯含神霧一卷 〔三國魏〕宋
均注

禮緯含文嘉一卷 〔三國魏〕宋
均注

禮緯稽命徵一卷 〔三國魏〕宋
均注

禮緯斗威儀一卷 〔三國魏〕宋
均注

樂緯動聲儀一卷 〔三國魏〕宋
均注

樂緯稽耀嘉一卷 〔三國魏〕宋
均注

樂緯叶圖徵一卷 〔三國魏〕宋
均注

春秋緯感精符一卷 〔三國魏〕
宋均注

春秋緯文耀鈎一卷 〔三國魏〕
宋均注

春秋緯運斗樞一卷 〔三國魏〕
宋均注

春秋緯合誠圖一卷 〔三國魏〕
宋均注

春秋緯考異郵一卷 〔三國魏〕
宋均注

春秋緯保乾圖一卷 〔三國魏〕

宋均注

春秋緯漢含孳一卷　〔三國魏〕
宋均注

春秋緯佐助期一卷　〔三國魏〕
宋均注

春秋緯握誠圖一卷　〔三國魏〕
宋均注

春秋緯潛潭巴一卷　〔三國魏〕
宋均注

春秋緯說題辭一卷　〔三國魏〕
宋均注

春秋緯演孔圖一卷　〔三國魏〕
宋均注

春秋緯元命苞二卷　〔三國魏〕
宋均注

春秋命歷序一卷　〔三國魏〕宋
均注

春秋內事一卷　〔三國魏〕宋均注

孝經緯援神契二卷　〔三國魏〕
宋均注

孝經緯鉤命訣一卷　〔三國魏〕
宋均注

孝經中契一卷　〔三國魏〕宋均注

孝經左契一卷　〔三國魏〕宋均注

孝經右契一卷　〔三國魏〕宋均注

孝經內事圖一卷　〔三國魏〕宋
均注

孝經章句一卷

孝經雌雄圖一卷

孝經古秘一卷

論語讖八卷　〔三國魏〕宋均注

史籀篇一卷　〔周〕太史籀撰

蒼頡篇一卷　〔三國魏〕張揖訓
詁　〔晋〕郭璞解詁

凡將篇一卷　〔漢〕司馬相如撰

訓纂篇一卷　〔漢〕揚雄撰

蒼頡訓詁一卷　〔漢〕杜林撰

三蒼一卷　〔三國魏〕張揖訓詁
〔晋〕郭璞解詁

古文官書一卷　〔漢〕衛宏撰

雜字指一卷　〔漢〕郭訓撰

勸學篇一卷　〔漢〕蔡邕撰

通俗文一卷　〔漢〕服虔撰

埤蒼一卷　〔三國魏〕張揖撰

古今字詁一卷　〔三國魏〕張揖撰

雜字一卷　〔三國魏〕張揖撰

雜字解詁一卷　〔三國魏〕周成撰

聲類一卷　〔三國魏〕李登撰

廣蒼一卷　〔三國魏〕樊恭撰

辨釋名一卷　〔三國吳〕韋昭撰

異字一卷　〔三國吳〕朱育撰

始學篇一卷　〔三國吳〕項竣撰

草書狀一卷　〔晋〕索靖撰

發蒙記一卷　〔晋〕束皙撰

啓蒙記一卷　〔晋〕顧愷之撰

韻集一卷　〔晋〕呂靜撰

字指一卷　〔晋〕李彤撰

四體書勢一卷　〔晋〕衛恒撰

要用字苑一卷　〔晋〕葛洪撰

演說文一卷　〔□〕庾儼默撰

字統一卷　〔北魏〕楊承慶撰

纂文一卷　〔南朝宋〕何承天撰

庭誥一卷　〔南朝宋〕顏延之撰

纂要一卷　〔南朝宋〕顏延之撰

纂要一卷　〔南朝梁〕元帝蕭繹撰

文字集略一卷　〔南朝梁〕阮孝
緒撰

古今文字表一卷　〔北魏〕江式撰

韻略一卷　〔北齊〕陽休之撰

桂苑珠叢一卷　〔隋〕諸葛穎撰

文字指歸一卷　〔隋〕曹憲撰

四聲五音九弄反紐圖一卷　〔唐〕
　釋神珙撰

分毫字樣一卷　〔唐〕佚名撰

石經尚書一卷

石經魯詩一卷

石經儀禮一卷

石經公羊一卷

石經論語一卷

三字石經尚書一卷

三字石經春秋一卷

史編

古文瑣語一卷

帝王要略一卷　〔三國吳〕環濟撰

三五曆記一卷　〔三國吳〕徐整撰

年曆一卷　〔晉〕皇甫謐撰

汲冢書鈔一卷　〔晉〕束皙撰

聖賢高士傳一卷　〔三國魏〕嵇
　康撰　〔南朝宋〕周續之注

鑒戒象贊一卷　〔北魏〕常景撰

七略別錄一卷　〔漢〕劉向撰

子編

漆雕子一卷　〔周〕漆雕□撰

宓子一卷　〔周〕宓不齊撰

景子一卷　〔周〕景□撰

世子一卷　〔周〕世碩撰

魏文侯書一卷　〔周〕魏文侯撰

李克書一卷　〔周〕李克撰

公孫尼子一卷　〔周〕公孫尼撰

內業一卷　〔周〕管仲撰

讕言一卷　〔周〕孔穿撰

甯子一卷　〔周〕甯越撰

王孫子一卷　〔周〕王孫撰

李氏春秋一卷

董子一卷　〔周〕董無心撰

徐子一卷　〔周〕徐□撰

魯連子一卷　〔周〕魯仲連撰

虞氏春秋一卷　〔周〕虞卿撰

平原君書一卷　〔漢〕朱建撰

劉敬書一卷　〔漢〕劉敬撰

至言一卷　〔漢〕賈山撰

河間獻王書一卷　〔漢〕劉德撰

兒寬書一卷　〔漢〕兒寬撰

公孫弘書一卷　〔漢〕公孫弘撰

終軍書一卷　〔漢〕終軍撰

吾丘壽王書一卷　〔漢〕吾丘壽
　王撰

正部論一卷　〔漢〕王逸撰

仲長子昌言二卷　〔漢〕仲長統撰

魏子一卷　〔漢〕魏朗撰

周生子要論一卷　〔三國魏〕周
　生烈撰

王子正論一卷　〔三國魏〕王肅撰

去伐論一卷　〔晉〕袁宏撰

杜氏體論一卷　〔三國魏〕杜恕撰

王氏新書一卷　〔三國魏〕王基撰

周子一卷　〔三國吳〕周昭撰

顧子新言一卷　〔三國吳〕顧譚撰

典語一卷　〔三國吳〕陸景撰

通語一卷　〔三國吳〕殷基撰

譙子法訓一卷　〔三國蜀〕譙周撰

袁子正論二卷　〔晉〕袁準撰

袁子正書一卷　〔晉〕袁準撰

孫氏成敗志一卷　〔晉〕孫毓撰

古今通論一卷　〔晉〕王嬰撰

化清經一卷　〔晉〕蔡洪撰

夏侯子新論一卷　〔晉〕夏侯湛撰

太元經一卷　〔晉〕楊泉撰

華氏新論一卷　〔晉〕華譚撰

梅子新論一卷　〔晉〕梅□撰

志林新書一卷　〔晉〕虞喜撰

廣林一卷　〔晉〕虞喜撰

釋滯一卷　〔晉〕虞喜撰

通疑一卷　〔晉〕虞喜撰

干子一卷　〔晉〕干寶撰

顧子義訓一卷　〔晉〕顧夷撰

讀書記一卷　〔隋〕王劭撰

神農書一卷　〔三國魏〕吳普等述

野老書一卷

范子計然三卷

養魚經一卷　〔周〕范蠡撰

尹都尉書一卷　〔漢〕尹□撰

氾勝之書二卷　〔漢〕氾勝之撰

蔡癸書一卷　〔漢〕蔡癸撰

養羊法一卷　〔漢〕卜式撰

家政法一卷

伊尹書一卷　〔商〕伊摯撰

辛甲書一卷附考一卷　〔周〕辛
　甲撰

公子牟子一卷　〔周〕魏牟撰

田子一卷附錄一卷　〔周〕田駢撰

老萊子一卷附考一卷　〔周〕老
　萊子撰

黔婁子一卷附考一卷　〔周〕黔
　婁先生撰

鄭長者書一卷　〔周〕鄭長者撰

任子道論一卷附考一卷　〔三國
　魏〕任嘏撰

洞極真經一卷　〔北魏〕關朗撰

唐子一卷　〔三國吳〕唐滂撰

蘇子一卷　〔晉〕蘇彥撰

陸子一卷　〔晉〕陸雲撰

杜氏幽求新書一卷　〔晉〕杜夷撰

孫子一卷　〔晉〕孫綽撰

苻子一卷　〔晉〕苻朗撰

少子一卷　〔南朝齊〕張融撰

夷夏論一卷　〔南朝齊〕顧歡撰

申子一卷　〔周〕申不害撰

鼂氏新書一卷　〔漢〕鼂錯撰

崔氏政論一卷　〔漢〕崔寔撰

劉氏政論一卷　〔三國魏〕劉廙撰

阮子政論一卷　〔三國魏〕阮武撰

世要論一卷　〔三國魏〕桓範撰

陳子要言一卷附錄一卷　〔三國
　吳〕陳融撰

惠子一卷　〔周〕惠施撰

士緯一卷　〔三國吳〕姚信撰

史佚書一卷　〔周〕尹佚撰

田俅子一卷附考一卷　〔周〕田
　俅撰

隨巢子一卷　〔周〕隨巢子撰

胡非子一卷　〔周〕胡非子撰

纏子一卷　〔周〕纏子撰

蘇子一卷　〔周〕蘇秦撰

闕子一卷　〔周〕闕□撰

蒯子一卷　〔漢〕蒯通撰

鄒陽書一卷　〔漢〕鄒陽撰

主父偃書一卷　〔漢〕主父偃撰

徐樂書一卷　〔漢〕徐樂撰

嚴安書一卷　〔漢〕嚴安撰

由余書一卷　〔周〕由余撰

博物記一卷　〔漢〕唐蒙撰

伏侯古今注一卷　〔漢〕伏無忌撰

蔣子萬機論一卷　〔三國魏〕蔣
　濟撰

篤論一卷附錄一卷　〔三國魏〕
　杜恕撰

鄒子一卷　〔晉〕鄒□撰

諸葛子一卷　〔三國吳〕諸葛恪撰

默記一卷　〔三國吳〕張儼撰

裴氏新言一卷　〔三國吳〕裴玄撰

新義一卷　〔三國吳〕劉廙撰

秦子一卷　〔三國吳〕秦菁撰

析言論一卷附古今訓一卷　〔晋〕
　張顯撰

時務論一卷附考一卷　〔晋〕楊
　偉撰

廣志二卷　〔晋〕郭義恭撰

陸氏要覽一卷　〔晋〕陸機撰

古今善言一卷　〔南朝宋〕范泰撰

文釋一卷　〔南朝宋〕江邃撰

要雅一卷　〔南朝梁〕劉杳撰

俗説一卷　〔南朝梁〕沈約撰

青史子一卷

宋子一卷附録一卷　〔周〕宋鈃撰

裴子語林二卷　〔晋〕裴啓撰

笑林一卷　〔三國魏〕邯鄲淳撰

郭子一卷　〔晋〕郭澄之撰

元中記一卷　〔□〕郭□撰

齊諧記一卷　〔南朝宋〕東陽無
　疑撰

水飾一卷　〔唐〕杜寶撰

泰階六符經一卷附考一卷

五殘雜變星書一卷

靈憲一卷　〔漢〕張衡撰

渾儀一卷　〔漢〕張衡撰

昕天論一卷　〔三國吳〕姚信撰

安天論一卷　〔晋〕虞喜撰

穹天論一卷　〔晋〕虞聳撰

未央術一卷

宋司星子韋書一卷　〔周〕司星
　子韋撰

鄒子一卷　〔周〕鄒衍撰

陰陽書一卷　〔唐〕呂才撰

太史公素王妙論一卷　〔漢〕司

馬遷撰

瑞應圖一卷　〔南朝梁〕孫柔之撰

白澤圖一卷

天鏡一卷

地鏡一卷

地鏡圖一卷

夢雋一卷　〔唐〕柳燦撰

雜五行書一卷

請雨止雨書一卷

易洞林三卷　〔晋〕郭璞撰

藝經一卷　〔三國魏〕邯鄲淳撰

投壺變一卷　〔晋〕虞潭撰

補遺

周易劉氏注一卷　〔北魏〕劉昺撰

周官禮異同評一卷　〔晋〕陳邵撰

周氏喪服注一卷　〔南朝宋〕周
　續之撰

喪服世行要記一卷　〔南朝齊〕
　王逡之撰

禮論難一卷　〔晋〕范宣撰

逆降義一卷　〔南朝宋〕顔延之撰

明堂制度論一卷　〔北魏〕李謐撰

梁氏三禮圖一卷　〔□〕梁正撰

張氏三禮圖一卷　〔唐〕張鎰撰

春秋例統一卷　〔唐〕啖助撰

國語章句一卷　〔漢〕鄭衆撰

國語解詁二卷　〔漢〕賈逵撰

春秋外傳國語虞氏注一卷　〔三
　國吳〕虞翻撰

春秋外傳國語唐氏注一卷　〔三
　國吳〕唐固撰

春秋外傳國語孔氏注一卷　〔晋〕
　孔晁撰

國語音一卷

孔子三朝記一卷

詁幼一卷　〔南朝宋〕顏延之撰
嚴助書一卷　〔漢〕嚴助撰
屬學一卷　〔晉〕虞溥撰
目耕帖三十一卷　〔清〕馬國翰撰

玉函山房輯佚書目耕帖續補十六卷附錄二卷　　　　Fv154 7264
〔清〕馬國翰輯　〔清〕蔣式瑝重輯
清光緒十五年（1889）章邱李氏刻本
四冊
框17.8×12.9釐米。9行20字，小字雙行同。白口，四周雙邊，單黑魚尾。牌記題"光緒己丑夏五章邱李氏校刊"。外封記載"Peking China"。
尚書逸篇二卷　〔清〕馬國翰輯
尚書百兩篇一卷　〔漢〕張霸撰
孟仲子詩論一卷　〔清〕馬國翰輯
論語燕傳説一卷　〔清〕馬國翰輯
夏侯論語説一卷　〔漢〕夏侯勝撰
王氏論語説一卷　〔漢〕王駿撰
逸孟子一卷　〔清〕馬國翰輯
逸爾雅一卷　〔清〕馬國翰輯
小學篇一卷　〔晉〕王義撰
荊州記三卷　〔南朝宋〕盛弘之撰
五行傳記一卷　〔漢〕許商撰
大學一卷　〔清〕馬國翰輯
中庸一卷　〔清〕馬國翰輯
書後一卷　〔清〕蔣式瑝撰
手稿存目一卷　〔清〕蔣式瑝核錄
馬竹吾全集目錄　〔清〕馬國翰輯

秘書廿一種　　　　Fv9100 3143
〔清〕汪士漢校
清嘉慶九年（1804）汪氏刻本
十六冊

框19.8×13.7釐米。10行20字。白口，四周單邊，單黑魚尾。版心上鐫子目書名，中鐫卷次。内封鐫"新安汪士漢校/秘書廿一種/文盛堂藏板"。
汲冢周書十卷　〔晉〕孔晁注
吳越春秋六卷　〔漢〕趙曄撰　〔宋〕徐天祜音注
拾遺記十卷　〔晉〕王嘉撰　〔南朝梁〕蕭綺錄
白虎通德論二卷　〔漢〕班固撰
山海經十八卷　〔晉〕郭璞傳
博物志十卷　〔晉〕張華撰　〔宋〕周日用等注
桂海虞衡志一卷　〔宋〕范成大撰
續博物志十卷　〔宋〕李石撰
博異記一卷　〔唐〕鄭還古撰
高士傳三卷　〔晉〕皇甫謐撰
楚史檮杌一卷
晉史乘一卷
竹書紀年二卷　〔南朝梁〕沈約注
中華古今注三卷　〔五代〕馬縞撰
古今注三卷　〔晉〕崔豹撰
三墳一卷　〔晉〕阮咸注
風俗通義四卷　〔漢〕應劭撰
列仙傳二卷　〔漢〕劉向撰
集異記一卷　〔唐〕薛用弱撰
續齊諧記一卷　〔南朝梁〕吳均撰

湖海樓叢書十二種　　　　Fv9100 3234
〔清〕陳春輯
清嘉慶十四至二十四年（1809—1819）蕭山陳氏湖海樓刻本
三十二冊
框17.3×13.5釐米。10行20字，小字雙行同。黑口，左右雙邊。

周易鄭注十二卷附叙録一卷　〔漢〕

　　鄭玄撰　〔宋〕王應麟撰集　〔清〕

　　丁杰後定　〔清〕張惠言訂正

論語類考二十卷　〔明〕陳士元撰

孟子雜記四卷　〔明〕陳士元撰

列子八卷附列子冲虛至德真經釋文二

　　卷　〔晋〕張湛注　（釋文）〔唐〕

　　殷敬順撰　〔宋〕陳景元補遺

尸子尹文子合刻　〔清〕汪繼培輯

潛夫論十卷　〔漢〕王符撰　〔清〕

　　汪繼培箋

學林十卷　〔宋〕王觀國撰

厄林十卷補遺一卷　〔明〕周嬰撰

訂譌雜録十卷　〔清〕胡鳴玉撰

龍筋鳳髓判四卷　〔唐〕張鷟撰

　　〔明〕劉允鵬注　〔清〕陳春補正

永嘉先生八面鋒十三卷　〔宋〕陳

　　傅良（一題葉適）撰

會稽三賦一卷　〔宋〕王十朋撰

　　〔宋〕周世則注　〔宋〕史鑄增注

觀自得齋叢書二十三種別集六種

Fv9100 2949

〔清〕徐士愷輯

　　清光緒十三至二十年（1887—1894）

石埭徐氏觀自得齋刻本

　　二十四册

　　框16×12.2釐米。11行21字，小字雙

行同。黑口，四周雙邊，單魚尾。

倉頡篇三卷　〔清〕陳其榮輯

續高士傳五卷　〔清〕高兆撰

征東實紀一卷　〔明〕錢世楨撰

雲間志三卷續一卷　〔宋〕楊潛撰

崑山郡志六卷　〔元〕楊譓撰

浙程備覽五卷附載一卷　〔清〕于

　　敏中撰

黑龍江述略六卷　〔清〕徐宗亮撰

國朝未栞遺書志略一卷　〔清〕朱

　　記榮撰

唐昭陵石蹟考略五卷附謁唐昭陵記

　　一卷　〔清〕林侗撰

清儀閣金石題識四卷　〔清〕張廷

　　濟撰　〔清〕陳其榮輯

泉志校誤四卷　〔清〕金嘉采撰

多暇録二卷　〔清〕程庭鷺撰

北窗囈語一卷　〔清〕朱燾撰

明宮詞一卷　〔清〕程嗣章撰

袁海叟詩集四卷補一卷　〔明〕袁

　　凱撰

漁洋山人集外詩二卷　〔清〕王士

　　禛撰

樊榭山房集外詩一卷　〔清〕厲鶚撰

寄生山館詩賸一卷瘦玉詞鈔一卷

　　〔清〕徐士怡撰

大瓠堂詩録八卷　〔清〕孫周撰

梅村詩話一卷　〔清〕吳偉業撰

律詩定體一卷　〔清〕王士禛撰

漁洋山人詩問二卷　〔清〕王士禛撰

然燈記聞一卷　〔清〕王士禛述

投壺儀節一卷　〔明〕汪禔撰

馬戲圖譜一卷　〔宋〕李清照撰

牙牌參禪圖譜一卷　〔清〕劉遵陸撰

詩牌譜一卷　〔明〕王良樞輯

暢叙譜一卷　〔清〕沈德潛撰

倫敦竹枝詞一卷　〔清〕局中門外

　　漢撰

述古叢鈔四集二十六種　Fv9100 3346

〔清〕劉晚榮輯

　　清同治至光緒間新會劉氏藏修書屋

刻本

四十册

框13×9.9釐米。9行20字,小字雙
行同。黑口,左右雙邊,單魚尾。内封鐫
"同治辛未刻於藏修書屋"。

第一集

藏書紀要一卷　〔清〕孫從添撰

裝潢志一卷　〔清〕周嘉胄撰

畫筌析覽一卷　〔清〕湯貽汾撰

清秘藏二卷　〔明〕張應文撰

南陽法書表一卷　〔明〕張丑撰

南陽名畫表一卷　〔明〕張丑撰

法書名畫見聞表一卷　〔明〕張
　丑撰

清河書畫表一卷　〔明〕張丑撰

傷寒百證歌五卷　〔宋〕許叔微撰

經絡歌訣一卷　〔清〕汪昂撰

傷寒六經定法一卷問答一卷
　〔清〕舒詔撰

藥症忌宜一卷　〔清〕陳澈撰

昭代名人尺牘小傳二十四卷
　〔清〕吳修撰

靈棋經二卷　〔漢〕東方朔撰
　〔晋〕顏幼明　〔南朝宋〕何承
　天注　〔元〕陳師凱〔明〕劉
　基解

獸經一卷　〔明〕黃省曾撰

虎苑二卷　〔明〕王穉登撰

第二集

書苑菁華二十卷　〔宋〕陳思撰

遼詩話二卷　〔清〕周春撰

無聲詩史七卷　〔清〕姜紹書輯

第三集

南唐書合刻四十八卷

玉臺書史一卷　〔清〕厲鶚撰

玉臺畫史五卷別録一卷　〔清〕
　湯漱玉輯

第四集

詒晋齋集八卷　〔清〕永瑆撰

芳堅館題跋四卷　〔清〕郭尚先撰

太乙照神經三卷神相證驗百條二
　卷　〔清〕劉學誠輯

月波洞中記一卷　〔三國吳〕張
　仲遠傳本

文藻四種　　　　　　　　Fv140 4833

〔清〕黃暹訂

清乾隆五十二年(1787)至道光十一
年(1831)三益堂刻本

十六册

框14.1×9.7釐米。9行20字。白口,左
右雙邊,單黑魚尾。版心上鐫書名,中鐫
小題。内封鐫"仁和黃春渠訂/文藻四種/
三益堂藏板"。

四書讀八卷　〔明〕陳際泰撰　清
　乾隆五十二年(1787)三益堂刻本

五經讀五卷　〔明〕陳際泰撰　清
　乾隆五十二年(1787)三益堂刻本

宋葉文康公禮經會元四卷　〔宋〕
　葉時撰　清乾隆五十四年(1789)
　錢塘桐柏山房刻本

三禮類綜四卷　〔清〕黃暹編輯
　〔清〕夏枝芳校讎　清道光十一年
　(1831)龍江書屋刻本

海山仙館叢書五十六種　　Fv9100 3228

〔清〕潘仕成輯

清道光二十九年(1849)海山仙館刻本
一百二十册

框12.4×9.5釐米。9行21字,小字雙

行同。黑口，左右雙邊。内封鐫"道光己
酉鐫/海山仙館叢書/本館藏板"。

遂初堂書目一卷 〔宋〕尤袤撰

易大義一卷 〔清〕惠棟撰

讀書敏求記四卷 〔清〕錢曾撰

尚書註考一卷 〔明〕陳泰交撰

讀詩拙言一卷 〔明〕陳第撰

四書逸箋六卷 〔清〕程大中撰

一切經音義二十五卷 〔唐〕釋玄
應撰 〔清〕莊炘等校

古史輯要六卷首一卷 〔清〕佚名撰

史記短長説二卷 〔明〕凌迪知
凌稚隆訂

順宗實録五卷 〔唐〕韓愈撰

九國志十二卷 〔宋〕路振撰
〔宋〕張唐英補

靖康傳信録三卷 〔宋〕李綱撰

庚申外史二卷 〔明〕權衡撰

二十二史感應録二卷 〔清〕彭希
涑撰

洛陽名園記一卷 〔宋〕李格非撰

廣名將傳二十卷 〔明〕黄道周注斷

高僧傳十三卷 〔南朝梁〕釋慧皎撰

酌中志二十四卷 〔明〕劉若愚撰

火攻挈要三卷圖一卷 （德國）湯
若望撰

慎守要録九卷 〔明〕韓霖撰

明夷待訪録一卷 〔清〕黄宗羲撰

考古質疑六卷 〔宋〕葉大慶撰

隱居通議三十一卷 〔元〕劉壎撰

洞天清禄集一卷 〔宋〕趙希鵠撰

調變類編四卷

菰中隨筆一卷 〔清〕顧炎武撰

雲谷雜紀四卷首一卷末一卷 〔宋〕
張淏撰

龍筋鳳髓判四卷 〔唐〕張鷟撰
〔明〕劉允鵬注 〔清〕陳春補正

桂苑筆耕集二十卷 〔唐〕崔致遠撰

敬齋古今黈八卷 〔元〕李冶撰

晁具茨先生詩集十五卷 〔宋〕晁
冲之撰 〔清〕佚名注

揭曼碩詩三卷 〔元〕揭傒斯撰

青藤書屋文集三十卷補遺一卷 〔明〕
徐渭撰

婦人集一卷附補一卷 〔清〕陳維
崧撰 〔清〕冒褒注 （補）〔清〕
冒丹書撰

漁隱叢話六十卷後集四十卷 〔宋〕
胡仔撰

四溟詩話四卷 〔明〕謝榛撰

宋四六話十二卷 〔清〕彭元瑞撰

讀畫録四卷 〔清〕周亮工撰

續三十五舉一卷 〔清〕桂馥撰

茶董補二卷 〔明〕陳繼儒撰

酒顛補三卷 〔明〕陳繼儒撰

詞苑叢談十二卷 〔清〕徐釚撰

竹雲題跋四卷 〔清〕王澍撰

尺牘新鈔十二卷 〔清〕周亮工撰

顔氏家藏尺牘四卷姓氏考一卷 〔清〕
顔光敏撰

幾何原本六卷 （意大利）利瑪竇
口譯 〔明〕徐光啓筆受

同文算指前編二卷通編八卷 （意
大利）利瑪竇授 〔明〕李之藻演

圜容較義一卷 （意大利）利瑪竇授
〔明〕李之藻演

測量法義一卷 （意大利）利瑪竇
口譯 〔明〕徐光啓筆受

測量異同一卷 〔明〕徐光啓撰

句股義一卷 〔明〕徐光啓撰

翼梅八卷　〔清〕江永撰

女科二卷産後編二卷　〔清〕傅山撰

海録一卷　〔清〕楊炳南撰

新釋地理備考全書十卷　（葡萄牙）
　瑪吉士撰

全體新論十卷　（英國）合信撰

連筠簃叢書十二種　　Fv9100 +3388

〔清〕楊尚文輯

清道光二十八年（1848）靈石楊氏刻本

三十六册

框18.5×12.8釐米。10行23字。白口,
四周單邊, 單魚尾。

韻補五卷附録一卷附韻補正一卷
　〔宋〕吳棫撰　（補正）〔清〕顧
　炎武撰

元朝秘史十五卷　〔元〕佚名撰

唐兩京城坊考五卷　〔清〕徐松撰
　〔清〕張穆校補

長春真人西遊記二卷　〔元〕李志
　常撰

漢石例六卷　〔清〕劉寶楠撰

句股截積和較算術二卷　〔清〕羅
　士琳撰

橢圜術一卷　〔清〕項名達撰

鏡鏡詅癡五卷　〔清〕鄭復光撰
　〔清〕楊尚文繪圖　〔清〕張穆編校

癸巳存稿十五卷　〔清〕俞正燮等輯

群書治要五十卷　〔唐〕魏徵等輯

湖北金石詩一卷　〔清〕嚴觀撰

落颿樓文稿四卷　〔清〕沈垚撰

清頌堂叢書八種　　Fv9100 3893

〔清〕黃奭輯

清道光二十年（1840）承啓堂刻本

十四册

框17.2×11.6釐米。9行19字, 小字雙
行同。黑口, 四周單邊。

消暑隨筆四卷附子目二卷　〔清〕
　潘世恩撰　（子目）〔清〕黃奭撰

太乙舟文集八卷　〔清〕陳用光撰

春秋世族譜一卷　〔清〕陳厚耀撰

涇西書屋詩稿四卷文稿二卷　〔清〕
　汪元爵撰

胥屏山館詩存二卷文存一卷　〔清〕
　陸麟書撰

青霞仙館詩録一卷　〔清〕王城撰

端綺集二十八卷　〔清〕黃奭撰

古文尚書辨八卷　〔清〕焦循撰

嶺南遺書五十九種　　Fv9100 +2842

〔清〕伍崇曜輯

清道光十一年（1831）至同治二年
（1863）粵雅堂校刻本

八十册

框19×14.1釐米。11行22字。黑口,
四周單邊, 雙魚尾。内封鐫“道光辛卯八
月/海南伍氏校刊”。下書口題“粵雅堂校
刊”“文字歡娛室”。

雙槐歲鈔十卷　〔明〕黃瑜撰

廣州人物傳二十四卷　〔明〕黃佐撰

翰林記二十卷　〔明〕黃佐撰

革除遺事節本六卷　〔明〕黃佐撰

春秋別典十五卷　〔明〕薛虞畿撰

百越先賢志四卷　〔明〕歐大任撰

劉希仁文集一卷　〔唐〕劉軻撰

理學簡言一卷　〔宋〕區仕衡撰

平定交南録一卷　〔明〕丘濬撰

白沙語要一卷　〔明〕陳獻章撰

甘泉新論一卷　〔明〕湛若水撰

元祐黨籍碑考一卷　〔明〕海瑞撰

疑耀七卷　〔明〕張萱撰

海語三卷　〔明〕黄衷撰

郭給諫疏稿二卷　〔明〕郭尚賓撰

算迪八卷　〔清〕何夢瑶撰

春秋詩話五卷　〔清〕勞孝輿撰

崔清獻公集五卷　〔宋〕崔與之撰

崔清獻公言行録三卷　〔宋〕李肖
　龍撰

羅浮志十卷　〔明〕陳槤撰

小學古訓一卷　〔明〕黄佐撰

龐氏家訓一卷　〔明〕龐尚鵬撰

昭代經濟言十四卷　〔明〕陳子壯撰

周易爻物當名二卷　〔明〕黎遂球撰

正學續四卷　〔清〕陳遇夫撰

史見二卷　〔清〕陳遇夫撰

迂言百則一卷　〔清〕陳遇夫撰

周易本義註六卷　〔清〕胡方撰

賡和録二卷　〔清〕何夢瑶撰

救荒備覽四卷附録二卷　〔清〕勞
　潼撰

周易略解八卷附群經互解一卷算略
　一卷　〔清〕馮經撰

粤臺徵雅録一卷　〔清〕羅元焕撰
　〔清〕陳仲鴻注

周髀算經述一卷　〔清〕馮經撰

重訂三家詩拾遺十卷　〔清〕范家
　相撰　〔清〕葉鈞重訂

楊議郎著書一卷　〔漢〕楊孚撰
　〔清〕曾釗輯

異物志一卷　〔漢〕楊孚撰　〔清〕
　曾釗輯

交州記二卷　〔晋〕劉欣期撰
　〔清〕曾釗輯

始興記一卷　〔南朝宋〕王韶之撰

〔清〕曾釗輯

潛虚述義四卷考異一卷　〔清〕蘇
　天木撰

五山志林八卷　〔清〕羅天尺撰

測天約術一卷　〔清〕陳昌齊撰

吕氏春秋正誤一卷　〔清〕陳昌齊撰

楚詞辨韻一卷　〔清〕陳昌齊撰

袁督師事蹟一卷　〔清〕佚名撰

嶺南荔支譜六卷　〔清〕吴應逵撰

南漢紀五卷　〔清〕吴蘭修撰

南漢地理志一卷　〔清〕吴蘭修撰

南漢金石志二卷　〔清〕吴蘭修撰

端溪硯史三卷　〔清〕吴蘭修撰

粤詩蒐逸四卷　〔清〕黄子高輯

春秋古經説二卷　〔清〕侯康撰

穀梁禮證二卷　〔清〕侯康撰

補後漢書藝文志四卷　〔清〕侯康撰

補三國藝文志四卷　〔清〕侯康撰

毛詩通考三十卷　〔清〕林伯桐撰

毛詩識小三十卷　〔清〕林伯桐撰

虞書命羲和章解一卷　〔清〕曾釗撰

蠹勺編四十卷　〔清〕凌揚藻撰

紀夢編年一卷續編一卷　〔清〕釋
　成鷲撰

粤雅堂叢書三十集一百八十六種

PL2451 .Y84

〔清〕伍崇曜輯

清道光至光緒間南海伍氏刻本

三百六十册

框13.2×9.8釐米。9行21字。黑口，
左右雙邊。版心下鎸"粤雅堂叢書"。初
編十集、二編十集、三編十集。

第一集

南部新書十卷　〔宋〕錢易撰

補食貨志一卷 〔清〕郝懿行撰

晋宋書故一卷 〔清〕郝懿行撰

第三十集

姑溪居士文集五十卷後集二十卷
〔宋〕李之儀撰

授堂文鈔八卷 〔清〕武億撰

南北朝文鈔二卷 〔清〕彭兆蓀撰

雷刻四種 Fv5100 1634

〔清〕雷浚撰輯

清光緒十年（1884）吳縣雷氏刻本

六冊

框16.7×12.5釐米。10行21字，小字
雙行同。黑口，四周雙邊，單魚尾。牌記
題"光緒甲申春仲刻竣/本宅藏版"。

説文引經例辨三卷 〔清〕雷浚撰

説文外編十五卷補遺一卷 〔清〕
雷浚撰

説文辨疑一卷 〔清〕顧廣圻撰

劉氏碎金一卷 〔清〕劉禧延撰

結一廬朱氏賸餘叢書四種

Fv9111 +2924

〔清〕朱學勤輯

清光緒三十二年（1906）仁和朱氏刻本

二十冊

框18.6×13.6釐米。9行21字，小字雙
行同。黑口，左右雙邊，單魚尾。

金石録三十卷劄記一卷今存碑目一
卷 〔宋〕趙明誠撰

張説之文集二十五卷補遺五卷 〔唐〕
張説撰

劉賓客文集三十卷外集十卷 〔唐〕
劉禹錫撰

司空表聖文集十卷 〔唐〕司空圖撰

榆園叢刻 Fv9100 +0446

〔清〕許增輯

清光緒刻本

十冊

框17.5×13.6釐米。12行23字，小字
雙行同。白口，左右雙邊，單魚尾。

白石道人詩集二卷詩説一卷歌曲五
卷別集一卷 〔宋〕姜夔撰

山中白雲詞八卷詞源二卷 〔宋〕
張炎撰

衍波詞二卷 〔清〕王士禛撰

納蘭詞五卷補遺一卷 〔清〕納蘭
性德撰

靈芬館詞四種七卷 〔清〕郭麐撰

蘅夢詞二卷

浮眉樓詞二卷

懺餘綺語二卷

爨餘詞一卷

拜石山房詞鈔四卷 〔清〕顧翰撰

憶雲詞四卷附刪存一卷 〔清〕項
廷紀撰

微波詞一卷 〔清〕錢枚撰

松壺畫贅二卷畫憶二卷 〔清〕錢
杜撰

縵雅堂駢體文八卷笙月詞五卷花景
詞一卷 〔清〕王詒壽撰

附娛園叢刻

藏書紀要一卷附流通古書約一卷
〔清〕孫從添撰 （附）〔清〕
曹溶撰

閒者軒帖考一卷 〔清〕孫承澤撰

書畫説鈐一卷 〔清〕陸時化撰

陽羨名陶録二卷 〔清〕吳騫撰

漫堂墨品一卷附雪堂墨品一卷
〔清〕宋犖撰 （附）〔清〕張

仁熙撰

筆史一卷頻羅盦論書一卷　〔清〕
　梁同書撰

金粟箋説一卷　〔清〕張燕昌撰

端溪硯史三卷　〔清〕吳蘭修撰

賞延素心錄一卷　〔清〕周二學撰

校刻西學八種附西學格致啓蒙四種

AC149 .J53 1897（LC）

〔清〕王韜輯

清光緒二十三年（1897）可閲山房刻本

十二冊

框16.5×11.7釐米。11行26字。白口，
四周雙邊，單黑魚尾。

西學圖説一卷　〔清〕王韜輯撰

西國天學源流一卷　（英國）偉烈亞
　力（Alexander Wylie）口譯　〔清〕
　王韜撰

西國源史考一卷　〔清〕王韜輯撰

泰西著述考一卷　〔清〕王韜輯撰

重學淺説一卷　（英國）偉烈亞力
　（Alexander Wylie）口譯　〔清〕
　王韜撰

華英通商事略一卷　（英國）偉烈亞
　力（Alexander Wylie）口譯　〔清〕
　王韜撰

西俗雜志一卷　〔清〕倉山舊主撰
　〔清〕西泠嘯翁抄

各國地球新錄四卷　〔清〕李圭撰

格致化學一卷　（英國）羅斯古撰
　（美國）林樂知（Young John Al-
　len）〔清〕鄭昌棪譯

格物學一卷　（英國）司都藿撰
　（美國）林樂知（Young John Al-
　len）〔清〕鄭昌棪譯

小引天文一卷　（英國）駱克優撰
　（美國）林樂知（Young John Al-
　len）〔清〕鄭昌棪譯

地理小引一卷　（英國）祁覯撰
　（美國）林樂知（Young John Al-
　len）〔清〕鄭昌棪譯

篆學叢書三十種　　　　Fv6410 3836

〔清〕顧湘輯

清光緒十四年（1888）虞山飛鴻延年
堂刻本

六冊

框18.8×11.7釐米。9行21字，小字
雙行同。黑口，四周雙邊。牌記題“光緒
十四年歲在戊子夏五月虞山飛鴻延年堂
重刊”。“序”“總目”題“篆學瑣著”。

論篆一卷　〔唐〕李陽冰撰

五十六種書法一卷　〔唐〕韋續撰

學古編一卷　〔元〕吾丘衍撰

古今印史一卷　〔明〕徐官撰

篆學指南一卷　〔明〕趙宧光撰

印章集説一卷　〔明〕甘暘撰

學古編二卷　〔元〕吾丘衍撰　〔明〕
　何震續

印旨一卷　〔明〕程遠撰

印經一卷　〔清〕朱簡撰

印章要論一卷　〔清〕朱簡撰

篆刻十三略一卷　〔清〕袁三俊撰

印章考一卷　〔清〕方以智撰

敦好堂論印一卷　〔清〕吳先聲撰

説篆一卷　〔清〕許容撰

印辨一卷　〔清〕高積厚撰

印述一卷　〔清〕高積厚撰

印箋説一卷　〔清〕徐堅撰

六書緣起一卷　〔清〕孫光祖撰

古今印制一卷　〔清〕孫光祖撰

篆印發微一卷　〔清〕孫光祖撰

古印考略一卷　〔清〕夏一駒撰

續三十五舉一卷再續三十五舉一卷
　重定續三十五舉一卷　〔清〕桂
　馥撰

印説一卷　〔清〕陳鍊撰

印言一卷　〔清〕陳鍊撰

論印絶句一卷　〔清〕吳騫輯

印學管見一卷　〔清〕馮承輝撰

印人傳三卷　〔清〕周亮工撰

續印人傳八卷　〔清〕汪啓淑撰

小石山房叢書三十八種　　Fv9100 9123

〔清〕顧湘輯

清同治十三年（1874）虞山顧氏刻本
十六册

框17.6×13.1釐米。11行22字，小字
雙行同。黑口，左右雙邊，雙魚尾。牌記
題“同治甲戌孟秋虞山顧氏校栞”。

四書講義一卷　〔明〕顧憲成撰

淮雲問答一卷續編一卷　〔清〕陳
　瑚撰

論學酬答四卷　〔清〕陸世儀撰

韋庵經説一卷　〔清〕周象明撰

毋欺録一卷　〔清〕朱用純撰

潘瀾筆記二卷　〔清〕彭兆蓀撰

懺摩録一卷　〔清〕彭兆蓀撰

東觀奏記三卷　〔唐〕裴庭裕撰

承華事略一卷　〔元〕王惲撰

明夷待訪録一卷　〔清〕黃宗羲撰

岳陽風土記一卷　〔宋〕范致明撰

校正朝邑志一卷　〔明〕韓邦靖撰
　〔清〕王元啓訂

吳門耆舊記一卷　〔清〕顧承撰

松窗快筆一卷　〔明〕龔立本撰

海虞畫苑略一卷補遺一卷　〔清〕
　魚翼撰

疑年録四卷　〔清〕錢大昕撰

續疑年録四卷　〔清〕吳修撰

稼書先生年譜一卷　〔清〕陸宸徵
　李鉉撰

汲古閣校刻書目一卷補遺一卷附刻
　板存亡考一卷　〔清〕鄭德懋輯

隱緑軒題識一卷　〔清〕陳奕禧撰

砥齋題跋一卷　〔清〕王弘撰撰

湛園題跋一卷　〔清〕姜宸英撰

義門題跋一卷　〔清〕何焯撰

山家清供一卷　〔宋〕林洪撰

勿藥須知一卷　〔清〕尤乘撰

尋花日記二卷　〔清〕歸莊撰

看花雜詠一卷　〔清〕歸莊撰

冬心先生畫竹題記一卷　〔清〕金
　農撰

冬心先生三體詩一卷　〔清〕金農撰

詞評一卷　〔明〕王世貞撰

墨井詩鈔二卷　〔清〕吳歷撰

三巴集一卷　〔清〕吳歷撰

墨井題跋一卷　〔清〕吳歷撰

海珊詩鈔一卷　〔清〕嚴遂成撰

藝庵遺詩一卷　〔清〕黃彥撰

明人詩品二卷　〔清〕杜蔭棠撰

夢曉樓隨筆一卷　〔清〕宋顧樂撰

虞東先生文録八卷　〔清〕顧鎮撰

皇朝藩屬輿地叢書二十八種

　　　　　　　　　　Fv3006 2144

清光緒二十九年（1903）上海書局石
印本

四十八册

内封鐫"光緒癸卯季夏/金匱浦氏静寄東軒屬上海書局石印"。

西藏圖考八卷首一卷　〔清〕黃沛翹撰

西招圖略一卷附路程二卷　〔清〕松筠撰

越史略三卷　（越南）佚名撰

吉林外記十卷　〔清〕薩英額撰

黑龍江外記八卷　〔清〕西清撰

塞北紀行一卷　〔元〕張德輝撰

西北域記一卷　〔清〕謝濟世撰

西游記金山以東釋一卷　〔清〕沈垚撰

寧古塔紀略一卷　〔清〕吳桭臣撰

帕米爾圖説一卷　〔清〕許景澄撰

帕米爾輯略一卷　〔清〕胡祥鑅撰

澳大利亞洲志譯本一卷　沈恩孚輯

蒙古游牧記十六卷　〔清〕張穆撰〔清〕何秋濤補

長春真人西遊記二卷　〔元〕李志常撰

新疆要略四卷　〔清〕祁韻士撰

漢西域圖考七卷首一卷　〔清〕李光廷撰

西域水道記五卷　〔清〕徐松撰

新疆賦一卷　〔清〕徐松撰

漢書西域傳補注二卷　〔清〕徐松撰

東北邊防輯要二卷　〔清〕曹廷杰撰

東三省輿地圖説一卷附錄一卷　〔清〕曹廷杰撰

滇緬劃界圖説一卷　〔清〕薛福成撰

平定羅刹方略一卷　〔清〕佚名撰

元朝征緬錄一卷　〔元〕佚名撰

元朝秘史十五卷　〔元〕佚名撰〔清〕李文田注

元史譯文證補三十卷　〔清〕洪鈞撰

職方外紀五卷首一卷　（意大利）艾儒略（Giulio Aleni）撰

元秘史山川地名考十二卷　〔清〕施世杰撰

許學叢書十四種　　　　Fv5092 0735

〔清〕張炳翔輯

清光緒九至十年（1883—1884）長洲張炳翔儀鄦廬刻本

二十四册

框12×9.5釐米。9行20字，小字雙行同。黑口，四周雙邊。封牌題"光緒癸未秋開雕/丁申夏五工竣/板藏張氏儀鄦廬"。版心下鐫"忍庵校本"。

許君年表考一卷年表一卷　〔清〕陶方琦撰

唐寫本説文解字木部箋異一卷　〔清〕莫友芝撰

説文疑疑二卷附錄一卷　〔清〕孔廣居撰

諧聲補逸十四卷附札記一卷　〔清〕宋保撰　（札記）〔清〕張炳翔撰

轉注古義考一卷　〔清〕曹仁虎撰

説文段注撰要九卷　〔清〕馬壽齡撰

説文辨疑一卷　〔清〕顧廣圻撰

讀説文雜識一卷　〔清〕許棫撰

説文字原韻表二卷　〔清〕胡重撰

説文部首歌一卷　〔清〕馮桂芬撰〔清〕馮世澂案

説文答問疏證六卷　〔清〕薛傳均撰

説文新附考六卷續考一卷附札記一卷　〔清〕鈕樹玉撰　（札記）〔清〕張炳翔撰

段氏説文注訂八卷附札記一卷　〔清〕

鈕樹玉撰 （札記）〔清〕張炳翔撰

説文聲訂二卷附札記一卷 〔清〕
　　苗夔撰 （札記）〔清〕張炳翔撰

滂喜齋叢書五十種　　　　Fv9100 3240

〔清〕潘祖蔭輯

清同治至光緒間吳縣潘氏京師刻本
三十二冊

行款格式不一。黑口，左右雙邊，單
魚尾。牌記"潘氏八囍齋刊於京師"。鈐
"貴陽趙氏壽華軒藏"印。

虞氏易消息圖説初稿一卷 〔清〕
　　胡祥麟撰

大誓答問一卷 〔清〕龔自珍撰

求古錄禮説補遺一卷續一卷 〔清〕
　　金鶚撰

公羊逸禮考徵一卷 〔清〕陳奐撰

喪禮經傳約一卷 〔清〕吳卓信撰

京畿金石考二卷 〔清〕孫星衍撰

止觀輔行傳宏決一卷 〔唐〕釋湛
　　然撰 〔清〕胡澍錄

炳燭編四卷 〔清〕李賡芸撰

橋西雜記一卷 〔清〕葉名灃撰

蕙西先生遺稿一卷 〔清〕邵懿辰撰

張文節公遺集二卷 〔清〕張洵撰

越三子集 〔清〕潘祖蔭輯

　亢藝堂集三卷 〔清〕孫廷璋撰

　陳比部遺集三卷 〔清〕陳壽祺撰

　西鳧草一卷 〔清〕王星誠撰

唅敢覽館稿一卷 〔清〕曹應鐘撰

壬申消夏詩一卷 〔清〕潘祖蔭輯

卦本圖考一卷 〔清〕胡秉虔撰

尚書序錄一卷 〔清〕胡秉虔撰

春秋左氏古義六卷 〔清〕臧壽恭撰

説文管見三卷 〔清〕胡秉虔撰

古韻論三卷 〔清〕胡秉虔撰

鹽法議略一卷 〔清〕王守基撰

黃帝內經素問校義一卷 〔清〕胡
　　澍撰

藝芸書舍宋元本書目二卷 〔清〕
　　汪士鐘撰

玉井山館筆記一卷舊遊日記一卷
　　〔清〕許宗衡撰

宋四家詞選一卷 〔清〕周濟輯

癸酉消夏詩一卷 〔清〕潘祖蔭輯

南苑唱和詩一卷 〔清〕潘祖蔭輯

別雅訂五卷 〔清〕許瀚撰

許印林遺著一卷 〔清〕許瀚撰

非石日記鈔一卷 〔清〕鈕樹玉撰
　　〔清〕王頌蔚輯

鈕非石遺文一卷 〔清〕鈕樹玉撰

炳燭室雜文一卷 〔清〕江藩撰

天馬山房詩別錄一卷 〔清〕汪巽
　　東撰

沈四山人詩錄六卷附錄一卷 〔清〕
　　沈謹學撰

吳郡金石目一卷 〔清〕程祖慶撰

稽瑞樓書目四卷 〔清〕陳揆撰

懷舊集二卷 〔清〕馮舒撰

愛吾廬文鈔一卷 〔清〕呂世宜撰

劉貴陽説經殘稿一卷 〔清〕劉書
　　年撰

劉氏遺箸一卷 〔清〕劉禧延撰

寶鐵齋金石文跋尾三卷 〔清〕韓
　　崇撰

百塼考一卷 〔清〕呂佺孫撰

簠齋傳古別錄一卷 〔清〕陳介祺撰

陳簠齋丈筆記一卷手札一卷 〔清〕
　　陳介祺撰

鮑臆園丈手札一卷 〔清〕鮑康撰

幽夢續影一卷 〔清〕朱錫綬撰
徐元嘆先生殘稿一卷 〔明〕徐波撰
二茗詩集 〔清〕潘鍾瑞輯
萬卷書屋詩存一卷 〔清〕朱棆撰
楙花盦詩二卷附録一卷外集一卷 〔清〕葉廷琯撰
石氏喬梓詩集 〔清〕潘鍾瑞輯
聽雨樓詩一卷 〔清〕石嘉吉撰
葵青居詩録一卷附夢螴草一卷 〔清〕石渠撰
小草庵詩鈔一卷 〔清〕屠蘇撰
日本金石年表一卷 （日本）西田直養撰

功順堂叢書十八種 Fv9100 1293

〔清〕潘祖蔭輯

清光緒吴縣潘氏刻本

三十二册

框18.2×13.3釐米。9行22字，小字雙行同。黑口，左右雙邊，單魚尾。

春秋左氏傳補注十二卷 〔清〕沈欽韓撰
春秋左氏傳地名補注十二卷 〔清〕沈欽韓撰
周人經説八卷 〔清〕王紹蘭撰
王氏經説六卷音略一卷音略考證一卷 〔清〕王紹蘭撰
論語孔注辨僞二卷 〔清〕沈濤撰
爾雅補注殘本一卷 〔清〕劉玉麐撰
急就章一卷考證一卷 〔漢〕史游撰 〔清〕鈕樹玉校定
説文古籀疏證六卷 〔清〕莊述祖撰
國史考異六卷 〔清〕潘檉章撰 〔清〕吴炎訂
平定羅刹方略四卷 〔清〕佚名撰
西清筆記二卷 〔清〕沈初撰
涇林續記一卷 〔明〕周玄暐撰
廣陽雜記五卷 〔清〕劉獻廷撰
無事爲福齋隨筆二卷 〔清〕韓泰華撰
范石湖詩集注二卷 〔清〕沈欽韓撰
半氈齋題跋二卷 〔清〕江藩撰
南澗文集二卷 〔清〕李文藻撰
冬青館古宮詞三卷 〔清〕張鑑撰

當歸草堂叢書八種 Fv9100 9249

〔清〕丁丙輯

清同治二年（1863）至光緒六年（1880）錢唐丁氏正修堂刻本

十六册

框18×13.1釐米。9行21字，小字雙行同。黑口，左右雙邊，單魚尾。内封鎸“同治二年十月錢塘丁氏重刊”。

童蒙訓三卷 〔宋〕吕本中撰
程氏家塾讀書分年日程三卷綱領一卷 〔清〕程端禮撰
慎言集訓二卷 〔明〕敖英纂
温氏母訓一卷 〔明〕温璜撰
松陽鈔存二卷 〔清〕陸隴其撰
切近編一卷 〔清〕桑調元 沈廷芳輯
張楊園先生年譜一卷 〔清〕蘇惇元纂
忱行録一卷 〔清〕邵懿辰撰

畿輔叢書一百二十六種 Fv9100 2552

〔清〕王灝輯

清光緒五年（1879）定州王氏謙德堂刻本

四百二十一册

框18.8×12.6釐米。10行22字，小字

雙行同。黑口，四周雙邊。

荀子二十卷附校勘補遺一卷　〔周〕
荀況撰　〔唐〕楊倞注　（校勘補
遺）〔清〕謝墉校

春秋繁露十七卷附凌注校正一卷　〔漢〕
董仲舒撰　（凌注校正）〔清〕凌曙
注　〔清〕張駒賢校正

董子文集一卷　〔漢〕董仲舒撰

韓詩外傳十卷附補逸一卷校注拾遺
一卷　〔漢〕韓嬰撰　〔清〕周廷
寀校注　（補逸）〔清〕趙懷玉撰
（拾遺）〔清〕周宗杬撰

廣雅疏證十卷　〔清〕王念孫撰
〔清〕王引之述

戰國策三十三卷　〔漢〕高誘注

人物志三卷　〔三國魏〕劉邵撰
〔北魏〕劉昺注

古今注三卷　〔晋〕崔豹撰

高令公集一卷　〔北魏〕高允撰

大戴禮記補注十三卷序録一卷　〔清〕
孔廣森撰

校正孔氏大戴禮記補注十三卷　王
樹柟撰

劉子十卷　〔北齊〕劉晝撰　〔唐〕
袁孝政注

蒙求三卷　〔五代〕李瀚撰

尚書故實一卷　〔唐〕李綽撰

封氏聞見記十卷　〔唐〕封演撰

朝野僉載一卷　〔唐〕張鷟撰

元和郡縣圖志四十卷附考證三十四
卷闕卷逸文一卷　〔唐〕李吉甫
撰　（考證）〔清〕張駒賢撰
（闕卷逸文）〔清〕孫星衍編

魏鄭公文集三卷詩集一卷　〔唐〕
魏徵撰

魏鄭公諫録五卷　〔唐〕王方慶輯

魏鄭公諫續録一卷　〔元〕翟思忠輯

李相國論事集六卷遺文一卷　〔唐〕
李絳撰　〔唐〕蔣偕輯

盧昇之集七卷　〔唐〕盧照鄰撰

高常侍集二卷　〔唐〕高適撰

劉隨州集十一卷　〔唐〕劉長卿撰

盧仝集三卷　〔唐〕盧仝撰

劉賓客文集三十卷補遺一卷　〔唐〕
劉禹錫撰

李元賓文集六卷　〔唐〕李觀撰

長江集十卷附閬仙詩附集一卷
〔唐〕賈島撰

李衛公會昌一品集二十卷別集十卷
外集四卷補遺一卷　〔唐〕李德
裕撰

群經音辨七卷　〔宋〕賈昌朝撰

明本釋三卷　〔宋〕劉荀撰

元城語録三卷附行録一卷　〔宋〕
馬永卿撰　（行録）〔明〕崔銑撰

元城語録解三卷附行録解一卷
〔明〕王崇慶撰

近事會元五卷校勘記一卷附考證一
卷　〔宋〕李上交撰　（校勘記）
〔清〕錢熙祚撰　（考證）王樹柟
等撰

春明退朝録三卷　〔宋〕宋敏求撰

盡言集十三卷　〔宋〕劉安世撰

忠肅集二十卷　〔宋〕劉摯撰

學易集八卷　〔宋〕劉跂撰

李忠愍公集一卷　〔宋〕李若水撰

姑溪題跋二卷　〔宋〕李之儀撰

閑閑老人滏水文集二十卷補遺一卷
附一卷　〔金〕趙秉文撰　（附）
〔金〕元好問撰

滹南遺老集四十五卷詩集一卷續編
　　詩集一卷　〔金〕王若虛撰
敬齋古今黈八卷　〔元〕李冶撰
西使記一卷　〔元〕劉郁撰
元朝名臣事略十五卷　〔元〕蘇天
　　爵撰
汝南遺事四卷　〔元〕王鶚撰
困學齋雜録一卷　〔元〕鮮于樞撰
静修先生文集十二卷　〔元〕劉因撰
安默庵先生文集五卷　〔元〕安熙撰
易經增註十卷考一卷　〔明〕張鏡
　　心撰　〔明〕張縉輯
古今律曆考七十二卷戊申立春考證
　　一卷　〔明〕邢雲路撰
典故紀聞十八卷　〔明〕余繼登撰
平播全書十五卷　〔明〕李化龍撰
鄉約一卷　〔明〕尹耕撰
塞語一卷　〔明〕尹耕撰
車營百八叩一卷　〔明〕孫承宗撰
觀心約一卷　〔明〕鄒森撰
洨濱語録二十卷　〔明〕蔡靉撰
鹿忠節公年譜二卷　〔清〕陳鉉撰
認真草十六卷　〔明〕鹿善繼撰
蘭臺奏疏三卷　〔明〕馬從聘撰
王少司馬奏疏二卷　〔明〕王家楨撰
金忠潔集六卷　〔明〕金鉉撰
東田文集三卷詩集三卷　〔明〕馬
　　中錫撰
花王閣賸稿一卷　〔明〕紀坤撰
楊忠愍公集二卷　〔明〕楊繼盛撰
味檗齋文集十五卷　〔明〕趙南星撰
范文忠公文集十卷　〔明〕范景文撰
宋布衣集三卷　〔明〕宋登春撰
清平閣唱和詩一卷　〔明〕宋登春撰
史忠正公集四卷首一卷附録一卷

〔明〕史可法撰
永年申氏遺書　〔清〕申居鄖輯
顔習齋遺書二十一卷　〔清〕顔元撰
李恕谷遺書六十卷　〔清〕李塨撰
孫夏峰遺書二十卷　〔清〕孫奇逢撰
尹健餘先生全集　〔清〕尹會一撰
崔東壁遺書四十三卷　〔清〕崔述撰
介庵經説十卷補二卷　〔清〕雷學
　　淇撰
世本二卷附考證一卷　〔漢〕宋衷
　　注　（考證）〔清〕雷學淇校輯
古經服緯三卷附釋問一卷　〔清〕
　　雷鐼撰　（釋問）〔清〕雷學淇撰
王制管窺一卷　〔清〕耿極撰
論語附記二卷　〔清〕翁方綱撰
孟子附記二卷　〔清〕翁方綱撰
詩附記四卷　〔清〕翁方綱撰
禮記附記六卷　〔清〕翁方綱撰
古本大學輯解二卷　〔清〕楊亶驊撰
中庸本解二卷　〔清〕楊亶驊撰
重斠唐韻考五卷　〔清〕紀容舒撰
　　〔清〕錢熙祚斠　〔清〕錢恂重斠
玉臺新詠考異十卷　〔清〕紀容舒撰
沈氏四聲考二卷　〔清〕紀昀撰
審定風雅遺音二卷　〔清〕史榮撰
　　〔清〕紀昀審定
歌麻古韻考四卷　〔清〕吳樹聲撰
　　〔清〕苗夔補注
周秦名字解故附録一卷　〔清〕王
　　萱齡撰
潞城考古録二卷　〔清〕劉錫信撰
歷代諱名考一卷　〔清〕劉錫信撰
漢書西域傳補注二卷　〔清〕徐松撰
唐兩京城坊考五卷　〔清〕徐松撰
　　〔清〕張穆校補

明史紀事本末八十卷　〔清〕谷應泰撰

明書一百七十一卷　〔清〕傅維麟撰

臺海使槎録八卷　〔清〕黃叔璥撰

黃崑圃先生年譜三卷　〔清〕顧鎮撰

魏貞庵先生年譜一卷　〔清〕魏荔彤撰

魏敏果公年譜一卷　〔清〕魏象樞述　〔清〕魏學誠等録

廣陽雜記五卷　〔清〕劉獻廷撰

潛室劄記二卷　〔清〕刁包撰

樵香小記二卷　〔清〕何琇撰

簡通録二卷　〔清〕馬輝撰

朱子學歸二十三卷　〔清〕鄭端輯

政學録五卷　〔清〕鄭端撰

成周徹法演四卷　〔清〕何貽霈撰

乾坤大略十卷補遺一卷　〔清〕王餘佑撰

魏文毅公奏議三卷　〔清〕魏裔介撰

兼濟堂集九卷　〔清〕魏裔介撰

瓊琚珮語一卷　〔清〕魏裔介撰

寒松堂集十卷詩集三卷　〔清〕魏象樞撰

居業堂文集二十卷　〔清〕王源撰

陳學士文集十五卷　〔清〕陳儀撰

笥河文集十六卷首一卷　〔清〕朱筠撰

瓶水齋詩集十七卷別集二卷　〔清〕舒位撰

知足齋文集六卷進呈文稿二卷　〔清〕朱珪撰

萬善花室文藁七卷　〔清〕方履籛撰

郝學海先生筆記三卷　〔清〕郝浴撰

留耕堂詩集一卷　〔清〕殷岳撰

積書巖詩集一卷　〔清〕劉逢源撰

玉暉堂詩集五卷　〔清〕趙湛撰

柿葉庵詩選一卷　〔清〕張蓋撰

古逸叢書二十六種　　Fv9100 +4633

〔清〕黎庶昌輯　楊守敬校刊

清光緒十年（1884）日本東京使署遵義黎氏影刻本

四十九册

行款版式不一。牌記題"光緒十年甲申遵義黎氏刊於日本東京使"。

爾雅三卷　〔晋〕郭璞撰

春秋穀梁傳十二卷附考異一卷　〔晋〕范甯集解　〔唐〕陸德明音義　（考異）楊守敬撰

論語十卷　〔三國魏〕何晏集解

周易六卷附晦庵先生校正周易繫辭精義二卷　〔宋〕程頤撰　（附）〔宋〕呂祖謙撰

御注孝經一卷　〔唐〕玄宗李隆基注

老子道德經二卷　〔周〕李耳撰

荀子二十卷　〔周〕荀況撰　〔唐〕楊倞注

南華真經注疏十卷　〔晋〕郭象注　〔唐〕成玄英疏

楚詞集注八卷辯證二卷後語六卷　〔宋〕朱熹撰

尚書釋音二卷　〔唐〕陸德明撰

玉篇殘四卷又二卷　〔南朝梁〕顧野王撰

廣韻五卷附校札一卷　〔宋〕陳彭年等重修　（校札）〔清〕黎庶昌撰

廣韻五卷　〔宋〕陳彭年等重修

玉燭寶典十二卷（原缺卷九）　〔隋〕杜臺卿撰

文館詞林殘十四卷　〔唐〕許敬宗

等輯

珊玉集殘二卷 〔唐〕佚名撰

姓解三卷 〔宋〕邵思撰

韻鏡一卷

日本國見在書目録一卷 （日本）藤
　原佐世撰

史略六卷 〔宋〕高似孫撰

漢書食貨志一卷（原缺卷下）〔漢〕
　班固撰 〔唐〕顏師古注

急就篇一卷 〔漢〕史游撰

杜工部草堂詩箋四十卷外集一卷傳
　序碑銘一卷目録二卷年譜二卷詩
　話二卷補遺二卷 〔宋〕魯訔輯
　〔宋〕蔡夢弼會箋 （補遺）〔宋〕
　黃鶴集注

碣石調幽蘭一卷 〔南朝陳〕丘公
　明撰

天台山記一卷 〔唐〕徐靈府撰

太平寰宇記殘六卷 〔宋〕樂史撰

學古齋金石叢書四集十二種

Fv2085 7408

〔清〕葛元煦輯

清光緒四至九年（1878—1883）崇川
葛氏學古齋刻本

十六册

框12.6×9.4釐米。9行20字，小字雙
行同。黑口，左右雙邊。版心下鐫“學古
齋校本”。牌記題“會稽董氏藏版”。

第一集

亭林文集六卷餘集一卷 〔清〕
　顧炎武撰

識小編二卷 〔清〕董豐垣撰

金石續録四卷 〔清〕劉青藜撰

第二集

庚子銷夏記八卷 〔清〕孫承澤撰

説文凝錦録一卷 〔清〕萬光泰撰

金石略三卷 〔宋〕鄭樵撰

第三集

元豐金石跋尾一卷 〔宋〕曾鞏撰

古刻叢鈔一卷 〔明〕陶宗儀撰
　〔清〕孫星衍重輯

金薤琳琅二十卷補遺一卷 〔明〕
　都穆輯 （補遺）〔清〕宋振譽輯

第四集

金石古文十四卷 〔明〕楊慎輯

石墨鐫華八卷 〔明〕趙崡撰

金石史二卷 〔明〕郭宗昌撰

融經館叢書十一種　　　Fv9100 1225

〔清〕徐友蘭輯

清光緒十三年（1887）會稽徐氏八
杉齋刻本

三十四册

框10.9×7.9釐米。9行22字，小字雙
行同。白口，左右雙邊，單魚尾。

釋名疏證八卷補遺一卷 〔清〕畢
　沅撰

兩漢雋言前集十卷後集六卷 〔宋〕
　林越輯 （後集）〔明〕凌迪知輯

楚騷綺語六卷 〔明〕張之象輯

太史華句八卷 〔明〕凌迪知輯

左國腴詞八卷 〔明〕凌迪知輯

文選錦字二十一卷 〔明〕凌迪知輯

漢書蒙拾三卷 〔清〕杭世駿撰

後漢書蒙拾二卷 〔清〕杭世駿撰

唐詩金粉十卷 〔清〕沈炳震輯

螺江日記八卷續記四卷 〔清〕張
　文虎撰

顧曲録四卷 〔清〕謝嘉玉撰

南菁書院叢書八集四十一種

Fv9100 4457

王先謙 繆荃孫輯

清光緒十四年（1888）江陰南菁書
院刻本

四十冊

框17.6×12.5釐米。11行24字，小字
雙行同。白口，左右雙邊，單魚尾。

第一集

　　登科記考三十卷　〔清〕徐松撰

　　春秋摘微一卷　〔唐〕盧仝撰

　　　〔清〕李邦黻輯

第二集

　　深衣考一卷　〔清〕黃宗羲撰

　　左傳補注一卷　〔清〕姚鼐撰

　　公羊傳補注一卷　〔清〕姚鼐撰

　　穀梁傳補注一卷　〔清〕姚鼐撰

　　國語補注一卷　〔清〕姚鼐撰

　　論語注二十卷　〔清〕戴望撰

　　群經賸義一卷　〔清〕俞樾撰

　　操觚齋遺書四卷　〔清〕管禮耕撰

第三集

　　易林釋文二卷　〔清〕丁晏撰

　　投壺考原一卷　〔清〕丁晏撰

　　佚禮扶微五卷　〔清〕丁晏輯

　　淮南萬畢術一卷　〔漢〕劉安撰

　　　〔清〕丁晏輯

　　疇人傳三編七卷　〔清〕諸可寶撰

第四集

　　說文職墨三卷　〔清〕于鬯撰

　　說文舊音補注一卷補遺一卷續一

　　　卷改錯一卷　胡玉縉撰

　　爾雅詁二卷　〔清〕徐孚吉撰

　　吳疆域圖說三卷　〔清〕范本禮撰

　　補水經注洛水淫水武陵五溪考一

卷　〔清〕謝鍾英撰

　　開方用表簡術一卷　〔清〕程之
　　　驤撰

第五集

　　毛詩異文箋十卷　〔清〕陳玉樹撰

　　句股演代二卷　〔清〕江衡撰

第六集

　　春秋世族譜拾遺一卷　〔清〕成
　　　蓉鏡撰

　　鄭志考證一卷　〔清〕成蓉鏡撰

　　釋名補證一卷　〔清〕成蓉鏡撰

　　三統術補衍一卷　〔清〕成蓉鏡撰

　　推步迪蒙記一卷　〔清〕成蓉鏡撰

　　史漢駢枝一卷　〔清〕成蓉鏡撰

　　宋州郡志校勘記一卷　〔清〕成
　　　蓉鏡撰

　　駉思室答問一卷　〔清〕成蓉鏡撰

　　漢太初曆考一卷　〔清〕成蓉鏡撰

　　心巢文錄二卷　〔清〕成蓉鏡撰

第七集

　　蔡氏月令五卷　〔漢〕蔡邕撰
　　　〔清〕蔡雲輯

　　律呂古誼六卷　〔清〕錢塘撰

　　陸氏草木鳥獸蟲魚疏疏二卷
　　　〔清〕焦循撰

　　劉炫規杜持平六卷　〔清〕邵瑛撰

第八集

　　周易二閭記三卷　〔清〕茹敦和撰

　　方氏易學五書　〔清〕方申撰

　　安甫遺學三卷　〔清〕江承之撰

　　易例輯略一卷　〔清〕龐大堃撰

藕香零拾三十九種　　Fv9100 4426

繆荃孫輯

清宣統二年（1910）江陰繆氏刻本

三十二冊

框15.5×12.2釐米。14行21字，小字
雙行同。黑口，左右雙邊，單魚尾。

澹生堂藏書約四卷　〔明〕祁承㸁撰

藏書記要一卷　〔清〕孫從添撰

流通古書約一卷　〔清〕曹溶撰

古歡社約一卷　〔清〕丁雄飛撰

開成石經圖考一卷　〔清〕錢錫曾撰

大唐創業起居三卷　〔唐〕温大雅撰

安禄山事迹三卷　〔唐〕姚汝能撰

牛羊日曆一卷　〔唐〕劉軻撰

東觀奏記三卷　〔唐〕裴庭裕撰

廣陵妖亂志一卷逸文一卷　〔唐〕
　羅隱撰

中興戰功録一卷　〔宋〕李壁撰

玉牒初草二卷　〔宋〕劉克莊撰

宋中興學士院題名一卷東宮官寮題
　名一卷行在雜買務雜賣場提轄官
　題名一卷三公年表一卷　〔宋〕
　何異撰

元河南志四卷　〔元〕佚名撰　〔清〕
　徐松輯

棲霞小志一卷　〔明〕盛時泰撰

唐兩京城坊考補記一卷　〔清〕程
　鴻詔撰

遊城南記一卷　〔宋〕張禮撰

據鞍録一卷　〔清〕楊應琚撰

遼東行部志一卷　〔金〕王寂撰

偽齊録二卷　〔宋〕楊堯弼撰

寓庵集八卷　〔元〕李庭撰

静軒集五卷附録一卷　〔元〕閻復撰

清河集七卷附録一卷　〔元〕元明
　善撰

菊潭集四卷　〔元〕孛朮魯翀撰

蘇潁濱年表一卷　〔清〕孫汝聽撰

孫淵如先生年譜一卷　〔清〕張紹
　南撰

曾公遺録三卷　〔宋〕曾布撰

山房隨筆一卷補遺一卷　〔元〕蔣
　子正撰

澹餘筆記一卷　〔清〕曹申吉撰

刑統賦一卷　〔宋〕傅霖撰

真賞齋賦一卷　〔明〕豐坊撰

河賦注一卷　〔清〕江藩撰　〔清〕
　錢坤注

錢竹汀日記一卷　〔清〕錢大昕撰

農丹一卷　〔清〕張標撰

強夢圃太守上黨事三書一卷　〔清〕
　強望泰撰

古泉山館題跋二卷　〔清〕翟中溶撰

破鐵綱二卷　〔清〕胡爾榮撰

敬齋先生古今黈十二卷逸文二卷附
　録一卷　〔元〕李冶撰

舊聞證誤四卷補遺一卷　〔宋〕李
　心傳撰

鐵華館叢書六種　　Fv9100 +8548

〔清〕蔣鳳藻輯

清光緒十年（1884）長洲蔣氏刻本

六冊

框17.8×12.9釐米。12行22字，小字
雙行同。白口，左右雙邊，單魚尾。

冲虛至德真經八卷　〔周〕列禦寇
　撰　〔晋〕張湛注

新序十卷　〔漢〕劉向撰

通玄真經十二卷　〔周〕辛鈃撰
　〔唐〕徐靈府注

群經音辨七卷　〔宋〕賈昌朝撰

佩觿三卷　〔宋〕郭忠恕撰

字鑑五卷　〔元〕李文仲撰

湖北叢書三十種 Fv9110.24 3235

〔清〕趙尚輔輯

清光緒十七年（1891）三餘草堂刻本
一百冊

框16.2×11.9釐米。10行18字，小字
雙行不等。黑口，四周單邊，雙魚尾。牌
記題“光緒辛卯三餘草堂藏板”。鈐“湖
北教育廳印”印。

　御定易經通注四卷　〔清〕曹本榮
　　等撰
　易領四卷　〔明〕郝敬撰
　周易集解纂疏十卷　〔清〕李道平撰
　易筮遺占一卷　〔清〕李道平撰
　易象通義六卷　〔清〕秦篤輝撰
　尚書辨解十卷　〔明〕郝敬撰
　毛詩原解三十六卷　〔明〕郝敬撰
　詩傳名物集覽十二卷　〔清〕陳大
　　章撰
　春秋非左二卷　〔明〕郝敬撰
　春秋楚地答問一卷　〔清〕易本烺撰
　論語類考二十卷　〔明〕陳士元撰
　四書逸箋六卷　〔清〕程大中撰
　孟子雜記四卷　〔明〕陳士元撰
　孟子要略五卷附錄一卷　〔宋〕朱
　　熹撰　〔清〕劉傳瑩輯　〔清〕曾
　　國藩撰
　孔子家語疏證十卷　〔清〕陳士珂撰
　伸顧一卷附劄記一卷　〔清〕易本
　　烺撰　（劄記）〔清〕王家鳳撰
　史懷二十卷　〔明〕鍾惺撰
　讀史膰言四卷　〔清〕秦篤輝撰
　學統五十三卷　〔清〕熊賜履撰
　江漢叢談二卷　〔明〕陳士元撰
　雲杜故事一卷　〔清〕易本烺撰
　導江三議一卷　〔清〕王柏心撰

　姓觿十卷附錄一卷劄記一卷刊誤一卷
　　〔明〕陳士元撰　（刊誤）〔清〕易
　　本烺撰
　名疑集四卷劄記一卷　〔明〕陳士
　　元纂
　繹志十九卷附劄記　〔清〕胡承諾撰
　讀書說四卷附年譜一卷　〔清〕胡
　　承諾撰　（年譜）〔清〕佚名撰
　蠕範八卷　〔清〕李元撰
　平書八卷　〔清〕秦篤輝撰
　樞言一卷續一卷　〔清〕王柏心撰
　楚辭十七卷　〔漢〕王逸章句

**屑玉叢譚初集六卷二集六卷三集六卷四
集六卷** Fv9155 8524

〔清〕錢徵 蔡爾康輯

清光緒四年（1878）上海申報館鉛印本
六冊

牌記題“申報館仿聚珍板印”。存二
集十三種。

　廿二史發蒙一卷附錄一卷　〔清〕
　　馬承昭輯
　攤飯續談一卷　〔清〕崔應榴撰
　南遊記一卷　〔清〕孫嘉淦撰
　黃山紀遊一卷　〔清〕黃肇敏撰
　豐暇筆談一卷　〔清〕孟瑢樾撰
　緒南筆談一卷　〔清〕許嗣茅撰
　小螺盦病榻憶語一卷　〔清〕孫道
　　乾輯
　杭俗遺風一卷附錄一卷　〔清〕范
　　祖述撰
　蕉窗聞見錄一卷　〔清〕杏村老農撰
　廣哀詩一卷　〔清〕張苪撰
　冰谿吟草一卷附錄一卷　〔清〕張
　　苪撰

夢遊赤壁圖題詞一卷　蘇紹炳輯

題紅詞一卷　〔清〕王芝岑撰

小方壺齋輿地叢鈔十二帙補編十二帙再補編十二帙　　Fv3006 1183

〔清〕王錫祺輯

清光緒三至二十三年(1877—1897)

著易堂鉛印本

八十四册

內封鐫"小方壺齋輿地叢鈔/光緒辛卯/張元方書"。牌記題"南清河王氏所輯書之一"。版心下鐫"南清河王氏鑄版上海著易堂印行"。含正編十二帙,一千二百種,六十四册;補編十二帙(原缺第五、八帙),五十八種,四册;再補編十二帙(原缺第五帙),一百八十種,十六册。

第一帙

蓋地論一卷　〔清〕俞正燮撰

地球總論一卷　(葡萄牙)瑪吉士撰

地理説略一卷　〔清〕吳鍾史撰

地理淺説一卷　(美國)林樂知撰

地球志略一卷　〔清〕徐繼畬撰

地球形勢説一卷　〔清〕龔柴撰

地理形勢考一卷　〔清〕龔柴撰

五洲方域考一卷　〔清〕龔柴撰

括地略一卷　〔清〕佚名撰

國地異名録一卷　〔清〕林謙撰

五大洲輿地户口物産表一卷
　　〔清〕鄺其照撰

輿地全覽一卷　〔清〕蔡方炳撰

天下形勢考一卷　〔清〕華湛恩撰

輿地略一卷　〔清〕馮焌光撰

府州廳縣異名録一卷　〔清〕管斯駿撰

中國方域考一卷　〔清〕龔柴撰

中國形勢考略一卷　〔清〕龔柴撰

中國歷代都邑考一卷　〔清〕龔柴撰

中國物産考略一卷　〔清〕龔柴撰

輿覽一卷　〔清〕何炳撰

方輿紀要簡覽一卷　〔清〕潘鐸撰

滿洲考略一卷　〔清〕龔柴撰

盛京考略一卷　〔清〕龔柴撰

直隸考略一卷　〔清〕龔柴撰

江蘇考略一卷　〔清〕龔柴撰

安徽考略一卷　〔清〕龔柴撰

江西考略一卷　〔清〕龔柴撰

浙江考略一卷　〔清〕龔柴撰

福建考略一卷　〔清〕龔柴撰

湖北考略一卷　〔清〕龔柴撰

湖南考略一卷　〔清〕龔柴撰

河南考略一卷　〔清〕龔柴撰

山東考略一卷　〔清〕龔柴撰

山西考略一卷　〔清〕龔柴撰

陝西考略一卷　〔清〕龔柴撰

甘肅考略一卷　〔清〕龔柴撰

四川考略一卷　〔清〕龔柴撰

廣東考略一卷　〔清〕龔柴撰

廣西考略一卷　〔清〕龔柴撰

雲南考略一卷　〔清〕龔柴撰

貴州考略一卷　〔清〕龔柴撰

驛站路程一卷　〔清〕佚名撰

輿地經緯度里表一卷　〔清〕丁取忠撰

松亭行紀一卷　〔清〕高士奇撰

扈從東巡日録一卷附録一卷　〔清〕高士奇撰

扈從西巡日録一卷　〔清〕高士奇撰

塞北小鈔一卷　〔清〕高士奇撰

扈從紀程一卷　〔清〕高士奇撰
迎駕紀恩一卷　〔清〕楊捷撰
迎駕紀一卷　〔清〕楊捷撰
迎駕紀恩録一卷　〔清〕王士禛撰
南巡扈從紀略一卷　〔清〕張英撰
迎駕始末一卷　〔清〕汪琬撰
隨鑾紀恩一卷　〔清〕汪灝撰
扈從賜遊記一卷　〔清〕張玉書撰
鳳臺祇謁筆記一卷　〔清〕董恂撰
永寧祇謁筆記一卷　〔清〕董恂撰
臺懷隨筆一卷　〔清〕王昶撰
南巡名勝圖説一卷　〔清〕高晋撰
開國龍興記一卷　〔清〕魏源撰
奉天形勢一卷　〔清〕張尚賢撰
出邊紀程一卷　〔清〕恩錫撰
絶域紀略一卷　〔清〕方拱乾撰
寧古塔紀略一卷　〔清〕吴桭臣撰
柳邊紀略一卷　〔清〕楊賓撰
遊寧古塔記一卷　〔清〕佚名撰
庫葉附近諸島考一卷　〔清〕何
　秋濤撰
吉林勘界記一卷　〔清〕吴大澂撰
龍沙紀略一卷　〔清〕方式濟撰
黑龍江外紀一卷　〔清〕西清撰
卜魁風土記一卷　〔清〕方觀承撰
卜魁紀略一卷　〔清〕英和撰
雅克薩考一卷　〔清〕何秋濤撰
尼布楚考一卷　〔清〕何秋濤撰
艮維窩集考一卷　〔清〕何秋濤撰
東三省邊防議一卷　〔清〕佚名撰
東北邊防論一卷　姚文棟撰
東陲道里形勢一卷　〔清〕胡傳撰
第二峽
　蒙古吉林土風記一卷　〔清〕阮
　葵生撰

塞上雜記一卷　〔清〕徐蘭撰
庫倫記一卷　〔清〕姚瑩撰
東蒙古形勢考一卷　〔清〕林道
　原撰
綏服内蒙古記一卷　〔清〕魏源撰
綏服外蒙古記一卷　〔清〕魏源撰
喀爾喀風土記一卷　〔清〕李德撰
蒙古五十一旗考一卷　〔清〕齊
　召南撰
蒙古考略一卷　〔清〕龔柴撰
蒙古邊防議一卷　〔清〕陳黄中撰
蒙古臺卡略一卷　〔清〕龔自珍撰
河套略一卷　〔清〕儲大文撰
綏服厄魯特蒙古記一卷　〔清〕
　魏源撰
青海考略一卷　〔清〕龔柴撰
青海事宜論一卷　〔清〕龔自珍撰
蒙古沿革考一卷　〔清〕佚名撰
卡倫形勢記一卷　〔清〕姚瑩撰
征準噶爾記一卷　〔清〕魏源撰
塞北紀程一卷　〔清〕馬思哈撰
西征紀略一卷　〔清〕殷化行撰
塞程别紀一卷　〔清〕余宷撰
從西紀略一卷　〔清〕范昭逵撰
從軍雜記一卷　〔清〕方觀承撰
西域釋地一卷　〔清〕祁韻士撰
兩征厄魯特記一卷　〔清〕魏源撰
蕩平準部記一卷　〔清〕魏源撰
勘定回疆記一卷　〔清〕魏源撰
高平行紀一卷　〔清〕王太岳撰
新疆後事記一卷　〔清〕魏源撰
新疆紀略一卷　〔清〕七十一撰
回疆風土記一卷　〔清〕七十一撰
回疆雜紀一卷　〔清〕王曾翼撰
西陲要略一卷　〔清〕祁韻士撰

天山南北路考略一卷 〔清〕龔柴撰

回部政俗論一卷 〔清〕佚名撰

喀什噶爾略論一卷 （美國）林樂知撰

軍臺道里表一卷 〔清〕七十一撰

西域置行省議一卷 〔清〕龔自珍撰

新疆設行省議一卷 〔清〕佚名撰

西域設行省議一卷 〔清〕朱逢甲撰

烏魯木齊雜記一卷 〔清〕紀昀撰

伊犁日記一卷 〔清〕洪亮吉撰

天山客話一卷 〔清〕洪亮吉撰

東歸日記一卷 〔清〕方士淦撰

荷戈紀程一卷 〔清〕林則徐撰

莎車行紀一卷 〔清〕倭仁撰

第三帙

衛藏識略一卷 〔清〕盛繩祖撰

烏斯藏考一卷 〔清〕曹樹翹撰

前後藏考一卷 〔清〕姚鼐撰

西藏紀略一卷 〔清〕龔柴撰

撫綏西藏記一卷 〔清〕魏源撰

西藏後記一卷 〔清〕魏源撰

西征記一卷 〔清〕毛振翧撰

藏鑪總記一卷 〔清〕王我師撰

藏鑪述異記一卷 〔清〕王我師撰

西藏巡邊記一卷 〔清〕松筠撰

寧藏七十九族番民考一卷 〔清〕佚名撰

入藏程站一卷 〔清〕盛繩祖輯

藏寧路程一卷 〔清〕松筠輯

藏行紀程一卷 〔清〕杜昌丁撰

進藏紀程一卷 〔清〕王世睿撰

由藏歸程記一卷 〔清〕林儁撰

西征日記一卷 〔清〕徐瀛撰

晉藏小録一卷 〔清〕徐瀛撰

旃林紀略一卷 〔清〕徐瀛撰

康輶紀行一卷 〔清〕姚瑩撰

前藏三十一城考一卷 〔清〕姚瑩撰

察木多西諸部考一卷 〔清〕姚瑩撰

乍丫圖説一卷 〔清〕姚瑩撰

墨竹工卡記一卷 〔清〕王我師撰

得慶記一卷 〔清〕王我師撰

錫金考略一卷 〔清〕佚名撰

西招審隘篇一卷 〔清〕松筠撰

西藏要隘考一卷 〔清〕黃沛翹撰

西藏改省會論一卷 〔清〕佚名撰

西藏建行省議一卷 〔清〕王錫祺撰

征廓爾喀記一卷 〔清〕魏源撰

廓爾喀不丹合考一卷 〔清〕龔柴撰

征烏梁海述略一卷 〔清〕何秋濤撰

哈薩克述略一卷 〔清〕何秋濤撰

外藩疆理考一卷 〔清〕佚名撰

西北邊域考一卷 〔清〕魏源撰

綏服西屬國記一卷 〔清〕魏源撰

外藩列傳一卷 〔清〕七十一撰

北徼形勢考一卷 〔清〕何秋濤撰

俄羅斯形勢考一卷 〔清〕何秋濤撰

俄羅斯源流考一卷 〔清〕繆祐孫撰

俄羅斯諸路疆域考一卷 〔清〕何秋濤撰

俄羅斯分部説一卷 〔清〕何秋

封長白山記一卷　〔清〕方象瑛撰

長白山記一卷　〔清〕阮葵生撰

遊千頂山記一卷　〔清〕張玉書撰

遊西山記一卷　〔清〕懷應聘撰

西山遊記一卷　〔清〕王嗣槐撰

遊西山記一卷　〔清〕吳錫麒撰

遊西山記一卷　〔清〕李宗昉撰

遊西山記一卷　〔清〕常安撰

遊翠微山記一卷　〔清〕馮志沂撰

翠微山記一卷　〔清〕張際亮撰

天壽山說一卷　〔清〕龔自珍撰

遊上方山記一卷　〔清〕謝振定撰

燃題上方二山紀遊集一卷　〔清〕查禮撰

遊盤山記一卷　〔清〕高士奇撰

遊盤山記一卷　〔清〕常安撰

石門諸山記一卷　〔清〕陸舜撰

遊鍾山記一卷　〔清〕洪若皋撰

遊鍾山記一卷　〔清〕顧宗泰撰

遊清涼山記一卷　〔清〕洪亮吉撰

遊攝山記一卷　〔清〕王士禎撰

攝山紀遊一卷　〔清〕朱綬撰

棲霞山攬勝記一卷　〔清〕汪錫祺撰

遊幕府山泛舟江口記一卷　〔清〕洪亮吉撰

花山遊記一卷　〔清〕陸求可撰

遊寶華山記一卷　〔清〕王士禎撰

茅山記一卷　〔清〕馬世俊撰

遊瓜步山記一卷　〔清〕梅曾亮撰

遊吳山記一卷　〔清〕湯傳楷撰

遊虎邱記一卷　〔清〕湯傳楷撰

虎邱往還記一卷　〔清〕湯傳楷撰

遊西山記一卷　〔清〕彭績撰

遊靈巖山記一卷　〔清〕王恪撰

遊靈巖記一卷　〔清〕尤侗撰

靈巖懷舊記一卷　〔清〕湯傳楷撰

遊寒山記一卷　〔清〕王恪撰

遊茶山記一卷　〔清〕顧宗泰撰

遊馬駕山記一卷　〔清〕汪琬撰

彈山吾家山遊記一卷　〔清〕邵長蘅撰

遊洞庭西山記一卷　〔清〕金之俊撰

登洞庭兩山記一卷　〔清〕懷應聘撰

遊洞庭西山記一卷　〔清〕繆彤撰

遊西洞庭記一卷　〔清〕潘耒撰

遊洞庭兩山記一卷　〔清〕趙懷玉撰

西洞庭志一卷　〔清〕王廷瑚撰

遊包山記一卷　〔清〕沈彤撰

遊石公山記一卷　〔清〕葉廷琯撰

遊漁洋山記一卷　〔清〕沈德潛撰

遊虞山記一卷　〔清〕尤侗撰

遊虞山記一卷　〔清〕沈德潛撰

遊虞山記一卷　〔清〕黃金臺撰

遊馬鞍山記一卷　〔清〕朱瑋撰

玉峰遊記一卷　〔清〕蔡錫齡撰

遊細林山記一卷　〔清〕黃金臺撰

遊橫雲山記一卷　〔清〕黃金臺撰

毗陵諸山記一卷　〔清〕邵長蘅撰

遊蜀山記一卷　〔清〕史承豫撰

遊龍池山記一卷　〔清〕吳騫撰

遊龍池山記一卷　〔清〕陳經撰

遊橫山記一卷　〔清〕曹埰撰

遊焦山記一卷　〔清〕劉體仁撰

遊焦山記一卷　〔清〕冷士嵋撰

遊焦山記一卷　〔清〕吳錫麒撰

遊焦山記一卷　〔清〕顧宗泰撰

遊焦山記一卷　〔清〕謝振定撰

遊焦山記一卷　〔清〕湯金釗撰

遊焦山記一卷　〔清〕黃金臺撰

遊蒜山記一卷　〔清〕沈德潛撰

象山記一卷　〔清〕何棨撰

遊北固山記一卷　〔清〕周鎬撰

遊北固山記一卷　〔清〕阮宗瑗撰

遊金焦北固山記一卷　〔清〕李
元度撰

遊京口南山記一卷　〔清〕洪亮
吉撰

登燕山記一卷　〔清〕馬世俊撰

方山記一卷　〔清〕馬世俊撰

遊江上諸山記一卷　〔清〕汪縉撰

五山志略一卷　〔清〕劉名芳撰

五狼山記一卷　〔清〕王宜亨撰

遊象山麓記一卷　〔清〕丁腹松撰

遊軍山記一卷　〔清〕張廷珪撰

紫琅遊記一卷　〔清〕李聯琇撰

遊雲龍山記一卷　〔清〕張貞撰

遊睢寧諸山記一卷　〔清〕丁顯撰

雲臺山記一卷　〔清〕姚陶撰

遊雲臺山記一卷　〔清〕常安撰

遊雲臺山北記一卷　〔清〕吳進撰

遊浮山記一卷　〔清〕何永紹撰

遊浮山記一卷　〔清〕李兆洛撰

黃山遊記一卷　〔清〕王煒撰

黃山史概一卷　〔清〕陳鼎撰

黝山紀遊一卷　〔清〕汪淮撰

遊黃山記一卷　〔清〕袁枚撰

遊黃山記一卷　〔清〕曹文埴撰

遊黃山記一卷　〔清〕黃鉞撰

黃山紀遊一卷　〔清〕王灼撰

黃山紀遊一卷　〔清〕黃肇敏撰

白嶽遊記一卷　〔清〕施閏章撰

披雲山記一卷　〔清〕許楚撰

遊靈山記一卷　〔清〕許楚撰

績溪山水記一卷　〔清〕汪士鐸撰

黟縣山水記一卷　〔清〕俞正燮撰

遊石柱山記一卷　〔清〕儲大文撰

遊敬亭山記一卷　〔明〕李確撰

遊敬亭山記一卷　〔清〕王慶麟撰

遊九華記一卷　〔清〕懷應聘撰

遊九華記一卷　〔清〕施閏章撰

九華日録一卷　〔清〕周天度撰

遊九華山記一卷　〔清〕洪亮吉撰

齊山巖洞志一卷　〔清〕陳蔚撰

橫山遊記一卷　〔清〕吳銘道撰

梅村山水記一卷　〔清〕桂超萬撰

遊青山記一卷　〔清〕朱筠撰

過關山記一卷　〔清〕管同撰

旴江諸山遊記一卷　〔清〕施閏
章撰

從姑山記一卷　〔清〕涂瑞撰

遊鑪山記一卷　〔清〕羅有高撰

西山遊記一卷　〔清〕徐世溥撰

遊懷玉山記一卷　〔清〕趙佑撰

遊龜峰山記一卷　〔清〕李宗昉撰

軍陽山記一卷　〔清〕鄭日奎撰

遊鵝湖山記一卷　〔清〕佚名撰

匡廬遊録一卷　〔清〕黃宗羲撰

廬山紀遊一卷　〔清〕查慎行撰

匡廬紀遊一卷　〔清〕吳闡思撰

遊廬山記一卷　〔清〕潘耒撰

遊廬山記一卷　〔清〕袁枚撰

遊廬山記一卷　〔清〕洪亮吉撰

遊廬山記一卷　〔清〕惲敬撰

遊廬山後記一卷　〔清〕惲敬撰

遊廬山天池記一卷　〔清〕李宗
昉撰

遊大孤山記一卷　〔清〕張際亮撰

登小孤山記一卷　〔清〕方宗誠撰

遊石鐘山記一卷　〔清〕周準撰

軍峰山小記一卷　〔清〕曾鴻麟撰

遊福山記一卷　〔清〕涂瑞撰

遊麻姑山記一卷　〔清〕曾國藩撰

軍峰記一卷　〔清〕應昇撰

鳳凰山記一卷　〔清〕謝階樹撰

鄧公嶺經行記一卷　〔清〕李榮陛撰

黃皮山遊紀略一卷　〔清〕李榮陛撰

大陽山遊紀略一卷　〔清〕李榮陛撰

大圍山遊紀略一卷　〔清〕李榮陛撰

遊西陽山記一卷　〔清〕彭士望撰

遊青原山記一卷　〔清〕李祖陶撰

翠微峰記一卷　〔清〕彭士望撰

遊翠微峰記一卷　〔清〕惲敬撰

吳山紀遊一卷　〔清〕毛際可撰

遊孤山記一卷　〔清〕邵長蘅撰

遊硤石兩山記一卷　〔清〕黃金臺撰

遊天目山記一卷　〔清〕金之俊撰

遊兩尖山記一卷　〔清〕趙懷玉撰

雲岫山遊記一卷　〔明〕李確撰

遊鷹窠頂記一卷　〔清〕黃之雋撰

遊陳山記一卷　〔明〕李確撰

蠡山記一卷　〔清〕徐倬撰

遊白鵠山記一卷　〔清〕欽善撰

道場山遊記一卷　〔清〕呂星垣撰

登道場山記一卷　〔清〕欽善撰

遊道場白雀諸山記一卷　〔清〕黃金臺撰

遊大小玲瓏山記一卷　〔清〕楊鳳苞撰

普陀紀勝一卷　〔清〕許琰撰

遊柯山記一卷　〔清〕吳高增撰

遊吼山記一卷　〔清〕吳高增撰

遊吼山記一卷　〔清〕李宗昉撰

天台山記一卷　〔清〕蔣薰撰

遊天台山記一卷　〔清〕潘耒撰

遊天台山記一卷　〔清〕洪亮吉撰

天台遊記一卷　〔清〕楊葆光撰

遊仙居諸山記一卷　〔清〕潘耒撰

橫山記一卷　〔清〕王崇炳撰

禹山記一卷　〔清〕王崇炳撰

雁山雜記一卷　〔清〕韓則愈撰

遊雁蕩山記一卷　〔清〕潘耒撰

遊雁蕩山記一卷　〔清〕周清原撰

遊雁蕩記一卷　〔清〕方苞撰

遊雁蕩日記一卷　〔清〕梁章鉅撰

北雁蕩紀遊一卷　〔清〕郭鍾岳撰

雁山便覽記一卷　〔清〕釋道融撰

遊南雁蕩記一卷　〔清〕潘耒撰

南雁蕩紀遊一卷　〔清〕張盛藻撰

南雁蕩紀遊一卷　〔清〕郭鍾岳撰

中雁蕩紀遊一卷　〔清〕張盛藻撰

桃花隖諸山記一卷　〔清〕蔣薰撰

芙蓉嶂諸山記一卷　〔清〕蔣薰撰

小仙都諸山記一卷　〔清〕蔣薰撰

黃龍山記一卷　〔清〕蔣薰撰

遊黃龍山記一卷　〔清〕袁枚撰

遊鼓山記一卷　〔清〕徐釚撰

遊鼓山記一卷　〔清〕朱仕琇撰

遊鼓山記一卷　〔清〕洪若皋撰

遊鼓山記一卷　〔清〕潘耒撰

武夷紀勝一卷　〔清〕佚名撰

武夷山遊記一卷　〔清〕鄭恭撰

武夷遊記一卷 〔清〕陳朝儀撰

武夷遊記一卷 〔清〕林霍撰

武夷導遊記一卷 〔清〕釋如疾撰

遊武夷山記一卷 〔清〕袁枚撰

遊武夷山記一卷 〔清〕洪亮吉撰

九曲遊記一卷 〔清〕陸菜撰

黃鵠山記一卷 〔清〕陳本立撰

遊襄城山水記一卷 〔清〕周準撰

武當山記一卷 〔清〕王錫祺輯

遊五腦山記一卷 〔清〕洪良品撰

遊龍山記一卷 〔清〕羅澤南撰

遊石門記一卷 〔清〕羅澤南撰

羅山記一卷 〔清〕羅澤南撰

登君山記一卷 〔清〕陶澍撰

遊連雲山記一卷 〔清〕李元度撰

登天嶽山記一卷 〔清〕李元度撰

遊大雲山記一卷 〔清〕吳敏樹撰

遊金牛山記一卷 〔清〕潘耒撰

遊桃源山記一卷 〔清〕李澄中撰

前遊桃花源記一卷 〔清〕陳廷慶撰

後遊桃花源記一卷 〔清〕陳廷慶撰

遊永州近治山水記一卷 〔清〕喬萊撰

遊林廬山記一卷 〔清〕潘耒撰

遊天平山記一卷 〔清〕呂星垣撰

遊唐王山記一卷 〔清〕宋世犖撰

遊桐柏山記一卷 〔清〕田雯撰

遊豐山記一卷 〔清〕沈彤撰

誥屏山記一卷 〔清〕陸求可撰

遊歷山記一卷 〔清〕黃鉞撰

遊華不注記一卷 〔清〕全祖望撰

登千佛山記一卷 〔清〕方宗誠撰

長白山錄一卷 〔清〕王士禛撰

遊龍洞山記一卷 〔清〕施閏章撰

遊徂徠記一卷 〔清〕朱鍾撰

敖山記一卷 〔清〕趙佑撰

登嶧山記一卷 〔清〕朱彝尊撰

遊蒙山記一卷 〔清〕朱澤澐撰

登嶀山記一卷 〔清〕安致遠撰

遊仰天記一卷 〔清〕安致遠撰

遊石門記一卷 〔清〕安致遠撰

遊五蓮記一卷 〔清〕安致遠撰

遊九仙記一卷 〔清〕安致遠撰

遊岠崛院諸山記一卷 〔清〕周正撰

遊方山記一卷 〔清〕郝懿行撰

遊程符山記一卷 〔清〕閻循觀撰

遊卦山記一卷 〔清〕趙吉士撰

五臺山記一卷 〔清〕顧炎武撰

老姥掌遊記一卷 〔清〕陳廷敬撰

遊龍門記一卷 〔清〕喬光烈撰

嵯峨山記一卷 〔清〕劉紹攽撰

遊牛頭山記一卷 〔清〕董佑誠撰

太白紀遊略一卷 〔清〕趙嘉肇撰

陝甘諸山考一卷 〔清〕戴祖啓撰

首陽山記一卷 〔清〕蔣薰撰

遊章山記一卷 〔清〕劉紹攽撰

寶圖山記一卷 〔清〕王侃撰

萃龍山記一卷 〔清〕彭端淑撰

蟆頤山記一卷 〔清〕王侃撰

青城山行記一卷 〔清〕江錫齡撰

遊峨眉山記一卷 〔清〕寶絧撰

遊凌雲記一卷 〔清〕張洲撰

木耳占記一卷 〔清〕王昶撰

遊白雲山記一卷 〔清〕陸菜撰

遊白雲山記一卷 〔清〕陳夢照撰

遊欖山記一卷 〔清〕姚瑩撰

遊羅浮記一卷 〔清〕潘耒撰

遊羅浮山記一卷　〔清〕惲敬撰

浮山紀勝一卷　〔清〕黃培芳撰

遊爛柯山記一卷　〔清〕佚名撰

遊丹霞記一卷　〔清〕袁枚撰

經丹霞山記一卷　〔清〕惲敬撰

棲霞山遊記一卷　〔清〕吳□撰

遊隱山記一卷　〔清〕黃之雋撰

遊隱山六洞記一卷　〔清〕羅辰撰

遊桂林諸山記一卷　〔清〕袁枚撰

桂林諸山別記一卷　〔清〕鄭獻
　甫撰

桂鬱巖洞記一卷　〔清〕賈敦臨撰

遊鷄足山記一卷　〔清〕王昶撰

昆侖異同考一卷　〔清〕張穆撰

岡底斯山考一卷　〔清〕魏源撰

葱嶺三幹考一卷　〔清〕魏源撰

北幹考一卷　〔清〕魏源撰

北徼山脉考一卷　〔清〕何秋濤撰

俄羅斯山形志一卷　〔清〕繆祐
　孫撰

遊滴水巖記一卷　〔清〕王崇簡撰

登燕子磯記一卷　〔清〕王士禎撰

遊燕子磯沿山諸洞記一卷　〔清〕
　阮宗瑗撰

登燕子磯記一卷　〔清〕王錫祺撰

遊小盤谷記一卷　〔清〕梅曾亮撰

遊牛頭隖記一卷　〔清〕沈德潛撰

遊支硎中峰記一卷　〔清〕李果撰

遊鵓鴣峰記一卷　〔清〕黃廷鑑撰

遊劍門記一卷　〔清〕盛大士撰

遊善卷洞記一卷　〔清〕史承豫撰

遊張公洞記一卷　〔清〕邵長蘅撰

遊張公洞記一卷　〔清〕吳騫撰

山門遊記一卷　〔清〕施閏章撰

遊白鶴峰記一卷　〔清〕姚瑩撰

東山巖記一卷　〔清〕鄭日奎撰

葛壇遊記一卷　〔清〕李聯琇撰

遊梅田洞記一卷　〔清〕李綬撰

遊通天巖記一卷　〔清〕惲敬撰

遊羅漢巖記一卷　〔清〕惲敬撰

飛來峰記一卷　〔清〕邵長蘅撰

煙霞嶺遊記一卷　〔清〕趙坦撰

遊雲巖記一卷　〔清〕欽善撰

遊碧巖記一卷　〔清〕欽善撰

遊天窗巖記一卷　〔清〕郭傳璞撰

香鑪峰紀遊一卷　〔清〕朱綬撰

遊金華洞記一卷　〔清〕曹宗璠撰

遊玉甑峰記一卷　〔清〕潘耒撰

遊仙巖記一卷　〔清〕潘耒撰

三巖洞記一卷　〔清〕蔣薰撰

遊仙都峰記一卷　〔清〕袁枚撰

遊水尾巖記一卷　〔清〕林佶撰

重遊靈應峰記一卷　〔清〕朱仕
　琇撰

登大王峰記一卷　〔清〕李卷撰

遊普陀峰記一卷　〔清〕徐乾學撰

遊赤壁記一卷　〔清〕邵長蘅撰

遊三遊洞記一卷　〔清〕劉大櫆
　撰

卯峒記一卷　〔清〕林翼池撰

遊麻姑洞記一卷　〔清〕洪良品撰

遊天井峰記一卷　〔清〕羅澤南撰

遊静谷衝記一卷　〔清〕羅辰撰

遊永州三巖記一卷　〔清〕潘耒撰

乾溪洞記一卷　〔清〕張九鉞撰

桂陽石洞記一卷　〔清〕彭而述撰

伏牛洞記一卷　〔清〕史承豫撰

遊佛峪龍洞記一卷　〔清〕黃鉞撰

遊靈巖記一卷　〔清〕姚鼐撰

遊黃紅峪記一卷　〔清〕趙進美撰

遊煙霞洞記一卷 〔清〕周正撰

遊乾陽洞紀略一卷 〔清〕張端
　　亮撰

洪花洞記一卷 〔清〕郝懿行撰

龍母洞記一卷 〔清〕胡天游撰

探靈巖記一卷 〔清〕張洲撰

黃婆洞記一卷 〔清〕盛謨撰

遊碧落洞記一卷 〔清〕廖燕撰

遊潮水巖記一卷 〔清〕廖燕撰

遊楊歷巖記一卷 〔清〕張九鉞撰

遊七星巖記一卷 〔清〕喬萊撰

七星巖記一卷 〔清〕佚名撰

七星巖記一卷 〔清〕佚名撰

遊伏波巖記一卷 〔清〕喬萊撰

遊鐵城記一卷 〔清〕鄭獻甫撰

遊白龍洞記一卷 〔清〕鄭獻甫撰

遊丹霞巖九龍洞記一卷 〔清〕
　　鄭獻甫撰

遊燕子洞記一卷 〔清〕尤維熊撰

牟珠洞記一卷 〔清〕黃安濤撰

飛雲洞記一卷 〔清〕彭而述撰

飛雲洞記一卷 〔清〕許元仲撰

少寨洞記一卷 〔清〕洪亮吉撰

獅子崖記一卷 〔清〕洪亮吉撰

遊龍巖記一卷 〔清〕梁玉繩撰

方輿諸山考一卷 〔清〕王錫祺撰

水道總考一卷 〔清〕華湛恩撰

水經要覽一卷 〔清〕黃錫齡撰

各省水道圖説一卷 〔清〕佚名撰

江道編一卷 〔清〕齊召南撰

江源記一卷 〔清〕查拉吳麟撰

江源考一卷 〔清〕張文虇撰

江防總論一卷 〔清〕姜宸英撰

防江形勢考一卷 〔清〕華湛恩撰

入江巨川編一卷 〔清〕齊召南撰

長江津要一卷 〔清〕馬徵麐撰

淮水編一卷 〔清〕齊召南撰

淮水考一卷 〔清〕郭起元撰

淮水説一卷 〔清〕朱雲錦撰

尋淮源記一卷 〔清〕沈彤撰

入淮巨川編一卷 〔清〕齊召南撰

黃河編一卷 〔清〕齊召南撰

黃河説一卷 〔清〕朱雲錦撰

河源記一卷 〔清〕舒蘭撰

河源圖説一卷 〔清〕吳省蘭撰

河源異同辨一卷 〔清〕范本禮撰

全河備考一卷 〔清〕葉方恒撰

入河巨川編一卷 〔清〕齊召南撰

東西二漢水辨一卷 〔清〕王士
　　禛撰

漢水發源考一卷 〔清〕王筠撰

濟瀆考一卷 〔清〕田雯撰

黑龍江水道編一卷 〔清〕齊召
　　南撰

東北海諸水編一卷 〔清〕齊召
　　南撰

十三道嘎牙河紀略一卷 〔清〕
　　胡傳撰

盛京諸水編一卷 〔清〕齊召南撰

熱河源記一卷 〔清〕阮葵生撰

京畿諸水編一卷 〔清〕齊召南撰

畿南河渠通論一卷 〔清〕佚名撰

畿東河渠通論一卷 〔清〕佚名撰

永定河源考一卷 〔清〕蔡錫齡撰

水利雜記一卷 〔清〕鄭日奎撰

大陸澤圖説一卷 〔清〕王原祁撰

漳河源流考一卷 〔清〕賀應旌撰

汴水説一卷 〔清〕朱際虞撰

汝水説一卷 〔清〕馮焌光撰

山東諸水編一卷 〔清〕齊召南撰

會通河水道記一卷　〔清〕俞正
　燮撰

濬小清河議一卷　〔清〕張鵬撰

東湖記一卷　〔清〕儲方慶撰

賈魯河說一卷　〔清〕朱雲錦撰

運河水道編一卷　〔清〕齊召南撰

太湖源流編一卷　〔清〕齊召南撰

三江考一卷　〔清〕毛奇齡撰

三江考一卷　〔清〕王廷瑚撰

中江考一卷　〔清〕顧觀光撰

南江考一卷　〔清〕顧觀光撰

濬吳淞江議一卷　〔清〕張世友撰

毗陵諸水記一卷　〔清〕邵長蘅撰

揚州水利論一卷　〔清〕佚名撰

治下河論一卷　〔清〕張鵬翮撰

洩湖入江議一卷　〔清〕葉機撰

淮北水利說一卷　〔清〕丁顯撰

高家堰記一卷　〔清〕俞正燮撰

江西水道考一卷　〔清〕佚名撰

浙江諸水編一卷　〔清〕齊召南撰

兩浙水利詳考一卷　〔清〕佚名撰

浦陽江記一卷　〔清〕全祖望撰

閩江諸水編一卷　〔清〕齊召南撰

九江考一卷　〔清〕夏大觀撰

五谿考一卷　〔清〕檀萃撰

湘水記一卷　〔清〕王文清撰

瀟湘二水記一卷　〔清〕喬萊撰

甘肅諸水編一卷　〔清〕齊召南撰

粵江諸水編一卷　〔清〕齊召南撰

西江源流說一卷　〔清〕勞孝輿撰

廣西三江源流考一卷　〔清〕高
　輯撰

雲南諸水編一卷　〔清〕齊召南撰

雲南三江水道考一卷　〔清〕張
　機南撰

黔中水道記一卷　〔清〕晏斯盛撰

苗疆水道考一卷　〔清〕嚴如熤撰

三黑水考一卷　〔清〕張邦伸撰

黑水考一卷　〔清〕陶澍撰

大金沙江考一卷　〔清〕魏源撰

開金沙江議一卷　〔清〕師範撰

富良江源流考一卷　〔清〕范本
　禮撰

蒙古水道略一卷　〔清〕龔自珍撰

塞北漠南諸水彙編一卷　〔清〕
　齊召南撰

西北諸水編一卷　〔清〕齊召南撰

西域諸水編一卷　〔清〕齊召南撰

西域水道記一卷　〔清〕徐松撰

西藏諸水編一卷　〔清〕齊召南撰

西徼水道一卷　〔清〕黃楙材撰

北徼水道考一卷　〔清〕何秋濤撰

色楞格河源流考一卷　〔清〕何
　秋濤撰

額爾齊斯河源流考一卷　〔清〕
　何秋濤撰

俄羅斯水道記一卷　〔清〕繆祐
　孫撰

山川考一卷　〔清〕佚名撰

天下高山大川考一卷　〔清〕龔
　柴撰

宇内高山大河考一卷　（日本）
　木村杏卿撰

泛大通橋記一卷　〔清〕吳錫麒撰

泛通河記一卷　〔清〕梅曾亮撰

浴溫泉記一卷　〔清〕常安撰

遊後湖記一卷　〔清〕曾國藩撰

遊消夏灣記一卷　〔清〕洪亮吉撰

遊黃公澗記一卷　〔清〕孫爾準撰

觀水雜記一卷　〔清〕田雯撰

遊禪窟寺記一卷　〔清〕項樟撰

遊石崆庵記一卷　〔清〕許楚撰

遊智門寺記一卷　〔清〕郭傳璞撰

遊少林寺記一卷　〔清〕田雯撰

遊晋祠記一卷　〔清〕朱彝尊撰

遊晋祠記一卷　〔清〕劉大櫆撰

遊峽山寺記一卷　〔清〕吳育撰

遊太華寺記一卷　〔清〕李澄中撰

遊銅瓦寺記一卷　〔清〕張九鉞撰

第五帙

南遊記一卷　〔清〕孫嘉淦撰

還京日記一卷　〔清〕吳錫麒撰

南歸記一卷　〔清〕吳錫麒撰

停驂隨筆一卷　〔清〕程庭撰

春帆紀程一卷　〔清〕程庭撰

舟行日記一卷　〔清〕姚文然撰

轉漕日記一卷　〔清〕李鈞撰

舟行記一卷　〔清〕張必剛撰

省闈日記一卷　〔清〕顧禄撰

南行日記一卷　〔清〕黃鈞宰撰

舊鄉行紀一卷　〔清〕邵嗣宗撰

雪鴻再録一卷　〔清〕王昶撰

江行日記一卷　〔清〕郭麐撰

東路記一卷　〔清〕惲敬撰

鄉程日記一卷　〔清〕王相撰

南遊筆記一卷　〔清〕曹鈞撰

泛槳録一卷　〔清〕黃鉞撰

閩行日記一卷　〔清〕俞樾撰

北行日録一卷　〔清〕黃鈞宰撰

入都日記一卷　〔清〕周星譽撰

南歸記一卷　〔清〕方宗誠撰

北征日記一卷　〔清〕洪良品撰

北行日記一卷　〔清〕陳炳泰撰

北行日記一卷　〔清〕王錫祺撰

南遊日記一卷　〔清〕王錫祺撰

遊踪選勝一卷　〔清〕俞蛟撰

名勝雜記一卷　〔清〕王光彥撰

鴻雪因緣圖記一卷　〔清〕麟慶撰

浪遊記快一卷　〔清〕沈復撰

風土雜録一卷　〔清〕孫兆溎撰

觀光紀遊一卷　（日本）岡千仞撰

第六帙

京師偶記一卷　〔清〕柴桑撰

燕京雜記一卷　〔清〕佚名撰

昌平州説一卷　〔清〕龔自珍撰

熱河小記一卷　〔清〕吳錫麒撰

出口程記一卷　〔清〕李調元撰

居庸關説一卷　〔清〕龔自珍撰

金陵志地録一卷　〔清〕金鰲撰

吳語一卷　〔清〕戴延年撰

吳趨風土録一卷　〔清〕顧禄撰

姑蘇采風類記一卷　〔清〕張大
純撰

寶山記遊一卷　〔清〕管同撰

揚州名勝録一卷　〔清〕李斗撰

真州風土記一卷　〔清〕厲秀芳撰

山陽風俗物産志一卷　〔清〕吳
昆田撰

清河風俗物産志一卷　〔清〕魯
一同撰

徐州輿地考一卷　〔清〕方駿謨撰

海曲方域小志一卷　〔清〕金榜撰

龍眠遊記一卷　〔清〕何永紹撰

西干記一卷　〔清〕宋和撰

懷遠偶記一卷　〔清〕柴桑撰

樅江遊記一卷　〔清〕劉開撰

雩都行記一卷　〔清〕劉開撰

南豐風俗物産志一卷　〔清〕魯
琪光撰

杭俗遺風一卷　〔清〕范祖述撰

杭州遊記一卷 〔清〕鄒方鍔撰

杭州城南古蹟記一卷 〔清〕趙坦撰

峽川志略一卷 〔清〕蔣宏任撰

湯陰風俗志一卷 〔清〕佚名撰

天台風俗志一卷 〔清〕佚名撰

寧化風俗志一卷 〔清〕李□撰

楚遊紀略一卷 〔清〕王澐撰

監利風土志一卷 〔清〕王柏心撰

使楚叢譚一卷 〔清〕王昶撰

容美紀遊一卷 〔清〕顧彩撰

湖南方物志一卷 〔清〕黃本驥撰

桂陽風俗記一卷 〔清〕佚名撰

郴東桂陽小記一卷 〔清〕彭而述撰

乾州小志一卷 〔清〕吳高增撰

永州紀勝一卷 〔清〕王岱撰

永順小志一卷 〔清〕張天如撰

奉使紀勝一卷 〔清〕陳階平撰

齊魯遊紀略一卷 〔清〕王澐撰

歷下志遊一卷 〔清〕孫點撰

長河志籍考一卷 〔清〕田雯撰

行山路記一卷 〔清〕李慎傳撰

三省邊防形勢錄一卷 〔清〕嚴如熤撰

老林説一卷 〔清〕嚴如熤撰

河南關塞形勝説一卷 〔清〕朱雲錦撰

共城遊記一卷 〔清〕余縉撰

商洛行程記一卷 〔清〕王昶撰

雲中紀程一卷 〔清〕高懋功撰

保德風土記一卷 〔清〕陸燿撰

歸化行程記一卷 〔清〕韋坦撰

遊秦偶記一卷 〔清〕柴桑撰

西征述一卷後西征述一卷 〔清〕蔣湘南撰

皋蘭載筆一卷 〔清〕陳奕禧撰

賀蘭山口記一卷 〔清〕儲大文撰

蘭州風土記一卷 〔清〕佚名撰

度隴記一卷 〔清〕董恂撰

西行瑣録一卷 （德國）福克撰

邊防三事一卷 〔清〕黃焜撰

西番各寺記一卷 〔清〕阮葵生撰

第七帙

蜀遊紀略一卷 〔清〕王澐撰

蜀道驛程記一卷 〔清〕王士禎撰

秦蜀驛程記一卷 〔清〕王士禎撰

隴蜀餘聞一卷 〔清〕王士禎撰

使蜀日記一卷 〔清〕方象瑛撰

益州于役記一卷 〔清〕陳奕禧撰

蜀輶日記一卷 〔清〕陶澍撰

蜀遊日記一卷 〔清〕黃勤業撰

雅州道中小記一卷 〔清〕王昶撰

夔行紀程一卷 〔清〕陳明申撰

西征記一卷 〔清〕劉紹攽撰

北遊紀程一卷 〔清〕高延第撰

巴船紀程一卷 〔清〕洪良品撰

東歸録一卷 〔清〕洪良品撰

遊蜀日記一卷 〔清〕吳燾撰

遊蜀後記一卷 〔清〕吳燾撰

川中雜識一卷 〔清〕吳燾撰

粵述一卷 〔清〕閔叙撰

粵西偶記一卷 〔清〕陸祚蕃撰

粵西瑣記一卷 〔清〕沈曰霖撰

灘江雜記一卷 金武祥撰

滇南通考一卷 〔清〕王思訓撰

滇南雜志一卷 〔清〕曹樹翹撰

全滇形勢論一卷 〔清〕劉彬撰

入滇陸程考一卷 〔清〕師範撰

入滇江路考一卷 〔清〕師範撰

滇南新語一卷　〔清〕張泓撰

滇南雜記一卷　〔清〕吳應枚撰

尋親紀程一卷　〔清〕黃向堅撰

滇還日記一卷　〔清〕黃向堅撰

洱海叢談一卷　〔清〕釋同揆撰

滇遊記一卷　〔清〕陳鼎撰

滇行紀程一卷續鈔一卷　〔清〕
　許纘曾撰

東還紀程一卷續鈔一卷　〔清〕許
　纘曾撰

自滇入都程記一卷　〔清〕楊名
　時撰

滇行日錄一卷　〔清〕王昶撰

滇軺紀程一卷　〔清〕林則徐撰

使滇紀程一卷　〔清〕楊懌曾撰

雲南風土記一卷　〔清〕張詠撰

探路日記一卷　（英國）佚名撰

滇遊日記一卷　〔清〕包家吉撰

順寧雜著一卷　〔清〕劉靖撰

黔囊一卷　〔清〕檀萃撰

黔記一卷　〔清〕李宗昉撰

黔西古蹟考一卷　〔清〕錢霖撰

黔遊記一卷　〔清〕陳鼎撰

黔中雜記一卷　〔清〕黃元治撰

黔中紀聞一卷　〔清〕張澍撰

貴州道中記一卷　〔清〕謝階樹撰

古州雜記一卷　〔清〕林溥撰

粵滇雜記一卷　〔清〕趙翼撰

第八帙

平定兩金川述略一卷　〔清〕趙
　翼撰

蜀徼紀聞一卷　〔清〕王昶撰

金川瑣記一卷　〔清〕李心衡撰

八排風土記一卷　〔清〕李來章撰

金廠行記一卷　〔清〕余慶長撰

維西見聞紀一卷　〔清〕余慶遠撰

永昌土司論一卷　〔清〕劉彬撰

黔苗蠻記一卷　〔清〕田雯撰

滇黔土司婚禮記一卷　〔清〕陳
　鼎撰

峒谿纖志一卷　〔清〕陸次雲撰

説蠻一卷　〔清〕檀萃撰

猺獞傳一卷　〔清〕諸匡鼎撰

苗俗紀聞一卷　〔清〕方亨咸撰

苗俗記一卷　〔清〕貝青喬撰

苗民考一卷　〔清〕龔柴撰

苗疆城堡考一卷　〔清〕嚴如熤撰

苗疆村寨考一卷　〔清〕嚴如熤撰

苗疆險要考一卷　〔清〕嚴如熤撰

苗疆道路考一卷　〔清〕嚴如熤撰

苗疆風俗考一卷　〔清〕嚴如熤撰

苗疆師旅考一卷　〔清〕嚴如熤撰

平苗記一卷　〔清〕劉應中撰

苗防論一卷　〔清〕魏源撰

西南夷改流記一卷　〔清〕魏源撰

邊省苗蠻事宜論一卷　〔清〕藍
　鼎元撰

改土歸流説一卷　〔清〕王履階撰

第九帙

海道編一卷　〔清〕齊召南撰

海防編一卷　〔清〕蔡方炳撰

海防總論一卷　〔清〕姜宸英撰

沿海形勢錄一卷　〔清〕陳倫炯撰

沿海形勢論一卷　〔清〕華世芳撰

沿海形勢論一卷　〔清〕朱逢甲撰

防海形勢考一卷　〔清〕華湛恩撰

江防海防策一卷　〔清〕姚文枏撰

航海圖説一卷　〔清〕胡鳳丹撰

營口雜記一卷　〔清〕諸仁安撰

營口雜志一卷　〔清〕佚名撰

津門雜記一卷　〔清〕張燾撰

黑水洋考一卷　〔清〕梁□撰

瀛壖雜志一卷　〔清〕王韜撰

滬遊雜記一卷　〔清〕葛元煦撰

淞南夢影録一卷　〔清〕黄協塤撰

海塘説一卷　〔清〕高晋撰

甌江逸志一卷　〔清〕勞大與撰

閩遊紀略一卷　〔清〕王澐撰

閩小紀一卷　〔清〕周亮工撰

閩雜記一卷　〔清〕施鴻保撰

平定臺灣述略一卷　〔清〕趙翼撰

臺灣紀略一卷　〔清〕林謙光撰

臺灣雜記一卷　〔清〕季麒光撰

臺灣小志一卷　〔清〕龔柴撰

臺灣使槎録一卷　〔清〕黄叔璥撰

臺灣隨筆一卷　〔清〕徐懷祖撰

裨海紀遊一卷　〔清〕郁永河撰

番境補遺一卷　〔清〕郁永河撰

海上紀略一卷　〔清〕郁永河撰

浮海前記一卷　〔清〕徐宗幹撰

渡海後記一卷　〔清〕徐宗幹撰

東征雜記一卷　〔清〕藍鼎元撰

平臺灣生番論一卷　〔清〕藍鼎
　元撰

臺遊筆記一卷　〔清〕佚名撰

番社采風圖考一卷　〔清〕
　六十七撰

臺灣番社考一卷　〔清〕鄺其照撰

埔裏社紀略一卷　〔清〕姚瑩撰

東西勢社番記一卷　〔清〕姚瑩撰

臺北道里記一卷　〔清〕姚瑩撰

噶瑪蘭紀略一卷　〔清〕姚瑩撰

澎湖紀略一卷　〔清〕林謙光撰

亞哥書馬島記一卷　〔清〕佚名撰

嶺南雜記一卷　〔清〕吳震方撰

粵囊一卷　〔清〕檀萃撰

南來志一卷　〔清〕王士禎撰

北歸志一卷　〔清〕王士禎撰

廣州遊覽小志一卷　〔清〕王士
　禎撰

南越筆記一卷　〔清〕李調元撰

途中記一卷　〔清〕程含章撰

粵遊録一卷　〔清〕戴燮元撰

北轅録一卷　〔清〕戴燮元撰

入廣記一卷　王闓運撰

粵遊小志一卷　〔清〕張心泰撰

赤溪雜志一卷　金武祥撰

澳門圖説一卷　〔清〕張甄陶撰

澳門記一卷　〔清〕薛韞撰

澳門形勢篇一卷　〔清〕張汝霖撰

澳門形勢論一卷　〔清〕張甄陶撰

澳蕃篇一卷　〔清〕張汝霖撰

制馭澳夷論一卷　〔清〕張甄陶撰

澳門形勢論一卷　〔清〕李受彤撰

虎門記一卷　〔清〕薛韞撰

潮州海防記一卷　〔清〕藍鼎元撰

瓊州記一卷　〔清〕藍鼎元撰

黎岐紀聞一卷　〔清〕張慶長撰

中國海島考略一卷　〔清〕龔柴撰

中外述遊一卷　〔清〕田嵩岳撰

第十帙

東南三國記一卷　〔清〕江登雲撰

高麗論略一卷　〔清〕朱逢甲撰

朝鮮考略一卷　〔清〕龔柴撰

征撫朝鮮記一卷　〔清〕魏源撰

朝鮮小記一卷　（朝鮮）李韶九撰

高麗形勢一卷　〔清〕吳鍾史撰

朝鮮風土略述一卷　〔清〕吳鍾
　史撰

高麗風俗記一卷　〔清〕佚名撰

朝鮮風俗記一卷　〔清〕薛培榕撰

朝鮮八道紀要一卷　〔清〕薛培
　榕撰

朝鮮風土記一卷　〔清〕佚名撰

高麗瑣記一卷　〔清〕佚名撰

朝鮮輿地説一卷　〔清〕薛培榕撰

朝鮮疆域紀略一卷　〔清〕佚名撰

朝鮮會通條例一卷　〔清〕薛培
　榕錄

東遊記一卷　〔清〕吳鍾史撰

遊高麗王城記一卷　〔清〕吳鍾
　史撰

朝鮮雜述一卷　〔清〕許午撰

東國名勝記一卷　（朝鮮）金敬淵撰

入高紀程一卷　〔清〕佚名撰

巨文島形勢一卷　〔清〕佚名撰

朝鮮諸水編一卷　〔清〕齊召南撰

高麗水道考一卷　〔清〕佚名撰

越南志一卷

安南小志一卷　姚文棟撰

越南考略一卷　〔清〕龔柴撰

越南世系沿革略一卷　〔清〕徐
　延旭撰

越南疆域考一卷　〔清〕魏源撰

越南地輿圖説一卷　〔清〕盛慶
　紱撰

安南雜記一卷　〔清〕李仙根撰

安南紀遊一卷　〔清〕潘鼎珪撰

越南遊記一卷　〔清〕陳□撰

征撫安南記一卷　〔清〕魏源撰

征安南紀略一卷　〔清〕師範撰

從征安南記一卷　〔清〕佚名撰

越南山川略一卷　〔清〕徐延旭撰

越南道路略一卷　〔清〕徐延旭撰

中越交界各隘卡略一卷　〔清〕

徐延旭撰

黑河紀略一卷　〔清〕佚名撰

金邊國記一卷　〔清〕佚名撰

使琉球記一卷　〔清〕張學禮撰

中山紀略一卷　〔清〕張學禮撰

中山傳信錄一卷　〔清〕徐葆光撰

使琉球記一卷　〔清〕李鼎元撰

中山見聞辨異一卷　〔清〕黃景
　福撰

琉球實錄一卷　〔清〕錢□撰

琉球説略一卷　姚文棟譯

琉球形勢略一卷　（日本）中根淑撰

琉球朝貢考一卷　〔清〕王韜撰

琉球向歸日本辨一卷　〔清〕王
　韜撰

緬甸志一卷

緬甸考略一卷　〔清〕龔柴撰

征緬甸記一卷　〔清〕魏源撰

緬事述略一卷　〔清〕師範撰

征緬紀略一卷　〔清〕王昶撰

征緬紀聞一卷　〔清〕王昶撰

緬甸瑣記一卷　〔清〕傅顯撰

入緬路程一卷　〔清〕師範撰

緬藩新紀一卷　〔清〕佚名撰

暹羅考一卷　〔清〕佚名撰

暹羅志一卷

暹羅考略一卷　〔清〕龔柴撰

暹羅別記一卷　〔清〕季麒光撰

東洋記一卷　〔清〕陳倫炯撰

日本考略一卷　〔清〕龔柴撰

日本疆域險要一卷　〔清〕傅雲
　龍撰

日本沿革一卷　〔清〕傅雲龍撰

日本載筆一卷　（英國）韋廉臣撰

日本近事記一卷　〔清〕陳其元撰

柔佛略述一卷　〔清〕佚名撰

檳榔嶼遊記一卷　〔清〕佚名撰

般鳥紀略一卷　（清西洋）鴨砵撰

遊婆羅洲記一卷　〔清〕佚名撰

白蠟遊記一卷　〔清〕佚名撰

海島逸志一卷　〔清〕王大海撰

葛剌巴傳一卷　〔清〕佚名撰

南洋述遇一卷　〔清〕佚名撰

南洋事宜論一卷　〔清〕藍鼎元撰

南洋各島國論一卷　〔清〕吳曾
　英撰

三得惟枝島紀略一卷　（美國）
　林樂知撰

海外群島記一卷　〔清〕佚名撰

新金山記一卷　〔清〕佚名撰

澳洲紀遊一卷　〔清〕佚名撰

他士文尼亞島考略一卷　〔清〕
　佚名撰

牛西蘭島紀略一卷　〔清〕佚名撰

南極新地辨一卷　〔清〕金維賢撰

第十一帙

海錄一卷　〔清〕楊炳南撰

大西洋記一卷　〔清〕陳倫炯撰

西方要紀一卷　（比利時）南懷仁撰

通商諸國記一卷　〔清〕朱克敬撰

英吉利地圖説一卷　〔清〕姚瑩撰

歐洲總論一卷　〔清〕佚名撰

中西關係略論一卷　（美國）林
　樂知撰

乘槎筆記一卷　〔清〕斌椿撰

航海述奇一卷　〔清〕張德彝撰

初使泰西記一卷　〔清〕宜垕撰

使西書略一卷　〔清〕孫家穀撰

使法事略一卷　（美國）林樂知撰

使西紀程一卷　〔清〕郭嵩燾撰

英軺日記一卷　〔清〕劉錫鴻撰

隨使日記一卷　〔清〕張德彝撰

使英雜記一卷　〔清〕張德彝撰

使法雜記一卷　〔清〕張德彝撰

使還日記一卷　〔清〕張德彝撰

使德日記一卷　〔清〕李鳳苞撰

出使英法日記一卷　〔清〕曾紀
　澤撰

歐遊隨筆一卷　〔清〕錢德培撰

歐遊雜録一卷　〔清〕徐建寅撰

西征紀程一卷　〔清〕鄒代鈞撰

出洋瑣記一卷　〔清〕蔡鈞撰

出使須知一卷　〔清〕蔡鈞撰

瀛海採問紀實一卷　〔清〕袁祖
　志撰

西俗雜志一卷　〔清〕袁祖志撰

涉洋管見一卷　〔清〕袁祖志撰

出洋須知一卷　〔清〕袁祖志撰

歸國日記一卷　〔清〕王詠霓撰

瀛海論一卷　〔清〕張自牧撰

出使英法義比四國日記一卷
　〔清〕薛福成撰

蠡測卮言一卷　〔清〕張自牧撰

瀛海卮言一卷　〔清〕王之春撰

西事蠡測一卷　〔清〕沈純撰

漫遊隨録一卷　〔清〕王韜撰

遊英京記一卷　〔清〕佚名撰

遊歷筆記一卷　〔清〕佚名撰

泰西城鎮記一卷　（美國）丁韙良撰

彈丸小記一卷　〔清〕龔柴撰

土國戰事述略一卷　（美國）艾
　約瑟撰

冰洋事蹟述略一卷　（美國）艾
　約瑟撰

第十二帙

湖北地略一卷　〔清〕馬冠群撰

湖南地略一卷　〔清〕馬冠群撰

河南地略一卷　〔清〕馬冠群撰

山東地略一卷　〔清〕馬冠群撰

山西地略一卷　〔清〕馬冠群撰

陝西地略一卷　〔清〕馬冠群撰

甘肅地略一卷　〔清〕馬冠群撰

四川地略一卷　〔清〕馬冠群撰

廣東地略一卷　〔清〕馬冠群撰

廣西地略一卷　〔清〕馬冠群撰

雲南地略一卷　〔清〕馬冠群撰

貴州地略一卷　〔清〕馬冠群撰

驛站路程一卷　〔清〕佚名撰

勘旅順記一卷　〔清〕馬建忠撰

吉林外記一卷　〔清〕薩英額撰

吉林形勢一卷　〔清〕朱一新撰

黑龍江外紀一卷　〔清〕西清撰

通肯河一帶開民屯議一卷　〔清〕
馮澂撰

東省與韓俄交界道里表一卷
〔清〕聶士成撰

防邊危言一卷　〔清〕鄭觀應撰

籌邊議一卷　〔清〕陳虬撰

第二帙

蒙古游牧記一卷　〔清〕張穆撰

蒙古地略一卷　〔清〕馬冠群撰

察哈爾地略一卷　〔清〕馬冠群撰

喀爾喀地略一卷　〔清〕馬冠群撰

西套厄魯特地略一卷　〔清〕馬
冠群撰

青海地略一卷　〔清〕馬冠群撰

經營外蒙古議一卷　〔清〕佚名撰

西域南八城紀要一卷　〔清〕王
文錦撰

新疆地略一卷　〔清〕馬冠群撰

帕米爾屬中國考一卷　〔清〕佚
名撰

坎巨提帕米爾疏片略一卷　〔清〕
王錫祺録

西域帕米爾輿地考一卷　〔清〕
許克勤撰

西域帕米爾輿地考一卷　葉瀚撰

第三帙

藏俗記一卷　〔清〕魏祝亭撰

西招紀行一卷　〔清〕松筠撰

招西秋閱紀一卷　〔清〕松筠撰

西藏置行省論一卷　〔清〕佚名撰

遊歷西藏紀一卷　（英國）李提
摩太撰

亞東論略一卷　（英國）戴樂爾撰

使俄草一卷　〔清〕王之春撰

俄疆客述一卷　〔清〕管斯駿撰

第四帙

五嶽考一卷　〔清〕張崇德撰

恒山蹟志一卷　〔清〕佚名撰

兔兒山記一卷　〔清〕佚名撰

遊翠微山記一卷　〔清〕尹耕雲撰

遊太行山記一卷　〔清〕劉心源撰

西山遊記一卷　〔清〕洪良品撰

遊浮山記一卷　〔清〕佚名撰

塗山紀遊一卷　〔清〕林之芬撰

遊荊山記一卷　〔清〕林之芬撰

爛柯山記一卷　〔清〕佚名撰

遊吼山記一卷　〔清〕佚名撰

遊天台山記一卷　〔清〕佚名撰

天台遊記一卷　〔清〕顧鶴慶撰

遊孤山記一卷　〔清〕韓夢周撰

遊大伾山記一卷　〔清〕尹耕雲撰

遊風穴山記一卷　〔清〕尹耕雲撰

昆侖釋一卷　〔清〕魏源撰

雲山洞紀遊一卷　〔清〕曹鈞撰

籌運篇一卷　〔清〕殷自芳撰

治河議一卷　〔清〕陳虬撰

郭家池記一卷　〔清〕許汝衡撰

蕭湖遊覽記一卷　〔清〕程鍾撰

過蜀峽記一卷　（英國）艾約瑟撰

遊韜光庵記一卷　〔清〕朱殿芬撰

第六帙

南行日記一卷　〔清〕楊慶之撰

度嶺日記一卷　〔清〕任棟撰

西行日記一卷　〔清〕丁壽祺撰

第七帙

猛烏烏得記一卷　〔清〕王錫祺撰

滇緬邊界記略一卷　〔清〕佚名撰

滇緬分界疏略一卷　〔清〕薛福成撰

西南邊防議一卷　〔清〕佚名撰

第八帙

荊南苗俗記一卷　〔清〕魏祝亭撰

蜀九種夷記一卷　〔清〕魏祝亭撰

兩粵猺俗記一卷　〔清〕魏祝亭撰

粵西種人圖説一卷　〔清〕佚名撰

第九帙

大洋海大西洋海印度海北冰海南冰海考一卷　〔清〕楊毓輝撰

大洋海大西洋海印度海北冰海南冰海考一卷　〔清〕陶師韓撰

大洋海大西洋海印度海北冰海南冰海考一卷　〔清〕胡永吉撰

防海危言一卷　〔清〕鄭觀應撰

北洋海防津要表一卷　〔清〕傅雲龍撰

臺灣近事末議一卷　〔清〕王錫祺撰

粵東市舶論一卷　〔清〕蕭令裕撰

第十帙

東行初録一卷續録一卷三録一卷　〔清〕馬建忠撰

朝俄交界考一卷　〔清〕馬建忠撰

鎮南浦開埠記一卷　（日本）古城吉貞譯

遊越南記一卷　〔清〕佚名撰

安南論一卷　（英國）李提摩太撰

遊山南記一卷　〔清〕徐葆光撰

緬甸圖説一卷　〔清〕吳其禎撰

緬甸論一卷　（英國）李提摩太撰

暹羅近事末議一卷　〔清〕王錫祺撰

東倭考一卷　〔清〕金安清撰

日本風俗一卷　〔清〕傅雲龍撰

日本風土記一卷　〔清〕戴名世撰

東遊日記一卷　〔清〕黃慶澄撰

遊鹽原記一卷　〔清〕黎庶昌撰

訪徐福墓記一卷　〔清〕黎庶昌撰

遊扶桑本牧記一卷　〔清〕佚名撰

對馬島考一卷　〔清〕顧厚焜撰

南行記一卷　〔清〕馬建忠撰

南行日記一卷　〔清〕吳廣霈撰

義火可握國記一卷　〔清〕佚名撰

北印度以外疆域考一卷　〔清〕魏源撰

呂宋備考一卷

呂宋記略一卷　〔清〕葉羌鏞撰

南洋蠡測一卷　〔清〕顏斯綜撰

蘇禄考一卷　〔清〕王錫祺輯

蘇禄記略一卷　〔清〕葉羌鏞撰

澳大利亞可自強説一卷　〔清〕薛福成撰

第十一帙

薄海番域録一卷　〔清〕邵太緯撰

歐羅巴各國總叙一卷　（葡萄牙）瑪吉士撰

華事夷言一卷　〔清〕林則徐譯

英夷説一卷　〔清〕何大庚撰

英國論略一卷　〔清〕佚名撰

英吉利記一卷　〔清〕蕭令裕撰

英吉利國夷情紀略一卷　〔清〕葉鍾進撰

英吉利小記一卷　〔清〕魏源撰

奉使倫敦記一卷　〔清〕黎庶昌撰

卜來敦記一卷　〔清〕黎庶昌撰

白雷登避暑記一卷　〔清〕薛福成撰

巴黎賽會紀略一卷　〔清〕黎庶昌撰

遊歷意大利聞見録一卷　〔清〕洪勳撰

遊歷瑞典那威聞見録一卷　〔清〕洪勳撰

遊歷西班牙聞見録一卷　〔清〕洪勳撰

遊歷葡萄牙聞見録一卷　〔清〕洪勳撰

遊歷聞見總略一卷　〔清〕洪勳撰

遊歷聞見拾遺一卷　〔清〕洪勳撰

博子墩遊記一卷　〔清〕佚名撰

使西日記一卷　〔清〕曾紀澤撰

倫敦風土記一卷　〔清〕張祖翼撰

西海紀行卷一卷　潘飛聲撰

天外歸槎録一卷　潘飛聲撰

泰西各國采風記一卷　宋育仁撰

海防餘論一卷　〔清〕顏斯綜撰

天下大勢通論一卷　〔清〕吳廣霈撰

塞爾維羅馬尼蒲加利三國合考一卷　〔清〕鄒弢撰

過波蘭記一卷　〔清〕佚名撰

革雷得志略一卷　〔清〕郭家驥撰

第十二帙

歐洲各國開闢非洲考一卷　（英國）李提摩太撰

庚哥國略説一卷　〔清〕王錫祺輯

美理哥國志略一卷　（美國）高理文撰

古巴述略一卷　（日本）村田□撰

出使美日秘國日記一卷　〔清〕崔國因撰

每月統紀傳一卷　〔清〕佚名撰

貿易通志一卷　〔清〕佚名撰

萬國地理全圖集一卷　〔清〕佚名撰

四洲志一卷　〔清〕林則徐譯

外國史略一卷　（英國）馬禮遜撰

地球説略一卷　（美國）禕理哲撰

地理志略一卷　（美國）戴德江撰

地理全志一卷　（英國）慕維廉撰

三十一國志要一卷　（英國）李提摩太撰

萬國風俗考略一卷　〔清〕鄒弢撰

瀛環志略訂誤一卷　〔清〕□毅撰

晨風閣叢書二十二種　　Fv9100 6371

沈宗畸輯

清宣統元年（1909年）番禺沈氏晨風閣刻本

十六册

框12.7×10.2釐米。11行21字，小字雙行同。黑口，四周單邊。牌記題“宣統元年沈氏校梓”。

詩經四家異文考補一卷　江瀚撰

説文解字校勘記殘稿一卷　〔清〕
　王念孫撰

仁廟聖政記二卷　〔明〕佚名撰

出圍城記一卷　〔清〕楊榮纂

西域水道記校補一卷　〔清〕徐松撰

寒山金石林部目一卷　〔明〕趙均撰

昭陵碑録三卷附録一卷　羅振玉撰

潛采堂書目四種　〔清〕朱彝尊撰
　　全唐詩未備書目一卷
　　明詩綜采摭書目一卷
　　兩淮鹽筴書引證書目一卷
　　竹垞行笈書目一卷

藝芸書舍宋元本書目一卷　〔清〕
　汪士鐘撰

結一廬書目四卷　〔清〕朱學勤撰

滂喜齋宋元本書目一卷　〔清〕佚名輯

曲録六卷　王國維撰

戲曲考原一卷　王國維撰

鹿門集三卷拾遺一卷續補遺一卷
　〔唐〕唐彥謙撰

邕州小集一卷　〔宋〕陶弼撰

方叔淵遺稿一卷附高氏三宴詩三卷
　〔元〕方瀾撰　（三宴詩）〔唐〕
　高正臣撰

香山九老會詩一卷　〔唐〕白居易撰

古洋遺響集一卷　〔宋〕文同撰

南唐二主詞一卷補遺一卷　〔南
　唐〕李璟 李煜撰

平園近體樂府一卷　〔宋〕周必大撰

後村別調一卷補一卷　〔宋〕劉克
　莊撰

眉庵詞一卷　〔明〕楊基撰

靈鶼閣叢書六集五十六種　PL2451 L53
〔清〕江標輯

清光緒二十三年（1897）元和江氏湖
南使院刻本

　四十八册

　框20.6×14.5釐米。11行23字，小字
雙行同。黑口，左右雙邊，單魚尾。内封鎸
"元和江氏靈鶼閣叢書"。牌記題"校刻
於湖南使院"。册一外封記載"乞同一先
生惠存之基博奏記"。鈐"錢基博印"印。
　第一集
　　韓詩遺説二卷訂譌一卷　〔清〕
　　臧庸撰
　　尚書大傳七卷　〔漢〕伏勝撰
　　　〔漢〕鄭玄注　王闓運補注
　　皇象本急就章一卷　〔漢〕史游
　　撰　〔清〕鈕樹玉注
　　説文解字索隱一卷補例一卷
　　〔清〕張度撰
　　漢事會最人物志三卷　〔清〕惠
　　棟輯
　　隸友肒説一卷附録一卷　〔清〕
　　王筠撰
　　教童子法一卷　〔清〕王筠撰
　　洨民遺文一卷　〔清〕孫傳鳳撰
　　欽定四庫全書總目提要四部類叙
　　一卷　〔清〕江標輯
　　先正讀書訣一卷　〔清〕周永年輯
　第二集
　　朔方備乘札記一卷　〔清〕李文
　　田撰
　　使德日記一卷　〔清〕李鳳苞撰
　　德國議院章程一卷　〔清〕徐建
　　寅譯
　　英軺私記一卷　〔清〕劉錫鴻撰
　　新嘉坡風土記一卷　〔清〕李鍾
　　珏撰

中西度量權衡表一卷 〔清〕佚名撰

光論一卷 〔清〕張福僖譯

人參考一卷 〔清〕唐秉鈞撰

積古齋藏器目一卷 〔清〕阮元撰

平安館藏器目一卷 〔清〕葉志詵撰

清儀閣藏器目一卷 〔清〕張廷濟撰

懷米山房藏器目一卷 〔清〕曹載奎撰

兩罍軒藏器目一卷 〔清〕吳雲撰

木庵藏器目一卷 〔清〕程振甲撰

梅花草盦藏器目一卷 〔清〕丁彥臣撰

簠齋藏器目一卷 〔清〕陳介祺撰

愙齋藏器目一卷 〔清〕吳大澂撰

天壤閣雜記一卷 〔清〕王懿榮撰

董華亭書畫録一卷 〔明〕董其昌撰 〔清〕青浮山人編輯

畫友詩一卷 〔清〕趙彥修撰

士禮居藏書題跋記續二卷 〔清〕黃丕烈撰 繆荃孫輯

江寧金石待訪目二卷 〔清〕嚴觀撰

山左南北朝石刻存目一卷 〔清〕尹彭壽撰

第三集

漢鼓吹鐃歌十八曲集解一卷 〔清〕譚儀撰

碧城仙館詩鈔八卷 〔清〕陳文述撰

聽園西疆雜述詩四卷 〔清〕蕭雄撰

瓊州雜事詩一卷 〔清〕程秉釗撰

匪石山人詩一卷 〔清〕鈕樹玉撰

衍波詞一卷 〔清〕孫蓀意撰

第四集

文史通義補編一卷附二卷 〔清〕章學誠撰

和林金石録一卷詩一卷附和林考一卷 〔清〕李文田撰 （附）〔清〕黃楙材撰

前塵夢影録二卷 〔清〕徐康撰

西遊録注一卷 〔元〕耶律楚材撰 〔清〕李文田注

澳大利亞洲新志一卷 〔清〕吳宗濂 趙元益譯

張憶娘簪華圖卷題詠一卷 〔清〕江標輯

第五集

國語校文一卷 〔清〕汪中撰

嘉蔭簃藏器目一卷 〔清〕劉喜海撰

愛吾鼎齋藏器目一卷 〔清〕李璋煜撰

石泉書屋藏器目一卷 〔清〕李佐賢撰

雙虞壺齋藏器目一卷 〔清〕吳式芬撰

簠齋藏器目第二本一卷 〔清〕陳介祺撰

選青閣藏器目一卷 〔清〕王錫棨撰

藏書紀事詩六卷 葉昌熾撰

第六集

沅湘通藝録八卷四書文二卷 〔清〕江標輯

日本華族女學校規則一卷 〔清〕佚名譯

黃蕘圃先生年譜一卷 〔清〕江
標撰

小萬卷樓叢書十七種　　Fv9100 9494

〔清〕錢培名輯

清光緒四年（1878）金山錢氏刻本

十六冊

框16.6×12.4釐米。10行20字，小字
雙行同。白口，左右雙邊，單魚尾。

易學濫觴一卷　〔元〕黃澤撰

春秋通義一卷　〔宋〕佚名撰

左傳博議拾遺二卷　〔清〕朱元英撰

律呂元音一卷　〔清〕畢華珍撰

豐清敏公遺事一卷　〔宋〕李朴撰

越絕書十五卷札記一卷　〔漢〕袁
康撰　（札記）〔清〕錢培名撰

唐書直筆四卷　〔宋〕呂夏卿撰

申鑒五卷札記一卷　〔漢〕荀悦撰
（札記）〔清〕錢培名撰

中論二卷附逸文一卷札記二卷　〔漢〕
徐幹撰　（逸文、札記）〔清〕錢
培名撰

醫經正本書一卷札記一卷　〔宋〕
程迥撰　（札記）〔清〕錢培名撰

對數簡法一卷續一卷　〔清〕戴煦撰

元城語錄三卷附行錄一卷　〔宋〕
馬永卿撰

武陵山人雜著一卷　〔清〕顧觀光撰

道德真經集解四卷　〔金〕趙秉文撰

陸士衡文集十卷附札記一卷　〔晋〕
陸機撰　（札記）〔清〕錢培名撰

謝幼槃文集十卷　〔宋〕謝薖撰

西渡詩集一卷補遺一卷　〔宋〕洪
炎撰

觀古堂所著書十六種　　Fv9118 +4029

葉德輝編

清光緒二十八年（1902）湘潭葉氏觀
古堂刻本

十六冊

框18.2×13.3釐米。11行22字，小字
雙行同。黑口，左右雙邊，雙魚尾。牌記
題"光緒壬寅八月湘潭葉氏印行"。

天文本單經論語校勘記一卷

孟子章句一卷附劉熙事蹟考一卷
〔漢〕劉熙撰　葉德輝輯

月令章句四卷　〔漢〕蔡邕撰　葉德
輝輯

古今夏時表一卷附易通卦驗節候校
文一卷

釋人疏證二卷

山公啓事一卷佚事一卷　〔晋〕山
濤撰　葉德輝輯

秘書省續編到四庫闕書目二卷
〔宋〕佚名編　葉德輝考證

瑞應圖記一卷　〔南朝梁〕孫柔之
撰　葉德輝輯

鬻子二卷　〔周〕鬻熊撰　葉德輝校輯

郭氏玄中記一卷　〔□〕郭□撰
葉德輝輯

淮南鴻烈間詁二卷　〔漢〕許慎撰
葉德輝輯

淮南萬畢術二卷　〔漢〕劉安撰
葉德輝輯

傅子三卷附訂譌一卷　〔晋〕傅玄
撰　葉德輝輯

晋司隸校尉傅玄集三卷　〔晋〕傅
玄撰　葉德輝輯

古泉雜詠四卷

消夏百一詩二卷

觀古堂彙刻書二集二十一種

Fv9100 +4492

葉德輝輯

清光緒二十八至三十年（1902—1904）湘潭葉氏刻本

十六冊

框17.8×13.4釐米。11行22字，小字雙行同。黑口，左右雙邊，雙魚尾。牌記題"光緒壬寅八月湘潭葉氏印行"。外封記載"Kennedy"。

第一集

三家詩補遺三卷　〔清〕阮元撰

爾雅圖贊一卷　〔晋〕郭璞撰　〔清〕嚴可均輯

山海經圖贊二卷　〔晋〕郭璞撰　〔清〕嚴可均輯

説文段注校三種

南廱志經籍考二卷　〔清〕梅鷟撰

萬卷堂書目四卷　〔明〕朱睦㮮撰

絳雲樓書目補遺一卷　〔清〕錢謙益撰

靜惕堂書目宋人集一卷元人文集一卷　〔清〕曹溶撰

竹垞盦傳鈔書目一卷　〔清〕趙魏撰

結一廬書目四卷附錄一卷　〔清〕朱學勤撰

巖下放言三卷　〔宋〕葉夢得撰

第二集

素女經一卷

玉房秘訣一卷指要一卷

洞玄子一卷

華陽陶隱居集二卷　〔南朝梁〕陶弘景撰　〔清〕嚴可均輯

沈下賢文集十二卷　〔唐〕沈亞之撰

唐女郎魚玄機詩一卷附錄魚玄機事略一卷　〔唐〕魚玄機撰

金陵百詠一卷　〔宋〕曾極撰

嘉禾百詠一卷　〔宋〕張堯同撰

曝書亭删餘詞一卷曝書亭詞手稿原目一卷校勘記一卷　〔清〕朱彝尊撰　（校勘記）葉德輝撰

崑崙集一卷續一卷附一卷釋文一卷

麗廔叢書九種

Fv9100 1104

葉德輝輯

清光緒三十三年（1907）長沙葉氏刻本

八冊

框18.2×13.2釐米。10行20字，小字雙行同。白口，四周單邊，雙魚尾。牌記題"光緒丁未春仲長沙葉氏印行"。

南嶽總勝集三卷　〔宋〕陳田夫撰

古今書刻二卷　〔明〕周弘祖撰

七國象棋局一卷　〔宋〕司馬光撰

投壺新格一卷　〔宋〕司馬光撰

譜雙五卷附錄一卷　〔宋〕洪遵撰

打馬圖經一卷　〔宋〕李清照撰

除紅譜一卷　〔宋〕朱河撰

三教源流搜神大全七卷　〔宋〕佚名撰

唐女郎魚玄機詩一卷附錄一卷　〔唐〕魚玄機撰

雙梅景闇叢書十六種

Fv9100 +2467

葉德輝輯

清光緒至宣統間長沙葉氏郎園刻本

六冊

框17.7×13.2釐米。11行22字。黑口，左右雙邊，雙魚尾。牌記題"長沙葉氏郎園刊行"。

素女經一卷
素女方一卷
玉房秘訣一卷附玉房指要一卷
洞玄子一卷
天地陰陽交歡大樂賦一卷　〔唐〕
　白行簡撰
青樓集一卷　〔元〕夏庭芝撰
板橋雜記三卷　〔清〕余懷撰
吳門畫舫錄一卷　〔清〕西溪山人撰
燕蘭小譜五卷　〔清〕吳長元撰
海漚小譜一卷　〔清〕趙執信撰
觀劇絕句三卷　〔清〕金德瑛撰
木皮散人鼓詞一卷附萬古愁曲一卷
　〔明〕賈鳧西撰　（附）〔清〕歸莊撰
乾嘉詩壇點將錄一卷　〔清〕舒位撰
東林點將錄一卷　〔明〕王紹徽撰
重刻足本乾嘉詩壇點將錄一卷
　〔清〕舒位撰
秦雲擷英小譜一卷　〔清〕王昶撰

翠琅玕館叢書四集五十一種

PL2451 .T78

〔清〕馮兆年編
清光緒羊城馮氏刻本
四十冊
框12.1×9.9釐米。9行21字，小字雙
行同。黑口，左右雙邊。
第一集
　飛鴻堂印人傳八卷　〔清〕汪啓
　　淑撰
　南漢金石志二卷　〔清〕吳蘭修撰
　九曜石刻錄一卷　〔清〕周中孚撰
　錢譜一卷　〔宋〕董逌撰
　漫堂墨品一卷　〔清〕宋犖撰
　水坑石記一卷　〔清〕錢朝鼎撰

琴學八則一卷　〔清〕程雄撰
觀石錄一卷　〔清〕高兆撰
紅朮軒紫泥法定本一卷　〔清〕
　汪鎬京撰
洞山岕茶系一卷　〔明〕周高起撰
陽羨茗壺系一卷　〔明〕周高起撰
南村觴政一卷　〔清〕張惣撰
桐陰副墨一卷　〔明〕黎遂球撰
陶說六卷　〔清〕朱琰撰
小山畫譜二卷　〔清〕鄒一桂撰
苦瓜和尚畫語錄一卷　〔清〕釋
　道濟撰
冬心畫題記　〔清〕金農撰
幽夢影二卷　〔清〕張潮撰
獸經一卷　〔明〕黃省曾撰
虎苑二卷　〔明〕王穉登撰
第二集
　夏小正傳二卷　〔漢〕戴德撰
　　〔清〕孫星衍校
　大誓答問一卷　〔清〕龔自珍撰
　小學鉤沈十九卷　〔清〕任大椿
　　輯　〔清〕王念孫校
　歷代世系紀年編一卷　〔清〕沈
　　炳震撰
　顏書編年錄四卷　〔清〕黃本驥撰
　南海百詠續編四卷　〔清〕樊封撰
　藝舟雙楫六卷　〔清〕包世臣撰
第三集
　說文管見三卷　〔清〕胡秉虔撰
　說文辨疑一卷條記一卷　〔清〕
　　顧廣圻撰
　說文釋例二卷　〔清〕江沅撰
　周櫟園印人傳三卷　〔清〕周亮
　　工撰
　丹溪朱氏脈因證治二卷　〔元〕

朱震亨撰

惲南田畫跋四卷　〔清〕惲格撰

雨窗漫筆一卷　〔清〕王原祁撰

二十四畫品一卷　〔清〕黃鉞撰

東莊論畫一卷　〔清〕王昱撰

浦山論畫一卷　〔清〕張庚撰

繪事津梁一卷　〔清〕秦祖永撰

摹印傳燈二卷　〔清〕葉爾寬撰

第四集

詩氏族考六卷　〔清〕李超孫撰

兩漢刊誤補遺十卷附錄一卷
　〔宋〕吳仁傑撰

曉菴新法六卷　〔清〕王錫闡撰

脉藥聯珠四卷　〔清〕龍柏撰

脉藥聯珠古方考四卷　〔清〕龍
　柏撰

雪堂墨品一卷　〔清〕張仁熙撰

畫訣一卷　〔清〕龔賢撰

板橋題畫一卷　〔清〕鄭燮撰

山南論畫一卷　〔清〕王學浩撰

石村畫訣一卷　〔清〕孔衍栻撰

寫竹雜記一卷　〔清〕蔣和撰

薛濤詩一卷　〔唐〕薛濤撰

邵武徐氏叢書初刻十四種 PL2452 +H76

〔清〕徐榦輯

清光緒十二年（1886）邵武徐氏刻本

二十冊

框17.1×12.1釐米。10行22字。白口，
左右雙邊，單魚尾。書內記載 "Gift of
Mr. and Mrs. Arthur F. Wright"。

鄭氏詩譜考正一卷　〔清〕丁晏撰

春秋世族譜一卷　〔清〕陳厚耀撰

小爾雅疏八卷　〔清〕王煦撰

韻補五卷　〔宋〕吳棫撰

韻補正一卷　〔清〕顧炎武撰

海東逸史十八卷　〔清〕翁洲老民撰

東南紀事十二卷　〔清〕邵廷采撰

西南紀事十二卷　〔清〕邵廷采撰

李忠定公別集十卷　〔宋〕李綱撰

東觀餘論二卷附錄一卷　〔宋〕黃
　伯思撰

琴操二卷補一卷　〔漢〕蔡邕撰

支遁集二卷補遺一卷　〔晉〕釋支
　遁撰　（補遺）〔清〕蔣清翊撰

西崑酬唱集二卷　〔宋〕楊億撰

樵川二家詩六卷　〔清〕徐榦輯

文章緣起一卷　〔南朝梁〕任昉撰
　〔明〕陳懋仁注　〔清〕方熊補注

勝朝遺事初編三十二種二編十八種

Fv2720 2319

〔清〕吳彌光輯　〔清〕宋澤元重訂

清光緒九年（1883）懺華盦刻本

十八冊

框12.2×9.5釐米。9行19字。白口，
左右雙邊，單魚尾。牌記題"光緒癸未
秋八月懺華盦重訂"。據清道光二十二年
（1842）南海吳氏芬陀羅館原刊本修補
印行。

初編

洪武聖政記　〔明〕宋濂撰

明初禮賢錄　〔明〕佚名撰

天潢玉牒　〔明〕解縉撰

龍興慈記　〔明〕王文祿撰

翦勝野聞　〔明〕徐禎卿撰

平漢錄　〔明〕童承叙撰

平吳錄　〔明〕吳寬撰

北平錄　〔明〕佚名撰

平夏錄　〔明〕黃標撰

平胡録　〔明〕陸深撰

靖難功臣録　〔明〕朱當㴱撰

備遺録　〔明〕張芹撰

平定交南録　〔明〕丘濬撰

北征録　〔明〕金幼孜撰

北征後録　〔明〕金幼孜撰

北征記　〔明〕楊榮撰

宣爐注　〔清〕冒襄撰

否泰録　〔明〕劉定之撰

正統北狩事蹟　〔明〕楊銘撰

北使録　〔明〕李實撰

天順日録　〔明〕李賢撰

聖駕臨雍録　〔明〕周洪謨撰

武宗外紀　〔清〕毛奇齡撰

辨定嘉靖大禮議　〔清〕毛奇齡撰

諭對録　〔明〕張孚敬撰

倭變事略　〔明〕采九德撰

靖海紀略　〔明〕鄭茂撰

病榻遺言　〔明〕高拱撰

星變志　〔明〕抱甕外史撰

鈐山堂書畫記　〔明〕文嘉撰

碧血録　〔明〕黃煜編

甲申傳信録　〔明〕錢𪾢撰

二編

三朝聖諭録　〔明〕楊士奇撰

瀛涯勝覽　〔明〕馬歡撰

彭文憲公筆記　〔明〕彭時撰

閩中今古録　〔明〕黃溥撰

病逸漫記　〔明〕陸釴撰

瑯琊漫鈔　〔明〕文林撰

水東日記　〔明〕葉盛撰

近峰記略　〔明〕皇甫庸撰

留青日札　〔明〕田藝蘅撰

今言類編二卷　〔明〕鄭曉撰

錦衣志　〔明〕王世貞撰

觚不觚録　〔明〕王世貞撰

鳳洲筆記　〔明〕王世貞撰

奇聞類紀　〔明〕施顯卿撰

幸存録　〔明〕夏允彝撰

復社紀事　〔清〕吳偉業撰

彤史拾遺記　〔清〕毛奇齡撰

後鑒録　〔清〕毛奇齡撰

學海堂叢刻十三種　　Fv9100 +7439

〔清〕佚名輯

清光緒三年(1877)廣州學海堂刻本

十四冊

框17.6×12.5釐米。9行17字，小字雙行同。黑口，左右雙邊，單魚尾。鈐"覺廬"印。

石畫記五卷　〔清〕阮元撰

供冀小言一卷　〔清〕林伯桐撰

聽松廬詩略二卷　〔清〕張維屏撰

續三十五舉一卷　〔清〕黃子高撰

讀律提綱一卷　〔清〕楊榮緒撰

桐花閣詞鈔一卷　〔清〕吳蘭修撰

周禮注疏小箋五卷　〔清〕曾釗撰

面城樓集鈔四卷　〔清〕曾釗撰

磨甋齋文存一卷　〔清〕張杓撰

止齋文鈔二卷　〔清〕馬福安撰

樂志堂文略四卷附録一卷　〔清〕譚瑩撰

是汝師齋遺詩一卷　〔清〕朱次琦撰

景石齋詞略一卷　〔清〕姚詩雅撰

敦煌石室遺書十四種　　Fv2137 0491

羅振玉輯

清宣統元年(1909)上虞羅氏鉛印本

四冊

牌記題"宣統己酉刊"。1911年入藏。

尚書顧命殘本一卷附阮氏尚書注
　疏校勘記一卷　〔漢〕孔安國傳
　（校勘記）蔣斧撰

隸古文尚書顧命殘本補考一卷　羅
　振玉撰

沙州志殘卷一卷附校錄札記一卷
　〔唐〕佚名撰　（附）羅振玉撰

西州志殘卷一卷　〔唐〕佚名撰

慧超往五天竺國傳殘卷一卷附校
　錄札記一卷　〔唐〕釋慧超撰
　（附）羅振玉撰

温泉銘一卷　〔唐〕太宗李世民撰

沙州文錄一卷　蔣斧輯

般若波羅蜜多心經一卷

五臺山聖境贊一卷　〔唐〕釋玄本述

老子化胡經殘卷二卷補考一卷校勘
　記一卷軼文一卷　〔晋〕王浮撰
　（考軼文）蔣斧撰　（校勘記）羅
　振玉撰

摩尼經殘卷一卷

景教三威蒙度贊一卷

沙州石室文字記一卷　〔清〕曹元
　忠撰

流沙訪古記一卷　羅振玉撰

問影樓輿地叢書第一集十五種

DS706.5 H8

胡思敬輯

清光緒三十四年（1908）新昌胡氏鉛
印本

十冊

牌記題“光緒戊申仿聚珍版印於京
師”。下書口鐫“問影樓叢書”。

黑韃事略一卷附校勘記一卷　〔宋〕
　彭大雅撰　〔宋〕徐霆疏證　〔清〕

胡思敬校勘

峒谿纖志三卷　〔清〕陸次雲撰

雲緬山川志一卷　〔清〕李榮陛撰

長河志籍考十卷　〔清〕田雯撰

黔記四卷　〔清〕李宗昉撰

東三省輿圖説一卷　〔清〕曹廷杰撰

陝西南山谷口考一卷　〔清〕毛鳳
　枝撰

緬述一卷　〔清〕彭崧毓撰

三省山内風土雜識一卷　〔清〕嚴
　如熤撰

萬里行程記一卷　〔清〕祁韻士撰

關中水道記四卷　〔清〕孫彤撰

水地記一卷　〔清〕戴震撰

遊歷記存一卷　〔清〕朱書撰

滇海虞衡志十三卷附校勘記一卷
　〔清〕檀萃撰　胡思敬校勘

東三省韓俄交界道里表一卷　〔清〕
　聶士成撰

咫進齋叢書三集三十七種　Fv9100 7833

〔清〕姚覲元輯

清光緒九年（1883）姚氏刻本

二十四冊

框18×13.6釐米。13行22字。黑口，
左右雙邊，雙魚尾。下書口鐫“咫進齋叢
書歸安姚氏栞”。第一集内封鐫“光緒九
年春三月順德李文田書題”。

第一集

春秋公羊禮疏十一卷　〔清〕凌
　曙撰

公羊問答二卷　〔清〕凌曙撰

孝經疑問一卷　〔明〕姚舜牧撰

説文答問疏證六卷　〔清〕薛傳
　均撰

瘞鶴銘圖考一卷 〔清〕汪士鋐撰

蘇齋唐碑選一卷 〔清〕翁方綱撰

姚氏藥言一卷 〔明〕姚舜牧撰

咽喉脉證通論一卷

務民義齋算學十一卷 〔清〕徐
有壬撰

大雲山房十二章圖説二卷 〔清〕
惲敬撰

大雲山房雜記二卷 〔清〕惲敬撰

棠湖詩稿一卷 〔宋〕岳珂撰

春艸堂遺稿一卷 〔清〕姚陽元撰

第二集

小爾雅疏證五卷 〔清〕葛其仁撰

説文引經考二卷補遺一卷 〔清〕
吳玉搢撰

説文檢字二卷補遺一卷 〔清〕毛
謨撰 （補遺）〔清〕姚覲元撰

古今韻考四卷 〔清〕李因篤撰

前徽録一卷 〔清〕姚士錫撰

中州金石目四卷補遺一卷 〔清〕
姚晏撰

三十五舉一卷附校勘記一卷 〔元〕
吾丘衍撰 （校勘記）〔清〕姚
覲元撰

續三十五舉一卷 〔清〕桂馥撰

再續三十五舉一卷 〔清〕姚晏撰

安吳論書一卷 〔清〕包世臣撰

寒秀艸堂筆記四卷 〔清〕姚衡撰

第三集

禮記天算釋一卷 〔清〕孔廣牧撰

孝經鄭注一卷 〔漢〕鄭玄撰
〔清〕嚴可均輯

爾雅補郭二卷 〔清〕翟灝撰

説文新附考六卷 〔清〕鄭珍撰

汲古閣説文訂一卷 〔清〕段玉

裁撰

説文校定本二卷 〔清〕朱士端撰

四聲等子一卷

銷燬抽燬書目一卷

禁書總目一卷

違礙書目一卷

慎疾芻言一卷 〔清〕徐大椿撰

陽宅闢謬一卷 〔清〕姚文田撰

清聞齋詩存三卷 〔清〕周鼎樞撰

史學叢書四十三種　　　Fv2515 5735
〔清〕佚名輯

清光緒二十八年（1902）上海文瀾書
局石印本

三十二册

史記志疑三十六卷 〔清〕梁玉繩撰

史表功比説一卷 〔清〕張錫瑜撰

史記天官書補目一卷 〔清〕孫星
衍撰

楚漢諸侯疆域志三卷 〔清〕劉文
淇撰

史漢駢枝一卷 〔清〕成蓉鏡撰

人表考九卷 〔清〕梁玉繩撰

漢書辨疑二十二卷 〔清〕錢大昭撰

漢書注校補五十六卷 〔清〕周壽
昌撰

後漢書補表八卷 〔清〕錢大昭撰

補續漢書藝文志一卷 〔清〕錢大
昭撰

後漢書辨疑十一卷 〔清〕錢大昭撰

後漢郡國令長考一卷 〔清〕錢大
昭撰

續漢書辨疑九卷 〔清〕錢大昭撰

後漢書注補正八卷 〔清〕周壽昌撰

後漢書注又補一卷 〔清〕沈銘彝撰

後漢書補注續一卷 〔清〕侯康撰

三史拾遺五卷 〔清〕錢大昕撰

補三國疆域志二卷 〔清〕洪亮吉撰

補三史藝文志一卷 〔清〕金門詔撰

三國志辨疑三卷 〔清〕錢大昭撰

三國志考證八卷 〔清〕潘眉撰

三國志旁證三十卷 〔清〕梁章鉅撰

三國職官表三卷 〔清〕洪飴孫撰

三國志補注續一卷 〔清〕侯康撰

補三國藝文志四卷 〔清〕侯康撰

宋遼金元四史朔閏考二卷 〔清〕
　錢大昕撰 〔清〕錢侗增補

晋書校勘記五卷 〔清〕周家禄撰

東晋疆域志四卷 〔清〕洪亮吉撰

補晋兵志一卷 〔清〕錢儀吉撰

晋宋書故一卷 〔清〕郝懿行撰

補梁疆域志四卷 〔清〕洪齮孫撰

魏書校勘記一卷 王先謙輯

新舊唐書互證二十卷 〔清〕趙紹
　祖撰

宋州郡志校勘記一卷 〔清〕成蓉
　鏡撰

宋史藝文志補一卷 〔清〕黃虞稷
　倪燦撰 〔清〕盧文弨録

補宋書刑法志一卷 〔清〕郝懿行撰

補宋書食貨志一卷 〔清〕郝懿行撰

補遼金元藝文志一卷 〔清〕倪燦
　撰 〔清〕盧文弨録

十六國疆域志十六卷 〔清〕洪亮
　吉撰

補五代史藝文志一卷 〔清〕顧櫰
　三撰

讀史舉正八卷 〔清〕張熷撰

諸史拾遺五卷 〔清〕錢大昕撰

諸史考異十八卷 〔清〕洪頤煊撰

痛史二十一種附九種 Fv2738 2174

　樂天居士編

　清宣統三年(1911)石印本(部分後印)

　四十一册

　福王登極實録一卷 〔明〕文震亨撰

　　過江七事一卷 〔清〕陳貞慧撰

　　金陵紀略一卷 〔清〕佚名撰

　哭廟記略一卷 〔清〕佚名撰

　丁酉北闈大獄記略一卷 〔清〕信
　　天翁撰

　莊氏史案一卷 〔清〕佚名撰

　　秋思草堂遺集一卷 〔清〕陸莘行撰

　研堂見聞雜記一卷 〔清〕王家禎撰

　思文大紀八卷 〔清〕佚名撰

　弘光實録鈔四卷 〔清〕黃宗羲撰

　淮城紀事一卷 〔明〕佚名撰

　　揚州變略一卷 〔明〕佚名撰

　　京口變略一卷 〔明〕佚名撰

　崇禎長編二卷 〔明〕佚名撰

　浙東紀略一卷 〔清〕徐芳烈撰

　嘉定縣乙酉紀事一卷 〔清〕朱子
　　素撰

　江上孤忠録一卷 〔清〕趙曦明撰

　啓禎記聞録八卷 〔明〕葉紹袁撰

　海上見聞録二卷 〔清〕夢葊撰

　蜀記一卷 〔清〕佚名撰

　鹿樵紀聞三卷 〔清〕吳偉業撰

　隆武遺事一卷 〔清〕佚名撰

　客滇述一卷 〔明〕顧山貞撰

　守鄖紀略一卷 〔明〕高斗樞撰

　　大梁守城記一卷 〔清〕周在浚撰

　國變難臣鈔一卷 〔明〕佚名撰

　　崇禎甲申燕都紀變實録一卷 〔清〕
　　　錢邦芑撰

　　甲申三月忠逆諸臣紀事 〔清〕

錢邦芑撰

紀錢牧齋遺事一卷　〔清〕佚名撰

荆駝逸史　　　　　　　Fv2738 4735

〔清〕陳湖逸士輯

清木活字印本

三十一册

框18.8×13.5釐米。8行17字。白口，四周雙邊，單魚尾。内封鐫"陳湖逸士輯定/後附平臺紀略/荆駝逸史"。原屬Hoover Library，封套内鈐"Hoover Library"印。存四十九種。

三朝野紀七卷（卷五、六原缺）〔明〕李遜之撰

東林事略三卷　〔明〕吳應箕撰

啓禎兩朝剥復録三卷　〔明〕吳應箕撰

熹朝忠節死臣列傳一卷　〔明〕吳應箕撰

甲申忠佞記事一卷　〔清〕錢邦芑撰

甲申紀變實録一卷　〔清〕錢邦芑撰

甲申紀事一卷　〔清〕程正揆撰

北使紀略一卷　〔明〕陳洪範撰

汴圍濕襟録一卷　〔明〕白愚撰

所知録三卷　〔清〕錢澄之撰

聖安本紀六卷　〔清〕顧炎武撰

江陰城守紀二卷　〔清〕韓葵撰

江陰守城記一卷　〔清〕許重熙撰

荆溪盧司馬殉忠實録一卷戎車日記一卷盧公遺事一卷　〔明〕許德士撰

袁督師計斬毛文龍始末一卷　〔清〕李清撰

入長沙記一卷　〔清〕丁大任撰

粤中偶記一卷　〔明〕華復蠡撰

航澥遺聞一卷　〔明〕汪光復撰

平蜀記事一卷　〔清〕錢謙益撰

李仲達被逮紀略一卷　〔明〕蔡士順撰

念陽徐公定蜀紀一卷　〔明〕文震孟撰

攻渝紀事一卷　〔明〕徐如珂撰

遇變紀略一卷　〔明〕徐應芬撰

四王合傳一卷　〔清〕佚名撰

江變紀略二卷　〔清〕徐世溥撰

東塘日劄二卷　〔清〕朱子素撰

滄洲紀事一卷　〔清〕程正揆撰

仿指南録一卷　〔明〕康范生撰

甲行日注八卷（存卷一至五）〔明〕葉紹袁撰

閩遊月記二卷（存卷二）〔明〕華廷獻撰

風倒梧桐記二卷　〔明〕何是非撰

揚州十日記一卷　〔清〕王秀楚撰

庚寅十一月初五日始安事略一卷〔清〕瞿元錫撰

平回紀略一卷　〔清〕佚名撰

開國平吳事略一卷　〔清〕南園嘯客撰

人變述略一卷　〔明〕黄煜撰

全吳紀略一卷　〔明〕楊廷樞撰

歷年城守記一卷　〔清〕王度撰

明亡述略二卷　〔清〕鎖綠山人撰

劉公旦先生死義記一卷　〔明〕吳下逸民撰

僞官據城記一卷　〔清〕王度撰

懿安事略一卷　〔清〕賀宿撰

江陵紀事一卷　〔明〕佚名撰

孫愷陽先生殉城論一卷　〔明〕佚名撰

永歷紀事一卷　〔清〕丁大任撰
平定耿逆記一卷　〔清〕李之芳撰
錢氏家變録一卷　〔清〕錢孫愛撰
兩粵夢游記一卷　〔明〕馬光撰
平臺紀略一卷　〔清〕藍鼎元撰

明季稗史彙編十六種　　Fv2738 6225
　〔清〕留雲居士輯
　清光緒二十二年（1896）上海圖書集成印書局鉛印本
　六册
　烈皇小識八卷　〔明〕文秉撰
　聖安皇帝本紀二卷　〔清〕顧炎武撰
　行在陽秋二卷　〔明〕劉湘客撰
　嘉定屠城紀略一卷　〔清〕朱子素撰
　幸存録二卷　〔明〕夏允彝撰
　續幸存録一卷　〔明〕夏完淳撰
　求野録一卷　〔明〕鄧凱撰
　也是録一卷　〔明〕鄧凱撰
　江南聞見録一卷　〔清〕佚名撰
　粵游見聞一卷　〔明〕瞿共美撰
　賜姓始末一卷　〔清〕黄宗羲撰
　兩廣紀略一卷　〔明〕華復蠡撰
　東明聞見録一卷　〔明〕瞿共美撰
　青燐屑二卷　〔明〕應廷吉撰
　吳耿尚孔四王合傳一卷　〔清〕佚名撰
　揚州十日記一卷　〔清〕王秀楚撰

明季稗史正編十六種　Fv2738 6225C
　〔清〕虹隱樓主人校輯
　清光緒二十九年（1903）鉛印本
　六册
　牌記題“癸卯冬月印行/定價壹圓貳角/續編嗣出”。總目記“是書爲都城琉璃廠留雲居士排印本”。

　烈皇小識八卷　〔明〕文秉撰
　聖安皇帝本紀二卷　〔清〕顧炎武撰
　行在陽秋二卷　〔明〕劉湘客撰
　嘉定屠城紀略一卷　〔清〕朱子素撰
　幸存録二卷　〔明〕夏允彝撰
　續幸存録一卷　〔明〕夏完淳撰
　求野録一卷　〔明〕鄧凱撰
　也是録一卷　〔明〕鄧凱撰
　江南聞見録一卷　〔清〕佚名撰
　粵游見聞一卷　〔明〕瞿共美撰
　賜姓始末一卷　〔清〕黄宗羲撰
　兩廣紀略一卷　〔明〕華復蠡撰
　東明聞見録一卷　〔明〕瞿共美撰
　青燐屑二卷　〔明〕應廷吉撰
　吳耿尚孔四王合傳一卷　〔清〕佚名撰
　揚州十日記一卷　〔清〕王秀楚撰

懷幽雜俎十二種　　Fv9100 2208
　徐乃昌編
　清光緒至宣統間南陵徐氏刻本
　十册
　框14.5×11釐米。10行20字，小字雙行同。黑口，左右雙邊，單黑魚尾。内封鎸“南陵徐乃昌輯/共計十二種”。

　崔府君祠録一卷　〔清〕鄭烺撰
　花部農譚一卷　〔清〕焦循撰
　海漚漁唱一卷　〔清〕吳豐本撰
　我信録二卷　〔清〕羅聘撰
　無益有益齋論畫詩二卷　李葆恂撰
　雲起軒詞鈔一卷　〔清〕文廷式撰
　張家口至烏里雅蘇台竹枝詞一卷　〔清〕志銳撰
　新聲譜一卷　〔清〕朱和羲撰

瓊琚譜三卷　〔清〕姜紹書撰
梡鞠録二卷　朱祖謀撰
兩般秋雨庵詩選一卷　〔清〕梁紹壬撰
念宛齋詞鈔一卷　〔清〕左輔撰

積學齋叢書二十種　Fv9100 +2874
徐乃昌編
清光緒十九年（1893）南陵徐氏刻本
十六册
框16.2×12.1釐米。11行21字，小字單行同。黑口，左右雙邊，雙魚尾。内封鎸“積學齋叢書/南陵徐乃昌刻/元和江標題此書衣/光緒十九年五月記于京師”。
周易考占一卷　〔清〕金榜撰
尚書伸孔篇一卷　〔清〕焦廷琥撰
韓詩内傳徵四卷補遺一卷叙録二卷疑義一卷　〔清〕宋綿初撰
周禮故書考一卷　〔清〕程際盛撰
周官禮經注正誤一卷　〔清〕張宗泰撰
冕服考四卷　〔清〕焦廷琥撰
孟子七篇諸國年表一卷説一卷　〔清〕張宗泰撰
爾雅注疏本正誤五卷　〔清〕張宗泰撰
説文徐氏新補新附考證一卷　〔清〕錢大昭撰
輶軒使者絶代語釋别國方言箋疏十三卷　〔清〕錢繹撰
補續漢書藝文志二卷　〔清〕錢大昭撰
後漢郡國令長考一卷　〔清〕錢大昭撰
水經釋地八卷　〔清〕孔繼涵撰
劉更生年表一卷　〔清〕梅毓撰
管子義證八卷　〔清〕洪頤煊撰
臨川答問一卷　〔清〕李聯琇撰
同度記一卷　〔清〕孔繼涵撰
增廣新術二卷　〔清〕羅士琳撰
炳燭室雜文一卷　〔清〕江藩撰
南陵縣建置沿革表一卷　徐乃昌撰

隨庵徐氏叢書十種　Fv9100 +7301
徐乃昌編
清光緒三十四年（1908）南陵徐氏影刻本
十二册
框18.5×13.2釐米。9行17字，小字雙行同。黑口，左右雙邊，單魚尾。内封鎸“隨庵叢書”。
詞林韻釋一卷　〔清〕佚名撰
吴越春秋十卷附逸文一卷札記一卷　〔漢〕趙曄撰　〔宋〕徐天祜音注（札記）徐乃昌撰
蒼崖先生金石例十卷附札記一卷　〔元〕潘昂霄撰　〔元〕楊本編輯
中朝故事一卷　〔南唐〕尉遲偓撰
雲仙散録一卷　〔唐〕馮贄編
述異記二卷　〔南朝梁〕任昉撰
離騷集傳一卷　〔宋〕錢杲之集傳
唐女郎魚玄機詩一卷　〔唐〕魚玄機撰
篋中集一卷　〔唐〕元結撰
樂府新編陽春白雪前集五卷後集五卷　〔元〕燕南撰　〔元〕楊朝英選集

鄦齋叢書二十種　Fv9100 +8202
徐乃昌輯

清光緒二十六年（1900）南陵徐氏
刻本

十六册

框16.1×11.7釐米。11行21字。黑口，
左右雙邊，雙魚尾。

周易諸卦合象考一卷　〔清〕任雲
　　倬撰

周易互體卦變考一卷　〔清〕任雲
　　倬撰

易經象類一卷　〔清〕丁晏撰

盧氏禮記解詁一卷　〔漢〕盧植撰

蔡氏月令章句二卷　〔漢〕蔡邕撰

夏小正分箋四卷　〔清〕黄模撰

鄭氏三禮目録一卷　〔清〕臧庸撰

何休注訓論語述一卷　〔清〕劉恭
　　冕撰

爾雅小箋三卷　〔清〕江藩撰

鄭氏六藝論一卷　〔清〕臧琳撰

經考五卷　〔清〕戴震撰

説文諧聲孳生述　〔清〕陳立撰

隸通二卷　〔清〕錢慶曾撰

續方言又補二卷　徐乃昌撰

後漢儒林傳補逸一卷續一卷　〔清〕
　　田普光撰　（續）徐乃昌撰

唐折衝府考四卷　〔清〕勞經原撰

中州金石目録八卷　〔清〕楊鐸撰

讀書小記二卷　〔清〕焦廷琥撰

漢氾勝之遺書一卷　〔漢〕氾勝之撰

焦里堂先生軼文一卷　〔清〕焦循撰

西政叢書三十二種　　Fv9100 H85

　　梁啓超輯

清光緒二十三年（1897）慎記書莊石
印本

三十二册

牌記題“光緒丁酉仲夏慎記書莊石
印”。

希臘志略七卷附年表　梁啓超輯

羅馬志略十四卷附年表　梁啓超輯

德合盟紀事本末一卷　〔清〕徐建
　　寅譯述

德議院章程一卷　〔清〕徐建寅譯
　　述

肄業要覽一卷　（英國）史本守撰
　　〔清〕顔永京譯

西國學校：德國學校論略一卷
　　（德國）花之安撰

西學課程匯編一卷　〔清〕出洋肄
　　業局譯

佐治芻言一卷　（英國）傅蘭雅口
　　譯　〔清〕應祖錫筆述

公法總論一卷　（英國）羅柏村撰
　　（英國）傅蘭雅譯　〔清〕汪振聲譯

中國古世公法論略一卷　（美國）
　　丁韙良撰

陸地戰例新選一卷　〔清〕丁冠西譯

農學新法一卷　（英國）貝德禮撰
　　（英國）李提摩太譯　〔清〕鑄鐵
　　生述

農事論略一卷　梁啓超輯

鹽務圖説一卷　〔清〕康發達撰

紡織機器圖説一卷　梁啓超輯

工程致富論略十三卷　（英國）瑪體
　　生撰　（英國）傅蘭雅譯　〔清〕
　　鍾天緯譯

考工記要十七卷　（英國）瑪體生
　　撰　（英國）傅蘭雅譯　〔清〕鍾
　　天緯譯

富國養民策一卷　（英國）皙分斯撰

保富述要二卷　（英國）布來德撰

（英國）傅蘭雅口譯　〔清〕徐家
寶筆述

生利分利之別二卷　（英國）李提
摩太撰　〔清〕蔡爾康譯録

法國海軍職要一卷　〔清〕適可居
士纂

德軍制述要一卷　（德國）來春石
泰撰　〔清〕沈敦和譯　（德國）
錫樂巴譯

自强軍洋操課程十卷　梁啓超輯

英法政概六卷　〔清〕劉啓彤譯編

日本雜事詩二卷　〔清〕黄遵憲撰

日本新政考二卷　〔清〕顧厚焜撰

適可齋記言四卷　〔清〕馬建忠撰

南海先生四上書記四卷　康有爲撰

庸書内篇四卷外篇四卷　〔清〕陳
熾撰

續富國策四卷　〔清〕瑶林館主撰

中外交涉類要核表一卷　〔清〕錢
學嘉撰

光緒通商綜覈表一卷　〔清〕錢學
嘉撰

崇文書局彙刻書三十三種 Fv9100 +2057

〔清〕崇文書局輯

清光緒三年（1877）湖北崇文書局刻本
八十册

框18.8×14.8釐米。12行24字，小字
雙行同。黑口，四周雙邊，雙魚尾。

周易姚氏學十六卷　〔清〕姚配中撰

尚書大傳四卷附補遺一卷續補遺一卷
考異一卷　〔漢〕伏勝撰　〔漢〕
鄭玄注　（補遺、續補遺、考異）
〔清〕盧文弨輯撰

周書十卷逸文一卷　〔清〕朱右曾

集訓校釋

韓詩外傳十卷　〔漢〕韓嬰撰

左傳舊疏考正八卷　〔清〕劉文淇撰

春秋繁露十七卷　〔漢〕董仲舒撰

儀禮古今文疏義十七卷　〔清〕胡
承珙撰

相臺書塾刊正九經三傳沿革例一卷
〔宋〕岳珂撰

刊謬正俗八卷　〔唐〕顔師古撰

隋經籍志考證十三卷　〔清〕章宗
源撰

御覽闕史二卷　〔唐〕高彦休撰

鑑誡録十卷　〔後蜀〕何光遠撰

涑水紀聞十六卷補遺一卷　〔宋〕
司馬光撰

古列女傳七卷續列女傳一卷　〔漢〕
劉向撰

高士傳三卷　〔晋〕皇甫謐撰

水經注四十卷　〔北魏〕酈道元撰

意林五卷補遺一卷　（唐）馬總輯
（補遺）〔清〕張海鵬録

老學庵筆記十卷　〔宋〕陸游撰

世説新語六卷　〔南朝宋〕劉義慶
撰　〔南朝梁〕劉孝標注

淮南天文訓補注二卷　〔清〕錢塘撰

酉陽雜俎二十卷續集十卷　〔唐〕
段成式撰

人譜正篇一卷續篇一卷三篇一卷
〔明〕劉宗周撰

人譜類記增訂六卷　〔明〕劉宗周撰

葬經内篇一卷　〔晋〕郭璞撰

黄帝宅經二卷

楚辭集註八卷辯證二卷　〔宋〕朱
熹撰

離騷集傳一卷　〔宋〕錢杲之集傳

離騷草木疏四卷 〔宋〕吳仁傑撰
離騷箋二卷 〔清〕龔景瀚撰
文心雕龍十卷 〔南朝梁〕劉勰撰
今水經一卷表一卷 〔清〕黃宗羲撰

佚存叢書六帙十七種 Fv9100 2435
（日本）林衡輯
清光緒八年（1882）黃潤生木活字
印本
三十六冊
框19.5×14釐米。10行20字。黑口，
四周單邊，單魚尾。藏書票題 "Gift of
the Yale Association of Japan 1925"。
　第一帙
　　古文孝經一卷 〔漢〕孔安國撰
　　五行大義五卷 〔隋〕蕭吉撰
　　樂書要錄殘三卷 〔唐〕武則天撰
　　兩京新記殘一卷 〔唐〕韋述撰
　　李嶠雜詠二卷 〔唐〕李嶠撰
　　臣軌二卷 〔唐〕武則天撰
　第二帙
　　文館詞林殘四卷 〔唐〕許敬宗
　　　等撰
　　文公朱先生感興詩一卷 〔宋〕
　　　朱熹撰 〔宋〕蔡模注
　　武夷櫂歌一卷 〔宋〕朱熹撰
　　　〔宋〕陳普注
　　泰軒易傳六卷 〔宋〕李中正撰
　　左氏蒙求 卷 〔元〕吳化龍撰
　第三帙
　　唐才子傳十卷 〔元〕辛文房撰
　　王翰林集註黃帝八十一難經五卷
　　　〔明〕王九思等撰
　第四帙
　　蒙求三卷 〔五代〕李瀚撰

崔舍人玉堂類稿二十卷西垣類稿
　二卷附錄一卷 〔宋〕崔敦詩撰
第五帙
　周易新講義十卷 〔宋〕龔原撰
第六帙
　宋景文公集殘三十二卷 〔宋〕
　　宋祁撰

香豔叢書二十集 Fv9100 2651
〔清〕蟲天子輯
清宣統二至三年（1910—1911）上海
國學扶輪社鉛印本
　八十冊
　第一集
　　鴛鴦牒一卷 〔明〕程羽文撰
　　美人譜一卷 〔清〕徐震撰
　　花底拾遺一卷 〔明〕黎遂球撰
　　補花底拾遺一卷 〔清〕張潮撰
　　十眉謠一卷 〔清〕徐士俊撰
　　閒情十二憮一卷 〔明〕蘇士琨撰
　　黛史一卷 〔清〕張芳撰
　　小星志一卷 〔清〕丁雄飛撰
　　胭脂紀事一卷 〔清〕伍瑞龍撰
　　十美詞紀一卷 〔清〕鄒樞撰
　　悅容編一卷 〔明〕衛泳撰
　　香天談藪一卷 〔清〕吳雷發撰
　　婦人集一卷 〔清〕陳維崧撰
　　　〔清〕冒褒注
　　婦人集補一卷 〔清〕冒丹書撰
　　艷體連珠一卷 〔明〕葉小鸞撰
　　侍兒小名錄拾遺一卷 〔宋〕張
　　　邦幾撰
　　補侍兒小名錄一卷 〔宋〕王銍撰
　　續補侍兒小名錄一卷 〔宋〕溫
　　　豫撰

妒律一卷 〔清〕陳元龍撰

三婦評牡丹亭雜記一卷 〔清〕
　　吳人輯

龜臺琬琰一卷 〔清〕張正茂撰

潮嘉風月記一卷 〔清〕俞蛟撰

第二集

三風十愆記一卷 〔清〕瀛若氏撰

艷囮二則一卷 〔清〕嚴虞惇撰

絳雲樓俊遇一卷 〔清〕佚名撰

金姬小傳一卷別記一卷 〔明〕
　　楊儀撰

滇黔土司婚禮記一卷 〔清〕陳
　　鼎撰

衍琵琶行一卷 〔清〕曹秀先撰

筆夢叙一卷附顧仲恭討錢岱檄一
　　卷 〔清〕佚名撰

西湖小史一卷 〔清〕李鼎撰

十國宮詞一卷 〔清〕孟彬撰

啓禎宮詞一卷 〔清〕劉城撰

海鷗小譜一卷 〔清〕趙執信撰

邵飛飛傳一卷 〔清〕陳鼎撰

婦學一卷 〔清〕章學誠撰

婦人鞋襪考一卷 〔清〕余懷撰

纏足談一卷 〔清〕袁枚撰

百花彈詞一卷 〔清〕錢濤撰

今列女傳一卷附錄一卷 〔清〕
　　佚名撰

李師師外傳一卷 〔宋〕佚名撰

紅樓百美詩一卷 〔清〕潘容卿撰

百花扇序一卷 〔清〕趙杏樓撰

閒餘筆話一卷 〔清〕湯傳楹撰

第三集

影梅庵憶語一卷 〔清〕冒襄撰

王氏復仇記一卷 〔清〕佚名撰

紅樓葉戲譜一卷 〔清〕徐婉蘭撰

釵小志一卷 〔唐〕朱揆撰

粧臺記一卷 〔唐〕宇文士及撰

髻鬟品一卷 〔唐〕段成式撰

漢雜事秘辛一卷 〔漢〕佚名撰

大業拾遺記一卷 〔唐〕顏師古撰

元氏掖庭記一卷 〔明〕陶宗儀撰

焚椒錄一卷 〔遼〕王鼎撰

美人判一卷 〔清〕尤侗撰

清閟供一卷 〔明〕程羽文撰

看花述異記一卷 〔清〕王晫撰

新婦譜一卷 〔清〕陸圻撰

新婦譜補一卷 〔清〕陳確撰

新婦譜補一卷 〔清〕查琪撰

古艷樂府一卷 〔清〕楊淮撰

比紅兒詩註一卷 〔清〕沈可培撰

某中丞夫人一卷 〔清〕佚名撰

妖婦齊王氏傳一卷 〔清〕佚名撰

老狐談歷代麗人記一卷 〔清〕
　　鵝湖逸士撰

宮詞一卷 〔清〕徐昂發撰

天啓宮詞一卷 〔明〕蔣之翹撰

啓禎宮詞一卷 〔清〕高兆撰

第四集

趙后遺事一卷 〔宋〕秦醇撰

金縷裙記一卷

冥音錄一卷 〔唐〕朱慶餘撰

三夢記一卷 〔唐〕白行簡撰

名香譜一卷 〔宋〕葉廷珪撰

清尊錄一卷 〔宋〕廉布撰

蜀錦譜一卷 〔元〕費著撰

春夢錄一卷 〔元〕鄭禧撰

牡丹榮辱志一卷 〔宋〕丘璿撰

芍藥譜一卷 〔宋〕王觀撰

花經一卷 〔宋〕張翊撰

花九錫一卷 〔唐〕羅虬撰

〔清〕吳山秀撰

代某校書謝某狎客餽送局帳啓一
　卷　〔清〕佚名撰

懺船娘張潤金疏一卷　〔清〕佚
　名撰

冶遊自懺文一卷　〔清〕佚名撰

問蘇小小鄭孝女秋瑾松風和尚何
　以同葬于西泠橋試研究其命意
　所在一卷　〔清〕招招舟子撰

冶遊賦一卷　〔清〕陳寅生撰

閨中十二曲一卷　〔清〕佚名撰

盤珠詞一卷　〔清〕莊盤珠撰

鬘華室詩選一卷　〔清〕徐畹蘭撰

第七集

梵門綺語録一卷　〔清〕佚名撰

恨塚銘一卷　〔清〕陸伯周撰

七夕夜遊記一卷　〔清〕沈逢吉撰

俞三姑傳一卷　〔清〕佚名撰

過墟志感一卷　〔清〕墅西逸叟撰

文海披沙摘録一卷　〔明〕謝肇
　淛撰

述懷小序一卷　〔清〕朱文娟撰

河東君傳一卷　〔清〕陳玉璂撰

懼内供狀一卷　〔清〕佚名撰

靈應傳一卷　〔唐〕佚名撰

神山引曲一卷　〔清〕玉泉樵子撰

宋詞媛朱淑真事略一卷　〔清〕
　佚名撰

張靈崔瑩合傳一卷　〔清〕黃周
　星撰

菊譜一卷　〔宋〕劉蒙撰

小螺盦病榻憶語一卷　〔清〕孫
　道乾撰

夢遊録一卷　〔唐〕任蕃撰

歌者葉記一卷　〔唐〕沈亞之撰

第八集

香蓮品藻一卷　〔清〕方絢撰

金園雜纂一卷　〔清〕方絢撰

貫月查一卷　〔清〕方絢撰

采蓮船一卷　〔清〕方絢撰

響屧譜一卷　〔宋〕楊无咎撰
　〔清〕方絢注

馮燕傳一卷　〔唐〕沈亞之撰

女官傳一卷　〔清〕屈大均撰

書葉氏女事一卷　〔清〕屈大均撰

貞婦屠印姑傳一卷　〔清〕羅有
　高撰

虎邱吊真娘墓文一卷　〔清〕姚
　燮撰

玉鈎斜哀隋宮人文一卷　〔清〕
　姚燮撰

玉梅後詞一卷　〔清〕龔笙撰

雙頭牡丹燈記一卷　〔明〕瞿佑撰

玫瑰花女魅一卷　〔清〕佚名撰

織女一卷　〔前蜀〕牛嶠撰

蘇四郎傳一卷　〔唐〕鄭還古撰

菽園贅談節録一卷　〔清〕邱煒
　萲撰

香咳集選三卷　〔清〕許夔臣輯

廬山二女一卷

洞簫記一卷　〔明〕陸粲撰

五石瓠節録一卷　〔清〕劉鑾撰

洛陽牡丹記一卷　〔宋〕歐陽修撰

王嬌傳一卷

記某生爲人雪冤事一卷　〔清〕
　佚名撰

第九集

五代花月一卷　〔清〕李調元撰

喬復生王再來二姬合傳一卷　〔清〕
　李漁撰

卷　〔清〕許豫撰　（補記）
〔清〕楊亨撰

懷芳記一卷　〔清〕蘿摩庵老人
撰　〔清〕譚獻注

青塚志十二卷　〔清〕胡鳳丹輯

第十九集

花國劇談二卷　〔清〕王韜撰

雪鴻小記一卷補遺一卷　〔清〕
珠泉居士撰

珠江梅柳記一卷　〔清〕周友良撰

泛湖偶記一卷　〔清〕繆艮撰

珠江奇遇記一卷　〔清〕劉瀛撰

沈秀英傳一卷　〔清〕繆艮撰

南宋宮閨雜詠一卷　〔清〕趙棻撰

石頭記論贊二卷　〔清〕佚名撰

第二十集

笠翁偶集摘録一卷　〔清〕李漁撰

寄園寄所寄摘録一卷　〔清〕趙
吉士撰

紀唐六如軼事一卷　〔清〕佚名撰

西泠閨詠後序一卷　〔清〕董壽
慈撰

六憶詞一卷　〔清〕徐珂輯

春閨雜詠一卷　〔清〕許雷地撰

秀華續詠一卷　〔清〕黄金石撰

笠翁一家言全集十六卷　Fv5694 8813

〔清〕李漁撰　〔清〕沈心友等訂

清雍正八年（1730）芥子園刻本

十六冊

框19.7×13.1釐米。9行20字，小字
雙行同。白口，四周單邊，單黑魚尾。版
心上鐫書名，中鐫卷次，下鐫“芥子園藏
板”。内封鐫“笠翁一家言全集/芥子園
藏板”。書眉上有各家評論。另有複本

一，書號Fv5694 4433.88，二十冊。

文集四卷

詩集三卷

餘集一卷

別集二卷

偶集六卷

顧亭林先生遺書十種　Fv5440.1 3804

〔清〕顧炎武撰

清康熙蓬瀛閣刻補修本

八冊

框18.7×14.7釐米。11行20字。白口，
左右雙邊，單黑魚尾。版心中鐫子目。内
封鐫“顧亭林先生遺書十種/蓬瀛閣校
刊”。避“玄”“丘”“曆”字諱，“寧”字
未諱。

左傳杜解補正三卷

九經誤字一卷

石經考一卷

金石文字記六卷

韻補正一卷

昌平山水記二卷

譎觚十事一卷

顧氏譜系考一卷

亭林文集六卷

亭林詩集五卷

亭林先生遺書彙輯二十三種附録三種

Fv9117 3891

〔清〕顧炎武撰　〔清〕席威　朱記
榮輯

清光緒十一年（1885）吴縣朱氏槐
廬家塾席氏掃葉山房合刻本

二十四冊

框17.4×12.7釐米。10行20至21字，

小字雙行同。白口，左右雙邊，單魚尾。

　　左傳杜解補正三卷

　　九經誤字一卷

　　五經同異三卷

　　韻補正一卷

　　聖安紀事二卷

　　顧氏譜系考二卷

　　明季實錄一卷

　　歷代帝王宅京記二十卷

　　營平二州地名記二卷

　　昌平山水記二卷

　　京東考古錄一卷

　　山東考古錄一卷

　　譎觚十事一卷

　　求古錄二卷

　　金石文字記六卷

　　石經考一卷

　　菰中隨筆一卷

　　救文格論一卷

　　亭林雜錄一卷

　　亭林文集六卷

　　亭林詩集五卷

　　亭林餘集一卷

　　亭林軼詩一卷

　　顧亭林先生年譜一卷　　〔清〕吳映
　　奎編

　　亭林先生神道表一卷　　〔清〕全祖
　　望撰

　　同志贈言一卷　　〔清〕沈岱瞻纂

西堂全集　　　　　　　　Fv5445.1 1982

　　〔清〕尤侗撰

　　清刻本

　　二十冊

　　框17.6×13.8釐米。10行21字。白口，

四周單邊，單黑魚尾。版心上鐫子書名，中鐫卷次。内封鐫"長洲尤悔庵著/西堂全集"。存十六種。

　　西堂雜俎一集八卷二集八卷三集八卷

　　西堂剩稿二卷

　　西堂秋夢錄一卷

　　西堂小草一卷

　　論語詩一卷

　　右北平集一卷

　　看雲草堂集八卷

　　述祖詩一卷

　　于京集五卷

　　哀絃集一卷

　　擬明史樂府一卷

　　外國竹枝詞一卷

　　百末詞六卷

　　後性理吟一卷

　　性理吟一卷　　〔宋〕朱熹撰

　　附湘中草六卷　　〔清〕湯傳楹撰

王船山先生經史論八種　　Fv5447 1222

　　〔清〕王夫之撰

　　清光緒二十六至二十七年（1900—1901）簡青書局石印本

　　九冊

　　周易外傳七卷

　　尚書引義六卷

　　詩廣傳五卷

　　春秋家説三卷

　　春秋世論五卷

　　續春秋左氏傳博議二卷

　　讀通鑑三十卷

　　讀宋論十五卷

二曲全集二十六卷　PL2718 I26 E7 1866

　〔清〕李顒撰

　清同治十二年（1873）刻本

　七册

　框16.4×9.6釐米。9行20字。黑口，四周雙邊，單魚尾。内封鐫"牛氏藏板"。藏書票題"From the library of Arthur F. Wright 1913—1976 Charles Seymour Professor of History"。

方望溪先生全集十六種　　Fv9117 0241

　〔清〕方苞撰

　清中期抗希堂刻本

　六十四册

　框20.6×14.5釐米。9行24字。白口，四周雙邊，單黑魚尾。版心上鐫子目書名，中鐫卷次及小題。内封鐫"方望溪先生全集/抗希堂十六種/本衙藏板"。

　　周官集注十二卷

　　周官析疑三十六卷

　　考工記析疑四卷

　　離騷經正義一卷

　　周官辨一卷

　　春秋直解十二卷

　　春秋通論四卷

　　春秋比事目録四卷

　　禮記析疑四十八卷

　　儀禮析疑十七卷

　　喪禮或問一卷

　　左傳義法舉要一卷

　　史記注補正一卷

　　刪定管荀二卷

　　望溪集不分卷

　　望溪文外集一卷

梅氏叢書輯要二十四種　　Fv7203 4502

　〔清〕梅文鼎撰　　〔清〕梅瑴成校輯

　清光緒十四年（1888）龍文書局石印本

　六册

　内封鐫"欽賜承學堂/宣城梅氏叢書輯要/光緒戊子龍文書局石印"。

　　梅氏叢書輯要首一卷

　　筆算五卷

　　籌算二卷

　　度算釋例二卷

　　少廣拾遺一卷

　　方程論六卷

　　句股舉隅一卷

　　幾何通解一卷

　　平三角舉要五卷

　　幾何補編五卷

　　弧三角舉要五卷

　　環中黍尺五卷

　　塹堵測量二卷

　　曆學駢枝五卷

　　曆學疑問三卷補二卷

　　交食四卷

　　七政二卷

　　揆日紀要一卷

　　恒星紀要一卷

　　曆學答問一卷

　　雜著一卷

　　方圓冪積一卷

　　赤水遺珍一卷　　〔清〕梅瑴成撰

　　操縵卮言一卷　　〔清〕梅瑴成撰

榕村全書三十二種附十種　Fv9117 4494

　〔清〕李光地撰　　〔清〕李維迪校輯

　清道光二至十年（1822—1830）李維迪刻本

一百二十册

框15.3×11.6釐米。9行20字。白口,
四周單邊,單魚尾。

四書解義八卷

周易通論四卷

周易觀彖十二卷

周易觀彖大指二卷

詩所八卷

尚書七篇解義二卷

洪範説二卷

春秋煨餘四卷

孝經全註一卷

古樂經傳五卷

曆象本要一卷

握奇經註一卷

陰符經註一卷

離騷經註一卷

參同契註一卷

韓子粹言一卷

正蒙註二卷

二程子遺書纂二卷外書纂一卷

朱子語類四纂五卷

朱子禮纂五卷

性理一卷

古文精藻二卷

榕村講授三卷

榕村字畫辨訛一卷

榕村韻書五卷

榕村詩選八卷首一卷

程墨前選二卷

名文前選六卷

易義前選五卷

榕村語録三十卷

榕村全集四十卷續集七卷别集五卷

榕村制義初集一卷二集四卷三集一

卷四集一卷

周禮纂訓二十一卷 〔清〕李鍾倫撰

經書源流歌訣一卷 〔清〕李鍾倫撰

三禮儀制歌訣一卷 〔清〕李鍾倫撰

歷代姓系歌訣一卷 〔清〕李鍾倫撰

文貞公年譜二卷 〔清〕李清植撰

儀禮纂録二卷 〔清〕李清植撰

涮嗳存愚二卷 〔清〕李清植撰

榕村譜録合考二卷 〔清〕李清馥撰

道南講授十三卷 〔清〕李清馥撰

律詩四辨四卷 〔清〕李宗文撰

鹿洲全集九種　　　　Fv5470.91 +0382

〔清〕藍鼎元撰

清光緒五年(1879)漳浦藍氏刻本

二十四册

框18.7×14.1釐米。9行19至20字。白
口,左右雙邊,單黑魚尾。

鹿洲初集二十卷

平臺紀略一卷

東征集六卷

鹿洲公案二卷

修史試筆二卷

棉陽學準五卷

女學六卷

鹿洲奏疏一卷

附鹿洲藏稿一卷

浙刻雙池遺書八種　　　Fv9117 +3124

〔清〕汪紱撰

清光緒二十二年(1896)刻本

八册

框19×13釐米。10行22字,小字雙行
同。白口,四周雙邊,單魚尾。牌記題"丙
申春中開刻"。

孝經章句一卷
孝經或問一卷
讀讀書録二卷
讀困知記三卷
讀問學録一卷
參讀禮志疑二卷
讀陰符經一卷
讀參同契三卷

隨園三十八種　　　　Fv5477 7614
〔清〕袁枚撰
清光緒十八年(1892)勤裕堂鉛印本
四十冊
牌記題"勤裕堂交著易堂印"。
小倉山房文集三十五卷
小倉山房外集八卷
小倉山房詩集三十七卷補遺二卷
小倉山房尺牘十卷
牘外餘言一卷
隨園詩話十六卷補遺十卷
隨園隨筆二十八卷
新齊諧二十四卷續十卷
隨園食單一卷
隨園續同人集十七卷
隨園八十壽言六卷
紅豆村人詩稿十四卷　〔清〕袁樹撰
碧腴齋詩存八卷　〔清〕胡德琳撰
南園詩選二卷　〔清〕何士顒撰
筱雲詩集二卷　〔清〕陸應宿撰
粲花軒詩稿二卷　〔清〕陸建撰
袁家三妹合稿四卷　〔清〕袁枚輯
　繡餘吟稿一卷　〔清〕袁棠撰
　盈書閣遺稿一卷　〔清〕袁棠撰
　樓居小草一卷　〔清〕袁杼撰
　素文女子遺稿一卷　〔清〕袁機撰

閩南雜詠一卷　〔清〕袁綬撰
湘痕閣詞稿一卷詩稿二卷　〔清〕袁
　嘉撰
瑤華閣詩稿二卷詞稿一卷　〔清〕
　袁嘉撰
隨園女弟子詩選六卷　〔清〕袁枚輯
飲水詞鈔二卷　〔清〕納蘭性德撰
　〔清〕袁通選
七家詞鈔　〔清〕汪世泰輯
　箏船詞一卷　〔清〕劉嗣綰撰
　捧月樓詞二卷　〔清〕袁通撰
　綠秋草堂詞一卷　〔清〕顧翰撰
　玉山堂詞一卷　〔清〕汪度撰
　崇睦山房詞一卷　〔清〕汪全德撰
　過雲精舍詞二卷　〔清〕楊夔生撰
　碧梧山館詞二卷　〔清〕汪世泰撰
隨園瑣記二卷　〔清〕袁祖志撰
涉洋管見一卷　〔清〕袁祖志撰
紅豆村人續稿四卷　〔清〕袁樹撰
諸子詹詹録二卷　〔清〕袁樹撰

潛研堂全書二十一種　Fv9117 +8546
〔清〕錢大昕撰
清光緒十年(1884)長沙龍氏家塾
刻本
　六十冊
　框18.3×13.8釐米。10行22字。黑
口, 左右雙邊, 雙魚尾。内封鐫"嘉定錢
氏潛研堂全書"。牌記題"長沙龍氏家塾
重梓"。外封記載"Peking China"。另有
複本一, 書號Fv5483.1 3198, 六十四冊。
　聲類四卷
　廿二史考異一百卷
　三史拾遺五卷
　諸史拾遺五卷

元史氏族表三卷

元史藝文志四卷

宋遼金元四史朔閏考二卷

通鑑注辯正二卷

洪文惠公年譜一卷

洪文敏公年譜一卷

陸放翁先生年譜一卷

深寧先生年譜一卷

弇州山人年譜一卷

疑年録四卷

潛研堂金石文跋尾二十卷

潛研堂金石文字目録八卷

十駕齋養新録二十卷

三統術衍三卷鈐一卷

風俗通逸文一卷

恒言録六卷

潛研堂文集五十卷詩集十卷詩續集
　十卷

洪北江先生遺集十七種　　Fv5491 +3132

〔清〕洪亮吉撰

清光緒三至四年（1877—1878）授
經堂刻本

五十六册

框19.3×14.3釐米。11行22字, 小字
雙行同。黑口, 左右雙邊, 雙魚尾。牌記
題"光緒丁丑孟夏授經堂重校刊"。

洪北江先生年譜一卷　〔清〕吕培
　等編

卷施閣文甲集十卷乙集八卷詩集
　二十卷

更生齋文甲集四卷乙集四卷詩集八
　卷詩續集十卷附鮚軒詩集八卷

更生齋詩餘二卷

擬兩晋南北史樂府二卷

漢魏音四卷

曉讀書齋初録二卷二録二卷三録二
　卷四録二卷

北江詩話六卷

遣戍伊犁日記一卷

天山客話一卷

外家紀聞一卷

弟子職箋釋一卷

春秋左傳詁二十卷

補三國疆域志二卷

東晋疆域志四卷

十六國疆域志十六卷

六書轉注録十卷

洪北江先生遺集二十二種

　　　　　　　　　　Fv5491 +3132A

〔清〕洪亮吉撰

清光緒十五年（1889）湖北官書處刻本

六十六册

框19×14.3釐米。11行22字, 小字雙
行同。黑口, 左右雙邊, 雙魚尾。

洪北江先生年譜一卷　〔清〕吕培等編

卷施閣文甲集十卷補遺一卷乙集八
　卷續編一卷詩集二十卷

更生齋文甲集四卷乙集四卷續集二
　卷詩集八卷詩續集十卷附鮚軒詩
　集八卷

更生齋詩餘二卷

擬兩晋南北史樂府二卷附鮚軒外集
　唐宋小樂府一卷

北江詩話六卷

曉讀書齋初録二卷二録二卷三録二
　卷四録二卷

傳經表二卷

通經表二卷

六書轉注録十卷

弟子職箋釋一卷

史目表一卷　〔清〕洪飴孫撰

春秋左傳詁二十卷

漢魏音四卷

比雅十卷

乾隆府廳州縣圖志五十卷

補三國疆域志二卷

東晋疆域志四卷

十六國疆域志十六卷

遣戍伊犁日記一卷

天山客話一卷

外家紀聞一卷

安吳四種　　　　　　　Fv9118 2147

〔清〕包世臣撰

清光緒十四年（1888）刻本

十六冊

框17.3×12.5釐米。10行22字，小字雙行同。白口，左右雙邊，單魚尾。内封鐫"安吳四種/古滇朱光題"。牌記題"光緒十四年夏重校印行"。

中衢一勺三卷附録四卷

藝舟雙楫論文四卷論書二卷附録三卷

管情三義賦三卷詩三卷詞一卷附録
　　瀉泉編一卷

齊民四述十二卷

鄂宰四種　　　　　　　Fv9118 1182

〔清〕王筠撰

清咸豐二年（1852）刻本

二冊

框17.1×12釐米。9行20字，小字雙行同。白口，四周雙邊，單魚尾。

夏小正正義一卷

弟子職正音一卷

毛詩雙聲疊韻説一卷

毛詩重言一卷

焦氏遺書二十三種　　　Fv5498.9 2755

〔清〕焦循撰

清光緒二年（1876）衡陽魏氏補刻本

四十八冊

框17.8×13.2釐米。10行21字，小字雙行同。黑口，左右雙邊。牌記題"光緒丙子秋重刻/焦氏遺書/衡陽魏家藏版"。

易章句十二卷

易圖略八卷

易通釋二十卷

易話二卷

易廣記三卷

論語補疏三卷

周易補疏二卷

尚書補疏二卷

毛詩補疏五卷

春秋左傳補疏五卷

禮記補疏三卷

群經宮室圖二卷

禹貢鄭注釋二卷

孟子正義三十卷

加減乘除釋八卷

天元一釋二卷

釋弧三卷

釋輪二卷

釋橢一卷

北湖小志六卷首一卷

李翁醫記二卷

先府君事略一卷　〔清〕焦廷琥撰

詩品一卷　〔唐〕司空圖撰

景紫堂全書十七種　　　　Fv9119 .H85

〔清〕夏炘撰

清咸豐至同治間刻本

二十二冊

框18.7×12.8釐米。9行24字。白口，四周雙邊，單魚尾。内封鑴"夏弢甫先生箸/景紫堂全書/湘陰左宗棠敬題"。

檀弓辨誣三卷

述朱質疑十六卷附釋字一卷

三綱制服尊尊述義三卷

學禮管釋十八卷

讀詩劄記八卷

詩章句考一卷

詩樂存亡譜一卷

詩經集傳校勘記一卷

詩古韻表二十二部集説二卷

學制統述二卷

六書轉注説二卷

漢唐諸儒與聞録六卷

訏謨成竹一卷

息游詠歌一卷

漢賈誼政事疏考補一卷

明翰林學士當塗陶主敬先生年譜一卷

景紫堂文集十四卷

藤花亭十種　　　　Fv9118 3914

〔清〕梁廷枏撰

清道光十年（1830）蘇州閶門經義堂刻本

十二冊

框16×11.8釐米。8行18字。白口，四周單邊，雙魚尾。内封鑴"道光庚寅秋鑴"。

論語古解十卷

南漢書十八卷

南漢書考異十八卷

南漢書叢録二卷

南漢文字略四卷

金石稱例四卷

續金石稱例一卷

碑文摘奇一卷

博考書餘一卷

曲話五卷

曾文正公全集　　　　Fv5511.1 8601

〔清〕曾國藩撰　　〔清〕李瀚章編輯

清光緒十四年（1888）鴻文書局鉛印本

二十五冊

牌記題"光緒戊子四月鴻文書局校"。存十三種。

奏稿三十卷

經史百家雜鈔三卷（卷九至十二）

經史百家簡編二卷

孟子要略五卷

鳴原堂論文二卷

詩集四卷

文集四卷

家書十卷

書札十一卷（卷十二至二十二）

批牘六卷

求闕齋日記二卷

求闕齋讀書録十卷

年譜十二卷　　〔清〕黎庶昌編輯

左文襄公全集十三種

　　　　Fv4662.8 4139 1890

〔清〕左宗棠撰

清光緒十六至二十三年（1890—1897）刻本

一百二十八冊

框20.1×13.4釐米。10行25字。黑口，左右雙邊，單黑魚尾。牌記題"光緒十六年庚寅仲春月開雕"。《年譜》牌記題"光緒丁酉冬月湘陰左氏校栞"。

左文襄公奏稿六十四卷

左文襄公書牘二十六卷

左文襄公謝摺二卷

左文襄公批札七卷

[左文襄公告示]一卷

左文襄公咨札一卷

左文襄公文集五卷

左文襄公詩集一卷

左文襄公聯語一卷

藝學説帖一卷

左文襄公年譜十卷　〔清〕羅正鈞撰

駱文忠公奏稿十卷　〔清〕駱秉章撰

張大司馬奏稿四卷　〔清〕張亮基撰

春在堂全書三十四種　　F9117 8248

〔清〕俞樾撰

清光緒二十五年（1899）俞氏刻本

一百六十册

框16.2×11.5釐米。10行21字，小字雙行同。黑口，左右雙邊，單魚尾。總目卷端題"光緒二十五年重定本"。

群經平議三十五卷

諸子平議三十五卷

第一樓叢書三十卷

曲園雜纂五十卷

俞樓雜纂五十卷

賓萌集六卷外集四卷

春在堂雜文二卷續編五卷三編四卷
　　四編八卷五編八卷六編十卷補遺
　　六卷

春在堂詩編二十三卷詞録三卷

春在堂隨筆十卷

春在堂尺牘六卷

楹聯録存五卷附録一卷

四書文一卷

右台仙館筆記十六卷

茶香室叢鈔二十三卷續鈔二十五卷
　　三鈔二十九卷四鈔二十九卷

茶香室經説十六卷

經課續編八卷

九九銷夏録十四卷

金剛般若波羅蜜經注二卷

太上感應篇纘義二卷

遊藝録六卷

小蓬萊謠一卷

袖中書二卷

東瀛詩記二卷　〔清〕俞樾輯

東海投桃集一卷　〔清〕俞樾輯

慧福樓幸草一卷　〔清〕俞繡孫撰

曲園自述詩一卷補一卷

曲園墨戲一卷

曲園三耍一卷

瓊英小録一卷

春在堂全書録要一卷

春在堂全書校勘記一卷　〔清〕蔡啓
　　盛撰

春在堂傳奇二種

新定牙牌數一卷

春在堂輓言一卷　〔清〕佚名輯

第一樓叢書九種　　Fv9117 8248 T43

〔清〕俞樾撰

清同治十年（1871）春在堂刻本

八册

春在堂全書

框16×12釐米。10行21字，小字雙

行同。左右雙邊，白口，單魚尾。牌記題
"同治辛未冬十月江清驥署檢"。

　　易貫五卷
　　玩易篇一卷
　　論語小言一卷
　　春秋名字解詁補義一卷
　　古書疑義舉例七卷
　　兒苫録四卷
　　讀書餘録二卷
　　詁經精舍自課文二卷
　　湖樓筆談二卷

魏稼孫先生全集四種　　Fv5517 +2188.1

〔清〕魏錫曾撰
清光緒九年（1883）羊城魏氏刻本
十冊
　　框18.2×13.9釐米。10行21字，小字
雙行同。白口，左右雙邊，單魚尾。牌記
題"光緒癸未季秋刊於羊城"。

　　續語堂題跋一卷
　　續語堂文存一卷
　　續語堂詩存一卷
　　續語堂碑録不分卷

敦艮齋遺書九種

　　　　　　Fv1344 2938+ Oversize

〔清〕徐潤第撰
清道光二十八年（1848）徐繼畬刻本
五冊
　　框19.8×13.9釐米。10行24字，小字
雙行同。白口，左右雙邊，單魚尾。

　　説易一卷
　　圖説二卷
　　臆説二卷
　　雜言一卷

　　中庸私解一卷
　　逍遥游解一卷
　　劄記六卷
　　雜篇二卷
　　遺文一卷

樓閣叢書　　　　　　Fv1820 3896

〔清〕鄭學川等撰
清末刻遞修本
二十二冊
　　框17.8×12.3釐米。13行28字。黑口，
四周單邊。外封題"樓閣叢書"。牌記題
"同治上上元甲子開雕"。

　　求生捷徑一卷　〔清〕洪自含 鄭學川
　　　撰集
　　普救神針一卷　〔清〕鄭書海撰
　　百年兩事四卷　〔清〕鄭學川撰
　　　放生念佛功過格一卷
　　　念佛新鏡一卷
　　　放生小鏡一卷
　　　醒迷説一卷
　　身心性命一卷　〔清〕鄭學川撰
　　泗水真傳一卷　〔清〕鄭學川撰
　　西方清净音一卷　〔清〕鄭學川撰
　　如影觀一卷　〔清〕嚴一程撰
　　如影論一卷　〔清〕嚴一程撰
　　蓮邦消息一卷
　　光明一心地藏寶懺一卷
　　禮斗圓音一卷　〔清〕釋妙空子集
　　施食合璧一卷　〔清〕釋妙空子集
　　四十八鏡五卷　〔清〕鄭學川撰
　　　諸法十鏡一卷
　　　一心十鏡一卷
　　　讀書十鏡一卷
　　　念佛十鏡一卷

放生八鏡一卷

金仙大丹（一名寶色燈雲）一卷
〔清〕鄭學川撰

法界聖凡水陸大齋普利道場性相通
論九卷　〔清〕鄭應房撰

佛説阿彌陀經論一卷　〔清〕嚴鏡論

華嚴小懺一卷　〔清〕西耒子集

華嚴大懺一卷　〔清〕嚴成集

五教説一卷心鏡華嚴念佛圖　〔清〕
蔣嚴靈述

婆羅門書一卷　〔清〕嚴重集

鏡影鐘聲一卷　〔清〕釋妙空子書

鏡影鐘聲補一卷　〔清〕嚴密補

鏡影鐘聲續一卷　〔清〕玉尺續

蓮修警策一卷　〔清〕鄭學川撰

虛空樓閣一卷附懺一卷　〔清〕釋
妙空子輯

虛空樓閣問答一卷　〔清〕海天精
舍撰

樓閣音聲一卷附一卷補一卷聯句一
卷　〔清〕釋妙空子訂

何宮贊遺書六種　　　Fv5517 2241

〔清〕何若瑶撰

清光緒八年（1882）刻本

四册

框18×14釐米。11行22字。白口，左
右雙邊，單魚尾。

春秋公羊注疏質疑二卷

前後漢書注考證二卷

海陀華館文集一卷

海陀華館詩集三卷

隙亭賸草一卷雜言一卷　〔清〕何
森撰

先世事略一卷

晚學齋集四種　　　Fv5517 8257

〔清〕鄭由熙撰

清光緒十六至二十四年（1890—
1898）靖安縣署刻本

十二册

框17.1×12.7釐米。11行22字。黑口，
左右雙邊，雙魚尾。

晚學齋詩初集二卷二集十二卷續集
一卷文集二卷

蓮漪詞二卷

暗香樓樂府三卷

雁鳴霜一卷

木樨香一卷

霧中人一卷

晚學齋外集四卷

李文忠公全書六種　　Fv4662.8 +4430

〔清〕李鴻章撰　〔清〕吳汝綸編錄

清光緒三十一至三十四年（1905—
1908）金陵刻本

一百册

李文忠公全集

框20.5×15釐米。12行25字。黑口，
左右雙邊，單黑魚尾。牌記題“光緒乙巳
四月金陵付梓/戊申五月印行”。

奏稿八十卷

朋僚函稿二十卷

譯署函稿二十卷

蠡池教堂函稿一卷

海軍函稿四卷

電稿四十卷

澤存堂五種　　　Fv5063 1342

〔清〕張士俊輯

清光緒十四年（1888）上海蜚英館石

印本

八册

牌記鐫"光緒戊子仲春月上海蜚英館石印"。

大宋重修廣韻五卷　〔宋〕陳彭年等重修

大廣益會玉篇三十卷　〔宋〕陳彭年等重修

佩觿三卷　〔宋〕郭忠恕撰

群經音辨七卷　〔宋〕賈昌朝撰

字鑑五卷　〔元〕李文仲撰

曾文正公全集

〔清〕曾國藩撰　〔清〕李瀚章輯

清末石印本

九册

外封鐫"大字斷句"。簡又文贈書。存《家書》三卷（卷四、五、七）、《大事記》二卷、《日記》二卷、《雜著》卷一上、《手札》一卷。

新學類

史志

諸國史

萬國史記二十卷　　　　Fv2330 7247

（日本）岡本監輔撰

清光緒上海申報館鉛印本

九册

牌記題"上海申報館仿聚珍版印"。

萬國史記二十卷　　　　Fv2330 7247A

（日本）岡本監輔撰

清光緒二十四年（1898）上海著易堂
石印本

六册

牌記題"光緒戊戌仲秋上海著易堂
精校本"。

萬國通史續編十卷 *History of Ancient and
Modern Nations. Part* Ⅱ, *Modern Nations*

　　　　D20 .R32 1904 Oversize

（英國）李思倫白（John Lambert Rees）
輯譯　〔清〕曹曾涵纂述

清光緒三十年（1904）上海廣學會鉛
印本

十册

內封鎸"History of Ancient and
Modern Nations. By Rev. J. Lambert Rees,
B.Se. Part II, Modern Nations" "Shanghai:
1904"。牌記題"光緒三十年十二月上海廣學
會出版發行"。版心下鎸"廣學會校刊"。

萬國宗教志不分卷

　　　　BL48 .U24163 1903（LC）

（日本）內山正如撰　〔清〕羅大維譯

清光緒二十九年（1903）鉛印本

一册

各國時事類編十八卷　　Fv2488 3121

〔清〕沈純輯

清光緒二十一年（1895）上海書局石
印本

四册

牌記題"光緒乙未初夏上海書局石印"。

中東戰史二卷　　　　　Bj8M 895T

（日本）田村維則編

清光緒二十一年（1895）鉛印本

一册

大東紀年五卷　　　　　Bj11H 903H

〔清〕佚名編

清光緒二十九年（1903）上海美華書
館鉛印本

五册

內封鎸"西歷一千九百零三年/大東
紀年/光緒二十九年歲次癸卯/上海美華書
館鉛板"。

歐亞紀元合表不分卷　　D11.5 C49

〔清〕張璜編纂

清光緒三十年（1904）上海土山灣慈
母堂鉛印本

一册

南洋通志不分卷　　　　DS508 J41

〔清〕任壽華撰

清光緒三十一年（1905）成報館石印本

一册

別國史

日本維新三十年史十二編附錄一卷

DS882 H34

（日本）博文館編輯　〔清〕上海廣智書局譯

清光緒二十八年（1902）上海廣智書局鉛印本

六冊

大美聯邦志略二卷　　WD 4719

（美國）裨治文（Elijah Coleman Bridgman）譯

清咸豐十一年（1861）上海墨海書館活字印本

一冊

版心題"聯邦志略"。內封鐫"辛酉夏續刻/大美聯邦志略/滬邑墨海書館活字板"。牌記題"馬邦畢禮遮邑裨治文撰"。

洋油公司之歷史不分卷 *History of the Oil Trust*　　WC 6357

（美國）它白氏（Ida Minerva Tarbell）撰　（英國）馬林（William Edward Macklin）譯　蔚青氏述

清末鉛印本

一冊

內封鐫"History of the Oil Trust by Miss Ida Tarbell, translated by Dr W. E. Wacklin and Mr Tao Siun Ren. Funds kindly donated by Mrs Mary Feis"。藏書票題"Library of the College of Missions, Indianpolis"。

政治法律

政治

日本新政考二卷　　WB 14740

〔清〕顧厚焜撰

清光緒鉛印本

一冊

中國宜改革新政論議附曾襲侯中國先睡後醒論後一卷　　WA 11305

〔清〕何啓撰

清光緒二十一年（1895）香港文裕堂鉛印本

一冊

策論時言三十條　JQ1508 .T74（LC）

清光緒七年（1881）鉛印本

一冊

政體論不分卷　　Ocp10 903t

（日本）高田早苗撰　〔清〕時中書局譯

清光緒二十九年（1903）時中書局鉛印本

一冊

吉林行省賓州府政書四編

Ovq13 P65 910L

〔清〕李澍恩編撰

清宣統二年（1910）鉛印本

一冊

英國立憲沿革紀略不分卷 *Short History of the British Constitution*　WB 15127

（英國）馬林（William Edward

Macklin)譯 〔清〕李玉書述

清光緒三十四年（1908）上海美華書館鉛印本

二册

内封鐫"耶穌降世一千九百零八年/英國立憲沿革紀略/光緒三十四年歲次戊申/上海美華書館擺印""Short History of the British Constitution Translated by Dr. W. E. Macklin and Mr. Li Yushu. Shanghai: Printed at the Presbyterian Mission Press. 1908"。

列國政要一百三十三卷　　　WC 9653

〔清〕端方 戴鴻慈輯

清光緒三十一年（1905）石印本

一册

列國歲計政要十二卷首一卷 The Statesman's Year-book　　　WD 7157

（英國）麥丁富得力（Frederick Martin）編　（美國）林樂知（Young John Allen）口譯　〔清〕鄭昌棪筆述

清光緒元年（1875）江南製造總局刻本

六册

框18.2×13.8釐米。10行22字, 小字雙行字數不等。黑口, 左右雙邊, 雙魚尾。

富國策三卷　　　WD 8503

（英國）法思德撰　〔清〕汪鳳藻譯

清光緒六年（1880）同文館鉛印本

三册

賭博明論略講一卷

MSSA Samuel Wells Williams Family Papers Box 17 Folder 97

（英國）米憐（William Milne）纂

清末刻本

一册

框13.8×8.9釐米。8行20字。白口, 四周雙邊, 單黑魚尾。版心鐫 "賭博明論"。

爲邊警日急權奸賣國乞合力組織大政黨斥退權奸速開國會以救危亡書一卷

BBj17W 911W

〔清〕伍憲子撰

清宣統三年（1911）鉛印本

一册

人道不分卷　　　BJ1588 C5 L78（LC）

〔清〕盧信撰

清宣統三年（1911）三光堂鉛印本

一册

律例

清國行政法不分卷　　　Otk15 905Fw

（日本）織田萬撰

清光緒三十二年（1906）上海廣智書局鉛印本

二册

地方行政制度不分卷　　　Ovq10 907Cc

〔清〕張家撰

清宣統元年（1909）上海預備立憲公會鉛印本

一册

地方自治講義不分卷　　　Ovq10 909h

〔清〕黃陂等編

清光緒三十四年（1908）湖北地方自治研究社鉛印本

四册

學校

榕城格致書院畢業單不分卷

BV1470.C5 R66 1897

〔清〕格致書院

清光緒二十二年（1896）福州美華書院鉛印本

一册

光緒二十二年十二月初八至十二日舉行，畢業生有鄭金庸、林則訓二人。

最新國文教科書不分卷

PL1115 .Z85 1906

蔣維喬 莊俞編纂　高鳳謙 張元濟校訂

清光緒三十年（1904）上海商務印書館鉛印本

一册

外封題"學部審定/初等小學用"。

交涉

交涉

歐洲東方交涉記十二卷

D374 .M2312 1880 Oversize

（英國）麥高爾（Malcolm MacColl）輯著（美國）林樂知（Young John Allen）〔清〕瞿昂來譯

清光緒六年（1880）江南機器製造總局刻本

二册

江南製造局譯書

框18.5×13.6釐米。10行22字。黑口，左右雙邊，雙魚尾。譯自The Eastern Question: Its Facts and Fallacies。

東三省交涉輯要十二卷　　Bj21h 910s

〔清〕孫鳳翔 趙崇蔭輯　劉瑞霖訂

清宣統二年（1910）鉛印本

七册

中俄交涉記四卷　DS740.5.R9 T79 1896

〔清〕曾紀澤編

清光緒二十二年（1896）上海積山書局石印本

四册

牌記題"光緒丙申孟秋積山書局石印"。

光緒乙巳年交涉要覽五卷

Ozb96 C6 905C

〔清〕北洋洋務局纂輯

清光緒三十一年（1905）北洋洋務局鉛印本

五册

《上篇》二卷、《下篇》三卷。牌記題"北洋洋務局纂輯/北洋官報局代印"。

光緒丙午年交涉要覽七卷

Ozb96 C6 906p

〔清〕北洋洋務局纂輯

清光緒三十二年（1906）北洋洋務局鉛印本

六册

《上篇》一卷、《中篇》二卷、《下篇》四卷。牌記題"北洋洋務局纂輯/北洋官報局代印"。

公法

公法會通十卷　　　　　　Oza74 +868bx

（德國）步倫（Johann Caspar Bluntschli）撰　（美國）丁韙良（William Alexander Parsons Martin）譯

清光緒六年（1880）同文館鉛活字印本

五册

內封鎸 "光緒庚辰" "Bluntschli's International Law. Translated from the French of M. Lardy, and collated with the original German, by W. A. P. Martin, assisted by students of Tung Wên College. Peking: Printed by The College Press, [1880]"。牌記題 "同文館聚珍版"。序記 "Reprinted July 1899"。原德文書名 "Das Moderne Völkerrecht der Civilisirten Staten"。

萬國公法四卷 Elements of International Law

Ozf35 +836x

（美國）惠頓（Henry Wheaton）編撰　（美國）丁韙良（William Alexander Parsons Martin）譯

清同治三年（1864）京都崇實館刻本

四册

框21.3×15.9釐米。10行21字。白口，四周雙邊，單黑魚尾。內封鎸 "同治三年歲在甲子孟冬月鎸/京都崇實館存板" "Wheaton's International Law. Translated into Chinese by W. A. P. Martin, D. D. Published at Peking at the Expense of the Imperial Government. 1864"。

公法便覽四卷首一卷續一卷 Introduction to the Study of International Law

Ozf36 860xb Oversize

（美國）吳爾璽（Theodore Dwight Woolsey）撰　（美國）丁韙良（William Alexander Parsons Martin）〔清〕汪鳳藻譯

清光緒三年（1877）上海同文館鉛活字印本

六册

內封鎸 "光緒三年孟秋" "Woolsey's International Law. Translated into Chinese, from the third edition, by Messrs. Wang Fungtsao, Fungyee and others, Students of the Imperial Tungwen College, Under the Direction of W. A. P. Martin D. D. LL.D. President of the College. Printed at the College Press, for The Imperial Board of Foreign Affairs. Peking. 1878"。牌記題 "同文館聚珍版"。卷末記 "貴榮/左秉隆校字"。藏書票題 "Presented by Pres. W. A. P. Martin, LL. D. 1878"。另有複本一，書號Ozf36 860x，縮印本，四册。

最近公法提要　　　　　　WD 4700

〔清〕何祐撰

清光緒三十年（1904）刻本

一册

框20.5×12.7釐米。10行26字。白口，四周雙邊，單黑魚尾。附《大清與列國已訂之約：寰球約期》《列國與外國所立和約地約》《列國與外國所立商約船約》。又名《最近萬國公法提要編録》。

兵制

毛瑟鎗指南八卷

　　　　UD395.M3 M36 1885（LC）

清末石印本

八冊

外封書籤題"毛瑟鎗圖"。

農政

農務實業新編二卷

　　　　S471.C6 W35（LC）

〔清〕王上達編

清宣統二年（1910）浙江杭州萬春農務局刻本

二冊

框19.6×11.2釐米。9行26字，小字雙行同。黑口，左右雙邊，雙魚尾。外封記載"谷口先生惠存/劉子民購贈"。牌記鐫"宣統二年浙杭萬春農務局雕"。鈐"谷口氏印"印。

礦學

廣東鑛彙一卷 *The Mineral Text Production in Kwang Tung*

　　　　HD9506 C63 K8（LC）

〔清〕張廷鋆撰

清光緒二十三年（1908）粵東編譯公司鉛印本

一冊

英文鐫"The Mineral Text Production in Kwang Tung written by T. K. Chaung"。

工藝

鉛字拼法集全不分卷 *Lists of Chinese Characters in the Fonts*　　Fvh49 M41

〔清〕佚名輯

清同治十二年（1873）上海美華書館鉛印本

一冊

內封鐫"耶穌降世一千八百七十三年/鉛字拼法集全/歲次癸酉/上海美華書館自藏""Lists of Chinese characters in the fonts of the Presbyterian Mission Press"。

泰西藝學通考十六卷　　Q158 H65

〔清〕何良棟輯　〔清〕徐毓洙校正

清光緒二十七年（1901）鴻寶書局石印本

二十四冊

商學

理財節略不分卷　　Nff86 C6 899Tx

（英國）戴樂爾撰　〔清〕袁昶批

清光緒二十五年（1899）上海海關鉛印本

一冊

格致總

群學肄言十六卷 *The Study of Sociology*

　　　　HM51 S64819（LC）

（英國）斯賓塞撰　〔清〕嚴復譯

清光緒二十九年（1903）上海文明書局鉛印本

四册

牌記題“光緒二十九年五月上海文明編譯書局印行”。

重增格物入門七卷　　　　Q181 M37

（美國）丁韙良（William Alexander Parsons Martin）撰

清光緒二十六年（1900）上海美華書館鉛印本

七册

牌記題“光緒己亥上海美華書館鉛板”。

心算指明十五章　　　　WB 15088

〔清〕何天爵（Chester Holcomb）撰

清同治十三年（1874）京都燈市口書院鉛印本

一册

書內記載“Dr. S. W. Williams with regards, Chester Holcomb Peking, 5 Sept. 1874”。

格物入門七卷　　　　WD 4695

（美國）丁韙良（William Alexander Parsons Martin）撰

清同治七年（1868）京師大學堂刻本

七册

框21.5×15.7釐米。10行21字。白口，四周雙邊，單黑魚尾。內封鎸“戊辰仲春月鎸/京都同文館存板”“Elements of Natural Philosophy and Chemistry. By W. A. P. Martin, D. D. Printed for the University. Peking, 1868”。藏書票題“Presented by The Author 1869”。

格物探原三卷　*Natural Theology and the Method of Divine Government*

WD 4826

（英國）韋廉臣（Alexander Williamson）撰

清光緒二年（1876）鉛活字印本

一册

牌記題“光緒二年歲在丙子活字板印”。內封鎸“Natural Theology and the Method of Divine Government. In three volumes. By Alexander Williamson, L.L.D. Shanghai: Presbyterian Mission Press, 1876”。

算學

代微積拾級十八卷　*Elements of Analytical Geometry and of the Differential and Integral Calculus*　　　　WD 4744

（美國）羅密士撰　（英國）偉烈亞力（Alexander Wylie）口譯　〔清〕李善蘭筆述

清咸豐九年（1859）墨海書館鉛活字印本

二册

框20.2x14.1釐米。9行20字。白口，四周雙邊，單魚尾。牌記題“咸豐己未孟夏之月墨海刊行”。藏書票題“Gift of Mrs. Henry Bradford Loomis”。

重學

重學十七卷首一卷　　　　WD 4694

（英國）胡威立（A. Whewell）撰（英國）艾約瑟（Joseph Edkins）口譯〔清〕李善蘭筆述

清同治六年（1867）上海美華書館鉛印本

二册

牌記題"同治丁卯之秋上海美華書館活字版"。藏書票題"Gift of Dr. Yung Wing, 1911"。

化學

脱影奇觀三卷　　　　　　Fv6369 2328

（英國）德真（John Hepburn Dudgeon）編譯

清同治十二年（1873）京都施醫院刻本

四册

框18.5×14.5釐米。10行24字，小字雙行同。白口，左右雙邊，單黑魚尾。内封鎸"同治癸酉清和月鎸/京都施醫院存板"。外封記載"To S. W. Williams, Esq., L.L.D."。

化學指南十卷　　　　　　WD 4673

（法國）畢利幹（Anatole Adrien Billequin）撰　〔清〕佚名譯

清同治十二年（1873）京都同文館鉛印本

十册

内封鎸"同治癸酉年新鎸/京都同文館集珍版刷印"。

天學

天文揭要二卷　　　　　　WC 9605

（美國）赫士（W. Hayes）口譯〔清〕周文源筆述

清光緒十七至十八年（1891—1892）

上海美華書館鉛印本

二册

第一册内封鎸"耶穌降世一千八百九十一年/登郡文會館撰/天文揭要/光緒十七年中澣發刊/上海美華書館鉛板"。

談天十八卷附表一卷 *Outlines of Astronomy*

　　　　　　　　　　WD 4792

（英國）侯失勒（John Frederick William Herschel）撰　（英國）偉烈亞力（Alexander Wylie）口譯　〔清〕李善蘭删述

清咸豐九年（1859）墨海書館鉛活字印本

三册

牌記題"咸豐己未仲秋墨海活字版印"。英文題"Translation of Herschel's Outlines of Astronomy"。藏書票題"Gift of Dr. Yung Wing, 1911"。

地學

湖南鄉土地理參考書五卷 Eeb H89 910a

〔清〕辜天佑編

清宣統二年（1910）湖南機器印刷局鉛印本

五册

湖南鄉土地理參考書五卷

　　　　　　　　Eeb H89 910K

〔清〕辜天佑編

清宣統二年（1910）湖南會通石印本

五册

内封鎸"湖南鄉土地理/初等小學教科書/長沙辜天佑編著/湖南會通石印"。另有複本一，書號Eeb H89 910L。

地學指略三卷 *Elements of Geology*
QE26 .O95 1881
（英國）文教治（George Sydney Owen）撰 〔清〕李慶軒筆述
清光緒七年（1881）上海益智書會刻本
一册
框18.8×13.8釐米。10行22字。黑口，左右雙邊，雙魚尾。

星軺指掌三卷續一卷 WA 2913
（德國）馬爾頓（Karl von Martens）撰 〔清〕聯芳 慶常譯
清光緒二年（1876）刻本
四册
框11.3×8.5釐米。9行20字，小字雙行同。黑口，四周雙邊，單魚尾。藏書票題“Gift of Dr. Yung Wing, 1911”。

地理問答八十三回 WD 4718
〔清〕佚名譯
清同治四年（1865）彩色鉛印本
一册
内封鐫“耶穌降世一千八百六十五年/地理問答條略/1865/童子入館受教以此開其聰明”。

航海金針三卷 *The Law of Storms in Chinese* WD 4783
（美國）來特非爾撰 （美國）瑪高温（Daniel Jerome Macgowan）譯
清咸豐三年（1853）寧波愛華堂活字印本
一册
框22.5×14.5釐米。8行24字。白口，四周雙邊，單魚尾。内封鐫“咸豐三年正月/愛華堂藏板/航海金針/耶穌降世一千八百五十三年”“The Law of Storms in Chinese by D. J. Macgowan M. D. Ningpo 1853”。

全體學

全體新論一卷 Fxt 3 351
（英國）合信（Benjamin Hobson）撰 〔清〕陳修堂集
清咸豐元年（1851）廣東省城金利埠惠愛醫館刻本
一册
框19.6×13.7釐米。10行24字，小字雙行同。白口，四周雙邊，單黑魚尾。另有複本一，書號Rxt 3 351B。

全體新論一卷 19th Cent R114 851H (MEDICAL/HISTORICAL)
（英國）合信（Benjamin Hobson）撰 〔清〕陳修堂集
清咸豐元年（1851）上海墨海書館刻本
一册
框19.7×13.8釐米。10行24字，小字雙行同。白口，四周雙邊，單黑魚尾。内封鐫“咸豐元年刊全體新論/五年刊博物新編/七年刊西醫略論/八年刊婦嬰新説/續刊内科新説/板片俱存上海仁濟醫館”。

醫學

新訂種痘奇法詳悉一卷
18th Cent (MEDICAL/HISTORICAL)
（英國）啵咟（Alexander Pearson）訂 （英國）嘶噹嗹（George Thomas

Staunton）譯

　清嘉慶十年（1805）廣東刻本

　一冊

　框19.4×11釐米。7行18字。白口，四周雙邊。内封鐫"嘆咭唎國新出種痘奇書"。卷末題"嘉慶十年新刊"。書内有作者簽名。另有一封1807年8月8日信函，記載廣州購書事。

指迷編一卷

　（英）柯播義（Robert Henry Cobbold）撰

　清同治八年（1869）福州福音堂鉛活字印本

　一冊

　外封鐫"同治八年/指迷編/勸戒鴉片附方/福州太平街福音堂印"。外封記載"Against Opium"。

西醫略論三卷　　19th Cent R114 851H

　　（MEDICAL/HISTORICAL）

　（英國）合信（Benjamin Hobson）〔清〕管茂材撰

　清咸豐七年（1857）上海仁濟醫館刻本

　一冊

　框19.7×14釐米。10行24字，小字雙行同。白口，四周雙邊，單黑魚尾。内封鐫"咸豐七年新鐫/西醫略論/江蘇上海仁濟醫館藏板"。

婦嬰新説一卷　　19th Cent R114 851H

　　（MEDICAL/HISTORICAL）

　（英國）合信（Benjamin Hobson）〔清〕管茂材撰

　清咸豐八年（1858）上海仁濟醫館刻本

　一冊

　框19.5×13.7釐米。10行24字，小字雙行同。白口，四周雙邊，單黑魚尾。内封鐫"咸豐八年新鐫/婦嬰新説/江蘇上海仁濟醫館藏板"。

内科新説二卷　　19th Cent R114 851H

　　（MEDICAL/HISTORICAL）

　（英國）合信（Benjamin Hobson）〔清〕管茂材撰

　清咸豐八年（1858）上海仁濟醫館刻本

　一冊

　框19.4×13.4釐米。10行24字，小字雙行同。白口，四周雙邊，單黑魚尾。内封鐫"咸豐八年新鐫/内科新説/江蘇上海仁濟醫館藏板"。

醫學英華字釋不分卷 *A Medical Vocabulary in English and Chinese*

　　19th Cent R123 H62 1858

　　（MEDICAL/HISTORICAL）

　（英國）合信（Benjamin Hobson）撰

　清咸豐八年（1858）上海仁濟醫館刻本

　一冊

　内封鐫"A Medical Vocabulary in English and Chinese. Shanghai Mission Press, 1858"。

圖學

各國鐵路圖考四卷　　　　WB 15876

　〔清〕劉啓彤譯述

　清光緒二十二年（1896）倉山書局石印本

八册

牌記題"光緒丙申年倉山書局印"。

理學

中國文學史十六篇　　　　PL1065 L57

〔清〕林傳甲撰

清光緒三十年（1904）石印本

一册

議論

西學通考三十六卷　　　　D360 H83

〔清〕胡兆鸞輯

清光緒二十七年（1901）上海書局石
印本

十二册

牌記題"光緒辛丑冬月上海書局石印"。

附録

一、特藏文獻

（一）報紙期刊

萬國公報　　　　　　　037001
　　（美國）林樂知（Young John Allen）編
　　清光緒二十五年（1899）上海美華館
鉛印本
　　存第一百二十三至一百二十五期。

閩省會報　　　　　　　037007
　　〔清〕美華書局編
　　清光緒福州美華書局鉛印本
　　一册
　　存卷一百十一，清光緒九年（1883）
九月一日發行。

格致彙編　　　　　　　A80 K18
　　（英國）傅蘭雅（John Fryer）輯
　　清光緒鉛印本
　　存光緒三年（1877）第二期、光緒
十六年（1890）第一至二期。

東西洋考每月統紀傳　A91 T835 BRBL
　　　　　　037005 Divinity Spec.
　　（德國）郭實臘（Karl Friedrich
August Gützlaff）纂
　　清道光刻本
　　班内基善本與手稿圖書館存道
光十三年（1833）七至十二月、十四年
（1834）二月、十七年（1837）正月至十二

月、十八年（1838）正月至八月各期。神學
院圖書館特藏部存道光十四年（1834）
三月、十五年（1835）正月和六月、十七年
（1837）正月至十二月各期。

强學報　　　　　AP95.C4 Q5（LC）
　　〔清〕上海强學會書局編
　　清光緒二十一年（1895）上海强學會
書局鉛印本
　　一册
　　存第一號（光緒二十一年十一月
二十八日）、第二號（光緒二十一年十二
月三日）。

教會新報　　　　BV3410 .C47 1868
　　（美國）林樂知（Young John Allen）
主編
　　清末上海林華書院鉛活字印本
　　本刊原名爲《中國教會新報》，自第
五卷二百一期（1872年8月）起改用本名，
卷期續前。第三百期出版後改組，更名爲
《萬國公報》。

中外新聞七日錄　　DS762 .C58 1868
　　（英國）湛約翰（John Chalmers）
主編
　　清同治廣州刻本
　　存第一百五十六期（同治七年）至
二百九期（同治八年）。

中西醫學報　　　R97.7 C5 C47 (LC)

〔清〕丁福保編

清宣統上海醫學書局鉛印本

存宣統元年（1909）至三年（1911）各期。

（二）碑帖拓本

魯孔子廟之碑　　　Fv2096.6 +5041

〔三國魏〕曹植撰　〔三國魏〕梁鵠書

清末影印本（經摺裝）

一册

外封題"孔羨碑"。碑末題"宋嘉祐七年張稚圭按圖謹記"。藏書票題"Gift of Dr. Yung Wing, 1911"。

草訣歌　　　Fvh48 W18

〔晋〕王羲之書

清末遜記書莊影印本（經摺裝）

一册

唐故通議大夫行薛王友柱國贈秘書少監國子祭酒太子少保顔君廟碑銘并序

　　　Fv2096.6 +0847

〔唐〕顔真卿書

清末影印本（經摺裝）

三册

外封題"顔家廟碑集"。藏書票題"Gift of Dr. Yung Wing, 1911"。

與郭僕射書　　　Fv6164 +0847

〔唐〕顔真卿撰并書

清末拓本（經摺裝）

一册

原刻於唐廣德二年（764）。藏書票題

"Gift of Dr. Yung Wing, 1911"。

送贈宣義大師歸林詩　Fv2096.6 +4284

〔唐〕柳公權書

清末影印本（經摺裝）

一册

原刻於唐會昌元年（841）。藏書票題"Gift of Dr. Yung Wing, 1912"。

大唐易州鐵像碑頌并序

　　　Fv2096.6 +1002

〔唐〕王端撰　〔唐〕蘇靈芝書

清末影印本（經摺裝）

一册

原刻於唐開元二十七年（739）。外封題"鐵像頌"。鈐"容閎之印"。藏書票題"Gift of Dr. Yung Wing, 1911"。

舊拓米書千字文　　Folio N 302 (LC)

〔宋〕米芾書

清光緒四年（1878）序刻本

一册

草法偏旁辨疑　　　Fv6129 +3150

〔清〕汪由敦書　〔清〕陳映元刻石

清拓本

一册

藏書票題"Gift of Addison Van Name 1920"。

攀雲閣臨漢碑四集十六卷

　　　Fv2096.6 +8533

〔清〕錢泳摹

清道光十八年（1838）拓本（經摺裝）

八册

清嘉慶十三至二十三年（1808—1818）
虞山錢氏寫經堂摹刻。鈐"艸雲""寫經
堂印"印。藏書票題"Gift of Dr. Yung
Wing, 1911"。

金陵雜述四十絕句　　Fv2096.6 +2224
〔清〕何紹基撰并書
清同治三年（1864）拓本（經摺裝）
一册

漢郭有道碑
　　NK3634 Z6 K8 (LC)+ Oversize
〔清〕吳大澂摹刻
清光緒十三年（1887）刻本
一册
附清光緒十三年（1887）秋吳大澂跋。

匋齋舊藏古禁金器　　Fv2105.7 +0202
（美國）福開森撰
清末拓本（影印）
十五幅

天寧寺石刻五百大阿羅漢記
　　　　　　　　Fv1917 +B85
清嘉慶四年（1799）拓本（經摺裝）
六册
外封題"Names & Portraits of Five
Hundred Disciples of Buddha"。

魏魯郡太守張府君清頌之碑
　　　　　　　　Fv2096.6 +2274
清末影印本（經摺裝）
一册
原刻於北魏正光三年（522）。外封
題"張猛龍碑"。藏書票題"Gift of Dr.

Yung Wing, 1911"。

魏開國公劉懿墓志銘　　Fv2096.6 2768
清拓本
一册
藏書票題"Gift of Dr. Yung Wing,
1911"。

禪静寺刹前銘敬史君之碑
　　　　　　　　Fv2096.6 +4576
清末影印本（經摺裝）
一册
原刻於東魏興和二年（540）。藏書
票題"Gift of Dr. Yung Wing, 1911"。

漢故穀城長盪陰令張君表頌
　　　　　　　　Fv2096.6 +5041
清末影印本（經摺裝）
一册
外封題"張遷碑"。藏書票題"Gift
of Dr. Yung Wing, 1911"。

曹子建碑　　　　Fv2096.6 +7615
清末影印本（經摺裝）
一册
原刻於隋開皇十三年（593）。藏書
題"Gift of Dr. Yung Wing, 1911"。

［名家碑帖集］　　Fv6160 +4007
清末拓本（經摺裝）
三册
藏書票題"Gift of Dr. Yung Wing,
1911"。

（三）攝相簿

京張路工攝影

　　　　Folio TF102.C52 T36 1909 (LC)

　〔清〕譚錦棠攝影

　清宣統元年（1909）上海同生照相號攝影本

　　二冊

　25×31釐米。179幅黑白照片。藏書票題 "Gift of Professor Breckenridge, Mary 29, 1933"。

（四）輿圖

［江西袁州府圖］

　Lanman Chinese Manuscript Pg17.jp2

　明末彩繪本

　　一幅

　55×102釐米。含袁州衛、宜春縣、萍鄉縣、萬載縣、分宜縣。

海壇左右營管轄輿圖

　　　　Lanman Covers *56 Fu1 18xx

　清雍正彩繪本

　　一幅

　40×162釐米（摺裝 40×21釐米）。

京板天文全圖　　　　56 1644

　〔清〕馬俊良製

　清嘉慶初彩繪本

　　一幅

　128×73釐米。含內板山海天文全圖、海國聞見録四海總圖、輿地全圖。

皇朝壹統輿地全圖　　Covers 56 +1842

　〔清〕董祐誠繪　〔清〕六嚴重繪

　清道光二十二年（1842）朱黑套印本

　　一幅

　159×233釐米（摺裝21×15釐米）。

　清道光二十二年（1842）陳延恩跋記：
"右圖爲陽湖李申耆先生舊本，盛行海內。鋟版歷久漫漶，六生嚴縮摹重梓，與李本一無增減，惟紙幅較前狹，府廳州縣城郭及天度虛綿用朱書，便觀覽也。余修《江陰縣志》，繪合邑全圖，皆出生手。" 另有李兆洛道光十二年（1832）識。

地球全圖　　　　11 1860A

　（西洋）德臣製　〔清〕陳修堂注字

　清咸豐五年（1855）套印本

　　一幅

　93×170釐米。

直隸大清河源流總圖

　　　　Covers 5615 +1857

　〔清〕董醇繪

　清咸豐七年（1857）彩繪本

　　一幅

　27×150 釐米（摺裝27×13釐米）。有董醇咸豐七年識。

坤輿全圖二卷　　　　11 1860

　（比利時）南懷仁（Ferdinand Verbiest）製

　清咸豐十年（1860）刻本

　　六幅

　149×60釐米。題記 "咸豐庚申降婁海東重刊" "治理曆法極西南懷仁立法"。

歷代地球圖 　　　　　Bf10 +898L

　　清光緒二十四年（1898）廣學會彩繪本

　　十二幅

蘇省輿地營伍全圖 　　Covers 5626 +1880

　　〔清〕李蒙泉　陳嘉勳繪

　　清光緒彩繪本

　　六册

　　124×159 釐米（摺裝27×9釐米）。

題記"即用知縣李蒙泉/陳嘉勳全監

畫""每方二十里"。

首善全圖 　　　　　56 P36 1898

　　清光緒彩繪本

　　一幅

　　73×108釐米。中英對照。英文題名

"The Map of Peking"。

首善全圖

　　清刻本

　　一幅

清代分省輿圖

　　清同治三年（1864）湖北省官書局

刻本

　　十三幅

　　安徽全圖

　　福建全圖

　　廣東全圖

　　廣西全圖

　　貴州全圖

　　黑龍江所屬各城圖

　　湖北全圖

　　江蘇全圖

　　江西全圖

　　吉林圖

　　盛京全圖

　　雲南全圖

　　浙江全圖

　　另有複本一。

[中國十八省縣州府地圖]

　　清光緒河間府天主堂彩印本

　　一幅

　　英文記載"Map of Prefectures,

Subprefectures & Counties"。

重慶府治全圖

　　〔清〕張雲軒繪

　　清光緒彩繪本

　　一幅

北京明細全圖

　　〔清〕迺心常啓撰

　　清光緒商務印書館彩色鉛印本

　　一幅

　　題記"北京巡警部工巡局審定""比

例尺一萬一千五百分之一"。

最新詳細帝京輿圖

　　清宣統元年（1909）北京餉華書社

彩色石印本

　　一幅

　　78×55釐米。題記"宣統元年正月

初版""版權所有/印刷所/日本東京神田

區東新社/發行處/清國北京琉璃廠餉華

書社/寄售處各大書坊"。附"各省會館

基址"。

浙江省垣水利全圖

清末浙江官書局刻本

一幅

（五）域外基督新教中文古籍

新增三字經不分卷　　Fv5161 9223

（英國）麥都思（Walter Henry Medhurst）撰

清道光嗎吶呷英華書院刻本

一册

框15.6×12釐米。5行，上下雙欄各3字。白口，四周單邊，單黑魚尾。版心上鎸“三字經”。封面鎸“我教子惟一經”“嗎吶呷英華書院藏板”。

神天聖書：載舊遺詔書兼新遺詔書　　Mlp191 C5 827

（英國）米憐（William Milne）撰　（英國）馬禮遜（Robert Morrison）譯

清道光十二年（1832）嗎吶呷英華書院刻本

二十一册

框21×13.4釐米。8行22字，欄上有注解。白口，四周雙邊，單黑魚尾。版心上鎸子書名，中鎸章次，下鎸頁碼。内封鎸“道光七年孟夏重鎸/神天聖書載舊遺詔書兼新遺詔書/俱從本文譯述/英華書院藏板”。目録末鎸“救世主耶穌降生一千八百三十二年鎸”。

鴉片六戒不分卷　　Nvm94 835Yw

（美國）帝禮仕（Ira Tracy）纂　〔清〕梁阿發譯

清道光十五年（1835）新嘉坡書院刻本

一册

框15.3×9.9釐米。7行18字。白口，四周雙邊，單黑魚尾。版心上鎸“鴉片六戒”。内封鎸“道光乙未冬鎸/新嘉坡書院藏板/鴉片速改文/仁愛者纂”。含犯法、不孝、破家、害身、壞俗、沉靈六戒。

救世主耶穌新遺詔書　　Mlp691 C5 865

（英國）麥都思（Walter Henry Medhurst）　（德國）郭實臘（Karl Friedrich August Gützlaff）譯

清道光新嘉坡堅夏書院刻本

一册

框16.6×11.3釐米。10行26字。白口，四周雙邊，單黑魚尾。版心上鎸篇名，中鎸章次，下鎸頁碼。内封鎸“新嘉坡堅夏書院藏板/救世主耶穌新遺詔書/依本文譯述”。藏書票題“Library of the College of Missions，Indianpolis”。

新約全書　　Mlp710 C5 +863

（英國）麥都思（Walter Henry Medhurst）　（德國）郭實臘（Karl Friedrich August Gützlaff）譯

清道光嗎吶呷英華書院刻本

一册

框21.1×13.2釐米。8行22字。白口，四周雙邊，單魚尾。内封鎸“我等救世主耶穌新遺詔書/俱從本文譯述/嗎吶呷英華書院藏板”。

普度施食之論一卷　　MSSA Samuel Wells Williams Family Papers Box 17 Folder 96

（英國）麥都思（Walter Henry

Medhurst）撰

清道光新嘉坡堅夏書院刻本

一冊

框16.5×10.8釐米。9行26字。白口，四周雙邊，單魚尾。版心鐫"特選撮要"。外封鐫"子曰/非其鬼而祭之/諂也/普度施食之論/尚德者纂/新嘉坡書院藏板"。外封記載"Offerings to the dead""Medhurst"。

馬太傳福音書　　Mlp720 C5 838

（英國）麥都思（Walter Henry Medhurst）撰

清道光十八年（1838）新嘉坡堅夏書院刻本

一冊

框10.3×7.4釐米。11行20字。白口，四周雙邊，單魚尾。內封鐫"道光十八年鐫/新嘉坡堅夏書院藏板/馬太傳福音書/依本文譯述"。

聖保羅使徒與以弗所輩書

　　　　　　　　　　Mlz775 +825m

（英國）米憐（William Milne）纂

清道光五年（1825）嗎𠯟呷英華書院刻本

一冊

框19.2×14.5釐米。行字數不一。白口，四周雙邊，單黑魚尾。版心上鐫"新遺詔書註解"。內封鐫"道光五年新鐫/嗎𠯟呷英華書院藏板/新增聖書節解/米憐纂"。外封記載"Yale College Library presented by Mr. Wm A. Macy"。

張遠兩友相論十二回

（英國）米憐（William Milne）撰

清道光十一年（1831）嗎𠯟呷英華書院刻本

一冊

框17.8×10.6釐米。8行20字。白口，四周雙邊，單黑魚尾。內封鐫"清道光十一年孟春重鐫/張遠兩友相論/英華書院藏板"。外封記載"Revised edition of Dialouges bewteen two friends——By W. Milne Malacca 1831"。另有複本一，外封記載"理敬慎先生讀"。

張遠兩友相論十二回

（英國）米憐（William Milne）撰

清道光十六年（1836）新嘉坡堅夏書院刻本

一冊

框17.8×10.6釐米。8行20字。白口，四周雙邊，單黑魚尾。內封鐫"清道光十六年孟秋重鐫/張遠兩友相論/堅夏書院藏板"。外封記載"Discussion between two friends, Chang and Yuen""A Chirstian tract"" Singapore, 1836"。

張遠兩友相論十二回

（英國）米憐（William Milne）撰

清道光二十年（1840）新嘉坡堅夏書院刻本

一冊

框12.7×9.7釐米。8行22字。白口，四周雙邊，單黑魚尾。內封鐫"清道光二十年重鐫/張遠兩友相論/新嘉坡堅夏書院藏板"。外封記載"Conversations between two friends By W Milne Ed. Singapore, 1840"。

古時如氏亞國歷代略傳不分卷

（英國）馬禮遜（Robert Morrison）譯

清嘉慶至道光間嗎吶呷刻本

一册

框16.4×11.8釐米。10行21字。白口，四周雙邊，單黑魚尾。版心鎸"歷代略傳"。内封鎸"子曰/明鏡可以察形/往古可以知今"。外封記載"Dr. Morrison's Outline of the Jesus. Malacca 1818 A. C. C. JE"。

新纂聖經釋義不分卷

（英國）高大衛（David Collie）撰

清道光十五年（1835）新嘉坡堅夏書院刻本

一册

框15.6×11.8釐米。9行18字。白口，四周雙邊，單黑魚尾。内封鎸"道光十五年冬季重鎸/新纂聖經釋義/種德纂/新嘉坡堅夏書院藏板"。

全人矩矱五卷

（德國）郭實臘（Karl Friedrich August Gützlaff）纂

清道光十六年（1836）新嘉坡堅夏書院刻本

一册

框16.4×10.9釐米。10行26字。白口，四周雙邊，單黑魚尾。内封鎸"道光十六年鎸/新嘉坡堅夏書院藏板/全人矩矱/愛漢者纂"。

耶穌降世之傳不分卷

（德國）郭實臘（Karl Friedrich August Gützlaff）纂

清道光十六年（1836）新嘉坡堅夏書院刻本

一册

框8.2×6.5釐米。9行12字。白口，四周雙邊，單黑魚尾。内封題"道光十六年鎸/新嘉坡堅夏書院藏板/耶穌降世之傳/愛漢者纂"。

福音之箴規不分卷

（德國）郭實臘（Karl Friedrich August Gützlaff）纂

清道光十六年（1836）新嘉坡堅夏書院刻本

一册

框16.4×11.2釐米。10行26字。白口，四周雙邊，單黑魚尾。内封鎸"道光十六年鎸/新嘉坡堅夏書院藏板/福音之箴規/愛漢者纂"。

耶穌之寶訓不分卷

（德國）郭實臘（Karl Friedrich August Gützlaff）纂

清道光十六年（1836）新嘉坡堅夏書院刻本

一册

框18.2×10.8釐米。8行22字。白口，四周雙邊，單黑魚尾。内封鎸"道光十六年鎸/新嘉坡堅夏書院藏板/耶穌之寶訓/愛漢者纂"。外封記載"Precious Teachings of Jesus"。

耶穌神蹟之傳不分卷

（德國）郭實臘（Karl Friedrich August Gützlaff）纂

清道光十六年（1836）新嘉坡堅夏

書院刻本

一册

框18.4×10.6釐米。8行22字。白口，四周雙邊，單魚尾。内封鎸"道光十六年鎸/新嘉坡堅夏書院藏板/耶穌神蹟之傳/愛漢者纂"。

救世主耶穌之聖訓不分卷

（德國）郭實臘（Karl Friedrich August Gützlaff）纂

清道光十六年（1836）新嘉坡堅夏書院刻本

一册

框16.4×10.9釐米。10行25字。白口，四周雙邊，單黑魚尾。版心鎸"耶穌之聖訓"。内封鎸"道光十六年鎸/新嘉坡堅夏書院藏板/救世主耶穌之聖訓/愛漢者纂"。

正邪比較三回

（德國）郭實臘（Karl Friedrich August Gützlaff）纂

清道光十七年（1837）新嘉坡堅夏書院刻本

一册

框16.5×11.7釐米。10行24字。白口，四周雙邊，單黑魚尾。内封鎸"道光丁酉年新鎸/新嘉坡堅夏書院藏板/正邪比較/善德纂"。有朱字批注。

上帝萬物之大主二卷

（德國）郭實臘（Karl Friedrich August Gützlaff）纂

清道光新嘉坡堅夏書院刻本

一册

框16.4×11.2釐米。10行26字。白口，四周雙邊，單黑魚尾。内封鎸"新嘉坡堅夏書院藏板/上帝萬物之大主/善德纂"。

中華諸兄慶賀新禧文一卷

（英國）麥都思（Walter Henry Medhurst）撰

清同治新嘉坡堅夏書院刻本

一册

框17.1×10.9釐米。9行26字。白口，四周雙邊，單黑魚尾。内封鎸"謹陳愚意/奉送新嘉坡中華諸兄/慶賀新禧文/卑友尚德者拜"。

續纂省身神詩不分卷

清道光十五年（1835）嗎呔呷英華書院刻本

一册

框15.2×11釐米。12行14字。白口，四周雙邊，單黑魚尾。内封鎸"道光十五年重鎸/續纂省身神詩/嗎呔呷英華書院藏板"。另有複本三。

二、美國東方學會圖書館藏中文古籍

五經三十五卷

清嘉慶十一年（1806）文畬堂刻本

十六冊

框16.1×11.6釐米。兩截板，上欄18行3字，下欄9行18字，小字雙行同。白口，四周單邊，單黑魚尾。版心上鐫“五經”，下鐫“文畬德記”。《監本易經全文》內封鐫“嘉慶丙寅春鐫/文畬堂藏板”。藏書票題“Rev. W. Jenks”。

易經四卷

書經四卷

詩經五卷

禮記十卷

春秋十二卷

四子書十九卷

〔宋〕朱熹集注

清道光十二年（1832）醉經樓刻本

二冊

框18.5×14.1釐米。兩截板，上欄9行3字，小字雙行6字；下欄9行17字，小字雙行同。白口，左右雙邊，單黑魚尾。版心下鐫“菜根香館”。內封鐫“道光丁亥重校宋本/四子書/順德霞石何氏藏版”。外封鈐“W. A. MACY 麋”印。藏書票題“Rev. W. A. Macy”。

大學一卷

中庸一卷

論語十卷

孟子七卷

文畬德記較正監韻分章分節四書正文

〔明〕陳豸校

清嘉慶十九年（1814）文畬堂刻本

五冊

框16.2×12釐米。9行18字，小字雙行同。白口，四周雙邊，單黑魚尾。版心上鐫“四書正文”，下鐫“文畬德記”。內封鐫“甲戌年重鐫/審音辨畫校訂無譌/蔭槐堂四書正文/文畬堂藏板”。卷首鐫“遵依國子監銅板訂本”。藏書票題“Rev. W. Jenks”。

日講四書解義二十六卷

〔清〕喇沙里 陳廷敬撰

清康熙十六年（1677）北京內府刻本

二冊

框18.7×14.5釐米。9行18字。黑口，四周雙邊，雙黑魚尾。版心中鐫書名及卷次。外封有衛三畏英文記載“The Sz Shu, or Four Books, with Comments. For the American Oriental Society. From S. Wells Williams Canton, Sept. 1852”。藏書票題“S. W. Williams”。

四書闡注十九卷

〔清〕浦泰纂輯

清菜根香館刻本

六册

框22.5×14.8釐米。兩截板,上欄24行30字,下欄9行17字,小字雙行同。白口,左右雙邊,單黑魚尾。版心下鐫"菜根香館"。藏書票題"Hon. C. W. Bradley May 1861"。

大學一卷

中庸一卷

論語十卷

孟子七卷

五經旁訓辨體合訂五種二十一卷

〔清〕徐立綱纂輯

清道光二十一年(1841)寶章堂刻本

八册

框22×14.3釐米。兩截板,行字數不一。白口,四周單邊,單魚尾。存《周易讀本》三卷、《尚書讀本》四卷、《毛詩讀本》四卷。藏書票題"Hon. C. W. Bradley May 1861"。

爾雅音圖三卷

〔晋〕郭璞注 〔清〕姚之麟摹繪

清嘉慶六年(1801)影宋刻本

三册

框28.2×22.8釐米。12行20字,小字雙行同。黑口,四周雙邊,雙黑魚尾。内封鐫"嘉慶六年影宋繪圖本重摹刊/爾雅音圖/藝學軒藏板"。序末題"道光甲辰春王正月燕山閭氏德林藏本"。藏書票題"Rev. W. A. Macy"。另有複本一。

三字經一卷

〔清〕佚名撰

清末廈門文德堂刻本

一册

框17.6×9.8釐米。7行9字。白口,四周單邊,單黑魚尾。外封鐫"廈門文德堂梓行"。藏書票題"C. W. Bradley, Esq"。

韻府萃音十二卷

〔清〕龍柏纂

清嘉慶十五年(1810)粵東心簡齋刻朱墨套印本

十二册

框15.3×11.3釐米。8行19字,小字雙行38字。白口,四周雙邊,單魚尾。序末記"粵東學院前心簡齋承刊"。藏書票"Dr. M. C. White, Nov. 1861"。

韻府拾遺一百六卷

〔清〕汪灝等纂

清康熙五十九年(1720)北京武英殿刻本

五册

框16.8×11.6釐米。12行26字,小字雙行同。白口,四周雙邊,單魚尾。藏書票題"Dr. M. C. White, Nov. 1861"。

詩韻合璧五卷詩腋四編詞林典腋二編

〔清〕湯文璐編

清咸豐七年(1857)湯湘浦刻本

二册

框13.5×8.3釐米。三截板,行字數不一,小字雙行。白口,四周雙邊,單黑魚尾。内封鐫"咸豐丁巳年鐫/三益齋藏板"。藏書票題"Hon. C. W. Bradley May 1861"。

字學會宗不分卷

〔清〕佚名輯

清道光刻本

一册

框17×11釐米。4行,大小字數不一。白口,四周單邊,單黑魚尾。鈐"W. A. MACY 麋"印。藏書票題"Rev. W. A. Macy"。

十三經集字摹本

〔清〕彭玉雯纂　〔清〕萬青銓校正

清道光至咸豐間彭玉雯刻本

八册

框19.7×13.3釐米。3行5字。黑口,四周雙邊,單魚尾。内封鐫"涇陽張小浦先生鑒定/十三經集字摹本/江右彭玉雯雲墀氏纂刊/萬青銓蓬山氏校正"。藏書票題"Hon C. W. Bradley May 1864"。

康熙字典十二集檢字一卷辨似一卷等韻一卷總目一卷備考一卷補遺一卷

〔清〕張玉書等纂修

清道光七年(1827)内府刻本

三十二册

框13×9.4釐米。8行12字,小字雙行24字。白口,四周雙邊,單黑魚尾。藏書票題"Rev. W. Jenks, D. D."。另有複本一,藏書票題"Hon C. Cushing"。

華英通用雜話上卷

(英國)羅伯聃(Robert Thom)編

清末廣州刻本

一册

行字數不一。白口,四周單邊。内封鐫"華英通用雜話上卷""Chinese and English vocabulary. Part first. By R. Thom"。藏書票題"Dr. D. J. Macgowan"。

四體書法不分卷

清課花書屋刻本

二册

框21.5×14.5釐米。行字數不一。白口,四周單邊。版心下鐫"課花書屋"。存"草體"和"隸體"兩册。内封鐫"四體書法/杼寶樓藏板"。書前有明嘉靖三十三年(1554)高松書"筆法源流"。鈐"W. A. MACY 麋"印。藏書票題"Rev. W. A. Macy"。

御撰資治通鑑綱目三編二十卷

〔清〕張廷玉等撰

清乾隆十一年(1746)刻本

五册

框17×12.5釐米。11行22字,小字雙行同。黑口,左右雙邊,雙魚尾。書名頁鐫"御撰資治通鑑明紀綱目"。藏書票題"Rev. W. Jenks"。

列女傳十六卷

〔漢〕劉向撰　〔明〕汪道昆增輯

〔明〕仇英補圖

清乾隆四十四年(1779)鮑氏知不足齋刻本

八册

框22.5×15.6釐米。10行21字。白口,四周單邊,單黑魚尾。版心中鐫書名及卷次。目録卷端下鐫"仇英實甫補圖"。藏書票題"Hon. C. W. Bradley, May 1861"。

南陵無雙譜一卷

〔清〕金古良繪

清刻本

一册

框18.5×12.5釐米。行字數不一。白口,四周單邊。內封鐫"無雙譜"。鈐"南陵""古良之印"等印。藏書票題"Hon C. W. Bradley Sept 1860"。

駁案新編三十二卷續編七卷

〔清〕全士潮等輯

清乾隆至嘉慶間刻本

二十八册

框13.5×11釐米。9行20字。白口,四周單邊,單魚尾。內封鐫"乾隆元年起至本年止敬謹按律依類編輯/駁案新編/刑部陝西司主事總辦秋審兼湖廣司督催所律例館纂修加一級全士潮校刊"。藏書票題"Hon. C. W. Bradley, May 1861"。

大行皇帝遺詔不分卷

〔清〕宣宗旻寧撰 〔清〕徐廣縉葉名琛謄黄 〔清〕柏貴刊

清道光三十年(1850)廣州刻本

一册

框21.8×16.7釐米。8行18字。白口,四周雙邊,單黑魚尾。卷尾鐫"道光三十年正月十四日"。藏書票題"S. W. Williams, Esq"。

登極恩詔不分卷

〔清〕文宗奕詝撰 〔清〕徐廣縉葉名琛謄黄 〔清〕柏貴刊

清道光三十年(1850)廣州刻本

一册

框22×16.5釐米。8行18字。白口,四周單邊,單黑魚尾。卷尾鐫"道光三十年正月二十六日"。藏書票題"S. W. Williams, Esq"。

恭上孝和睿皇太后尊謚詔書不分卷

〔清〕文宗奕詝撰 〔清〕徐廣縉葉名琛謄黄 〔清〕柏貴刊

清道光三十年(1850)廣州刻本

一册

框21.5×16.3釐米。8行18字。白口,四周單邊,單黑魚尾。卷尾鐫"道光三十年三月初二日"。藏書票題"S. W. Williams, Esq"。

瀛環志略十卷

〔清〕徐繼畬撰

清道光二十八年(1848)福建撫署刻本

六册

框27.8×18.8釐米。10行25字。黑口,左右雙邊,單黑魚尾。內封鐫"道光戊申年鐫/本署藏版"。藏書票題"Hon. C. W. Bradley, May 1861"。

古今萬國綱鑑録二十卷

(德國)郭實臘(Karl Friedrich August Gützlaff)譯

清道光三十年(1850)寧波華花聖經書房鉛活字印本

一册

內封鐫"大清道光三十年季春月鐫/華花聖經書房寧波/古今萬國綱鑑録/耶穌降世一千八百五十年"。藏書票題"Ningpo Mission"。

咬嚼吧總論十六回

（英國）麥都思（Walter Henry Medhurst）纂

清末刻本

一册

框17.1×10.8釐米。9行26字。白口，四周單邊，單黑魚尾。内封鐫"文理密察足以有別也"。

美理哥合省國志略二十七卷

（美國）裨治文（Elijah Coleman Bridgman）譯

清道光十八年（1838）新嘉坡堅夏書院刻本

一册

框19.1×14.2釐米。9行20字。白口，四周雙邊。内封鐫"道光十八年戊戌鐫/美理哥合省國志略/新嘉坡堅夏書院藏板"。藏書票題"Hong Kong Mission"。

亞美理駕合衆國志略二十七卷

（美國）裨治文（Elijah Coleman Bridgman）譯

清道光二十六年（1846）羊城刻本

一册

框18.5×14.1釐米。9行20字，小字雙行同。白口，四周雙邊。内封鐫"道光二十六年鐫/亞美理駕合衆國志略/上卷/羊城藏板"。藏書票題"Canton Mission"。

亞墨理格洲合省國志略二十六卷

（美國）裨治文（Elijah Coleman Bridgman）譯

清末刻本

一册

框19×14.3釐米。9行20字。白口，四周雙邊。

地球説略不分卷

（美國）褘理哲（Richard Quarteman Way）譯

清咸豐三年（1853）寧波華花聖經書房鉛活字印本

一册

内封鐫"R. Q. W." "寧波華花聖經書房刊"。藏書票題"Ningpo Mission"。

大英國家五卷

（德國）郭實臘（Karl Friedrich August Gützlaff）譯

清道光十四年（1834）刻本

一册

框18.6×12.5釐米。10行22字。白口，四周雙邊，單黑魚尾。内封鐫"道光甲午年新鐫/大英國統志"。藏書票題"Hong Kong Mission"。

巴西國紀略

清末刻本

一册

白口，四周雙邊，單黑魚尾。藏書票題"Hon. C. W. Bradley, May 1861"。

唐故輔國大將軍苻公神道碑

〔唐〕李宗閔撰　〔唐〕柳公權書并篆額　〔唐〕邵建和鐫

清末拓本（經摺裝）

一册

天馬賦

　　〔宋〕米芾書　　〔清〕劉季山鎸

　　清末拓本

　　一冊

　　藏書票題"Hon C. W. Bradley Sept 1860"。

金剛般若波羅蜜經

　　〔元〕趙孟頫書

　　清末拓本

　　一冊

　　藏書票題"Hon C. W. Bradley Sept 1860"。

歸去來辭

　　〔明〕董其昌書

　　清末拓本

　　一冊

　　藏書票題"Hon C. W. Bradley Sept 1860"。

欽定錢録十六卷

　　〔清〕梁詩正等撰

　　清乾隆五十二年(1787)刻本

　　四冊

　　框19.4×14.3釐米。行字數不一。黑口, 四周單邊。藏書票題"Hon. C. W. Bradley, May 1861"。另有複本一, 後印本, 藏書票題"Rev. W. A. Macy"。

重修吳相伍大夫廟記

　　〔清〕王鳴盛撰　　〔清〕顧元英刻

　　清末拓本

　　一冊

　　藏書票題"Hon C. W. Bradley Sept 1860"。

郭林宗先生行述

　　〔清〕翁方綱臨

　　清末拓本

　　一冊

　　藏書票題"Hon C. W. Bradley Sept 1860"。

朱夫子治家格言

　　〔清〕林則徐書

　　清末拓本

　　一冊

　　藏書票題"Hon C. W. Bradley Sept 1860"。

關聖帝君覺世真經

　　〔清〕吳鳳藻書

　　清末拓本

　　一冊

　　藏書票題"Hon C. W. Bradley Sept 1860"。

間架結構摘要七十二法

　　〔清〕邵桐南刻

　　清末拓本

　　一冊

　　藏書票題"Hon C. W. Bradley Sept 1860"。

矗畦先生小像不分卷

　　〔清〕洪章輝鎸

　　清末拓本

　　一冊

　　藏書票題"C. W. Bradley Esq"。

盧氏三世墓園

清道光十四年（1834）拓本

四册

藏書票題"Hon C. W. Bradley Sept 1860"。

千字文

〔南朝梁〕周興嗣撰

清末拓本

一册

藏書票題"Hon C. W. Bradley Sept 1860"。

千字文

〔南朝梁〕周興嗣撰

清刻本

一册

框17.8×10.8釐米。4行8字。白口，四周單邊。藏書票題"Hon C. W. Bradley Sept 1860"。

千字新編

〔清〕丁大椿書　〔清〕劉季山鐫

清末拓本

一册

卷尾題"吴門劉季山鐫於甬上馮氏慕義堂"。藏書票題"Hon C. W. Bradley Sept 1860"。

錢志新編二十卷

〔清〕張崇懿校輯

清道光十年（1830）酌春堂刻本

四册

框18×13.8釐米。9行21字，小字雙行同。白口，左右雙邊，雙魚尾。内封鐫

"庚寅孟秋鐫/錢志新編/酌春堂藏版"。藏書票題"Hon. C. W. Bradley, May 1861"。

泉史十六卷

〔清〕盛大士編

清道光十四年（1834）金陵鄧氏淮安刻本

四册

框19.2×15釐米。行字數不一。黑口，四周單邊，單黑魚尾。牌記鐫"道光甲午金陵鄧文進齋刊於淮安舊城"。藏書票題"Hon. C. W. Bradley May 1861"。

文昌帝君陰隲文

〔清〕陸紹景書

清道光十八年（1838）拓本

一册

卷尾題"吴郡吴松泉鐫"。藏書票題"Hon C. W. Bradley Sept 1860"。

文昌帝君陰隲文

〔清〕吴鳳藻書

清末拓本

一册

卷尾有吴光第咸豐四年（1854）"識"。藏書票題"Hon C. W. Bradley Sept 1860"。

朱夫子治家格言

〔清〕林則徐書

清末拓本

一册

藏書票題"Hon C. W. Bradley Sept

1860"。

小學集解六卷孝經注解一卷

〔宋〕朱熹撰 〔清〕張伯行纂輯
(孝經注解)〔唐〕玄宗李隆基注 〔宋〕
司馬光指解 〔宋〕范祖禹説

清道光二十七年(1847)求是軒刻本

六册

框18.4×14.5釐米。9行20字, 小字雙
行同。白口, 四周雙邊, 單魚尾。版心下鎸
"正誼堂"。内封鎸"朱子小學集解/粵
東省城雙門底味經堂書坊藏板"。牌記題
"道光丁未孟冬求是軒重刻潘紹經書"。
藏書票題"Rev. W. A. Macy"。

農政全書六十卷

〔明〕徐光啓撰
清道光二十三年(1843)上海王氏曙
海樓刻本

二十四册

框20.2×14.5釐米。9行20字, 小字
雙行同。白口, 左右雙邊, 單魚尾。内封
鎸"道光癸卯重刊/農政全書/曙海樓藏
板"。末卷末行鎸"崑山金嘯山刻"。藏書
票題"Hon. C. W. Bradley, May 1861"。

御纂醫宗金鑑九十卷首一卷

〔清〕吳謙等撰
清刻本
十二册
框18.3×14釐米。10行24字, 小字
雙行同。白口, 左右雙邊, 單黑魚尾。存
卷首、卷一至四、十六至二十四、三十四
至九十。外封記載"Medical Book Yale
Medical Institute, New Haven CT.

Presented by M. C. White, Fuhchan
China 1849"。

大清道光三十年歲次戊申時憲書不分卷

〔清〕北京欽天監編
清道光二十九年(1849)刻朱墨套印本
一册

框15×9.5釐米。行字數不一。黑口,
四周雙邊, 雙魚尾。内封鎸"欽天監欽遵
御製數理精蘊印造時憲書頒行天下"。
鈐滿漢合璧"欽天監時憲書之印"。藏書
票題"C. W. Bradley, Esq"。

華番和合通書不分卷

(美國)波乃耶(Dyer Ball)輯
清道光二十六年(1846)至咸豐二年
(1852)刻本

三册

行字數不一。外封鎸"日月刻度通
書"。道光二十六年册藏書票題"Hon C.
W. Bradley, Esq";咸豐二年册藏書票題
"Canton Mission"。

平安通書不分卷

(美國)麥嘉締(Divie Bethune
McCartee)輯
清道光三十年(1850)至咸豐三年
(1853)寧波華花聖經書房鉛活字印本
四册
藏書票題"Ningpo Mission"。

幾何原本不分卷

(意大利)利瑪竇(Matteo Ricci)
口譯 〔明〕徐光啓筆受
清咸豐二年(1852)寧波華花聖經書

房鉛活字印本

一册

内封鎸"大清咸豐二年歲次壬子/寧波華花聖經書房刊/幾何原本/耶穌降世一千八百五十二年"。藏書票題"Ningpo Mission"。另有複本一，藏書票題"Hon C. W. Bradley Sept 1860"。

天文略論四十論

（英國）合信（Benjamin Hobson）撰

清道光二十九年（1849）粤東西關惠愛醫館刻本

一册

框21.3×13.7釐米。10行25字。白口，四周雙邊，單黑魚尾。内封鎸"道光二十九年鎸/天文略論/粤東西關惠愛醫館藏板"。藏書票題"Rev. W. A. Macy"。

算法不分卷

（英國）Edward T. R. Moncrieff撰

清咸豐六年（1856）香港聖保羅書院鉛活字印本

一册

内封鎸"A Treatise on Arithmetic in the Chinese Language, St. Paul's College, Hong Kong, Rev. E. T. R. Moncrieff, A. B. Victoria: London Mission Press 1852""咸豐二年/聖保羅書院/算法全書/降生壹千捌百五十二年鎸"。藏書票題"Hon C. W. Bradley Sept 1860"。

三字經訓詁一卷

〔宋〕王應麟纂　〔清〕王相訓詁

〔清〕徐士業校刊

清天禄齋刻本

一册

框18.7×13.8釐米。4行6字，小字雙行17字。白口，左右雙邊，單黑魚尾。内封鎸"王伯厚先生纂/王晉升先生注/徐氏三種/天禄齋藏板"。藏書票題"Hon C. W. Bradley Sept 1860"。

芥子園畫傳三集

〔清〕王槩摹輯　〔清〕李漁論定

清嘉慶二十二年（1817）刻彩色套印本

十三册

框23.1×14.8釐米。9行20字。白口，四周單邊，單黑魚尾。第一集内封鎸"李笠翁先生論定/芥子園畫傳/繡水王安節摹古/本衙藏板"。第二、三集内封鎸"金陵同文堂鎸藏"。第二集卷尾題"嘉慶丁丑孟春芥子園焕記重鎸"。第三集爲蝴蝶裝。藏書票題"Hon C. W. Bradley Sept 1860"。

御製耕織全圖

〔清〕焦秉貞畫

清刻朱墨套印本

一册

框23.6×24釐米。白口，四周單邊。耕、織圖各二十三幅。藏書票題"Hon C. W. Bradley Sept 1860"。

御製耕織圖

〔清〕焦秉貞畫

清刻朱墨套印本

二册

框24.2×23.4釐米。白口，四周單邊。耕、織圖各二十三幅。藏書票題

"Hon. C. W. Bradley, May 1861"。

七襄新譜一卷

〔清〕戴昌等撰

清道光二十二年（1842）刻本

一册

框17.5×10.6釐米。行字數不一。白口，四周雙邊。卷尾鎸"南翔夏石珍次子芑塘刻"。藏書票題"Hon C. W. Bradley Sept 1860"。

千字文釋義不分卷

〔清〕汪嘯尹輯 〔清〕孫謙益注

清天禄齋刻本

一册

框18.7×13.8釐米。5行8字，小字雙行17字。白口，左右雙邊，單黑魚尾。内封鎸"汪嘯尹先生纂輯/孫謙益先生參注""天禄齋藏板"。藏書票題"Hon C. W. Bradley Sept 1860"。

新刻官音彙解釋義二卷

〔清〕蔡奭撰

清乾隆十三年（1748）龍江書屋刻本

一册

框17.5×10.2釐米。11行，字數不等。白口，四周單邊。版心上鎸"注釋官音彙解"及小題。内封鎸"西湖蔡伯龍先生纂著/注釋官音彙解/萬有樓重鎸"。卷端下鎸"龍江書屋梓行"。另有複本一，書號Fv5154 4948，破損嚴重。

玉歷鈔傳警世一卷

清道光十七年（1837）福州刻本

一册

框16.8×11.6釐米。10行22字。白口，左右雙邊，單黑魚尾。内封鎸"道光丁酉年新鎸/玉歷鈔傳警世/板藏福省按司前衛巷内吳家刻坊便是"。

百家姓考略一卷

〔清〕王相纂 〔清〕徐士業校刊

清天禄齋刻本

一册

框19×14.3釐米。4行8字，小字雙行17字。白口，左右雙邊，單黑魚尾。内封鎸"王晋升先生纂/徐士業先生校/徐氏三種/天禄齋藏板"。藏書票題"Hon C. W. Bradley Sept 1860"。

百家姓帖不分卷

清末廣州廣文堂刻本

一册

框15.7×12.5釐米。大字4行4字，小字3行。白口，四周雙邊，單黑魚尾。版心上鎸"百家姓"。外封鎸"新刻校正無訛/百家姓法/增補官話/省城學院前廣文堂藏板"。藏書票題"Hon C. W. Bradley Sept 1860"。

分類字錦六十四卷

〔清〕何焯等撰 〔清〕張廷玉等校

清康熙六十一年（1722）内府刻本

十六册

框18.4×12.6釐米。8行24字，小字雙行同。白口，四周雙邊，單魚尾。藏書票題"Dr. M. C. White, Nov. 1861"。

詩句題解韻編六卷

〔清〕陳維屏纂

清道光十七年（1837）棠芬書屋刻本

一册

框18×12釐米。9行24字，小字雙行同。白口，四周雙邊，單黑魚尾。内封鎸“道光辛酉新鎸”“棠芬書屋藏板”。藏書票題“Dr. M. C. White, Nov. 1861”。

東園雜字一卷

〔清〕佚名輯

清末會文堂刻本

一册

框15×9.5釐米。兩截板，上欄行字數不等，下欄12行20字，小字雙行同。白口，四周單邊，單黑魚尾。外封鎸“禪山大地街”“會文堂梓行”。藏書票題“C. W. Bradley, Esq”。

山海經十八卷

〔晋〕郭璞傳　〔明〕吳中珩校

清末刻本

二册

框12.9×10.4釐米。10行20字，小字雙行同。白口，四周雙邊，單魚尾。内封鎸“山海經注解”。有利、貞兩集。藏書票題“Hon. C. W. Bradley, May 1861”。

關帝靈籤不分卷

〔清〕佚名輯

清道光八年（1828）禪山會元堂刻本

一册

框15×11.3釐米。行字數不一。白口，四周單邊。外封鎸“詳明占驗注釋道光八年/關帝靈籤/禪山會元堂梓”。藏書票題“C. W. Bradley, Esq”。

觀音二十四靈籤不分卷

〔清〕佚名輯

清咸豐七年（1857）上海寶賢堂刻本

一册

框19.6×11.4釐米。行字數不一。黑口，四周單邊。外封鎸“觀音靈籤”。内封鎸“觀音二十四靈籤”“上洋道前寶賢堂書坊藏版”。

阿育王經十卷

〔南朝梁〕僧伽婆羅譯

北宋崇寧元年（1102）福州等覺禪寺刻崇寧大藏本（經摺裝）

一册

框高24.4釐米。6行17字。白口，上下單邊。卷端題“崇寧元年十一月”“二卷共一册”“寫”“阿育王經第四”“阿育王經第五”。鈐“東禪”“東禪大藏”印。存卷四。

千手千眼大悲心懺一卷

〔唐〕釋湛然撰　〔明〕釋智旭譯

清嘉慶八年（1803）廣州刻本（經摺裝）

一册

框22.5×11.5釐米。5行15字，小字雙行同。白口，四周雙邊。序末鎸“永樂九年六月”。卷末鎸“嘉慶癸亥年春月吉旦別澗敬林熏沐謹録/板藏海幢流通”。

南海普陀山羅漢圖不分卷

清刻本

一幅

108.2×63.4釐米。題“Dr. D. J. Macgowan”。

勸戒鴉片良言不分卷

（美國）波乃耶（Dyer Ball）撰

清末刻本

一冊

框10.3×9.5釐米。13行13字。白口，四周雙邊。藏書票題 "Canton Mission"。

鴉片六戒不分卷

（美國）帝禮仕（Ira Tracy）纂

〔清〕梁阿發譯

清道光十五年（1835）新嘉坡書院刻本

一冊

框15.3×9.9釐米。7行18字。白口，四周雙邊，單黑魚尾。版心上鐫 "鴉片六戒"。內封鐫 "道光乙未冬鐫/新嘉坡書院藏板/鴉片速改文/仁愛者纂"。含犯法、不孝、破家、害身、壞俗、沉靈六戒。另有複本二，均有藏書票，題 "W. W. Grunough, Esq"。耶魯圖書館另有一部，書號Nvm94 835Yw。

博物新編三集

（英國）合信（Benjamin Hobson）

〔清〕陳修堂撰

清咸豐四年（1854）廣東惠愛醫館刻本

一冊

框19.2×14釐米。10行24字，小字雙行同。白口，四周雙邊，單黑魚尾。內封鐫 "甲寅年新鐫/博物新編三集/羊城西關惠愛醫院藏板"。藏書票題 "Hon C. W. Bradley Sept 1860"。另有複本一，藏書票題 "Hon. C. W. Bradley, May 1861"。

（榕腔）福音四書不分卷

清同治五年（1866）福州美華書局鉛

活字印本

一冊

內封鐫 "同治五年/福音四書/榕腔/福州美華書局印"。版心鐫 "新約全書"。另有複本一。

（榕腔）聖學問答八卷

清同治三年（1864）福州刻本

一冊

框17×11.5釐米。11行22字，小字雙行同。白口，四周雙邊，雙黑魚尾。內封鐫 "耶穌降生一千八百五十三年撰/福州榕腔/聖學問答/一千八百六十四年重刊/板藏鋪前頂救主堂"。外封記載 "Amer. Oriental Society from A. B. C. F. M. 1873"。

新約全書

（英國）麥都思（Walter Henry Medhurst）譯

清咸豐元年（1851）香港英華書院鉛活字印本

一冊

內封鐫 "咸豐元年印刷江蘇上海新譯/新約全書/香港英華書院活板"。外封記載 "The Four Gospels, From C. W. Bradley, U.S. Consul, Amoy. Hong Kong, Oct. 8, 1837"。藏書票題 "Hon. C. W. Bradley, May 1861"。

新約全書

（英國）麥都思（Walter Henry Medhurst）譯

清咸豐元年（1851）上海墨海書館鉛活字印本

一册

内封鎸“大清咸豐辛亥孟春/新約全書/江蘇上海墨海書館印”。

新約全書

（英國）麥都思（Walter Henry Medhurst）譯

清咸豐七年（1857）上海墨海書館鉛活字印本

一册

内封鎸“耶穌降世壹仟捌佰伍拾七年/新約全書/江蘇松江上海墨海書館印”。

聖經新約全書

（美國）弼利民（Lyman B. Peet）（美國）麥利和（Robert S. Maclay）譯

清同治二年（1863）鉛活字印本

一册

内封鎸“凡二十七集/耶穌降生一千八百六十三年/聖經新約全書/同治二年”。卷首篇名“翻譯福州平話”。藏書票題“The A. B. C. F. M. 1873”。

新約全書

（美國）基順（Otis Gibson）譯

清同治四年（1865）福州美華書局鉛活字印本

一册

内封鎸“救主降世一千八百六十五年/新約串珠/同治四年/福州美華書局活板印”“Reference Testament/References Prepared by Rev. O. Gibson”。藏書票題“Rev J T Gracey 1878”。

新約全書

清同治五年（1866）福州美華書局鉛活字印本

一册

新約全書

清同治八年（1869）香港英華書院鉛活字印本

一册

内封鎸“同治八年鎸/新約全書/香港英華書院活板”。

（官話）新約全書

清同治十一年（1872）京都美華書院鉛活字印本

一册

内封鎸“耶穌降世一千八百七十二年/新約全書/歲次壬申/京都美華書院刷印”“The New Testment translated into Mandarin by A Committee of Peking Mission. American Mission Press, Peking—1872.”。

（榕腔）新約全書

清光緒四年（1878）福州美華書局鉛活字印本

一册

内封鎸“主一千八百七十八年/大美國聖經會鎸/新約全書/光緒四年/福州美華書局活板”。

新約全書

清末鉛活字印本

一册

新約全書

　　清末鉛活字印本

　　一冊

　　含《使徒保羅達羅馬人書》至《傳道約翰默示録》。

（榕腔）新約五經

　　清同治五年（1866）福州美華書局鉛活字印本

　　一冊

　　版心鎸"新約全書"。内封鎸"同治五年/福音四書/榕腔/福州美華書局印"。藏書票題"The A. B. C. F. M. 1873"。

常年早禱不分卷

　　清道光刻本

　　一冊

　　框17.6×10.3釐米。6行20字。白口，四周雙邊，單黑魚尾。内頁記載"Presented by □□□ to C. W. Bradley. Shanghai, 18th Aug. 1850"。藏書票題"C. W. Bradley, Esq"。

（上海土白）聖會禱不分卷

　　清同治元年（1862）上洋趙文藝堂鉛活字印本

　　二冊

　　内封鎸"耶穌降世一千八百六十二年/聖會禱/上海土白/同治元年/上洋趙文藝堂刻印裝訂"。外封記載"Book of Common Prayer Shanghai Dialect Amer. Prot. Episc. Mission"。藏書票題"Hon C. W. Bradley May 1864"。

長遠兩友相論不分卷

　　（英國）米憐（William Milne）撰

　　清咸豐元年（1851）香港英華書院鉛活字印本

　　一冊

　　外封鎸"咸豐元年印刷/江蘇上海重校/長遠兩友相論/香港英華書院活板"。

長遠兩友相論不分卷

　　（英國）米憐（William Milne）撰

　　清咸豐二年（1852）香港英華書院鉛活字印本

　　一冊

　　外封鎸"咸豐二年印刷/江蘇上海重校/長遠兩友相論/香港英華書院活板"。

長遠兩友相論十一回

　　（英國）米憐（William Milne）撰

　　清咸豐二年（1852）上海墨海書館鉛活字印本

　　一冊

　　外封鎸"咸豐壬子孟春/長遠兩友相論/江蘇松江上海墨海書館印"。

長遠兩友相論十一回

　　（英國）米憐（William Milne）撰

　　清咸豐二年（1852）廣州惠愛醫館鉛活字印本

　　二冊

　　内封鎸"咸豐二年印刷/江蘇上海重校/長遠兩友相論/省城西金利埠惠愛醫館送"。

長遠兩友相論十一回

　　（英國）米憐（William Milne）撰

清光緒四年（1878）上海福音會堂鉛活字印本

一册

内封鐫"耶穌降世一千八百七十八年/長遠兩友相論/上海三牌樓福音會堂藏板"。

常拜真神之道不分卷

（美國）波乃耶（Dyer Ball）撰

清道光刻本

一册

框8.8×7.5釐米。6行12字。白口，四周雙邊，單黑魚尾。外封鐫"真神乃靈而凡拜之者必以靈意誠心而拜之也"。

創世傳一卷

清道光二十六年（1846）寧波華花聖經書房鉛活字印本

一册

内封鐫"耶穌降世一千八百四十六年/大清道光二十六年/創世傳一卷/寧波華花聖經書房刊"。藏書票題"C. W. Bradley, Esq"。

創世傳注釋一卷

（美國）憐爲仁（William Dean）撰

清咸豐元年（1851）香港刻本

一册

框21×13.3釐米。8行22字，小字雙行同。白口，四周雙邊，單黑魚尾。内封鐫"咸豐元年鐫/創世傳注釋""Genesis with Explanatory Notes by W. Dean. Hong Kong. 1851"。藏書票題"Hong Kong Mission"。

出麥西傳注釋不分卷

（美國）憐爲仁（William Dean）撰

清咸豐元年（1851）香港鉛活字印本

一册

内封鐫"咸豐元年/出麥西傳注釋/耶穌降世一千八百五十一年/香港爲仁者纂""Exodus with Notes. W. Dean. Homh Kng — MDCCCLI"。另有複本一。

初學編二卷

清咸豐元年（1851）寧波華花聖經書房鉛活字印本

一册

内封鐫"咸豐元年/寧波華花聖經書房刊/初學編/耶穌降世一千八百五十一年"。藏書票題"Ningpo Mission"。

登山寶訓一卷

清同治二年（1863）上海美華書館鉛活字印本

一册

内封鐫"耶穌降世一千八百六十三年/登山寶訓/歲次癸亥/上海美華書館新刊"。

賭博明論略講一卷

（英國）米憐（William Milne）撰

清末刻本

一册

框13.8×8.9釐米。8行20字。白口，四周雙邊，單黑魚尾。版心題"賭博明論"。藏書票題"W. W. Grunough, Esq"。另有複本一。

奉勸真假人物論不分卷

（美國）憐爲仁（William Dean）撰

清道光二十七年（1847）寧波華花聖經書房鉛活字印本

一册

内封鎸"道光二十七年/華花聖經書房寧波/奉勸真假人物論/耶穌降世一千八百四十七年"。藏書票題"Hon. C. W. Bradley, May 1861"。

福音大旨不分卷

（英國）麥都思（Walter Henry Medhurst）撰

清道光二十七年（1847）香港英華書院刻本

一册

框14×11釐米。10行20字，小字雙行同。白口，四周雙邊，單黑魚尾。内封鎸"道光廿七年/福音大旨/香港英華書院藏板"。藏書票題"C. W. Bradley, Esq"。

福音廣訓不分卷

（英國）米憐（William Milne）纂 （英國）麥都思（Walter Henry Medhurst）修

清道光三十年（1850）上海墨海書館鉛活字印本

一册

内封鎸"耶穌降世一千八百五十年/福音廣訓/江蘇省上海縣墨海書館印"。

悔罪不分卷

（美國）白華院（S. H. Turner）譯

清咸豐九年（1859）紅格抄本

一册

框17.8×10.5釐米。6行20字。白口，四周雙邊，單魚尾。版心下鎸"老三益"。外封記載"寶鈕悔罪編/白華院先生譯"。抄年據卷前英文記載"Shanghai China 1859"。藏書票題"Rev. S. H. Turner, D.D."。

悔罪信耶穌略論不分卷

（英國）麥都思（Walter Henry Medhurst）撰

清道光二十七年（1847）寧波華花聖經書房鉛活字印本

一册

封面鎸"道光二十七年/華花聖經書房寧波/悔罪信耶穌略論/耶穌降世一千八百四十七年"。藏書票題"Hon. C. W. Bradley, May 1861"。

謹遵聖諭辟邪全圖不分卷

〔清〕周漢繪

清光緒十七年（1891）漢口刻本

一册

框29×36釐米。英華合璧。内封鎸"The Cause of the Riots in the Yangtse Valley. A 'complete picture gallery'"。耶魯班内基善本與手稿圖書館另有一部，書號1979 Folio 14。

救世主耶穌新遺詔書

（德國）郭實臘（Karl Friedrich August Gützlaff）譯

清末刻本

一册

框22.3×15.3釐米。19行38字。白口，

四周單邊，單魚尾。版心上鎸篇名，中鎸章次，下鎸頁碼。

救世主耶穌新遺詔書

（英國）麥都思（Walter Henry Medhurst）　（德國）郭實臘（Karl Friedrich August Gützlaff）譯

清道光新嘉坡堅夏書院刻本

一冊

框16.6×11.3釐米。10行26字。白口，四周雙邊，單黑魚尾。內封鎸"新嘉坡堅夏書院藏板/救世主耶穌新遺詔書/依本文譯述"。

救世者耶穌新遺詔書

（英國）麥都思（Walter Henry Medhurst）　（德國）郭實臘（Karl Friedrich August Gützlaff）譯

清末刻本

一冊

框19.3×13.5釐米。9行22字。白口，四周單邊，單魚尾。含四福音書。藏書票題"Canton Mission"。另有複本一，含四福音書及聖差言行傳。

救世主坐山教訓不分卷

（英國）馬禮遜（Robert Morrison）譯

清道光刻本

一冊

框13.5×9.7釐米。7行18字。白口，四周雙邊，單黑魚尾。藏書票題"W. W. Grunough, Esq"。

舊遺詔書：摩西五經

清道光二十六年（1846）寧波華花

聖經書房鉛活字印本

一冊

內封鎸"耶穌降世一千八百四十六年/大清道光二十六年/寧波華花聖經書房刊/舊遺詔書/摩西五經/創世傳/出麥西國傳/利未書/户口册計/復傳律例書"。藏書票題"Ningpo Mission"。

舊約全書

（英國）麥都思（Walter Henry Medhurst）譯

清咸豐上海墨海書館鉛活字印本

一冊

殘，部分內容有缺。

禮拜日要論不分卷

清道光二十八年（1848）寧波華花聖經書房鉛活字印本

一冊

內封鎸"道光二十八年/華花聖經書房寧波/禮拜日要論/耶穌降世一千八百四十八年"。藏書票題"C. W. Bradley, Esq"。

路加傳福音書

清咸豐元年（1851）寧波華花聖經書房鉛活字印本

一冊

內封鎸"大清咸豐元牛重鎸/華花聖經書房寧波/路加傳福音書/耶穌降世一千八百五十一年"。

路加傳福音書

清末鉛活字印本

一冊

路加傳福音書註釋

清道光二十九年（1849）寧波華花聖經書房鉛活字印本

一册

内封鎸"耶穌降世一千八百四十九年/路加傳福音書註釋/大清道光二十九年孟冬鎸/華花聖經書房寧波"。藏書票題"Ningpo Mission"。

路加福音書註釋

清道光二十六年（1846）寧波華花聖經書房鉛活字印本

一册

論復新之理不分卷

（英國）麥都思（Walter Henry Medhurst）譯

清末刻本

一册

框9.9×7.4釐米。8行18字。白口，四周雙邊，單魚尾。外封鎸"耶穌曰吾誠告爾人不以水并/由聖靈復生則不能進神國也"。藏書票題"Canton Mission"。

論善惡人死不分卷

（英國）麥都思（Walter Henry Medhurst）譯

清道光二十四年（1844）香港英華書院刻本

一册

框12.2×9.4釐米。8行18字。白口，四周雙邊，單魚尾。内封鎸"道光二十四年孟夏新鎸/論善惡人死/香港英華書院藏板"。

論善惡人之死不分卷

（英國）麥都思（Walter Henry Medhurst）譯

清同治二年（1863）上海美華書館鉛活字印本

一册

外封鎸"耶穌降世一千八百六十三年/論善惡人之死/上海美華書館重刊"。

論耶穌爲救世者不分卷

（美國）波乃耶（Dyer Ball）撰

清道光二十八年（1848）寧波華花聖經書房鉛活字印本

一册

内封鎸"道光二十八年/華花聖經書房寧波/論耶穌爲救世者/耶穌降世一千八百四十八年"。

馬可傳福音書

（德國）郭實臘（Karl Friedrich August Gützlaff）譯

清咸豐元年（1851）香港英華書院鉛活字印本

一册

内封鎸"咸豐元年鎸/馬可傳福音書/香港英華書院印行"。

馬可傳福音書

（德國）郭實臘（Karl Friedrich August Gützlaff）譯

清咸豐元年（1851）寧波華花聖經書房鉛活字印本

一册

内封鎸"大清咸豐元年/華花聖經書房寧波/馬可傳福音書/耶穌降世

一千八百五十一年"。

馬可傳福音書

（德國）郭實臘（Karl Friedrich August Gützlaff）譯

清道光二十五年（1845）刻本

一冊

框19.5×13.8釐米。9行22字。白口，四周雙邊，單魚尾。內封鎸"道光二十五年重鎸/馬可傳福音書/上帝乃靈而凡拜之者必以靈意誠心而拜之也"。藏書票題"C. W. Bradley, Esq"。

馬太傳福音書

清道光三十年（1850）上海墨海書館鉛活字印本

一冊

內封鎸"江蘇松江上海墨海書館印"。

馬太傳福音書

清道光三十年（1850）寧波華花聖經書房鉛活字印本

一冊

內封鎸"道光三十年重鎸/華花聖經書房寧波/馬太傳福音書/耶穌降世一千八百五十年"。

（上海土白）馬太傳福音書

清道光三十年（1850）鉛活字印本

一冊

內封鎸"道光三十年/馬太傳福音書/上海土白/耶穌降世一千八百五十年"。

馬太傳福音書

清咸豐元年（1851）香港英華書院

鉛活字印本

一冊

內封鎸"咸豐元年鎸/馬太傳福音書/香港英華書院印行"。藏書票題"C. W. Bradley, Esq"。

馬太傳福音書

清咸豐四年（1854）鹹蝦欄書院刻本

一冊

框21.1×13.1釐米。14行30字。白口，四周雙邊，單黑魚尾。內封鎸"耶穌降世一千八百五十四年/新遺詔馬太傳福音/省城鹹蝦欄書院"。鈐"福漢會"印。

（上海土白）馬太傳福音書

清咸豐六年（1856）上海趙哈松刻本

一冊

框16.5×12釐米。10行20字。白口，四周雙邊，單魚尾。內封鎸"耶穌降世一千八百五十六年/上海土白/馬太傳福音書/咸豐六年孟夏/趙哈松刻訂"。藏書票題"Feb. 1858"。

馬太傳福音書

清道光至咸豐間刻本

一冊

框20×12.8釐米。10行22字。白口，左右雙邊，單黑魚尾。另有複本二。

馬太傳福音書

清道光至咸豐間香港英華書院鉛活字印本

一冊

內封鎸"江蘇上海新譯/馬太傳福音書/香港英華書院活板"。

馬太傳福音書

清末刻本

一冊

框19.6×11.8釐米。10行26字。白口,四周雙邊,單黑魚尾。

（翻譯榕腔）新約馬太傳福音書

清末刻本

一冊

框19.5×10.8釐米。9行22字。黑口,左右雙邊,單黑魚尾。另有複本一。

（翻譯福州平話）新約馬太傳福音書

清末刻本

一冊

框20×12.3釐米。10行25字。白口,左右雙邊,單黑魚尾。

馬太傳福音書 馬可傳福音書 路加傳福音書 約翰傳福音書

清咸豐元年（1851）上洋聖會堂刻本

一冊

框19.3×13釐米。10字26字。白口,四周雙邊,單黑魚尾。内封鎸"咸豐元年孟春月鎸/馬太傳福音書/耶穌一千八百五十一年/上洋聖會堂藏板"。鈐"四福音"印。

馬太傳福音書 馬可傳福音書 路加傳福音書 約翰傳福音書 使徒行傳

清道光三十年（1850）至咸豐元年（1851）寧波華花聖經書房鉛活字印本

一冊

馬太傳福音書註釋

（美國）憐爲仁（William Dean）撰

清道光二十八年（1848）香港刻本

一冊

框21.1×13.1釐米。8行22字,小字雙行同。白口,四周雙邊,單黑魚尾。内封鎸"道光二十八年鎸/香港裙帶地藏板/馬太傳福音書註釋/爲仁者纂"。另有複本一,藏書票題"Hong Kong Mission"。

馬太福音書問答

清末鉛活字印本

一冊

藏書票題"The Presb. Board of Missions Oct. 1860"。

摩西言行全傳七卷

（德國）郭實臘（Karl Friedrich August Gützlaff）撰

清道光十六年（1836）新嘉坡堅夏書院刻本

一冊

框17.5×11釐米。8行22字。白口,四周雙邊,單黑魚尾。内封鎸"道光十六年鎸/新嘉坡堅夏書院藏板/摩西言行全傳/愛漢者纂"。外封記載"Amer. Oriental Society from A. B. C. F. M. 1873"。

榕腔神詩不分卷

（英國）賓惠廉（William Chalmers Burns）撰

清同治四年（1865）福州美華書局鉛印本

一冊

内封鎸"耶穌一千八百六十五年/榕

腔神詩/同治四年/福州美華書局活板"。

榕腔神詩不分卷

（英國）賓惠廉（William Chalmers Burns）撰

清光緒六年（1881）福州美華書局鉛印本

一冊

內封鐫"光緒六年/榕腔神詩/同治四年/福州美華書局印"。

神詩合選六十五首

（英國）賓惠廉（William Chalmers Burns）撰

清咸豐刻本

一冊

框17.3×11釐米。8行字數不等。白口，四周雙邊，單魚尾。與《養心神詩》同刊。

養心神詩十三首

（德國）黎力基（Rudolph Lechler）撰

清咸豐二年（1852）刻本

一冊

框18.1×10.5釐米。兩截板，上欄16行6字，下欄8行字數不等。白口，四周雙邊，單魚尾。內封鐫"咸豐二年季春鐫"。與《神詩合選》同刊。

養心贊神詩不分卷

（德國）黎力基（Rudolph Lechler）撰

清道光二十九年（1849）香港刻本

一冊

框14.5×9.6釐米。8行17字。白口，四周雙邊。內封鐫"道光二十九年重刻/養心贊神詩/裙帶路藏板"。藏書票題

"Canton Mission"。

續纂省身神詩不分卷

清道光十五年（1835）嗎吟呷英華書院鉛活字印本

一冊

內封鐫"道光十五年重鎸/續纂省身神詩/嗎吟呷英華書院藏板"。外封記載 "Amer. Oriental Society from A. B. C. F. M. 1873"。

三字經一卷

（宋）王應麟原著　（□）歐適子撰

清末芥子園刻本

一冊

框15.5×11.8釐米。5行6字。白口，四周單邊，單黑魚尾。外封鐫"順德歐適子撰/解元三字經/芥子園藏板"。

三字經一卷

清末刻本

一冊

框8.3×6.8釐米。5行6字。白口，四周雙邊，單黑魚尾。

三字經一卷

（□）歐適子撰

清道光二十三年（1843）刻本

冊

框14×11.2釐米。5行6字。白口，左右雙邊，單黑魚尾。外封鐫"道光二十三年鎸"。藏書票題"C. W. Bradley, Esq"。

三字經一卷

清咸豐元年（1851）香港英華書院

鉛活字印本

　　一册

　　內封題"咸豐元年/三字經/香港英華書院印刷"。藏書票題"C. W. Bradley, Esq"。

三字經一卷

　　清咸豐十一年（1861）上海美華書館鉛活字印本

　　一册

　　外封鐫"耶穌降世一千八百六十一年/三字經/上海美華書館重刊"。

三字經注釋不分卷

　　（宋）王應麟原著

　　清末鉛活字印本

　　一册

善人安死之道不分卷

　　清道光二十六年（1846）香港英華書院刻本

　　一册

　　框15×11.3釐米。9行18字。白口，四周雙邊，單魚尾。外封鐫"道光二十六年鐫/善人安死之道/英華書院藏板"。藏書票題"C. W. Bradley, Esq"。

普度施食之論一卷

　　（英國）麥都思（Walter Henry Medhurst）撰

　　清道光新嘉坡書院刻本

　　一册

　　框16.5×10.8釐米。9行26字。白口，四周雙邊，單魚尾。版心鐫"特選撮要"。外封鐫"子曰非其鬼而祭之諂也/普度施食之論/麥都思者纂/新嘉坡書院

藏板"。藏書票題"W. W. Grunough, Esq"。

清明掃墓之論一卷

　　（英國）麥都思（Walter Henry Medhurst）撰

　　清道光新嘉坡書院刻本

　　一册

　　框16.8×10.5釐米。9行26字。白口，四周雙邊，單魚尾。版心鐫"特選撮要"。外封鐫"過而不改是謂過矣/清明掃墓之論/麥都思者纂/新嘉坡書院藏板"。藏書票題"W. W. Grunough, Esq"。

上帝生日之論一卷

　　（英國）麥都思（Walter Henry Medhurst）撰

　　清道光新嘉坡書院刻本

　　一册

　　框16.6×10.7釐米。9行26字。白口，四周雙邊，單黑魚尾。版心鐫"特選撮要"。外封鐫"孟語云齋戒沐浴則可以祀上帝/上帝生日之論/麥都思者纂/新嘉坡書院藏板"。藏書票題"W. W. Grunough, Esq"

媽祖婆生日之論一卷

　　（英國）麥都思（Walter Henry Medhurst）撰

　　清道光新嘉坡書院刻本

　　一册

　　框16.5×10.7釐米。9行26字。白口，四周雙邊，單黑魚尾。版心鐫"特選撮要"。內封鐫"子曰獲罪於天無所禱也/媽祖婆生日之論/尚德纂/新嘉坡書院藏

板”。另有複本一。

聖經史記: 論若瑟之來歷不分卷

　　（英國）麥都思（Walter Henry Medhurst）撰

　　清道光二十六年（1846）上海墨海書館活字印本

　　一冊

　　框17.1×10.3釐米。9行18字。白口，四周雙邊，單黑魚尾。內封鎸“耶穌降世壹千捌百肆拾陸年/聖經史記/論若瑟之來歷/江蘇省松江府上海縣墨海書館藏板”。另有複本一。

慶賀新禧文一卷

　　（英國）麥都思（Walter Henry Medhurst）撰

　　清末刻本

　　一冊

　　框17.1×10.9釐米。9行26字。白口，四周雙邊，單黑魚尾。藏書票題“W. W. Grunough, Esq”

神道篇不分卷

　　（美國）哈巴安德（Andrew Patton Happer）撰

　　清咸豐元年（1851）廣州惠濟醫館刻本

　　一冊

　　框13.8×10.5釐米。5行6字。白口，四周雙邊，單魚尾。內封鎸“咸豐元年辛亥/神道篇/粵東惠濟醫館藏板”。藏書票題“Canton Mission”。另有複本一。

舊約史記條問不分卷

　　（美國）哈巴安德（Andrew Patton Happer）撰

　　清咸豐二年（1852）寧波華花聖經書房鉛活字印本

　　一冊

　　內封鎸“大清咸豐二年/寧波華花聖經書房刊/舊約史記條問/耶穌降世一千八百五十二年”。藏書票題“Ningpo Mission”。

神天聖書: 載舊遺詔書兼新遺詔書

　　（英國）米憐（William Milne）撰
　　（英國）馬禮遜（Robert Morrison）譯

　　清道光嗎𠯢呷英華書院刻本

　　二冊

　　框21×13.1釐米。8行22字。白口，四周雙邊，單黑魚尾。存第三及十七本。第十七本外封題“神天聖書”，內封鎸“嗎𠯢呷英華書院藏板”“依本言譯出”。耶魯班內基善本與手稿圖書館另有完整一部，書號Mp191 C5 827。

聖差保羅寄伽拉太人書

　　清道光二十八年（1848）寧波華花聖經書房鉛活字印本

　　一冊

　　外封鎸“道光二十八年/華花聖經書房寧波/聖差保羅寄伽拉太人書/耶穌降世一千八百四十八年”。藏書票題“Ningpo Mission”。另有複本一。

聖差彼得保羅約翰寄書合傳

　　清道光二十七年（1847）寧波華花聖經書房鉛活字印本

　　一冊

　　外封鎸“道光二十七年/華花聖經

書房寧波/聖差彼得保羅約翰寄書合傳/耶穌降世一千八百四十七年"。藏書票題"Ningpo Mission"。《彼得保羅上下書》另有複本一，藏書票題"C. W. Bradley, Esq"。

聖差言行傳卷五二十八章

（德國）郭實臘（Karl Friedrich August Gützlaff）譯

清道光二十五年（1845）華英校書房鉛活字印本

一冊

內封鐫"道光二十五年/聖差言行傳/華英校書房香山"。另有複本一。

聖差言行傳卷五二十八章

（德國）郭實臘（Karl Friedrich August Gützlaff）譯

清道光刻本

一冊

框16.4×10.8釐米。10行26字。白口，四周雙邊，單黑魚尾。外封記載"Amer. Oriental Society from A. B. C. F. M. 1873"。

聖差言行傳注釋不分卷

（美國）婁理華（Walter Macon Lowrie）譯

清道光二十七年（1847）寧波華花聖經書房鉛活字印本

一冊

內封鐫"耶穌降世一千八百四十七年/大清道光二十七年新鐫/聖差言行傳注釋/華花聖經書房寧波"。藏書票題"Ningpo Mission"。

聖教日課三卷

（葡萄牙）陽瑪諾（Emmanuel Diaz）撰

清刻本

一冊

框10.4×7.4釐米。8行18字，小字雙行同。白口，四周雙邊，單黑魚尾。版心上鐫書名，中鐫卷次，下鐫頁碼。藏書票題"Rev E. C. Bridgman, D. D. Dec 1859"。

聖經新遺詔路加福音傳

（美國）高德（Josiah Goddard）參訂

清咸豐二年（1852）寧波真神堂鉛活字印本

一冊

內封鐫"咸豐二年/寧城東門內西門內真神堂藏板/聖經新遺詔路加福音傳/耶穌降世一千八百五十二年/高德參訂""Luke J. Goddard 1st ed. 1852"。

聖經新遺詔全書

（美國）高德（Josiah Goddard）譯訂

清咸豐三年（1853）寧波真神堂鉛活字印本

一冊

內封鐫"耶穌一千八百五十三年/高德譯訂/聖經新遺詔全書/寧城真神堂敬送""The New Testament in Chinese For the AM. & FOR Bible Society by J. Goddard 1853"。

聖經新約: 使徒行傳至腓立比

清同治五年（1866）福州美華書局鉛活字印本

一冊

内封鎸"同治五年/使徒行傳至腓立比/聖經新約/福州美華書局印"。藏書票題"The A. B. C. F. M. 1873"。

使徒言行傳

（美國）憐爲仁（William Dean）撰

清道光二十九年（1849）香港錫活字印本

一册

框16.8×10.8釐米。8行20字，小字雙行同。白口，四周雙邊，單黑魚尾。内封鎸"道光二十九年重修譯/使徒言行傳/裙帶路錫印"。藏書票題"Hong Kong Mission"。

使徒行傳

清咸豐元年（1851）寧波華花聖經書房鉛活字印本

一册

内封鎸"大清咸豐元年/華花聖經書房寧波/使徒行傳/耶穌降世一千八百五十一年"。版心下鎸"卷五"。

使徒行傳

清道光至咸豐間刻本

一册

框19.5×13釐米。10行22字。白口，左右雙邊，單黑魚尾。

熟學聖理略論不分卷

〔清〕學善纂　〔清〕梁阿發譯

清道光八年（1828）刻本

一册

框14.3×11.2釐米。9行20字。白口，四周雙邊，單黑魚尾。内封鎸"道光八年仲夏新鎸/熟學聖理略論/學善纂"。藏書票題"W. W. Grunough, Esq"。

頌揚真神歌不分卷

（美國）倪維思（John Livingstone Nevius）選輯　〔清〕曹楷校訂

清同治元年（1862）上海美華書局鉛活字印本

一册

内封鎸"耶穌降世一千八百六十二年歲次壬戌/頌揚真神歌/蘇松上海美華書局藏板"。藏書票題"Hon C. W. Bradley May 1864"。

天路歷程五卷附進窄門走狹路論

（英國）班揚（John Bunyan）撰

（英國）賓惠廉（William Chalmers Burns）譯

清咸豐六年（1856）上海墨海書館鉛活字印本

一册

内封鎸"耶穌降世壹仟捌伯伍拾陸年/天路歷程/進窄門走狹路論附/江蘇松江墨海書館印"。藏書票題"Hon C. W. Bradley Sept 1860"。

天路指南十八章

（美國）倪維思（John Livingstone Nevius）撰

清咸豐七年（1857）浙寧華花印書房鉛活字印本

一册

内封鎸"耶穌降世一千八百五十七年/天路指南/浙寧華花印書房刊"。外封記載"Guide to Heaven by Rev. J. L.

Nevius" "Dr. C. W. Bradley"。

鄉訓五十二則

（英國）米憐（William Milne）撰

清道光二十五年（1845）寧波華花聖經書房鉛活字印本

一冊

內封鐫"道光二十五年/鄉訓五十二則/華花聖經書房寧波"。藏書票題"C. W. Bradley, Esq"。

鄉訓五十二則（第一卷）

（英國）米憐（William Milne）撰

清道光二十八年（1848）寧波華花聖經書房鉛活字印本

一冊

內封鐫"道光二十八年/華花聖經書房寧波/鄉訓五十二則/第一卷/耶穌降世一千八百四十八年"。含《鄉訓》一至十二。

鄉訓五十二則（第一卷）

（英國）米憐（William Milne）撰

清道光三十年（1850）福州刻本

一冊

框15.6×11釐米。9行18字。白口，左右雙邊，單黑魚尾。版心下鐫"卷一"。內封鐫"道光三十年鐫/版藏福建省/鄉訓五十二則/第一卷/耶穌降世一千八百五十年"。含《鄉訓》一至十二。

訓九：論祈禱之理

清末鉛活字印本

一冊

版心上鐫"鄉訓"。藏書票題"C. W.

Bradley, Esq"。

新增聖書節解二卷

（英國）米憐（William Milne）撰

清道光二十八年（1848）寧波華花聖經書房鉛活字印本

一冊

內封鐫"大清道光二十八年/華花聖經書房寧波/新增聖書節解/耶穌降世一千八百四十八年"。卷首題"聖保羅使徒與以弗所輩書"。

信經問答不分卷

（□）崇教者纂

清末刻本

一冊

框10.5×7.6釐米。8行18字。白口，四周雙邊，單黑魚尾。

進教要理問答不分卷

（□）崇教者纂

清末刻本

一冊

框10.3×7.5釐米。8行18字。白口，四周雙邊，單黑魚尾。內封鐫"上卷"。藏書票題"C. W. Bradley, Esq"。

耶哥伯之書

清道光二十五年（1845）刻本

一冊

框19.5×13.8釐米。9行22字。白口，四周雙邊，單黑魚尾。外封鐫"道光二十五年重鐫/耶哥伯之書/知善而不行之者有罪也"。

耶穌釘十字架略論不分卷

（美國）波乃耶（Dyer Ball）撰

清末刻本

一冊

框9.7×7.2釐米。6行12字，小字雙行同。白口，四周雙邊，單黑魚尾。卷首題記"論耶穌釘在十字架受死三日之後復活/約翰及路加傳福音書"。藏書票題"Canton Mission"。

耶穌教略不分卷

（英國）麥都思（Walter Henry Medhurst）撰

清道光二十六年（1846）寧波華花聖經書房鉛活字印本

一冊

內封鐫"道光二十六年/耶穌教略/華花聖經書房寧波"。藏書票題"Hon. C. W. Bradley, May 1861"。

耶穌教略論不分卷

（英國）麥都思（Walter Henry Medhurst）撰

清道光二十八年（1848）寧波華花聖經書房鉛活字印本

一冊

內封鐫"道光二十八年/華花聖經書房寧波/耶穌教略論/耶穌降世一千八百四十八年"。

耶穌教要理問答不分卷

（英國）麥都思（Walter Henry Medhurst）撰

清咸豐元年（1851）廣州惠濟醫館刻本

一冊

框13.3×19.8釐米。8行16字。黑口，四周雙邊，單魚尾。內封鐫"咸豐元年歲次辛亥鐫/耶穌教要理問答/粵東惠濟醫館藏板"。卷前題"凡一百零七條"。藏書票題"Canton Mission"。

（翻譯福州平話）耶穌上山傳道不分卷

清咸豐四年（1854）福州刻本

一冊

框17.5×11釐米。9行20字。單黑口，四周單邊，單黑魚尾。內封鐫"咸豐四年翻譯福州平話/耶穌上山傳道/耶穌降世一千八百五十四年/新刻板藏福州南臺"。

耶穌之寶訓不分卷

（德國）郭實臘（Karl Friedrich August Gützlaff）撰

清道光十六年（1836）新嘉坡堅夏書院刻本

一冊

框18×10.6釐米。8行22字。白口，四周雙邊，單魚尾。內封鐫"道光十六年鐫/新嘉坡堅夏書院藏板/耶穌之寶訓/愛漢者纂"。

英吉利國神會祈禱文大概翻譯漢字附年中禮筵各日該讀經章通書

（英國）馬禮遜（Robert Morrison）撰

清道光九年（1829）嗎咭呾英華書院刻本

一冊

框17.8×10.6釐米。8行24字，小字雙行同。白口，四周雙邊，單黑魚尾。版心上鐫"祈禱叙式""經章通書"。內封鐫"道光九年孟夏新鐫/英吉利國神會祈禱文大概翻譯漢字/馬先生纂/英華書院藏板"。藏書票題 "C. W. Bradley, Esq"。

約翰傳福音書

清道光二十五年（1845）刻本

一冊

框19.5×13.8釐米。9行22字。白口，四周雙邊，單魚尾。內封鎸 "道光二十五年重鎸"。藏書票題 "Hon C. W. Bradley May 1861"。

約翰傳福音書

清道光至咸豐間刻本

一冊

框20×12.8釐米。10行22字。白口，左右雙邊，單黑魚尾。另有複本一。

（翻譯福州平話）新約約翰傳福音書

清道光至咸豐間刻本

一冊

框20×12.5釐米。10行25字。白口，左右雙邊，單黑魚尾。

約翰傳福音書

清末鉛活字印本

一冊

約書亞書記卷六

清道光二十八年（1848）寧波華花聖經書房鉛活字印本

一冊

內封鎸 "大清道光二十八年/華花聖經書房寧波/約書亞書記/卷六/耶穌降世一千八百四十八年"。藏書票題 "Ningpo Mission"。

贊美詩不分卷

清咸豐元年（1851）寧波華花聖經書房鉛活字印本

一冊

內封鎸 "大清咸豐元年/華花聖經書房寧波/贊美詩/耶穌降世一千八百五十一年"。藏書票題 "Ningpo Mission"。

張遠兩友相論十二回

（英國）米憐（William Milne）撰

清道光十六年（1836）新嘉坡堅夏書院刻本

一冊

框17.8×10.6釐米。8行20字。白口，四周雙邊，單黑魚尾。內封鎸 "清道光十六年孟秋重鎸/張遠兩友相論/新嘉坡堅夏書院藏板"。外封記載 "Amer. Oriental Society from A. B. C. F. M. 1873"。

張遠兩友相論十二回

（英國）米憐（William Milne）撰

清道光二十年（1840）新嘉坡堅夏書院刻本

一冊

框17.8×10.6釐米。8行22字。白口，四周雙邊，單黑魚尾。版心中鎸 "兩友相論"。內封鎸 "清道光二十年重鎸/張遠兩友相論/新嘉坡堅夏書院藏板"。藏書票題 "C. W. Bradley, Esq"。

張遠兩友相論十二回

（英國）米憐（William Milne）撰

清道光二十四年（1844）香港英華書院刻本

一册

框14.3×10.8釐米。9行18字。白口，四周雙邊，單黑魚尾。内封鎸“道光二十四年重鎸/張遠兩友相論/香港英華書院藏板”。另有複本一。

張遠兩友相論十二回

（英國）米憐（William Milne）撰

清道光二十八年（1848）福省刻本

一册

框14.5×10.7釐米。9行18字。白口，四周雙邊，單黑魚尾。内封鎸“道光二十八年重鎸/張遠兩友相論/板藏福省南臺中洲鋪”。

張遠兩友相論十二回

（英國）米憐（William Milne）撰

清道光刻本

一册

框14.6×10.6釐米。10行20字。白口，四周雙邊，單黑魚尾。版心中鎸“兩友相論”。内封鎸“真神乃靈而凡拜之者必以靈意誠心而拜之也”“真神深切愛世賜其獨生之子令凡信之者免陷沉淪乃得常生也”。

真道入門不分卷

（英國）米憐（William Milne）撰

清咸豐元年（1851）香港英華書院鉛活字印本

一册

内封鎸“咸豐元年/真道入門/香港英華書院印刷”。藏書票題“C. W. Bradley, Esq”。

真道入門附備考

（英國）米憐（William Milne）撰

清道光二十九年（1849）刻本

一册

框16.8×10.8釐米。8行20字，小字雙行同。白口，四周雙邊，單黑魚尾。内封鎸“道光二十九年重鎸/真道入門/爲仁者纂”。藏書票題“Hong Kong Mission”。另有複本一。

真神天皇十誡五十一回

（英國）麥都思（Walter Henry Medhurst）撰

清道光至咸豐間刻本

一册

框16.3×11.5釐米。9行18字，小字雙行同。白口，四周雙邊，單黑魚尾。版心上鎸“真理通道”。内封鎸“爾應拜上主亦專服事上帝而已矣”。藏書票題“C. W. Bradley, Esq”。

真神耶穌之論不分卷

（美國）雅裨理（David Abeel）撰

清末刻本

一册

框8.9×7.8釐米。6行12字。白口，四周雙邊，單黑魚尾。内封鎸“凡宇宙内之生活死物悉”“是真神之大能而造也”。藏書票題“Canton Mission”。另有複本一，外封記載“Amer. Oriental Society from A. B. C. F. M. 1873”。

新纂靈魂篇大全不分

（英國）米憐（William Milne）撰

清道光四年（1824）刻本

一冊

框14.2×8.8釐米。8行20字。白口，四周雙邊，單黑魚尾。外封鐫"甲申年新鐫/新纂靈魂篇大全/博愛者纂"。藏書票題"W. W. Grunough, Esq"。

諸國異神論不分卷

（英國）米憐（William Milne）撰

清道光十二年（1832）嗎吶呷英華書院刻本

一冊

框17.8×10.6釐米。8行20字。白口，四周雙邊，單黑魚尾。內封鐫"道光十二年重鐫/嗎吶呷英華書院藏板/諸國異神論/米憐纂"。外封題"勸世文/諸國異神/進小門/賭博明倫/生意公平"。藏書票題"W. W. Grunough, Esq"。

全體新論不分卷

（英國）合信（Benjamin Hobson）撰 〔清〕陳修堂集

清咸豐元年（1851）廣東省城金利埠惠愛醫館刻本

一冊

框19.6×13.7釐米。10行24字，小字雙行同。白口，四周雙邊，單黑魚尾。內封鐫"惠愛醫館藏板"。

東西洋考每月統紀傳

（德國）郭實臘（Karl Friedrich August Gützlaff）輯

清道光刻本

二冊

行字數不一。存道光十三年（1833）六月和十八年（1838）三月兩冊。

博物通書不分卷

（美國）瑪高温（Daniel Jerome Macgowan）譯

清咸豐元年（1851）寧波真神堂刻本

一冊

框21.4×13.5釐米。8行20字。白口，四周雙邊，單魚尾。內封鐫"咸豐元年正月鐫/真神堂在寧波城西門虹橋頭/耶穌會堂在東門內大街上/博物通書/耶穌降世一千八百五十一年/西醫士瑪高温譯述"。藏書票題"Rev. W. A. Macy"。另有複本一。

中外新報

（美國）瑪高温（Daniel Jerome Macgowan）撰

清咸豐寧波刻本

四冊

行字數不一。存第一至第三、第十期及1854—1855年和1855—1856年兩合訂冊。兩合訂冊題"Dr. D. J. Macgowan"。

航海金針三卷

（美國）瑪高温（Daniel Jerome Macgowan）譯

清咸豐三年（1853）寧波愛華堂活字印本

一冊

框22.5×14.5釐米。8行24字。白口，四周雙邊，單魚尾。內封鐫"咸豐三年正月/愛華堂藏板/航海金針/耶穌降世一千八百五十三年"。藏書票題"Dr.D.J. Macgowan"。

遐邇貫珍

（英國）理雅各（James Legge）編

清咸豐四年（1854）香港英華書院鉛活字印本

六册

存第二卷第一至七號。

中外新聞七日錄

（英國）湛約翰（John Chalmers）主編

清同治四年（1865）廣州刻本

一册

行字數不一。存同治四年（1865）各期。

致富新書一卷

（美國）鮑留雲（Samuel Robbins Brown）編

清道光二十七年（1847）香港飛鵝山書院刻本

一册

框18.4×12.4釐米。8行21字。白口，四周雙邊，單黑魚尾。版心上鐫書名，中鐫小題。目錄卷下記“粵東香港飛鵝山書院藏板”。藏書票題“Rev W. A. Macy”。另有複本一。

聲學八卷

（英國）田大里撰　（英國）傅蘭雅口譯　〔清〕徐建寅筆述

清末刻本

一册

框18.4×13.6釐米。10行22字。黑口，左右雙邊，雙黑魚尾。外封記載“Amer. Oriental Society 1878”。

春草堂集十四種三十六卷

〔清〕謝堃撰

清道光二十年（1840）曲阜奎文齋刻本

二十四册

框12.7×9.8釐米。9行21字。黑口，左右雙邊，單魚尾。內封鐫“道光庚子重鐫/春草堂集/曲邑/奎文齋存板”。

春草堂駢體文一卷

古近體詩六卷

詞錄一卷

春草堂詩話五卷

黄河遠二卷

十二金錢二卷

繡帕記二卷

血梅記二卷

錢式圖四卷

花木小志一卷

書畫所見錄三卷

金玉瑣碎二卷

雨窗記所記四卷

雨窗隨筆二卷

繡像荔枝記陳三歌一卷

清道光六年（1826）刻本

一册

框17.4×9.7釐米。兩截板，上欄圖，下欄13行28字。白口，四周單邊，單黑魚尾。內封鐫“道光六年秋刻”。藏書票題“C. W. Bradley, Esq”。另有複本一，藏書票題“Hon. C. W. Bradley, May 1861”。

四大奇書第一種六十卷一百二十回

〔明〕羅貫中撰　〔清〕毛宗崗評

清芥子園刻本

二十册

框12.2×9.4釐米。10行23字，小字雙行同。白口，左右雙邊，單黑魚尾。版心下鐫"芥子園"。內封鐫"聖嘆外書/毛聲山批評三國志/繡像第弌才子書/芥子園藏板"。書口題"第一才子書"。藏書票題"Rev. W. Jenks, D. D."。

伊娑菩喻言不分卷

（英國）羅伯聃（Robert Aesop Thom）撰

清末上海施醫院刻本

一冊

框19×12.3釐米。8行20字。白口，四周單邊，單黑魚尾。內封鐫"伊娑菩喻言/上海施醫院藏板"。藏書票題"Dr. D. J. Macgowan"。

新刻萬國進貢異相分野全圖

清刻本

一幅

110×63.2釐米。藏書票題"Dr. D. J. Macgowan"。

書名筆畫索引

著者筆畫索引